COLLECTION DE L'ÉCOLE FRANÇAISE DE ROME
234

CHARLES PIETRI

CHRISTIANA RESPUBLICA
ÉLÉMENTS D'UNE ENQUÊTE
SUR LE CHRISTIANISME ANTIQUE

VOLUME I

ÉCOLE FRANÇAISE DE ROME
PALAIS FARNÈSE
1997

Imprimé sur papier permanent conforme à la norme ISO/CD 9706

© - École française de Rome - 1997
ISSN 0223-5099
ISBN 2-7283-0382-7 (édition complète)
ISBN 2-7283-0385-5 (Vol. I)

Diffusion en France :	*Diffusion en Italie* :
DIFFUSION DE BOCCARD	«L'ERMA» DI BRETSCHNEIDER
11 RUE DE MÉDICIS	VIA CASSIODORO 19
75006 PARIS	00193 ROMA

PRÉFACE

On sait que ce monument qu'est *Roma Christiana* conjugue les recherches de Charles Pietri portant sur la période 311-440. L'introduction de l'ouvrage précise cependant: «*Il y a plus que (des) raisons symboliques pour distinguer dans l'histoire de la Rome chrétienne trois moments : de Miltiade à Libère (311-366), de Damase à Sixte (366-440), de Léon à Gélase (440-496)*». Et Pietri d'ajouter, pour qu'on comprenne bien que les contingences académiques d'un bilan provisoirement binaire ne doivent pas faire perdre de vue la nécessaire mise en perspective et en place de la troisième «étape» de «l'enquête»: «*Le présent travail comprend deux parties. Une troisième partie est en préparation*».

Outre le saisissement et le désarroi consécutifs à la disparition si prématurée et si brutale de leur ami, ses collègues les plus proches ont brusquement pris conscience que ne viendrait jamais au jour, telle qu'elle avait été prévue, cette troisième partie d'un ensemble cohérent qui pourtant, en cours de route, n'avait jamais été dissociée de ses antécédents. Force est donc bien d'admettre que, pour ce qui est de la synthèse qu'avait en vue le maître de l'œuvre programmée, la perte, définitive, est irréparable. Reste que, à condition de ne jamais extrapoler, nous sommes fondés à prendre au sérieux ce dont la «préparation» nous a été annoncée par un homme qui ne se payait pas de mots.

Aussi bien, puisque l'amitié de Luce Pietri et la confiance de l'Ecole Française de Rome m'ont chargé de cette préface, me suis-je mis d'abord en devoir d'essayer d'évaluer en quoi ces «*préparatifs*» de la suite de *Roma Christiana* étaient repérables dans le choix non pas tant des *membra disjecta* retenus que *des membra conjicienda* proposés, pour le présent recueil, parmi les quelque cent cinquante numéros figurant dans la bibliographie explicite du savant foudroyé en plein travail.

Chronologiquement, il n'est pas indifférent de noter tout de suite que l'indication qui est avant tout discriminatoire pour cette première approche de notre recueil, ce n'est pas la date de publication (1976) de *Roma Christiana*, mais bien plutôt celle (21 juillet 1972) de son introduction plus haut mentionnée, introduction qui fixe la suite déjà préparée du chantier ouvert. Or, sur les cinquante-six contributions rassemblées dans le présent recueil, il n'y en a que trois qui soient antérieures à cette date de 1972. Autant dire que la quasi totalité des textes qu'on va lire ou relire ici ont eu une émergence postérieure à la publication de la partie de *Roma Christiana* ayant précisément fait l'objet de soutenance.

Cela étant, bien loin d'être des *opera minora*, ils relèvent de cette démarche globale que, en 1972, Pietri qualifiait lui-même d'«enquête» (au singulier), sans distinguer entre les éléments dont la rédaction achevée circonscrit la période 311-440 retenue pour la thèse et, d'autre part, les éléments destinés à contribuer à éclairer la période 440-496 et même au-delà. Ce qui est en tout cas certain, c'est que, dès 1966, Pietri était en mesure de manifester la portée de ses prédispositions, notamment prosopographiques, en débordant, comme il l'a fait, le *terminus* ultime de son projet pourtant vaste : à preuve en effet son grand article sur *Le Sénat, le peuple chrétien et les partis du cirque à Rome sous le pape Symmaque (498-514)*. Aussi bien d'ailleurs, cinq ans plus tôt, avec *Concordia apostolorum et renouatio Urbis*, c'est-à-dire avec son mémoire de l'Ecole daté de 1961, le jeune farnésien avait tranquillement montré qu'il n'aurait aucune difficulté à rendre ultérieurement compte du développement de la théologie du martyre, depuis l'instauration du culte de Pierre et Paul conjoints jusqu'à la propagande pontificale telle qu'elle s'est développée et ressort tout particulièrement de la volonté et de l'action de Léon le Grand.

Si, dans un second temps d'approche, on serre justement de plus près le terme de l'enquête induite par *Roma Chris-*

tiana, on ne saurait certes être étonné que, recoupant exactement l'introduction, la postface résume de façon très suggestive la troisième étape qui restait à écrire, celle qui concerne la seconde moitié du Vème siècle. «*Ecclésiologie de la succession épiscopale, théologie du droit chrétien, philosophie de la mission urbaine*», telles sont les lignes de force d'une «*nouvelle culture*» que Pietri a trouvées plus «*juxtaposées*» que «*conciliées*» au milieu du Vème siècle, et dont «*la synthèse équilibrée... revien(dra) à Léon et enfin à Gélase*». Dès lors, on est en droit d'attendre de l'insatiable curiosité d'un chercheur si bien lancé des compléments enregistrant des progrès ultérieurs de cette synthèse, encore inchoative avant l'ouverture du VIème siècle. Attente effectivement satisfaite par la recherche des éléments d'enquête qui se dégagent du *conspectus* de notre recueil : plus précisément, une quinzaine de contributions dont l'intérêt s'étend explicitement jusqu'à la fin du VIème siècle quand ce n'est pas au-delà, et en outre trois autres dont Grégoire le Grand et son temps sont spécifiquement l'objet. Fait en collaboration avec Luce Pietri, n'est-ce pas *Église universelle et* Respublica christiana *selon Grégoire le Grand* qui a fort heureusement fourni, à une inversion formelle près, l'idée même du titre du présent ouvrage?

Or, cet hommage à Victor Saxer prend ici d'autant plus d'importance que, paru un an après la mort de Charles Pietri, il est l'écho d'une synthèse dont la force en même temps que la subtilité relèvent d'une sorte de paradigme dont l'ambivalence fait «*apparaî(tre) le pape..., dans un monde en proie à un bouleversement d'une amplitude majeure..., comme un homme déchiré entre les aspirations de son idéal et les exigences concrètes de sa tâche*». Ce qui ne peut mieux être personnalisé que par ces deux formules d'une concision magistrale: «*Grégoire par ses racines familiales, sa formation intellectuelle ainsi que par l'expérience acquise dans sa carrière administrative, demeure profondément attaché à l'idéal de la* romana respublica, *expression par laquelle il désigne l'Empire, toujours conçu comme universel... Mais*, princeps christianissimus, *qui tient son pouvoir de Dieu* (a deo constitutus), *il doit obéir aux* leges divinae, *car il est en charge d'un empire chrétien*, christiana respublica.

A ce titre, il est le gardien (custos) *de la paix pour l'Église universelle* ».

Conclusion évidente de cette manière de récapitulation à grands traits du *corpus* ici représenté: s'il est vain d'espérer reconstituer sans Pietri l'édition complète de *Roma Christiana* qu'il eût voulu réaliser, il est clair que, tel qu'il se présente, ce recueil-ci, qui mérite bien le nom de *Christiana Respublica*, se présente comme un volet désormais d'autant plus inséparable du premier qu'il conduit très largement un siècle au-delà de ce qui avait été d'abord envisagé comme terme de l'enquête. Ce qui amène tout naturellement à considérer comme celle d'un ouvrage, et non pas seulement d'un *corpus*, la table des matières des trois volumes constituant le présent livre.

Roma christiana / Empire et Église / Patristique et ecclésiologie / Prosopographie / Hagiographie / Épigraphie chrétienne, autant de chapitres aussi suggestifs que variés, les deux premiers qualifiant l'objectif, les quatre suivants évoquant disciplines et sciences qu'avec raison on n'appelle plus « auxiliaires ». Car, Dieu merci, leur autonomie s'est affirmée au cours de notre siècle par rapport à de grands domaines comme ceux de la théologie et de l'histoire qui restaient dangereusement prétentieux et paradoxalement dépendants tant qu'ils se dispensaient de regarder le terrain, leur terrain, sinon à travers les yeux de simples *ancillae*. Ipso facto, la table des matières de *Christiana Respublica* annonce que l'historien Pietri est lui-même aussi un patristicien, un ecclésiologue, un prosopographe, un hagiographe et un épigraphiste spécialisé.

Encore est-ce essentiellement pour fixer la dominante de la technique plus précisément utilisée au sein de tel groupe d'articles du recueil que les chapitres ainsi constitués méritent chacun leur titre. Ainsi la géographie historique domine-t-elle notre chapitre II, *Empire et Église*, dans la mesure où nous nous promenons effectivement de Rome à Aquilée ou, au temps de Jean Talaïa, d'Alexandrie à Rome, mais aussi dans le nord de la Gaule, dans la cité arverne ou entre Loire et Rhin, dans l'Afrique du judéo-christianisme ou de l'époque augustinienne, en *Illyricum* protobyzantin ou encore, selon la politique de conversion affectant au IVème siècle la géographie administrative, dans les provinces orientales dites « salutaires ». Ainsi au contraire, pour prendre un second exemple, est-ce bien tout naturellement la dominante prosopographique qui entre en jeu quand Pietri s'attache aux pauvres et à la pauvreté dans l'Italie du IVème siècle, ou à l'évergétisme dans celle des IVème et Vème siècles, ou à l'aristocratie, qu'elle soit de Milan au IVème siècle, de Ravenne au Vème-VIème siècle ou caractérisée comparativement par des chrétiens en relation avec Jean Chrysostome ici et Augustin là. Mais le goût et la compétence de l'historien en épigraphie ne sont pas moins éclairants, en troisième lieu, quand il s'interroge sur l'évolution de l'éloge funéraire dans les textes de l'Occident chrétien entre le IIIème et le IVème siècle, ou sur la mort quand on passe de l'épigraphie latine païenne à l'épigraphie latine chrétienne entre le IIIème et le VIème siècle, ou encore sur le mariage chrétien à Rome entre le IVème et le Vème siècle.

Cependant, une fois ainsi soulignée la légitimité de privilégier provisoirement telle procédure d'investigation plutôt que telle autre, la stature de l'historien complet reprend toujours chez Pietri sa prédominance. Reprise non pas contingente mais inhérente à cette notion d'« enquête » qu'on retrouve régulièrement sous sa plume, et qui n'est nullement un substitut de termes comme « étude », « recherche » ou « contribution ». Chaque fois que nécessaire, l'historien fait notamment appel aussi bien à l'ethnologue qu'à l'onomasticien, au topographe qu'au liturgiste ou plutôt, pour faire bref, à tout ce qui peut aider à conduire précisément son *enquête* au cœur de ce qui pour lui est l'objectif à dégager par excellence: la *phénoménologie chrétienne*. Ambition en un sens dévorante et appelant sans cesse des remises au point.

A cet égard est exemplaire de débat entrepris en 1984 par Charles Pietri avec Peter Brown, tous deux mes amis, sur *Les origines du culte des martyrs*, à propos d'un et même de deux ouvrages du second. Bien entendu, pareil sujet ne pouvait, pour Pietri, être abordé sans référence à H. Delehaye qui *« conjuguait les témoignages divers de la littérature hagiographique, des Martyrologues avec les attestations de l'épigraphie et celles de l'archéologie »* Encore *« l'historien ne peut(-il) se contenter de choisir dans les rapports de l'archéologie quelque* exemplum *adopté parce qu'il paraît suggestif* ». Et Pietri de requérir une mise à jour de la « *carte de la sainteté* » par des « *monographies régionales* » sur les *loca sanctorum* du type remarquablement illustré par Yvette Duval à propos du culte des martyrs en Afrique. Cela dit, comment échapper au jugement de Pietri selon lequel ce n'est pas « *l'extrême diversité de cette géographie de la sainteté* » qui peut, tant soit peu, réduire le débat aux seuls aspects archéologiques de ces *loci* où se rencontraient, selon l'expression de Brown, « *le ciel et la terre* »? Autrement dit, comment ne pas admettre que « *le débat théologique implique une conception du salut, une anthropologie, une approche spécifiquement chrétienne du sacré et de la transcendance que l'analyse historique ne peut pas ignorer* »?

Alors quoi, en fin de compte, l'historien du christianisme, qu'il s'agisse de l'antiquité ou d'aujourd'hui, peut-il se payer en théologie une carence majeure dont son enquête en anthropologie religieuse ne saurait que pâtir? Certainement non, répondait ce théologien que, à l'écoute de la *Cité de Dieu*, se reconnaissait être Marrou. Même si son disciple et ami, Charles Pietri, s'est toujours refusé à lui-même une aussi redoutable qualification que celle de théologien, il a superbement montré, dans sa rigoureuse lecture de l'ecclésiologie de *Lumen gentium* à la lumière de la patrisque, que sur ce terrain mixte il ne craignait personne. Désormais — on peut en être sûr — par leur modernité de conception de l'histoire du christianisme ancien, *Roma Christiana* et *Christiana Respublica* seront des livres indissociables.

André Mandouze

TRAVAUX ET PUBLICATION DE CHARLES PIETRI

Concordia apostolorum et renovatio Urbis (*Culte des martyrs et propagande pontificale*), dans *Mélanges d'archéologie et d'histoire de l'École française de Rome*, Paris, 1961, p. 275-322.

L'educazione classica, dans **Questioni di storia della pedagogia,** Brescia, 1963, p. 13-62.

Le serment du soldat chrétien; les épisodes de la militia Christi *sur les sarcophages*, dans *Mélanges d'archéologie et d'histoire, École française de Rome*, Paris, 1963, p. 649-664.

Le laïcat dans l'Église du Bas-Empire, dans *Les Laïcs et la vie de l'Église*, Paris, 1963, p. 11-21.

Saint Paulin de Nole, poèmes, lettres et sermons, choix de textes: Introduction, traduction et commentaire, Namur, 1964, 132 p.

Compte rendu des *Acta Instituti Romani Finlandiae*, dans *Revue des Études anciennes*, LXVII, 1965, p. 576-580.

Le sénat, le peuple chrétien et les partis du cirque à Rome sous le pape Symmaque, dans *Mélanges d'archéologie et d'histoire, École française de Rome*, 78, 1966, p. 123-139.

Catacombes et *Art chrétien primitif*: articles dans *Encyclopedia Universalis*, 1969, vol. 3, p. 1037-1039 et vol. 4, p. 444-447.

Comptes rendus de J. Gaudemet, *Institutions de l'Antiquité* et G. T. Schwart, *Archäologische Feldmethode*, dans *Revue du Nord*, LI, 1969, p. 551-553.

Chronique archéologique (Nord et Picardie), dans *Revue du Nord*, LII, 1970, p. 525-529.

Mythe et réalité de l'Église constantinienne, dans *Les Quatre Fleuves, 3, (La liberté du chrétien dans la société civile)*, Paris, 1971, p.22-39.

Des origines à la fin de la Paix romaine, dans **Histoire des Pays Bas français,** Toulouse, 1972, p. 13-50.

Damase et Théodose; communion orthodoxe et géographie politique, dans *Epektasis, Mélanges patristiques offerts au cardinal J. Daniélou*, Paris, 1972, p. 627-634.

Information archéologique (Circonscription du Nord et Picardie), dans *Gallia*, XXIX, 1972, p. 219-233.

L'iconographie paléochrétienne et ses sources juives, communication à la Société française d'archéologie classique (déc. 1972), dans Bulletin SFAC, 7, *Revue archéologique*, 7, 1972-1973, p. 149-151 (résumé provisoire)

Recherches archéologiques récentes dans les régions septentrionales de l'Empire, dans *Revue du Nord*, LV, 1973, p. 45-46

Informations archéologiques (Circonscription du Nord), dans *Gallia*, XXXI, 1973, p. 313-321.

2000 ans avec Jésus. Civilisation chrétienne?, dans *Journal de la vie-Aujourd'hui la Bible*, 136, avril 1973, p. 6-7.

La question d'Athanase vue de Rome, dans *Politique et théologie chez Athanase d'Alexandrie*, Actes du colloque de Chantilly (23-25 septembre 1973), Théologie historique 27, Beauchesne, Paris, 1974, p. 93-126.

Lointaines provinces romanisées, dans **Histoire des Pays Bas français, Documents,** Toulouse, 1974, p. 9-52.

Observations sur le martyrium constantinien du Vatican, dans *Mélanges d'histoire ancienne offerts à W. Seston*, Paris, 1974, p. 409-418.

Bibliographie sélective sur l'iconographie paléochrétienne occidentale, dans *Revue d'Histoire de la Spiritualité*, 50, Toulouse, 1974, p. 314-317.

Notice *Autun*, dans *La Topographie chrétienne des cités de la Gaule: des origines à la fin du VIIe siècle*, Paris, 1975, p. 10-17.

L'aristocratie chrétienne entre Jean de Constantinople et Augustin d'Hippone, dans *Saint Jean Chrysostome et saint Augustin*, Actes du colloque de Chantilly (22-24 septembre 1974), Théologie historique 35, Beauchesne, Paris, 1975, p. 283-305.

Membra Christi: *culte des martyrs ou théologie eucharistique (à propos du vase de Belezma, en Algérie)*, en collaboration avec Y. Duval, dans *Revue des Études augustiniennes*, XXI, 1975, p. 289-301.

Duchesne et la topographie romaine, dans Actes du colloque *Monseigneur Duchesne et son temps* (1973), Collection de l'École française de Rome, 23, Rome, 1975, p. 23-48.

Des ministères pour le nouveau peuple de Dieu? (Ier et IIe siècle), dans *Les Quatre Fleuves*, 5 *(Peuple de Dieu)*, 1975, p. 14-28.

Une chrétienté méconnue "L'Église constantinienne", dans *Tant qu'il fait jour*, n° 156, juillet 1975.

Rome chrétienne, dans *2000 ans de Christianisme*, t. I, Paris,1975, p. 204-207.

Remarques sur la topographie chrétienne des cités de la Gaule entre Loire et Rhin des origines au VIIe s., dans *Revue d'histoire de l'Église de France*, LXII, 1976, p. 189-204.

(Église) Latine. II Le rôle de l'Église romaine, dans *Dictionnaire de spiritualité*, IX, Paris, 1976, col. 338-345.

Articles: *Bagacum, Gesoriacum, Samarobriva*, etc..., dans *The Princeton Encyclopedia of Classical Sites*, Princeton, 1976.

Roma christiana: Recherches sur l'Église de Rome, son organisation, sa politique, son idéologie de Miltiade à Sixte III (315-440), thèse d'état publiée dans la Bibliothèque des Écoles françaises d'Athènes et de Rome, 224, 2 vol. (1792 p.), Rome, 1976.

L'educazione classica, dans **Nuove questioni di storia della pedagogia**, (en italien), tome 1, réimpression, mise à jour et complément, Brescia, 1977, p. 63-113.

Appendice prosopographique à la Roma christiana *(311-440)*, dans *MEFRA*, 89, 1977, p. 371-415 (notices sur les clercs romains de 312 à 440).

De quelques paralogismes de la critique biblique, Questions d'un historien, dans *Les Quatre Fleuves*, 7 (*Lectures actuelles de la Bible*), 1977, p. 43-67.

Remarques sur l'onomastique chrétienne de Rome, dans *L'onomastique latine*, Colloque international du CNRS n° 564 (Paris 13-15 octobre 1975), Paris, 1977, p. 437-456.

Henri Marrou (1904-1977), dans MEFRA, 89, 1977, p. 7-9

Henri-Irénée Marrou (1904-1977), dans *Epigraphica*, XXXIX, 1977, p. 180-183.

Compte rendu de Noël Duval, *Recherches archéologiques à Haïdra: I. Les inscriptions chrétiennes d'Haïdra*, dans *Epigraphica*, XXXIX, 1977, p. 208-211.

Recherches sur les domus ecclesiae (I), dans *Revue des Études augustiniennes*, XXIV, 1978, p. 3-21.

Les catacombes de Saint-Janvier, mise à jour pour la réédition de R. Bertaux, *L'art dans l'Italie méridionale*, Rome-Bari, 1978, p. 145-147.

Les origines de la mission lyonnaise: remarques critiques, dans *Les Martyrs de Lyon (177)*, colloque international du CNRS n° 575, Paris, 1978, p. 211-231.

Henri Marrou: un chrétien et l'histoire, dans *Quatre Fleuves*, 8 *(Chrétiens devant Marx et les marxismes)*, 1978, p. 118-128.

Préface à *H.-I. Marrou, Crise de notre temps et réflexion chrétienne (de 1930 à 1975)*, Bibliothèque Beauchesne, Religions société politique 5, Paris, 1978, p. 5-8.

Évergétisme et richesses ecclésiastiques dans l'Italie du IVe à la fin du Ve s.: l'exemple romain, dans *Ktema* 3, Strasbourg,1978, p. 317-337.

Personne, analogie de l'âme humaine et théologie de l'Esprit — Brèves remarques sur Augustin, Mühlen et Rahner, dans *Les Quatre Fleuves* 9 *(Dieu révélé dans l'Esprit)*, 1979, p. 111-124.

Le mariage chrétien à Rome (IVe-Ve siècles), dans *Histoire vécue du peuple chrétien* (dir.: J. Delumeau), Toulouse, 1979, I, p. 105-131.

Les chrétiens et les esclaves aux premiers temps de l'Église (IIe-IIIe s.), dans *Concilium*, 150, 1979, p. 47-55.

Articles: *Rome, Commodille, Calliste, Domitille, Giordani, Priscille, Pierre et Marcellin, Voie Latine (Catacombes de...)*, dans *Petit Larousse de la Peinture* (dir. M. Laclotte), Paris, 1979.

La mort en Occident dans l'épigraphie latine; de l'épigraphie païenne à l'épitaphe chrétienne (IIIe-VIe s.), dans *La Maison-Dieu*, 144, 1980, p. 25-48.

L'espace chrétien dans la cité: le vicus christianorum et l'espace chrétien de la cité arverne (Clermont), dans *Revue d'histoire de l'Église de France*, LXVI, 1980, p. 177-209.

La religion savante et la foi du peuple: les premiers siècles de l'Église, dans *Les Quatre Fleuves*, 11 *(Transmettre la foi)*, 1980, p. 9-30.

Les théologiens et l'Église (Postface), dans *Les Quatre Fleuves*, 12, *(Les théologiens de l'Église)* 1980, p. 153-158.

Compte rendu de I. Kajanto, *Classical and Christian, Studies in the Latin Epitaphs of Medieval and Renaissance Rome*, dans *Revue des Études latines*, 1981, p. 629-632.

Les origines de la pédagogie: Grèce et Rome, dans **Histoire mon-**

diale de l'éducation (dir. G. Mialaret et J. Vial), Paris, 1981, p. 139-213.

Donateurs et pieux établissements d'après le légendier romain (Ve-VIIe s.), dans *Hagiographie, cultures et sociétés (IVᵉ-XIIᵉ siècles),* Études Augustiniennes, Paris, 1981, p. 435-453.

Aristocratie et société cléricale dans l'Italie chrétienne au temps d'Odoacre et de Théodoric, dans *MEFRA,* 93, 1981, p. 417-467.

Compte rendu de John J. O'Meara, *The Young Augustine, an Introduction to the Confessions of St Augustine,* dans *Annales* 1, 1981, p. 103.

Las Iglesias bajos el Imperio cristiano - Las Iglesias y las invasiones barbaras, dans *Historia Universal* (dir. Juan Salvat), Barcelone, 1981, p. 56-67 et p. 145-150.

Collaboration à la **Prosopographie de l'Afrique chrétienne,** dir. A. Mandouze, Paris, CNRS, 1982.

Le pèlerinage en Occident à la fin de l'Antiquité, dans *Les chemins de Dieu, Histoire des pèlerinages chrétiens des origines à nos jours* (dir. J. Chélini et H. Branthomme), en collaboration avec L. Pietri, Paris, 1982, p. 79-118.

Une aristocratie provinciale et la mission chrétienne: l'exemple de la Venetia, dans *Antichità Altoadriatiche,* XXII, 1982, p. 89-137.

Préface de Y. Duval, *Loca sanctorum,* Collection de l'École française de Rome 58, Rome, 1982, p. V-VI.

Histoire et historique: lettre à un théologien, dans *Les Quatre Fleuves,* 15-16 *(Dieu l'a ressuscité d'entre les morts),* 1982, p. 205-211.

Compte rendu de Lucio Di Giovanni, *Chiesa e stato nel codice Teodosiano; saggio sul libro XVI,* dans *Revue des Études anciennes,* 84, 1982, p.154-155.

Compte rendu de Lucifer de Cagliari, *De regibus apostaticis et Moriendum esse pro Dei Filio,* trad. italienne de V. Ugenti, Quaderni dell'Istituto di filologia classica, Université de Lecce (1980), dans *Revue des Études anciennes,* 84, 1982, p.169-170.

Les pauvres et la pauvreté dans l'Italie de l'Empire chrétien (IVᵉ siècle), et *Conclusion,* dans *Miscellanea historiae ecclesiasticae* Actes du VI Colloque de Varsovie (1978), Bruxelles, 1983, p. 267-300 et p.351-358.

Quelques problèmes de la prosopographie chrétienne romaine et byzantine du IVe et Ve s., rapport présenté au Congrès de la F.I.E.C., Budapest (1980), Budapest, 1983, p.83-92.

Grabinschrift II (lateinisch), dans *Reallexikon für Antike und Christentum*, 1983, col. 514-590 (trad. J. Engemann).

Grafitto I (lateinisch), dans *Reallexikon für Antike und Christentum*, 1983, col. 637-667 (traduction A. Kehl).

Les lettres nouvelles et leurs témoignages sur l'histoire de l'Église romaine et de ses relations avec l'Afrique, dans *Les lettres inédites de saint Augustin découvertes par J. Divjak* (colloque 20-21 septembre 1982), Études Augustiniennes, Paris, 1983, p. 343-354.

Liturgie, culture et société: L'exemple de Rome à la fin de l'Antiquité (IVe-Ve s.), dans *Concilium*, 182, 1983, p. 65-77 (langue et rituel).

L'image du vicus christianorum *chez Grégoire de Tours* (en collaboration avec L. Pietri), dans *Présence de l'architecture et de l'urbanisme romains*, Collection Caesarodunum, XVIIIbis, Paris, 1983, p. 107-115.

Articles: *Gaule, Autun, Reims, Trèves, Vienne, Rome*, dans *Dizionario patristico e di Antichità cristiane* (dir. A. Di Berardino), Rome, 1983. Trad. française, *Dictionnaire encyclopédique du christianisme ancien*, Tournai, 1990; trad. anglaise, *Encyclopedia of the Early Church*, Cambridge, 1992.

Constantin en 324: Propagande et théologie impériales d'après les documents de la Vita Constantini, dans *Crise et redressement dans les provinces européennes de l'Empire (milieu du IIIe au IVe siècle ap. J.C.)*, Actes du Colloque de Strasbourg (décembre 1981), Université de Strasbourg,1983, p. 63-90.

William Seston (1900-1983), dans *MEFRA*,95,2, 1983, p. 535-539.

Les aristocraties de Ravenne (Ve-VIe s.), dans *Studi Romagnoli*, XXXIV, 1983, p. 643-673.

Compte rendu de L. Verheijen, *Nouvelle approche de la Règle de saint Augustin*, dans *L'Antiquité classique*, LII, 1983, p. 419-420.

L'image de Pierre, dans *Le monde de la Bible*,27, 1983, P.44-46.

Frankreich I(Antiquité), dans *Theologische Realenzyklopädie*, XI, 1983, p. 346-353.

Le temps de la semaine à Rome et dans l'Italie chrétienne (IVe-VIe s.), dans *Le temps chrétien de la fin de l'Antiquité au Moyen Age*

IIIe-XIIIe siècles (Actes du colloque Paris,9-12 mars 1981), Colloque international du CNRS n° 604, Paris, 1984, p. 63-97.

Remarques sur la christianisation du Nord de la Gaule (IVe-VIe s.), dans *La Revue du Nord*, LXVI, 1984, p. 55-68.

La géographie de l'Illyricum ecclésiastique et ses relations avec l'Église de Rome (Ve-VIe s.), dans *Villes et peuplement dans l'Illyricum protobyzantin*, (Actes du colloque de Rome 12-14 mai 1982), Collection de l'École française de Rome, 77, 1984, p. 21-62.

Gennadius (von Marseille), dans *Theologische Realenzyklopädie*, XII, 1984, p. 376-378.

De la Tora aux décrétales, dans *Les Quatre Fleuves*, 18 (*Liberté et Loi dans l'Église*), Paris, 1984, p. 5-19.

Préface à *Paul VI et la modernité dans l'Église*, Actes du colloque de Rome (2-4 juin1983), 1984, p. V-VII.

Préface (avec G. Vallet) à *Tcharicin Grad*, I, Rome, 1984, p. V.

Le débat pneumatologique à la veille du concile de Constantinople (358-381), dans *Credo in Spiritum Sanctum*, Actes du Colloque de Rome (22-26 mars 1982), Cité du Vatican, 1984, p. 55-87.

Les origines du culte des martyrs (d'après un ouvrage récent), dans *Rivista di archeologia cristiana*, n° 3-4, 1984, p. 293-319.

L'École française de Rome à Rome, dans *Histoire et archéologie (Les dossiers)*, n° 82, avril 1984, p.80.

Ce monde qui avait tant de dieux, dans *le Monde de la Bible* n° 34, mai-juillet 1984, p.3-6.

Introduction et conclusion du *Monde latin et la Bible*, dans *Bible de tous les temps* (dir. J. Fontaine et Ch. Pietri), t.2, éd. Beauchesne, Paris, 1985, p.11 et 19 et p. 645-647.

La Bible dans l'épigraphie de l'Occident latin, dans *Le monde latin de la Bible, Bible de tous les temps*, t.2, éd. Beauchesne, Paris, 1985, p. 189-205.

L'hérésie et l'hérétique selon l'Église romaine (IVe-Ve siècles), dans *Eresia ed eresiologia nella chiesa antica* (XII incontro di studiosi dell'Antichità cristiana, Rome, mai 1984), Augustinianum, fasc. 3, 1985, p. 867-887.

Épigraphie et culture: l'évolution de l'éloge funéraire dans les textes de *l'Occident chrétien (IIIe-IVe siècles)*, dans *Le transformazioni della cultura nella tarda antichità*, (Actes du colloque Catane, 27 septembre-2 octobre 1982), Rome, 1985, p. 157-183.

Préface du catalogue de l'exposition: *Roma antiqua. Forum, Colisée, Palatin. Envois des architectes français (17788-1924)* (avec la collaboration de A. La Regina), Rome-Paris 1985, p. XVII-XIX.

Christiana tempora, *une nouvelle image de l'homme*, dans *Cristianesimo nella Storia*, 6, 1985, p. 221-243.

Saint Augustin et la guerre, dans *Les Quatre Fleuves*, 19 (*Dissuasion nucléaire et conscience chrétienne*), 1985, p. 5-8.

Histoire, culture et "réforme liturgique": L'exemple de l'Antiquité tardive (IVe-VIe siècles), dans *Les Quatre Fleuves*, 21-22 (*La liturgie*), 1986, p. 5-24.

Chiesa e comunità locali nell'Occidente cristiano (IV-VI s. d. C.): L'esempio della Gallia, dans *Società romana e impero tardoantico Le Merci, gli insediamenti* (a cura di A. Giardina), vol. 3, Rome, 1986, p. 761-795 et 923-934.

Clercs et serviteurs laïcs de l'Église romaine au temps de Grégoire le Grand, dans *Grégoire le Grand* (Actes du colloque CNRS, Chantilly, 15-19 septembre 1982), Paris, 1986, p. 107-122.

Damase, évêque de Rome, dans *Saecularia Damasiana*, Actes du Convegno internazionale per il XVI centenario della morte di papa Damaso I (10-12 décembre 1984), Studi di Antichità cristiane, XXIX, Cité du Vatican, 1986, p. 31-58.

Problèmes d'épigraphie chrétienne: les sépultures ad Sanctum Petrum (Conférence au Séminaire d'archéologie chrétienne, Pontificio Istituto di archeologia cristiana); compte rendu provisoire dans la *Rivista di archeologia cristiana*, 1986, p. 332-336.

Préface à P. Grimal, *Rome. La littérature et l'histoire*, Collection de l'École française de Rome, 93, Rome, 1986, p. V-VIII.

D'Alexandrie à Rome: Jean Talaia émule d'Athanase au Ve s., dans *Mélanges offerts à Claude Mondésert S.J.*, Paris, 1987, p. 277-295.

Marcel Simon (1907-1986), dans *MEFRA*, 99, 1987, 1, p. 7-10.

Note sur la christianisation de la Ligurie (IIIe-VIe s.), dans *Studi lunensi e prospettive sull'Occidente romano* (Atti del convegno, Lerici, septembre 1985), Quaderni 10-11-12, 1987, III, p. 351-380.

Rome et Aquilée: deux Églises du IVe au VIe s., dans *Antichità altoa-driatiche*, XXX, 1987, p. 225-253.

Entretien avec Charles Pietri, directeur de l'École française de Rome, dans *Le courrier du CNRS*, 69-70 (hors-série), Paris, 1987.

Préface à Madeleine Singer, *L'histoire du S.G.E.N. 1937-1970 - Le syndicat général de l'Éducation Nationale*, Presses universitaires de Lille, 1987.

Avertissement, en collaboration avec Jacques Fontaine, à *la Chronique d'Antiquité tardive et de christianisme ancien et médiéval*, dans *Revue des Études anciennes*, LXXXIX,1987.

Préface à Jean Guyon, *Le cimetière des deux Lauriers, Recherches sur les catacombes romaines*, BEFAR 264, Rome, 1987.

Allocution pour la *Remise à Claude Nicolet de son épée d'académicien* (18 décembre 1987- salons du rectorat de Paris), p.14-17.

Le mariage en Gaule (IVe-VIe s.), dans *Histoire de la population française - 1. Des origines à la Renaissance*, Paris, 1988, I, p. 104-117.

Introduction au colloque *La Prosopographie - Problèmes et méthodes*, dans *MEFRM*, 100, Rome, 1988, p. 7-9.

Préface au Ve volume des *Gesta Martyrum* d'Albert Dufourcq, Paris, 1988, p. 7-9.

L'épigraphie chrétienne, communication pour le Centenaire de l'Année épigraphique célébré à Paris (21 octobre 1988), *CRAI*, 3e fasc., 1988, p. 27-32.

Préface à G. Ladner, *L'immagine del'imperatore Ottone III*, dans *Conferenze/5*, Unione internazionale degli Istituti di archeologia, storia e storia dell'arte, Rome, 1988, p. 7-10.

Jean-Rémy Palanque, membre de l'Institut, Président de la Société d'histoire religieuse de la France (1898-1988), dans *Revue d'histoire de l'Église de France*, LXXIV,1988, p.185-189.

Tabularia gratulatoria, Préface à *Les Carraches et les décors profanes* (Actes du colloque, Rome, 2-4 octobre 1986), Collection de l'École française de Rome, 106, Rome, 1988, p. XI-XII.

Note préliminaire à la table ronde: *Deux constitutions; la Ve République et la République italienne - Parallèle et commentaires* (École française de Rome 1980), Collection de l'École française de Rome, 112, Rome, 1988, p.VII-VIII.

Préface à P. Pinon, F. X. Amprimoz, *Les envois de Rome (1778-1968): Architecture et archéologie* (en collaboration avec G. Vallet), Rome, 1988, p. VI-XII.

Saints et démons: l'héritage de l'hagiographie antique, discours inaugural pour *Santi e demoni nell'Alto medioevo occidentale (secoli V-XI)*, *Settimane di studio del Centro italiano di studi sull'alto medioevo (7-13 aprile 1988)*, 36, Spolète, 1989, p. 15-90.

L'ecclésiologie patristique et Lumen gentium, dans *Le deuxième Concile de Vatican (1959-1965)*, (Actes du colloque, Rome, 28-30 mai 1986), Collection de l'École française de Rome, 113, Rome, 1989, p. 511-537.

L'Église, les saints et leur communion. Patristique et spiritualité contemporaine, dans *Les Quatre Fleuves*, 25-26 *(La communion des Saints)*, 1989, p. 63-116.

Imago Mariae: *le origini*, dans *Tesori d'arte della civiltà cristiana*, Rome, 1989, p. 1-6.

Les premières images de Marie en Occident, dans *Qvaeritvr inventvs colitvr. Studi di Antichità cristiana-P.I.A.C.*, XL, Città del Vaticano, 1989, p. 589-603.

*La politique de Constance II: un premier Césaropapisme ou l'*imitatio Constantini?, dans *L'Église et l'Empire au IVe siècle, Entretiens sur l'Antiquité classique de la Fondation Hardt*, Vandoeuvres-Genève,1989, p. 113-172.

Discours du Président, dans *Actes du IXe congrès international d'Archéologie chrétienne (Lyon, 1986)*, Collection de l'École française de Rome 123, t. 1, Rome,1989, p. LXVIII-LXXII.

Régions ecclésiastiques et paroisses romaines, dans Actes du XIe congrès d'archéologie chrétienne (Lyon 1986), Collection de l'École française de Rome, 123, t.II, Rome, 1989, p. 1035-1067.

Arnaldo Momigliano et l'historiographie française, dans *Omaggio ad Arnoldo Momigliano. Storia e storiografia sul mondo antico*, Biblioteca di Athenaeum, 11 (Cuneo-Caraglio, 1988), Como, 1989, p. 53-62

Préface à Paul-Marie Duval, *Travaux sur la Gaule (1946-1986) (Textes revus et mis à jour, publiés avec le concours du Collège de France)*, Collection de l'École française de Rome, 116, vol.I, Rome,1989, p.VII-IX.

Préface à André Chastel, *La Pala Carondelet de Fra Bartolomeo (1512) - La crisi della pala mariana italiana agli inizi del cinquecento*, dans *Conferenze/6*, Unione internazionale degli Istituti di archeologia, storia e storia dell'arte, Rome, 1989, p.7-9.

Préface à E. Dal Covolo, *I Severi et il cristianesimo*, Biblioteca di scienze religiose, 87, Rome, 1989, p.5-6.

Postface de *Marie-Madeleine dans la mystique, les arts et les lettres* (Actes du colloque international, 20-22 juillet 1988), Paris, 1989, p.355-356; et Préface au catalogue de l'exposition Marie-Madeleine (Musée Pétrarque), Avignon, 1989, p. 17.

Allocution pour l'*Hommage à Georges Vallet à l'occasion de son élection à l'Académie des inscriptions et belles-lettres*, Paris, 20 juin 1990, CNRS, p.27-32.

Un judéo-christianisme latin et l'Afrique chrétienne, dans *Église et histoire de l'Église en Afrique* (Actes du Colloque de Bologne, 22-25 octobre 1988), Bibliothèque Beauchesne, Religion, société, politique, 18, Paris, 1990, p. 1-12.

Préface à Daniel Roche, *Il bicentenario della Rivoluzione francese: Prospettive per un bilancio*, dans *Conferenze/7*, Unione internazionale degli Istituti di archeologia, storia e storia dell'arte in Roma, Rome, 1990, p.7-9.

Les provinces "salutaires": géographie administrative et politique de la conversion sous l'Empire chrétien (IVe s.), dans *Aevum inter utrumque, Mélanges offerts à Gabriel Sanders*, Instrumenta Patristica, XXIII, La Haye, 1991, p.319-338.

Aristocrazia et clero al tempo di Odoacre et di Teodorico, dans *Storia di Ravenna*, t. 2, 1, *Dall'età bizantina all'età ottoniana: Territorio, economia, società*, Ravenne,1991, p.287-310.

L'évolution du culte des saints aux premiers siècles chrétiens: du témoin à l'intercesseur, dans *Les fonctions des Saints dans le monde occidental (IIIe-XIIIe siècles)*, (Actes du colloque Rome, 27-29 octobre 1988), Collection de l'École française de Rome, 149, Rome, 1991, p.15-36.

La conversion de Rome et la primauté du pape (IVe-VIe s.), dans *Il primato del vescovo di Roma nel primo millennio: Ricerche e testimonianze*, Atti e Documenti, 4, Pontificio Comitato di scienze storiche, Città del Vaticano, 1991, p.219-243.

Avant-propos, dans *Lectionum varietates . Hommage à Paul Vignaux (1904-1987)*, coll. Études de philosophie médiévale, Paris, 1991, p.VII-IX.

La Rome de Grégoire, dans *Gregorio Magno e il suo tempo* (Incontro di studi dell'Antichità cristiana, 9-12 mai 1990), Institutum patristicum Augustinianum, Studia Ephemerida, 33, Rome, 1991, p.9-32.

Préface à *Epigrafia* (Actes du colloque AIEL en mémoire de A. De Grassi), Collection de l'Ecole française de Rome, 143, 1, Rome, 1991, p.IX-X.

Aux origines (IIe -VIe siècles), dans *Naissance des arts chrétiens*, Atlas archéologiques de la France, Paris, 1991, p. 30-41.

Peuple chrétien ou plebs: *le rôle des laïcs dans les élections ecclésiastiques en Occident*, (en collaboration avec Yvette Duval et Luce Pietri), dans *Actes de la table ronde autour de l'oeuvre d'André Chastagnol (Paris, 20-21 janvier 1989)*, Collection de l'École française de Rome, 159, Rome, 1992, p.373-395.

Église universelle et Respublica *selon Grégoire le Grand* (en collaboration avec L. Pietri), dans *Memoriam sanctorum venerantes, Miscellanea in onore di Mons. Victor Saxer*, Studi di Antichità cristiana, P.I.A.C., XL-VIII, Cité du Vatican, 1992, p. 647-665.

Un abbé arlésien promu à la sainteté: Florentinus(en collaboration avec Luce Pietri), dans *De Tertullien aux Mozarabes; Antiquité tardive et Christianisme (IIIe-VIe s.)*, *Mélanges offerts à Jacques Fontaine*, Collection des études Augustiniennes, Série Antiquité 132, Paris, 1992, p.45-57.

Intellectuels, Église et société dans la pensée de Paul VI: l'exemple de la culture française, dans *Educazione, Intelletuali e Società in G.B. Montini-Paolo VI* (Giornate di studio, Milan, 16-17 nov. 1990), Brescia, 1992, p.160-170.

Aristocratie milanaise; païens et chrétiens au IVe siècle, dans *Felix Temporis Reparatio* (Atti del convegno "Milano capitale dell'Impero romano", Milan, 8-11 mars 1990), Milan, 1992, p.157-170.

Henri-Irénée Marrou, dans *Theologische Realenzyclopädie*, XXII, 1992, p. 182-183.

La scuola francese di Roma (en collaboration avec Ph. Boutry et F.-Ch. Uginet), dans *Speculum mundi*, Unione internazionale degli istituti di archeologia, Rome, 1993, p.215-237.

La Roma cristiana et *La cristianizazione dell'Impero*, dans *Storia di Roma III/I: L'età tardoantica - Crisi e trasformazioni*, Turin, 1993, p.697-721 et 845-876.

Article *Pierre (Saint Pierre Apôtre)*, dans *Dictionnaire historique de la papauté* (dir. Ph. Levillain), Paris, 1994, p.1372-1377.

Histoire du Christianisme, tome II: *Naissance d'une chrétienté (250 à 430)*, direction et collaboration, p.77-126 et p.189-480, Paris, 1995.

Félix, évêque de Messine (591-593) ...et aussi ses liens prétendus avec Augustin de Contorbéry, en collaboration avec Luce Pietri dans *Hestíasis. Studi di tarda antichità offerti a Salvatore Calderone*, dans *Studi tardoantichi*, VI, Messine, 1989 [1996], p. 191-199.

L'usage de christianos *dans l'épigraphie*, dans *Spania. Estudis d'Antiguitat tardana oferte en homenatge al professor Pere de Palol i Salollas*, Publicacions de l'Abadìa de Montserrat, sèrie illustrada 12, 1996, p. 183-191.

A paraître

Histoire de l'Europe (dirigée par É. Demougeot): le IVe et le Ve siècles sous presse.

Prosopographie chrétienne du Bas-Empire: II. L'Italie (direction et collaboration), École française de Rome - CNRS, Rome, 2 vol. (2353 p.), sous presse.

Plusieurs études demeurées à l'état de manuscrits, notamment

— *Traité d'épigraphie chrétienne*
— *Inscriptions chrétiennes d'Arles*
— *Introduction et commentaire de la* Vita Constantini *d'Eusèbe de Césarée*

pourront peut-être faire l'objet d'une publication ou seront éventuellement reprises dans le cadre d'ouvrages collectifs.

I - ROMA CHRISTIANA

CHARLES PIETRI

LA CONVERSION DE ROME
ET LA PRIMAUTÉ DU PAPE (IV-VIe S.) *

Sedes Roma Petri; quae pastoralis honoris facta caput mundo, quidquid non possidet armis religione tenet. Ces vers de Prosper d'Aquitaine, qui s'exerçait tant bien que mal à la poésie dans les premières décennies du Ve s., justifient peut-être l'intervention d'un historien dans une rencontre de théologiens. A première vue, ils illustrent cette extraordinaire transformation de Rome, la cité marquée au front par le signe de malédiction, devenue désormais cité chrétienne, transférant son prestige de capitale, du politique, de la tradition païenne au sacré: *Roma Christiana.* Voici un témoin qui note comme un fait majeur cette transformation, cette pseudomorphose, pour emprunter après Henri Marrou, cette image à la chimie, désignant l'état d'un minéral dont la composition a totalement changé, bien qu'il ait conservé les structures de sa cristallisation. Un demi siècle plus tard, au moment où l'empire disparaît (sans que personne en ait fait grand cas: *caduta senza rumore*), l'Africain Fulgence de Ruspe croit entrevoir à Rome, lorsqu'il y arrive après avoir échappé aux tracasseries des Vandales, un reflet de la Jérusalem céleste. Qu'on ne se méprenne pas sur ces réactions d'enthousiasme: Fulgence et plus encore Prosper ne songent pas seulement à l'éclat monumental d'une cité aux multiples églises. L'un comme l'autre, ils évoquent la conversion d'un peuple et ils considèrent que le succès de la mission romaine donne une autorité exemplaire au pasteur de l'Eglise locale; à la *fides romana* que célébrait déjà l'apôtre, s'ajoute, comme un argument complémentaire de la primauté, la conversion réussie de la capitale, un modèle pour l'évangélisation de l'empire. De cette attitude vécue par les

---

* On retrouvera les références et l'argumentation érudites dans Ch. Pietri, *Roma Christiana. Recherches sur l'Eglise de Rome, son organisation, sa politique, son idéologie de Miltiade à Sixte III (311-440)*, Rome, 1976, deux volumes, que l'auteur prévoit de rééditer (en les complétant d'un troisième volume: 440-604).

contemporains, dès le Ve s., on tirera peut-être quelques remarques préalables. Celles-ci touchent à l'historiographie du christianisme à la fin de l'Antiquité, plus particulièrement à celle de la papauté dans l'Eglise ancienne. Les historiens contemporains, en effet, projettent volontiers sur le passé les habitudes de pensée façonnées par une image tout à fait « sécularisée » de la société antique, et même par une sorte d'apologétique inversée qui répond aux vues romantiques de Chateaubriand dans le *Génie du christianisme*. Et prenant le contrepied du grand livre poétique et de tous ceux qu'il a inspiré, ces analystes considèrent volontiers que le christianisme n'a jamais représenté qu'une ride imperceptible sur le fleuve de l'histoire humaine. Ces vues excessives ne résistent guère, lorsqu'on examine le cas exceptionnel de la conversion romaine.

Si elle peut corriger l'historien de ses préjugés, la même étude peut inviter le théologien, lorsqu'il rédige un traité *de primatu*, à sortir du jeu abstrait des concepts, des thèmes et de leur vocabulaire spécialisé. La remarque vaut pour étudier les relations de l'Eglise romaine avec les autres Eglises, ce terrain privilégié pour l'exercice de la primauté. On a trop longtemps considéré l'Eglise urbaine comme le centre d'une diplomatie ecclésiastique, au risque de se méprendre sur les progrès de l'influence et de l'autorité romaines; on voulait reconnaître d'emblée le résultat d'une *grande impresa*, menée systématiquement, pour conquérir prestige et pouvoir. Une Eglise ne peut guère se confondre, si peu que ce soit, avec ces états, dont l'histoire diplomatique de l'époque moderne croyait lire, à travers l'unité italienne ou allemande, les moyens tortueux et les grands desseins. En un mot, il ne suffit pas d'étudier les rapports du pape avec les conciles; la nature, l'efficacité des interventions ou des réactions du siège apostolique dépendent d'une situation globale dans laquelle interviennent l'état des relations entre les Eglises, l'évolution du contexte politique et social du monde romain et tout autant l'évolution intérieure de l'Eglise dont le pape est l'évêque: *Roma sedes Petri*.

A ce compte, le devoir de l'historien se trouve simplifié. Il sait qu'il doit, au mieux de sa documentation et de sa capacité d'analyse, étudier ces échafaudages successifs — *per machinas transituras,* comme dit Augustin — qui se succèdent dans l'histoire humaine, pendant tout ce temps où, l'une avec l'autre, s'entrelacent les deux cités. Pour cette tache de science modeste, la présente note privilégie une part un peu négligée dans l'histoire de la papauté; avant que soient définis les assises théologiques du primat (comme il en sera question ailleurs), elle voudrait mesurer les succès de l'oeuvre missionnaire locale qui fait du siège apostolique un exemple. Elle tentera de le faire en rappelant que le pape est d'abord par ses responsabilités pastorales l'évêque de Rome.

Des circonstances heureuses dans la documentation archéologique ou épigraphique, les témoignages divers des Pères latins et grecs, la rédaction au VIe s. d'une chronique pontificale, qui conserve les souvenirs, plus au moins réélaborés, des deux siècles précédents, déterminent l'époque même d'une enquête s'étendant du IVe s., au VIe s.; la période commence au moment où l'évêque de Rome reçoit de plus en plus officiellement le titre de pape (dès l'époque de Libère, 352-364), où l'*Ecclesia romana* est désignée comme la *sedes apostolica*; elle s'achève, avec la fin de l'Antiquité, dans le temps où Grégoire le Grand est proclamé, dans la rhétorique d'un éloge funéraire, *consul Dei*. Pour les trois premiers siècles, les témoignages sont trop incertains ou trop elliptiques pour permettre d'ébaucher une description: cela ne signifie pas que l'évangélisation de la capitale n'ait pas sensiblement progressé depuis le temps où l'*Epître aux Romains* saluait un petit groupe de judéochrétiens établis déjà dans l'*Urbs*. Au milieu du IIIe s., l'évêque Corneille énumère les clercs de tous les ordres, qui servent dans l'Eglise urbaine: quarante-six prêtres, sept diacres et sept sous-diacres, quarante-deux acolytes et cinquante-deux clercs mineurs, lecteurs, exorcistes et portiers. Au total, l'Eglise romaine compte plus de cent cinquante ministres pour l'évangélisation. Un chiffre notable, si on le compare au clergé du IVe s. ou du Ve s. L'Eglise assure déjà un service d'assistance, confié au collège des sept diacres qui se partagent en sept districts approximativement dessinés comme les ressorts de leurs activités. Le même Corneille indique le nombre des veuves et des pauvres inscrits sur les registres de la communauté. On sait également que les chrétiens assurent la sépulture des fidèles pauvres dans un cimetière de l'Eglise au début du IIIe s., tandis que se développent sûrement, dans la seconde pitié du siècle, les hypogées plus particulièrement réservés aux fidèles. Les investigations des archéologues, dont G.B. de Rossi a codifié les méthodes, ont permis de reconnaître la géographie des catacombes; mais ces découvertes risquent de fausser le tableau d'une première chrétienté qui a laissé surtout le souvenir de ses nécropoles et des premières épitaphes tracées pour les chrétiens.

Au siècle dernier, les historiens, impressionnés par l'immensité de cette Rome souterraine, imaginaient volontiers que les chrétiens établissaient leurs réunions dans les catacombes; celles-ci, disait-on, les protégeaient du persécuteur et les fidèles en étaient sortis, avec la paix de l'Eglise, pour s'établir au grand jour, au coeur de la cité. On ajoutera pour excuser ces vues romantiques que les hagiographes, dès le Ve s., forgèrent de semblables légendes.

Un savant, le premier recteur de l'Institut Pontifical d'Archéologie chrétienne, J.P. Kirsch, s'inquiéta de proposer une hypothèse, qui identifiait les lieux du culte établis dans la ville avant Constantin. Il faisait remarquer que les plus anciennes églises de Rome s'étaient établies sur des vestiges antiques; il y reconnaît les cénacles et les maisons utilisés pour les réunions chrétiennes. De plus, ces *domus Ecclesiae* prenaient à Rome la dénomination de titre (*titulus*), suivi d'un nom de personne: *titulus Sabinae*, le titre de Sabine. La formule désignerait la pancarte indiquant une propriété privée, de manière à protéger l'usage de ces maisons d'Eglise contre les tracasseries du pouvoir, en un temps où la communauté n'avait pas obtenu le droit de posséder en son propre nom. Cette explication, qui s'imposa longtemps, avait au moins l'avantage de rappeler que la vie chrétienne, avec les réunions liturgiques, avec la prédication et la catéchèse et avec les services de l'assistance se déroulait, à Rome comme ailleurs, dans la ville, dans l'abri de cénacles privés. Mais l'argument archéologique s'effondra assez vite: la stratification des vestiges superposés dans le sol de Rome expliquait les découvertes signalées par Kirsch; on ne pouvait prouver que ces maisons découvertes sous les églises avaient servi à la liturgie des chrétiens, comme les « titres » qui s'étaient juchés au-dessus d'elles. On verra que le mot *titulus*, attesté seulement en 377, doit recevoir un sens différent de celui qui lui attribue Kirsch. Celui-ci a raison d'établir dans la ville les missionnaires de l'Evangile, mais la géographie du culte, avant Constantin, reste inconnue. Même s'il avoue en ce cas ses ignorances, l'historien doit mesurer les progrès notables de la conversion, illustrée par l'épigraphie des catacombes. La Rome souterraine conserve le témoignage d'une minorité chrétienne, discrète mais consciente d'elle-même. Des le IIIe s., le peuple des fidèles s'inquiète de proclamer par les formules de ses épitaphes, non plus la tristesse de la mort païenne mais l'espérance de la vie. On mesure ainsi, dans son oeuvre tenace, le progrès de l'évangélisation qui a sûrement préparé la naissance de la Rome chrétienne.

1. L'Eglise de Rome à l'époque constantinienne (312-364): de Miltiade à Libère

Cette dernière remarque permet de mesurer à ses justes limites l'expression aujourd'hui galvaudée d'« Eglise constantinienne ». Au Moyen Age les spirituels, à l'aube des temps modernes les Réformés et au siècle des Lumières les philosophes contestèrent, chez le fils d'un César illyrien devenu Auguste à grands coups d'audace, la sincérité d'une conversion. Plus encore, ils reprochèrent à Constantin les catastrophes qu'aurait entraîné pour l'empire ou pour l'Eglise, une politique favorable aux chrétiens. Dante, le premier, déplore cette *ricca dote* qu'apportait le prince à Silvestre de Rome. Les contemporains retenaient surtout qu'après l'agression cruelle de la grande persécution, qu'après un édit de tolérance maussade, concédé par l'empereur Galère, l'un des protagonistes de la violence, Constantin ouvrait une période de paix bienveillante et protectrice pour la liberté ecclésiale. Pendant un demi-siècle et cinq pontificats successifs, ceux de Miltiade (311-314), de Silvestre (314-335), de Marc (336), de Jules (337-352) et de Libère (352-366), la dynastie établit un style de relations entre l'empire et l'Eglise, qui vaut pour caractériser l'un des premiers temps de la Rome chrétienne. Tout n'était pas bénéfice assurément dans la politique qu'expérimente Constantin et que poursuivent ses successeurs (à l'exception du temps de la réaction païenne, voulue par Julien). Constantin fut entraîné à convoquer des conciles (ces *Reichskonzil*, auxquels le pape refusa obstinément de participer, sinon par des légats), à défendre d'un bras séculier assez rude contre les hérétiques, une orthodoxie définie par des synodes dont il ne se privait pas toujours d'inspirer la procédure. Constance I arriva jusqu'à l'attentat césaropapiste en faisant enlever de Rome et déporter en Thrace le pape Libère (357), qui refusait malgré les ordres du prince de condamner Athanase. Mais l'idéologie d'un système bureaucratique et autoritariste, qui réglait l'empire à la fin de l'Antiquité, rendait probablement inévitable cette dérive.

Le témoignage du *Liber Pontificalis*, qui recueille les chartes des donations princières concédées à l'Eglise romaine, illustre

l'ambivalence du système constantinien. Celles-ci permettent de
jalonner une nouvelle géographie monumentale, surgie au IVe s.
du sol romain, d'apprécier les donations dans leur importance
économique et enfin de mesurer la *dote* qu'apportent les princes
à l'oeuvre pastorale des évêques romains. Dens cette brève évocation, on distinguera du territoire de la cité le *suburbium* avec
ses nécropoles. Des 313, Constantin s'inquiétait de trouver au
pape un lieu de réunion convenable pour le tribunal synodal qu'il
chargeait Miltiade de présider, afin d'arbitrer les querelles des
donatistes avec les catholiques de Carthage: c'était la *domus
Faustae*, demeure de l'Augusta sise au sud-est de l'*Urbs*. Tout
près de là, Constantin choisit le terrain pour y implanter la
cathédrale, la *basilica constantiniana*, comme la nomment les premiers textes qui évoquent sans ambages le rôle du fondateur.
Constantin concéda l'emplacement d'une caserne de cavalerie
(qui avait occupé l'ancienne demeure des Laterani) et aussi, pour
établir l'abside, une *domus*. Le prince finança sans aucun doute
le chantier qui s'achevait rapidement avant la conquête de
l'Orient (en 324). De fait, les biens-fonds affectés à la basilique
appartiennent tous à l'Occident. Ce chantier réalisa un édifice
grandiose, après les travaux d'un nivellement considérable: la nef
centrale ouvre une voie royale large de 20 m, qui court d'Ouest
en Est, de la façade à l'abside sur 98,50 m. Deux nefs latérales,
séparées par des arcades ,que soutiennent les colonnes, bordent
la galerie intérieure sur 89 m. La galerie extérieure méridionale
(et sans doute sa symétrique) recut un développement plus court
de 15 m pour faire place à une construction annexe débordant
de 3,20 m vers l'extérieur. Sans constituer formellement un transept, cette disposition nuançait la régularité d'un schéma basilical
à cinq nefs. Eclairée par les hautes fenêtres qui illuminaient la
nef centrale, alors que les galeries intérieures recevaient un système d'ouvertures plus réduit, l'église reçut une riche décoration:
basilica aurea, disait-on encore à l'époque du pape Grégoire. En
réalisant, comme un prototype, une basilique spécialisée pour la
liturgie, les architectes empruntaient à tout une tradition technique expérimentée dans les édifices considérables, dont l'empereur Maxence avait donné récemment l'exemple sur le Forum
romain. Mais on ne peut dire quelle part l'empereur, qui
finançait le sanctuaire, et l'évêque, qui en prévoyait l'usage, ont
pris dans la définition de ce nouveau programme. Miltiade obtint
en tout cas la construction d'un édifice destiné au baptême,

distinct de la basilique, le premier baptistère, dont le martyrolo-ge hiéronymien retient le jour anniversaire de la dédicace, au 29 juin, la fête de Pierre et Paul.

Après un si grand effort, Constantin n'ouvrit pas d'autre chantier urbain pour le service de l'Eglise; l'impératrice-mère Hélène aménageait dans une résidence palatine un oratoire privé, qui passa par la suite dans le domaine impérial avant de venir tardivement au service de la communauté (S. Croce). Les quel-ques églises construites à l'époque constantinienne sont financées par l'évêque: ainsi le Titre de Silvestre sur l'Esquilin (S. Martino ai Monti), pour lequel le pape recoit l'appui du prêtre Equitius; ainsi près du Forum, le Titre de Marc et aussi celui de Jules, non loin du forum de Trajan. Le même pontife conduit un autre chantier au Trastevere (S. Maria), tandis que son successeur mène une entreprise analogue sur l'Esquilin (à l'emplacement de S. Maria Maggiore).

Les titulatures permettent de mesurer l'ampleur du chantier épiscopal. Une église fait exception, sur le Champ de Mars, dont la dénomination *in Lucinis* évoque peut-être une donatrice, avec un vulgarisme inspiré du grec : dans (le titre) de Lucina. Cette géographie nouvelle manifeste la présence chrétienne, même si les mailles de ce réseau monumental paraissent encore très lâches, en laissant inoccupés la zone centrale des Forums, l'Aven-tin et le Coelius.

Constantin apporta un effort particulier dans le *suburbium*, donnant plus d'édifices pour le service des morts que pour la prière des vivants. Presque toutes les constructions des *martyria* reviennent à son initiative: le premier, près de la Labicane, est achevé dès 326 (ou 327), avant la mort d'Hélène. Celle-ci repose finalement dans un mausolée associé à une basilique, dont les nefs extérieures enveloppent l'abside, en dessinant une sorte de déambulatoire. Le chantier de Saint-Pierre est ouvert au Vatican, dès 319, pour la construction d'une basilique *ad corpus*, avec cinq nefs et un transept; le *martyrium* s'établit sur une plate-forme construite à grand'peine pour compenser la pente du terrain et pour faire correspondre à l'autel la tombe présumée de l'apôtre. Constantin put dédier cette *domus regalis*, mais le chantier ne s'acheva que sous le règne de Constance. En revanche, l'empe-reur fit construire après 325 un oratoire formant un écrin pour la sépulture de l'apôtre des Gentils, et aussi une grande basili-que, sur le modèle choisi pour la Labicane, en l'honneur de saint

Laurent qui reposait, à quelques dizaines de mètres de là, dans une catacombe de la Tiburtine. La famille de l'empereur finança dès 340, près de la voie appienne, une *Basilica Apostolorum*, au-dessus d'une conque qui avait anciennement accueilli le culte funéraire des deux apôtres (S. Sebastiano); Constantina, la veuve du César Gallus, associait son mausolée à une basilique rattachée, comme l'édifice de la Tiburtine, à la tombe de sainte Agnès. Dans ce programme, les princes et les princesses travaillent en partie pour eux-mêmes et pour placer leur ultime repos sous la protection d'un saint voisinage (Labicane; Nomentana); les autres *martyria* accueillent les sépultures des fidèles, qui s'accumulent à Saint-Sébastien ou à Saint-Laurent, en constituant des nécropoles couvertes (*coemeterium sub teglatum*). Mais presque toujours, ces évergésies monumentales reflètent également le prestige des grands martyrs (Pierre; Paul; Laurent; les deux Apôtres). L'Eglise eut aussitôt le contrôle de ces *martyria,* tandis que les basiliques proches des sépultures impériales restèrent longtemps dans le domaine impérial. L'évêque disposait de moyens médiocres pour aménager les tombes saintes, d'autant que tout l'effort portait sur la pastorale urbaine; mais avec l'aide du clergé, il oeuvra près de la Salaria (Priscilla), près de l'Aurelia ou de l'Appia. C'étaient des entreprises modestes dans les cubicules des catacombes, auprès des tombes saintes, pour permettre de petites réunions liturgiques et aussi le pèlerinage des fidèles.

Le tableau précédent, si rapide soit-il, suffit à distribuer les responsabilités entre l'empereur et l'évêque; il indique l'intelligence pastorale de celui-ci, tout en précisant ce que l'Eglise romaine doit à la générosité, parfois intéressée, du prince. Mais aux chantiers du prince s'ajoutent les donations de vases précieux et d'objets destinés à la liturgie, ainsi que l'affectation de tout un patrimoine de biens-fonds pour l'élairage et pour l'entretien de l'édifice. La *Basilica constantiniana* reçoit des chancels, sept tables d'offrandes auxquelles sont attribués sept riches et grands calices (*scyphi*), un autel avec un calice plus précieux encore. Pour l'illumination de l'édifice, l'évergésie impériale avait prévu des *fara,* des candélabres et d'énormes métrètes contenant l'huile des lampes. Les revenus des domaines, souvent de grandes exploitations, distribués en Sicile (pour les 2/3) et en Campanie, rapportent près de 4400 sous d'or. Le baptistère est mieux pourvu avec 10234 *solidi*, dont la moitié vient de la zone appienne et de la Sabine et l'autre part, de *fundi* africains. La fondation de la Labicane reçoit 7700 sous, celle de Saint-Paul, 3500, Saint-Pierre, 3708; Laurent moins pourvu obtient un millier de sous et Agnès 700. On peut comparer avec la modestie des donations épiscopales; l'église de Silvestre dispose annuellement de 255 sous, celle de Marc, de 145. Les générosités constantiniennes dessinaient la géographie du domaine apostolique, qui se répartit au VIe s. en grands patrimoines régionaux.

Mais ce n'est encore qu'une ébauche. Certes, depuis 321, la loi constitue le *concilium catholicae* en personne morale susceptible de recevoir des dons dont l'évêque est le titulaire. Le pape dispose d'un revenu annuel d'environ 30.000 *solidi* et aussi d'une masse imposante de métal précieux thésaurisé en vaisselle liturgique (près d'une demi-tonne d'or). Plus encore, les revenus des domaines sont protégés par des immunités fiscales. Mais ce total confortable ne soutient guère la comparaison avec les richesses contemporaines: un historien grec rappelle que les moins fortunés des sénateurs romains capitalisaient chaque année de 70.000 à 100.000 sous en revenus, surtout fonciers. On ne doit pas en déduire que la richesse de l'évêque romain représente, en revenus, la moitié des ressources pour un sénateur modeste. Car les rentes des domaines restent, par la règle des chartes de fondation, affectées à un service défini. Elles ne peuvent en être détournées. Le pape dispose librement des fonds que lui vaut la collecte parmi les fidèles; pour le reste, il est le *titulaire* de fondations qui permettent d'entretenir les églises titulaires et probablement le clergé de leurs desservants.

L'établissement matériel donne à la pastorale du peuple des facilités nouvelles. Jamais l'évêque de Rome n'avait disposé d'une salle assez vaste pour réunir la communauté des fidèles. Si Constantin a servi en quelque manière l'Eglise locale, ce n'est pas en la libérant de Maxence son prédécesseur, qui avait déjà rapporté les mesures de persécution. C'est en dotant l'évêque d'un cadre grandiose pour sa liturgie. La célébration de la synaxe, chaque dimanche, réalise concrètement l'unité de l'*Ecclesia* à Rome. Du reste, dès 321, la loi impériale privilégie un nouveau rythme de la vie quotidienne, en interdisant pour le *dies solis* (comme on continue à dire) toutes les activités publiques et même festives, qui pouvaient détourner les fidèles de l'obligation dominicale. La structure de la célébration reste pratiquement inchangée, mais l'espace basilical accentue le style communautaire, en permettant très matériellement les déploiements d'une

participation collective. Quelques indices assez sûrs (en particulier la distribution de l'éclairage et aussi des autels) permettent
d'établir l'utilisation des cinq nefs et de la galerie transversale.
Les zones extérieures les plus sombres paraissent réservées aux
catéchumènes, renvoyés lorsque s'achève la liturgie de l'instruction, tandis que la voie centrale sert aux grandes processions. Les
fidèles apportent à chacune des sept tables d'offrande, tenues par
les diacres, le pain déposé sur l'une des sept patènes offertes par
Constantin et le vin destiné à l'un des sept calices ainsi que les
autres produits de la collecte. Tout près de la basilique, le baptistère donne un cadre communautaire à l'engagement chrétien.
Le rituel n'est pas modifié, ni même l'organisation de la préparation cathécuménale. Mais le dernier stage de cette instruction,
l'examen des candidats (en trois scrutins successifs, comme le
veut la pratique du IVe s.) se déroule en présence du peuple
réuni dans la basilique, er des réunions tenues à la veille du
baptême pascal, pendant les trois semaines de carême.

On ne mesure pas assez l'effet pastoral ou même apologétique qu'implique cette socialisation du rituel. Augustin rapporte,
dans ses *Confessions*, l'émoi soulevé à Rome par le baptême
public de Marius Victorinus. Le personnage brillait d'un prestige
intellectuel et social exceptionnel et le clergé, comprenant sa
pudeur, lui proposait une cérémonie discrète. Le philosophe préféra finalement proclamer publiquement son engagement. Une
cérémonie d'un style aussi public et communautaire règle, au
jeudi saint, la réconciliation des pénitents. Cette fois, Jérôme
témoigne en rappelant l'arrivée d'une grande patricienne, Fabiola,
venue à l'église la tête empoussiérée de cendres, le corps enveloppé d'un méchant sac. Il n'y avait qu'un inconvénient dans
l'établissement du Latran: la position décentrée de la basilique.
L'évêque chercha, dès qu'il le put, à corriger des défauts de la
géographie, en occupant pour quelques cérémonies, dès qu'elle
fut achevée, la basilique Saint-Pierre; Libère dès le milieu du
IVe s. y célébrait la fête de Noël. Ainsi s'ébauchait une première
liturgie stationnale que renforçait la présence encore clairsemée
de quelques églises urbaines pour l'évangélisation des quartiers.

Dans les premières décennies du siècle (en 336), l'Eglise
romaine publiait le calendrier des fêtes saintes réparties dans le
cycle de l'année; ce férial, la *Depositio martyrum*, localisait également les tombes saintes et invitait ainsi les fidèles au pèlerinage
de la prière, parfois à une célébration liturgique dans l'oratoire

ou la basilique voisine de la tombe. Les intentions théologiques apparaissent clairement dans un texte qui place au début du sanctoral la naissance de Jésus à Bethléem, la Noël. Les fêtes des deux apôtres fondateurs de l'Eglise romaine tiennent une bonne place: au 29 juin, un même anniversaire les associe dans l'unité du martyre. Une fête particulière, au 22 février (*natale Petri de cathedra*) célèbre la tradition apostolique, l'enseignement de Pierre, le *patronus* de la grande famille romaine. On a depuis longtemps relevé que ce jour correspond à la célébration traditionnelle des morts, la fête des *Caristia*. De fait, la comparaison du férial chrétien et du calendrier des festivités païennes traduit bien la volonté pastorale de christianiser le cycle annuel, de conquérir le temps. On n'imagine pas de reprendre ici les propos des folkloristes soutenant, au début du siècle, que l'Eglise avait substitué aux anciens dieux des saints un peu apparentés aux figures déchues. Le calendrier a été conçu, en puisant dans le riche patrimoine des martyrs romains, pour organiser des célébrations dans la couronne suburbaine des catacombes aux jours qui écartent plus efficacement les fidèles du cirque ou de l'amphithéâtre. Aux *Ludi apollinaires* correspondent, en juillet puis en août, les anniversaires de nombreux martyrs enterrés du nord au sud de l'*Urbs*. Du reste, cette organisation paraît judicieusement pesée, puisqu'elle ne prévoit point de célébration martyriale pendant tout le temps d'hivernage, de février à avril (sauf la fête du 22 février) à l'époque où se placent le carême, la fête pascale et les célébrations post-pascales. Pendant toute cette période, l'évêque appelle plus particulièrement les fidèles à se réunir au Latran.

Pour cette pastorale du temps, l'évêque de Rome dispose d'un clergé dont le recrutement traditionnel, ni la composition ne paraissent pas modifiés: quelques centaines de ministres divers, du *presbyterium* à l'acolytat, qui oeuvre au sein d'une population urbaine quatre à cinq mille fois plus nombreuse. Au moins, ils sont mieux protégés par le système d'immunités fiscales que Constantin avait étendu aux biens personnels des ecclésiastiques et aussi par quelques immunités juridiques (cependant le système du for, qui libère des tribunaux publics les clercs en matière civile, n'est pas encore établi). Le sacrement de l'ordre, comme le baptême, est conféré dans une cérémonie publique. Le *presbyterium*, le collège sacerdotal et aussi les sept diacres portent témoignage, avant le choix d'un nouveau ministre des ordres majeurs. La pastorale d'une ville considérable reste confiée à une petite élite.

2. *L'Eglise de Rome et la conquête de la cité (de Damase au pape Sixte: 364-440)*

Le pontificat de Damase commence des temps nouveaux pour la conversion de la Capitale. La paix de l'empire chrétien paraît solidement établie et les nouvelles générations arrivées à l'âge adulte n'ont pas connu la persécution. Le corpus de l'épigraphie urbaine illustre les progrès décisifs de la christianisation. Au IIIe s., la communauté fidèle comptait une minorité grecque, qui s'étiole au IVe s., à l'exception de quelques contingents nouvellement arrivés de l'Orient. Mais surtout la composition sociale paraît sensiblement modifiée. L'évangile touchait quelques grandes *gentes* dans la première moitié du IVe s., un groupe de familles plus fourni au temps de Damase et dès les premières décennies du Ve siècle. Au peuple chrétien, l'aristocratie convertie apporte le renfort d'une culture, d'une influence politique et d'une puissance économique.

Quelques décennies (moins d'un siècle) suffirent à dessiner les traits d'une géographie chrétienne dans la ville et dans le *suburbium*: car cette période semble décisive pour l'établissement matériel de l'Eglise. Une brève chronologie mesure le rythme des constructions. Damase conduit en une vingtaine d'années cinq chantiers et achève trois églises: l'édifice qui porte son nom (S. Lorenzo in Damaso), construit à l'emplacement d'une maison qui appartenait au pape, au sud du Champ de Mars. Sainte-Anastasie occupe la zone d'une *insula* dans la partie méridionale du Palatin, tandis qu'au sud-est de la Ville, près des thermes de Caracalla, le titre de Fasciola paraît achevé dès 377. Dans une vallée entre le Viminal et l'Esquilin, deux prêtres achèvent, au temps de Sirice le successeur de Damase, l'aménagement d'une église utilisant des thermes (*titulus Pudentis*, par la suite *ecclesia pudentiana*). Saint-Clément appartient à la même époque: les nefs surmontent un grand édifice privé tandis que l'abside déborde au delà d'une ruelle sur un mithrée, qui est établi à un niveau inférieur et qui est désaffecté par la construction de l'édifice chrétien. En deux décennies, le pontificat du pape Innocent (402-418) apporte sept nouveaux titres: le *titulus Crescentianae*

(Saint-Sixte) est situé non loin du titre de Fasciola et cet établissement montre bien que l'Eglise ne cherche point à réaliser un programme systématique; les constructions s'établissent au hasard des donations. Le *Liber Pontificalis* présente (en un témoignage exceptionnel et suggestif) la procédure utilisée près du *Vicus Longus* pour le chantier du *titulus Vestinae* (Saint-Vital). Le pape accepte une donation, confie la réalisation d'une église à deux prêtres et à un diacre; puis il fait réunir en une charte de fondation les biens légués par la noble dame qui n'ont pas été employés pour la construction.

Sur le Coelius, Pammachius conjugue ses efforts avec un obscur Byzas (*titulus Pammachi et titulus Byzantis*) pour faire élever un nouveau titre, le premier sur la colline. Des deux fondateurs, le premier cité, un sénateur romain, qui appartient aux cénacles de l'aristocratie romaine, fait figure d'évergète modèle: il construit un hospice au Portus, distribue une part de sa richesse à Saint-Pierre, dans les agapes funéraires qu'il organise à l'occasion du décès de sa femme Pauline, pour remplacer le traditionnel banquet funéraire des obsèques. Au temps d'Innocent s'ouvre également un autre chantier dans une zone occupée, non loin de la préfecture de la Ville, pour une riche *domus*. Mais l'église, qui reçut finalement son nom avec les reliques des chaînes utilisées pour la première captivité de Pierre (Saint-Pierre aux Liens), est définitivement achevée, sous la conduite d'un prêtre Philippe, légat pontifical au concile d'Ephèse (431), grâce au secours de la caisse impériale (plus exactement, celle de l'Augusta, Eudoxia).

En quelques cas, la chronologie des constructions peut être établie par le témoignage d'un férial romain, probablement daté du premiers tiers du Ve s. et conservé dans le *Martyrologe hiéronymien*: ainsi, le titre de Marcel, près de la Via Lata, l'église des Quatre Couronnés qu'il faut identifier avec le *titulus Aemilianae*, sur le Coelius et enfin, non loin des thermes de Dioclétien, le *titulus Gaii* (actuellement Sainte-Suzanne). Cette *grande impresa* s'achève sous le pape Sixte: le prêtre Pierre d'Illyrie dirige l'entreprise à Saint-Sabine, qui établit la présence chrétienne sur l'Aventin. C'était l'époque où Philippe conduisait l'oeuvre édilitaire à Saint-Pierre-aux-Liens, où Saint-Laurent in Lucina remplaçait, en étendant l'édifice in *solo publico*, le titre du IVe s. (*in Lucinis*). L'évêque de Rome consacre au service de la *plebs Dei*, le peuple de Dieu, une basilique éclatante dans la décoration de ses mosaïques et dans les lignes classiques de son organisation intérieure. Sainte-Marie Majeure n'appartient pas à la série des quinze titres nouvellement édifiés à la veille du pontificat de Léon: consacrée à la Théotokos pour remplacer la *basilica Liberii* détruite dans une émeute, le nouvel édifice est destiné à la liturgie épiscopale. On l'a déjà noté: la géographie de ces chantiers ne reflète pas le programme médité d'une occupation systématique de l'espace urbain. N'importe: avec cette vingtaine d'églises, tous les fidèles trouvent à quelques centaines de mètres de leur domicile, le *titulus* où ils peuvent s'associer à la prière communautaire.

L'aménagement des oratoires auprès des tombes saintes dénote un programe beaucoup moins improvisé. Théodose le Grand puis Galla Placidia ont financé la construction d'une grande basilique, pour remplacer le petit *martyrium* de Constantin édifié sur la tombe de Paul. Mais, à l'exception de cette évergésie impériale, les responsabilités décisives reviennent aux évêques romains qui utilisent les interventions du clergé et les donations des fidèles. Le pape Damase fait placer dans toutes les grandes nécropoles romaines les inscriptions — très souvent des poèmes — tracées sur le marbre par le calligraphe Furius Filocalus. Cette oeuvre de poésie épigraphique jalonne, comme en une couronne sainte autour de Rome, le culte des martyrs. Dans la catacombe de Calliste, la crypte des papes, à Prétextat, à Domitille, à Comnodile, au cimetière de Generosa, à Hermès, à Priscille, à Thrason et près de la Labicane pour les saints Pierre et Marcellin, le *cultor martyrum* fait aménager un oratoire hypogée ou une petite basilique. Sirice poursuit le même effort d'aménagements qui facilitent la prière des pèlerins. Les successeurs de cet évêque s'emploient à achever un programme pastoral beaucoup moins coûteux que la construction des églises urbaines : Anastase et Innocent interviennent dans les cimetières occidentaux, en particulier ceux de la voie *Portuensis*. Il reste finalement au pape Boniface le soin d'aménager la tombe de sainte Félicité, au Nord de Rome.

Pendant la première moitié du IVe s., la générosité des princes avait aidé un premier établissement matériel de l'Eglise. La famille impériale intervient encore, à Saint-Paul-hors-les-murs, financé par Théodose le Grand puis par Galla Placidia, à Saint-Pierre-aux-Liens avec Eudoxia. Mais la conquête de l'espace urbain, l'établissement d'une couronne sainte d'oratoires autour de la ville relève désormais de l'évergétisme aristocratique et aussi des interventions de la cité mobilisée par la collecte. Les grandes familles gagnées par la conversion prennent le relais du prince. Johan Peter Kirsch a recueilli dans un petit livre toujours utile les témoignages qui illustrent l'exceptionnel du phénomène. Il fait remarquer l'évolution de la nomenclature pour les églises titulaires: *titulus Sabinae* (c'est le nom donné dans un document officiel, à la fin du Ve s.) devient un siècle plus tard, dans un texte émanant de la chancellerie pontificale, le *titulus sanctae Sabinae*. Toute une élaboration hagiographique accompagne cette évolution. La fondatrice Sabine reçoit la récompense de la sainteté, qu'illustre une légende de fondation, ajoutant à un acte de générosité réelle la geste d'un martyre. Le mouvement d'un tel récit conduit l'hagiographe à imaginer une chronologie très haute pour l'établissement chrétien: la petite communauté des fidèles se serait établie dès le IIIe s. dans la maison du fondateur ou de la fondatrice. L'archéologue luxembourgeois en tirait une conviction, qu'il croyait argumentée avec la découverte de vestiges antiques sous les églises: avant la construction d'édifices spécialisés pour le culte, les chrétiens occupaient des *domus* qui auraient constitué avant Constantin les premiers titres. L'analyse archéologique a écarté cette hypothèse. En tout cas, nous conservons un précieux témoignage sur le rôle décisif de l'évergétisme au IVe ou au Ve s.: tous les récits sur la fondation d'une église; les légendes ne reproduisent pas toujours le même modèle: en certains cas, la mémoire collective conserve clairement le souvenir du fondateur et aussi la chronologie post-constantinienne de son intervention: c'est le cas de Pammachius ou de Vestina. L'église reçoit la dédicace des reliques qu'elle a recueillies: le *titulus Pammachi* devient le titre des saints Jean et Paul ou encore le *titulus Vestinae*, Saint-Vital. On a déjà noté qu'en ce cas, le *Liber Pontificalis* rappelle assez clairement les procédures de la construction. Une charte, conservée également dans la chronique pontificale, permet de mesurer le patrimoine laissé à l'église, après le paiement du chantier: un revenu assez modeste qui apporte au titre un millier de sous chaque année et un trésor liturgique en vaisselle et en luminaire, dont le poids est évalué à une centaine de kilogrammes en argent.

Dans le cas de Saint-Vital, la chronique note également le rôle des entrepreneurs cléricaux; les dédicaces au IVe et au Ve s. relèvent, en quelques cas, cette sorte d'intervention. Le

prêtre Leopardus, dont E. Josi a reconstitué l'activité dans une
précieuse petite monographie, se déplace des églises aux cimetières, de Sainte-Pudentienne au martyrium de la Tiburtine. Les
légendes de fondation insistent souvent sur l'oeuvre des prêtres
ou des diacres, comme si les hagiographes s'inquiétaient de rappeler avec force l'intervention des clercs et de minimiser l'intervention des donateurs laïques. Mais les prêtres ou les diacres,
même s'ils apportent leur propre contribution, utilisent surtout
les fonds draînés par la collecte auprès de toute la communauté.
Les témoignages manquent évidemment pour évaluer l'importance des ressources ainsi réunies; en tout cas, l'Eglise porte une
attention particulière à cette générosité collective. Elle en place
les manifestations au coeur de la liturgie, avec la procession de
l'offrande et aussi dans une prière qui commémore les donateurs
vivants : *nomina offerentium*. En quelques cas, les résultats paraissent impressionnants : le titre de Fasciola relève peut-être de ce
financement commun, puisque le nom de l'église ne désigne pas
un donateur; il se réfère à un quartier, celui où Pierre, fuyant de
Rome, selon la légende, aurait perdu une bandelette (*fasciola*)
moletière. Le pape Sixte utilise le patrimoine de la générosité
collective pour payer le chantier de Sainte-Marie-Majeure.

L'évêque dispose ainsi de quelques moyens; mais c'est l'unique capital resté à sa libre disposition. Les donations apportent
10 à 15.000 sous, en complément au capital déjà constitué au
milieu du IVe s. Les mêmes règles encadrent l'emploi de cette
richesse : les rentes sont affectées à des objectifs précis pour
entretenir chacune des églises. La loi qui autorise, dès l'époque
de Constantin, l'Eglise à recevoir des donations, réglemente avec
plus de rigueur, dans la seconde moitié du IVe s., le droit des
successions et des fondations. L'empereur Valentinien s'inquiète
d'interdire que les pieuses matrones ou les généreux laïques
dépouillent leurs successeurs en confiant leurs biens, par fidéi-
commis ou par testament, à l'Eglise et à ses clercs. En un mot,
l'évêque doit s'attacher à établir en droit la légitimité de ses
propriétés. La volonté des donateurs, soucieux de faire respecter
les intentions de leur évergésie, et d'autre part la surveillance
soupçonneuse de l'état ont entraîné la constitution du *titulus*. Le
mot, utilisé au IVe s. et encore au VIe s. par la chancellerie
pontificale, est emprunté au vocabulaire du droit pour désigner
une fondation avec tout ce qu'elle implique: l'édifice religieux
dans la ville, les biens qui assurent l'entretien de sa *fabrica* et de

son clergé. Cette solution originale (même s'il existe, sans le nom, des systèmes analogues ailleurs), limite par de rigoureuses servitudes le pouvoir épiscopal.

Cependant, les Titres assurent l'entretien d'un clergé permanent et le progrès d'un tel système transforme efficacement les conditions de l'évangélisation locale. Certes, l'évêque surveille avec la même attention la pastorale dont il a directement la responsabilité. On retiendra l'allongement à six semaines du carême, pour toute une période d'exercices spirituels qui privilégient souvent les réunions dans la cathédrale. Sainte-Marie-Majeure accueille, dès le début du Ve s., la célébration de l'Epiphanie, alors que Saint-Pierre conserve celle de la Noël. La basilique de l'apôtre réunit les fidèles pour la Pentecôte et pour une nouvelle période des baptêmes, qui s'ajoute à la réunion de la vigile pascale au Latran. De la même manière, l'évêque romain surveille attentivement le développement du culte martyrial: Damase complète la liste de célébrations reconnues par l'Eglise, en distribuant les poèmes de sa composition auprès de saints qui ne figuraient pas dans le premier férial. Les évêques romains s'inquiètent de discipliner les pratiques du culte: ils accueillent volontiers les reliques venues d'Orient (celle des Macchabées, les chaînes de Pierre), mais ils interdissent rigoureusement le trafic des corps des saints appartenant au patrimoine romain; au mieux, ils tolèrent le commerce des reliques symboliques: les *brandea* par exemple, des linges sanctifiés au contact du corps saint. La même surveillance s'applique aux pratiques populaires qui accompagnent le culte, aux banquets funéraires (*refrigerium*) tenus auprès des tombes saintes ou pis encore dans les grands *martyria*. En tout cela, la pastorale de l'évêque ne fait que perfectionner une organisation déjà établie depuis les premières décennies du IVe s.

Beaucoup plus nouvelle, est la pratique qui donne une géographie stable aux ressorts des sept diacres. On sait que très tôt, l'évêque romain a confié aux membres de ce petit collège la charge de procéder à la collecte et d'en redistribuer une part pour l'assistance des veuves et des pauvres. La vie romaine rendait l'intervention ecclésiastique (autant que les initiatives privées) plus que jamais nécessaire. Dans la seconde moitié du IVe s., en 382, en 397, en 409-410, les difficultés de ravitaillement, liées parfois aux conditions météorologiques, souvent au contexte politique, créent à Rome les famines, classiques, aux temps modernes, des crises de subsistance. S'ajoutent en 410 le sac de Rome et le contrecoup des invasions barbares. En tout cas, la procession du dimanche au Latran, qui conduit le peuple à répartir ses offrandes entre les sept tables des sept diacres, ébauche les habitudes d'un régionalisation. A la fin du IVe s., un premier texte signale l'existence d'un diacre régionnaire, c'est-à-dire d'un diacre attaché en permanence au service d'une zone définie. Les sept régions de l'Eglise regroupent en ensemble plus vastes les quatorze districts dessinés par Auguste, qui conservent évidemment toute leur valeur de référence politique et administrative. Cette stabilisation des différents ressorts diaconaux pour l'assistance superpose à toutes les organisations de l'espace urbain un nouveau signe de la présence chrétienne.

Innovation plus décisive encore: les *tituli* ébauchent le système des paroisses urbaines. La chronique pontificale explique qu'ils valent *quasi diocesis, propter baptismum et paenitentiam*. Un autre témoin, contemporain de ce nouveau développement de la pastorale, l'Ambrosiaster note que deux prêtres au moins s'établissent dans chacun des titres et un document de 419 assure que ce chiffre a été porté à trois. La nouveauté est que la fondation associée à chacune de ses églises permet l'entretien du clergé local. Elle assure l'établissement d'un relais pour la liturgie dominicale. Le pape Innocent, au début du Ve s., explique dans une lettre devenue célèbre pour l'histoire de la liturgie, comment les prêtres reçoivent pour la consécration, un *fermentum*, les fragments des espèces consacrées par l'évêque. Cette pratique assure l'unité mystique et concrète de la conmunauté.

En même temps, elle réalise une pastorale efficace dans les quartiers de la ville: l'instruction par la parole et par la participation aux mystères. Les Titres, comme l'indiquent les chartes de fondation, reçoivent souvent attribution du matériel liturgique nécessaire pour le sacrement de l'initiation; en quelques cas à Sainte-Pudentienne, à Saint-Laurent in Damaso, à Sainte-Sabine, l'hagiographie ou l'archéologie attestent l'aménagement des fonts, à l'origine destinés aux baptêmes d'urgence; cette organisation aidera puissamment le développement du pédobaptisme. Au IVe s., les Titres accueillent les catéchumènes, au moins pendant la longue période de formation qui précède les trois scrutins; ceux-ci y reçoivent les exorcismes. Au Ve s., l'Eglise commence a accueillir les fiancés qui prennent l'habitude d'échanger leur engagement devant un prêtre, en présence de la communauté.

Comme pour le baptême, cette évolution permet une « sociali-sation » du sacrement, en même temps qu'elle donne un carac-tère solennel au mariage chrétien.

Enfin les églises titulaires servent également pour le service de la collecte et de l'assistance: ce n'est pas que des diacres aient autorité sur les prêtres titulaires. En édictant les procédures de la collecte, l'évêque, au milieu du Ve s., fait utiliser les églises pour rassembler les dons et aussi pour distribuer les aumônes. Il s'agit à l'époque d'une commodité: mais cette habitude devient par la suite la règle et établit à la fin du Ve s. l'affectation de 3 ou 4 titres à chaque région ecclésiastique. Tous ces services confiés à la direction des prêtres impliquent l'intervention de plus humbles serviteurs: les acolytes, chargés également d'appor-ter le *fermentum* du Latran jusqu'au Titre; les lecteurs, chargés d'animer la célébration liturgique et aussi d'aider dans la caté-chèse, de plus jeunes clercs encore, commençant leur apprentis-sage du ministère. Les serviteurs de l'autel et de la pastorale forment un petit groupe, une dizaine de personnes attachées à une église, dont ils portent la titulature: *lector de Fasciola, presby-ter tituli Sabinae*, etc... Il manque au *titulus* pour être une paroisse, la définition d'un ressort géographique (au Ve s., mieux vaut parler de zones d'influence) et aussi l'attache obligatoire des fidèles. Avec le mot *paroecia*, le pape Innocent désigne l'organi-sation tout à fait distincte des communautés suburbaines, grou-pées autour d'un clergé dont la composition rappelle sûrement celle des *tituli*; mais la basilique pontificale est trop éloignée pour que la synaxe locale puisse recevoir le *fermentum*. En tout cas, Rome ébauche un modèle pour la pastorale urbaine.

L'exceptionnelle entreprise missionnaire qui accomplit la conversion de Rome du IVe au Ve s., en conjuguant l'action de l'évêque avec celle du clergé titulaire, imposait le renforcement de l'administration épiscopale autant qu'une nouvelle constitution du clergé. Les besoins des relations ecclésiastiques, les nécessités de l'administration domaniale devenue plus complexe avec le développement du patrimoine, les attributions nouvelles de l'évê-que, chargé à Rome comme ailleurs d'arbitrer les conflits chré-tiens dans une *audientia episcopalis*: toutes ces raisons s'ajoutent à la gestion d'une pastorale multiple pour imposer la constitution d'une première curie. Celle-ci s'appuie sur le collège diaconal et sur les sept sous-diacres; elle utilise un petit groupe de prêtres indépendants des fonctions titulaires, quelques clercs mineurs.

[41]

Tous s'occupent, selon les modalités variées des circonstances et des compétences, des relations avec les autres Eglises, bien que le pape ait commencé à employer, dès l'époque de Libère, des évêques italiens pour les légations, les missions importantes auprès de l'empereur ou la représentation pontificale aux conciles. Les évêques romains spécialisent leurs représentants: le prêtre Philippe, l'entrepreneur de Saint-Pierre- aux-Liens, est chargé des missions orientales. Toutes les affaires d'administration courante, la rédaction des rescrits ou des décrétales relèvent d'une chancellerie de notaires qui a emprunté au modèle impérial. On ne négligera pas ce trait de sociologie politique, qui introduit, dans la vie administrative de l'Eglise romaine, un groupes d'hommes rompus aux techniques de jurisprudence, à une langue du droit, à une technique d'argumentation fondée sur les grands auteurs d'une tradition juridique, à une diplomatique réglant l'organisation des textes. L'oeuvre modeste de la *schola* notariale contribue à donner une force expressive et une continuité aux grands thèmes de l'ecclésiologie pontificale. Les *defensores* de l'Eglise romaine, chargés d'ester en justice, de représenter la communauté et son pasteur auprès des tribunaux ou des pouvoirs civils et politiques, contribuent également à cette acculturation juridique. Tous ces progrès de l'institution servent les interventions de la primauté, autant qu'ils reflètent les progrès de ses interventions. Avec la naissance d'un droit religieux, rendu possible par le travail de ces modestes ministres, la papauté appartient à l'histoire de la culture.

Ajoutés à tout le clergé titulaire, ces clercs et les laïques de la curie forment un groupe minoritaire, quelques centaines d'hommes (deux ou trois fois plus qu'au début du IVe s.), immergés dans un peuple chrétien beaucoup plus nombreux et beaucoup plus mêlé. Innocent relève, dans l'aveu d'une lettre, les dangers réels d'affadissement spirituel qu'entraîne une conversion massive. Dès le milieu du IVe s., la législation pontificale entreprit de pallier le danger, en promulguant des règles plus strictes pour le recrutement clérical. Les décrétales, dès le temps de Damase, rappellent l'obligation d'un cursus pour la milice spirituelle, selon une procédure analogue à celle qui règle la *militia* impériale. En pratique, ces petits manuels de discipline ecclésiastique dessinent deux carrières en trois stages successifs: depuis le premier ministère, généralement le lectorat, le clerc peut passer à l'acolytat et devenir prêtre en suivant un cursus presbytéral ou assurer le sousdiaconat avant d'être diacre, selon un cursus diaconal. Pour les ordres majeurs (bientôt, pour les sousdiacres), les décrétales exigent une loi de continence, solidement justifiée par l'Écriture (le Lévitique et les Pastorales). La législation de l'Église définit les empêchements qui interdisent la cléricature: on retiendra l'exclusion des bigames, c'est-à-dire ceux qui ont contracté deux mariages successifs ou encore ceux qui, pour avoir épousé une veuve, sont indirectement associés à deux mariages. Cette réglementation ne modifie pas la société cléricale dans la Rome chrétienne; plus exactement, dans ce groupe traditionnel puisant souvent au sein des familles anciennement chrétiennes, émerge une petite élite réunissant avec le collège diaconal un petit groupe de prêtres. Celle-ci n'appartient pas à l'aristocratie, mais elle partage avec elle une même culture.

3. De Léon le Grand à Grégoire le Grand

La ville avait pu renaître après le sac d'Alaric (en 410); mais elle souffrit successivement la razzia des Vandales qui la dépouillèrent (en 455) puis, dans l'agonie de la monarchie gotique, la guerre atroce de Vitigès (537) qui la dépeupla de son élite, le siège de Totila (546) qui réduisait l'antique capitale de l'univers à quelques centaines d'habitants. La ville se relevait après chacun de ces malheurs un peu plus affaiblie, rétrécie dans la nostalgie d'un grand passé. Au VIe s., le système pastoral qui avait converti une grande capitale sert à l'encadrement d'une ville appauvrie et diminuée.

Pendant la seconde moitié du Ve s., avant l'époque du déclin décisif, de nouvelles églises ont enrichi le patrimoine monumental de la Ville. Celles-ci complètent l'occupation de l'Esquilin, avec Sainte Praxède, Saint-Eusèbe et avec le titre de Cyriaque. Et pour le Transtevère, Sainte-Cécile et Saint-Chrysogone, pour le Coelius, le *titulus Balbinae*; enfin pour l'Aventin, Sainte Prisque dont la construction enterre un mithrée. Le pape Simplice (468-483) établit sur le Coelius un édifice affecté à la liturgie de l'évêque, Saint-Etienne-le-Rond. Au début du VIe s., sous le pape Félix (526-530), un premier édifice chrétien, les Saints-Cosme-et-Damien remploie l'antique temple des Pénates. Au milieu du siècle, la transformation d'une *aula*, au pied du Palatin, permet l'établissement de Sainte-Marie-Antique. Ces églises plus récentes n'appartiennent pas au réseau des *tituli*. Les monastères

y échappent également; les établissements des petites communautés monastiques jouxtent souvent, dans les premiers temps,
une basilique martyriale: ainsi au Ve s., *ad catacumbas*, un *monasterium Sancti Sebastiani*, dont la fondation est attribuée au pape
Sixte (432-440). Léon suit l'exemple de son prédécesseur, *apud
sanctum Petrum*, pour un monastère des Saints-Jean-et-Paul;
Hilaire (461-468) place son intervention près de Saint-Laurent de
la Tiburbine, où il fait construire pour les pèlerins des thermes.
Il est également le premier pape qui ait édifié un établissement
indépendant et qui l'ait pourvu d'un oratoire particulier. Au
VIe s., ce sont douze créations nouvelles; près de Saint-Agnès
sur la Nomentane (dès le début du siècle) s'installe une communauté féminine; au Vatican, l'intervention généreuse de la patricienne Galla aide l'établissement de Saint-Etienne Majeur, qui
dans les premiers temps porte son nom: monasteri *S. Stefani cata
Galla patricia*. Un autre groupe de moines se place dans les
souvenirs de Paul sur l'Ostiensis (*ad Aquas Salvias, monasterium
Aristi*), sur l'Aurelia auprès d'un *martyrium* fondé par le pape
Symmaque (498-514) en l'honneur de saint Pancrace (*Monasterium s. Victoris*), ou plus loin, au nord, sur la Flaminia. Dans la
ville, les initiatives se multiplient, grâce aux générosités patricien-
nes: sur l'Esquilin, celle de Barbara. Plus encore interviennent
l'Eglise et surtout l'évêque lui-même: ainsi, des communautés
utilisent les biens des clercs tombés dans le patrimoine ecclésiastique : une maison *ad Gallinas Albas*, la demeure d'un prêtre
Jean, *iuxta Thermas Agrippianas*, la propriété d'un Renatus, gen-
dre de l'évêque de Rieti et plus encore sur le Coelius, dans une
habitation patricienne près du *Clivus Scauri*, le monastère qui
porte le nom de son illustre fondateur, *monasterium sancti Gregorii*. En pratique, l'établissement monumental de la Rome chrétienne s'achève: il ne manque encore pour compléter l'image de
la ville médiévale que les diaconies, dont les premières fondations sont postérieures au pape Grégoire. A l'époque du dernier
pape de l'Antiquité, le bilan étonne: sur le territoire de Rome,
auquel il faut ajouter les quartiers créés par le pèlerinage auprès
des grands *martyria* (St.-Pierre; St.-Paul, St.-Laurent), plus de
cinquante églises s'ouvrent à la prière communautaire.

On évalue moins aisément la richesse du patrimoine ecclésiastique; depuis la disparition de l'empire, son accroissement
tient aux générosités de l'aristocratie, qui recherche de plus en
plus le patronage spirituel, voire la protection politique de Pierre.

Alors que se désagrègent les grandes fortunes de l'antique aristocratie, le pape dispose désormais d'une puissance économique reconnue et convoitée. Les réactions de l'aristocratie romaine à la fin du Ve s. et au début du VIe s. le démontrent. Celle-ci tente en 483 une sorte de coup de force, à l'époque d'une succession pontificale difficile. Le préfet du prétoire Basilius énonce un règlement qui maintient absolument le droit des fondateurs sur leurs donations; il rappelle l'inaliénabilité des biens ecclésiastiques et l'affectation définitive des revenus conformément à la volonté de l'évergète. Quelques dispositions complémentaires interdisent au pape de thésauriser, en fait aussi bien qu'en droit. Gélase ignore ces dispositions et Symmaque les fait casser dans un synode. Le premier introduit un règlement qui partage en quatre parts les revenus titulaires : le pape, les pauvres, l'édifice et son clergé. A la même époque, le pape fait regrouper les biens du domaine apostolique en grandes exploitations, confiées à la direction des *conductores* et au travail des colons. L'Eglise emprunte pour la pratique de l'administration économique au modèle impérial, comme elle le fait pour sa chancellerie.

Cette évolution donne à la présence ecclésiastique dans la Rome du VIe s. un éclat nouveau. La réforme grégorienne, à la fin du siècle, capitalise toutes les réformes ébauchées pendant plus d'un siècle, la création des scholes, des services financiers avec le *sacellarius*, l'ébauche d'une maison papale avec ses *vestiarii* et surtout avec le *vice dominus*. On n'oubliera pas la portée d'un symbole: l'initiative revient à un évêque qui a été, en 572, préfet de la Ville. En une quinzaine d'années, Grégoire réglemente les carrières et la hiérarchie de l'administration épiscopale, fixe la composition des scholes, cléricalise leur recrutement. De même, ces réformes apportées par les évêques, de Simplice à Pélage II, aboutissent avec Grégoire à un système qui encadre rigoureusement la pastorale des régions et des quartiers. Au Ve siècle, Simplice confie aux prêtres titulaires le soin d'assurer le service liturgique dans les grands *martyria*. Dès cette époque, les titres sont insérés dans le ressort plus vaste des régions ecclésiastiques. Celles-ci reçoivent, pour assurer l'assistance et, de plus en plus, pour suppléer les déficiences de l'administration publique, le service d'un sous-diacre assisté des *defensores* et des *notarii*. Les revenus de toute sorte, destinés à l'entretien des édifices autant qu'au développement d'une charité collective, passe par cette instance, qui peut être reliée à l'un des patrimoines de Pierre, sous le contrôle de l'évêque. Celui-ci, avec le développement de la liturgie stationale se déplace régulièrement pendant le carême dans les grandes basiliques, mais aussi dans quelques-unes des églises titulaires. Dans une cité convertie, les réunions dans la cathédrale ne suffisent plus pour manifester l'unité du peuple chrétien.

La place qu'occupe, à la fin du VIe s., la société cléricale illustre avec éclat la transformation de la Rome chrétienne. Du Ve au VIe s., le nombre des clercs a triplé; le *presbyterium* réunit au début du Ve s. une centaine de membres; ils sont plus de 250 au VIe s. Le collège diaconal ne suffit plus avec ses sept titulaires et ses sept sous-diacres. On commence par le renforcer de nouveaux titulaires; il faut ajouter la schole des notaires et celle des *defensores,* tous les jeunes clercs de la *schola cantorum*, auxquels il faut joindre, dans la mouvance du clergé, moines et moniales: c'est un groupe considérable, dans une population amenuisée, qui participe à des titres divers au service de l'Eglise. Un recrutement aristocratique pour l'élite du clergé renforce le prestige de toute cette société particulière. Le pape Félix, l'archidiacre Laurent, le pape Vigile, Grégoire lui-même descendent d'illustres familles. Ils mettent désormais au service de l'Eglise romaine les talents et la richesse, les antiques traditions des puissantes familles, menacées par un irrémédiable déclin et aussi celles d'une culture qu'obscurcit la montée des temps barbares.

Rome fait exception: elle est l'une des rares cités dans le monde antique dont l'historien peut étudier la conversion, l'oeuvre d'une pastorale en même temps que ses résultats. Effet du hasard, l'heureuse fortune des documents? Il ne semble pas: les contemporains ont relevé avec un zèle particulier l'exceptionnelle réussite d'une conversion qui transforme une Babylone en une *Roma sacra*, consacrée et matériellement sanctifiée sur le sol de l'antique capitale où se dressent les églises et les basiliques, tandis qu'une couronne sainte d'oratoires et de *martyria* l'encercle. La Ville accueille les pèlerins autant que les solliciteurs venus en appeler au pape. Cette attirance s'exerce tout particulièrement sur les Eglises missionnaires de l'*Occident latin*; Gaulois et Espagnols, Maures et Dalmates, Victrice de Rouen et Exupère de Toulouse, Himère de Tarragone et Hesychius de Salone réclament du pape conseils et instructions pour l'organisation de leur pastorale. L'évolution des mots jalonne cet accroissement de prestige que vaut à la primauté romaine la conversion de la capitale. Les premiers textes parlent de la *fides romanas* en se référant après l'apôtre à la tradition confiée à Rome par Pierre (et aussi par Paul). Au IVe s., la *sedes apostolica* évoque plus juridiquement et plus concrètement le pouvoir de la primauté. L'image de la Rome chrétienne confond un peu l'Eglise locale et la Ville, comme le fait Léon le Grand, en comparant la fondation de l'une et de l'autre. Celle-ci, souillée par le meurtre de Rémus par son frère, celle-là établie dans la concorde des deux jumeaux, purifiée par le sang versé de leur double martyre. Sur l'arc triomphal de Saint-Marie-Majeure, les deux fondateurs acclament d'un même geste le trône de l'étimasie: ils représentent l'Eglise de la Circoncision et celle de la Gentilité, réunies dans la concorde de l'unité; à droite, en arrière plan, l'image d'un temple romain, l'*aedes Concordiae* rappelle la Ville, pour laquelle le pape Sixte donnait une basilique. Mais l'évêque ne pensait pas aux murs ni aux collines; il le disait bien, en retrouvant un mot empreint des souvenirs de l'antique *res publica;* il s'adressait au peuple de Dieu, cheminant à Rome vers la cité du ciel: *plebs Dei.*

DAMASE ÉVÊQUE DE ROME

L'historiographie est parfois injuste: de Damase, les chroniques pontificales et, par la suite, tous ceux qui ont écrit sur l'histoire des papes retiennent les épisodes d'émeutes qui marquent l'avènement de l'évêque romain et aussi les grands débats où le Romain se place sur la scène de la politique ecclésiastique comme l'interlocuteur de Basile de Césarée ou celui d'Ambroise de Milan. Des juges plus indulgents lui accordent quelque talent poétique non sans des réticences, que conteste avec talent Jacques Fontaine. Pour l'un des pontificats les plus longs du IVe siècle — de 366 à 384 — cette représentation schématique tient aux habitudes d'une analyse qui privilégie pour l'histoire de la Rome chrétienne, les interventions pontificales dans la *Catholica*, comme s'il s'agissait de la politique étrangère d'un état souverain, comme si la communauté urbaine avait été une sorte de Piémont cherchant à réaliser une unité politique. En réalité, l'influence du primat s'exerce grâce à l'autorité d'une tradition apostolique, établie à Rome et reconnue de tous dans *Oikouměne;* elle tient également à l'exemple que donne l'Eglise locale, dans une ville qui cesse d'être Babylone pour devenir, par sa conversion, une cité sainte. Certes les historiens s'inquiètent de réagir contre cette forme de raisonnement qui emprunte trop à l'histoire contemporaine des nationalités: ils souhaitent écrire l'histoire d'une conversion, les formes particulères que prend celle-ci dans les mentalités et dans le contexte particulier de la Ville. Cette requête serait totalement légitime si nous disposions des documents suffisants pour établir une réponse circonstanciée. L'enquête peut reconnaître les progrès de la foi chrétienne dans quelques grandes familles, les Anicii, les Petronii, les Turcii, les Furii; elle relève la résistance organisée de quelques cénacles; mais le comportement du peuple chrétien échappe presque totalement à l'investigation. En revanche, en écartant les voies traditionnelles et les ambitions périlleuses [1], il reste à

---

[1] P. STOCKMEIER imagine qu'il existe les dossiers d'une sociologie religieuse pour la Rome chrétienne (*Byz. Zeitschrift*, 72, 1979, p. 353-356).

[49]

définir la pastorale, la politique de la conversion telle qu'elle a été prêchée et, comme parfois les témoignages permettent de le dire, reçue et appliquée. Pour Damase, l'un des évêques les plus délibérément actifs au IVᵉ siècle, l'un des mieux connus aussi, cette enquête paraît possible, en mesurant les difficultés qui accompagnent son avènement, la politique unitaire qu'il a cru nécessaire d'imposer en même temps que les principes et l'inspiration de sa pastorale.

Car dans les premières années d'un épiscopat difficile, Damase doit déployer toute son activité pour rétablir l'unité dans sa propre Eglise. Le nouvel évêque supporte les conséquences d'une crise; il doit y trouver des solutions provisoires avant de pouvoir utiliser, pour définir les principes mêmes de sa pastorale, les leçons d'une expérience cruelle. Toutes les difficultés viennent de l'ingérence de Constance II dans les affaires de l'Eglise occidentale. L'empereur ou plutôt le parti épiscopal, auquel il prête l'appui de son influence et de ses légions, s'inquiète en 355 d'obtenir la condamnation d'Athanase et d'imposer un *credo*, délibérément subordinatianiste avec l'assentiment de prélats dociles. L'évêque romain, Libère, refuse au premier abord toute concession; il a pris conscience que l'enjeu du débat est théologique. Arrêté, exilé, il cède la place à Félix dont la faute était d'occuper une charge que lui confiait le petit quarteron d'évêques amenés par Constance: le Romain professait sans doute une foi orthodoxe, mais il violait l'engagement, pris solennellement par le clergé urbain, qui s'engageait à laisser vacant un siège dont le titulaire légitime avait été enlevé par la police impériale. Félix, au bout de quelques mois, dut laisser la place avec le retour de Libère, revenu en charge au prix de concessions qui affaiblissaient en Italie, sinon à Rome, son autorité. On ne sait, explique par la suite un commentateur, si le prince commit une faute plus grave en enlevant le pape ou en le renvoyant[2]. Dans la ville en tout cas, Libère conservait une popularité, l'attachement sincère du peuple chrétien qu'attestent de multiples indices: telle inscription rappelant que le fidèle a reçu du Romain la *consignatio* et encore la clameur du cirque, où les spectateurs avaient crié, à l'occasion d'un voyage de Constance

---

[2] Hilaire, *Contra Const.*, 11 (PL 10, 589).

à Rome, leur désir de retrouver leur évêque exilé. Libère pouvait sans trop de mal se réconcilier les féliciens et réunir tout le troupeau. Mais en Italie septentrionale, dans l'Illyricum voisin, les ariens tenaient solidement quelques grandes places épiscopales: Milan, Sirmium. Damase accède à la succession de Pierre dans une communauté déchirée quelques années auparavant par un schisme, dans une Italie meurtrie et divisée.

Pour écrire l'histoire de ces temps difficiles dans la vie de la chrétienté romaine, l'historien doit se contenter du témoignage porté par les ennemis du pape; deux ans après son élection, un Romain qui déteste Damase, publie la chronique des premiers conflits[3]: *Gesta Liberii*. Le pamphlétaire souhaite mobiliser l'épiscopat italien au bénéfice du parti adverse. Dans les dernières années du pontificat, deux prêtres, également hostiles à l'évêque romain, présentent à la cour de Constantinople un libelle — le *Libellus Precum* — qui reprend l'accusation: mais ils traitent des malheurs survenus aux petites communautés rigoristes établies dans la Ville, en Italie et même dans le monde romain, par la faute des laxistes, au premier rang desquels ils comptent Damase. L'assaut est dirigé contre lui et un éditeur réunit par la transition, plus ou moins adroite, d'une note, les *Gesta* avec le *Libellus* qui soutient l'appel à Théodose. Ammien Marcellin rappelle, une dizaine d'années plus tard la guerre cléricale (qui oppose Damase et ses adversaires) conduite par Ursinus: l'historien païen confirme le témoignage des *Gesta* sur l'acharnement de la querelle. Le pape trouve quelques défenseurs: Jérôme, Rufin, Socrate; mais ils écrivent[4] quelques décennies après les pamphlétaires et ils font figure, par la force de la chronologie, de pieux apologètes.

Ces divergences n'empêchent pas d'établir un calendrier de la crise que recoupent les différents témoins; on peut la rappeler brièvement. Après la mort de Libère (24 septembre 366), des prêtres et trois diacres réunis dans la *basilica Iulii,* au Trastevere, choisissent

---

[3] *Gesta inter Liberium et Felicem episcopos* dans *Coll. Avellana,* 1, éd. Guenther CSEL 35, 1895 p 1-4.
[4] AMMIEN MARCELLIN, 27, 3, 11 sq.; JÉRÔME, *Chron.,* 2382, s.a. 366; RUFIN, *Hist. Eccl.,* 2, 10; SOCRATE, *Hist. Eccl.,* 4, 29; SOZOMÈNE, *Hist. Eccl.,* 6, 23.

Ursinus pour succéder au défunt pape. Sans perdre un instant, Paul, l'évêque de Tivoli, lui donne la consécration épiscopale, tandis qu'un parti plus nombreux, réuni *in Lucinis,* comme le dit intentionnellement le pamphlétaire, au lieu de désigner l'édifice ecclésiastique sous son nom (*titulus Lucinae*: S. Lorenzo in Lucina), élit Damase. Ce dernier tente de reconquérir la *basilica Iulii* et il occupe le Latran, où il est consacré, le dimanche 1er octobre, une semaine plus tard. Dès lors, l'évêque romain obtient du préfet de la Ville, Viventius, l'expulsion d'Ursinus et de deux diacres Amantius et Lupus, expédiés en exil. Leurs partisans se retranchent dans la *basilica Liberii,* d'où Damase décide de les expulser: il envoie la troupe de ses partisans qui forcent l'édifice et y massacrent — à en croire les *Gesta,* probablement confirmés par le témoignage d'Ammien — plus d'une centaine de personnes. Une année plus tard, les troubles reprennent, lorsque Ursinus et ses amis obtiennent l'amnistie impériale et regagnent la Ville, le 15 septembre 367 [5]: les minoritaires s'empressent d'occuper quelques églises, dont la basilique de Libère. Ils s'agitent si bien qu'à la demande du pape, le nouveau préfet Prétextat expulse Ursinus le 16 novembre [6]. Un rescrit impérial confirme l'intervention préfectorale en ordonnant, le 12 janvier 368, la restitution de l'édifice occupé par les schismatiques [7]. Dans cette troisième année du conflit, les ursiniens continuent la résistance, bien qu'ils soient privés de leur chef. Damase fait disperser les conciliabules tenus des auprès des oratoires de martyrs, en particulier sur la voie Nomentane [8]: le pouvoir intervient en interdisant toute réunion factieuse dans une zone de 20 milles autour de la Ville. En 370, l'empereur assouplit un peu la relégation d'Ursinus et de ses partisans; mais il leur interdit toujours de regagner Rome [9]. De fait, quelques années

---

[5] D'après le rescrit *Dissentionis auctore,* dans la *Coll. Avellana,* 6, éd. citée, p. 49.

[6] *Gesta,* 11.

[7] Voir le rescrit *Ea Nobis* dans la *Coll. Avellana,* 7, p. 49.

[8] *Gesta,* 12; rescrits *Tu Quidem* et *Omnem his* dans la *Coll. Avellana,* 8 et 9, p. 50. La réponse qui se veut rassurante, donnée par la préfecture: *cum nihil, ibid.,* 10.

[9] Rescrit *Jure mansuetudinis* et *Est istud, ibid.,* 11 et 12, pp. 52 et 53.

plus tard Ursinus s'agite à Milan et l'évêque Ambroise l'accuse d'avoir été en collusion avec une faction d'hérétiques. C'est l'époque où Isaac, un juif converti, lance contre le pape une accusation criminelle. Enfin le parti schismatique s'épuise; Ambroise de Milan, en 380, signale les troubles que fomente à Rome, en se réclamant d'Ursinus, l'eunuque Paschasinus: c'est, à notre connaissance, le dernier soubresaut [10].

Cette crise qui prit pendant deux ans un tour cruel, l'agitation larvée du schisme qui dura une quinzaine d'années, déterminent le style des réactions épiscopales. Damase, dont les pamphlétaires décrivent l'intervention avec des traits sombres, déploie autant d'énergie pour protéger du désordre son Eglise qu'Athanase à Alexandrie ou qu'Ambroise à Milan. La défense de l'unité, c'est d'abord l'affaire du peuple chrétien mobilisé par l'évêque. Les *Gesta* (5-7) en donnent involontairement témoignage lorsqu'ils accusent Damase de prendre à son service des traîtres aidés par les gens du cirque pour faire évacuer la *basilica Iulii* occupée par Ursinus et pour tenir le Latran. Cette troupe, expliquent les adversaires du pape, contrôle la rue: dans l'assaut lancé contre la *Basilica Liberii* s'engagent les *arenarii*, les *quadrigarii* mais aussi (le pamphlétaire doit le reconnaître) les fossoyeurs, tout un groupe organisé pour l'assistance charitable dans les cimetières. En 368, selon le même témoin, Damase lance ses *satellites* pour disperser les réunions tenues dans les cimetières (*Gesta,* 12). On ne se méprendà pas sur la portée de ces accusations: les ursiniens accusent leurs adversaires d'être des parjures, car ils prétendent que Damase a trahi Libère en acceptant l'installation de Félix [11]. Ils déterrent une affaire classée: peu de temps après le retour de Libère, les féliciens avaient été définitivement vaincus et probablement réconciliés. En fait, Ursinus prétend que Damase s'établit dans la lignée de l'antipape Félix — *in loco Felicis* — pour placer sa propre élection dans la continuité de Libère, l'évêque légitime dans la succession romaine. Ce faisant, l'adversaire de Damase,

---

[10] AMBROISE, *Ep.*, 11, 3-6.
[11] J'avais déjà écarté l'opinion de Caspar et les hypothèses, plus fragiles encore, de Haller: *Roma christiana*, p. 414 (2).

l'auteur des *Gesta* (1-3) ne se place pas sur le terrain de la théologie. Il n'accuse point Damase d'être un hérétique et il sait parfaitement que Libère, dont il invoque le patronage, a concédé, pendant son exil, beaucoup trop à la perfidie arienne. Mais il ne faut pas retourner ce plaidoyer pour en déduire les positions de Damase; on ne voit pas pourquoi ce dernier aurait réclamé contre son rival la succession de Félix. Les ursiniens lancent contre leur ennemi une accusation peut-être plus justifiée: Damase mobilise les gens de l'amphithéâtre et ceux du cirque, *arenarii* et *quadrigarii*. Les *Gesta,* sous le travestissement de ce vocabulaire, visent les factions autour desquelles se cristallisent des conflits dépassant la simple rivalité des courses. Les partisans d'Ursinus omettent soigneusement dans les *Gesta* de rappeler un épisode significatif: le peuple réuni au cirque avait organisé une manifestation pour réclamer de Constance le retour du pape exilé [12]: ainsi Libère, dont Ursinus se disait le successeur obtenait le soutien des factions, comme Damase lui-même. Le pamphlet, malgré toutes les précautions de sa polémique, indique que la majorité organisée du peuple chrétien se porte contre Ursinus; les *fossores,* les *officia* du Latran et aussi ce que les *Gesta* nomment l'*imperita multitudo,* la plèbe ignorante. Les ursiniens se décrivent eux-mêmes comme un peuple saint, *plebs fidelis, sancta plebs,* autrement dit un groupe minoritaire, le « petit reste ». Au total, le témoignage des *Gesta* éclaire assez bien les conditions de la querelle; à sa manière, le polémiste souligne également la détermination de l'évêque. En effet, Damase soutenu par la majorité de la communauté chrétienne organise et mobilise l'appui populaire: pour l'occupation des églises, pour la surveillance des cimetières et pour l'interdiction des conciliabules schismatiques, il procède comme Athanase, comme Ambroise. Ce genre de pastorale peut paraître énergique, violente et même, en ses conséquences, cruelle. Mais elle reflète une conception claire de l'unité, des responsabilités que l'évêque dut assurer en défendant son peuple.

[12] THÉODORET, *Hist. Eccl.,* 17; voir aussi SOCRATE, 2, 37 et SOZOMÈNE, 4, 11, sans oublier les indices que donne AMMIEN (15, 7) lorsqu'il rapporte les événements précédant l'arrestation de Libère.

Pour régler ces querelles qui déchirent la communauté chrétienne, le pape ne cherche pas immédiatement à obtenir l'appui du préfet de la Ville. Pendant les troubles qui agitent la Ville dans la première semaine, à la fin de septembre, Viventius qui détenait la préfecture s'était prudemment replié dans les faubourgs. Lorsque Damase a occupé le Latran — la résidence de l'évêque, du point de vue administratif —, qu'il s'y est fait consacrer, le préfet s'efforça de rétablir l'ordre public et de faire expulser les minoritaires, Ursinus et deux diacres de son groupe. Les *Gesta* (6) accusent Damase d'avoir acheté Viventius: il est tout à fait possible que le pape ait sollicité le responsable de la police urbaine, en réclamant l'application des procédures dirigées contre la violence et l'occupation illicite (*de vi*); mais la police n'intervient pas, lorsque les factions liquident leur querelle dans le combat sanglant de l'Esquilin, le 26 octobre. Elle n'empêche pas les jours suivants, les manifestants de conspuer le nom de Damase dans les rues de Rome. Viventius dispose de faibles moyens pour faire respecter son autorité: il ne cherche pas à s'engager dans le conflit. Mais de son côté, Damase ne sollicite de lui que l'expulsion des chefs du parti adverse; l'année suivante, lorsqu'Ursinus, relaxé de son exil, regagne Rome et fait occuper des églises, l'initiative de l'expulsion revient au préfet, le païen Prétextat, comme Ammien Marcellin en témoigne clairement (27, 9, 9) [13]. L'évêque ne recherche pas, en 368, l'intervention préfectorale: il envoie ses *satellites,* comme disent les Ursiniens, disperser les conciliabules de la voie Nomentane. Olybrius, le nouveau préfet, le père de Petronius Probus, un chrétien qui est apparenté à la grande *gens* des *Anicii,* se tient à l'écart: il croit même politique de faire un rapport à Valentinien pour assurer qu'un ordre paisible

---

[13] Les *Gesta*, 11, p. 4, assurent que cette seconde expulsion d'Ursinus a été décidée par l'empereur, acheté par Damase. Mais le rescrit impérial, *Dissensionis auctore, Coll. Av.* 6, p. 49, ne mentionne pas l'initiative impériale et semble, au contraire, donner confirmation à la décision du préfet; il atteste l'intervention de Damase pour la restitution des églises encore occupées par les ursiniens après le départ de leur chef: v. *Roma christiana*, p. 415 (8). J'ajoute un argument, *a silentio*, dont je mesure la fragilité: les *Gesta* n'accusent pas Damase d'avoir acheté un préfet païen...

règne à Rome: il cherche à étouffer la mauvaise nouvelle de désordres survenus au début de sa charge. C'était compter sans la rivalité
sourde qui l'opposait au vicaire de la préfecture, Aginatius: ce dernier
fit un rapport alarmiste, en espérant tirer avantage de son zèle à
prévenir le prince. Avec la *brevitas* qui convient à un empereur,
ayant une parfaite expérience de la discipline militaire, Valentinien
décida l'expulsion des factieux: il félicitait Aginatius de sa vigilance;
il faisait savoir à Olybrius qu'il n'était pas dupe de ses rapports
lénifiants. On ne voit pas un instant, en lisant ces deux rescrits,
que Damase ait sollicité la préfecture: il avait déjà rétabli l'ordre
par ses propres moyens [14].

Assurément le pape ne néglige pas l'empereur: mais il s'adresse
au *comitatus* avec précautions. En 366, il ne demande rien: lorsque
l'année suivante, Ursinus est amnistié, le Romain envoie ses *defensores* au prince; ceux-ci n'ont pas mandat de protester contre la
décision impériale qui annule l'exil décidé par le préfet Viventius.
Ils sont tout simplement chargés de faire connaître les conséquences
désastreuses de cette relaxe. Un préfet avait expulsé des schismatiques
parce qu'ils occupaient par la violence des églises placées sous l'autorité d'un évêque légitime. Ursinus, revenu à Rome, usurpe de nouveau le droit de détenir des édifices chrétiens. Damase invoque auprès
du prince les règles qu'il avait fait valoir auprès de Viventius [15].
L'argumentation semblait inattaquable: il obtint satisfaction et l'empereur confirmait officiellement les décisions qu'à Rome, Prétextat
avait déjà appliquées. Récidiviste, Ursinus serait désormais traité
non comme un chrétien mais comme un hors-la-loi; la concorde dans
l'Eglise, explique Valentinien, assure la sécurité publique.

En ce premier siècle de l'empire chrétien, Damase placé à la
tête d'une communauté puissante (même si elle est toujours, à Rome,
minoritaire) considère que la charge de l'unité revient, d'emblée,
à son énergique responsabilité et qu'elle est d'abord l'oeuvre du
peuple chrétien: l'évêque s'adresse au préfet, il sollicite éven-

[14] A Olybrius: *Tu Quidem, dans Coll. Avellana,* 8, p. 50 et à Aginatius, *Omnem
his dissensionibus, ibid.,* 9, p. 50.

[15] Voir note 13 et rescrit *Ea Nobis, dans Coll. Avellana,* 7, p. 49; sur la mise
hors-la-loi d'Ursinus, rescrit de 370, *Coll. Avellana,* 11, 3, p. 53.

tuellement le prince dans un second temps, lorsque les rigueurs de la loi peuvent appuyer sa propre intervention. L'âpreté du conflit schismatique a sûrement déterminé le style de cette pastorale. Mais les circonstances n'ont fait qu'accuser de traits énergiques les conceptions que se fait le pape sur l'unité de l'Eglise et sur son indépendance. Il le démontre bien en d'autres circonstances: lorsqu'il doit se défendre contre l'accusation criminelle d'Isaac ou lorsqu'il prend l'initiative de poursuivre les dissidents. Dans le premier cas, le pape est toujours sur la défensive. L'affaire du procès criminel intenté à Damase reste obscure: car nos informations viennent, pour l'essentiel, d'une synodale rédigée en 378 à Rome, alors que l'affaire paraît heureusement close et, d'autre part, de la réponse que lui adresse Gratien (le rescrit *Ordinariorum*) [16]. On se tiendra ici à quelques éléments sûrement établis. La querelle éclate avant la mort de Valentinien probablement à la fin de son règne. Isaac — un personnage que l'ingéniosité érudite a cherché, sans succès, à identifier plus clairement — frappe à la tête en portant une accusation au criminel: un érudit a cherché en s'appuyant sur le roman qu'échafaude, au VIe siècle, le *Liber Pontificalis* à imaginer que le pape est impliqué dans une affaire de moeurs, comme l'était, dans le temps où le chroniqueur pontifical rédigeait la notice, le pape Symmaque. La synodale assure que l'accusateur, en s'associant à la faction ursinienne, réclamait la tête du pape: *factio profecit Ursini ut Isaac... Damasi peteretur caput* (8). En tout-cas, des clercs furent arrêtés et envoyés à la torture: la querelle probablement s'organisait dans ce climat de chasse aux sorcières que fait régner à Rome le moine Maximianus. Nous savons, toujours par la synodale, glosée probablement par une lettre d'Ambroise, comment l'accusé organisa sa défense. Il s'occupa d'obtenir l'appui des évêques italiens: pendant les deux premières années du pontificat, ceux-ci avaient manifesté quelques réticences, ils s'engagèrent dès lors à ses côtés et le lavèrent de toute

---

[16] A la synodale de 378 (dans PL 13, 575-584), ajouter le rescrit *Ordinariorum* publiée dans la *Coll. Avellana*, 13, 3, p. 55; sans doute, la lettre d'Ambroise, *Ep.*, 21, 5; les remarques de RUFIN, HE 2, 20, de SOCRATE, 4, 19. Voir l'analyse de ce dossier, Ch. P., p. 420-422.

l'accusation. Le Romain cherchait d'autre part à écarter l'intervention de la préfecture et celle du vicariat: il n'y réussit pas, mais
l'expérience désastreuse de cette ingérence suggéra au concile de 378
une démarche significative qui finalement n'aboutit point; il réclamait que le pape, accusé publiquement dans une affaire criminelle
échappât à la juridiction du préfet pour répondre seulement devant
l'empereur. En s'appuyant ainsi sur l'épiscopat, en réclamant ce
privilège exceptionnel du for, Damase organisait une politique tenace pour assurer l'indépendance de l'Eglise romaine et celle de son
évêque.

Lorsqu'il est libéré de toutes ces menaces, l'évêque romain mène
une politique de conversion et d'ordre. Contre les hérétiques, contre
les groupuscules dissidents, condamnés par la loi, il mobilise toutes
les procédures; dans cette pastorale énergique, il réclame également
— comme il l'avait fait contre le schisme — la collaboration active
du peuple chrétien. On doit souvent se contenter de quelques informations elliptiques: ainsi, dans la poursuite des manichéens qui
se dispersent en petits conventicules obscurs; les *Venustiani* pensaient que la partie inférieure du corps appartenait au diable; les
Patriciani n'épargnaient rien de la chair. A en croire l'auteur romain
d'une compilation hérésiologique rédigée au Ve siècle — la *Praedestinatus* [17], Damase adressa un rapport au prince contre les manichéens que la législation romaine pourchassait avec une attentive
vigilance: en tout cas, dès 372, le préfet de la Ville reçut ordre de
confisquer les lieux de leurs réunions. Les donatistes — connus à
Rome sous le nom de *Montenses* — constituaient une petite Eglise
où se succédaient des évêques depuis l'arrivée de Victor de Garbes,
quelques décennies plut tôt. Claudianus était le sixième à occuper
cette fonction: il rebaptisait les fidèles et recrutait — à prix d'argent,
disait-on [18]. Le premier de tous les évêques romains (à ce qu'il sem-

---

[17] *Praedestinatus*, 85 (PL 53, 616) et C (*ode*) T (*héodosien*), 16, 5, 3.
[18] On ne sait quand s'installe Victor de Garbes, vers 320, suppose-t-on sans
preuves, comme le note la *Prosopographie chrétienne du Bas Empire*: I, Afrique,
par A. Mandouze, Paris, 1981, pp. 1153-1154. Macrobius (*ibid.*, p. 662) quitte
l'Afrique vers 344/347, sous le pape Jules; Lucianus est sans doute contemporain
de Damase, comme Claudianus (*ibid.*, pp. 646 et 210).

ble), Damase exigea d'expulser ce petit groupe de dissidents qui recrutaient probablement dans la communauté africaine de la Ville. Il invoquait la loi interdisant la réitération du baptême; et puisque Claudianus, condamné à l'expulsion, s'accrochait à sa communauté, le pape mobilisa l'appui d'un synode romain en 378 pour obtenir une nouvelle intervention de Gratien.

Le pouvoir accède plus difficilement aux sollicitations romaines lorsque Damase s'attaque aux groupes rigoristes, car ces schismatiques ne tombent pas sous le coup de la législation impériale. Une secte se réclamait de l'intransigeance manifestée autrefois par Lucifer de Cagliari; elle cristallisa toute l'opposition à l'établissement chrétien et aux inévitables compromis d'une conversion massive. Deux prêtres, Marcellinus et Faustinus, dressent la réquisition dans le *Libellus Precum,* présenté à l'empereur Théodose. Dans ce long plaidoyer, ils rapportent avec force détails les multiples interventions du pape: ils l'accusent d'utiliser les *scholastici* païens et la police (*Libellus,* 81 et 83). Mais ils lui reprochent surtout de faire intervenir le peuple, encadré par les clercs, pour disperser et interdire les réunions sectaires. Un représentant de ce groupe, le prêtre Macarius, subit la violence de cette pastorale énergique: le *Libellus* rapporte que l'ascète s'enfuit mourir à Ostie (78 à 82). Ainsi Damase s'efforce d'utiliser les procédures qui ont servi contre Ursinus: il s'occupe très concrètement d'empêcher les chefs des groupes dissidents. Il conjugue l'intervention du peuple avec celle des juristes. Ne surestimons pas les succès de cette politique: les novatiens résistent encore au Ve siècle, le préfet chrétien Bassus refuse de se laisser mobiliser. Mais les prêtres qui se réclament de Lucifer, les auteurs du *Libellus* doivent fuir, comme le faisait Macarius.

Cette activité contraste avec la prudence de l'attitude épiscopale à l'égard du paganisme; les précautions de Damase paraissent d'autant plus remarquables que Rome est agitée par l'offensive d'une réaction païenne, menée dans les cénacles aristocratiques. La législation impériale se durcit: elle interdit d'envoyer les condamnés chrétiens aux jeux de l'amphithéâtre; Valentinien réserve les foudres de sa police à la magie, aux sacrifices nocturnes, sans trop s'occuper des cultes traditionnels; l'empereur Gratien infléchit la législation

impériale dans le sens de la rigueur; le prince a renoncé finalement
au titre de *Pontifex Maximus,* confisqué les biens des temples, sup-
primé les immunités attachées aux sacerdoces, fait enlever de la
Curie l'autel de la Victoire [19]. Dans l'aristocratie chrétienne, des zelanti lancent l'offensive, tel ce un préfet, qui détruisit un mithrée.
Damase manifeste une plus grande retenue: en 382, il transmet
la pétition des sénateurs chrétiens qui s'opposent à la majorité païenne de la Curie, alors que celle-ci mande une délégation à la cour pour
protester contre les mesures promulguées par Gratien [20]. En 384,
Damase laisse, sans intervenir, Symmaque, devenu préfet, conduire
une délégation analogue à celle de 382 [21]. Mieux, lorsque le préfet
se voit accusé d'avoir soumis à la question des chrétiens, à l'occasion
d'une enquête sur le pillage des temples, le pape intervient à sa
décharge et contribue à le disculper [22]. Faut-il attribuer cette béné-
volence pontificale aux liens personnels établis entre le pape et Symmaque? Le pape n'aimait pas Prétextat, mais il s'accommode de lui
lorsque le païen exerce la préfecture. On ne peut réduire la politique
pontificale à la conjoncture des relations personnelles: l'action de
Damase, déterminée et énergique pour réduire les dissidences dans
le peuple chrétien, s'enveloppe de prudence, lorsqu'il s'agit de la
majorité païenne. Damase ne se comporte pas comme le chef d'une
Eglise établie dans la chrétienté, comme le font, au siècle suivant,
Léon ou Gélase. Il est le pasteur d'une communauté consciente également de sa force et son caractère minoritaire, pérégrinant dans la
vieille capitale païenne.

L'expérience très concrète des schismes et des dissidences, les
menaces de réaction païenne ont sûrement enrichi l'expérience personnelle de l'évêque et orienté sa pastorale. Car on commettrait une

---

[19] *CT* 9, 40, 8 de 365 et *CT,* 16, 1, 1; *CT* 9, 16, 9. On sait que la politique de
Gratien est également connue par une *relatio* de Symmaque (3) et deux lettres
d'Ambroise (17 et 18).

[20] D'après AMBROISE, *Ep.,* 17, 10: voir les excellentes remargues de D. VERA,
Commento storico alle relationes di Quinto Aurelio Simmaco, Pise, 1981, p. 18.

[21] VERA, *op. cit.,* p. 29.

[22] *Relatio* 21, 3 et *CT* 1, 6, 9.

sorte de contresens en réduisant l'activité du pape à ces interventions énergiques dans les périodes critiques, qui jalonne un épiscopat couvrant près de deux décennies. Les sources (et surtout les pamphlets) privilégient les crises et elles gomment l'action continue d'une politique dont il faut relever à quelques rares indices la ténacité et les résultats: un effort inégalé pour imposer une centralisation épiscopale, la volonté délibérée de conquérir, pour la conversion du peuple, le temps et l'espace urbains.

Les ursiniens Faustinus et Marcellinus, les auteurs de *Libellus Precum* le lui reprochent très fort: Damase s'occupe d'assurer son autorité d'évêque. Cette politique relève au premier chef d'une technique administrative efficace: le Romain renforce l'organisation du gouvernement local; certes la procédure des synodes de l'Eglise locale paraît fixée depuis la seconde moitié du IIIe siècle. Un règlement strict emprunte (on le sait) aux pratiques des assemblées civiles et codifie le déroulement de la session: publicité de la séance, lecture devant l'assemblée de tout l'*instrumentum* judiciaire, examen des témoins ou audition des légats. D'autres Eglises empruntent au droit public. Mais à Rome, après la relation et le débat, le pape prononce seul la sentence, saluée par des acclamations et promulguée par une synodale. Les assistants, évêques italiens, prêtres, diacres, tiennent auprès d'un juge unique le rôle que jouent les *consiliarii* auprès du préfet. En la matière, Damase n'innove pas, mais il utilise régulièrement la procédure synodale pour régler les questions difficiles du gouvernement intérieur autant que pour assurer la position romaine dans les grands débats de la *Catholica*. Le premier (à notre connaissance), il invite ses collègues dans l'épiscopat italien pour une réunion annuelle placée à l'anniversaire de sa propre consécration. Pour presque toutes les années du pontificat, nous connaissons un synode: en 368, suivant probablement une réunion l'année précédente; entre 368 et 372 sûrement puisqu'il faut placer dans cette période la réunion dont est conservée la synodale *Confidimus;* en 374, en 375, en 376 et en 377 des synodes traitent des problèmes orientaux et de nouveau en 381, peut être en 382. De la réunion de 378, il reste également une synodale qui fait appel au prince pour régler le cas des diverses dissidences.

Dans le même temps s'établit une administration centrale: l'évêque dispose d'archives et de livres que complètent les *bibliothecae ecclesiarum* attachées aux *tituli*[23]. Le *Liber Pontificalis* attribue à l'un des prédécesseurs de Damase, l'évêque Jules, l'organisation du *scrinium;* celui-ci devait recevoir, précise la chronique, les actes judiciaires de l'audience épiscopale, les cautions, les *instrumenta* divers, donations et testaments. On ne peut guère vérifier la pertinence de ce témoignage porté au VIᵉ siècle, alors que toutes indications données dans ce texte tardif sur l'histoire des institutions romaines paraissent incontrôlables, voire incertaines. Mais à partir de Sirice, après la mort de Damase, les lettres pontificales font de plus en plus référence aux archives, au texte des sentences antérieures, à l'argument codifié qui les appuie. Le style même de la chancellerie romaine, tel qu'il apparaît dans le *Tomus* de 377 ou dans les fragments de la synodale romaine de 382, atteste l'utilisation des archives, une organisation classée et aisément accessible. La première collection canonique — recueil des actes conciliaires et de lettres romaines — est compilée probablement à l'époque de Damase, dont elle accueille la décrétale *Ad Gallos*[24]. Tous ces indices datent assez sûrement l'organisation du *chartarium* romain, auquel Jérôme, on le sait, se flatte d'avoir donné la main (*Ep.*, 123, 9). L'activité des notaires est attestée avant le pontificat de Damase; mais un nouveau technicien apparaît dans la mouvance de l'administration pontificale: le *defensor ecclesiae Romanae;* dès cette époque, l'Eglise donne mandat à ces spécialistes des procédures civiles pour défendre ses intérêts dans toutes les causes publiques. La première intervention connue de ces laïcs techniciens du forum remonte à 367: ils font pétition auprès du prince pour réclamer la restitution de la basilique Liberii, occupée par les ursiniens (*Coll. Avellana*, 6, 2). Damase joue

---

[23] G. SCAGLIA (*Gli archiva di papa Damaso e le biblioteche di papa Ilaro*, dans *Studi Medievali*, 18, 1977, pp. 39-63) interprète: *arci(bus) his fateor,* dans le poème de Damase (*Carm.* 57, Ferma pp. 212-212), au lieu de *archivis fateor volui nova condere tecta.*

[24] Comme le montre E. SCHWARTZ, *Kanonessammlungen der alten Reichskirche* dans *Z. Savigny St., Kar.,* 25, 1936, reproduit dans *Gesam. Schrift.,* 4, pp. 211-217.

vraisemblablement un rôle d'initiateur, puisqu'il faut attendre un quart de siècle pour que la législation impériale accorde officiellement une base légale à l'intervention des défenseurs ecclésiastiques.

La décrétale *Ad Gallos,* les prescriptions qu'il adresse pour l'organisation du clergé à l'épiscopat missionnaire des Gaules indiquent que la pastorale de Damase ne s'occupe pas exclusivement de renforcer les procédures curiales. Elle touche plus directement au droit religieux dont le pape codifie les règles. Certes, il n'y a guère d'innovation dans l'énumération des empêchements qui interdisent les cléricatures. Le recrutement obéit à des conditions morales, à la qualité spirituelle du candidat — *meritum probitatis* — et non à sa compétence intellectuelle, pour laquelle le pape ne formule pas d'exigence particulière (*Ad Gallos,* 2, 13-15). Le pape invoque le concile de Nicée (Canon 5) pour interdire le recrutement d'étrangers dans le clergé urbain (*ibid.,* 2, 18): une disposition à laquelle Jérôme aurait dû prêter attention pour mesurer, sans illusion, ses chances d'accéder à l'épiscopat romain. De même, le pape exclut les pénitents, comme le fait la règle commune. Mais il précise clairement le droit, en écartant avec une fermeté documentée les candidats venus de la *militia*. Le pape invoque un canon de Nicée (celui qui interdit le sacerdoce à l'homme mutilé) et la loi mosaïque (*Deut.,* 23, 1); il ajoute à cette démonstration, fondée sur les sources les plus autorisées du droit religieux: (l'Ecriture et les Canons), l'argument de raison (*Ad Gallos,* 2, 7) qui assure plus fortement une sentence traditionnellement lancée par l'Eglise pour assurer son indépendance. Plus encore, il impose aux clercs majeurs l'obligation de continence: *Ecclesia romana hoc specialiter custodit*: car il convient, selon la formule de l'apôtre, que tout soit pur pour les purs; le ministre qui touche aux vases sacrés ne doit pas être souillé par la concupiscence charnelle. Damase précise, pour la première fois dans la législation romaine, un cas d'empêchement qui exclut les *bigami;* l'interdiction vise les bigames, c'est-à-dire, les veufs qui contractent un second mariage. Cette prescription n'appartient pas en propre à la discipline romaine: on la retrouve dans le canon d'un concile gaulois (Valence, Canon 1); la pratique romaine y attache une importance particulière comme le démontre l'insistance d'un contemporain du pape, l'Ambrosiaster dans son commentaire de l'Epître à Timothée [25]. Le successeur de Damase, Sirice, compte parmi les bigames ceux qui ont épousé une veuve et il exige une monogamie absolue pour ouvrir l'accès au clergé: Damase demande simplement que le candidat soit l'homme d'une seule épouse, après son baptême: il ne doit pas avoir souillé l'eau du sacrement par des fautes charnelles; le pape ne prend pas en considération la vie antérieure à l'initiation chrétienne. Ainsi la législation pontificale, au temps de Damase, affirme que le statut clérical repose sur une distinction spirituelle: comment prêcher l'intégrité morale, explique Damase, si le prêtre préfère engendrer des fils pour le siècle plutôt que pour le Seigneur; autrement dit, le pasteur s'inquiète de confier à une élite la responsabilité de la mission au moment où la conversion devient un phénomène de masse.

La réglementation distingue les obligations particulières qui valent pour une partie du clergé: évêques, prêtres et diacres. Damase recommande en effet l'organisation d'un *cursus* en plaçant en parallèle la *militia Christi* avec le service du prince; cette déclaration de principe s'accompagne d'un examen rigoureux des promotions aux ministères majeurs: à Rome, le prêtre est ordonné sur le témoignage du diacre. La publicité donnée à la cérémonie d'ordination, tenue dès le IVe siècle, dans la basilique épiscopale du Latran, renforce encore le contrôle; la règle vaut, au moins, pour les prêtres et pour les diacres, puisque les indications chronologiques se dérobent pour fixer le moment où apparurent les autres rituels d'ordination.

On aimerait mesurer concrètement l'efficacité de cette législation dans le recrutement clérical: mais nous ne connaissons pour le pontificat de Damase, qu'une dizaine de prêtres, sept diacres, quelques lecteurs et quelques exorcistes. A coup sûr, Damase prit part à leur recrutement, et le plus souvent encore à la promotion des clercs mineurs dans le *presbyterium* ou dans le collège diaconal. Quelques indices — appuyés par une documentation prosopographi-

---

[25] *In Tim.*, 3, 12 sq. (CSEL, 81, p. 268 sq) et *Quaest. Vet. Nov. Test.*, 127, 35-36 (CSEL 50, 414) voir aussi Ambroise *Ep.*, 63, 22; JÉRÔME, *Ep.*, 64, 6; 69, 2) et les remarques de Babut, p. 24-26.

que assez complète pour dessiner une évolution sur une période plus longue — permettent de caractériser un peu le clergé romain dans le troisième quart du siècle: il compte, chez les prêtres, les diacres et les lecteurs, une proportion non négligeable de ministres venus de familles cléricales; dans la proportion d'un sixième les prêtres appartenaient à des familles qui avaient adopté les habitudes chrétiennes pour leur nomenclature. Et sur le total, un tiers des prêtres au moins a contracté mariage. Tous ces traits paraissent plus accusés dans le collège diaconal. A sa manière, ce clergé représente une élite même s'il ne recrute pas — sauf dans le cas de vierges consacrées — dans les milieux aristocratiques [26].

Avec l'appui de ce petit groupe clérical — peu nombreux dans la capitale — le pape entreprend une conquête de l'espace urbain: les rigoristes et les dissidents reprochent amèrement à Damase le goût des grandes églises, un sens un peu triomphaliste de l'établissement monumental. Sans reprendre ici une étude de la topographie romaine, soulignons simplement que le réseau des fondations urbaines se resserre considérablement, du Palatin (avec Sainte-Anastasie) au Coelius (St.-Clément), du S.E. de la Ville (Titulus Fasciolae) à l'Esquilin (Sainte-Pudentienne), sans oublier sur le Champ de Mars, le titre de Damase. Jamais depuis les premières décennies du IVe siècle les chantiers de l'Eglise romaine n'avaient travaillé aussi allègrement, tandis qu'au Vatican, le pape fait construire un baptistère. Cette entreprise édilitaire reflète clairement les intentions pastorales: à la mort de Damase, toutes les zones actives de la vie urbaine sauf le Trastevere ont reçu les édifices de la liturgie presbytérale [27]; le titre fondé par Damase reçoit toute la vaisselle liturgique pour la synaxe, la patène, le grand vase de consécration, un *scyphus,* et les calices ministériels pour la communion des fidèles. L'Ambrosiaster atteste, à la même époque, la présence de deux prê-

---

[26] *Appendice prosopographique à la Roma Christiana.* MEFR(A), 89, 1977, p. 376, p. 389, p. 393, p. 394 et p. 396; *Roma Christ.*, I, p. 713 sq.

[27] On ne saurait dire quand est institué le rite de *fermentum*: il est sûrement attesté à partir d'Innocent, v. cependant P. NAUTIN, *Le rite du fermentum dans les églises urbaines de Rome,* dans *Eph. Lit.,* 96, 1982, pp. 510-522, qui interprète cette discipline comme une disposition prise contre les messes « privées ».

tres dans chaque titre; réparties dans les quartiers de la ville, ces églises deviennent des centres pour la liturgie, pour la prière et pour toute la pastorale. Jérôme cite les *bibliothecae ecclesiarum,* qui établissent localement de petits centres de catéchèse et de culture chrétienne. Damase donne l'exemple avec sa propre fondation, le titre qui porte son nom au Champ de Mars. En même temps, le pape confie à des prêtres, à Theodorus, à Verus, à Ilicius, à Léon, la charge d'aménager auprès des cimetières les oratoires qui accueillent la prière et la synaxe: auprès des grands *martyria* qui étaient des fondations impériales le pape poursuit une politique d'établissement systématique; à l'époque constantinienne, la dynastie exerçait peut-être quelques droits sur les édifices fondés au prix de ses largesses, surtout ceux d'entre eux, près de la Labicane ou de la Nomentane, auxquels s'annexait un mausolée impérial. Dans le premier cas, Damase invente heureusement la tombe de deux martyrs inconnus du calendrier officiel; *Ad Catacumbas,* le pape place des inscriptions qui officialisent le culte des saints. A Saint-Pierre qui appartient dès l'époque de Libère au réseau de la liturgie épiscopale, le diacre Mercurius reçoit mandat de faire aménager un baptistère. Au-delà des grands *martyria,* auprès des catacombes, les poèmes de Damase jalonnent la géographie des interventions, des aménagements, dans la zone Appienne, au Nord auprès de la Salaria nova, sur la Tiburtine et surtout sur les voies d'Ostie et de Porto, qu'avaient négligées les interventions ecclésiastiques: cette entreprise énergique s'essouffle un peu pour la voie Nomentane et pour la zone située au S.-E. de la Ville: elle reste (on le sait bien) considérable.

Damase développe cette politique au moment où les générosités impériales s'épuisent. Certes l'évergétisme aristocratique, avec les progrès de la conversion dans les familles sénatoriales, commence à prendre le relais; je ne reprendrai pas ici une analyse ébauchée naguère[28]. Retenons quelques traits essentiels: en premier lieu, le rôle notable des clercs, surtout dans les cimetières: tel Verus qui intervient, *Damaso jubente.* Et surtout, le pape organise auprès du peuple chrétien une grande entreprise de collecte. Les rigoristes le lui re-

[28] *Roma Christiana*, p. 558 sq.

prochent assez, en le traitant d'*auriscalpius matronarum*. Jérôme avait assez longtemps fréquenté les dévots pour bien décrire le clerc, qui fait la quête dans le beau monde. Ces sollicitations, cet appel insistant à la générosité finissent par inquiéter le prince, autant qu'ils agacent le païen Ammien Marcellin: Valentinien fait lire et afficher à Rome, dans les églises, la loi adressée à Damase le 30 juillet 370. Accusant les clercs et les moines de capter les héritages des veuves et des orphelins, il interdit aux ecclésiastiques d'accepter des dons et même il leur défend d'en obtenir le fideicommis [29]. La loi, en réalité, ne paralyse guère la collecte comme en témoigne une évolution significative de la liturgie romaine qui, en énumérant les *nomina offerentium* [30], donne au cours de la synaxe, la liste des donateurs. Bien entendu, cette sorte de générosité échappe aux calculs et aux comptes mais Damase atteste à sa manière l'importance de ce mouvement collectif, lorsqu'il explique, dans l'un de ses poèmes (*Epigr.* 33), qu'il a réuni les dons pour Laurent. J'ai proposé de reconnaître l'intervention de cet évergétisme communautaire dans la dénomination de quelques églises, qui ne portent pas, conformément à l'habitude, le nom de leur fondateur, mais un toponyme, un nom local. Ainsi le *Titulus fasciolae*, le titre de la bandelette, d'un terme qui évoque la légende de Pierre perdant dans sa fuite les *fasciamenta* de son vêtement. S'il en est bien ainsi, la topographie romaine donnerait un témoignage complémentaire sur l'oeuvre du pape qui organise systématiquement la conquête de l'espace urbain et suburbain.

La pastorale pontificale suppose également l'organisation d'un temps chrétien: l'oeuvre lente d'une pastorale qui cherche à contrôler la vie quotidienne du peuple fidèle. On démêle assez difficilement l'intervention de Damase dans l'évolution de la liturgie épiscopale: pour l'encadrement du peuple chrétien, la consécration d'un grand édifice qui réunit une immense assemblée crée à Rome, dès les premières décennies du siècle, une situation tout à fait nouvelle; pour la première fois depuis la fondation de l'Eglise les fidèles

---

[29] Pour tout ce dossier, *Gesta,* 10 dans *Coll. Avellana,* 10, p. 4; JÉRÔME, *Ep.,* 22, 28 et 16; *Ep.* 52, 5 et 6; *In Isaïam,* 2, 3, 15; mais il félicite Fabiola: *Ep.,* 77, 6, AMMIEN, 27, 3, 14; *CT* 16, 2, 20.

[30] JÉRÔME: *In Ezech.,* 18, 5; v. aussi Ambrosiaster, *Quaest.,* 46, 6.

peuvent se retrouver une fois par semaine dans un cadre solennel
auprès de leur évêque. Les liturgistes, après Th. Klauster, prêtent
à Damase une réforme décisive: l'usage du latin dans les textes de
la prière collective et dans ceux du canon [31]. Ce cadre monumental
facilite l'introduction de tout un rituel solennel qui emprunte au
cérémonial aulique: la procession de l'offrande qui trouve toute sa
place dans la basilique constantinienne, comme le déploiement des
diacres au service de l'autel [32]. Quelques indices jalonnent sûrement
une évolution pendant le IVe siècle; ils accusent les traits de cette
extraordinaire transformation qui ne touche pas la structure de la
synaxe mais qui donne au service du clerc et à la participation du
fidèle, à leurs gestes, à leurs acclamations, à leurs mouvements
un style triomphal dans un cadre grandiose. Pour fixer avec certitude le rôle de Damase, il faut se contenter de rares indices: dans
l'organisation du temps liturgique, l'allongement du carême par
exemple paraît, pour la première fois attesté sous son pontificat:
ainsi, Jérôme parle, en 384, d'une *quadragesima* [33]; mais les premiers
témoignages pour la célébration de la Noël à la basilique Saint-Pierre
remontent au temps de Libère, le prédécesseur de Damase et ceux
qui concernent la Pentecôte, au pontificat de son successeur, Sirice.
La même remarque de précaution vaut pour la célébration publique
du baptême et de la pénitence. Certes l'historien doit souligner
l'importance exceptionnelle, pour l'histoire sociale (et aussi la signification ecclésiale) d'une pratique qui assure la présence du peuple
réuni auprès de l'évêque lorsque le catéchumène s'engage pendant la
vigile pascale, lorsque le pénitent est réconcilié, pendant la cérémonie
du Jeudi saint. Damase lui-même rappelle dans la décrétale destinée
aux Gaulois les trois scrutins qui permettent l'examen du catéchumène (*Ad Gallos*, 2, 10); Jérôme décrit la pénitence de Fabiola [34].

---

[31] *Der Übergang der Römischen Kirche von den griechischen zur lateinischen Li-
turgiesprache* dans *Misc. G. Mercati,* Studi e Testi 121, Rome, 1946, pp. 467-
482 = *Gesamm. Arbeiten,* Ib. Ant. Christ., Ergänzungsband 4, Bonn, 1974, pp.
184-193.

[32] AMBROSIASTER, *Quaest.*, 101, 3 (CSEL, 50, 185).

[33] JÉRÔME, *Ep.*, 24, 4 (CSEL, 54, 216).

[34] JÉRÔME, *Ep.*, 77, 4 (CSEL, 55, 40).

De même, le pape précise la discipline du mariage, les empêchements de consanguinité (*Ad Gallos*, 2, 12); mais il ne décrit guère le rituel du mariage et son témoignage ne suffit pas à préciser s'il a encouragé les fiancés à professer leur engagement mutuel à l'Eglise, alors que cette pratique s'établit progressivement depuis la fin du IVe siècle ou plus sûrement au Ve siècle [35].

Mais pour l'organisation du culte des saints, une part d'initiative délibérée et efficace revient à Damase: le chroniqueur du *Liber Pontificales* le souligne à bon droit: *Hic multa corpora sanctorum requisivit et invenit quorum etiam versibus declaravit.* L'immensité de l'oeuvre, les multiples poèmes qui en jalonnent la géographie autour de Rome attestent les intentions pastorales du pape. Damase ne cherche pas seulement à faciliter les oraisons des pieux visiteurs auprès des tombes saintes et à interdire les excès de pratiques trop païennes; il ne s'inquiète pas exclusivement d'établir la présence de l'Eglise romaine dans les *martyria* qui relevaient, par l'autorité de leurs fondateurs, de la dynastie constantinienne. Son propos n'est pas seulement d'entourer la Ville d'une couronne d'oratoires. A toutes ses intentions s'ajoute la volonté délibérée de donner une base matérielle au culte des saints, la caution officielle de l'Eglise à un calendrier. Qu'on m'autorise, une nouvelle fois, à rappeler les conclusions d'une analyse que j'ai ailleurs plus longuement développée [36]. On peut comparer la liste des saints énumérés dans le férial de l'Eglise romaine (la *Depositio martyrum*) et le sanctoral que dessinent les *carmina* et les inscriptions martyrologiques du pape: ceux-ci signalent, à quelque exception près, les sépultures indiquées dans la *Depositio*; mais ils ajoutent une caution pour des cultes établis sur la Portuensis (Faustinus et Viatrix), sur l'Ostiensis (Felix et Adauctus), sur la Labicane (Tiburtius). Damase retrouve la mémoire de Nerée et Achillée sur l'Ardéatine, celle de Chrysanthus et Daria dont le persécuteur avait détruit la tombe; il procède pour

---

[35] On sait qu'on ne peut utiliser pour ce dossier ni la scène de la « velatio » de Priscille (comme le veut un auteur récent, K. Ritzer) ni le coffret de Projecta: v. E. BARBIER, *Cah. Arch.*, 12, 1962, p. 15.

[36] *Roma Christiana*, pp. 595-624.

Eutychius à une invention *ad catacumbas*. En un mot, il complète le
férial, invente les tombes de martyrs dont le férial ancien signalait
l'anniversaire sans que la sépulture soit sûrement identifiée; il ajoute
de nouveaux lieux saints. Cette extension du sanctoral permet d'occuper dans l'année toutes les périodes laissées vacantes par la liturgie pontificale. Le nouveau férial, conçu par Damase, place en
avril, en juin, en novembre les commémorations dans les cimetières;
il établit au coeur de l'été une saison pieuse, une couronne de cultes
célébrés simultanément ou presque à la périphérie urbaine. En juillet
s'organisent de nouvelles célébrations: le 2, au Sud, pour Eutychius;
la commémoration du 10 juillet attire les pèlerins sur la Salaria ou à
Prétextat, où ils trouvent les inscriptions de Damase. Le sanctoral
romain note deux anniversaires sur la Portuensis, deux couples de
saints: Abdon avec Sennen, Faustinus avec Viatrix. Ces célébrations
chrétiennes chevauchent les grandes fêtes païennes, pour juillet les
ludi Apollinares. L'Eglise ne s'occupe guère de christianiser les cérémonies condamnées (comme le croit trop naïvement une école d'érudits
cherchant quelque filiation du héros au saint); elle popularise les
anniversaires puisqu'elle peut choisir à Rome, assez riche en martyrs,
des anniversaires susceptibles de détourner efficacement le peuple
chrétien des jeux et de leurs pompes. Damase prend une part décisive à la christianisation du temps dans le quotidien de la vie
romaine.

Les lettres et les poèmes illustrent également la théologie politique et l'ecclésiologie qui inspirent la pastorale du pape. Elle atteste
une insistance particulière à définir un droit chrétien; l'attitude du
pape reflète probablement une évolution culturelle à laquelle est
particulièrement sensible la chancellerie pontificale; elle traduit également cette osmose intellectuelle qui s'établit entre le clergé et une
aristocratie, au sein de laquelle progresse la conversion. Très concrètement, l'évêque de Rome ne peut ignorer le droit de l'empire qui
légitime et impose, en quelques circonstances, les recours adressés
au prince et l'utilisation des *defensores* dont l'intervention se comprend bien en cas de conflit entre la compétence ecclésiastique et le
ressort civil; ajoutons que le pape doit connaître un peu une loi,
à la lumière de laquelle il doit situer, dans l'audience épiscopale, son

arbitrage. Certes l'absence d'indications précises interdit toute hypothèse sur l'efficacité et même sur la fréquence de ces sessions épiscopales. Ce tribunal du pape n'a probablement pas une grande activité mais un contemporain de Damase le recommande avec insistance, de préférence aux juges civils. Engagé, à l'occasion, dans des procédures d'arbitrage, ou encore partie dans les procès qui accompagnent la première décennie du pontificat, Damase se plie à la nécessité. Mais il va beaucoup plus loin lorsqu'il invoque comme un modèle, pour promulguer les règlements de la vie ecclésiastique, le modèle de la loi impériale. La décrétale *Ad Gallos* (2,15) rappelle qu'on ne doit pas conférer la cléricature à des néophytes; le Romain avance des arguments du texte sacré (*I Tim.*, 3, 6), les sentences conciliaires (Nicée, Canon 2). Il ajoute finalement: *non est auditum necdum tironem militem imperium suscepisse.* L'image de la nouvelle recrue écartée du commandement dans la *militia* séculière paraît déterminante. Ailleurs, dans le même texte, il s'efforce d'établir par une allusion, que les usurpations tombent sous le coup de procédures qui frappent, dans le droit pénal, les crimes de violence (2, 18).

Cet intérêt, sans doute très pragmatique, pour les lois et pour les procédures facilite, chez Damase, une évolution décisive: le premier de tous les évêques romains (à notre connaissance), il ébauche une définition du droit chrétien. Non que l'évêque ait voulu théoriser: il cherche très concrètement à donner, dans son travail de légiste pour l'Eglise, une rigueur d'expression, une technique de raisonnement qui évoquent l'oeuvre des *prudentes* et des magistrats. La décrétale est organisée comme un rescrit, avec son introduction qui emprunte aux topoi de législation impériale pour souligner la sollicitude, la *cura* de l'évêque et pour inviter à respecter la loi (1, 1); suit l'exposé (1, 2) précédant les sentences et les clauses de l'exécution (2, 20). Damase, comme les spécialistes du droit séculier, se réfère explicitement à l'argument de raison qui donne des lois une interprétation exacte: *Ratio justa constringit*, dit-il, pour établir la légitimité des sentences synodales interdisant de recevoir un clerc déposé (*Ad Gallos*, 2, 17). A l'époque où le pouvoir fixe avec précision les règles du *jus respondendi* en imposant aux juristes de s'appuyer sur les sentences des cinq grands juristes classiques, Damase organise, en dossiers solides, les péricopes scripturaires qui fondent, en droit, la *lex continentiae*: il peut, en ce cas, utiliser les épîtres de Paul (*Rom.* 8, 9; 13; *I Cor.,* 7, 7; 7, 5; 15, 50: *Ad Gallos,* 2, 6-7). Mais Damase doit déployer plus d'ingéniosité pour trouver une argumentation scripturaire démontrant que l'Eglise locale ne peut recevoir les clercs étrangers, s'ils ne sont pas munis de *formatae*: la décrétale cite, un peu arbitrairement, l'épître aux Romains (1, 32) et Matthieu (7, 12).

En construisant ces démonstrations avec quelque virtuosité heuristique, Damase hiérarchise les arguments; il établit implicitement quelles sont les sources d'un droit chrétien. Le droit de l'Eglise se fonde sur les écrits prophétiques, évangéliques et apostoliques[37]: la Bible représente la Loi; mais les *Patres*, les *Majores* contribuent à enrichir la législation chrétienne: en ce cas, Damase pense aux Pères — 318, selon le nombre symboliquement choisi — réunis pour le concile de Nicée qui érigent le mur d'une foi inviolable contre l'hérésie[38]: aux *traditiones* confirmées par la grande Assemblée s'ajoutent les *definitiones*, la *sententia apud Nicaeam formata*, la *regula ecclesiastica*[39]. Damase explique aux Gaulois qu'ils ont eu raison de solliciter l'*auctoritas sedis apostolicae* qui leur fait connaître la science de la Loi et les traditions (*Ad Gallos*, 1, 2).

Tout en classant les sources du droit, Damase insiste pour clamer l'unicité de la loi, *lex, divina lex, lex Moysi, lex christiana*[40]. Il peut condamner ainsi toutes les formes de dissidences, les *diversitates* qui portent sur la foi, comme sur les pratiques (*Ad Gallos*, 2, 9 et 13). La décrétale énonce clairement le principe qui fonde l'unité de la foi et de la discipline: *Si ergo una fides est, manere debet et una traditio. Si una traditio est, una debet disciplina per omnes ecclesias custodiri.* Cette sentence, martelée avec solennité, indique bien que la prédication de la Bonne Nouvelle comme l'organisation de la vie

---

[37] C. H. Turner, *Ecclesiae Occidentalis Monumenta juris antiquissima*, I, 2, Oxford, 1939, p. 156: il s'agit du « *tomus Damasi* »: Pietri, *op. cit.,* pp. 881-884.
[38] *Ep.*, 1; 3 (PL 13, 348 et 356) et surtout la définition de Nicée: *Ad Gallos,* 2, 13, Babut p. 81.
[39] *Sententia*: *Ep.*, 1; *regula*: *Ad Gallos*, 2, 18, p. 85.
[40] *Ad Gallos*, 1, 4; 2, 12; 17, Babut, p. 73, p. 80, p. 84.

ecclésiale fondent l'unité, de la foi à la tradition, de la tradition à la discipline. En utilisant la langue et les procédures de la loi impériale qui établissent la société civile, Damase définit le droit qui fonde implicitement l'autonomie d'une autre société, celle de l'Eglise. Il ne confond pas les deux communautés dans l'image d'une chrétienté: bien au contraire, il compare la milice du Christ à celle de l'empereur pour proclamer que le serviteur du prince doit être empêché d'entrer dans le clergé (*Ad Gallos*, 2, 7 et 13). Damase, le premier, formule en la matière un code précis, de même qu'il défend les principes du for, l'autorité de la juridiction pontificale sur tous les évêques et plus spécialement sur les métropolitains. En fondant le droit chrétien qui établit l'autonomie d'une communauté et qui en réglemente la pastorale, Damase ébauche une théologie politique[41]; il trace une distinction rigoureuse entre l'Eglise et la société civile, restée séculière, même, si un prince chrétien la dirige. *Quae participatio Christo et Belial (Ep. 5)* ?

Ainsi, Damase dessine l'image du peuple chrétien. Il définit du même coup l'unité d'une communauté régie par les mêmes lois, distinctes de tout l'appareil juridique qui réglemente la société civile. Le vocabulaire qu'utilise le pape reflète une ecclésiologie. Damase évoque le *populus* et plus souvent encore la *plebs sancta*[42]. On note que le pape insiste sur la sainteté du peuple de Dieu. Sirice emploie, comme un équivalent une référence à l'Eglise sainte: le successeur de Damase se déclare *episcopus ecclesiae sanctae* et Innocent cite la *sancta atque apostolica ecclesia romana*. Damase préfère une expression plus biblique, celle que reprend Sixte III en mentionnant, dans la dédicace de Sainte-Marie-Majeure, la *plebs Dei*: mais le pape, en 382, évoque l'épître aux Ephésiens pour établir la sainteté d'une Eglise, *non habens maculam nec rugam*[43]. Ce peuple est saint, l'Eglise est sainte parce qu'elle représente, dans un siècle de discorde et de trouble, une communauté de paix et de concorde. Damase, comme j'ai essayé de l'expliquer (et l'idée a été reprise) fonde la concorde

---

[41] Voir la synodale de 378 et la réponse de Gratien: *loc. cit.*, note 16.

[42] *Epigr. Damas.*, 13; 35, 63. *Populus*: 18; 35; 40; 53.

[43] *Synod. Ed. Turner*, p. 158 et sur *sancta ecclesia* voir *Roma Christiana*, p. 368.

de l'Eglise sur l'entente exemplaire qui unit dans un double martyre, les deux apôtres Pierre et Paul, devenus par le sang du martyre subi le même jour, pour la même communauté, des frères [44]. Le pape explique également que le service de la prière et du sacrifice impose, pour l'unité de l'Eglise, la sainteté du lévite. Il insiste également sur l'unité de la discipline, le respect d'une tradition unique dans la confession d'une même foi: *una Petri sedes unum lavacrum.* Cette exigence n'exclut pas une condamnation ferme des zélotes de la rigueur et de l'intransigeance: contre Heraclius, qui refusait de réconcilier les *lapsi,* chus par leur faiblesse pendant la persécution, contre Hippolyte qui reprochait à Calliste son laxisme avant de revenir, pendant les souffrances de la persécution, à la foi catholique, il invoque la rigueur de Corneille, qui n'exclut pas la réconciliation du pécheur [45]. Heraclius ne permettait pas aux *lapsi* de déplorer leurs fautes, Eusèbe enseigne aux malheureux à pleurer leurs crimes. Car ce peuple mêlé, où les pécheurs peuvent faire pénitence, dépend des saints et des martyrs. La pastorale qui donne en exemple le martyr, qui organise pour le pèlerinage des fidèles un calendrier et des oratoires, se justifie par une théologie du peuple de Dieu. Les poèmes du pape témoignent en célébrant ces héros de la *militia*: le pape ne s'attarde pas aux anecdotes pieuses; le poète ne s'attendrit qu'une seule fois sur le sort de la jeune Agnès. En quelques cas, il indique le nom du saint avec une sobre dédicace (*Epigr.,* 24): ou bien, dans le cas de Gorgonius, il assure que le saint possède la béatitude, mais il ne complète pas le portrait. Une passion célèbre une mère et ses fils, Silanus enterré près de la Salaria, Félix et Philippe, déposés à Priscilla, Januarius à Prétextat, sans oublier trois martyrs qui appartiennent au *coemeterium Jordanorum.* Le pieux récit utilise évidemment l'exemple des Macchabées; Damase s'inquiète simplement de célébrer le Seigneur crucifié et ressuscité. Il évite ainsi toute référence au merveilleux; mais il exalte le martyr comme un vainqueur associé à la gloire du Christ (*Epigr.,* 15; 16;

[44] *Tomus Damasi, Turner,* p. 157.
[45] *Epigr. Damas.,* 18 éd. Ferrua, p. 134 (Heraclius), 35, p. 173 (Hippolyte): éloge fragmentaire de Corneille: 19, p. 137.

21; 25); le saint porte le trophée de la victoire: *ex hoste tropaeum* (*Epigr.*, 15, 4; 16, 4). En même temps, le poète insiste sur le rôle pédagogique de ce triomphe: *cognoscere debes* (*Epigr.*, 15, 1; 16, 2; 20, 1; 21, 12; 25, 1, 28; 33, 3) Les *carmina* servent à démontrer la valeur exemplaire du martyre pour aider la conversion des païens et également pour affermir la piété des fidèles. Plus encore, ils illustrent une théologie de l'Eglise et de la *plebs sancta*. Le peuple est saint parce qu'il porte en lui l'exemple des martyrs; en cette époque de conversion, la communauté des fidèles accueille nécessairement les tièdes, les médiocres. La pastorale de Damase reflète exactement l'ecclésiologie du pape: à cette *plebs*, il faut, pour qu'elle soit pleinement le peuple de Dieu, une élite spirituelle dont la loi de l'Eglise surveille le recrutement; il faut aussi l'exemple triomphal des martyrs dont Damase organise la célébration. On ne cherchera pas à réduire l'Eglise à un petit reste, comme le veulent les rigoristes: le peuple est saint par ses saints.

Et le peuple de Rome peut se prévaloir d'un privilège, parce qu'il dispose d'un capital exceptionnel de sainteté. Damase développe tout une argumentation, reprise à sa suite par Paulin de Nole, pour illustrer la géographie de la sainteté. Le saint, d'origine étrangère, appartient par son martyre à l'Eglise romaine: Damase s'avance plus loin en expliquant qu'il devient citoyen de la Ville; l'Urbs se confond avec l'Eglise:

> *sanguine mutavit patriam nomenque genus*
> *Romanum civem sanctorum fecit origo...*

En évoquant l'africain Saturninus, il le déclare Romain, alors qu'il n'est pour Carthage, sa ville natale, qu'un *incola* (*Epigr.*, 46). Agapitus représente la *Romanae gloria plebis* et Rome (entendons bien ce complexe qui mêle capitale et communauté chrétienne) peut revendiquer plus que tout autre comme citoyens, Pierre et Paul (*Epigr.*, 20). Cette concentration des saints illustre pour Rome un dessein providentiel. La Ville possède les plus illustres martyrs et Damase compare Tarcisius au protomartyr (*Epigr.*, 15). L'Orient a envoyé ses disciples, comme le dit un *carmen* dédié aux deux apôtres. *Hic habitasse*, explique Damase, avec une ambiguïté volontaire; on ne sait pas très bien s'il faut chercher *ad catacumbas* des reliques apostoliques ou quelque trace d'un séjour terrestre, mais il est sûr que le pape veut insister sur la présence à Rome de Pierre et de Paul, unis fraternellement par le même martyre. « Ils ont consacré l'Eglise Romaine ». Cette illustration de l'ecclésiologie romaine complète et appuie la pastorale du pape qui intervient avec l'appui de Pierre, *Petro praestante* (*Epigr.*, 3).

L'Eglise de Pierre est bien la *prima sedes*, comme l'explique le Romain en 382, lorsqu'il réunit un synode pour traiter des affaires de la catholicité; dans les actes dont nous conservons quelques fragments, utilisés dans la suite pour rédiger une préface au concile de Nicée [46], l'argumentation romaine réplique aux positions définies par l'Eglise d'Orient, à Constantinople, en 381. Puisqu'il s'agit de démontrer que la hiérarchie des Eglises ne décalque pas la géographie politique, que Constantinople ne bénéficie pas d'un privilège particulier sous prétexte qu'elle est une seconde Rome, le texte décrit la hiérarchie des sièges apostoliques, en se référant à l'expression (*sedes apostolica*) apparue au temps de Libère. Et suivant l'habitude particulièrement établie à Rome, d'appuyer un décret conciliaire sur une preuve tirée de l'Ecriture, Damase invoque l'évangile de Matthieu (16, 17). La péricope illustre le pouvoir révélateur de Pierre et sa primauté; l'autorité du siège apostolique se fonde sur la foi de Pierre et sur la tradition de l'Apôtre. Mais cette théologie scripturaire tire concrètement quelque appui supplémentaire de l'oeuvre accomplie à Rome, par la pastorale de l'évêque. L'Eglise de Rome et son peuple, que Damase distingue si clairement de la Ville et de la société civile, donne à la vieille capitale le prestige d'une cité sainte. Avec Damase, avec son oeuvre d'évêque romain commence une évolution qui intéresse l'histoire de la société autant que celle de la culture: la naissance de la Rome chrétienne.

[46] Texte cité à la note 37.

LA ROME DE GRÉGOIRE

L'automne avait été pluvieux. Gonflé de pluies torrentielles, le Tibre couvrait de ses eaux boueuses, polluées par les cadavres d'animaux et par les serpents, la ville, le champ de Mars et tous les quartiers riverains. La crue engloutit les magasins de l'Église qui conservaient les réserves de grain. Après le froid et l'inondation, la famine apportait de nouvelles douleurs. *Tanta egestas, tanta nuditas*: un témoin pleurait sur les malheurs de la cité, que menaçait sournoisement l'avancée des Lombards. Mais un autre malheur manquait à la Ville; Grégoire de Tours, en rapportant le récit de son diacre, venu à Rome pour demander des reliques, explique l'étiologie du mal avec toutes les ressources de sa science médicale. La mer houleuse rejetait sur le rivage les pourritures charriées par le fleuve et renvoyait jusqu'à la cité les miasmes d'une peste inguinaire. Le glaive de la colère céleste faisait massacre en tous les quartiers[1]. Il frappa, au milieu du onzième mois (c'est-à-dire en février 590) le pape Pélage, qui mourut rapidement[2]. Le peuple réclamait et élit le diacre Grégoire, rappelé depuis l'année précédente (en 588) par le pale, qui désirait probablement lui confier la mission de pacifier le schisme établi en Italie septentrionale par la querelle des « Trois Chapitres ».

L'élu, même s'il voulait rester fidèle à sa vocation monastique,

---

[1] Grégoire de Tours, *Hist. Franc.* X, 1.
[2] *Liber Pontificalis*, LXV, *Vita Pelagii*, éd. L. Duchesne, Paris 1955[2], p. 309.

accepta l'urgence des responsabilités pastorales. Il harangua le peuple (en un sermon que reconstitue l'*Histoire des Francs*) et bientôt il le mobilisait en une grande procession de prières: de l'église des Saints-Cosme et Damien venaient les prêtres de la sixième région. Ceux de la quatrième, accompagnés des abbés et des moines, arrivaient de Saints-Gervais-et-Protais aujourd'hui San Vitale. Les moniales, avec la première région, s'ébranlaient en procession aux Saints-Pierre-et-Marcellin; les enfants venaient du Coelius, des Saints-Jean-et-Paul, les adultes de Saint-Étienne-le-Rond, les veuves de Sainte-Euphémie, les matrones de Saint-Clément. Cette litanie aux sept cortèges (*septiformis*), associant au clergé de chacune des sept régions ecclésiastiques une classe de la population urbaine, arrivait à Sainte-Marie-Majeure sur l'Esquilin. Toute la ville en prières tentait de fléchir la fureur de l'épidémie. Trois jours durant, le clergé parcourut la ville en clamant à travers les rues: *Kyrie eleison.* Dans le même temps, Grégoire s'occupait d'informer l'empereur Maurice et conjurait son correspondant impérial de refuser le choix populaire. Mais le préfet retenait ses lettres et le prince donnait son consentement. Après six mois de vacance du siège épiscopal, conduit de force à la basilique de l'apôtre Pierre, Grégoire reçut le 3 septembre 590, la consécration.

Cette longue résistance dénotait peut-être dans l'esprit du futur pape, autant que le désir très profond de retraite spirituelle, l'angoisse d'une responsabilité écrasante. De l'hiver à l'été, il avait assuré les charges du pasteur, paré aux plus grands périls physiques et spirituels: ceux de l'épidémie et du désespoir. Il continuerait, par conséquent, et pendant quinze ans, avec la conscience aiguë d'oeuvrer dans un monde tragique. Le navire (le navire du monde) penche sur le côté, écrivait-il à Léandre de Séville; dans la tempête, les planches pourries ont des craquements de naufrage[3]. Lorsqu'en 593, le pape prêche sur Ezéchiel, en un temps où le roi lombard Agilulf approche de Rome dans le fracas des armes, il évoque « les deuils, les lamentations, les villes détruites, la terre réduite au désert »[4]. Son attachement à Rome s'émeut, car il est l'évêque de ce peuple dont il a accompagné, avant d'être consacré, le désespoir: « Celle-là qui jadis paraissait la maîtresse du monde ... nous voyons ce qu'elle est devenue: des douleurs immenses et multiples l'ont brisée, ses citoyens l'abandonnent, ses ennemis l'attaquent,

---

[3] Grégoire, *Ep.* I, 41, d'avril 591 (d'après la numérotation des MGH).
[4] *Hom. Ez.* II, 6, 22; *Hom. Ev.* I, 17, 16.

ses ruines s'accumulent ... Où est le Sénat, où est le peuple romain? ... Le Sénat est absent, le peuple a péri ... Pour Rome s'accomplit ce que le prophète disait devant Ninive en ruines (*Nahum* 2, 12). Le prophète (Michée) disait: « agrandis ta calvitie comme l'aigle. L'homme n'a jamais de chauve que la tête, l'aigle au contraire devient chauve de tout le corps et quand il vieillit, il perd toutes ses plumes et aussi celle de ses ailes » [5]. Autant qu'une conscience claire de la réalité contemporaine, l'évocation des souffrances romaines illustre la signification ambivalente de l'histoire. Tous les signes négatifs des malheurs qui frappent la ville peuvent être inversés puisqu'ils annoncent la fin et après la persécution ultime, la seconde Parousie. Les progrès de la foi, la conversion de la *respublica* lèvent l'obstacle, ce qui retient, comme dit Paul. Le pape exerce ses responsabilités pastorales avec un sentiment d'urgence eschatologique.

Cette spiritualité, autant que l'extrême malheur accompagnant la fin du siècle, inspirent le zèle pastoral du nouveau pape, en Italie particulièrement, mais aussi de la Gaule à la Bretagne des Angles, de l'Illyricum à Constantinople. Les historiens du pontificat ont étudié comment Grégoire a dirigé l'épiscopat des Églises italiennes, comme il a géré le patrimoine de l'Église romaine, organisé la résistance aux Lombards et négocié avec eux, inspiré les lointaines missions. Dans ces analyses, Rome trop souvent s'efface et n'est plus évoquée, sinon comme la capitale qui conserve le patrimoine de l'universel. Mais la responsabilité particulière de l'évêque (faut-il le rappeler?) s'exerce naturellement pour le peuple de la Ville, son peuple fidèle. Que fut, mesurée en une quinzaine d'années d'épiscopat, l'oeuvre romaine d'un pasteur venu en charge au temps des malheurs et des mutations. En considérant l'état de la cité et de ses habitants, l'espace urbain, le temps de la société romaine et plus encore cette société elle-même, que fut la Rome de Grégoire?

I.   L'espace chrétien d'une Rome nouvelle

Ruinis crescentibus, comme dit Grégoire [6]: en 590, le paysage de la ville antique a profondément changé, si l'on songe à la Rome de Damase ou même à celle de Léon le Grand. Car la déploration

---

[5] *Hom. Ez.* II, 6, 23.
[6] Voir note 4.

sur Rome n'est pas un thème de pure rhétorique ou plutôt, s'il est devenu un *topos*, les raisons en sont cruellement concrètes; l'*Urbs* a subi, depuis 440, quatre sièges, bientôt un cinquième (en 592); à trois reprises, la peste décime une population déjà éprouvée par les assauts de la guerre. L'équipement de la ville antique a souffert, mais les lésions ne sont pas irrémédiables; Narsès en 565 a restauré le *ponte Salario* détruit en 547 par Totila[7]; le *ponte Nomentano* et peut-être le *ponte Emilio* résistent. Les Byzantins entreprirent également de reconstruire l'enceinte, en particulier sur la rive gauche, dans la zone de la porte de Saint-Paul. Au nord, de la porte Flaminia à la porte Pinciana, les protections sont plus fragiles: Procope parle déjà du *muro Torto*. À l'est et au sud-est, Bélisaire fait renforcer la zone du camp prétorien; près de l'Appia, il faut bloquer des portes jugées inutiles. Le dernier roi goth avait donné l'exemple en fortifiant le mausolée d'Adrien[8]. Quelques difficultés viennent de l'alimentation en eau: les moulins du Janicule fonctionnent encore en 537 grâce à l'intervention des ingénieurs byzantins; il n'est pas sûr qu'ils tournent encore sous Grégoire, puisque le pape Honorius doit les remettre en service. Pendant la guerre gothique, Vitigès a coupé les aqueducs; Bélisaire rétablit l'*Aqua Traiana*[9]. En 602, le pape Grégoire s'inquiète: il demande que le préfet confie à un spécialiste compétent l'entretien des aqueducs: sans une intervention rapide, note-t-il, toute l'installation des *formae* menace ruine[10]. Mais la dégradation du service des eaux ne modifie pas les habitudes mentales: dans l'une de ses homélies, le pape imagine encore les loisirs des Romains, au forum et aux thermes[11].

---

[7] CIL VI, 1110 et p. 3071 et 3778. J. Le Gall, *Le Tibre, fleuve de Rome dans l'Antiquité*, Paris 1953, p. 206-209; p. 289-306.

[8] J. A. Richmond, *The City Wall of Ancient Rome*, Oxford 1930. L. Cozza, *Mure Aureliane I, Trastevere ...*, dans *Bullettino della Commissione Archeologica Comunale in Roma* 91 (1986) 102-130 et *ibid.* 92 (1987) 137-174.

[9] Procope, *Bell. Goth.* I, 15. Sur le pape Honorius, voir une note interpolée dans la *Vita Honorii* VII, *Liber Pont.*, p. 324 et p. 327 (20); cette note indique que le pape intervient pour l'*Aqua Traiana*, qui faisait tourner les moulins. Ces restaurations successives maintiennent en fonction l'aqueduc jusqu'à l'époque de sa destruction définitive au VIIIe par Astolfe sous Adrien I (*Liber Pont.*, p. 503-504).

[10] Grégoire, *Ep.* XII, 7 (on maintient ici la numérotation utilisée dans l'édition des MGH, P. Ewald et L. M. Hartmann. Il est déplorable qu'en 1982 le nouvel éditeur D. Norberg [CCL 140 et 140A], à qui nous devons tant de progrès, ait eu l'idée de perturber un système consacré par l'usage).

[11] *Hom. Ev.* I, 6, 6.

Car les monuments prestigieux conservent encore la mémoire de la cité antique. Les assauts gothiques ont ravagé quelques quartiers, ceux des jardins au nord [12] et aussi le Forum de la Paix [13]. La basilique Emilia brûle dès le premier sac, dont les Goths se firent une spécialité; mais les *tabernae*, qui s'adossent à l'édifice, survivent longtemps, avec des fortunes diverses, jusqu'à l'établissement d'une église, au VIIIe s. [14]. La zone de la *Crypta Balbi* paraît désertée, autant que la zone monumentale au nord du Coelius. Les temples sont abandonnés, après avoir été dépouillés: Zosime et Procope rappellent le pillage du grand temple capitolin [15]. Le forum d'Auguste accueille longtemps encore les conférences et les lectures publiques [16], mais le temple de Mars tombe dans une décrépitude, dont les moines basiliens scellent définitivement la conclusion, en creusant une crypte sépulcrale dans le basement de la cella. Au préalable, avant de détruire, les constructeurs chrétiens ont pillé les monuments antiques; pour construire son église près de la Tiburtine, le pape Pélage II récupère des colonnes et de fastueux chapiteaux historiés. Au VIIe s., l'église sauve le temple: le patronage de Laurent protège l'édifice abandonné du divin Antonin. Quelques années après la mort de Grégoire, Boniface IV obtient de Phocas l'autorisation de consacrer à la Vierge une prestigieuse demeure des dieux antiques, le Panthéon d'Agrippa [17]. Dépouillées de leur décor comme des enveloppes de pierre, vidées de leur mémoire religieuse, les demeures des antiques idoles glissent lentement dans la ruine. Depuis quelques décennies, les menaces de l'abandon touchent aux monuments qui faisaient la gloire romaine de la vie sociale: l'amphithéâtre flavien, au temps

---

[12] Destruction et pillage des *Horti Sallustiani*: Procope, *Bell. Vand.* I, 2.
[13] Procope, *Bell. Goth.* IV, 21; A. M. Colini, dans *Bullettino della Commissione Archeologica Comunale in Roma* 65 (1937) 13.
[14] S. Giovanni in Campo: v. A. Bartoli, *Rendiconti dell'Accademia dei Lincei* 1912, p. 758-766.
[15] Zosime, *Hist.* V, 38; Procope, *Bell. Vand.* I, 5. Stilicon et Genséric ont conjugué leurs efforts.
[16] Jusqu'au milieu du VIe s., si on en croit Venance Fortunat (voir note 107): H.-I. Marrou, *La vie intellectuelle au Forum de Trajan et au Forum d'Auguste*, dans *Mélanges de l'Ecole Française de Rome* 49 (1939) 93-110 (= Patristique et Humanisme, Paris 1976, p. 65-80).
[17] Sur les remplois, F. W. Deichmann, *Abhandlungen der Bayerischen Akademie der Wissenschaften*, 1975. Dans le temple d'Antonin et de Faustine, l'église *S. Laurentii in Miranda* est mentionnée dans les *Mirabilia Urbis Romae* (Chr. Huelsen, *Le Chiese di Roma*, Florence 1927, p. 188). Pour le Panthéon: *Liber Pont.* I, p. 317.

de la monarchie gothique, accueillait les sénateurs illustres, qui faisaient graver leurs noms sur les gradins; les bleus contre les verts: les émeutes des factions déchiraient encore le peuple des spectacles. Mais ce sont au début du VIᵉ s. les dernières clameurs [18]. Procope évoque une ultime course au Grand Cirque: Totila l'organise, pour redonner apparence de vie à une ville qu'il avait voulu détruire [19].

Plus encore que l'abandon des monuments publics, les progrès du *disabitato* (comme disent Lanciani et plus récemment R. Krautheimer) illustrent sûrement la transformation du paysage urbain et suggèrent une diminution radicale de la population [20]. La colline du Capitole, abandonnée et désolée, cache un dragon, surgi dans l'imagination des hagiographes terrifiés par le désert [21]. Plus prosaïquement, les lettres de Grégoire signalent les vignes et les jardins, petits lambeaux de vie rurale au coeur de la cité, sur l'Esquilin, près de Sainte-Marie-Majeure, au sud-est de la Ville [22]. L'archéologie révèle surtout le développement des cimetières urbains, établis, au mépris de l'antique prescription, *intra moenia*: dès la fin de la monarchie gothique, au camp prétorien, aux jardins de Salluste et même près de S. Giacomo al Colosseo [23]; la géographie funéraire s'étend, en une sorte de demi-cercle, du Capitole au Coelius, aux thermes de Caracalla, sur l'Oppius, vers l'Esquilin, Piazza Vittorio Emanuele; elle se prolonge au sud du Palatin, vers Sainte-Sabine, vers le Testaccio [24]. Elle dessine, au coeur de la ville antique, un noyau plus densément urbanisé, avec de nouveaux quartiers dont s'ébauchent les fonctions: près de Saint-Pierre-aux-Liens, la zone des militaires, peut-être près du Forum

---

[18] G. Lugli, *Roma antica*, Rome 1946, p. 339-341.

[19] Procope, *Bell. Goth.* III, 37.

[20] On doit au grand savant un chapitre sur la Rome de Grégoire dans *Rome. Profile of a City, 312-1308*, Princeton 1980, p. 59-87.

[21] W. Pohlkamp, *Tradition und Topographie: Papst Silvester I und der Drache von Forum Romanum*, dans *Römische Quartalschrift* 78 (1983) 1-100.

[22] Grégoire, *Ep.* III, 17 *(ad Gallinas Albas)*; IX, 137 (Esquilin); XIV, 3.

[23] R. Krautheimer, *Profile*, p. 68-69.

[24] Capitole: A. Sommella Mura et G. Maetzke, dans *Rivista di archeologia cristiana* 63 (1987) 379-380; Thermes de Caracalla: M. G. Cecchini, *ibid.*, p. 380-381; Oppius: Cl. Panella, *ibid.*, p. 381-382; Testaccio: R. Meneghini, *ibid.*, p. 382. Palatin: R. Volpe, *ibid.*, p. 385. Sainte-Sabine: M. D. Darsy, *Recherches archéologiques à Sainte-Sabine*, Cité du Vatican 1968, p. 70-71. Voir aussi les sépultures des communautés monastiques au Coelius (note 50), sur l'Aventin (note 38: L. Pani Ermini, p. 29 sq.).

Boarium, les Grecs, tandis que le Palatin conserve les souvenirs et les serviteurs de la vie palatiale [25].

Dans cette ville bouleversée, labourée par les intempéries et par les barbares, les églises, qui ont échappé aux violences des hommes, se dressent intactes et plus nombreuses comme les témoignages éclatants d'une ville nouvelle, surgissant dans le décor grandiose d'une cité vieillie. À la fin du Ve s., l'Africain Fulgence de Ruspe, qui conservait quelque candeur provinciale, crut voir, en visitant la ville, l'image d'une Jérusalem terrestre. Lorsque s'achève le siècle suivant, la parure de la Rome chrétienne a conservé tout son éclat. Elle s'organise en de multiples réseaux qui s'enchevêtrent: les grandes basiliques traditionnellement réservées à la liturgie épiscopale dessinent un décor imposant: au sud-est de la Ville, la basilique constantinienne qui a peu souffert, malgré le pillage répété de son trésor, attire tout un quartier chrétien, étendu au baptistère pourvu d'annexes grandioses, flanqué d'une communauté de moines jusqu'à la *Scala sanctorum*, au nord avec sa bibliothèque, son hospice, la demeure épiscopale [26]. Sur l'Esquilin, Sainte-Marie-Majeure (comme on commence à la nommer) [27] est flanquée d'un oratoire consacré aux Anargyres, dédié par le pape Symmaque [28]. La basilique mariale accueille régulièrement les fêtes de la Vierge, en particulier celle de la nativité (dont elle partage la célébration avec St.-Pierre). Une habitude de langage s'ébauche, qui associe à la basilique la référence à la crèche (*beata Maria ad Praesepe*) [29]; elle illustre assez bien les ambitions nouvelles de l'antique capitale, qui entend réunir sur le microcosme de son territoire toutes les mémoires chrétiennes: celle de Jérusalem à S. Croce, Bethléem sur l'Esquilin, un *martyrium* consacré au protomartyr sur le Coelius. Car S. Stefano Rotondo, établi au sommet d'une colline ravagée par les Goths [30], fondé par le pape Simplicius (468-483), décoré au siècle suivant par les papes Jean et Félix IV

---

[25] Magnopoli, comme quartier militaire, près de la Torre delle Milizie, F. Castagnoli, *Topografia ed urbanistica di Roma*, Bologna 1958, p. 259-260.
[26] Le pape Hormisda (514-523) a rétabli le décor de l'autel, saccagé par les Vandales: *Liber Pont.*, p. 271. Le monastère *S. Stephani juxta Lateranis*, dès le pape Hilaire (461-468), d'après quelques mss. du *Liber Pontificalis*, I, p. 245.
[27] Au moins au VIIe s.: De Rossi, *Roma sotterranea*, Rome 1964, I, p. 143, d'après le *De Locis sanctis martyrum*.
[28] Oratoire des Saints Cosme-et-Damien, *Liber Pont.*, I, p. 262.
[29] Sûrement attestée au VIIe s.: *Liber Pont.*, I, p. 331.
[30] R. Krautheimer, *Corpus*, 4, p. 239-240 (voir note 37).

(526 à 530), évoque le premier diacre et, dans sa structure même, la rotonde de l'*Anastasis* de Jérusalem. Près de la *Via Lata*, le pape Pélage I fonde une *basilica Apostolorum*, dont Jean III (560-567) achève le chantier[31]. La nouvelle église dédiée aux apôtres Philippe et Jacques introduit des dévotions célébrées à la Sainte-Sion et, depuis l'empereur Anastase (mort en 518), à Constantinople. Saint-César sur le Palatin[32] et surtout la basilique *Sessoriana* (S. Croce in Gerusalemme)[33] servent de chapelles palatines. Les autres édifices relèvent directement de l'évêque, puisque celui-ci n'y a pas établi le service permanent des prêtres « titulaires »: il y préside les prières de tout le peuple chrétien.

Le pasteur romain a pris très tôt (dès le IVe s.) l'habitude de réunir ses fidèles en assemblées communes, de station en station, du Latran à l'Esquilin. Il utilise également les grandes basiliques des martyrs établies à la périphérie de la ville[34], au-delà de l'enceinte aurélienne. Un long portique, édifié au Ve s., conduit du pont Aelius jusqu'à la basilique Saint-Pierre, sous la protection du mausolée d'Adrien devenu forteresse[35]. Au début du VIe s., les travaux du pape Symmaque (qui avait dû, pour échapper aux assauts des schismatiques, se réfugier *trans Tiberim*) ébauchent une agglomération; il édifiait, au sud et au nord de la basilique, des *episcopia*, une résidence épiscopale, trois oratoires (Ste-Croix; St.-Jean Baptiste; St.-Jean Evangéliste); le pape organisait l'atrium, prévoyait le logement des pauvres et des pèlerins. Le pape Léon avait permis l'établissement d'un monastère (Sts.-Jean-et-Paul); son successeur confiait aux prêtres des églises titulaires la charge d'assurer par roulement le service liturgique. Toutes ces interventions, dans leur diversité, façonnèrent la création d'une agglomération, d'un quartier, en créant un nouveau pôle d'habitat et de pèlerinage, qui rééquilibre, à l'Occident, l'antique cité. Symmaque s'était occupé également de Saint-Paul, où il disposait des thermes et des habitations pour les pauvres. A l'est, naissait, dès le Ve s., une petite Laurentiopolis, avec ses oratoires, ses *habitacula* pour les pèlerins;

---

[31] *Liber Pont.*, I, p. 303 et p. 305.

[32] Chr. Huelsen, *Die Kirchen des heiligen Caesarius in Rom*, dans *Miscellanea Ehrle*, Rome 1924, II, p. 377-403.

[33] L'Église, en fait, paraît abandonnée; elle est restaurée par le pape Grégoire II (715-731).

[34] De façon générale, sur le suburbium: L. Reekmans, *L'implantation monumentale chrétienne dans la zone suburbaine de Rome du IVe au IXe s.*, dans *Rivista di archeologia cristiana* 44 (1968) 173-207.

[35] Procope, *Bell. Goth.* I, 22.

le prédécesseur de Grégoire, Pélage II (579-590), créait une nouvelle basilique, installée sur la tombre même du diacre romain. *Delubra semiruta*[36], notait déjà Jérôme, les temples tombent en ruines et les chrétiens courent vers les tombes saintes. Au temps de Grégoire, le pèlerinage a matérialisé la nouvelle géographie de trois petites agglomérations chrétiennes, reliées aux basiliques de la liturgie épiscopale.

Mais sur le territoire même de la cité les églises titulaires dessinent, pour une topographie chrétienne, un réseau aux mailles plus serrées [37]; dès l'origine, c'est-à-dire dès le IVe s., ces édifices peuvent assurer, avec les revenus d'une fondation, le service régulier d'un clergé permanent; à la fin du siècle, il n'est pas de fidèle à Rome qui ne trouve à quelques centaines de mètres (300 à 400 m) de sa maison, une église, un *titulus*. Au nord-est et sur l'Esquilin, sept églises et une quinzaine de prêtres assurent le service de la prière et des sacrements. Sept titres également occupent le Coelius et toute sa mouvance au S.E. L'Aventin compte deux *tituli*, tandis que le Trastevere, encore peuplé, en a reçu trois. Six églises jalonnent la présence chrétienne du Forum au Champ de Mars. Cette distribution, façonnée par le hasard des donations (les titres ont été créés grâce à la générosité de l'aristocratie chrétienne, parfois avec l'aide des collectes), ne correspond plus exactement à la géographie urbaine du VIe s. À l'Est, St.-Eusèbe, l'un des derniers titres construits, subsiste dans une zone abandonnée; sur le Coelius et même sur l'Aventin, les églises entretiennent tant bien que mal la vie communautaire de quartiers qui se dépeuplent. Dans les régions mieux occupées — la zone du Forum, celle du Champ de Mars — les « titres » servent, avant la lettre, de paroisse urbaine, puisqu'ils regroupent tous les services de la mission locale permanente, ceux de la prière commune, des sacrements (baptême, pénitence et mariage), de l'assistance aux pauvres et aux malades. L'édifice ecclésial devient ainsi le centre de référence privilégié pour la vie du quartier. Sur le territoire urbain, les communautés des moines, les hospices et les divers *xenodochia* renforcent ces signes multi-

---

[36] Jérôme, *Ep.* 107, 1, 2.
[37] Voir le tableau que j'ai présenté en un précédent *Colloque Grégoire le Grand*, CNRS, Paris 1986: *Clercs et serviteurs laïcs de l'Église romaine au temps de Grégoire le Grand*, p. 107-121; ici, p. 109-110. On se reportera au *Corpus Basilicarum Christianarum Romae* (Rome, 5 vol., 1937-1977), de R. Krautheimer. Et pour les titres à la fin du VIe s. voir J.-P. Kirsch, *Die römische Titelkirchen in Altertum*, Paderborn 1918: en particulier le tableau établi d'après la liste de présence du concile de 595, p. 7-8.

ples de la présence chrétienne dans l'espace romain: le *xenodo-chium* des Anicii, celui des Valerii; le monastère de Symetrius près des thermes de Caracalla, sûrement celui de Pancrace près du Latran et enfin peut-être celui d'Euprepia [38]. Depuis les agglomérations de la périphérie jusqu'au coeur encore vivant de la cité antique, les basiliques, les *tituli* et les oratoires ont matérialisé, en deux siècles, la parure chrétienne de la Ville [39].

Grégoire recueille ce patrimoine de pierres et de monuments. Au jugement de son biographe Jean Diacre, il s'inquiétait surtout de réparer plutôt que de construire [40]. En réalité, le pape nouveau avait la charge de relever tant de ruines, avec des ressources amenuisées, qu'il ne pouvait guère se donner un programme de grands travaux. Mais le diacre sous-estime trop l'oeuvre grégorienne. Pasteur attentif, l'évêque occupe les églises détenues par les hérétiques. Ricimer avait établi à Subure une *ecclesia Gothorum*, une oeuvre, assez modeste, hâtivement édifiée. En 592, le pape confiait à un acolyte le soin de lui attribuer un patrimoine pour l'entretien de l'édifice; il avait décidé de transformer en une église ce qui n'était jusque là dans ce quartier de Subure qu'une caverne d'hérétiques. L'édifice reçut les reliques de Sébastien et la dédicace d'une sainte, Agate, la sainte de Catane [41]. Le pape enrichissait le patrimoine spirituel de l'Église romaine avec la Sicile, devenue l'une des provinces privilégiées de la papauté. L'oeuvre de transformation de l'église arienne fut modeste: elle conserva les structures du monument fondé à la fin du Ve s. Grégoire se contenta d'y placer un nouveau décor de mosaïques et de peintures [42]. Mais il célébra cette dédicace avec les accents de la *reconquista*: les *Dialogues* rapportent une péripétie survenue pendant la messe solennelle de la dédicace: un goret, qui s'était faufilé dans la petite

---

[38] Grégoire, *Ep.* IX, 8 (Anicii); IX, 66 et 82 (Valerii); G. Ferrari, *Early Roman Monasteries* [Studi di Antichità Cristiana, 23], Rome 1957, p. 13, p. 136, p. 243. L. Pani Ermini, *Testimonianze arch. di monasteri a Roma nell'alto medioevo*, dans *Archivio della Società Romana di Storia Patria* 104 (1981) 25-45.
[39] Voir pour S. Quirico, S. Giovanni a Porta Latina, R. Krautheimer, *Corpus*, 4, p. 36 sq. et 1, p. 301; pour les cimetières: M. Dulaey, *Cahiers Archéologiques* 26 (1977) 1-18.
[40] Jean Diacre, *Vita* IV, 68. Le même auteur décrit la vie palatiale au Latran (*ibid.*, II, 6); mais il est difficile de suivre les hypothèses de Ph. Lauer, *Le Palais du Latran*, Paris 1911, p. 76-81, qui prête à Grégoire un oratoire (ou à Pélage II?, la *Scala Sanctorum*), un hospice? Sur la bibliothèque, voir note 108.
[41] Grégoire, *Ep.* IV, 19.
[42] R. Krautheimer, *Corpus*, 1, p. 12-13.

église où s'entassaient les fidèles, s'échappait, emportant avec lui symboliquement l'immonde de l'hérésie et du diable. Quelques jours plus tard, les lampes éteintes s'illuminaient, sans l'intervention des clercs, d'une mystérieuse présence divine [43]. Le récit de Grégoire note la présence de la foule dans une église modeste (la nef centrale se développait sur une vingtaine de mètres). On voit bien le prix que le pape attachait à l'avantage pastoral de cette récupération, dans un quartier encore peuplé et moins pourvu que les zones voisines. Dès 593, Grégoire avait réalisé une opération analogue avec une autre église arienne, située près de la *domus Merulana*, où il fit placer les reliques de l'apôtre du Norique, Séverin; mais il attribua moins d'importance, semble-t-il, à un lieu de culte, proche de St.-Clément, des Saints-Quatre-Couronnés et de St.-Pierre-aux-liens [44].

Ces deux fondations, réalisées à l'économie, montrent assez bien la modestie de l'oeuvre grégorienne. L'aménagement de Saint-Georges au Vélabre paraît plus tardivement réalisé, au début du VIIe s., au temps de l'un des successeurs du pape [45]; de même, l'établissement d'oratoires dans des *horrea*: à Saint-Théodore, l'abside qui suggère l'utilisation liturgique d'un édifice antérieur appartient au VIIe s. ou même au VIIIe s. [46]; la même remarque vaut probablement pour S. Maria in Via: l'adjonction d'une petite abside dans une salle atteste la création de la diaconie: mais cette construction, difficile à dater (du VIe ou du VIIe s.), ne vaut guère preuve, lorsque le premier témoignage sur l'utilisation ecclésiastique apparaît seulement à l'époque de Léon III (795-816) [47]. Près du Tibre, Ste-Marie in Cosmedin reçoit le titre de diaconie au VIIe s. dans la charte de fondation, qui prévoyait un patrimoine pour l'entretien de l'édifice et les services d'assistance [48]. En revanche, dans la zone du Forum où l'Église ne détenait que les Saints-Cosme-et-Damien, les travaux d'adaptation qui permirent l'installation de Ste.-Marie Antique commençaient peut-être dès le temps de Grégoire ou même

---

[43] *Dial.* IV, 1-7.
[44] Grégoire, *Ep.* III, 19. On notera seulement les intentions de la dédicace, dans le choix d'un saint qui avait souffert des invasions barbares.
[45] R. Krautheimer, *Corpus*, 1, p. 249-262.
[46] *Ibid.*, 5, p. 286-287.
[47] *Liber Pont.* II, p. 12. Voir R. Krautheimer, *Corpus*, 3, p. 72-82, qui n'exclut pas, pour sa part, le VIe s. Mais le savant ne fait que proposer une hypothèse, influencée par la chronologie haute, longtemps défendue pour la fondation des diaconies; v. encore, R. Krautheimer, *Profile*, p. 77-79.
[48] G. Giovenale, *La basilica di S. Maria in Cosmedin*, Rome 1927, p. 62.

de Pélage II[49], en particulier pour la transformation en nefs des bras collatéraux du quadriportique destiné à accueillir l'église, pour l'aménagement en abside d'une niche dans un *tablinum* appartenant au palais. C'était encore l'ébauche d'une église, qui reçut au VIIe s. la *schola cantorum* et un *bema*, en même temps que son décor.

On doit surtout à Grégoire la fondation des monastères: celui qu'il avait créé, avant d'être élu pape, comprenait sur le Coelius, *in clivo Scauri*, avec l'oratoire, le cellier, la salle commune, une bibliothèque et un cimetière[50]. La correspondance administrative de Grégoire fait connaître plusieurs fondations urbaines: *ad Galli-nas albas*, où le pape fait établir, dès 593, l'abbesse Flora et ses moniales[51], non loin de Subure et de Ste.-Agathe; *Iuxta thermas Agrippianas*, non loin de la via Lata, l'initiative revient à un prêtre qui édifie un oratoire et qui prévoit dans son testament les revenus destinés à entretenir une communauté de moines; finalement, ce furent en 599 des moniales conduites par l'abbesse Bona qui prirent la place prévue par la fondation[52]. Grégoire cite, dans ses *Dialogues* le monastère de Renatus, situé probablement sur l'Esquilin[53]. On le notera: les communautés s'installent au coeur de la ville, généralement dans des zones encore peuplées; mais le pape ne néglige pas les agglomérations qui se développaient autour des basiliques épiscopales. La dénomination du monastère Saint-André fait référence au VIIIe s. à une Barbara, probablement[54] la correspondante de Grégoire et, peut-être, la fondatrice de la congrégation installée près de Ste-Marie Majeure. Une autre patricienne crée près de Saint-Pierre[55] un monastère placé sous le patronage

---

[49] Sous la base d'une des colonnes remplaçant des pilastres du quadriportique, une monnaie de Justin II (565-578), R. Krautheimer, *Corpus*, 2, p. 266.

[50] *Liber Pont.* I, p. 312; Grégoire, *Dial.* IV, 21; 49, Jean Diacre, *Vita* I, 6 et IV, 83; 89. R. Krautheimer, *Corpus*, 1, p. 317-323.

[51] Grégoire, *Ep.* II, 17.

[52] Grégoire, *Ep.* VI, 42 et IX, 137.

[53] *Dial.* IV, 12. On ne peut compter dans cette liste le monastère de S. Agathe *ad colles iacentes* (Ferrari, p. 23), ni celui de Bibiana (un oratoire du Ve s.; *ibid.*, p. 70). S. Saba n'est sûrement daté que du VIIe s. (*ibid.*, p. 281).

[54] Sous Grégoire II (715-731): *monasterium ... quod Barbare nuncupatur;* voir *Liber Pont.* I, p. 397-398; ou encore: *cata Barbara patricia* (*ibid.*, II, p. 28); le monastère est situé sur la place de Ste.-Marie-Majeure. Sur Barbara, voir Grégoire, *Ep.* IX, 232; XI, 59: c'est la fille du patrice Venantius, voir *Prosopographie de l'Italie chrétienne*, I (à paraître: 1992).

[55] *Dial.* IV, 14.

de Saint-Étienne, comme celui qui accueille des moniales à Saint-Paul[56]. Dans la cas de St.-Victor, près de St.-Pancrace, sur l'Aurelia, le pape prend l'initiative d'établir des moines avec l'abbé Maurus, pour maintenir le service de la prière et de la liturgie dans le *martyrium*. Pour un monastère de la via Flaminia, au 5e mille, le pape recherche des reliques[57]. Il prescrit de célébrer à Saint-Pierre, la messe *ad corpus*, sur le corps de l'apôtre[58]: il place un *ciborium* en argent[59] au-dessus de l'autel et réalise, après avoir fait rehausser le presbyterium, un couloir d'accès semi-circulaire formant une crypte et accédant par une galerie perpendiculaire jusqu'à la tombe apostolique, visible au-travers d'une *fenestella*[60]. La confession grégorienne est conçue pour faciliter le pèlerinage aux reliques. Grégoire prévoyait à Saint-Paul un aménagement analogue, comme il en annonce l'intention en 594 à l'impératrice Constantina[61]. Deux nouvelles églises (peut-être trois), sept monastères; quoiqu'en ait pensé Jean Diacre, l'oeuvre de Grégoire renforçait les réseaux de la pastorale et de l'assistance dans la Rome la plus peuplée, du Forum à Subure et aussi dans les agglomérations du culte martyrial. Modeste programme de bâtisseur? Peut-être mais en ce temps d'une ville rétractée, alors que les monuments antiques et que les temples païens périclitaient, le patrimoine d'une cinquantaine de basiliques, d'oratoires, de monastères créaient le décor omniprésent d'un espace chrétien.

II. Le temps social de la Ville:
DE LA VIE CIVIQUE AU CALENDRIER CHRÉTIEN

Le mot décor évoque imparfaitement (on le reconnaît volontiers) le rôle des édifices ecclésiastiques, devenus de plus en plus les centres privilégiés de la vie collective, puisque les lieux habituels de la sociabilité romaine ont été progressivement abandonnés. Les institutions antiques, le calendrier qui réglaient les temps de la Ville, celui des jeux, des distributions, des réunions publiques

---

[56] *Ep.* XIV, 14, de 604; Ferrari, p. 254-259.
[57] *Ep.* IV, 18, pour St.-Pancrace; pour S. Leucius de la Flaminia, *Ep.* XI, 57: Ferrari, p. 198.
[58] *Liber Pont.* I, p. 312, lignes 9 et 10.
[59] *Ibid.*
[60] R. Krautheimer, *Corpus*, 5, p. 257-259.
[61] Grégoire, *Ep.* IV, 30; Krautheimer, *ibid.*, p. 163; v. aussi *Dial.* II, 15. Sur les travaux à St.-Paul: *Ep.* IX, 124-127.

et politiques perdent tour à tour le pouvoir de rythmer l'année
romaine.

Des jeux, il n'est plus question; mais il faut également reprendre la question angoissée: *ubi enim Senatus, ubi iam populus?* [62].
Le sénat, l'ordre qui en donne l'expression sociale en maintenant
le cursus des antiques magistratures et en payant les jeux, l'institution avec sa curie qui accueille les séances, survivent dans la seconde moitié du siècle, misérablement; il s'efface au temps de
Grégoire. L'historien se laisse prendre parfois à l'emploi du mot
latin — *senatus* — par les contemporains, alors que celui-ci désigne généralement, dès la fin du VIe s., un groupe de nobles, parés
du titre précieux par habitude, alors que l'institution elle-même
s'est défaite [63]. La Pragmatique Sanction témoignait en 554 de
l'inquiétude impériale sur l'avenir de l'assemblée et de la sollicitude de Justinien pour la restaurer [64]. Ce prince n'avait pas totalement échoué puisqu'en 579, une délégation sénatoriale gagne Constantinople pour supplier l'empereur Tibère-Constantin de combattre les Lombards [65]. Grégoire le Grand, qui avait les usages
et l'expérience personnelle du monde politique, ne cite pas une
fois le sénat: en 598, quand le roi Agilulf souhaite que le pape
signe avec l'exarque le traité réglant la trève des Byzantins et des
Lombards, Grégoire, en refusant d'engager sa caution spirituelle et
personnelle dans un acte politique, propose de faire souscrire un
dignitaire; il n'imagine pas un instant d'utiliser le sénat [66]. Il y fait
référence en 603, lorsqu'il évoque l'accueil réservé aux images
impériales, celles de Phocas qui avait assassiné Maurice [67]; il peut
dire (puisqu'il ne s'agit pas d'une intervention juridique) que les
représentations sacrées ont reçu l'acclamation du clergé et du
sénat. Mais l'indication vaut politesse de cour et dénote simplement le ralliement de la noblesse locale. Deux indices illustrent le
déclin: les formules plus techniques du *Liber Diurnus* précisent

---

62 *Hom. Ev.*, II, 6, 22: en 593. Voir, toujours irremplaçable, Ch. Diehl,
Études sur l'administration byzantine dans l'exarchat de Ravenne, [Bibliothè-
que des Écoles Françaises d'Athènes et de Rome, 53], Paris 1888; O. Bertolini,
Roma di fronte a Bisanzio e ai Longobardi [Storia di Roma, 9] Bologne 1941.
   63 E. Stein, *La disparition du Sénat à la fin du VIe s.*, dans *Bulletin
de la classe des lettres de l'Académie Royale de Belgique* 25 (1939) 308-322.
O. Bertolini, *Annali della Scuola Normale di Pisa* 20 (1951) 26-57. Les titres
de clarissimes, d'illustres survivent, en Italie et aussi en Gaule.
   64 Justinien, *Nov. append.* 8.
   65 Ménandre le Protecteur, *Exc. de Leg. fragm.* 22, De Boor, p. 471.
   66 Grégoire, *Ep.* IX, 44.
   67 *Ep.* XIII, 1.

que la délégation chargée d'annoncer à l'exarque l'élection du nouveau pape comprend les représentants des clercs, ceux du *populus*
enfin ceux de l'*exercitus*, la garnison de Rome. Plus terriblement
significatif, le pape Honorius (625-638) sanctionnait l'abandon de la
Curie, en y dédicaçant une église à saint Adrien [68].

Le déclin de l'antique institution entraîne l'affaiblissement du
préfet qui en était la tête, *caput Senatus*. Au moins, Rome a conservé ce délégué de l'empereur, devenu en réalité plus modeste-
ment celui de l'exarque; le préfet du prétoire le nomme et exige
des comptes à sa sortie de charge [69]: une procédure, parfois inquiétante, à laquelle doit se soumettre le préfet Maurillo. À l'époque,
la charge ne revient plus aux représentants des grandes familles
et l'un des préfets, Quertinus [70] voudrait la considérer héréditaire
en y faisant passer son fils. Gregorius (il porte le même nom que
le pape) appartient à l'aristocratie et peut se replier en Italie
méridionale sur ses terres lorsqu'il a achevé son service [71]. Mais le
personnage fait exception et, comme le note Grégoire lui-même,
l'homme de culture aurait bien tort de s'imposer une charge aussi
médiocre. La préfecture, qui a perdu sa splendeur, conserve dans
ses attributions la justice criminelle, la charge de la police et
même, en cas d'urgence, la défense de la cité. Les moyens de son
administration s'amenuisent: alors que les textes du IVe s. ou du
Ve s. décrivent toute une hiérarchie de l'*officium*, ceux du VIe s.
signalent simplement le *cancellarius* et des *praefecturii* [72]. La Pragmatique Sanction mentionne les curatèles traditionnelles [73], mais
Grégoire a beaucoup de peine à faire nommer par le préfet du
prétoire [74] un *curator formarum*.

Le service de l'annone maintient en principe une organisation
traditionnelle, avec la distribution du grain en septembre ou en
octrobre [75], et seulement le grain. Les procédures de la collecte et
du stockage pesaient lourdement sur une administration manifestement affaiblie. On ne connaît plus à l'époque un préfet de

---

[68] *Liber Pont.* I, p. 324.
[69] Grégoire, *Ep.* I, 37.
[70] *Ep.* XII, 27.
[71] *Ep.* IX, 61, 125.
[72] *Liber Pont.* I, p. 333; ICUR, NS, 2, 4187 B.
[73] *Pragmatique*, 25.
[74] Grégoire, *Ep.* XII, 6.
[75] *Pragmtique*, 22; voir L. M. Hartmann, *Untersuchungen zur Geschichte
der Byzantinischen Verwaltung in Italien*, Leipzig 1889, p. 101-102. G. Arnaldi,
L'approvvigionamento di Roma ... al tempo di Gregorio Magno, dans *Studi
Romani* 34 (1986) 25-39.

l'annone et il faut le hasard d'une lettre pontificale pour identifier en 599 un *vir gloriosus*, Cyridanus, chargé par le prince de la *cura sitonici* et occupé surtout à réclamer à Grégoire la fourniture *in specie*, en nature, du blé destiné à l'annone[76]. L'état laisse la responsabilité de la collecte aux propriétaires, en leur assignant le soin de recevoir les impôts de leurs colons et en leur imposant la charge de fournir du grain, en quantités estimées à une valeur autoritairement établie en dehors des prix du marché. L'administration assurait le transport: en tout cas, elle utilisait ses navires pour le blé venu de Sicile;[77] mais elle ne disposait plus des greniers nécessaires pour stocker le grain. Au moins, un service de l'antique préfecture annonaire continuait d'oeuvrer: celui qui dressait la liste de contributions[78]. En 399, Grégoire y envoie ses *defensores* pour y obtenir quittus du blé fourni à la demande de Cyridanus. Mais on ne voit pas que le même service se soit occupé de la distribution du blé aux bénéficiaires.

Le service du palais impérial ne fonctionne guère mieux: Grégoire intervient, à la fin du siècle, pour que ses dépendants reçoivent leur traitement[79]. L'entretien de la médiocre garnison romaine souffre les mêmes difficultés: les *Theodosiaci* répugnent à assurer la garde des remparts, depuis qu'ils n'ont plus touché leur solde. Le commandement de ces troupes qui bourdonnent d'indiscipline revient souvent à un officier (*tribunus*), parfois à un général (*dux* ou *magister militum*)[80].

L'affaiblissement du contrôle administratif soulève l'inquiétude de Grégoire autant qu'elle le contraint à intervenir. Du reste, la loi impériale encourage désormais les évêques à surveiller la gestion de la cité ou celle de la province, à en contrôler les responsables et à arbitrer les conflits devant son propre tribunal[81]. La cruauté des temps et surtout les malheurs de la guerre multiplient concrè-

---

[76] *Ep.* IX, 115 (MGH). La référence à l'intervention des princes (*serenissimorum principum iussione*) montre qu'il s'agit d'un fonctionnaire. D'autre part, le nom même de *sitonicum* fait référence à la *sitônia*, la charge qui assigne aux cités l'achat du blé, un *munus* dont Grégoire surveille l'application.

[77] Voir *Lib. Pont.*, *Vita Benedicti*, p. 308; Grégoire *Ep.* V, 38, MGH, p. 225.

[78] Texte, v. note 76; cependant le pape a reçu la surveillance des poids et mesures: v. G. Arnaldi, p. 27.

[79] *Ep.* IX, 106.

[80] *Ep.* II, 45. Il faut se souvenir que Grégoire s'inquiète de la défense de Rome: v. O. Bertolini, *Rivista di storia della Chiesa in Italia* 6 (1952) 1-46.

[81] Ch. Diehl, *op. cit.*, p. 318-321.

tement les occasions: le pape intervient pour aider au paiement des soldats[82]. En 595, il défend sa politique d'une formule cruelle, communiquée à l'impératrice Constantina: le pape se sent devenir, au milieu des glaives lombards, le trésorier de l'empereur[83].

La lettre évoque des initiatives de circonstances. En réalité, le chef de l'Église romaine vaut beaucoup plus qu'un comptable, dès lors qu'il assure, en suppléant l'annone civique, l'assistance de toute une cité. Déjà Gélase, à la fin du Ve s., Boniface II et Vigile avaient secouru la détresse de la population urbaine: Grégoire organise un système qui commande une gestion rigoureuse du patrimoine ecclésiastique (en un temps où l'Église romaine passe pour le premier propriétaire foncier dans la péninsule). Il le faut au temps des grandes famines à la fin du siècle, en 575-579, au temps du pape Benoît, de 589 à 594, puis au début du VIIe s. en 600 et de nouveau en 604[84]. L'afflux des réfugiés, chassés par la descente des Lombards, grossit d'une cohorte famélique une population appauvrie[85]; Grégoire s'inquiète également de racheter les captifs et de vêtir les 3000 moniales, regroupées dans la ville, comme il l'explique à la soeur de l'empereur Maurice pour la remercier d'une aumône royale, de 30 livres d'or. Au budget de ses dépenses, l'Église inscrit l'entretien du clergé, les monastères, les pauvres et le peuple et, par-dessus le marché, le tribut des Lombards: *eodem tempore clericis, monasteriis, pauperibus, populo atque insuper langobardis*[86].

Les pauvres et le peuple: Grégoire ajoute les charges de l'annone à celles de l'organisation charitable. Les requêtes impérieuses du pouvoir (on le voit bien avec l'intervention de Cyridanus) entraînent le pape à assurer la suppléance de l'état; l'Église est à Rome le premier contribuable par les revenus de ses domaines. Et l'état requiert du pape ce qu'il demande, dans les villes d'Orient, aux riches citadins assurant la *sitônia*[87]. De plus, les greniers de l'Église recueillent le grain nécessaire à la cité. Mais le pape ne cherche pas à distinguer clairement ses responsabilités publiques,

---

[82] Grégoire, *Ep.* V, 30; IX, 240; v. note 80.
[83] *Ep.* V, 39: *saccellarius.*
[84] L. Ruggini, *Economia e società nell'Italia Annonaria ...,* Milan 1963, p. 480-485.
[85] Paul Diacre, *Hist. Lang.* III, 31 et IV, 1.
[86] Grégoire, *Ep.* VII, 23; cf. aussi *Ep.* VIII, 22.
[87] E. Stein, *Histoire du Bas-Empire* II, Paris 1949, p. 212; v. note 76.

des charges de la charité collective: pour désigner l'intervention ecclésiastique il parle parfois de la diaconie, plus souvent de l'*annona, annona ecclesiastica*[88]. Jean Diacre décrit, avec quelque vraisemblance, le calendrier des secours alimentaires; après avoir rappelé l'assistance quotidienne donnée aux malades, l'hagiographe évoque les distributions mensuelles aux pauvres du grain, du vin, du lard, tandis que les *primores* recevaient cadeaux de condiments, d'épices ou autre produits précieux. Il rapporte que le polyptyque de l'Église prévoyait quatre fois dans l'année les grandes cérémonies de la *largitas* pontificale: destinée aux églises, aux monastères et aux *xenodochia*. La pape servait les pauvres d'aumônes et les Grands de présents, à Pâques, à la fête de Pierre et de Paul, à la Saint-André et à l'anniversaire de l'élection pontificale, le 3 septembre.

Jean Diacre se réfère dans sa description au censier de l'Eglise romaine composé depuis l'époque de Gélase. Pour suppléer le service de l'annone qui périclitait dans l'incurie publique, Grégoire dut nécessairement renforcer l'administration de l'Église, en particulier celle du domaine dont il souhaitait assurer eficacement et équitablement les revenus. Pour sa trésorerie, il utilisa longtemps un technicien, l'*argentarius* Jean qui se retira finalement à Ravenne; l'administration financière passa complètement, à Rome, sous l'autorité d'un responsable permanent, un *dispensator*, le diacre Bonifatius[89]. La création de la schole des *defensores*, la réorganisation de la schole des notaires montrent mieux encore comment, au temps de Grégoire, la curie emprunte le modèle de l'antique administration[90]. Celle-ci avait créé un calendrier qui rythmait le temps de la société urbaine. Avec le déclin de la vie publique, ces repères anciens de la vie quotidienne s'estompaient ou, mieux, ils s'inséraient dans un cycle christianisé de l'année. ·   ,

Depuis deux siècles, la pastorale de l'Église créait un temps chrétien rythmé par les grandes fêtes, dont la loi protégeait la célébration: le dimanche, la fête de Pâques, puis la Pentecôte, les grandes réunions du sanctoral, la Noël et aussi l'Épiphanie, les

---

[88] *Ep.* XI, 17; II, 38; X, 8.
[89] *Ep.* XI, 16. Le premier *arcarius* de l'Église romaine apparaît au temps de Pélage; le *dispensator* est remplacé par le *saccellarius*; Dial. III, 20.
[90] Pour la chancellerie, D. Norberg, *Studi Medievali* 21 (1980) 1-17. Sur l'organisation de l'administration pontificale: E. Caspar, *Geschichte des Papsttums*, II, Tübingen 1933, p. 335-339.

anniversaires des saints, en particulier celui des deux apôtres[91]; des périodes de pénitence, les quatre temps, consacrés aux jeûnes et aux collectes charitables, préparaient l'allégresse de la célébration liturgique. L'oeuvre de Grégoire capitalise deux siècles d'initiatives et d'expériences. On démêle mal — en particulier pour la liturgie[92] — ce qui revient à l'intervention du pape, des mesures ou des pratiques attestées pour la première fois sous son pontificat. Quelques traits suffisent à caractériser les intentions d'une pastorale. Au temps de Grégoire, les titres qui portaient le nom de leur fondateur ou de leur fondatrice reçoivent la dédicace d'un saint; le *titulus Sabinae*, signalé dans un concile en 499, devient en 595 le *titulus sanctae Sabinae*[93], le titre de Sainte-Sabine. Les églises titulaires (dont les prêtres reçoivent toujours, chaque dimanche, les espèces consacrées par la messe du pape, comme un *fermentum*) accueillent la liturgie des saints et célèbrent les anniversaires de leur sanctoral. Grégoire a fixé les règles de la discipline pour le culte des martyrs, en préconisant l'usage des reliques de substitution[94]: la pratique facilitait évidemment la distribution des dédicaces à Rome, comme dans toute la chrétienté. À l'inverse, les *martyria* consacrés à la liturgie des saints ou les oratoires destinés à la prière des moines deviennent de plus en plus les lieux de la prière collective: pour les premiers, l'évolution s'ébauchait depuis plus d'un siècle. Elle paraît acquise au temps de Grégoire, puisque les grandes basiliques sont confiées à la garde permanente des *mansionarii* et qu'elles reçoivent le service régulier des prêtres[95]. Cette pratique démultiplie les centres de la pastorale dans les quartiers. Le renforcement de l'organisation régionale compense un peu les risques de cette dispersion liturgique. Les sept districts, qui délimitaient à l'origine la zone d'intervention des diacres pour l'assistance et pour la collecte, prennent l'importance de véritables régions. Les textes des fidèles et mêmes quelques documents ecclésiastiques y font référence pour localiser des églises ou des

---

[91] Ch. Pietri, *Roma Christiana* [Bibliothèque des Écoles Françaises d'Athènes et de Rome 224], Rome 1976, p. 575-644, pour le Ve s.
[92] Au mémoire de H. Ashworth, *The liturgical Prayers of St. Gregory the Great*, dans *Traditio* 15 (1959) 107-161, s'oppose le refus catégorique de J. Deshusses, *Grégoire le Grand. Colloque de Chantilly*, p. 633-644.
[93] Voir Ch. Pietri, *Clercs et laïcs*, p. 109-110.
[94] J. M. McCulloh, *The Cult of Relics in the Letters of ... Gregory the Great*, dans *Traditio* 36 (1976) 144-184; voir Grégoire, *Ep.* IV, 30.
[95] *Dial.* III, 24; voir pour Saint-Pancrace, supra; v. aussi le rôle pastoral tenu par Marinianus.

maisons, en abandonnant le système des régions augustéennes[96].
Parce qu'il encourage l'activité des notaires des régions, celle des
defensores désormais régionalisés eux-aussi, Grégoire privilégie l'organisation ecclésiastique du territoire au détriment de l'antique
système public.

En multipliant les lieux de la prière et de la synaxe, en organisant leur géographie régionale, cette distribution spatiale renforce
la conquête du temps, la christianisation de l'année ponctuée des
multiples fêtes de l'Église. Grégoire ouvrait son pontificat en
démontrant, par l'organisation des grandes litanies, *letania septiformis*, qu'un nouveau férial réglait exclusivement la vie de la cité
et effaçait les souvenirs du férial ancien. En février 590, il conviait
tout le peuple fidèle et répartissait ses processions en catégories
d'Église, les jeunes filles, les épouses, les veuves, les moniales, les
adultes, les clercs, qui ne rappelaient en rien le classement habituel
du *populus romanus*. L'occasion, dans le temps d'angoisse, était
exceptionnelle. Mais le pape s'emploie à donner un éclat particulier
aux grandes fêtes chrétiennes: il continue de célébrer Pâques au
Latran; de plus en plus, il utilise Ste-Marie-Majeure, plus centrale,
et Saint-Pierre où il célèbre l'Épiphanie, l'Ascension, la Pentecôte
et même, pour un jour dans la semaine pascale, St.-Laurent. Jean
Diacre lui fait gloire d'avoir organisé la liturgie stationale dans
les basiliques et dans les oratoires cimétériaux[97]: de fait, le pape
prononce des homélies le 14 janvier à St.-Félix, un 20 janvier à
St.-Sébastien, un 21 à Ste.-Agnès, un 12 mai à St.-Pancrace ou, une
autre fois, le même jour, à la basilique des Sts-Nérée-et-Achilée; il
réserve le 23 novembre pour la fête de Félicité sur la Salaria, le
dimanche de l'Avent pour la basilique de la Labicane et prêche à
St.-Silvestre, sur la Salaria, le 31 décembre. À chaque fois, Grégoire
réunit son peuple, au moins quelques-uns de ses fidèles venus en
pèlerinage, s'instruire de la parole épiscopale et célébrer les
fastes chrétiens de ce temps nouveau pour la Ville[98].

---

[96] Ch. Pietri, *Régions ecclésiastiques et paroisses romaines*, dans *Actes du
XIe Congrès d'Archéologie Chrétienne*, Rome 1989, II, p. 1037-1062, en particulier, p. 1056.

[97] Jean Diacre, *Vita*, II, 18.

[98] J. F. Baldovin, *The Urban Character of Christian Worship* [Orientalia
Christiana Analecta 228], Rome 1987, p. 143-166.

III. Du peuple romain à la *plebs Dei*.

Où est le peuple? Grégoire, en interrogeant le passé, savait bien que les Romains, établis dans un espace et un temps nouveaux, ne rappelaient guère le *populus romanus* de l'antique cité, bourdonnante d'une population immense. Les éléments d'appréciation manquent pour proposer un chiffre, même approximatif, sur le nombre d'habitants. Les hypothèses oscillent de 90.000 à 30.000, en modérant l'optimisme ou le pessimisme des calculs à ces deux extrêmes [99]. Un trait ressort, avec quelques certitudes, des lettres de Grégoire: l'irrémédiable déclin de l'élite civile, décimée pendant tout le VIe s. Les grandes familles qui faisaient encore l'histoire de la Ville au temps de la monarchie gothique, ont disparu: quelques-uns de leurs descendants vivent à Rome dans la médiocrité du déclassement social [100]. C'est l'Église romaine qui pensionne désormais les descendants des évergètes d'antan. Le préfet Jean qui exerce l'une des charges les plus prestigieuses pour l'aristocratie traditionnelle appartient à une famille de Plaisance [101]. Beaucoup ont émigré vers l'Italie méridionale ou vers la Sicile, à Constantinople, où résident les derniers Anicii avec les descendants de Boèce [102]. Quelques-uns cèdent à l'insistance de Grégoire, qui veut les faire revenir: Barbara fonde à Rome une communauté de moniales. Avec la domination byzantine arrive une nouvelle élite de fonctionnaires, de militaires, d'Orientaux qui résident dans la ville pour le temps de leur mission ou de leurs affaires [103]. Les troubles de la guerre ont apporté à Rome un contingent de réfugiés venus de Milan, de Valérie ou de Naples [104]. Le témoignage de Grégoire

---

[99] Et même 100.000 ou 200.000 selon M. Rouche, dans *Grégoire le Grand. Colloque de Chantilly*, p. 44; 90.000 selon R. Krautheimer, *Profile*, p. 65.

[100] Un Romanus: Grégoire, *Ep.* I, 67; IX, 88, X, 18; Augustus, *Ep.* XII, 6 (9, 67; IX, 88), Maximus, un *palatinus*, *Ep.* IX, 72. Sur l'appauvrissement de l'aristocratie, v. M. Forlin Patrucco, dans *Grégoire le Grand. Colloque de Chantilly*, p. 63-65.

[101] Grégoire, *Dial.* III, 10.

[102] Grégoire, *Ep.* I, 71, pour Cethegus; Venantius, père de Barbara, à Palerme, *Ep.* II, 50 etc... Campana, *Ep.* I, 42 (donation). À Ravenne, un Decius, au temps de Pélage II, dans *MGH, Ep.*, p. 440.

[103] Le banquier Iohannes (v. *supra*, n. 89), venu de Ravenne. Domnellus, *erogator, Ep.* VII, 35; VIII, 8; IX, 30; XI, 32 etc... Beator, un intriguant, arrivé de Constantinople, *Ep.* XIII, 26. Petrus, représentant la patricienne Rusticiana, *Ep.* IX, 83. Le patrice Constantinus, *curator* du domaine de Placidia: *Ep.* XIII, 1.

[104] La clarissime Arethusa est venue pour un temps de Milan: *Ep.* XI, 11; des clercs et des moines aussi, *Dial.* IV, 22.

(*testis unicus*, assurément) donne une image pessimiste: celle d'une élite désemparée, désagrégée, d'où ne sortent pas (encore) des forces nouvelles.

Dans cette délitescence sociale, la société des clercs résiste avec la force d'un groupe plus nombreux et plus cohérent[105]. Les effectifs cléricaux n'ont guère diminué du Vᵉ au VIᵉ s.: 120 ou 130 prêtres en 487, une centaine en 595, car il faut ajouter, comme il est probable, aux prêtres des *tituli*, un contingent sacerdotal complémentaire. Le clergé diaconal, dont Grégoire a pu renouveler le recrutement en une douzaine d'années, les clercs mineurs avec la *schola cantorum*, les notaires et les *defensores*, vivant dans la mouvance cléricale, sont renforcés par la troupe des moines et des moniales. Grégoire (on le notait) compte près de 3000 religieuses. Plusieurs milliers de personnes, hommes et femmes, appartiennent aux *ordines* qui forment, à côté du peuple des fidèles, l'institution ecclésiastique. Au début du Vᵉ s., le même groupe représente dans la population romaine un contingent fort médiocre, presque dérisoire (au mieux un pour 300 ou 400). Dans la Rome dépeuplée du pontificat grégorien (quelle que soit l'estimation proposée), ces milliers de clercs et de religieux pèsent d'un poids considérablement accru (au mois dix fois plus: 1 pour 30, voire un pour 20). Les proportions sont tellement considérables que les calculs, malgré l'échafaudage des hypothèses, donnent une éclatante démonstration.

Au sein de cette société d'Église, diverse et nombreuse, le clergé gagne en cohésion sociale. Il recrute pour une part dans des familles déjà cléricalisées de Rome ou de l'Italie centrale: l'abbé Probus est neveu d'un évêque de Rieti, le diacre Boniface, *dispensator* de l'Église, a dans sa parentèle un prêtre de Valérie. L'apport étranger renforce surtout le collège diaconal, les scholes des notaires ou des *defensores*, alors que les prêtres ont plus souvent une origine urbaine. De plus, le clergé romain renforce son recrutement traditionnel d'apports nouveaux, qui illustrent le dynamisme social du groupe. *Defensores* et notaires proviennent parfois de milieux médiocres, voire serviles et le service de l'Église devient pour eux une promotion éclatante: Honoratus, le *vice dominus* de Grégoire, les papes Boniface III, Boniface IV ont commencé leur carrière dans un service technique. Tous ne réunissent pas

---

[105] Voir Pietri, *Clercs et laïcs*, p. 110; je renvoie à cette étude pour la brève présentation qui suit.

(Grégoire doit pensionner la famille du défunt Gaudiosus ou celle d'Urbicus qui avait géré un patrimoine en Sabine). Mais ils n'ont pas eu la chance ou le talent pour servir dans ce groupe privilégié de diacres, d'administrateurs qui dirige l'Église romaine sous l'autorité du pape [106]. Maximianus, Marinianus y ont exercé leur talent avant de recevoir l'épiscopat de Syracuse ou celui de Ravenne. Rome n'envoie plus ses *illustres* dans les provinces, mais ses clercs.

Maro Traiano lectus in urbe foro: Venance Fortunat voit encore les grammairiens commenter Virgile dans la *schola* du Forum de Trajan. Mais que peut savoir l'Italien installé à Poitiers depuis un demi-siècle [107]? En réalité, les rares témoignages, qui survirent sur la culture romaine à cette époque, viennent de la société cléricale et concernent les sciences sacrées. Grégoire, qui fut accusé par la tradition moderne d'avoir fait brûler les bibliothèques du Palatin, fonde un établissement intellectuel, au Coelius, et développe celui du Latran [108]. Le scriptorium des papes assure la transmission des manuscrits du Vivarium, la traduction d'Epiphane de Salamine [109], d'autres de Didyme, de Jean Chrysostome, des oeuvres d'Ambroise, le commentaire sur l'épître de Jean par Augustin. On ne peut mesurer avec précision [110] la part de Grégoire et de son pontificat dans la collecte des *codices*; sauf en quelques rares occasions: l'*Historia tripartita*, traduite au Vivarium, arrive au Latran à la fin du VIe s. [111]. Mais le pape favorise la copie (comme il le fait pour ses propres oeuvres) [112] et même la distribution des originaux. Et finalement c'est lui, *scienter nescius, sapienter indoctus*, qui représente Rome et sa culture, avec l'oeuvre du prédicateur, de l'hagiographe et de l'exégète. Avec l'épiscopat de ce dernier aristocrate romain, arrivé en sa carrière publique à la préfecture, au faîte de l'antique cursus sénatorial, naissait une autre Rome. Elle avait été construite, par

---

[106] J. Richards, *Consul of God. The Life and Times of Gregory the Great*, Londres 1980, p. 70-84.

[107] *Carm.* III, 18, 7-8; VII, 8, 26.

[108] Ph. Lauer, *Mélanges de l'École Française de Rome* 20 (1900) 259-285, date du VIe s. la fresque représentant Augustin, dans une salle sous la *scala sanctorum*. Sur la diffusion des manuscrits: P. Courcelle, *Les lettres grecques en Occident*, [Bibliothèque des Écoles Françaises d'Athènes et de Rome 159], Paris 1948, p. 367-377. Sur les *bibliothecae*: Grégoire, *Ep.* VIII, 28; v. pour le Latran, note 40.

[109] Peut-être l'exemplaire original: Courcelle, p. 367.

[110] Le *codex Encyclius* se trouve au Latran dès le temps de Pélage II: Courcelle, p. 381.

[111] Grégoire, *Ep.* VII, 31, voir Courcelle, p. 381.

[112] Par ex., Jean Diacre, *Vita* II, 37.

touches successives, en deux siècles; elle surgissait souvent avec
une nouvelle apparence, dans un espace chrétien qui écrasait, par
l'omniprésence des églises, les monuments de la ville antique; elle
vivait le temps d'un nouveau férial, au rythme de la semaine et des
grandes fêtes chrétiennes, qui estompait le cycle du temps civique autant que le souvenirs des célébrations païennes. De cette
évolution, qu'illustre la présence dominante du clergé dans la société
romaine, appauvrie et diminuée, Grégoire est le témoin, le protagoniste et le symbole. Le Romain qui rédigea son épitaphe en avait
peut-être conscience: il donnait au pape mort un titre prestigieux,
consul Dei. Il lui fallait cette référence du langage passé pour
qualifier une rupture, la naissance d'un nouvel âge où l'évêque prenait en charge l'antique *caput orbis*, la cité chrétienne.

CHARLES PIETRI

École Française de Rome

Colloques internationaux du CNRS
GRÉGOIRE LE GRAND
Éditions du CNRS, Paris, 1986

CLERCS ET SERVITEURS LAÏCS DE L'ÉGLISE ROMAINE AU TEMPS DE GRÉGOIRE LE GRAND

Charles PIETRI

Une ancienne biographie de Grégoire, composée à l'époque carolingienne, insiste, avec une force particulière et avec une précision insolite pour ce genre littéraire, sur l'intervention de l'évêque romain dans la direction des Églises et dans l'administration du patrimoine apostolique. Il est vrai que son auteur, le diacre Jean, avait pu utiliser commodément un recueil des lettres pontificales, enregistrées et classées dans les archives ecclésiastiques, une documentation précieuse qui oriente encore l'enquête des historiens. Mais le chroniqueur ne se contente pas de gloser le *registrum* ; il se singularise encore : plus clairement que ne le font de lointains prédécesseurs dans leurs Vies d'évêques, Paulin et Possidius qui écrivent sur Ambroise ou sur Augustin, Jean insiste pour présenter les conseillers et les collaborateurs qui ont soutenu l'action du *consul Dei*. En appuyant ce trait, le diacre suggérait évidemment qu'avec l'avènement de Grégoire, tout un groupe de clercs et de laïcs, une équipe (comme on dit aujourd'hui), participe activement à la politique du siège romain. Aussi ces quelques notes ne trahissent peut-être pas l'esprit d'un colloque consacré à Grégoire le Grand en utilisant, pour les dernières décennies du VIe siècle, l'apport d'une enquête sur la prosopographie de l'Italie chrétienne (*Prosopographie Chrétienne du Bas-Empire,* II, en cours d'achèvement). Les lettres du pape, ses *Dialogues* aussi, quelques témoignages de la littérature ou de l'épigraphie contemporaines permettent d'identifier, quelquefois de connaître, près de deux cents personnes : des clercs, prêtres, diacres et sous-diacres surtout (76), des moines (45) et aussi les serviteurs laïcs de l'administration romaine, *defensores, notarii* (49). L'échantillon paraît bien constitué pour apprécier cette société particulière, en majorité cléricale, au sein de laquelle Grégoire a choisi ses collaborateurs, avec laquelle il a dû travailler, composer peut-être, pour conduire localement sa pastorale d'évêque ou diriger, au-delà de la Ville, l'action du siège apostolique. Certes l'organisation de ce groupe reflète également la pesanteur des institutions ecclésiastiques, solidement établies depuis plusieurs siècles, avec tout ce qu'elle implique pour le recrutement et pour la carrière des clercs ; mais cette continuité peut accuser, par contraste, l'attitude novatrice du pape pour l'administration de l'Église et sur le rôle des ministres et des moines, les conceptions de celui qui a renoncé, en devenant évêque romain, à sa vocation véritable, lui qui sait « tout ce qu'il a perdu intérieurement » en acceptant la succession de Pélage II.

L'image du clergé romain que dessine la correspondance de Grégoire ne peut être utilisée sans quelque précaution préalable : le pape s'adresse surtout à des correspondants éloignés de la Ville, engagés dans des entreprises qui ne concernent pas nécessairement les activités habituelles de l'Église locale. Aussi ces lettres inclinent souvent l'analyse à réduire l'activité de l'évêque romain à une politique extérieure en négligeant ce qui a constitué son activité principale : sa mission pastorale. De fait, la correspondance pontificale ne mentionne guère les humbles serviteurs de la mission quotidienne. Elle tire de l'obscurité deux acolytes : Leo qui reçoit, en 594, mission de préparer pour le culte catholique Sainte-Agathe de Subure, récupérée sur les ariens[1], ou encore ce Petrus qui s'est réfugié à Constantinople après quelque vilaine affaire[2]. Mais le recueil des lettres papales néglige les lecteurs, souvent engagés dès leur jeune âge au service de l'Église, dans la *schola cantorum* où se préparent les carrières des prêtres et des diacres[3]. Car les clercs mineurs constituent le contingent le plus nombreux de cette société cléricale, même s'ils restent pour ce tableau en arrière-plan, dans la grisaille de l'anonymat.

En revanche, le témoignage des actes compilés pour deux conciles romains, tenus en 595 et en 600, permet de dessiner une image approximative du *presbyterium,* le collège des prêtres titulaires qui assurent traditionnellement, depuis deux siècles, la mission locale. Le 6 juillet 595, le pape siège solennellement à Saint-Pierre pour promulguer un code de discipline ecclésiastique avec vingt-trois évêques et avec tous les prêtres de l'Église romaine, comme précisent les actes[4]. La liste des signatures énumère, après les prélats, trente-quatre *presbyteri* qui font suivre leur nom par la mention de leur *titulus* : Laurentius, *presbyter tituli sancti Silvestri.* Mais tandis que Laurent signe au premier rang, Johannes attaché au même titre souscrit après vingt-six de ses collègues : l'ordre des signatures reproduit probablement une hiérarchie de l'ancienneté dans le sacerdoce. Ce collège — remarquons-le — représente exclusivement le clergé titulaire : en 595, vingt-quatre *tituli.* Dès le début du Ve siècle, une règle prescrit de maintenir en permanence pour chaque titre un prêtre, au moment où ses confrères absents siègent en concile[5]. Si l'habitude s'est maintenue à l'époque de Grégoire, il faut ajouter au groupe des présents, vingt-quatre prêtres et estimer ainsi à une soixantaine de membres le groupe sacerdotal des titres romains. La réunion du 5 octobre 600 traite d'une question beaucoup plus modeste : le pape examine avec cinq évêques, avec onze prêtres titulaires et avec ses diacres le testament de Probus, abbé du *monasterium s. Andreae et s. Luciae*[6]. Il faut donc pour établir un parallèle avec les grands conciles, qui rassemblent, au Ve siècle et au début du VIe, le clergé titulaire autour du pape, s'en tenir à la session de 595. Or 82 prêtres participent au synode de 487 ; ils sont 58 en 495, 66 en 499. Depuis l'époque du pape Corneille (251-253) qui comptait 42 prêtres en son clergé, le collège sacerdotal avait plus que doublé. A la fin du VIe siècle, il avait sensiblement diminué. Dans les notices qu'il consacre à chacun des évêques romains, le *Liber Pontificalis* indique combien le pape a ordonné de prêtres et de diacres, combien il a consacré d'évêques. Alors qu'il crédite de 92 ordinations sacerdotales Symmaque, établi pendant seize ans, au début du siècle, sur le siège romain, le chroniqueur n'en attribue que trente-neuf à Grégoire dont le pontificat dure quatorze ans. Admettons que cette comptabilité ait été tenue avec une rigueur suffisante[7] : elle confirme la diminution du clergé titulaire.

Les listes de souscriptions apportent un indice plus précieux : elles illustrent une évolution dans la géographie urbaine. Il suffit de comparer la répartition régionale des prêtres titulaires en 499 et en 595[8] :

	499	595	600
1. Transtiberim :			
T(itulus) Caeciliae	2	1	
T. Chrysogoni	3	1	
T. Iulii	3	1	
2. Région du Coelius et Sud-Est :			
T. Pammachi et T. Visantis (2 + 2)	4	2	1
T. Aemilianae	3	1	
T. Clementis	3	2	1
T. Tigridae (S. Balbinae)	2	2	
T. Fasciolae (Nerei et Achillei)	3	1	1
T. Nicomedis et T. Matthaei (2 + 1) ?	3	1	
T. Crescentianae (T. S. Sixti)	3	1	1
3. Aventin :			
T. Sabinae	3	2	1
T. Priscae	1	1	
4. Palatin, Forum, Champ de Mars et Via Lata :			
T. Anastasiae	3	–	
T. Marci	2	1	
T. Apostolorum	3	2	2
T. Marcelli	3	3	1
T. Laurentii et T. Lucinae (2 + 2)	4	1	
T. Damasi	2	1	
5. Esquilin et Nord-Est :			
T. Cyriaci	2	1	1
T. Eusebii	3	1	
T. Gaii (S. Susannae)	2	1	1
T. Praxedis	2	2	
T. Pudentis	2	1	
T. Equitii	2	2	
T. Vestinae (S. Vitalis)	3	2	1

Les titres du Trastevere perdent presque les deux tiers de leur effectif (de 8 à 3 prêtres) ; ceux du Coelius, en particulier près de Clivus Scauri, plus de la moitié (de 13 à 6) ; au Sud-Est de l'Aventin dans les régions de *Porta Capena* et de *Piscina Publica,* la chute paraît analogue (de 8 à 4), sauf pour le titre de Sainte-Balbine. En revanche, l'Aventin conserve au moins trois prêtres (pour 4 en 499). Les listes de souscriptions ne mentionnent pas Sainte-Anastasie mais toute la zone occidentale, au nord du Forum, des pentes du Quirinal au Tibre, dispose d'un solide encadrement. Le titre de Marcellus, celui de Damase et le *titulus Apostolorum* (à une unité près) sont en 499 et en 595, également pourvus. Seule, l'église de S. Lorenzo in Lucina paraît délaissée. A l'Est, tout le quartier proche de Sainte-Marie Majeure dispose de cinq prêtres en 595, seulement un de moins qu'en 499 ; près de *Vicus Longus,* deux prêtres au moins s'établissent à Saint-Vital (contre 3 en 499), alors que plus au Nord, dans la région située à l'extrémité du Quirinal et de l'Esquilin, la diminution paraît sensible (de 4 à 2). Des circonstances locales, le délabrement d'une église, la diminution de ses ressources, peuvent expliquer, ici ou là, cette évolution. Mais cette nouvelle distribution du clergé titulaire reflète surtout, du Trastevere au Sud-Est et au Nord, une évolution de la géographie urbaine ; l'organisation de la pastorale s'adapte aux transformations de la cité antique.

Corrigeons d'une nuance cette conclusion : tous les prêtres romains n'appartiennent pas au clergé titulaire. Certains exercent peut-être dans les églises qui n'appartiennent pas au réseau des *tituli,* dans les grands martyria de la périphérie urbaine, en particulier à Saint-Pierre, dans les basiliques pontificales, Sainte-Marie, Saint-André et toujours à l'Est, Sainte-Agathe récupérée pour le culte catholique ; ajoutons la *basilica Iulia* et l'église des Saints-Côme-et-Damien dans le centre, Saint-Étienne sur le Coelius, enfin Sainte-Bibiane dans le Nord dépeuplé[9]. De fait, la correspondance et les *Dialogues* de Grégoire font connaître des prêtres qui n'apparaissent pas comme dans les listes conciliaires : ainsi ce Gaudiosus connu par son testament[10]. Comme Maximianus, devenu évêque de Syracuse après avoir été prêtre et abbé au monastère Clivus Scauri, Marinianus, longtemps attaché à la même communauté monastique, exerce un ministère sacerdotal avant d'obtenir en 595 le siège épiscopal de Ravenne[11]. Dans une lettre à l'abbé de Saint-Pancrace, Maurus, Grégoire recommande d'utiliser un prêtre pérégrin pour libérer de toute obligation les prêtres du *titulus* (Saint-Chrysogone) qui avait la charge d'assurer le service liturgique[12]. Ainsi s'établissent probablement, pour la prière collective, de nouveaux centres qui peuvent assurer une sorte de suppléance[13]. Mais, pour l'essentiel, la charge de la pastorale locale reste, comme elle l'avait été depuis deux siècles, assurée par les prêtres des titres romains.

L'organisation et le service du collège diaconal, connu pour l'époque de Grégoire par une douzaine de diacres et par un contingent équivalent de sous-diacres, ne paraissent pas modifiés. Les uns et les autres progressent dans le clergé en suivant un cursus distinct de la carrière presbytérale ; ils ont commencé souvent dans les services de l'administration pontificale : ainsi Honoratus était notaire sous Pélage II avant d'être ordonné diacre ; le futur Boniface III, pape en 607, a été l'un

defensores et même le primicier de leur *schola* ; Boniface V (619-625) est probablement un notaire de Grégoire, passé par le diaconat[14]. Ce ministère conduit plus facilement à la charge suprême — c'est encore le cas d'un autre Boniface, quatrième du nom lorsqu'il est pape de 608 à 615[15] — ; mais il est préparé par le sous-diaconat, explicitement attesté dans le cas d'Épiphanius, de Florentius ou de Petrus[16].

Ces attaches administratives indiquent bien que le collège continue d'exercer pour l'administration de l'assistance et pour celle du patrimoine apostolique un rôle majeur. Le système régional, qui divise Rome en sept circonscriptions pour la collecte et pour l'oeuvre charitable, a été consolidé dès l'époque du pape Léon. Il est renforcé avec l'apparition de 7 *defensores regionarii*, dont Grégoire annonce la création en plaçant à la tête de cette nouvelle *schola,* un primicier, Bonifatius, sans doute le futur pape troisième du nom[17]. Pour l'époque (mars 598), la fonction est connue mais non ses titulaires. Elle visait évidemment à soulager pour l'administration urbaine le collège des sept diacres, engagé dans de multiples tâches, loin de Rome, en Italie et même à Constantinople qui reçoit régulièrement l'un de ses membres comme apocrisiaire[18]. Mais les diacres exercent toujours un ministère urbain : Bonifatius, proche parent (?) du prêtre Stephanus de Valeria, assure les fonctions de *dispensator* pour l'Église romaine[19]. Les sous-diacres sont chargés, eux aussi, de gérer le patrimoine de la Ville ; ainsi Sabinus qui doit, en 591, transférer à une communauté de moniales de la première région ecclésiastique le jardin laissé en héritage par un prêtre ; ou encore Gratiosus chargé d'une mission analogue, dans la quatrième région[20] ; Antonius assure comme *praepositus* la direction du *xenodochium quod Valerii nuncupatur* ; mais c'est le diacre Florentius qui administre le *xenodochium Anichiorum* et son patrimoine. En 600, un pieux chrétien, le *religiosus* Johannes[22], obtient de participer, sans supporter de contrôle tracassier, à la diaconie, à l'assistance des pauvres. C'est sans doute le premier indice d'une évolution qui conduit à l'organisation d'un système privé et monastique confortant l'oeuvre d'assistance ecclésiastique. Mais à l'époque, celle-ci reste sous l'autorité du collège diaconal : il faut évidemment placer après l'épiscopat de Grégoire l'établissement des « diaconies ».

Le pape n'a pas modifié l'institution mais il a sensiblement retouché son recrutement : avec la quinzaine de diacres connus sous le pontificat de Grégoire, on reconstitue, avec quelque vraisemblance, la composition du collège en 590, puis vers la fin du VIe siècle. Grégoire s'inquiéta rapidement de vaincre l'opposition qui lui faisait obstacle : en septembre 591, comme l'explique une note éditoriale dans le *Registrum*, il déposa l'archidiacre Laurentius ; Anatolius reçut la charge de le remplacer avec le titre de *vice-dominus*[23]. On ne saurait dire avec certitude si la promotion au diaconat de Cyprianus, attesté dans l'exercice de ce ministère en juillet 593 seulement, revient à l'initiative du nouveau pape[24] ; mais Honoratus, qui tient à Constantinople la charge d'apocrisiaire et qui reçoit le titre d'archidiacre dès 591, connaît bien Grégoire auquel, comme notaire, il a apporté, dans la seconde Rome, des lettres de Pélage II[25]. En quelques cas significatifs, c'est Grégoire qui a choisi les nouveaux diacres : Bonifatius (le futur Boniface IV) appartient à une famille de Valeria, dont le pape, dans les *Dialogues*, fait l'éloge. Il faut peut-être identifier ce diacre, attesté pour la première fois en juin 591, avec le lecteur homonyme qui souscrit comme témoin, en 587, à la donation accordée par Grégoire à son monastère[26]. Des sous-diacres, comme Petrus, attesté dans ce grade en 590, comme Florentius ou Epiphanius, ainsi connus en 592, accèdent à l'ordre diaconal. Le premier, un homme de confiance pour les missions difficiles a servi pendant 4 ans l'administration du patrimoine en Sicile ou en Campanie[27]. Florentius, qui vient probablement d'une famille cléricale, attend six ans[28] ; Epiphanius, un moine Isaurien, que Grégoire retient auprès de lui, est promu en moins de trois ans[29]. Bonifatius (Boniface III) bénéficie d'une carrière plus exceptionnelle : *defensor* en 591, primicier de la *Schola* en mars 598, chargé du patrimoine corse en 601, il est diacre apocrisiaire à Constantinople en 603[30].

Dans ses choix, Grégoire s'attache à recruter des fidèles et des administrateurs qui ont réussi : car l'habitude prévaut d'envoyer les sous-diacres faire leurs preuves dans l'administration du domaine ; mais tous n'obtiennent pas l'ordre majeur : pendant treize ans, Anthemius et Sabinus sont maintenus dans la gestion du patrimoine, éloignés de Rome : le premier, en Campanie, n'a pas su, semble-t-il, affronter les difficultés d'une crise pour laquelle Rome envoie le sous-diacre Petrus. Quant au second, établi dans le Bruttium, il fait figure d'opposant, en critiquant la politique pontificale sur les Trois Chapitres[31]. Ainsi se dessine une politique des promotions qui renouvellent le collège diaconal en une décennie et qui circonscrivent le groupe dirigeant de l'Église romaine : aux deux Boniface, déjà cités, se joignent Exhilaratus, *secundicerius* des notaires, peut-être un moine, le primicier Gaudiosus et aussi le *consiliarius* Theodorus, un laïc cultivé, plus particulièrement chargé des affaires civiles[32].

Depuis longtemps, la curie romaine empruntait au modèle de l'administration publique. La correspondance de Grégoire démontre avec précision la place particulière qu'occupent les notaires et les *defensores*, organisés en deux *scholae* (49 exemples) ; du reste, la promotion d'un primicier au diaconat illustre symboliquement l'ascension de tout ce groupe d'hommes, engagés dans la gestion des affaires temporelles de l'Église. Bien entendu, cette documentation exceptionnelle, qui contraste avec la médiocrité des sources pour le VIe siècle, entraîne à majorer le rôle de Grégoire et à lui prêter tous les mérites d'une organisation déjà ébauchée sous Gélase, puis sous Vigile. Mommsen, puis Fabre et récemment un collègue italien, Vincenzo Recchia ont décrit les modes d'administration et la géographie du patrimoine romain ; ce dernier insiste sur l'apport novateur d'un pape qui crée la *schola* des *defensores*[33]. Les présentes remarques peuvent confirmer cette conclusion par un autre cheminement, en examinant les carrières et le personnel plus que les institutions elles-mêmes.

Les deux scholes recrutent des laïcs pour le service de l'Église : désignés par le pape, ceux-ci sont tenus de prêter serment sur la tombe de Pierre et leur intégration dans l'une des deux scholes implique une investiture, attestée par un acte, conservé dans les archives pontificales : ainsi, Vincomalus, nommé *defensor* en février 595 ; la formule énumère les empêchements qui pouvaient annuler cette nomination : l'attache à une autre Église ou les liens d'une condition sociale aliénant ou limitant la liberté individuelle, la servitude, le colonat, l'appartenance à un collège[34]. Les *defensores* reçoivent probablement (comme leurs assesseurs, les *actionarii*) la tonsure[35], mais ils ne sont pas soumis à la loi de continence : Vincomalus en témoigne qui est l'époux d'une Alexandria.

Pour les membres de ces deux scholes, les carrières se spécialisent ; certains d'entre eux assurent l'essentiel de leur service à Rome : pour 25 notaires connus, 11 au moins appartiennent à la curie, bien qu'ils puissent à l'occasion recevoir mission d'apporter un message pontifical ou d'instruire en province une affaire délicate. Dans cette carrière urbaine, les *defensores* paraissent moins nombreux : mais ils sont au moins sept, un pour chacune des régions ecclésiastiques ; en tout cas, parmi ceux qui restent dans la Ville, le pape choisit volontiers ses légats et même il peut, comme il le fait pour le primicier Bonifatius, envoyé en Corse, leur confier un temps le soin de gérer un patrimoine[36].

Les *defensores* pour la plupart (18 sur 24) et les notaires[37], dans leur majorité (14 sur 25) servent hors de Rome, dans l'administration du patrimoine de l'Église romaine et dans toutes les tâches qu'assurent désormais ces représentants du siège apostolique. A la fin du siècle, le Registre de Grégoire fait connaître au moins 6 notaires et 12 *defensores*, tous engagés dans la même carrière, réglée par quelques principes simples. La spécialisation de leur service les retient en province et parfois dans la même région : Candidus passe de Palerme à la Tuscia ; mais de 594 à 603, Fantinus sert en Sicile, où se trouve aussi Adrianus, au moins depuis 599. Tous ces administrateurs progressent en suivant un *cursus* qui les conduit à assumer des responsabilités de plus en plus importantes : en 592, le *defensor* Fantinus assure son service à Palerme sous les ordres de Benenatus ; il est promu, sur place, quelques années plus tard, à la gestion du patrimoine régional. Romanus, initialement chargé d'une enquête en Sicile, reçoit, en 598, la responsabilité de la circonscription syracusaine avant d'exercer en 601, une responsabilité régionale ; le notaire Adrianus passe de Palerme, où il exerce des tâches subalternes, à Syracuse avant de recevoir le titre de *rector* pour la Sicile ; la carrière de Pantaléon se déplace de Siponte à la Sicile, puis à la Ligurie ; elle s'achève, en 603, dans la charge de *rector* à Syracuse. Cette fonction couronne une carrière qui a progressé en stages successifs plus ou moins longs (plusieurs années pour chacun en tout cas) ; les lettres pontificales ont spécialisé un substantif significatif pour s'adresser, selon les habitudes stylistiques du temps, aux titulaires de cette haute charge : *experientia tua*, leur disent-elles, avec quelque raison[38]. Le pape peut parler en connaissance de cause ; car il surveille attentivement notaires et *defensores*, tenus à faire régulièrement rapports et destinataires d'instructions précises ; il organise périodiquement des inspections, souvent assurées par des membres de l'une ou l'autre schole ; qu'une crise éclate, Rome confie pleins pouvoirs à un envoyé exceptionnel, clerc ou laïc : l'abbé Cyriacus gagne la Sicile en 592, la Sardaigne en 594, et même en 599 la Gaule[39].

Grégoire utilise un système de gestion qui doit beaucoup au modèle de l'administration impériale ; mais il y apporte des retouches, au moins dans l'utilisation des serviteurs laïcs : depuis l'époque du pape Pélage Ier, ceux-ci exerçaient des fonctions subalternes dans la gestion du patrimoine, dont les hautes charges, l'administration de la Sicile, de l'Apulie, du Bruttium ou de la Campanie, revenaient à des clercs ; les *defensores* recevaient des zones et des postes moins importants, tandis que les notaires exerçaient des responsabilités très étroitement localisées[40]. Grégoire proclame avec force que les clercs ne doivent pas dépendre de juges laïcs mais ce principe n'entame pas, à ses yeux, l'autorité des *defensores* et des *notarii* romains ; lorsqu'ils interviennent dans les affaires des clercs ou de leurs Églises, ils représentent le siège apostolique. De fait, Grégoire a corrigé progressivement le système de Pélage. Certes, il maintient le sous-diacre Antoninus pour gérer le patrimoine de Dalmatie, mais le schisme de Salone interdit toute innovation ; en Gaule, en Ligurie, Rome utilise des clercs, le prêtre Candidus ou le sous-diacre Jean. Mais, dans ces régions troublées, le pape doit accepter des expédients et même, en pays transalpin, utiliser les services d'un patrice d'Arles, Dinamius[41]. En revanche, Grégoire est plus libre de ses initiatives en Italie et en Sicile : pour cet important patrimoine, il a maintenu le système traditionnel en envoyant des clercs, des sous-diacres, Petrus de 590 à 592, puis Cyprianus maintenu jusqu'en 598. Ensuite, il divise la gestion des domaines insulaires entre deux laïcs, les *defensores* Fantinus et Romanus ; puis, ce dernier exerce peut-être une autorité régionale, confiée finalement en 604 au notaire Hadrianus[42]. Avec Hilarus, un notaire, les administrateurs laïcs conservent la gestion des biens romains en Numidie, qui leur est confiée depuis Pélage II. Les affaires de la région ravennate relèvent probablement d'un autre notaire Castorius[43]. En 599, Grégoire adresse une circulaire enjoignant à ses représentants provinciaux de faire respecter la règle interdisant aux évêques de tenir auprès d'eux des *subintroductae,* des femmes qui ne soient pas leurs proches parentes[44]. Le Romain s'adresse à quatre *defensores,* à deux notaires et seulement à deux sous-diacres, Félix, chargé du patrimoine de l'Appia, Sabinus toujours établi pour le Bruttium. Il faudrait ajouter à la liste Anthemius, *rector* en Campanie. L'énumération suffit à mesurer le recul des clercs.

Cette politique de recrutement reflète-t-elle une attitude délibérée chez Grégoire ? L'évêque souhaite-t-il préserver les clercs et plus encore les moines de la gestion temporelle, écarter les *continentes* pour laisser aux *coniugati* les soucis du siècle[45] ? En réalité, Grégoire ne distingue guère, lorsque le pressent les nécessités de la politique, même s'il cherche, à l'occasion, la possibilité d'épargner aux *continentes* une charge épiscopale qu'il n'a pu éviter pour lui-même. Du reste, il conçoit que les administrateurs du domaine servent le bien des pauvres, *res pauperum*[46] ; clercs et laïcs (ces derniers, en plus grand nombre) participent à ce service et le pape étend la protection de l'Église sur tous ces ministres, sans distinguer l'ordre auquel ils appartiennent[47] · Ainsi, ce n'est guère une représentation un peu théorique de l'ordre social, une distinction entre les *continentes* et les *conjugati* qui permet de cerner l'évolution de l'Église romaine au VIᵉ siècle et, en conséquence, de pressentir la politique concrète de Grégoire.

Quelques indices, en revanche, attestent, dans le recrutement de tous ces serviteurs de l'Église, les changements significatifs : au IVᵉ et encore au Vᵉ siècle, Rome recrutait peu de clercs étrangers ; la métropole qui attirait habituellement des visiteurs et des pèlerins, devient, avec les malheurs du temps, un refuge. Ce trait vaut particulièrement pour les moines ; certains viennent parce qu'ils ont été chassés par l'invasion lombarde : les abbés Valentio de Valeria, Stephanus de Nursie, qui est apparenté à un diacre romain, Eleuthère de Spolète[48] ; beaucoup en tout cas, arrivent d'Italie centrale, parfois du Latium (comme cette moniale de Préneste) ou encore de zones plus lointaines, de Ravenne ou de Sicile[49]. Mais l'intégration de clercs pérégrins intéresse plus directement l'activité ecclésiastique : elle est rarement attestée dans le cas des prêtres[50], alors que le phénomène devient fréquent avec le collège diaconal qui recrute dans les provinces assez voisines de la Ville, jusqu'à la Valeria, avec Sabinianus et qui accueille même l'Isaurien Epiphanius[51]. Dans le cas des notaires et des *defensores,* notons un contingent d'Italiens : Pantaléon a des liens, au moins par son mariage, avec Siponte, tandis que Thomas appartenait, dans sa condition d'esclave, à un domaine ecclésiastique dans une province ; Vincomalus, un *defensor,* est lié à la Campanie ; Scholasticus est le fils de l'évêque d'Ortona. On est tenté, malgré l'absence d'indices précis d'imaginer que le *defensor* Fantinus appartient à la Sicile, où il a toujours servi[52].

Ce recrutement, plus diversifié dans sa géographie, n'attire pas particulièrement une élite sociale. Bien entendu, l'aristocratie traditionnelle donne, comme elle le fait depuis deux siècles, des moines et des moniales à l'Église : ainsi Galla, la fille d'un Symmaque ou Barbara qui est, comme sa soeur Antonina, venue de Syracuse à Rome ; à cette époque, l'Église leur doit les entreprises les plus éclatantes de l'évergétisme, avec la fondation de deux monastères. Mais Ammonius, qui a épousé la fille naturelle d'un *advocatus* avant de servir dans la communauté du Coelius, n'appartient pas nécessairement à un milieu huppé. En revanche, les parentèles cléricales favorisent les vocations monastiques : Probus, entré au monastère de Renatus, est le neveu d'un évêque de Rieti[53]. Des mêmes familles, où s'ébauchent des dynasties, viennent souvent les clercs : c'est le cas, on le sait, des successeurs de Grégoire, celui de Boniface IV, frère d'un prêtre mais fils d'un médecin, de Florentius qui a un ancêtre déjà engagé au service de l'Église, de Deusdedit, dont le père était sous-diacre[54]. Grégoire lui-même, qui descend d'une illustre *gens,* appartient à l'une de ces familles qui donnent depuis quelques générations des serviteurs de l'Église. Pour tout ce groupe clérical, on relève assez rarement les signes d'une véritable richesse : certes, le prêtre Andreas peut fonder un *xenodochium* près de Jérusalem, mais son collègue Felicianus laisse une maison près de Sainte-Sabine et Jean, un petit oratoire proche des thermes d'Agrippa ainsi qu'une boutique, une *taberna* et, sur la via Nomentana, des *horrea.* Servusdei lègue 14 mules, tandis que le prêtre Gaudiosus pourvoit, par son testament, les deux esclaves qu'il a affranchis. L'énumération évoque les signes d'une aisance discrète et non l'éclat d'une aristocratie[55].

Le personnel des *defensores* et des notaires appartient au même milieu : certes, Vincomalus, l'époux d'une clarissime, paraît solidement établi : sa femme peut fonder un monastère à Naples et possède au moins un grand domaine en Sicile. Le notaire Castorius est sans doute le fils d'un *nobilis* Félix, un Romain, ami de Grégoire. Julianus, *defensor* lui aussi, s'allie à une famille dont un ancêtre collectait les impôts pour Théodoric ; Sabinus possède, semble-t-il, des biens en Campanie[56] ; en quelques cas, ces serviteurs laïcs appartiennent sans doute à l'élite municipale des provinces où s'exerce leur carrière ; les indices sûrs manquent pour Fantinus ; ils paraissent moins ténus dans le cas du notaire Primigenius, laissant une partie de son héritage sicilien à l'Église romaine[57]. Quelques-uns comme Scholasticus, un *defensor*, ou comme le notaire Agnellus ont une parentèle cléricale : ils sont tous les deux fils d'évêques[58]. Mais dans ce groupe, on relève des pauvres : ainsi Gaudiosus, un *defensor* que Grégoire ordonne de pensionner ; le pape intervient pour soulager la misère qui oppresse la famille laissée par le défunt Urbicus, qui gérait un patrimoine en Sabine ; ou encore il intervient pour défendre la veuve du notaire Petronius dont la maison a été enregistrée dans le patrimoine ecclésiastique. Car le pape passe outre les empêchements sociaux qui interdiraient le recrutement des colons ou des esclaves : Petrus, un *defensor* échappe aux obligations du colonat, mais celles-ci valent toujours pour son fils, attaché à une *massa* de l'Église romaine ; de même, il recrute, après l'avoir affranchi, l'esclave Thomas qui devient notaire et il intègre dans la schole des *defensores* un colon comme Vitus : tous ces ministres laïcs dépendaient déjà du siège apostolique qui dispose d'eux pour de plus hautes fonctions[59]. Dans ce groupe, les représentants d'un peuple pauvre constituent un contingent notable.

Quelle différence avec la Rome de Symmaque — j'entends évoquer l'historien et non le pape — et de Boèce! Les références à cette culture classique et chrétienne, que l'aristocratie convertie partage avec les clercs, s'estompent. Certes, la correspondance administrative de Grégoire ne facilite guère une enquête, mais les témoignages sont exceptionnels pour suggérer une activité littéraire, pour refléter les signes d'une culture vivante : Paterius, un disciple de Grégoire cherche à organiser, dans une distribution qui suit l'ordre des Écritures, des extraits de l'oeuvre exégétique du pape : il fait exception[60]. En fait, les liens qui rattachaient la société cléricale à l'aristocratie traditionnelle et qui facilitaient une sorte d'osmose culturelle, se distendent. Certes l'évêque de Rome doit composer avec les puissants, les représentants du pouvoir impérial : il recommande auprès d'eux les administrateurs du patrimoine ; il sollicite leur intervention contre l'indiscipline des clercs ; il les appelle à aider l'oeuvre missionnaire dans les campagnes. Mais cette collaboration prudente n'exclut pas méfiance et conflits. Grégoire témoigne beaucoup plus de confiance aux représentants de l'aristocratie traditionnelle, à Venantius, à Cethegus qui portent de grands noms, parce qu'ils descendent de familles illustres du début du siècle ; de Faustus « ex-préteur »[61], il attend son soutien pour débrouiller, en Sicile, les affaires d'un monastère ; Mastalo doit combattre le schisme en Istrie. Aux représentants de l'élite municipale, Grégoire réclame aussi leur collaboration.

Mais cette société paraît frappée d'un irrémédiable déclin : l'oeuvre de l'évergétisme aristocratique paraît épuisée, à part les fondations de monastères à Rome (Galla et Barbara), à Naples ou à Cagliari. Désormais, c'est l'Église romaine qui pensionne les descendants ruinés des généreux donateurs. A la fin du VIe siècle, la disparition du sénat romain, l'institution politique et sociale sur laquelle s'établissait cette aristocratie, scelle une décadence[62].

Ainsi ce groupe de clercs et de laïcs paraît assez indépendant des liens culturels et sociaux qui le rattachaient à l'aristocratie. Mais l'évolution de son recrutement explique la position particulière de l'Église romaine en Italie. Plus que dans le passé, elle utilise pour son propre service des clercs étrangers, puis elle les renvoie (ou même elle expédie ses propres clercs) à la tête des Églises de la péninsule : à Ravenne, à Syracuse, à Nepi[63]. En même temps, Rome assure avec les représentants de son administration domaniale un rôle efficace pour la mission dans les campagnes. Clercs et laïcs, ceux-ci parcourent la Sicile, la Sardaigne, la péninsule. Au moment où, avec le déclin de la vie urbaine, les domaines circonscrivent de petites sociétés plus isolées, ils assurent une présence pastorale autant qu'administrative[64]. Les *Dialogues* illustrent, à leur manière anecdotique, une image de la mission rurale comme le pape en a été le témoin et comme il a voulu l'encourager : il exalte pour cette pastorale, les hommes de Dieu, des moines ou des clercs, qui ont souvent conservé leurs attaches avec ce monde rustique, culturellement et socialement éloigné de la société urbaine. Or, dans son recrutement, le groupe des *defensores* et des notaires intègre, dans une proportion notable, des hommes qui paraissent, par leurs origines ou par leur expérience, liés au monde de la terre[66]. Le témoignage des *Dialogues* et celui de la prosopographie se complètent pour suggérer dans quels échanges complexes s'élabore l'acculturation chrétienne des paysans. Entre les missionnaires et leurs auditeurs, la différence des niveaux culturels paraît moins tranchée[67] que ne le suggérait Jacques Le Goff, en opposant une culture « folklorique » à une culture cléricale, plus aristocratique. L'humble missionnaire joue sans doute un rôle médiateur entre ces deux mondes qui s'interpénètrent plus qu'ils ne s'opposent. Malgré l'extrême pauvreté des sources, c'est ce personnage qu'il faudrait cerner de plus près pour ébaucher en Italie, une histoire sociale et culturelle de la conversion rurale. L'analyse de la prosographie romaine facilite une première approche en même temps qu'elle illustre concrètement le programme pastoral de l'Église romaine présenté par Grégoire dans ses *Dialogues*.

Au total, les institutions de la mission locale n'ont guère évolué, avant le développement des « diaconies », même si la distribution nouvelle du collège titulaire reflète les transformations de la géographie urbaine ; cependant, le recrutement de ce petit groupe atteste une évolution décisive : le choix d'une politique, pour la composition d'un collège diaconal rénové. Mais c'est surtout dans l'administration domaniale − dont le pape a consolidé les structures − que le changement intervient avec plus de force, par tout ce qu'il implique pour le rayonnement de l'Église romaine en Italie et pour la conversion des païens.

NOTES

1. Grégoire, *Epist.* : *MGH, Epist.*, I, P. Ewald et L. Hartmann (I-VII), 1887 et *MGH, Epist.*, II, L. Hartmann (VIII-XIV), 1899. Les références, volontairement abrégées, renvoient à la page de l'un ou l'autre de ces deux volumes ; avec le signe = est indiquée la numérotation nouvelle, si nécessaire, et en tout cas la pagination de l'édition procurée par D. Norberg, *Corpus Christianorum*, CLX et CLX.A, 1982 ; on déplorera cette fâcheuse habitude des nouveaux éditeurs qui perturbent un système de références consacré par un long usage ; *Ep.*, IV, 19, p. 253-254 = Norberg, p. 237.

2. *Ep.*, VIII, 6, p. 9, nov. 597 = Norberg, p. 523.

3. J. Quasten, *Musik und Gesang in den Kulten der heidnischen und christl. Frühzeit*, Münster, 1930.

4. *Ep.* V, 5-7, p. 363 ; *subscriptiones presbyterorum* : p. 366-367 = Norberg, p. 270-274.

5. On ne peut exclure qu'un *titulus* n'ait pas été représenté : v. la liste dans J. P. Kirsch, *Die Römischen Titelkirchen im Altertum*, Paderborn, 1918, p. 7-8 et p. 175-182 ; Ch. Pietri, *Roma Christiana*, I, Rome, 1976, p. 626-627 (*Coll. Avellana*, 17, 5, Guenther, p. 63).

6. *Ep.*, XI, 15, p. 275 = Norberg, p. 881.

7. On peut, d'après les chiffres indiqués dans le *Liber* (éd. L. Duchesne, Paris, 1955², p. CLIV), calculer une moyenne annuelle pour les ordinations. Elle se situe entre 3, 1 (Félix III) et 3, 8 (Léon et Simplice) à la fin du Ve siècle, sauf sous le pontificat de Gélase (8). Au début du VIe siècle, sous Symmaque, elle atteint 5,75 et encore 5,2 sous Pélage, pour tomber au-dessous de 3, depuis l'époque de Jean (561-574), à l'exception de l'épiscopat de Benoît (575-579) où le chiffre remonte à 3,75. Pélage II : 2,5 et Grégoire : 2,7. Le *Liber* n'indique pas pour le VIIe siècle, d'ordinations presbytérales avant Deusdedit (615-618). Mais, en admettant (ce qui est possible, à partir de la fin du Ve siècle) que la comptabilité ait été correctement tenue, je suis convaincu que les chroniqueurs comptabilisent avec les ordinations des prêtres des *tituli* romains celles consacrant des prêtres qui ne sont pas incardinés à Rome : c'est dire la fragilité de cet indice.

8. Cf. Kirsch, *op. cit.*, p. 7 : en acceptant pour le titre des Saints-Quatre l'identification avec le *t. Aemilianae* et pour le *t. ss. Marcellini et Petri* avec les titres de Mathieu et de Nicomède (Kirsch, p. 54).

9. Pour un rappel rapide, en attendant *Roma Chr.* III, L. Duchesne, *Scripta minora*, Rome, 1973 = *MEFR*, 6, 1886), p. 234 *sqq.*

10. Le *registrum* permet de compléter le témoignage des listes : ainsi pour Speciosus, qui peut être en 595 du titre de Clément, ou encore l'homonyme du titre de Damase : *Dial.*, 4, 16 (éd. de Vogüé, Paris, 1981, p. 63) ; *Hom. Ev.*, 2, 40, 11 ; Florentius, *Dial.*, 4, 32, p. 109 du *t. Damasi* ; Candidus, chargé de mission en Gaule : *Ep.*, VI, 5 ; 6 ; 10, etc. appartient peut-être au titre de Clément ; de même, Laurentius (*Ep.*, XI, 34 ; 41 etc.) qui pourrait être le titulaire de Saint-Silvestre. On connaît aussi un Johannes (*Ep.*, VI, 24) mais ce nom est porté par quatre signataires au concile de 595 et par un prêtre en 600 (Saints-Jean-et-Paul) ; la même remarque vaut pour Petrus. Andreas et Philippus semblent avoir quelques liens avec le clergé de Rome, mais ils ne sont pas établis dans la Ville : *Ep.*, XIII, 28.

11. *Ep.*, V, 51, de juillet 595, p. 351, 8 = Norberg, p. 345.

12. *Ep.*, IV, 18, p. 252-253, de janvier/mars 593 = Norberg, p. 236.

13. G. Ferrari, *Early Roman Monasteries...*, Cité du Vatican, 1957, p. 412-413.

14. Pélage II, dans *MGH, Epist.*, 2, p. 440 et Grégoire, *Ep.*, I, 6, p. 8 etc... Sur Boniface IV, voir les remarques de l'éditeur de Grégoire, *MGH*, I, p. 287 et, en particulier, *Ep.* VIII, 16 ; XIII, 41 (= Norberg, XIII, 44) et XIV, 8, avec *Liber Pontificalis*, éd. Duchesne, p. 316. Boniface V : *MGH*, I, p. 287 et le notaire connu par *Ep.*, III, 41 ; IX, 112 (= Norberg, IX, 113) ; IX, 174 (= Norberg, IX, 174), à distinguer d'un homonyme dans *Ep.*, IX, 123 (= Norberg, IX, 124) et (?) *Ep.*, XIII, 27 (= Norberg, XIII, 25).

15. *MGH, Epist.*, I, p. 287 ; ce Boniface connu par les lettres (I, 50, IV, 2, etc.) est attesté dans les *Dialogues* : 3, 20, p. 351 ; il est originaire de Valeria, comme le confirme le *Liber Pontificalis*, p. 317.

16. Epiphanius : *Ep.*, III, 1 et V, 34 ; Florentius : *Ep.*, III, 15 et IX, 8. Petrus : *Ep.*, I, 1 et III, 54.

17. *Ep.*, VIII, 16, p. 18 (= Norberg, p. 534) ; sur cette institution, attestée du reste dans les *Ordines Romani* (Ordo I, 9, éd. Andrieu, II, p. 70), v. en dernier lieu V. Recchia, *Gregorio Magno e la società agricola*, Rome, 1978, p. 35 et 45. On connaît aussi un notaire *regionarius*, Johannes : *Ep.*, VIII, 4 et IX, 220 (= Norberg, IX, 221).

18. Successivement les diacres Honoratus (590-593), Sabinianus (593-597), puis Anatolius (597-602) et enfin l'ancien primicier des *defensores*, Bonifatius ; à Ravenne, la fonction est assurée par un *notarius* (Castorius) ou un sous-diacre (Johannes).

19. *Dial.*, 3, 20, *éd. cit.*, p. 351 ; il reçoit des missions hors de la Ville (cf. *Ep.*, IV, 2, p. 233) mais surtout contrôle les envois de fonds (*Ep.*, IX, 72, p. 91 = Norberg, IX, 73, p. 628).

20. *Ep.*, II, 10, p. 109 (= Norberg, II, 46, p. 138) ; Gratiosus : *Ep.*, III, 17, p. 109 (= Norberg, p. 163).

21. *Ep.*, IX, 66 et 82, p. 87 et 97 (= Norberg, p. 621 et 637) : G.B. de Rossi a établi que le *xenodochium Valerii* se trouvait près de S. Stefano sur le Coelius ; pour Florentius : *Ep.*, IX, 8, le *x. Anichiorum* était, selon Chr. Huelsen, près de S. Lucia de Calcarario, via delle Botteghe Oscure.

22. *Ep.*, XI, 17, p. 278, de déc. 600 (= Norberg, p. 886). Sur la *diacona* à Naples, *Ep.*, V, 25 et X, 8.

23. *Ep.*, II, 1, sept. 591 (= Norberg, *Append.* 3) ; il est nommé *vice dominus* dès déc. 590 : *Ep.*, I, 11, p. 12.

24. *Ep.*, III, 55, p. 595 (= Norberg, p. 204).

25. *Ep.*, I, 6, p. 8 (= Norberg, p. 7) ; II, 1, p. 101 (= Norberg, *Append.*, 3) ; Pélage II, *MGH, Epist.*, 2, p. 440.

26. *Dial.*, 3, 20, p. 351 ; *Ep.*, I, 50, p. 76 (= Norberg, p. 63) ; *Appendix* I dans *MGH, Epist.*, 2, p. 437.

27. *Ep.*, I, 1, p. 1 *sqq.* ; *Ep.*, III, 1, p. 159 (= Norberg, p. 146) ; *Ep.*, V, 28, p. 308 (= Norberg, p. 295) ; *Ep.*, VI, 24, p. 401 (= Norberg, p. 393).

28. *Ep.*, III, 15, p. 174 (= Norberg, p. 162) ; *Dial.*, II, 8, 1, p. 161 ; *Ep.*, IX, 8, p. 46 (= Norberg, p. 569).

29. *Ep.*, III, 1, p. 158 (= Norberg, p. 146) ; *Hom. Ev.*, 39, 10 ; *Ep.*, V, 35, p. 316 (= Norberg, p. 302).

30. *Ep.*, I, 25, p. 38 (= Norberg, p. 33) ; *Ep.*, VIII, 16, p. 18 (= Norberg, p. 534) ; *Ep.*, XI, 58, p. 344 (= Norberg, p. 964) ; *Ep.*, XIV, 8, p. 427 (= Norberg, p. 1076).

31. A., recteur en Campanie : *Ep.*, I, 23, p. 27 à XIII, 31, p. 295 ; pour la période 592-595 : *Ep.*, III, 1 et III, 39. Sabinus : *Ep.*, II, 10, p. 108 à *Ep.*, XIV, 9, p. 428 ; sur les Trois Chapitres : *Ep.*, III, 10, p. 170 (= Norberg, p. 157). Grégoire ne veut pas réconcilier le sous-diacre Gelasius, peut-être un Romain : *Ep.*, II, 38, p. 139 (= Norberg, II, 50, p. 141).

32. *Ep.*, 5, 6, p. 287 (= Norberg, p. 271) ; VII, 29, p. 475 (= Norberg, p. 487) ; sur Theodorus, *Ep.*, II, 18 (= Norberg, II, 14) ; III, 18 ; IX, 11 ; XI, 4.

33. V. Recchia, *op. cit.* ; sur le recrutement et l'investiture, P. Fabre, *De patrimoniis Romanae Ecclesiae usque ad aetatem Carolinorum*, Lille, 1892, p. 35-46 ; J. Richards, *Consul of God, The Life and Times of Gregory the Great*, Londres, 1980, p. 126-139.

34. *Ep.*, VI, 26, p. 307 (= Norberg, p. 397) ; pour Vitus, *Ep.*, IX, 97, p. 107, janvier 599 (= Norberg, IX, 98, p. 151). Jean Diacre a reconstitué une liste (*Vita*, II, 51) d'après les archives romaines.

35. V. Recchia, *op. cit.*, p. 45-48 ; cf. *Ep.*, I, 40, p. 138 (= Norberg, p. 46).

36. Ainsi le *notarius* Johannes, envoyé en Sardaigne : *Ep.*, II, 47, p. 148 (= Norberg, II, 41, p. 129) ; *Ep.*, III, 36, p. 194 (= Norberg, p. 181) ; un *defensor* Johannes (un conseiller du pape, selon Jean Diacre, II, 11) est envoyé à Fano (*Ep.*, VII, 13, p. 456, en nov. 596 = Norberg, p. 463), puis (le même ?), en Espagne, en août 603, *Ep.*, XIII, 47-50 (= Norberg, XIII, 46-50) ; Redemptus part en mission pour la Sardaigne : *Ep.*, VIII, 35, p. 37 (= Norberg, p. 560), etc. Sur Bonifatius, v. note 30.

37. Grégoire leur donne souvent le nom de *cartularius*, qui indique leur responsabilité dans la tenue du censier.

38. Candidus : *Ep.*, IV, 28, p. 262 (= Norberg, p. 247), etc. et Jean Diacre, *Vita*, II, 52. Fantinus, *Ep.*, I, 42 ; IV, 43 ; V, 28 à XIV, 5, de sept. 603. Romanus : *Ep.*, II, 38 (= Norberg, II, 40) ; IX, 29, 88 (= Norberg, 89), 110 (= Norberg, 111) ; Hadrianus : *Ep.*, IX, 110 ; XI, 30 ; XIII, 22... Pantaléon : *Ep.*, III, 40 ; VIII, 26 ; Jean Diacre, *Vita*, II, 52 ; *Ep.*, XIII, 37 (= Norberg, XIII, 35). Sur le rector, V. Recchia, *op. cit.*, p. 25-26.

39. Cyriacus : *Ep.*, II, 38 (= Norberg, II, 50) ; IV, 23 ; IX, 208 (= Norberg, IX, 209)... Redemptus envoyé en Sardaigne est *defensor* : *Ep.*, VIII, 35 ; le notaire Salerius : *Ep.*, IX, 21 ; 38...

40. Fabre, *op. cit.*, p. 35 et la prosopographie de ces responsables, p. 59-92. Il manque des informations sur l'Appia, la Labicane et le Picenum.

41. Antoninus : *Ep.*, I, 42... ; Candidus : *Ep.*, IV, 28... Pour la mission de Johannes : *Ep.*, III, 29 et 30 : le sous-diacre se rend à Gênes. Dinamius : *Ep.*, III, 33...

42. Petrus : *Ep.*, I, 1, etc. ; Cyprianus : *Ep.*, IV, 15 (*rector Siciliae*), Fantinus : *Ep.*, IX, 23 (*rector patrimonii partium Panormitanorum*), Romanus : *Ep.*, IX, 29 ; XI, 24 ; Hadrianus, *Notarius Panormitanus*, *Ep.*, XI, 30 de 601 et *notarius Siciliae* : *Ep.*, XIV, 17.

43. Hilarius : *Ep.*, I, 73... ; Castorius : *Ep.*, III, 54...

44. *Ep.*, IX, 110, p. 115 (= Norberg, IX, 111, p. 663).

45. Cf. V. Recchia, *op. cit.*, p. 133-136. Sur ces états, v. les remarques de J. Folliet, *AThAug*, 14, 1954, p. 85-88.

46. C. Dagens, *Saint Grégoire le Grand, culture et expérience chrétiennes*, Paris, 1977, p. 94. Sur l'utilisation des moines : Cyriacus, v. note 39. Noter que le titre de *rector* est aussi, traditionnellement donné aux évêques : Grégoire, *Moral.*, 25, 26.

47. *Ep.*, I, 62, 63, 42 ; III, 21 ; VI, 35 (= Norberg, 37) ; IX, 36 et 112 (= Norberg, 113) : intervention pour faire respecter legs, testaments, secourir la famille, etc.

48. Valentio : *Dial.*, I, 4, 20, p. 57 ; III, 22, 1 ; IV, 22 ; Stephanus : *id.*, IV, 12, 1, p. 79 ; Eleuthère : *id.*, III, 14, 1 ; 33, 1... ; IV, 12, 1.

49. Gregoria de Spolète : *Dial.*, III, 14, 1 ; Musa, apparentée à Probus, évêque de Rieti ; *Dial.*, IV, 18, 1 et Probus lui-même : *id.*, IV, 13, 1 ; son cousin Maximus, *id.*, IV, 40, 7. Marinianus a des attaches avec Ravenne dont il devient l'évêque ; il est prêtre et attaché au monastère du *Clivus Scauri* : *Ep.*, V, 51 ; Claudius, v. *Ep.*, II, 46 et p. 146, note 2 (= Norberg, II, 39, p. 125). De Syracuse viennent Antonina et Barbara : *Ep.*, XI, 18, 25 ; Redempta, disciple d'Herundo de Préneste : *Dial.*, IV, 16, 1.

50. Athanasius, un Isaurien n'est pas incardiné à Rome, *Ep.*, III, 52, etc., ni les Italiens Sanctulus (*Dial.*, III, 15, 1), Amantius (*Id.*, III, 35). Marinianus, v. *supra*, note 11.

51. Le *Liber Pontificalis* indique que Sabinianus, *natione Tuscus*, vient de Blera (éd. Duchesne, p. 315) ; Bonifatius IV, du pays des Marses, v. note 19 ; sur Florentius peut-être, un campanien d'après son ascendance : *Dial.*, 2, 8, 1. Voir note 28 et aussi pour Epiphanius, note 29.

52. Pantaléon : *Ep.*, IX, 112 (= Norberg, 113) ; Thomas : *id.*, VI, 12 ; sur Vincomalus : *Ep.*, VI, 35 ; Scholasticus : *Ep.*, IX, 194 (= Norberg, IX, 195) ; Fantinus : note 42.

53. *Dial.*, 4, 14 pour Galla ; Barbara : *Ep.*, XI, 59 ; Ammonius, *Dial.*, IV, 27, 9 ; Probus : *id.*, 4, 13.

54. Voir notes 26, 27 et 30 ; Deusdedit, *Liber Pontificalis*, éd. citée, p. 319.

55. *Ep.*, XIII, 28 (= Norberg, XIII, 26) ; pour F., *Ep.*, IX, 137 (= Norberg, IX, 138) ; Johannes : *Ep.*, VI, 41 (= Norberg, VI, 49) ; Servusdei : *Ep.*, IX, 8 ; Gaudiosus : *Ep.*, VI, 12 (peut-être un Romain).

56. Vincomalus : *Ep.*, IX, 170, p. 167-168 (= Norberg, IX, 171, p. 729) ; comme le note très bien V. Recchia, *op. cit.*, p. 41, un *defensor* Consentius a un fils qui est qualifié de *vir gloriosus*, Faustus : *Ep.*, VI, 5 ; sur Julianus, *Dial.*, IV, 31, 1, p. 105 ; Sabinus : *Ep.*, IX, 36. Pour Castorius : rapprocher *Dial.*, 1, 4, 8 avec *Ep.*, III, 54, etc.

57. *Ep.*, IX, 74, p. 92.

58. Scolasticus : *Ep.*, IX, 194, p. 182 (= Norberg, IX, 75, p. 600) ; Agnellus : *Ep.*, IV, 6, p. 237.

59. Gaudiosus, *Ep.*, IX, 109 (= Norberg, IX, 110) ; Urbicus, *Ep.*, III, 21 ; Patronius : *Ep.*, I, 63 ; Petrus, *Ep.*, IX, 128 (= Norberg, IX, 129) ; on note que G. a pu recruter Petrus parce que celui-ci est colon de l'Église romaine. Thomas : *Ep.*, VI, 12 ; Vitus : *Ep.*, IX, 97 et 118 (= Norberg, IX, 98 et 119) ; pour ce dernier, voir V. Recchia, *op. cit.*, p. 42.

60. R. Étaix, *RSR*, 32, 1958, p. 68-78, sur le *Liber Testimoniorum de Paterius*.

61. Titre honorifique : *Ep.*, I, 67. Mastallo (*Ep.*, IX, 161 = Norberg, IX, 162) descend probablement de l'*illustris* comte des largesses sacrées au temps de Gélase : J. Sundwall, *Abhandlungen zur Geschichte des ausgehenden Römertums*, Helsinki, 1919, p. 138 ; je renvoie pour cette ébauche à une analyse plus détaillée (à paraître).

62. O. Bertolini, *Appunti per la storia del Senato di Roma durante il dominio bizantino* dans *Ann. Sc. Norm. Pisa*, 20, 1951, p. 26-57, qui confirme la position de E. Stein, *La disparition du Sénat de Rome à la fin du VIᵉ siècle*, dans *BAB*, 1939, p. 308 *sqq.*

63. Jean Diacre, III, 12.

64. Jean Diacre, II, 47-50 ; III, 1 ; V. Recchia, *op. cit.*, p. 28.

65. R. E. Sullivan, *The Papacy and Missionary Activity in the Early Middle Ages*, dans *MS*, 17, 1955, p. 48-51. Dans le cas de la Sicile, v. les remarques de L. Cracco-Ruggini dans *Sicilia Antica*, dir. E. Gabba et G. Vallet, II, 2, Naples, 1980, p. 487 *sqq.*, p. 510. Sur les villes, déjà Ch. Diehl, *Etudes sur l'administration byzantine dans l'exarchat de Ravenne*, Paris, 1888, p. 89-95 ; v. les remarques de P. J. Jones, dans *Settimane... Spoleto*, 13, 1965, p. 57-92 : *Sul'Italia agraria nell'alto medioevo*.

66. On se reportera à l'analyse lumineuse de G. Cracco, *Chiesa et Cristianità rurale nell' Italia di Gregorio Magno*, dans V. Fumagalli et G. Rossetti, *Medioevo rurale. Sulle tracce della civiltà contadina*, Bologne, 1980, p. 361-379 ; v. aussi G. Cracco, *Uomini di Dio e Uomini di chiesa nell'Alto medioevo*, dans *RSSR*, 12, 1977, p. 162-202.

67. S. Boesch Gaiano, *Dislivelli cutturali e mediazoni ecclesiastiche in Gregorio Magno* dans *Quaderni Storici*, 41, 1979, p. 398-415 ; v. aussi, *La proposta agiografica dei Dialoghi di G.M.* dans *StudMed*, 2, 1980, p. 623-644.

DISCUSSION

R. Gillet : Qu'est-ce qu'un *conductor* de l'Église romaine ? J'ai remarqué que M. Markus a donné au terme *rector* les équivalents suivants : *dominus, ductor, rex*, etc. Le *ductor* représente-t-il le même personnage que le *conductor* ? — **Ch. Pietri** : Selon un usage ancien qui remonte à l'administration du patrimoine impérial, le *conductor* est un fermier, un entrepreneur ; il n'appartient pas au clergé : c'est un laïque qui tient à ferme une partie des biens de l'Église, un domaine (une *massa*). J'en profite pour poser en même temps à notre collègue Markus une question : car le terme de *rector* est appliqué, surtout à partir de G., précisément à ces laïques, à des clercs aussi, qui ont la charge de diriger un patrimoine de l'Église romaine, et je me demande dans quelle mesure G. a pensé à ce type de responsabilité dans la *Règle pastorale*. — **R. A. Markus** : *Rector* équivalent de *ductor* se trouve, je l'ai dit, dans le panégyrique de Théodoric par Ennodius, et le *ductor* est le roi lui-même. L'attribution de ce vocable à l'évêque est très surprenante, car les milieux séculiers l'utilisent normalement pour désigner, par exemple, un gouverneur de province. Moi-même j'aurais soupçonné que, s'il y avait un sens spécifique, technique, de *rector*, ce serait celui de *rector* de patrimoine ; mais il n'est pas dans G. — **R. Gillet** : G. écrit tout de même à Cyprien, *diacono et rectori patrimonii Siciliae* (*MGH* et Norberg, V, 7), à Félix, *subdiacono et rectori patrimonii* (*MGH* et Norberg, XIV, 14), à Benenatus, *notario rectori patrimonii partis Panormitanae* (*MGH* et Norberg, III, 27), et mentionne le *rector patrimonii* dans plusieurs autres lettres (*MGH* et Norberg, III, 32 ; *MGH*, VI, 34 = Norberg VI, 36...). — **Ch. Pietri** : Dans les lettres, on distingue le *rector* à deux indications précises : 1) dans l'adresse de la lettre, il y a le nom, suivi d'un titre : *subdiacono, rectori* ; 2) l'appellation codifiée d'*experientia tua*, qui s'adresse sûrement à un responsable de l'administration des biens romains, à un *rector* ; car G. distingue *rector* et *ordinator* : l'*ordinator*, c'est celui qui tient les comptes ; le *rector*, c'est celui qui a la charge de diriger dans une région le patrimoine de saint Pierre.

A. de Vogüé : Le diacre Pierre était-il bien, comme vous l'avez dit, un moine ? C'est l'opinion commune ; mais, en préparant l'édition des *Dialogues*, je n'ai trouvé aucun indice probant en ce sens. On invoque généralement le début de cette oeuvre, où G. dit de Pierre qu'il lui était lié d'amitié depuis sa jeunesse. Allusion à la vie commune qu'ils auraient menée ensemble au monastère avant de devenir clercs ? Il s'agit plutôt, me semble-t-il, d'une amitié contractée avant que G. ne devienne moine ; et ces rapports familiers dans le siècle feraient alors penser, pour Pierre comme pour G., à une origine sociale assez élevée.

OBSERVATIONS SUR LE MARTYRIUM CONSTANTINIEN DU VATICAN

PAR

CH. PIETRI

Dans un article paru en 1947, présentant une « hypothèse sur la date de la basilique constantinienne de Saint-Pierre de Rome » (Cahiers Archéologiques 2, 1947, pp. 153-159), le dédicataire de ces Mélanges établissait une chronologie tout à fait nouvelle du grand martyrium : celle-ci utilisait le témoignage d'une loi promulguée par l'empereur Constant (C.T. 9, 17, 2) pour punir les déprédations commises dans les zones de sépultures ; le texte, daté de 349, châtiait cette sorte de crime rétroactivement, en remontant jusqu'à 333. Ce repère peut indiquer le début des travaux à Saint-Pierre ou au moins la fin des déprédations saccageant la nécropole vaticane. Au total, la basilique Saint-Pierre s'achève et par conséquent s'ouvre au culte au plus tôt dans le second quart du IVe siècle. Le témoignage du férial romain, la *depositio martyrum*, publiée et mise à jour dans le Calendrier du « Chronographe de 354 », confirme cette analyse, comme l'a remarqué déjà le P. E. Kirschbaum : pour la fête du 29 juin célébrant l'apôtre Pierre, le rédacteur situe le culte *ad Catacumbas* et néglige le grand édifice constantinien qui n'est sans doute pas encore disponible pour les réunions liturgiques. Je voudrais tenter de réunir ici quelques observations suggérées par les Esplorazioni (1) — *in vestigia Magistri*.

---

(1) Avant les fouilles récentes, H. Lietzmann, *Petrus und Paulus in Rom*, Berlin, 1927. Pour les fouilles de Saint-Pierre, B. M. Apollonj Ghetti, A. Ferrua, E. Josi et E. Kirschbaum, *Esplorazioni sotto la confessione di S. Pietro...*, Cité du Vatican, 1951 ; J. Carcopino, *Études d'histoire chrétienne*, Paris, 1953 ; H. I. Marrou, *Fouilles du Vatican*, DACL, 15, 1953, p. 3292 ; J. Toynbee and J. Ward Perkins, *The shrine of St Peter*, Londres, 1958 ; E. Kirschbaum, *Les fouilles de Saint-Pierre de Rome*, Paris, 1957 (trad. fr.). A Prandi, *La tomba di Pietro*, Todi, 1963 ; Mgr Ruysschaert a donné une série de mises au point très précieuses (RHE, 47, 1953, p. 574 sq. ; 48, 1954, p. 5 sq. ; 52, 1957, p. 791 sq. ; 60, 1965, p. 822 sq.). Pour les sarcophages : G. Bovini et H. Brandenburg, *Repertorium der christlich-antiken Sarkophage*, éd. F. W. Deichmann, Wiesbaden, 1967 (Rep. S.). D. W. O'Connor, *Peter in Rome*, New York, 1969, p. 158 sq.

Avant 333, après 354 : le dossier des documents épigraphiques, littéraires et liturgiques écarte sur plus de vingt années cette fourchette ; l'archéologie, me semble-t-il, n'y contredit point. Elle suggère en quelques cas des probabilités : Grimaldi notait que dans la série des portraits pontificaux placés au Vatican, Libère portait le nimbe carré, *signum viventis*. Mais ce témoignage, déjà incertain parce qu'il porte sur des monuments disparus, peut simplement fixer une chronologie pour un élément du décor et non pour la construction de

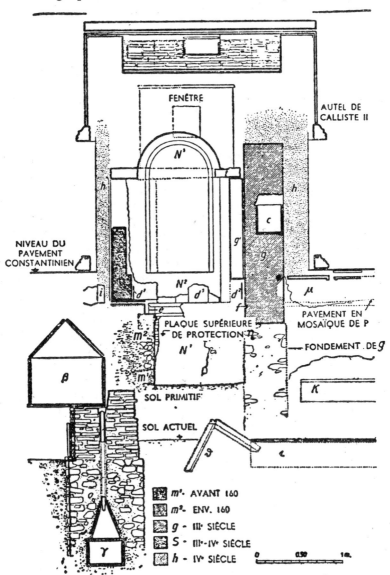

Fɪɢ. 1. — D'après *Esplorazioni*, fig. 91 et Kirschbaum, fig. 12 : coupe S.N. de la memoria

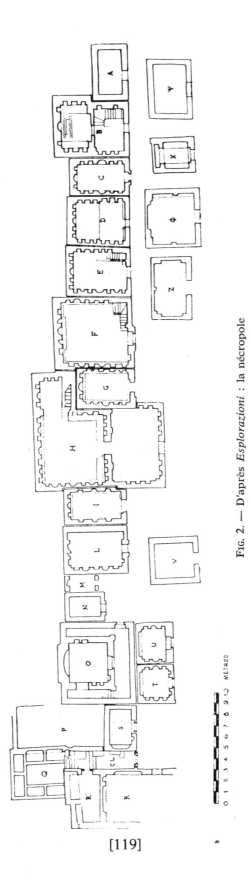

Fig. 2. — D'après *Esplorazioni* : la nécropole

[119]

la basilique (2). Incertaine aussi la chronologie qui expliquerait par
l'activité du chantier chrétien l'arrêt des cérémonies dans le phrygianum voisin du Vatican. Sans doute — comme le remarquait
E. Josi — sur les sept autels tauroboliques connus du IVe siècle, nous
n'en connaissons point qui aient été dédiés entre 319 et 350 ; pour en
conclure que les constructeurs du Vatican mirent en fuite pendant
la durée de leurs travaux les initiés, il faudrait repérer l'emplace·
ment exact du conventicule païen. Ce n'est pas le cas (3).

En revanche, la nécropole sur laquelle s'établit le martyrium (4),
reçoit, avant l'achèvement, des visiteurs et des sépultures pendant
une assez longue période. Les explorations ont reconnu dans la zone
de la confession un mur — g dans le rapport des fouilles — qui reçut,
avant d'être enrobé dans la chape protectrice de la memoria constantinienne, de nombreux proscynèmes. Bien des incertitudes subsis-
tent pour la lecture de ce réseau de graffiti, d'acclamations hâtivement incisées ; à moins d'accepter les jeux d'une ingéniosité érudite
développant les signes d'une cryptographie mystique (5), on ne reconnaît point le nom de l'apôtre. A ces pauvres formules au moins se
mêle assez souvent le chrisme, critère de datation (6). Malheureusement les sépultures découvertes dans la zone de la confession n'aident
guère à préciser la chronologie. Les travaux, pendant la construction
de la basilique actuelle, ont exhumé des inscriptions et des sarcophages (7) : ces documents tardifs démontrent surtout qu'à la fin du
IVe siècle et pendant les siècles suivants les chrétiens continuaient

(2) L. de Bruyne, *L'antica serie di ritratti papali della basilica di S. Paolo f.
le mura*, Rome, 1934, p. 157.
(3) E. Josi, APARA (R), 25, 1949, p. 4 ; CRAI, 1954, p. 434 ; J. Carcopino, *Études*, p. 275. Localisation incertaine, *Carta archeologica di Roma*, I, 1962, p. 63
(N° 62). Est-ce, comme le proposait Duchesne, le templum Apollinis mentionné
dans le L. P. ? Noter aussi la dispersion des trouvailles, *Esploraz.*, p. 15 ; *Carta*
p. 60, n° 51, p. 76 (n° 30).
(4) *Esploraz.*, p. 179 s. ; on se reportera aussi à un premier rapport, paru
dans le BCRA, 1942, publié par A. Ferrua, pp. 96-106, donnant des informations
précieuses en complément. Le cirque de Néron est abandonné au IIe siècle ;
F. Castagnoli, APARA (R), 32, 1959, p. 97 sq. ; *Esploraz.*, p. 121, 128 sq. ; p. 139. Sur
les graffiti, M. Guarducci, *I graffiti sotto la confessione di S. Pietro in V.*,
Cité du Vatican, 1958 : le seul relevé complet. Graffiti du mausolée R, A. Coppo,
RAC, 42, 1966, p. 118 sq (non chrétiens).
(5) Réfutation — décisive — de A. Ferrua, RAC, 35, 1959, pp. 231-247, malgré
les réponses de M. Guarducci, *Archeologia Classica*, 13, 1961, pp. 183-239 ; et
dans *Quaderni dell'Accademia dei Lincei*, 62, Rome, 1964 : le scepticisme de
P. Ferrua a été largement partagé, J. M. C. Toynbee, *Dublin Rev.*, 233, 1959,
p. 234 sq., après E. Josi, J. Carcopino... O'Connor, p. 201.
(6) L'éditeur propose une datation entre 290 et 315 ; J. M. Frazer, JRS, 52,
1962, pp. 216-219, après 315. Chronologie plus haute pour le graffito grec avec
le nom de Pierre (?) : Guarducci, p. 393 sq. et récemment, A. Coppo, RAC, 42,
1966, p. 136 sq. (IIe ou IIIe) : à l'évidence il n'appartient pas à cette série.
(7) L. Lanciani, *Storia dei Scavi*, Rome, 1912, 4, p. 53 d'après Bosio : des
sépultures portant le chrisme détruites au milieu du XVIe s. en construisant la
nouvelle basilique ; de même, p. 182, sépultures découvertes dans la zone de la
Confession et inscriptions (plus tardives : Ve et VIe s. ; ICUR, NS 2, 4176, 4178 ;
plus ancienne, de 384, 4168). Cf., 4164 et 4175 ?

de rechercher une sépulture *ad sanctum*. A leur tour, les responsables des Esplorazioni retrouvèrent plusieurs sarcophages appartenant eux aussi à cette pieuse nécropole (8), établie dans la basilique auprès de la zone sainte. Mais ils identifièrent aussi quelques tombes situées dans le campus P — celui du tropaion apostolique — et enfouies, à une exception près, à un niveau inférieur à celui du monument préconstantinien (9). En chronologie absolue, ces découvertes ne donnent aucune certitude, sauf peut-être quelques indices pour reconnaître deux tombes aménagées avant l'achèvement des travaux, lorsque s'établissait le chantier (10) (*Fig.* 1, 3 et 5).

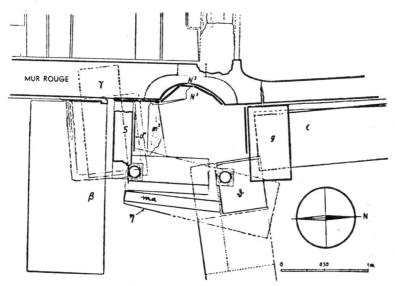

FIG. 3. — D'après *Esplorazioni*, fig. 88 et Kirschbaum, fig. 13 : l'area P

(8) Rep. S. 675, 676, 677, 679, 683, 684 : ces cuves appartiennent à la seconde moitié du siècle, sans doute aussi 688 et 689 et aussi le sarcophage de Junius Bassus (Rep. S. 680), de 359.

(9) Rep. S. 682 et 690 : 330-360 ; mais la localisation imprécise interdit toute conclusion. Rep. S. 683, fin du IVᵉ s. Sur les sépultures chrétiennes à l'ouest de l'abside, Lanciani, *Scavi*, 4, p. 7 et *Esplorazioni*, p. 23, sans compter les mausolées établis autour de la basilique.

(10). *Esploraz.*, p. 116 sq., hélas ! sans indication de niveaux (analyse critique de H. I. Marrou, p. 3317 sq. et J. Ruysschaert RHE, 1954, p. 30 sq. ; Kirschbaum, p. 62 et p. 142).

1° Postconstantinienne : une tombe (μ) entre le niveau de l'édicule et celui de la memoria ; la reconstitution proposée par la fig. 91 pose le problème : comment la tombe (μ), détruite (*Esploraz.*, p. 116) a pu se glisser sous le mur de la memoria ? Cf. fig. 1.

2° Au-dessous du pavement en mosaïque de l'édifice préconstantinien, tombe (α), à 38 cm du pavement constantinien (Marrou, Ruysschaert), cuve aménagée avec des plaques de marbre cf. *Esplor.*, fig. 79 et 86.

3° Peut-être contemporaine, mais à un niveau très inférieur (1,30 m par

Au-delà de l'abside constantinienne, dans la zone de la nécropole, la fouille a retrouvé quelques éléments de datation. Certains concernent une époque où les voies d'accès à la zone céméteriale s'ouvraient encore librement et parfois à des chrétiens établissant leurs sépultures auprès des chapelles funéraires des gentils (11). Le sarcophage trouvé devant le mausolée des Aebutii vient d'un atelier qui travaillait pendant les quinze premières années de l'empire constantinien (12). Il y a peu de chances qu'il ait été descendu là lorsque les voies d'accès étaient obstruées par les murs de fondation de la basilique. Pendant la période, au moins jusqu'en 318-320, des païens utilisaient encore une chapelle placée plus à l'ouest (T), du moins si l'on donne quelque valeur à la découverte d'une monnaie constantinienne au type de Sol, trouvée dans une urne, mêlée aux cendres (13). Le chantier une fois établi, les constructeurs occupèrent assez longtemps, semble-t-il, la zone de la nécropole : en établissant le réseau de leurs fondations, ils ménagent un système de circulation (14). Ailleurs, ils aménagent un escalier qui descend d'un niveau supérieur à l'intérieur d'une chapelle funéraire dont l'accès avait été obstrué (15). Un graffito dans le mausolée H remonte peut-être à cette époque de l'occupation chrétienne. Mais hâtivement tracé au charbon (16), peut-être avec une

rapport au pavement constantinien), autre tombe du même type (ε) : une des plaques de marbre vient d'un arcosolium du mausolée H ; donc cette tombe est au moins contemporaine de la destruction de la nécropole.

4° (E) détruit partiellement (β), cuve recouverte *a capuccina* par des tuile*s* (à 0,57 cm du même niveau et à 1,45 m en profondeur). Or le parement septentrional de β se trouve engagé sous le mur h constantinien (à 0,90 m au-dessous du plan de ses fondations).

5° (δ) est vraisemblablement antérieure à α (fig. 81 et 82) : son niveau supérieur à 0,90 m, inférieur à 1,90 ; même type que β et selon H. Marrou (fig. 11280) antérieure à β, en proposant β>δ>ε>α et une chronologie : IVe-Ve siècle (sur β, cf. J. Ruysschaert, RHE, 1953, fig. 3). En fait, contre cette chronologie tardive, deux difficultés : a) la localisation de β sous les fondations du mur h ; celle de μ est tout à fait incertaine ; b) le caractère insolite de ses sépultures, si profondes dans une basilique, bien différentes des *formae* (cf. μ). En ce cas on peut supposer que ces sépultures, au moins α et s'établissent lorsque le chantier s'installe dans la nécropole (réemploi de H), avant l'édification de la memoria.

(11) Des témoignages chrétiens avant les travaux : O. Perler, *Die Mosaïken der Juliergruft*, Fribourg, 1953 ; Toynbee, p. 47 ; Kirschbaum, p. 13. On ne retiendra pas ceux des témoignages qui peuvent être antérieurs au IVe siècle : sur le graffito Petr(os ?), *supra*.

(12) Rep. S. 674. Sur la localisation, *Esploraz.*, p. 37 : fig. 2 (N).

(13) *Esploraz.*, p. 55 et 148 ; RAC, 22, 1946, p. 199. M. Guarducci, APARA (R), 1966-1967, pp. 135-143, qui identifie l'atelier (Arles) et rappelle la datation du type d'après P. Bruun : 319-320 (RIC, 317-318). Il semble que l'urne au moment de la découverte était en place dans la niche et close : ce qui pourrait corriger une méfiance de principe devant cette sorte de témoignage.

(14) Toynbee et Ward Perkins, p. 198. Pour la zone entre les chapelles M N O P, *Esploraz.*, p. 51 ; p. 67 ; p. 77 (T et S). Sur la destruction, Kirschbaum, p. 147 : v. fig. 2.

(15) Toynbee, pp. 36-38 ; pl. 3 (B).

(16) Le graffito dans la niche centrale, entre le bord gauche de la niche et la jambe droite d'une statuette, étudié par M. Guarducci, *Cristo e S. Pietro*

invocation de l'apôtre, il ne donne aucune indication chronologique. Autre signe de la durée des travaux, telle ou telle sépulture, déposée pendant la construction, comme cette pauvre tombe appuyée dans sa

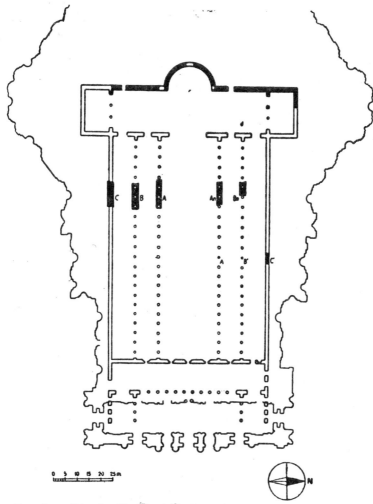

FIG. 4. — D'après *Esplorazioni,* fig. 103 et Kirschbaum, fig. 36 :
éléments constantiniens

in un documento preconstantiniano della necropoli vaticana. Cité du Vatican, 1953. Les graffiti auraient été tracés vers 290 avec la déposition d'un chrétien, Vasatulus (p. 63). Contemporain des graffiti de g, J. Ruysschaert, REH, 1954, p. 8 sq. On doit distinguer : a) la lecture proposée du graffito : *Petrus roga Christus Jesus pro sanctis hominibus chrestianis ad corpus tuum sepultis* ; l'invocation à Pierre paraît vraisemblable, mais le reste de la restitution tout à fait incertain. b) l'interprétation de deux têtes, composition étrange qui tient au hasard des enchevêtrements plus qu'à un symbolisme complexe, cf. J. Ruysschaert, *art. cité.* Pour la chronologie, noter que le graffito — et beaucoup d'autres d'interprétation incertaine — se trouvent à 2,25 m (M. Guarducci, p. 12) : v. Klauser, Petrus, p. 61 (note) ; O'Connor, p. 181.

longueur à un mausolée (T) et à sa tête à une autre chapelle funéraire (S), à quelques mètres du tropaion. Le mur qui protège vers
l'extérieur un sarcophage de travertin est de la même technique que
l'appareil des fondations constantiniennes immédiatement voisines (17). En d'autres cas, la déposition se place à une époque où
s'achèvent les travaux de construction : des sarcophages s'accumulent
dans le mausolée C (18), à l'extrémité occidentale de la fouille, lorsque
la voûte a été détruite ; une cuve (19) a suivi peut-être la même voie
dans la chapelle des Valerii ; une autre chevauche et détruit partiellement le mur N.-E. du mausolée R (20), à quelques mètres : elle vient
d'un atelier travaillant vers le milieu du siècle. Une tombe couverte
a capuccina utilise une tuile avec l'estampille de Constant : elle occupe
la partie supérieure d'une niche, difficilement accessible avant un
remblai, au moins partiel (21). La nécropole encore normalement
accessible au moins jusqu'en 318-320 a subi la longue occupation du
chantier chrétien (*Fig. 2*).

De même, l'œuvre de construction utilise des techniques variées
qui suggèrent aussi quelques indications chronologiques. On connaît
moins le matériau utilisé, sauf quelques tuiles estampillées au nom
de Constantin (22) et recueillies en 1592, pendant la destruction partielle de l'abside. Précisément, l'appareil utilisé pour toute la zone
occidentale se distingue assez nettement de l'*opus latericium* retrouvé
en quelques endroits, plus à l'est. Pour établir l'abside les constructeurs du Vatican utilisent une technique de fondation analogue à celle
du Latran, un *opus coementicium*, renforcé par de gros blocs de tuf et
de travertin (23). Le mur de l'abside s'élance, conservé sur plus de

(17) *Esploraz.*, p. 76 ; module : 5 briques pour 30-31 cm ; de même dans la
partie inférieure de T.
(18) BCRA, 1942, p. 98.
(19) Toynbee, p. 102 (75).
(20) Ce sarcophage (Rep. S. 681) réunit entre deux panneaux de strigilles,
les deux apôtres aux extrémités et un couple : type de Paul bien identifié.
Esploraz., p. 78, cf. fig. 58, tav. 24 b, 27 b, 28, Toynbee, pl. 1. La cuve se place
à un niveau de 1,15 m au-dessus du pavement de R. A combien au-dessous
du pavement constantinien ? Prandi situe à la cote 4,26 le revêtement de stuc,
à 25 cm au-dessous du niveau du sarcophage (fig. 50, 64), à 3,45 m le niveau
inférieur du stuc rouge (face orientale) qui se trouve à 1,70 m au-dessous du
pavement constantinien (J. R., RHE, 1953, p. 583, fig. 4). Si le sarcophage a été
enfoui après la fin des travaux depuis le niveau constantinien : il faut supposer
une excavation étroite à plus de 2 m, alors que les épaulements du mur sont
conservés, à droite et à gauche au-dessus de l'excavation nécessaire pour insérer
la cuve.
(21) Esploraz., p. 58, fig. 37 (CIL XV, 1657). Une autre brique avec la même
estampille, « *vagante* », *ibid.*, p. 148. Tombes *a capuccina* sous le niveau de
l'ancienne basilique, BCRA, p. 95. Sur les découvertes pendant la démolition de
la basilique *Carta Archeologica di Roma*, Florence, 1962, 1, p. 55, n° 27 (cf. aussi
Lietzmann, *Petrus*, p. 301 sq.).
(22) CIL XV, 1656, d'après de Rossi, ICUR, 2 p. 346 (2), Lietzmann, p. 190 (3),
M. Armellini, C. Cecchelli, *Le Chiese di Roma*, Rome, 1942, 2 p. 889.
(23) *Esploraz.*, p. 79 et p. 99 (fig. 55 et 68). Pour le Latran : E. Josi,
R. Krautheimer, S. Corbett, RAC, 34, 1958, pp. 64-65 et R. Krautheimer, *ibid.*,
43, 1967, pp. 128-129.

2,50 m, en étageant, sur 29 à 30 cm, cinq lits de briques (24). Pour le transept dont subsiste la façade occidentale au N. et au S., la technique ne varie pas, exception faite des fondations dont l'épaisseur s'adapte peut-être aux nécessités du terrain (25). Les murs des fondations intérieures, à quelques mètres du monument apostolique, près du mausolée T, utilisent le même module (26). A l'est, dans la zone du vaisseau basilical, la fouille a repéré les fondations soutenant comme des pilotis le pavement au-dessus de la nécropole, les constructions portant le stylobate des colonnes et un élément du mur extérieur. Dans les premiers cas les variations techniques dépendent peut-être des nécessités locales pour des piles qui doivent, appuyées sur des chapelles funéraires, compenser la déclivité naturelle d'O. en E. : il s'agit d'un *opus mixtum* avec un chaînage de briques et un de tuf à la lisière de l'abside (mausolée S), un appareil analogue à celui de Saint-Laurent-hors-les-murs ; ou encore, de la même technique avec deux lits de tuiles (zone M, N, L) ou de murs construits avec des *tufelli* (o) ou encore d'un *opus coementicium* (L) (27). Le stylobate des colonnes s'appuie sur des murs de briques pour les nefs septentrionales. On retrouve le même type de construction pour un élément du mur extérieur repéré sur le périmètre nord. Mais en ces deux cas, le module est sensiblement différent, avec une moyenne de 32 cm et quelquefois de 34 cm pour cinq lits de tuiles (28), suivant les habitudes des maçons romains sous l'empereur Constance, alors que le précédent module, un peu supérieur aux pratiques en usage sous Maxence (29), s'utilise à l'époque de Constantin. Quant à l'appareil de la memoria (30) — assez mal connu — il s'apparente peut-être à ce second type d'opus. L'indication pourrait confirmer le témoignage des graffiti laissés par les pèlerins, venus sous Constantin, à une époque où la memoria n'était pas encore aménagée dans sa splendeur monumentale (*Fig.* 4).

(24) *Esploraz.*, p. 155, fig. 109 et tav. LLX, a.

(25) *Esploraz.*, p. 157 ; sur les fondations, *ibid.*, fig. 103 ; leur épaisseur diminue vers le Nord où le monument s'appuie directement au terrain vierge ? (*Esploraz.*, p. 154).

(26) *Ibid.*, p. 77 ; des murs en *opus listatum* aussi.

(27) S : *Esploraz.*, p. 75 (fig. 52) ; N-M-L, *ibid.*, p. 67 ; O, *id.*, p. 34 ; voir aussi A. Ferrua, APARA (R), 23, 1947-1949, p. 228. Sur Saint-Laurent, construction à la fin du règne de Constantin (?), R. Krautheimer, Corpus, 2, p. 67. Sur cette technique de fondation, Kirschbaum, p. 146 sq.

(28) *Esploraz.*, p. 151, pl. LX b et LXI a ; zone Nord, *ibid.*, p. 150. Utilisation au Sud aussi d'*opus listatum*. Pour le mur extérieur, *Esploraz.*, p. 159 : noter à 90 cm du sol un chaînage de *bipedales*. Sur la localisation des découvertes, fig. 103.

(29) G. Lugli, *La technica Edilizia romana*, Rome 1952, 1, pp. 616-620.

(30) *Esploraz.*, p. 161 sq. Sur cette datation, R. Krautheimer, *Early Christian... Architecture*, Londres, 1965, p. 34. 333, début des travaux et pour l'achèvement vers 360.

CH. PIETRI

Considérés isolément, tous ces indices ne pourraient guère appuyer une chronologie ; mais ils se complètent, appuyés parfois sur un élément de datation, pour souligner la longueur des travaux, l'évolution des techniques ; en somme, l'archéologie ne contredit pas le dossier des documents épigraphiques et liturgiques, qui faisait commencer avant 333 et achever après 354 le grand œuvre du Vatican (31).

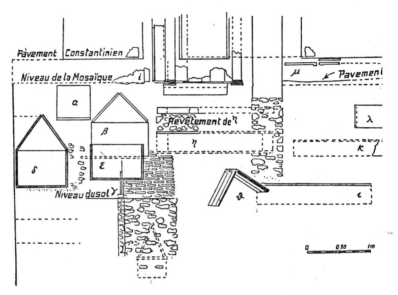

FIG. 5. — Coupe S.-N. de l'*area* P, d'après Marrou, fig. 11.279

(31) J'ai tenté de discuter, dans une étude à paraître, le témoignage des documents littéraires, liturgiques et épigraphiques qui suggèrent à J. H. Jonkees, *Studies on old St. Peters*, Groningen, 1966, p. 29, une chronologie haute.

Recherches sur les *domus ecclesiae*

I

Domus ecclesiae : la tradition érudite a spécialisé l'expression pour désigner un type particulier d'édifice utilisé pour le culte chrétien. Cette maison de l'Église (la communauté fidèle) n'est pas une église, un établissement conçu et construit pour le développement de la célébration liturgique. Les chrétiens occupent, lorsqu'ils s'assemblent dans la prière commune, la synaxe, tout ou partie d'un local privé ; peut-être l'adaptent-ils aux besoins de leurs réunions, mais les contraintes de l'édifice préexistant limitent cet aménagement, d'autant que l'utilisation chrétienne n'implique pas nécessairement une occupation permanente et définitive. Bien entendu, les communautés fidèles utilisent ces lieux de culte au temps d'une chrétienté encore mal établie ; avec la paix de l'Église (celle de Constantin, peut-être même cette petite paix[1] accordant, avant la grande persécution de Dioclétien, un demi-siècle de répit), le sentiment d'une sécurité moins provisoirement acquise, la richesse que donne l'évergétisme impérial ou privé favorisent la construction des grandes églises qui enracinent triomphalement la présence chrétienne dans le sol de la cité. Mais il est possible qu'après la paix constantinienne les missions en terres lointaines et païennes aient continué à utiliser des *domus* pendant le temps qui précédait la construction d'une église ; ou même elles ont pu faire construire des lieux de culte dont la disposition sommaire rappelait l'édifice pré-constantinien[2].

La question des *domus ecclesiae* a occupé depuis un siècle l'archéologue beaucoup plus que l'historien du christianisme. Les premières investigations dans le sous-sol des églises romaines, amorcées dès 1858 à Saint-Clément, entreprises à partir de 1887 aux Saints-Jean-et-Paul, matéria-

---

1. Comme le proposait en 1954, J. R. Laurin, *Le lieu du culte chrétien d'après les documents littéraires primitifs*, dans *Studi sulla chiesa antica e sull'umanesimo*, Anal. gregoriana 70, Rome, 1954, pp. 37-58. Voir aussi W. Rordorf, *Was wissen wir über die christliche Gottesdienstraüme der Vorkonstantinischer Zeit ?* dans *ZNTW*, 55, 1964, pp. 110-128.
2. Ainsi K. Gamber, *Domus Ecclesiae...*, Regensburg, 1968, p. 15 sq.

lisaient, semblait-il, les plus anciens lieux du culte chrétien dans la Ville. Certes L. Duchesne jugeait l'affaire avec son acuité habituelle : dans ses *Notes sur la topographie de Rome au Moyen Age*, il se contentait d'indiquer « le rapport entre (les) édifices chrétiens et les constructions antiques auxquelles ils ont succédé[3] ». Mais en 1907, Dom H. Leclercq (dont la compilation reflète commodément une opinion commune) ou encore O. Marucchi[4], dans un petit traité, s'efforçaient de lire, dans le plan des *domus* antiques, l'ébauche d'une basilique, comme s'il fallait établir nécessairement une filiation et une continuité de la *domus ecclesiae* à la basilique constantinienne. En 1918, J. P. Kirsch, historien et archéologue, réunit dans un précieux petit livre, *Die römischen Titelkirchen im Altertum*[5], les témoignages de l'archéologie et ceux des textes pour assurer que la géographie de la Rome chrétienne s'était dessinée dès le troisième siècle. Sur 25 églises titulaires connues au temps de l'empire chrétien, moins d'une dizaine s'établissent après la paix ; pour les autres la preuve explicite des découvertes archéologiques ou les présomptions suggérées par les textes indiquent une fondation plus ancienne ; le culte s'installe dans une maison privée et, au même emplacement, lui succède la basilique paléochrétienne. Cette hypothèse soigneusement organisée emporta généralement la conviction, en particulier le ralliement de A. von Harnack[6], et elle créa une véritable tradition dans la recherche, Mgr Junyent pour Saint-Clément et Sainte-Anastasie, M. Mesnard pour Saint-Chrysogone, R. Vielliard pour Saint-Martin-aux-Monts[7] vérifient sur le terrain une hypothèse dont ils ont accepté le principe ; et le dernier d'entre eux compose, dans ses *Recherches sur les origines de la Rome chrétienne*[8], un tableau de la topographie du IIIe s. qui reprend, avec une élégante conviction, l'hypothèse de J. P. Kirsch.

Les découvertes de Doura Europos (Salihiyey en Syrie) parurent confirmer le schéma proposé pour Rome : elles donnaient la preuve que des chrétiens, au IIIe s., avaient aménagé pour les réunions du culte une

---

3. Dans *MEFR*, 7, 1887, pp. 217-243 = L. DUCHESNE, *Scripta Minora*, École Française de Rome, Rome, 1973, p. 43. Voir aussi dans *Monseigneur Duchesne et son temps*, Rome, 1975, Ch. PIETRI, *Duchesne et la topographie romaine*, p. 33. En revanche, sur l'opinion de G. B. de Rossi, voir *Bulletino di Archeologia Cristiana*, 1863, 29 ; 1870, 165 sq.

4. Dom H. LECLERCQ, *Manuel d'Archéologie chrétienne depuis les origines jusqu'au VIIIe siècle*, Paris 1907, p. 353 sq. ; O. MARUCCHI, *Manuale di Archeologia Cristiana*, Rome, 1908 (2e éd.), p. 385 sq.

5. Paderborn, 1918, spéc. pp. 117-137 ; v. aussi, *I santuari domestici di martiri nei titoli romani ed altri simili santuari nelle chiese cristiane e nelle case private dei fideli*, dans *APARA* (*R*), 2, 1924, p. 27 sq.

6. Pour ne citer que cet exemple, *Mission und Ausbreitung des Christentums in den ersten drei Jahrhunderten*, Leipzig, 1924, vol. 2, p. 846 sq.

7. Monographies publiées par le *Pontificio Istituto di Archeologia Cristiana*, Studi di Antichità cristiana, 3, 9...

8. Première édition en 1941 ; rééd. Rome, 1959.

domus, voisine de la synagogue[9]. En réalité, il faut extrapoler beaucoup pour comparer cet édifice, heureusement enseveli grâce à la construction en 257 d'un rempart, avec les vestiges antiques relevés sous les *tituli* romains ; dans le détail, la publication d'une monumentale synthèse affaiblissait, une à une, les analyses établissant à Rome la continuité chrétienne de la *domus* à la basilique[10]. Mais l'hypothèse générale résiste toujours[11] : une étude récente s'efforce de tourner les difficultés en proposant de placer la *domus ecclesiae* du IIIe s. au *piano nobile*, au premier étage aujourd'hui presque toujours disparu, précisément parce qu'il a été détruit par l'église supérieure du IVe ou du Ve siècle[12].

Le cheminement de la recherche et des découvertes détermine la démarche et le propos de la présente enquête ; celle-ci place au premier rang, l'exemple romain, le seul qui pourrait suggérer l'hypothèse d'une continuité de l'établissement chrétien du IIIe au IVe siècle. Mais il suffit — comme je suggère de faire, dans un second temps — de parcourir, au-delà de Rome, l'oikoumènè chrétienne pour mesurer l'exceptionnel de la découverte obtenue à Doura Europos, ce monument paléochrétien fossilisé quelques années après sa construction. Certes, les textes signalent avant la paix constantinienne des édifices utilisés par les chrétiens pour leur culte ; ils ne donnent guère de raison pour établir quelque filiation de la *domus ecclesiae* à l'« église ». Cette autre manière d'établir une continuité, non plus topographique mais formelle, s'empêtre dans le débat érudit sur les origines de la basilique chrétienne et cette querelle intéresse beaucoup plus l'archéologue que l'historien du christianisme. Car, lorsque l'architecte édifie un nouveau type d'édifice, il procède comme l'artiste utilisant la langue d'une *koinè* artistique : Jonas peut dormir du sommeil d'Endymion, mais le sculpteur et le peintre utilisent une image commode pour

---

9. A. von Gerkan a repris la question dans *Festschrift Klauser, Mullus*, Münster, 1964 : *Zur Hauskirche von Dura-Europos*, pp. 143-149.

10. R. KRAUTHEIMER, *Corpus basilicarum christianarum Romae*, pour les tituli, quatre volumes, Cité du Vatican, 1937-1970 (éd. anglaise) ; voir aussi *Early Christian and Byzantine Architecture*, Penguin Books, Harmondsworth..., 1965, p. 6 sq. Il faut ajouter les vues remarquablement synthétiques et intelligemment prudentes de P. TESTINI, dans son *Archeologia Cristiana*, Rome, 1958, p. 559 sq. ; les remarques de G. MATTHIAE, *Le chiese di Roma dal IV al X secolo*, dans *Roma Cristiana*, coll. dirigée par C. Galassi Paluzzi, III, Rocca San Casciano, 1962, pp. 11-27 ; et enfin un rapport d'ensemble encore inédit, présenté par B. M. Apollonj-Ghetti au *IXe Congrès d'Archéologie chrétienne* de Rome en 1975.

11. Par exemple les remarques bien optimistes de H. KÄHLER, *Die frühe Kirche, Kult und Kultraum*, Berlin, 1972, p. 19 sq.

12. J. M. PETERSEN, *House churches in Rome*, dans *Vigiliae Christianae*, 23, 1969, pp. 264-272, en particulier p. 271 (Sts-Jean-et-Paul, St-Martin). L'hypothèse de M. Sordi et M. L. Cavigiolo (*Un'anticha chiesa domestica di Roma*, dans *RSCI*, 25, 1971, pp. 369-374) s'appuie sur l'épigraphie pour identifier une *domus ecclesiae* d'après la mention d'un *collegium quod est in domo Sergiae Paullinae*. Mais M. Bonfioli et S. Panciera ont écarté, sans réserves, *La Cristianità del Collegium quod est in domo Sergiae Paullinae*, dans *APARA* (R), 44, 1971-1972, pp. 187-201 et *ibidem*, 45, 1972-1973, pp. 133-138.

représenter un prophète, paradigme du salut. Les constructeurs chrétiens empruntent eux aussi un répertoire de formes monumentales, mais la *Quellenforschung* n'éclaire guère la nouveauté de cette entreprise. Bien entendu, les donations impériales, l'évergétisme aristocratique, la paix de l'Église, tout un contexte juridique et politique favorisent cette transformation décisive pour le lieu du culte. Mais pour accompagner celle-ci (et sans doute l'expliquer), il y a aussi une évolution des mentalités chrétiennes, le mouvement plus profond d'une religiosité qui accentue, sans modifier la nature essentielle de la célébration, quelques-unes de ses virtualités spirituelles. Un savant contemporain de Mgr Kirsch, Franz Wieland[13] proposait déjà d'étudier l'autel, tout ce qu'il avait pu successivement représenter dans la spiritualité, des origines chrétiennes au IVe s., pour suivre en même temps la transformation de l'édifice cultuel. Cette enquête, esquissée au début du siècle et depuis enrichie, s'inquiète moins d'établir une filiation des formes architecturales ou d'étudier les preuves d'une continuité topographique ; elle recherche surtout dans quel contexte mental et spirituel les chrétiens passent de la *domus* à la basilique. Et ainsi, l'historien peut tenter de reconnaître peut-être avec les textes, ce que représentaient dans la mentalité chrétienne, avant la construction des « églises », les *domus ecclesiae*.

I. — LES « TITULI » ROMAINS

En effet, l'archéologie n'apporte qu'un médiocre secours et tout particulièrement celle de Rome, dont Mgr Kirsch avait privilégié le témoignage. L'hypothèse du savant, on le sait, s'appuie sur trois postulats. En premier lieu, l'exégèse d'une littérature hagiographique. Les légendes de fondation illustrent pour les églises romaines l'intervention d'un généreux donateur qui donne sa maison pour la célébration du culte. Le savant compare deux listes de signatures données, en 499 puis en 595, par des prêtres indiquant l'église à laquelle les rattache le service de la liturgie[14]. Dans la première l'édifice porte un simple nom, *titulus Marcelli*, *titulus Chrysogoni* ; le prêtre exerce son ministère à l'église de Marcellus, à celle de Chrysogonus, désignée ainsi, croit-on, par le nom du fondateur. La seconde liste, en 595, nomme le *titulus sancti Marcelli*, *sancti Chrysogoni*. La titulature n'insiste plus sur l'intervention de l'évergète ; elle retient seulement la dédicace de l'édifice chrétien à un saint.

---

13. *Mensa und Confessio. Studien über den Altar der altchristlichen Liturgie*, Munich, 1906 et *Altar und Altargrab. Neue Studien über den Altar...*, Leipzig, 1912.

14. J.-P. KIRSCH, *op. cit.*, p. 8 sq. Noter cependant que la liste de 499 est moins cohérente qu'il n'y paraît : car elle qualifie des titulaires, de saints, *t. sancti Matthaei*, *sanctae Sabinae*, et elle omet l'épithète pour des dédicataires, qui sont sûrement honorés du titre de saints : *titulus Apostolorum*. On notera d'autre part que, dès le début du VIe s. quelques années après 499, les prêtres de Chrysogone se déclarent du *titulus sancti Chrysogoni*, *v. infra* ; en 595, il n'y a pas d'exception à la procédure de sanctification.

On mesure l'intelligence d'une analyse qui sut utiliser toute une littérature hagiographique, sans s'occuper de l'anecdote pieuse, pour y relever un témoignage illustrant l'efficacité et aussi la popularité d'un évergétisme chrétien. Bien entendu, en se conformant à la religiosité du temps, qu'évoque l'évolution des listes de signatures de 499 à 595, l'hagiographe s'inquiète de justifier le titre de saint, dont il honore le fondateur ; celui-ci devient un martyr, victime des persécuteurs au IIIe s. (et même plus tôt). Est-ce une raison pour accepter la chronologie que suggèrent ces textes tardifs[15] ? Mgr Kirsch s'y décide en se référant à un autre postulat. Dans les listes déjà citées et, en tout cas, dès la fin du IVe s., l'usage romain donne à la plupart des églises urbaines le nom de *titulus*[16]. Cet emploi s'expliquerait si le mot avait été utilisé primitivement dans le contexte juridique de la propriété ecclésiastique, avant l'époque constantinienne, en un temps où le *corpus christianorum* ne peut être titulaire, au regard de la loi civile, de ses propres édifices. L'Église afficherait donc, au sens matériel du terme, sur la maison qui lui a été donnée pour le culte, le titre de l'ancien propriétaire, *titulus Chrysogoni*. Le *titulus*, une simple plaque de propriété[17] ? Mais dans la langue du droit contemporain, le mot évoque la réalité beaucoup plus complexe des fondations, des testaments ; il explicite les titres d'un privilège, l'acte juridique qui établit la légitimité d'une donation. A notre connaissance, la chrétienté romaine n'utilise pas le mot au IIIe s. : quelle efficacité aurait pu avoir l'affichage imaginé par Kirsch ? Mais au IVe s., les circonstances ont changé : c'est le temps où l'Église peut devenir propriétaire suivant des procédures pragmatiques qui tournent les difficultés du droit romain, réservant généralement l'appropriation à une personne physique ; alors le *corpus christianorum* doit (comme l'y contraint la loi civile avec des exigences de plus en plus précises) fixer, d'un titre de recensement exact, la légitimité des droits que lui vaut chaque donation.

Mgr Kirsch glisse rapidement sur l'analyse du *titulus* parce que toute sa démonstration court vers un postulat archéologique : les vestiges découverts dans le sous-sol des églises titulaires illustrent matériellement ces premiers locaux du culte chrétien. Une précaution de principe aurait pu l'arrêter plus longuement : avec la densité des constructions urbaines dans la Rome antique, une église du IVe s. s'établit nécessairement sur un édifice qu'il détruit et qu'il remplace. N'importe, puisqu'il y a *domus*,

---

15. KIRSCH, *op. cit.*, pp. 148-173 ; v. aussi F. LANZONI, *RAC*, 2, 1923, p. 195.

16. A l'exception des basiliques pontificales et des oratoires ; sur ce dossier et aussi une critique de Kirsch, v. Ch. PIETRI, *Roma Christiana...*, *BEFAR*, 224, Rome, 1976, p. 93 sq. et p. 558 sq.

17. Kirsch ne s'est guère occupé de préciser le sens du mot dans le vocabulaire juridique : il renvoie à Augustin (*op. cit.*, p. 3) et, pour une référence, au Code Théodosien (2, 14, 1). Il ne s'occupe guère non plus d'élucider les problèmes complexes de la propriété ecclésiastique avant le IVe s. : cf. G. BOVINI, *La proprietà ecclesiastica e la condizione giuridica delle chiesa in età precostantiniana*, Milan, 1940, p. 35 sq. ; pour le détail de l'analyse ici résumée, voir Ch. PIETRI, *loc. cit.*

ce sont des *domus ecclesiae*. Sur les 25 titres attestés par les textes romains, Kirsch écarte de son enquête les sept édifices dont quelque témoin sûr — par exemple le *Liber Pontificalis* — place la fondation au ${IV}^e$ s. ou au début du ${V}^e$ s. Dans huit cas sur les dix-huit qui restent, la documentation archéologique permettrait de reconnaître un aménagement culturel préconstantinien dans une maison privée. Et le savant n'écarte pas pour les autres *tituli* des découvertes semblables : en tout cas, on peut leur prêter une origine ancienne puisque le *Liber Pontificalis*, bien informé pour le ${IV}^e$ et le ${V}^e$ s., ne leur attribue pas la date d'une fondation tardive, postérieure à Constantin (mais que vaut l'argument du silence[18] ?).

On le voit, toutes ces conclusions reposent sur une hypothèse de l'analyse archéologique : c'est donc sur ce terrain qu'il faut le mesurer à l'aune des recherches récentes. Un tableau permet de délimiter commodément l'enquête, en retenant les exemples pour lesquels Kirsch invoque le témoignage de l'archéologie, puis dans une seconde colonne les précisions qu'apportent ses élèves ou d'autres chercheurs. Enfin, on mesure avec la liste de R. Vielliard toute l'inflation de l'hypothèse[19] :

J. P. KIRSCH 1918	1918-1941	R. VIELLIARD 1959 (2e éd.)
St-Ste... ? ? 1899 : Cécile	Junyent (*RAC* 1930) ? —	St-Ste... Anastasie Balbine Cécile
1897 ; Chrysogone	Mesnard 1935	Chrysogone
1858 ; Clément 1887 ; Jean-et-Paul ? 1892 ; Martin-aux-M. ? ? 1867 ; Pudentienne 1914 ; Sabine Suzanne	Junyent 1932 Junyent ${IV}^e$? — ${IV}^e$? Vielliard 1934	Clément *Cyriaque* Jean-et-Paul *Laurent-in-L.* *Marcel* *Marie du T.* Martin-aux-M. *Nérée-et-Ach.* *Pierre-et-M.* *Praxède* *Prisca* Pudentienne *Quatre-saints-C.* Sabine *Sixte* Suzanne

18. Sur cette analyse, Kirsch, pp. 118-138. En réalité, le silence de la chronique pontificale, composée au ${VI}^e$ s., ne vaut pas preuve : elle ne mentionne pas toutes les interventions édilitaires.

19. Les dates dans la première colonne signalent l'époque des premières investigations archéologiques sur lesquelles s'appuie le savant ; un point d'interrogation

Qu'il suffise de dresser maintenant un bilan rapide : dans la plupart des cas, les analyses contemporaines s'accordent pour écarter finalement l'hypothèse de Mgr Kirsch ; les vestiges ne donnent aucune preuve pour l'existence d'une *domus ecclesiae* antérieure à l'édifice titulaire. Je crois pouvoir étendre ces conclusions à la totalité des édifices cités, soit en rappelant sommairement des remarques proposées dans une enquête récente[20], soit en ajoutant (autant qu'il est nécessaire) quelques compléments.

1. Le *titulus Anastasiae* est attesté pour la première fois à l'époque de Damase d'après une inscription du Vᵉ s. mentionnant l'intervention de ce pape (366-384). A cette époque remonte aussi le premier établissement chrétien, situé au-dessus d'un habitat romain, encore réaménagé au IIIᵉ s. La construction d'un escalier monumental conduisant au premier étage ne suffit pas à prouver une occupation chrétienne ni l'existence d'une *domus ecclesiae*[21].

2. Le *titulus sanctae Balbinae* est sûrement attesté en 595, peut-être dès 499, s'il faut l'identifier au *titulus Tigridae*. L'église occupe, mais à un niveau beaucoup plus élevé (plus de 4 m), l'emplacement de la *domus* de Fab. Cilo, préfet urbain en 203. Les chrétiens s'établissent dans une *aula*, pourvue d'une abside et de niches latérales, construite au IVᵉ s. après la destruction des structures plus anciennes. Il n'y a aucune preuve que cet édifice à nef unique ait été construit pour le culte chrétien, qui n'utilise guère, dans la Rome du IVᵉ s., ce type de monument. Au contraire, celui-ci rappelle les basiliques païennes, les *scholae* privées, comme celle qu'édifie avant 359 (?) le préfet Bassus et qui devient une église dans la seconde moitié du Vᵉ s. seulement (S. Andrea in Catabarbara). C'est pour Ste-Balbine l'évolution la plus probable, jalonnée par une attestation chrétienne très tardive (499 sinon 595)[22].

3. Le *titulus Caeciliae* (Ste-Cécile) est sûrement attestée en 499[23].

---

signale de sa part une hésitation favorable ; en italiques dans la troisième colonne, les *tituli*, pour lesquels l'enquête ne peut invoquer de témoins archéologiques antérieurs au IVᵉ s. ; dans le cas de Laurent et de Marcel, R. Krautheimer (*Corpus*, 2, p. 185, p. 217) n'exclut pas, à titre d'hypothèse, l'existence de *domus ecclesiae* ; mais celles-ci appartiendraient à une plus basse époque, au IVᵉ s. Ce qui les exclut de la présente enquête.

20. Sur les églises de la *Roma Christiana* de 313 à 440, *op. cit.*

21. G. B. de Rossi, *Inscriptiones Christianae Urbis Rome* (= *ICUR*), Rome, 1888, p. 24, 25 ; R. Krautheimer, *Corpus*, 1, pp. 43-64 ; Ch. Pietri, *Roma Christiana*, p. 462 sq. (bibliographie).

22. J'ai écarté de mon enquête (citée) un édifice dont aucun élément ni aucun témoignage explicite ne démontre l'utilisation chrétienne au mieux avant la seconde moitié du Vᵉ s. Voir R. Krautheimer, *Corpus*, 1, pp. 84-93 et de même Matthiae, *Chiese*, p. 57 ; E. Nash, *Pictorial dictionary of Ancient Rome*, Londres, 1968, p. 352.

23. Il ne faut pas, je crois, surestimer le témoignage du martyrologe hiéronymien plaçant au 17 novembre l'anniversaire d'un Caecilius dans le Transtévère (cf. *Roma Chr.*, p. 501) ni reconstituer, comme le propose Kirsch, une inscription de 461 pour l'attribuer à un prêtre du *tit. sanctae Caeciliae*.

L'église édifiée au IXe s. surmonte les vestiges complexes de plusieurs *domus* réunies par un aménagement du IVe s. (?). Il n'y a aucune raison d'attribuer à tout ou partie de cet ensemble un usage liturgique, d'autant qu'il intègre (au moins pour un temps) une pièce pourvue de vasques destinées au tannage ; dans l'état actuel des recherches, il ne reste aucune trace d'édifice paléochrétien ; celui-ci était, au IXe s., dans un état si lamentable (*quassata moenia et iam a fundamentis ruitura*, assure la chronique pontificale) que Pascal I construisit une nouvelle église[24].

4. *Titulus Chrysogoni : v. infra (p. 12).*

5. Les premiers témoignages explicites sur le *titulus Clementis* remontent à la fin du IVe s., sans doute dès le pontificat de Damase (366-384). On a sûrement reconnu, au-dessous de l'actuelle église, le premier édifice basilical établi au premier étage d'une *insula*, alors que son abside empiète sur une petite ruelle et sur un autre bâtiment comprenant, à un niveau inférieur, un mithrée. Je ne relève pas dans l'édifice, occupé au IVe s. par les nefs de la basilique, les vestiges d'une *domus ecclesiae* ; et moins encore, s'il faut (comme le suggère une analyse récente) mettre en relation dès le IIIe s. l'*insula* avec le bâtiment du mithrée[25].

---

24. Analyse de R. KRAUTHEIMER, *Corpus*, I, pp. 95-112. NASH, p. 349 (et F. COARELLI, *Guida archeologica di Roma*, éd. Mondadori, 1974, p. 316, ainsi que D. GIORGETTI dans *XXIV Corso di Cultura sull'arte Ravennate...*, Ravenna, 1977, p. 236) identifierait la tannerie avec les *Coraria Septimania*, établis, d'après les Régionnaires du Bas-Empire, dans la XIVe Région ; voir aussi G. MATTHIAE, *S. Cecilia*, Le chiese di Roma ill. 113, Rome, 1970, p. 18. R. Krautheimer, dont l'analyse, toujours précieuse, a été gênée par l'aménagement d'une horrible crypte par le Cardinal Rampolla, pulvérise l'hypothèse de Crostarosa, reconstituant une basilique paléochrétienne ; il n'exclut pas totalement la possibilité d'une occupation chrétienne à la fin du IVe s. Ste-Cécile aurait constitué, jusqu'au IXe s., une église domestique ; c'est-à-dire une maison utilisée pour la liturgie, au moment où (vers la fin du IVe s.) on procède à un dernier réaménagement (p. 104). Mais il n'y a pas de preuves pour cette hypothèse. G. Matthiae (p. 20) remarque que, dans la vie du pape Vigile, le *Liber Pontificalis* parle d'une *ecclesia S.C.* et non d'une *basilica*, comme le voudrait la terminologie habituelle pour désigner des « églises ». Mais la même chronique utilise parfois (à la même époque) *ecclesia* pour des basiliques dont l'existence est incontestable (*ecclesia Petri*, p. 315).

25. Pour la bibliographie, Ch. PIETRI, *Roma Christiana*, p. 471 sq. : pour l'existence d'une *domus ecclesiae* au IIIe s., on invoque habituellement l'établissement au premier étage de l'*insula*, d'une pièce sans aucune séparation intérieure. L'analyse de M. Cecchelli-Trinci (*Osservazioni sulla basilica inferiore di S. Clemente*, dans *RAC*, 50, 1974, pp. 93-120), à laquelle je n'avais pu faire, dans mon livre, qu'une rapide allusion, apporte de précieuses remarques. 1°) Elle relève (pp. 99-101) les traces de subdivisions intérieures établies au IIe s. (?) pour le premier étage de l'*insula*, comme je le suggérais, avec d'autres raisons (p. 472, note 3). 2°) Elle signale quelques signes (p. 150 sq.), attestant une communication de l'*insula* avec la maison du mithrée : cela dès le IIIe s. ; ce qui exclut totalement la vraisemblance d'une occupation chrétienne à la même époque. 3°) Enfin, elle remarque, comme je le suggérais, que le premier étage de l'*insula* « non da affatto l'impressione di essere stata creata come abitazione » ; ce qui rend moins vraisemblable l'hypothèse de Kirsch. Noter les remarques prudentes de F. Coarelli, p. 197. M. Cecchelli-Trinci maintient malgré tout l'hypothèse d'un « vasto ambiente (créé après le IIe s.) creato con scopi liturgici, fin d'all' inizio con spartizioni in senso longitudinale » ; elle

6. Pour le *titre de Byzans et de Pammachius* (Saints-Jean-et-Paul) nous ne disposons pas d'attestation sûrement datée avant l'intervention de Pammachius (mort en 410). La présence chrétienne est attestée dans le complexe d'habitations situées sous la basilique du Ve s. Mais un seul élément donne le témoignage d'une organisation liturgique : une confession, située sur un plan intermédiaire entre l'église et le rez-de-chaussée d'une *domus* tardive ; cet aménagement me paraît contemporain de la basilique[26].

7. Le *Liber Pontificalis* fixe sous le pontificat de Silvestre (314-334) la fondation du *titulus Silvestri* et celle du *titulus Equitii* (c'est-à-dire, semble-t-il, à Saint-Martin-aux-Monts) ; malgré les hypothèses ingénieuses de Vielliard, qui ne se souciait pas de contredire le témoignage de la chronique pontificale en proposant un établissement antérieur à Constantin, les structures romaines identifées sous l'église médiévale correspondent à une sorte de bazar, non à une *domus ecclesiae*[27].

8. On sait que le *titulus Pudentis*[28] (Ste-Pudentienne) mentionné pour la première fois par une inscription de 384, s'établit en adaptant, tant bien que mal, une salle thermale pour en faire, à la fin du IVe s., une basilique chrétienne.

9. Une dédicace composée sous le pontificat de Célestin (422-440) date le *titulus Sabinae*. En tout cas, les structures inférieures, qui pourraient appartenir à un premier édifice chrétien situé sous la basilique, remontent seulement au IVe s. Leur interprétation est très douteuse[29].

10. Quant au *titulus Gai* (Sainte-Suzanne), il est peut-être mentionné au début du Ve s., puisque le martyrologe hiéronymien signale la célébration de la sainte éponyme *ad duas domos, iuxta ⟨diocletianas⟩ thermas* (?). Les chrétiens occupent sans doute tardivement une *aula* qui n'avait pas été édifiée pour leur culte. C'est dire qu'il n'y a aucune chance qu'ils

---

relève en effet que les bases des colonnes de l'église s'établissent au-dessous du niveau de l'édifice du IIIe s., constituant l'étage de l'*insula*. Le pavement du IVe s. aurait été inférieur à celui du IIIe s., « e questo se non si suppone... che la suddivisione dell'aula mediante colonne non sia stata eseguita proprio nel vasto ambiente che appunto nel III sec. si venne sostituire a quello del II. »

En réalité, tout l'aménagement intérieur de la basilique correspond, comme l'a montré F. W. Deichmann à une reprise tardive (cf. Ch. Pietri, *op. cit.*, p. 473) ; et il est bien difficile d'identifier sûrement le niveau du IVe s., d'après les bases des colonnes ; et même, je ne vois pas comment le fait que les bases de colonnes sont à un niveau inférieur de 20-25 cm (M. Cecchelli, p. 118, note 36) par rapport au pavement du IIIe s. (bien mal connu !) implique que la subdivision de l'*aula* par des colonnes est contemporaine du IIIe s.

26. *Roma Christiana*, p. 481 sq., pour la bibliographie et l'hypothèse ici résumée.

27. Sur ce point, l'accord est fait : voir après l'analyse de J. B. Ward-Perkins, R. KRAUTHEIMER, *Corpus*, 3, pp. 87-124 ; *Roma Christiana*, p. 17.

28. R. KRAUTHEIMER, *Corpus*, 3, pp. 279-302. La légende de fondation remonte ambitieusement jusqu'au IIe s.

29. *Roma Christiana*, p. 504 sq.

aient établi dans l'habitat romain sous-jacent une *domus ecclesiae* ;
au demeurant, aucun indice n'y signale leur présence[30].

II. Saint-Chrysogone au « Trastevere »

Le cas du *titulus Chrysogoni* fait beaucoup plus difficulté, car on n'y a
pas encore, à ma connaissance, sérieusement contesté l'existence d'une
domus ecclesiae[31], antérieure à la paix de l'Église et naturellement à la
basilique. Et pourtant le monument paléochrétien est depuis longtemps
connu ; son exploration active commence en 1907, après que la découverte
d'un chapiteau sous le pavement de l'actuelle église et d'un sarcophage
sous la *parochietta* aient éveillé l'attention. Des pères trinitains, desservants de St-Chrysogone, avaient remarqué, dans une cave de leur sacristie,
un mur circulaire, dont ils ne comprenaient pas bien la signification[32] :
c'est à partir de là, que O. Marrucchi conduisit la première campagne,
dégageant l'abside, ses annexes et le presbyterium. Une deuxième campagne en 1914 reconnaissait partiellement la zone méridionale de l'édifice
et près de dix ans plus tard, G. Mancini explorait plus complètement la
partie septentrionale ; il publiait le premier rapport un peu rigoureux,
en attribuant au IVe s. l'aménagement basilical, qu'il distinguait d'un
titulus primitif. Depuis, de minutieuses analyses — la monographie
de M. Mesnard, la notice de R. Krautheimer dans son *corpus*, un petit livre
de B. Apollonj-Ghetti — ont parfait notre connaissance des structures
découvertes ; mais les fouilles n'ont plus substantiellement progressé,
à l'exception peut-être de la zone du portique ; en tout cas, la partie
centrale de l'édifice basilical reste inaccessible.

L'identification de cet édifice ne fait pas difficulté : nous disposons
d'un dossier de textes sûrs, bien que tardifs. Le premier remonte à 499 :
trois prêtres, qui se déclarent du *titulus Chrysogoni*, signent les actes
d'un concile[33]. Deux inscriptions datées (521-522), découvertes à St-
Pancrace complètent cette première attestation, en mentionnant les
presbyteri tituli sancti Chrysogoni, qui vendent un emplacement funéraire
dans la basilique cémétériale[34]. C'est dès lors la dénomination utilisée

---

30. R. Krautheimer, *Corpus*, 3, pp. 254-278 et pour la bibliographie complémentaire, *Roma Christiana*, p. 498 sq.

31. Pour cette hypothèse, G. Mancini, *Gli scavi sotto la basilica di Crisogono*,
dans *APARA* (R), 2, 1923-1924, pp. 137-159. Dans les *Studi di Ant. Cristiana*, 9,
la monographie de M. Mesnard, *La basilique de St. Chrysogone à Rome*, Cité du V.,
1935 ; R. Krautheimer, *Corpus*, 1, pp. 144-164 ; enfin, B. Apollonj-Ghetti,
S. Crisogono, dans *Le chiese illustrate di Roma*, 1966, p. 7 ne discute pas de cette
hypothèse.

32. Pour l'histoire des fouilles et leur bibliographie, voir Mesnard, p. 9 sq.

33. *Monumenta Germaniae Historiae, Auct. Ant.*, 12, p. 411. Sur l'interprétation
des variantes, Mesnard, p. 42 note 1.

34. *ICUR*, NS, 1, 4279 (521, complété en 525) et 4280 (522) ; 4312 : *titulus beati
martyris Crisogoni*, de la même époque selon toute vraisemblance ; de même, 4414
(*sanctus*) et peut-être 4367.

pour l'église transtibérine, celle que porte en 595, un prêtre présent au concile, *presbyter tituli sancti Chrysogoni*[35]. En revanche, l'inscription votive de Fl. Tertullus, signalée au XVIIe s. par Doni, ne fournit aucun secours ; elle a été retrouvée dans le jardin de la basilique médiévale ; on ne saurait dire si elle avait quelque rapport avec l'édifice paléochrétien enterré à près de six mètres au-dessous[36]. Ce n'est pas le cas sans doute d'une inscription relevée au IXe s. par le compilateur d'une sylloge, *in throno S(an)c(t)i Chrysogoni* :

> *Sedes celsa dei praefert insignia Christi,*
> *Quod Patris et Filii creditur unus honor*[37].

Mais ce distique, destiné à l'abside, ne permet guère de fixer une chronologie. O. Marucchi croyait qu'il commentait l'image d'une *étoimasis* — une croix triomphale sur le trône —, composée au milieu du IVe s. pour répliquer à l'hérésie arienne, en célébrant l'égalité du Père et du Fils. En réalité, les artistes chrétiens n'utilisent guère ce motif avant le Ve s., ou même le VIe s.[38]. En un mot, cette inscription, relevée à l'époque carolingienne, ne peut contredire le dossier des attestations sûrement établies, à partir de 499[39].

---

35. *MGH, Epist.*, I, p. 367.

36. *Fl(avius) Tertullus de arte sua aeclesia donum posuit.* L'inscription découverte *in horto basilicae s. Chrysogoni in parva basi rotunda*, selon G. B. Doni (1593-1647), ou *in hortis s. C. in basi statuae ad colliculorum effigiem extructa* selon Rycquius, a été publiée par G. B. de Rossi, *BAC*, 1887, p. 146 (= Diehl 661), qui propose de la dater du IVe-Ve s., d'après le contre-épel. On a tenté de rattacher la dédicace votive à une statue du bon Pasteur trouvée en 1887 à la *porta Ostiensis*. On sait, pour donner un exemple sur la mobilité des pierres, que l'on a retrouvé dans la basilique inférieure, une table des Arvales, du milieu du IIIe s. (*NSA*, 1914, p. 464).

37. De Rossi, *ICUR*, 2, n° 27, p. 152 ; Mesnard, p. 60 note 1, discute la localisation, en remarquant le désordre du recueil *Laureshamensis* I, daté du IXe s. (821-846) par l'éditeur ; F. van der Meer, *Majestas Domini...*, Rome, 1938, p. 233. Le lemme, contrairement à ce que suppose B. Apollonj-Ghetti, p. 62, ne permet pas de dater le distique. La localisation se réfère vraisemblablement à l'abside.

38. On ne peut, faute de connaître l'image, poursuivre plus loin dans l'hypothèse, pour rattacher la représentation de l'*étoimasis* de St-Chrysogone à quelque variété iconographique, particulière et plus commode à dater. A Rome, le motif apparaît pour la première fois, avec les deux apôtres, à Ste-Marie Majeure : cf. P. Testini, *Il sarcofago del Tuscolo...*, dans *RAC*, 52, 1976, pp. 65-108, avec la bibliographie, v. p. 84. H. Brandenburg, dans *Röm. Mitt.*, 79, 1972, pp. 123-154, étudie un relief du début du Ve s. qu'il considère comme le plus ancien exemple. V. Quarles van Ufford (*Bull. Antike Beschaving*, 46, 1971, p. 107 sq. insiste sur la référence à *Matthieu*, 24, 30 et P. Franke, dans *BZ*, 65, 1972, pp. 374-378, précise l'atmosphère eschatologique de la représentation. D'autre part, ce thème n'apparaît pas pour la décoration des églises, en Occident avant le milieu du Ve s. (Ste-Marie-Majeure, arc triomphal), puisque, comme Franke le montre (contre Ihm et J. Engemann, dans *Jb. A. Chr.*, 17, 1974, p. 21 sq.), la mosaïque perdue de Fondi ne représente pas une *étoimasis*.

39. Pour les témoignages postérieurs au VIe s., voir Mesnard, Krautheimer, *Corpus*, p. 144.

La dédicace à Saint-Chrysogone permet-elle de se reporter à une chronologie plus ancienne ? J. P. Kirsch et, après lui, M. Mesnard attachent beaucoup d'importance à l'évolution de la titulature : en 499, elle nomme simplement *Chrysogonus* qui devient, dès 521, *sanctus Chrysogonus*. Dans le premier cas, le titre évoque un fondateur ; dans le second, le saint d'Aquilée ; et l'introduction de ce culte, devenu célèbre (ajoute-t-on parfois) grâce à la piété romaine, efface tout souvenir d'un donateur, dont l'homonymie a permis la pieuse confusion[40]. Mais l'existence de ce *conditor* oublié, le premier *Chrysogonus* relève d'une simple conjecture échafaudée par Kirsch pour les besoins de son hypothèse. En effet, le martyrologe hiéronymien mentionne du 24 novembre le *natale Chrysogoni* à Rome, dans la recension que le dernier éditeur juge la plus ancienne[41]. A plusieurs reprises, revient, dans le même texte, Chrysogone, associé à des saints d'Aquilée, au 31 mai, au 15 juin[42]. Mais surtout, dans une recension, jugée plus récente, un rédacteur précise pour le 24 novembre : *In Aquileia ciuitate sancti Crisogoni*. Emprunte-t-il à un calendrier local[43], qui a déjà fourni quelques précisions sur le sanctoral de la ville italienne ou (comme le croit l'éditeur) corrige-t-il de son propre mouvement ? N'importe, cette retouche glose en quelque sorte la première notice — dont il est impossible de préciser la source — en indiquant que Rome fête un martyr d'Italie. Au début du VIᵉ s., le calendrier de Carthage donne la même interprétation en plaçant au 24 novembre la fête d'un martyr (le saint d'Aquilée) et non l'anniversaire d'un *conditor* romain[44].

Au reste la *passio Chrysogoni* ne s'inquiète pas d'attribuer au saint la fondation d'un titre ; l'hagiographe, sûrement lié à la Ville, s'occupe plutôt

---

40. J. P. KIRSCH, *op. cit.*, p. 111 ; F. LANZONI, dans *RAC*, 3, 1925, p. 213 ; H. DELEHAYE, *Les origines du culte des martyrs*, Bruxelles, 1933, p. 297 ; MESNARD, *St Chrysogone*, p. 44 ; et plus récemment, D. H. HOPE, *The leonine sacramentary...*, Londres, 1975, p. 26.

41. H. DELEHAYE, dans *Acta Sanctorum*, Nov., 2, 2, Bruxelles, 1931, p. 618. *Epternacensis* (I) : *VIII Kal. Dec. Romae natale Crisogoni*. On ne peut rien déduire de l'absence de *sanctus*. Cf. édition De Rossi-Duchesne, p. 146.

42. Pour le 31 mai, édit. Delehaye, p. 284, où Chrysogone serait associé aux trois Cantiani, célèbres à Aquilée ; *id.*, p. 319, avec les Cantiani et Protus, dont ce serait l'anniversaire. Au 17 février (*ibid.*, p. 102), la notice *Aquileia Criscentiani* se rapporte peut-être à *Crisogoni* et on pourrait imaginer une confusion, comme le Martyrologe hiéronymien n'en est pas exempt, entre *XIII Kal. Mart* et *VIII Kal. Dec.* Les autres mentions, le 14 juin (p. 318), 22 ou 23 novembre se rapportent aux anniversaires voisins qu'ils anticipent ; mais pour le 17 février, si ce n'est pas un doublet ? En tous ces cas, les deux recensions s'accordent.

43. Comme le croit J. P. KIRSCH, *Der stadtrömische Festkalender*, Münster, 1927, p. 182. Pour Delehaye : *librarii arbitratu suo addiderunt* ; ce qui prouve selon Mesnard, p. 35, qu'il s'agit bien, dans la première recension, du saint d'Aquilée, célébré à Rome.

44. *VIII Kal. Dec. sancti Chtisogoni martyris* (voir *Acta Sanct.*, Nov., 2, 1, p. LXXI). On sait que le calendrier africain n'a pas bénéficié d'une édition définitive : il ne mentionne pas l'évêque Boniface (vers 523-535) mais seulement son prédécesseur Eugène, mort exilé en Gaule vers 506. La partie essentielle du document, qui ne mentionne pas, semble-t-il, les martyrs de la persécution vandale remonte à 476.

d'échafauder un roman qui explique comment un martyr d'Aquilée, enseveli près de cette cité, peut se rattacher à Rome. Chrysogone vit pieusement dans la capitale, mais il n'a pas établi de culte en sa *domus* ni fondé de *titulus* ; Dioclétien le fait conduire en Italie du Nord pour lui infliger les souffrances du martyre. Une telle légende expliquerait (assure-t-on habituellement) comment la piété confond l'obscur fondateur du titre avec le saint italien ; mais elle pourrait tout aussi bien justifier la dédicace d'un nouveau *titulus* à un martyr d'Aquilée, devenu grâce à cette merveilleuse élaboration plus proche de la communauté qui lui rend hommage[45]. Car les témoignages de la dévotion romaine ne manquent pas pour le saint d'Aquilée. Les prières du *Sacramentarium veronense* (le « Léonien ») pour le *natale sanctorum Chrysogoni et Gregori* appellent à la vénération des martyrs, *in martyrum veneratione... Exultamus multiplicata festivitate sanctorum...* Comme s'il s'agissait d'introduire à Rome des célébrations nouvelles[46]. Bien entendu, il y a beaucoup d'hypothèses à dater ces textes de la fin du Ve s., en identifiant le Gregorius, associé à l'Italien, avec un martyr des Vandales importé d'Afrique ; en tout cas, le formulaire liturgique donne un témoignage sans ambiguïté sur le prestige de Chrysogone le martyr.

La romanesque passion accompagnait le saint et elle lui avait fait du tort dans l'esprit des doctes. Certes, ils savaient que Chrysogone avait reçu au moins, dès la fin du Ve s., l'hommage de Ravenne, celui de Milan aussi. Mais P. Paschini n'avait guère convaincu lorsque, au début de ce siècle, il tentait de faire passer le saint pour un évêque d'Aquilée, d'après le témoignage incertain d'une liste épiscopale[47]. Depuis peu, la publication des sermons de Chromace, pasteur de la ville de 388 à 407, les découvertes dans un *vicus* voisin, à San Canzian d'Isonzo, d'un important centre cémétérial, tout atteste la vitalité du culte martyrial dans l'Aquilée du IVe et du Ve. M. Mirabella Roberti a identifié la basilique martyriale des Cantiani mais aussi une petite *memoria* du IVe s., destinée sûrement à

---

45. Sur la *passio* : H. Delehaye, *Étude sur le légendier romain*, Subs. hagiographica 36, Bruxelles, 1936, pp. 221-226 (BHL 1975), et l'analyse, p. 151 sq. Mesnard, contrairement à P. Paschini, suppose que les passions des Cantiani (BHL 1547 et 1549) dérivent de la légende romaine (p. 38). F. Lanzoni (*Le diocesi d'Italia...*, *Studi e Testi 35*, Faenza, 1927, 2, p. 869-871) place au milieu du Ve s. une élaboration destinée, dit-il, à glorifier le titre de Chrysogone et celui d'Anastasie, pieuse disciple du saint. Mais Chrysogone réside chez un vicaire, à Rome, un certain Rufus, alors qu'Anastasie subit chez elle les tourments que lui inflige un vilain mari.

46. *Sacramentarium Veronense*, éd. L. C. Mohlberg, Rome, 1966, XXXVIII, 1214-1218, pp. 154-155. Pour une datation, M. Rule, dans *JThS*, 10, 1908-1909, pp. 91-92, qui propose le pontificat de Simplicius (472-473) ; E. Bourque, *Étude sur les sacramentaires romains*, I. *Les textes primitifs*, Rome, 1948, p. 112, pense à la fin du Ve s., à cause de Gregorius, un Africain d'après une inscription d'Aubuzza (CIL, 8, 16396 = D. 2092). Hope, *op. cit.*, p. 33 et p. 38. Tous les commentateurs ont noté qu'il n'y a aucune trace d'un culte pour un Chrysogonus romain.

47. Sur le culte, H. Delehaye, *Les Origines*, p. 331 ; Lanzoni, *Diocesi*, p. 869 et sur P. Paschini, *ibid.*, p. 870.

Protus et très vraisemblablement à Chrysogone[48]. En somme, Rome
n'a pas déniché un saint obscur, qui puisse donner quelque dignité à un
homonyme fondateur d'église : elle reçoit un saint célébré chez lui dès le
IVe s.. Et il n'est pas invraisemblable que la chrétienté urbaine l'ait
accueilli pour la dédicace d'un *titulus* ; ceux-ci ne portaient pas toujours le
nom d'un *conditor* (T. *Fasciolae*). ; dans la liste de 499, ils recevaient le
patronage de saints qui n'avaient pas été des fondateurs, celui des apôtres,
de Clément, de Laurent que le notaire mentionnait sans leur donner
le titre de *sanctus* (*Titulus Apostolorum*, *Clementis*) ; de manière générale,
la liste de 499 fait l'économie de l'épithète, alors qu'elle aurait pu le donner
aussi à ces papes *conditores* d'un titre, Jules, Damase dont le calendrier
ecclésiastique honorait au Ve s. la mémoire comme des *sancti*. Enfin
c'était le temps où la Ville accueillait le culte de glorieux étrangers,
Étienne sur le Caelius, André sur l'Esquilin, au VIe s., des martyrs d'Illyrie
ou de Pannonie. Autrement dit, l'hypothèse de Kirsch ne s'impose pas
pour un édifice attesté seulement à la fin du Ve s.

L'analyse du monument ne contredit pas cette datation tardive :
en effet, les fouilles ont reconnu à 5,06 m au-dessous du niveau de l'actuelle
église[49], une *aula*, longue de 35,35 m, d'une largeur irrégulière (de 19,65 m
à l'ouest à 17, 25 à l'est, où s'établit sur 7,25 m de large un narthex).
A l'ouest, l'édifice s'achève par une abside (10 m d'ouverture et 7,40 m
de profondeur) flanquée à droite par une annexe aux fonctions mal
définies et au sud par une pièce pourvue d'une vasque, vraisemblablement
destinée à l'usage baptismal[50]. A l'origine, le *presbyterium* établi dans
l'abside (où se développe par la suite le système complexe d'une confession) domine d'un faible surélèvement (0,46 m) la nef[51]. Pour celle-ci,
on ne connaît, dans un premier temps, aucune trace sûre d'aménagement

---

48. M. MIRABELLA ROBERTI, *La memoria di San Proto a S. Canzian d'Isonzo* ;
dans *Aquileia Nostra*, 31, 1960, pp. 85-94 ; *ibid.*, 38, 1967, p. 72 ; *Aquileia Nostra*,
46, 1972, p. 642 sq. Une inscription, sûrement antique, dédiée à Protus complète
le témoignage de deux sarcophages connus depuis longtemps à San Canzian, portant
dédicace à Protus et à Chrysogone (*Beatissimo martyri Chrisogono*, CIL, 5, 1224) ;
mais ces deux témoignages paraissaient de date récente ; M. Mirabella Roberti, dans
les *Actes* du VIIIe Congrès Int. SA. Chrét., *Studi di Ant. Cristiana*, 27, p. 630. Je
regrette de n'avoir pu atteindre encore l'étude S. Tavano, dans *Studi Goriziani*,
31, 1960, pp. 151-164. En dernier lieu, M. P. BILLANOVITCH, dans *RSCI*, 29, 1976,
p. 14.

49. Les deux édifices ne se superposent pas ; le premier se trouve plus au sud
(voir Mesnard, fig. 4) et le mur de fondation méridional de l'église médiévale traverse
(MG'E) l'*aula* dans sa partie septentrionale : cf. FIG. I, *infra* p. 18.

50. Pour la description, KRAUTHEIMER, *Corpus*, p. 147-153 ; il faut se reporter, pour le baptistère et pour une nouvelle analyse de la confession, à APOLLONJ-
GHETTI, *op. cit.*, p. 24 et p. 39 sq.

51. Indiqué par le niveau du mur RS ; dans la partie occidentale ce niveau a
été détruit par l'établissement de la crypte, ce qui n'autorise pas à supposer une
autre surélévation contemporaine de la première (cf. R. KRAUTHEIMER, p. 156).

intérieur[52]. Dès la première campagne, l'analyse reconnut que cet ensemble se composait d'éléments hétérogènes : une partie occidentale, l'abside, ses annexes, pour une part les murs de l'*aula* (v. FIG. I, BG et OH) formaient une unité homogène, édifiée avec le même appareil de moellons de tuf et de briques en lits alternés (*opus mixtum*)[53]. On retrouve quelques éléments du même type à l'entrée de l'*aula* (A et D), mais la partie orientale, en construction de briques (*opus lateritium*) forme un second ensemble, réutilisé par les constructeurs de l'abside. En effet, pour constituer l'*aula*, ceux-ci ont dû abattre un mur de direction nord-sud (GG'-HH') qui limitait à l'ouest un ensemble grossièrement rectangulaire (GEFH). Le plan de cette destruction pour le mur occidental indique le niveau de la basilique (à 4,55 m au-dessous de l'église médiévale : β), attesté d'autre part par le seuil de portes à l'ouest (P et W). Au reste, le premier édifice a été sûrement remployé pour constituer un plus vaste ensemble, puisque la partie supérieure du mur GA a été partiellement restaurée avec un appareil d'*opus mixtum*. Cette technique de construction, souvent utilisée à Rome depuis le IVe s. ne suffit guère pour proposer une chronologie, bien que l'appareil utilisé à Chrysogone rappelle assez celui de St-Étienne de la voie latine, édifié sous le pape Léon (440-461)[54]. De même la découverte, dans le déblai des fouilles, d'une tuile portant la marque de Benignus, dont l'officine travaille au Ve et au VIe s., n'apporte aucun secours[55]. Mais la conception de l'édifice, cette réutilisation maladroite d'une première construction dessinent un type d'église assez tardif : avec sa nef unique, il rappelle St-André, Ste-Balbine, les Sts-Cosme-et-Damien qui remploient une *aula* pour les besoins du culte, dans les dernières décennies du Ve s. ou au début du VIe s. Autres signes, le développement d'annexes (comme à St-Étienne) et l'établissement contemporain d'un baptistère nous reportent encore au Ve s. et même à sa seconde moitié. La forme particulière de l'abside, en fer à cheval, comme parfois en Italie du nord (d'où vient le saint patron) rappelle à Rome Ste-Agate dédiée par Ricimer (462-470). En un mot, tous les indices se conjuguent pour ne pas contredire les textes et pour situer peu de temps avant leur premier témoignage (499) l'édification de la basilique : au plus large, la seconde moitié du Ve siècle[56].

---

52. R. Krautheimer (p. 156) signale un pilier O' (*opus mixtum*, comme l'abside) et Mesnard rappelle les fragments de chancels du Ve s. aujourd'hui encore visibles (p. 119). R. Krautheimer attribue les premiers aménagements (mur L) au VIe ou au VIIe s.

53. *Opus mixtum* I : moellons de 7,5 cm ; briques de 2,8 à 4 cm, en moyenne 3,5 à 4 cm ; ciment de 2,3 à 3,5 cm d'épaisseur ; en moyenne 15 à 17 cm d'un lit de briques à un autre (d'axe en axe). Cf. *RAC*, 22, 1945, p. 13.

54. APOLLONJ-GHETTI, *op. cit.*, p. 35 et R. KRAUTHEIMER, *Corpus*, 4, p. 252.

55. *Fra la terra dei cavi*, NSA, 1897, p. 511 : CIL 15, 1678, voir à St-Martin-des-M. et à St-Clément.

56. Kirsch excepté qui proposait le début du siècle, depuis Mancini (Ve s.), Mesnard, Krautheimer, Apollonj-Ghetti, tous les analystes proposent cette chronologie. Sur les traditions ravennates, KRAUTHEIMER, p. 163.

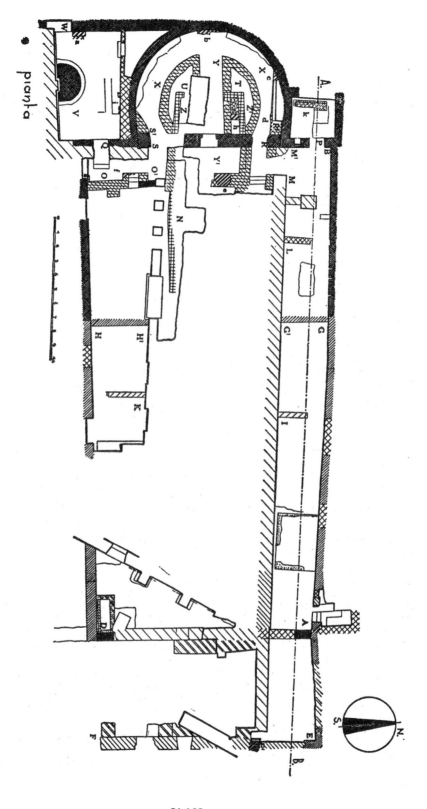

Fig. I. BASILIQUE SAINT-CHRYSOGONE, d'après Krautheimer, *Corpus*, pl. XXI (R. Frankl)

Blocchi di tufo romani

Mattoni II sec.

Mattoni principio IV sec.

Muratura irregulare IV sec.

Opus mixtum (I) VI sec.

Opus mixtum (II) VI o VII sec.

Opus mixtum (III) VII o VII sec.

Mattoni VIII sec.

Opus irregulare IX sec.

Mattoni X o XI sec.

Muratura XI o XII sec.

Muri di fondazione XII sec.

Mattoni XII sec.

Mattoni alto medioevo

XIX e XX sec.

La différence sensible entre le niveau de la basilique et celui de l'édifice récupéré (51 cm) suggère qu'il s'est écoulé assez de temps entre les deux constructions[57]. Or l'appareil de briques employé pour la plus ancienne rappelle les techniques et les modes utilisés par les constructeurs romains à la fin du IIIe s. et au début du IVe s. D'autres vestiges relevés dans la zone occidentale, à un niveau encore inférieur, appartiennent à une plus haute époque ; mais comment reconstituer un édifice dans l'aire détruite par l'abside et a fortiori y rechercher la trace d'une présence chrétienne[58] ? S'il y eut jamais une domus ecclesiae, un titulus primitif, c'est à l'est de l'abside qu'il faut l'identifier, dans cette construction formant un rectangle approximatif de 20 m de long, sur une largeur qui varie de 17 à 15 m (GAEFDH, fig. 1)[59]. Certes ce curieux édifice avait quelqu'unité puisqu'il porte encore au nord-est et au sud-ouest les vestiges d'une même décoration peinte imitant un marbre blanc veiné de rouge et de noir[60]. Autre indice : on ne relève pas la trace, au nord et au sud, de mur de refend ; la fouille identifie seulement quelques murets (I et K, de 0,35 m d'épaisseur) qui s'arrêtent à un mètre (I) ou à 0,75 m (K) du mur extérieur ; et on ne peut relier l'une à l'autre ces deux constructions médiocres (lits de briques, renforcés par des moëllons de tuf), puisque celle du sud se trouve dans un axe situé à 0,75 m plus à l'ouest que celle du nord. La construction de la basilique (au niveau β) les a tranchées toutes deux à 0,51 m de hauteur[61]. Mais l'analyse bute sur tant d'incertitudes ! Car la fouille, arrêtée par les fondations de l'église médiévale, n'a pu dégager au nord qu'un couloir de trois mètres sur toute la longueur de la façade ; et au sud c'est une aire d'une dizaine de mètres sur cinq mètres qui a été reconnue[62]. Nous ignorons donc l'aménagement central,

---

57. Niveau α : — 5,06 m par rapport à l'église médiévale ; identifié en H : cf. Mesnard, fig. 12 et Corpus, p. 147. Opus lateritium : briques de 3,1 à 4,6 cm ; moyenne 3,8 à 4 cm. Ciment : 2 à 3,3 cm ; en moyenne : 2,5 à 2,8 cm. Module (5 lits de b. et 5 couches de c.) de 28 à 30 cm ; voir en particulier les constructions constantiniennes près de la Velia : G. LUGLI, La tecnica edilizia romana... Rome, 1957, p. 628. Vers 310, selon R. Krautheimer, auquel je renvoie pour la description de l'édifice.

58. Voir MESNARD, op. cit., p. 20 sq. et KRAUTHEIMER, p. 153 ; un édifice avec cour ? Il subsiste notamment un élément (e) dans la confession.

59. G. MANCINI, art. cit., p. 155 assure que le mur septentrional est moins épais que le mur du sud ; on sait qu'il voudrait rattacher cet édifice à celui de l'abside, v. aussi APOLLONJ-GHETTI, p. 14. En tout cas, nos informations sur la zone orientale et sud-orientale sont très incomplètes : Corpus, p. 148, qui relève une ouverture vers l'est et prolonge jusqu'en E et en F, malgré Mesnard, l'édifice oriental.

60. Noté par MESNARD, Chrysogone, p. 29, fig. 12 et fig. 29.

61. Elles correspondent donc au niveau α ; et non à un niveau légèrement supérieur α' que R. Krautheimer propose d'identifier d'après le seuil des portes dans le mur nord (p. 149.) Car les portes du nord et celles du sud (au niveau α) ont été utilisées jusqu'à la construction de la basilique (ibid., p. 149) et obturées en même temps à la hauteur du niveau β. Dans l'angle H'HD on relève une décoration peinte homogène, au niveau α (et non α').

62. Sans oublier la zone sud-orientale reconnue par R. Krautheimer ; mais elle a été bouleversée par les fondations médiévales.

le système de couverture et même, à l'exception d'une fenêtre, le mode d'éclairage[63]. La construction de la basilique a entraîné l'arasement de la façade occidentale ; les travaux du XIIe s., la destruction du mur oriental, dont on peut seulement, avec quelques jalons sûrs, reconstituer le tracé[64]. Fâcheuse ignorance, puisqu'il faut chercher sans doute à l'est ou au sud les rues d'accès[65] ; l'*aula* s'ouvrait au sud au moins par deux portes dès l'origine et au nord par trois ouvertures irrégulièrement placées et pratiquées dans un second temps[66].

En tout cela, comment justifier une présence chrétienne dès le IIIe s. ? Écartons les arguments de convenance[67] : il ne suffit pas qu'en ce quartier populeux, la chrétienté ait eu besoin d'une église pour que les fidèles se soient établis dans l'*aula*. De même, l'hypothèse peut restituer dans la zone interdite à la fouille, vers l'ouest (près du mur GH), une abside ; elle ne vaut guère preuve. Contrairement à ce que J. P. Kirsch espérait, cette *aula* n'appartient sans doute pas à une *domus* et il y manque la trace d'un aménagement cultuel. Car les murets I et K, dont nous ignorons la hauteur primitive et l'organisation (en admettant que I se rattache à K), ne rappellent guère les chancels d'une église, tels qu'ils s'organisent dans les basiliques romaines ; nous ne connaissons pas l'aménagement d'une *domus ecclesiae*, la disposition des chancels (si elle en avait) ; faut-il se lancer dans cette cascade d'hypothèse[68] ?

Ce dernier exemple conclut un bilan un peu pessimiste. Assurément, les chrétiens disposaient de lieux de culte dans la Rome du IIIe s. ; mais le témoignage de l'archéologie ne permet pas d'en reconnaître la répartition géographique ; il faut chercher ailleurs.

Charles PIETRI

---

63. MESNARD, *Chrysogone*, p. 30 : c'est la seule au sud reconnue « à 3,50 m au-dessus du sol actuel » (α), bien que le mur antique sur une dizaine de mètres ait été conservé jusqu'à une grande hauteur ; une autre au nord (*Corpus*, p. 148).

64. Et une porte ? *Corpus*, p. 148, qui corrige toute l'analyse de Mesnard.

65. Nous connaissons mal l'environnement ; mais il n'y a aucune raison de dissimuler l'*aula*, entre des cours, pour favoriser la légende du *titulus* caché ; c'est peut-être le cas au nord, voir *BCAR*, 1890, p. 57 et 1940, p. 131. Mais pour une rue sur le tracé du viale Trastevere, croisant le viaduc (de la via della Lungaretta) : *NSA*, 1890, p. 31, *BCAR*, 1940, p. 137 ; une rue en direction SE-NO, vers la rue de S. Gallicano passe près de l'*aula* (voir le relevé de Lanciani, reproduit dans le *Corpus*, pl. XVII, 1).

66. Sur les portes, *Corpus*, p. 149 et pp. 153-155, indiquant que les ouvertures du nord et du sud sont utilisées en même temps ; *v. supra* note 61 ; les portes du nord indiquent une réfection de l'*aula*, mais non un autre niveau ; enfin R. Krautheimer (fig. 100) suppose au nord et au sud une sorte d'auvent, dont il est difficile de démontrer l'existence.

67. Évoqués par Mesnard, p. 30 sq. ; voir note 18.

68. Sur les chancels, R. Krautheimer, p. 158. Il semble que cette *aula* ait servi à quelque usage collectif ; de St-André à Ste-Suzanne, ce ne serait pas la première fois que les chrétiens récupèrent une construction de ce type ; pour les chancels, voir St-Marc, Ste-Sabine, St-Pierre-aux-Liens (*Corpus*, 2, p. 237 ; 3, p. 221 et 4, p. 85.

CHARLES PIETRI

DUCHESNE ET LA TOPOGRAPHIE ROMAINE

Reconnaissons-le, en préambule, pour excuser l'austérité de cette évocation: les recherches sur la topographie romaine condamnaient Duchesne à
la minutie d'une enquête érudite et elles lui donnaient moins souvent que
l'histoire de l'Eglise, l'occasion de faire briller toutes les facettes d'un style,
jouant également de l'éloquence noble et de l'ellipse malicieuse. Il y a, malgré
tout, quelques raisons pour tenter l'entreprise présente: la renommée orchestrée après la mort de Mgr Duchesne par les articles de J. Colin, de S. Reinach,
de H. Leclercq ([1]), a retenu surtout d'une œuvre considérable, le labeur immense de l'éditeur publiant le *Liber Pontificalis*, les travaux du liturgiste donnant ses *Origines du Culte chrétien*, ceux de l'historien laissant les quatre
volumes d'une *Histoire ancienne de l'Eglise*. Cet enkômion, légitimement occupé à célébrer de si grands mérites, oublia souvent les *Notes sur la topographie de Rome*. Et même un historien de l'archéologie chrétienne comme
G. Ferretto ([2]) retient uniquement – sans grand bonheur –, dans les quelques
lignes consacrées à Duchesne, un article sur Saint-Laurent. Certes, le jugement très favorable d'Enrico Josi, celui qui continue à Rome la tradition fondée
par G. B. de Rossi, corrige ces sentences décevantes mais il fait encore figure
d'exception éclatante ([3]).

Au reste, comment s'étonner que cette part, dans l'œuvre de Duchesne,
ait été souvent négligée? L'historien qui laisse en 1500 pages une synthèse
étincelante, s'impose, dans sa génération scientifique, sans rival. Mais, dans
ce domaine de la topographie romaine, où il rédige une quarantaine d'articles ([4]), il a de sérieux concurrents à une époque dominée, jusqu'en 1894, par

---

([1]) J. Colin, *Nouv. Revue d'Italie*, 19, 1922, p. 313; S. Reinach, *Revue Archéologique*, 16,
1922, p. 158 sq.; H. Leclercq, *Dictionnaire d'Archéologie chrétienne*, tome 10, *Historiens du
Christianisme*, col. 2711 à 2735.

([2]) G. Ferretto, *Note storico-bibliografiche di Archeologia cristiana*, Rome, 1942, p. 366.

([3]) E. Josi fut le secrétaire de la conférence des *Cultori di Archeologia Cristiana*, quand
Duchesne en était le président; v. aussi A. Z. Fruttaz, *Enciclopedia Cattolica*, 1950, col. 1963.

([4]) Nombre de ceux-ci ont été heureusement réunis, grâce à la diligence de G. Vallet, successeur de Mgr Duchesne, à la tête de l'Ecole française et de A. Vauchez, dans des *Scripta
Minora, Etudes de topographie romaine et de géographie ecclésiastique*, Rome, 1973, (cité *S.M.*).

24CHARLES PIETRI

G. B. de Rossi, dans un champ de recherches où s'active, avec quelque pro-
lixité, O. Marucchi, alors que M. Armellini publie en 1887, ses *Chiese di Roma*
et R. Lanciani, son commentaire de l'*Itinéraire d'Einsiedeln*, suivi par la *Storia degli Scavi di Roma*. Quant aux grandes synthèses sur les églises ou sur
la Ville chrétienne, celle de J. P. Kirsch (1918), de H. Grisar (1908 et 1930),
de Chr. Huelsen (1927), elles précèdent ou suivent de peu la disparition du
Français. Reste à préciser quelle part prit à ce mouvement scientifique celui
qui dirigea, de longues années durant, l'Ecole française de Rome. Bien entendu, cette sorte d'enquête ne prétend pas juger du haut de la science contemporaine, des conclusions présentées depuis plus d'un demi-siècle: elle souhaite reconnaître la méthode du savant et les résultats d'une recherche touchant à la christianisation de la géographie romaine ou précisant, dans le cadre
réservé d'un quartier, les formes de l'implantation chrétienne. Et pour mieux
marquer d'esprit d'humilité cette étude, on voudrait se conformer à un précepte qu'en quelque circonstance s'était donné Duchesne lui-même: « ... J'ai
pensé faire œuvre utile en inventoriant à nouveau ce dossier, non pour apprendre quelque chose aux gens expérimentés mais pour me préciser à moi-
même les notions que j'avais... ».

* * *

Duchesne aborde l'étude de la topographie urbaine en préparant l'édition commentée du *Liber Pontificalis* (⁵): Les notes de ce grand livre esquissent les premières analyses développées ensuite dans de nombreux articles,
généralement donnés aux *Mélanges* de l'Ecole Française. Ainsi, la méthode
s'élabore avec l'analyse d'un texte, pour le commentaire de ces fastes de l'Eglise
romaine, qui mêlaient à la chronique des biographies pontificales, la description
de toute une activité de constructions et de restaurations, sur le territoire de
la Ville et de sa banlieue. Au premier chef, le commentateur s'inquiète de
préciser le lexique de cette topographie: en 1886 – l'année où paraît le *Liber
Pontificalis* – il s'aide de Vitruve pour retrouver sous l'obscur *centenarium*,
un aqueduc (⁶). Relevons au hasard des notes de la grande édition, l'interprétation de *praetorium*, maison rurale et après de Rossi, la traduction de *cimi-*

(⁵) On se reportera pour l'œuvre de Duchesne à la bibliographie procurée par J.-Ch.
Picard et publiée avec les *Scripta minora*. Sur le *Liber Pontificalis*, cf. nᵒˢ 1, 1 bis, 3 et 7, p. XIV.
(⁶) *L. P., Vita Hadriani*, 56: *decurrebat aqua per centenarium*, éd. Duchesne, p. 503; la
note p. 219 (65) est reprise dans une communication à la Société des Antiquaires de France:
BSNAF, 1886, pp. 86-87 (Nᵒ 58 de la bibliographie citée).

[148]

terium, basilique funéraire ([7]). Une analyse rigoureuse du texte, l'étude comparée des dénominations changeantes attribuées aux églises, entraîne Duchesne à préciser, dans un exercice de critique interne, l'histoire de la topographie chrétienne. Il touche ainsi au dossier embrouillé des édifices consacrés, près de la *via Lata*, ou hors-les-Murs, à Saint-Laurent ou encore, à cet ensemble compliqué de monastères, de chapelles et d'églises établi près de l'actuel *S. Silvestro in Capite*. Surgissant tout armé pour la polémique, le mémoire consacré, en 1900, à cette seconde recherche illustre bien une méthode et sa rigueur: Duchesne fixe définitivement sa doctrine contre un savant italien, Federici ([8]), qui voulait tout confondre en un seul édifice et faisait d'un *oratorium* dédié à Silvestre, selon la biographie de Léon III (795-816), le chœur d'une église consacrée à Denis, toujours d'après une chronique pontificale, celle du pape Nicolas I[er](858-867). L'analyse du vocabulaire pulvérise l'hypothèse ([9]): « l'acception du mot *oratorium*, pour désigner le chœur d'une église, est absolument étrangère aux anciens textes romains ». Suit l'étude des dédicaces successives: celle-ci permet de distinguer un monastère fondé avec une chapelle par le pape Paul Ier et placé sous la protection des saints Silvestre et Etienne et d'autre part, une *ecclesia major*, attestée sous Léon III avec le titre de Saint-Denis, « laquelle suppose évidemment une *ecclesia minor*», c'est-à-dire l'oratoire de l'établissement monastique. Enfin, le topographe appelle en renfort l'historien des institutions et du culte chrétien: « les monastères de Rome, généralement établis autour des basiliques et pour leur desservance, n'avaient le plus souvent, en fait d'église à eux, qu'un oratoire intérieur, lequel n'était pas ouvert au public... Certains monastères cependant, avaient une autonomie plus grande. Ils n'étaient pas chargés de desservir une basilique... Ceux-là possédaient une grande église, disposée de telle façon que le public y pût accéder sans violer la clôture monacale (avec sa chapelle). De ce nombre était le monastère du

---

([7]) *L. P.*, p. 245 et note (11), p. 247. *Cymiterium, ibid.*, p. 277 (11); de même, *giro*, enceinte circulaire, *L. P.*, 2, p. 396 et note (3), etc...

([8]) *Saint-Denis in via Lata; notes sur la topographie de Rome au Moyen-Age*, IX, MEFR, 20, 1900, pp. 317-330 = S. M., pp. 167-180, (n° 166) reprenant *L. P.*, 2, p. 149 (21). V. Federici, avait publié le *Regesto del Monastero di S. Silvestro in Capite*, ASRSP, 22, 1899, p. 213 sq. et 23, 1900, p. 67, sq. et p. 411 sq.; ici, p. 220.

([9]) Chr. Huelsen, *Le Chiese di Roma nel medio evo*, Florence, 1927, ici p. 465 sq., ne tranche pas sans ambages pour Duchesne, mais R. Krautheimer, *Corpus Basilicarum Christianarum Romae*, Rome, 1970, t. 4, p. 160 accepte son analyse, comme déjà, en 1968, la monographie de J.S. Gaynor et I. Toesca, *S. Silvestro in Capite*, p. 9 sq., parue dans la collection *Le Chiese di Roma illustrate*, 73. Pour l'histoire des établissements monastiques, G. Ferrari, *Early roman monasteries...*, Rome, 1957, p. 311, appuyant Duchesne.

pape Paul ». L'argument, développé à la fin de la démonstration selon les règles de bonne rhétorique, pesait de tout son poids d'histoire contre les analyses un peu abstraites de l'adversaire.

En appuyant son enquête sur les texte, Duchesne déborde évidemment
la chronique pontificale: le témoignage d'une charte – dans l'article sur Saint-
Denis – complète les biographies pontificales. Autant que possible, l'éditeur
des Fastes romains recourt à cette sorte de documents juridiques ou administratifs, que rend plus accessibles la brillante cohorte des médiévistes ([10])
florissant en Italie, à l'aube du *novecento*: P. Fedele surtout et aussi L. Schiaparelli, A. Monaci, G. Ferri et bien entendu V. Federici. Duchesne lui-même,
avec un jeune farnésien, P. Fabre, participait à l'entreprise éditoriale en donnant le *Liber Censuum de l'Eglise Romaine*, une « liste officielle – des églises – dressée (au 12e siècle) par le trésorier du pape » ([11]). Des *ordines romani*, la collection des rituels et des processions » publiés par Mabillon, du
férial de l'Eglise urbaine, le liturgiste attend, en bien des cas ([12]), une documentation également pertinente. En suivant la procession qui chemine au Vatican, le jeudi-saint, il localise le monastère de Saint-Martin ([13]). Avec l'*ordo Primus*,
il veut reconnaître « l'importance de premier ordre attaché à Sainte-Anastasie »,
le contexte politique, social et liturgique expliquant le rôle de cette église au
pied du Palatin ([14]). Enfin, l'élève de G. B. de Rossi utilise volontiers les
documents recueillis par la curiosité humaniste, Maffeo Vegio au 14e s., Tiberio
Alfarano dont M. Cerratti vulgarise en 1914, dans la république scientifique,
la précieuse description de Saint-Pierre.

Mais, à l'exception de ces premières esquisses de l'érudition, le savant
français traite avec beaucoup de condescendance, les petits traités, composés
au Moyen Age, qui s'occupent explicitement de topographie. Alors que le comte
Lanciani publie un docte commentaire pour l'*Itinéraire d'Einsiedeln*, un mé-

---

([10]) On peut se reporter à la liste des sources publiées par Huelsen, p. I. sq. et par Ferrari, p. XXIV sq.

([11]) Publié en 1910, à Paris (voir N° 23). La définition de la liste de Cencio Camerario,
dans, *MEFR*, 25, 1905, p. 153 = SM, p. 251 (N° 204).

([12]) Duchesne manifeste en revanche beaucoup de méfiance pour le témoignage du chanoine Benoît (11e *ordo*, suivant Mabillon) utilisé par Armellini et Jordan. Dans une *Note sur
la topographie...11: le Forum de Nerva et ses environs*, MEFR, 9, 1889, pp. 346-355 = S.M., pp. 73-
82 (n° 85), il tente avec une maestria un peu étourdissante, de reconnaître sous le masque du
nom médiéval, les monuments antiques près desquels cheminait le pape et son cortège. V. *infra*.

([13]) *Ordo* 9 de Mabillon = *ordo* 26 de Andrieu, MEFR, 34, 1914, p. 326 = S.M., p. 272 (n° 231).
Pour l'utilisation du Férial (*Depositio martyrum* ou Martyrologe hiéronymien), voir les remarques de D.: *Les sources du martyrologe hiéronymien*, MEFR, 5, 1885, pp. 120-160, spec. p. 143.

([14]) *MEFR*, 7, 1887, p. 402 sq = S.M., p. 60 (n° 71 bis).

moire de Duchesne écarte résolument le témoignage de cet abrégé carolingien pour refuser – avec quelqu'imprudence – de placer au pied du Palatin, Sainte-Marie Antique ([15]). Une sévérité plus impitoyable encore écarte les *Mirabilia Urbis Romae* avec le *Polypticus* du chanoine Benoît; la note, publiée en 1904, dissèque les malheureux auteurs de cette géographie fantastique, qui faisait sortir du sol romain le palais de Cicéron ou le temple de la Sibylle. Moins indulgent que Jordan, tenté parfois d'aller fouiller en ce fâtras, Duchesne n'attend rien d'une topographie, « qui est sans rapport ni avec l'usage médiéval ni avec la réalité », parce qu'elle avait été forgée par un esprit enfiévré de mauvaise érudition ([16]). Connaissant l'auteur des *Fastes Episcopaux de l'ancienne Gaule*, on ne s'étonnera guère qu'il ait laissé, dans ses *Notes sur la topographie*, une part médiocre à la littérature hagiographique et qu'il ait cherché, beaucoup moins que certains de ses contemporains, Marucchi ou J. P. Kirsch, à dégager, de toute la gangue des pieuses affabulations, quelques bribes d'information. Ainsi, le mémoire sur les *Légendes de l'Alta Semita* ne glisse jamais à une enquête sur la géographie chrétienne en ce quartier de Rome ([17]); de même, pour celles de l'Aventin, auxquelles une analyse aussi sévère refuse la moindre confiance ([18]). Au total, Duchesne est resté fidèle à une méthode de recherche élaborée en commentant le *Liber Pontificalis*: le recours presqu'exclusif aux documents qui dépendent plus ou moins directement de l'administration ecclésiastique ou de l'organisation liturgique.

En effet, l'épigraphie, l'archéologie, ne pouvaient apporter qu'un appoint modeste. Certes, dans tous ces domaines que de Rossi avait éclairés de sa science, Duchesne s'avance, avec une déférence jamais complaisante, toujours pétrie d'estime et d'affection, *in vestigia magistri* ([19]); il connaît, utilise, sans jamais y manquer, les inscriptions, en particulier les dédicaces publiées dans le deu-

([15]) Sur le document, Huelsen, p. III; R. Valentini et G. Zucchetti, *Codice topografico della città di Roma*, Rome, 1940; l'article de Duchesne: *S. Maria Antiqua, notes sur la topographie...*, VIII, MEFR, 17, 1897, pp. 13-37 = S.M., pp. 141-165 (N° 152).

([16]) Le débat avec H. Jordan, qui avait publié une célèbre *Topographie der Stadt Rom in Altertum*, Berlin, 1871-1885 en 3 vol., réédités par Huelsen, porte sur le *Forum de Nerva*, cité *supra*; v. *L'auteur des Mirabilia*, MEFR, 24, 1904, pp. 479-489 (n° 191).

([17]) MEFR, 36, 1916-1917, pp. 27-56 (n° 235).

([18]) *Notes... VII, les légendes chrétiennes de l'Aventin*, MEFR, 10, 1890, pp. 225-250 = = S.M. pp. 115-140 (N° 91). De même l'enquête sur le *Culte romain des Quatre Couronnés*, MEFR, 31, 1911, pp. 231-246 = S.M., pp. 345-360 (n° 219), utilise évidemment la *Depositio* et le *Martyrologe* hiéronymien mais écarte la légende romaine, médiocre tentative – selon D. – pour adapter au cadre urbain, la passion pannonienne.

([19]) Avec quelle émotion il reconnaît sa dette, à la mort du maître: « ses écrits m'ont sauvé ... j'écris au milieu de mes larmes ». *Bulletin Critique*, 15, 1894, p. 373 (n° 125).

xième volume des *Inscriptiones christianae* et à de très rares exceptions près, suit fidèlement l'exégèse de l'éditeur ([20]). Mais dans le champ des recherches topographiques où l'entraîne le commentaire des Fastes pontificaux, sur le territoire de la Ville, Duchesne n'eut guère l'occasion des grandes découvertes et assez rarement la possibilité de fonder toute son argumentation avec le témoignage épigraphique ([21]). Au reste, c'est surtout le philologue qui réagit, lorsqu'en 1909, Levison publie un recueil inédit, la sylloge de Cambridge. Sans doute, le Mémoire, publié dès 1910, malmène un peu les interprétations de O. Marucchi qui avait touché à la collection pour étayer l'une de ses ambitieuses hypothèses mais il étudie plus particulièrement les leçons de cette nouvelle tradition manuscrite et conclut que cette nouvelle sylloge n'a guère de prix pour la connaissance de la topographie romaine: un jugement sévère, un peu hâtif, corrigé en 1943 seulement, par A. Silvagni ([22]).

Lorsque Duchesne fixe à grands traits les conclusions de son enquête sur la topographie romaine, la recherche archéologique dans les églises de la Ville avait beaucoup à découvrir. Car on ne peut accuser de préjugés ou de négligence celui qui fait connaître aux lecteurs d'*Oltralpe* les grands livres de G. B. de Rossi, qui publie, en français, pendant trois ans, le *Bulletino di Archeologia Cristiana* et qui suit attentivement les fouilles bouleversant le sol de la capitale ([23]). Mais M. Armellini, dans le *Chiese*, – une synthèse plus systématique, il est vrai – ne manque jamais d'insérer dans ses notices le dossier des découvertes archéologiques; en présentant son enquête sur Sainte-Anastasie, Duchesne dépasse à peine l'anecdote sur cette église, « l'une des plus déshéritées de Rome, que l'on voit rarement ouverte ». En quelques cas, cette économie extrême de moyens ne va pas sans inconvénients: prisonnier d'un

---

([20]) G. B. De Rossi publie en 1888, deux ans après le *Liber*, le second volume des *ICUR*

([21]) Il l'utilise par exemple pour localiser près du Latran, le monastère *ad Lunam*, pour aider sa reconstitution du réseau des *tituli*: v. *infra*. Mais c'est une inscription bien involontairement négligée (cf. *ICUR*, 2, p. 448, 211), qui ruine l'interprétation de Duchesne attribuant à Saint-Denis de Paris et non au pontife romain le patronage de l'église de la *via Lata*: N. Gray, *PBSR*, 16, 1948, p. 52 et J. Loenertz, *AB*, 66, 1948, p. 118. Signalons aussi un commentaire *Sur une inscription damasienne*, dans *Mélanges Boissier*, Paris, 1903, pp. 169-172 (n° 189): pour cet *elogium* de Félix et Philippe (Ferrua, 39), Duchesne se sépare de G.B. de Rossi.

([22]) *Le recueil épigraphique de Cambridge*, *MEFR*, 30, 1910, pp. 279-311 (n° 218): Duchesne y trouve l'occasion d'écarter la géographie apostolique imaginée par Marucchi dans les cimetières de la Salaria (p. 293 sq.). Sur la valeur de la *S. Cambridg.*, A. Silvagni, *RAC*, 20, 1943, 49 sq...

([23]) Compte-rendu des fouilles du Forum à l'Académie des Inscriptions, en 1876 (Bibliographie citée, n° 2); édition du Bulletin, n° 19; compte-rendu de la *Roma Sotterranea* (n° 11) et des *Piante ... di Roma* de G.B. De Rossi, en 1880, n° 23; cf. aussi n° 34, 72. C'est Duchesne qui signale en 1918, à l'Institut, la découverte de l'Apollon de Veies (n° 238).

système qui place Sainte-Marie-Antique à l'emplacement actuel de Sainte-Françoise-Romaine, l'historien passe un peu rapidement sur les premiers indices archéologiques d'une découverte destinée à renverser totalement son hypothèse ([24]). Mais il y aurait beaucoup d'injustice dans ce bilan, à souligner seulement le passif ([25]). La critique de Duchesne dissipe souvent, en quelques phrases, les illusions du raisonnement archéologique. En s'appuyant sur la *Vita Hadriani*, le commentateur des Fastes pontificaux démontre que l'église Sainte-Marie *in cosmedin* ne s'établit pas, à l'origine, dans un temple païen ([26]). Plus caractéristique encore l'attitude du savant français à l'encontre des hypothèses que son collègue romain, O. Marucchi, défendait à grand renfort d'articles et de mémoires. Ce dernier l'avait pressé de prendre parti pour sa théorie d'un baptistère apostolique près de la *Salaria* et il publia, un peu trop allégrement, la réponse de Duchesne, lui déclarant avec une courtoisie ambiguë: « vous êtes arrivé à vous convaincre... le public, saisi de vos arguments, en appréciera la valeur ». Lui, pour sa part, dans le flot des témoignages jetés par l'interlocuteur italien, ne retenait qu'un texte et avec cette élégance impitoyable, acquise peut être au maniement des *porporati*, balayait toute l'analyse archéologique d'une phrase: « les fouilles sont loin d'avoir dit leur dernier mot ([27]) ».

Cette réflexion vaut aussi pour Duchesne: les découvertes contemporaines accusent parfois les lacunes d'une enquête et on court le risque, en ne voilant pas ces faiblesses, de jouer l'héritier ingrat d'un maître ayant beaucoup appris à ceux qui parcourent après lui le territoire de la Science. En réalité, ces limites qui brident la méthode de Duchesne, fondée sur l'analyse des textes, font comprendre l'orientation d'une recherche. Commentant des document administratifs, les Fastes pontificaux, l'historien s'occupe presqu'exclusivement de la Ville au sens géographique du terme, de cette Rome chrétienne, transformée depuis le Bas-Empire, par une immense entreprise de conversion: il laisse à d'autres le soin de continuer, après G. B. de Rossi, l'exploration de la *Roma sotterranea* ([28]). Mieux encore, cette manière de poser

---

([24]) V. *supra*, note 15; M. Armellini, *Chiese*, p. 358; G.B. De Rossi, *BAC*, 1868, p. 16; 1885, p. 142.

([25]) J.-Ch. Picard, *MEFR*, 81, 1969, p. 778, a, très justement, souligné toutes les difficultés d'ordre archéologique, que soulevait l'hypothèse de D. sur la nécropole pontificale de Saint-Pierre.

([26]) *L.P.*, p. 520 (90).

([27]) *Nuovo Bul. di Arch. Crist.*, 7, 1900, pp. 113-118, (n° 170), cf. note 22.

([28]) On n'oubliera pas cependant l'étude du patrimoine de l'Eglise romaine, menée dans le commentaire du *Liber*, en utilisant les travaux de Tomasetti. Sinon, sur la campagne romaine, un compte-rendu en 1877 de l'étude de H. Stevenson sur le cimetière de Zotique (N° 6). Pour les cimetières, *supra*, note 23.

la recherche distingue Duchesne de toute l'école des topographes, Jordan,
Lanciani. Lui veut surtout reconnaître la naissance d'une nouvelle Ville. Ses
contemporains renoncent difficilement, parce qu'ils restent fascinés par les
souvenirs antiques, à retrouver dans la Rome convertie, les survivances d'un
glorieux passé. Dès lors, comment faire plus grand éloge du savant, sinon en
jugeant les résultats de son enquête?

*
* *

Alors que les notes du *Liber Pontificalis* éparpillent, au hasard du commentaire, des trésors d'érudition, les premiers articles esquissent une synthèse.
Duchesne consacre toute la première partie de cette œuvre scientifique, celle
de l'*Ottocento*, à décrire la conquête de l'espace urbain par l'organisation des
régions ecclésiastiques, par le réseau des églises titulaires et des diaconies.
Dès 1878, il prend position contre Jordan dans un premier article, par beaucoup d'aspects exemplaire, parce qu'il illustre la méthode, le souci de synthèse
et même la filiation scientifique que revendique un jeune chercheur disciple
de G. B. de Rossi. Une note, jointe à la biographie du pape Jean dans l'édition du *Liber Pontificalis*, enfin un mémoire sur les *Régions de Rome au
Moyen-Age*, qui répond, en 1890, aux critiques de Camillo Re, complètent
l'exposé du système ([29]): Duchesne rattache les transformations de cette
géographie régionale à l'évolution de la démographie et de la société urbaines.
Jusqu'a l'époque des guerres gothiques, les indications topographiques se
réfèrent aux 14 circonscriptions établies par Auguste, alors qu'au 6ᵉ s. le
système des 7 régions ecclésiastiques, créé selon le catalogue Libérien à
l'époque du pape Fabien, supplante définitivement la géographie de l'administration impériale. Un autre mode de regroupement élimine progressivement
ce régime lorsque s'impose l'organisation des « quartiers », les circonscriptions, dans lesquelles se distribuaient les milices d'une cité médiévale, profondément transformée depuis le 6ᵉ s. Aux 14 Régions augustéennes, aux
7 régions ecclésiastiques succèdent les 12 *Rioni*, devenus 14 avec l'intégration du Trastevere et du Borgo. Ainsi, Duchesne présente une suite d'adapta-

---

([29]) *Les circonscriptions de Rome pendant le Moyen-Age*, RQH, 24, pp. 217-225 (n° 12);
c'est le 1ᵉʳ article consacré à la topographie; *L.P.* 2 *Vita Johannis XIII*, p. 253 (7); *Notes sur
la topographie de Rome au Moyen-Age*, VI: *les régions de Rome au Moyen-Age*, MEFR, 10, 1890,
pp. 126-149 = S.M., pp. 91-114 (n° 93). Dans tous ces articles Duchesne considère comme acquise
la géographie des Régions ecclésiastiques dessinée par de Rossi, *Roma Sotterranea*, Rome, 1877,
3, p. 514 sq... Jordan pour sa part voulait démontrer que les régions d'Auguste avaient longuement survécu dans l'usage.

tions très pragmatiques, dans lequel les régimes de l'administration ancienne, avant de s'effacer, survivent en concurrence avec les nouveaux systèmes, mieux adaptés aux nécessités changeantes de la vie urbaine.

A l'appui de cette thèse, dans laquelle l'enquête géographique illustre l'histoire de la Ville, Duchesne déploie une argumentation qui caractérise bien sa méthode. Pour justifier l'établissement des 7 régions ecclésiastiques c'est l'éditeur du *Liber* qui intervient, en relevant dans les biographies pontificales, les références au nouveau système. Le mention de la première région *adventinensis* par la vie du pape Eugène ([30]), au 7e s., ne peut se rapporter à la géographie augustéenne englobant la colline dans la 13e circonscription. Le liturgiste remarque d'autre part que le pape Simplice en répartissant les prêtres des régions pour la desserte des basiliques hors-les-murs, utilise le découpage ecclésiastique ([31]). Mais c'est la démonstration de l'historien qui s'élève avec plus de force: « On conçoit que les sept régions aient fini par prendre, dans les habitudes de la population, plus d'importance que les 14, surtout après que l'Etat se fut déchargé sur l'Eglise de tout ce qui regardait l'assistance publique, l'approvisionnement, les aqueducs. Après les grandes catastrophes de la guerre gothique et des guerres lombardes, c'est dans les cadres de l'Eglise que la population se moula, comme c'était de ses mains, ou peu s'en faut, qu'elle devait attendre secours et protection » ([32]).

Un développement plus ingénieux, qui maîtrise le témoignage de la liturgie et de l'histoire comparée des institutions, explique l'implantation des *Rioni*. Alors qu'à l'époque du pape Serge (687-701), la population se groupe encore pour faire procession derrière les 7 croix régionnaires, en 1143, le cortège suit 12 étendards ([33]). Déjà en 955, pour serrer au plus près, avec une enquête régressive, la chronologie, le Livre pontifical nomme 12 *decarcones*. Cette année-là l'empereur Otton, désirant venger un pape plus ou moins malmené par ses ouailles, fit jeter en prison tous ceux qui détenaient à Rome

---

([30]) L'argumentation, dans l'article de 1878, sur la *Vita Eugenii, L.P.*, p. 341. V. sur la documentation de Duchesne, le jugement nuancé de C. Cecchelli in *Topografia e Urbanistica di Roma*, Bologne, 1958, p. 191. On doit reconnaître qu'ont subsisté des références aux régions augustéennes à une époque tardive: est-ce seulement la prédilection pour les archaïsmes, qui caractérise la renaissance carolingienne?

([31]) *L.P.*, p. 249.

([32]) *MEFR*, 1890, cité, p. 128 = S.M., p. 93.

([33]) Toute cette démonstration, dans l'article des *Mélanges* répond au mémoire de C. Re, in *Studi di Storia e diritto* de 1889, rattachant les *Rioni* aux régions d'Auguste: on notera que D. s'occupe de la genèse du système sans contester les témoignages sur ces circonscriptions géographiques réunis par C. Re. Sur la *Vita Sergi, L.P.*, p. 372; pour les 12 étendards, D. se réfère à l'*Ordo* du chanoine Benoît, *ibid.*, p. 131 = S.M. p. 96.

quelque parcelle de pouvoir: il procéda avec un louable souci de la hiérarchie qui lui vaut la reconnaissance de l'historien des institutions romaines ([34]): dès cette époque, il y a 12 chefs pour les milices urbaines. Attesté par le *Liber Pontificalis* d'Agnellus, l'exemple de l'*exercitus Ravennae*, réparti au moins dès le 8e s. en douze corps, éclaire l'organisation militaire de Rome, devenue, au moment où l'institution communale donne au peuple et à ses milices. un plus grand poids dans la vie urbaine, le nouveau système des quartiers ([35]). On ne s'attardera pas à expliciter plus avant l'argumentation de Duchesne contre Jordan ou contre C. Re qui chacun, à sa manière, voulaient faire dériver les régimes administratifs médiévaux du système antique. Reste une grande force à l'analyse dynamique de Duchesne, lorsqu'elle situe les transformations de la géographie dans l'évolution politique, démographique et sociale de la Ville.

Une démarche scientifique analogue inspire la seconde *Note sur la topographie de Rome au Moyen-Age*, étudiant *les titres presbytéraux et les diaconies*, (1887) ([36]). L'éditeur du *Liber P.* publie les résultats d'une enquête manifestement préparée pour le commentaire des Fastes pontificaux, qui plaçaient à une très haute époque la fondation des 25 *tituli* ([37]): le mémoire présente, dans un tableau systématique, les identifications proposées, l'année précédente, au hasard des notes. Duchesne souligne qu'il a établi toute son enquête sur des documents administratifs: deux listes conciliaires datées de 499 et 595, consignant les signatures des prêtres romains avec les titres dont ils étaient desservants. De l'époque du pape Symmaque au temps de Grégoire le Grand, les noms de certaines églises ont changé mais le *Liber Pontificalis* – on le sait bien mieux après Duchesne – permet d'identifier sous deux appellations le même édifice: le *titulus Fasciolæ* est passé sous le noms des Saints-Nérée-et-Achille, celui de Gaius sous celui de Sainte-Suzanne. Ce principe établi, dans les quelques cas, bien cernés par l'analyse, où la chronique pontificale ne donne pas de certitude, Duchesne peut proposer avec quelques indices, un système de concordance vraisemblable. « Pourquoi les titres qui s'appellent, en 595, Saint-Sixte, SS. Quatre-Couronnés, Sainte-Balbine, n'auraient-

---

([34]) *L.P.*, 2, p. 252 et p. 253 (7).

([35]) Comme pour le passage aux 7 régions, Duchesne insiste sur le contexte social et politique, en supposant même que les circonscriptions ecclésiastiques s'étaient, un temps, subdivisées pour tenir compte de la nouvelle répartition de population au centre de la Ville, art. cité p. 139 sq. = S.M. p. 104 sq.; Sur la Commune, *ibid.* p. 144 = p. 109.

([36]) Dans *MEFR*, 7, 1887, pp. 217-243 = S.M., pp. 17-43 (n° 71).

([37]) Sur le témoignage du *L.P.*, voir l'Introduction, p. CXV; cf. la biographie de Clet (*L.P.*, p. 122), celle de Evaristus (*ibid.* p. 126), de Marcellus (Id. p. 164).

ils pas porté, un siècle plus tôt, des désignations différentes? Il n'y a rien d'impossible à ce qu'ils se soient appelés respectivement *titulus Crescentianæ, titulus Tigridæ* » ([38]). Au passage, le philologue sait corriger les leçons défectueuses des manuscrits et éliminer un *titulus Romani* confié à un prêtre Marcellus, un titre au demeurant tout à fait inconnu, en rétablissant Romanus prêtre du *titulus Marcelli*. A vrai dire, on a quelque scrupule à détailler une analyse, dont les conclusions s'imposent aujourd'hui avec une telle force de conviction et d'habitude ([39]), que celle-ci a fait oublier le savant lui-même à qui revient le mérite de la découverte. Ce mémoire esquisse en effet les thèmes de la recherche contemporaine sur l'église titulaire: il souligne d'abord tout ce que cet établissement représente de permanence malgré la variation des patronages et des dédicaces, car Duchesne, beaucoup plus qu'Huelsen, reste sensible à cette continuité cultuelle, enracinant dans le sol de la Ville, l'édifice chrétien. En même temps, l'historien suggère comment le changement des dénominations reflète l'évolution d'une spiritualité attribuant, aux églises, dès le 5e s., la protection explicite du Saint. Au total, en quelques phrases, Duchesne amorce l'enquête reprise, trente ans plus tard, par J. P. Kirsch. D'ailleurs, le savant professeur de Fribourg, avec une loyauté qui honore son intégrité scientifique reconnaissait, en publiant ses *Römische Titelkirchen* – aujourd'hui l'ouvrage de référence – qu'il plaçait à l'origine de sa recherche la Note de 1887, *eine grundlegende Untersuchung* ([40]).

Kirsch, il est vrai, propose une chronologie de l'établissement chrétien qui déborde les conclusions du Français et remonte au 3e s. l'apparition des *tituli*. Duchesne, dans le tableau sobre et rapide qui réunit, pour chaque titre la documentation de référence s'en tient aux données de l'épigraphie ou à celles du férial romain ([41]), en frappant de suspicion les témoignages des biographies pontificales antérieures à Silvestre: ainsi, pour la fondation attribuée au pape Marcel, le *titulus Marcelli*. Pour Sainte-Prisque ou pour Sainte-Praxède, il ne relève pas d'indices avant le 5e s. Les églises d'Eusèbe, de Cécile ou de

---

([38]) Art. cité, p. 228 = S.M., p. 28.

([39]) On sait que les conclusions de Duchesne sont généralement acceptées, bien que le P. Krautheimer ait manifesté des réticences pour l'identification du T. *Aemilianae* (*Corpus* cité, 4, p. 32) et que le T. *Tigridis* (*Corpus*, 1, p. 85) soulève encore des interrogations. Mais les recherches de H. Gertman confirment la localisation de Saint-Sixte, le T. *Crescentiae*. v. *APARA*, 41, 1968-1969, p. 219 sq. Pour les titres de Matthieu et de Nicomède, attestés en 499 et disparus en 595, D. propose l'hypothèse plus difficile d'une fusion et d'un transfert à Saints-Marcellin-et-Pierre.

([40]) *Die Römische Titelkirchen in Altertum*, Paderborn, 1908, spec. p. 5.

([41]) *MEFR*, cité, p. 220 sq. = S.M. p. 20 sq.

3

Suzanne entrent dans la liste du 4ᵉ s., parce qu'une notice du martyrologe
hiéronymien les mentionne.

Dans ces courtes notices, l'archéologie n'intervient qu'une seule fois,
pour Saint-Clément: d'un jugement prudent, Duchesne évoque, après un article
de G. B. de Rossi « les substructions antiques, auxquelles on a peut-être
attaché, bien avant Constantin, le souvenir du pape Clément » (⁴²). Alors que
nous disposons aujourd'hui du monumental *Corpus Basilicarum* procuré par
R. Krautheimer, ces quelques pages publiées en 1887, avant le développement
considérable – *intra-muros* – de l'archéologie chrétienne, peuvent paraître
désuètes. Elles conservent, malgré tout, quelque mérite. Car Duchesne, avec
ce génie de l'ellipse qui se s'embrouille pas dans les polémiques oiseuses,
athétise par son silence un fâtras de légendes (⁴³): elles embarrassaient encore
bien des livres, sur les origines de Sainte-Prisque, de Sainte-Pudentienne ou de
Sainte-Praxède. Du reste, les théories de J. P. Kirsch ont-elles aussi sûrement
dépassé les conclusions de son prédécesseur? Le premier veut retrouver sous
l'église paléo-chrétienne du 4ᵉ ou du 5ᵉ siècle, les traces d'une *domus ecclesiæ*
du 3ᵉ s. Certes l'archéologue fouillant le sol romain a retrouvé – ce qui
n'est pas surprenant – des structures antérieures aux basiliques, mais l'affectation liturgique de ces *domus* n'est guère démontrée. Par la force des choses
et aussi de sa méthode, Duchesne atteint une plus grande certitude, lorsqu'il
s'appuie sur les documents explicites, attestant la première mention d'un édifice
sûrement affecté au culte chrétien (⁴⁴). Enfin, cette étude chronologique
conserve toute sa portée et sa puissance d'évocation, lorsqu'elle glisse de la
géographie à l'histoire sociale, en expliquant comment la mission répartit ses
églises sur les territoire urbain: « Elles se trouvent presque toutes dans une
zone relativement excentrique... Le cœur de la ville de Rome comprenait
quatre régions... Là se trouvent le Capitole, le Palatin, la Voie Sacrée, le
Forum romain et les autres forum... Or, tandis que dans les autres régions,

---

(⁴²) *BAC*, 1870, p. 147, dans Duchesne, art. cité, p. 221 = S.M. p. 21.

(⁴³) Armellini évoque ces légendes avec plus d'indulgence et de Rossi lui-même attache
grand prix à la découverte, dans la « Maison de Prisca » d'une table de bronze de 222 mentionnant C. Marius Pudens Cornelianus: il construit sur ce témoignage des hypothèses aventureuses
BAC, 1867, p. 46. On notera que D. n'y fait pas écho; v. Krautheimer, *Corpus*, 3, p. 274.

(⁴⁴) On peut retenir le scepticisme de Duchesne sur l'origine du *titulus Marcelli*: « le *L.P.*
en attribue la fondation au pape Marcel... L'église est mentionnée en 418 ». *Ibid.* p. 224 = S.M.
p. 24; cf. aussi l'étude sur les *Légendes de l'Alta Semita*, art. cité, p. 43; de même pour Sainte-
Suzanne, p. 37. 2ᵉ Sur Saint-Pierre-aux-Liens, la notice relève fort justement l'existence du titre
en 431; la remarque est reprise par H. Delehaye. 3ᵉ localisation aux Saints-Apôtres de la
basilica julia, *L.P.*, p. 205.

on trouve en moyenne de 2 à 3 églises titulaires, il n'y en a qu'une seule pour 4 régions... Au 4ᵉ s. et surtout vers le début de l'ère de paix inaugurée par Constantin, on ne pouvait manquer d'être plus timide que par la suite. La population païenne était encore très nombreuse... C'eût été l'irriter sans raison et s'attirer des désagréments de plus d'un genre que d'aller arborer les emblèmes du christianisme au milieu des plus vieux sanctuaires de la tradition romaine... » ([45]). Ces quelques lignes assurent les conclusions d'une recherche: elles purent inspirer un chapitre à A. von Harnack dans sa *Mission und Ausbreitung des Christentums* et un livre à R. Vielliard ([46]).

En revanche, tous ces savants, Vielliard et surtout Kirsch, se sont attachés beaucoup plus que Duchesne à définir la nature et les fonctions de l'église titulaire. Celui-ci, naturellement, essaie de se représenter, après de Rossi, l'organisation ancienne de la propriété ecclésiastique ([47]): il étudie en quelques cas, les origines d'un *titulus*, celui de Sainte-Anastasie auquel il prête une famille d'aristocratiques fondateurs, sûrement trop nombreuse ([48]), ou encore, le *titulus Eusebii* dont une notice dans le Martyrologe hiéronymien célèbre le fondateur ([49]); mais le savant français n'a pas théorisé ([50]) sur la question et peut-être suspectait-il trop fort la littérature hagiographique pour envisager une enquête sur les légendes de fondation comme celle très réussie de J. P. Kirsch. De même, si le mémoire de 1887 distingue soigneusement les églises titulaires des grandes basiliques généralement réservées à la synaxe

---

([45]) Art. cité, p. 230 = S.M. p. 30.

([46]) *Op. cit.*, tome 2, Leipzig, 1924, p. 847 sq.; R. Vielliard, *Recherches sur les origines chrétiennes de Rome*, Rome, 1959.

([47]) On sait qu'il a touché à la question dans les *Origines du culte chrétien* p. 420 sq. et dans l'*Histoire ancienne de l'Eglise*, 1, p. 381. D. se sépare de G.B. de Rossi en suggérant que « si les communautés chrétiennes ont réussi à posséder des immeubles apparents et considérables, c'est qu'on les a tolérées et même reconnues, sans fiction légale, comme églises, comme sociétés religieuses ». Un exposé sur cette théorie dans P. Testini, *Archeologia Cristiana*, Rome, 1958, p. 115.

([48]) Sainte-Anastasie, *MEFR*, 7, 1887, cité, p. 389 = S.M., 47. Duchesne veut confondre l'Anastasia, connue par une inscription de Saint-Pierre, *ICUR*, NS, 2, 4097 datant du pontificat de Damase avec une autre Anastasia épouse de Fl. Avitus Marinianus, préfet du prétoire en 422 (*ICUR*, NS, 2, 4102). La première inscription se rapporterait à l'église de Sainte-Anastasie, A. Ferrua (*Epigrammata Damasiana*, Rome, 1942, p. 95) a démontré que cette solution était impossible aussi bien pour localiser près du Palatin la dédicace d'Anastasie que pour confondre les deux homonymes, séparées l'une de l'autre au moins par une cinquantaine d'années. Le stemma dessiné par D. soulève des difficultés analogues. Kirsch, *op. cit.*, p. 22, avait suivi Duchesne.

([49]) Celui-ci avait étudié le problème d'Eusèbe dans l'Introduction du *L.P.*, p. CXXIV sq., Son hypothèse est développée par Kirsch, *op. cit.*, p. 58.

([50]) Quelques remarques aux *loc. cit.*, *supra*, note 47.

pontificale, il esquisse à peine une étude de cette liturgie locale, indiquant au passage les liens des lecteurs avec ces centres locaux du service divin ([51]). C'est en identifiant les *tituli*, en établissant la chronologie de leur établissement que le talent de Louis Duchesne avait donné sa pleine mesure.

La seconde *Note sur la topographie...* traite aussi des diaconies: elle présente brièvement la synthèse de commentaires rédigés l'année précédente pour le *Liber Pontificalis* ([52]). L'éditeur n'eût pas trop de peine à établir la liste de ces fondations, au nombre de 18 sous le pontificat d'Adrien (772-795), après une première attestation ([53]) à l'époque de Benoît II (684-685); cette fois, ce sont les biographies papales qui donnent l'essentiel de l'information, sauf une référence à la mosaïque absidiale de Saint-Théodore ou à l'inscription de *S. Angelo in Pescheria* ([54]). Mais la sagacité de Duchesne s'exerce surtout à définir le rôle des diaconies; le premier, il dissipe complètement les confusions qui rapprochaient, à cause d'un vocabulaire ambigu, les diacres et les régions ecclésiastiques avec les diaconies elles-mêmes, institutions charitables, regroupant près d'une église, un asile, des hospices pour vieillards ou pélerins, et jouant le rôle d'un centre d'aumônes et de distributions alimentaires. Cette distinction, comme le reconnaissent tous les chercheurs qui touchent ensuite au problème ([55]), trace la voie de nouvelles enquêtes, celle de Mgr Lestoquoy

---

([51]) Ainsi pour le *lector de Belabru* rattaché à Sainte-Anastasie, art. cité, p. 397 = S.M. p. 55 (*ICUR*, NS, 5, 12426). Sur les Basiliques non titulaires, *Note sur la topographie* citée, *MEFR*, 1887, p. 236 = S.M. p. 35.

([52]) Note citée, *MEFR*, 7, 1887, pp. 236-243, reprenant par exemple la note dans *L.P.*, p. 364 (7), etc...

([53]) H.I. Marrou, *L'Origine orientale des diaconies romaines*, *MEFR*, 57, 1940 pp. 95-142 et O. Bertolini, *Per la storia delle diaconie romane nell'alto medio evo sino alla fine del secolo VIII*, dans *ASRSP*, 70, 1947, pp. 1-145, ont attiré l'attention sur les diaconies italiennes de Pesaro, Naples sans modifier la chronologie proposée par L.D.

([54]) La recherche archéologique confirme dans l'ensemble la chronologie de Duchesne: l'existence supposée d'une chapelle antérieure à l'édifice actuel ne modifie pas, à *S. Giorgio in Velabro*, la chronologie de la diaconie (R. Krautheimer, *Corpus*, 1, p. 263). De même, on ne peut rien conclure lorsque les diaconies s'établissent dans des édifices déjà effectés au culte, comme à Sainte-Marie-Antique (*Corpus*, 2, p. 268: début 6ᵉ S.), à Sainte-Agathe (*Corpus*, 1, p. 3), aux Saints Cosme-et-Damien et aux Saints Nérée-et-Achille. En revanche, dans la diaconie de *S. Maria in Via Lata*, R. Krautheimer propose, d'après les structures antiques, une fondation dans le premier quart du 7ᵉ s. (*Corpus*, 3, p. 81); de même, on peut penser au début du 7ᵉ s. pour l'établissement de la Diaconie à Saint-Théodore (R.K., *Corpus*, 4, p. 288 bien que G. Matthiae, dès 1948, propose une chronologie plus haute – milieu du 6ᵉ s. – pour la mosaïque). Enfin l'inscription signalée par Giovenale mentionnant une donation à la diaconie de Sainte-Marie *in cosmedin,* semble remonter au 7ᵉ s. (R.K., *Corpus*, 3, p. 281).

([55]) En particulier, H.I. Marrou, art. cité, p. 99, J. Lestoquoy, *RAC*, 7, 1930, p. 261 sq.

qui cherchait, avec quelqu'imprudence, à reconnaître dans l'activité des diaconies le rôle d'un pieux laïcat, celle de H. I. Marrou qui établit leur origine orientale et monastique, celle de O. Bertolini qui en retrace l'histoire dans un grand mémoire. En même temps, comme il l'avait fait pour les églises titulaires, Duchesne explique, en quelques lignes, comment la répartition de ces nouveaux établissements reflète les progrès de la mission chrétienne à Rome et les transformations de la société urbaine: « Il est clair que ces fondations se sont opérées en un temps où il n'y avait plus aucun motif de tenir les établissements chrétiens éloignés du Forum et du Palatin... Tandis que les titres n'ont jamais été bâtis aux dépens ou sur l'emplacement des édifices publics, les diaconies s'y sont pour la plupart installées... Au lendemain des invasions lombardes bien des infortunes tendaient la main aux papes; de plus, les vieilles églises du 4ᵉ s., sans cesse visitées par les fidèles et les pélerins, avaient à chaque instant besoin de réparations ou d'embellissements. S'il avait fallu en construire de nouvelles... le trésor pontifical n'y aurait pas suffi; mais il était aisé de transformer par quelques aménagements peu coûteux quelques uns des édifices publics abandonnés... » ([56]).

En bref, toute cette analyse dégage les grands traits d'une Rome chrétienne qui transforme, avec ses régions, ses églises et ses diaconies, le paysage de la Ville. L'historien marque de son empreinte l'enquête topographique; il relie les institutions et leur géographie à l'évolution démographique et politique de la cité. Finalement, cette « macrotopographie » – si l'on peut dire – touche à l'histoire sociale.

Duchesne, surtout le Duchesne du *novecento,* dans le dernier quart de sa carrière scientifique, conduit sa recherche dans les quartiers, composant, dès lors qu'est posé le cadre de la Rome chrétienne, une suite de monographies sur les grandes basiliques avec leur mouvance locale, sur le centre traditionnel et surtout sur le Vatican. Le savant s'attache à préciser l'histoire et la géographie des grands complexes liturgiques organisés près des grandes églises, celles de la Ville surtout; car il touche moins – et parfois avec moins de bonheur – aux ensembles situés hors les murs. Faut-il rappeler le mémoire publié en 1921 sur Saint-Laurent ([57]) qui a perdu beaucoup de son actualité, depuis, qu'en 1950 E. Josi a présenté les premiers résultats de l'investigation archéologique? A Saint-Paul, le commentateur du *Liber* consacre une courte note,

---

([56]) Note citée, pp. 241-242 = S.M. pp. 41-42. L'enquête s'est enrichie des remarques de H. Marrou, *in vestigia magistri, op. cit.,* p. 97, de O. Bertolini, *op. cit.,* p. 64 et de Vieilliard.
([57]) *Le sanctuaire de Saint-Laurent, MEFR,* 39, 1921-1922, pp. 3-24 (n° 247).

assez pour identifier les deux monastères attachés au *martyrium* ([58]). Dans
le cas du Latran, les notes de la grande édition amorçaient sans doute une
étude plus systématique, en esquissant déjà de précieuses conclusions mais
on ne prête pas trop à la délicatesse de Duchesne en supposant que le maître
s'effaça pour laisser libre le champ des recherches à son élève Ph. Lauer ([59]).

Retenons surtout l'exemple de Sainte-Marie-Majeure qui reçoit l'honneur
d'un très grand mémoire: la publication par P. Fedele du *Tabularium sanctæ
Praxedis* donnait une matière nouvelle ([60]) à une synthèse reconstituant pour
la première fois l'évolution de l'ensemble formé par la basilique avec ses
monastères desservants: une charte de 991 énumérait en effet quatre établissements, dont deux portaient le nom de Saint-André – *monasterium S. Andree
qui appellatur Massa Juliana et S. Andreæ apostoli necnon protomartyris
Stephani qui vocatur Exaiulo*, un autre, celui de Laurent et d'Adrien – *nec
non... virginum Praxedis et Agnetis qui appellatur Duas Furnas* – tandis
qu'un quatrième était placé sous le patronage des Saints Cosme-et-Damien ([61]).
Pour identifier ce dernier, l'éditeur du *Liber* débrouille aisément les difficultés
de la chronique: celle-ci indiquait que Symmaque avait fondé, à la fin du
5e s., en l'honneur des deux anargyres, un oratoire près duquel s'établit un
hospice, transformé en monastère par Grégoire II (715-731). Cette solution
s'imposa d'autant plus aisément dans le consensus érudit que Duchesne

---

([58]) Note dans *L.P.*, 2, p. 44 (82), localisant Saint-Césaire à l'emplacement de l'actuelle abbaye
et dans l'atrium de la basilique, – comme l'indique une formule du *Liber diurnus*, 7, 3, étudiée
par Duchesne; Saint-Etienne, cf. Ferrari, p. 254 sq.

([59]) Encore une note, *L.P.*, 2, p. 43 (80) sur les monastères: l'emplacement de Saint-Pancrace
est marqué sans difficultés, grâce à un texte de Grégoire le Grand, *juxta basilicam* (cf. Ferrari, p. 253), près du cloître des chanoines. De même, pour Saint-Etienne, tout proche de la chapelle homonyme fondée au 5e s. par le pape Hilaire (Cf. Huelsen, p. 479 et Ferrari, p. 358).
En revanche, la localisation du monastère fondé par Honorius soulève des difficultés que le
liturgiste débrouille avec maestria: il remarque que *l'Ordo Romanus* I, appelle l'une des chapelles du monastère, *S. Andrea ad Crucem*: « Ce qui porte à croire que cet oratoire avait un rapport étroit avec l'oratoire de la Croix », datant du 5e s. et voisin du baptistère. (Huelsen, p. 195,
tente de préciser cette localisation et après lui, Ferrari, p. 162). De même sur la *Schola Cantorum*, voir *L.P.*, 2, p. 102 (18), cf. Huelsen, p. 479. Sur Duchesne et Lauer, cf. *CRAI*, 1900, p. 380
(n° 165).

([60]) *Les monastères desservants de Sainte-Marie-Majeure*, MEFR, 27, 1907, pp. 479-494 = S.M.
pp. 329-344, (n° 210); P. Fedele; dans *ASRSP*, 23, 1900, pp. 171-237; 24, 1901, pp. 159-296;
29, 1902, pp. 169-269; 26, 1903 pp. 21-41 et dans le même revue, de 1904 à 1907, *Le carte
dell'archivio liberiano dal Secolo X al XV*, par G. Ferri. L'importance de cette étude duches-
nienne est soulignée par Ferrari, p. 54 sq.

([61]) Voir aussi le catalogue des églises dans la Vie de Léon III (795-816), *L.P.*, 2, p. 23 sq.

pouvait localiser le monastère, là où se dressait encore au 16ᵉ s., l'église des Saints Cosme et Damien, derrière l'abside de la basilique (⁶²).

En revanche, pour les autres monastères, les objections opposées par Huelsen aux hypothèses de Duchesne permettent sans doute de caractériser les méthodes divergentes des deux savants. Sous le patronage de Laurent et d'Adrien, le savant allemand distingue un *monasterium S. Adriani et S. Laurentii*, attesté au 8ᵉ s. dans la vie du pape Adrien (772-795), peut-être un autre établissement, *monasterium S. A(d)riani*, mentionné par le biographe de Léon III (795-816), devenu au 14ᵉ s. *Adrianello*, puis un troisième établissement Saint-Laurent *juxta gradatas*, indiqué par une charte de 1056 et placé dans la montée de Subure, vers Sainte-Marie, enfin un quatrième Saint-Laurent, *prope Eusebium*, reconnu par la découverte au 18ᵉ s. près de l'église titulaire, de quelques structures et d'un fragment d'épistyle portant dédicace de l'archidiacre Hilaire (⁶³). Dans toute l'enquête qu'implique le catalogue scientifique des *Chiese di Roma* – un monument de l'érudition contemporaine – Huelsen s'attache à discerner des localisations sûrement datées; avec les mêmes documents, le savant français s'occupe au contraire de reconstituer l'évolution d'un complexe d'oratoires et de chapelles placés dans la même région sous le même patronage. Le premier établissement remonte peut-être au 5ᵉ s. si on accepte de placer sur l'Esquilin la fondation du pape Hilaire *ad Lunam*, *orante beato Laurentio*. Mais après cette simple conjecture, Duchesne entre dans le domaine des certitudes documentées en reconnaissant, le *monasterium sanctorum Adriani et Laurentii, ad præsepem*, près de Sainte-Marie-Majeure; tout aussi vraisemblable, l'identification de ce dernier avec l'édifice mentionné une trentaine d'années plus tard, sous Léon III, le *monasterium Sancti Adriani ad præsepem*, le futur S. Adrianello. Au 10ᵉ s., l'archiprêtre de cette communauté annexe sous son autorité un monastère jusque là autonome et rattaché à Praxède. On comprend que, dans ce contexte d'expansion, Duchesne ait confondu, avec cette ensemble considérable, étendant sa puissance entre la basilique et l'eglise titulaire, un établissement mentionné cinquante ans plus tard, près de Sainte-Marie, *juxta gradatas*, sous le nom de Saint-Laurent (⁶⁴).

(⁶²) D. a le mérite de réunir le dossier des documents du 6ᵉ au 8ᵉ s. mais surtout c'est l'éditeur qui sait choisir entre deux versions de la *Vita Adriani*, la plus claire et la plus sûre, quoique la plus récente, art. cité, p. 481 = S.M. p. 331. Cf. Huelsen, p. 239 et Ferrari, p. 101.

(⁶³) Huelsen, dans l'ordre des édifices ici cités: *Chiese* n° 34, p. 297; 2°: n° 2, p. 261; 3° n° 16, p. 287; 4°: n° 12, p. 285. La dédicace de Hilaire, selon D. le futur pape, publiée après Bianchini, par Duchesne, *L.P.*, p. 511 (116) n'est pas sûrement localisée.

(⁶⁴) Dans cette démonstration, (art. cité, p. 485 = S.M. p. 335 sq.) la référence au monastère *ad Lunam* est très discutable: v. Ferrari, p. 13; en revanche l'identification des monastère

Là où Huelsen fractionne au gré de dénominations changeantes, Duchesne rassemble dans un ensemble unique, progressivement constitué du 8ᵉ au 10ᵉ siècle.

Entre les deux savants, les divergences s'accusent encore lorsqu'ils touchent aux deux monastères Saint-André, rattachés à Sainte-Marie [65]. Duchesne déploie opiniâtrement une égale finesse pour reconnaître la continuité de l'implantation chrétienne: il relève, à l'origine, la fondation d'une église en l'honneur de l'apôtre, vers 475. Un siècle plus tard, la patricienne Barbara, amie et protégée du pape Grégoire le Grand, crée un monastère, comme l'atteste un nom dont D. a débrouillé les difficultés: *S. Andreas cata Barbara patricia* [66]. A partir de ce premier établissement se détachent les deux monastères de Saint-André; du premier *S.A. in Assaio,* Duchesne retrouve la trace, au prix d'une analyse toute d'ingéniosité, dans le jardin de l'hôpital Saint-Antoine, proche de la basilique *S.A. cata Barbara* aujourd'hui disparue [67]. La démarche avance avec plus d'incertitude pour fixer l'emplacement de *S. Andreas in Massa Juliana*: elle conjecture que le monastère s'établit en se séparant de la première fondation grâce à l'affectation d'un patrimoine – *la Massa Juliana?* [68]. Au total, alors que Huelsen énumère indépendamment les uns

---

d'Adrien (le 1ᵉʳ et le 2ᵉ cités ici dans la liste d'Huelsen), est acceptée par Ferrari, p. 6 et p. 178, sq.: d'ailleurs les réticences de Huelsen (p. 261) ne valent pas réfutation. Pour Saint-Laurent *juxta gradatas,* le savant allemand note (p. 287), à propos de la charte de 1056: *sul dorso della pergamena è notato [hor]tus sancti Adriani,* ce qui confirme, à mon sens, le rapprochement avec le monastère des Saints-Laurent-et-Adrien, cf. Ferrari, p. 181.

[65] Art. cité, p. 487 = S.M. p. 337: sur les noms des deux monastères, *supra* Huelsen cite successivement, n° 30 *S. Andreas in Assaio vel in Exaiolo,* p. 177; n° 32, *S.A. cata Barbara Patricia,* p. 179; n° 37, *S. Andreas de Fractio,* p. 184; n° 41, *S.A. in massa Juliana* p. 187.

[66] C'est à D. que revient le mérite de cette identification, *L.P.,* 2, p. 44 (84); cf. *L.P.,* 1, p. 518 (49). L'église avait été étudiée par G.B. de Rossi, *BAC,* 1871, p. 5 sq. puis par G. Lugli et Th. Ashby, *RAC,* 9, 1932, p. 221 sq, spec. p. 227; R. Krautheimer, *Corpus,* 1, p. 64 sq.; R. Enking, *S.A. c. Barbara,* Chiese di Roma illustrate, 83, Rome, 1964, p. 12, reprennant l'explication de Duchesne.

[67] C'est-à-dire à l'emplacement actuel du *Russicum.* D. a noté que la chapelle Saint-André *in Assaio* «au titre singulier», était voisine de l'hôpital fondé au 13ᵉ s., qui porte d'abord le patronage d'André *in Assaio* dans le catalogue de Turin avant de prendre celui d'Antonin: c'est dans ce jardin que Platina et P. Sabino explorent les ruines de l'église du 5ᵉ s.: art. cité, pp. 490-492 = S.M. pp. 340-342.

[68] *Loc. cit.:* D. identifie *S. Andreas de Fractis* avec *S.A. in M. Juliana,* car cette dernière dénomination disparait au 13ᵉ s. au profit de la première. Sur cette démonstration et la localisation, près de S. Vito (?), Ferrari, p. 56. Signalons aussi la localisation de S. Euphemia (*L.P.,* 2 p. 41 [66]) à l'angle de la *Via Quattro Fontane* et de la *Via S. Pudenziana,* contestée par Huelsen, p. 249 et Ferrari, p. 135. Sur les processions dans le quartier de Sainte-Marie-Majeure, *L.P.,* 1, p. 376 et p. 381 (44); *L.P.* 2, p. 135 (1o).

des autres trois ou quatre monastères, cette fois encore, le savant français ramène toute l'évolution, depuis l'époque paléochrétienne, au développement d'une communauté unique. Ainsi, la monographie décrit, à l'ombre des basiliques pontificales, la croissance des nouveaux quartiers qu'enracine dans le sol de la Ville, la mission chrétienne.

Duchesne, en étudiant le réseau des églises titulaires, remarquait que ces édifices avaient longtemps évité le centre traditionnel: aussi, consacre-t-il plusieurs articles publiés vers la fin du siècle, à reconnaitre la genèse du Forum et du Palatin chrétiens ([69]). Sous bien des rapports, ces études n'appartiennent plus – il faut l'avouer – à la science contemporaine, lorsqu'elles décrivent la géographie du culte: l'une d'elles – on s'en souvient – arrêtait près du temple de Vénus et de Rome l'emplacement de Sainte-Marie-Antique ([70]). D'ailleurs, le jugement de l'historien n'était guère éclairé par une recherche archéologique, encore balbutiante: il hésite pour la localisation de S. *Maria de Cannapara* en confondant avec la *basilica Iulia*, la corderie évoquée par le nom de l'église, mais un excellent spécialiste comme Huelsen s'engageait, à l'époque dans la même voie ([71]). De l'enquête sur les Saints Cosme-et-Damien, on retiendra surtout les remarques sur la conjoncture politique qui explique l'apparition sur le Forum du culte des anargyres. Pour le Palatin, occupé par la résidence impériale, une enquête rassemble tous les témoignages d'un souvenir chrétien: celui de Jean Diacre, assurant que Grégoire le Grand dépose les images impériales au Latran et aussi *in oratorio Sancti Cæsarii martyris intra Palatium*. Le biographe du pape Serge place la consécration du pontife en 687, dans un oratoire du même nom. Duchesne rappelle aussi l'activité, sur la colline impériale, du curopalate Platon, le père de Jean VII et finalement, il relève la mention au 9ᵉ s. d'un monastère de Saint-Césaire, *in palatio*. En bref, depuis une assez haute époque, le Palatin aurait été occupé par un oratoire de la foi nouvelle avant d'être abandonné des moines grecs, lorsque

---

([69]) 1° – *Notes sur la topographie de Rome au Moyen-Age, I, Templum Romae, Templum Romuli, MEFR*, 6, 1886. pp. 25-37 = S.M. pp. 3-15 (n° 63). 2° – l'article sur Sainte-Anastasie, *MEFR*, 7, 1887, cité (N° 71 bis). 3° – Celui sur Sainte-Marie-Antique, *MEFR*, 17, 1897, cité (n° 152). 4° – *Le Forum chrétien*, dans *Mélanges De Cabrières*, Paris, 1899, pp. 125-143 (n° 158). 5° – *Le Palatin chrétien*, dans *NBAC*, 6, 1900, pp. 17-28 (n° 164).

([70]) Art. cité, *supra*: on sait que Duchesne mène, en ce cas, l'enquête avec un entêtement insolite, s'abandonnant jusqu'à corriger les textes (*loc. cit.* p. 27 = S.M. p. 155) qui gênent son hypothèse. D'autre part, l'article sur Sainte-Anastasie n'offre qu'un dossier de textes et un recueil contesté des inscriptions se rapportant au titre palatin (v. *supra*).

([71]) *Mélanges De Cabrières*, p. 134, cf. Huelsen, *Chiese* n° 25, p. 321, où il se corrige.

la colline eût perdu son antique prestige (⁷²). Pour Huelsen qui refuse de s'engager dans cette reconstitution, en soutenant que, dans les textes les plus anciens, *palatium* désigne le Latran, tout commence avec l'établissement monastique en plein Moyen Age (⁷³). Même si cette critique parait excessive, comment s'assurer, faute d'une localisation précise dans ce vaste palais, que la communauté des moines placés sous la protection de Césaire s'établissait à l'emplacement d'une chapelle dédiée au même patron? L'archéologie n'est pas venue au secours de Duchesne (⁷⁴).

Ce n'est pas dans cette description géographique qu'il faut chercher les mérites et l'actualité scientifique d'une « enquête – l'auteur le reconnaît – composée dans le cabinet de travail ». L'historien analyse avec une maîtrise consommée les textes pour interpréter l'hagiographie du Forum, toute une géographie fantastique et sainte qui s'établit au centre de l'antique cité. Cette méthode identifie, dissimulés sous les appellations forgées par l'imagination médiévale, le souvenir des monuments antiques. Elle reconstitue l'histoire de certaines dénominations, celle du *Templum Romæ*, devenu au 8ᵉ s. *templum Romuli* dans le langage créateur des chroniques, alors que ce nom fantaisiste désignerait en réalité la basilique de Constantin (⁷⁵). Duchesne écrit surtout l'histoire de cette géographie miraculeuse que dessinait, dans le centre tradi-tionnel, la piété romaine: celle du vol de Simon le Mage et de son atterrissage catastrophique, obtenu par les prières des deux apôtres, celle du *carcer mamertinum*, la prison profonde dont Pierre, en frappant la paroi, avait fait jaillir une source baptismale. L'analyse fixe, au plus près, l'époque où se forgent les légendes, écartant au passage les créations d'imaginations plus

---

(⁷²) V. l'article sur le *Palatin chrétien*, reprenant une première ébauche dans le *Bulletin critique*, 1885, 6, pp. 417-424 et une note du *L.P.* p. 377 (12). J. Diacre, *Vita Gregorii*, 4, 20; *L.P.*, p. 371 pour Serge; pour Platon, *L.P.* p. 386 (1). Sur le monastère, Einhard, *Translatio bb. Marcellini et Petri*, *PL* 104, 542 et *L.P. Vita Leonis IV*, 2, p. 114.

(⁷³) Chr. Huelsen, *Die Kirchen des hl. Caesarius in Rom*, Miscellanea F. Ehrle, 2, Rome, 1924, pp. 377-403, suivi par Ferrari, p. 89 sq.

(⁷⁴) R. Krautheimer, *Corpus*, 1, p. 113 ne conclut pas (en 1937), cf. *Corpus* 2, p. 269 (en 1962). G. Lugli, *Roma Antica*, Rome, 1946, p. 513, ne propose pas de solution. Cecchelli, *Topografia*, cité, p. 279, veut retenir le témoignage de la Passion de Saint-Césaire; les reliques du Saint sont déposées *in imperiali cubiculo* (*BHL* 1511).

(⁷⁵) Sur l'identification des monuments énumérés par le chanoine Benoît, v. *Notes... IV, le Forum de Nerva et ses environs*, MEFR, 9, 1889, cité *supra*. Sur le *Templum Romae*, cf. *Note*, 1. La question a été reprise, on le sait, par F. Castagnoli, *ASRSP*, 70, pp. 162-165, Lugli, *Centro monumentale*, p. 225 et Cecchelli, *Topografia*, p. 274, qui proposent le temple de Vénus et de Rome.

modernes (⁷⁶). L'historien de l'Eglise explique aussi le déplacement des lieux infernaux: depuis le Capitole qui abritait, selon la *Vita Silvestris*, au 5ᵉ s. un vilain dragon dévoreur de vierges jusqu'au pied du Palatin, près du temple des Vestales où veut l'installer l'auteur des *Mirabilia*. L'imagination de ce dernier avait glissé des petites victimes de la colline sacrée aux filles consacrées, en modifiant du même coup la topographie diabolique (⁷⁷). Ces promenades, dans des paysages que la mentalité médiévale peuple de phantasmes conduisent finalement Duchesne dans le territoire plus concret de l'histoire sociale. Etudiant Sainte-Anastasie, il évoque la vie locale d'un *titulus* qui « avait encore l'avantage ou l'inconvénient de se trouver tout près du port. C'est la première église que rencontraient les voyageurs, marins et cpmmerçants qui arrivaient d'Afrique, de Constantinople et d'Alexandrie. Tout ce monde était très religieux mais non sans quelque bigarrure... Saint Léon se vit obligé de (venir y) « défendre ses ouailles contre les séducteurs alexandrins... (A la fin du 5ᵉ s.) le prêtre Julien est célèbre pour sa vertu, son zèle pour la discipline, son hospitalité. Il accueillait volontiers chez lui les moines étrangers ». Duchesne laisse libre cours à son talent d'évocation pour rappeler les processions, celle qui conduisait vers l'église du Palatin, au petit jour de Noël, le défilé des Romains et de leur pape, précédés par les sept croix stationales (⁷⁸). Avec ces cortèges pieux dont l'historien jalonne le trajet, au mercredi des Cendres, aux quatre fêtes de la Vierge, au lundi de Pâques, « le vieux forum reprenait vie au chant des liturgies ».

Toutes ces démarches de l'enquête locale, reconstituant avec l'hagiographie et l'organisation des grands ensembles liturgiques, l'histoire sociale d'un quartier, se conjuguent dans les *Vaticana*, publiés de 1902 à 1915 (⁷⁹). En commentant le *Liber Pontificalis*, Duchesne s'attachait déjà à expliquer

---

(⁷⁶) Pour le *c. Mamertinum*, Duchesne démontre que la citerne sert de prison encore au 4ᵉ s. (cf. Lugli, *Centro monumentale*, p. 108, après l'étude de la légende par P. Franchi de Cavalieri, *Note agiografiche* 9, Studi e Testi, 175, Rome 1935, pp. 1-46). Il écarte, d'autre part, une version plus tardive qui situait sur le Janicule, le miracle de la source: art. cité, p. 129.

(⁷⁷) *MEFR*, 17, 1897, cité, p. 30 sq = S.M., p. 158 sq.

(⁷⁸) *MEFR*, 7, 1887, cité, p. 395 sq. et p. 407 = S.M. p. 53 sq. et p. 65. Il faudrait, pour être exhaustif, détailler tout ce qu'apporte Duchesne dans la localisation de toponymes: par exemple, après Jordan, *ad tria fata*, sur le Forum près des Rostres (*L.P.*, p. 517 (46), v. S. Plattner et T. Ashby, *Topographical Dictionary of Ancient Rome*, Londres, 1929, p. 539; le *monasterium quod dicitur Palladium*, placé sur le Palatin, *L.P.*, 2, p. 319 (14); pour le *Porticus Galla*, v. *L.P.*, 2, p. 308 (28), près de Sainte-Marie *in porticu*.

(⁷⁹) *L.P.*, 1, p. 118 avec la note p. 119 (13). b) *Vaticana, notes sur la topographie...* X, *MEFR*, 22, 1902, pp. 1-22 = S.M. pp. 181-200 (n° 182). c) Notes, XI, *Mausolée des Probi, les mausolées impériaux. Saint-Grégoire in palatio. La nécropole pontificale. Saint Vincent au*

la géographie préconstantienne décrite dans la *Vie de Pierre* par la chronique: *qui sepultus est via Aurelia, in templum Apollinis, juxta locum ubi crucifixus est, juxta palatium Neronianum, in Vaticanum...* De ce témoignage complété par les versions latines des Actes de Pierre, où survivaient confusément quelques réminiscences de la topographie antérieure à la basilique, le commentateur tire quelques conclusions: le *Palatium Neronianum* évoque évidemment le souvenir du prince, conservé aussi dans l'appelation de Saint-André, *vestiarium Neronis*. Duchesne rattache – et il a le mérite de poser solidement l'hypothèse – le *Templum Apollinis* au *Phrygianum* dont les souvenirs épigraphiques ont été magistralement étudiés par E. Josi ([80]). La géographie médiévale – on le sait – corrige ces premières indications en déplaçant vers le N. E. la naumachie, l'obélisque de Néron – *ad locum qui vocatur Naumachiæ, iuxta obeliscum Neronis* près desquels les actes latins plaçaient le martyre de l'apôtre. Pour expliquer cette migration, il faut sans doute – propose Duchesne – une naumachie réelle encore visible au Moyen Age, autour de laquelle se placent tous les repères évoqués par les hagiographes. Cette fois encore, le français se sépare de Huelsen qui était parvenu à se convaincre que cette sorte d'édifice s'établissait au N. du château Saint-Ange. Il n'importe guère que, dans ce débat, l'archéologie, en 1949, ait hésité en faveur de Duchesne. On se rappellera seulement toute l'ingéniosité d'une argumentation qui écarte le contradicteur en reconstituant la voie suivie par la procession décrite dans l'*ordo* de Benoît ou dans les *Mirabilia*. Ces deux auteurs, parce qu'ils mentionnent la naumachie, en décrivant le paysage de leur pieux cheminement, n'auraient pu voir, là où le voulait Huelsen, un édifice dont le mur de la cité léonine interceptait la vue ([81]).

Vatican. *Le scrinium confessionis*, MEFR, 22, 1902, pp. 385-428 = S.M., pp. 201-244 (N° 183). d) *Naumachie obélisque, Térébinthe, dissertazione letta il 16 gennaio 1902*, Diss. P.A.R.A. 8, 1903, pp. 134-148 = S.M., pp. 315-328 (n° 187). e) Note jointe à A. de Waal, S. *Gregorio in Palatio*, RQS, 18, 1904, p. 39. f) Notes... XII, *Vaticana (suite)*. 1 - *l'Administration de la basilique*. 2 - *les monastères desservants et le chapitre*. 3 - *les diaconies*. 4 - *La maison de l'obélisque*. 5 - *St-Grégoire in Palatio*. 6 - *Le Septinianum*. 7 - *La mica Aurea*, MEFR, 34, 1914, pp. 307-356 = S.M. pp. 253-302 (n° 231). g) *Notes ... XIII, Vaticana (suite), la tombe apostolique*, MEFR, 35, 1915, pp. 3-13 = S.M., pp. 303-313 (n° 232).

([80]) L.P., p. 233 (16); art. cités, (a), (b), p. 8 = S.M., p. 186; (d), p. 138, 318

([81]) «Ce monument devait se trouver près de l'ancienne voie Cornelia, à l'entrée de la portica S. Petri», art. cité (b), p. 19 = S.M., p. 197; en ce cas, la naumachie étudiée par Huelsen serait le *Gaianum* près de via Crescenzio. J. Toynbee, *The Shrine of St Peter*, Londres, 1958, p. 6 (en s'appuyant sur les *Esplorazioni sotto la confessione di S. Pietro...* procurées par B. M. Apollonj-Ghetti, A. Ferrua, E. Josi, E. Kirschbaum, Rome, 1951, 1, pp. 11-14), propose à l'O. du Mausolée, la zone de S. *Pellegrino in Naumachia*, Piazza Pio XII: ainsi, A. von Gerkan

Passant à des réalités plus concrètes, Duchesne s'occupe de la basilique. Non pas qu'il entende en faire une description complète: il ne s'étend guère sur la tombe apostolique et s'en tire d'une pirouette – ô combien prudente! – après avoir commenté la description, par la chronique pontificale, des aménagements constantiniens: « Il ne me déplaît pas qu'il reste au monde quelques endroits mystérieux » ([82]). Mais il s'attarde plus longuement à reconstituer l'histoire de la nécropole épiscopale et à identifier l'ancienne Sacristie près du vestibule méridional de l'atrium. Il détruit le légendaire *scrinium* que Schiaparelli avait imaginé de placer près de la confession pour recevoir les bulles papales ([83]). Et surtout, avec une ferveur gallicane assez insolite chez lui, il évoque l'histoire des mausolées accolés à Saint-Pierre: Sainte-Pétronille à qui s'attachait le souvenir de Pépin et du roi Louis XI, Saint-André, devenu après la première dédicace apostolique Sainte-Marie de la Fièvre et finissant en sacristie ([84]).

Mais avec les *Vaticana*, l'historien sort de la vieille basilique: il arpente tout le quartier établi dans la mouvance de l'apôtre, les monastères, les diaconies, la maison du pape. Pour les moines desservant la grande église, le *Liber Pontificalis* énumérait quatre fondations dont la *Note*, publiée en 1914, fixe la répartition géographique. Avec Saint-Etienne Majeur, fondée au 6e s. par la fille du consul Symmaque, Galla, point de difficulté puisqu'aujourd'hui encore, une église en conserve la mémoire. Le *monasterium Stefani minoris*, appelé aussi *Stefanus de Agulia* ([85]), Saint-Etienne de l'obélisque, trouve, grâce

---

et Th. Klauser. Bien entendu, l'identification d'une naumachie par Huelsen (Diss. *APARA*, 1902) n'a été contestée, ni par Duchesne ni par l'érudition contemporaine – (G. Lugli, *Monumenti Antichi*, Rome, 1938, 3, p. 689).

([82]) Art. cité (g), p. 313, reprenant *L. P.*, p. 194. J. Wilpert n'a pas eu la prudence de son prédécesseur (*RAC*, 13, 1936, p. 27 sq.).

([83]) Sur la nécropole, article (c), p. 404 = S.M., p. 220; de même pour la sacristie ancienne, p. 400 = S.M., p. 216; *Scrinium*, p. 421= S.M., p. 237. En revanche, D. s'est corrigé pour la localisation de *S. Gregorio in Palatio* en suivant A. de Waal, v. articles (e) et (f), p. 350= S.M. p. 296: le *palatium* évoquerait le palais de Néron et non celui du pape, qui n'est pas, à l'époque où P. Mallio mentionne la chapelle, encore construit (cf. Huelsen, p. 259). Pour Saint-Vincent, sur le côté nord près de la façade, D. croit que la chapelle succède à un oratoire du *lit* de Saint-Grégoire, (article (c), p. 420 = S.M. p. 236; elle aurait servi à un monastère, celui de Jérusalem, ce que Ferrari, p. 157, après Huelsen ne croit pas démontré.

([84]) Art. cité (c), p. 388 sq. = S.M. p. 204; pour Sainte-Pétronille, D. reprend les articles de G. B. de Rossi, *BAC*, 1878, 125 sq. et 1879, p. 5 sq. cf. Huelsen, *Chiese*, p. 422, qui ne cite pas Duchesne; sur Sainte-Marie de la Fièvre, déjà *L.P.*, 2, p. 599 (1).

([85]) Art. (f), p. 314 = S.M., p. 260. L'identification de Saint-Etienne-Majeur avec le monastère de *Galla*, *cata Galla patricia*, selon une dénomination, expliquée pour *S. Andreas cata Barbara*

CHARLES PIETRI

à son nom, sa place au sud de la basilique. Une liste d'églises composée au 14ᵉ s., le catalogue de Turin, permet de localiser le *monasterium SS. Johannis et Pauli*, à l'ouest du transept septentrional (⁸⁶). Quant à Saint-Martin, si proche de Saint-Pierre, qu'il lui sert d'annexe pendant la semaine sainte, les *ordines* permettent d'en reconnaître l'emplacement, au sud de l'antique abside, là où le pilier de Véronique soutient aujourd'hui la coupole (⁸⁷). Au total, l'analyse rappelle l'enquête topographique menée autour de Sainte-Marie Majeure; mais, cette fois, Duchesne y ajoute une histoire politique et économique des couvents, en étudiant leur participation au conflit du parti franc qu'appuient Saint-Martin et Saint-Etienne-Majeur contre le parti lombard soutenu par l'abbé des Saints-Jean-et-Paul. Au 10ᵉ s., des prêtres remplacent les moines turbulents et comme les nouveaux venus s'agitent à leur tour, un pape réformateur Léon IX les coiffe d'un archiprêtre unique jusqu'au moment – au 13ᵉ s. – où l'on rassemble, afin de la mieux surveiller, cette troupe de chanoines dans une seule maison (⁸⁸). Manifestement, avec quelque prédilection malicieuse pour cette sorte d'anecdote, Duchesne s'amuse à fondre le témoignage du *Liber* avec ceux du cartulaire et à composer une chronique tumultueuse du Vatican médiéval. Mais il s'inquiète surtout de reconstituer la vie changeante d'un quartier et, en conséquence, celle de sa topographie. Lorsqu'à l'aube du 14ᵉ s., il n'y a plus pour le service habituel de l'Apôtre que les chanoines dans leur *canonica*, les monastères sont condamnés à l'abandon et à la ruine.

Duchesne peuple la géographie de ce quartier clérical, avec les diaconies dont il reconstitue la distribution sur le flanc nord de la basilique, celle des Saints-Serge-et-Bacchus, transformée bientôt en palais pour les envoyés de l'empereur, puis les trois établissements dont il reconnaît la place près du portique, entre les degrés actuels et l'obélisque, enfin non loin du fleuve et du château Saint-Ange, *S. Maria in Hadrianio* devenue sous l'influence du quartier

Patricia, v. *L.P.*, 1, p. 501, *L.P.*, 2, p. 44 (84); sa localisation ne fait pas de problèmes: *S. Stefano degli Abissini*; R. Krautheimer, *Corpus*, 4, p. 196). Pour Saint-Etienne-Mineur, D. a précisé le sens de *Agulia*, désignant l'obélisque du cirque, comme il le montre dans l'étude des *MEFR*, 14, 1902, p. 12 = S.M., p. 190 (b).

(⁸⁶) Duchesne suit les indications du catalogue de Turin, datant du 14ᵉ s. en se séparant d'Alfarano, qui s'était fait sa thèse en lisant des livres: *loc. cit.*, p. 325 = S.M., p. 271, v. Huelsen, p. 278 et Ferrari, p. 172.

(⁸⁷) Voir *supra* sur le témoignage des *ordines*, que Huelsen confirme avec d'autres documents (*Chiese*, p. 384).

(⁸⁸) Déjà *L.P.*, p. 484 (58); art. cité, p. 317 sq. = S.M., p. 317 sq.; sur l'organisation de la desservance et les questions économiques ou administratives qui s'y rattachent, *ibidem*.

[170]

lombard *Traspadina* (⁸⁹). Car l'analyse retrouve aussi des colonies d'étrangers organisées èn corporation auprès d'une chapelle, lès *scholæ* nationales, Francs, Saxons, Lombards (⁹⁰). Enfin, l'historien s'occupe longuement de tous ceux qui, dans cette petite ville au-delà du Tibre, administrent les multiples services de la grande basilique: succédant aux prévôts de l'époque antique, les mansionnaires se partagent les oratoires pour procéder efficacement à l'exploitation des pélerins; ceux-ci, explique D., « rencontrent les mansionnaires à chaque pas, barbe rasée et mitre en tête, se donnant pour des cardinaux; de là, des extorsions d'offrandes et bien d'autres abus... La nuit, sous le prétexte que leurs fonctions les appelaient à des heures où les honnêtes gens dorment chez eux, ils circulaient dans le quartier voisin de la basilique et l'on entendait souvent parler des crimes qu'ils y commettaient, vols, viols, assassinats ». Heureusement, les papes apaisèrent ces désordres en faisant bâtir les bâtiments de leur résidence. Celle-ci occupe au sud de St-Pierre, une zone longtemps abandonnée au royaume des morts et aux loups qui venaient, pendant l'hiver, y déterrer les cadavres. Duchesne, en effet, reconnaît et identifie la maison de l'obélisque (⁹¹) qui servait, dès le 8ᵉ s. de pied-à-terre pour le pontife arrivé du Latran avec une suite de cardinaux et de clercs. Ainsi, dans ce quartier trop longtemps agité par les moines et les mansionnaires, l'historien de l'Eglise saluait la naissance du Vatican.

La memoria apostolorum de la Via Appia, le dernier article de Duchesne – paru après sa mort – peut suggérer quelques conclusions sur cette immense enquête commencée avec l'édition du *Liber Pontificalis* (⁹²). Ce mémoire composé pour honorer le souvenir d'un maître cher, G. B. de Rossi, touche à ce domaine, mêlant l'enquête topographique à l'histoire du culte et de la société, auquel pendant quarante ans s'est consacré le savant, de toute son acuité et de toute son érudition. En ce cas surtout, Duchesne reprend l'examen d'une irritante difficulté sur laquelle il avait buté dès le début de

---

(⁸⁹) *MEFR*, 1914 (f), p. 331 sq. = S.M., p. 277. Pour St-S. et B., D. reprend les notes du *L.P.*, p. 465 (25) et *L.P.*, 2, p. 43 (29). La chapelle prend le nom de *S. Sergius palatii Caruli*, glosé par l'éditeur (v. Huelsen, p. 463). Parmi les trois diaconies de la portica, Saint-Silvestre (Huelsen, p. 468), Saint-Martin (Huelsen, p. 386), l'analyse identifie *S. Maria in caput portici* et distingue cet établissement de l'homonyme *S. Maria in Hadrianio*, (Huelsen souligne les mérites de cette distinction: *Chiese*, p. 370).

(⁹⁰) Une simple allusion dans l'article de 1914 mais les *Scholæ* ont été étudiés dans une note du *L.P.*, 2, p. 36 (27).

(⁹¹) *Domus Aguliæ*: *MEFR*, 1914, p. 338 = S.M., p. 284 (f).

(⁹²) *A.P.A.R.A.*, *Misc. de Rossi, Memorie*, 1, 1923, pp. 1-22 (N° 248).

ses recherches. Comment expliquer que le plus ancien férial romain fasse mémoire, le 29 juin, de l'apôtre Pierre *ad catacumbas* et en même temps, selon la restitution proposée par le savant lui-même, au Vatican? Pourquoi cette notice indique-t-elle la date aberrante de 258? De ce témoignage contradictoire, l'éditeur de la chronique pontificale avait déduit en 1886 l'hypothèse de la translation des reliques apostoliques, en 258, pendant la persécution de Valérien. Des fidèles auraient transféré du Vatican trop surveillé et aussi de l'*Ostiensis*, les restes de Pierre et de Paul vers une sépulture plus discrète et plus accueillante, près de la Voie Appienne ([93]).

Après trente ans d'attente, les fouilles de Saint-Sébastien semblaient donner une confirmation éclatante à une explication que le savant s'était forgée dans son cabinet de travail. On se plait à penser qu'à l'aube de la mort, Duchesne croyait recevoir des grafitti, tracés par les pèlerins en hommage aux deux apôtres, sur les murs de la *Triclia*, une ultime preuve. Car il avait mis tout son talent pour défendre la translation: le tableau, en demi-teintes, du pieux transfert dans le secret complice de la nuit, avec deux ou trois fidèles, leurs arguments sonnants et leurs bâtons solides. L'écrivain créait si fort la réalité de son hypothèse que quelques uns de ses contradicteurs – et non des moindres – furent pris au jeu de l'adversaire et qu'ils évoquent, à leur tour, le poste des policiers établis sur l'Appia pour appréhender les chrétiens avec leur sainte charge ([94]).

C'est que Duchesne, d'une enquête aride sur la topographie fait naître une vision de la Rome chrétienne, dans son organisation, dans ses quartiers, sans que jamais son esprit acéré ait toléré quelque complaisance à l'imagination pieuse ou aux vieilles légendes. Elève, ami de celui qui avait exploré la *Roma sotterranea*, il avait passionnément parcouru, par la voie des textes, le territoire de l'*Urbs* antique enserrée dans ses murailles. De sa réussite, il livre peut-être le secret dans une petite phrase, éclairant son œuvre d'une litote pudique: « Avant tout, il faut être un peu épris... ».

([93]) La question est traitée en particulier dans l'Introduction du *Liber*, p. CIV et de nouveau évoquée en 1895, *Bulletin Critique*, 16, pp. 13-15 (n° 135). Duchesne avait écarté toutes les hypothèses proposées pour localiser *ad catacumbas* la sépulture apostolique.

([94]) O. Cullmann, *Saint-Pierre, Disciple, Apôtre, Martyr, Neufchâtel-Paris*, 1952, p. 115.

CHARLES PIETRI

RÉGIONS ECCLÉSIASTIQUES ET PAROISSES ROMAINES

Urbs sacra : la formule conserva longtemps en mémoire les antiques légendes, avant d'être prononcée pour célébrer Rome avec des accents chrétiens, comme la chante le poète Prudence. Elle évoque la conversion des Romains et aussi l'image de la Ville où les temples se ferment, demeures dépouillées et abandonnées des divinités déchues, tandis que s'élèvent les édifices façonnés pour accueillir l'Église, le peuple fidèle réuni en une prière commune. L'établissement chrétien fixe les lieux privilégiés d'un nouvel espace (pour reprendre un mot dont l'usage présent recouvre tout ce que la topographie reflète, dans la matérialité des monuments, d'histoire sociale, d'organisation institutionnelle et de phénoménologie religieuse). *Urbs sacra,* Rome avait commencé de l'être au début du IVe siècle avec la fondation d'une cathédrale, la *basilica Constantiniana,* au sud-est de la cité (sans oublier les *martyria* établis auprès des tombes saintes, comme une couronne dans la périphérie urbaine). *Ecclesia plebs sacerdoti unita et pastori suo grex adhaerens*[1] : pour la première fois, l'évêque romain disposait, *in Laterano,* d'une basilique majestueuse qui illustrait concrètement cette réflexion de saint Cyprien. La fondation de l'église épiscopale donnait à la mission chrétienne de nouveaux moyens et un nouveau style : le cérémonial de la liturgie dans l'espace d'un grand édifice, l'établissement d'un calendrier créant les moment privilégiés d'un temps chrétien, la socialisation des actes essentiels pour la vie des fidèles, le baptême et la pénitence, désormais accompagnés par le témoignage de la communauté, plus simplement la force unitaire de ces réunions liturgiques pour un peuple fidèle, dés lors rassemblé, alors qu'il se morcellait jusque-là pour la prière, au gré de commodités probablement précaires, dans les

---

[1] Cyprien, *Ep.,* 69, 8; on mesure l'importance particulière de l'établissement épiscopal, en comparant la situation romaine à celle d'Alexandrie : l'évêque n'y dispose point d'une « grande église » avant l'époque d'Athanase, au milieu du IVe siècle.

«cénacles» chrétiens. Mais après la fondation de la cathédrale, l'établissement chrétien du IVᵉ au VIᵉ siècle, matérialisé en quelques dizaines
d'«églises» urbaines, illustre également la sacralisation de l'antique
capitale, avec une force qui soulevait l'admiration d'un Fulgence de
Ruspe[2], débarquant de l'Afrique vandale, naïvement enclin à reconnaître en cet éclat, projetée dans le siècle, l'image de la Jérusalem céleste.
Cette topographie nouvelle n'était que la façade monumentale d'un
changement qui affectait l'organisation du clergé autant que la vie quotidienne des fidèles. Un contemporain en témoigne au IVᵉ siècle, en
commentant l'épître aux Éphésiens (4,11); la spécialisation des ministres s'établit avec plus de rigueur, dès lors qu'il fallait installer partout
de petites communautés (conventicula), au sein de l'Église épiscopale[3].
Rome donne un exemple privilégié, parce qu'elle rencontre très tôt,
comme quelques autres grandes villes d'Orient ou d'Occident, ce problème de la mission urbaine, également parce qu'elle réussit des solutions ayant, en Occident surtout, quelque valeur exemplaire. L'archéologie permet d'y ébaucher l'histoire des premières paroisses urbaines,
dont l'implantation monumentale façonna, aussi sûrement que la fondation de la cathédrale, l'image de la ville médiévale ou moderne. Mais
l'archéologue (ou de son côté le liturgiste) ne peut compter sur ses seules forces, comme en ont témoigné De Rossi et plus encore L. Duchesne
en jetant les bases de cette histoire à laquelle les remarques présentes
souhaitent apporter un'«aggiornamento»[4]. Pour simplifier cette enquête limitée aux derniers siècles de l'Antiquité, j'écarterai les oratoires,
qui ont laissé peu de traces dans la topographie, bien qu'ils aient assuré
sûrement un rôle utile dans la mission locale et également les monastères, attestés à une époque tardive (VIᵉ siècle) sur le territoire de la cité,
comme il en est des diaconies, dont le développement est postérieur à
Grégoire le Grand[5].

[2] Comme en témoigne la *Vie* de Fulgence : Ferrand, *Vita*, 10.

[3] Ambrosiaster, *Comm. in Ephes.*, 4, 11, 3 (H. J. Vogels, *CSEL*, 81, p. 99).

[4] L. Duchesne, *Les circonscriptions de Rome pendant le Moyen Age*, dans *Rev. des
Questions historiques*, 21, 1878, p. 217-225. Le savant français se réfère d'emblée à G. B.
De Rossi, *Roma sotterranea*, Rome, 1877, III, p. 514-526. Dans *Les régions de Rome au
Moyen Age*, dans *MEFR*, 10, 1890, p. 126-149 = *Scripta Minora*, Rome, 1973, p. 912-114, il
conclut que le système augustéen disparaît au VIᵉ siècle, celui des régions ecclésiastiques
au XIᵉ siècle. Sur l'analyse de Duchesne, voir Ch. Pietri, *Duchesne et la topographie romaine*, dans *Mgr. Duchesne et son temps*, Rome, 1975, p. 23-48.

[5] Un exemple d'oratoire : P. Testini, RAC, 44, 1968, p. 219-260; sur les monastères :

La période choisie est un temps d'expériences : l'Église romaine doit inventer très pragmatiquement le système d'une pastorale qui convienne à l'administration spirituelle d'une population fidèle plus nombreuse et plus mêlée. Elle le fait à la mesure de ses moyens, de ses ressources, des églises dont elle dispose : en deux siècles, les conditions économiques et sociales, la géographie monumentale ont profondément évolué. On n'imaginerait plus de décrire aujourd'hui les progrès dans l'exercice de la primauté romaine comme le résultat d'un programme analogue à celui de Bismarck ou de Cavour œuvrant pour l'unité du Reich ou celle de l'Italie. Mieux encore, on a abandonné l'espoir de reconstituer, à partir de la géographie des titres au IVᵉ siècle, la distribution des édifices ecclésiastiques au IIIᵉ siècle. Au siècle dernier, les historiens (j'entends les savants) n'arrivaient pas toujours à se déprendre des modèles qu'ils trouvaient constitués au Moyen Age; ils en reportaient tout naturellement l'origine à une haute époque, comme si le système qu'attestaient les témoignages des textes du VIᵉ siècle ou ceux, également tardifs, de la liturgie, avait été constitué d'un seul jet et non façonné progressivement par l'expérimentation. Duchesne, le premier, a contesté cette manière d'exposer l'histoire : celle qu'emploie le rédacteur du *Liber Pontificalis* au VIᵉ siècle. Il faut donc tenter d'écrire patiemment l'histoire génétique des institutions. La science ne progresse point à répéter, avec quelque timidité hypocritique, comme si elles constituaient une vulgate définitive, les premières synthèses que les plus grands auteurs donnaient comme une hypothèse.

I – CERTITUDES ET APPROXIMATIONS

On essaiera de rappeler (pour servir de préambule aux analyses et aux hypothèses) les quelques éléments sûrs qui jalonnent le terrain de l'enquête.

G. Ferrari, *Early Roman Monasteries*, dans *Stud. Antichità Crist.*, 32, Rome, 1957. Pour les diaconies : H. Marrou, *L'origine orientale des diaconies romaines*, dans *Patristique et humanisme*, Paris, 1976, p. 81-118 (= *MEFR*, 1932, p. 93-110) que complète, sans le remplacer, sur la question des origines : O. Bertolini, *Per la storia delle Diaconie romane nell'alto Medio Evo sino alla fine del secolo VIII*, dans *Archivio Soc. Rom. St. Patria*, 70, 1947, p. 1-145.

a) Louis Reekmans a magistralement décrit la géographie de l'implantation monumentale. Qu'il me suffise de le suivre, *in vestigiis magistri amicique.* Ainsi épaulé, je me contente de quelques tableaux plus synthétiques en distribuant, autant qu'il est possible, la chronologie en grandes périodes du IVe au VIe siècle. Cette précision, qui n'était pas utile au propos du rapport précédent, s'impose ici pour suivre avec plus d'attention la progression de la mission régionale, en fixant les dates données par les textes pour les conjuguer à celles suggérées par l'analyse monumentale; utilisée sans ce contrepoids, celle-ci peut entraîner des approximations qui introduisent subrepticement quelque fragilité dans l'hypothèse générale. Et pour plus de précautions, je distinguerai, des points solidement établis sur un consentement général, la part plus personnelle des hypothèses de datation. La première période (I) indique les constructions réalisées de Silvestre à Libère (366), la seconde (II), de Damase à Sixte (440), la troisième (III) les titres qui remontent probablement à la première moitié du Ve siècle (surtout d'après le témoignage du Martyrologe hiéronymien), la dernière (IV) cite les *tituli* sûrement connus dans la deuxième moitié du Ve siècle (en soulignant ceux pour lesquels on a pu proposer des datations antérieures)[6]. On ne rangera pas, dans la catégorie des titres, Sainte-Marie-Majeure (Regio V), qui est aussitôt utilisée pour la liturgie épiscopale et qui reçoit dédicace du pape pour toute la *plebs Dei* de Rome. La même remarque vaut pour la Basilica S. Stephani, fondée par Simplicius (468-483) (Regio II), la Basilica S. Bibiana (Regio V), établie sous le même pontife, la B. S. Andreae, léguée encore à la même époque par le Maître des milices Valila[7]. Simplicius avait tenu à conserver sous administration directe ces trois édifices qui ne figurent point dans les listes des

[6] J'ai exposé les raisons de distinguer ces trois périodes; la seconde à partir du pontificat de Damase jusqu'au milieu du Ve siècle, la période décisive pour la conversion romaine: *Roma Christiana, Recherches sur l'Église de Rome... (311-440)* (BEFAR, 224), Rome, 1976, I, p. 1-156 et p. 405 sq.

[7] Pour S. Bibiana, v. le *Liber Pontificalis* (L. Duchesne, Paris, 1955, I, p. 249): la basilique dédiée par le pape Simplicius (468-483) est établie *intra urbe Roma iuxta palatium Licinianum... ubi corpus eius (Biblianae) requiescit.* Le texte indique clairement qu'il s'agit, non d'un édifice cimétérial, mais d'une basilique urbaine pourvue d'un corps saint; voir les remarques de E. Doncel, *Studien über den Kultus der hl. Bibiana*, dans RQS, 43, 1935, p. 23-33; *S. Andrea in Catabarbara*: dédiée sous Simplice, voir De Rossi, ICUR, II, p. 436 et *Liber*, p. 249. *S. Stefano*: *Liber*, ibid., et De Rossi, ICUR, II, p. 152, 29 et 32.

titres, établies d'après les souscriptions aux deux synodes romains de 499 et de 595. Quant à la B. Heleniana, elle appartient à la Couronne, comme église palatine[8]. L'église de Subure (S. Agatha) fondée par Ricimer n'est arrachée aux ariens que sous Grégoire le Grand[9].

Régions d'Auguste	I	II	III	IV
Regio I (Porta Capena)		T. Crescentianae (S. Xysti)		
Regio II (Celimontium)		T. Byzanti, Pammachi (SS. Johannis et Pauli)	T. Aemilianae (IV Coronatorum)	[B. Stephani]
Regio III (Isis et Serapis)	T. Silvestri (et T. Equitii)	T. Clementis T. Apostolorum (ou ad Vincula Petri t. Eudoxiae)		SS. Marcellini et Petri?
Regio IV (Templum Pacis)	–	–	–	–
Regio V (Esquiliae)	[B. Liberiana? disparue en 366, puis S. Mariae, v. infra)]	T. Pudentis		T. Praexedis T. Eusebii ⎡B.s. Andreae et ⎢B.s. Bibianae⎦

(suite au verso)

[8] En 500, Théodoric y fait juger un officier (voir *Liber*, p. 196, note 75) et y convoque le synode qui doit juger le procès du pape Symmaque (voir les *Actes, MGH, Auct. Ant.*, XII, p. 428). Sur ce point, R. Krautheimer, *Corpus Basilicarum Christianarum Romae*, Cité du Vatican, 1937, I, p. 168; F. Coarelli a précisé l'extension du domaine de l'église : *L'Urbs e il suburbio*, dans *Società Romana e Impero tardoantico*, II, éd. A. Giardina, Rome, 1986, p. 55-58.

[9] Voir les textes chez R. Krautheimer, *Corpus*, I, p. 3.

Régions d'Auguste	I	II	III	IV
Regio VI (Alta Semita)		T. Vestinae (S. Vitalis)	T. Gaii (S. Susannae)	T. Cyriaci
Regio VII (Via Lata)	B. Iulia? (rebâtie par Pélage I) T. Marci	T. Marcelli		
Regio VIII (Forum)	–	–	–	–
Regio IX (Circus Flaminius)	T. Lucinae (S. Laurentii in L.)	T. Damasi (S. Laurentii in D.)		
Regio X (Palatin)	–	–	–	–
Regio XI (Circus Maximus)		T. Anastasiae		
Regio XII (Piscina Publica)		T. Fasciolae (SS. Nerei et Achillei)		T. Tigridae (S. Balbinae)?
Regio XIII (Aventinus)		T. Sabinae		T. Priscae
Regio XIV (Trans Tiberim)	T. Iulii (et Callisti)		T. Caeciliae	T. Chrysogoni

N.B. : Entre [ ] sont indiquées les basiliques non titulaires. Il est possible que la *basilica Iulia juxta Forum Traiani* ait été un titre à l'origine ; elle disparaît dès le milieu du IVe siècle et ne compte pas parmi les titres ; elle a reçu au VIe siècle, lors d'une reconstruction totale, la dédicace des Apôtres Philippe et Jacques, dont la basilique, sûrement attestée, devient un titre au début du XIIe siècle, sous Calliste II[10].

La géographie des sept régions ecclésiastiques est beaucoup moins sûrement établie (malgré l'analyse aiguë de G. B. De Rossi); mais je tenterai d'en dresser un tableau parallèle.

Région ecclés.	Régions civiles	I	II	III	IV
I	XII et XIII		T. Fasciolae T. Sabinae		T. Tigridae T. Priscae
II	I (?), II, XI		T. Crescentianae T. Byzanti T. Anastasiae?	T. Aemilianae	
III	III et V	T. Silvestri	T. Clementis T. Apostolorum T. Pudentis		T. Praxedis T. Eusebii
IV	VI et IV?		T. Vestinae T. Gai		T. Cyriaci
V	VII (et IX?)	T. Lucinae?	T. Marcelli T. Damasi		
VI	IX (tout ou partie?)	T. Marci			
VII	XIV	T. Iulii		T. Caeciliae	T. Chrysogoni

[10] Pour la basilica Iulia, v. G. N. Verrando, *L'attività edilizia di papa Giulio I*, dans *MEFRA*, 97, 1985, p. 1021-1061 et surtout p. 1028-1031 : l'A., pour placer l'indication *ad Callistum* dans la périphérie (un sanctuaire hypogée), réhabilite l'église de la VIIe région. Mais on ne voit pas pourquoi cet édifice n'est jamais désigné comme un *titulus* et ne paraît pas disposer d'un clergé. Il est possible que la *basilica Liberiana* ait été un titre fondé par Libère, comme le *titulus* du pape Marc. Sur l'identification du *t. Crescentianae* :

On le note après L. Duchesne (et après L. Reekmans), les monuments chrétiens ne pénètrent guère la «City» (la région du Forum, du
Palatin, du Templum Pacis), à l'exception de la basilique des saints-Cosme-et-Damien installée par Félix IV (526-530) dans un bâtiment public,
grâce à la bienveillance du roi got. L'évêque romain ne pouvait ou ne
souhaitait en faire un titre; on l'érigea en diaconie au VIIe siècle, alors
que s'établissaient dans la même région, S. Maria Antiqua, S. Adrianus,
S. Theodorus. Je ne crois pas pour ma part que les chrétiens aient évité
le cœur de l'antique capitale par une sorte de précaution pudique. La
fondation d'un titre implique la donation du terrain ce qui soulevait, *in
solo publico* (comme il en allait souvent en ces trois régions, plus que
partout ailleurs), une difficulté insurmontable, à moins d'une initiative
princière qui ne vint point ou qui se manifesta très tardivement (voir la
négociation avec Valentinien III pour l'installation, au Champ de Mars,
d'un nouvel édifice)[11].

H. Geertman, *Ricerche sopra la prima fase di S. Sisto Vecchio in Roma*, dans *APARA(R)*,
41, 1968-1969, p. 219-228. Sur les deux *tituli* associés de la IIe région : Pietri, *Roma Christiana*, I, p. 484-486. *T. Aemilianae* : J. P. Kirsch; *Die römischen Titelkirchen im Altertum*,
Paderborn, 1918, p. 33-35. F. Guidobaldi, *L'edilizia abitativa unifamiliare nella Roma tardoantica*, dans *Società Romana* (cité note 8), identifie une *domus* privée datée du milieu
du IVe siècle, qui ne peut-être un édifice du culte chrétien, voir p. 192-193. *T. Gaii* :
Kirsch, p. 70-74. *Titulus Praxedis* : le premier témoignage, pour l'épigraphie, remonte à
489 (*ICUR*, NS, VII, 19931); pour l'archéologie, v. Krautheimer, *Corpus*, III, p. 238-259;
B. Apollonji Ghetti, *Santa Prassede*, Rome, 1961, p. 9-31. *Titulus Eusebi* : un premier
témoignage dans une inscription de Marcellin et Pierre, en 474 (*ICUR*, NS, 16002); voir
aussi *ibid.*, 16380. *T. Tigridae* est probablement le *t. sanctae Balbinae* : R. Krautheimer,
Corpus, I, p. 85; F. Guidobaldi, *art. cit.*, p. 181-183, suppose le passage à l'Église dans le
cours du Ve siècle. *T. Chrysogoni* : R. Krautheimer (*Corpus*, I, p. 144 sq.) propose d'identifier un *titulus* du IVe siècle; il faut déplacer, je crois, d'un siècle la fondation du titre : v.
Ch. Pietri, *Recherches sur les domus ecclesiae* (I), dans *Rev. ét. Aug.*, 21, 1975, p. 289-361.
Pour le titre de Matthieu, voir en dernier lieu, D. Mazzoleni, *RAC*, 61, 1985, p. 266.

[11] Sur la négociation avec Valentinien III : le pape Sixte construit une basilique
dédiée à saint Laurent, *quod Valentinianus Augustus concessit...* (*Liber*, p. 235). Ce ne
peut être la basilique de la Tiburtine, déjà concédée, depuis la donation de Constantin; il
s'agit donc de S. Lorenzo in Lucina, comme l'ont pensé Kirsch, *Titelkirchen*, p. 83; Krautheimer, *Corpus*, II, p. 160-186; Pietri, p. 508-509. Les découvertes récentes sur la zone de
l'*horologium* montrent que l'intervention d'Auguste s'imposait pour une construction
peut-être située partiellement *in solo publico*. C'est L. Duchesne qui a fixé les grands
traits pour la christianisation du *Forum* : voir *Mélanges... De Cabrières*, Paris, 1899,
p. 125-143; sur le *Palatin Chrétien*, *NBAC*, 6, 1900, p. 17-28.

La distribution géographique des *tituli* est l'œuvre de l'évergétisme privé; pendant toute une partie du IVᵉ siècle (au moins jusqu'à la mort de Damase), les évêques romains utilisent le produit des collectes ou leurs propres patrimoines (titres de Silvestre, de Marc, de Jules, de Libère, de Damase); puis l'aristocratie, de mieux en mieux ralliée à la foi, prend le relais et poursuit l'œuvre encore au Vᵉ siècle. C'est dire que la répartition de toutes ces fondations dans le territoire urbain ne dépend point d'un plan concerté; il faut attendre les premières décennies du Vᵉ siècle, et sur les marges de l'Esquilin plus de temps encore, pour que le réseau titulaire soit suffisamment serré; finalement, exception faite pour la périphérie orientale (vers les *Horti Pinciani* ou plus loin vers les *Castra Praetoria*), il n'est guère de demeures chrétiennes situées à plus de 500 ou 600 m d'un édifice titulaire régulièrement ouvert à la synaxe et aux sacrements. Le *titulus* (le titre: je ne reviendrai pas sur le sens du mot, dont l'usage n'est pas attesté avent le IVᵉ siècle – en 377 exactement –; ce qui exclut qu'il ait pu servir à désigner les monuments préconstantiniens)[12] implique, au sens rigoureux du droit romain, une fondation avec le capital nécessaire à l'édification de l'église, à la dotation en vaisselle liturgique, avec des revenus pour la luminaire, pour l'entretien de l'édifice et surtout pour l'accueil d'un clergé permanent. Ce système, que rendait possible la législation de Constantin, créa en fin de compte quelques difficultés avec l'administration centrale de l'Église, qui imposa, malgré toutes les résistances, dès le temps du pape Simplicius (assez réticent, on l'a vu, pour la création de nouveaux *tituli*), une nouvelle répartition en ne laissant au titre que la moitié des revenus assignés: un quart à la fabrique, un quart au clergé. C'est assez pour maintenir, solidement enraciné, le réseau titulaire[13].

b) Les chroniques, celle du catalogue libérien, composé en tout cas avant 354, et le *Liber Pontificalis* apportent un témoignage plus élaboré sur le développement à Rome d'un réseau régional. Le premier document donne la seule information qui puisse être retenue pour le IVᵉ siècle, en expliquant dans la notice du pape Fabien (236-250): *hic regiones divisit diaconibus et multas fabricas per cymeteria iussit*[14]. Fa-

---

[12] Pietri, *Roma Christiana*, I, p. 90-96 et p. 569-573; voir *ICUR*, NS, II, 4851.

[13] Voir *Évergétisme et richesses ecclésiastiques dans l'Italie du IVᵉ et du Vᵉ siècle*, dans *Ktema*, 1978, p. 331-337.

[14] Le catalogue libérien est cité d'après L. Duchesne, *Le Liber Pontificalis*, p. 5. Voir l'abrégé félicien, Duchesne, p. 64.

bien distribua les régions aux diacres et (d'autre part) ordonna de nombreuses constructions dans les cimetières. Peu après le pontificat de ce pape, une lettre de son successeur Corneille atteste l'existence de sept sous-diacres, chargés d'assister, comme l'indique leur titulature, les diacres[15]. Au VIe siècle, le *Liber Pontificalis* reconstitue l'histoire des *tituli* et celle des *regiones*, mais sans jamais mêler l'une et l'autre. Le chroniqueur place dès l'époque de Clément, l'institution de sept régions : *hic fecit VII regiones, dividit notariis fidelibus ecclesiae, qui gestas martyrum sollicite et curiose, unusquisque per regionem suam, diligenter perquireret*[16]. Le *Liber* reprend, pour Fabien, la notice du Libérien, en y ajoutant la création des sept *sous-diacres* (*et fecit VII subdiaconos qui VII notariis imminerent et gestas martyrum in integro fideliter colligerent*)[17] ; après cette incise sur les notaires, le rédacteur reprend le catalogue en glosant l'intervention du pape dans les cimetières. Pour la notice du pape Gaius (283-296) il décrit l'institution d'un cursus ecclésiastique : *ostiarius, lector, exorcista, sequens* (acolyte), *subdiaconus*, etc.[18] et répète sans y changer un mot la notice du Libérien, indiquée pour Fabien : *hic regiones dividit diaconibus*, en laissant de côté toute référence à l'intervention du pape dans les cimetières. Le chroniqueur projette dans le passé le plus lointain la situation contemporaine en insistant sur le rôle des sous-diacres et des notaires, pour lesquels on voit bien qu'il éprouve un intérêt tout particulier.

Seule, la notice du pape Simplicius (468-483) paraît utiliser la référence des régions pour régler l'activité presbytérale : *hic constituit ad sanctum Petrum apostolum et ad sanctum Paulum et ad sanctum Laurentium martyrem ebdomadas ut presbyteri manerent : regio III ad sanctum Laurentium, regio prima ad sanctum Paulum, regio VI vel septima ad sanctum Petrum*. Duchesne et, à sa suite, tous les exégètes notent que le chroniqueur puise à des sources sûres, lorsqu'il décrit une situation antérieure de quelques décennies à la rédaction du *Liber*[19].

---

[15] Eusèbe, *Hist. Eccl.*, VI, 43, 11.

[16] Clément est le quatrième évêque dans le *Liber* : Duchesne, p. 123 ; voir le commentaire, p. C et CI.

[17] *Liber*, p. 148.

[18] *Ibid.*, p. 161.

[19] *Liber*, p. 249. Voir la note 4, p. 250-251. Ce système de desservance est maintenu, encore au XIIe siècle, pour St-Pierre et pour St-Paul, modifié pour St-Laurent, qui ne conserve que Ste-Praxède et St-Pierre-aux-Liens, parce que Ste-Marie-Majeure a été insérée dans le système.

Les notices concernant les *tituli* sont insérées en d'autres *Vitae* et, dans cette chronologie imaginée par le chroniqueur, elles apparaissent après la mention des *regiones*. La vie du pape Cletus (le troisième des papes dans l'énumération du *Liber*) signale la création de 25 prêtres[20]. Avec Evaristus (le 6e des pontifes, au IIe siècle), la chronique place l'institution des titres : *hic titulos in urbe Roma dividit presbyteris et VII diaconos ordinavit qui custodirent episcopum praedicantem, propter stylum veritatis*[21]. Une incise dans la vie d'Urbanus (18e pape) concerne sans aucun doute les titres : ce pape aurait doté les églises de *ministeria sacrata*[22]; la chronique compte 25 patènes, un nombre égal à celui des *tituli* au VIe siècle. L'indication contredit parfaitement tout ce que les chartes de fondations rapportent sur la constitution des trésors titulaires, réalisée grâce aux donations privées. Au temps du pape Denys, près d'une vingtaine d'années après l'épiscopat de Fabien, une notice précise : *hic presbyteris ecclesias dedit et cymeteria et parrocias diocesis constituit*[23]. Le chroniqueur en ce cas ne se réfère plus aux titres mais aux *parrociae*, que mentionne Innocent dans une lettre à l'évêque Decentius de Gubbio, en 416, où le pape du Ve siècle distingue deux zones pour la liturgie : dans le district urbain, l'usage romain prévoit d'envoyer le *fermentum*, une parcelle des espèces consacrées pour les célébrations des églises titulaires; pour la périphérie : *non longe portanda sunt sacramenta nec nos per coemeteria diversa constitutis presbyteris destinamus*. En un mot, les *paroeciae* suburbaines trop éloignées de Rome sont constituées comme des diocèses; du reste, les épitaphes de ces prêtres affectés à cette pastorale périphérique portent parfois, dans leur formulaire, un trait caractéristique illustrant cette prérogative particulière[24]. On le voit : la situation décrite par le *Liber* correspond assez bien à l'état de la pastorale à la fin du IVe siècle. Dans la notice consacrée au

[20] *Liber*, p. 127.
[21] *Ibid.*, p. 126.
[22] *Ibid.*, p. 143.
[23] *Liber*, p. 157, avec le commentaire de Duchesne sur les *parrociae*; Innocent, *Ep.*, 25; 5, 8 (PL 20, 556). Voir R. Cabié, *La lettre du pape Innocent I à Decentius de Gubbio...*, Louvain, 1973, p. 26-29.
[24] Un Ebentius (*ICUR*, NS, IV, 11265) *meruit guber[nare] plebem Dei*; un Cresimus, *ICUR*, NS, VI, 17293 (*episcopus*); un Basilius ou son parent, *ICUR*, NS, III, 8161; Sisinnus, *presbyter et dignus sacerdos*, *ICUR*, NS, VI, 15839; Fortunatus, *ibid.*, 15679 (un *episcopus*).

13

pape Marcel (début du IVe siècle), le *Liber* explique le rôle des titres : *XXV titulos in urbe Roma constituit, quasi diocesis, propter baptismum et paenitentiam multorum qui convertebantur ex paganis, et propter sepulturas martyrum.* La nuance (*quasi diocesis*) est précieuse, puisqu'elle distingue la liturgie titulaire de la pastorale des *parochiae*[25]. Elle reçoit peu après, dans la logique de cette chronologie imaginée par le chroniqueur, une confirmation; la vie du pape Miltiade (311-314) évoque l'institution du *fermentum : fecit ut oblationes consecratas per ecclesias ex consecratu episcopi dirigentur quod declaratur fermentum*[26]. Les chartes de fondation (dont il faut accepter l'authenticité) décrivent, pour le IVe et pour le Ve siècle les revenus affectés à quelques-uns des titres romains; elles indiquent aussi la dotation de vases sacrés et permettent de reconstituer l'activité liturgique et pastorale de ces églises fondées grâce aux évergésies cléricales ou aristocratiques. En reconstruisant l'histoire de la plus ancienne des institutions romaines, la chronique du VIe siècle distingue nettement les régions et le réseau des *tituli* : on doit attendre le pontificat de Simplicius pour qu'elle relie les prêtres des *tituli* aux districts régionaux.

c) Le paragraphe précédent illustrait l'histoire des institutions régionales telle que la compilait un notaire, au gré de son imagination et de son goût pour la rétrospective, parfois avec l'aide de ses archives. La prosopographie du clergé romain (surtout avec l'humble témoignage de l'épigraphie) corrige par quelques indications concrètes la fresque brossée par le *Liber Pontificalis*. Qu'il suffise, pour aller à l'essentiel, de rappeler les conclusions suggérées par la description du cursus ecclésiastique illustré au IVe et au Ve siècle par les décrétales. La *militia* spirituelle s'organise, comme celle du prince, en plusieurs grades, explicitement classés au VIe siècle suivant une hiérarchie de préséance; mais les clercs n'assurent pas obligatoirement ces six *officia* énumérés dans les listes romaines. Deux carrières idéales se dessinent, très clairement (v. surtout la décrétale du pape Zosime) :

lecteur ou exorciste	lecteur
acolyte (ou *sequens*)	sous-diacre (7)
prêtre (70 environ, à la fin du IVe siècle)	diacre (7)

[25] *Liber*, p. 164.
[26] *Ibid.*, p. 168. Sur l'authenticité des chartes, voir note 13.

Les indications glanées dans le corpus des clercs romains (plusieurs centaines de personnages connus du IVe au VIe siècle)[27] ne contredisent pas ce schéma : du reste, le collège diaconal, traditionnellement composé de sept membres, s'établit comme une sorte de petite élite, qui recrute dans l'office également prestigieux du sous-diaconat, naturellement placé avant tous les autres ordres mineurs. La carrière sacerdotale accueille beaucoup plus de candidats et les témoignages de l'épigraphie (ceux des textes, encore la lettre de Jean à Senarius) associent les acolytes aux prêtres. Duchesne notait que dans la lettre le pape Corneille comptait après les 7 sous-diacres, 42 acolytes et, se laissant prendre au mirage de l'arithmétique, divisait les clercs mineurs entre les régions, six pour chacune. En réalité, les acolytes sont les suivants (*sequentes*) des prêtres[28], auxquels ils apportent le *fermentum* et auprès desquels on les voit engagés, comme assistants, comme messagers en quelques circonstances significatives. Ainsi, dans la pratique des institutions romaines, le clergé se répartit entre deux groupes, celui des diacres auxquels se joint très clairement, dès le VIe siècle, celui des notaires, organisés en une *schola* dirigée par son primicier, et, d'autre part, le groupe sacerdotal, avec ses assesseurs.

II – LES RÉGIONS ECCLÉSIASTIQUES

a) La répartition du territoire urbain en sept régions confiées aux diacres est sûrement attestée dès la fin du IIIe siècle ou le début du IVe siècle (voir le catalogue libérien, *supra*). G. B. De Rossi, puis L. Duchesne ont réuni tous les témoignages qui permettent de dessiner, avec vraisemblance, leur géographie. A quelques retouches près, le tableau dressé par le premier dans la *Roma Sotterranea*, par le second (en 1878) dans la *Revue des Questions historiques* paraissent acquis. La Ière, la IIIe, la VIe et la VIIe sont attestées à l'époque du pape Simplicius, la IIe sans

---

[27] Voir sur le cursus, *Roma Christiana*, I, p. 684-696.

[28] Voir *Roma Christiana*, I, p. 632 et *Appendice prosopographique à la Roma Christiana*, dans *MEFRA*, 89, 1977, p. 22 et 23. On connaît en particulier le frère d'un prêtre, Annius Innocentius, en 366 : *ICUR*, NS, IV, 11805; Leo, Albinus, des acolytes qui servent de messager au prêtre Sixte (Augustin, *Ep.*, 191; 192; 193). Victor, *acolythus*, a(d) *dominicu Clementis*, mentionné sur un collaire servile : CIL, XV, 7192. Un *Importunus ascol*(itus) *reg*(ionis) *quarte et t*(i)*t*(uli) *Vestinae*; *ICUR*, NS, VIII, 20861.

doute dès la fin du IVe siècle. Mais c'est la documentation plus tardive (les Vies du *Liber Pontificalis* du VIIIe et du IXe siècles, le régeste de Subiaco) qui permettent de resserrer la localisation des sept districts. Car il y a quelques chances pour que la répartition ébauchée à la première heure n'ait pas été bouleversée : elle s'organise en un système simple utilisant les commodités de quartiers déjà constitués par l'usage ou par la géographie : ainsi le Transtévère (XIVe et VIIe r. eccl.), l'Aventin (Ière région, à la place de la XII et XIII augustéennes), la IVe (VIe augustéenne, Alta Semita), la VIe (coïncidant avec tout ou partie de la IXe), etc.[29]. Il est possible qu'à l'origine la distribution ait négligé en pratique le Forum romain et le Palatin, peut-être même la IVe augustéenne (*Templum Pacis*). En effet, le témoignage du libérien indique bien que la constitution de cette géographie est affaire très pragmatique et même peut être interprétée (*dividit regiones*) comme une redis-

---

[29] De Rossi, *Roma sotterranea*, p. 515; C. Re, *Le regioni di Roma nel Medioevo*, dans *Studi e Docum. di Storia e Diritto*, 10, 1889, p. 349-381. P. Testini, *Archeologia cristiana*, Rome, 1980, p. 654-657; L. Allodi et G. Levi, *Il regesto Sublacense del secolo XI*, Rome, 1885 (abrégé *Reg*); Isa Lori Sanfilippo, *Possessi romani di Farfa, Montecassino e Subiaco*, dans *Archiv. Soc. Romana di St. Patria*, 103, 1980, p. 13-39. 1) PREMIÈRE RÉGION : l'Aventin; voir la *Vita Eugeni* (654-657) dans le *Liber*, p. 348 : *regione prima aventinense*. Elle correspond à la XIIe et à la XIIIe région augustéenne : De Rossi, p. 515. 2) LA DEUXIÈME RÉGION s'étend entre le Vélabre et le Caelius, comme en témoigne la vie de Zacharie dans le *Liber*, p. 434, en plaçant une diaconie (St. Georges) *ad Velum aureum* (le Vélabre) *in secunda regione;* une *domus* dans la seconde région près du *titulus* des Saints-Quatre (en 936, *Reg.* 9). Elle coïncide avec la IIe région et avec la XIe, peut-être avec la première, si celle-ci est incorporée au système : De Rossi, p. 516. On notera que l'attribution de Ste-Anastasie à cette région n'est pas sûrement démontrée; pour le t. *Crescentianae*, v. note 38. 3) LA TROISIÈME RÉGION est reliée par le pape Simplice au service de St-Laurent : il faut la rechercher du côté de l'Esquilin (IIIe et V^e augustéennes). Le t. *Clementis* relève de la IIIe région (Vie d'Hadrien, *Liber*, p. 505), ecclésiastique ou civile. Pour une *domus* près de la Porte Majeure, *Reg.* 17 et 27; voir aussi C. Re, p. 361, note 2. 4) LA QUATRIÈME doit être logiquement placée au nord-est et correspond aux *Alta Semita* (VIe région aug.). Le *t. Gai* est situé *in quarta regione* (à la fin du VIIe siècle, donation de Serge I : De Rossi, *BAC*, 1870, p. 93). Le quartier *ad Gallinas Albas* : Grègoire, *Ep.*, 3, 17; v. également C. Re, p. 361 (3). 5) ET 6) LES DEUX AUTRES RÉGIONS s'établissent partiellement au Champ de Mars; la première pourrait correspondre à l'est (VIIe région aug. et peut-être une partie de la IXe région). En tout cas, au début du XIe siècle, une partie de la région de *Via Lata* en fait partie. La 6e est située à l'ouest (partie de la XIe). R. L. Cesarano (*Osservazione sulla regione via Lata*, dans *Archivio Soc. Rom. di St. Patria*, 106, 1983, p. 299-309) souligne la continuité du quartier de la Via Lata, depuis la région augustéenne, *continuità di insediamento.*

tribution en de plus grands ensembles des districts déjà établis par la géographie civile.

b) Doit-on, comme le supposait G. B. De Rossi, parler d'une «distribuzione alle sette regioni, ai loro diaconi ed ai tituli presbyterali»[30]? Présentée avec beaucoup de nuances, appuyée sur une documentation tardive, l'hypothèse a été reçue, en toute confiance, comme si elle reflétait, dès l'origine des régions, la réalité des institutions romaines; je souhaite revenir sur des doutes déjà exprimés, il y a quelques années.

1) Les sept circonscriptions fixent, à l'origine, les zones d'intervention de chacun des membres du collège diaconal et de leurs assistants (sûrement les sous-diacres, probablement quelques lecteurs); ce sont ces ministres et eux seuls (au témoignage de l'épigraphie) qui appartiennent au clergé régional. Certes cette régionalisation n'interdit pas l'intervention des autres clercs dans la collecte; elle donne au ministre de l'évêque, qui reçoit et sollicite les dons des fidèles, une responsabilité particulière : pendant la synaxe épiscopale, les fidèles transmettaient concrètement ou symboliquement leur oblation au diacre de leur région; en plaçant dans la *Basilica Constantiniana* sept tables d'offrandes (mentionnées dans le trésor de la cathédrale, comme l'a excellement noté Th. Klauser), la liturgie témoigne sur l'activité des 7 *regiones*[31].

A l'époque, dans les premières décennies du IVe siècle, le réseau des *tituli* n'est pas constitué (v. les tableaux précédents) : c'est seulement au début du Ve siècle, que le hasard des fondations a doté chacune des régions d'une église titulaire, assurant la permanence de l'action pastorale (mieux que ne le pouvaient faire auparavant les «missions» précaires établies dans les *domus*). On ne doit pas méconnaître non plus que les chartes des fondations fixant les revenus des titres (au moins jusqu'au pontificat du pape Simplicius); ceux-ci disposent librement des ressources affectées à chacun des établissements; l'évêque, propriétaire éminent de tous les biens donnés à son Église, n'a pas le pouvoir de capitaliser ces revenus, qui échappent probablement *de jure* au contrôle de son administration. Enfin, le catalogue libérien, un document officiel, n'utilise pas la référence de la géographie ecclésiastique pour localiser les fondations d'églises (celles de Iulius, en particu-

---

[30] *Loc. cit.*, p. 515 sq.
[31] Th. Klauser, *Die Konstantinische Altäre in Lateran Basilika*, dans *RQS*, 43, 1935, p. 179-186; voir sur le rôle des diacres, Ambrosiaster, *Quaestio*, 101, 3.

lier); il indique les districts civils; c'est dire qu'il n'établit pas spontané-- ment un lien entre les titres et le ressort diaconal (de même, parfois dans les actes des martyrs, ainsi pour le *titulus Gai*)[32].

Dernière remarque : à l'époque (et c'est la période la plus active pour l'utilisation des catacombes) l'administration des cimetières ne se rattache pas aux circonscriptions régionales : l'inventaire des épitaphes mentionnant une indication topographique ne peut conforter l'hypo-thèse, tant il y a d'exceptions à la règle qui affecterait aux chrétiens de la première région les cimetières de l'Ostiensis et de l'Appia, à ceux de la seconde, les nécropoles à l'est de l'Appia, la Tiburtina à la troisième, la Nomentana à la quatrième, etc...[33].

Les commodités du voisinage suffisent souvent à expliquer ces choix; mais les entorses multiples démontrent que clercs et fidèles n'hésitent pas à chercher loin de leur domicile et de leur région le der-nier repos, près d'un saint dont ils étaient particulièrement dévots ou tout simplement dans un *cubiculum* familial : un sous-diacre de la 1ère région ecclésiastique décide de reposer près de son saint patron (et non près de l'Ostiensis); les *palatini* obtiennent sépulture près de Saint-Paul et non dans les cimetières qui pouvaient correspondre à la circonscrip-

---

[32] *Liber*, p. 205 (*Vita Iulii*, 337-352) : *basilicas II, una in urbe Roma iuxta forum et alte-ra trans Tiberim*. Le catalogue Libérien déclare (*id.*, p. 8) : *basilicam Iuliam quae est regio-ne VII iuxta forum divi Traiani, basilicam trans Tiberim regione XIV, iuxta Callistum*... Ce document du IVe siècle, se réfère évidemment aux régions civiles, tandis que le *Liber* indi-que une localisation plus vague. On note également quelques références aux régions augustéennes dans des textes médiévaux : à la IXe région (voir I. Lori Sanfilippo, p. 20) pour S. Benedetto in Thermis, une église disparue à l'époque moderne mais située dans la région de St-Louis-des-Français. Cependant, les références à la tradition augustéenne sont à l'époque des signes de curiosité érudite : v. les exemples donnés par A. L. Cesarano, (*art. cit.*, p. 309), empruntés à Duchesne (*Scripta minora*, p. 145-148) qui ajoute l'exemple d'une XIIe région, *in piscina publica*, près de St-Grégoire *in clivo Scauri*.

[33] De Rossi établit la distribution :

1) Première région : cimetières de l'Ostiensis jusqu'à la zone occidentale de l'Appia : Saint-Paul (*Roma S.*, p. 515).

2) Deuxième région : de la partie orientale de l'Appia (avec Prétextat), avec les zones de la Latina et de la Labicana (*ibid.*, p. 516).

3) Troisième région : cimetières de la Tiburtina, St-Laurent (*Id.*, p. 516).

4) Quatrième région : cimetières de la Nomentana.

5) Cinquième région : Salaria et Flaminia (*Id.*, p. 517).

6) Aurelia et v. Triumphale : Saint-Pierre (voir Testini, p. 229).

7) Portuensis : Saint-Pierre (De Rossi, p. 518).

Sépultures conformes au système De Rossi	Sépultures non conformes au système De Rossi
I Commodille: employés de l'Annone, A. Ferrua, *RAC*, 34, 1958, p. 15 sq. Saint-Paul: clerc de Fasciola en 377, *ICUR*, NS, II, 4815; clerc de Prisca, *ICUR*, 5153; de Sabina, *ICUR*, 5154	– clerc de la Ie région ecclés. à St-Pierre (VIIe): *ICUR*, NS, II, 4202 – clerc de Ve région ecclés. en 395 à Domitille, *ICUR*, NS, III, 8161
Domitille: clerc de Fasciola, *ICUR*, NS, III, 7930, 8165; 8207; 8336; employé de Caracalla, 8440.	– ferrarius de Subure (Ve rég. ecclés.), *ICUR*, NS, II, 5208. Un fidèle de la IXe région, Ostiensis, *ICUR*, NS, II, 6009 – un fidèle de la IXe rég.: Ostiensis, *ICUR*, NS, II, 6009. – *in apsira Iovia* (IXe région civile): *ICUR*, 5170. – *patronus pistorum sec. regionis*: II, 5026.
Calliste: prêtre du titre de Ste-Balbine, *ICUR*, NS, IV, 11502. C. Cis. Callisti, clerc de Sabine, *ICUR*, NS, IV, 11746. Pistor de XIIe région: *ICUR*, II, 4835.	
II *De Belabru, ICUR*, NS, IV, 12426, en 482; 12476; 12394 (bien que le C. Cis Callisti soit dans la partie occidentale de la V. Appia). A Prétextat, un fidèle, *de domum Laterani, ICUR*, NS V, 14538.	– lecteur de la IIe région (civile), Domitille, *ICUR*, NS, III, 8719. – clerc des Sts-Jean et Paul, à St-Paul, *ICUR*, NS, II, 5178; ad Catacumbas, en 535, *ICUR*, NS, V, 13123; en 567, 13289. – clerc d'Anastasie, à Calliste, *ICUR*, IV, 12303.
	– lecteur de Fullonices (Esquilin?), *ICUR*, NS, IV, 11798. – Porta Trigemina (XIIe rég. civile; I rég. ecclés.), *ICUR*, NS, V, 15389.
III clerc de Pudentienne: au C. Hypolyti, *ICUR*, NS, VII, 20157 et en 528, *ibid.*, 19994. clerc de Praxède: *ICUR*, NS, VII, 19926, de 489 au C. Hippolyti.	– fidèle de la IIe région civile, de la Tiburtine (*ICUR*, NS, VII, 20608).
De Sebura ad nimphas (Ve région civile): *ICUR*, NS, VII, 18676, à Cyriaque.	– clerc de IIIe région, enterré à M. et Pierre (IIe région eccl.): *ICUR*, NS, IV, 16002 (en 474); 16380. – ? prêtre du titre de Nicomède: *ICUR*, NS, VII, 18091.

(à suivre)

(suite)

Sépultures conformes au système De Rossi	Sépultures non conformes au système De Rossi
IV acolyte du Titulus Vestinae : *ICUR*, NS, VIII, 20861 (VIe s.-VIIe s.)	– prêtre de Pudentienne, à Ste-Agnès (*ICUR*, NS, VIII, 21190 et *ILCV* (1773A, fidèle du Caput Africae (IIe région civile).
sous-diacre de la IVe région : *ICUR*, NS, VIII, 21102 (VIe s.)	– curator d'Isis et Serapis (IIIe région civile), au C. Maius, *ICUR*, NS, VIII, 22367.

N.B. : On notera que les exceptions sont aussi nombreuses que la règle ; qu'elles concernent souvent des clercs, prétendûment engagés, au premier chef, dans le système. D'autre part, on pressent l'existence de sépultures qui ne dépendent pas d'une sectorisation autoritaire, mais de traditions familiales : ainsi, au C. Cis Callisti, *ICUR*, NS, IV, 11805 ; à Domitille, *ICUR*, NS, III, 7200 ; 7279 ; ou encore 8161 ; 8148. Intervient aussi, pour les clercs et pour les fidèles, le désir de reposer auprès d'un saint de prédilection, dont parfois on porte le nom (v. Le nombre plus élevé de Laurent, enterrés dans le cimetière de la Tiburtine).

tion de leur résidence. Commodille reçoit très logiquement les sépultures des employés de l'annone et Domitille, celle des employés des Thermes de Caracalla. Mais un diacre de la Ve région ecclésiastique, un acolyte de Sainte-Anastasie (église établie dans la IIe circonscription) sont enterrés près de l'Ardéatine que l'hypothèse traditionnelle affecte à la *prima regio* de l'Aventin. Le cimetière de la Labicana abrite le clergé d'un *titulus* de l'Esquilin (Saint-Eusèbe) ; un prêtre enterré à Sainte-Agnès, réservée en principe à la quatrième région, appartient sans doute à un titulus de l'Esquilin (IIIe région)... Je ne multiplierai pas les exemples avec les épitaphes des fidèles (on en trouvera la liste, en annexe). La géographie des interventions presbytérales dans l'aménagement des catacombes contredit assez souvent la rigueur de l'hypothèse[34]. On invoque, pour le VIe siècle, le cas des prêtres de Saint-Chryso-

---

[34] Ainsi le prêtre Leopardus intrevient au cimetière d'Hermès et à St-Laurent (E. Josi, *RQS*, 32, 1924, p. 10-36 et *ICUR*, NS, VII, 18370). Son intervention sur la Tiburtine, *sumptibus propriis*, pourrait confirmer le système imaginé par G. B. De Rossi. Mais celui-ci n'explique pas son rôle dans la crypte de Protus et Hyacinthe, alors qu'il est du *titulus Pudentis*, avant d'avoir la charge du *titulus Vestinae* et de la basilique de la Nomentana. Des prêtres du *t. Pammachi* interviennent pour un vœu à St-Sébastien (*ICUR*, NS, IV, 13123) ; à St-Paul, *ICUR*, NS, II, 5178 ; Vincentius œuvre pour le martyr Gordien, voie Latine (*ICUR*, NS, VII, 15762) et aussi Tigrinus (15763). Le prêtre Ilicius, du titre de

gone intervenant à Saint-Pancrace, mais cet exemple est tardif et concerne le cas particulier d'une basilique (v. *infra*). En revanche, le prêtre Leopardus à la fin du IVe siècle, établi à Sainte-Pudentienne puis à Saint-Vital, intervient au cimetière d'Hermès et à Saint-Laurent. La logique du système l'aurait appelé surtout sur la Tiburtine, puis sur la Nomentana. Deux prêtres du titre de Pammachius aménagent la crypte de Sébastien, alors qu'ils appartiennent en principe à la deuxième région, dont la zone cimétériale commencerait sur la partie orientale de l'Appia. Mais ils accomplissent un vœu et ils n'imaginent pas d'adapter l'élan de leur piété au ressort d'une géographique administrative. De la

Pudens (donc la Ve région ecclésiastique), intervient pour une *memoria sancti Ypoliti* (*ILCV*, 1773), qui appartient peut-être à la zone de la Tiburtine et qui devrait relever de la IIIe rég.). Sur le rôle des prêtres dans la vente des *loculi*, J. Guyon (*La vente des tombes dans la Rome chrétienne*, dans *MEFRA*, 86, 1974, p. 577-578 et p. 588-594) établit, de son côté, les mêmes conclusions que j'ai présentées dans *Roma Christiana*, I, p. 602-603 et p. 659-667). Le prêtre joue le rôle de témoin; voir à Commodille, *sub praesentia*: *ICUR*, NS, II, 6069 et encore pour cautionner une vente réalisée par un *mansionarius*: au VIe siècle, *ICUR*, NS, I, 1987. Ils ordonnent une concession, le prêtre «usant de son autorité pour faire accorder à son protégé une sépulture dans un endroit disputé» (Guyon): *iussu*, à Domitille, *ICUR*, NS, III, 8441, au milieu du IVe siècle (cf. *ICUR*, 8148). C'est le même mot qui est utilisé au début du IVe siècle, pour l'intervention du pape (à Calliste, *ICUR*, NS, 10183); on relève également: *ex iussione* (*ICUR*, NS, IV, 11933, au C. Cis Callisti), ou encore *iubente* à Prétextat, *ICUR*, NS, V, 14658. Par la suite, l'intervention des prêtres est plus directe, à la fin du Ve siècle, après la décision du pape Simplice, qui rattache à St-Laurent la IIIe région ecclésiastique, au moment où les catacombes (sauf les cryptes saintes et leur voisinage) ne sont plus utilisées. Un premier témoignage en 489 vient du C. Hippolyti (*ICUR*, NS, VII, 19991: *reperta dum eruderatur basilica*; noter le contexte): compa]*ravit...a pr*(es)*b*(itero) *tit*(uli) *Praxs*(edis). Peit-être un peu plus tardif, à Pontien (*ICUR*, NS, II, 4674); surtout à St-Pancrace, où sont attestées, en 521, en 522, vers les années 520, les ventes réalisées par des prêtres du titre de St-Chrysogone (dans la basilique même: *ICUR*, NS, II, 4279; 4280; 4312); dans la grande crypte (A) de Commodille, en 528, ICUR, 6088. Voir aussi *ICUR*, NS, IV, 11502, un texte mutilé et incertain à Calliste; 11845, au C. Cis Callisti, une vente attestée dans un cubicule Ab: Ve siècle?; Agnès, *ICUR*, NS, VIII, 20990; à Marcellin et Pierre, *ICUR*, NS, VI, 16053, un exemple également tardif. On connaît aussi des interventions dans les églises urbaines: De Rossi, *Roma sotterranea*, III, p. 552 (datée de 619). Le rôle des *praepositi* est attesté dans des grandes basiliques, Saint-Pierre; St-Paul; St-Pancrace; St-Laurent et aussi *sub divo* à Calliste; il est connu dès 498 (*ICUR*, NS, II, 4998) et encore au milieu du VIe siècle (*ibid.*, 5098): voir Guyon, p. 580-587). Dans les grands *martyria* (sauf à St-Pancrace); ils sont tout à fait indépendants des prêtres: ce qui indique que ceux-ci n'ont pas l'administration de l'assistance funéraire, alors même qu'ils assurent le service liturgique. C'est une autre preuve que le rôle des prêtres dans les cimetières s'est développé progressivement et fort tardivement.

même manière, la documentation hagiographique esquisse les liens qui relient une église de la Ville à un culte suburbain. Disons (pour ne pas multiplier les exemples) que les titres de l'Esquilin partagent leur intérêt entre la Salaria, la Nomentana et la Tiburtina : cette distribution ne reflète guère une organisation cohérente[35].

2) Dès les premières décennies du Ve siècle, les choses changent; la situation économique des *tituli* se modifie[36], puisque l'administration épiscopale prélève une partie de leurs revenus (pratique qui justifia probablement l'intervention des diacres, comme elle entraîne au VIe siècle celle de leurs assesseurs, les notaires régionaux). L'évêque peut adapter désormais la géographie des titres à la répartition régionale : à l'exception de la Ve région, chaque district englobe deux ou trois églises; celles-ci deviennent des lieux de la collecte, qui soutient l'assistance charitable. Vers le milieu du Ve siècle, le témoignage du pape Léon explique comment l'évêque utilise toutes les commodités qu'offre le réseau des *tituli*[37]; Léon invite les fidèles à se réunir dans leurs églises et à y apporter au jour fixé pendant l'un des Temps de pénitence, des offrandes recueillies région par région, sous la présidence des diacres. L'usage du *Liber Pontificalis* – et le témoignage est d'importance – reflète dès le Ve siècle, l'habitude de compter les *titres*, à l'intérieur des districts régionaux; il utilise pour les localiser, la référence des districts ecclésiastiques : ainsi dans la *Vie d'Anastase*, pour la fondation du *titulus Crescentianae* (Ière région augustéenne; IIe région ecclésiastique)[38].

---

[35] Tout à fait explicables, par une communauté de dévotion, les liens des Saints-Quatre avec la Labicane : v. en dernier lieu, J. Guyon, *Le Cimetière aux deux lauriers* (BEFAR, 264), Rome 1984, p. 433 sq. ; de même, ceux du t. Iulii, *ad Callistum*, avec la catacombe où repose la tombe du pape (voir, en dernier lieu G. N. Verrando, note 10). Mais des légendes rattachent Cyriacus (et son *titulus*?) à la Salaria; le fondateur, d'autre part, est identifié avec un martyr de l'Ostiensis : F. Lanzoni, *RAC*, 2, 1925, p. 232; v. Kirsch, *op. cit.*, p. 184. Les translations de reliques donnent des indications plus fragiles : du C. Felicitatis à Ste-Suzanne (De Rossi, *BAC*, 1884, p. 181), de la voie Latine aux Saints-Apôtres (E. Josi, *RAC*, 16, 1939, p. 36). Ces témoignages valent pour une basse époque.

[36] Voir note 13.

[37] Léon cite les *praesidentes* qui dirigent les collectes : ce sont les diacres, *Serm.*, 2. Mais les réunions se tiennent dans les *tituli* : *Serm.*, 7 (Sources Chrétiennes, 49; Dolle, 22); 9, 3 (23); 11, 2 (25). Jean diacre, *Ep. ad Senarium*, 11 (PL 59, 405).

[38] Pour la basilica Crescentiana : *in regione II, via Mamurtini* (*Liber*, p. 218. Le *Balneum Mamertini* mentionné par les Régionnaires appartient à la première région civile). H. Geertman, *Ricerche sopra S. Sisto vecchio*, dans *Rendic. Pont. Accad. Rom. Arch.*, 41, p. 219-228 et pour la région, p. 226 sq. St-Clément se trouve *in regime tertia*; mais cette

Ce ressort est commode : le pape Simplicius l'utilise pour affecter aux grands *martyria* le service des prêtres titulaires, ceux de la Ière région à Saint-Paul, de la VIe et de la VIIe à Saint-Pierre, de la IIIe à Saint-Laurent. Entendons bien, les prêtres reçoivent un ministère liturgique pour accueillir les pèlerins. Déjà, au début du siècle, le pape Innocent confiait aux prêtres du *titulus Vestinae* les soins d'administration et de pastorale pour le *martyrium* de la Nomentana[39]. Ces liens établis entre l'église titulaire et des zones privilégiées dans les antiques nécropoles n'autorisent pas à édifier une théorie sur l'administration des cimetières.

3) L'utilisation du cadre régional pour la liturgie des stations achève l'évolution ébauchée au Ve siècle. Duchesne, en annotant la Vie du pape Hilaire (468-483) dans son édition du *Liber Pontificalis*, corrige l'hypothèse qu'ébauchent ses *Origines*, sur l'institution de la liturgie stationnale[40]. Certes, dès le IVe siècle, le pape se déplace du Latran à Sainte-Marie-Majeure, à Saint-Pierre, à Saint-Paul; mais la chronique attribue explicitement au pape du Ve siècle la constitution d'une vaisselle liturgique pour les réunions stationnales. Plusieurs siècles après, l'*Ordo primus* décrit le personnel régional avec les diacres, sous-diacres, les notaires et *defensores* (rattachés au temps de Grégoire aux circonscriptions ecclésiastiques) et aussi des acolytes *regionarii*[41]. Le témoignage de l'épigraphie jalonne cette évolution : au IVe siècle (le premier exemple est daté de 395), elle ne signale que des diacres et des sous-diacres

localisation pourrait s'appliquer à la région civile aussi bien qu'à la région ecclésiastique. De même, dans une lettre de Grégoire, pour une *domus Merulana* (*Ep.*, 3, 19, de 593). Cette référence est donnée aussi par la notice, qui introduit la donation au *t. Silvestri* et qui reflète l'intervention du notaire du VIe siècle (*Liber*, p. 187). Une lettre de Grégoire (*Ep.*, III, 17) place la région *Gallinae Albae* dans la *regio quarta* (ecclésiastique) et non dans la VIe (Augustéenne : voir Platner-Ashby, p. 246). Dès le VIIe siècle, la référence à la première région ecclésiastique est attestée pour la Vie d'Eugène (*Liber*, p. 341). Mais au VIIIe siècle (*Vita Adriani*, p. 505), Le *Liber* cite la IIIe Région ecclésiastique, de même dans la Vie d'Hadrien II (*Liber*, II, p. 173); la Vie de Serge II (*Liber*, II, p. 86) cite la IVe région. Il s'agit toujours du district ecclésiastique. Ces témoignages remontent au IXe siècle et montrent que pour localiser l'origine des papes, le *Liber*, après le VIe siècle, abandonne la référence au système augustéen (v. note 44).

[39] *Liber*, p. 222 : *constituit ut basilicam beatae Agnes... a presbiteris Leopardo et Paulino sollicitudini gubernari...*

[40] *Liber*, p. 247.

[41] M. Andrieu, *Les Ordines romani du haut Moyen-Age*, I, Louvain, 1931, I, 19 sq.

régionnaires[42]. Quelques épitaphes plus tardives (fin du VIe siècle; VIIe siècle) font connaître un prêtre indiquant son *titulus* et sa région, un acolyte de la *reg(ionis) quartae et tituli Vestine* (*ICUR*, 20681) et finalement un acolyte régionnaire[43]. Le système régional devient, quelques siècles après son institution, l'un des moyens utilisés par l'évêque pour assurer l'unité du peuple fidèle sur le territoire urbain. Les documents ecclésiastiques font désormais référence à cette géographie qui s'impose avec d'autant plus d'autorité dans les documents officiels, qu'a disparu, après les guerres gothiques (comme l'a démontré Duchesne), l'usage officiel de la répartition augustéenne en 14 districts. Le *Liber Pontificalis* en témoigne. Le chroniqueur, qui rédige au début du VIe, les *Vies* des premiers papes, emprunte encore à la terminologie traditionnelle pour indiquer l'origine géographique des papes romains (*de Via Lata; de regione quinta, caput Tauri*); par la suite, les rédacteurs emploient tout naturellement la géographie ecclésiastique (*de regione prima Aventinense*), comme le fait dans un texte officiel le pape Grégoire (*Ep.*, III, 17)[44].

---

[42] Première région : *ICUR*, NS, II, 4202, pour la deuxième moitié du Ve siècle; *Subdiaconus regionarius*, dans la *Vita Silveri (536-537)*, *Liber*, p. 293. Quatrième région; un sous-diacre du VIe siècle, *ICUR*, NS, VIII, 21102. Cinquième région : un diacre de 395, *ICUR*, NS, III, 8181. Sixième région : un sous-diacre, *ICUR*, NS, II, 4186 de 563 et un clerc (?), *ICUR*, NS, I, 3349, du VIe siècle. Septième région; un prêtre, *ICUR*, NS, I, 116 du VIe siècle.

[43] Agnès, *ICUR*, NS, VIII, 20861.

[44] Références, voir note 38; on sait que Duchesne a soutenu, contre Jordan et contre Re, que l'usage des régions augustéennes disparaît au VIe siècle. Le *Liber Pontificalis* utilise, au début du siècle, la géographie civile pour définir les attaches locales des papes :
1) pour Clément (*éd. cit.*, p. 123).
2) Pour la Vie d'Alexandre : *de regione Caput Tauri* et pour Anastase, *de regione quinta Caput Tauri* (*Liber*, p. 127 et p. 258). Or, *Caput Tauri*, (S. Platner et T. Ashby, *Topografical Dictionary of Ancien Rome*, Londres, 1929, p. 237) appartient à la IIIe région civile, tandis que la Ve ecclésiastique correspond à la *Via Lata*. Duchesne, *art. cit.*, p. 224, écarte étrangement ce témoin. La vie du pape Sixte I (*Liber*, p. 128) cite la région de *Via Lata*, et aussi pour le pape Marcel (*Ibid*, p. 164); cette dénomination apparaît aussi dans la Vie d'Hadrien (*Liber*, p. 486); mais, comme souvent avec la mention de la IIIe région, il est difficile de distinguer entre l'usage de la région augustéenne et l'emploi d'une dénomination désignant un quartier, voir l'étude de A. L. Ceserano (note 29). On connaît une VIIIe région *sub Capitolio* (*Liber*, II, p. 255), que Duchesne rattache également aux régions médiévales (*art. cit.*, p. 220 et *Scripta Minora*, p. 106).

III – REMARQUES SUR LA VIE LOCALE

Le chroniqueur du *Liber Pontificalis*, du début du VIe siècle, utilise également les références d'une topographie locale (*in vico patricii de regione urberavennantium* etc...). Cet usage significatif atteste la force des traditions locales, de ces petits quartiers qui se sont organisés, sous l'Empire, à l'intérieur des régions[45]. A deux reprises, au début du Ve siècle, puis dans les premières années du siècle suivant, les *maiores regionum* sont appelés à représenter symboliquement le *populus* dans les débats d'élections pontificales contestées[46].

Les églises titulaires permettent d'établir dans les quartiers romains les centres durables de la mission locale. L'évolution de la pratique religieuse, les progrès de la conversion en ont alourdi les charges : l'habitude de la communion fréquente (même si elle n'implique pas la participation quotidienne au culte, à une époque où les fidèles pouvaient emporter chez eux le pain consacré), l'obligation dominicale, proclamée par la loi, imposent la multiplication des services liturgiques. L'Église avec ses prêtres, ses lecteurs, accueille les catéchumènes, puisque le *titulus* est constitué *quasi diocesis propter baptismum et propter poenetentiam*[47]; ils y reçoivent, avant le temps du carême et des scrutins, une première initiation. La pratique du baptême des enfants entraîne une modification des habitudes établies au IVe siècle et, pour le *titulus*, la charge de recevoir, de plus en plus nombreux sur les fonts, les jeunes enfants des familles chrétiennes. Le prêtre bénit l'engagement des époux et les promesse des fiancés : pour la première fois, un témoin au Ve siècle atteste l'organisation d'une cérémonie à l'église[48]. Plus tard, au VIe siècle, ce sont les réunions de prières pour les défunts,

---

[45] Pour Cletus, originaire *de Vico Patricii, Liber*, p. 122. Pour le *Caput Tauri*, v. *supra*. *De regione Urberavennatium*, dans la Vie du pape Calliste, *id.*, p. 141. Toutes ces indications reflètent l'usage du VIe siècle, peu avant la disparition des régions augustéennes ; mais la référence aux quartiers survit ; voir l'exemple de la Via Lata déjà cité. Au Xe siècle, la vie de Jean XII parle de la région *Clivo Argentarii* (*Liber*, II, p. 246); pour le XIe siècle, Jean XVII, *de regione Biveratica* (id., p. 265); *de regione Galline albe*, pour Jean XV (965-996), *Liber*, II, p. 260.

[46] *Collectio Avellana*, 29, 3 et 32, 3.

[47] Voir note 25.

[48] *Collectio Avellana*, 14, 3; 21, 3; 31, 6. Sur le mariage, voir le *Praedestinatus*, III, 31 (PL, 53, 670).

la levée du corps, avant la procession vers le cimetière. Léon le Grand rappelle que le titre accueille les collectes[49] ; il sert également à l'assistance, à la distribution, à l'asyle (même si les fugitifs préfèrent généralement la protection plus prestigieuse des martyrs Pierre, Paul, Laurent)[50]. Toutes ces raisons s'additionnent pour faire de l'église titulaire un centre de la vie communautaire avec son clergé et son groupe de fidèles. Dès le début du Ve siècle, à l'occasion des réunions du *presbyterium*, l'habitude est prise de laisser à l'église titulaire au moins un prêtre au moment où s'absentent ses confrères dans le sacerdoce[51].

Cette présence permanente du clergé titulaire (prêtre, acolytes, lecteur) est assurée par l'autonomie économique dont dispose l'établissement chrétien ; aussi, on ne peut écrire l'histoire des premières paroisses sans conserver en mémoire ce développement particulier de l'évergétisme chrétien qui en est la condition, avec ses implications juridiques et économiques. La réforme de la gestion des biens d'Église, dans la seconde moitié du Ve siècle, atténue l'indépendance matérielle du *titulus*, mais elle lui laisse une base matérielle solide, qui continue d'assurer son enracinement local[52]. Car l'église titulaire s'organise sur le modèle de la cathédrale, avec son trésor de vases sacrés, avec ses *bibliothecae* (*b. ecclesiarum* comme les signale déjà Jérôme)[53], avec son particularisme liturgique (voir l'étude de A. Chavasse sur le sacramentaire «Gélasien»)[54], avec ses traditions de piété locale et son propre calendrier. Dans les *tituli*, auxquels Damase et Sixte attachaient le souvenir de Laurent, la chrétienté locale, dès le IVe siècle ou le Ve siècle commémore probablement, au 10 août, le souvenir du diacre, au moment où les pèlerins gagnent la Tiburtine[55]. Mais en règle générale, les

[49] Voir note 37.

[50] Socrate, *Hist. Eccl.*, V, 14 ; Zosime, *Hist.*, 5, 29 ; 34 ; 45.

[51] *Collectio Avellana*, 17, 5.

[52] La répartition des revenus laisse une part notable à l'édifice et à l'entretien de son clergé (v. l'analyse citée à la note 13).

[53] Jérôme, *Ep.*, 48, 3.

[54] A. Chavasse, *Le Sacramentaire Gélasien*, Tournai, 1958, p. 77-81 ; nuancé par Ch. Coeberg, *Archiv Liturg. Wiss.*, 7, 1961, p. 45-88, surtout p. 67-71.

[55] Sur le souvenir de Laurent au *titulus Damasi* : A. Ferrua, *Epigrammata Damassano*, Cité du Vatican, 1942, 58, p. 212. Pour le *titulus Lucinae* : la dédicace à s. Laurent est attestée dès 595 : Krautheimer, *Corpus*, II, p. 163 ; v. aussi A. de Waal, *RQS*, 17, 1903, p. 75 ; d'autre part, C. Mohlberg signale, d'après le témoignage d'un sacramentaire ancien, de la famille du Gélasien, une station à Saint-Laurent *at Titan* (l'*horologium*). Il n'est pas sûr

fêtes se trouvent placées pendant l'hivernage (cette période du calendrier où les commémorations des martyrs à la périphérie de Rome sont rares, de novembre à avril); ainsi, sur le Cœlius, le 8 novembre, pour les saints Quatre, le 23 pour le pape Clément[56]. A l'époque de Sirice, les fidèles aménagent dans le titre de Marc une sorte d'oratoire[57]. Le titre de Crescens (?) abritait peut-être le souvenir de Sixte, dont il prit plus tardivement la dédicace[58]; celui de Iulius au Transtevere avait été édifié *qd Callistum*[59]. Sous l'église de Pammachius, une confession reçut les reliques de Jean et de Paul (probablement les apôtres)[60] et, près des thermes de Dioclétien, le *titulus Gaii* organise le souvenir de Suzanne, une sainte dont la tombe n'est pas identifiée ou plus simplement une étrangère venue de l' Ancien Testament[61]. L'Église place au 22 novembre la fête de Cécile dans un titre transtévérin et plus tard, celle de Chrysogone, martyr d'Aquilée[62]. La cérémonie de la dédicace, dont le martyrologe hiéronymien conserve le souvenir pour d'autres fonda-

que la fête locale se situe au 2 novembre (*Martyrologe hiéronymien*, éd. H. Delehaye, *Acta Sanctorum*, Nov. II, 2, Bruxelles, 1931, p. 583), comme le propose Kirsch, *op. cit.*, p. 83.

[56] *Romae ad Caelio monte*, note le *Martyrologe hiéronymien*, au 8 nov., éd. *cit.*, p. 590-591. Pour le *natalis* de Suzanne, *ad duas Domos, Martyrol.* cité, au 11 août, p. 434-435; au 23 nov., pour l'anniversaire du pape Clément, *ibid.*, p. 614 et le 24, du même mois, pour Chrysogone : *Romae natale Chrysogoni*, comme propose l'éditeur, p. 618-619.

[57] Voir R. Krautheimer, *Corpus*, II, p. 230 et 244. A. Ferrua a publié les fragments d'une inscription avec une écriture d'imitation philocalienne : [Car]*mina*; ...]*isax*..., [rab?]*ies* (*CAC*, 25, 1949, p. 16). Le texte était gravé sur une architrave appartenant à un petit édicule placé dans la nef latérale occidentale : un aménagement qui portait, avec des colonnes sur un petit podium, une sorte de *fastigium* : une petite *memoria* pour le souvenir du pape fondateur?

[58] Les prêtres du titre portent dès 595 le nom *s. Sixti* : Krautheimer, *Corpus*, IV, p. 165.

[59] *Iuxta Callistum* est indiqué dans le catalogue Libérien (Duchesne, p. 9). En 595, dans une liste de signatures pour un concile (Grégoire, *MGH, Epist.*, I, p. 367), un prêtre signe en donnant : *titulus sancti Iuli et Callisti*. Le nom survit avec la dédicace à Marie, *quae vocatur Calisti trans Tiberim.*

[60] La dédicace aux saints Jean et Paul est assurée en 498 (*Liber*, p. 262); les deux martyrs auraient péri *sub Iuliano;* le Martyrologe hiéronymien, d'après les témoins les plus anciens, place au 25 juin : *Romae Iohannis et Pauli* (*éd. citée*, p. 336). L'aménagement sous la confession et aussi le décor des peintures attestent l'existence de reliques et non de corps saints : Pietri, p. 485-588.

[61] *Roma christiana*, p. 499.

[62] Au 17 novembre l'anniversaire d'un Caecilius, *Transtibere* dans le *Martyrologe cité*, p. 603 et pour le 20 (*ibid.*, p. 612, l'anniversaire du *Caecilia*).

tions au 29 juin, au 1er août, est attestée, dès le VIe siècle, par le récit du *Liber Pontificalis* sur l'intervention du pape Pie à Sainte-Pudentienne; l'allusion, ajoutée à la Vie de cet évêque du IIe siècle, emprunte évidemment à un cycle de légendes [63]; elle reste significative, autant que la formule conservée dans le *sacramentum* de Vérone pour la dédicace d'une église à saint Pierre [64]. Le martyrologe conserve également la commémoration de Cyriacus, d'Eusebius, fondateur de titres [65]. Tout un cycle de légendes (étudiées par Mgr. Kirsch et Mgr. Lanzoni) s'organise autour des fondations titulaires dès la fin du Ve siècle. On ne cherche plus à retrouver le souvenir de traditions anciennes, l'obscur sentiment que l'église a été précédée par une *domus*: ces légendes illustrent en réalité une image idéale du donateur, docile et soumis au clergé (v. surtout le cycle de Pastor); elles reflètent (je l'ai dit ailleurs) [66] une idéologie cléricale. Mais aussi elles illustrent la conscience que les petites communautés titulaires prennent d'elles-mêmes, les liens d'habitude créés avec les cimetières et même, au-delà, avec les zones suburbaines où se trouvent souvent quelque domaine appartenant au *titulus* (v. l'hypothèse de Mgr Lanzoni pour le *titulus Pudentis*) [67].

L'église titulaire, du reste, emprunte tant bien que mal au modèle de la cathédrale ou des *martyria* utilisés par la liturgie épiscopale. Les chartes de fondations permettent d'entrevoir parfois les conditions médiocres du chantier: c'est le cas du titulus Vestinae, construction hâtive, comme le confirme l'analyse archéologiques du bâtiment. J'ai déjà évoqué l'oratoire de Saint-Marc; les quelques indices d'aménagement intérieurs connus à Saint-Pierre-aux-Liens, à Saint-Marc, peut-être à Sainte-Pudentienne attestent que la synaxe presbytérale s'organise en

[63] Sur la dédicace, *in vico Patricii, Liber*, p. 132. La date du 29 juin (Martyrologe, p. 342) s'applique à la *dedicatio baptisterii antiqui*: le baptistère du Latran, après l'intervention de Sixte III, au Ve siècle? La date du 1er août rappelle la dédicace de l'église construite par saint Pierre (*ibid.*, p. 409); l'éditeur pense à Saint-Pierre-aux-Liens.

[64] Sur le *Sacram. Veronense*, éd. C. Mohlberg, Rome, 1960: formule 131, p. 17. Voir la dédicace de Célestin à Ste-Sabine; celle de Sixte à St-Pierre-aux-Liens; Gélase pour l'Italie, *Epp.*, 14; 25; 34, 35.

[65] Anniversaire d'Eusèbe, *conditor tituli, Martyrologr*, p. 442; pour Cyriaque, *ibid.*, p. 190. Voir, bien entendu, sur ces légendes, l'analyse de J.-P. Kirsch, *Römische Titelkirchen*...

[66] *Donations et pieux établissements d'après le légendaire romain*, dans *Hagiographie, cultures et société*, Paris, 1981, p. 435-453.

[67] F. Lanzoni, *I titoli presbiterali di Roma antica nella storia e nella leggenda*, dans *RAC*, 2, 1925, p. 195-257 et pour Ste-Pudentienne, p. 224-228.

suivant le cérémonial de la messe épiscopale[68]. Bien entendu, on ne peut invoquer les chancels du IVe siècle ou du Ve siècle, dont les fragments sont conservés dans les basiliques romaines sauf pour le *titulus Pudentis*, où ils portent le nom du pape[69]. A Saint-Marc est conservé, entre deux murets d'époque indéterminée, un pavement (*opus sectile*) sur 25 mètres de long et 4,55 mètres de large depuis l'entrée (à 6,70 m du seuil) jusqu'à un panneau carré (1,20 m) avec une décoration cruciforme. Ce motif de décoration a suggéré d'y placer l'autel; mais l'état de destruction ne permet guère de trancher pour cette organisation au demeurant tardive[70]. Dans le cas de Saint-Pierre-aux-Liens, l'aménagement est mieux daté (il appartient au premier édifice, au début du Ve siècle) et mieux connu : il dessine un couloir central en deux compartiments successifs (l'un de 10 m sur 4, l'autre de 14 m sur 3,30 m) occupant le *quadratum populi* et délimite, de part et d'autre, deux zones latérales[71]. Cette disposition permet d'imaginer une procession de l'offrande, et tout une organisation de l'espace basilical, analogue sans doute à celle qui existait au Latran (comme le montrent les *Ordines*, à une époque tardive et comme le fait entrevoir, je crois, la distribution du luminaire aux premiers temps)[72].

Quasi diocesis, le titre l'est également, lorsqu'il est pourvu d'un aménagement pour le baptême, comme le sont les édifices de la liturgie épiscopale (Latran, Sait-Pierre, Sainte-Marie-Majeure). Les titres reçoivent au moins l'*ornatus baptismi*, les vases sacrés et les patènes pour les onctions et pour les ablutions baptismales et parfois une annexe spécialisée, à Sainte-Anastasie (il faut lui rattacher la dédicace de Longinianus au début du Ve siècle), à Sainte-Sabine au temps du pape Sixte (près de la place Pietro d'Illyria, selon le P. Darsy), à une époque plus tardive vers la fin du Ve siècle (comme le montre une étude récente) à Saint-Marcel, peut-être à Saint-Chrysogone et, s'il faut retenir le témoignage de l'hagiographie, à Sainte-Pudentienne[73].

---

[68] T. F. Matthews, *An Early Roman Chancel Arrangement*, RAC, 38, 1962, p. 73-95. L'auteur reconstitue un système de processions, en utilisant l'exemple de St-Pierre-aux-Liens, de St-Etienne de la voie Latine et le témoignage de l'*Ordo I*.

[69] Krautheimer, *Corpus*, III, p. 279.

[70] Krautheimer, *Corpus*, II, p. 232-233. Le second des deux aménagements aurait une fonction liturgique et indiquerait l'emplacement de l'autel.

[71] *Corpus*, III, planche 8. Cette disposition permet les processions de l'offrande.

[72] Pietri, *Roma Christiana*, p. 100-101.

[73] On compte à Rome, les baptistères des grands *martyria*; à Ste-Anastasie (dédicace

Tous ces traits assurent dans la zone d'influence du *titulus* la naissance d'une communauté locale. Très probablement celle-ci bénéficie, au hasard des fondations, des habitudes façonnées dans la vie des quartiers. Les épitaphes du clergé titulaire, au IVᵉ et au Vᵉ siècle, en témoignent parfois avec quelqu'éclat. Certes l'inscription indique le plus souvent le titre, de son nom officiel, le prêtre, le lecteur, l'acolyte du titre de Prisca, du titre de Pudens, *de Savina*, du *dominicum Clementis*⁷⁴. Ces références suffisent à souligner la cohésion de ces petits groupes cléricaux. Mais, en d'autres cas, le texte indique le quartier : *lector de Velabru* ou encore le *lector de Pallacina*, comme si cette dernière référence se confondait avec le *titulus Marci*⁷⁵. Les titres retrouvaient sans doute, pour étendre la géographie de leur influence, les habitudes déjà façonnées dans les quartiers, les traditions locales. Ainsi, l'Église romaine expérimentait, sans doute pour la première fois en Occident, le système des paroisses urbaines.

Charles PIETRI

de Longinianus, De Rossi, *ICUR, NS*, II, p. 150, 19); à Ste-Sabine, selon le *Liber*, p. 235, au temps du pape Sixte; localisé par F. Darsy, près de la place Pietro d'Iliria? A Ste-Pudentienne, suivant une tradition rapportée par le *Liber*, p. 132, le baptistère est fondé par le pape Pie; la légende a valeur significative. A St-Laurent in Damaso : De Rossi (*ICUR*, II, p. 135-6) cite une dédicace tardive. L'archéologie conserve le témoignage de Saint-Marcel (R. Krautheimer, *Corpus*, II, p. 213). Enfin il faut ajouter l'*ornatus baptismi* (cf. Sirice, *Ep.*, 1, 2, 3), connu dans les donations pour les *tituli*, dès le Vᵉ siècle (*Liber*, p. 220; p. 234). Voir, après l'article ancien de J. Zettinger (*RQS*, 16, 1902, p. 326-349), A. Ferrua, *Dei primi battisteri parrochiali e di quello di S. Pietro in particolare*, dans *Civ. Catt.*, 90, 1939, p. 146-157.

⁷⁴ Avec l'indication du *titulus Vestinae, Liber*, p. 222; *presbyter ecclesiae apostolorum* (*MEFRA*, 89, 1977, p. 380); *tituli Byzanti, ICUR, NS*, V, 13122; *t. Lucinae* (*ILCV*, 11391); un acolyte *a dominicu Clementis, CIL*, XV, 7192 a; acolyte du *titulus Vestine, ICUR, NS*, VIII, 20861. Lecteur, *de dominico Eusebi* : *ICUR, NS*, VI, 16380; lecteur *tituli Fasciole*, à Domitille, *ICUR, NS*, II, 4815, en 377; lecteur *t(i)t(uli) Pudentis, ICUR, NS*, VII, 19994, en 528; mais dès 384, on abrège pour un lecteur, *de Pudentiana (ecclesia)* : *ICUR, NS*, I, 3200.

⁷⁵ *Lector r(egionis) sec(undae), ICUR, NS*, III, 8719; *Lector de Pallacine, ICUR, NS*, IX, 24861, à Priscille, en 348 et dans le *Liber*, p. 202 : *iuxta Pallacinis*; *de fullonicas, ICUR, NS*, N, 11798; *De Belabru, ICUR, NS*, IV, 12476. La *Basilica Sicinini* ou encore le *Sicininum* (*Roma Christiana*, p. 410) prend son nom d'un quartier. On peut imaginer que le titre de Fasciola, reçoit cette appellation du nom d'un souvenir local et non d'un donateur (*Roma Christiana*, p. 566). C'est le cas pour la toponymie chrétienne avec *iuxta Callistum* et peut-être aussi avec le souvenir local de Silvestre (*Roma Christiana*, p. 21).

Colloques internationaux du CNRS
N° 604 — Le temps chrétien de la fin
de l'Antiquité au Moyen Age — IIIe-XIIIe s.

LE TEMPS DE LA SEMAINE A ROME
ET DANS L'ITALIE CHRÉTIENNE (IV-VIE S.)

Charles PIETRI

(*Paris-Sorbonne*)

« Tous les jours sont du Seigneur » : l'auteur de la *Didascalie*[1] qui s'adresse, dans les premières décennies du IIIe s. aux communautés chrétiennes de la Syrie rappelle que Dieu exerce sa toute puissance sur les grands mouvements de l'histoire humaine ; comme le dit le prophète Daniel (2, 21), il fait alterner les périodes et les temps. Mais ce petit traité de discipline missionnaire ne s'inquiète pas particulièrement de développer une théologie de l'histoire. Composée par un pasteur — un juif converti sans doute — la *Didascalie* s'adresse spécialement à des fidèles qui judaïsent[2], en restant trop attachés aux pratiques de la synagogue. Destinée à des judéo-chrétiens, la sentence vaut surtout comme une critique du sabbat, ce jour que les juifs consacrent au Seigneur dans le cycle indéfiniment renouvelé de la semaine. Car dans l'histoire des cultures méditerranéennes le judaïsme donne un exemple original : il organise la durée collective des hommes, il la rythme avec le retour régulier d'un jour où le croyant, au sein de l'Alliance, se dépossède de ses activités propres et abandonne à Dieu son propre temps. Certes les calendriers antiques répartissent souvent les mois en périodes ponctuées par des jours particuliers qui servent de référence, comme à Rome, les calendes, les nones et les ides. Avec la fête des Dieux, ils placent dans l'année ces moments privilégiés d'une célébration communautaire, qui peuvent être les temps d'une explosion libératrice et provisoire ou ceux d'une communion avec la puissance divine. Mais il y a dans la règle du sabbat une éclatante originalité : d'abord la régularité d'une observance, puis la dimension collective d'une règle qui engage un peuple tout entier et surtout dans cette relation de l'homme avec Yahvé, le « Maître des instants et des périodes », la conception d'un temps quotidien consacré à Dieu[3].

L'auteur de la *Didascalie* ne répudie pas, au fond, cet héritage ; il en critique seulement l'application étriquée : « tous les jours sont du Seigneur ». En détournant du sabbat les chrétiens venus de la synagogue, l'évêque propose à la mission un programme ambitieux, toute une pastorale qui conquière et qui assure pour la communauté fidèle un temps chrétien. Cette organisation concrète d'un calendrier parut plus urgente encore lorsque, au IVᵉ s., le peuple se gonfla du flot mêlé de conversions nouvelles, lorsque des dispositions pratiques parurent plus nécessaires encore pour encadrer une Église de masse. Ainsi s'explique sans doute le développement du sanctoral romain, du IVᵉ au Vᵉ s. A l'origine, la chrétienté romaine dispose officiellement d'un férial, composé au plus tard en 336, la *Depositio martyrum*, énumérant une trentaine de martyrs romains avec l'anniversaire de leur mort et le lieu de leur sépulture : au total, le calendrier réserve chaque année à la mémoire des saints une vingtaine de jours regroupés, pour l'essentiel, de juillet à septembre. Cette disposition, déterminée par les hasards de la persécution, établissait pendant l'été un trimestre de dévotion. Elle ménageait pendant l'hiver, commencé avec la Nativité, une période où le carême avec ses jeûnes écartait pratiquement jusqu'à la période pascale la célébration des martyrs.

Dans la seconde moitié du siècle, Damase donnait une consécration publique à une quinzaine de saints inconnus de la *Depositio*, en plaçant près de leurs tombes aménagées pour faciliter la dévotion des pèlerins, un poème médiocrement versifié mais somptueusement gravé. Ces nouveaux anniversaires furent très probablement consignés dans le nouveau férial au Vᵉ s., autant qu'il est possible de reconstituer ce dernier d'après une compilation tardive, le martyrologe hiéronymien. En tout cas, la géographie de ces établissements et de ces *carmina* distribués à la périphérie de Rome, reflète les intentions d'une pastorale : le pape entend établir auprès de la Ville, dans les cimetières chrétiens, une couronne d'oratoires : il dessine concrètement l'image de l'*Urbs sacra*, celle d'une ville sainte circonscrite par les martyrs. Mais il y a plus que l'établissement d'un espace chrétien, une conquête du temps. Damase et ses successeurs choisissent parmi les multiples dévotions de la piété populaire celles dont les anniversaires équilibrent au mieux l'année liturgique, tout en organisant la présence chrétienne sur la périphérie urbaine. L'Église occupe les temps vides du cycle liturgique, établit la mémoire de ses saints en janvier, en mai, en juin, en octobre. La célébration chrétienne rencontre parfois l'un des jours de la fête païenne. La coïncidence peut être fortuite. Car, contrairement à l'interprétation chère au folkloriste, l'épiscopat ne cherche pas ici à christianiser des fêtes païennes. Mais souvent la pastorale chrétienne popularise un *natalis* pour essayer de détourner, le même jour, les fidèles du cirque et de ses pompes : la rencontre est heureuse lorsque la fête d'un martyr dont on ravive la mémoire avec une célébration officielle tombe au moment des *ludi apollinares*[4].

Cet exemple de l'Église romaine, évidemment mieux connue que d'humbles communautés occidentales encore établies en terre missionnaire, n'illustre que partiellement la pastorale du temps. Du reste, Rome fait figure d'exception puisqu'elle dispose d'un capital de martyrs assez riche pour choisir des anniversaires et composer un calendrier équilibré. Mais dans toutes les Églises s'organise une année chrétienne avec son temporal, la fête de la Résurrection, celle de la Nativité, la Pentecôte et aussi avec ce cycle court d'une semaine, appuyée sur la célébration du dimanche. Le choix de l'exemple romain s'impose encore avec quelques raisons supplémentaires ; car pour l'Occident, c'est en Italie, plus particulièrement dans la Ville, qu'ont été relevées les premières références à la semaine, à ses sept jours, assez généralement désignés par référence aux planètes, comme aujourd'hui en français. Cette dénomination a suggéré des interprétations contradictoires ; pour les uns, Cumont[5], Schürer[6], Colson, H. Stern[7], qui ne refusent pas bien entendu quelqu'influence à la pratique chrétienne, l'adoption d'un rythme hebdomadaire a été efficacement préparée et facilitée par la diffusion des croyances astrologiques ; d'autres comme W. Rordorf[8] et C.S. Mosna[9] s'appuient sur le témoignage de la littérature patristique pour écarter l'hypothèse de cette propédeutique païenne et souligner l'influence déterminante du judaïsme ; mais dans la perspective de leur démonstration, ces deux savants ne se placent pas au niveau plus humble d'une enquête sur le comportement du peuple chrétien. Or cette analyse touche à toute l'histoire des christiana tempora, celle de l'influence chrétienne sur l'organisation d'un temps collectif qui règle encore notre vie quotidienne.

On commencera par étudier l'influence des antécédents juifs et païens, et d'abord par le premier de ces deux modèles, puisque l'influence de la Synagogue paraît incontestable pour l'adoption du cycle hebdomadaire. Dans la pratique établie par l'ancienne Alliance[10], le sabbat (on le sait bien) achève une période de sept jours[11] qui ne portent pas en grec ou en latin de dénomination particulière à l'exception du septième lui-même et du sixième, la veille, jour de préparation, la parascève[12]. Pendant six jours, tu travailleras, rappelle au Juif le livre de l'Exode, mais le septième tu chômeras (Ex., 23, 11 ; 34, 21). Au début de notre ère, cette organisation du temps, ordonnée autour d'un repos sabbatique consacré au Dieu de l'Alliance, vaut pour la Diaspora d'Occident comme un signe d'identification : « c'est un signe entre moi et vous pour vos générations », avait enseigné Moïse au nom de Yahvé (Ex., 31, 13 et 16), « afin qu'on sache que je suis Celui qui vous sanctifie... C'est une alliance éternelle » ; ce que Philon commente dans la Vie de Moïse[13]. Mais, au premier siècle de notre ère, le même témoin souligne la valeur universelle d'un cycle, reproduisant la semaine de la création[14] et illustrant, à échelle réduite, le déroulement du temps en six époques de 1000 ans jusqu'au sabbat final[15]. Des Stromates de Clément d'Alexandrie à la Préparation évangélique d'Eusèbe, la littérature chrétienne prend le relai de la spiritualité juive pour donner comme modèle à la semaine réglant le temps des hommes, l'hebdomade originelle[16]. A l'évidence, cette signification ambivalente de la semaine, ces accents à la fois particularistes et universalistes accusent une attitude au sujet du temps, consacré par l'alliance avec Yahvé et organisé à l'image de l'intervention créatrice.

Toutes ces significations, qui se conjuguent pour justifier la règle sabbatique, échappent sans doute aux païens. Mais dans l'Italie impériale du Ier s., grâce au dynamisme d'une diaspora qui parle grec et même de plus en plus latin[17], le judaïsme vient à la mode. Est-ce curiosité ? Est-ce l'agacement de voir quelques-uns de leurs contemporains attirés dans la mouvance de cette religion orientale ? Les témoins relèvent comme une originalité un peu surprenante la pratique du sabbat[18]. Souvent ceux-ci n'évitent pas les contre-sens. Horace nomme, dans une satire, un treizième sabbat, qu'on s'acharne à interpréter quand il s'agit sans doute d'une expression forgée par le poète pour souligner l'étrange de la pratique juive[19]. Auguste lui-même — si l'on en croit une lettre du prince à Tibère, rapportée par Suétone — n'est pas plus exact lorsqu'il écrit : *ne iudaeus quidem... tam diligenter sabbatis ieiunium servat quam ego hodie servavi*[20]. Après avoir observé une diète rigoureuse, il croit avoir célébré le sabbat mieux qu'un juif. N'importe, même lorsqu'il se trompe sur la pratique, le prince entrevoit au moins la spécialisation d'un jour et il emploie, comme le fait Horace, la dénomination juive. Perse, au milieu du siècle, parle des « jours d'Hérode », car le règne de l'Iduménéen correspond, quelques décennies plus tôt, à l'époque où l'opinion romaine découvre le phénomène juif[21]. Avec Sénèque, l'observation paraît plus pertinente : dans une œuvre perdue dont Augustin cite un fragment, le philosophe blâme les rites sacrés des juifs, surtout le sabbat : pratique inutile, « car en revenant tous les sept jours, il fait perdre dans l'oisiveté presque un septième de la vie, outre que beaucoup de tâches urgentes pâtissent de ce chômage[22] ».

D'observateurs, les païens deviennent parfois pratiquants, à cela près qu'ils fêtent à leur manière le repos sabbatique. Le Fuscus, dont se gausse Horace, ne veut rien entreprendre ce jour là, alors qu'Ovide ne croit pas la période défavorable pour la stratégie amoureuse[23]. Suétone évoque le grammairien de Rhodes Diogènes qui, au temps de Tibère utilise le cycle juif pour le calendrier de ses conférences publiques, *disputare sabbatis Rhodi solitus*[24]. Curieuse observance sans doute, mais il faut compter aussi avec des prosélytes comme celui qu'évoque Juvénal, *metuentem sabbata*[25]. En tout cas, Flavius Josèphe et Tertullien encore en témoignent : la règle du repos sabbatique déborde au-delà des cénacles attirés par le judaïsme. Il n'y a point de cité grecque ni de peuple barbare, assure le premier dans son plaidoyer contre Apion, où ne soit répandue notre coutume du repos hebdomadaire, où les jeûnes, l'allumage des lampes et beaucoup de nos lois relatives à la nourriture ne soient observées[26]. Tertullien pense surtout aux pays de l'Occident en répliquant aux païens, qui critiquent la confusion du dimanche avec le jour du soleil : Il y a « parmi vos jours, celui où vous supprimez ou reculez jusqu'au soir votre bain et où vous cultivez l'oisiveté et la bonne chère... ; ce faisant, vous vous écartez vous aussi de vos croyances pour des coutumes étrangères ; c'est aux fêtes juives qu'appartiennent le sabbat, le banquet... Nous ne sommes pas loin de Saturne et de vos sabbats[27] ».

Tertullien associe ainsi au nom juif — *sabbata* — une dénomination astrale. Ce sont les nécessités de la polémique ; mais, dès le Ier s., les observateurs païens commettent, sans malice, la même confusion : déjà peut-être Tibulle[28], sûrement Tacite. L'historien propose une exégèse positiviste du rituel et des pratiques juives en expliquant l'interdit du porc comme une précaution d'hygiène adoptée après une cruelle lèpre et en retrouvant dans la pratique du jeûne un rationnement imposé par d'antiques famines. Il en arrive au sabbat choisi par les juifs comme jour de repos, parce que — dit-on — il apporta la fin de leurs peines. Mais Tacite ne s'arrête pas à cette explication : d'autres, assure-t-il, prétendent que ce jour est identifié pour faire honneur à Saturne. Pour établir cette dernière interprétation, l'historien croit deux explications possibles. Une hypothèse evhémériste d'abord : les Juifs descendent des Idéens chassés de Crète avec Saturne. Puis il avance finalement la référence astrologique : des sept astres régissant les mortels les Juifs auraient choisi la planète Saturne, parce qu'elle décrit dans le ciel le cercle le plus élevé[29]. A cette hypothèse les supputations d'une cosmologie juive pouvaient donner une apparence de solidité[30]. Celle-ci attribuait aux sept archanges le gouvernement des sept planètes[31]. Elle distribuait les hiérarchies angéliques dans l'échelle cosmique des sept cieux en transposant dans l'espace céleste la progression septénaire de l'hebdomade temporelle[32]. Les références explicites aux principes mêmes de l'astrologie apparaissent plus rarement[33]. En tout cas, cette interprétation planétaire du sabbat gagne jusqu'aux mouvances plus ou moins christianisées du judaïsme[34]. Elchasaï recommande de révérer le jour du sabbat, car il faut prendre garde, dit-il, à l'influence d'astres funestes et en ce cas à celle de Cronos. Cette sorte de considérations facilitait évidemment la confusion entre le sabbat et le jour de Saturne : elles expliquent au moins qu'il n'y ait pas eu de difficulté pour un païen à passer d'une dénomination à l'autre[35]. Observons aussitôt que ce pouvait être le cas d'un chrétien venu de la gentilité. Les confusions de vocables ne touchent pas, au fond des choses, à l'organisation originale d'un cycle, enraciné dans la tradition juive et proposé comme un exemple au peuple de la nouvelle Alliance.

Tacite confond sabbat et *dies Saturni* parce que l'Italie impériale connaît le développement parallèle d'une semaine planétaire. Celle-ci se superpose au rythme d'un calendrier public, jalonné par les références mensuelles

des calendes, des ides et des nones, marqué dans l'année par la distribution
de fêtes, *feriae, publicae*, qui imposent, comme en témoigne Cicéron, la
suspension des actes judiciaires et qui octroient le repos aux plus humbles
serviteurs[36]. Un calendrier daté de 354 atteste la survivance d'un autre
cycle de huit jours, (ou peut-être de sept), celui des *nundinae*, réglant les
foires et les marchés[37]. Mais dès le début du IIIe s., Dion Cassius[38] assure
que l'habitude de désigner les jours par les noms des planètes fut établie
par les Égyptiens et il ajoute que l'usage s'en est généralisé à une époque
récente. De cette hebdomade qui commence (à la différence de la semaine
juive) le samedi, Philostrate attribue l'organisation à un brahmane
Iarchos[39] : autrement dit, les contemporains hésitent sur l'origine du cycle
et, quelques siècles plus tard, Jean de Lydie mêle les pythagoriciens à l'entreprise[40]. Les observateurs antiques paraissent plus embarrassés encore
lorsqu'ils s'inquiètent d'expliquer l'ordre suivi dans cette nomenclature,
de Saturne à Vénus ; car il ne correspond guère aux classements successivement établis par les astronomies antiques d'après la distance des planètes
à la terre : Saturne, Jupiter, Mars, Soleil, Vénus, Mercure, Lune[41]. Dion
Cassius propose deux explications : dans la première, les influences astrales
s'organisent suivant l'intervalle de la quarte ; en commençant par l'orbite
de Saturne et en sautant Jupiter et Mars, intervient le soleil puis, selon le
même principe, base de la musique, la lune et ainsi de suite[42]. Une autre
hypothèse illustre plus directement l'influence de l'astrologie : pour chacune
des vingt-quatre heures du jour et de la nuit s'établit la domination d'un
astre et d'abord, pour la première heure du premier jour, Saturne. C'est
l'astre qui règle la première des journées. Il suffit d'énumérer les planètes
dans l'ordre de l'astronomie antique et de recommencer le compte jusqu'à
la 25e heure pour obtenir l'astre dominant la 1re (c'est-à-dire la 25e heure)
du second jour : le soleil, la lune pour la 49[e][43]. Le raisonnement manifeste
la force de tout un complexe de croyances, parées du prestige d'une science,
soutenues par la diffusion de multiples traités[44], popularisées en de plus
humbles pratiques comme celle de la prière aux astres[45]. Les supputations
sur l'établissement de la semaine ne reflètent guère les diagnostics complexes
de la technique astrologique. Ils attestent au contraire le succès et la dégradation de cette pseudo-science en une pratique vulgarisée, une *Laienastro-
logie* selon l'excellente formule de S. Eriksson[46] : un peu ce qui arrive
à l'analyse freudienne déchue en psychologie de magazines. Ainsi l'habitude
prévaut de prêter aux jours une tonalité planétaire. Servius a très mauvaise
impression du mardi et du samedi ; il juge favorables le jeudi et le vendredi ;
le calendrier de 354 reprend une opinion généralement défavorable au
samedi et il augure mal des enfants nés ce jour. Pour d'autres, Vénus,
astre des héros, rend tout à fait faste le jour placé sous son influence[47].
Au IVe s., Firmicus Maternus privilégie l'influence du soleil et de la lune,
les astres qui gouvernent le monde[48]. Au temps de l'empire chrétien,

certains de ces témoignages reflètent sans doute des idées depuis longtemps reçues. En tout cas, dès le IIIe s., une théologie solaire[49] qui se renforce dans la mouvance de Mitra[50] et qui s'établit dans le culte du *Sol invictus* officiellement reconnu par l'empereur Aurélien[51], d'autre part la diffusion de la prédication manichéenne contribuent sûrement à privilégier dans l'hebdomade ce jour placé sous l'influence solaire, le *dies Solis*. Toutes ces idées enchevêtrées dans la religiosité païenne ont pu exercer quelqu'influence sur le comportement des chrétiens : F.J. Dölger[52] a relevé comment le pape Léon réprouvait l'attitude des fidèles qui, venus au jour de Noël célébrer la Nativité à Saint-Pierre de Rome, se retournaient sur le parvis de la basilique pour saluer le soleil levant. En réalité, l'évêque condamne l'attitude d'une dévotion solaire qui se manifeste une fois l'an, à l'occasion d'une fête chrétienne attestée pour la première fois à Rome dans le calendrier de 354. S'il y a eu influence païenne, il a fallu qu'elle s'exerce beaucoup plus tôt, dans un autre contexte[53]. A l'époque de Léon, l'Église a sûrement établi, depuis près de trois siècles, le cycle d'une semaine chrétienne et préconisé la célébration d'un jour du Seigneur, le dimanche.

Le cycle organisé suivant les suggestions d'une astrologie vulgarisée a-t-il effectivement servi de référence concrète pour rythmer le temps quotidiennement vécu ? Des objets divers[54] attestent la diffusion de ces croyances astrales : des reliefs[55], des statues[56], des vases[57], à Rome même un monument comme le Septizonium. Pétrone décrit le décor dans la maison du nouveau riche qui fait représenter l'image des sept planètes en précisant d'un commentaire la qualité de leur influence[58]. Tous ces objets illustrent la nomenclature des jours ; souvent, mais pas toujours, ils popularisent leur succession dans un cycle hebdomadaire ; mais ils ne servent pas à établir le comput des références quotidiennes ; cependant dès le début de l'empire apparaissent des calendriers ; comme à l'habitude, ils mettent en parallèle les marchés organisés suivant le cycle d'une huitaine, les noms des fêtes, l'indication sur la qualité du jour comitial, faste ou néfaste[59] ; ils introduisent aussi la semaine dont les sept jours sont indiqués par une lettre dans un premier temps[60], puis au milieu du Ier s. par le nom planétaire[61]. Le calendrier de 354 illustré par Furius Philocalus rassemble toutes ces indications en même temps qu'il rappelle le comput public et les phases de la Lune. Mais cet almanach offre à son lecteur mille informations, des fastes consulaires et préfectoraux, un comput pascal, un férial chrétien, un catalogue des papes, une chronique universelle[62]. Un public moins huppé peut disposer d'instruments commodes et moins coûteux pour passer du calendrier officiel aux références de la semaine : ainsi, cette table[63] retrouvée au siècle dernier et aujourd'hui perdue, qui était reproduite sur le mur d'une annexe des Thermes de Trajan et qui fut respectée lorsque celle-ci devint un petit sanctuaire chrétien consacré à sainte Félicité

L'utilisateur peut faire progresser au même rythme trois petites fiches qui s'insèrent dans des cavités disposées soit auprès des quantièmes du mois lunaire, soit autour des signes du zodiaque, soit au-dessous de symboles figurés représentant les sept planètes de la semaine, de Saturne à Vénus. Ce calendrier, confectionné sans doute à la fin de l'Antiquité, reproduisant des *parapegmata*[64] plus anciens, permettait d'identifier commodément le jour de la semaine.

Mais, en pratique, la nomenclature du cycle hebdomadaire ne sert guère à situer un événement de la vie individuelle dans le temps de la collectivité. Les actes privés, conservés par les papyrus ne font pas usage de la semaine : on ne connaît guère que des tablettes de bois, découvertes à Marseille, où les jours de la semaine sont mentionnés comme pour un exercice scolaire[65]. Les inscriptions s'y réfèrent exceptionnellement, pour consigner une dédicace à Jupiter heureusement accomplie au jour dominé par l'influence du Dieu, *dies Iovis*[66]. Ailleurs, ce sont quelques épitaphes[67], celle d'un vétéran, prédestiné à la vie militaire puisqu'il naquit et mourut un mardi, jour de Mars. Une coïncidence analogue suggère dans une inscription de Cumes la mention du *dies Saturni*, jour de la naissance et jour du décès pour une Saturnina : de cette petite fille morte à trois ans, Saturne avait scellé le destin. Trois textes funéraires[68] provenant de Rome attestent peut-être une référence astrologique ; ils indiquent l'heure et le jour de la semaine pour la naissance, ou (deux fois) pour le décès survenu sous l'influence de Saturne, *dies Saturni*. Lorsqu'elles apparaissent — très rarement — ces indications servent surtout à jalonner une destinée, beaucoup plus qu'à fixer une date dans le temps collectif. Une chose paraît sûre : la diffusion d'une nomenclature, pour désigner les sept jours d'un cycle dont les Juifs ont tracé, avec une conception du temps, le modèle original.

A ces influences complexes s'ajoute, pour expliquer le développement d'une semaine chrétienne à la fin de l'Antiquité, l'œuvre d'une pastorale tenace et aussi l'intervention plus rigoureuse d'une discipline. Bien entendu, la prédication chrétienne — celle qu'illustrent l'Ambrosiaster, Ambroise, le pape Léon ou même Jérôme, qui reste dans la mouvance italienne — ne permettrait guère d'écrire une histoire sur les origines du dimanche, inutile au demeurant pour la présente enquête. « Le jour du soleil, nous nous assemblons tous, parce que c'est le premier jour, celui où Dieu tira la matière des ténèbres, créa le monde et parce que ce même jour Jésus-Christ notre sauveur ressuscita des morts. La veille du jour de Chronos, ils le crucifièrent[69]... ». Cette première attestation du dimanche, désigné selon la terminologie planétaire apparaît au milieu du IIe s., dans l'*Apologie* de Justin. Mais en Italie le discours qui explique et qui recommande cette célébration trouve, tout en parlant la langue commune de la chrétienté, quelques accents particuliers[70], une insistance à démontrer que la fête dominicale manifeste l'identité d'un nouveau peuple, en même temps qu'elle illustre la signification universelle d'un jour consacré au Seigneur.

Dans le mouvement de cette double démonstration, l'apologétique chrétienne emprunte ses arguments aux juifs expliquant la fonction du sabbat. Et cela, au moment où la prédication chrétienne critique la règle sabbatique, car la pratique juive sert de repoussoir pour établir l'originalité d'une nouvelle alliance célébrant le dimanche. L'aigreur des critiques surprend pour l'Italie du IV⁰ s. ; les souvenirs du sabbat s'y sont estompés, semble-t-il, beaucoup plus complètement que dans les communautés orientales, où survit, au-delà même des cénacles judaïsants, quelque révérence pour le jour festif de l'ancienne Alliance. Au II⁰ s., Justin accepte que les chrétiens venus de la Synagogue fassent sabbat à condition qu'ils n'imposent pas la règle aux gentils convertis[71] ; deux siècles plus tard, Philastre de Brescia catalogue cette pratique judéo-chrétienne dans la série des hérésies anciennes[72], alors que dans la Jérusalem du IV⁰ s. l'évêque Cyrille fustige des observants contemporains[73]. De l'Orient à l'Occident chrétiens, l'évolution paraît au IV⁰ s. plus manifeste encore, à considérer les recommandations de la pastorale pour le samedi, le sabbat : pour ce jour là, un concile de Laodicée, vers 360, prescrit particulièrement la lecture des évangiles ; en période de carême, la règle interdit la célébration eucharistique à l'exception du sabbat et du dimanche ; même exception, pour la commémoration des martyrs[74]. Les *Constitutions Apostoliques* rappellent que l'Église fête la résurrection le dimanche mais qu'elle se souvient, la veille, de commémorer la création[75]. En somme, les communautés chrétiennes de l'Orient continuent souvent de distinguer d'un signe particulier ce jour qui achève la semaine juive. Au contraire à Rome, en Italie et à Alexandrie — si l'on accepte le témoignage de l'historien Socrate[76] —, l'Église recommande le jeûne. Au début du V⁰ s. le pape Innocent explique que les chrétiens jeûnent pour la *sexta feria* (le vendredi) à cause de la Passion ; ils ne peuvent omettre le sabbat, inclu entre le temps de la tristesse et celui de la joie. Du reste, les Apôtres, plongés dans la tristesse se cachèrent des juifs et vécurent dans l'abstinence pendant ces deux jours qui excluent, suivant la tradition de l'Église, toute célébration eucharistique[77] ; un Romain, dont Augustin cite le témoignage, expliquait la discipline particulière du jeûne sabbatique, par l'exemple et par le précepte de Pierre. L'apôtre, qui se préparait à rencontrer le dimanche, dans une sorte de compétition, le Mage Simon, *figura diaboli*, s'était abstenu de toute nourriture pour préparer le combat[78]. Cette précision éclaire sans doute les intentions d'une pratique inconnue en Cisalpine, à Milan et en Afrique : apparue peut-être au III⁰ s.[79], elle vise à déraciner toute survivance de la célébration sabbatique dans des groupes marginaux, représentés symboliquement par l'hérésiarque Simon. En tout cas, la discipline romaine réussit : l'Italie chrétienne, à la différence de l'Orient, ne conserve point de témoignage sur une célébration sabbatique.

Les pasteurs et les théologiens ne relâchent pas pour autant leur vigilance ni l'ardeur d'une polémique contre la Synagogue : de cette attitude, un petit libelle, composé *Adversus Iudaeos* par l'Ambrosiaster, paraît très représentatif[80]. L'auteur assure que les chrétiens méprisent l'oisiveté, les banquets de la festivité juive ; mais surtout le polémiste rappelle après l'évangéliste Jean (7, 22) que les prêtres eux-mêmes procédaient à la circoncision le jour du sabbat[81] ; il assure avec force qu'Abraham a été justifié alors qu'il ignorait les néoménies, le sabbat et tous les autres préceptes qui ne relèvent pas de la loi naturelle — *non quae naturalis legis sunt*[82]. Au ve s., le pape Léon[83] fait écho aux critiques d'Augustin, d'autant mieux connues en Italie qu'elles ont circulé dans un petit recueil de sentences empruntées au maître d'Hippone : mieux vaudrait que les juifs creusent toute la journée plutôt que de danser comme ils le font à chaque sabbat[84]. Le Romain complète ces réflexions pastorales en réfutant une observance trop charnelle du jeûne. Enfin, Jérôme reprend le thème déjà esquissé dans la *Didachè* : tout le temps appartient au Seigneur[85] ; ainsi s'ébauche une image chrétienne de la fête qui se distingue du modèle juif autant que de la pratique païenne. Les premiers, comme le dit l'apôtre, sont soumis aux éléments du monde, *sub elementis*[86]. En quoi se distinguent-t-ils des païens ? L'Ambrosiaster s'interroge : *si itaque et Iudaei elementis erant servientes, quid differebant a paganis ?*[87]

Cette réaction indique bien, comment il est difficile pour l'apologète chrétien de discerner ce qui revient aux traditions juives et ce qui appartient aux influences astrologiques. Car le comput de la fête pascale, autant que les calculs du cycle hebdomadaire impliquent indirectement l'observation des *elementa*. Il faut, en conséquence, affirmer l'identité de la célébration chrétienne contre l'astrologie[88]. La démonstration devenait d'autant plus nécessaire que les Manichéens, comme l'africain Faustus, accusaient les chrétiens d'adorer le soleil et la lune[89]. La réfutation de l'astrologie emprunte traditionnellement le secours de tout un dossier scripturaire composé avec le prophète Isaïe (1, 23) et avec les épîtres de Paul (*Gal.*, 4 en particulier). Mais en ce cas, l'apologétique insiste pour démontrer que les astres n'interviennent pas comme des forces naturelles indépendantes (les *elementa*), mais comme des signes prédisposés par le créateur pour le comput du temps. Le thème apparaît dès le iiie s. et plus encore au ive s. avec une littérature de traités, de petits manuels, destinés à enseigner le calcul de la date pascale ou même à illustrer le cours du temps : ainsi, l'auteur du *De solstitiis*[90], Hilarius, un computiste africain[91], Paschasinus, l'évêque sicilien de Lilybée, célèbrent l'intervention divine dans les mouvements significatifs du ciel, *deus noster qui facit mirabilia solus*[92]. Le prologue de la *Supputatio romana* s'organise autour d'un commentaire du premier chapitre de la *Genèse* (I, 5-16) et d'une référence à l'*Exode* (12, 1-6) rappelant l'intervention créatrice du Tout-Puissant[93]. L'astrologie relevait la course impitoyable des astres déterminant le destin des hommes. Le computiste chrétien a chassé du ciel les planètes maléfiques : l'univers se peuple des signes dont le chrétien peut comprendre le sens ; au même jour, en mars, dans le premier mois du monde (comme le rappelle l'*Exode*) a été conçu et a souffert le Messie ; il est né, explique l'auteur du *De Solstitiis*, en décembre quand sont pressées les olives mûres, celui qui est aussi le Fils de Dieu, soleil de justice[94]. Ainsi s'établit tout un réseau de signes et de symboles qui justifient la recherche du comput. Ambroise de Milan explique à ses collègues de l'Emilie que les calculs chrétiens se distinguent totalement de l'observation païenne (*observare gentilico more*) cherchant à prévenir la fatalité des jours déterminés par la lune[95]. Une fois encore, l'Ambrosiaster s'explique plus délibérément : *quare lunae cursum in ratione paschae custodientes, paganos reprehendimus quia dies lunares et modum custodiant.* Nous qui observons le cours de la lune, pourquoi reprochons-nous aux païens d'observer les jours lunaires ? Parce que Dieu a établi les luminaires comme signes du temps[96].

Pour dissiper toute équivoque les pasteurs recommandent généralement d'éviter la nomenclature astrologique des jours de la semaine. Philastre de Brescia compte cette habitude au nombre des hérésies et il accuse ceux qui imaginent originelle l'appellation de *dies Saturni* ou de *dies Solis*[97]. Les pasteurs chrétiens se souviennent peut-être que ces appellations sont apparues tardivement[98] — depuis quelques siècles — dans l'usage romain et de toute façon ils pensent que l'hérésie intervient toujours dans un second temps pour défigurer et pour déformer la vérité : ainsi Gaudence de Brescia, le successeur de Philastre[99]. Mais finalement l'évêque considère cet usage avec quelque indulgence et Augustin plus encore, constatant que beaucoup de chrétiens parlent du *dies Mercuri* ; il recommande, sans brandir les foudres, l'usage ecclésiastique[100]. Ce dernier est généralement suivi par les clercs[101] ; mais les auteurs les plus scrupuleux parlent eux-mêmes du *dies Solis*, entraînés sans doute par la symbolique du soleil de justice : « Ce jour, explique Jérôme, que les païens nomment *dies Solis* nous le confessons volontiers comme tel ; car aujourd'hui est apparue la lumière du monde[102] » ; mais Justin déjà utilisait la dénomination païenne pour le dimanche et aussi pour le samedi[103]. Mieux, le computiste de la *supputatio romana*, au milieu du ve, parle sans précaution particulière du *dies Saturni*, en se référant au nom planétaire dans un libelle qui se propose de contester l'astrologie[104]. Cet exemple indique bien que les historiens contemporains se tromperaient en surestimant la portée de ce vocabulaire. L'essentiel est acquis dans cette pastorale qui établit l'identité chrétienne ; comme le dit Jérôme : le Seigneur a fait tous les jours ; tous les autres peuvent appartenir aux juifs, aux hérétiques, aux païens. Le dimanche (*dies dominica*), le jour de Résurrection, est le jour des chrétiens[105].

En même temps, la pastorale — à l'exemple de la réflexion juive sur le sabbat — prête au temps de la semaine une portée universelle. Cette période toujours renouvelée circonscrit symboliquement un temps théologique qui insère le fidèle dans la célébration de l'œuvre créatrice et dans l'histoire du salut[106]. Une telle répétition illustre précisément la signification ambivalente de l'histoire chrétienne : le salut est accompli et il est vécu dans le mouvement d'une durée individuelle et collective. Dès l'époque de Justin, au IIe s., tous les arguments de cette pédagogie sont liés : nous célébrons le dimanche parce que c'est le premier jour où Dieu créa le monde et où notre Seigneur ressuscita. L'Ambrosiaster, en expliquant la signification de la Pentecôte, rappelle qu'au jour du Seigneur le mystère de la Pâque a été accompli pour le salut du genre humain : c'est le premier après une semaine. « On revient en effet au premier jour après le cycle de l'hebdomade pour signifier que l'ère du monde s'accomplit dans le chiffre sept. De même après sept semaines, la Pentecôte n'est jamais qu'un dimanche pour signifier que tout ce qui se rapporte à notre salut a été commencé et accompli un dimanche[107] ». Ces deux témoins, à deux siècles de distance, orchestrent les multiples thèmes développés dans la *koinè* de la prédication chrétienne. L'image du premier jour de la création s'attache au dimanche, parce qu'elle s'appuie sur une interprétation typologique du sabbat[108], illustrant le repos de Dieu qui suit la création : c'est-à-dire, comme l'assure Irénée, le royaume dans lequel l'homme persévérant dans le service de Dieu trouvera le repos et prendra part à la table de Dieu. L'exégèse qui se libère progressivement de ses attaches millénaristes est illustrée dans la Rome du IIIe s. par Hippolyte[109] annonçant que le sabbat est la future royauté des saints ou par Ambroise, dans la Milan du IVe s.[110]. En même temps, depuis Justin, s'annonce la symbolique du huitième jour[111], établi dans l'ancienne Alliance, pour accomplir le signe de la circoncision (*Gen.* 17, 12) et désormais marqué pour l'histoire du salut[112]. Ambroise[113] orchestre le thème pour la pastorale italienne : le dimanche, *dies dominica resurrectionis* selon une formule utilisée par Tertullien, annonce la circoncision parfaite, le jour du salut nouveau, l'éclat du soleil de justice. En somme, les prédicateurs rappellent aux fidèles que cette période du temps quotidien commencée le dimanche doit régulièrement leur rappeler l'hebdomade première de la création, l'histoire du salut dans le mouvement de chacun de ces jours comptant mille ans, comme le dit le Psaume, et aussi la semaine sainte du vendredi de la Passion à la Résurrection pascale. A ce compte, tout le temps appartient au Seigneur. Cette attitude explique sans doute le vocabulaire chrétien, qui donne à chaque jour le nom de fête, *feria prima*, *secunda* etc. Car cette liturgie quotidienne — celle d'une race élue, sacerdoce royal comme dit l'apôtre (*I Pi.*, 2, 9) — implique l'allégresse[114]. Dans leur polémique contre le sabbat, les chrétiens disent que la célébration du dimanche évoque moins le repos, le chômage qu'une autre activité, joyeuse et communautaire. Le thème intervient dans la pastorale italienne ; déjà au IIIe s., Novatien l'assure : le chrétien a de meilleurs spectacles que le spectacle du cirque ou celui de l'amphithéâtre[115]. Maxime de Turin au Ve s. emploie pour célébrer les réunions chrétiennes tout un vocabulaire volontairement emprunté aux festivités publiques : il se réfère au *convivium*, aux *largitates*[116]. Le pape Léon parle du jour de la joie, de la *laetitia* avec l'accent qu'utilise une formule chère aux monétaires de l'empire[117]. Ainsi la pastorale organise sur le temps une pédagogie autant qu'une théologie.

Cette prédication entraîne l'établissement d'une discipline ; certes l'épiscopat italien ne nous a guère laissé de textes organisant l'obligation du dimanche ; il lui était moins nécessaire d'intervenir, du moment que la législation impériale créait dans la vie sociale des conditions favorables à la célébration dominicale. Dès le 3 mars 321, Constantin invite par une loi adressée à Helpidius, vicaire de la Ville, les juges, les populations urbaines et les corps de métiers à cesser le travail le jour du soleil (*dies Solis*[118]) ; la disposition s'applique aux villes puisqu'elle excepte tous les travaux des champs ; quelques mois plus tard[119], l'empereur précise qu'il autorise malgré tout certaines procédures judiciaires, celles qui permettent d'émanciper les mineurs ou d'affranchir les esclaves. La rhétorique impériale précise les attendus de la loi : le prince trouverait tout à fait indigne d'occuper à des disputes ce jour du soleil rendu illustre par la vénération dont il bénéficie : *diem solis veneratione sui celebrem*[120]. Cette dernière précision suffit à écarter toute référence païenne et du reste l'*interpretatio* adjointe beaucoup plus tard à la loi comprend sans hésiter en substituant au *dies Solis*, le *dies dominicus*. Une loi de Valentinien[121] démontre bien que les dispositions sur le *dies Solis* s'appliquent particulièrement aux chrétiens ; adressée à un consulaire de Vénétie, elle interdit l'intervention des *exactores*, contre les fidèles, en ce jour tenu depuis quelque temps pour un jour faste, *die Solis qui dudum faustus habetur*. La première mention de la dénomination chrétienne apparaît dans une loi parvenue à Aquilée le 3 novembre 386 ; la chancellerie précise : le jour du Soleil nommé traditionnellement le dimanche dans l'usage religieux, *quem dominicum rite dixere maiores*[122] : désormais la chancellerie adopte l'usage ecclésiastique pour rappeler l'interdiction de toute procédure judiciaire. En 409, Honorius parle du dimanche, vulgairement désigné comme jour du soleil : il s'inquiète d'interdire les jeux du cirque[123]. Ainsi la législation impériale a proscrit, dans les villes, les activités publiques et sociales qui paraissent incompatibles avec la célébration dominicale, celles qui engagent une activité publique ou celles qui organisent des divertissements jugés coupables. Elle impose le repos aux travaux de l'artisanat, au moins à celui des collèges, mais elle laisse toute liberté, semble-t-il, au commerce[124] et sûrement à l'agriculture. Ces dispositions reflètent bien le pragmatisme de l'intervention impériale qui respecte les contraintes de la production agricole. Mais au fond, le prince n'envisage pas d'établir un sabbat chrétien, rigoureusement chômé ; il entend bien faciliter la tâche des pasteurs, là où ils peuvent réunir leur communauté : dans les villes.

Cette intervention facilite assurément la mission de l'évêque. Au IV⁰ s., la fête chrétienne est célébrée effectivement le dimanche matin et non anticipée à la veille, sauf pour quelques réunions liturgiques pendant la semaine sainte[125]. Du reste, à Rome, le rite du *fermentum* implique que les réunions de la synaxe se tiennent le matin : la messe de l'évêque pendant laquelle sont consacrées les espèces dont les parcelles sont aussitôt apportées dans les églises locales, les *tituli*, puis les messes célébrées dans ces *tituli* par des prêtres qui ont reçu ces parcelles, le *fermentum*[126], placé dans le calice comme une sorte de levain pour le sacrifice local. Mais on trouve peu de textes juridiques[127] qui proclament, parallèlement aux lois impériales, l'obligation du dimanche ; cependant les pasteurs se plaignent souvent, à Milan[128], à Turin[129] du manque d'assiduité des fidèles et ils les rappellent à leurs devoirs. Ces interventions ne s'occupent guère de recommander un repos dominical : les mêmes pasteurs critiquent l'oisiveté du sabbat. On ne chôme pas, expliquent Ambroise[130], Pierre Chrysologue[131], ce jour consacré à la louange de Dieu ; il faut vaquer en ce qui concerne les œuvres serviles mais redoubler d'activité pour l'œuvre bonne de l'assistance chrétienne[132].

Les églises italiennes et surtout celle de Rome organisèrent plus concrètement une discipline de la semaine, à commencer par celle qui précède le dimanche par excellence, le dimanche de Pâques : l'Église identifie particulièrement le jeudi Saint, destiné à la réconciliation des pénitents ; le mercredi et le vendredi, elle ne célèbre pas la synaxe et cette disposition s'étend à toute la période préparatoire du carême, étalé de trois semaines à quarante jours sur une période de temps qui se déplace du 15 février au 21 avril. Au V⁰ s. l'évêque romain a établi trois temps de pénitence, après la Pentecôte, en septembre et en décembre[133] ; ainsi la référence aux jours de la semaine s'étend à quatre périodes de l'année : Léon convoque les fidèles pour les collectes, la *secunda feria*, pour le lundi, pour la *tertia feria* (le mardi). La discipline ecclésiastique ne popularise pas uniquement la référence régulière au dimanche, précédé (on le sait pour Rome) d'un jeûne préparatoire le samedi. A plusieurs reprises pendant l'année, elle invite le peuple chrétien à utiliser ce nouveau comput du temps quotidien.

En réalité, cette pastorale a-t-elle établi dans le comportement des fidèles un nouveau rythme du temps, réglé par le cycle hebdomadaire ? Un observateur africain (Augustin d'Hippone)[134] reconnaît volontiers que les Romains observent régulièrement le samedi et ses jeûnes ; à l'opposé, le prédicateur italien — on le sait — est enclin à se plaindre que les ouailles ne viennent pas assez nombreuses à la messe du dimanche. Mais dans le monde antique, l'inscription, l'épitaphe reflète souvent les humbles habitudes, parfois une évolution du comportement collectif : en témoigne un groupe de textes (150) qui mentionnent à Rome (70 %) et en Italie (30 %), le jour de la semaine (voir *Appendice*). Les chrétiens ont particulièrement noté les jours caractéristiques de l'hebdomade chrétienne, le vendredi (32) et le dimanche (31), le samedi (21) moins souvent, tout comme le jeudi (21), le mercredi (19) et le lundi (17) ; ils négligent le mardi (9). Les fidèles utilisent sans aucune difficulté la nomenclature planétaire, pour le lundi, le mardi, le mercredi et pour le jeudi ; mais ils préfèrent parfois (19 %) *dies dominica* (ou l'équivalent grec) à *dies Solis* et plus souvent dans les provinces, dont l'échantillon, il est vrai, est composé d'exemplaires plus tardifs (22 % du total provincial) qu'à Rome (12 %) ; dans la Ville, un tiers des inscriptions mentionnent pour le samedi, le sabbat ou la *feria sexta* ; en Italie, la proportion est plus forte (une fois sur deux) pour écarter Saturne, de même dans l'épigraphie italienne avec le *dies Veneris* (42 %), alors que la mention chrétienne est pratiquement inexistante à Rome pour le vendredi. En tout cas, l'usage de la nomenclature planétaire l'emporte, même si l'épitaphe, à l'occasion, essaie de corriger en associant *Helios* à *Kuriakê*[135]. Bien entendu, ce corpus paraît médiocre : mais il est moins négligeable qu'il n'y paraît, à le comparer au relevé des inscriptions mentionnant la date du décès : une fois sur trente, semble-t-il, l'épitaphe chrétienne mentionne la semaine[136]. Plus encore, le phénomène semble progresser avec le temps : les premières attestations datées remontent à 269 pour un vendredi, à 364 pour le samedi, seulement à 386 pour le *dies Solis* ; mais dès 404, une épitaphe se réfère à la nomenclature chrétienne *dies dominica* et la *feria sexta* apparaît peut-être dès 377. Bien entendu, beaucoup de textes ne sont point datés mais il n'est pas impossible d'imaginer une répartition chronologique de tout cet échantillon : le cinquième des textes romains appartient sans doute à une première période, la fin du troisième siècle et l'époque constantinienne. De l'épiscopat de Damase à celui de Léon (de 366 à 440), la grande époque missionnaire pour la Ville, relève sûrement plus de la moitié des épitaphes (55/56 %). La proportion de textes plus tardifs paraît plus réduite mais la documentation se raréfie[137]. Tout indique que cette habitude spécifiquement chrétienne s'introduit dans le formulaire funéraire dès le IVe s. et progresse sensiblement.

Car cet usage apparaît dans un groupe manifestement chrétien : à Rome, il est attesté dans la plupart des grands cimetières[138], par des épitaphes où les réminiscences païennes sont rares[139]. Les fidèles portent des noms chrétiens, dans une proportion peut-être supérieure à celle de la population connue par les recueils d'épitaphes romains[140], alors qu'on ne relève que deux dénominations, évoquant les divinités planétaires, deux Saturnini[141]. Les titulaires des épitaphes peuvent venir de provinces étrangères[142], mais ce sont souvent de grands personnages[143] : et surtout les dédicataires font profession de leur foi, comme *fidelis* ou comme néophyte[144]. Enfin des clercs utilisent la référence au jour planétaire : tels, ce prêtre Martyrius, déposé un *dies Solis*, cet acolyte enterré un *dies Lunae*, ou plus encore ce Laurentius, prêtre romain dont l'épitaphe en 399 est datée du jour de Saturne[145].

Reste à essayer de comprendre les raisons de cet usage, pour lequel les exégètes relèvent souvent l'influence de l'astrologie. Ces derniers lancent un peu rapidement l'hypothèse ; beaucoup de ces épitaphes ne notent qu'approximativement la durée de cette vie où il faudrait lire l'accomplissement depuis la naissance d'un destin scellé par la mort[146]. Du reste, l'inscription fixe la date de la mort, cette mort que le fidèle considère comme une naissance : est-ce une raison pour mêler à cette espérance l'influence de l'astrologie[147] ? Celle-ci ne se contenterait pas des indications elliptiques données par le texte funéraire. S'agit-il alors de cette astrologie vulgaire qui attribue à chaque jour de la semaine une valeur augurale : mais le mardi néfaste qui conviendrait pour noter le deuil apparaît très rarement. En fait, pour expliquer les raisons d'un usage, lié à un complexe d'influences diverses, mieux vaut préciser comment les chrétiens usent de cette référence. Celle-ci s'ajoute[148], à l'origine, aux indications du comput traditionnel. Lorsque ce dernier précise l'année, la mention du jour planétaire, dans les textes plus anciens, suit toutes les références habituelles comme une sorte d'addition[149]. Plus tardivement, pour la première fois en 359, entre la référence du calendrier romain et la date consulaire s'insère la mention du jour hebdomadaire, comme si cette dernière s'intégrait à la définition du temps quotidien[150]. Le formulaire des textes dépourvus d'une date consulaire suit semble-t-il une évolution analogue : les plus anciens ajoutent le jour de la semaine à la définition courante. En fin de compte au Ve s., la date s'organise avec l'indication hebdomadaire — c'est souvent le cas avec les textes utilisant une nomenclature chrétienne — suivie des références courantes. Celles-ci sont indispensables pour situer la date dans le mois ; mais dès cette époque s'ébauchent des tentatives pour écarter le système des calendes, des ides et des nones[151]. Tous les indices tirés de l'évolution du formulaire suggèrent que ces fidèles mentionnent le jour du cycle chrétien comme une référence complémentaire pour jalonner le temps et surtout le dernier temps terrestre.

A l'occasion, cette explication peut sembler insuffisante : l'épitaphe indique simplement que le fidèle est mort un mardi : *recessit die Martis*. Le texte pourrait se référer peut-être, pour situer la mort, à l'image d'un jour réputé sinistre. En réalité, cette formule peut seulement se rattacher à un trait particulier du défunt, pour rapprocher du *dies Saturni* la mort d'un Saturninus, pour souligner que le mort, disparu un vendredi, un dimanche ou un lundi, était né ce même jour[152]. Ce calendrier affectif atteste une familiarité certaine avec l'usage de la semaine ; il ne démontre pas l'influence de l'astrologie ; en effet, comment expliquerait-on que les chrétiens utilisent une tournure analogue pour dire que le mort a quitté le monde le jour du Seigneur[153] ? Parfois le jour de la semaine n'est indiqué que pour préciser un peu plus la date de la naissance alors que le comput habituel situe la mort. Comment peser l'intention de ces tournures, au demeurant exceptionnelles ? Peut-être l'épitaphe rappelle pour cette Urbana morte à un an, que naître un mardi est de mauvaise augure ; mais cette même exégèse ne s'applique guère à un texte analogue attestant que Stratonicus mort en bas âge est né un *dies Solis*[154] ? Plus qu'une spéculation, l'épitaphe évoque l'attendrissement des parents pour l'héliopais, l'enfant du soleil.

Parfois une indication, celle de l'heure, celle de l'âge de la lune, complète la référence au jour de la semaine. Dans le premier cas, on ne peut conclure forcément à l'influence de l'astrologie. Les épitaphes mentionnent l'heure de la mort dans le comput traditionnel, sans doute pour fixer avec plus de précision affective le moment de cette nouvelle naissance[155]. Quelques inscriptions de la présente série s'inspirent sans doute dans le même esprit de ce procédé, avec la mention du jour planétaire[156] ; on ne se hâtera pas de donner une interprétation païenne, surtout lorsque le texte précise, en termes tout à fait chrétiens, que le défunt est mort un samedi, *diae Saturni Paschae*, dans la vigile de Pâques, au moment de la cinquième prière *oratione quinta*[157]. Ajoutons-le : les fidèles ont peut-être usé d'un symbolisme chrétien pour les heures puisqu'ils notent plus volontiers — une fois sur trois — la neuvième, celle que le récit de la passion dans les synoptiques a chargée d'une puissance particulière d'évocation[158]. Enfin une dizaine d'inscriptions précisent l'âge de la lune au moment de la mort[159]. Elles mentionnent le premier jour du mois lunaire, le 3e, le 8e, le 15e, le 17e, particulièrement le 20e (2) et surtout le 12e (4 exemples). Mais les *lunaria*, qui illustrent la qualité des différents jours du mois lunaire ne considèrent pas comme spécialement néfastes les périodes mentionnées dans l'épigraphie chrétienne[160]. Le 8e jour évoque la naissance de Mathusalem ; le 20e, celui de la bénédiction de Jacob, invite simplement à la prudence, en recommandant d'éviter la saignée. Est-ce suffisant pour expliquer d'une influence mauvaise l'inévitable de la mort ? Quant au 12e, il est utile, *in omnibus agentibus*. Mais l'influence d'une astrologie vulgaire transparaît plus sûrement lorsque l'épitaphe indique la mort d'un enfant, à la 3e heure, au 3e jour de la lune, dans un contexte sinistre, bien que le jour de la semaine ne soit pas mentionné. A l'occasion, le texte paraît s'organiser comme un horoscope sommaire : *natus... ora noctis... die Saturnis, luna vigesima, sicno apiorno (Capricorno)*[161]. Pour un enfant qui a vécu quelques heures, l'épitaphe accumule les précisions empruntées à tous les computs comme si elle voulait sceller dès la naissance ce destin

prématurément brisé. Le lapicide malmène le signe zodiacal qui lui paraît
sans doute insolite : ce formulaire inhabituel atteste alors que l'usage de
la semaine peut, à l'occasion, favoriser les références à une astrologie
vulgaire[162]. Mais cette pratique paraît assez exceptionnelle : dans la plupart
des cas, pour fixer la date de la mort, les fidèles utilisent un calendrier qui
est, avec ses semaines et même avec ses jours planétaires, celui de leur
communauté.

Car c'est grâce à la discipline chrétienne, instituant la succession régulière
des fêtes dominicales, le retour annuel des grandes fêtes pour les martyrs,
les périodes de jeûne ponctuées de réunions ou de pratiques hebdomadaires,
que les fidèles s'accoutument à une nouvelle manière de compter le temps.
Concrètement, le fidèle peut utiliser les *parapegmata*[163] qui situent jour
après jour la progression du temps selon les différents computs, Mais, pour
compter les jours de la semaine, les chrétiens reçoivent leur information
de la liturgie. Quelques indices le suggèrent : est-ce simple hasard si plus
du tiers des inscriptions datées avec le jour de la semaine, y compris celles
du dimanche, se placent sur le calendrier annuel dans la période du carême
et dans celle du temps pascal, en des temps où, pendant deux mois de
l'année, les réunions se multiplient assez souvent pour familiariser le peuple
fidèle avec les jours du cycle hebdomadaire[164]. Un autre signe démontre
l'influence de la pastorale et de son calendrier : les fidèles comptent les
jours suivant l'habitude juive adoptée par l'Église : du soir au coucher
de soleil suivant ; ainsi s'expliquent — on l'a noté — les divergences entre
la date chrétienne et l'usage du peuple romain, comme le rappelle Macrobe,
de compter les jours[165] de minuit à minuit. L'épitaphe indique le dimanche
au lieu du samedi, le lundi au lieu du dimanche[166] lorsque la mort ou la
déposition coïncident avec le samedi soir ou avec le dimanche soir.
Chercherait-on l'influence des spéculations astrologiques alors que le
formulaire de l'épigraphie païenne ignore cette sorte de calcul ? Il s'agit
en fait d'un usage chrétien qu'attestent les computistes, le pape Léon,
Augustin en Afrique[167]. De la même manière, pour connaître l'âge de
la lune, le fidèle se rapporte, semble-t-il, aux computistes ecclésiastiques et
il suit souvent l'évolution des *supputationes* successives[168]. Pour les jours
de la semaine, le calendrier liturgique facilite ses calculs : il s'y réfère
explicitement : la petite Solemina reçoit sépulture un mercredi *pridie
marturo(rum)*, la veille de la fête des sept fils de Sympherosa. Alexandra
meurt un samedi *die sabbati vigilias sacras*. Une épitaphe de Chiusi atteste
plus clairement encore cette osmose entre le calendrier liturgique et le
cycle hebdomadaire : le petit Aurelius Melitius meurt un samedi, *die
Saturni Paschae*[169]. Une association aussi insolite n'inquiète pas, puisque
la dénomination planétaire a perdu toute saveur païenne. On ne pouvait
trouver d'exemple qui manifestât plus clairement l'influence d'une pastorale
pour l'introduction d'un nouveau comput du temps quotidien.

Ces modestes textes illustrent concrètement l'influence de la pastorale et de la discipline chrétiennes. Celles-ci commencent à introduire dans la vie quotidienne le rythme de la semaine. Assurément l'usage de ce cycle a pu faciliter à l'occasion les spéculations d'une astrologie vulgaire comme celle qu'Augustin fustige dans ses *Confessions* (4, 3) ; l'utilisation d'un comput fondé sur l'observation des astres, signes de temps, pouvait favoriser ce malentendu. Mais l'usage des noms planétaires, universellement adopté pour quatre jours, courant pour trois autres, ne suffit pas à démontrer la diffusion des spéculations astrologiques. Dès le début de l'Empire les païens ont donné une interprétation astrologique du sabbat, devenu jour de Saturne et les théologiens ou les computistes chrétiens ont repris un usage qui a perdu beaucoup de sa saveur originelle. Car les païens (et les juifs non plus) n'ont guère utilisé, pour servir de référence à leur vie individuelle, ce cycle qui rythme le temps communautaire chrétien. Ces inscriptions démontrent que la mission s'inquiète de mener pour le peuple fidèle une conquête du temps, un peu comme celle qui règle le temps du clerc, du moine et du pénitent : une entreprise considérable par sa dimension, pour ses conséquences lointaines ; en amplifiant une tradition enracinée dans le passé juif, elle donne une signification sociale à une conception théologique du temps.

NOTES

1. *Didascalia*, VI, 18, 16 : *omnes dies Domini sunt*, cf. trad. F. Nau, Paris, 1912, p. 210 ; R.H. Connoly, Oxford, 1929, p. 237. Traduction latine de l'original grec perdu.

2. W. RORDORF, *Sabbat et dimanche dans l'Église ancienne*, version fr., Neuchâtel, 1972, p. 171 (5) et le texte cité *supra*, p. 172.

3. C'est dans cette attitude qu'il faut rechercher l'originalité de la tradition juive et chrétienne et moins dans l'opposition trop classique entre temps cyclique et temps linéaire, v. A. MOMIGLIANO dans *History and Theory, Supp.*, 1966, 5, p. 14-15 (*History and the concept of Time*). Et sur l'idée de progrès dans l'Antiquité, les conclusions de L. EDELSTEIN, *The idea of Progress in classical Antiquity*, Baltimore, 1967. Sur l'attitude chrétienne, les remarques comparatistes de S.G.F. BRANDON, *History, Time and Deity*, Manchester, 1965, p. 28-30 ; M. HALWACHS, *Les cadres sociaux de la mémoire*, Paris, 1925, p. 186.

4. Ch. PIETRI, *Roma Christiana. Recherches sur l'Église de Rome... de Miltiade à Sixte III (311-440)*, Rome, 1976, I, p. 603-624.

5. F. CUMONT, *Les religions orientales dans le paganisme romain*, Paris, 1963, p. 155 (reproduction de conférences tenues en 1905).

6. E. SCHÜRER, *Die siebentätige Woche in Gebrauch der christlichen Kirche der ersten Jahrhunderte*, dans *Zeitsch. Neutestam. Wiss.*, 6, 1905, p. 1-66 ; ici p. 54.

7. F.H. COLSON, *The Week. An Essay on the Origin and Development of the Seven Day Cycle*, Cambridge, 1926, p. 107. H. STERN, *Le Calendrier de 354. Étude sur son texte et ses illustrations*, Paris, 1953. Voir aussi J. CARCOPINO, *Note sur une épitaphe de martyr récemment découvert à Tipasa de Maurétanie*, dans *Recueil des Notices et Mém. de la Soc. arch. de Constantine*, 66, 1948, p. 87-101.

8. W. RORDORF, *Der Sonntag, Geschichte des Ruhe - und Gottesdiensttages im ältesten Christentum*, dans *Zur Theol. des Alten und Neuen Testament*, 43, Zürich, 1962 ; v. aussi note 2.

9. C.S. MOSNA, *Storia della Domenica dalle Origini fino agli Inizi del V. Secolo*, dans *Anal. Gregoriana*, 170, Rome, 179. V. déjà les remarques judicieuses de A. BOUCHÉ-LECLERCQ, après Letronne, dans l'*Astrologie grecque*, Paris, 1889, p. 479-485 et surtout celles de G.B. DE ROSSI, *ICUR*, 1, p. LXXV sq. (après Sirmond et Ideler). Enfin, il faut particulièrement mentionner H. DUMAINE, DACL, IV, *Dimanche*, p. 858-904.

10. Sur les origines du Sabbat, RORDORF, *Sonntag*, p. 22 sq. ; A. LEMAIRE, *Le Sabbat à l'époque royale israélite* dans *RBi*, 80, 1973, p. 161-185 ; P. GRELOT propose un bilan des récents débats : *Du Sabbat juif au dimanche chrétien* dans *La Maison Dieu*, 123, 1975, p. 79-107 et 124, 1976, p. 15-124. Sur la signification sociale du repos sabbatique, RORDORF, p. 14.

11. Sur cette remarque, décisive pour bien distinguer le cycle juif de la pratique chrétienne, W. RORDORF, *Sonntag*, p. 12 et p. 43.

12. SCHÜRER, p. 3 sq. en particulier les témoignages des Psaumes, 24 (23), pour le premier jour d'après les Septante ; psaumes 48, 82, 94, 81, 93, 92. Παρασκευή, προσάββατον : voir Colson, p. 34 et Rordorf, p. 13.

13. PHILON, *Vita Mosis*, 2, 21 (Arnaldez-Mondésert... p. 200) ; *De opif. mundi*, 89-98 (Arnaldez, p. 200). Sur la valeur de l'hebdomade, *De Decalogo*, 105 (V. Nikiprowetzky, p. 97) ; *Legum Allegoriae*, 1, 9-7 (Mondésert, p. 43 sq.) ; *De Spec. legibus*, 2, 56 sq. (Daniel, p. 271 sq.).

14. Sur ce dossier bien connu, utilisant *Gen.*, 2, 2, *Exode*, 20, 11 et *Ps.*, 90, 4, RORDORF, *Sonntag*, p. 48 sq. : PHILON, *De Cherub.*, 87.

15. P. Volz, *Die Eschatologie der jüdischen Gemeinde*, Tübingen, 1934, p. 62 ; J. Daniélou, *La typologie millénariste de la semaine dans le christianisme primitif*, dans *Vigiliae Christianae*, 2, 1948, p. 1-16.

16. *Strom.*, 5, 14, 107 ; 6, 16, 141-142 ; *Prep. Ev.*, 13, 12, 9-16.

17. Cf. les inscriptions recueillies dans le *corpus*, commode sinon incontestable, de J.B. Frey, *Corpus des Inscr. Juives, I. Europe*, avec add. de B. Lifshitz, New York, 1975. On peut comparer aux séductions du dynamisme juif, pendant le premier siècle et même les premières décennies du second, l'obscur cheminement de la mission chrétienne ; les progrès, encore timides dans l'aristocratie paraissent plus sûrs lorsque le judaïsme commence à perdre de son prestige, avant de se replier sur lui-même au IVe s., dans un retour à un intégrisme culturel et linguistique. Pour les premiers siècles à Rome, v. l'élégante synthèse de H.J. Leon, *The Jews of Ancient Rome*, Philadelphie, 1960. Sur les mentions du sabbat, Frey 650 (et aussi 649 a). Dans les *tabellae defixionum* (A. Audollent, Paris, 1904, p. 27 sq.), l'exemplaire d'Apheca en Syrie, IIIe s. avec la mention du sabbat.

18. Outre Léon, p. 12 sq. ; Colson, p. 13-19 ; F.J. Dölger, *Die Planeten = Woche, der gr. röm. Antike*, dans *Antike und Christentum*, VI, Münster, 1940, p. 202-240.

19. *Sat.*, 1, 67-72.

20. *Aug.*, 76, 2.

21. Perse, 5, 179-184.

22. *Cité de Dieu*, 6, 11 ; trad. G. Combès (*Bibl. Aug.* 34) ; v. aussi Sénèque, *Ep.*, 95, 47.

23. Ovide, *Ars Am.* 1, 76 ; 1, 415-416 ; *Rem. Am.*, 219-220.

24. *Tib.*, 32, 4.

25. *Sat.*, 14, 96.

26. *C. Apion*, II, 39, 282 (trad. L. Blum).

27. *Ad Nationes*, I, 13, 3-5 : *ex diebus ipsorum praelegistis quo die lavacrum subtrahitis aut in vesperam differatis. Quod quidem facitis exorbitantes et ipsi a vestris ad alienas religiones : Iudaei enim festi sabbata et coena pura... Non longe a Saturno et sabbatis vestris sumus.* CC 1, p. 32 (éd. J.G. Borleffs ; trad. W. Rordorf, *Sabbat*, p. 151). On ne retiendra pas, pour le présent dossier, le témoignage de l'Histoire Auguste : *Alex. Sev.*, 43, 5 : *Capitolium septimo quoque die, cum in urbe esset, ascendit, templa frequentavit*, (et aussi *Avid. Cass.* 6, 2 et 3). A. Chastagnol, (*Le Septième jour dans l'Histoire Auguste*, dans *Bonner Historia Augusta Colloquium*, 1975/1976, Bonn, 1978, p. 133-139) analyse les intentions polémiques de ce récit, associant à la pratique juive la célébration au Capitole abandonnée par Constantin, au grand scandale de l'opinion païenne. D'autre part, l'H.A. reporte « par contamination ce que la loi constantinienne appliquait au dimanche ».

28. Tibulle, 1, 3, 18 : *Aut ego sum causatus aves, aut omina dira/ Saturnive sacram ne te ruisse diem...* La référence au sabbat ne fait aucun doute, selon Léon, *op. cit.*, p. 13.

29. Tacite, *Hist.* 5, 4, 5-7 : *Septimo die otium placuisse ferunt, quia is finem laborum tuleret... Alii honorem eum Saturno haberi seu principia religionis, tradentibus Iddeis quos cum Saturno pulsos et conditores gentis accepimus, seu quod de septem sideribus, quis mortales reguntur, altissimo orbe et praecipua potentia stella Saturni feratur ac pleraque caelestium viam suam et cursus septenos per numeros commeare.* Voir aussi Frontin, *Stratagematicon*, 2, 1, 17 (Dederich, p. 29), Dion Cassius, *Hist.*, 37, 16, 2 ; 49, 22, 4 : les Juifs vaincus, parce qu'ils ne combattent pas le jour de Kronos.

30. Sur l'astrologie talmudique d'après l'étude classique de Löw, Schürer, *op. cit.*, p. 6 ; p. 21 ; voir notes 17 et 33.

31. SCHÜRER, p. 21 et W. RORDORF, *Sonntag*, p. 32 ; PHILON, *De opific.*, 50, 144 ; HÉNOCH, 20, 4 (GCS, 5, p. 49) ; dans la tradition chrétienne, CLÉMENT ALEX., *Strom.* 6, 16, 143.

32. J. DANIÉLOU, *Théologie du judéo-christianisme*, Tournai, 1958, p. 131 sq., établit que c'est un trait caractéristique du judéo-christianisme syriaque. Sur la semaine cosmique et l'astrologie, W. RORDORF, *op. cit.*, p. 49 ; une liste des 7 anges, à Milet, A. DEISSMANN, *Licht von Osten*, Tübingen, 1908, p. 328 (VIᵉ s.).

33. E.R. GOODENOUGH, *Jewish Symbols in the Greco-Roman Period*, I-XII, New York, 1953-1965, voir II, p. 233-235 ; VIII, p. 203-206 ; L. WÄCHTER, *Astrologie und Schicksal-glaube im rabbinischen Judentum*, dans *Kairos*, 11, 1969, p. 181-200 ; G. STEMBERGER, *Die Bedeutung des Tierkreises auf Mosaikfussboden Spätantiker Synagogen*, dans *Kairos*, 17, 1975, p. 23-56, surtout p. 34-37.

34. Elchasai, IIᵉ s. (G. STRECKER, *Reallex. Antike und Chr.*, 4, p. 1171-1186) d'après Hippolyte, *Refut.*, 9, 16, 1 et 3 (GCS, 26, p. 254) ; cf. les critiques de PAUL, *Gal.*, 4, 9-11.

35. W. RORDORF, *op. cit.*, p. 32-37, n'écarte pas la possibilité d'une influence du cycle juif sur l'organisation d'une semaine planétaire.

36. *De legibus*, 2, 9 ; SERVIUS, *Georg.*, I, 268 ; F. STEINMETZER, *Arbeitsruhe* dans *Reallexikon fur Ant. und Chr.*, I, p. 594.

37. V. KROLL, *Nundinae* dans *Pauly-Wissowa*, 7, p. 1467-1471 ; R. MAC MUELLEN, *Phoenix*, 24, 1970, p. 341 ; J. ANDREAU, *Pompei, Enchères, foires et marchés*, dans *Bull. S. Ant. France*, 1976, p. 104-127, en faveur de *nundinae* répartis suivant un cycle septénaire.

38. DION CASSIUS, *Hist.*, 37, 18. Sur la semaine planétaire : SCHÜRER, *art. cit.*, p. 19.

39. PHILOSTRATE, *Vita Apol.*, 3, 41 ; voir COLSON, *op. cit.*, p. 18 sq. ; W. RORDORF, p. 27 sq.

40. *De mens.*, 2, 3-11 ; il fait intervenir aussi Zoroastre, Hystape, les Chaldéens, les Egyptiens, Orphée et Platon ; il disqualifie le Samedi au bénéfice d'Apollon, le dieu du septième jour.

41. F. BOLL, *Hebdomas* dans *Pauly-Wissowa*, 2558 sq. et de manière générale, 2547-2578. PLUTARQUE ne se réfère pas, pour les planètes, à l'ordre suivi par la semaine. (*Symp.*, 4, 7) ; v. DOSITHÉE, *Corpus gloss. lat.*, III (Goetz, p. 58) ; Porphyre, dans EUSÈBE, *Praep. Ev.*, 5, 14.

42. DION CASSIUS, *loc. cit.* Voir BOLL, *art. cit.*, p. 2559 ; sur cette exégèse et son parti pris néophythagorique chez Celse : R. TURCAN, *Mithras Platonicus, Recherches sur l'hellénisation philosophique de Mithra*, EPRO, 47, Leyde, 1975, p. 58.

43. *Ibid.*, BOLL, *art. cit.*, p. 2259 note que ce calcul implique que l'on suive l'ordre établi par l'astronomie égyptienne.

44. W. GUNDEL, *Sterne und Sternbilder im Glaube des Altertums und der Neuzeit*, Leipzig, 1922 ; pour une bibliographie : W. GUNDEL, *Astrologie*, dans *Reallex. Antike und Chr.*, I, p. 817 sq. ; aussi les remarques de SCHÜRER, *art. cit.*, p. 56-61 ; parmi ces traités, celui de FIRMICUS MATERNUS (*Mathesis*), avant sa conversion.

45. ORIGÈNE, *Contre Celse*, 6, 31.

46. Voir note 63.

47. SERVIUS, *Georg.*, 1, 135 ; FURIUS PHILOCALUS, *MHG, AA* 9, p. 42. Sur l'attitude de MACROBE (*In Somn.*, 1, 19, 21-26) ; J. FLAMANT, *Macrobe et le néoplatonisme latin à la fin du IVᵉ s.*, Leyde, 1977, p. 454-459 ; il constate « que Vénus et Jupiter ont des rapports privilégiés avec les deux luminaires et que pour cette raison on les tient pour bienfaisants. Ces explications sont, pour Macrobe, des opinions. Alcibiade d'Apamée (HIPPOLYTE, *Refut*, 9, 16,2) estime qu'il ne faut travailler ni le Mardi ni le Samedi.

48. *Mathesis*, 2, 30, 2.

49. Pour Macrobe par exemple, J. FLAMANT, *op. cit.*, p. 652-677.

50. Sur ce point, déjà les remarques de F.J. DÖLGER, *Antike und Christentum*, 6, p. 210 ; H. RAHNER, *Mythes grecs et mystère chrétien*, trad. fr., Paris, 1954, p. 114 sq. RORDORF, *Sonntag*, p. 37 et p. 38. Après Schürer, BOLL, *op. cit.*, 257, attirait déjà l'attention sur un relief de Bologne signalé par F. CUMONT (*Textes et Monuments figurés relat. au culte de Mithra*, Bruxelles, 1899, I, p. 114 sq. et II, n° 106, p. 261 ; M. VERMASEREN, *Corpus Inscr. et Mon. relig. Mithriacae*, 1, La Haye, 1956, n° 693), où la série des planètes présidant aux jours commence avec Sol. Voir aussi le recueil *Mysteria Mithrae*, EPRO, 80, Leyde, 1979, p. 33 sq. et *ibidem*, sur le relief de Bologne, G. SFAMENI GASPARRO, p. 365 sq. et R. BECK, p. 527 sq. ; autres exemples, *ibid.*, où l'influence chrétienne est exclue, VETTIUS VALENS I, 10 (G. Kroll, Berlin, 1908, p. 26).

51. G. HALSBERGUE, *The Cult of Sol Invictus*, EPRO, 23, Leyde, 1972, p. 158-159.

52. DÖLGER, *Sonne und Christus im Manichäismus* dans *Antike u. Christ.*, 2, p. 309. AUGUSTIN, *Contra Faustum*, 20, 6 ; CSEL, 25, p. 540 ; LÉON, *Serm.*, 27, 4 (*In Nativitate* 7, 4), Sources Chrétiennes 22, Paris, 1947, p. 142 : *ut priusquam ad B. Petri apostoli perveniant... superatis gradibus quibus ad suggestum arae superioris ascenditur, converso corpore ad nascentem se solem reflectant et curvatis cervicibus, in honorem se splendidi orbis inclinent.* F.J. DÖLGER, *Sol Salutis, Gebet und Gesang im Christl. Altertum*, Münster, p. 6-17. Autres témoignages chrétiens : COMMODIEN, *Instr.*, 1, 7, 21 (CSEL, 15, p. 11) ; AUSONE, *Eglogarum Liber*, V, 1, *De nomin. septem dierum*.

53. DÖLGER, *Sonne*, p. 54, signale une remarque de MARCELLUS (*De Medic.*, 8, 29) : quand le *dies solis* et les calendes coïncident, il faut se tourner vers l'Orient et prier pour guérir les maladies des yeux. Cette remarque indique qu'il était facile de passer d'un calendrier à l'autre. Les *lunaria*, les listes qui ont établi depuis une haute époque, la qualité des jours, associés parfois à des nativités mythologiques favorisent sûrement cette osmose : F. CUMONT, *Les présages lunaires de Virgile*, dans *Ant. Class.*, 2, 1933, p. 259-270. Sur les *lunaria*, en latin, E. SVENBERG, *De latinska Lunaria*, Göteborg, 1936.

54. P.M. DUVAL, *Les dieux de la Semaine* dans *Gallia*, 11, 1953, p. 283-293, qui remplace J. DE WITTE, dans *Gazette Archéol.*, 3, 1877, p. 50-77 et 5, 1879, 1 sq. et F. HAUG, *Die Wochengöttersteine*, dans *Westdeutsche Zeitschrift*, 9, 1890, p. 17-53. E. MAASS, *Die Tagesgötter in Rom und d. Prov.*, 1902 (non vidi).

55. V. liste établie par P.M. DUVAL, *Gallia*, *art. cit.*, p. 287 à 289 : 36 bas-reliefs, bandeaux ou stèles et documents à plan centré. 3 de ces documents sur 7 (*ibid.*, p. 287) sont pourvus d'un trou pour permettre le déplacement d'une cheville, à chaque jour : des semainiers.

56. Bases de statues : Anauni (Val di Non dans le Trentin) : CIL, V, 5051-5056, il manque la base de *Sol*. V. aussi à Thuburbo Maius, une grande corniche où sont figurés avec leurs attributs les bustes des dieux de la semaine, *Bull. Archéol.*, 1924, p. XXIX (*Année Ep.*, 1925, 38). Sur les mosaïques, voir P.M. DUVAL, *op. cit.*, p. 200-201.

57. En particulier, une statuette de bronze argentée : une déesse qui porte, sur un croissant, les sept bustes : *Gallia*, p. 289. Ajouter pour l'Italie, une lampe : HAUG, *op. cit.*, p. 42 (n° 25) ; une cassette de bronze, trouvée à Terlizzi (Apulie) : HAUG, p. 42 (n° 24). De cette série, il faut écarter les vases planétaires de Bavai : P.M. DUVAL, *op. cit.*, p. 291 sq.

58. *Septizodium* : DOMBART dans *Pauly-Wissowa*, II, 2, p. 1577-1586, en particulier sur le rôle du monument romain comme calendrier public. On a cru reconnaître un autre monument de ce type à Augusta Raurica (Augst), v. R. LAUR-BELART dans *Jahrb. d. Schweizer. Gesellesch. für Urgeschichte*, 48, 1960-1961, p. 28-42 ; pour celui de Rome sûrement attesté avec celui de Lambèse, connu par une inscription, voir désormais E. NASH, *Pictorial Dictionary of Ancient Rome*, II, Tübingen, 1968, p. 302-305 : le *Septizodium* (comme le nomme la *Forma Urbis*) est dédié en 203 par Septime Sévère au S.E.

du Palatin, face à la Via Appia : un nymphée monumental ; peut-être les statues des sept dieux planétaires au Panthéon : BOLL, *op. cit.*, p. 2576. PÉTRONE, *Sat.*, 30, 3-4 ; sur la signification de ces peintures, S. ERIKSSON, *op. cit.*, p. 83 sq. : *septem imagines pictas, qui dies boni quique incommodi essent... notabantur.*

59. Noter qu'au IVe s., dans une zone très éloignée de l'Italie, à Doura, le cycle des marchés est associé à l'hebdomade planétaire (Doura, *VI Season, Inscr.* 622 : W.F. SNYDER, *Journal Rom. Stud.*, 26, 1936, p. 12-18) ; de manière générale, *Inscript. Italiae*, XIII, 2, éd. A. DEGRASSI, Rome, 1963.

60. *Inscriptiones Italiae*, XIII, 2, n° 5, p. 52 (CIL, IX, 4769) ; CIL, IX, 4770 = CIL, I², p. 252. A. DEGRASSI, a publié un nouveau calendrier de ce type provenant de la basilique de Saint-Félix à Nole : *Atti III Congr. Internaz. Epigr.*, Rome, 1959, p. 95-104. Cette découverte en Campanie affaiblit l'hypothèse de J. HEURGON (*Rev. Et. Lat.*, 25, 1947, p. 236) appuyée sur les deux calendriers provenant de la Sabine (CIL, IX, 4769 et 4770) et suggérant l'existence d'une antique tradition locale de la semaine.

61. *Inscriptiones Italiae*, 52, (Naples) ; 53 (CIL, IV, 8863) ; 55 (CIL, X, 1605) : Musée de Naples) ; CIL, IX, 5808 : (Potenza) ; CIL, IV, 6779 (Pompei) ; *Inscr. Italiae* 49, p. 301 (de Campanie, malgré CIL, VI, 32505).

62. *Inscriptiones Italiae*, 42, p. 238 sq. ; Th. MOMMSEN, *Chronica Minora, MGH, AA*, IX, p. 31 et *Gesamm. Schriften*, 7, Berlin, 1909 : *Über dem chronographen vom Jh. 354*, p. 535-580, surtout p. 542 ; H. STERN, *Calendrier*, p. 53-55.

63. S. ERIKSSON, *Wochentagsgötter, Mond und Tierkreis*, Studia Graeca et Latina, III, Göteborg, 1956, p. 17 sq. et *Inscriptiones Italiae*, 56, p. 308-309. Chr. HUELSEN, *Le Chiese di Roma nel Medio Evo*, Florence, 1927, p. 252 ; NASH, *Dictionary*, 2, p. 472.

64. *Parapegmata* : A. REHM, *Parapegma Studien* dans *Abhandl. der Bayer Akad.*, 19, 1941 et *Pauly-Wissowa*, 18, 4, p. 1295 et liste des P., p. 1362 sq. : *Inscr. Italiae*, XIII, 2, p. 299 ; 49, 52, 55, peuvent être considérés comme des *parapegmata*. On a peut-être l'exemple d'un semainier en argile, trouvé sur le site de Tasgetium (Escherg, près du lac de Constance) : H. URNER ASTHOLTZ dans *Jahrb. der Schweizer. Gesellsch. für Urgeschichte*, 48, 1960-1961, p. 43 sq. ; noter les doutes de P.M. DUVAL, *Rev. Et. Anc.*, 63, 1961, p. 429, qui accepte de considérer comme un semainier le disque de bronze, avec 14 indentations, trouvé aux sources de la Seine (*Gallia*, 1953, p. 290).

65. SCHÜRER, *op. cit.*, p. 24. Graffiti de Pompei : CIL, IV, 6779 et surtout CIL, IV, 4182 que Della Corte interprète : *Nerone Caesare Augusto, Cosso Lentullo Cossi fil. cos., VIII idus Febr(u)arias dies Solis luna XIIIIX nun(dinae) Cumis, v nun(dinae) Pompeis ;* retrouvé sur une colonne du péristyle dans la maison « des Noces d'Argent», ce texte atteste, malgré l'erreur sur le jour planétaire, l'usage de quelque *parapegma* comprenant les jours de la semaine ; v. aussi sur la paroi d'une boutique, IV, 6838 : *IX, Kl Iumas Imperator dies fuit Solis* ; le graf. est tracé sans doute à l'occasion de la visite de Néron. Egalement significative, la mention du *dies Solis* dans un compte de potier, incisé sur une tuile retrouvée à Thorame (Alpes de Provence), *Année Ep.*, 1935, 144 : *supposuit furno III idus Iulias, die Solis.*

66. CIL, III, 1051 : colonne dédiée à Jupiter, en 205, *die Iovis* (Apulum) ; à Untersaal près d'Urbach (Abusina) (CIL, III, 5938) dédicace à Mercure, *die Lunae* (IIIe S.) Récemment A. BALIL (*Zephyrus*, 11, 1960, p. 199-204 = *Année Ep.*, 1962, 397) a publié une inscription votive du 12 février 224, *pro salute sua... die Iovis.* Cette dédicace s'adresse à Jupiter Dolichenus. Selon M. GUARDUCCI (*Mysteria Mithrae*, cité, p. 153-163) le graffite relevé au mithrée de Santa Prisca, à Rome, daté du 20 nov. 202, *dies Saturni Luna XVIII.* (A. FERRUA, *Bull. Comm.*, 69, 1940, p. 93), indiquerait non une initiation (*natus prima luce*), mais la dédicace du sanctuaire.

67. CIL, XIII, 1906 = Dessau 7531 : *natus est die Martis, die Martis probatus, die Martis missionem percepit, die Martis defunctus est* : l'inscription de Lyon, placée *sub*

ascia pour ce vétéran date du IIe ou du IIIe s. (150-250 ?) : P.M. DUVAL, *Gallia*, 11, 1953, p. 285. Cumes : CIL, X, 2933 = Dessau, 8526 ; sur les enfants nés le samedi, v. supra (note 47) ; on notera l'indication, précieuse pour l'étude de la nomenclature de IG., XIV, 2436 (le jour d'Aphrodite) de Marseille, qu'Hirschfeld écarte comme fausse.

68. 1) CIL, VI 13782 : L. CAECILIUS, SYRUS : *natus mensa maio hora noctis VI die Mercuri* ; il est mort encore un mercredi, comme on le déduit de la durée de sa vie, *hora X*. 2) CIL, VI, 10159 : VI, *defunctus... die Saturni ora nona*, parfois retenue chrétienne (ICUR, NS, 1, 1983, Diehl, 577), sans raisons sûres. 3) CIL, VI, 13602 = Dessau 8258 : *natus... hora diei VI die Lunae, defunctus... hor(a) prim(a) diei Saturni* (Porte Latine).

69. JUSTIN, *Apologia* (*I*), 67, 7.

70. Ce qui ne peut pas faire oublier les critiques portées contre telle ou telle festivité païenne célébrée une fois dans l'année ; ainsi, contre les calendes de Janvier : M. MESLIN, *La fête des calendes de Janvier dans l'Empire Romain...*, Bruxelles, 1970, (*Coll. Latomus*, 115).

71. *Dial. c. Tryphone*, 47, 1 ; témoignage d'IRÉNÉE aussi, *Adv. haer.*, I, 26, 2 et sur les Ebionites, EUSÈBE, *Hist. Eccl.*, 3, 27, 2-5 (voir RORDORF, *Dimanche*, p. 22 sq. ; *Sonntag*, p. 214). De même, la remarque de TERTULLIEN sur ceux qui, en Afrique, prient debout le sabbat comme le dimanche : *de Orat.*, 23, 1, avec le commentaire de RORDORF, *Dimanche*, p. 57.

72. *Lib. de haer.*, 113, (85), CC 9, p. 279.

73. CYRILLE, *Catech.*, 4, 37.

74. Concile de Laodicée, *canon* 16 (recommandant la lecture publique des évangiles) : éd. P. JOANNOU, *Discipline générale antique*, I, 2, Grottaferrata, 1962, p. 137 ; de même, *canons* 49 et 51, (sur le carême) ; en revanche, le canon 29, rappelle que le sabbat n'est pas chômé par les chrétiens.

75. II, 59, 3 et VII, 23, 3. Sur ces survivances, RORDORF, *Dimanche*, p. 91 sq. et *Sonntag*, p. 150.

76. SOCRATE, 5, 22 ; SOZOMÈNE, 7, 19 ; CASSIEN, *Coenobior. Inst.*, 3, 9 et 10.

77. *Ep.*, 25, 4, 7 : *nam utique constat, Apostolos biduo isto et in maerore fuisse et propter metum se Iudaeorum occuluisse. Quod utique dubium est, in tantum eos jejunasse biduo memorato ut traditio Ecclesiae habeat, isto biduo sacramenta penitus non celebrari.* (PL 20, 555-556) ; voir aussi LÉON, *Serm.*, 92, 4 et 93, 3. Sur cette pratique, Ch. P., *Roma Christiana*, Rome, 1976, I, p. 594 ; II, p. 930 (3) ; p. 1474 (1) ; p. 1561 ; cf. G. SCHREIBER, *Die Wochentage im Erlebnis der Ostkirche und des christlichen Abendlandes*, Cologne, 1959, p. 207. MOSNA, *Domenica*, p. 330 sq.

78. AUGUSTIN, *Ep.*, 36, 31-32 : ce texte atteste que l'Afrique et Ambroise ignorent cette pratique ; v. cependant, MAXIME DE TURIN, *Serm.*, 40, 1, CC, 23, p. 160, et pour l'Espagne, concile d'Elvire, 26. Ce jeûne est interdit par les *Const. Apost.*, 8, 47, 64, alors que la *Didascalie*, 21 la recommandait au IIIe s. Sur la pratique à Alexandrie, voir TIMOTHÉE ALEX., *Responsa*, 13 (Mansi, III, 1250). L. DUCHESNE, *Origines du culte chrétien*, Paris, 1920, p. 241 ; M. RIGHETTI, *Storia della Liturgia*, Milan, 1969, III, p. 37 sq.

79. En effet, HIPPOLYTE (*In Daniel.*, 4, 20, 4) critique le jeûne du sabbat et du dimanche : je n'avais pas rapproché, dans l'étude citée ci-dessus, ce texte d'une allusion à Hippolyte, de JÉRÔME : *Ep.*, 71, 6. Sur l'image de Simon à Rome, Ch. P., *Roma Christiana*, I, p. 361 sq. ; II, p. 1558 sq. ; les *Actes de Pierre*, 18 (Ps.-Marcellus) évoquent le jeûne de l'apôtre : Vouaux, Paris, 1922, p. 334. On remarquera cependant que cette pratique du jeûne avait déjà été dirigée contre l'observance judéochrétienne par Marcion (EPIPHANE, *Pan.*, 42, 3, 4) ; c'est ce qui explique sans doute que cette règle ait été adoptée seulement au IIIe s., lorsqu'elle ne se recommandait plus d'un patronage aussi suspect. Sur la lutte contre Simon, CASSIEN, *cité*, note 76.

80. Rordorf, *Sonntag*, p. 83, rappelle le dossier scripturaire : *Matth.*, 12, 5 ; *Jean*, 5, 7 et 7, 22 ; *Luc*, 4. Voir les critiques de Justin, *Dial. c. Tryphone*, 18, 2 ; 19, 5 ; 27, 5, sur l'abolition du sabbat, des témoins du ıv⁰ s. et aussi Hilaire de P., *In Math.*, 12, 5 ; Ambroise, *Expos. Luc.*, 5 31-33 et 39-40. L'Ambrosiaster, *Quaestiones Veteris et Novi Testamenti*, 44 CSEL, 50, éd. A. Souter, 1908, p. 71-81 ; et aussi, *Appendix*, 22, p. 436 ; 75, 1-3, p. 468.

81. *Ibid.*, 61, 2, p. 110 : sur cet argument patristique, Epiphane, *Pan.*, 30, 32, 11-12 ; un autre, avec l'exemple de Josué à Jéricho : Tertullien, *Adv. Jud.*, 4 ; *Adv. Marc*, 4, 12.

82. *Quaestiones*, 44, 9, p. 77 ; *Appendix*, 51, p. 445 ; 57, p. 450.

83. *Serm.*, 89, 1 et 92, 2 (CC 138, p. 551 ; p. 569).

84. Augustin, *Serm.*, 8, 3, 4 (PL 38, 69) ; 33, 3, 3 (208) ; 136, 3 (752) ; 221 (1090) ; 248, 4, 4 (1160). *Melius enim utique tota die foderent quam tota die saltarent* : *Enn. Ps. XXXII*, 6 (PL, 36, 281). Le *Liber sent.*, 279 et 280 reprend le *De Gen. ad Litt.*, 12, 13 et 16 (PL, 51, 468). V. Prosper, *Epigr.*, 84 (PL, 51, 524). Sur une célébration spirituelle du sabbat, pendant lequel il faut s'abstenir des travaux du siècle, voir Rordorf, qui cite déjà *Ev. de Thomas*, 27, d'après *Pap. Oxyr.*, 1 (*Dimanche*, p. 33) ; de même, Ptolémée, *Ep. Flor.*, 5, 8-9, 12. Voir les commentaires de *Gal.*, 4, 10 : Marius Victorinus (PL, 8, 1181) ; Jérôme, (PL, 26, 377) ; Augustin, *In Gal. Exp.*, (PL, 35, 2130) ; *In Ps.*, 93, 4 (PL, 37, 1194).

85. Jérôme, *In Esaiam*, 1, 1, 13, CC, p. 17. *In Ezech.*, 6, 20, 12, CC 75, p. 261. Sur la nécessité d'observer le sabbat en tout temps, le dossier patristique chez W. Rordorf, *Sonntag*, p. 102 : pour l'Occident latin, déjà Tertullien, *Adv. Iud.*, 4, 1-5 (v. *exode*, 20, 8 et 12, 16 ; LXX).

86. *Gal.*, 4, 3 : τὰ στοιχεῖα τοῦ κοσμοῦ, les astres.

87. *Quaestiones*, 82, p. 139.

88. Dölger, *Planetenwoche*, p. 203. V. déjà Hippolyte, *Refut.*, 4, 1 ; 5, 13, 3 à 15, 4.

89. Augustin, *Contra Faustum*, 15, 2 ; 18, 5 (CSEL, 25, p. 418 et p. 493) : il parle des *catenae saturniacae*. Maxime de Turin s'efforce de calmer les fidèles, effrayés par une éclipse de Lune, *Serm.*, 30 (CC 23, p. 117) ; *ibid.*, 31 (p. 121) ; sur l'observance des *liuaria*, Ambrosiaster, *Comm. Ep. Gal.*, 4, 10, (CSEL, 81, p. 46) ; de même pour la Gaule du vı⁰ s., Césaire d'Arles, *Serm.*, 193, (CC, 104, p. 795) ; sur les superstitions attachées au jeudi, *Serm.*, 13, 3 (p. 66) ; 542 (p. 230). L'*Indiculus superstitionum*, éd. H. Homann, Göttingen, 1965, p. 111, atteste la survie de ces croyances, au haut Moyen Age.

90. Voir *Clavis patrum latinorum* (1961 ; E. Dekkers), n° 2277 : l'édition de B. Botte est reprise par PLS, I, 557. Ce traité est l'œuvre d'un Africain ou peut-être même d'un Syrien : ıv⁰ ou v⁰ s.

91. Hilarianus écrit en 397 (PL, 13, 1109). Noter la critique des calendes de janvier, le refus d'adorer un temps naturel.

92. Editée par B. Krusch, *Studien zur Christlich - mittelalterlichen Chronologie. Der 84 jährige Osterzyclus*, Leipzig, 1888, p. 247, en particulier, 4, p. 250.

93. *Ibid.*, 4, p. 231 ; remarques analogues chez Priscillien, *Tractatus*, V, *Genesis*, 84, (CSEL, 18, p. 63).

94. PLS, 1, 567. Sur le *sol justitiae*, voir Dölger, *Die Sonne der Gerechtigkeit und die Schwarze*, Münster, 1920, p. 85.

95. Ambroise, *Ep.*, 23, 4 (PL, 16, 1027) ; v. aussi *Hexameron*, 4, 6, 25, (CSEL, 32, p. 132).

96. *Quaestiones*, 84, Souter, p. 143-145.

97. *Haer.*, 113, (CC, p. 279) : *alia est haeresis quae dicit nomina dierum*.

98. V. note 103.

99. *Tractatus I in Exod.*, (CSEL, p. 19) ; v. AUGUSTIN, *Contra Faustum*, 18, 5 ; avec plus de force, l'Eusèbe Gallican, *Hom.*, 19, (CC, 101, p. 225), voit dans cet usage l'influence des démons.

100. *Enarr. in Ps XCIII*, 3 (PL, 37, 1192) : *feria qui Mercurii dicitur a paganis et a multis christianis... Melius ergo de ore christiano ritus loquendi ecclesiasticus procedit.*

101. Sur l'emploi de *feria, prima, secunda*, etc. *Thesaurus Linguae lat.*, col. 503-506. Autre usage : *prima, secunda sabbati*, etc. ; c'est celui que suivent, au IVᵉ ou Vᵉ s. Athanase, Augustin, Léon, Cassien, après Irénée, Tertullien. Sur l'utilisation de *dominicus* : DUMAINE, DACL, p. 862 sq. ; A. STROBEL, *Ursprung und Geschichte des frühchristl. Osterkalenders*, Berlin, 1977, (*TU*, 121), p. 135.

102. Déjà une allusion chez TERTULLIEN, *Ad nationes*, 1, 13, 1. Pour JÉRÔME, *In die dominica Paschae* (CC, 78, p. 546) ; H. RAHNER, *op. cit.*, p. 123.

103. *Apologie*, (I), 67, 7 : dans le premier cas, il fait référence à la symbolique de la lumière ; ce jour où Dieu tirant la matière des ténèbres créa le monde, où... notre Sauveur ressuscite des morts. Ce n'est pas le cas pour le jour de Saturne. CLÉMENT D'ALEX. cite le jour d'Aphrodite (*Strom.*, 7, 12, 75). Sur cet usage chez Athanase, E. SCHWARTZ, *Abh. Göttingen*, 1904, p. 4.

104. Il s'agit d'un comput pascal (v. édition Krusch, citée, p. 243) ; voir aussi un ms. du XIIIᵉ s. qui parle de la Passion *in die Veneris* : ERIKSSON, *op. cit.*, p. 33 (1).

105. *In die dominica* (CC, 78, p. 546) : *Omnes quidem dies fecit Dominus : sed ceteri dies possunt et Iudaeorum esse, possunt et haereticorum esse, possunt esse gentilium. Dies dominica, dies resurrectionis, dies christianorum, dies nostra est.*

106. Sur cette signification du temps, AMBROISE, *Ep.*, 23, 3-4 ; INNOCENT, *Ep.*, 25, 4, 7, (PL, 20, 555) : *si diem Dominicum ob venerabilem resurrectionem Domini nostri Jesu Christi non solum in Pascha celebramus, verum etiam per singulos circulos hebdomadarum...* cf. C.W. DUGMORE, *Lord's Day and Easter*, Freundgabe Cullmann, Studia. Neotest. et Patristica, 6, (Leyde, 1962, p. 275 ; v. *Const. Apost.*, 7, 36, 1-4).

107. *Quaestiones*, 95, 2, (Souter, p. 167) : *dominicus dies primus est in quo adimpletum est paschae mysterium in redemptionem salutis humanae, quia semper post curricula dierum septem ad primum reverti necesse est ut ostendatur aetatem mundi septenario numero consummari, ita et post ebdomadas septem primus dies est pentecostes. Denique numquam alio die quam dominico pentecostes est, ut totum quod ad salutem humanam pertinet, dominico die et inchoatum et adimpletum noscetur.*

108. IRÉNÉE, *Adv. haer.*, 4, 16, 1 ; 5, 28, 3, cf. RORDORF, *Dimanche*, p. 51. Voir aussi LACTANCE, *Div. Inst.*, 7, 14, 24.

109. Le Sabbat, type de la future royauté des saints : *In Danielem*, 4, 24 ; v. aussi TERTULLIEN, *Adv. Judaeos*, 4, 3 : *sabbatum aeternum*, CLÉMENT, *Stromates*, 5, 16, 138, 1 ; ORIGÈNE, *In Numeros*, 23, 4 : le vrai sabbat dans le siècle futur.

110. AMBROISE, *Exp. Luc.*, 5, 30 sq. ; V. HAHN, *Die wahre Gesetz*, Münster, 1968, p. 67 ; p. 78 sq. De même, EUSÈBE, *In Ps.*, 91 ; ATHANASE, *De sabbatis*, 1 ; ÉPIPHANE, *Pan.*, 30, 32, 9 ; *Constitutions Apost.*, 7, 36, 4. Sur la critique du millénarisme, par exemple, AUGUSTIN, *Civ. Dei*, 20, 7, 9 ; v. aussi *Contra Faustum*, 17, 28 ; *En. in. Ps.*, 37, 2 (PL, 36, 396) ; *Serm.*, 251, 7, 5 (PL, 38, 1170). On se reportera à l'excellent dossier réuni par W. Rordorf.

111. Déjà BARNABÉ, *Ep.*, 15, 9 annonce un thème qui orchestre tout un dossier scripturaire (*Rom.*, 2, 25 ; *Jean*, 7, 25 ; *I Pi.*, 3, 18-21) ; JUSTIN, *Dial.*, 27, 5 ; CLÉMENT, *Stromates*, 5, 16, p. 138, 1-2 ; v. dans le commentaire d'A. LE BOULLUEC, *Sources Chrét.*, 279, Paris, 1981, p. 148.

112. Par ex., *Ep.*, 26, 8 ; 74, 5 (PL, 16, 1044 ; 1255). Augustin dans les sermons de l'octave de Pâques, *Serm.*, 259, 1 et 2 (PL, 38, 1197) et *Civ. Dei*, 22, 30, 5. Sur *Gen.*,

17, 12, AMBROSIASTER, *Quaest.*, 29, p. 57 et *Appendix*, 51, p. 428 ; PRUDENCE, *Apotheosis*, 994 sq. : le Christ qui complète le 7ᵉ sabbat.

113. *Ep.*, 34 (PL, 16, 1074-1077) ; v. aussi MAXIME DE TURIN, *Serm.*, 99, 2 (CC, 23, p. 395).

114. CLÉMENT ALEX., *Stromates*, 7, 7, 35, 2. Sur l'*agalliasis* chrétienne, *Actes*, 2, 42, 47 : BARBABÉ, *Ep.*, 15, 9. La *Didascalie* assure qu'il commet le péché, celui qui est triste le dimanche (5, 20, 11) ; v. aussi TERTULLIEN, *De Orat.*, 23, 2.

115. *De Spectaculis*, 9, 1 (CC, 4, p. 177).

116. MAXIME, *Serm.*, 2, 1 (*éd. cit.*, p. 6) ; 3, 2 (p. 11) ; 11, 1 (p. 38), *largitates*, *Serm.*, 60, 1 (p. 240) ; Noël, *caeleste convivium*, *Serm.*, 60, 1.

117. *Serm.*, 42, 5 (CC, 138, p. 247).

118. Il faut maintenir la date, malgré Seeck, qui corrige dans ses *Regesten* : *CJ*, 3, 12, 2 : *Omnes iudices urbanaeque plebes et artium officia cunctarum venerabili die solis quiescant ; ruri tamen positi agrorum culturae libere licenterque inserviant, quoniam frequenter evenit, ut non alio aptius die frumenta sulcis aut vineae scrobibus commendentur ne occasione momenti pereat commoditas caelesti provisione concessa.*

119. *CT*, 2, 8, 1 : datée du 3 juillet : *p(ost)p(osita) v. Non. Iul. Caralis*, on ne peut croire qu'il s'agit d'un extrait de la loi précédemment citée ; elle serait parvenue plus rapidement en Sardaigne : *Sicut indignissimum videbatur diem solis veneratione sui celebrem altercantibus iurgiis et noxiis partium contentionibus occupari, ita gratum ac iucundum est eo die quae sunt maxime votiva conpleri. Atque ideo emancipandi et manumittendi die festo cuncti licentiam habeant et super his rebus acta non prohibeantur.* La loi reprend une tradition législative interdisant les actes de procédure les jours de fête : *Dig.*, 2,12, 9 ; *CJ*, 3, 12, 1, mais permettant les travaux des champs (C.S. MOSNA, *Domenica*, p. 218 sq.) ; une loi (*CJ*, 1, 13, 2) adressée à l'évêque de Cordoue Hosius autorise, en 321, l'affranchissement *in ecclesiae gremio*.

120. On imagine le débat sur l'interprétation de cette nomenclature (v. MOSNA, *loc. cit.*, après RORDORF, *Sonntag*, p. 160 sq. ; *Dimanche*, p. 179 et plus récemment, L. DE GIOVANNI : *Costantino e il mondo pagano*, Naples, 1977, p. 108). Constantin, me semble-t-il, reprend, ne en cas, un usage vulgarisé chez les chrétiens : mais on ne s'attardera pas à ce débat qui concerne l'influence de ces lois sur le peuple chrétien. Du reste, EUSÈBE dans la *Vita Constantini* (14, 18-20) n'hésite pas à parler du jour dominical (κυριακή), pour ce jour du Seigneur qui se trouve être l'éponyme de la lumière et du soleil (4, 18, 3 : φωτὸς... καὶ ἡλιοῦ ἐπώνυμον. Notons aussi que Constantin, toujours selon le même témoignage, aurait envisagé de prévoir une célébration du vendredi (4, 18, 2 ; SOZOMÈNE, *Hist. eccl.*, 1, 8, 11-12). Sur l'usage dans les canons conciliaires, MOSNA, *op. cit.*, p. 221 (56).

121. *CT*, 8, 8, 1, daté de Trèves d'un consulat de Valentinien et de Valens.

122. *CT*, 8, 8, 3 = 2, 8, 18 = 11, 7, 13. Il y a quelque difficulté avec la date du 3 nov. 386, car la loi est adressée à Principius, préfet du prétoire après le 31 août 385 (*CT*, 6, 30, 10). En 386 (cf. *CT*, 16, 1, 4), Eusignius est préfet, v. A.H.M. JONES, *Prosopography of Later Roman Empire*, Cambridge, 1971, I, p. 726. Je ne vois pas cependant comment corriger la date consulaire de 386 pour Principius ni pour Eusignius : une préfecture collégiale ? Une loi en 389 (*CJ*, 8, 8, 19) énumère la liste des jours fériés, avec le *natalis* de Rome, Pâques, le *dies Solis* ; mais en 395, une loi adressée à un corrector de Paphla-gonie précise qu'il ne faut pas compter comme fériés les jours des festivités païennes.

123. *CT*, 2, 8, 25 ; déjà en Orient *CT*, 2, 8, 20 (392) et de nouveau *CT*, 15, 5, 5 de 425.

124. Cf. l'inscription, qui date de Constantin, attestant l'organisation d'un marché tenu le dimanche, près de Poetovio (dans l'actuelle Slovénie) : CIL, III, 4121.

125. Par exemple pour le Jeudi Saint, à Milan : AMBROISE, *Ep.*, 51, 14 ; sur la célébra-

tion du dimanche aux origines, un débat : la plupart des auteurs pensent à un déplacement du samedi soir au dimanche à l'aube : E. DEKKERS, *Sacris Erudiri*, 7, 1955, p. 105 ; MOSNA, *Domenica*, p. 13 (*Actes*, 20, 7), p. 75 ; W. RORDORF pense que la synaxe se déplace du dimanche soir au dimanche matin (*Sonntag*, p. 190 ; p. 234 ; p. 246). Elle prend la place, à cause de l'interdiction des réunions nocturnes, des réunions pour la prière matinale (*ibid.*, p. 246 ; p. 257 ; v. aussi *Z.N. Test. Wiss*, 68, 1977, p. 139-141). Pour la pratique occidentale au IVe s., MOSNA, *op. cit.*, p. 290 sq.

126. INNOCENT, *Ep.*, 25, 5, 8 : *nec longe portanda sunt sacramenta* (PL, 20, 557). Le pape n'envoie pas le *fermentum* aux prêtres des *paroeciae* ; il veut évidemment éviter de trop longs délais. Ch. P., *Roma Christiana*, I, p. 630 sq.

127. Concile d'Elvire, 21 et Sardique, *Canon latin*, 14 : MOSNA, *op cit.*, p. 162 ; voir aussi conc. de Laodicée, *can.*, 29.

128. AMBROISE, *Expos. Ps. 118*, 16, 45 (CSEL, 62, p. 277) ; *Exam.*, 3, 1, 1 (CSEL, 32, p. 59).

129. MAXIME DE TURIN, *Serm.*, 3, 1 (CC, 23, p. 10), *Serm.*, 23 (p. 91), *Serm.*, 42, 1 (p. 169).

130. *Exp. Luc.*, 5, 39 (*S. Chrét.*, 45, p. 197).

131. PIERRE CHR., *Serm.*, 1-77. Ce thème appartient évidemment aussi à la patristique grecque.

132. Les *opera servilia* (RORDORF, *Sonntag*, p. 170) sont précisément celles qu'interdit l'empereur : voir EUSÈBE D'ALEX., *Serm.*, 16, 5, PG, 86, 420), mais le même recommande de soulager le labeur des pauvres. MOSNA (*Domenica*, p. 209 sq. et p. 349 sq.) insiste plus volontiers que W. RORDORF (*Sonntag*, p. 154) sur les prescriptions du repos dominical, mais les deux savants s'accordent pour placer à une époque plus tardive une législation ecclésiastique qui entraîne une « sabbatisation » du dimanche, au VIe s., en particulier pour la Gaule. Cette évolution me paraît manifestement liée à toute l'œuvre missionnaire dans les campagnes ; la législation impériale, on le sait, n'y avait pas préparé l'idée de chômer un jour sur sept. Et l'Eglise doit redoubler d'énergie pour imposer des règles permettant aux paysans de participer à la célébration dominicale. La législation du repos est destinée aussi à protéger les esclaves et à les associer à la vie liturgique : *Const. Apost.*, 8, 33, 2. En revanche, noter au IVe et au Ve s., de nombreuses admonestations sur les dangers de l'oisiveté : ainsi, le travail des moines, le dimanche, JÉRÔME, *Ep.*, 108, 20 ; PALLADIUS, *Hist. Laus.*, 59, 2. Cette évolution de la discipline entraîne une résurgence de pratiques ou d'habitudes de pensée judéochrétiennes : ainsi les recommandations d'abstinence sexuelle (voir déjà pour Alexandrie, TIMOTHÉE, *Responsa*, 13, Mansi, XIII, 1250) ; ainsi dans un apocryphe tardif, les dispositions prêtées au pape Eutychien (PL, 5, 166) ou encore l'habitude de ne pas se laver le dimanche, condamnée par le pape Grégoire Ier.

133. *Roma Christiana*, I, p. 102 sq. ; p. 587 sq. ; pour l'usage des jours de la semaine chez LÉON, *Serm.*, 7 (CC, 138, p. 28), 8 (p. 31) ; 9, 3 (p. 35), 11, 2 (p. 46).

134. AUGUSTIN, *Ep.*, 36, 32 ; CHASTAGNOL, *art. cit.*, p. 137, sur la diffusion du dimanche chrétien et son reflet dans l'histoire Auguste.

135. Voir appendice : Catane, dies Solis 7.

136. H. NORDBERG, *Biometrical Notes*, Helsinski, 1963, évalue le nombre d'inscriptions portant une date de déposition dans ICUR, 1 ; ICUR, NS, 1, 2 et 3 (p. 58) : on peut comparer les inscriptions du présent corpus, appartenant aux mêmes recueils (71).

137. En province, où ce calcul avec un échantillon dispersé est plus arbitraire : 15 % pour la 1re période, 42 % pour la 2e ; 44 %, pour la 3e.

138. Commodille : moins de 1 % de toutes les inscriptions ; Domitille : 0,3 % ;

sur l'Ostiensis, 0,6 % ; à Calliste : 0,4 %. Le quart des inscriptions provinciales vient de la Cisalpine, 1/5 de la Sicile.

139. *D.M.* : Lundi 5 ; 7 ; Mercredi, Chiusi, 3 ; dies Sabbati, 3. *Domus aeterna* : dies Saturni 2.

140. Voir mes remarques présentées dans l'*Onomastique latine*, Paris, 1977, p. 441 sq. ici environ 10 %.

141. Dies Saturni 5 et 7.

142. Lundi, Chiusi 1 ; Mardi 7.

143. La fille d'un primicier des *monetarii* : Mercredi 7 (452) ; un *tribunus*, Mercredi 12 ; une *illustris femina* : Feria Sexta, 2, etc.

144. Lundi 10 ; Mercredi 1 ; Jeudi 14 ; Vendredi 16.

145. Dies Solis Veroli 4 ; Lundi, Fini, 7 ; Dies Saturni, 4. Nomenclature chrétienne : dies Sabbati, 5 ; feria sexta, 6.

146. Dans plus de la moitié des cas, la durée est indiquée *plus minus* ; il est donc impossible de fixer le jour de la naissance exceptionnellement précisée, v. *infra*.

147. Ainsi, F. GROSSI GONDI, *Trattato di Epigraphia cristiana*, Rome, 1920, p. 200.

148. Comme l'indique la mise en page de l'inscription : Mercredi 1 (de 338) Vendredi 20.

149. Ainsi, année, mois et quantième, jour : 14 cas, datées de 269 à 447, surtout du IVe s. ; ou encore quantième et mois, année, jour, 7 cas.

150. Dix-huit cas.

151. Ainsi, la simple mention du mois, dies solis 5 ; v. aussi Syracuse, d. solis 6 (mais il s'agit d'un milieu grec). Voir encore, l'ébauche du quantième, *post tertium kal. Mai. die Mercuri...* en 338 (Mercredi 1) ; de même Vendredi 7 (mais la date dépend ici d'une grande fête chrétienne) ; *dies sabbati* 5. Sur la disparition du comput traditionnel et la notation par quantième, I. KAJANTO, *Arçtos*, 11, 1977, p. 41-61.

152. Mardi 2, Lundi 4 ; Lundi 6. Le jour de la semaine introduit par une redondance après la date habituelle : Mardi, Ascoli 1 ; Jeudi 15 ; Vendredi 18.

153. Saturninus : Samedi 5 et 6, mort et naissance le même jour : Vendredi 20 e Aquilée, Vendredi 3. *Dies solis* 12 ; Samedi 2 ; *dies dominica* : 3 et 5.

154. Mardi 4 ; Jeudi 16 ; Vendredi 3 ; *dies solis* 4 : CIG 9727.

155. Par ex., Diehl 2810 En ; 2792 C ; 3887 ; 4429 ; 4681 A ; ICUR, NS 5, 1563 (*serotina hora*) ou plus simplement, après la durée de la vie, l'heure sans plus de précision ICUR, NS, 4, 9912, 11987.

156. Il s'agit d'une addition *alia manu* : mercredi 11. Voir mercredi 1 ; 2 ; 7 ; Jeudi Civita Castellana, 3 ; Vendredi 10 et 14 ; Samedi 7. Pour le jour de la naissance Jeudi 16, Vendredi, Aquilée 3.

157. *D. Solis*, Chiusi, 1. L. DUCHESNE, *Origines*, p. 327.

158. Comme le suggère CARCOPINO, *Recueil*, p. 99 ; citons Mercredi 1, 7, 11 ; sans l'indication des jours, Diehl 2792 C ; 4632 ; ICUR, NS, 5, 3524.

159. Vendredi 1 (269) ; Vendredi 2 ; Samedi 1 (364) ; Jeudi 2 (378) ; d. solis 1 (386) Vendredi 5 (391) ; Mercredi 3 (397) ; Jeudi 4 (423) ; 6 (463) et 8 (502). A. GALIETI *L'età della Luna come elemento cronologica nell'epigrafia romana* dans *Boll. Com.*, 1920 p. 173-236 ; A. CORDOLIANI, *De quelques inscriptions latines datées dans l'Antiquité classique*, 15, 1946, p. 264-288 ; v. aussi DE ROSSI, ICUR, 1, p. LXXVIII sq.

160. SVENBERG, *Lunaria*, p. 25 (1), p. 38 (8), p. 46 (12), p. 52 (15), p. 62 (20), p. 71 (24)

161. ERIKSSON, *op. cit.*, p. 34 : ICUR, NS, 1, 237 (Diehl, 4386).

162. Saturne 1 ; d. solis 1 ; Jeudi 1, (de 360 à 386). On ne sait pour le premier texte

mal construit, comment distinguer, s'il le faut, la chronologie de la naissance et celle de la mort ; sur l'inscription de 364, DE ROSSI, ICUR, 1, p. 93.

163. ERIKSSON, *op. cit.*, p. 26, citant pour l'inscription de 364 (note 169), celui des thermes de Trajan qui donne la référence au zodiaque ; v. note 166.

164. La remarque vaut pour la fête de Pierre et de Paul au 29 juin, pour le temps de Noël. Elle ne s'applique pas au Mardi, au demeurant négligé.

165. M. cite VARRON : *Saturn.*, 1, 3, 2 ; voir CARCOPINO, *Recueil*, p. 98 ; STERN, *Calendrier*, p. 53.

166. *Dies solis* 3 ; Chiusi 2 ; *Dominica* 3 ; Lundi 3 ; Taormine 2 ; Mardi 3 ; Mercredi 5 ; Jeudi 3 ; Vendredi Capoue 2. L'inscription de Canusium donne un Lundi au lieu du Mardi (pour le 24 Mai 393) ; mais il faut, malgré Carcopino, avec Mommsen, corriger en 392 : CIL, IX, 6192, Lundi 1. Autre retard d'un jour : vendredi 3 (21 juin 340) : l'erreur pour cette année bissextile tient peut-être à l'usage des *parapegmata*. De même, Samedi 2 (368).

167. JULIUS HILARIANUS, *Pasch.*, 7 (PL, 13, 1110) ; Paschale de la *Supputatio Romana*, 5 (Krusch, p. 231) ; AUGUSTIN, *Serm.*, 221, PL, 38, 1090 ; *S. Guelf*, 5, 4 ; LÉON, *Ep.*, 9, 1 (PL, 54, 625). Cf. RORDORF, *Sonntag*, p. 37, qui se réfère au calendrier de 354. L'AMBROSIASTER paraît réticent mais rappelle cette pratique et les difficultés qu'elle entraîne pour le jour de création (*Gén.* 1, 5) : *Quaest.*, 107, 6 (Souter p. 249).

168. Voir CORDOLIANI, *art. cit.*, p. 267.

169. Mercredi 11 ; Sabbat 1 ; v. aussi l'épitaphe de Paschasius qui situe pendant les *dies paschales* toute la vie du jeune défunt : ICUR, NS, 6, 15895 ; v, aussi Jeudi 14, Samedi, Chiusi 1.

APPENDICE

I. — *Dimanche*

a) *Dies Solis :*

Rome

   (1) Commodille : ICUR, I, suppl. 1754 (D. 4379) = ICUR, NS, 2, 6042- 386.
   (2) Via Latina : ICUR, I, 711 (D. 4387 n) = ICUR, NS, 6, 1781- 443.
   (3) Rome : ICUR, I, 798 (D. 4388) = ICUR, NS, 1, 2723-4 57.
   (4) Calliste, inf. : RS, 3, p. 149 (D. 4372) = ICUR, NS, 4, 10044.
   (5) Calliste, sup. : RS, 3, p. 381 (D. 4390) = ICUR, NS, 4, 10971.
   (6) Cyriaque : Boldetti, p. 343 (D. 4389) = ICUR, NS, 7, 18656.
   (7) Cyriaque : ICUR, I, 1308 = ICUR, NS, 7, 17631.
   (8) Rome : ICUR, I, 1371 (D. 4388 n).
   (9) Rome : ICUR, NS, 1, 2481 (D. 4797).
  (10) Prétextat : ICUR, NS, 5, 14755.
  (11) Saint-Paul : ICUR, NS, 2, 5222.

Italie

   (1) Chiusi : CIL, XI, 2551 - (Diehl 1334) - 343/376.
   (2) Chiusi : CIL, XI, 2549 - (Diehl 4553).
   (3) Bolsenna : CIL, XI, 2900.
   (4) Veroli : CIL, X, 5799 (Diehl 1148) - vie ?
   (5) Syracuse : IG, XIV, 165.
   (6) Syracuse : IG, XIV, 142.
   (7) Catane : IG, XIV, 525.
   (8) Acrai : IG, XIV, 235.
       cf. RICG, 1, 93 ; CIL, XIII, 1118 (Diehl 4387) ; BCTh, 1952, p. 50.

b) *Dies dominica :*

Rome

   (1) Catacumbas : ICUR, I, 529 (Diehl 659 n) = ICUR, NS, 5, 13384 - 404.
   (2) Saint-Paul : ICUR, I, 601 (Diehl 3532) = ICUR, NS, 2, 4858 - 415.
   (3) Commodille : NBAC, 1904, p. 90 (Diehl 3318 B) = ICUR, NS, 2, 6078- 428.
   (4) ? Rome : ICUR, 1, 771 (Diehl 707) = lCUR, NS, 1, 3235 440/445.
   (5) Ostiensis : ICUR, 1, 1108 (Diehl 3508 n et 4391 A) = ICUR, NS, 2, 5803- ve.
   (6) Saint-Paul : ICUR, 1, 855 (Diehl 4391 A = ICUR, NS, 2, 4968- 473 ?
   (7) Rome : ICUR, NS, 1, 486 (Diehl 4391).

Italie

   (1) Luni : CIL, XI, 1409 (Diehl 261) - 573 : Die dominicorum ?
   (2) Syracuse : IG, XIV, 140.
   (3) Catane : IG, XIV, 557.
      Catane : IG, XIV, 525, voir *supra* Italie, dies solis (7)
       cf. CIL, VIII, 8630 (Diehl 2104) ; 16662 (3149) ; XIII, 1405.

II. — *Dies Lunae*

Rome

   (1) Domitille : ICUR, I, 235 (Diehl 4392) = ICUR, NS, 3, 8724- 373.
   (2) Appia : ICUR, 1, 355 (Diehl 4460) = ICUR, NS, 1, 1441- 384.
   (3) Domitille : BAC, 1874, p. 27 (Diehl 2146 B) = ICUR, NS, 3, 8164- 395.
   (4) C. Majeur : Marucchi, *Mon. Later.* 59 (43) (Diehl 2792 Dn).
   (5) Appia : ICUR, NS, 4, 12794.

(6) Calliste : De Rossi, RS, 3, p. 108 = ICUR, NS, 4, 10823.
(7) Hyp. de Vibia : Styger, *Röm. Kat.*, p. 308 = ICUR, NS, 5, 15394.
(8) Rome : ICUR, NS, 1, 3741 (Diehl 1617 n).
(9) Rome : ICUR, 1, 1340 (Diehl 4392 A) = ICUR, NS, 1, 98.
(10) Rome : CIG, 9810.

Italie
(1) Prope Canusium : CIL, IX, 6192 (Diehl 582) - 392.
(2) Taormine : IG, XIV, 444- 409.
(3) Aquilée : CIL, V, 8603 (Diehl 3527).
(4) Milan : CIL, V, 6215 (Diehl 4206).
(5) Modica (Ispica) : IG, XIV, 252.
(6) Modica (Ispica) : IG, XIV, 253.
(7) Fini : CIL, V, 5692 (Diehl 1254) - 535 ? 540 ?
    cf. CIL, XII, 1497 ; Lancel, Tipsitana, *Ant. Afr.*, 16, 1980, p. 155.

III. — *Dies Martis*
Rome
(1) ? Rome : ICUR, 1, 68 (Diehl 4393) = ICUR, NS, 1, 264-343.
(2) Commodille : ICUR, I, 1581 (Diehl 2824) = ICUR, NS, 2, 6025- 367.
(3) Rome : ICUR, 1, 208 (Diehl 4393 A) = ICUR, NS, 1, 2808- 368.
(4) Catacumbas : NBAC, 1922, p. 115 (Diehl 4369 A) = ICUR, NS, 5, 13324- 366 ?
(5) Saint Paul : ICUR, 1, 770 (Diehl 4393 A) = ICUR, NS, 2, 4930- 418/455 ?
(6) Rome : ICUR, NS, 1, 2223 (Diehl 3785).
(7) Rome : ICUR, NS, 1, 3455.

Italie
(1) Ascoli ; CIL, IX, 5274 (Diehl 2777 A).
(2) Capoue : *Eph. Epigr.*, 8, 518-568.
    cf. Diehl 1292- (562).

IV. — *Dies Mercurii*
Rome
(1) Domitille : ICUR, 1, 1430 (Diehl 1539) = ICUR, NS, 3, 7379- 338.
(2) Catacumbas ; *RAC*, 1929, p. 17 = ICUR, NS, 5, 13104- 360.
(3) Cyraque : ICUR, 1, 443 (Diehl 2777) = ICUR, NS, 7, 17511- 397.
(4) Prétextat : ICUR, 1, 475 (Diehl 4394) = ICUR, NS, 5, 13944- 399.
(5) Prenestine : NBAC, 1914, p. 133 (Diehl 4394 A)- 400.
(6) Rome : ICUR, 1, 645 (Diehl 4394 B) = ICUR, NS, 1, 3228- 425.
(7) Saint Paul : ICUR, 1, 754 (Diehl 701) = ICUR, NS, 2, 4928- 452.
(8) Rome : ICUR, NS, 1, 2028 (Diehl 4394 C).
(9) Calliste : ICUR, NS, 4, 11460.
(10) Cyriaque : ICUR, NS, 5, 17802.
(11) Rome : ICUR, NS, 1, 635 (Diehl 3048 A).
(12) Rome : CIL, VI, 37279 (Diehl 440).
Italie
(1) Aeclanum : CIL, X, 1362 (Diehl 4395 n) - 376/378 ?
(2) Porto Torres : *NSA*, 1898, p. 261 (Diehl 1358) = Sotgiu 299-415
(3) Chiusi : CIL, XI, 2537 (Diehl 3033).
(4) Benevent : CIL, IX, 2080 (Diehl 4395).
(5) Brescia : CIL, V, 4850 (Diehl 3605).
(6) Aquilée : *RAC*, 1967, p. 43 (*Année Ep.*, 1968, 176).
(7) Modica (Ispica) : IG, XIV, 251.
    cf. CIL, XIII, 2337 (449) de Lyon.

V. — *Dies Iovis*

Rome

(1) Catacumbas, v. Mercredi (2) - 360.

(2) Appia : ICUR, 1, 275 (Diehl 4378) = ICUR, NS, 4, 12533- 378.

(3) Pretextat : *RAC*, 1935, p. 40 = ICUR, NS, 5, 13928- 383.

(4) C. Hippolyte : ICUR, 1, 638 (Diehl 4383) = ICUR, NS, 7, 19984- 423.

(5) Saint Paul : v. Mercredi (7). 452.

(6) C. Castuli : ICUR, 1, 810 (Diehl 1541) = ICUR, NS, 6, 15895- 463.

(7) Rome : *NSA*, 1916, p. 394 = ICUR, NS, 1, 1947 (Diehl 4384)- 463.

(8) ? Rome, ICUR, I, 926 (Diehl 4874)- 502.

(9) Calliste : ICUR, NS, 4, 11615.

(10) Calliste : De Rossi, *RS*, 1, p. 335 (Diehl 4305) = ICUR, NS, 4, 11241.

(10 *bis*) Calliste : *RAC*, 56, 1980, p. 247.

(11) Commodille : *NBAC*, 1904, p. 263 (Diehl 2798 A) = ICUR, NS, 2, 6221.

(12) Commodille : ICUR, NS, 2, 4394 et 6338 (Diehl 2758).

(13) C. via Latina (Gordien) : *RAC*, 1943, p. 24 = ICUR, NS, 6, 15470.

(14) C. via Latina : (Diehl 1524) = ICUR, NS, 6, 15634.

(15) Cyriaca : Marucchi, *Later.* 66, 26 (Diehl 3780) = ICUR, NS, 7, 19158.

(16) Rome : ICUR, NS, 1, 1643 (Diehl 4396) = ICUR, NS, 7, 18880.

(17) Rome : ICUR, NS, 1, 3147 (Diehl 3054 A).

Italie

(1) Milan : CIL, V, 6243 (Diehl 4398)- 388.

(2) Aquilée : CIL, V, 1707 (Diehl 4398 A).

(3) Civita Castellana : CIL, XI, 7359 (Diehl 4397).

(4) Modica (Ispica) : IG, XIV, 249.

VI. — *Vendredi. Dies Veneris*

Rome

(1) Salaria : ICUR, 1, 11 et suppl. 1384 (Diehl 3391)- 269.

(2) Cyriaque : ICUR, 1, 597 (Diehl 4382) = ICUR, NS, 7, 17423- 317.

(3) Appia : ICUR, Suppl. 1438 (Diehl 4399) = ICUR, NS, 4, 11757- 359.

(4) Domitille : ICUR, suppl. 1592 (Diehl 4399 A) = ICUR, NS, 2, 8147- 368.

(5) C. Zotici : ICUR, suppl., 1825 (Diehl 4380) = ICUR, NS, 6, 17249- 391.

(6) Commodille : *BCAR*, 48, p. 112 (Diehl 4381) = ICUR, NS, 2, 6052- 392 ?

(6 *bis*) Voir Lundi 3 ; 395.

(7) Appia : *RAC*, 1925, p. 14 (Diehl 4400 A) = ICUR, NS, 4, 11779- 397.

(8) Rome : ICUR, 1, 473 (Diehl 4400 B) = ICUR, NS, 1, 309- 393.

(9) Saint Paul : ICUR, 1, 695 (Diehl 565) = ICUR, NS, 2, 4900- 394/435.

(10) Rome : ICUR, 1, 558 (Diehl 693) = ICUR, NS, 1, 1463- 406.

(11) Saint Paul : ICUR, 1, 1240 (Diehl 4401) = ICUR, NS, 2, 5118- Vᵉ s.

(12) S. Alexandre, Nomentane : ICUR, 1, 730 (Diehl 4401)- 445.

(13) Rome : ICUR, 1, 851 (Diehl 4401 n) = ICUR, NS, 1, 224- 473/516.

(14) Rome : Marucchi, *Mon. Later*, 59, 2, (Diehl 3904 C) = ICUR, NS, 1, 1518.

(15) Rome : ICUR, NS, 1, 2922 (Diehl 4402 A).

(16) Appia : ICUR, NS, 4, 12020.

(17) Saint Paul : ICUR, NS, 2, 5218.

(18) Ardéatine : ICUR, NS, 3, 8883.

(19) Cyriaque : ICUR, NS, 7, 18862 (Diehl 1474).

(20) Rome : ICUR, NS, 1, 1671 (Diehl 604 A).

(21) Agnès : Marucchi, *Mon. Later.*, 73, 40 (Diehl 4402 B)

(22) Priscille : CE 728 (Diehl 740).

(23) ? Prétextat : ICUR, NS, 5, 14609.

(24) ? Diehl 4987 ; juive ? Frey CIJ, 528- 387.

Italie

(1) Aquilée : CIL, V, 1620 = (Diehl 4214)- 382.
(2) Capoue : *Eph. Epigr.*, VIII, 157 (Diehl 4403)- 459.
(3) Aquilée : CIL, V, 1634 (Diehl 4373 A).
(4) ? Salerne : IG, XIV, 696.
  Cf. CIL, III, 9551 (Diehl 1653) ; XIII, 2356 (4404) ; 11920 (4734).

a) *Feria sexta :*

(1) Cyriaque : ICUR, suppl. 1660 (Diehl 4400) = ICUR, NS, 7, 17471- 377.
(2) Alvignani : CIL, X, 4630 (Diehl 218)- 559.
(3) Brindes : CIL, IX, 6150-559 ?

b) *Parascève*

(1) Catane : IG, XIV, 524.

VII. — *Samedi*

a) *Dies Saturni*

Rome

(1) V. Latina : ICUR, 1, 172 (Diehl 4377) = ICUR, NS, 6, 15587- 364.
(2) Rome : ICUR, Suppl. 1474 (Diehl 3650) = ICUR, NS, 1, 479- 368.
(3) Domitille : *BAC*, 1874, p. 27 (Diehl 2146) = ICUR, NS, 3, 8164- 395.
(4) Appia : ICUR, 1, 478 (Diehl 4539) = ICUR, NS, 4, 12543- 399.
(5) Giordani : ICUR, 1, 512 (Diehl 2773 n) 402.
(6) Rome : ICUR, NS, 1, 1256- 385/406 ?
(7) Saint Pierre : ICUR, 1, 596 (Diehl 4405) = ICUR, NS, 2, 4171- 411.
(8) Rome : ICUR, NS, 1, 3682 (Diehl 4406 A).
(9) Rome : ICUR, NS, 1, 2313.
(10) Calliste : R.S., 3, p. 337 (Diehl 4406) = ICUR, NS, 4, 9945.

b) *Italie*

(1) Chiusi : CIL, XI, 2551 (Diehl 1334)- 343/376 ?
(2) Syracuse : IG, XIV, 82.
(3) Catane : IG, XIV, 525 : v. dies Solis (7).

b) *Dies Sabbati*

Rome

(1) Rome : ICUR, 1, 745 (Diehl 1706) = ICUR, NS, 1, 942- 449.
(2) Rome : ICUR, 1, 1098 (Diehl 1312) = ICUR, NS, 1, 1477- 565.
(3) Rome : Marucchi, *Mon. Later.*, 51, 7 (Diehl 3904 D). Salaria ?
(4) Cyriaque : ICUR, NS, 7, 18308.
(5) ? Octavilla : ICUR, NS, 2, 4444.

b) *Dies Sabbati*

Rome

(1) Rome : ICUR, 1, 745 (Diehl 1706) = ICUR, NS, 1, 942 449.
(2) Rome : ICUR, 1, 1898 (Diehl 1312) = ICUR, NS, 1, 1477 565.
(3) Rome : Marucchi, Mon. Later. 51, 7 (Diehl 3904 D). Salaria ?
(4) Cyriaque : ICUR, NS, 7, 18308.
(5) ? Octavilla : ICUR, NS, 2, 4444.

Italie

(1) Massignari : CIL IX, 5347 (Diehl 4216) 463/541 ?
(2) Taurianum : NBAC, 1914, p. 8 (Diehl 4408).
(3) Catane : IG, XIV, 524.
  Cf. : CIL XIII, 5463 (Diehl 3129) ; VIII, 2013 (Diehl 1385).

LITURGIE, CULTURE ET SOCIÉTÉ
L'exemple de Rome à la fin de l'Antiquité (IVᵉ-Vᵉ siècles)

par Charles PIETRI

Charles Pietri, né à Marseille en 1932 ; ancien élève de l'École normale supérieure, ancien membre de l'École française de Rome. Actuellement professeur d'histoire du christianisme à l'université de Paris-Sorbonne. Auteur de livres et de mémoires sur l'histoire ancienne du christianisme (*Roma Christiana : Recherches sur l'Église de Rome, son organisation, sa politique, son idéologie au IVᵉ et au Vᵉ siècle*, deux volumes), (co)éditeur de Cahiers de recherches et de réflexion religieuses, *les Quatre fleuves*, Paris, Beauchesne. Directeur du centre de recherches Le Nain de Tillemont pour le christianisme ancien et l'Antiquité tardive (fondé par H. Marrou).

Adresse : Université de Paris-Sorbonne
1, rue Victor-Cousin,
PARIS 5ᵉ (France).

Pour l'historien, la liturgie est aussi un phénomène de société et de culture ; certes l'observateur — quelle que soit son attitude intime — ne peut ignorer tout ce qu'une prière collective implique de référence au sacré ; mais il relève en même temps comment les chrétiens empruntent à l'environnement contemporain pour le cadre, pour la langue et pour les gestes du service divin. Cette constatation suffit à le protéger des prétentions naïves d'une apologétique qui proclamait depuis Chateaubriand le génie original d'une religion et de ses rites. Mais il doit s'armer de prudence pour écarter le comparatisme réducteur de toute une École d'histoire des religions qui, à la fin du siècle dernier, immergeait la liturgie chrétienne dans un syncrétisme confus, en relevant tout ce que ses rites, ses fêtes et ses sacrifices empruntaient aux cultes à mystère et au paganisme. Pour l'analyse des influences qui s'échangent entre l'Antiquité païenne, la tradition

CONCILIUM 182, 1983, 65-77.

juive et le christianisme, F.J. Dölger a frayé magistralement une voie
à la recherche : *Antike und Christentum,* c'est le titre de six recueils
publiés par le savant professeur de Bonn et aussi celui d'une encyclo-
pédie qui poursuit son œuvre[1]. Ces entreprises, à force de recherches
précises, ont ébauché une synthèse dont les résultats deviennent
particulièrement appréciables à mesure que l'enquête atteint le temps
de l'Empire chrétien, le IVᵉ et le Vᵉ siècle, un temps où la conversion
devient, au moins dans les villes, un phénomène massif. Car de
multiples influences pèsent sur l'évolution culturelle et sociologique
du peuple chrétien autant que sur son clergé. Celui-ci paie la fin des
persécutions, la protection politique et même un soutien économique
limité en acceptant l'ingérence tracassière d'un empereur chrétien qui
se déclare à l'occasion « l'évêque des évêques ». En même temps, la
conversion gagne de plus en plus l'élite sociale et finalement au Vᵉ
siècle, dans sa majorité, une aristocratie qui apporte dans l'Église tout
un patrimoine de culture, de comportements et d'attitudes idéo-
logiques. Plus encore, cette Église, qui a échappé à l'angoisse des
persécutions, prête volontiers un rôle providentiel au prince et à
l'empire avec son système politique et social. Bien entendu, on se
tromperait (comme on le fait souvent aujourd'hui) en jetant unilatéralement l'anathème sur cette Église « constantinienne »[2]. Celle-ci
peut paraître compromise et établie dans le siècle, mais elle fait
naître aussi le puissant mouvement du monachisme qui relaie, face au
monde, le témoignage du martyre. Elle organise pour la première fois
un système collectif de l'assistance qui scelle la reconnaissance du
pauvre, longtemps tenu à l'écart de l'histoire. Elle donne des prélats
palatins mais aussi les champions de la liberté religieuse, Athanase et
Hilaire, Jean Chrysostome et le pape Innocent ; et, dans le foisonne-
ment bénéfique des controverses théologiques, elles apportent les
Pères d'une pensée chrétienne, des Cappadociens à Augustin d'Hippone. Au travers d'un phénomène historique aussi manifestement
ambivalent, on distingue mal, dans les échanges de l'*Antike* et du
Christentum, entre des emprunts volontaires, l'utilisation d'une
langue commune de gestes, de concepts, de symboles banalisés et,
d'autre part, les infiltrations de pratiques étrangères qui attestent une
influence trop prégnante de l'environnement social et culturel. Sur
cette ambiguïté, l'œuvre de l'artiste chrétien témoigne clairement ;
lorsqu'il recopie, pour figurer le sommeil de Jonas, l'image d'Endymion endormi, il recherche un modèle commode sans établir une

---

1. Six volumes, 1929-1950 ; voir Th. KLAUSER, «Franz Joseph Dölger (1879-1940)», in
Jahrbuch für Ant. und Christentum, Erg. Heft, Münster, 1980.
2. Ch. PIETRI, «Mythe et réalité de l'Église constantinienne», in *les Quatre Fleuves* 3,
1974, 22-39.

filiation entre le prophète et le fils de Zeus. Mais le mosaïste ou le sculpteur utilisent aussi pour représenter le Seigneur, des insignes, des gestes ou des schémas que l'iconographie a codifiés pour signifier la puissance impériale, et l'emprunt paraît moins innocent par tout ce que ce parallèle peut apporter à l'image du prince, reflet de l'empereur céleste. Mais l'artiste est à la fois plus libre de son initiative et plus dépendant de sa clientèle laïque, sauf pour les programmes de décoration dans les églises. Dans la direction de la liturgie, le clerc exerce directement un contrôle et maintient avec force le poids d'une tradition. Pour cette évolution particulière, l'Église de Rome procure un exemple privilégié, parce que nous pouvons mieux qu'ailleurs y suivre l'histoire sociale d'une conversion et en constater du IVe au Ve siècle la réussite. Certes, les grands textes de la liturgie romaine nous manquent souvent : Hippolyte compose, un siècle avant l'établissement de Constantin, sa *Tradition apostolique*[3] ; quant aux sacramentaires[4], le Léonien, le Gélasien et plus encore le Grégorien, ils recueillent sans doute des formules qui peuvent remonter au Ve siècle ; mais, dans ces compilations plus tardives, l'identification des plus anciennes prières est souvent délicate. Heureusement, la littérature (en particulier les lettres des papes), l'archéologie offrent assez de témoignages pour mesurer, dans l'évolution d'une liturgie, le processus d'une acclimatation culturelle et sociale. Elles permettent aussi de discerner dans les intentions d'une pastorale l'image que l'Église locale se fait d'elle-même au sein d'un monde nouveau.

I. UNE CONQUÊTE DE L'ESPACE URBAIN

Il faut commencer, dans l'étude de cette acclimatation, par les signes extérieurs : ils sont les plus manifestes. En effet, dès le début du IVe siècle, la liturgie reçoit, pour déployer ses rites et assembler son peuple en prière, un cadre nouveau. Puis, grâce à cet établissement matériel que favorisent l'évergétisme impérial et aussi les largesses d'une aristocratie convertie, les pasteurs conçurent, de plus en plus clairement, le projet d'une véritable conquête de l'espace urbain qui établisse pour la prière collective des édifices spécialisés en toute la ville et à sa périphérie.

Dans le cas de Rome, il faut reconnaître au moins un bénéfice (c'est

---

3. Edit. B. BOTTE, *Liturg. Quellen*, 39, Münster, 1963.
4. L.C. MOHLBERG, *Liber sacramentorum Rom. Ecclesiae ordinis anni circuli (Sacramentarium Gelasianum)*, Rome, 1960 ; et de même pour le « Léonien » : *Sacramentarium Veronense*, Rome, 1966.

sans doute le plus substantiel) à la nouvelle politique inaugurée après 312 par Constantin. Avec la basilique du Latran, le prince donne à Rome, ou plutôt à son évêque, la première grande salle de la liturgie chrétienne : l'identité du fondateur, qui intervient dans la première décennie du règne, en tout cas avant 324, est confirmée par une chronique pontificale du VIe siècle, le *Liber Pontificalis*, qui recueille une charte de fondation énumérant les biens fonds ainsi que les différentes pièces de la vaisselle liturgique, du luminaire affectés par l'empereur à cette *basilica constantiniana*. Le nouvel édifice s'établit non sur l'emplacement d'un palais, comme on le croyait parfois, mais dans la zone d'une caserne de la cavalerie d'élite, occupée précédemment par une résidence aristocratique, celle des *Laterani* dont la toponymie conserve encore le souvenir au IVe siècle. La basilique (actuellement Saint-Jean de Latran) offre à la chrétienté romaine un cadre grandiose[5], aussi imposant que la basilique civile du forum de Trajan, que le temple de Vénus et de Rome. La construction de cette église transforme le cadre de la liturgie ; il lui donne un établissement permanent, susceptible d'accueillir pour la première fois à Rome le peuple réuni autour de son évêque, dans une prière collective et unitaire.

Plus encore qu'avec cet effet très concret de rassemblement, la monumentalisation du cadre liturgique modifie le style du service divin. Ne cherchons pas à établir entre l'architecture et le rituel une dépendance trop étroite : on ne démêle pas dans l'édification de la basilique épiscopale l'influence des clercs qui auraient défini clairement un programme et celle des architectes qui créent une synthèse d'éléments divers où interviennent les nécessités techniques autant que le désir d'utiliser pour ce monument un langage grandiose et impérial. En revanche, un tel édifice dessine sûrement pour la liturgie un nouvel espace : il permet les processions, il privilégie des zones particulières, la voie royale particulièrement éclairée et les nefs intérieures, alors que les nefs les plus extérieures sont plus obscures ; dans le transept, auprès de l'autel, peuvent s'établir sept tables d'offrande, tandis que l'abside reçoit la chaire de l'évêque, placée face au peuple vers l'Est[6]. En même temps, le pasteur dispose d'un édifice organisé pour le baptême, situé à quelques dizaines de mètres de la cathédrale. Le baptistère circulaire, qui reçoit, surtout au Ve siècle, des annexes, est assez vaste (avec un diamètre inférieur à celui du Panthéon) pour permettre de socialiser le sacrement

---

5. Ch. PIETRI, *Roma Christiana, Recherches sur l'Église de Rome, son organisation, sa politique, son idéologie de Miltiade à Sixte III (311-440)*, Rome, 1976, 2 vol.
6: *Liber Pontificalis*, éd. L. Duchesne, Paris, 1955, 172 sq.

d'intégration des nouveaux chrétiens en présence de tout un peuple de fidèles.

En deux siècles (spécialement au IVe siècle et au début du Ve siècle) des constructions nouvelles jalonnent l'espace urbain ; l'évêque dispose pour sa liturgie d'une basilique établie sur l'Esquilin (Sainte-Marie Majeure). Sur tout le territoire de Rome, des églises accueillent les réunions locales du service divin : toutes, elles sont pourvues d'un patrimoine qui assure l'entretien de l'édifice et de son clergé, d'un matériel liturgique avec le luminaire et les vases sacrés. Une charte de fondation (le *titulus* : le titre) établit ainsi, en droit et en fait, la permanence de l'église. Ces titres ont été construits au hasard des donations : celles des évêques (titre de Marc, de Jules, de Libère, etc.), celles des laïcs, des aristocrates (Lucina, Sabine, Crescens, Vestina, etc.). En d'autres cas peut-être, la collecte draîne les offrandes des humbles pour réaliser l'entreprise [7]. Au total, ce mouvement anarchique aboutit à créer un réseau homogène d'édifices cultuels : au Ve siècle, il n'y a guère de demeures chrétiennes situées à plus de cinq ou six cents mètres d'un édifice ouvert à la synaxe et aux sacrements. C'est l'époque où le pouvoir interdit les sacrifices païens et ferme les temples abritant les antiques idoles. Dans la Ville, il n'est plus qu'une seule présence, officielle et publique, pour les célébrations sacrées, celles des églises qui ont conquis l'espace urbain.

Celles-ci s'installent aussi à la périphérie, auprès des tombes des martyrs ; les largesses impériales (et surtout celles de Constantin) ont permis de construire une sorte d'écrin monumental pour la tombe de Pierre au Vatican, pour celle de Paul, sur la voie d'Ostie. Auprès de la sépulture de Laurent sur la voie Tiburtine, de celle d'Agnès sur la Nomentane, de vastes basiliques accueillent les dévotions des fidèles et aussi leurs sépultures. Dans les cimetières, les évêques (surtout Damase, 366-384) ménagent auprès des sépultures saintes un espace pour le pèlerinage et aussi pour la prière collective. Rome s'entoure d'une couronne d'édifices ouverts à ce mouvement de la spiritualité qui célèbre la mémoire des martyrs. Du centre urbain à la périphérie ces deux réseaux se complètent : dès le milieu du IVe siècle, les évêques utilisent pour les grandes réunions de leur liturgie, les basiliques des Apôtres, celle de Pierre au Vatican en particulier, où le pape, dès l'époque de Libère (352-365) célèbre la Noël. En ces multiples formes, cet établissement monumental donne un style nouveau aux réunions chrétiennes : elles rassemblent dans un centre permanent aménagé pour la prière un peuple plus nombreux.

---

7. *Roma Christiana*, I, 14 sq. ; 461-573.

II. UN TEMPS CHRÉTIEN

En même temps, la pastorale multiplie très consciemment ces assemblées. Depuis Constantin, la législation favorise cette conquête du temps en interdisant les activités civiles et les réjouissances profanes au jour « du soleil », dénommé finalement le « jour du Seigneur », *dies dominica*[8]. Mais l'évêque n'utilise pas seulement sa nouvelle cathédrale pour réunir son peuple dans la synaxe dominicale ; il en fait un centre privilégié pour l'organisation d'une année liturgique. Pendant trois semaines, au IVe siècle, l'Église jeûne avec les catéchumènes ; au Ve siècle, la durée de ce temps d'instruction et d'ascèse communautaire est portée à quarante jours[9]. Cette période invitait plus particulièrement les fidèles et les catéchumènes à se réunir dans la grande basilique : ainsi s'établit sans doute pendant la première moitié du IVe s., la discipline des trois « scrutins », réunions destinées à examiner la formation des candidats et aussi à les présenter aux fidèles. Dès le premier dimanche du carême une assemblée se tient au Latran, comme l'attestent au milieu du Ve s. les sermons du pape Léon. L'organisation de la semaine sainte — fériée dès 389 au regard de la loi — est mieux connue : une réunion, le mercredi où étaient récitées — selon le témoignage tardif d'un *ordo romanus* — les *orationes solemnes*. L'évêque réunit les fidèles le jeudi pour réconcilier les pénitents : car dès le IVe siècle commence à s'individualiser le groupe des pénitents astreints à des contraintes publiques. Du vendredi jusqu'au jour pascal, la cathédrale et son baptistère restent au IVe siècle le centre des privilégiés pour la prière et pour le sacrement de baptême : cette pratique renforce encore la « socialisation du rituel d'intégration ». Le candidat — peut-être le Samedi saint — se soumet à une profession publique ; car l'Église donne un caractère solennel à l'engagement en invitant le catéchumène à réciter le symbole devant le peuple fidèle. Les occasions de ces assemblées se multiplient et du moment que l'évêque dispose de grandes basiliques, il peut se déplacer avec son peuple de l'est à l'ouest de sa ville et esquisser ainsi une liturgie stationale : dès le milieu du IVe siècle, Saint-Pierre accueille la fête de la Nativité, puis un demi-siècle plus tard celle de l'Épiphanie ; vers la même époque, sûrement au temps de Léon, s'organisent les célébrations de la quarantaine et de la cinquantaine postpascales, localisées cette fois encore à l'ouest, dans l'édifice du Vatican[10].

---

8. W. RORDORF, *Sabbat et Dimanche dans l'Église ancienne*, trad. fr., Neufchatel, 1972.
9. V. les études de A. Chavasse, signalées dans C. VOGEL, *Introduction aux sources de l'histoire du culte chrétien au Moyen Âge*, Centro Italiano di Studi sull'alto medioevo, Spolète, 1966, 269-274.
10. *Roma Christ.*, I, 589 sq. ; et sur toute organisation évoquée dans la société, 586 sq. ; 115, etc.

Les églises titulaires établies dans les quartiers de Rome assurent pour cette pastorale un rôle complémentaire de plus en plus efficace, à mesure que la conversion grossit le peuple fidèle et que s'établit la pratique d'une communion fréquente. Un rite particulier souligne les liens de la liturgie locale avec le culte présidé par l'évêque. Comme l'explique l'évêque Innocent (402-417 ; *Ep.* 25, 5, 8) les prêtres reçoivent pour leur célébration le *fermentum* pontifical, une particule de pain consacré par le pape, et ils le placent, en signe d'unité, dans le calice comme une sorte de levain pour leur sacrifice. Certes les églises titulaires ne disposent pas d'un territoire, comme plus tard les paroisses urbaines ; mais elles deviennent le lieu habituel de l'assemblée chrétienne et elles renforcent la pastorale du temps chrétien ; au cycle de la liturgie épiscopale s'ajoutent leurs fêtes propres célébrant le saint qui les protège de son patronage ou celui dont elles abritent les reliques — les chaînes à Saint-Pierre-aux-Liens. Le pape Léon invite les fidèles à apporter leurs offrandes pour la collecte communautaire pendant les temps de jeûne (en juin et en septembre) dans l'église titulaire. Retenons un trait plus significatif encore : l'auteur d'un traité théologique (le *Praedestinatus*), sûrement un contemporain du pape Sixte (432-440), mentionne pour la première fois la messe de mariage. Le réseau des *tituli* a permis de déplacer de la demeure familiale à l'église une cérémonie originellement privée, devenue ainsi un engagement public, contracté en présence de la communauté fidèle [11].

Pour compléter cette pastorale, il y a l'organisation d'un férial, célébrant la mémoire des saints dans les grandes basiliques martyriales (comme Saint-Pierre), dans les titres au ve siècle et surtout sur les tombes des martyrs à la périphérie de la Ville. Au début du ive siècle, la chrétienté romaine dispose d'un calendrier officiel qui énumère une trentaine de martyrs (la *Depositio Martyrum*) et qui réserve chaque année à la célébration des saints une vingtaine de jours regroupés pour l'essentiel, par les hasards de la persécution, de juillet à septembre. Dès le milieu du ive siècle, Damase et ses successeurs choisissent parmi les multiples dévotions de la piété populaire celles qui permettent d'étendre l'année liturgique, en janvier, en juin, en octobre, en dehors des périodes pascales et du temps de Noël. L'Église occupe ainsi les temps vides du cycle liturgique. La célébration chrétienne rencontre parfois l'un des jours de la fête païenne. Coïncidence fortuite peut-être ? Car l'épiscopat, contrairement à l'interprétation chère au folkloriste, ne cherche pas à christianiser des fêtes païennes. En réalité, la pastorale chrétienne popularise l'anniversaire du saint, ravive sa mémoire avec une célébration officielle pour

11. Sur la pastorale des *tituli, ibid.,* 628.

détourner ce jour-là les fidèles du cirque et de ses pompes ; on fête au mois de juillet Priscille, Abdon et Sennen après Pierre et Paul (le 29 juin) ; la rencontre est heureuse si la réunion chrétienne peut détourner les fidèles des *Ludi apollinares,* jeux donnés en l'honneur d'Apollon (du 5 au 14 juillet).

III. LA LANGUE ET LES GESTES

Cette pastorale de l'espace et du temps ne modifie pas nécessairement la structure de la synaxe ni l'organisation du rituel baptismal. Mais elle crée pour la prière collective une atmosphère nouvelle : elle impose un style, des adaptations qui touchent apparemment aux manifestations les plus extérieures de la liturgie, à sa langue et à ses gestes. Pendant les premiers siècles, le célébrant et les fidèles ont parlé le grec : c'était sans doute la langue des premiers missionnaires, en tout cas celle de la majorité des fidèles, celle qu'utilise Clément de Rome et aussi vers le milieu du IIe siècle Hermas, l'auteur d'une petite apocalypse, où affleurent déjà quelques latinismes. Au début du siècle suivant, Hippolyte hellénise toujours pour rédiger ses traités et son petit manuel de discipline et de liturgie, la *Tradition apostolique.* Mais vers 250, Novatien, qui s'impose avec l'autorité d'un théologien, utilise tout naturellement le latin pour écrire un traité *sur la Trinité.* L'épigraphie funéraire reflète du IIIe siècle au IVe siècle cette latinisation de la chrétienté romaine, avec la diminution relative et progressive des épitaphes grecques, avec l'utilisation de caractères grecs pour noter des textes latins et finalement, dans les cimetières plus tardivement développés, avec l'accroissement considérable des inscriptions latines. En Occident, en Afrique dès la fin du IIe siècle, et aussi à Rome, les chrétiens parlent et écrivent un latin [12] qui possède un vocabulaire spécialisé, des tournures particulières, une créativité propre, comme l'ont identifié les travaux de T. Schrijnen et l'œuvre monumentale de Chr. Mohrmann. Ce latin chrétien emprunte au grec et même, par la médiation de cette langue, à l'hébreu : *pascha, epiphania, episcopus, diaconus.* Il spécialise les mots en les détournant de leur usage courant ; ainsi, *caritas.* Sous l'influence du grec biblique, *praedicare* s'emploie absolument pour désigner la prédication et *refrigerare* évoque le bonheur dans l'au-delà. Certaines évolutions sémiologiques aboutissent plus tardivement, celle de *paganus* pour définir le païen et non seulement l'homme du *pagus, sermo* pour le sermon, *basilica* pour le vaste espace des grandes églises. Les

---

12. On renvoie aux mémoires réunis dans Chr. MOHRMANN, *Études sur le latin des chrétiens,* Storia e Letteratura, Rome, I, 1958 ; II, 1961 ; III, 1965 ; IV, 1971.

significations nouvelles s'enchevêtrent : *statio* qui désigne le poste de garde représente autant l'exercice pénitentiel que la réunion dans une église et *confessio,* qui désigne chez Tertullien l'aveu de ses péchés, rappelle aussi la résistance chez le confesseur de la foi et enfin la louange, sous l'influence du psautier latin *(Ps 117).* La créativité chrétienne se reflète aussi avec de multiples néologismes *(salvator, cooperator),* dans une langue qui ne s'embarrasse point d'élégances ni de règles strictes. Ce latin ne recule pas devant les tournures empruntées au style oral ou calquées sur le grec : adjectifs d'appartenance *(apostolica traditio),* génitif adnominal *(dies iudicii,* le jour où se produira le jugement). Pour les nécessités pastorales, la première urgence était de traduire la Bible en latin ; très vite les théologiens et les polémistes utilisent ce latin, à peine plus châtié, pour combattre l'hérésie ou fortifier la foi et la morale.

Lorsqu'à Rome la liturgie utilise le latin chrétien, cette langue dynamique et créatrice se façonne depuis près de deux siècles. A. Baumstark s'en étonnait finalement dans un mémoire publié peu avant la guerre : il en arrivait à supposer que les premières traductions du canon remontaient à l'époque du pape Corneille (251-253)[13]. Mais ces hypothèses se heurtent au témoignage d'un philosophe, établi et baptisé à Rome, Marius Victorinus qui cite en grec vers 360 quelques mots d'une prière de l'anaphore *(oratio oblationis).* Pour défendre contre les ariens l'usage du mot ὁμοούσιος, il choisit un texte évidemment connu de tous en expliquant que la liturgie romaine utilise des expressions voisines du terme adopté pour le concile de Nicée : σώσων περιουσίον λαόν ζηλοτήν κάλων ; « sauve le peuple qui se tient autour de la substance, c'est-à-dire », explique M. Victorinus, « autour de la vie comme on dit dans la prière d'oblation » *(Contre Arius,* II, 8, éd. Hadot, p. 417). Quelques années plus tard, un contemporain du pape Damase (366-384) l'Ambrosiaster, l'auteur mal identifié des *Quaestiones Veteris et Novi Testamenti,* cite une prière du canon, en latin cette fois. Il proteste contre le titre de *summus sacerdos* donné à Melchisédech, *sicut nostri in oblatione praesumunt,* comme les nôtres (les fidèles de Rome), explique-t-il, le font par erreur dans l'anaphore *(Quaest.* 109, 20 ; Vogel p. 246). Ces deux témoins jalonnent pour Rome une évolution décisive, acquise après 360, dans la seconde moitié du siècle. Mais le second témoin, dans son commentaire de la première épître aux Corinthiens *(1, 14),* suggère que le changement de la langue liturgique heurtait, à Rome, de solides résistances. Il oppose, à la suite de Paul, le prophète qui parle pour

---

13. Sur tout le débat, Th. KLAUSER, « Der Übergang der römischen Kirche von der Griechischen zur Lateinischen Liturgie Sprache », in *Gesamm. Arbeiten,* éd. E. Dassmann, Münster, 1970, 184-194.

l'édification du peuple au glossolale. Si vous vous réunissez pour édifier l'Église, ajoute-t-il, il faut dire les mots que tous les auditeurs comprennent ; certains imitaient les juifs qui utilisent l'hébreu de préférence à l'araméen *(syra lingua)* ; « ils s'adressaient au peuple pour la prière dans une langue qu'ils ignoraient, plutôt que dans la leur » . L'insistance de cette exégèse qui interprète la glossolalie comme l'usage d'une langue liturgique étrangère au peuple, reflète vraisemblablement l'âpreté d'un débat récent. Ainsi l'Église romaine a suivi avec retard l'évolution linguistique d'un peuple qui rassemble depuis longtemps une majorité latine. Cette adaptation s'impose au moment où le clergé peut de mieux en mieux réaliser concrètement l'unité du peuple chrétien dans les églises urbaines, alors qu'il organise efficacement le calendrier des réunions communautaires. Dès lors, les exigences pastorales imposent, au moment où se gonfle le flot des conversions, l'abandon du grec qui tenait un peu le rôle d'une langue sacrée : *ad aedificandam ecclesiam,* pour construire l'unité de l'Église locale, explique l'Ambrosiaster.

L'adoption du latin vaut comme une concession à la pédagogie populaire ; mais le clergé n'entend pas renoncer, pour la prière, à la dignité et à la solennité d'une expression sacrée. Désormais le peuple peut comprendre, mais pour s'adresser à Dieu, comme le recommande Hilaire de Poitiers en Gaule (*Tractat. in Ps,* XIII, 1), le célébrant ne peut utiliser l'humble langage quotidien. Cette exigence, invoquée sans doute au bénéfice du grec avant l'adoption du latin, s'impose avec force au moment où la communauté romaine reçoit le renfort d'une aristocratie convertie et, avec elle, une culture, les habitudes d'un langage, tout un ensemble de références à l'antique tradition romaine. C'est l'époque où, sous cette influence, l'éloge de la Ville chrétienne utilise, pour illustrer la primauté d'un siège apostolique, un vocabulaire qui exaltait l'antique capitale, cette *Roma sacra,* Rome consacrée désormais par une sainteté véritable. On ne peut dire, faute de témoignages sûrement datés, si les rédacteurs des prières latines ont fixé d'emblée les traits et le style de ce latin spécialisé pour la liturgie ; très probablement, la hiérarchie a établi rapidement un texte commun pour l'anaphore prononcée dans toutes les assemblées de la Ville [14] et elle réglemente progressivement, jusqu'à l'exclure, la liberté d'improvisation longtemps laissée au célébrant pour les préfaces et pour les oraisons précédant ou suivant le canon. Dans les sacramentaires (à commencer par le Léonien), des collecteurs complètent le modèle de la prière propre à chaque célébration. Qu'il suffise pour mesurer cette évolution du latin, réalisée du IVe au VIe

14. Voir sur le souci d'unité de la célébration, le rite du *fermentum.*

siècle, de comparer le texte du Canon conservé dans le sacramentaire Gélasien avec la prière rapportée par le *De Sacramentis,* d'Ambroise ; ce texte substantiellement identique au canon romain conserve avec ses parataxes la liberté d'un style oral qui contraste avec la rigueur hiératique du premier[15]. Les rédacteurs romains ont épuré la langue populaire de la chrétienté latine, même s'ils conservent les termes indispensables *(paschalia, ecclesia)* ; ils recherchent le style noble des antiques prières romaines *(celebrare, dicare, immolare),* parlent des *preces,* du *pontifex* plus volontiers que de l'*oratio* et de l'*episcopus* pour désigner la prière et l'évêque. Ils empruntent au vocabulaire de la chancellerie impériale en nommant Dieu *maiestas,* ou la célébration *officium* ; ils ne reculent pas devant la précision juridique d'un vocabulaire officiel : *commendare, intercedere, munus.* En jouant d'allitérations, du balancement de compositions symétriques, ils empruntent à la prose d'art : *rogamus ac petimus... ; omnis honor et gloria... ; praeceptis salutaribus moniti et divina institutione formati...* Et même, ils retrouvent pour les oraisons des sacramentaires, la composition d'antiques prières païennes mêlant à l'invocation de louange l'exacte demande de la supplication. Dans ces textes plus récents, la prose est rythmée d'un *cursus* qui joue avec le mètre et avec les accents pour donner à l'oraison, comme aux sermons des papes Célestin et Léon, comme aux décrétales, l'ampleur cadencée des textes impériaux.

Pour accompagner cette prière oratoire prononcée dans un cadre triomphal, le rituel aulique inspire toute une symbolique de gestes[16] : celui du célébrant, prostré au début de l'assemblée, devant la majesté divine *(Ord. Rom.,* 1, 8) ; un assesseur, avant la lecture de l'Écriture, fait régner le silence comme dans le palais des Césars les silentiaires *(Gélasien,* I, 31). A la cour, l'étiquette exige que le sujet reçoive les mains voilées le mandat écrit, donné par le prince ; le sous-diacre accueille l'Évangile *super planetam,* les mains dissimulées par la planète *(Ord. Rom.,* I, 11). Ceux qui approchent de l'autel doivent porter des vêtements plus magnifiques que ceux du peuple, ces *vestes sacratae* dont parle la Chronique pontificale. La pompe palatine impose des règles analogues mais pour les clercs cette tenue ne paraît pas encore spécialisée, à part la dalmatique du diacre, sûrement

---

15. B. Botte, *L'Ordinaire de la Messe,* Louvain, 1953, 111 et dans ce recueil Chr. Mohrmann, 40 sq. ; v. aussi *Latin chrétien,* II, 102 sq. ; M.P. Ellebracht, *Remarks on the Vocabulary of the Ancient Orations in the Missale Romanum,* Nimègue, 1963.
16. Connus surtout par les *Ordines Romani* édités par M. Andrieu, 5 vol., Louvain, 1931-1956. On peut supposer que ces textes plus tardifs ont conservé, en ce domaine, un rituel ancien. Sur le rituel aulique, v. A. Alföldi, *Die monarchische Repräsentation in röm. Kaiserreiche,* Darmstadt, 1970.

attestée comme le pallium, large bande de laine blanche entourent les épaules, dès la fin du Ve siècle. D'autres rites encore empruntent au cérémonial princier, dans cette cathédrale où le *ciborium* protège l'autel comme le dais surmonte le trône impérial : l'encens qui accompagne l'entrée *(l'adventus)* du prince et son triomphe, brûle pour l'empereur céleste. Jérôme signale l'habitude d'allumer des cierges pendant les lectures sacrées comme on le faisait pour la présentation des textes impériaux (*Contra Vigilantium*, 7). Quant aux fidèles, ils scandent de leurs acclamations codifiées la prière communautaire ; et l'Amen éclate comme le tonnerre, dit Jérôme, dans les basiliques romaines. Ce faisant, les chrétiens empruntent aux juifs, aux rituels païens mais aussi à la discipline officielle. Les acclamations[17] rythment les conciles comme les séances du sénat ; à l'église, une intervention comme *Dignum et iustum est* (introduite à une haute époque) appartient peut-être au rituel pour la proclamation du prince, comme celle qui célèbre la durée promise à César. Dès le Ve siècle, comme le suggère le *Liber Pontificalis,* l'entrée s'organisait avec une procession majestueuse que les diacres accompagnent avec le chant des psaumes. Mais dans la liturgie du Latran, dont l'espace intérieur est aménagé pour la circulation du peuple, la procession des oblats se déploie avec la participation des fidèles et des clercs ; chacun apporte des offrandes déposées sur l'une des sept tables disposées dans le transept. Assurément, la conversion de l'aristocratie et le rôle d'un évergétisme chrétien qui alimentent de ses largesses l'assistance et l'œuvre éditaire de l'Église, expliquent l'importance prise par la cérémonie de l'offrande. Une prière prononcée — *inter mysteria* — sur les offrandes avec la mention solennelle des noms des donateurs (les plus généreux) rappelle aux fidèles leurs obligations. La pastorale de l'Église souhaite asssocier massivement le peuple à l'œuvre de charité autant qu'elle entend manifester l'unité dans cette procession vers l'évêque. Mais cette organisation emprunte un peu aux gestes qui réglementent les hommages adressés au prince. Celui-ci reçoit de ses sujets l'or coronaire, le fidèle apporte à l'autel la couronne de pain.

Toute cette évolution ne concerne qu'indirectement le contenu de la prière, à l'exception de cette oraison qui répond à la procession de l'offrande, dans un canon dont l'organisation est complètement fixée au VIe siècle. Mais elle reflète aussi tout ce que la créativité de la liturgie doit, dans l'Église romaine, à la société et à la culture contemporaines. Ces changements traduisent les ambitions d'une pastorale conquérante devenue, pour encadrer une Église de masse,

---

17. Th. KLAUSER, « Akklamation », in *Reallexikon für Antike und Christentum,* I, 216 sq.

plus sûre de ses moyens et plus confiante dans le succès. En même temps, elle attribue à la célébration de l'empereur céleste bien des traits, des gestes et des paroles qui appartiennent au prince régnant de l'empire chrétien. Dans ces mouvements complémentaires se dessine, pour l'avenir, la naissance d'une « chrétienté ».

II - EMPIRE ET ÉGLISE

CONSTANTIN EN 324
PROPAGANDE ET THÉOLOGIE IMPÉRIALES
D'APRÈS LES DOCUMENTS DE LA VITA CONSTANTINI

Les querelles de l'histoire positiviste sont bien encombrantes. Lancées dès le siècle dernier, elles empoisonnent encore la recherche. Certes A. Piganiol, J. Vogt, F. Vittinghoff et F. Winkelmann ont fini par convaincre qu'Eusèbe de Césarée était bien l'auteur de la *Vita Constantini* [1] ; mais nombre d'historiens traitent encore d'une plume précautionneuse un témoignage qui éclaire, à la lumière d'une théologie politique, l'idéologie et l'œuvre du premier empereur chrétien : comme si la longue querelle de l'authenticité avait marqué de quelque tache indélébile une biographie composée peu après la mort de Constantin. Cette prudence s'étend aux documents publiés dans la *Vita*, que l'éditeur attribue au prince : quatre textes composés avant le concile de Nicée (II, 24-42 ; 46 ; 48-60 ; 64-72), un cinquième rédigé après la célébration de la réunion œcuménique (III, 17-20), deux lettres à l'évêque Makarios de Jérusalem (III, 30-32 et 52-53), une correspondance sur la succession d'Antioche (III, 60 ; III, 61 et III, 62), deux écrits d'une portée plus générale, l'un composé contre les hérétiques (III, 64-65), l'autre adressé au roi Sapor (IV, 9-13), deux missives plus personnelles expédiées à Eusèbe lui-même (IV, 35 ; IV, 36) et enfin une adresse au concile de Tyr (IV, 42). Du reste, le biographe n'hésite pas à reproduire une prière rédigée par le prince pour l'armée (IV, 20) et à faire explicitement référence – sans les citer *in extenso* – aux propos tenus par son héros [2]. Deux savants ont particulièrement utilisé cette littérature impériale : H. Doerries [3] compose une synthèse qui utilise toute sorte de témoignages : lettres, discours (y compris celui tenu à l'assemblée des saints : *Oratio ad sanctorum coetum*), extraits des lois compilées dans le *Code Théodosien*, inscriptions ; la dissertation de H. Kraft [4] s'inquiète plutôt de suivre une analyse

---

(1) F. WINKELMANN, «Zur Geschichte des Authentizitätsproblems der Vita Constantini», *Klio*, 40, 1962, pp. 187-243 (Bibliogr.).

(2) On trouvera une liste commode et une présentation de ces documents dans DOERRIES et KRAFT (*infra*) sans oublier I. DANIELE, «I documenti costantiniani della Vita Constantini di Eusebio di Cesarea», *Analecta Gregoriana*, XIII, Rome, 1938.

(3) H. DOERRIES, «Das Selbstzeugnis Kaiser Konstantins», *Abhandlungen der Akademie der Wissenschaften in Göttingen, Philologisch -Historische Klasse*, III, 34, Göttingen, 1954. V. aussi K. ALAND, «Die religiöse Haltung Kaiser Konstantins», *Studia Patristica* I, *Texte und Untersuchungen*, 63, Berlin, 1957, pp. 549-600 ; J. STRAUB, *Vom Herrscherideal in der Spätantike*, Stuttgart, 1964, p. 106 sq.

(4) H. KRAFT, *Kaiser Konstantins religiöse Entwicklung*, Beiträge zur historischen Theologie, 20, Tübingen, 1955.

diachronique et de jalonner l'évolution de la pensée impériale. Mais ces deux études, au demeurant fort utiles, n'interdisent pas de pousser un peu plus loin l'investigation (un peu comme la critique s'est déjà attachée à le faire pour le recueil d'écrits constantiniens touchant à la querelle donatiste), en mesurant plus exactement les circonstances de cette littérature, son *Sitz im Leben*, pour en définir la fonction dans la politique impériale. Car quelques-uns de ces textes (parmi les documents reproduits par Eusèbe) sont destinés à un usage public, autrement dit à servir une propagande, même s'ils peuvent, en même temps, refléter l'idéologie intime du prince. Cette remarque vaut particulièrement du dossier des textes rédigés un peu avant le concile de Nicée, après la victoire sur Licinius, au moment où Constantin, maître de l'*Orbis Romanus*, peut déclarer sans ambages à l'Orient quel sens il donne à sa victoire et quel usage il compte en faire. A l'époque, l'empereur victorieux ne connaît guère l'Orient ni Eusèbe l'éditeur du dossier. De l'évêque de Césarée [5], quelques interprètes – ainsi Ehrhardt – ont fait une sorte de mentor pour la théologie politique, d'autres (Setton) le réduisent à n'être qu'une sorte de ministre pour la propagande. J. Straub croit plus volontiers à une dialectique d'échanges, qui prête au clerc le rôle d'interprète en même temps que celui d'inspirateur. Mais ce dossier de 324 permet peut-être d'examiner les rapports du prince et de l'évêque sous un jour nouveau, puisque les textes composant ce recueil ont été conçus indépendamment de toute influence directe d'Eusèbe. Aussi une précaution de méthode s'impose : s'il faut requérir pour cette exégèse des parallèles, l'analyse doit utiliser les écrits constantiniens antérieurs. Ceux-ci peuvent expliquer comment le dossier de 324 (dont il faut présenter, au préalable, les caractéristiques), illustre l'attitude publique d'une propagande et comment il reflète, plus subtilement, chez l'empereur les traits originaux d'une théologie politique.

*

I – LE DOSSIER

Après sa victoire et avant le Concile de Nicée, Constantin adresse quatre messages à l'Orient. Selon l'ordre suivi par la *Vita*, il destine le premier aux habitants de la province de Palestine ; il y annonce en particulier la fin de la persécution engagée contre les chrétiens par Licinius (*Vita*, II, 24-42) [6]. Une brève lettre invite Eusèbe lui-même à réparer les édifices utilisés pour les réunions chrétiennes et à en construire de nouveaux, en sollicitant l'appui des autorités

---

(5) J.-M. SANSTERRE, «Eusèbe de Césarée et la naissance de la théorie césaropapiste», *Byzantion*, 42, 1972, pp. 131-195 et 532-594, et surtout l'excellente analyse pp. 156-184.

(6) Comme on le verra, une tradition donne une autre adresse pour ce texte : on renvoie désormais sans plus de précision à l'édition de F. WINKELMANN, *Eusebius Werke, 1. 1. Über das Leben des Kaisers Konstantin*, Griechische Christliche Schriftsteller, Berlin 1975. Pour cette lettre (I), pp. 58-66. Sur la datation de ces textes, voir *infra*, pp. 71-73.

provinciales (II, 46) [7]. Puis le biographe publie un texte adressé à tous les Orientaux ; le prince y déclare son engagement chrétien et sa politique ; il rappelle l'échec et les conséquences désastreuses des persécutions engagées par Dioclétien et en même temps il garantit aux païens la liberté religieuse restituée aux fidèles de l'Eglise (*Vita*, II, 48-60) [8]. Le quatrième message concerne Alexandre, l'évêque d'Alexandrie, et le prêtre Arius : sans prendre parti au fond, Constantin invite les deux adversaires à ne plus déchirer l'unité ecclésiale pour une querelle jugée mineure (*Vita*, II, 64-72) [9]. On le voit par cette évocation sommaire, ces quatre documents constituent une sorte de dossier, assez cohérent pour refléter la méthode d'Eusèbe, éditeur des documents impériaux et aussi pour illustrer la pratique épistolaire du prince.

Du reste, les critiques, qui s'acharnèrent à contester l'authenticité des documents constantiniens de la *Vita*, privilégièrent ce premier dossier comme s'il constituait une unité assez significative pour évaluer tout le reste. Cette contestation, en soulignant l'insolite de ces textes, illustre l'originalité du recueil. Baronius lance la querelle, au temps de la Contre-Réforme, dans une controverse qui réplique aux protestants, ces contempteurs d'une Eglise «constantinienne», compromise et dénaturée par la protection envahissante du pouvoir et finalement haïssable parce que papiste. Aussi l'auteur des *Annales ecclésiastiques* [10] veut laver le premier prince chrétien d'avoir péché par une indulgence coupable à l'égard d'Arius : c'est, assure le savant cardinal, ce qu'insinue Eusèbe, en publiant la lettre adressée au prêtre et à son évêque (IV) ; en conséquence il faut croire que l'éditeur, partisan de l'hérésie, a fabriqué un faux. Dans la suite, les critiques s'inquiétèrent moins de défendre l'orthodoxie impériale, d'autant qu'une nouvelle querelle ternissait l'image de Constantin ; les libertins et les historiens de l'*Aufklärung* reprochaient au prince d'avoir anéanti la république en la soumettant à l'obscurantisme de l'Eglise [11]. Au fond, ces lettres passaient pour authentiques puisqu'elles confirmaient l'image détestée d'un «calife» chrétien. La contestation se déchaîne à nouveau à la fin du XIXe siècle, lorsqu'aiguillonnés par une rigueur positiviste, les historiens se prirent à soupçonner impitoyablement de faux leurs documents. A. Crivellucci s'enflamma, en un livre et en deux mémoires, contre les textes édités dans la *Vita* : le critique, qui ne s'embarrasse pas de détails, qui fait de Lactance un évêque et du cappadocien Basile le successeur d'Eusèbe, déclare tout net que ces lettres procèdent d'une fraude, d'une entreprise «consciente et mensongère, ins-

(7) *Ibid.*, p. 67 sq : II.

(8) *Ibid.*, pp. 68-72 : III.

(9) *Ibid.*, pp. 75-79 : IV.

(10) *Annales*, III, Lucques, 1778, p. 654 : IV, 40, p. 99. G. ARNOLD, *Unpartheische Kirchenketzer Historie*, 1699, p. 144 – auquel il faut revenir, après Seeberg, pour comprendre toute la portée de cette querelle – reproche simplement à Eusèbe d'idéaliser son héros. Comme le note F. WINKELMANN, *loc. cit.*, p. 190 – excellent témoin de cette historiographie – H. de Valois avait rejoint le camp des critiques, après Godefroy, mais Tillemont maintenait une position conservatrice.

(11) Ch. PIETRI, «Mythe et réalités de l'Eglise constantinienne», *Les Quatre Fleuves*, 3, 1975, pp. 23-39.

pirée par la mauvaise foi cléricale» ([12]). Evoquant rapidement la lettre aux héré-tiques (III, 64-65) et le message envoyé à Sapor (IV, 9-13), il s'attaque spécialement à deux textes de notre dossier, celui adressé aux Palestiniens (I) et celui destiné aux Orientaux (III), surtout au premier. Il relève comme une preuve du faux les maladresses de l'éditeur qui fait précéder la publication de la lettre d'un résumé (II, 21-23), discordant en quelques menus détails. Il ne voit guère com-ment ces textes grecs, peu conformes à la rhétorique de la chancellerie impériale, ont été transmis à Eusèbe. Constantin n'aurait pu faire de Licinius un persécuteur et enfin, dans le style comme dans les idées, la lettre rappelle de trop près la théologie d'Eusèbe, pour une époque où l'évêque n'avait pu être l'inspirateur du prince. Ces ressemblances trahissent la fraude. Après avoir hésité, V. Schultze donna un peu de dignité philologique à cette thèse fracassante ; il répétait sur les mêmes documents (I et III) les arguments du critique italien, tout en écartant la culpabilité d'Eusèbe pour l'attribuer à un interpolateur zélote œuvrant après Julien ([13]). Bien entendu, il y eut des résistances chez les défenseurs de l'authenticité : après une hésitation, qu'il se reproche comme un excès de crédulité, Seeck répliqua que les textes contestés utilisaient la rhétorique ampoulée de la chancellerie impériale ([14]). L'éditeur de la *Vita*, Heikel, énuméra les lati-nismes qui affleurent dans les versions grecques des écrits impériaux ; il rappela l'existence de traditions manuscrites indépendantes de la *Vita* ([15]). N'importe, un autre savant italien corrigeait le tir pour tenir compte des précédentes répliques : il imagina l'hypothèse d'un faux réalisé en latin par des employés de la chancellerie ; Eusèbe serait non l'auteur du faux, mais le complice ([16]).

La théorie s'établissait dans la tradition historiographique : on le voit bien avec les réactions de P. Batiffol qui choisit trois des documents de 324 (à l'exception du court billet adressé à Eusèbe) pour y ajouter la lettre sur Pâques (III, 17-20), celle

(12) A. CRIVELLUCCI, *Della fede storica di Eusebio nella Vita Constantini*, Livourne, 1888 ; «Gli editti di Costantino ai provinciali», *Studi Storici*, 3, 1894, pp. 369-384 ; 415-422 ; 542-565 et «I documenti della Vita Constantini», *ibid.*, 7, 1898, pp. 411-423 et 453-459.

(13) V. SCHULTZE, «Quellenuntersuchungen zur Vita Constantini des Eusebius», *Zeitschrift für Kirchengeschichte*, 14, 1894, pp. 504-555. Comme le note F. Winkelmann, Schultze avait dans un premier temps repoussé l'hypothèse, d'autant que les documents étaient généralement acceptés comme authentiques : G. BOISSIER, «La conversion de Constantin», *Revue des Deux Mondes*, 76, 1886, p. 86. Schultze fut ébranlé surtout par le rapprochement du premier texte avec les développements de la *Vita*, I, 3-8, et par le doublet qu'il constitue avec *Vita*, II, 21-23. L'hypothèse de l'interpolation a entraîné toute une critique artificielle sur les notes éditoriales d'Eusèbe pour ces documents ; on ne trouvera plus aucune utilité à s'engager dans cette querelle : cf. G. PASQUALI, «Die Composition der Vita Constantini des Eusebius», *Hermes*, 45, 1910, pp. 369-386.

(14) O. SEECK, «Untersuchungen zu Urkunden der Vita Constantini des Eusebius», *Zeitschrift für Kirchengeschichte*, 18, 1898, pp. 321-345.

(15) Voir l'introduction d'*Eusebius Werke*, I, Griechische Christliche Schriftsteller, Leipzig, 1902, pp. LXVI-LXXXIX et «Textkritische Beiträge zu den Konstantins Schriften», *Texte und Untersuchungen* 36, 4, Leipzig, 1911, p. 52.

(16) A. MANCINI, «Osservazioni sulla Vita di Costantino d'Eusebio», *Rivista di Filologia*, 33, 1905, pp. 309-360.

destinée aux hérétiques et enfin le message adressé à Sapor (IV, 9-13). Tous ces textes constitueraient une sorte de dossier fabriqué vers 340 pour illustrer, sous le couvert de Constantin, un programme de politique religieuse. Aux deux lettres déjà particulièrement malmenées, le savant Monseigneur ajoute le texte envoyé à Alexandre et à Arius [17] : il trouve singulier – cela écrit avec quelque pointe de suffisance cléricale – que le prince ait pu s'adresser d'un même trait de plume à un évêque orthodoxe et à un prêtre hérétique. Cette manipulation érudite avait conquis le droit de cité malgré Harnack [18], malgré les protestations d'un patrologue, A. Casamassa [19]. Un professeur de la Grégorienne, Daniele, s'imposa de récapituler en 1938 tous les arguments favorables à l'authenticité : le témoignage de la tradition manuscrite, ceux de la stylistique, ceux de la critique interne ; il faisait référence aux habitudes de la chancellerie impériale et comparait ces textes aux écrits sûrement attribués à Constantin.

En réalité, cette somme n'avait pas déraciné l'hypothèse initiale, au moins pour un courant de la critique. Mieux, H. Grégoire prenait indirectement appui sur cette contestation des textes publiés par Eusèbe pour défendre une opinion plus radicale. C'est toute la *Vita*, non seulement les documents annexes mais le récit lui-même, qui est l'œuvre d'un faussaire [20]. Le savant belge considérait, dans la fougue de sa démonstration, qu'il n'était plus besoin de s'attarder aux écrits attribués à Constantin, il se contentait de relever, au passage, une incongruité. Constantin, dans la lettre aux Orientaux (*Vita*, II, 51,1), déclare qu'il était encore enfant – παῖς – au moment où commence la grande persécution de 303. Voilà une maladresse, commente-t-il, qui trahit le faussaire puisqu'elle contredit la chronologie de Constantin [21]. La découverte d'un papyrus, *P. Lond.* 878, renversa tout : il témoignait pour le dossier de 324, au moins pour l'un de ses documents [22]. La

(17) P. Batiffol, «Les documents de la Vita Constantini», *Bulletin d'Anc. Litt. et d'Arch. Chrét.*, 4, 1914, pp. 81-95. L'auteur reprend pour la lettre aux Palestiniens (I) l'objection que Constantin n'aurait pu parler d'une persécution par Licinius et il critique, au sujet de la lettre aux Orientaux, les assertions du prince qui n'aurait pu faire de Dioclétien l'*auctor* de la politique antichrétienne ni laisser croire que Constantin était presque chrétien (*op. cit.*, p. 178 sq.). Peu avant Batiffol, J. Maurice, *Bulletin de la Société des Antiquaires de France*, 1913, pp. 387-396 et 1919, p. 154 sq., avait relevé, dans le même sens, des interpolations dans la *Vita*.

(18) A. von Harnack, *Geschichte der altchristlichen Literatur bis Eusebius, II, Chronologie*, Leipzig, 1904, p. 115, trouve déterminante la démonstration de I. A. Heikel ; je n'ai pu utiliser les remarques de Pistelli, *I documenti costantiniani negli scrittori ecclesiastici. Contributo per la fede storica*, 1914, cité par Daniele, *loc. cit.*, p. 123.

(19) A. Casamassa, «I documenti della Vita Constantini», *Letture costantiniane*, Rome, 1914 = *Scritti Patristici*, I, *Lateranum* XXI, Rome, 1955, pp. 1-40, étudie particulièrement le cas de l'*Ep.* I (*Vita* II, 24-26).

(20) Voir sur ce débat, F. Winkelmann, *loc. cit.*, pp. 213-219 (Bibl.).

(21) H. Grégoire, «Eusèbe n'est pas l'auteur de la "Vita Constantini" dans sa forme actuelle et Constantin ne s'est pas "converti" en 312», *Byzantion*, 13, 1938, pp. 561-583 (581 sq.) ; voir sur ce point A. H. M. Jones and T. C. Skeat, «Notes on the Genuiness of the Constantinian Documents in Eusebius' Life of Constantine», *Journal of Ecclesiastical History*, 5, 1954, pp. 196-200 ; ici, p. 198.

(22) Le papyrus avait été signalé au début du siècle, mais il fut identifié en 1950 : F. G. Kenyon and

lettre adressée aux Palestiniens (I) a circulé en Egypte, bien avant 340, en 324, tout à fait indépendamment d'Eusèbe, puisqu'un feuillet en conservait un fragment (II, 27 sq) au revers d'un document mal identifié, probablement une pétition mentionnant *Arsinoé*, antérieure de quelques années (319/320) à la lettre impériale [23]. Dès lors se conclut une querelle [24] qui, au moins, avait eu l'avantage de refléter l'importance d'un dossier assez insolite pour suggérer l'hypothèse de la fraude.

Ce débat éclaire comment et pourquoi le biographe de Constantin publie les lettres impériales. En s'avançant sur «le chemin désert et inviolé» d'une *historia ekklèsiastikè*, Eusèbe jalonne son récit de documents ou de citations : il «cueille les passages des auteurs anciens» un peu pour répliquer aux polémiques païennes, surtout pour incorporer au récit, sans les défigurer par les habituels artifices littéraires, les témoignages exacts de ceux qui ont été, après les Apôtres et leurs *Actes*, les «témoins de la Parole» [25]. Cette pratique – on le sait – créait une nouvelle histoire. Le biographe du prince chrétien est resté fidèle à la technique originale de l'historien qui publiait, avec un soin particulier, les documents contemporains émanant de la chancellerie impériale. On ne comprend guère l'aveuglement des critiques qui ont passé outre à cette ressemblance manifeste qui pesait si fort en faveur de l'authenticité eusébienne pour la *Vita*. Mais en rédigeant la *Vita*, Eusèbe expérimente un nouveau genre de la littérature chrétienne. Assurément cette biographie illustre dans un témoignage d'affectueuse piété – entendons bien la *pietas* antique – l'attachement personnel de l'écrivain pour l'empereur défunt. Cet éloge illustre aussi toute une théologie politique : les victoires et les actions saintes de Constantin prennent tout leur sens dans le temps présent d'un nouvel empire chrétien, parce qu'elles reproduisent, pour l'économie de la nouvelle Alliance, les œuvres de celui qui fut dans l'Ancienne le vainqueur de Pharaon et le guide de l'Exode. Ce parallèle entre le héros contemporain et Moïse, développé surtout dans les deux premiers livres, ébauche une sorte de typologie

H. I. BELL, *Greek Papyri in the British Museum*, Londres, 1907, XLII ; T. C. SKEAT, «Britain and the Papyri», *Aus Antike und Orient, Festschrift W. Schubart*, Leipzig, 1950, pp. 126-132 ; W. SCHUBART, «Zu Skeat : Britain and the Papyri», *Festschrift Fr. Zucker*, Berlin, 1954, p. 374 ; K. ALAND, *Forschungen und Fortschritte*, 28, 1954, pp. 213-217 ; J. STRAUB, *Theologische Literatur Zeitung*, 79, 1954, pp. 509-512 ; A. H. M. JONES, *loc. cit.* ; K. ALAND, *Studia Patristica*, 1, pp. 563-565 et F. WINKELMANN, «Die Textbezeugung der Vita Constantini des Eusebius von Caesarea», *Texte und Untersuchungen*, 84, Berlin, 1962.

(23) F. WINKELMANN, *ibid.*, pp. 70 sq., 142 sq. ; pour la tradition de la lettre aux habitants de la Palestine, placée en annexe de l'histoire ecclésiastique, voir p. 9 et surtout pp. 121-131 ; l'étude du *P. Lond. 878* démontre, comme Heikel l'avait pressenti, que le groupe de manuscrits représentant cette tradition est bien supérieur au groupe de manuscrits de la *Vita* ; sur la pétition, l'éditeur identifie la mention d'un Valerius (Licianus Licinius ?).

(24) H. Grégoire se replie après cette identification : le faussaire qui a composé la *Vita* a utilisé des documents authentiques ; de même, J. MOREAU, *Revue des Etudes Anciennes*, 55, 1953, p. 328 sq.

(25) Voir la préface (ou ce qui en tient lieu) dans *Histoire Ecclésiastique*, I, 1.

qui éclaire par la première histoire sainte les progrès décisifs acquis en 312 et en 324. Ainsi Constantin emprunte à un modèle prestigieux, pour être dans sa vie et après sa mort un exemple, au sens fort que donne au mot l'hagiographie médiévale, un *exemplum*. Eusèbe, en cette période devenue incertaine avec la disparition du fondateur, inquiétante même avec les troubles sanglants de la succession, souhaite assurer la continuité d'une politique, le maintien des privilèges chrétiens et la consolidation d'un système assurant autoritairement l'unité ecclésiale. P. Batiffol pressentait sûrement cette intention de la biographie en analysant un dossier de documents qu'il attribuait imprudemment à l'œuvre d'un faussaire : dans cet ensemble qui s'efforce effectivement de suggérer un programme politique pour le réglement de l'affaire arienne, pour le traitement des fidèles ou des païens, le dossier de 324 tient une place particulière.

Pour reconnaître les intentions du biographe, il suffit d'examiner les documents qu'il a choisis et de les comparer à la *sylloge* tout à fait différente réalisée au ve siècle par les collecteurs du *Code Théodosien* [26] : ceux-ci — comme l'observe Cl. Dupont — négligent, à quelque exception près, de rapporter les lois qui abrogent les dispositions de Maxence ou celles de Licinius. Ces rescisions n'ont plus de portée pratique, non plus que les chartes sanctionnant les largesses de la générosité impériale. Le *Code* écarte les textes qui demandent aux fidèles de prier pour l'empereur ; ils n'ont guère d'implication dans les procédures contemporaines du recueil ; les collecteurs s'efforcent aussi d'éviter les doublets ou plus simplement les décisions ébauchant une mesure plus complètement explicitée dans une loi postérieure ; ces raisons très pragmatiques, qui inspirent généralement l'entreprise de codification, expliquent peut-être quelques omissions notables ; le *Code* ne conserve pas trace de la circulaire adoptée en 313 à l'entrevue de Milan, sauf peut-être pour un décret d'application promulgué par Constantin [27] ; il ignore évidemment les lettres envoyées par la chancellerie pour convoquer aux conciles et aussi tous les documents impériaux expédiés pour l'affaire donatiste et recueillis dans l'*Appendix* d'Optat de Milève ; la même remarque vaut pour les textes édités dans la *Vita*. Mais elle s'applique également à des lois de Constantin évoquées par Eusèbe, sur la destruction des temples (III, 54) ou sur l'interdiction des sacrifices (IV, 25). Bien entendu, le biographe a peut-être interprété, au plus favorable de ses thèses, des lois plus nuancées dont il ne citait pas le texte ; mais le silence des codes n'implique pas qu'Eusèbe ait été un faussaire ; car les collecteurs du ve siècle ont pu négliger, au bénéfice de sentences plus fermes et plus précises, ces premières ébauches de la législation chrétienne. A l'occasion, Eusèbe dans la *Vita* fait référence à des textes que le *Code Théodosien* authentifie : ainsi les lois sur les successions (IV, 26), telle autre sur l'interdiction faite aux Juifs d'avoir un

---

(26) Cl. Dupont, «Décisions et textes constantiniens dans les œuvres d'Eusèbe de Césarée», *Viator*, 2, 1971, pp. 1-32 et surtout p. 27. Pour la rescision des lois de Licinius, voir cependant *CTh*, 15, 14, 1 et 3.

(27) *CTh*, 10, 1, 1, du 13 sept. 315 : cf. Ch. Pietri, *Roma Christiana*, Rome, 1976, I, p. 78.

esclave chrétien ([28]). Mais le biographe de l'empereur chrétien n'entend pas composer un traité de droit : «il faudrait avoir le temps, explique-t-il, de réunir les lois dans un recueil particulier pour ne pas rompre le cours de notre histoire» ([29]).

En réalité, Eusèbe retient rarement les documents qui règlent techniquement la pratique du droit pour les biens ou pour les personnes : il choisit les textes de circonstance qui commentent – pour l'avenir – une politique. L'organisation de la seconde partie du deuxième livre de la *Vita* (II, 19-73) en témoigne ([30]). Dans les paragraphes précédents, le biographe a décrit la victoire sur Licinius. Il explique désormais comment l'empire retrouve son unité «par la réunion des peuples de l'Orient à l'autre *pars imperii*» et comment Constantin étend aux états du tyran vaincu les bénéfices de sa politique chrétienne. Il décrit la paix retrouvée avec un empereur qui «prit l'initiative de prêcher la monarchie divine» (II, 19). En somme, Eusèbe entend associer à l'exposé des mesures concrètement décidées par le prince et à l'évocation de leur effet pour la conversion, l'analyse des intentions impériales ; et, pour cet exposé des motifs, il laisse à Constantin le soin de s'exprimer lui-même. Ainsi s'explique l'enchevêtrement de ces thèmes en quatre développements successifs suivant cet art de la fugue qu'aime la rhétorique de l'antiquité. Le biographe illustre le changement en présentant d'abord les dispositions qui rétablissent dans leur condition et dans leurs biens les fidèles persécutés (II, 20-23) ([31]) : suit, en commentaire, la lettre de Constantin (24-42). Puis, passant aux mesures positives (43-44), Eusèbe évoque les interventions impériales destinées à aider la conversion, en particulier la construction des Eglises (II, 45), qu'illustre spécialement la lettre destinée à l'auteur lui-même (46). Puis, il rappelle comment Constantin exhorte lui-même ses sujets à reconnaître le vrai Dieu (47) : c'est ce que démontre la lettre aux Orientaux (48-60). Le thème annoncé au seuil de tout le développement prend ici son ampleur. Enfin intervient l'annonce du grand trouble qui déchire l'Egypte (61-62), expliquant l'envoi d'une lettre impériale à Alexandrie (63-72). Ainsi le biographe ne trouve pas d'inconvénients à ces continuelles répétitions ; il présente les mesures concrètes, en particulier celles que préconise la lettre aux provinciaux de Palestine (I). Mais comme Eusèbe l'ex-

---

(28) Cl. DUPONT, *loc. cit.*, p. 24 sq. Pour les Juifs, cf. *CTh*, 16, 8, 22, de 415, qui se réfère à une loi de Constantin, perdue mais ainsi attestée.

(29) *Vita*, III, 24, 2, *éd. cit.*, p. 94. Je cite désormais la traduction de M. J. Rondeau, avec laquelle je prépare un commentaire de la *Vita Constantini* pour *Sources Chrétiennes*.

(30) On reprend ici pour de simples raisons de commodité la distribution en livres, postérieure à Eusèbe. Il faudrait ajouter à cet ensemble III, 1-3, des paragraphes qui précèdent un nouvel ensemble organisé autour de Nicée. Voir aussi B. GUSTAFSSON, «Eusebius' Principles in handling his Sources, as found in his Church History, I-VII», *Studia Patristica*, IV, *Texte und Untersuchungen* 79, Berlin, 1961, pp. 429-440.

(31) Mais il évoque l'effet de ces mesures sur les païens (22) et annonce aussi le deuxième texte (23). Cette composition en partie double, quatre fois répétée, permet aussi de reconnaître comment Eusèbe glose et interprète les textes impériaux : voir en particulier 43 sq. et 73 : mais l'enquête excède le propos présent.

plique, il veut que Constantin devenu un héraut de la foi (61) confirme lui-même la vérité de son récit (II, 23), qu'il crie lui-même aux oreilles de *tous* les hommes (47), ceux de l'époque comme les contemporains, les lecteurs de la *Vita*.

En donnant à ces textes impériaux une publicité nouvelle, Eusèbe se conforme à la volonté de leur impérial auteur : il reproduit dans la *Vita* des documents destinés (à l'exception de la lettre envoyée à deux clercs alexandrins, IV) à une large diffusion. Cette caractéristique − comme Casamassa et Daniele le notèrent − aurait dû ébranler l'hypothèse d'une fraude. Comment Eusèbe (ou quelqu'autre faussaire) aurait-il pu lancer dans le public ses fabrications en les donnant pour des circulaires impériales émises une quinzaine d'années auparavant ? Car le biographe en témoigne explicitement lorsqu'il présente les documents : la lettre aux habitants de Palestine, la lettre aux Orientaux (I et III) furent envoyées, dit-il, à tous les peuples [32]. Dans le second cas, l'adresse lève toute équivoque ; le premier texte connu, avec la mention d'une province, a été envoyé aussi − on le sait par l'identification du *P. Lond.* 878 − en Égypte et sans aucun doute (*a pari*) à toutes les autres provinces. L'auteur de la *Vita* publie aussi une lettre qui lui est destinée (III) ; mais c'est l'exemplaire personnel d'un message adressé aux chefs de toutes les églises locales (II, 45, 2) [33].

Cette large diffusion convient à des textes officiels ; Eusèbe les considère bien ainsi : il parle, en évoquant tout particulièrement le premier et le troisième document du dossier, d'ordonnances et d'édits impériaux. Dans les *kephalaia* − cette épitomè des paragraphes, collationnée après l'édition de la *Vita* − la lettre destinée à la Palestine porte le nom de loi (νόμος) et Eusèbe désigne ainsi la lettre qui lui est mandée par le prince (document nᵒ II) [34]. De fait, le style et l'organisation de ces textes témoignent assez clairement de leur origine [35] ; ainsi dans l'*inscriptio* des lettres, Constantin porte le titre de *Victor* [36] conformément à l'usage de la chancellerie établi après la victoire sur Licinius, pendant le second semestre de

(32) II, 23, 1, p. 57 : διὰ χαρακτήρων Ῥωμαιὰς τε καὶ Ἑλληνίδος φωνῆς εἰς ἕκαστον ἔθνος ...

(33) *Ed. cit.*, p. 67 : τῶν Ἐκκλησιῶν προέδροις. En fait, comme la lettre indique qu'Eusèbe doit surveiller l'action d'autres évêques, le prince a dû restreindre l'envoi aux évêques des métropoles civiles, pour chaque province.

(34) *Vita*, II, 20, 1, p. 56 : διαταξεὶς ; 21 ; ἡ βασιλέως ἐνομοθέτει γραφή, p. 57 ; *Kephalaia*, II, 24, p. 6. Pour le document II : 43, p. 66 : γράμμα et νόμος, *ibid.*, 45, 2, p. 67. Pour le document III, διδασκαλία, 47, 1, p. 68 ; 61, 1, p. 72 : γράμμα, et 63, p. 73. Sur l'importance de ces *orationes ad populum* − dont la chancellerie de Galère ou celle de Maximin Daïa donnent, spécialement en matière religieuse, l'exemple −, voir A. EHRHARDT, «Constantin, Religionspolitik und Gesetzgebung», *Konstantin der Grosse*, éd. H. Kraft, *Wege der Forschung* 131, Darmstadt, 1974, p. 440 (= *Zeitschrift der Savigny-Stiftung*, 1975).

(35) Comme l'a noté le premier SEECK, *loc. cit.*, pp. 225-229 ; cf. DANIELE, «I documenti ...», pp. 136-148, qui résume l'argumentation.

(36) Νικητὴς Κωνστάντινος Μέγιστος Σεβαστός, 24, 1, p. 58 ; 46, 1, p. 67 ; 48, p. 68 ; 64, p. 74. Voir dans OPTAT, *CSEL*, 26, *Appendix* (cité : *App. Optat.*), X, p. 213, 28 : *Constantinus Victor Maximus ac triumphator semper Augustus*. Sur l'abrègement de l'*intitulatio*, cf. SEECK, *loc. cit.*

327 (^{37}). La lettre aux habitants de Palestine (I) que Constantin définit lui-même comme une ordonnance (πρόσταγμα : II, 37, 1) s'organise selon les règles de la chancellerie officielle :

1 – avec l'introduction d'une sentence générale (24, 1), qui s'applique aux temps présents (24, 2) et qui se prolonge dans une référence à l'histoire (25).
2 – L'exposé des motifs rappelle le châtiment des persécuteurs (26 et 27) et le rôle de Constantin (28 sq.).
3 – L'édit lui-même, introduit par la formule habituelle (l'équivalent de *itaque*), énumère les dispositions concernant les personnes (30-34), puis les biens (35-41).
4 – Enfin, une clause de promulgation (42) conclut l'ordonnance.

A quelques variantes près, on retrouverait la même organisation diplomatique dans la circulaire publiée après l'entrevue de Milan en 313. Le texte adressé à tous les Orientaux paraît plus librement composé. Eusèbe lui donne le nom de διδασκαλία (II, 47, 1), une instruction au sens où l'entendait Bossuet ; mais le prince, en usant d'une rhétorique plus enflammée, en ponctuant son exposé d'invocations à Dieu, suit les règles de l'*oratio principis* : de l'introduction coulée dans une sentence (II, 48) au long exposé des motifs, énumérant les effets désastreux de la persécution (49-54) et rappelant le sens que le prince donne à sa victoire (55), jusqu'à la sentence elle-même (56-60). Même dans le court message destiné à Eusèbe (II) ou dans la lettre personnelle adressée à deux Alexandrins (IV), la chancellerie impériale impose son style (^{38}). Car, dans deux cas (I et III), les textes ont été rédigés en latin et traduits en grec par les services impériaux (^{39}). Eusèbe l'atteste, en mentionnant tous les signes d'authentification donnés par le prince pour légitimer la version grecque, finalement reproduite dans la *Vita*. On ne saurait démontrer qu'il existait pour la lettre à Eusèbe et pour le quatrième document expédié en Egypte un original latin ; mais Heikel a relevé dans ces textes comme dans les autres la fréquence des latinismes (^{40}), assez d'indices pour imaginer l'intervention de traducteurs officiels, moins familiarisés avec cet exercice en 324 qu'ils ne le démontrent plus tard, dans les documents postérieurs publiés par la *Vita*. Au total, ces textes assez insolites pour susciter une suspicion

---

(37) Comme le montre A. Chastagnol, *Latomus*, 25, 1966, p. 544 sq., qui propose comme date de référence la bataille de *Chrysopolis*, précédant la reddition de Licinius. S. Mazzarino, *Antico, tardoantico ed era Costantiniana*, Città di Castello, 1974, p. 302, se réfère à la victoire d'Andrinople, 3 juillet 324 d'après *CTh*, VII, 20, 1. En tout cas, cet usage confirme la datation du dossier, telle qu'elle ressort des textes eux-mêmes, manifestement antérieurs au concile de Nicée.

(38) La lettre à Eusèbe est un court *mandatum*. La lettre à Alexandre et à Arius s'ouvre sur une introduction solennelle (66 sq.), sur l'exposé des motifs (68), conclu par une annonce de l'intervention impériale (διόπερ : *itaque*), avec la sentence (70) et l'appel à la concorde (71).

(39) *Vita*, II, 23, 1, p. 57 (cité p. 71, n. 32) ; de même, 23, 2, p. 58 ; et pour le 3e document, évoqué déjà en II, 23, 1, voir II, 47, 2, p. 68.

(40) Heikel, éd. cit., p. lxxiv sq. ; un relevé analogue chez Daniele, «I documenti ...», p. 66, qui utilise Pistelli et note la diminution progressive des latinismes.

(dont il fallait rappeler l'inanité) constituent un dossier réuni par Eusèbe pour présenter la politique proclamée par le Prince lui-même en trois circulaires publiques et en une lettre.

*

II – La propagande impériale

Le prince définit sa politique ou plus exactement il organise sa propagande. «On publia chez nous, comme on l'avait fait auparavant chez ceux qui habitent l'autre partie de l'univers, les ordonnances pleines d'humanité de l'empereur ...» (Vita, II, 20, 1) :Eusèbe a très finement interprété la signification de toute cette littérature. L'empereur entend commenter sa victoire sur Licinius, ce second tyran vaincu, comme il l'avait fait pour Maxence. Il pose au libérateur qui affranchit les chrétiens de la persécution, au restaurateur qui restitue leurs biens confisqués et finalement au pacificateur qui apporte à tous les sujets de l'Orient la concorde civile. Ces trois thèmes s'enchaînent un peu comme ils s'organisaient déjà dans la circulaire de 313.

Les deux premiers documents publiés par Eusèbe décrivent la persécution de Licinius ; mais Constantin énumère à grand renfort de précisions les souffrances chrétiennes lorsqu'il s'adresse à des fidèles, dans la lettre «aux Eglises de Dieu», comme Eusèbe nomme le message envoyé aux habitants de la Palestine [41] (I) ou encore dans la circulaire adressée aux évêques (II) ; sinon, il se contente d'allusions générales aux persécutions commencées vingt ans plus tôt (III). On se souvient comment cette description parut suspecte aux adversaires de l'authenticité [42] : avant de soupçonner le faux, mieux vaut sans doute évaluer le témoignage impérial, en rechercher la signification et comparer ce tableau réservé aux chrétiens avec les descriptions plus mesurées que le prince présente dans un document destiné aux païens (III).

Le prince évoque toutes les multiples formes de la persécution infligée aux chrétiens et à leurs biens pour ne laisser passer aucune raison de libérer les personnes et de restituer les biens. On trouvait déjà exprimée cette intention dans la circulaire de Milan, mais les princes y usaient d'une concision caractéristique de leur état [43]. Ici, Constantin énumère avec quelque éloquence : 1° ceux qui ont été

---

(41) *Vita*, II, 23, 2, p. 57. Sur les mesures concrètes qui accompagnent «la conquête de l'Orient par Constantin», Cl. Dupont, *Revue Internationale des Droits de l'Antiquité*, 18, 1971, pp. 479-500.

(42) Comme le fait M. Cataudella, «La persecuzione di Licinio e l'autenticità della *Vita Constantini»*, *Athenaeum*, 48, 1970, pp. 46-83 et 229-280, qui énumère exagérations et outrances. Cf. aussi M. Fortina, «La politica religiosa dell'imperatore Licinio», *Rivista di Studi classici*, 8, 1960, pp. 3-23 et 245-266 et G. Andreotti, s.v. *«Licinius»* col. 1017 sq., in De Ruggiero, *Dizionario Epigrafico*, 1958 ; S. Calderone, *Costantino e il Cattolicesimo*, Firenze, 1962, I, pp. 205-230.

(43) Eusèbe, *Histoire Ecclésiastique* (cité : *HE*), X, 5, 1-13, Sources Chrétiennes, 55, p. 104 sq. ; Lactance, *De mortibus persecutorum*, 48, Sources Chrétiennes, 39, Paris, 1954, p. 132 et le commen-

bannis ... quelle que soit la date où ils ont été condamnés par la sentence des juges ; 2° ceux qui ont été inscrits sur les registres des Curies, alors qu'ils n'y figuraient pas auparavant ; 3° ceux qui ont été spoliés de leurs biens (II, 30, p. 61) ; 4° ceux qui ont été relégués dans les îles (II, 31) ; 5° ceux qui ont été condamnés aux mines (II, 32, p. 62) ; 6° ceux qui servaient dans la *militia* et en ont été expulsés ; 7° ceux qui ont été déchus de leur condition sociale et qui ont été envoyés aux gynécées. Tous ceux-là ont souffert parce qu'ils préféraient confesser leur foi. Dans la suite du document, en évoquant les biens confisqués aux victimes, Constantin distribue les fidèles persécutés en quatre catégories : les martyrs, les confesseurs (ὁμολογηταί), les exilés et enfin ceux qui ont été spoliés de leurs biens (II, 35, p. 63) (⁴⁴).

Sur un point essentiel, cette image de la persécution s'accorde avec le tableau brossé par Eusèbe pour son *Histoire ecclésiastique*, dans l'édition mise à jour après la victoire de 324 : l'histoire y parle de machinations sournoises (⁴⁵) ; il évoque les ordonnances de Licinius sans lui attribuer l'édit d'une persécution générale. Le biographe de la *Vita* précise une quinzaine d'années plus tard que le tyran «n'avait pas déclaré ouvertement la guerre aux Eglises de Dieu ... et qu'il se livrait à des manœuvres secrètes et ponctuelles ...» (II, 1, p. 47). Constantin compose un tableau systématique sans accuser son adversaire d'avoir promulgué un texte général pour organiser sa tyrannie.

Mais le vainqueur de 324 interprète : dans les malheurs de la persécution il compte les effets d'une politique tracassière que subit également l'Occident de Constantin. Il accuse Licinius d'avoir persécuté des chrétiens en les inscrivant sur l'album des Curies. Mais dès 313, Constantin retire aux gouverneurs le droit d'accorder une dispense des obligations curiales (⁴⁶). Le *Code Théodosien* conserve un rescrit de 317 adressé aux habitants de la Bithynie : il rappelle qu'il faut accorder le titre de perfectissime – dispensant des obligations curiales – à ceux qui ont déjà assuré toutes leurs charges municipales. Le collecteur du *Code* au vᵉ siècle a évité de mentionner l'auteur, évidemment Licinius ; mais il considère que cette loi promulguée par un «tyran» paraît toujours utile pour enrayer l'évasion curiale (⁴⁷). En 319, une loi adressée au gouverneur d'une province occidentale,

taire de J. Moreau, p. 456 sq. ; il faut, après M. Anastos, *Revue des Etudes Byzantines*, 25, 1967, pp. 13-41 et R. Klein, *Römische Quartalschrift*, 67, 1972, pp. 1-28, retenir l'authenticité constantinienne de ce texte, sans pouvoir discuter ici à quelle occasion (312 ou 313) il a été promulgué.

(44) Dans le paragraphe suivant, où Constantin envisage le cas des victimes intestats, la lettre cite seulement les trois premières catégories : autrement dit, les biens de ceux qui ont été spoliés et qui sont morts intestats ne seront pas attribués aux Eglises, comme il est prévu pour les trois autres catégories. Ils seront sans doute restitués, mais aux cités. On a cherché sur ce point des contradictions dans le texte impérial ou des différences avec le résumé d'Eusèbe (*Vita*, II, 21, p. 57) qui cite seulement la restitution aux Eglises des biens des martyrs et des confesseurs ; inutile chicane, sans doute : voir *infra*, n. 54.

(45) Cf. aussi II, 37 et 38 et 46.

(46) *CTh*, XII, 1, 1.

(47) *CTh*, XII, 1, 5. L'inscription note *idem* (= Constantinus !) *A(ugustus) ad Bithynos*.

un Patroclus, punit de la déportation dans une île ceux qui tentent d'échapper à leurs obligations curiales en contractant une union inférieure [48]. Severus, peut-être un vicaire en *Illyricum*, reçoit un texte qui impose *munera et honores*, les charges municipales, à ceux qui ont réussi à y échapper en achetant des codicilles à des fonctionnaires corrompus [49]. Constantin ne nuance cette rigueur que dans le cas des clercs : en cela, il se distingue − surtout au début de son règne sur l'Occident − de Licinius. Car, à défaut de l'édit original, aujourd'hui perdu, qui accordait l'immunité des charges curiales aux serviteurs de l'Eglise, un rescrit de 313 rappelle ces privilèges − *indulta privilegia* − contestés par les donatistes [50]. Mais dès 320 le prince restreint l'immunité en Occident : il veut éviter, explique-t-il, dans un édit adressé au préfet du prétoire Bassus, que la cléricature serve de prétexte à la fuite. Cependant il connaît des abus : des clercs sont ramenés à la curie alors qu'ils avaient usé légitimement de l'immunité avant la nouvelle loi ou, pis encore, alors que leurs faibles ressources ne justifiaient pas l'inscription sur l'album [51]. Vise-t-il la pratique des gouverneurs en Occident ou la rigueur de Licinius ? En tout cas, la loi de 320 interdit toute application rétroactive ; mais ses dispositions sont acquises et répétées dès 326 après la victoire sur le tyran, avec cette sentence : *opulentos enim saeculi subire necessitates oportet* [52]. Constantin sait que les chrétiens peuvent se retrancher derrière une clause de conscience, en refusant les charges municipales pour tout ce qu'elles peuvent impliquer de rituels sacrilèges. Une loi de 323 évite cette sorte de conflit en menaçant des pires châtiments ceux qui imposeraient aux clercs et aux laïcs les pratiques de la «superstition» [53]. En somme, Licinius devient un persécuteur pour avoir refusé de considérer ces exceptions dans une législation commune à l'empire. Dans le résumé qu'il donne de la lettre impériale, Eusèbe appuie cette exégèse. L'ordonnance, explique-t-il, «libérait des charges curiales ceux qui, pour n'avoir pas voulu sacrifier aux idoles, y avaient été assujettis par le jugement des tribunaux et elle ordonnait de restituer les biens de ceux qui avaient été spoliés». (*Vita*, II, 20, 2, p. 56). Ainsi, en Orient, l'application rigoureuse de la législation a pu entraîner

---

(48) Datée d'Aquilée : *CTh*, XII, 1, 6. Sur Patroclus, voir A. H. M. Jones, J. R. Martindale et J. Morris, *Prosopography of the Later Roman Empire*, Cambridge, 1971, I, p. 674 (cité : *PLRE*). On remarquera que Constantin évoque ce châtiment et qu'Eusèbe, *HE*, X, 8, 12, cite, en présentant la rapacité fiscale de Licinius, ses nouveautés au sujet du mariage.

(49) *CTh*, VI, 22, 1. Le texte est adressé à Severus, préfet de la Ville, ce qui est impossible, puisqu'il est daté de 321 : sans doute le vicaire du préfet du prétoire, pour cette loi datée de *Sirmium* : *PLRE*, p. 831, *s.v.* «Severus 3». Sur cette législation, outre l'étude de Nuyens, Louvain, 1964, Cl. Lepelley, *Les cités de l'Afrique romaine au Bas-Empire*, Paris, 1979, p. 78.

(50) *CTh*, XVI, 4, 1 ; voir la lettre à Anulinus, dans Eusèbe, *HE*, X, 7, 2, *éd. cit.*, p. 112 et *App. Optat.*, X, Ziwsa, p. 215 (lettre aux évêques de Numidie, 330). Voir *CTh*, XVI, 2, 2, texte plus général, et *CTh*, XVI, 2, 7 de 330.

(51) *CTh*, XVI, 2, 3.

(52) *CTh*, XVI, 2, 3, à Ablabius, préfet du prétoire. La sentence illustre évidemment les intentions fiscales de cette législation.

(53) *CTh*, XVI, 2, 5. La loi est adressée à Helpidius, *vicarius urbis Romae*.

toutes sortes de sanctions pour punir l'évasion des curiales et la résistance d'une élite chrétienne : inscription forcée, mais aussi confiscation des biens, voire l'exil ou la déportation ([54]).

En même temps, Constantin interprète comme une persécution de grande ampleur l'épuration politique conduite par Licinius à la veille du conflit. S'il faut croire Eusèbe, le tyran se croyait menacé par un parti chrétien au service de son adversaire. «Licinius, explique le biographe de la *Vita* (II, 2, 1, p. 47) était convaincu que c'était en faveur de Constantin que nous faisions toutes choses». En tout cas, le vainqueur rétablit dans leurs grades ceux que le vaincu avait chassés de l'armée, sous prétexte qu'ils faisaient passer «la reconnaissance et la confession de l'être suprême avant le grade qu'ils possédaient» (II, 33, p. 62). Cette présentation donne à l'épuration, dont nous ne mesurons pas l'ampleur, l'allure d'une persécution. En réalité, il faudrait savoir si Licinius a effectivement exigé de toute l'armée la participation au rituel païen, comme un test de loyauté politique. On peut imaginer qu'il s'est plus simplement attaché à écarter les officiers suspects, ostensiblement chrétiens ([55]), quitte à les réintégrer lorsqu'ils acceptaient de sacrifier, comme certains (s'il faut en croire un canon du concile de Nicée) paraissent l'avoir fait.

Constantin évoque des violences incontestablement plus précises et plus sanglantes : il parle de confesseurs et de martyrs. Du reste, Eusèbe cite quelques exemples locaux d'une persécution violente – dans les villes de la province du Pont – en expliquant que le prince, par crainte de Constantin, se dissimulait dans ces opérations derrière ses gouverneurs ([56]). C'est un peu sous-estimer peut-être la redoutable capacité d'initiative dont les responsables provinciaux savaient faire preuve : pensons au zèle de Hieroclès, de Firmilianus pendant la grande persécution. Bien entendu, ces violences locales paraissent inconcevables sans un climat d'hostilité sournoise, toléré et provoqué peut-être par l'empereur. Dans sa dénonciation, Constantin ne s'embarrasse pas de nuances ; il capitalise sur la tête de Licinius toutes les victimes, «quelle que soit la date où elles ont été condamnées par une sentence des juges» (*Vita*, II, 30, 1, p. 60), comme s'il tenait à brosser le

---

(54) Confiscation : *CTh*, XII, 1, 6, 4 ; déportation : *ibid.*, et XII, 1, 9 de 324. Ce sont des lois occidentales qui ne visent pas l'évasion des chrétiens. Voir aussi *HE*, X, 8, 13 ; certains prennent la fuite, 18. Le canon XI de Nicée prévoit le cas de ceux qui ont faibli pendant la persécution de Licinius, menacés par la confiscation de leurs biens. Constantin (on le sait : voir *supra*, n. 44) néglige de donner à l'Eglise les biens intestats de ceux qui ont été simplement spoliés : peut-être les biens désormais dépourvus de leurs titulaires, qui ont été confisqués à cause de l'évasion de leurs propriétaires.

(55) Pour Constantin : *Vita*, II, 33, p. 62, *HE*, X, 8, 8 et 10, *éd. citée*, p. 115 ; *Vita*, I, 53-55, p. 43 sq. et II, 2-3, pp. 47-49. Voir aussi JÉRÔME, *Chronique*, 320, Helm, p. 230. Sur la signification politique de ces mesures : ANDREOTTI, *loc. cit.* (voir n. 42). Le canon XII du Concile de Nicée atteste la réalité de cette épuration et aussi son efficacité, en citant le cas de ceux qui, après avoir résisté, ont fini par céder aux pressions impériales. Voir CALDERONE, *op. cit.*, p. 221.

(56) *HE*, X, 8, 14-15, *éd. cit.*, p. 117 et *Vita*, II, 1, 2, p. 47. Eusèbe ne cite pas les quarante martyrs de Sébaste qu'Ephrem, Basile de Césarée et toute une tradition occidentale attribuent à Licinius ; voir JÉRÔME, cité n. 55.

tableau d'une persécution généralisée et systématique. Aussi le prince chrétien n'a guère besoin de s'attarder à l'évocation des tracasseries mineures dont Eusèbe accuse l'administration de Licinius, l'interdiction faite aux clercs d'enseigner les femmes, de visiter les prisons ou de tenir des synodes [57]. Constantin ne retient qu'un aspect concret de cette politique d'intimidation, celui qui concerne les lieux du culte. Car leur destruction ou leur confiscation appartient désormais au répertoire classique de la persécution. Mais, dans la lettre adressée aux évêques, il n'accuse pas Licinius d'avoir détruit ou confisqué, il déplore l'état d'abandon où se trouvent les édifices des chrétiens «tombés en ruine par incurie ou par crainte de l'injustice qui menaçait» (Vita, II, 46,2, p. 67) [58]. Il faut relever un silence plus significatif : lorsque le document impérial énumère avec précision les biens confisqués, il ne fait aucune allusion à la propriété ecclésiastique [59]. En somme, la politique de Licinius conjugue sûrement une hostilité sournoise accompagnée de violences locales et d'une épuration politique avec l'application rigoureuse de la loi — par exemple celle de l'organisation curiale — sans aucune de ces complaisances que l' Occident accorde aux chrétiens. De tout cela Constantin tire l'image d'une persécution générale, comme s'il lui paraissait nécessaire que sa victoire ait mis fin aux souffrances chrétiennes.

Dans la lettre aux Orientaux, adressée à tous les sujets de l'empire, en particulier à des païens, Constantin paraît beaucoup moins précis [60]. Bien entendu, il souligne avec force les malheurs entraînés par la persécution. Les empereurs dans leur scélératesse allèrent jusqu'à déclencher des guerres civiles, alors que toutes les affaires civiles et humaines étaient en paix (Vita, II, 49, 2, p. 69). Le pouvoir avilit le nom romain au point de contraindre les chrétiens à chercher refuge auprès des barbares (II, 53, p. 70). Mais à l'origine du mal, il y a Dioclétien, l'âme «égarée par la terreur», qui rédige «l'édit de persécution à la pointe ensanglantée du poignard» (II, 51, 2, p. 69). Toute cette mécanique de terreur et de violence s'enracine dans les pratiques superstitieuses de la divination païenne : depuis Salluste, depuis Tacite, la littérature politique attribue traditionnellement au tyran l'usage de la

---

(57) Vita, I, 53, p. 43 ; ce sont les mesures qui ont été le plus souvent suspectées, en même temps que l'on écartait toute utilisation antichrétienne des lois. Sur le mariage : CATAUDELLA, loc. cit., p. 53. Sur l'interdiction de visites, HE, X, 8, 11, éd. cit., p. 116 : on notera que Licinius se contente d'interdire une tolérance, dont le droit n'est reconnu aux évêques qu'au ve siècle. Sur les Synodes : Vita, I, 51, p. 42. Ce serait selon CATAUDELLA, loc. cit., p. 60, une pure invention. A. TUILIER, Živa Antika, 25, 1975, pp. 247-258, suggère que l'interdit suit l'agitation et la multiplication des réunions créées par les débuts du conflit arien ; à l'opposé, CALDERONE, op. cit., p. 221, relève surtout le retour à une politique traditionnelle des cultes qui n'accorde aucune tolérance particulière aux chrétiens (p. 219).

(58) Selon EUSÈBE, Vita, I, 53, Licinius ordonne que les réunions du culte se tiennent hors des villes. Dans HE, X, 8, 15, éd. cit., p. 117, il parle, en évoquant les pogroms locaux, de véritables destructions.

(59) Vita, II, 39, p. 65 : l'empereur conseille au fisc de «restituer en toute justice aux Eglises les biens qu'il a retenus quelque temps». A. PIGANIOL, L'Empereur Constantin, Paris, 1932, p. 136, suppose que cette disposition reflète la lenteur d'application de la circulaire de Milan (313), déjà évoquée. Mais, en fait, Constantin parle des biens appartenant aux martyrs morts sans héritiers.

(60) Cf. Vita, II, 23, 2, p. 58, où Eusèbe le dit explicitement.

magie ([61]). Ainsi, Licinius n'est que l'héritier et le dernier représentant d'un système qui a apporté vingt ans de guerres civiles. Constantin n'insiste sur sa culpabilité directe qu'en s'adressant aux chrétiens ; avec plus de conviction qu'en 313, il agite l'image d'une persécution pour se présenter, en sa victoire, comme un libérateur.

L'empereur manifeste plus concrètement encore son intention de démarquer la circulaire de Milan : restaurateur, comme un prince qui répare l'injustice − *in integrum restitutio* − il restitue solennellement aux chrétiens les biens confisqués par la persécution. Eusèbe a évidemment reconnu, dans cette ordonnance pleine d'humanité qui étendait à l'Orient les bénéfices de la législation occidentale (II, 20, 1, p. 56), le modèle reproduit, avec quelque ostentation, par la chancellerie impériale. La lettre adressée aux chrétiens (I) démarque et amplifie la rhétorique, l'organisation et la sentence du premier texte qui ait sanctionné, en 313, la *restitutio*.

Dès l'introduction, le document s'ouvre sur une sentence qui en appelle, pour justifier la décision impériale, à la raison et à la sagesse. Mais ce lieu commun de la rhétorique officielle, cette manifestation de la *sollicitudo* ([62]), trouve ici une application particulière. Déjà en 313, les deux Augustes provisoirement alliés se référaient à un dessein raisonnable et sage pour accorder «à chacun la faculté de s'occuper des choses divines» ([63]). Désormais seul auteur, en 324, Constantin invoque avec lui ceux «qui ont une opinion droite et sage» et qui «distinguent la supériorité de l'observance chrétienne» (II, 24, 1, p. 58). Mais il amplifie cette rhétorique en puisant dans l'apologétique chrétienne : comment obtenir un bien sans reconnaître que Dieu est l'auteur des biens, sans lui accorder le culte qui lui est dû (*ibid.*, 24, 2) ? Ainsi le discours officiel emprunte à la rhétorique chrétienne et retrouve les accents de Lactance dans son traité sur la sagesse véritable. Mais cette rencontre ne signifie pas que le prince emprunte ici à l'auteur des *Institutions divines*, car le premier a déjà ébauché ce thème en 313 dans une lettre officielle adressée au proconsul Anulinus ([64]).

Entre les textes qui sanctionnent à deux reprises la victoire impériale sur un persécuteur, la ressemblance ne s'arrête pas là. Les deux suivent un même développement pour prévoir successivement la réparation de l'injustice commise contre les personnes, puis la restitution des biens. Mais la circulaire de Milan proclame dans un premier temps la liberté de l'observance alors qu'en 324 le prince réserve ce développement pour un document destiné aux païens et qu'il

---

(61) C. ZIEGLER, *Zur religiösen Haltung der Gegenkaiser im IV. Jhdt*, Francfort, 1970, p. 19.

(62) La *sollicitudo* (προμήθεια) est évoquée en II, 31, 1, p. 61. Sur la destinée de ces *topoi*, H. HUNGER, *Prooimion, Elemente der Byzantinischen Kaiseridee in den Arengen der Urkunden*, Vienne, 1964, p. 102 sqq. Sur le parallèle ici esquissé, voir ALLARD, CASAMASSA, KRAFT, *op. cit.*, p. 67.

(63) *HE*, X, 5, 3 et 5, *éd. cit.*, p. 105 et LACTANCE, *De mortibus persecutorum*, 48, 2, p. 132.

(64) *Divinae Institutiones* (cité *Div. Inst.*), IV, 1, éd. S. Brandt, *CSEL* XIX, p. 274 sq., et pour Constantin, dans *HE*, X, 7, 1, p. 112.

insiste avec plus de force (on l'a vu) sur les souffrances des victimes chrétiennes. En 313, Constantin et Licinius ordonnent la restitution de biens qui appartiennent aux fidèles ou à leurs communautés. Pour le vainqueur de 324, la tâche est simplifiée, puisqu'il doit s'occuper des spoliations subies par les propriétés privées. Ce parallèle souligne l'originalité du nouveau texte. Constantin prévoit une restitution générale et il n'accorde aucune indemnité à ceux qui détiennent les biens confisqués (*Vita*, II, 37 sq., p. 64) [65] ; il étend le bénéfice de cette réparation aux victimes et, ce qui est nouveau, à leurs héritiers (II, 35, 2, p. 63). Cette procédure s'accorde avec l'*indulgentia* d'un prince qui, en 321, restituait quelques biens aux familles des criminels de droit commun condamnés à la déportation [66]. Mais l'ordonnance prévoit le cas des biens vacants, parce que leurs titulaires ont disparu sans héritiers : «S'il ne reste aucun membre de la famille (pour recevoir les biens) des martyrs, des confesseurs, de ceux qui ont été exilés (pour la foi) ... que l'Eglise locale (en) recouvre l'héritage» (II, 36, p. 63). Cette disposition dépasse manifestement la loi qui autorise de tester librement en faveur des Eglises. Elle anticipe même sur une loi de Théodose II qui attribue les biens des clercs et ceux des moines, morts sans parents, à leurs communautés respectives [67]. Au ve siècle, la législation impériale considère que ces derniers appartiennent à leurs Eglises ou à leurs monastères. Un siècle plus tôt, Constantin dispose des biens des martyrs et des confesseurs au bénéfice des communautés chrétiennes et dans le même esprit, il écarte toute difficulté en matière de droit funéraire pour accorder aux Eglises les sépultures saintes, «ces monuments d'un glorieux trépas» (II, 40, p. 65). Ces règles exceptionnelles et novatrices sont publiées avec une énergique conviction : le prince les accompagne de menaces contre ceux qui ont commis la faute d'acquérir ou de recevoir les biens des innocentes victimes chrétiennes (II, 37 et 38, p. 64). Ce ton est nouveau ; mais n'imaginons pas que le vainqueur veut prévenir quelques résistances. Non, il entend démontrer aux chrétiens, avec quelque ostentation rhétorique, qu'il est, avec plus de conviction que dans le passé, celui qui répare l'injustice, un restaurateur.

A tous, aux fidèles de l'Eglise et à ceux qui ne le sont pas, les lettres impériales annoncent la paix civile : dès 314, la chancellerie impériale orchestre le thème de cette propagande : elle annonce ce temps nouveau − *pro quiete temporis nostri* − où la paix religieuse détermine la paix civile aussi sûrement que la persécution entraînait la guerre intérieure [68]. Bien entendu, ce premier texte emprunte à une

---

(65) Voir *Dig.*, 4, 2, 9, 7. Cette disposition applique le principe de la *restitutio* des biens placés sous tutelle : M. KASER, *Das römische Zivilprozessrecht*, Munich, 1961, p. 330. On notera que le texte (*ibid.*, 37, p. 44) ne prévoit pas obligatoirement la restitution des acquêts, tout en contraignant les intéressés à faire une déclaration et à solliciter l'*indulgentia* du prince.

(66) *CTh*, IX, 48, 1 : il s'agit des dots ou des biens d'émancipés. Voir *supra*, nn. 44 et 54.

(67) *CTh*, XVI, 4, 2, pour la liberté de tester ; *CTh*, V, 3, 1 de 434 pour les biens vacants des clercs.

(68) LACTANCE, *De mortibus persecutorum*, 48, 2, p. 132 : *ut possit nobis summa divinitas, ... cuius religioni liberi mentibus obsequimur ... benivolentiam praestare* ; *ibid.*, 6, p. 132 : *observantiae potestatem ... pro quiete temporis nostri concessam* ; de même EUSÈBE, *HE*, X, 5, 4 et 5, p. 105.

longue tradition enracinée dans la philosophie antique, depuis Platon ; mais dès le
IIe siècle, les apologètes chrétiens en avaient tiré, pour condamner les tracasseries
païennes, cette application particulière [69]. Dans la dédicace composée, peu avant
la guerre de Licinius, pour une réédition des *Institutions divines*, Lactance reprend
un développement auquel Constantin fait écho [70] dans presque toutes les lettres
qui suivent la victoire.

Dans la lettre aux habitants de Palestine [71], l'allusion est diffuse mais le prince
trouve un ton particulier lorsqu'il s'adresse à Alexandre et à Arius (IV). Il a fait,
explique-t-il, l'expérience de cette sorte de troubles avec le schisme africain : ces
querelles, d'épouvantables maladies, sont suscitées par l'ennemi commun de
l'univers (*Vita*, II, 65, p. 74). Il renvoie le prêtre et l'évêque dos à dos, dans cette
dissention plus grave encore (68, 1, p. 75) : celui-ci, parce qu'«il a demandé aux
prêtres le sentiment de chacun sur un passage de la Loi, ou plutôt sur une question
de détail» – l'empereur expédie ainsi tout le débat trinitaire – ; celui-là parce qu'il a
inconsidérément répondu, «ce qui n'aurait jamais dû lui venir à l'esprit ou qu'il
aurait dû enfouir dans le silence» (II, 69, pp. 75 et 76). On ne doit pas lancer de
telles querelles dans les assemblées publiques ni les confier imprudemment aux
oreilles du peuple. Aux deux protagonistes Constantin donne – *proh pudor* –
l'exemple des philosophes, dans leurs écoles, qui s'accordent sur l'unité de la
doctrine (II, 71, 2, p. 77). Qu'ils conservent leurs idées, mais qu'ils les gardent pour
eux et qu'ils maintiennent l'unité pour ne pas troubler le peuple chrétien (II, 71, 5
et 7, p. 77 sq.). Cette réaction éclaire, pour tout le développement de la crise jusqu'en 337, l'attitude impériale. Du reste, Constantin explique d'emblée les raisons
de son propre trouble :

> il avait, déclare-t-il en préambule, deux projets, «unir ce que disaient toutes les
> nations en un unique système» et d'autre part «rétablir dans son harmonie le corps
> de l'univers qui souffrait d'une pénible blessure» ...
> «Je m'efforçais, ajoute-t-il, d'exécuter le second par ma puissance militaire ; car je
> savais que si conformément à mes vœux, j'établissais la concorde entre tous les
> serviteurs de Dieu, l'état des affaires publiques se trouverait, dans un même
> mouvement, changé par la foi de tous» (II, 65, p. 74) [72].

Ce développement sur la paix civile solidaire de la paix religieuse, qu'ébauchait
déjà le texte de Milan, Constantin le réserve surtout à la lettre destinée aux païens.
Il commence par déclarer que la raison et la sagesse mènent à la connaissance de
Dieu [73] et ajoute sentencieusement que l'homme intelligent ne se soucie pas des

---

(69) Voir DOERRIES, *op. cit.*, p. 149. CLÉMENT, *Ep. Cor.*, 60,4 - 61,3.

(70) *Div. Inst.*, I, 1, 13-16, Brandt, p. 4 et VII, 27, 2, p. 668 ; voir cependant les objections de
l'éditeur, *ibid.*, p. XXXII ; PIGANIOL, *Constantin*, p. 136 et A. ALFÖLDI, *The conversion of Constantine
and pagan Rome*, Oxford, 1969, p. 84.

(71) *Vita*, II, 27 et surtout 42, pp. 59 et 65. Déjà une utilisation dans l'*Oratio ad sanctorum coetum*,
III et XXV, 3.

(72) ... Εἰδὼς ὡς εἰ κοινὴν ἅπασιν τοῖς τοῦ θεοῦ θεράπουσιν ἐπ' εὐχαῖς ταῖς ἡμαῖς ὁμόνοιαν καταστή-
σαιμι ...

(73) Ce thème apparaît chez LACTANCE, *Div. Inst.*, II, 17, 1, Brandt, p. 172.

opinions contraires : puis il déclare qu'il va s'expliquer clairement (II, 48, p. 68),
après avoir annoncé un tableau où le vice s'étale pour faire ressortir la vertu. Suit
un long développement contrasté sur la persécution et sur les temps nouveaux ;
d'un côté, il place la guerre civile «déclenchée alors que toutes les affaires divines
et humaines étaient en paix» (II, 49, 2, p. 69), une tyrannie manipulée par la magie
et par la superstition (II, 50-51), le trouble cosmique créé par la persécution (II, 52,
p. 70) [74] et finalement la faiblesse de ce système qui n'a point de descendance (II ;
54, p. 70). En contrepoint, le prince chrétien oppose la paix que fit règner son
père, celui-là seul qui invoquait le Dieu sauveur (II, 49, 1, p. 69). Il rappelle son
attitude à lui qui tout enfant a assisté au dérèglement du système (II, 51, 1, p. 69)
et la paix qu'il a instaurée aussitôt en s'établissant dans les commandements de
Dieu (II, 55, 1, p. 70). A plusieurs reprises, il invoque sa foi parce que celle-ci est le
signe et la garantie de la concorde civile. Seul un faussaire maladroit, assurait H.
Grégoire, aurait pu faire dire à Constantin qu'il était encore enfant en 303 [75], et il
faudrait sans doute objecter aussi à cette image idéale que le fils donne de son père
Constance Chlore, même si elle appartient déjà par le fait de Lactance à la
propagande officielle [76]. Mais on ne retiendra ici que le plaidoyer politique :
Constantin oppose sciemment à un système écroulé, dont Licinius est le dernier
représentant, une dynastie qui apporte la paix, en s'établissant dès l'origine dans la
foi. Au passage, il dissipe toute ambiguïté sur l'imagerie solaire dont il a illustré à
l'origine sa propagande, en rappelant que Dieu commande aux éléments et règle le
cours des astres, du soleil et de la lune (II, 58, 1, p. 71) [77]. Ce commentaire que
Constantin donne de sa victoire, cette référence à la continuité d'une politique sont
déjà ébauchés par Lactance, peu avant le conflit de 324 :

> Dabit tibi deus felicitatem, virtutem, diuturnitatem ut eadem iustitia, qua iuvenis
> exorsus es, gubernaculum rei publicae etiam senex teneas tuisque liberis ut ipsa a
> patre accepisti tutelam Romanis nominis tradis [78].

On note le parallèle avec la référence de Constantin à son enfance ; le panégyriste annonce la promesse de félicité, de vertu, de durée que Dieu donnera.
Constantin tiendra jusque dans la vieillesse le gouvernement de l'Etat, avec cet

(74) Je ne crois pas qu'il faille chercher une interprétation concrète à la description de ce trouble
(KRAFT, op. cit., p. 211) ; mais simplement un développement, emprunté aux traditions de l'apocalyptique, pour marquer jusqu'où s'étend cette solidarité entre la paix civile et la paix religieuse. Autres allusions au thème : II, 27 ; II, 59.

(75) L'objection de Grégoire sur l'usage du mot παῖς est déjà écartée par O. Seeck et de nouveau par
JONES, Journal of Ecclesiastical History, 5, 1954, p. 196. Voir Vita, I, 19 et Panégyrique, IV (7), 6,
Galletier, p. 21 : Constantin, admodum puer pour les fiançailles avec Fausta, alors qu'il a déjà un fils de
Minervina (307).

(76) LACTANCE, De mortibus persecutorum, 15, 7, p. 94.

(77) Une allusion au thème de l'imagerie solaire dans la première lettre, Vita, II, 28, 2, p. 60, dans la
Bretagne : peut-être l'image de Redditor lucis aeternae, étudiée par M. CHRISTOL, Cahiers d'Histoire
Ancienne, 1976.

(78) LACTANCE, Div. Inst., I, 1, 14, Brandt, p. 4. Même développement dans le prologue de la Vita, I,
10 sq.

esprit de justice qu'il a manifesté dès sa jeunesse, et il confiera à ses enfants la tutelle du nom romain reçue de son père.

Ainsi Constantin a donné un développement considérable au thème esquissé en 313 et surtout il en fait un autre usage ; car cette exaltation de la concorde civile issue de la paix religieuse ne s'adresse pas aux fidèles mais à ceux qui ne le sont pas. «Je désire pour le bien de l'univers et de tous les hommes que ton peuple vive dans la paix, sans trouble» (II, 56, 1, p. 70). *Pax* et *Quies*, les mots traditionnels de la propagande officielle, percent sous la version grecque. Constantin insiste explicitement (II,60, p. 72) : les temples ne seront pas détruits, comme le proclame peut-être une polémique chrétienne. Il veut rassurer les païens : «qu'ils possèdent s'ils le désirent les temples du mensonge» (II, 56, p. 71). Il renonce pour éviter la violence à contraindre la conversion (II, 60, p. 72). Mais tout son discours, qui démontre comment la persécution entraîne la guerre civile, garantit ses intentions. La paix est établie sur l'obéissance du prince aux commandements divins, et du reste elle aidera l'œuvre missionnaire de l'Eglise. C'est la religion du prince qui fonde la tolérance ([79]).

Ces textes (au moins les trois premiers) assurent une fonction précise : ils commentent la politique de l'empereur, comme ce dernier a déjà pris soin de le faire. Quoi d'étonnant ? Avant Constantin, pour rappeler des exemples contemporains, Galère déjà et aussi Maximin Daïa publiaient de longs discours pour éclairer les desseins de leur politique religieuse. Mais le vainqueur de 324 a considérablement amplifié la rhétorique de la circulaire milanaise : il s'adresse séparément aux chrétiens (I et II) et aux païens (III) pour expliquer le sens de sa victoire qui apporte aux premiers la libération et la réparation, et à tous la paix. Les lettres impériales proclament la propagande d'un empire chrétien dont la domination s'étend désormais à l'Orient.

*

III – Une théologie du prince

Constantin proclame qu'il est chrétien ; maintenant qu'est passé le temps des apologétiques adverses, on ne s'attardera pas à peser la qualité de cette conversion, à jauger sa sincérité, à objecter que ce fidèle n'est pas baptisé et que ce converti jalonne sa carrière de crimes sanglants. Dans l'évolution de la politique, cette propagande, proclamée publiquement à la première personne, vaut comme un engagement personnel. Bien entendu, pour tous les textes issus de la chancellerie impériale, on ne peut faire exactement la part qui revient au travail d'un secrétariat : l'intervention de conseillers et peut-être de conseillers chrétiens (qu'on se-

(79) A. Piganiol., *L'Empereur Constantin*, Paris, 1932, p. 148, assure qu'Eusèbe a enveloppé « de sa prose fanatique un édit de tolérance». Il faut je crois être moins sévère pour Eusèbe et moins optimiste pour Constantin. Sur cette lettre, Alföldi, *op. cit.*, p. 85, insistant sur la tolérance, après Geffcken.

rait bien en peine d'identifier) ne permet pas d'apprécier la culture du prince. Mais dans son principe même, cette proclamation suppose, chez celui qui prend la responsabilité de pareils textes, une sorte de théologie politique sommaire, un système de références et d'images, de concepts et de mots pour se représenter Dieu, le peuple de Dieu et, en son sein, le rôle du prince.

Car Constantin invoque Dieu : il le fait si souvent que Piganiol, auteur d'une biographie parue il y a un demi-siècle, finit par trouver extravagant le style du prince. Mais ces adresses et ces prières, qui jalonnent surtout la lettre aux Orientaux (IV), parlent souvent la langue d'une philosophie courante, vaguement teintée de christianisme par l'usage qu'en avaient fait les Apologistes et, au temps de Constantin, Lactance. L'empereur évoque ce Dieu qui organise harmonieusement le système de l'univers. Il ordonne les éléments qui auraient, sans son intervention, lutté entre eux et menacé la vie des hommes (II, 58, 2, p. 71) : plutôt qu'à la littérature de l'Hermétisme ([80]), Constantin emprunte sans doute à quelque vulgarisateur. En tout cas, Lactance évoque à plusieurs reprises dans les *Institutions divines* «Asclepius», l'auditeur d'Hermès, l'un de ces prophètes séculiers, qui annonce avec le vieillissement du monde l'œuvre néfaste des mauvais anges ([81]). Devant les païens, il s'adresse au Maître de toutes choses (55, 1, p. 70 : ὦ δέσποτα τῶν ὅλων ; II, 59, p. 71) un peu comme l'auteur du traité *De Ira Dei*, composé peu après la victoire de 312, cite l'*administrator mundi* ([82]). Constantin prie le Dieu très grand, et le Très-Haut, en utilisant une nomenclature divine que Lactance connaît mais que Licinius n'avait pas dédaignée pour tout ce qu'elle avait d'ambivalent dans l'usage païen et dans le vocabulaire chrétien ([83]). Constantin parle toujours cette langue ambiguë lorsqu'il nomme le Divin, la Divinité avec un neutre abstrait, τὸ Θεῖον dans la version grecque, qui interprète sans doute le latin *Divinitas*, consacré par la philosophie néoplatonicienne et aussi par l'usage officiel de la chancellerie impériale depuis 313 ; mais le mot revient souvent sous la plume de Lactance ([84]) et Constantin ne cherche pas à biaiser ni à

(80) Déjà, Minucius Felix, *Octavius*, 17, 3 et 4 sur l'ordre du monde – voir aussi Lactance, *De opificio Dei* : ici, Kraft, *op. cit.*, p. 213 – recherche l'influence de l'hermétisme : Ps. Apulée, *Asclepius*, 17, 28, 30 (*Corpus Herm.*, II, Nock-Festugière, p. 331 sq.) et *Poimandres*, 11 (*Corpus Herm.*, I, Nock-Festugière, p. 14).

(81) *Div. Inst.*, II, 15, 7 sq., Brandt, p. 166 ; VII, 14, 16, p. 630 et *Epit.*, 66, 6, p. 755 ; cf. aussi VI, 25, 10, p. 579.

(82) Lactance, *De Ira Dei*, 19, 6, Brandt, p. 118.

(83) Pour μεγίστος Θέος : *Vita*, II, 29, 1, p. 60 ; 38, p. 64 ; 55, 1, p. 70. Lactance : *De Ira Dei*, 5, 6, Brandt, p. 75, *communis omnium pater et optimus maximus dici poterit*. Sur le Dieu très haut, ὕψιστος Θ. : *Vita*, II, 48, 2, p. 68 ; voir la prière de Licinius, *Summe Deus*, chez Lactance, *De mortibus persecutorum*, 46, 6, Moreau, p. 129 ; voir *Div. Inst.*, IV, 26, 1, Brandt, p. 377, etc... Constantin. *App. Optat.*, VII, Ziwsa, p. 211 (lettre à Celsus). Sur cet usage, Doerries, *op. cit.*, p. 357. Noter une expression qui trouve un accent plus philosophique : ὄντως ὄν (*Vita*, II, 28, 1, p. 60) – cf. R. T. Wallis, *Neoplatonism*, Londres, 1972, p. 117.

(84) Un masculin : 27, 1, p. 59 et le plus souvent un neutre, 28, 1, p. 60 ; 29, 3, p. 61 ; 30, 1, p. 60 ; 65, 1, p. 74. Sur *divinitas*, voir Straub, *op. cit.*, p. 105 sq. (*supra*, n. 3) ; et spécialement pour Lactance, *index* Brandt, p. 419. La chancellerie impériale l'utilise pour la circulaire de Milan (Lactance, *De*

ménager des susceptibilités païennes : il réserve pratiquement cet emploi pour la lettre adressée aux chrétiens (I).

Au demeurant, tout un vocabulaire précise la référence de la théologie impériale : avec une insistance particulière, le prince s'adresse à Dieu comme celui qui a toute puissance, τὸ Χρεῖττον, qui correspond peut-être en latin à *omnipotens*, plutôt qu'à *potentissimus*. Le mot appartient au vocabulaire impérial, alors qu'Eusèbe l'emploie rarement, sauf lorsqu'il rapporte des propos tenus par le prince [85]. Car ce neutre n'apparaît guère dans la Bible grecque tandis que son équivalent latin, celui qui est proposé ici – *omnipotens* – est bien attesté dans la version latine des Ecritures, en particulier pour le Dieu de l'*Exode*, celui de *Job* ou des *Macchabées*. Constantin, dès la lettre à Aelafius, utilise volontiers ce terme spécialisé par les chrétiens pour exprimer la force de l'Unique, amplifiée par toute sa résonance dans l'Ancien Testament [86]. Le mot apparaît surtout dans la lettre aux chrétiens, glosé par des expressions parallèles magnifiant la *dunamis*, la *virtus* divine, peut-être avec un lointain écho du Livre de l'*Exode* ou du Psaume. Car cette représentation évoque pour le vainqueur de 324 le Dieu des armées [87].

Le prince qui déclare aux païens «aimer le nom divin et sa puissance» assure qu'en son âme se mélangent l'amour et la crainte (II, 55, 2, p. 70), mais Dieu, le Dieu terrible de l'Ancien Testament, inspire surtout ce dernier sentiment (II, 26, 1, p. 59) [88]. Dans les lettres de 324, le prince mentionne plus rarement le Fils de Dieu : il est celui «par lequel Dieu a brandi une pure lumière» (II, 57, p. 71), comme le déclare le texte adressé aux païens ; des allusions plus elliptiques rappellent ce thème du Soleil de justice, venu d'Orient par la bienveillance de Dieu (II, 67, p. 74). A plusieurs reprises, Constantin en appelle à cette image de la lumière qui emprunte moins à l'idéologie solaire de la tradition païenne qu'à un

---

mortibus persecutorum, 48, 2, Moreau, p. 132, mais dans la version grecque, Θειότης : *HE*, X, 5, 4) ; voir aussi *HE*, X, 7, 1 ; lettre de Constantin au vicaire Celsus, *App. Optat.*, VII, Ziwsa, p. 212 (315-316) ; dédicace de l'arc de Constantin : *CIL*, VI, 1139, 31245 et p. 3378. *Thesaurus Linguae Latinae*, s.v., p. 1613 sq.

(85) *Vita*, II, 24, 1 et 25, p. 58 ; 26, 1 et 27, p. 59 ; 28, 1 sq., p. 60 ; 30, 2, p. 61 ; II, 32, 2, p. 62 ; 67, p. 74 ; 68, 3, p. 75, 71, 7, p. 78 ; 72, 3, p. 79. Dans la *Vita*, voir *index*, p. 200.

(86) Plutôt que *potentissimus*, attesté aussi (*Ps.*, 44, 4) ; *omnipotens*, *Exode*, 15, 3 ; *Job*, 21, 15 ; 20, 22, 17 ; 32, 8 ; *2 Macc.*, I, 25 ; 3, 24. Cf. R. Braun, *Deus Christianorum*, Paris, 1962, pp. 98-101, sur l'usage du mot dans le latin chrétien. Constantin utilise *omnipotens* dans la lettre à Aelafius, *App. Optat.*, III, Ziwsa, p. 205 ; *ibid.*, V, p. 208 ; VI, p. 211 ; IX, p. 213. Sur cette insistance, Kraft, *op. cit.*, p. 76. En revanche, le mot est rare chez Lactance, *index* de Brandt, *CSEL*, 27, p. 492.

(87) *Vita*, II, 24, 2, p. 58 ; 28, 2 (var.), p. 60 ; lettre à Eusèbe, 46, 2, p. 67 ; lettre aux Orientaux : 55, 2, p. 70 ; 67, p. 74. Ἀρετή : 42, p. 65. Doerries, *op. cit.*, p. 381, avec un dossier plus tardif des textes impériaux. Voir le *Psaume* 146, 5 : *Deus magnus et magna virtus eius.* ; le mot prend toute sa force dans l'*Exode* (6, 26 ; 7, 4 ; 9, 16 ; 12, 17). Voir l'utilisation du thème dans l'*Oratio* : Doerries, *op. cit.*, p. 150 (17, 6 ; 21, 3 ; 22, 5) et aussi dans un contexte païen, avant 324 : *CIL*, VIII, 210.

(88) *Amor cum timore* : voir *Epitome des Div. Inst.*, 54, 4, Brandt, p. 735 et le *Ps.*, 35, 2. Sur le juge, Lactance, *Div. Inst.*, VI, 18, 12, Brandt, p. 548 et *App. Optat.*, V, p. 208, avec une image analogue du *speculator*.

contexte prophétique : car le texte impérial invoque la victoire sur les puissances des ténèbres avec l'une des rares réminiscences néotestamentaires venues sous cette plume officielle (II, 60, 2, p. 72) [89]. Il faut situer dans la même atmosphère la mention du Dieu sauveur (II, 46, 1, p. 67 ; 49, 1, p. 69 ; 64, p. 74), σωτήρ dans la version grecque, alors que l'original latin utilisait sans doute *salvator*, beaucoup plus spécialisé dans l'usage chrétien. Lactance attribuait ce titre à l'Emmanuel en l'éclairant de tous les témoignages prophétiques. Constantin ne précise pas ; mais on pressent qu'avec ce mot connu dans la Bible latine de l'Ancien Testament, il pense plus volontiers au dessein du Père Tout-puissant, conduisant le peuple de son alliance [90].

La description du peuple de Dieu, τοῦ θεοῦ Λαός, comme dit l'un des documents de 324 (II, 69, 1, p. 75 ; 71, 1, p. 76 ; 71, 9 ; 72, 1, p. 78) [91], précise plus clairement les affinités de cette théologie élémentaire. Elle procède d'un tableau contrasté : d'un côté, les insensés et les impies qui reçoivent leur châtiment en cette vie et sous terre (II, 27, 2, p. 59) [92]. D'autre part, les justes, les chrétiens qui ont lutté avec constance reçoivent après le combat la couronne de leur récompense, «une renommée d'autant plus éclatante qu'ils ont subi des épreuves plus pénibles» (II, 26, 2, p. 59) [93]. Mais une précision complémentaire éclaire les références de Constantin : ce peuple accomplit la Loi. L'usage latin *Lex* résume avec ce mot, fortement marqué dans ce contexte par l'empreinte juive, les obligations de la

---

(89) Voir en conclusion comme pour 60, 2 : *Vita*, II, 42, p. 66 et aussi II, 71, 4, p. 77. Déjà dans la lettre aux évêques de l'*App. Optat.*, V, p. 208, allusion aux ténèbres : *Luc*, 22, 53. Sur ce thème, cf. F. J. Dölger, *Sol Salutis* ..., Münster, 1925 ; Doerries, *op. cit.*, p. 392. Du reste, Constantin critique indirectement le culte solaire : II, 58. L'excellente analyse de J. Straub, *op. cit.*, p. 109, mésestime un peu cette référence discrète au Fils.

(90) Lactance, *Div. Inst.* IV, 12, 6, Brandt, p. 311, avec *Isaïe*, 63, 10 et *Ps.*, 84, 12. Voir *Oratio ad Sanctorum Coetum*, 17. Cf. Chr. Mohrmann, *Etudes sur le latin des Chrétiens*, Rome, 1965, III, p. 137.

(91) Constantin parle aussi du σῶμα (II, 69, 1, p. 75), mais il ne faut guère voir là une référence paulinienne : cf. II, 65, 1, p. 74.

(92) Pour les insensés opposés aux justes, voir II, 24, p. 58. Ils sont les temples du mensonge (II, 56, 2, p. 71). Pour l'impie, ἀσεβής : II, 24, 2, p. 58 ; 55, 2, p. 70 (pour *impiissimi ?*). Sur *maligni* pour les donatistes : *App. Optat.*, V, Ziwsa, p. 209 ; de même : *rabida furoris audacia*. Constantin cite aussi ceux qui commettent l'injustice avec l'adjectif ἄδικος (II, 25, p. 58 ; 33, p. 62), pour désigner les hommes (II, 40, p. 65). Le châtiment est évoqué dans un texte tardif de l'*App. Optat.*, IX, p. 213 : *sempiternum letum*. Tous ceux-là constituent la part du diable : références dans Doerries, *op. cit.*, p. 316.

(93) *Vita*, II, 25, p. 58 ; 26, 1, p. 59, dans une périphrase et οἱ δίκαιοι : II, 50, p. 69 ; ceux qui pensent droit : II, 48, p. 68 ; la récompense : II, 24 et 25 ; Constantin évoque dans la lettre aux évêques africains (de 330) cette récompense (*App. Optat.*, X, p. 214). Ce développement rappelle un peu toute l'imagerie agonistique de *Romains*, 8 ; et la référence aux fruits cueillis «d'une douce racine» (II, 25, p. 59) évoque peut-être *Matth.*, 12, 32-33. En insistant sur la récompense des martyrs (II, 26 et 40), Constantin emprunte à un thème de l'Ancien Testament et de toute une tradition juive, comme le note déjà Casamassa, *op. cit.*, p. 26 sq. Le *Discours pour l'assemblée des saints* ébauche le thème : cf. Doerries, p. 152.

fidélité chrétienne ([94]). Souvent, Constantin emploie absolument le terme chargé de tout un passé biblique ; ainsi dans la lettre adressée à Anulinus, peu après sa victoire de 312 : *Lex nostra*, comme il déclare en 330 à des évêques africains ([95]). Parfois, il précise d'un adjectif pour expliquer : obtiennent la récompense ceux-là qui observent la très sainte loi. En quelques cas, le mot peut désigner l'Ecriture, au sens le plus rigoureusement traditionnel, la loi écrite. Mais Constantin explique également à Arius et à Alexandre combien leur querelle est mineure puisqu'elle n'engage pas les préceptes de la Loi, ce que celle-ci commande de foi et de discipline pour être chrétien ([96]). En somme, l'attitude de foi s'exprime aussi dans une observance rigoureuse, comme le recommande un texte attribué à Constantin et destiné à corriger les donatistes ([97]) ; sur cette orthopraxie, Constantin insiste de multiples manières, en employant des mots qui n'appartiennent pas toujours au vocabulaire d'Eusèbe et qui impliquent, à des degrés divers, le culte et l'observance : $\Theta\epsilon\rho\alpha\pi\epsilon\dot{\iota}\alpha$ ([98]), $\Theta\rho\eta\sigma\kappa\epsilon\dot{\iota}\alpha$ ([99]). La version grecque plus que le latin souligne cet accent particulier avec un mot comme $\pi\alpha\rho\alpha\tau\eta\rho\eta\sigma\iota\varsigma$ ([100]), volontiers utilisé dans la Bible et dans la littérature chrétienne pour qualifier l'obéissance stricte à la loi juive, en un mot l'observance.

Constantin emprunte quelques traits à cette image d'un nouvel Israël que vulgarisent en Occident de multiples images ([101]). Celles-ci sont populaires, puis-

(94) Sur l'usage du mot dans le latin des chrétiens : Chr. MOHRMANN, *Etude ...*, I, 1961, p. 47 ; III, 1965, p. 64 ; IV, 1977, p. 18. Ch. PIETRI, *Roma Christiana*, Rome, II, 1976, p. 1471.

(95) EUSÈBE, *HE*, X, 7, 2, avec le grec $\nu\dot{o}\mu o\varsigma$: *App. Optat.*, IX, Ziwsa, p. 212.

(96) *Vita*, II, 69, 2, p. 76 ; 70, p. 76 ; 77, 5, p. 77 ; avec un adjectif : 24, 2, p. 58 ($\sigma\epsilon\mu\nu\dot{o}\tau\alpha\tau o\varsigma$) ; 28, 2, p. 60 ; $\theta\epsilon\tilde{\iota}o\varsigma$: II, 27, 2, p. 59 ; 42, p. 66 ; $\dot{o}$ $\tau\tilde{\eta}\varsigma$ $\dot{\iota}\epsilon\rho\tilde{\alpha}\varsigma$ $\theta\rho\eta\sigma\kappa\epsilon\dot{\iota}\alpha\varsigma$ $\nu\dot{o}\mu o\varsigma$: 67, p. 74 ; 71, 8, p. 78 ; la Bible : · 69, 1, p. 75.

(97) *App. Optat.*, V, p. 209 : *si vel nunc mera fide voluerint obsequia sanctissimae legi deferre*.

(98) *Vita*, II, 24, 1, p. 58 : $\theta\epsilon\rho\alpha\pi\epsilon\dot{\iota}\alpha$ avec $\pi\alpha\rho\alpha\tau\eta\rho\eta\sigma\iota\varsigma$; 29, 3, p. 61 ; 42, p. 66 ; mais dans le sens de médecine : 28, 1, p. 60 ; 66, p. 74 ; 68, 2, p. 75, ou appliqué à Constantin : 28, 2, p. 60 ; 29, 1. Dans la *Vita*, Eusèbe l'utilise pour rapporter les paroles de Constantin : III, 12, 3 ; cependant voir I, 32, 3 et III, 59, 3. On peut interpréter *religio, veneratio* ou *cultus* (DOERRIES, *op. cit.* p. 290) et surtout *cultus* : *App. Optat.*, III, Ziwsa, p. 205. Dans la Bible grecque, voir *Joël*, 1, 4, LXX ; *Apoc.*, 12, 3.

(99) *Vita*, II, 67, p. 74 ; $\tau o\tilde{\upsilon}$ $\theta\epsilon o\tilde{\upsilon}$ $\theta\rho\eta\sigma\kappa\epsilon\dot{\iota}\alpha$: 70, p. 76, 2 ; p. 77 et 71, 8, p. 78. Constantin l'utilise dans la lettre à Anulinus dont nous n'avons que la version grecque : $\tau\tilde{\eta}\varsigma$ $\theta\epsilon\dot{\iota}\alpha\varsigma$ $\theta\rho\eta\sigma\kappa\epsilon\dot{\iota}\alpha\varsigma$ $\theta\epsilon\rho\alpha\pi\epsilon\dot{\iota}\alpha$: *HE*, X, 7, 1 et dans la lettre à l'évêque de Syracuse Christos : *HE*, X, 5, 24, avec l'équivalent, en latin, *observantia* : KRAFT, *op. cit.* p. 173.

(100) *Vita*, II, 24, 1, p. 58 : $\pi\alpha\rho\alpha\tau\dot{\eta}\rho\eta\sigma\iota\varsigma$ apparaît une autre fois dans un texte de Constantin : III, 20, p. 92, pour l'observance du dimanche. Ce mot appartient en propre à Constantin : Eusèbe ne l'utilise jamais dans la *Vita*. Il est connu de la Bible grecque et indique l'observance de la Loi juive : Aquila, *Exode*, 12, 4 ; *Ps.*, 86, 12, LXX etc... voir E. HATCH et REDJAK, *Concordance*, Oxford, 1892, p. 1065 ; avec cette acception spécialisée, BASILE DE CÉSARÉE, *In Jud.*, 8 (*PG*, 31, 676 B). Dans les *Const. Apost.*, 6, 30, 7, il désigne plus généralement le rituel. Un équivalent latin, qui n'est pas spécialisé : *observantia(m) sanctissimae legis* : *App. Optat.*, IV, Ziwsa, pp. 204 et 206.

(101) Ch. PIETRI, *Roma Christiana*, Rome, I, 1976, pp. 316-356. Je reviens, dans une étude à paraître prochainement, sur ces conclusions pour maintenir totalement, contre les objections de M. M. Wischmeyer et Van Moorsel, des résultats et des règles d'analyses iconologiques ébauchées par H. Marrou et illustrées par E. Panofsky ; du reste, les divergences ne portent pas sur l'évolution générale

qu'elles appartiennent depuis le début du IVᵉ siècle au répertoire des sarcophages, qu'elles illustrent les objets de piété. Pierre y est présenté comme un nouveau Moïse, entouré des soldats, équipés comme les vainqueurs du Pont Milvius. Car l'artiste veut représenter l'armée d'un nouvel *Exode*, une *militia Christi*. Le vainqueur de 324 emprunte un peu à cette image d'un peuple pérégrinant vers le salut, discipliné et ferme dans le combat pour la foi contre le persécuteur. Dans les lettres adressées aux Chrétiens le prince n'utilise jamais le nom d'Eglise : il parle de *Synodos* (¹⁰²), les assemblées des justes ; devant les païens (III), il évoque la demeure sainte (II, 55, 2, p. 70), la maison de Vérité (II, 56, 2, p. 71). Certes l'expression fait contraste avec les temples du mensonge mais elle appartient aussi à une tradition ancienne, à cette image (¹⁰³) du sanctuaire enracinée dans la tradition juive et toujours vivante dans la littérature chrétienne.

Constantin se place à la tête du peuple de Dieu et il y explique son rôle. Bien entendu, le commentaire emprunte à cette philosophie politique qui illustre le rôle du roi et ses liens particuliers avec la divinité. On démêle d'autant moins facilement les influences et les modèles que chrétiens et païens empruntent, pour décrire l'élection royale, reflet et image de la Puissance suprême, à un patrimoine commun d'images et de concepts (¹⁰⁴). Constantin invoque l'inspiration divine (II, 40, 1, p. 65), il appelle le secours de la divine providence (II, 68, 1, p. 75) pour apaiser le conflit d'Alexandrie ; *instinctu divinitatis* : cette référence, qui apparaît dans la dédicace de l'arc triomphal érigé pour la victoire de 312, ne paraît pas spécifiquement chrétienne (¹⁰⁵). Le vainqueur de Licinius attribue son succès au secours divin (¹⁰⁶). Mais cette déclaration —même si elle emprunte à la théologie classique de la victoire impériale — prend un ton particulier : non seulement, le prince en appelle au Dieu des chrétiens (II, 55, p. 70) avec une insistance qu'Eusèbe relève dans son commentaire (II, 25, p. 57), mais le texte impérial invoque le signe manifeste de cette protection que vaut l'alliance divine :

ici évoquée. Les règles du débat scientifique m'imposent la courtoisie d'une réponse. Mais mon silence ne vaut pas acquiescement lorsqu'une réserve (comme celle de M. P. Nautin) n'argumente pas.

(102) *Vita*, II, 66, p. 74 (au pluriel), 69, 2, p. 76 ; au singulier, 69, 1, p. 75 ; 71, 3, 4 et 6, p. 77. Derrière le mot, peut-être le souvenir du *Qâhâl*, cette assemblée de Dieu qu'évoquent les textes de Qumrân.

(103) Par ex. J. DANIÉLOU, *Théologie du judéo-christianisme*, Tournai, 1958, p. 317. HERMAS, *Le Pasteur*, *Sim.*, IX, 13 = Joly, 90, 9, *Sources Chrétiennes*, 93bis, Paris, 1968, p. 323 et *Index*, p. 387. Sur le rôle de cette image chez Constantin : voir *Oratio*, 1, qui mentionne aussi l'*Ekklesia*. Sur le latin *Domus dei*, Chr. MOHRMANN, *Etudes ...* II, 1961, p. 77.

(104) F. DVORNIK, *Early Christian and Byzantine Political Philosophy*, Dumbarton Oaks Studies, IX, Washington, I et II, 1966, p. 506 sq. ; STRAUB, *op. cit.*, p. 76 sq. ; CALDERONE, in *Le culte des Souverains dans l'empire romain*, Entretiens de la Fondation Hardt, XIX, Genève, 1972, p. 227 sq.

(105) Voir *supra*, n. 84 ; STRAUB, *op. cit.*, p. 101.

(106) Le thème est ébauché dans l'introduction des deux lettres circulaires (I et III) et surtout dans la lettre aux Orientaux : II, 55, p. 70 et aussi II, 64, p. 74.

«C'est en faisant porter partout devant moi ton sceau que j'ai conduit l'armée à la victoire ; et quand la nécessité des affaires publiques l'exige, c'est en suivant le même étendard de ta puissance que je marche contre les ennemis» (II, 55, 1, p. 70).

Dans ce discours adressé aux païens, le prince déclare qu'il s'est établi dans les commandements divins ; et il explique aux chrétiens la force de sa confiance, les charismes de la victoire par le secours particulier que Dieu donne à un prince croyant (II, 27-29). Ainsi, Constantin déplace les accords trop humains du thème de l'*homoiosis Théou*, cette imitation du divin, sur lequel s'établit la philosophie du pouvoir. Le prince est élu non parce qu'il reproduit en lui l'image du divin mais parce qu'il consacre son âme pour le service de Dieu ; il prend un engagement scellé par une alliance qui lui donne la victoire. Il est l'instrument de Dieu [107].

Car cet engagement gagne l'élection divine, une élection que Constantin déclare n'avoir pas méritée. Avec cette rhétorique d'humilité, le prince s'écarte un peu des modèles traditionnels et il le fait, semble-t-il, dès 314 en s'adressant aux évêques d'Afrique :

«de Dieu tout puissant» (*Deus omnipotens*) «m'a accordé ce que je ne méritais pas» (*tribuit quod non merebar*). «Oui, on ne peut dire, on ne peut énumérer tout ce que dans sa bienveillance céleste, Dieu m'a accordé, à moi son serviteur» (*certe iam neque dici neque enumerari possunt ea, quae caelesti sua in me famulum suum benivolentia concessit*) [108].

Même s'il fallait écarter, par précaution, ce texte où l'on a soupçonné parfois l'intervention d'un interpolateur, la lettre adressée aux chrétiens en 324 sûrement témoigne : «Jamais je ne pourrais être ingrat à l'égard de la grâce dont je suis redevable...». Constantin est confiant dans «ce don qui lui a été accordé», «dans cet office éminent» (II, 29, p.60). Il s'en explique : «Le Seigneur a recherché et choisi mes services pour exécuter ses desseins ... pour rappeler à lui l'humanité instruite par mon office à observer la loi très sainte» [109] (II, 28, 2, p. 60). Cette image du prince, que Constantin dessine en songeant à lui-même, s'enrichit de quelques références bibliques : il reçoit son élection comme une grâce (Χάρις) et

(107) SANSTERRE, *op. cit.*, p. 174 : une excellente analyse sur le développement de ce thème dans la pensée impériale. Voir avec J. STRAUB, *op. cit.*, p. 79 sq., toute la différence sur le rôle du divin, du *Deus auctor*, pour Dioclétien : une élection qui confirme et donne toute une légitimité au choix du bon empereur, désigné par l'acclamation de l'armée.

(108) *App. Optat.*, V, p. 208 : on sait que ce texte dont Duchesne a établi l'authenticité, rédigé sans doute sous l'influence de rédacteurs chrétiens (selon J. Vogt), a été, croit-on, interpolé : KRAFT, *op. cit.*, pp. 186-191. Voir aussi *App.*, III, p. 206 : *cura nuto suo* (il s'agit de la *summa divinitas*) *caelesti terrena omnia moderanda commisit*.

(109) Τὴν ἐμὴν ὑπηρεσίαν πρὸς τὴν ἑαυτοῦ βούλησιν ἐπιτηδείαν ἐξήτησέν τε καὶ ἔκρινεν, ὃς ἀπὸ τῆς πρὸς Βρεττανοῖς ἐκείνης θαλάσσης ἀρξάμενος καὶ τῶν μερῶν, ἔνθα δύεσθαι τὸν ἥλιον ἀνάγκη τινὶ τέτακται κρείττονι, ἀπωθούμενος καὶ διασκεδαννὺς τὰ κατέχοντα πάντα δεινά, ἵν' ἅμα μὲν ἀνακαλοῖτο τὸ ἀνθρώπειον γένος τὴν περὶ τὸν σεμνότατον νόμον θεραπείαν τῇ παρ' ἐμοῦ παιδευόμενον ὑπουργίᾳ, ἅμα δὲ ἡ μακαριστὴ πίστις αὔξοιτο ὑπὸ χειραγωγῷ τῷ κρείττονι.

plus encore, comme le législateur de *Exode*, 33, 12 ; 13 ; 17, il a été choisi pour l'enseignement de la Loi ([110]).

Pour qualifier cette exceptionnelle mission, le prince continue d'utiliser la langue d'une rhétorique officielle : il invoque la sollicitude du souverain, sa *cura*, comme disent les textes latins (II, 30, 1, p. 61). Mais le vocabulaire, dans la lettre adressée aux Chrétiens, traduit aussi l'évolution du modèle impérial. Constantin parle de son ministère en utilisant dans cette version grecque le même mot ὑπηρεσία, qui désigne le service des clercs dans la lettre à Anulinus. Bien que ce terme ([111]) apparaisse dans l'usage chrétien où il désigne, dès Clément de Rome, l'office de Moïse, Eusèbe ne l'emploie guère dans la *Vita*, sauf lorsqu'il rapporte les paroles de Constantin. *Diakonia* ([112]), que l'historien connaît bien, peut prendre aussi sous la plume officielle un accent chrétien, puisque celle-ci l'emploie pour évoquer la mission du prince et aussi le service de l'Eglise. A ces deux mots répond un troisième terme qui rappelle le service autant que la sollicitude : la *therapeia* ([113]), assurée par le prince, évoque sans doute la médecine salutaire dont parlent, autant que la rhétorique païenne, la Bible grecque et la littérature inter-testamentaire.

Mais surtout ce mot introduit, par cette allusion peut-être subreptice, un titre que l'empereur s'attribue pour éclairer son office. Il est le serviteur, Θεράπων, dit-il en précisant : le serviteur de Dieu ([114]). Avec une ambivalence significative, le prince se désigne lui-même en même temps qu'il donne le titre aux ministres de l'Eglise. Chez Eusèbe, qui l'emploie fréquemment dans le premier livre de la *Vita*, ce mot évoque une référence précise. Constantin reçoit, après sa mort, une qualité caractéristique de Moïse ([115]), dont il prend, à sa manière, le relais, au temps de ce nouvel empire, pour guider le peuple chrétien. Du reste, Constantin a peut-être, après 312, utilisé déjà le titre pour lui-même, un *famulus* ([116]) si la lettre conservée

(110) F. Taeger, *Charisma*, Stuttgart, 1969, II, pp. 548 et 681-686 : sur l'influence, à l'époque, du modèle biblique.

(111) *Vita*, II, 28, 1, p. 60 ; 46, 2, p. 67 ; cf. 71, 4, p. 77. *HE*, X, 7; 2, Bardy, p. 112. Sur l'usage d'Eusèbe, III, 12, 3, p. 87 ; IV, 43, 4, p. 138. Clément de Rome, *Ep. Cor.*, 17, 5.

(112) *Vita*, II, 29, 1, p. 60 ; 34, 2, p. 63 ; II, 38, p. 64 ; IV, 36,4, p. 134 ; cf. Lactance, *De Ira Dei*, 16, Brandt, p. 113 : *minister legum*.

(113) De manière générale : *Vita*, II, 24, 1, p. 58 ; 28, 1 ; 42, p. 66, voir *supra*. Pour le prince : 28, 1 et 2, p. 60 ; 29, 1 et 3, p. 61 ; 66, p. 74, 68, 1, p. 75. *Lév.*, 3, 1 et 3 ; 7 ; *Testam. Levi*, 9, 7 répond à θυσία σωτήριου, le sacrifice qui obtient la paix, comme le note Théodoret, *Quaest. Lev.*, 1, 117, Constantin parle dans une lettre aux évêques d'Afrique d'une *medicina coelestis*: *App. Optat.*, IX, Ziwsa, p. 213.

(114) *Vita* II, 29, 3, p. 61 ; 55, 1, p. 70 ; cf. III, 12, 5 et IV, 42, 1 ; pour les évêques, II, 31, p. 62 ; 65, 2, p. 74 ; IV, 30, 1, p. 97 ; p. 137. Pour Constantin et pour les évêques : II, 71, 2, p. 77 ; συνθεράπων, II, 2, p. 76 ; 72, 1, p. 78 ; III, 17, p. 90 : sur ce mot J. Straub, *op. cit.*, p. 127 et Doerries, p. 254.

(115) Pour Eusèbe: *index* de Winkelmann, *éd. cit.*, p. 195 et sur l'usage dans la Bible grecque : Hatch, p. 648 : *Exode*, 4, 10 ; 5, 21 ; 7, 9 et 10 ; 8, 3, 4 et 9, 11, 31 ; 9, 8 et 34 ; 10, 6 et 7 ; 11, 3 ; 12, 3 ; 14, 31. Dans la littérature juive et chrétienne : C. W. H. Lampe, *A Patristic Greek Lexicon*, Oxford, 1978, p. 645 ; Oxford, 1978, p. 645 ; voir *Heb.*, 3, 5.

(116) *App. Optat.*, V, Ziwsa, p. 208.

par l'*Appendix* d'Optat n'est pas interpolée : dans un texte sûrement authentique, l'empereur parle des *famuli Dei*, des serviteurs de Dieu, les évêques. En tout cas, cette typologie qui rattache l'empereur chrétien à Moïse s'ébauche à Rome : on a rapproché, avec quelque raison, un relief de l'arc de Constantin des images qui illustrent, sur les sarcophages chrétiens, le passage de la Mer Rouge. Dans son *Histoire Ecclésiastique* [117], Eusèbe esquissait déjà le parallèle entre la victoire du Pont Milvius et celle du *Thérapòn*, ce Serviteur, sur le pharaon. Cette leçon a été entendue par Constantin. Pour expliquer en 324 son propre rôle et dessiner une image idéale du prince, il emprunte quelques traits à l'*Exode* et au législateur biblique, dont le *Discours adressé à l'assemblée des saints* faisait publiquement l'éloge [118]. Dans ces lettres, il prend le même nom que le guide de l'Exode, parce que ce nouveau vainqueur est soutenu par le Tout-Puissant pour instruire dans la Loi le peuple de Dieu.

*

On comprend qu'Eusèbe ait publié ces quatre documents qui commentent la victoire de 324. En composant la *Vita*, le biographe espère bien consolider en 340 un programme et un système qui peuvent paraître menacés. Jamais Constantin ne s'était aussi clairement exprimé : il utilise cette première ébauche que constitue la circulaire rédigée après la victoire de 312 et il orchestre une propagande pour définir le style d'une domination œcuménique. En taxant Licinius de persécuteur, il prend position, lui le premier empereur chrétien, comme un libérateur, l'auteur d'une légitime réparation et aussi l'homme de la paix. Ces textes en disent plus encore par tout ce qu'ils suggèrent sur les idées du prince ou de ceux qu'il laisse parler en son nom. Avant même qu'Eusèbe ait pu orchestrer sa théologie politique, que développent la *Théophanie*, le *Triakontaétérikos* et finalement la *Vita*, l'idéologie impériale emprunte déjà à la Bible. C'est l'empereur qui a consciemment donné le départ à toute cette imagerie du roi chrétien, avant même que le pouvoir ait pu être efficacement servi par la rhétorique des clercs, d'Eusèbe à Ambroise, jusqu'à Grégoire de Tours.

Charles PIETRI (Paris)

(117) *HE*, IX, 9, 8, Bardy, p. 63 ; *Oratio*, 17, 1.
(118) Voir les commentaires d'Eusèbe sur ces lettres : II, 18 ; 19. Noter aussi l'image du *didaskalos* (SANSTERRE, *op. cit.*, p. 174) et le jugement d'Eusèbe sur la lettre aux païens, une *didaskalia*, II, 47, 1, p. 68.

IV

CHARLES PIETRI

LA POLITIQUE DE CONSTANCE II: UN PREMIER 'CÉSAROPAPISME' OU L'*IMITATIO CONSTANTINI*?

«Il semble bien que ton père gouverne encore» [1]. Le César Julien décernait, en 356, ce compliment à l'empereur Constance; le jeune prince utilisait un lieu commun dans la rhétorique de l'éloge, qui compte toujours pour la gloire du dédicataire la grandeur de ses ancêtres. Le panégyriste jouait peut-être de cet argument avec quelque hypocrisie, car au fond de lui-même, il détestait Constantin autant que son fils. Mais à l'époque, Julien cherchait à capter les faveurs de l'Auguste régnant et s'il mettait tant d'insistance à appliquer cette règle de l'ἐγκώμιον, c'est qu'il pensait bien toucher juste, en proclamant ce que Constance désirait s'entendre dire. Après vingt ans de règne, le fils de Constantin aspirait toujours à passer pour un héritier; une fois pour toutes, il s'était donné pour règle de maintenir la politique paternelle, d'être, pour consolider l'inflexion constantinienne de l'empire, un continuateur. A vrai dire, ce parallèle ébauché par Julien n'a guère servi à relever la réputation de Constance. Inspirés par les témoins catholi-

1 Julien, *Or.* 1, 9 A Hertlein.

[281]

ques ou païens, les historiens ont continué de mesurer le fils
à l'œuvre de son père. Le Nain de Tillemont [2] n'oublie pas
la force de Constantin, lorsqu'il porte ce jugement cruel:
«Le génie de Constance était très faible et très médiocre; il
avait les marques et l'habit de l'empereur; d'autres (des
eunuques ou des femmes) en avaient le pouvoir». Edward
Gibbon rejoint le janséniste lorsqu'il évoque un empereur
«gouverné par ses bureaux, par son indolence et par sa
vanité» [3]. Duchesne, Lietzmann, Stein: l'historiographie
contemporaine accable un petit Auguste «juché sur les
cothurnes de la majesté impériale», pour s'efforcer d'imiter
l'impérial modèle qu'il s'était donné. Et même A. Piganiol,
qui n'aime pas beaucoup Constantin, regrette qu'on se soit
«représenté l'empereur à la suite de son fils»; car «ce fut»,
dit-il, «une cause de graves déformations» [4]. Constance a
trouvé peu de défenseurs, même s'il faut rappeler le plaidoyer récemment présenté par R. Klein, avec conviction et
quelque esprit de système [5]. On aimerait échapper aux feux
croisés de ces polémiques qui obscurcissent l'analyse et
surtout celle de la politique religieuse. André Piganiol —
on l'a vu — déplorait que l'image de Constantin fût ternie
par la réputation de Constance. A l'inverse, une représentation trop simpliste de la politique constantinienne a
fâcheusement orienté le jugement porté sur le gouvernement de son fils. Car on a évoqué, souvent avec imprudence, la révolution constantinienne, en embrassant d'un seul
regard les prémices d'une politique et ses développements

[2] L.-S. Le Nain de Tillemont, *Histoire des Empereurs* IV (Paris 1723), art. 62, p. 468.

[3] *Histoire de la décadence et de la chute de l'Empire romain*, chap. XIX, trad. J. Buchon (Paris 1837), 410; Ammien Marcellin, XXI 16, 1.

[4] *L'empire chrétien*, dans *Histoire générale*, fondée par G. Glotz, IV 2 (Paris 1947), 90.

[5] *Constantius II. und die christliche Kirche* (Darmstadt 1977). L'organisation théma-tique du livre autant que, souvent, les analyses de détail n'emportent guère l'adhésion.

plus lointains à la fin du IVe s., comme si Constantin était totalement responsable de Théodose, comme si l'Eglise, établie dans une position dominatrice par le pouvoir et pervertie par lui, était «constantinienne» et non «théodosienne». De Dante à G. Arnold, de Gibbon à Burckhardt, cette vue de l'histoire a ses lettres de noblesse; mais, en surévaluant le rôle de Constantin, elle conduit également à majorer la part de son héritier, à en faire, après le fondateur de Constantinople, un premier empereur 'byzantin', l'artisan d'un «césaropapisme» [6], qui aurait été ébauché par son prédécesseur. Une telle manière de voir entraîne quelque autre risque: celui d'écrire, comme un chapitre indépendant des autres développements de la politique impériale, une histoire de la politique religieuse. En privilégiant l'objet de leurs études, les historiens de l'Eglise ont souvent encouragé cette distinction abstraite, et ils reçoivent parfois le renfort d'une conception sécularisée de la recherche historique, qui exile, loin des mouvements quantifiables de la communauté humaine, les formes plus insaisissables de la religiosité. La conception antique du sacré et de la religion, la place qu'ils occupent dans les sociétés antiques interdisent, de façon générale, cette sorte de dissection. Et l'attitude de Constantin y fait particulièrement obstacle: car ce prince concevait avec force qu'une providentielle solidarité rattachait l'unité et la paix de l'empire à l'unité et à la paix de l'Eglise et il ne distinguait pas dans l'œuvre de sa charge les unes et les autres, puisqu'il empruntait pour protéger l'*oikoumènè* chrétienne bien des procédures qui servaient à régenter l'*orbis romanus* [7]. Toutes ces précautions imposent un peu le style diachronique de cet exposé, qui souhaite éclairer de quelques remarques la politique de Constance et, dans le contexte de son gouvernement, les questions reli-

---

[6] R. KLEIN, *op. cit.*, 1-15.

[7] Par ex. Constantin dans Eusèbe, *Vit. Const.* II 65.

gieuses. Du reste, l'évolution du règne détermine la nature des interventions impériales : le prince suit un peu, avec une inversion de la géographie, le cheminement de son père : après le temps de l'héritage, Constance gouverne une seule partie de l'empire, celle de l'Orient, avant de rétablir finalement l'unité, comme l'avait pu faire Constantin en 324.

I. *L'héritier et l'héritage*

1) Constance est d'abord un héritier qui défend ou plutôt conquiert sa part d'héritage. Le prince, un fils légitime né en Illyricum (à Sirmium?) le 7 août 317, du mariage avec Fausta, reçut dès 324 le titre de César, un 8 novembre, quelques mois après la victoire décisive de Chrysopolis, qui scellait la défaite de Licinius [8]. Constantin associait cet enfant à l'empire comme le petit prince de l'unité restaurée, l'héritier d'une légitimité dynastique, qui remontait à celui dont il porte le nom (comme le note l'historien Socrate, I 38), Constance Chlore. Thémistius relève avec l'habileté du courtisan une coïncidence significative : Constance est élevé au césarat au moment où son père, soucieux d'enraciner son pouvoir, projette la fondation d'une capitale à Byzance devenue Constantinople, fille de Constantin, sœur de l'empereur, mère de la royauté [9].

Comme l'avait fait Cyrus (mais Julien, toujours aussi perfide dans son *éloge* prévient qu'il ne faut pas comparer Constance à Cambyse), l'empereur surveilla attentivement

---

[8] J. MOREAU, «Constantius II», in *JAC* 2 (1959), 162-179. Sur le jour de la naissance : d'après le calendrier de 354, *CIL* I² p. 232, et sur l'année, Eutr. X 15, 2 ; *Vit. Const.* IV 40, 1. O. SEECK, *Geschichte des Untergangs der Antiken Welt* IV (Stuttgart 1922), 378 n. 13 ; W. BLUM, «Die Jugend des Constantius II. bis zu seinem Regierungsantritt», in *C & M* 30 (1969), 389-402. A. CHASTAGNOL, «Propos sur Licinius le Jeune», in *BSFN* 27 (1972), 266, préfère 318.

[9] Them. *Or.* IV 58 b ; G. DAGRON, *Naissance d'une capitale. Constantinople et ses institutions de 330 à 451* (Paris 1974), 26 et 27. Voir aussi Iulian. *Or.* 1, 5 D. Hertlein.

l'éducation du porphyrogénète [10]: en 356, le panégyriste assure que Constantin fit donner à son fils l'éducation de la gymnastique pour le corps, et pour l'âme, les exercices littéraires (*Or.* 1, 10 D). Julien insiste sur l'excellence de l'entraînement physique et Ammien confirme volontiers que le jeune prince bénéficia d'une bonne préparation militaire. Pour définir la culture du prince, les témoins semblent moins convaincants: Julien, dans le second de ses panégyriques, célèbre la diction de l'orateur et l'efficacité de ses propos, à bien le comprendre une sorte de *sermo rusticus*: Constance savait se faire écouter et comprendre par le vulgaire [11]. Ammien déplore un peu les prétentions du prince et plus encore ses essais poétiques. Certes l'empereur ne répugnait pas à rédiger des textes importants, l'éloge de son préfet Philippe, le *mandatum* confié au César Julien; les fragments connus ne permettent guère d'illustrer particulièrement ses qualités. Il fit de Constantinople — comme le notent P. Lemerle et aussi G. Dagron — une capitale intellectuelle; mais l'intelligent évergétisme d'un prince ne doit pas être nécessairement porté au crédit d'un penseur. Assurément, Constantin, un prince curieux d'idées et de culture, et qui a laissé l'œuvre littéraire d'un homme d'action soucieux d'argumenter la philosophie de sa politique, a surveillé attentivement l'éducation intellectuelle de ses enfants [12]. On ne peut dire que celle-ci a donné, dans le cas de Constance, des résultats exceptionnellement brillants. Les témoignages sont plus évanescents encore, lorsqu'il faut mesurer, chez Constance, la solidité d'une éducation et d'une culture chrétiennes: ceux-ci évoquent parfois la

---

[10] *Or.* 1, 8 D sqq. Hertlein; Amm. XXI 16, 7; Aur.Vict. *Caes.* 42, 23. Le dossier est réuni par J. ARCE, « La educación del emperador Constancio II », in *AC* 48 (1979), 67-81.

[11] J. ARCE, *art.cit.*, 71-73; Iulian. *Or.* 2, 77 A Hertlein; Aur.Vict. *Caes.* 42, 23; *Epit.* 42, 18; de Libanios, un panégyrique, *Or.* LIX 33.

[12] Constantin avait donné à ses enfants d'excellents précepteurs: Eus. *Vit.Const.* IV 51.

rigueur morale du prince [13]; ils ne font pas connaître ses catéchistes (alors que nous pouvons nommer les maîtres de Julien, Eusèbe de Nicomédie et Georges de Cappadoce). Ammien [14] juge assez sévèrement la spiritualité du prince (XXI 16, 18): *christianam religionem absolutam et simplicem anili superstitione confundens*, et il attribue à l'obscurcissement de la religion pure et simple en une superstition de vieille femme bien des querelles du règne; mais l'historien illustre, également pour la critiquer, la curiosité théologique du prince et son goût des ratiocinations (*in qua scrutanda perplexius quam componenda gravius excitavit discidia plurima...*). Les indices manquent tout à fait pour attribuer cette attitude d'esprit chez le prince à l'influence ou aux conseils de son père. Constantin (c'est Eusèbe de Césarée qui l'assure) [15] invitait ses fils à professer la même foi que lui-même, à protéger l'Eglise et à participer publiquement aux cérémonies de la liturgie; Constance, en tout cas, suivit l'exemple de son père; il resta catéchumène jusqu'à la fin de sa vie et ne reçut le baptême qu'à la veille de sa mort.

Julien rappelle la docilité de Constance [16] lorsque Constantin décida de compléter l'éducation du prince par une expérience pratique du pouvoir: il l'expédia en Gaule, l'associa peut-être à une campagne contre les Sarmates [17].

---

[13] J. Arce, *art.cit.*, 76, note l'accord d'Aurelius Victor (*Caes.* 42, 23) avec l'*Epitome* (42, 18) et avec Ammien (XXI 16, 5-6).

[14] Voir les notes justes de V. Neri, *Ammiano e il Cristianesimo* (Bologna 1985), 67; 145; 183. Voir aussi Eusèbe (cité note 12) et Sozomène, *HE* III 18, mais ces deux témoignages n'apportent rien de plus précis. On peut imaginer les maîtres ariens que Constance aurait pu trouver (ainsi W. Blum, *art.cit.*, 397: Valens de Mursa? Eusèbe à Nicomédie?).

[15] Eus. *Vit.Const.* IV 52, 1-2.

[16] *Or.* 1, 14 A Hertlein; voir note 14.

[17] Pour la Gaule: Iulian. *Or.* 1, 13 B Hertlein; pour la date de la guerre sarmate, qui vaut à Constance le titre de *Sarmaticus*, v. W. Blum, *art.cit.*, 400 (d'après l'inscription de Troesmis, voir note 27) et J. Arce, in *ZPE* 57 (1984), 225, en réponse à T.D. Barnes (in *ZPE* 52 [1983], 229-235, proposant d'attribuer le titre à une campagne de l'Auguste [en 337]).

Le jeune prince assiste aux fêtes des tricennales; en cette occasion prestigieuse et significative pour la nouvelle dynastie, Constantin organise le mariage de son fils avec une cousine germaine, la fille du consul Iulius Constantius, son demi-frère [18]; cette union resserre autour du César la solidarité familiale. En lui confiant, peu après, la charge de surveiller les Perses [19] et de préparer la guerre contre le grand empire rival, Constantin semble bien lui attribuer une place privilégiée dans la *pars Orientis*. Et pour guider un jeune prince de vingt ans, l'Auguste lui adjoint comme préfet Ablabius [20], un fidèle, qui doit toute sa carrière au nouveau régime. Toutes ces attentions valent pour un prince destiné à l'empire, le fils préféré (comme le note Julien).

Constance résidait à Antioche lorsqu'il apprit que l'Auguste se mourait: «Seul de tous les enfants, il se précipita vers lui» [21]. Mais il arriva trop tard, après que la maladie eût emporté Constantin, le 22 mai 337, trop tard pour satisfaire aux devoirs de l'affection, assez vite pour prendre en mains la succession. C'est le César qui dirige les funérailles à Constantinople, où le corps avait été transféré par l'armée; la dépouille resta exposée, gardée par les soldats et offerte à l'hommage de la foule jusqu'à l'arrivée du second fils de Constantin. C'est Constance qui régla la cérémonie des funérailles, conduisit le cercueil jusqu'à l'église des Saints-Apôtres [22]; et il le laissa pour quelque temps là où

[18] Eus. *Vit.Const.* IV 49, situe la cérémonie mais ne précise pas le nom de la jeune épouse; Iulian. *Ad Ath.* 272 D Hertlein, rappelle que celle-ci est la sœur de Gallus, par conséquent sa propre demi-sœur; Athanase, *Hist.Arian.* 69.

[19] Iulian. *Or.* 1, 13 B et 14 A Hertlein; Philost. *HE* III 1 a (ed. J. Bidez, GCS 21 [Leipzig 1913], 29).

[20] Eunape, *VS* VI 3, 9-13; sur la préférence de Constantin, Iulian. *Or.* 1, 45 C Hertlein.

[21] Iulian. *Or.* 1, 16 D Hertlein; v. aussi Eus. *Vit.Const.* IV 67-69.

[22] Eus. *Vit.Const.* IV 70, 1 insiste sur le rôle du second fils; pour les funérailles, *ibid.*, 2.

l'Auguste défunt avait souhaité reposer, au milieu des reliques apostoliques; il corrigea par la suite cet ambitieux
projet [23] en faisant transférer Constantin dans un mausolée.
En un mot, Constance assurait pleinement les devoirs de la
piété filiale et dynastique.

2) En déployant tant de zèle, Constance manifestait bien
qu'il entendait assurer l'héritage. Tout en établissant en
bonne place ses trois fils (et surtout Constantin II et Constance), l'Auguste, brutalement disparu, n'avait peut-être pas
laissé un plan formellement défini [24]. Il avait distribué quelques responsabilités à d'autres membres de la famille flavienne, en confiant à Fl. Julius Dalmatius, le fils du consul
de 333, son demi-frère Dalmatius, le soin de surveiller la
frontière gothique avec le titre de César. Hannibalianus,
avec le titre de *nobilissimus* (selon Zosime), avait reçu en
mariage la fille de Constantin, l'impérieuse Constantina, et
aussi la fonction de surveiller, comme *rex regum et pontica-
rum gentium*, l'Arménie et ses frontières [25]. En tout cas, la
crise de succession se prolongea pendant plusieurs mois:
trois des quatre Césars, les fils de Constantin prirent le nom
d'Auguste le 9 septembre 337, en relevant une dénomination restée sans titulaire vivant depuis la mort de Constantin [26]. Les différents témoins ne s'accordent pas pour déterminer le rôle respectif des trois nouveaux princes, qui se
rencontrèrent à Viminacium pour définir la géographie de
leur autorité. La date de cette entrevue peut être déterminée

[23] Comme le montre G. DAGRON, *op.cit.*, 403-409.

[24] E. STEIN, *Histoire du Bas-Empire* I, trad. de J.-R. PALANQUE (Paris 1959), 131 et
surtout 485. W. SESTON, «Die Constantinische Frage», in *X Congresso intern. di
scienze storiche*, Roma 1955 (Firenze 1955), 784(= *Scripta varia* [Roma 1980], 467)
pense que Constantin n'avait préparé aucun partage; il reste le maître unique (v.
Eus. *Triac.* p. 201, 5-21 Heikel) tout en indiquant Constantin le Jeune comme son
héritier spirituel.

[25] Références dans A.H.M. JONES, J.R. MARTINDALE & J. MORRIS, *The Prosopography of the Later Roman Empire* (= *PLRE*) I (Cambridge 1971), 241 et 407.

[26] *Consularia Constantinopolitana* 337, *Chronica Minora*, in *MGH* IX 1, p. 235;
Iulian. *Or.* 1, 19 A Hertlein; Lib. *Or.* LIX 75.

par la présence d'Athanase. Relaxé de son exil par une lettre datée du 22 mai 337, ce dernier rentra triomphalement, le 23 novembre 337 [27] à Alexandrie, après avoir passé par la Mésie, par Constantinople et peut-être par la Cappadoce. Cette indication, donnée par Athanase lui-même, qui rappelle à Constance les différentes occasions de leurs entrevues, interdit absolument de placer en 338 la rencontre des trois princes : elle se place au plus tard à la fin de l'été 337 ou en automne [28].

Quelques mois suffirent par conséquent pour liquider la crise de succession : mais on distingue mal le rôle personnel de Constance en cette obscure période. Les témoins insistent plus volontiers sur le coup de force militaire, sans préciser qui l'inspire et qui l'organise. Les armées s'accordèrent, explique Eusèbe, pour exiger que le pouvoir fût partagé entre trois des quatre Césars, les fils de Constantin [29]. Grégoire de Nazianze explique que les troubles préviennent le péril d'un changement par un véritable coup d'Etat [30] : une purge sanglante assure le succès avec l'exé-

---

[27] Athan. *Apol.Const.* 5. Il faut placer sûrement la troisième rencontre au retour du second exil en Occident : voir Athan. *Apol.contra Arian.* 54, 1 ; *Hist.Arian.* 22, 1 ; Soz. *HE* III 20 ; *Hist.Aceph.* I 1 (été 346). L'index des *Lettres festales* donne la date du 23 novembre, 27e jour d'Athyr, pour le premier retour d'Athanase (A. MARTIN et M. ALBERT, Sources Chrétiennes 317 [Paris 1985], p. 237 et note p. 75 et p. 85). C'est en 337, puisque l'index place la même année la mort de Constantin et le retour d'Athanase. T.D. BARNES, *Early Christianity and the Roman Empire* (London 1984), XVIII (= *Amer.Journal of Anc.History* 3 [1978], 65-66) montre qu'à l'occasion de ce premier retour, Athanase reçoit Antoine en juillet ou en août (*Index*, 10), ce qui ne peut se faire qu'en 338 ; en effet, en 339, le 18 mars (*Index*, 11), Athanase est de nouveau chassé. Il faut donc que l'évêque d'Alexandrie ait passé toute l'année 338 dans sa ville. On ne peut, comme le fait T.D. BARNES, utiliser le témoignage d'une inscription de Troesmis (*CIL* III 12483 et, mieux, E. POPESCU, *Inscriptiile grecești și latine din secolele IV-XIII descoperite in România* [București 1976], no 238 p. 251) : elle atteste la fortification d'un *vicus* en Dobroujda (Carcaliu-Tulcea) au nom des trois princes après le 9 septembre 337 et avant la mort de Constantin II : sans plus.

[28] L'entrevue précède (on peut le supposer) la proclamation des Augustes.

[29] *Vit.Const.* IV 68, 1-2.

[30] *Or.* 4, 21. Voir aussi Eutr. X 9, 1 (*factione militari*) ; Aur.Vict. *Caes.* 41, 22.

cution de Jules Constance et de Dalmatius, les frères de Constantin, le meurtre des neveux, le César Dalmatius et Hannibalianus et celui aussi de hauts dignitaires, tel Ablabius [31].

On imagine parfois que tous ces meurtres précèdent la proclamation des Augustes : œuvre de serviteurs zélés, ils auraient fait place nette pour Constance et pour ses frères, en les dispensant de prendre une responsabilité active. En réalité, l'élimination de tous ces rivaux est l'œuvre calculée d'un pouvoir fragile qui prend commodément le temps de se protéger. Eunape place, après la proclamation des trois Augustes, au moment où Constance regagne l'Orient — probablement en 338 — l'exécution d'Ablabius [32], qui s'était retiré dans ses terres après avoir été démis de ses charges : les officiers des basses œuvres le retrouvèrent en Bithynie, une province contrôlée par le même Constance. Jérôme (dont les historiens négligent imprudemment le témoignage) confirme cette chronologie : Ablabius est assassiné en 338 et dans la même année (toujours selon la chronique) le César Dalmatius, exécuté à l'instigation de son cousin germain : *factione Constantii patruelis* [33]. En 337, deux lois maintiennent pour Dalmatius l'ordre apparent des choses : le premier texte date de l'été et s'adresse au préfet qui le seconde ; le second est promulgué à Niš au nom d'un empereur Constantin, sans doute Constantin II, car le vieil

[31] *PLRE* I 226 (Iulius Constantius); 240 (Dalmatius); 407 (Hannibalianus); voir note 25, et pour Ablabius, *PLRE* I 3-4.

[32] Eunape, *VS* VI 3, 8-13; l'année est confirmée par Jérôme dans sa *Chronique*, p. 234 Helm. Une base d'Aïn Tebornok (en Proconsulaire, *ILT* 814) nomme encore, après le 9 septembre 337, Ablabius comme préfet du prétoire. Zosime signale l'exécution d'Optatus, II 40, 2.

[33] *Chron., loc.cit.* Jérôme place auparavant le premier siège de Nisibe; P. PEETERS, «L'intervention de Constance II dans la grande Arménie», in *Subsidia Hagiographica* 27 (Bruxelles 1951), 225, place en 338 le siège, d'après N.H. BAYNES, in *Journal of Egypt.Arch.* 11 (1925), 60; la chronologie de Jacques de Nisibe (P. PEETERS, «La légende de saint Jacques de Nisibe», in *Anal. Boll.* 38 [1920], 285-291) est trop incertaine pour fournir un point de repère.

empereur ne s'était pas montré dans les Balkans cette année-là, alors que son fils homonyme prolongea son séjour illyrien de septembre à décembre 337 [34]. Ces indices confirment la chronologie de Jérôme. Jules Constance également est assassiné en 338, peut-être un peu avant le César, si l'on en croit Zosime; le jeune Julien, assurent Socrate et Sozomène, devient orphelin dans sa huitième année; or, il faut placer la date de sa naissance en 331, peut-être même en 332 [35]. Ces indices fixent au moins pour la majorité des victimes la chronologie du massacre dynastique. Un dossier accablant d'accusations désigne le coupable. Certes Aurelius Victor et l'*Epitome* inculpent la sédition militaire, mais Eutrope nomme Constance en lui reprochant moins l'initiative du meurtre que la passivité [36]. Athanase l'accuse en

[34] Voir *C*(odex) *Th*(eodosianus) XIII 4, 2, du 2 août 337, loi adressée au préfet Valerius Maximus; et adressée par *Constantinus A*(ugustus) *ad Dalmatium, d*(ata) *Naisso,* une loi du *C*(odex) *J*(ustinianus) V 17, 7; O. SEECK, *Regesten der Kaiser und Päpste* (Stuttgart 1919), 127, note qu'il s'agit sans doute de Constantin II, attesté à Thessalonique le 6 décembre 337 (d'après l'intitulé de *CJ* XI 59, 2). Cette loi est sans doute postérieure au 9 septembre. On retiendra moins volontiers le témoignage d'un miliaire sarde qui donne à Dalmatius le titre d'Auguste: *CIL* X 8015.

[35] F.D. GILLIARD propose de placer la naissance en avril ou en mai 332 (in *Calif.Studies in Class.Antiquity* 4 [1971], 147-151; suivi par *PLRE* I 477), mais il ne peut utiliser ni Socrate (*HE* III 1-8) ni Sozomène (*HE* V 2, 9), puisqu'il continue de placer en 337 les meurtres dynastiques (*art.cit.,* 150). En revanche, O. SEECK, qui compile un dossier plus complet (cf. Ps.Aur.Vict. *Epit.* 42, 12), situe la naissance en novembre ou en décembre 331 (*Geschichte des Untergangs der antiken Welt* IV 391 Anm.34): cette solution, qui est celle de J. Bidez et, plus récemment, de G.W. BOWERSOCK (*Julian the Apostate* [London 1978], 22), concilie mieux les approximations chronologiques des différentes sources. En tout cas (puisqu'il n'est pas lieu de reprendre dans le détail la démonstration de Seeck), les deux dates proposées, 331 ou 332, excluent totalement que Jules Constance ait été assassiné en 337; Zosime, voir *supra* note 32.

[36] Aur.Vict. *Caes.* 41, 22 (*Dalmatius, incertum quo suasore, interficitur*); *Epit.* 41, 18 (pour Dalmatius): Eutr. X 9, 1 : *Constantio ... sinente potiusquam iubente.* Orose, *Hist.* VII 29, 1, parle également d'une *militaris factio.* Socrate, *HE* II 25, 3, donne la même interprétation qu'Eutrope. Ammien évoque le massacre: XXV 3, 23, à rapprocher de l'accusation de cruauté adressée à Constance: XXI 16, 8. Un dossier des témoignages a été constitué par X. LUCIEN-BRUN, in *BAGB* 1973, 585-602.

termes à peine voilés [37] et Julien déclare tout simplement que son cousin est le meurtrier de son père, de son oncle, de son frère et de ses cousins [38]. Philostorge, assez favorable à un prince qui a bousculé l'épiscopat nicéen, avance une raison pour justifier cette purge sanglante et, en voulant atténuer la faute, il accable Constance : Constantin, sur son lit de mort, se croyant empoisonné par ses frères, aurait confié à Eusèbe de Nicomédie une lettre pour son fils, dans laquelle il dénonçait le complot et réclamait vengeance [39]. Cette sorte de rumeur caractérise bien le style de l'assassinat politique en pays totalitaire. En fait, pendant plusieurs mois, la succession était restée ouverte ; alors que les rivaux s'observaient, aucun prince ne releva le titre d'Auguste [40]. Les Césars régnaient au nom d'un empereur mort. Pendant cet interrègne, Constance multiplia les concessions [41], pour régler avec ses deux frères le partage des provinces et la distribution des trésors. Proclamé Auguste, Constance se hâta de régler la succession arménienne : Athanase le rejoignit pendant l'automne de 337 à Césarée de Cappadoce [42]. Restait à écarter tous ceux qui pouvaient contester le pacte de Viminacium. Ce ne fut pas une œuvre improvisée dans l'émoi d'un interrègne ; longtemps après la mort de Constantin, en 338, Constance conquit son héritage : il n'eut

---

[37] *Hist. Arian.* 69.

[38] Iulian. *Ad Ath.* 270 C et 281 B Hertlein ; cf. *Or.* 7, 228 B et 230 A Hertlein ; Lib. *Or.* XVIII 31.

[39] Philost. *HE* II 16, avec le dossier réuni par J. BIDEZ (Hsg.), pp. 26-28 (Photius ; *Passio Artemii* 7 ; *Vita Constantini* du *Codex Angelicus* ; Zonaras, *Epit.* XIII 4, 25 sqq. ; Cedrenus I 520, 4, éd. de Bonn). Voir la note de F. PASCHOUD (éd.) dans Zosime, *Histoire nouvelle*, Tome I (Livres I et II) (Paris 1971), 244-5.

[40] Eus. *Vit. Const.* IV 67-68.

[41] Iulian. *Or.* 1, 19 B et C Hertlein.

[42] Sur le séjour à Césarée, voir note 27, et sur l'Arménie, voir note 33. On peut supposer que c'est à Césarée qu'Hannibalianus fut exécuté. Sur les confiscations : Iulian. *Ad Ath.* 273 B.

aucun scrupule à confisquer les biens des victimes; c'était, après tout, un patrimoine de famille.

3) Le nouvel Auguste s'établit avec une conviction dans la succession constantinienne; il frappe un monnayage qui consacre la mémoire du *divus Constantinus*, avec l'image de l'empereur défunt, s'élevant sur un quadrige vers le ciel, où l'appelle la main divine. A cette représentation à peine christianisée de l'apothéose correspond au droit le buste de l'empereur qui porte le voile de l'éternité. Constantin II procède au même exercice de piété, alors que les ateliers de Constant s'abstiennent [43]. Mais l'image qui célèbre le fondateur d'une nouvelle dynastie, et qui retrouve, pour exalter la continuité du pouvoir, les accents de l'antique apothéose, est probablement créée à Constantinople, peu de temps après les funérailles de l'Auguste. L'atelier de la nouvelle Rome frappe un solidus avec le type du quadrige et une légende qui vaut tout commentaire: *Divus Constantinus aug(ustus) pater aug(ustorum)*. En Orient, Nicomédie, Cyzique, Antioche avec ses dix officines, Alexandrie assurent une assez longue diffusion, dans les premières émissions du nouveau règne, aux monnaies de billon célébrant l'ascension du *divus*; la même image n'est pas inconnue dans les états de Constantin II : elle est plus rarement utilisée et surtout, elle est concurrencée par un autre schéma, beaucoup plus neutre, représentant, au nom de l'*aeterna pietas*, l'empereur défunt comme un héros de la guerre, un prince armé de la lance et portant le globe [44]. L'Orient (c'est-à-dire Constance) relevait l'héritage.

[43] L. KOEP, «Die Konsekrationsmünzen Kaiser Konstantins und ihre religions-politische Bedeutung», in *JAC* 1 (1958), 94-104.

[44] J.P.C. KENT, *The Family of Constantine I*, = *The Roman Imperial Coinage* VIII (London 1981): Constantinople, solidus, pp. 442 et 447 (1); billon, p. 449 (37); Nicomédie, p. 471 (4); Cyzique, p. 490 (4); p. 491 (19; 25; 30); les premières émissions donnent une masse assez importante. Antioche, p. 515 (37; 39); Alexandrie, p. 539 (4; 12). Les émissions avec *Iustae Venerandae Memoriae* semblent plus tardives, à Héraclée après 348, p. 433 (41), ou après 342, à Cyzique, à Nicomédie, à Antioche, p. 516; elles apparaissent en 342, à Constantinople, p. 452 (62).

Ce témoignage de fidélité rassure peut-être les inquiétudes qu'explicite, quelques années plus tard, Eusèbe de Césarée. Comment maintenir l'œuvre de cet empereur « qui annonçait le Verbe, honorait l'Eglise comme ne l'avait fait aucun prince, et qui chassait le polythéisme ». Dans la *Vita Constantini*, l'évêque répond que l'empire et toute cette inflexion chrétienne sont confiés aux fils de Constantin, flambeaux de la lumière paternelle (I 1,3 et IV 72) ; désignés par leur père, les trois Césars héritent légitimement de son pouvoir, de sa politique (IV 63, 3 ; 65, 1 ; 71, 2). Dans les derniers chapitres de son œuvre, Eusèbe présente avec habileté les hésitations d'un long interrègne. La disparition d'un prince aussi exceptionnel imposait un long temps de réserve et de recueillement : pendant quelques mois, les armées réservèrent le titre d'Auguste à celui qui pendant sa vie terrestre lui avait donné un tel éclat (IV 68 et 69). Mais tout un programme accompagne ce discours sur la légitimité dynastique : l'hagiographe écrit, dans l'élan sincère de la piété, la « vie de saint Constantin » ; il détaille soigneusement la politique de l'empereur pour la donner en exemple : la législation, les évergésies, la convocation des synodes, dont Constantin ratifie les sanctions (III 23), dont il dirige les débats, même s'il affecte de demander la permission de siéger parmi les évêques. Evêque commun, κοινὸς ἐπίσκοπος, établi par Dieu, ἐκ θεοῦ καθεσταμένος (I 44,1), il s'efforce de maintenir la paix des Eglises, comme un médiateur (III 23). La *Vita* donne plus de force à cette théologie politique [45], en laissant à Constantin le soin de l'illustrer lui-même : elle publie les lettres que l'empereur adresse en 324 aux provinciaux de Palestine (II 24-42), aux Orientaux (II 48-60) [46] ; elle cite le jugement du prince qui se déclare

[45] J.-M. SANSTERRE, « Eusèbe de Césarée et la naissance de la théorie 'césaropapiste', » in *Byzantion* 42 (1972), 146-184.

[46] Ch. PIETRI, « Constantin en 324. Propagande et théologie impériale d'après les documents de la Vita Constantini », in *Crise et redressement dans les provinces européennes de l'Empire* (Strasbourg 1983), 63-90.

τῶν ἐκτὸς ... ἐπίσκοπος (IV 24), évêque lui aussi mais *ad extra*. Ainsi, le livre d'Eusèbe, écrit dans une période encore incertaine, relève de l'hagiographie et il décrit aussi un nouveau régime: βιός et πολίτεια. On tiendra présent à l'esprit tout ce que la *Vita* illustre d'exemplaire, toutes les leçons qu'elle donne pour l'avenir aux héritiers de Constantin; celles-ci pouvaient être entendues de Constance, *cultu genitoris satis pius* (comme dit Aurelius Victor).

II. *Le système constantinien dans la pars Orientis (338-350)*

Constance, confiné en Orient, s'occupait, après avoir réglé la succession, d'assurer la continuité constantinienne et d'abord de contenir la Perse: de 338 à 350, il s'établit surtout en Orient, à Antioche; chaque année l'armée mène campagne contre les Sassanides, et l'empereur s'éloigne rarement du front pour rejoindre sa capitale: il le fait seulement en 342, en 345, en 346, en 349. Prince consciencieux, il sacrifie à toute autre tâche la défense de l'empire: en 350, alors que son frère Constant a été assassiné au début de l'année, l'empereur n'abandonne l'Orient qu'à la fin de l'été, après avoir visité Nisibe, délivrée du siège perse [47]. Pendant une dizaine d'années, le prince s'absorbe dans les soucis de la guerre sassanide, auxquels il subordonne l'administration de l'Orient.

1. Constance proclame, du reste, le désir d'assurer la continuité (on l'a vu avec les monnaies de consécration) et aussi le devoir d'assurer la défense de l'Empire: sur le monnayage de billon, le thème de l'armée — *gloria exercitus* [48] — revient inlassablement. A partir de 340, la géographie impériale est modifiée: la mort de Constantin II laisse l'Occident, riche et puissant, aux mains de Constant; elle

[47] O. SEECK, *Regesten*, 190; 192; 194; 196.

[48] J.P.C. KENT, *op.cit.*, p. 34; p. 449; p. 490; p. 514; p. 519. Noter le maintien d'un monnayage utilisé pour la dédicace de Constantinople, p. 448.

souligne la distribution de l'empire en deux parties. Constance revendique, à son bénéfice, la légitimité dynastique et
la continuité constantinienne: il fait émettre par l'atelier de
Constantinople une monnaie de billon, des pièces qui célèbrent le *divus Constantinus* et portent, au revers, l'image de
l'Equité avec une légende significative: *Iusta veneranda
memoria*. L'empereur choisit vraisemblablement ce thème à
l'occasion d'un voyage dans la capitale; il le fait reproduire
aussitôt à Nicomédie et à Cyzique, peu après à Antioche et
finalement à Alexandrie [49]. A la revendication dynastique
s'ajoute la volonté de proclamer que l'empire, dirigé par les
deux Romes, s'organise en deux *partes* égales; peut-être à
l'occasion d'un voyage du prince dans la capitale pour les
vicennalia, la monnaie de Constantinople frappe un solidus,
gloria rei publicae, avec les deux villes personnifiées [50]; la
première Rome tenant l'épée et la seconde, le sceptre. A la
même époque, un plat d'argent [51], retrouvé dans une nécropole de Kertch en Crimée, donne l'image frontale de l'empereur nimbé, tenant la lance et chevauchant: à droite une
victoire tend la couronne pour le triomphateur, à gauche
un *protector*, dont le bouclier porte le chrisme, accompagne
le chef de cette armée chrétienne. Une telle composition,
nouvelle dans le répertoire de l'iconographie officielle, évoque l'éloge de l'empereur chrétien célébré dans l'*Histoire
ecclésiastique* et dans la *Vita Constantini*; Constance, comme
son père, nouveau Moïse, conduit à la victoire la *militia*

---

[49] Voir note 44.

[50] J.P.C. KENT, *op.cit.*, p. 451 (57); dix années plus tard, voir p. 459; reproduit
plus tardivement sans doute à Antioche, avec *gloria Romanorum*, p. 517. Pour
Nicomédie, on connaît des droites avec Constant, p. 473. Sur l'idéologie de ces
images, G. DAGRON, *op.cit.* (*supra* n. 9), 49 sq.

[51] Il appartient à une série de plats utilisés pour les *largitiones* et l'un d'eux, de
même provenance, porte une inscription se référant aux *vicennalia*: R. DELBRÜCK,
Spätantike Kaiserporträts (Berlin 1933), 144 sq. et pl. 54-57; R. CALZA, *Iconografia
romana imperiale* (Roma 1972), 310; J.W. SALOMONSON, in *Arch.Studien Nederlands
Inst.te Rome, Scripta Minora* III (1973), 54-55.

Christi [52]. Comme Constantin, parti en campagne accompagné d'évêques, le fils défend, contre le Perse persécuteur, l'empire et la foi. Pour exprimer cet idéal de servir qui assure en Orient la *gloria reipublicae* et la continuité impériale, Constance (dans l'un des rares textes personnels connus pour cette époque) célèbre l'intérêt de l'Etat. Une lettre impériale adressée à Ephèse loue le préfet Philippus, son dévouement à la gloire du prince régnant, à la sécurité de l'empire et aussi à l'*utilitas publica* qu'invoquent de nouveau, en reprenant cette antique formule, les lois de l'Auguste [53].

Cette philosophie de l'héritage dynastique, de continuité constantinienne assurée dans la *pars Orientis*, n'entraîne pas l'empereur à bouleverser l'administration établie par son père. Il faut corriger — en se contentant d'une évocation rapide — l'image brossée par Stein, qui décrit Constance comme un «politicien de cabinet», occupé surtout à renforcer les agents secrets de sa méfiance et de son autorité tracassière. [54] *Nihil circa administrationum augmenta praeter pauca novari perpessus*, note Ammien (XXI 16,1), qui rappelle combien le prince avait peu le goût d'innover. Assurément, Constance dote l'Orient d'une organisation centrale qui assure son indépendance administrative. La partition impliquait nécessairement un dédoublement de l'état-major et une centralisation accrue des prélèvements

---

[52] Sur ce thème équestre, A. GRABAR, *L'empereur dans l'art byzantin* (Paris 1936), 48.

[53] L.J. SWIFT and J.H. OLIVER, «Constantius II on Flavius Philippus», in *AJPh* 83 (1962), 247-264, surtout 248, 25. Sur le thème de l'*utilitas*, voir J. GAUDEMET, in *NRHDF* 29 (1951), 465-499; voir *CTh* VI 22, 3 et XI 30, 23, de 340 et 345.

[54] E. STEIN, on le sait, attribue l'affectation des *agentes* comme chefs de bureaux adjoints aux préfets du prétoire et à la direction du *cursus publicus* dans les provinces (*Histoire* I 133); cf. W.G. SINNIGEN, «Three administrative changes ascribed to Constantius II», in *AJPh* 83 (1962), 369-382, et «Chiefs of Staff and Chiefs of Secret Service», in *ByzZ* 57 (1964), 78-105. Une mise au point sur la loi de 359 (*CTh* I 9, 1): W. BLUM, *Curiosi et Regendarii* (München 1969), 10-19.

de l'Etat; le nouvel Auguste maintient et accentue la politique ébauchée par Constantin, qui renforçait dès 325 les prélèvements du chrysargyre, qui supprimait, au bénéfice de l'Etat, la distinction entre les *vectigalia* publics et ceux des cités [55]. Les biens des villes étaient confiés à la gestion du service des Largesses et les organismes diocésains de l'administration financière déclinent (pour la *res privata*) ou même disparaissent, avec l'établissement à la tête de l'Etat d'un comte des Largesses sacrées et d'un comte de la *res privata*, des personnages puissants qui accèdent après 345 au clarissimat et qui viennent grossir le *consilium* du prince [56]. Mais ces mesures ne se réduisent pas à un renforcement particulier de la bureaucratie secrète déjà ébauché par Constantin, même si les *principes* de la schole des *agentes in rebus* [57] peuvent désormais entrer en relation directe avec le prince et s'ils obtiennent ainsi une liberté de manœuvre qui les dégage de la voie hiérarchique normale. L'administration du palais reste confiée à l'autorité éminente du *castrensis* et non au serviteur plus domestique qu'est encore le préposé du cubicule sacré [58]. En un mot, Constance organise la centralisation de la *pars Orientis* sans véritablement mettre en place une administration secrète et parallèle. La loi adressée au Sénat en 340 exalte la nouvelle capitale, en organisant le régime des prétures: la dénomination de celles-ci illustre les intentions du prince. La première est

[55] Toute cette politique a été analysée par R. DELMAIRE, *Les responsables de l'administration financière au Bas-Empire*, dans une thèse soutenue en 1986 à la Sorbonne, à paraître. Sur les *vectigalia*: *CTh* IX 17, 2 de 349 et *CTh* IV 13, 5.

[56] Pour les largesses sacrées, en 325, une charge de perfectissime; pour le clarissimat, entre 345 et 348, voir *supra* R. DELMAIRE et *CTh* IX 14, 2 et *CJ* X 14, 1; les comtes sont connus surtout à partir de 355.

[57] D'après *CTh* VI 29, 4 et I 9, 1: W. BLUM, *op. cit.* (*supra* n. 54), 19: en 359. C'est Constantin qui affecte dans les provinces des chefs de bureaux de la Préfecture urbaine: W. G. SINNIGEN, *art. cit.* (1962), 375.

[58] E. COSTA, "The office of the castrensis sacri palatii in the IVth century", in *Byzantion* 42 (1972), 358-387.

constantinienne, par référence au père, la seconde est dynastique, *flavialis*, la troisième *triumphalis*. Ces mesures édictées à Antioche quelques mois après la mort de Constantin II, au moment où l'empire est désormais partagé entre deux princes, facilitent le recrutement du sénat pour la seconde Rome : déjà le prince prépare les mesures qui annoncent quelques années plus tard l'ambition d'égaler la curie romaine. Toutes ces dispositions placent Constance dans la continuité constantinienne : la conjoncture particulière, la volonté d'autonomie, qu'implique la partition, conduisent le fils à accentuer des évolutions amorcées par le père.

Le changement est ailleurs, dans le recrutement de cette nouvelle administration : en particulier, au sommet de l'Etat où l'Auguste établit ses fidèles, après s'être délivré de quelques tuteurs gênants. Parmi les préfets du prétoire, on ne compte guère de fonctionnaires qui aient fait carrière au temps de Constantin et moins encore des Occidentaux. Septimius Acyndinus, fils d'un préfet de la Ville, fait exception : il a servi comme vicaire en Espagne sous le père avant d'être préfet d'Orient de 338 à 340. Son successeur (340-344), Fl. Domitius Leontius, est probablement byzantin ; il a assuré une première charge importante, un vicariat, en 338, sous Constance ; Maiorinus est sans doute un arabe chrétien d'humble origine ; quant à Philippe, titulaire de la préfecture de 344 jusqu'à sa disgrâce en 351, c'est le fils d'un marchand de saucisses : devenu *notarius*, finalement préfet et consul ; chrétien, il se conforme aux inimitiés du prince en matière de querelles ecclésiastiques, il assassine l'évêque Paul de Constantinople et persécute Athanase [59]. Dans le consistoire, Constance conserve plus volontiers les conseillers de son père ; mais il appelle aussi des hommes nouveaux ; on en connaît partiellement la composition pour 345 : le consul de 338, un Polemius, est un inconnu ; mais le comte Strategius appartient à la vieille garde de Constantin,

[59] *PLRE* I 11 ; Leontius, 502 ; Maiorinus, 537 ; Philippe, 696-7 et note 53.

qui l'avait surnommé, en hommage à ses talents littéraires, Musonianus. Le père avait chargé ce spécialiste des questions religieuses de réfuter les manichéens, le fils lui confie le soin de surveiller le concile de Sardique en 343 [60]. Datianus, le Nestor du prince comme le nomme Libanius, a servi avant 347; ce fils d'un employé des thermes reçoit les missions délicates, surtout lorsqu'il faut réconcilier avec le pouvoir des évêques persécutés par Constance, par exemple Athanase en 345; Dionysius vient de la Sicile et il a surveillé le concile de Tyr, qui dépose l'évêque d'Alexandrie; Thalassius, sans doute un Phénicien, fait carrière sous Constance, tout comme Florentius, un fidèle qui paie son zèle d'une condamnation à mort sous Julien. Les généraux ont été promus par Constance; ainsi le maître des milices Eusebius, un Macédonien dont le prince fait un consul en 347 et finalement, en épousant Eusebia, son beau-père. L'Augusta inclinait à favoriser les ariens; on ne sait s'il faut prêter au général la même orientation. Bonosus a sans doute servi en Pannonie avant d'obtenir un commandement oriental, tandis que Sallustius, consul en 344, semble avoir fait carrière en Orient. Les officiers qui ont exercé le commandement sous Constantin ne sont pas nombreux: Ursicinus est maître de cavalerie en 349, tandis qu'Arbitio est sorti du rang après avoir humblement servi le père de l'Auguste. C'est un intrigant prêt à toutes les compromissions et à tous les complots [61]. Civils et militaires, tous ces personnages occupent les charges de prestige; mais, à côté d'eux, les agents plus humbles du pouvoir exercent parfois une influence considérable: des notaires, comme l'a été

---

[60] D'après Athanase, *Hist. Arian.* 22; v. *PLRE* I, Strategius, 611; Datianus, 243-4; Dionysius, 259; Thalassius, 886.

[61] *PLRE* I: Eusebius, 307-8; Bonosus, 164; Sallustius, 798. Hermogenes, maître de cavalerie, est connu par l'émeute de Constantinople, où il trouve la mort, en 342; Arbitio, 94-5; Asterius est *dux* en 350 (*ibid.*, 119) en Arménie et *felicissimus* en Egypte de 347 à 350 (*ibid.*, 331).

Philippe, tel le Phrygien Dulcitius, un païen, fils d'un foulon qui devient sénateur et finit par être proconsul d'Asie sous Julien [62]. Pendant cette période, Constance utilise Hesychius, puis Mygdonius comme *castrensis*: le premier, expédié au concile de Sardique, est peut-être chrétien; le second a beaucoup d'attaches avec les païens. Mais pendant tout le règne de l'empereur, Eusebius reste attaché au service de la chambre: le maudit eunuque, comme dit Julien; *effusior ad nocendum*, ajoute Ammien qui le compare à Arbitio [63]. Cette influence domestique fut, dit-on, considérable et jouait au bénéfice du chambellan, qui s'enrichit, et des ariens qu'il protégeait. L'historien Socrate assure qu'Eusèbe de Nicomédie (avec l'aide du prêtre dépositaire du testament de Constantin) l'avait gagné à la cause du parti subordinatianiste. Julien lui fit payer son influence obscure: il fut exécuté en 361. On ne connaît pas ses origines: mais généralement, les hommes de l'Auguste appartiennent à l'Orient: ils viennent de Cappadoce, de Syrie; les promotions de Constance facilitent l'ascension sociale d'employés de l'Etat dont l'origine est parfois médiocre; les chrétiens occupent quelques positions capitales sans détenir le moins du monde un monopole; Constance poursuit la politique de Constantin avec des hommes nouveaux, dont il a façonné la fidélité.

2. Pour les affaires des Eglises orientales, Constance s'adresse aux évêques, aux inspirateurs du parti épiscopal, qui dominait dans les dernières années du règne précédent.

---

[62] La carrière, sous Julien, suggère les attaches religieuses de Dulcitius: *PLRE* I 274; v. aussi le Paphlagonien Helpidius, *ibid.*, 414; Hesychius, 429; Mygdonius, 614.

[63] *PLRE* I 302-3; Iulian. *Ad Ath.* 274 A-B Hertlein; Amm. XIV 11, 2. Sur sa richesse: Amm. XVI 8, 13 et XVIII 4, 3. Sur ses liens avec les ariens: Athan. *Hist. Arian.* 35; Palladius, *H. Laus.* 63; Socr. *HE* II 2, 5-6; Soz. *HE* III 1, 4; IV 16, 22; Thdt. *HE* II 16, 9; et aussi Zon. *Epit.* XIII 11 et Photius, *Bibl.* cod. 258, p. 479 b. Son influence: voir surtout Amm. XVIII 4, 3. Selon Athanase, *Ep. Iov.* (in *PG* XXVI 823), Eusèbe est assisté d'un autre eunuque, Bardion.

Eusèbe de Césarée continue de servir le fils comme il s'était attaché à exalter le père en publiant la *Vita Constantini*; mais surtout compte l'autre Eusèbe, l'évêque de Nicomédie: Constantin, peu avant de mourir, visite l'église à Hélénopolis (Drepanum, en Bithynie), l'église des martyrs, avec les reliques du martyr Lucien d'Antioche, dont Arius et les autres collucianistes se déclaraient les disciples [64]: arrivé près de Nicomédie, il reçoit le baptême d'Eusèbe [65], auquel il aurait remis un testament secret dénonçant le complot de ses frères. Dans les dernières années du règne, Eusèbe, avec tout un parti d'évêques — οἱ περὶ τοῦ Εὐσεβίου [66] —, domine l'Eglise d'Orient.

Ainsi, pour Constance, la continuité implique qu'il assure la même police de l'unité ecclésiastique que son père: pour les grands sièges, en particulier pour Constantinople et pour Alexandrie, puisqu'Antioche est tenue, au moins depuis le concile de Tyr, par un homme sûr, établi par Eusèbe de Nicomédie, Flacillus. A Constantinople, la mort de l'évêque Alexandre compliquait les choses puisque au candidat finalement élu, le prêtre Paul, s'opposait un diacre, Macédonios. La chronologie de leur conflit a été, dès l'Antiquité, extrêmement embrouillée par des témoignages contradictoires et compliquée encore, lorsque l'érudition moderne a voulu y mêler la *Passion des saints Notaires* [67]. Une chose est sûre: peu après son passage à Viminacium,

---

[64] C'est Eusèbe qui le note: *Vit. Const.* IV 61, 2.

[65] Eus. *Vit. Const.* IV 61, 3-63, 2 ne prononce pas le nom d'Eusèbe de Nicomédie donné par la *Chronique* de Jérôme, p. 234 Helm, et par Théodoret, *HE* I 32-34.

[66] L'expression vient sous la plume de Jules de Rome, *Ep. ad Orient.* 2.

[67] W. TELFER, "Paul of Constantinople", in *HThR* 43 (1950), 31-92; une construction sur une passion tardive et incertaine, que tente partiellement de sauver A. LIPPOLD, "Paulus", in *RE* Suppl.-Bd. X (1965), 510-520. Voir surtout G. DAGRON, *op. cit.* (*supra* n.9), 419-37, dont la sage critique dispense de réfuter ici la prolifération d'hypothèses sur Paul.

au début de l'automne 337, Athanase [68] assiste à Constantinople au procès intenté par Macédonios contre l'évêque Paul de Constantinople. On pouvait accuser Paul d'avoir été consacré sans l'aveu du métropolitain de Byzance, l'arien Théodore d'Héraclée [69]. On ne peut dire si Paul fut élu sous Constantin ou pendant l'interrègne: en tout cas, ce choix déplaisait à Constance et plus encore à Eusèbe de Nicomédie. Ce dernier, comme l'explique Athanase, réussit à faire déposer le nouvel évêque et il se transféra dans le siège de la capitale; cette installation illustre l'importance nouvelle du siège constantinopolitain dans l'esprit d'un prélat palatin mais aussi dans l'idée du prince. Car l'empereur a permis l'opération, s'il ne l'a décidée: elle s'effectua au moment où il maîtrisait pleinement son nouveau pouvoir, en 338, et non en 337, puisque Eusèbe a eu le temps d'accueillir à Nicomédie un orphelin désemparé, le cousin du prince, Julien [70]. Ce transfert, peu conforme aux habitudes, porte la marque de Constance: Paul fut expédié en exil, dans le Pont; mais il s'échappa en cherchant refuge à

[68] *Hist. Arian.* 7. Philostorge et Théodoret ignorent cet épisode; Socrate (*HE* II 6) et Sozomène (*HE* III 3) placent l'élection de Paul après la mort de Constantin; Macédonios est, selon Athanase, un prêtre. C'est la chronologie qu'accepte T. D. Barnes, *Early Christianity...* (*supra* n.27), XVIII 66, tout en s'appuyant sur un témoignage ambigu du *Contra Marcellum* d'Eusèbe de Césarée (I 4, 20) pour placer en 337 l'élection d'Eusèbe de Nicomédie.

[69] On invoque la *Synodale* arienne de Sardique, qui accuse Paul d'avoir souscrit, en 335, à Tyr, la condamnation d'Athanase (Hilaire, *Op. hist. frg.* A IV 1, 13, in *CSEL* LXV, ed. A. Feder, 57). Mais Paul a pu être simplement légat d'Alexandre, qui meurt presque centenaire, en 336 ou 337, en tout cas après la mort d'Arius (en 336). Voir L.-S. Le Nain de Tillemont, *Mémoires* VII 37).

[70] Amm. XXII 9, 4; Soz. *HE* V 2, 7. La synodale des évêques d'Egypte reproduite dans Athanase, *Apol. contra Arian.* 19, connaît le transfert d'Eusèbe, comme le note Ed. Schwartz, *Gesammelte Schriften* III (Berlin 1959), 278 (=Nachr. Göttingen 1911). Or ce synode est antérieur au moment où l'élection de Grégoire de Cappadoce est connue en Egypte: Ch. Pietri, *Roma Christiana* (Rome 1976), I 192 n.3; donc à la fin de 338, au plus tard au début de 339.

Trèves, où il gagna le soutien de l'évêque Maximin [71].
Quelques années plus tard, l'empereur s'engage plus directement pour interdire la réinstallation de l'exilé : après la
mort d'Eusèbe, en 341 ou en 342, Paul tente de récupérer
un siège que lui conteste toujours Macédonios : Jérôme
rappelle dans sa chronique que cette rivalité souleva
l'émeute populaire en faveur de Paul, *quem regis imperio et
Arrianorum pellebat*. Le maître des milices Hermogénès
trouva la mort en tentant de rétablir l'ordre. Socrate et
Sozomène [72] précisent les circonstances du conflit et il faut
bien se contenter de leur témoignage, bien que pour toute
leur période leur chronologie soit bien embrouillée ; ils
rappellent que le choix de Macédonios est effectué par les
eusébiens, Théognis de Nicée et Maris de Chalcédoine,
défenseurs d'Arius dès la première heure, Théodore d'Héraclée et deux Occidentaux, Ursace de Singidunum (Belgrade) et Valens de Mursa (Osijek). Ils expliquent que Constance, alors établi à Antioche, expédia le Maître des Milices
qui commandait en Thrace ; après son assassinat, l'empereur
punit la ville, en supprimant l'annone. Libanios [73] assure
que Constance fit un voyage éclair jusqu'à la capitale pour
prendre la mesure de la situation. La résistance populaire
renforça probablement les réticences du prince contre
Macédonios également impliqué dans les troubles. Il différa
son établissement officiel, tandis que Paul semble avoir
échappé pendant quelque temps à l'arrestation. C'est après

---

[71] Maximin est condamné par les ariens à Sardique parce qu'il a soutenu Paul
(*Synodale* citée, Hil. *Op. hist. frg.* A IV 1, 27, in *CSEL* LXV, 67), avant 343 par
conséquent. Sur le retour de Paul et la mort d'Hermogenes : Hier. *Chron. sub ann.*
342, p. 235 Helm ; Amm. XIV 10, 2.

[72] Socr. *HE* II 12 et 13 : l'épisode est situé avant la fuite d'Athanase à Rome
(339) ; *ibid.*, 15 : l'exil de Paul, sa fuite à Rome, son retour sur l'ordre du pape
Jules ; 16 : nouvel exil ; 22 : après un nouvel exil, retour de Paul, rétabli par le
concile de Sardique (daté de 347). Sur le prétendu voyage de Paul, Ch. PIETRI,
Roma Christiana I 197 et 212-3. De même, Soz. *HE* III 5 ; 7 ; 8.

[73] Lib. *Or.* LIX 96-97 ; O. SEECK, *Regesten*, 190.

le concile de Sardique, où les ariens condamnent Paul [74] sans mentionner Macédonios, que le préfet Philippe installa ce dernier, dans une atmosphère d'émeutes [75] ; poursuivi, découvert, arrêté, Paul chargé de chaînes fut expédié à Singara, en Mésopotamie, puis à Emèse, enfin à Cucuse en Arménie, où Philippe le fit discrètement étrangler [76]. Dans toute cette affaire, que scelle une conclusion exceptionnellement atroce, les querelles théologiques n'interviennent pas. Paul fait rétrospectivement figure de martyr nicéen, d'autant qu'il a été persécuté par le parti d'Eusèbe [77]. Pour Constance, c'est un rebelle soulevant l'émeute dans la capitale dont l'empereur entend bien contrôler l'évêque.

Alexandrie inquiète également le prince: son père avait expulsé Athanase, comme un trublion. Constantin II, dès le 17 juin 337, relaxait l'exilé établi à Trèves et le renvoyait à son siège comme si la décision avait été prise par l'empereur défunt.[77bis] Le 23 novembre 377, Athanase regagnait, tel un pharaon triomphant, sa ville, où vivotait à la tête d'une communauté arienne le prêtre Pistos. L'affaire est beaucoup mieux connue que celle de Constantinople: on rappellera simplement le rôle de Constance. Contre Athanase toute l'opération s'organise à Antioche, où réside l'empereur. Après avoir tenté de faire reconnaître Pistos par l'évêque de Rome, Eusèbe et son parti sollicitaient avec insistance la

---

[74] *Synodale* citée, Hil. *Op. hist. frg.* A IV 1, 9: *quondam episcopo* (pour Paul); 13; 20; 27; et la condamnation: 24. Il est inconcevable que les ariens n'aient pas mentionné Macédonios dans ce contexte, si celui-ci avait été déjà reconnu. On empêche Paul d'aller à Sardique: Thdt. *HE* II 5, 1-2.

[75] Athan. *Apol. de fuga sua* 3, en parlant des persécuteurs.

[76] Il faut se contenter du récit de Socrate, *HE* II 16 et de Soz. *HE* III 9; Philippe est préfet au plus tôt après le 6 juillet 344 (*CTh* XIII 4, 3).

[77] Athan. *Hist. Arian.* 7 et l'analyse de G. DAGRON, qui écarte toutes les hypothèses fantaisistes sur les exils de Paul.

[77bis] Je suis l'excellent commentaire d'A. MARTIN dans l'introduction à l'*Histoire Acéphale*, Sources Chrétiennes 317 (Paris 1985), 37-48.

protection de Constance [78]; ils évoquaient les troubles qu'Athanase avait soulevés sur son passage, en ébranlant l'ordre établi depuis son exil. Ils mandèrent aux empereurs un acte d'accusation qui ajoutait au dossier présenté en 335 un nouveau grief: Athanase détournait à son profit le blé que Constantin avait fait attribuer aux veuves de Libye et d'Egypte. En 335, les eusébiens avaient déjà incriminé l'Alexandrin de détourner le grain destiné à la capitale. Comme son père, Constance réagit; il adressait une lettre sévère à l'évêque [79]. Dès l'été de 338 ou peut-être plus tôt, l'empereur renvoya en Egypte le préfet Philagrius, un Cappadocien, d'origine très médiocre, un ennemi d'Athanase, qui avait déjà fait ses preuves dans les mêmes fonctions: il avait surveillé l'enquête organisée en Maréote pour recueillir les accusations qui inculpèrent l'évêque devant le concile de Tyr [80]. L'itération était chose exceptionnelle et valait évidemment comme une manifestation d'hostilité, au moins comme le désir de placer Athanase sous stricte surveillance. Le retour du préfet, réclamé par les eusébiens, sollicité par une délégation alexandrine, permit l'organisation d'un *adventus* triomphal, qui cherchait à éclipser le plébiscite spontané de la foule accueillant en 337 son évêque [81]. A la fin de l'année, peut-être un peu plus tard, Constance laissait se tenir un concile, une sorte de *synodos endemousa*, réuni autour de l'évêque d'Antioche, en présence d'Eusèbe, de Dianios pour la Cappadoce, de Maris de Chalcédoine, de

[78] Ed. SCHWARTZ, *op. cit.* (*supra* n. 70), 272-4; A. MARTIN, *Introduction* citée, 87-89. Et sur l'intervention à Rome: Ch. PIETRI, *Roma Christiana* I 187-193.

[79] Athan. *Apol. contra Arian.* 18.

[80] *PLRE* I 694, à compléter avec C. VANDERSLEYEN, *Chronologie des préfets d'Egypte de 284 à 395* (Bruxelles 1962), 15-16, et J. LALLEMAND, *L'administration civile de l'Egypte de l'avènement de Dioclétien à la création du diocèse*, Mémoires Acad. de Belgique, Cl. des Lettres, 57, 2 (Bruxelles 1964), 242-3. Le prédécesseur de Philagrios exerce encore le 28 mars 338. On ne connaît pas ses convictions théologiques mais sa haine d'Athanase: *Hist. Arian.* 51.

[81] Athan. *Hist. Arian.* 9; 10; 51; Greg. Naz. *Or.* XXI 28.

Théodore d'Héraclée avec Macédonios de Mopsueste. Ce groupe d'évêques propose la succession d'Athanase à Eusèbe d'Emèse, et après son refus, consacre Grégoire de Cappadoce. Ce choix a évidemment l'approbation du prince qui organise une opération militaire pour expulser Athanase. Constance expédie un cubiculaire, l'eunuque Arsacius, qui surveille l'opération conduite par le préfet, avec l'aide d'un *dux*. Athanase résiste pendant un mois : le 19 mars, il baptise à l'église de Théonas et il s'enfuit vers Rome, un lundi de Pâques, le 16 avril 339. Depuis le 22 mars 339, Grégoire était installé par Philagrios comme évêque d'Alexandrie [82].

La police impériale usait d'une égale rudesse pour expulser les évêques qui tentent de rentrer en force après la mort de Constantin ou encore après le concile de Sardique : ainsi Marcel d'Ancyre, Asclepas de Gaza, dont le retour soulève l'émeute ; contre Lucius d'Andrinople, la réaction est plus sévère encore : c'est l'exil, où il est conduit enchaîné et où il trouve la mort ; les évêques de Thrace, Olympius et Theodulus, sont chassés et menacés de la peine capitale. On sait, au moins en quelque cas, que le pouvoir intervient : le proconsul Donatus reçoit mission d'expulser l'évêque d'Aenus, dans le Rhodope [83].

L'empereur accorde sa protection à une Eglise purgée des trublions. Eusèbe de Constantinople dirigeait le groupe d'évêques, ce *consilium* officieux inspirant la politique religieuse du prince, dès l'époque de Constantin (selon la *Vita Constantini*). Constance accueille volontiers les personnalités qui assurent une sorte de représentation régionale ; l'évêque

---

[82] Athan. *Ep. encycl.* 2 ; *Apol. contra Arian.* 30 ; 33 ; A. MARTIN, *Introduction* citée, 82-3. On reconstitue la liste des participants à la réunion d'Antioche d'après l'adresse de la lettre de Jules de Rome, *Apol. contra Arian.* 21. Cette liste diffère de celle qu'indiquent Socrate et Sozomène pour le concile de la dédicace.

[83] Athan. *Apol. de fuga sua* 3 ; *Hist. Arian.* 18-19 ; *Synodale* de Sardique 9 (Hil. *Op. hist. frg.* A IV 1, 9, in *CSEL* LXV, 55).

d'Antioche, la ville du quartier général, y participe souvent: trois prélats remplacent le titulaire de la capitale pour la Thrace et pour l'Asie, Théognis, Maris et Théodore d'Héraclée. Pour la Cappadoce, c'est Dianios, titulaire de Césarée. L'évêque de Constantinople n'inspire pas confiance, celui d'Alexandrie paraît trop fragile. Mais on voit bien que le prince souhaite au fond privilégier les trois grands sièges de la *pars Orientis* pour y établir le relais d'une unité ecclésiastique contrôlée par le pouvoir: Constantinople, Antioche et Alexandrie bénéficient des évergésies impériales; dans la capitale, le prince achève Sainte-Sophie, à Antioche 'l'église d'or' fondée en 331; à Alexandrie, il lance le chantier d'une grande basilique. Il continue l'œuvre paternelle en consolidant une géographie de la politique ecclésiastique qu'utilise, à la fin du siècle, Théodose.

Cette Eglise, pacifiée, surveillée, bénéficie des largesses de l'Etat. A l'inverse, Constance supprime l'annone de Constantinople, lorsque gronde l'émeute pour l'évêque Paul; il conteste à Athanase le droit d'utiliser le blé destiné aux veuves. Mais les immunités ou les avantages pleuvent sur les peuples dociles: au temps de l'évêque Grégoire, les clercs d'Egypte qui ne possèdent rien sont dispensés des charges curiales en 342 [84]. Peu de temps après le concile de Sardique, pendant lequel l'épiscopat oriental a donné une belle preuve d'obéissance, une loi datée du 27 août 343 annonce à tous les clercs l'immunité de chrysargyre [85]. La législation d'un ordre moral accompagne cette distribution de privilèges: elle touche aux procédures de la justice, en imposant dans les prisons la séparation des sexes, en essayant de moraliser les appels et de freiner les dénonciations. En 343, une constitution réserve aux clercs le droit de racheter les esclaves prostituées, et en 349, Constance se

---

[84] *CTh* XVI 2, 11 au préfet Longinianus (Longinus); sur le préfet, C. VANDERSLEYEN, *op. cit.* (*supra* n.80), 16.
[85] *CTh* XVI 2, 8.

réfère aux lois de Constantin pour prendre la défense des vierges enlevées par le rapt. Alors que le malheureux Constant s'inquiète de punir ses propres vices en condamnant l'homosexualité, Constance légifère sur les empêchements matrimoniaux en interdisant à l'oncle d'épouser la nièce: la disposition accorde la loi avec les interdictions de l'Eglise [86]. Pendant tout ce temps, la législation de Constance ne s'occupe ni des Juifs ni des païens. Constance, en ce domaine, témoigne de la même prudence que son père.

3. Mais l'Orient ne peut constituer un système clos: Constantin évitait attentivement que les soubresauts de l'Orient ecclésiastique pussent toucher l'Occident. Désormais la partition du pouvoir multiple les interférences. Les eusébiens, dans les premiers temps, puis leurs adversaires recherchent l'appui de l'empereur occidental; ils s'efforcent pour l'obtenir d'arracher l'intercession de Rome, celle des évêques palatins de Trèves ou de Milan. Constance doit souvent composer, car les nécessités de la guerre perse le contraignent à quémander des secours à un Occident mieux pourvu d'or et de soldats. Les négociations entre les Augustes marchandent à l'occasion les infléchissements ou les concessions d'une politique religieuse que le prince de la *pars Orientalis* aurait voulu maintenir, selon la tradition constantinienne, à l'écart des interventions occidentales.

De 338 à 342, Constance réussit assez bien: dans cet isolationnisme, Eusèbe de Constantinople se fait le porteparole d'une ecclésiologie de la *partitio imperii*. En 340, il refuse au nom de l'épiscopat oriental l'invitation lancée par Jules de Rome, qui convoquait un concile pour juger en appel la cause d'Athanase. Eusèbe invoque les fatigues du voyage, les soucis de la guerre perse et finalement il répli-

---

[86] *CTh* XI 30, 20 (appels); IX 1, 7, dès 338 (prison préventive); séparation des sexes: *CTh* IX 3, 3; prostituées: *CTh* XV 8, 1; vierges: *CTh* IX 21, 2; inceste: *CTh* III 12, 1.

que: à quoi prétendait l'évêque de Rome? Les apôtres y avaient enseigné mais ils venaient d'Orient. Le pape devait respecter les sentences des conciles régionaux: celui de Tyr, qui avait condamné Athanase, avait tranché pour l'Orient et pour toute l'Eglise; les Occidentaux devaient accepter la condamnation comme autrefois les Orientaux avaient adhéré à l'excommunication de Novatien, prononcée à Rome [87]. Constance convoqua finalement un *Reichskonzil* (selon la pratique constantinienne) qui se réunit à Antioche, au moment de la dédicace de la grande église, dont Constantin avait décidé la construction près du palais impérial sur l'Oronte. Constance assiste au concile en 341 (avant le 31 août, après le 21 mai) [88]. Avec lui, Eusèbe (ce fut la dernière initiative du grand politique), Flacillus d'Antioche, Dianios de Césarée, Acace de Césarée, le successeur d'Eusèbe, Grégoire d'Alexandrie, Théodore d'Héraclée, Eudoxe de Germanicie, et près d'une trentaine d'évêques, une assemblée dont le nombre et la qualité équilibrait le synode romain de 340. Car le concile de la dédicace entendait répliquer à la réunion romaine qui avait cassé en 340 les

---

[87] Ch. PIETRI, *op. cit.*, 200-1 et sur le synode romain, 193-207. Sur la date, en particulier 200 n.2. H. C. BRENNECKE, *Hilarius von Poitiers und die Bischofsopposition gegen Konstantius II* (Berlin 1984), choisit sans la vérifier la chronologie qui convient à ses hypothèses et continue à placer en 342 le concile de Sardique. Pour la date du concile de Rome, Jules (*Apol. contra Arian.* 29) explique qu'Athanase attendit dix-huit mois l'arrivée des Orientaux: on ne peut négliger un tel témoignage.

[88] On peut situer le concile d'après la date consulaire (Socr. *HE* II 8) et l'indiction 14 (Athan. *Syn.* 25) et aussi la mention de la cinquième année après la mort de Constantin. On ne comprend pas comment P. P. JOANNOU, *Die Ostkirche und die Kathedra Petri im 4. Jhdt.* (Stuttgart 1972), 71 sq., a continué d'ignorer la démonstration d'Ed. SCHWARTZ (*Ges. Schriften* III 216) et d'attribuer au concile de 341 des canons relevant d'un synode antérieur, d'après la liste de présence. Sur ce concile, voir aussi Soz. *HE* III 5; VI 12; *Passio Artemii*, in *PG* XCVI 320; Ps.-Athan. *Dial. Trin.* III 1, 2; 15. Sur les formules d'Antioche: M. SIMONETTI, *La crisi ariana nel IV secolo* (Roma 1975), 153-160. Il faut sans doute reconnaître dans l'usage d'ἀπαράλλακτον pour définir l'image du Fils par rapport au Père, l'influence de Lucien et aussi celle de son disciple Asterius le Sophiste: un Lucien plus modéré que celui dont la première manière inspire Arius.

sentences de Tyr portées contre Athanase, et accusé d'arianisme les eusébiens. L'Orient répondait en trois formules de foi, dont la première constitue une sorte d'*hénotikon*, un texte volontairement conciliant, qui ne désavouait pas Nicée, tout en condamnant fermement Marcel d'Ancyre et son monarchianisme et qui rappelait en conclusion que les évêques ne pouvaient être à la remorque d'Arius, un simple prêtre. Les évêques se référaient, disaient-ils, à un symbole de foi rédigé par le martyr Lucien d'Antioche, dont ils avaient le texte holographe. C'était assez pour convaincre (s'il était besoin) Constance qu'on pouvait délaisser le symbole d'un concile convoqué à Nicée par son père, en retrouvant en toute fidélité une tradition à laquelle, dans les dernières semaines de sa vie, Constantin rendait un hommage particulier.

Constance inspira, très vraisemblablement, la démarche de l'épiscopat oriental en 342 : Maris de Chalcédoine, Théodore d'Héraclée et Narcisse de Néronias en Cilicie étaient des prélats de confiance. Ils arrivèrent en Occident comme s'ils étaient les envoyés du synode d'Antioche avec une nouvelle version plus édulcorée de la confession de foi. Les légats gagnèrent Trèves mais l'évêque Maxime les éconrduisit [89]. On peut imaginer que Constance inclinait à l'apaisement. A l'époque, l'empereur subissait les troubles de Constantinople et la guerre perse pesait de toutes ses menaces [90]. Il consentit à la convocation d'un concile, à Sardique, réunissant les épiscopats de chacune des deux *partes*.

[89] Narcisse avait soutenu Arius à Nicée : Philost. *HE* I 8a, comme Maris, désigné par Athanase (*Apol. contra Arian.* 73-79), avec Théodose, comme l'un de ses adversaires acharnés, à Tyr. Socrate (*HE* II 18) pense que l'initiative revient à Constant et aussi Sozomène (*HE* III 18) ; mais Athanase (*Syn.* 25) présente les envoyés ὡς ἀπὸ συνόδου πεμφθέντες. La date est également donnée par Athanase : peu de mois après le concile. Sur Maximin : *Synodale* citée, 27 (*CSEL* LXV, 66-7).

[90] Lib. *Or.* LIX 82 ; sur le rôle de Constance, Athan. *Syn.* 14 et Hil. *Op. hist. frg.* B II 1, 1, in *CSEL* LXV, 104 ; *Fragm.* II B, 1, in *CSEL* LXV, 181 sq. ; *Synodale* citée, 15, in *CSEL* LXV, 58.

Mais le prince entendait contrôler les siens, éviter les défections (il y en eut deux, quand même!): les évêques s'ins-
tallaient dans le palais; Musonianus, à qui l'on prêtait une
tête théologique, et le *castrensis* Hesychius tenaient le rôle de
'pédagogues'; les Orientaux se réunirent à Philippopolis,
dont l'évêque Euticios était sûr, comme le leur conseillait le
comte Philagrios, l'ancien préfet d'Egypte [91]. Arrivés à
Sardique, ils en repartirent en proclamant qu'une lettre du
prince leur avait annoncé une grande victoire sur les Perses [92]. Ce n'était pas un simple prétexte; l'empereur n'avait
plus besoin de négocier.

En réalité, la situation sur le front oriental se détériora
de nouveau et les malentendus des *zelanti* affaiblirent la
position orientale: un nouvel évêque d'Antioche, Etienne,
avait imaginé de tendre un piège à une délégation occidentale, envoyée par Constant et composée d'Euphratas de
Cologne et de Vincent de Capoue, qu'accompagnait un
maître de cavalerie, Fl. Salia. L'Occident réclamait l'application des sentences de Rome et de Sardique: le rétablissement d'Athanase. Etienne voulut compromettre les évêques
en leur faisant envoyer une prostituée (cette noble procédure avait déjà servi contre un évêque d'Antioche); mais
cette beauté mercenaire arriva dans la chambre de l'évêque
gaulois, un vieillard insoupçonnable. Le général Salia put
mener l'enquête, qui aboutit à la déposition du coupable,
l'Antiochien: Constance, qui ne plaisantait pas sur les
mœurs, donnait la main au châtiment [93]. Le parti oriental

---

[91] Athan. *Hist. Arian.* 15; Philagrios est à Andrinople, où il réprime brutalement
une émeute favorable à Lucius (*ibid.*, 18); les *Lettres festales* (index, *sub ann.* 343,
éd. Sources Chrétiennes 317, p. 243) citent Philagrios.

[92] Athan. *Hist. Arian.* 16. Cette indication suffisait à écarter la date de 342 que
certains auteurs s'obstinent à répéter (H. C. BRENNECKE, *op. cit.*, 25-9).

[93] En 344, vers le temps pascal: Etienne est déposé, selon Athanase, six mois
avant la mort de Grégoire: Athan. *Hist. Arian.* 20 et 21; Thdt. *HE* II 8, 53 sq.
Cf. Socr. *HE* II 22 et Soz. *HE* III 20. Constance fit revenir d'exil des prêtres
égyptiens exilés en Arménie (*Hist. Arian.* 21).

tenta de regagner du terrain, en expédiant l'année suivante une longue exposition de foi (*ekthesis makrostikos*) : mais l'ambassade, arrivée jusqu'à Milan, échoua, du moment que les légats refusaient d'anathématiser Arius [94].

L'affaiblissement du parti eusébien [95], la mort de Grégoire d'Alexandrie (le 26 juin 345) [96] et aussi les revers dans la guerre contre les Perses [97], qui assiégeaient Nisibe : toutes ces raisons pressaient l'empereur de céder : il avait pris soin de laisser vacant le siège d'Alexandrie ; il écrivit à Constant et à trois reprises s'adressait à Athanase. Dans un premier message, il offrait sa clémence et parlait des démarches de son frère ; un second billet accordait à l'exilé l'*evectio*, l'usage de la poste impériale ; le troisième, daté d'Edesse (non loin du front), était confié à un prêtre alexandrin. Constance faisait également écrire pour plus des garanties par le consistoire [98]. Athanase prenait ses précautions, l'avis et l'appui de Constant à Trèves, ceux du pape à Rome ; il alla finalement trouver Constance à Antioche. Le prince fit des promesses, en particulier celle de laisser désormais Athanase sur son siège, mais il lui réclamait une église pour les ariens d'Alexandrie. Athanase en aurait demandé une pour la «petite Eglise» d'Antioche. L'empereur organisa soigneusement la rentrée de l'Alexandrin : il invitait le peuple alexandrin à accueillir son évêque dans la paix ; il annonçait aux clercs la rescision de toutes les sentences portées contre ce dernier et rétablissait les immunités ; enfin, dans un

---

[94] Athan. *Syn.* 26.

[95] Valens et Ursace sollicitent leur réconciliation avec Rome : Ch. PIETRI, *Roma Christiana*, 236.

[96] *Lettres festales*, index xv, III, éd. citée, p. 76 ; p. 171 ; p. 247.

[97] Hier. *Chron. sub ann.* 344 ; 346 ; 348, p. 236 Helm.

[98] Athan. *Apol. contra Arian.* 51 ; *Hist. Arian.* 22. On sait par Socrate, *HE* II 23, que ces lettres étaient en latin ; Athanase emporte avec lui une lettre de Jules (*Apol. contra Arian.* 52-53) ; cf. Soz. *HE* III 20 ; Thdt. *HE* II 11 ; Athan. *Apol. Const.* 3-5.

troisième message, il prévenait les gouverneurs du retour et de l'amnistie, confiait à un Eusebius le soin de retirer des archives de la préfecture toutes les pièces accusant Athanase. Le préfet Nestorius reçut instruction de transmettre les dossiers au *comitatus* et de faire bon accueil à l'évêque. Celui-ci ne s'occupa, semble-t-il, que de l'Egypte et Constance maintint la promesse de paix: il la renouvelait, à la mort de Constant en 350, dans une lettre aimable et envoyait le comte Asterius et le notaire Palladius pour engager Nestorius, toujours préfet, avec lequel l'évêque semble avoir eu de bonnes relations, et le *dux felicissimus* à maintenir le statu quo [99]. Pour composer avec l'Occident, Constance s'était résigné à concéder un espace de liberté dans un Orient solidement encadré: pour le reste, il avait maintenu l'héritage.

III. *Un empire uni pour l'«évêque des évêques»*

1. «Qui est l'héritier quand meurt le frère?» Une fois encore, Julien touche juste en développant ce thème dans l'éloge du prince. Le 18 janvier 350, Magnence, qui fait figure d'une brute païenne, un peu comme Licinius, prend le pouvoir et fait assassiner Constant, rattrapé par les exécuteurs après une fuite éperdue; un vieux général, Vetranio, prend la pourpre en Illyricum. Constance ne quitte l'Orient qu'à la fin de l'été, après avoir visité Nisibe libérée d'un nouvel assaut perse; le 25 décembre 350, il écarte Vetranio et il arrache le 28 septembre une victoire coûteuse mais décisive à Mursa, en Pannonie, près de la Drave. Le 10 octobre 353, l'empereur, sur qui reposait toute la succession flavienne, pouvait célébrer ses *tricennalia* dans la

---

[99] Athan. *Hist. Arian.* 51; *Apol. Const.* 10. Nestorius, un Phénicien de Gaza, échappe au châtiment qu'Antoine annonce aux persécuteurs d'Athanase et des moines: *V. Anton.* 86. La lettre et les promesses du prince: *Apol. Const.* 22-23.

résidence palatine d'Arles: il régnait sur tout l'empire de Constantin [100].

Constance s'était engagé résolument dans cette défense de l'héritage, avec le sentiment d'accomplir une exceptionnelle mission. Une anecdote rapportée par Pierre le Patrice illustre bien son inspiration: il aurait vu son père en songe, après avoir repoussé une démarche de Magnence quelques jours avant Mursa. «Constantin», rapportait le prince, «tenait embrassé le corps sanglant de mon frère: il m'a défendu de désespérer; il m'a promis que les armes couronneraient la justice de ma cause... d'une gloire immortelle» [101]. Constance, qui est encore catéchumène, invite les soldats lancés contre Magnence à recevoir le baptême: ils sont les défenseurs de l'empire chrétien contre le tyran païen. La propagande impériale utilise toutes les péripéties qui rappellent le fondateur de la dynastie [102]. Les courtisans prêtent volontiers la main: l'évêque Valens assure qu'un ange lui a providentiellement annoncé la victoire de Mursa [102bis]. Cyrille, qui siège à Jérusalem depuis peu, après une élection confuse, saisit l'occasion pour capter la faveur du prince [103]: il lui annonce l'apparition d'une croix lumineuse dans le ciel de Jérusalem au-dessus du Golgotha, un 7 mai, pendant la cinquantaine post-pascale [104]. L'évêque recom-

---

[100] Iulian. *Or.* 2, 55 D Hertlein. La chronologie est rappelée par E. STEIN, *Histoire du Bas-Empire* I 139-41. Les Tricennales: Amm. XIV 5, 1.

[101] Petr. Patr. fr. 16, in *FHG* IV 190.

[102] Thdt. *HE* III 3, 7.

[102 bis] Sulp. Sev. *Chron.* II 38, 5.

[103] Jérôme place cette élection, qui impliquait *corsi e ricorsi*, après la mort de 348: *Chron.* p. 237 Helm; Cyrillus Hierosolym. *Const.*, in *PG* XXXIII 1165-1176.

[104] On connaît la date par les *Consularia Constantinopolitana* (*Chronica Minora*, in *MGH* IX 1, p. 238): *et apparuit in Oriente signum Salvatoris die III Kal. Feb. Luna XXVIII n. Mai.* Cette notice confuse contient deux dates, dont les *n* (onas) *Mai* (as). Le 28e jour de Lune correspond au 7 mai 351 et non au 30 janvier. J. VOGT, «Bericht über Kreuzeserscheinungen aus dem 4. Jhdt. n. Chr.», in *AIPhO* 9 (1949), 596-9, préfère 353, pour des raisons de critique interne, que réfutent H.

mandait au prince de porter avec lui, comme si Dieu combattait à ses côtés, le trophée de la croix : la lettre évoque manifestement le souvenir de Constantin, tel que le décrit Eusèbe dans la *Vita*, portant le labarum avec ses armées pour écraser Licinius : cette vision survint fort opportunément en 351. Le récit merveilleux passa assez vite, semble-t-il, dans l'historiographie arienne, jusqu'à Philostorge [105] : celui-ci insistait avec plus de force encore sur le souvenir du pont Milvius ; il ajoutait que la croix avait été également visible à l'armée d'Illyricum en lutte contre Magnence. Cette littérature reflète bien les thèmes de la propagande impériale : *Hoc signo victor eris* ; Constance utilise cette légende, avec une image de l'empereur tenant le labarum, sur un *solidus* de Thessalonique, sans doute dès la soumission de Vetranio. Le même schéma est utilisé peu après pour le billon émis à Sirmium et à Siscia, dans les ateliers qui fonctionnent au moment de la campagne contre Magnence [106]. Par la suite le prince reprend le monnayage à la gloire des Romains, à la gloire de la *Respublica*, en faisant frapper, dès 352, l'image des deux villes qui résument l'unité de l'empire. Mais auparavant, le prince avait privilégié le monnayage du combat chrétien.

Après la victoire (peut-être pour dissiper les inquiétudes récentes, en redoublant d'assurance), le prince affirme le sentiment élevé qu'il a de sa fonction. A l'époque, note Ammien, Constance commença à parler de « son éternité » et se déclare *totius orbis dominus* (XV 1, 3). L'empereur est convaincu de l'élection divine ; il est instrument de Dieu et

---

GRÉGOIRE et P. ORGELS, in *Byzantion* 34 (1954), 595. Voir aussi Socr. *HE* II 28 et Soz. *HE* IV 5 ; J. ZIEGLER, *Zur religiösen Haltung der Gegenkaiser im 4. Jhdt. n. Chr.* (Kallmünz 1970), 71.

[105] P. BATIFFOL suppose un historien anonyme, avant Philost. *HE* III 26 : *RQA* 9 (1895), 61.

[106] J.P.C. KENT, *op. cit.* (*supra* n. 44), p. 416 (146) ; billon, pp. 368-9 ; p. 386.

ses victoires garantissent son orthodoxie, puisque le Seigneur ne protégerait point un hérétique. Il est possible qu'il ait répliqué aux évêques qui lui objectaient les règles conciliaires, que sa volonté valait comme «un canon»; mais, comme le montre Girardet, c'est Lucifer de Cagliari, un polémiste frappant comme un bûcheron, qui lui décerne le titre d'*episcopus episcoporum*: l'empereur n'a pas imaginé de s'affubler d'un titre aussi suspect [107]. En revanche, c'est bien lui, comme le déclare une loi de 361, qui assure aux chrétiens une *perpetua securitas* [108], et il place aux premiers rangs de ses charges ce devoir de protection et de surveillance, l'*episkopè* en quelque sorte. Themistius, séduit et sollicité par le pouvoir [109], met au service de la monarchie constantinienne toute une éloquence nourrie des traditions hellénistiques de la philosophie politique. Car en exaltant Constantinople, le «peuple de Constantin», en rappelant avec force que «le cœur du roi est dans la main de Dieu», que le souverain atteint, par sa vertu — la *philanthropia* —, cette ressemblance divine fondant son pouvoir, l'orateur donne à Constance l'armature idéologique de sa politique constantinienne. Cette décennie, qui précède l'irruption de Julien dans la première lignée chrétienne, apporte toute une efflorescence de théologie politique: Athanase lui-même, dans son *Apologie*, célèbre le *basileus*, sa piété et sa *philanthropia* et les ariens ne sont pas en reste, qui exaltent,

[107] K. M. GIRARDET, «Kaiser Konstantius II. als 'episcopus episcoporum'...», in *Historia* 26 (1977), 95-128. Sur les sentences de Constance: Lucif. *Reg. apost.* 2; voir aussi *Moriend.* 7 et 13; le 'canon impérial': Athan. *Hist. Arian.* 33.

[108] *CTh* XVI 2, 16: *Gaudere enim et gloriari ex fide semper volumus, scientes magis religionibus quam officiis et labore corporis vel sudore nostram rem publicam contineri.*

[109] G. DAGRON, *L'empire romain au IVe s. et les traditions politiques de l'hellénisme. Le témoignage de Thémistios*, Travaux et Mémoires... 3 (1967), 1-242, surtout 163 sq.; L. CRACCO RUGGINI, «Simboli di battaglia ideologica nel tardo ellenismo», in *Studi storici ... O. Bertolini* (Pisa 1972), 177-300.

comme le fait Eunome, la monarchie terrestre pour mieux illustrer la royauté supérieure de Dieu [110].

Constance, pendant cette seconde partie de son règne, s'entoura avec un soin accru de tout un rituel aulique d'exaltation royale. Une loi fixe en 354 les conditions de l'*adoratio purpurae* pour les officiers [111]: elle codifie une pratique du cérémonial qui appartenait déjà à la cour de Constantin et qui fut utilisée pour ses funérailles. Constance organise sa visite à la première Rome comme un *adventus* royal. Le récit d'Ammien (XVI 10) ne suggère guère que le spectacle de la capitale, avec l'éclat monumental de la tradition païenne, ait pu infléchir les convictions ni même la politique du prince. Du reste, Constance avait fait éloigner de la Curie l'autel et la statue de la Victoire [112]; Ammien rappelle au contraire avec quelle rigueur impavide Constance — tout impressionné qu'il fut — observa le protocole royal sans se laisser amollir par l'admiration ni par la surprise; il était, hiératique, l'empereur, l'unique empereur.

L'exaltation d'un pouvoir étendu à tout l'empire (comme l'avait été dès 324 celui de Constantin) accuse le style d'une politique; elle n'en modifie pas l'orientation. Constance passe huit ans dans la *pars Occidentis*, à Milan surtout dans les premières années de 352 à 357: la ville est résidence habituelle malgré les voyages en Gaule ou à

---

[110] F. DVORNIK, *Early Christian and Byzantine Political Philosophy*, Dumbarton Oaks St. 9 (Washington 1966), II 741 sq.; Eunome, *Apol.* 27: voir P. BESKOW, *Rex gloriae* (Uppsala 1962; trad. d'Eric J. SHARPE), 265-72.

[111] W. T. AVERY, «The Adoratio Purpurae and the Importance of the Imperial Purple in the 4th Century of the Christian Era», in *Mem. Amer. Acad. Rome* 17 (1940), 66-80; *CTh* VIII 7, 4.

[112] On se limitera aux remarques de S. MAZZARINO, *Antico, tardoantico ed erà costantiniana* I (Città di Castello 1974), 351-7, et surtout R. O. EDBROOKE, «The Visit of C. II to Rome in 357 and its Effect on the Pagan Roman Senatorial Aristocracy», in *AJPh* 97 (1976), 40-61. Sur l'*adventus*: D. VERA, in *RSA* 10 (1980), 126-7.

Rome. Puis Constance se transfère à Sirmium, sa ville natale (357-368), avant de regagner la seconde Rome (359-360) et finalement de reprendre la route de la frontière orientale, vers Edesse, vers Hiérapolis (360-361). Après la mort de Constant, l'Auguste s'inquiète d'assurer la continuité dynastique : il établit son cousin Gallus comme César (le 15 mars 351), au moment où il doit conduire en Occident la guerre contre Magnence. Le choix s'était porté sur un prince chrétien, qui s'établit à Antioche, où il tomba sous l'influence d'un ascète, l'Indien Théophilos, et aussi sous la coupe d'un théologien syrien qui professait un arianisme extrême, Aèce. L'usurpation du rebelle gaulois est définitivement écrasée, lorsque Constance épouse, en 353 ou en 354, une jeune Grecque, Eusebia, qui avait peut-être des idées théologiques et en tout cas détestait Aèce [113]. L'usurpation de Silvanus après l'élimination de Gallus impose la nomination d'un nouveau César, le 6 novembre 355. Constance, déterminé peut-être par l'intervention de l'Augusta, choisit un cousin, qu'il imagine chrétien : Ammien évoque la dissimulation de Julien (XXI 2, 4) *adhaerere cultui christiano fingebat*. Ces inquiétudes dynastiques accompagnent la politique de Constance : vainqueur, il a aboli les lois du 'tyran' et il s'efforce avec une vigueur accrue de moraliser l'administration, en légiférant contre le *suffragium* et en réglementant le régime des sportules. C'est à cette époque qu'apparaît une réglementation sur le service et sur la carrière des *curiosi* [114]. L'empereur, qui s'inquiète d'établir sur tout l'empire une autorité unique, ne néglige point la capitale de la partie orientale : il promulgue un grand texte en 361 sur le sénat de Constantinople et sur le

---

[113] Philost. *HE* III 27; IV 8. Sur l'influence d'Eusebia : IV 7; E. et Aèce : VII 1.

[114] Abolition des lois du tyran : *CTh* XV 14, 5 et IX 38, 2; XI 1, 6 en 354; VIII 4, 6; VII 4, 4-6; *suffragium* : CTh XII 1, 44; I 9, 1 en 359; VI 29, 4; *curiosi* : *CTh* VI 29, 1-4. A. GIARDINA, *Aspetti della burocrazia nel basso impero* (Roma 1977), 66.

préfet de la Ville, cette ville devenue plus clairement encore une seconde Rome [115].

Pour cette politique de continuité, Constance emploie les mêmes hommes ou le même type de serviteur: ainsi, dans l'armée, Barbatio et Arbitio obtiennent de grands commandements, tandis que s'ébauchent des carrières, celle du comte Asterius, un chrétien utilisé pour une mission à Alexandrie avant d'être nommé *dux* en Arménie [116]. Dans la haute administration interviennent toujours Datianus, devenu finalement patrice, le notaire Palladius. Les frères de l'Augusta bénéficient, avec le consulat en 359, d'une éclatante promotion: ce sont des chrétiens mais parfois les grands sont au fond d'eux-mêmes discrètement des païens, tel le comte d'Orient Modestus, dont Julien fait en 362 un préfet de Constantinople ou Nebridius, l'un des rares Occidentaux à servir en Orient [117]. En revanche, les Orientaux accompagnent le prince en Occident et se chargent des missions délicates: Léontius devient préfet de la Ville pour enlever le pape Libère, Taurus reçoit finalement la préfecture d'Italie de 355 à 361 et aussi la mission de surveiller le concile de Rimini: c'est un ancien notaire, d'origine modeste, qui est probablement chrétien. On connaît en 351, au moment de la guerre contre Magnence, la composition du conseil réuni à Sirmium: il comprend des fidèles, auxquels se joignent seulement deux aristocrates venus des états de Constant [118]. En effet les Occidentaux sont rarement appelés aux plus hautes fonctions, surtout vers la fin du règne, à

---

[115] G. DAGRON, *op. cit.* (*supra* n. 109), 133-4; *CTh* I 6, 1; I 28, 1; VI 4, 12, etc. A l'opposé, Constance supprime le vicariat de la Ville (à Rome) en 356.

[116] *PLRE* I 119.

[117] Florentius, *PLRE* I 363; Palladius, 658; Eusebius et Hypatius, 309 et 448; Modestus, 605-8; Nebridius, 619. Un autre Occidental sert comme augustale, Italicianus: *PLRE* I 466.

[118] Leontius, *PLRE* I 503; Taurus, 879-880; sur le conseil de 351, voir ci-dessous note 124.

l'exception de la préfecture romaine exercée par Cerealis, par le païen Orfitus, puis par le catéchumène Junius Bassus (il meurt en 359) et de nouveau par un païen convaincu, Tertullus. Cette alternance démontre bien que Constance emploie sans réticences des païens : l'administration des provinces à la fin du règne leur est souvent confiée, pour la préfecture d'Egypte avec le Corinthien Parnassius (357-359), pour le gouvernement de l'Achaïe, avec Ampelius (359-360) ou même avec Araxius pour la direction de la seconde Rome [119]. L'administration palatine des *agentes*, des notaires et plus encore les serviteurs de la maison œuvrent dans l'ombre : ils en sortent parfois, comme le notaire Pentadius, lorsqu'il devient 'Maître des Offices' auprès de Julien (358-360) [120] ; au total, Constance continue de s'appuyer sur ce réseau secret et efficace dans lequel s'affaire toujours le préposé Eusèbe. Ce personnel illustre la continuité.

2. Constance entend appliquer en Occident la politique religieuse dont ont bénéficié les Eglises en Orient : l'unité chrétienne lui apparaît comme un élément décisif de l'unité et de la paix impériales. L'application d'un tel programme progresse au pas des légionnaires romains qui repoussent et chassent les rebelles. Les chrétientés d'Orient acceptaient plus ou moins docilement depuis Constantin le contrôle des clans épiscopaux appuyés par le prince ; ceux-ci s'accordaient au moins pour écarter les ingérences des sièges occidentaux. La nouvelle conjoncture contribue à accuser les divergences et les rivalités qui commençaient à sourdre dans l'épiscopat oriental ; quant aux provinces qui avaient appartenu à l'empire de Constant, elles découvrent avec étonnement tout ce que cet empire chrétien pouvait apporter de contrainte et même de violences.

---

[119] Araxius, *PLRE* I 94 ; G. DAGRON, *op. cit.* (*supra* n. 9), 223-6.
[120] *PLRE* I 687.

Au moment où il combattait Magnence, Constance s'occupait de liquider un autre rebelle, établi à Sirmium, l'évêque Photin; déjà condamné à Milan en 345 par les Occidentaux et par une délégation venue de l'Orient, associé dans l'anathème à Marcel d'Ancyre et à Sabellius, mais appuyé par son peuple, le prélat résistait tranquillement à toutes les excommunications. La présence d'un Auguste avec ses légions contraignit le prélat à répondre de sa théologie devant un concile convoqué par l'empereur. L'assemblée [121] réunit les évêques qui accompagnaient la campagne; Basile d'Ancyre, le remplaçant de Marcel, un iatrosophiste qui était un théologien honorable, et Silvain de Tarse représentaient probablement déjà un courant modéré qui recherchait la conciliation avec l'Occident; les prélats qui avaient l'habitude de fréquenter le *comitatus* les accompagnaient: Valens de Mursa et Ursace de Singidunum, des Occidentaux acquis désormais au parti du subordinatianisme, Théodore d'Héraclée, comme toujours mêlé à ces affaires, Eudoxe de Germanicie et le titulaire de Nicomédie, Cécropius. Ce petit groupe était grossi par l'arrivée des prélats de la région, parmi lesquels Démophile de Bérée, un politique ambitieux, le geôlier de Libère. L'évêque de Sirmium, condamné et déposé en présence de Constance, fit appel à l'empereur [122]. Celui-ci utilisa une procédure qui rappelle l'intervention de Constantin dans le cas de Donat ou dans celui d'Athanase [123]; l'affaire était confiée au tribu-

---

[121] H. C. Brennecke conjecture que le concile précède Mursa (*op. cit.,* 61-2). Nous n'avons que la date consulaire; mais Sirmium a été abandonnée par Constance et assiégée par Magnence selon Zosime (II 49): le concile se tient soit pendant l'hiver, soit après la bataille de Mursa, hypothèse plus probable. Socrate, *HE* II 29, et Sozomène, *HE* IV 6, confondent ce synode avec celui de 358: voir M. Simonetti, *op. cit.* (*supra* n. 88), 201-9, surtout 203 n. 110. Dans les *Op. hist. frg.* d'Hilaire, B VII 9, figure une liste de noms qui se rapportent à cette assemblée, Ch. Pietri, *op. cit.,* 257 n. 3.

[122] Epiphane, *Panarion* 71, 1; H. C. Brennecke, *op. cit.,* 95-7.

[123] K. M. Girardet, *Kaisergericht und Bischofsgericht* (Bonn 1975), 41 sq.; 68 sq.

nal du prince; la charge de l'accusation revenait à Basile et celle de l'instruction aux membres du *consilium* [124]. Epiphane peut consulter les actes d'une procédure impériale, soigneusement collationnée par les notaires du prince. Celui-ci exerçait ainsi la prérogative d'une instance d'appel qui confirmait les sentences du petit concile. Constance procède soigneusement; il promulguait le transfert à Sirmium de l'oriental Germinius qui prit la place de Photin, après avoir occupé à Cyzique un siège proche de la seconde Rome. L'intervention impériale donnait également à la formule de foi adoptée par le concile l'allure d'un *hénotikon*. Ce texte, au demeurant modéré, reprenait, en y ajoutant une liste d'anathématismes [125], la quatrième «formule d'Antioche», le document présenté en 342 à l'Occident. La première formule de Sirmium semblait dessiner une charte pour l'unité des Eglises, au moment où se reconstituait l'unité de l'empire.

Au nom de Photin et à celui de Marcel, le prince fit ajouter celui d'Athanase: Hilaire accuse (comme le montre l'analyse de Girardet) les ariens d'avoir procédé à cet amalgame au moins dès 347. Une loi de 355 (*CTh* XVI 2,12) illustre *a posteriori* la procédure suivie par Constance. L'empereur rappelle que les évêques relèvent exclusivement de la justice ecclésiastique [126]: mais dans le cas de Photin comme dans le cas d'Athanase, l'Auguste peut se fonder sur des sentences conciliaires: celles de Sirmium ou, dans le

---

[124] Thalassius, le préfet d'Orient (*PLRE* I 886); les comtes Datianus (consul en 358), Taurus (le préfet d'Italie en 355), Leontius (le préfet de la Ville en 355); on ne connaît pas Evanthius ni Olympius, cités par Epiphane. Deux Occidentaux: Cerealis, qui sera préfet de Rome pour quelques mois, en 351, *PLRE* I 197-8; Marcellinus, qui a été préfet d'Italie sous Constant et consul en 341, *PLRE* I 548-9.

[125] Athan. *Syn.* 27; Socr. *HE* II 30; et, en traduction latine, Hil. *Syn.* 38; voir M. SIMONETTI, *op. cit.*, 203; H. C. BRENNECKE, *op. cit.*, 99-107.

[126] K. M. GIRARDET, «Constance II, Athanase et l'édit d'Arles (353)», in *Politique et théologie chez Athanase d'Alexandrie* (Paris 1974), 63-91.

deuxième cas, celles de Tyr (de 335, répétée à Sardique en 343). Il n'est donc aucune contradiction entre la loi telle que le prince la formule et la pratique de ses interventions. Son attitude signifie simplement qu'il ne confère aucune légitimité à tous les synodes occidentaux qui ont relevé Athanase des condamnations orientales : Constance reprend ainsi l'ecclésiologie d'Eusèbe de Nicomédie. L'Eglise d'Occident, dont on respecte les sentences contre le donatisme [127], doit se conformer aux sentences des grands synodes régionaux tenus en Orient pour des affaires de l'Orient. Le prince s'engage d'autant plus volontiers dans cette attitude qu'il suspecte une fraction de l'épiscopat occidental d'avoir plus ou moins pactisé avec le rebelle ; Magnence avait utilisé des prélats pour ses ambassades auprès de Constance et même, prétendait-on, pour une négociation plus discrète avec Athanase d'Alexandrie [128]. En demandant aux évêques de se soumettre aux règles de l'unité ecclésiale, telle qu'il les a fixées, Constance impose du même coup aux clercs une démonstration de loyauté politique ; les résistances valent comme une rébellion. Ainsi s'explique la procédure dont le pouvoir poursuit inflexiblement l'application, après la défaite définitive de Magnence. Dès 353, l'empereur promulgue en Gaule un édit qui ordonne aux évêques de souscrire aux sentences orientales portées contre Marcel, Photin et aussi contre Athanase [129]. On ne voit pas que ce texte ait expressément demandé l'adhésion à une formule de foi mais les signatures sous-entendaient l'acquiescement à

---

[127] *CTh* IX 34, 6 de 355.

[128] Athan. *Apol. Const.* 6 ; 9 ; H. C. BRENNECKE, *op. cit.*, 84-90.

[129] Sur cet édit 'd'Arles', voir K. M. GIRARDET, *art. cit.* (*supra* n. 126) : trois textes en particulier, Sulp. Sev. *Chron.* II 39 ; le témoignage de Libère, *Ep. ad Constantium* dans *Op. hist. frg.* A VII 4, in *CSEL* LXV, 92 ; la lettre de Constance à Eusèbe de Verceil, dans *Corpus Christ.* IX, éd. V. BULHART (Turnhout 1957), 120-1. Les allusions de Lucifer de Cagliari, trop polémiques pour être probantes, ont été réunies par K. M. GIRARDET, *art.cit.* (*supra* n. 126), 67 ; H. C. BRENNECKE, *op. cit.*, 184-192.

une théologie qui condamne, dans l'esprit du symbole d'Antioche, rappelé par la formule de Sirmium en 351, la théologie de Photin et celle de Marcel; ainsi les Occidentaux devaient rétracter les sentences de Sardique, qui avait reçu la communion de l'évêque d'Ancyre. A l'époque, ce sont les Occidentaux, Paulin de Trèves, Denys de Milan, Libère de Rome, qui s'efforcent de dissiper l'ambiguïté en dissociant la *causa Athanasii* du débat théologique, pour dire que la querelle avec l'Orient engage une *causa fidei*, sur la foi trinitaire, telle qu'elle a été définie à Nicée. Mais le prince et ses conseillers ne souhaitaient pas s'engager sur un tel terrain. Alors qu'il s'établissait dans la résidence palatine d'Arles, Constance saisit l'occasion des tricennales (en octobre) pour exiger la signature des évêques gaulois réunis autour de lui avec deux légats romains; Paulin de Trèves résistait; on l'exila en Phrygie. L'empereur s'occupa d'appliquer la même procédure en Italie, après avoir achevé ses campagnes gauloises: il avait fait mander l'édit à chacun des sièges épiscopaux; au peuple de Rome, il adressait directement une *oratio* sans même prévenir l'évêque [130]. Il convoqua l'épiscopat italien à un synode, en 355, à Milan probablement, pendant l'été. L'empereur intervenait personnellement: on connaît au moins la lettre qu'il adressait à Eusèbe de Verceil pour l'inviter à se joindre à une assemblée trop peu nombreuse au gré du prince. Bien entendu, les conseillers du prince, Valens, Germinius, dirigeaient les débats, en évitant qu'ils ne dévient vers les questions de théologie; mais lorsque le concile réuni dans l'église épiscopale menaça de basculer, le prince ordonna son transfert au palais impérial [131]. Les évêques signèrent dans leur majorité: Denys de Milan, Eusèbe de Verceil, Lucifer de Cagliari furent envoyés en exil, les légats romains également et au

---

[130] Athan. *Hist. Arian.* 31 et Libère, *Ep.Obsecro* citée, A VII 1, *CSEL* LXV, 89. Sur l'attitude de Libère, Ch. PIETRI, *Roma Christiana*, 239-45.

[131] Hil. *Fragm.* II B, 1, *Appendix* 3, 8, in *CSEL* LXV, 187.

préalable, on fit fouetter le plus humble d'entre eux, le
diacre Hilarius. Peu après, Constance établissait sur le siège
de Milan un arien qui appartenait au clan cappadocien et
qui ne savait pas le latin, Auxence. L'empereur fit poursuivre cette procédure de synodes qui enregistraient les signatures et l'obéissance épiscopales: Saturninus d'Arles, un
prélat rallié et docile, réunit une assemblée à Béziers, en
356: on n'y enregistra que deux refus, celui d'Hilaire de
Poitiers et celui de Rhodanius de Toulouse.

A Rome, l'évêque Libère, abandonné de l'épiscopat
italien soumis, isolé, attendait l'exil, comme il le confia
lui-même dans une lettre aux confesseurs. Il était le dernier
obstacle pour le prince qui souhaitait ardemment, note
Ammien Marcellin, asseoir le succès de sa politique unifi-
catrice sur le consentement de l'autorité romaine; on ne
traitait pas un pape comme l'évêque d'un obscur siège
gaulois. Constance envoya un homme de confiance, le
chambellan Eusèbe, avec des lettres et des présents: le pape
fit jeter les cadeaux que le castrat avait laissé sur la tombe
de l'Apôtre. Dès lors, Constance prépara une opération de
police; il nommait, au début de 356, un homme de confiance à la préfecture, l'oriental Léontios qui avait siégé
dans le tribunal de Photin. L'homme était énergique et
efficace: il fit enlever de nuit Libère, très populaire dans sa
ville, pour éviter l'émeute qui menaçait. Constance tenta de
fléchir le pape une dernière fois: Théodoret [132] reconstitue
cette ultime audience donnée en présence de l'eunuque
Eusèbe et d'un fringant prélat, acquis au pouvoir, Epictète
de Civitavecchia. Ce jeune palatin portait le débat sur le
terrain de la politique, en accusant le Romain de résister au
prince pour se concilier les sénateurs. Constance déclarait
son désir de paix, mais il ajoutait qu'il avait déjà remporté

---

[132] Thdt. *HE* II 16: il prétend utiliser une *Vie* de Libère. Voir aussi Sozomène,
IV 11, et, sur toute l'affaire, une analyse que j'ai déjà présentée dans *Roma
Christiana*, 245-9.

beaucoup de victoires, sur les rebelles, sur Magnence, sur Silvanus (exécuté à l'automne précédent). En dépit de toutes les règles de l'Eglise, Constance considéra que Libère avait été déposé. Athanase raconte comment on lui donna un successeur, l'archidiacre romain Félix (qui avait juré d'être fidèle à son pape), en le faisant consacrer par quelques prélats palatins, Epictète peut-être, Acace de Césarée, en présence des eunuques, dans un coin du palais impérial. Pour plus de sûreté, Eudoxe de Germanicie s'établit quelque temps à Rome [133].

La plus belle victoire à laquelle aspirait Constance après avoir vaincu les grands rebelles était d'écraser Athanase: c'est ce qu'il aurait déclaré, explique Théodoret, au pape Libère. L'empereur préparait, au moins depuis 351, une opération de grand style. On avait compilé un gros dossier d'accusation: l'évêque avait dressé Constant contre son frère, échangé des lettres avec Magnence, célébré dans la grande église, construite par l'empereur, avant sa dédicace (sans doute en 352) [134]. Un synode réuni à Antioche choisit un nouvel évêque pour Alexandrie, un Cappadocien encore une fois, un impérieux personnage, Georges [135]. Un fonctionnaire impérial, le silentiaire Montanus, arrivait, le 23 mai 353, avec une lettre convoquant Athanase en Italie: Constance se préparait à faire signer, par les évêques, un édit qui condamnait l'Alexandrin. Celui-ci affecta de considérer que la lettre de convocation était un faux. L'empereur, occupé par les affaires de Gaule, n'insistait pas. Le 4 septembre 355, il mandait le notaire Diogenes, avec mission d'expulser Athanase; pendant quatre mois, l'envoyé du prince put occuper l'église épiscopale; mais la résistance

---

[133] Athan. *Hist. Arian.* 75; Hier. *Vir. ill.* 98; pour Eudoxe, Socr. *HE* II 37.

[134] D'après l'*Apologie à Constance*.

[135] Socr. *HE* IV 8; voir H. C. BRENNECKE, *op. cit.*, 118-9: la date de cette élection est incertaine.

populaire le contraignit à se retirer le 23 décembre [136].
Constance décida de faire donner l'armée: le notaire Hilarius avait fait réunir des troupes que commandait le *dux*
Syrianos [137]. L'édit impérial prévoyait de retirer à Athanase
le blé de l'annone, puis d'expulser le rebelle; enfin de faire
donner les églises à Georges. Le plus facile fut d'expulser
l'évêque, qui s'enfuit au désert le 8 février; ses partisans
défendirent les édifices du culte pendant près de six mois,
jusqu'à l'arrivée d'un nouveau préfet, qu'accompagnait un
comte; Georges ne put conquérir finalement son siège que
le 24 février 357; ce fut une installation précaire que la
révolte des Alexandrins menaçait dès l'année suivante, et
l'empereur continua de suivre une situation que son coup
de force avait rendue explosive. N'importe: en quelques
années l'empereur pouvait s'imaginer qu'il avait établi l'ordre et l'unité dans l'Eglise, de l'Orient à l'Occident: à
Alexandrie Georges, Leontios à Antioche, Macedonios
toléré à Constantinople, Auxence installé à Milan, tandis
que l'évêque d'Aquilée Fortunatien s'est prudemment rallié, Félix à Rome, flanqué d'Epictète de Civitavecchia, pour
la Gaule, Saturninus d'Arles assisté de Paternus à Péri-
gueux, pour l'Espagne, Potamius de Lisbonne chargé de
neutraliser le vieil Ossius de Cordoue: c'est tout un réseau
d'évêques dociles occupant les grands sièges et relayant la
politique inspirée par le groupe de prélats palatins où
l'Occident est représenté par Valens, Ursace et Germinius.
Le prince pouvait même surveiller l'Eglise du dehors et
demander que Frumentios, le missionnaire du royaume
d'Ezana, fût envoyé au fidèle Georges [138].

---

[136] Athan. *Apol. Const.* 19-21; *Hist. Aceph.* I 7-8, voir A. MARTIN, éd. citée (*supra*
n. 27), 89-97, pour toute la chronologie.

[137] *Hist. Aceph.* I 9; Athan. *Apol. Const.* 22; *Hist. Arian.* 48 et 51.

[138] F. THELAMON, *Païens et chrétiens au IVe siècle. L'apport de l'«Histoire ecclésiastique» de Rufin d'Aquilée* (Paris 1981), 60-2.

Comme il l'avait fait en Orient, l'empereur accompagna sa politique policière en distribuant les privilèges et la protection du pouvoir. Un édit adressé au peuple d'Antioche à la fin du règne rappelle avec force l'inspiration du prince : Constance entend assurer, dans chaque *vicus, oppidum, castellum* ou *municipe*, une perpétuelle sécurité à la prédication chrétienne [139]. Dès son établissement en Occident, l'empereur répète les lois promulguées en Orient, qui assurent la protection du mariage en rappelant les empêchements de parentés définis par les canons chrétiens [140]; il légifère pour normaliser les relations familiales en imposant le devoir de tutelle aux ascendants maternels ou à l'inverse en autorisant de révoquer les donations faites à des affranchis si le patron a eu des enfants. En 357, une loi adressée au préfet de la Ville rappelle l'infamie de la gladiature [141]. Aux lois morales s'ajoutent des mesures de protection plus concrètes, en 354 pour punir le rapt des vierges consacrées ou celui des veuves, en 355 pour établir, au bénéfice des évêques, le privilège du for [142]. Le prince le tout premier a violé ses propres lois en chassant de leurs sièges des évêques qui n'avaient pas été canoniquement déposés, Libère de Rome par exemple. Mais Constance ne trouve pas de contradiction, puisqu'il réserve tous les avantages à un clergé reconnu et docile. Il accorde les immunités et les privilèges économiques comme une récompense. L'exemple de Rome est spécialement significatif : le 10 novembre 356, Constance confirme au préfet Léontios les privilèges des clercs romains et il adresse peu après (en décembre) un édit à son évêque Félix rappelant l'immunité des *munera sordida*

---

[139] *CTh* XVI 2, 16, du 14 février 361.

[140] *CTh* III 12, 2, de 355, d'après la date consulaire.

[141] *CTh* VIII 13, 3 (complète une loi de 349, *ibid.*, 2); gladiature: *CTh* XV 12, 2.

[142] *CTh* IX 25, 1; XVI 2, 12.

et la dispense du chrysargyre [143]. Toujours la même année, l'empereur maintient l'exemption pour le clergé et pour les *copiatae*; mais la réponse adressée aux requêtes du synode de Rimini est plus nuancée: les immunités ne sauraient s'étendre aux biens personnels de clercs. La réaction impériale procède d'une grande logique et elle illustre également l'attitude constante du prince, qui ne veut pas privilégier un épiscopat qui s'était montré indocile pendant les débats conciliaires [144]. C'est bien la politique que Constance applique depuis longtemps en Orient.

Pour protéger l'Eglise, Constance infléchit dans la nécessité des circonstances la politique de tolérance qu'avait démontrée Constantin à l'égard des Juifs et des païens. La loi de 353, qui punit par la confiscation de tous leurs biens les chrétiens passés au judaïsme, suit la grande révolte des Juifs en 352 [145]. De la même manière, l'édit du 23 novembre 353 qui interdit les sacrifices nocturnes autorisés par Magnence: le prince très chrétien abolit les vestiges de la rébellion païenne [146]. Un édit, promulgué quelques jours plus tard, vaut comme une proclamation de propagande en

---

[143] *CTh* XVI 2, 13-14; il faut corriger pour placer en 356, et non l'année suivante, les consulats de Julien et de Constance, qui réside à Milan en 356, non en 357. On ne peut attribuer à 354 *CTh* XVI 2, 10: voir la note de Th. Mommsen, p. 838; il s'agit d'une loi de 346, comme le pense O. Seeck, *Regesten*, 194: elle accorde les mêmes privilèges, en limitant la dispense du chrysargyre aux opérations commerciales liées à l'assistance des pauvres; *CTh* XVI 2, 16.

[144] *CTh* XVI 2, 15.

[145] *CTh* XVI 8, 7; la loi est adressée à Thalassius, mort en 353, et ne peut être de 357, comme l'indique la date consulaire; voir K. L. Noethlichs, *Die gesetzgeberischen Massnahmen der christlichen Kaiser des vierten Jahrhunderts gegen Häretiker, Heiden und Juden* (Köln 1971), 70-3.

[146] *CTh* XVI 10, 5. Il faut dater la constitution *CTh* XVI 10, 4 de 353 (*CJ* I 11, 1); elle est adressée à Taurus avec un consulat de l'empereur et de son César; on ne connaît pas le préfet de 353; je ne vois pas comment J.-R. Palanque, in *Historia* 4 (1955), 261, peut placer une préfecture de Philippe en 353; d'autre part, la préfecture de Vulcacius Rufinus n'est pas mentionnée après 352 et celle de Maecilius pas avant 354. On ne peut exclure que Taurus, présent à Sirmium, ait exercé en Italie un intérim.

ordonnant la fermeture de tous les temples et l'interdiction des sacrifices. En 356, après les campagnes de Gaule et l'écrasement d'une nouvelle rébellion, celle de Silvanus, Constance répète l'interdiction de sacrifier, sous peine de mort [147]. Ces dispositions ponctuent les victoires arrachées à la rébellion païenne : mais elles sont trop générales et trop ambitieuses pour être efficacement appliquées. En revanche, les mesures dirigées contre la magie en 357 et de nouveau en 358, la première dans un édit au peuple, la seconde dans une loi adressée au préfet Taurus, organisent une répression très sérieuse, d'autant que Constantin avait déjà mis en place un système de surveillance, en reprenant lui-même toute une tradition de la loi romaine [148]. Le procès de Scythopolis, en 359, illustre bien ce que permet cette législation, en glissant de l'accusation de magie à la persécution d'un petit groupe [149] d'intellectuels et de hauts fonctionnaires païens.

3. Constance, en ces dernières années du règne, faisait la politique de la théologie ou plutôt celle des théologiens. L'évolution est insensible, déjà dessinée dès 351, lorsque la condamnation de Photin et de Marcel et bientôt l'édit porté contre Athanase sous-entendent une référence à une formule de foi glosant à Sirmium la théologie du synode d'Antioche. Surtout après la résistance des Occidentaux, qui s'obstinent à opposer à la cause d'Athanase une *causa fidei*, le prince croit nécessaire d'assurer une unité concrètement réalisée sur une confession commune. Il s'imagine

---

[147] *CTh* XVI 10, 6; on notera qu'il n'y a pas de destinataire.

[148] *CTh* IX 16, 4 er 5 de janvier et de décembre, la seconde loi (s'il faut les distinguer, K. L. NOETHLICHS, *op. cit.*, 67) valant comme un complément de la première; en 358, *CTh* IX 16, 6.

[149] R. VON HAEHLING, « Ammianus Marcellinus und der Prozess von Skythopolis », in *JAC* 21 (1978), 73-101. C'est l'époque où commence la guerre des 'athées', comme dit Libanius.

probablement être fidèle à Constantin, lorsqu'il œuvre depuis sa ville natale, à Sirmium en 357, en 358, en 359, pour la définition d'un credo, écartant les querelles inutiles de vocabulaire. Constantin reprochait à Arius de soulever des questions inutiles et à son évêque, de lui répondre [150]. Le fils, quant à lui, désirait comme son père mettre fin aux querelles, mais il ne se croyait pas incapable de participer aux débats : *scrutanda perplexius quam componenda gravius excitavit discidia plurima*, note Ammien (XXI 16, 18). Cette attitude du prince avait déjà donné une grande influence au petit *consilium* de prélats qui le conseillaient : Valens, Ursace, Germinius, Acace, Eudoxe et quelques autres qui s'efforçaient âprement de s'insinuer dans la faveur du prince. Car dans cette Eglise apparemment unifiée, les partis épiscopaux de l'Orient se divisent au moment où la lutte contre Nicée, Marcel et Athanase ne cimente plus leur solidarité. Les rivalités s'aiguisent puisqu'il s'agit d'arracher avec la faveur impériale le contrôle des sièges épiscopaux : Constance a montré tout ce qu'il pouvait réaliser de transferts et d'expulsions au bénéfice de sa conception de l'unité ecclésiale. Les clans d'évêques se regroupent en coalitions plus ou moins fragiles pour faire triompher leur théologie autant que pour gagner des évêchés où ils établissent des partisans ; ils espèrent ainsi gagner une majorité dans le collège épiscopal. De plus, les candidatures à l'épiscopat ne manquent pas, car les querelles théologiques ont fait surgir de nouvelles ambitions : celle des experts souvent d'origine très médiocre (comme l'étaient les notaires de Constance), dialecticiens de métier, théologiens avant même d'exercer des responsabilités sacerdotales et rarement engagés dans des responsabilités pastorales, qui auraient pu brider leurs initiatives conceptuelles. A Eusèbe de Nicomédie, qui représente dans la génération précédente l'élite sociale et

---

[150] Constantin dans Eusèbe, *Vit. Const.* II 70.

l'aristocratie cléricale, et qui avait, du règne de Licinius à celui de Constance, contourné habilement les obstacles pour mourir évêque de Constantinople, s'opposent l'âpreté d'Aèce, un ancien artisan, porte-parole d'un arianisme extrême, dont Léonce d'Antioche avait fait un diacre, et aussi l'entregent de son disciple Eunome, qui appartient au groupe actif des Cappadociens. L'intervention et l'ambition de ces théologiens gyrovagues brouillèrent un peu plus le fonctionnement du système d'unité voulu par le successeur de Constantin.

Constance croyait avoir atteint son but en 357; il avait établi l'unité et la paix, remporté «sa plus grande victoire» en chassant Athanase; à l'extérieur les périls s'éloignaient, en Gaule et aussi sur le front des Perses, avec lesquels on négociait la paix. Lui-même marchait contre les Quades et les Sarmates sur le Danube, après avoir quitté Rome et l'Italie, avant de s'établir à Sirmium [151]. C'est là qu'en sa présence, à la fin de l'été ou au début de l'automne, un petit groupe d'évêques (Valens, Ursace, Germinius, désormais titulaire du siège) [152] se réunit en 'concile' pour proposer un texte qui assurât l'unité de la foi. Cette seconde formule de Sirmium déclarait le Fils *genitum ante saecula*, en évoquant une génération que les ariens interprétaient aisément comme une création, grâce à leur exégèse du livre des *Proverbes* (8, 22; 25); en soulignant avec force la transcendance du Père — *maior pater* —, ce credo ne rappelait point que le Fils était à sa ressemblance, comme le faisaient avec insistance les symboles d'Antioche; il écartait toute condamnation d'Arius en professant ouvertement une théolo-

---

[151] Iulian. *Ad Ath.* 279 D Hertlein; Amm. XVI 10, 20; Zos. III 2, 2; l'empereur est encore à Ravenne en juillet 357 (*CTh* XII 1, 40).

[152] Le texte (voir note *infra*) indique seulement la présence des trois évêques *et ceteris*; une note éditoriale précise *exemplum blasphemiae apud Sirmium per Osium et Potamium conscriptae*; mais on ne peut privilégier la valeur de la note contre le texte lui-même.

gie subordinatianiste. Plus encore, le symbole bannissait l'usage des mots qui n'appartenaient pas au vocabulaire biblique : l'*homoousion aut quod dicitur homoeousion* [153]. L'empereur fit publier un texte pour lequel il attendait probablement un ralliement général. Il s'occupait de forcer la résistance du vieil Ossius, qui n'avait pas voulu condamner Athanase. Il le fit enlever de son siège, conduire à Sirmium et retenir jusqu'au moment où, dans un abandon sénile, l'Espagnol donna sa signature [154]. Ce ralliement venant du protagoniste de Nicée, même s'il était arraché, valait comme un symbole. On fit croire que le pape Libère exilé avait lui aussi abandonné sa signature. De fait, ce dernier négociait son retour en utilisant les services des évêques courtisans et même en sollicitant la médiation de l'eunuque Hilarius [155]. En réalité, le Romain acceptait de condamner Athanase et de reconnaître la validité de la première formule de Sirmium, comme il l'indiquait aux conseillers privilégiés du prince, Valens, Ursace et Germinius. A ce credo, Antioche donnait pleine approbation : Eudoxe avait réussi à conquérir le siège, à l'insu du prince, mais, disait-on, avec l'appui des eunuques [156].

En réalité, les félicitations qu'Eudoxe, appuyé par Acace de Césarée, adressait à Valens et à ses collègues firent beaucoup de mal à la manœuvre de 357 : le nouvel évêque, que Constance s'apprêtait à reconnaître, appuyait les débordements d'Aèce, qui prêchait l'*anomoios*, un subordinatianisme plus radical que celui de la deuxième formule de 357.

---

[153] Hil. *Syn.* 11 ; Athan. *Syn.* 28 en donne la traduction grecque (Socr. *HE* II 30) ; voir l'analyse de M. SIMONETTI, *op. cit.*, 230-2.

[154] Athan. *Hist. Arian.* 45 ; *Apol. contra Arian.* 89 ; *Apol. de fuga sua* 5 ; Hil. *Syn.* 87 ; H. C. BRENNECKE, *op. cit.*, 323, et sur Ossius, voir V. C. DE CLERCQ, *Ossius of Cordova* (Washington 1954), 474 sq.

[155] Ch. PIETRI, *Roma Christiana*, 255-9 ; sur le prétendu ralliement de Libère : Soz. *HE* IV 15.

[156] Socr. *HE* II 37 sur l'élection, les cubiculaires ; v. aussi Soz. *HE* IV 12 ; Thdt. *HE* II 31 ; Philost. *HE* IV 4-6.

Or celle-ci soulevait la tempête, non seulement en Afrique et en Gaule, mais surtout dans l'Asiana et même en Cilicie et à Jérusalem. Un petit concile, réuni pendant les fêtes de Pâques en 358 à Ancyre, rappelait la fidélité de l'épiscopat aux formules d'Antioche, qui avaient obtenu, encore en 351, l'adhésion de tout l'Orient. Basile d'Ancyre (qui avait été le protagoniste du premier concile de Sirmium en 351) put se faire le porte-parole de cette démonstration majoritaire : il avait arraché, grâce à la protection d'un ancien cubiculaire devenu prêtre, une audience à Sirmium et il y fit réunir un petit concile avec les évêques qui l'accompagnaient, Eustathe de Sébaste et Eleusios de Cyzique [157] ; les conseillers du prince ne purent faire obstacle à une formule de foi qui réunissait dans un dossier les symboles d'Antioche (341) et les anathématismes adoptés en 351 [158]. La lettre que Constance adressa aux Antiochiens illustre assez bien les raisons du prince dans sa reculade : Eudoxe avait créé le désordre par son coup de force. Plus encore, le texte impérial démontrait une grande hostilité à l'encontre d'Aèce, un protégé de l'ex-César Gallus et un novateur qui rompait, dans le mouvement de sa sophistique, avec la tradition antiochienne, en contestant la ressemblance du Fils selon la substance. Constance souhaitait apaiser une rébellion inattendue ; il expédiait en exil Eudoxe, Aèce et Eunome et, si l'on en croit Philostorge, soixante-deux personnes [159]. Enfin, il autorisait le retour de Libère, puis-

---

[157] Soz. *HE* IV 13-15 ; Thdt. *HE* II 25 ; Philost. *HE* IV 8 ; Valens, Ursace et Germinius ne résistèrent pas.

[158] Hil. *Syn.* 90 ; Soz. *HE* IV 15 ; cette réunion se tient au plus tôt en été ; sur la formule, M. SIMONETTI, *op. cit.*, 242, qui ajoute au dossier de Sirmium III les anathématismes d'Ancyre et une lettre présentée à Sirmium sur l'*homoousion* et l'*homoiousion*.

[159] Philost. *HE* IV 8 sq. et la lettre de Constance à Antioche : Soz. *HE* IV 14. Le même historien explique que dans un premier temps, Constance avait rédigé une lettre favorable à Eudoxe ; on arrêta le messager, un prêtre anoméen, Asphelius.

que le pape convoqué à Sirmium acceptait la formule de
351 : à ce compte, le Romain paraissait plus sûr que son
successeur Félix, qui n'avait rien signé.

Après cet infléchissement improvisé sous le coup des
circonstances et des pressions asiates, l'empereur considérait sûrement qu'il fallait chercher de nouveau, pour par-
faire l'unité, une *via media*. Il accueillit volontiers le projet
d'un grand concile et, songeant à Nicée, il se proposait de
l'établir à Nicomédie pour l'été de 359. L'idée venait sans
doute de différents côtés, peut-être de Basile; mais elle avait
été reprise par les conseillers habituels du prince [160]. Constance contrôla attentivement la préparation du concile, en
s'efforçant de concilier les exigences de la majorité asiate
réunie autour de Basile (et aussi de Macédonios de Constantinople), avec celles d'une minorité conduite par Acace
de Césarée, par Eudoxe et appuyée par Valens, Ursace et
Germinius. A la première, il concédait le choix d'un lieu de
réunion en Asie, à Séleucie d'Isaurie [161], après avoir abandonné celui de Nicomédie, ravagée par un tremblement de
terre; aux Acaciens, il accorda le dédoublement du concile
en deux réunions séparées, une solution plus économique
pour le *cursus publicus* et aussi plus favorable aux minoritaires [162]; il permit également le retour d'Eudoxe, que Basile
fut tout surpris de retrouver à Sirmium. L'empereur recherchait un compromis et il imposait une formule de foi qui
prétendait établir entre celles de 357 et 358 une voie
moyenne: ce credo, recueilli par un notaire et daté par la
chancellerie du 22 mai 359, n'insistait pas exagérément sur
la subordination du Fils, semblable au Père, et il interdisait

---

[160] Athan. *Syn.* 1 (Valens, Ursace, etc.); Socr. *HE* II 37; Soz. *HE* IV 16; Thdt.
HE II 27 (Basile); Philost. *HE* IV 10 (Patrophilos de Skythopolis).

[161] D'après Soz. *HE* IV 16: l'empereur et Basile ont envisagé le choix de
Nicée.

[162] Sur l'*evectio* des évêques, Athan. *Syn.* 1 et Socr. *HE* II 37.

l'usage du terme *ousia*, une façon hypocrite d'écarter l'*homoiousios* de Basile [163].

Constance fit particulièrement surveiller la réunion occidentale, convoquée à Rimini pour la fin du mois de mai; elle précédait l'assemblée de l'épiscopat oriental retardée par le tremblement de terre de Nicomédie; mais dans la lettre de convocation, expédiée dès le 27 mars, l'empereur prévenait que le concile n'avait pas à traiter des évêques orientaux; les sentences portées contre ceux-ci n'auraient aucun effet (on ne pouvait se référer plus clairement à l'ecclésiologie 'eusébienne'); autrement dit, le prince interdisait de soulever le cas d'Athanase et limitait la discussion aux formules de foi rédigées par l'Orient [164]. Constance avait prévu l'envoi d'une délégation de dix membres qui lui présenteraient les conclusions des travaux conciliaires. Le préfet Taurus reçut mission de surveiller l'assemblée et la promesse du consulat s'il réussissait [165]. Les palatins parcouraient l'Occident pour réunir le plus grand nombre d'évêques et leur offrir les services de l'annone et le privilège de l'*evectio*. On sait que ce mélange de contrainte et de séduction ne fit pas plier la grande majorité des 400 prélats réunis à Rimini. L'empereur refusa (il en avertit par lettre le concile) de recevoir la délégation qui lui annonçait la déposition de Valens et des chefs ariens [166]. Constance, dûment prévenu, confina à Andrinople les légats puis les transféra à Nikè, en Thrace: il avait plus important à faire, la guerre contre les barbares [167]; en réalité, il avait chargé Valens et

---

[163] Germinius dans Hilaire, *Op. hist. frg.* B VI 3, in *CSEL* LXV, 163; Athanase, *Syn.* 8, qui mentionne la présence du prince pour la promulgation; Socr. *HE* II 37; voir la lettre de Basile dans Epiphane, *Panarion* 73, 2.

[164] Hil. *Op. hist. frg.* A VIII 1, in *CSEL* LXV, 93-94.

[165] Sulp. Sev. *Chron.* II 41.

[166] La lettre du concile à Constance, dans Hil. *Op. hist. frg.* A V 1, 1-3, in *CSEL* LXV, 78-85.

[167] Athan. *Syn.* 55.

ses acolytes de retourner les ambassadeurs de l'Occident; le 10 octobre 359, ils signaient une formule reproduisant le credo 'daté'. Constance avait ordonné à Taurus de garder les évêques réunis à Rimini jusqu'à ce qu'il ne restât plus qu'une dizaine de récalcitrants: ceux-là, on pourrait les envoyer en exil. A la fin de l'année, l'énergie du préfet, les habiletés de Valens et sept mois d'assignation à Rimini triomphèrent de presque toutes les résistances [168].

Constance avait chargé le comte Léonas et le gouverneur de l'Isaurie, Lauricius, de surveiller les 150 évêques orientaux réunis à Séleucie, le 27 septembre [169]. Le comte protégea attentivement les intérêts d'Acace et de son parti minoritaire; il fit lire sa confession de foi et lorsque les acaciens se séparèrent de la majorité, le comte et le gouverneur les suivirent [170]. Une délégation arienne précédait à Constantinople Basile et les légats de la majorité conciliaire. Tout ce parti était affaibli: Basile, parce que l'empereur l'accusait d'avoir fomenté le désordre; Cyrille de Jérusalem, parce qu'il méprisait les donations impériales en revendant la tunique précieuse donnée à son église; Macédonios avait transféré les reliques de Constantin dans le martyrium de Saint-Acace pour réaménager le mausolée impérial [171]. A Constantinople, Constance organisa avec quelque complaisance la confrontation des deux parties; il prit part au procès d'Aèce que conduisait le préfet de la Ville et qui aboutit à l'exil du théologien. Le 31 décembre, après toutes ces disputes, les évêques signèrent le symbole souscrit à Nikè et à Rimini.

---

[168] Hil. *Op. hist. frg.* A V 3-4 et A VI-IX; Sulp. Sev. *Chron.* II 43; Socr. *HE* II 37; Soz. *HE* IV 19; Thdt. *HE* II 22. M. SIMONETTI, *op. cit.,* 314-25.

[169] Hil. *C. Const.* 12; Sulp. Sev. *Chron.* II 42; Socr. *HE* II 39; Soz. *HE* IV 22.

[170] Athan. *Syn.* 12; Epiph. *Panarion* 73, 25; Socr. *HE* II 40.

[171] Soz. *HE* IV 25 et Thdt. *HE* II 27; G. DAGRON, *op. cit.* (*supra* n. 9), 405.

Constance réunit dans sa capitale en 360 un dernier concile [172], auquel participaient une cinquantaine d'évêques, dont l'évêque Ulfila ordonné par Eusèbe pour l'évangélisation des Goths. L'empereur en fit un tribunal pour déposer les opposants : Aèce déjà exilé, mais aussi Basile, Macédonios, Eleusios de Cyzique et Cyrille de Jérusalem. Eudoxe obtenait le siège de la capitale, Eunome fut élu à Cyzique et Mélèce à Antioche [173]. Cette construction donna très vite des signes de fragilité. Eudoxe installé dans la capitale scandalisait en prêchant sur 'l'impiété' du Père et, un mois après son élection, Mélèce surprenait en condamnant le subordinatianisme : Constance le fit remplacer par un vieux compagnon d'Arius, Euzoios [174].

Grégoire de Nazianze le rappelle : la mort de Constance souleva quelque émotion. Cet hommage allait sûrement au prince qui avait voulu, avec quelque fidélité ostentatoire, assurer une continuité constantinienne que menaçait la rébellion du César Julien. Mais en voulant continuer Constantin, l'empereur se laissait entraîner dans une mécanique d'interventions dans la vie des Eglises, qu'accélère encore la lutte contre la rébellion de Maxence. Précisément, la conviction que l'unité de l'empire et celle de l'Eglise s'enchaînent l'une à l'autre dans une étroite solidarité détermine le style d'une politique : le contrôle des élections dans les grands sièges épiscopaux et finalement la recherche frénétique d'un *hénotikon* assurant l'apaisement des querelles théologiques. Dès l'époque de Constantin, dans la dernière décennie du règne, l'attitude d'un pouvoir protecteur et policier, bienfaiteur et tracassier, à la mesure de la docilité ou de l'indépendance des évêques, a créé, en Orient plus qu'en Occident, un comportement dans l'épiscopat, une

---

[172] Soz. *HE* IV 24, 1.

[173] Socr. *HE* II 42-43; Soz. *HE* IV 24-26; Philost. *HE* V 1.

[174] F. CAVALLERA, *Le schisme d'Antioche* (Paris 1905), 71-93. Sur la déposition : Socr. *HE* II 44; Soz. *HE* IV 28; Thdt. *HE* II 27 et Philost. *HE* V 5.

technique de captation palatine, utilisés pour faire triompher une théologie ou des ambitions plus personnelles. Le système 'césaropapiste' n'est pas encore établi à la tête de l'Etat, avec tous ses instruments de contrôle et d'idéologie, ni même dans l'esprit du prince (quoi qu'en fassent penser les boutades de Constance). Il l'est déjà dans l'esprit et dans l'attitude d'une fraction de l'épiscopat. C'est ce qui fait la précarité de cette *imitatio Constantini.*

DISCUSSION

M. Noethlichs: Darf ich Ihren interessanten Äusserungen entnehmen, dass Sie dem Rombesuch des Constantius für seine Politik insgesamt und damit auch für seine Religionspolitik *keine* überragende Bedeutung beimessen?

M. Vittinghoff: Vielleicht ist es aber doch eine Nachwirkung des Rombesuchs von 357, wenn Constantius wohl im Jahre 358/359 die fast völlige Gleichstellung des Senats von Konstantinopel und seine zahlenmässige Vergrösserung von 300 auf etwa 2000 vornimmt und auch Konstantinopel einen *praefectus urbi* erhält.

M. Dihle: Ist die Bedeutung, die man in der neueren Forschung dem Rombesuch des Constantius gegeben hat, nicht einfach der eindrucksvollen Beschreibung Ammians zuzuschreiben und viel weniger seinem historischen Gewicht?

Mme Cracco Ruggini: Sulla base di tutta una serie di elementi, su cui avrò occasione di ritornare nella mia relazione di domani, io ho l'impressione che Costanzo II abbia portato avanti una politica senza dubbio intesa a valorizzare Costantinopoli rispetto a Roma (e non già a deprimerla, come ha sostenuto invece Santo Mazzarino); d'alto canto, tuttavia, Costanzo trattò sempre con deferenza la nobiltà di Roma, economicamente — e quindi politicamente — potente. Perfino in ambito religioso, difatto, nel 357 a Roma egli diede prova di una tolleranza (certo, non simpatia) verso le cerimonie e i monumenti del paganesimo, che contraddiceva apertamente alla normativa severissima da lui stesso emanata nel 355 — e dunque poco prima del suo *adventus* nell'Urbe — a repressione dei culti e dei riti del paganesimo. Certo, la visita di Costanzo a Roma si svolse con uno stile che — come annotò Ammiano Marcellino attorno al 390, forse facendosi eco di pareri senatorii urbani — sarebbe stato opportuno riserbare ai soli 'provinciali': è un'altra faccia dell'ambiguità di Costanzo nei confronti della capitale d'Occidente.

M. Barnes: The surviving evidence for the reign of Constantius is often so fragmentary that we cannot reconstruct the course of events with certainty. It is not surprising, therefore, that despite my profound respect for M. Pietri's clarity in historical thinking I prefer to reconstruct certain episodes in a different way. One of our most important disagreements concerns the complicated events of 337/8. I have argued that Athanasius was interviewed by Constantius at Caesarea in Cappadocia after his return to Alexandria, that is, in the late winter of 337/8. From this chronology for Athanasius' movements, it seems to me to follow, if only indirectly, that all the dynastic executions which followed the death of Constantine should be assigned to the summer of 337.

M. Frend: One problem about Athanasius' relation with Constantius in 337/338 puzzles me, namely how he could have managed to achieve all the meetings he claims to have had in the relevant time. Constantine died on 22 May. The news could hardly have reached Trier, approchable only by road, for another three weeks. Athanasius, even anticipating Constantine II's amnesty has to make his arrangements for moving. Let us say, he is ready by mid-July. He meets the emperor at Viminacium in August. He is then expected to get to Antioch from the Danube frontier (again by sea route only the last days), back to Caesarea for another meeting with Constantius, and finally, to arrive back in Alexandria by 23 November. Technically it may be possible, but given travelling conditions, particularly by land in that period, is it really feasible? Did all those meetings with Constantius take place in the space of a few months, or is Athanasius, writing some years later, telescoping a series of events which were spread over a longer period?

M. Pietri: 1) Je crois que le retour d'Athanase est sûrement fixé au 23 novembre 337 (voir *Lettres festales*). L'*Apologia de fuga sua* parle de trois rencontres d'Athanase avec le prince, à Viminacium, à Césarée de Cappadoce, à Antioche.

2) Ces rencontres se produisent à l'occasion de deux voyages d'Athanase en 337 et en 346. Et il faut placer deux des trois entrevues dans l'un ou l'autre voyage.

3) Viminacium: à placer sûrement en 337.

4) Antioche en 346.

5) Une entrevue à Césarée de Cappadoce ne convient pas pour le deuxième voyage d'Athanase: à l'époque, Constance est à Antioche et ne peut être en Cappadoce.

6) En 337, selon P. Peeters, Constantius est vraisemblablement en Cappadoce, sans doute pour régler l'affaire d'Hannibalianus.

Je sais qu'Athanase doit faire très vite: on ne sait quand se tient l'entrevue de Viminacium; rien ne diit qu'elle se soit tenue le 9 septembre; au contraire, elle a eu lieu avant cette date, entre la relaxe d'Athanase (juin) et la proclamation des Augustes (9 sept.). Il faut placer entre Viminacium et l'arrivée à Alexandrie le passage d'Athanase (*Hist. Arian.* 7) à Constantinople et, selon moi, une incursion en Cappadoce.

M. Barnes: The Council of Sirmium is another case where my reconstruction differs from M. Pietri's. First a small point. Photinus was not tried by high officials of Constantius: they attended his interrogation by Basil of Ancyra (as Epiphanius makes clear) as witnesses to the accuracy of a stenographic record. More important, I believe that the synodical letter of the Council contained not only a credal statement but also a condemnation of Athanasius, Marcellus and Photinus, and that Constantius subsequently required western bishops subscribe their names to this document, both at the Councils of Arles and Milan and individually.

M. Frend: The coinage: I ask for information. Agreed our sources for the reign of Constantius II are often inadequate. The coinage, however, is a fact, and often represents what the Emperor wanted the provincials to believe. We have the sudden appearance of the coins bearing the reverse inscription *in hoc signo vinces* at the end of 350, after Vetranio's surrender. There is Magnentius' challenge to Constantius in 352-53, with his issue of the large bronze whose reverse is wholly occupied by the ☧. Can anything be gleaned from the emperor's favorite type, the FEC. TEMP. REPARATIO "falling horseman", issued 346-348 and

351-354? Is it simply Constantius' triumph over various barbarians? Is it meant to recall the 'happy times' of Constantine's reign, to which Constantius was heir? Or is there, in addition to those themes, any light on the emperor's religious policy?

I doubt it, but in view of the popularity of the type found in every province of the empire, the question could be worth asking.

M. Barnes: I have to confess that I was profoundly disappointed when I perused J.P.C. Kent's superb catalogue of the coinage of Constantius in *The Roman Imperial Coinage* VIII to discover how little it seems to reflect specific historical events, especially in comparison with the coinage of Constantine.

M. Pietri: Le principe de mon enquête a été d'essayer d'identifier les types propres au monnayage de Constance, d'après le catalogue récent de Kent.

M. Barnes: May I ask M. Pietri about the letter of Cyril of Jerusalem to Constantius and the appearance of a cross in the sky over Jerusalem? You said (if I recall correctly) that the postulated Arian historian altered the date to relate the miraculous event more closely to the Battle of Mursa. What do you consider the correct date, and when did Cyril write to Constantius?

M. Pietri: Je me permets, sur ce point, de vous renvoyer à mon exposé (*supra* p. 147).

Mme Cracco Ruggini: Soltanto una domanda circoscritta: quale base documentaria consente di parlare — come Lei ha fatto — dell'alternanza regolarissima di prefetti urbani pagani e cristiani sotto Costanzo II come di un fenomeno 'abituale'? A me pare che si tratti di un aspetto abbastanza peculiare di questo periodo, anche se non è del tutto facile spiegarlo convenientemente.

M. Pietri: J'ai tenté de réagir assez vigoureusement à l'interprétation habituelle que l'on donne de la visite de Constance à Rome. Comme le fait remarquer très justement le professeur Dihle, c'est le témoignage d'Ammien qui nous entraîne à surévaluer cet *adventus*: *in apparatu regio*, comme dit Ammien. Mais la politique à l'encontre des païens n'est pas modifiée, ni l'utilisation des nobles païens — le principe de l'alternance pour la préfecture institué par Constantin est maintenu et non modifié. En revanche, on notera qu'aux lois de 356 qui organisent le Sénat de Constantinople correspondent les décisions pour Rome et sa préfecture, dont on supprime le vicariat.

Tout est fait pour mettre, comme elles apparaissent sur les monnaies GLORIA REIPUBLICAE, les deux Romes sur le même plan.

M. Vittinghoff: Lässt sich nicht ein Teil der scharfen theologischen Auseinandersetzungen dadurch erklären, dass Konstantius eine geringere Autorität als Konstantin hatte und zum anderen zwischenzeitlich das Problem kaiserlicher Einmischungen in dogmatisch-kirchenpolitische Angelegenheiten bewusst geworden war?

M. Pietri: Ce qui est nouveau, c'est l'attitude du prince liant *explicitement* l'attribution des privilèges et des immunités à l'attitude d'obéissance manifestée par les bénéficiaires. Sinon, au fond des choses, Constance ne modifie pas la politique de son père; il la rogne plutôt, comme l'indique le refus opposé au Concile de Rimini d'accorder des immunités aux clercs sur leurs propres biens.

M. Vittinghoff: Vielleicht darf man hier daran erinnern, dass Konstantius die Rekrutierungsschranken für Kleriker bereinigt hat und nun auch der Kurie verpflichtete, vermögende Bürger in den Klerikerstand eintreten konnten, wenn sie auf einen Teil ihres Eigentums verzichteten.

M. Dihle: Wenn ich recht sehe, gibt es zur Zeit Constantins keine Tendenz, die dogmatischen Probleme im Verlauf der Kontroverse zu vereinfachen, wohl aber unter der Regierung Constantins II. bis hin zur homöischen Formel. Hängt das damit zusammen, dass inzwischen ein grösserer Teil der Bevölkerung christlich geworden ist, dessen religiöse

Gefühle und Bedürfnisse der Kaiser, bzw. seine engsten theologischen Ratgeber nicht durch den Laien allzu unverständliche Debatte verletzen oder verwirren wollen?

M. Pietri: Constantin explique dans une lettre à Alexandrie (reproduite par Eusèbe, dans la *Vita Constantini*) qu'Arius a soulevé des problèmes qu'il n'aurait pas dû jeter dans la querelle et qu'Alexandrie a eu tort d'y répondre. Il faut ajouter que la technicité du débat, les querelles sur le vocabulaire théologique épuisent la patience des fidèles et même celle des clercs (voir la réaction de Grégoire de Nysse).

Constance partage certainement la même attitude et a rallié volontiers les positions de théologiens qui voulaient bannir l'usage de mots qui avaient cristallisé tant de querelles — *homoousios* et finalement même *homoiousios*. Les évêques orientaux qui le conseillaient ont certainement utilisé cette réaction, en déclarant que la référence au consubstantiel était une innovation (les gnostiques avaient donné l'exemple, pouvaient-ils ajouter) et qu'il fallait s'en tenir aux Ecritures, *à la ressemblance selon les Ecritures* (Credo daté). Cette volonté de simplifier joue donc au bénéfice de l'homéisme; elle pénalise les nicéens, les homéousiens (improprement appelés semi-ariens) et les techniciens de l'arianisme extrême.

CHARLES PIETRI

DAMASE ET THÉODOSE
COMMUNION ORTHODOXE ET GÉOGRAPHIE POLITIQUE

Damase, « *ex natione Spanus...* [1] », assure le Liber Pontificalis, occupait le siège de Rome, lorsqu'un général hispanique fut appelé à l'empire en 379. On a cherché parfois dans cette commune origine la preuve d'une entente particulière entre le pape et le prince [2]. Malheureusement les origines de Damase restent inconnues. Les indications de la chronique pontificale, dont on ne voit guère quelle pourrait être la source, n'inspirent aucune confiance : elles semblent même contredire la pratique romaine recrutant le clergé parmi les fidèles de la communauté; or Damase, comme Sirice, Boniface, Célestin, Sixte, pour s'en tenir aux carrières connues, ont consacré leur service à l'église urbaine. Si cette notice a quelque valeur, elle indique au mieux une ascendance lointaine [3]. L'érudition hispanique a fait grand effort pour rattacher Damase à la péninsule ibérique [4] : mais l'hypothèse manque totalement d'argument positif pour surmonter les réticences inspirées par le témoignage du *Liber*. Celui-ci prend la peine d'indiquer que Boniface avait pour père un prêtre, mais il oublie de signaler la filiation de son prédécesseur, descendant d'un *levita et sacerdos*, comme en témoigne le pape lui-même [5]. En réalité la famille de Damase était bien installée à Rome : les chartes de donations consignées dans la Chronique donnent des indications peu contestables : le pape aménage dans la maison paternelle un titulus; il lui constitue un modeste patrimoine de terres italiennes, sises dans le territoire de Ferentino ou de Cassino [6]. Toute la parentèle pontificale est engagée à Rome au service de l'église : le père, mort pendant la jeunesse du pontife, a reçu un épiscopat peut-être dans le suburbium, après avoir été lévite dans le clergé urbain; la mère, Laurentia [7], au nom bien chrétien, assuma avec beaucoup de spiritualité un long veuvage; la sœur, Irène [8], professe la virginité. Damase appartient à la seconde génération de clercs dans une famille établie dans la Ville.

Reste un argument pour souligner la convergence d'une politique impériale avec les revendications de la primauté romaine. Au début de l'année 380 l'empereur Théodose rendait hommage à la communion romaine dans un édit publié le 27 février : « Nous voulons que tous les peuples dirigés avec une juste mesure par notre clémence vivent dans la reli-

1. L. P., éd. L. Duchesne, p. 212 : « *ex patre Antonio* ». Duchesne note une *possessio Antoniana* dans la donation de Damase; mais ce toponyme est extrêmement fréquent (v. dans la donation de Vestina, ibid., p. 223).
2. Duchesne, Introd., p. LXXVI; une tentative de réhabilitation par A. von Harnack, *Mission und Ausbreitung des Christentums*, Leipzig, 1924, 2, p. 821.
3. Bien que « *natione Spanus* » indique natus in Hispania.
4. J. Vives, *S. Damaso, Papa español...*, Barcelone, 1943; J. Marique, *Leaders of Iberean Christianity*, Boston, 1962,

p. 14. Contra, A. Ferrua, *Epigrammata damasiana*, Rome, 1942, p. 60.
5. *Ep. damas.* 57, ed. cit. p. 210 : en adoptant la lecture de l'éditeur, *hinc pater...*
6. L.P., *loc. cit.* : on sait que la chronique pontificale recueille des actes de donation d'authenticité plus assurée que le récit lui même de la Vita.
7. *Epigr.* 10, éd. cit., p. 106.
8. *Epigr.* II, 2; ed. cit. p. 108.

gion que le divin Apôtre Pierre a transmise aux Romains (comme en témoigne aujourd'hui la religion qu'il a lui-même enseignée), dans la religion que manifestement suit le pontife Damase, ainsi que l'évêque Pierre d'Alexandrie, un homme d'une sainteté apostolique. C'est-à-dire que nous croyons, selon l'enseignement apostolique et selon la doctrine évangélique, à une Divinité unique du Père et du Fils et de l'Esprit Saint dans une égale Majesté et une pieuse Trinité. Ceux qui suivent cette loi, nous leur ordonnons de prendre le nom de chrétiens catholiques ; tous les autres, nous jugeons que dans leur démence et dans leur légèreté, ils subissent l'infamie d'un dogme hérétique, que leurs conciliabules ne peuvent recevoir le nom d'églises, qu'ils doivent être frappés d'abord par la vengeance divine ; ensuite par l'intervention, suggérée par inspiration céleste, de notre châtiment [9] ». C'était dans le domaine religieux la première manifestation autonome de Théodose, en un temps où les problèmes militaires laissaient quelque répit, pendant l'hivernage. Ce premier texte n'est pas une loi programme, mais une mesure de circonstance tout au plus. L'édit est rédigé plusieurs mois avant la maladie et le baptême de l'Empereur [10]. Il ne fut pas composé dans on ne sait quelle angoisse eschatologique. Une coterie pieuse affermit peut-être le prince dans ses intentions : il n'est pas impossible que l'évêque de Thessalonique, Acholius, ait pesé quelque peu sur les sentences impériales [11]. Mais Damase n'y fut pour rien. A la fin de l'hiver ,et avant de repartir en campagne, Théodose souhaite rétablir l'unité religieuse dans la *pars imperii* qu'il gouverne et aligner sa politique sur la fermeté de Gratien. L'agitation arienne ne pouvait laisser indifférent un nicéen convaincu. Mélèce reprenait possession d'Antioche et rameutait ses évêques autour de la foi de Nicée, alors qu'à Constantinople les rivalités ecclésiastiques déchiraient la ville et que l'arien Demophilos occupait toujours les églises [12].

Théodose entendait donc prendre des mesures pour rétablir l'ordre : l'édit, dans sa rédaction reproduite par le Code théodosien, ne détaillait pas un programme théologique, même s'il indiquait sommairement le Credo du prince [13]. Il manifestait durement les intentions du législateur. La sentence impériale devait être lue au peuple de Constantinople : c'est dans la capitale qu'on voulait rétablir l'ordre et que se portait tout l'effort politique [14]. On est frappé aussi du pragmatisme de la décision. Les hérétiques ne sont pas menacés de supplices, mais seulement de l'infamie qui les écarte de la vie politique sans entraîner aussitôt la répression [15]. A l'administration qui applique la loi, le pouvoir donnait un moyen commode pour reconnaître l'orthodoxe de l'hérétique : on demanderait à chacun avec qui il est en communion. Quant au choix de Damase, à celui de Pierre d'Alexandrie, les circonstances l'imposent évidemment. Antioche s'exclut par ses divisions. Il n'y a pas encore eu de grand concile où l'orthodoxie orientale, asiate et égyptienne se soit réunie.

---

9. *Codex Theodosianus* 16, 1, 2; ed. Th. Mommsen p. 833.
10. W. Ensslin, *Die Religionspolitik des Kaisers Theodosius d. Gr.*, Münich 1953, p. 16; A. Lippold, *Theodosius d. Gr. und seine Zeit*, Stuttgart 1968, p. 18. C'est Sozomène qui a faussé toute l'interprétation de l'édit en supposant qu'il a été pris après le baptême du prince (*HE*, 7, 5) : l'hésitation de Schwartz (*Gesammt. Schrift.*, IV, p. 88 (2) = ZNTW, 34, 1935, p. 196) n'est plus justifiée après la démonstration d'Ensslin; cf. aussi A. Ehrhard, *The first two years of the Emper. Theodosius I, J.Eccl. H*, XV, 1964, p. 12 sq.
11. Où réside alors Théodose.
12. Socrate, *HE*, 5, 7. Lucius, chassé d'Alexandrie, s'était réfugié à Constantinople (Socrate, *HE*, 4, 37); Grégoire de Naziance y séjournait depuis 379 (O. Seeck, *Geschichte des Untergangs der antiken Welt*, 5, Stuttgart, 1920, p. 485, notes 139, 15); bientôt y arrive Maxime.
13. On ne peut en faire une loi programme, comme le

propose H. von Campenhauser, *Ambrosius von Mailand als Kirchenpolitiker*, Berlin, 1929, p. 54 sq.; de même G. Bardy et J. R. Palanque, *HE* Fliche, III, pp. 284 et 504; B. Biondi, *Il diritto romano cristiano*, Milan, 1954, 4, p. 304, qui suppose l'édit applicable à tout l'empire et A. M. Ritter, *Das Konzil von Konstantinopel und sein Symbol*, Göttingen 1965, p. 222. Ehrhard, *op. cit.*, p. 12, souligne les circonstances particulières de cette décision et Sozomène, *HE*, 5, 4, la présente comme une mesure liée à la situation de Constantinople.
14. L'adresse : *edictum ad populum urb(is) Constantinop (olitanae)*, Mommsen, ed. cit. Nous connaissons l'essentiel de ce document administratif , un édit qui manifestait spontanément la volonté impériale : v. Ensslin, *op. cit.* p. 16, sur l'hypothèse de Godefroy reconstituant un texte avec CT 16, 1, 2 et 16, 2, 25.
15. Déjà Valentinien avait déclaré infames les manichéens : CT, 16, 5, 3 (2 mars 372); la novation est d'appliquer cette sentence à des hérétiques.

L'épiscopat d'Orient rassemblé dans la capitale de la préfecture ne sollicite-t-il pas la communion de Damase ? Et puis Théodose reconnaît très naturellement le prestige des deux grands sièges dont la réputation est intacte : pour l'Occident Rome qui, forte de la tradition de Pierre, vient de publier une synodale à laquelle peut-être le texte impérial fait allusion [16]; et pour l'Orient, Alexandrie. L'une avec l'autre, les deux églises symbolisent l'unité nicéenne. Le texte impérial manifeste une révérence particulière à ces deux communautés, à leurs évêques qui avaient échappé à la suspicion d'hérésie, beaucoup plus qu'il ne donne de nouvelles raisons à leur autorité.

Il suffit de voir comment fut appliqué l'édit. Pendant de longs mois, Théodose guerroyait contre les Goths, puis il tomba malade à Thessalonique. A Constantinople on ne s'occupa point de son texte. On a même supposé qu'il n'y fut pas publié. Sa seule conséquence fut peut-être d'aiguiser un peu plus les ambitions du pape d'Alexandrie qui envoya dans la capitale un de ses fidèles, Maximos [17] : celui-ci dissimulait sous le manteau du philosophe l'ambition secrète de conquérir le siège épiscopal. Enfin l'Empereur fut débarassé des barbares. Guéri, baptisé, victorieux, Théodose entra dans la Nouvelle Rome [18]. Il avait sommé Demophilos, raconte l'historien Socrate, de professer la foi de Nicée [19]. Celui-ci résista; deux jours après l'*adventus* impérial, l'arien était exilé. Par la suite, on ne parla plus de l'édit : il n'avait pas servi à grand'chose. L'Empereur réglait concrètement les problèmes, jouant tour à tour de la conciliation ou de la fermeté. Tant qu'il n'y avait pas eu de hiérarchie sûre en Orient, le prince devait indiquer à son administration des critères d'orthodoxie pris parmi des évêques lointains. L'édit impérial de 380 est œuvre de circonstance : cela l'explique, mais ne lui retire pas toute sa portée. Pour la première fois, un texte officiel reconnaissait la valeur exemplaire de la communion romaine et surtout sa raison d'être; il déclarait la primauté que la tradition apostolique confère à Rome. C'était ce que déclarait Damase lui-même avec un peu plus de netteté dans la lettre *Vestra charitas* [20]. La proclamation de l'édit constituait un sérieux recul pour l'ecclésiologie « eusébienne »; cela, sans que Rome ait eu la possibilité ou le dessein d'intervenir.

La montée du prestige romain en Orient s'arrêta là, en 381. L'autorité du siège apostolique reposait sur un équilibre fragile entre la faiblesse des églises orthodoxes dans les états de Théodose et la bonne volonté du prince. Dès qu'il en eut la possibilité l'Empereur, avec un premier concile, aida à la reconstruction d'une hiérarchie; celle-ci, de nouveau consciente de sa force, protégée par le pouvoir, put retrouver, partiellement, la mesure de son indépendance. Et cela d'autant plus sûrement qu'il n'y avait pas entre l'est et l'ouest de divergence graves sur la foi, mais des conflits sur des questions de discipline ou d'ecclésiologie.

Le premier concile de Constantinople accomplit l'essentiel de la restauration qui détermina pour longtemps la politique romaine en Orient. Délivré des Goths, Théodose put se consacrer aux affaires ecclésiastiques. Celles de Constantinople en premier lieu, où s'était installé Grégoire de Naziance, fidèle de Mélèce, après qu'on eût chassé Maximos. Celles du Pont et de l'Asie, dominés par un épiscopat macédonien. On avait peut-être agité à Sirmium, en 380, le projet d'un grand concile œcuménique. L'Empereur, guidé par de nouveaux conseillers ecclésiastiques, choisit de s'en tenir à une assemblée orientale pour régler les problèmes de l'Orient. On convoqua le synode dès le début de l'année 381, sans même prévenir l'évêque de Rome. L'organisation de l'assemblée, ses débats et ses

---

16. DAMASE, *ep.* 4 (éd. C. TURNER, *Eccles.* occid. Monum. Juris... 1, 2, 1, Oxford 1913, p. 281). J'adopte comme G. L. DOSSETTI, Il simbolo di Nicea e di Constantinopoli, Rome 1967, pp. 94 sq, la date de 377 pour ce document, malgré les suggestions de P. Galtier.

17. Il arrive au printemps, je suppose, plutôt qu'au début de l'année 380 : cf. RITTER, *op. cit.*, p. 50. On notera

que la tentative de Maximos se situe au moment, *quo Deo praestante haeretici iverent abjecti*, selon l'expression de Damase, ep. 5.

18. Le 24 novembre 380, date d'après SEECK, G.U., V, p. 487 (note 142, 14).

19. Socrate, *HE*, 5, 7; Sozomène, *HE*, 7, 5.

20. *Ep.* 7 (in THEODORET, *HE*, 5, 10).

décrets, démontrèrent l'établissement d'un parti ecclésiastique — ou plutôt d'une église consciente de sa force, de son orthodoxie, de sa volonté d'autonomie.

Le concile se réunit aux premiers jours de mai. Les évêques qui y assistaient venaient tous de la préfecture d'Orient et beaucoup de ceux qui se retrouvaient sur l'ordre de l'Empereur s'étaient rassemblés deux ans plus tôt à la demande de Mélèce : les Cappadociens, les nouveaux prélats installés depuis 378, le prêtre d'Antioche Flavien [21]. Ceux qui, comme Paulin, auraient pu défendre sans nuance, par conviction ou par intérêt les droits de Rome, n'étaient pas là. Il n'y avait pas eu d'exclusion systématique : car l'assemblée s'élargit un peu en invitant Acholius, un occidental ainsi que le pape d'Alexandrie, Timothée [22]. Mélèce présidait les débats. Dès les premières séances, l'épiscopat oriental manifestait son indépendance pour les questions disciplinaires. Avant la fin du mois de mai, Mélèce, avec l'approbation impériale, consacra Grégoire évêque de Constantinople. Le choix déplaisait sûrement aux Égyptiens. On peut imaginer qu'il n'aurait pas satisfait pleinement Damase, puisque le nouveau pasteur avait occupé — fort peu de temps — le siège de Sasimes avant son transfert — contrevenant au quinzième canon de Nicée — La mort de Mélèce pendant le concile souleva de nouveaux problèmes et aigrit les débats. Pour les évêques réunis à Constantinople, le siège d'Antioche était vacant; non aux yeux de Damase qui communiait avec Paulin. Qu'on reconnaisse ce dernier et, avec Rome, tout rentrerait dans l'ordre des rapports fraternels. Grégoire insistait pour un geste de conciliation. Il souleva une tempête de protestations et réveilla les vieilles querelles. On remit la décision à plus tard. Heureusement la suite des débats évita l'irréparable. Le mérite en revient sans doute à Grégoire qui s'opposa fermement à réconcilier dans l'équivoque les Macédoniens, comme le désirait, semble-t-il, l'empereur [23]. Il imposa à une majorité hésitante une théologie de l'Esprit qui répétait, avec plus de précision et de finesse théologique, ce qui avait été dit par le synode romain de 377. On renvoya Eleusios de Cyzique et les autres macédoniens avec des remontrances. Mais une coalition hétérogène se constitua alors contre Grégoire et le nouvel évêque de Constantinople dut se démettre. Avec son départ disparaissait une raison de conflit. L'empereur fit le reste en s'occupant lui-même de la succession épiscopale dans la nouvelle Rome : il désignait Nectarios, un homme politique populaire qui n'était même pas baptisé [24]. Quant au problème d'Antioche, il le laissa en suspens. Sans doute lui suffisait-il que le concile ait manifesté son unité dans la foi orthodoxe et réglé les problèmes de la théologie. Pour le pape Damase ces débats annonçaient l'établissement d'une église orientale maîtresse de sa foi et de son unité.

---

21. N. Q. KING, *The 150 holy Fathers of the council of Constantinople*, Text und Untersuch., N.F. 63 (Studia Patristica, I, Berlin 1957, pp. 635-640 en dernier lieu et Ritter, *op. cit.*, pour toute l'organisation et le déroulement du concile. Les deux évêques des provinces danubiennes, Gerontius (ou Terentius de Tomi) et Martyrius (de Marcianopolis) appartiennent à la préfecture orientale (Scythie et Mésie inférieure).

22. AMBROISE, *ep.* 13, 7 : « Qui unius Acholii episcopi ita expectandum esse putaverunt judicium ut de occidentalibus partibus evocantum putarent ». Cette convocation eut lieu pendant le concile, GRÉGOIRE NAZ., *Carm. hist.*, XI, 1800 : sur sa chronologie, Ritter, *op. cit.*, p. 96 (1). Pour TIMOTHEOS, *Carmen, hist.*, 1798. On les fait venir, pense Seeck, lorsqu'on croit qu'ils peuvent étoffer la majorité en faveur de Grégoire de Naziance (*op. cit.*, p. 155) : surtout lorsque l'affaire de Maximos a été réglée. Mais cette décision fut prise alors que Grégoire de Naziance souhaitait un rapprochement avec l'Occident et Alexandrie (Ritter, *op. cit.*, p. 64 (2)).

23. Déjà l'édit du 10 janvier (*CT* 16, 5, 6) condamnant ceux qui niaient la divinité de l'Esprit; cet épisode se situe après la mort de Mélèce, RITTER. *op. cit.*, p. 79 (1), comme l'indique l'exposé de Grégoire, *ibid.*, 1739 sq.; son témoignage est particulièrement analysé dans l'*Exkurs III* de RITTER, pp. 253-270. On voit qu'une majorité opportuniste soutenait l'empereur décidé à obtenir l'union avec les Macédoniens. Le point de vue de Grégoire l'emporte grâce à l'entêtement des Maccédoniens qui refusent toute concession; cela ne prouve pas que Théodose ait envisagé des concessions graves sur la doctrine, définie à Rome et rappelé par l'un de ses édits où il déclare, après avoir cité Nicée et la divinité du Fils, reconnaître orthodoxe : « qui spiritum sanctum, quem ex summo *rerum parente speramus et accipimus, negando non violat* » 24. On suivra le récit de Sozomène, *HE*, 7, 7 et 8, qui fait de lui un sénateur (de même Socrate, *HE*, 5, 8), originaire de Tarse; sa préture est attestée par Socrate (*ibid.*) Il était déjà consacré lorsque parurent les édits pris par l'empereur pour appliquer les sentences du concile. Le cas de Flavien (F. CAVALLERA, *Le schisme d'Antioche*, Paris 1907, p. 254) n'était pas réglé : il n'est pas mentionné dans les décrets impériaux.

Les quatre canons de Constantinople en témoignent. Lorsque Théodose les promulgua, on pouvait être assuré qu'ils pèseraient sur la politique pontificale [25]. Très vite Rome s'en aperçut, encore qu'elle feignit toujours de les ignorer et prétendit ne pas les avoir reçus. Sur les problèmes de la foi, Constantinople s'accordait avec l'Occident. Le premier canon, placé sous l'invocation de Nicée, condamnait tous ceux qu'avait frappés la sentence de Damase. La confession de foi répétait le symbole de Nicée; un tome, comme le *tomus* romain, détaillait les anathèmes et l'empereur en décrétait l'application [26]. Il sanctionnait des sentences très orthodoxes auxquelles Rome ne pouvait rien trouver à redire. Il consacrait la victoire d'un parti ecclésiastique dans un climat nouveau. En 380 Théodose saluait dans son édit la foi de Damase et celle de Pierre. Cette proclamation n'avait pas suffi à rétablir l'unité; il avait fallu un concile. En 381 Rome est absente, Alexandrie écartée à cause des intrigues de Maximos, Antioche n'a point d'évêque. Dans ce contexte, les canons disciplinaires (II, III, IV) définissent un *programme pour la reconstitution d'une hiérarchie orthodoxe*. Le système règle les problèmes de la communion ecclésiale dans un cadre décalqué sur les circonscriptions civiles, privilégiant par conséquent la capitale politique. En effet le deuxième canon indique un principe général pour restaurer un épiscopat orthodoxe, balayé dans beaucoup de provinces par l'hérésie et la persécution de Valens. Les décrets impériaux précisaient pour les gouverneurs, mobilisés eux aussi dans la reconquista, les modalités d'application. On ne peut comprendre celui-là sans considérer ceux-ci [27]. Plus question désormais de la communion invoquée le 27 février 380. Le canon II [28] applique avec une grande rigueur le principe d'accommodement de la géographie ecclésiastique aux circonscriptions de l'État. Il distingue l'Égypte, détachée de la préfecture d'Orient depuis Valens, des autres diocèses civils, celui du *comes orientis* — Antioche —, celui de l'Asiana, celui de la Pontica et celui de la Thrace. Le même texte encourage la tenue des synodes dans chaque éparchie, conformément au décret de Nicée, conformément aussi à la politique impériale qui suscitait des assemblées [29] provinciales civiles dans le cadre diocésain ou provincial. Comme le montre Sozomène [30], le décret impérial applique strictement le principe défini par le concile. Le vicaire et le gouverneur savent avec quel évêque dans le diocèse chaque pasteur doit communier pour conserver son église et la protection impériale.

25. MANSI, 3, pp. 557-564; BRUNS, I, p. 20.
26. Le tome de Constantinople et le symbole ont été étudiés récemment par RITTER, *op. cit.* et par DOSSETTI, *op. cit.* : j'y renvoie pour le débat. Celui-ci est clairement rappelé par J. N. D. KELLY, *Early Christian Doctrins*, Londres 1960, pp. 295-324. On retiendra que le symbole glose le « *Nicaenum* », pour l'adapter à la conjecture théologique de 381 et favoriser l'union souhaitée par Théodose. C'est, avec d'autres moyens, ce que faisait Damase dont le tome fut publié en annexe au « Symbole des 318 pères ».
27. *CT*, 16, 1, 3, ed. MOMMSEN, p. 834 : *IDEM A.A.A. AD AUXONIUM PROC (ONSVLEM) ASIAE*, « Episcopis tradi omnes ecclesias mox jubemus, qui unius majestatis adque virtutis patrem et filium et spiritum sanctum confitentur ejusdem gloriae, claritatis unius, nihil dissonum profana divisione facientes, sed trinitatis ordinem personarum adsertione et divinitatis unitate, quos constabit communioni Nectari epis(copi) Constantinopolitanae ecclesiae nec non Timothei intra Aegyptum Alexandrinae urbis episcopi esse sociatos; quos etiam in Orientis partibus Pelagio episcopo Laodicensi et Diodoro episcopo Tarsensi; in Asia nec non proconsulari adque Asiana diocesi Amphilochio episcopo Iconiensi et Optimo episcopo Antiocheno : in Pontica diocesi Helladio episc(opo) Caesariensi et Otreio Meliteno et Gregorio episc(opo) Nysseno, Terennio episc(opo)

Scythiae, Marmario episc(opo Marcianop(olitano) communicare constiterit. Hos ad optinendas catholicas ecclesias ex communione et consortio probabilium sacerdotum oportebit admitti... ».
28. Canons 2 et 3 (I. ORTIS DE URBINA, *Nicée et Constantinople*, Paris, 1963, p. 285, traduction G. DUMEIGE)
  2. « Que les évêques d'un diocèse n'interviennent pas dans les Églises qui leur sont étrangères ni ne mettent de désordre dans les Églises, mais que, conformément aux canons, l'évêque d'Alexandrie administre seulement les affaires de l'Égypte, les évêques de l'Orient, celles du diocèse oriental, en maintenant les prérogatives reconnues par les canons de Nicée à l'Église d'Antioche; que les évêques du diocèse d'Asie administrent seulement les affaires de l'Asie, ceux du Pont, seulement celles du diocèse du Pont, et ceux de la Thrace, seulement celles de la Thrace...
  3. L'évêque de Constantinople doit avoir la primauté d'honneur après l'évêque de Rome, car cette ville est la nouvelle Rome. »
29. *CT*, 12, 12, 9 (382). Mais le concile de 381 ne prévoit pas de synodes qui soient l'équivalent des assemblées diocésaines.
30. Sozomène commente très bien la situation en associant les décisions conciliaires et les décrets impériaux (*HE*, 7, 9).

On ne peut désigner toujours l'évêque de chaque capitale diocésaine : à Antioche [31], le prélat n'était pas encore choisi; à Éphèse, la situation était trouble [32]; le siège d'Ancyre était aux mains de l'hérésie [33]. A défaut l'empereur énuméra pour chaque circonscription civile deux pasteurs dont la communion [34] garantissait l'orthodoxie de leurs collègues. Il n'y aurait plus en principe d'ingérences extérieures; ni celle de Damase dont on ne parle pas, ni celle d'Alexandrie, expressément visée (canons II et IV). Ces dispositions conciliaires ou administratives couvraient toute la préfecture d'Orient. On y joignait l'Égypte [35], mais en la laissant à part.

Un schéma aussi fidèle à la géographie politique ne pouvait que privilégier l'église d'une capitale qui avait obtenu presque toutes les prérogatives de l'ancienne Rome. Ainsi le voulait sans aucun doute Théodose qui s'était attaché à sa ville, avait fait beaucoup pour la pacifier, même après le concile, et y installer un évêque. Il fallait écarter dans l'avenir les interventions étrangères à Constantinople; le prince qui y établissait une foi droite avait besoin d'un coadjuteur spirituel, d'un évêque qui eût assez de prestige pour que son orthodoxie fût exemplaire. Faute de pasteur à Antioche, le prélat byzantin tiendrait bien ce rôle. Le décret qui organise les communions ecclésiales conformément au deuxième canon éclaire la résolution impériale : avant d'indiquer une liste de noms pour chaque diocèse, Théodose déclarait que chacun devrait communier avec Nectaire et avec Timothée. L'un représentait la préfecture d'Orient, l'autre l'Égypte, pour symboliser l'unité orthodoxe dans la *pars orientis* de l'empire. En termes plus généraux, le troisième canon déclarait que « l'évêque de Constantinople doit avoir la primauté d'honneur après l'évêque de Rome, parce que Constantinople, est la nouvelle Rome [36] », Nea Romè : les pères en rédigeant leur texte se trahissaient. Ils n'avaient pour justifier la prérogative de Nectaire qu'une raison d'opportunité politique, car l'expression revenait sous la plume de Libanios, de Themistios ou d'Himerios, lorsque les païens voulaient égaler la nouvelle capitale à l'ancienne et ne se trouvaient que très rarement — avec Eusèbe, avec Grégoire, avec quelques ariens [37] — pour célébrer un rayonnement chrétien. Le document administratif explique le texte conciliaire : le primat d'honneur n'implique pas une juridiction mais la prérogative, au sens étymologique du terme, le droit d'être interrogé en premier sur la foi et de définir en premier

---

31. En Orient, dans le diocèse, faute d'un évêque d'Antioche, Diodore de Tarse et Pelagius de Laodicée sont les deux représentants du parti mélécien.

32. Aussi pour représenter les provinces d'Asie choisit-on l'évêque d'Iconium; Amphilochios avait entrepris déjà, une reconquête de la région, organisant dès la fin du règne de Valens un concile (Gœmans, *op. cit.*, p. 175). Avec lui, pour la même région, Optimus d'Antioche de Pisidie. Ni la Proconsulaire, ni la Lydie, ni l'Hellespont, ne sont représentés, toutes provinces où les macédoniens sont solidement installés.

33. Un synode macédonien s'y était tenu cinq ans plus tôt, M. Gœmans, *Het almemeen concilie in de vierde eeuw*, Nimègue 1945, p. 211 : on peut supposer que l'église était, depuis l'époque de Marcel d'Ancyre, profondément divisée. Pour la Pontica diocesis, puisque on ne peut sans doute pas s'adresser à l'évêque d'Ancyre, ce sont le successeur de Grégoire, Helladius, son frère, l'évêque de Nysse et Otrecius. Césarée de Cappadoce était devenue pour le Pont une sorte de métropole.

34. Pour le diocèse de Thrace, les deux chefs lieux des provinces danubiennes (Scythie et Mœsie); évidemment on s'adresserait pour les provinces maritimes, moins éloignées, à la capitale. A. Piganiol, *l'Empire chrétien*, Paris 1947, p. 220, a bien noté que le préfet de

Constantinople ne dépend pas non plus du vicaire du diocèse de Thrace (cf. Ensslin, *loc. cit.*, p. 36).

35. Cf. Ritter, *op. cit.*, p. 49 : le canon IV est évidemment une conséquence de la tentative de Maximos. Rome n'est pas directement visée, comme le note F. Dvornik (*Byzance et la primauté romaine*, Paris, 1964, p. 39).

36. L'expression a été étudiée par F. J. Dölger, *Rom in der Gedanke des Byz.*, ZKG, 48, 1937, p. 17 (31) et p. 18 : Libanius nomme Constantinople « la grande Ville », cf. Or. 20, 11 (432, 10 F), « la seconde Rome », Or., 59, 94 (IV, 255, 8). Themistios fut préfet de la ville de Constantinople; v. J. Palm, Rom, *Römertum und Imperium in der griechischen Literatur der Kaiserzeit*, Lund, 1959, p. 101 cf. Or. 50, 21; Or, 14 (262, 90). Himerios chante aussi la gloire de la nouvelle Rome : Or. 7, 8-10. Claudien, *In Rufinum*, 2, 59 : « Urbs, aemula Romae ».

37. A. Alföldi, *The conversion of Constantine and pagan Rome*, trad. H. Mattingly, Oxford 1948, p. 10; Vita Constantini, 3, 48. Grégoire de Naziance, Or. 36, 12 : « la première après la première »; cf. Ritter, *op. cit.*, p. 93. Palladius la nomme Christianopolis, Ad Ambros. 62. La propagande de Constance, reprise à la fin du siècle, avait tenté d'en faire une ville apostolique, v. Ch. Pietri, *Concordia Urbis*, MEFR, 73, 1961, p. 364.

les, conditions de la communion ecclésiale : cela même qu'accordait à Damase l'édit du 27 février 380.

Que devient la ville et son pape dans tout ce système ? Évidemment le canon n'est pas dirigé contre eux, et même il reconnaît solennellement le primat de la capitale occidentale dans l'Église. Jamais avant Constantinople un synode oriental n'avait été aussi explicite; qu'il suffise de comparer cette déclaration avec celles d'Eusèbe de Nicomédie. Mieux encore, comme à Nicée dont les pères de 381 s'efforcent de démarquer les décrets, Rome est le modèle, l'exemple de la primauté et, dans une hiérarchie des églises, vient au premier rang. Malgré tout, ce canon déplut énormément : Damase voyait bien qu'en accordant à son église une telle primauté, on détruisait en même temps sa raison d'être, une tradition apostolique établie depuis l'apôtre Pierre et transmise d'évêque en évêque. Constantinople était une nouvelle Rome : on pouvait le dire de son sénat; mais où étaient les Apôtres qui l'avaient fondée ? André, Timothée, arrachés aux églises de leur martyre ? ou le pieux Constantin reposant dans l'Apostoleion ? Et puis le système s'organisait en provinces, en diocèses clos. Il préfigurait une hiérarchisation plus rigide, et Socrate ne se trompe pas en lui attribuant la création des patriarcats. Sans le dire, cette organisation nouvelle interdisait toute possibilité d'appel alors que Sardique ménageait les interventions pontificales. Danger plus grave encore, on risquait de paralyser les pratiques récentes des recours orientaux à Rome. Qu'aurait-on besoin de la communion romaine ? On reconnaissait le primat de Damase solennellement, mais on ne lui permettait guère de l'exercer. Le concile de Constantinople marquait la renaissance d'une église nicéenne orthodoxe, sûre de sa force et protégée par son empereur.

Dans les mois qui suivent le concile Théodose maintient fermement cette ligne d'indépendance vis-à-vis de Rome et d'orthodoxie vis-à-vis de la foi nicéenne qui fondent désormais sa politique. Sans doute il démontra qu'il attachait du prix à la reconnaissance du nouvel évêque de Constantinople, Nectarios, par le pape romain [38]. Mais au synode réuni à Rome en 382, après les manœuvres désordonnées de l'évêque de Milan, répond une nouvelle assemblée orientale.

Au total l'édit de 380 a pu servir un temps le prestige de l'église romaine; mais ce n'est qu'une rencontre de circonstance entre les desseins de la politique impériale et les revendications de la primauté. Est-il besoin d'une dernière preuve pour écarter l'idée d'une connivence, tout soupçon de sympathie entre le vieil évêque et le prince autoritaire établi à Constantinople ? Faustinus et Marcellinus, deux prêtres lucifériens, chassés de Rome, présentent un appel contre les persécutions dont ils ont été victimes avec leur parti par la faute des Occidentaux. Ils accusent l'épiscopat d'Espagne, d'Italie, au passage celui d'Égypte et de Palestine, mais leur libelle décoche contre Damase les accusations graves de prévarication, de tyrannie, d'assassinat [39]. L'empereur répond au pamphlet qui charge Damase de péchés habituellement peu compatibles avec la sollicitude pontificale. Et Théodose, peut-être sous l'influence de l'impératrice Flacilla [40], loue la foi de ceux qui accusent le pape [41]. Le prince les déclare innocents en les autorisant à résider paisiblement dans la ville de leur choix. Le rescrit impérial s'adresse à un haut fonctionnaire oriental [42] : il

---

38. Notre témoin est le pape Boniface, ep. 15, 6.
39. Conclusion du *Libellus precum*, coll. Avellana 2, 123, ed. Guenther, p. 44. Malgré sa portée limitée, l'appel — noter le titre du pamphlet — met en cause des décisions épiscopales. Cette démarche peut être datée : le libellus s'adressant à Valentinien, Théodose et Arcadius (ed. Guenther, p. 47), donc après que la mort de Gratien eût été annoncée (27 avril 383), avant que celle de Damase fut connue (11 décembre 384).

40. Cf. la dédicace du *de Trinitate* de Faustinus (*PL* 13, 37) : le traité aurait été composé vers 380, cf. M. Simonetti, *SE*, 14, 1963, p. 49.
41. Coll. Avellana, 2a, ed. citée, pp. 45-46, surtout § 6.
42. Cynegius, préfet du prétoire en Orient, depuis le 18 janvier 384 (*CT* 12, 13, 5).

s'applique seulement dans les provinces contrôlées par Théodose et, juridiquement, ne casse pas la décision pontificale. Au moins Théodose n'endossait pas les querelles du vieil évêque et même, il le désavouait. A dix ans de distance les rôles semblent s'inverser : Basile de Cesarée réclamait l'intervention de l'Occident contre Valens; désormais, auprès de l'Orient orthodoxe, des réfugiés occidentaux cherchent secours.

Université de Paris X

Ch. Pietri

ROME ET AQUILÉE:
DEUX EGLISES DU IVe AU VIe SIÈCLE

Dans l'histoire des grandes Eglises d'Italie septentrionale, Aquilée tient un place originale. Résidence impériale à l'occasion, la ville n'exerça guère, comme Milan au IVe s. et Ravenne dès le siècle suivant, les fonctions durables d'une capitale politique: ainsi l'évêque de la *Venetia* ne bénéficia point des privilèges, de l'influence particulière que valaient aux prélats palatins leur établissement à l'ombre du pouvoir. Dans les relations qui se nouaient entre le pape romain et l'évêque milanais ou ravennate, l'empereur était, d'une certaine manière, partie prenante. Avec Aquilée, ces interférences du politique agissaient plus faiblement. Les échanges, les liens de collaboration, voire les frictions et les querelles, qui reliaient le siège apostolique à l'Eglise d'une métropole provinciale de l'*Italia*, reflètent, de façon moins brouillée qu'avec Ravenne ou Milan, le poids plus spécifiquement ecclésiastique d'une chrétienté locale, la position qui lui valait l'activité de ses pasteurs, son rayonnement missionaire et intellectuel. Ainsi, le thème sur lequel le professeur Mirabella Roberti me fait l'amitié de me demander une note ne se confond pas avec un chapitre d'histoire diplomatique, appliquée à l'Italie de l'Antiquité tardive. Cette façon de poser les problèmes qui dominaient il y a encore quelques décennies, l'historiographie de l'Eglise est heureusement oubliée. On ne cherche plus guère (il y a encore quelques exceptions) à décrire la montée de l'autorité papale en y relevant le programme calculé d'une conquête de pouvoir et d'influence, comme si le siège romain avait fait pour l'unité de la catholicité ce que la Prusse réalisa concrètement pour forger le Reich allemand. La même remarque vaut pour l'histoire des grandes Eglises régionales: la montée de leur autorité reflète l'activité intellectuelle, missionnaire des pasteurs et du clergé, la continuité d'une oeuvre pastorale et le développement d'une communauté, tout un complexe de causes conjoncturelles, de traditions et d'entreprises nouvelles. C'est peut-être ce que permettent d'entrevoir les relations de l'Eglise d'Aquilée avec le siège apostolique. On souhaiterait ainsi que ces quelques remarques contribuent à mesurer les nouveaux

225

équilibres créées en Italie par la christianisation, en étudiant l'image que donnent d'elles-mêmes, dans leurs échanges divers, deux grandes Eglises.

A. *L'Eglise romaine et l'Italie, pendant la première moitié du siècle*

1. Cette enquête ne peut commencer qu'au IVe s.; car nous ignorons totalement les relations des deux communautés avant le règne de Constantin. En 313, dans le synode que le pape Miltiade convoque sur orde du prince, pour juger la plainte des donatistes, le Romain invite les Italiens; ceux-ci représentent le centre, Pise, Florence et Sienne, deux autres pour Capoue et Bénévent avec le titulaire d'Ostie; enfin six obscurs prélats du Latium ou de la banlieue romaine. Pour l'Italie septentrionale vient Méroclès de Milan. On sait que cette réunion se solda par un échec; Constantin décida de réunir un grand concile dans la ville d'Arles en espérant qu'une assemblée plus nombreuse et plus diverse aurait l'autorité qui avait manqué à l'évêque romain pour conclure la querelle[1].

C'était le pemier concile impérial, comme E. Schwartz nommait ce type d'assemblée, convoquée par le prince, dans une résidence palatine; elle accueillait des prélats qui avaient bénéficié du privilège de l'*evectio* pour gagner le lieu de la rencontre. Un autre trait caractérise cette sorte de synode: l'absence du pape représenté par des légats; pendant plus de siècles, le Romain s'abstient de toute participation à ces rencontres épiscopales, tenues hors de sa ville à la demande du prince. Mais cette attitude ne signifie pas qu'il y ait eu conflit entre le concile arlésien et l'évêque romain; pendant l'été de 314, l'assemblée reprit assez exactement le *judicium Miltiadis* prononcé en octobre 313. L'affaire n'intéresse qu'indirectement les relations du Siège apostolique avec l'Eglise d'Aquilée. Absent au concile romain, son évêque signe le Ier août 314, la lettre communiquant à Silvestre les canons adoptés pae la réunion arlésienne[2]. *Quasi te consistente*: ils avaient jugé comme si le Romain avait été avec eux; une règle rappelle la coutume laissant à Rome le soin

---

[1] Sur la composition du Concile: OPTAT, *Contra Parmenianum donatistum*, I, 23; et l'analyse de la politique romaine, CH. PIETRI, *Roma Christiana* (Bibl. Ecoles françaises Athènes et Rome 224), Rome 1976, I, p. 160-167.

[2] Le texte des Actes, dans CH. MUNIER, *Concilia Galliae (314-506)*, Corpus Christianorum CXLVIII, Turnhout, 1963, p. 1-25.

226

d'annoncer à toutes les Eglises, pour le bien de l'unité, la date pascale. En somme, l'évêque d'Aquilée s'associait à une demande du concile qui anonçait avec une déférente courtoisie au *gloriosissimus papa* des sentences prononcées sans lui.

En signant, l'évêque d'Aquilée, Theodorus, qu'accompagait l'un de ses diacres, indique: *de civitate Aquileiensium provincia Dalmatia*. Les manuscrits mentionnent tous la *Dalmatia*:

A: Codex C: *Theodorus episcopus Agustun diaconus de ciuitate Aquilegensium provincia Dalmatia*, Munier, p. 14, au 4e rang.

B: Codex K (coloniensis 212, f. 28): *ex prouincia Dalmatia civitas Aquelientium Theodorus episcopus, Agathon diaconus:* Munier, p. 16, 4e rang.

C: Codex G (Parisiensis Lat. 124448, fol. 125): *ex provincia Dalmatia, ciuitatis Aquiliensis Theodorus episcopus et Agaton diaconus*, Munier, p. 17, 4e rang.

D: Codex Ly (Paris. lat. 1452, fol 153): *ex provincia Dalmatica civitate Aquilegensium Teudosus episcopus et Agaton diacouns*, Munier, p. 18, 4e rang.

E: Tolosanus (T.) 364, fol. 22': *ex provincia dalmatica civitate Aquileiensium Theodosus episcopus et Agaton diaconus* Munier, n. 18, 2e rang.

F: Codex A (Parisiensis lat 5848, fol. 138) et D (Monacensis lat. 9508, f. 15): *ex provincia Dalmaciae civitas Aquileiensium Theodorus episcopus Agathon diaconus*, Munier, p. 21, 3e rang[3].

On ne peut dire quelle est la version la plus exacte puisqu'il semble bien que les listes aient été reconstruites à partir du document original: en particulier la 3e (C) qui donne simplement un extrait des canons et aussi les deux dernières (E et F) où l'ordre est bouleversé; à l'occasion, les légats romains viennent au premier rang (ainsi en E), où ils paraissent avoir été avancés en bonne place par un notaire soucieux de défendre les pérogatives romaines[4], alors que dans trois codices ils viennent immédiatement après la signature de Theodorus... Au 6e rang (liste A, B, C, D) est placé *ex provincia Italia*, l'évêque de Milan. Ces éléments permettent peut-être d'interpréter l'ethnique surprenant qui qualifie Theodorus; en effet, les indications d'un province n'empruntent guère à la précision du vocabulaire administratif; ainsi, on peut relever:

---

[3] Voir MUNIER, cité.

[4] H. GELZER, H. HILGENFELD, O. CUNTZ *(Patrum Nicaenorum nomina...,* Leipzig, 1989, p. LX et p. 3; 61; 79; 119; 187*)* montrent bien que les listes de Nicée sont ainsi reconstruites pour placer les légats romains après Ossius; v. E. HONIGMAN, *Byzantion*, 11, 1936 et 14, 1939, p. 41 sq.

227

CL	ex provincia	K	G	Ly	T	A
Sicilia	1e	1e	1	1	4	1
Campania	2e (Campana)	2e	2	2	5	2
Apulia	3e (Pulia)	3e	3	3	6	4
Dalmatia	4e	4e	4	4	2	3
Rome	5e	5e	5	5	1	5
Italia	6e	6e	6	6	3	6
Viennese	7e	7e	7	7̣1	7̣1	7̣1
Gallia	8e (Galleis)	8e	—	8	8	8
Aquitania	9e	9e	—	9	9	9
Britania	10e	10e	—	10	10	10
Hispania	11e (Spania)	...	—	11	11	11 (Spania)
Mauritania	12e	11e	—	12	12	12
Sardinia	13	12e	—	13	13	13
Africa	14	13e	—	14	14	14
Nimidia	15	14e	—	15	15 (Numidias)	15

Manifestement les indications données par les évêques ne correspondent pas à la terminologie administrative: ainsi, la distinction Gallia-Viennensis-Aquitania, la référence à l'Apulia, à la Maurétanie[5]. Les prélats dessinent avec leurs références les zones d'influences auxquelles ils appartiennent: la Maurétania, la Viennoise, la Gaule, pour Reims, l'Italie pour Milan. Les évêques ne paraissent pas s'être beaucoup inquiétés de la géographie officielle. On a supposé que la mention de la Dalmatie dans le cas d'Aquilée provient d'une erreur. En tout cas, celle-ci aurait dû être commise très tôt; mais je trouve qu'il y a toujours une sorte d'abdication à expliquer, une difficulté par une lacune et à corriger le texte reçu. En réalité, *Dalmatia* et *Italia* sont deux termes symboliques; le second ne reproduit pas la géographie provinciale, il illustre l'autorité ou

---

[5] Ajouter *ex provincia Nicensi*, Munier p. 18: cette note est significative et démontre bien que les évêques n'ont pas utilisé la terminologie de l'administration pour un siège appartenant aux Alpes Maritimes.

l'influence de Milan sur toute une partie de l'Italie padane, distribuée dès 275 en deux provinces, la Vénétie et la Transpadane. Aquilée n'appartient pas à la *Dalmatia*[6] (pas plus que Milan ne fait partie d'une province *Italia*). Cette référence à toute la côte adriatique indique, sans doute, la zone de l'influence qu'exerça Aquilée, tournée au NE de la pénisule vers l'Orient, débordant au-delà de la pénisule jusqu'à l'Illyricum. C'est l'image en tout cas que retenait encore (vers 373) Basile de Césarée, lorsqu'il s'adresse à Valérien, évêque des Illyrien.[7]

B. *La crise arienne (340-377)*

Le siège d'Aquilée rayonnait d'un grand prestige dans les chrétientés d'Illyricum assez pour susciter les convoitises des prélats ambitieux. L'un d'eux venait de Pannonie. En 340, Valens de Mursa (Osijek sur la Drave), qui passa toute sa carrière à briser le cadre d'une misérable cité, pour trouver un champ d'action à la mesure de ses immenses ambitions, cherchait à s'installer à Aquilée. C'était alors un jeune ambitieux qui tentait l'opération; il y échoue; mais cette péripétie significative et dramatique - l'émeute qui accompagnait le coup de force fit au moins une victime - signalait, pour la première fois en Occident, l'approche de la crise arienne[8].

1. Pendant plus d'une trentaine d'année, l'évêque d'Aquilée (Fortunatien et Valérien) devinrent les interlocuteurs privilégiés des papes romains, Jules, Libère et Damase. Avec le premier de ceux-ci, Fortunatien établit une collaboration efficace et suivie. Cet Africain, qui passait pour

---

[6] G. Cuscito, *Cristianesimo antico ad Aquileia e in Istria*, Trieste, 1977, p. 6. (8), avec le dossier de la discussion. C'est L. Duchesne qui propose une correction: *Histoire ancienne de l'Eglise*, II, Paris, 1910, p. 113 (2).

[7] Basile, *Ep.*, 91, vers 373.

[8] L'affaire est connue par la synodale de Sardique adressée à Jules: Hilaire, *Fragm. Hist.*, B II, 2-4, éd. A. Feder, CSEL 65, p. 129: *manifestum erat eos non cessare adulterinae doctrinae letalia semina spargere et quod Ualens relicta ecclesia ecclesiam aliam invadere uoluisset. eo tempore, quo seditionem commouit, unus ex fratribus nostris, qui fugere non potuit Uiator obrutus et conculcatus in eadem Aquiliensium ciuitate terita die deficit, causa utique mortis fuit Ualens, qui perturbauit, qui sollicitauit.* Il n'y a aucune preuve que Fortunatien ait été lui-même impliqué dans l'affaire et que le coup de force ait eu lieu au moment de son élection.

un exegète passable, dirigeait l'Eglise de Vénétie vers 340-342; à l'époque[9], Aquilée connut une assez grande activité politique. Constantin n'avait fait que quelques brefs séjours en 318, en 326; mais à partir de 340, la ville servit un peu plus souvent pour la résidence impériale: Constant s'y établit après l'assassinat de son frère Constantin II, jeté dans les eaux de l'Alsa; il y retourna en 342 et au début de 343, puis en 345; quelques années plus tard en 351 la ville était le point d'appui de l'usurpateur Magence[9]. Cette conjoncture assez exceptionnelle donnait à Fortunatien une importance inattendue dans l'affaire d'Athanase, au temps du pape Jules. L'Alexandrin, on le sait, avait été chassé de sa ville en 339 par un coup de force organisé par le parti épiscopal arianisant. En 340, un synode romain lavait Athanase de toutes les accusations portées au Concile de Tyr. Il recevait, avec toute la solennité d'un concile. témoignage de sa légitimité. Bien entendu, les évêques orientaux n'avaient cure des sentences rendues à Rome; ils cherchèrent à négocier un arrangement avec Constant qui tenait en Occident les affaires religieuses d'une main aussi ferme que son frère Constance en Orient. Le jeu des négociations s'était déplacé de Rome à Trèves ou à Milan résidences impériales.

Les historiens ecclésiastiques (Socrate, Sozomène) assurent que Jules porta l'affaire auprès du *comitatus* en demandant à l'empereur de faire appliquer les sentences romaines. En tout cas, Athanase comprit très vite qu'il devait plaider sa cause, au *comitatus*, là où résidait Constant. A la fin de 342, on le trouve à Milan où l'empereur arrivait en venant d'Aquilée[10]. L'Alexandrin s'adressait ainsi à Constance quelques années plus tard pour se disculper d'avoir comploté contre lui: "Toujours (en ces audiences) j'étais avec l'évêque du lieu et j'enrais en compagnie des autres personnages présents à la cour. Fortunatien peut en témoigner, Ossius, Crispinus de Padoue, Lucillus de Vérone, Vincent évêque de Campanie... Tu peux encore avoir le témoignage d'Eugenios, le maître des admissions (*magister ad missionum*?)"[11].Au premier rang des témoins, Athanase n'hésitait pas à mettre en cause Fortunatien, c'est la preuve qu'en 342 ou qu'en telle autre occasion, l'évêque d'Aquilée était intervenu au-

---

[9] M. BONFIOLI, *Soggiorni imperiali a Milano e ad Aquileia da Diocleziano a Valentiniano III*, dans *Antichità alto adriatiche*, IV, Udine, 1978, p. 125-149; ici p. 134-135.

[10] ATHANASE, *Apol. Const.*, 4 (J.M. Szymusiak, *Sources Chrétiennes*, 56, Paris, 1958, p. 91-92). On ne peut dater l'épisode que cite Athanase; celui-ci synthétise volontairement l'histoire des audiences impériales qu'il a obtenues.

[11] *Apol. Const.* 3 (éd citée p. 91).

230

près du prince en sa faveur et qu'il l'avait accomapgné à l'audience impériale, à Milan sans doute peut être même à Aquilée.

Ces démarches aboutirent à la convocation du synode de Sardique qui confirma à l'automne de 343 les sentences romaines: la péninsule y était représentée par une délégation, venue de Rome (deux prêtres et deux diacres), accompagnés par des évêques appartenant à l'Italie suburbienne, des prélats de Tuscia, de Campanie et d'Apulia; à l'exception du titulaire de Capoue, Vincentius qui avait été prêtre à Rome, ce groupe ne comptait guère que des prélats effacés, titulaires de chef-lieux crottés, tel Stercorius de Canosa. L'Italia (la région padane) expédiait une dizaine de délégués, au premier rang desquels se plaçaient Protais de Milan, Lucillus de Vérone et surtout Fortunatien d'Aquilée. On ne connaît pas assez le déroulement des débats pour reconnaître le rôle de chacun: mais il est sûr que Fortunatien y démontra pendant le concile quelqu'allant offensif; il dénonça avec une conviction appuyée (à laquelle se réfère la synodale) les méfaits de Valens, le jeune prélat agité, qui avait tenté un coup de force sur Aquilée[12].

Athanase, en quittant le synode, s'arrêtait à Naissus où il célébrait la Pâque en 344[13]; il s'était replié dans la ville de la Mésie supérieure en conservant peut-être l'espérance d'un retour prochain à Alexandrie. L'année suivante, en 345, il revenait à Aquilée où il participa aux fêtes pascales, comme l'indique explicitement l'*index syriaque des lettres festales*, comme le confirme également l'*Apologie* adressée à Constance: "après le synode, pendant que j'étais à Naissus, Constant m'écrivit; je m'en allais passer le reste du temps à Aquilée où me reejoignit la lettre de ta Piété (Constance)"[14]. A ce moment des négociations, l'intervention de Fortunatien ne fait plus de doute. L'évêque invitait l'exilé à célébrer la synaxe, en présence du prince dans une église encore inachevée mais assez grande pour accueillir une foule nombreuse[15]. L'action de l'Italien prologeait la politique du pape.

En 347, un concile se réunissait à Milan, qui répétait contre Photin de Sirmium l'anathème déjà lancé, en 345, dans un précédent concile,

---

[12] Voir note 8.

[13] *Histoire Acéphale*, Sources Chrét., 317, Paris, 1985; v. les notes de A. Martin, p. 172 (4), p. 293 (57) et dans l'*Index des lettres Festales*, ibid. éd. et trad. de M. Albert, XVI, p. 242-243, pour 344 et XVII, p. 244-245.

[14] *Apol. Const.*, 4, cité.

[15] *Ibid.*, 15, p. 104.

231

tenu dans la même ville. Ses réunions s'occupaient d'épurer l'Occident, en appliquant les sentences de Sardique conre les ariens installés dans les provinces de Constant. Les deux prélats qui étaient spécialement visés, Ursace de Singidunum et Valens de Mursa, coururent à résipiscence: ils admettaient leur faute, demandaient la communion romaine, en reconnaissant l'innocence d'Athanase et en condamnant l'hérésie d'Arius. La démarche était bien naturelle de la part d'évêques qui avaient quelque sens politique. Elle ne suffisait pas: ils gagnaient Rome où ils présentèrent au pape un *libellus*, une rétractation rédigée par Valens et signée par Ursace. L'évêque romain concéda sa grâce, et sa communion. Sur le chemin du retour, les deux prélats s'arrêtèrent à Aquilée, d'où ils écrivirent un compliment assez bref pour Athanase. Ils le confiaient à un prêtre de l'Eglise locale qi prenait la route pour Alexandrie [16]. Fortunatien donnait ainsi une caution discrète à la réconciliaton générale et complétait l'oeuvre amorcée à Milan et sanctionnée par Rome.

2. Libère et Fortunatien: c'est le titre d'une étude de L. Duchesne, qui utilise le témoignage de Jérôme sur la reculade de l'évêque romain. L'évêque d'Aquilée joua dans l'affaire le rôle d'intermédiaire discret, qu'il avait tenu avec le pape précédant: avisé, il évoluait au gré des conjonctures politiques. Or avec les légions, qui avançaient d'Orient pour chasser l'usurpateur Magnance, progressait également l'influence de toute une politique religieuse, soutenue par un petit groupe d'évêques arianisants, appuyés par Constance. Fortunatien inclinait tout naturellement à la prudence d'autant que sa ville avait servi de centre défensif aux armées de Magnence: il ne souhaitait probablement pas se faire remarquer par des positions trop éclatantes. Libère mit quelque temps à mesurer les subtiles dérobades de l'év̂ques italien. Pour lui, c'était le combattant de Sradique, l'adversaire de Valens,e l'allié fal du siège apostolique. En 353 (au plus tard en 354) le pape, qui avait tenu synode en sa ville pour défendre Athanase comme Jules en 340, réclamait un grand concile: Constance voulait que l'on jugeât le cas de l'Alexandrin (c'est-à-dire que l'Occident approuve la condamnation orientale). Libère pressentant que la sentence romaine ne suffirait pas, envisageait la convocation d'une grande assemblée: il en était déjà à refaire Sardique. Il décida en

---

[16] HILAIRE, *Fragm. Hist.*, B II, 5, 4, A. Feder p. 142; B II, 6, p. 143 (au pape); B II, 8, p. 145 (à Athanase).

232

conséquence d'expédier deux légats à Constance, des Italiens (dont Vincent de Capoue qui avait représenté Rome à Sardique), pour réclamer la réunion d'un concile à Aquilée[17]. Cette proposition tenait compte des commodités géographiques: Aquilée était assez proche des routes orientales. Mais ces raisons ne pesaient guère: Libère proposait une ville tenue par un évêque qui paraissait solide; selon la coutume, Fortunatien aurait présidé ce concile. L'habile prélat ne fit rien pour rechercher ce périlleux honneur.

Avec lui, Libère allait de déception en déception; les légats romains rejoignirent Constance dans la ville d'Arles et ils signèrent la condamnation d'Athanase. En Italie l'opposition désagrégeait; Libèe en prévenait Fortunatien: "il lui écrivait, explique-t-il, parce qu'il savait qu'il ne craignait pas les hommes et qu'il pensait aux récompenses éternelles"[18]. Sans doute; mais Fortunatien n'oubliait pas les légions de Constance; alors que Lucifer de Cagliari déployait un zèle enflammé, qu'Eusèbe de Verceil, après avoir écarté les tentations de la prudence, engageait finalement le combat pour la foi de Nicée, Fortunatien donna sa signature à la condamnation d'Athanase. Athanase dans l'*Apologie* adressée à Constance lui trouva l'excuse d'avoir cédé à la contrainte[19].

Fortunatien continuait de proposer ses bons offices, pour rallier le pape à sa ligne politique, faite de signatures concédées aux puissants, de silences complices et de restrictions mentales. Car on ne peut l'accuser d'avoir signé un texte de théologie arienne (la formule présentée à Milan est inconnue). Il se repliait, en abandonnant Athanase, comme le fit quelques mois plus tard Libère, au premier temps de son recul. Jérôme porte l'accusation: *Liberium... pro fide ad exsilium pergentem primus sollicitavit ac fregit et at subscriptionem haereseos compulit*[20]. Le premier, il sollicitait Libère pour briser sa résistance et l'entraîner à signer un texte hérétique. Comment Fortunatien sut-il convaincre le Romain? On ne le sait et

---

[17] HILAIRE, *Fragm. Hist.*, B VII, A. Feder p. 167. L. Duchesse, *Libère et Fortunatien* dans «MEFR», 28, 1908, p. 31-78.

[18] LIBÈRE, *Ep. Sciebam*, 2, 1 dans V. BULHART, *Corpus Christ.* IX, 1957, p. 123 (Jaffé 215).

[19] On le déduit en considérant les témoignages d'Athanase: *Hist arian.* 33 et 75 et 76 sur le concile. Connaissent l'exil, Eusèbe, Lucifer et Denys de Milan: M. SIMONETTI, *La crisi ariana nel IV secolo*, Roma, 1975, p. 220. Ajouter, *Apol. Const.*, 27, éd. citée, p. 119, où F. est mentionné parmi ceux qui ont promis, par la contrainte de ne pas rester en communion avec Athanase; avec lui, Vincent de Capoue et Hérémios de Thessalonique.

[20] *De Viris III.*, 97, E.C. RICHARDSON, *Text und Unters.*, XIV, 1, Leipzig, 1896, p. 47. M. SIMONETTI, p. 222; CUSCITO, p. 176-177; CH. PIETRI, *Roma Christiana* I, p. 251-263.

233

on se perd à imaginer les occasions de ces échanges discrets. Avant de gagner le lieu de son exil, Libère s'était contenté d'envoyer un témoignage de sa solidarité enflammée aux confesseurs de Milan[21], à Cécilien de Spolète et à Ossius de Cordoue (auprès duquel il se plaignait de la chute de Vincent de Capoue). Le pape paraissait résolu, encouragé dans la résistance par la fidélité du clergé romain qui avait promis de ne pas accepter d'antipape.

Très vite la résistance de Libère, dans la solitude de l'exil thrace, s'effritait; son gardien, l'évêque Démophilos de Bérée, promis au siège de Constantinople, captait tous les signes du découragement: l'inquiétude du pasteur qui voyait son troupeau confié à un usurpateur, l'antipape Félix, peut-être aussi les sollicitations italiennes. Libère passa de l'intransigeance aux calculs politiques: la première des lettres (*Studens paci, ad Orientales*) qui jalonne sa rétractation annonçait aux évêques orientaux une condamnation d'Athanase; l'Alexandrin ne s'était pas présenté à Rome et il était contumax[22]. Dans la négociation, Libère confiait à Fortunatien le premie rôle; il le chargeait de transmettre au prince l'annonce de son ralliement à la condamnation d'Athanase. Dès lors, il ne cessa plus d'invoquer son témoignage pour établir sa propre crédibilité[23]. La première lettre fut écrite en 357 avant l'été probablement, moins d'un an après le départ de Rome. Mais comme l'indique une note éditoriale qui commente la démarche du pape l'intervention de Fortunatien - n'avait aucun effet. Il fallait aller plus loin: fidèle à sa tactique des reculs à petits pas, Libère s'adressa à ur eunuque du prince, Hilarius et finalement à Ursace et à Valens qu'il nomme (c'est là la chute, où tout le reste n'est que tactique) "fils de la paix". Il expédia à Vincent de Capoue son diacre Urbicus[24], avec une lettre où il répétait la condamnation d'Athanase. Finalement ce que Fortunatien avait concédé d'une signature dis-

[21] HILAIRE, *Fragm. Hist.*, VII, 1 et 2, Feder, p. 164-166.

[22] *Ep. Studens Pacis*, dans *Fragm. Hist.*, B III, 1 et 2 *(note édit.)*, FEDER, p. 155: cette lettre, transmise à Fortunatien, a été écrite à un moment où Libère savait que Constance était en Occident, avant l'automne de 357 (sur le séjour du prince, M. BONFIOLI, p. 138). Hefele s'étonne que L. ait fait recours à l'évêque d'Aquilée et non à Dèmophilos ou à Germinius de Sirmium: c'est oublier l'échiquier politique de la politique ecclésiastique et le fait que Constance était à Milan.

[23] *Ep. Quia scio*, 2, *Fragm. Hist.*, B VII, 10, 2, FEDER p. 171. Voir aussi, B II, 8, 1, p. 168.

[24] *Ep. Non doceo* dans *Fragm. Hist.*, B VII, 11, FEDER, p. 172-173; à VRSACE, Valens et Germinius, *Ep. Quaia scio* dans *Fragm. Hist.*, B VII, 10, FEDER, p. 170-171.

234

crète, mêlée à une centaine d'autres données par les prélats réunis à Milan, le pape devait s'obliger à l'écrire à la ronde. Mais le parti épiscopal qui tenait la politique religieuse avait fait monter le prix de la libération. Libère, dans une denière lettre (*Pro deifico...*)[25] en 358, faisait connaître qu'il confessait la vraie foi, celle que Démophilos avait eu la bienveillance de lui communiquer. Il évoquait encore Fortunatien, son intervention ancienne en 357. Mais cette fois le responsable de la rétraction est le geôlier de Thrace, non le politique d'Aquilée. Autant qu'il l'a pu, le pape romain a tenté d'utiliser dans cette négociation un évêque qu'il savait habile et qui, somme toute, appartenait à l'épiscopat italien. Fortunatien avait maintenu tant bien que mal sa collaboration avec Rome; on ignore ce que furent, après 358, ses dernières années.

3.Damase et Valérien rétablissent pendant les derniers temps de la crise arienne une solide alliance. L'initiative vient de l'évêque d'Aquilée: entre 368 et 372, le Romain reçut un rapport présenté par des Italiens. Le nouveau pape avait souffert bien des difficultés pour imposer son autorité dans les tumultes créés par l'antipape Ursinus. La péninsule éliminait très lentement le danger arien; en Italie suburbicaire, où Constance avait établi des prélats acquis ou ralliés à sa politique, le schisme déchirait les cités, à Pouzzoles, à Naples, plus au nord à Parme. Et surtout l'arien Auxence tenait le siège de Milan; il résistait à toutes les condamnations, à l'action d'Hilaire de Poitiers, à celle de Eusèbe dè Verceil; solidement établi dans une grande métropole, il s'appuyait sur la foi de Rimini, définie et adoptée, disait-il, par 600 évêques. L'homme avait quelques mérites, comptait sur la neutralité de Valentinien (l'impereur préférait l'ordre aux croisades orthodoxes) et il disposait d'appuis lointains dans une ville reliée à l'Orient tenu à l'époque par un prince arianisant, placée au carrefour de la plaine padane et de l'Illyricum solidement occupé par des bastions ariens, à Sirmium, à Mursa, à Singidunum.

Ex Gallorum atque Venetensium fratrum relation comperimus[26]: Damase considérait qu'il a reçu des Gaulois et des Vénètes un appel explici-

---

[25] *Ep. Pro deifico timore* dans *Fragm. hist.*, B VII, 8, FEDER, p. 168-170.

[26] DAMASE, *Ep. Confidimus quidem (ep., 1)* éd. E. SCHWARTZ, *Zeitschrift für N. Testam. Wiss.*, 35, 1936, p. 19-20 (Jaffé 232). On connaît une version grecque qui a été publiée par THÉODORET *Hist. Eccl.*, 2, 22, éd. L. PARMENTIER, «GCS», 44, p. 147-150 et une autre par Sozomène, *Hist. Eccl.*, 6, 23, 7, éd. J. Bidez, Berlin 1954, CGS 50, Berlin 1960, p. 266. Sur tout ce dossier, E. SCHWARTZ, *Nachr. Göttingen*, 1904, p. 363.

235

te. Il précisait plus clairement la nature des menaces: les évêques risquent d'être entraînés par ignorance; la propagande active d'Auxence représente une menace; ils se laissent impressionner par cette référence au grand concile occidental tenu à Rimini: *non heresis studio* (c'est Damase qui tient la plume) *sed inscientia vel ex simplicitate quadam scaevis interpretationibus aestuantes*[27]. A l'appel des Vénètes (l'Eglise d'Aquilée) appuyés par quelques prélats de Gaule cisalpine, Damase répondit en convoquant un concile à Rome. Celui-ci se réunit après le premier octobre 368, date d'un synode tenu à Rome pour le natalice du pape, une réunion tout à fait indépendante de celle qui répondait à l'appel vénète[28]. Le concile précède la mission du diacre Sabinus qui poussa d'Alexandrie à l'Orient, sur les conseils d'Athanase. Il apportait la synodale jusqu'à Basile de Césarée, qui reçut la visite de l'Italien avant les fêtes de Pâques 372[29]. L'épiscopat italien se rassemblait en force autour de l'évêque romain: 90 ou 93 évêques, suivant le chiffre donné par Sozomène ou par Théodoret. L'intitulé de la synodale conservée dans la collection de Vérone donne une courte liste de noms; il fat en tenter l'exégèse puisque nous ne possédons pas les souscriptions épiscopales.

1 Valerianus   Aquilée
2 Vitalianus   (Capoue?)
3 Aufidius   ?
4 Paeanius   ?
5 Victor   (Plaisance?)
6 Priscus   (Nocera?)
7 Innocentius   ?
8 Abundantius   Trente
9 Theodulus   ?

et caeteri qui ad audiendam causam Auxentii, exponendam fidem in Urbe Roma convenerunt...

On connaît un Victor (5e établi à Plaisance avant Sabinus; il est attesté par un document tardif (du VIIIe s.); le nom est trop répandu pour

[27] J'adopte la correction proposée par M. RICHARD., *La lettre confidimus quidem du pape Demase*, dans *An. Inst. Ph. et hist. Orient. et Slaves*, 11, 1951, p. 323-340.
[28] On y traitait des émeutes soulevées par les Ursiniens: PIETRI, *Roma Christiana*, I, p. 408 sq.
[29] *Ibid.*, p. 799-800.

236

que cette identification ne soit pas totalement hypothétique[30]. Theodulus (9e) ne peut être l'évêque de Modène, contrairement à ce que j'écrivais imprudemment, puisque cet homonyme, effectivement attesté par la *Vita Ambrosii* (35,1) de Paulin était encore *notarius* au temps d'Ambroise[31]. Un Innocentius (7e) est connu comme évêque de Tortona par la *Vita Martiani* (BHL 4281), qui en fait le prédécesseur d'Exsuperantius, sûrement attesté en 381[32]: ce témoignage doit être accueilli avec un grand septicisme; la même remarque vaut pour Vitalianus (2e): c'est le titulaire d'un évêché important puisqu'il est mentionné au second rang; on connaît bien un anniversaire mentionné dans le Martyrologe hiéronymien pour le 3 septembre: *in Caudis,* sur la voie appienne, entre Capoue et Bénévent (actuellement Montesarchio)[33]. Mais est-ce suffisant pour en faire le successeur sur le siège de Capoue, de Vincent, auquel se réfère la synodale du concile? On connaît également un Pricus (6e), qui accompagne Restitutus de Carthage dans sa désastreuse ambassade en 359[34] et qui signa comme lui le credo arien de Nikè. C'était peut-être un Italien, qu'il faudrait rapprocher d'un Priscianus, évêque de Nocera Alfaterna, mentionné par Paulin de Nole (*Carmen,* XIX, 515); certes une légende tardive (BHL 1644) en fait un Africain chassé par les Vandales mais ce texte est dépourvu de valeur. Pour étayer cette hypothèse fragile, il faut supposer que Priscus (ou Priscianus) avait été réconcilié praès sa chute en 359. En revanche, il ne paraît pas impossible d'identifier l'Abundantius de 372 à l'homonyme qui est évêque de Trente en 381. Ajoutons à ces deux évêques identifiés, le nom de Sabinus, diacre milanais: il assista sûrement à un colloque dont il se fit le propagandiste en Orient.

Valérien d'Aquilée, le successeur de Fortunatien tenait une place éminente, immédiatement après le pape. Il avait porté plainte contre Auxence, dont le concile répéta la condamnation; certes, la synodale rédigée par Damase se contente de condamner avec force la réunion de Ri-

---

[30] F. LANZONI, *Le diocesi d'Italia dalle Origini al principio del secolo VII,* Studi e Testi 35, Faenza, 1927, 2, p. 815.

[31] *Ibid.,* p. 791.

[32] *Ibid.,* p. 821 et 826.

[33] Martyrologe: éd. H. DELEHAYE, *Acta Sanct., Novembre,* II, 2, Bruxelles, 1931, p. 485 et note p. 486. Un calendrier de Bénévent (*ibid.*) du XIIIe en fait un évêque et confesseur, à Bénévent. LANZONI, I, p. 202 ne tranche pas et il a raison.

[34] HILAIRE, *Fragm. Hist.,* A V, 3, 1, FEDER, p. 86. LANZONI, I, p. 243-245. Voir D. AMBRASI, *Bibliotheca Sanctorum,* X, Rome, 1968, col. 1118-1120.

237

mini, auquel ni le pape, ni Vincent de Capoue n'avaient pris part, et elle rappelait l'autorité de Nicée, un mur dressé contre l'hérésie, la foi de tous le évêques catholiques d'Occident. Mais les Pères ne fulminaient pas une nouvelle excommunication contre Auxence; ils reprenrent les condamnations passées, en espérant qu'elles seront un jour appliquées à l'hérétique. Cette collaboration d'Aquilée avec Rome, magnifiée par un concile, s'appliquait à l'*Italia* mais valait également pour l'Illyricum. La Synodale adressée à tout l'épiscopat italien, fut expédiée également aux évêques illyriens[35], comme l'atteste les intitulés des deux versions grecques indépendantes, citées par Théodoret et par Sozomène: il importait de briser cette communauté hérétique qui s'étendait de Milan à la vallée de la Drave et de la Save jusqu'au Danube. La lettre romaine célébrait avec optimisme l'accord des *Orientales*, l'harmonie de l'Orient et de l'Occident pour mieux isoler le bastion arien des provinces danubiennes. Car la synodale *Confidimus* n'était pas destinée à l'épicopat oriental: le diacre Sabinus en donna copie au clergé de l'évêque Mélèce, alors exilé, avec lequel s'organisait à Antioche la résistance conre l'arianisme. Basile connut ce texte. Il répondit d'une lettre émue, adressée à Valérien, l'évêque des Illyriens: "puisse vos prières éteindre l'hérésie perverse; il sera nécessaire que la foi soit renouvelée par vous en Orient"[36]. Ce témoignage inique que le Cappadocien mesurait la place tenue par Aquilée dans la *reconquista* nicéenne en Occident; ls observateurs orientaux, attentifs à la réalité concrète des échanges et des influences plus qu'à la géographie politique, plaçaient l'Eglise de la *Venetia* à la charnière entre l'*italia* et l'*Illyricum*. Au début du siècle, l'évêque local déclarait qu'il représentait la *Dalmatia*. En réalité, pendant les six ou sept décennies de la crise arienne, Aquilée avait été un porte-parole privilégié de l'Italie.

C. *Les trois pôles de la pénisule du IVe au Ve s.*

La distribution des zones d'influence était restée incertaine tant que Milan arianisait. Aquilée fait figure de capitale orthodoxe, purgée de tous les ariens, comme le rappelle Jérôme, animée par un groupe actif

---

[35] Il ne fait pas doute que le texte grec est une traduction: *Roma Christiana*, I, p. 778-779.

[36] *Ep.*, 91; Basile adresse également une lettre aux Italiens et aux Gaulois, une sorte de lettre collective signée par Eustahne de Sébaste et par Anthimos de Tyane, rédigée avant la rupture de Basile avec le premier, pendant l'été de 372. Cette lettre (*Ep.*, 92, 1) est rédigée après le voyage de Sabinus.

238

des jeunes clercs, Chromace, l'évêque de la ville en 388, son frère Eusebius, Iovinus, Amantius. En 379, la ville reçoit l'empereur Gratien, qui y revient en 380; quelques années plus tard, Théodose s'y établit pour quelques semaines à trois reprises en 388, en 391 et en 393. Honorius ne fait qu'y passer, en 400[37]. C'est que l'éclatante puissance de Milan éclipse l'autorité de la métropole de *Venetia*. La ville de *Liguria* devient une résidence habituelle du prince et elle accueille tous les services occidentaux de la cour. Le groupe puissant des palatini milanais appuie Ambroise, qui en succédant à Auxence réintègre l'Eglise locale dans la catholicité. La personnalité du nouvel évêque, son expérience politique, son rayonnement intellectuel servent évidemment le prestige de la chrétienté milanaise.

1. Aussi les relations entre les grandes Eglises pour l'Italie du Nord s'organisent autour de deux grandes cités d'*Italia* et la siège apostolique doit organiser sa politique et ses interventions en tenant compte de ces pôles différents. Pendant près d'un demi-siècle, tout le temps où Milan tient une position dominante, les liens se nouent en une suite d'échanges triangulaires, qui engagent souvent deux partenaires en laissant à l'écart le troisième. Le concile, tenu en 381 dans la ville d'Aquilée, illustre la collaboration d'Ambroise avec Valérien et également les réticences de Damase. Mais l'évêque de Milan tenait le premier rôle, maître d'oeuvre de l'entreprise. Certes, il pouvait dire que les derniers résistants de l'arianisme, Palladius de Ratiara et Secundianus de Singidunum avaient reclamé eux-mêmes le concile qui les condamnait. La démarche des ariens visait à desserrer l'encerclement qui les menaçait depuis que se déployait en Illyricum la reconquête nicéenne. Anemius, soutenu par Ambroise, avait pris à Sirmium la place de Germinius. Le Milanais fort de l'appui impérial, brandissant la lettre de convocation émanée de la chancellerie occidentale, menait au pas de charge l'organisation d'un concile, réunissant des Italiens, Anémius et quelques légats africains ou gaulois. Le pape Damase n'y était pas représenté. Ce synode épiscopal devient le tribunal des deux ariens, avant qu'Ambroise ait cherché à en prolonger l'action pour intervenir (sans succès) dans les querelles de l'Orient chrétien. Mais le choix d'Aquilée illustre le prestige symbolique du vieil évêque, qui en était le pasteur, Valérien, et aussi le rôle traditionnel que tenait la ville d'*Italia* dans les relations avec l'Illyricum voisin. La réunion

[37] M. BONFIOLI, *op. cit.*, p. 141-147.

239

tenue dans l'Eglise accueillait une cinquante de personnes, les évêques, les accusés, les laics, placés sous la présidence de Valérien qui siégeait sur une estrade[38]. L'intervention du vieux combattant contre Palladius n'illustre guère son acuité théologique: il reprochait à l'évêque de Ratiaria d'avoir été ordonné par des photiniens; Chromace à son tour reprenait le dossier pour mêler, en critiquant les accusés, l'hérésie d'Arius à l'influence de Photin[39]. Mais c'est Palladius qui protesta: il aurait fallu, parmi les autres, inviter à l'assemblée Damase, comme un évêque parmi beaucoup d'évêques - si du moins il a conscience d'être évêque...[40].

2. ' '· fin du siècle, quelques années plus tard, la querelle de l'origénisme eng.. it Rufin d'Aquilée contre Jérôme; mais elle se régla entre Rome et Milan. Il faut dire que l'évêque Chromace était également lié aux deux adversaires; il avait reçu dédicace des livres bibliques traduits par Jérôme, Habacuc, Jonas[41]... et Rufin lui adressait une traduction d'Origè. les homélies sur Josué. A l'origine, l'affaire s'était réglée par l'entente tacite de Sirice avec Simplicien de Milan: depuis une dizaine d'années, le siège apostolique et l'évêché italien collaboraient étroitement dans la surveillance de l'orthodoxie. Sirice avait obtenu un appui total d'Ambroise, lorsqu'éclatait une querelle contre l'ascèse, menée à Rome par le moine Jovinien. Ni le Romain, qui avait délivré a Rufin des lettres de communion, ni le Milanais, qui résista tenacement à toute sorte d'injonctions, ne souhaiteraient s'engager dans une querelle de l'origénisme[42].

Mais le successeur de Sirice, le pape Anastase, cédait enfin aux priè-

---

[38] PALLADIUS, *Fragments*, 88 (337v), éd R. GRYSON, *Sources Chrétiennes.*, 267, Paris, 1980, p. 294.

[39] Y. - M. DUVAL, *Ambroise de Milan et Chromace d'Aquilée*, dans «AAAd», 4, p. 188 et p. 202-205.

[40] PALLADIUS, *Fragments*, 123 (344r), p. 306.

[41] CHROMACE est dédicataire de l'*In Abacum*, antérieur à 393, de l'*In Jonam* vers 395/396; avant la publication des *Libri Salomonis* (400-401); de concert avec Heliodorus à Altinum, il envoi de de l'argent pour aider les copistes de Jérôme (*In libros Salomonis*, PL 28, 1241); il reçoit aussi la traduction des *Libri Salomonis* (ibid.), achevée avant 400/401 et la traduction de Tobie: *In librum Esther*, PL 28, 1434). Pour Rufin, v. M. SIMONETTI, "Corpus Christianorum", XX, 1961, p. 271 et Praef. *In libros Historiarum Eusebii, ibid.*, p. 267; voir *Apol.*, I, 4, *ibid.*, p. 39.

[42] Jérôme ne compte jamais Simplicien parmi les adversaires de Rufin: *Apol.*, 2,22; P. LARDET, *Sources Chrétiennes*, 303, Paris, 1983, p. 162. Voir RUFIN, *Apol.*, 1, 21, SIMONETTI, p. 55-56.

240

res des matrones, aux objurgations des pieux laïcs et à l'intervention de Théophile d'Alexandrie. Un concile romain condamna tout ce qui paraissait contraire à la foi dans les écrits d'Origène. La querelle agitait un peu l'Italie et les amis des deux rivaux, Jérôme et Rufin; Rome se hâta de prévenir l'évêque Milan qu'il devait athétiser les livres d'Origène: la lettre rédigée pendant l'été de 400 arrivait trop tard, après la mort de Simplicien (15 août 400)[43]. Et puisque Milan ne répondait point, Anastase envoya un second message[44] au nouveau titulaire de Milan, Venerius. Il y rappelait la lutte contre Arius, la part qu'y avait tenue Athanase, le nouveau combat pour la foi menée par son successeur Théophile et, poursuivant l'analogie, il évoquait l'alliance de Libère avec Denys de Milan; elle devait servir d'exemple à la collaboration de Venerius avec Anastase. Evidemment le Romain ne soufflait mot de Fortunatien. Dans toute l'affaire, qui touche indirectement le traducteur d'Origène, le siège apostolique négligeait totalement d'en référer à l'Eglise avec laquelle Rufin conservait de solides attaches, où il vivait depuis plusiers mois et où il avait été admis (en 398-399) dans le *presbyterium*. Rufin se défendit en envoyant un *Apologie* à Anastase; il prétextait la fatigue du voyage pour s'excuser de ne la point défendre personnellement à Rome; mais il invoquait sa fidélité au symbole «qui est celui de Rome, d'Alexandrie et aussi d'Aquilée (avril 401)[45], Chromace finit par se ranger avec les adversaires de l'Origénisme et Jérôme put le compter dans la liste des autorités hostiles à Origène, après Anastase, Théophile et Venerius. Pour lui, ce ralliement n'impliquait point le désaveu de Rufin: l'évêque d'Aquilée intervint auprès des deux adversaires pour qu'ils missent fin spontanément à leur querelle[46]. On ne trouve – à une exception près[47] – aucune allusion au débat origéniste dans l'oeuvre de Chromace ni aucun indice, dans les multiples témoignages recueillis dans les *Apologies* diverses pour supposer quelque négociation entre Aquilée et, d'autre part, Milan et Rome.

---

[43] ANASTASE, *Ep. 1* = JÉRÔME, *Ep.*, 95, I. HILBERG, CSEL, 55, p. 157-158 (JAFFÉ 276).

[44] Publié dans «*Rev. Hist. Litt. relig.*», 4, 1899, p. 5-6 = CLAVIS 1639 ET «PLS», 1, 791. Sur la date, *Roma Christiana*, p. 907 (4).

[45] JÉRÔME, *Apol. c. Rufin.*, 2,2, LARDET, p. 100-102; RUFIN, *Apol. Anast.*, 8, Simonetti p. 28.

[46] JÉRÔME, *Apol. c. Rufin.*, 3,2, Lardet, p. 216.

241

3. Aquilée sortit de cet isolement un peu compassé pour soutenir Rome dans la défense de Jean Chrysostome. Au même moment, Milan s'effaçait un peu, mais son évêque suivit sans réticences le mouvement. Peu après les fêtes de Pâques en 404, quelques semaines avant son exil (à la fin du printemps, le 9 juin), Jean Chrysostome sollicitait le secours de l'Occident en s'adressant au pape de Rome, Innocent, à l'évêque de Milan, Venerius et à Chromace d'Aquilée[48]. Les deux évêque italiens restaient associés pour souscrire en 405 la synodale d'un concile romain qui condamnait l'attentat de Constantinople, qui réclamait au nom de l'Occident le rétablissement de Jean et qui rompait la communion avec Théophile d'Alexandrie, avec Arsacius, le nouvel évêque de la capitale et leurs partisans. Avec le pape Innocent, les Italiens s'adressaient à l'empereur Honorius pour lui demander d'intervenir auprès de son frère Arcadius et pour réclamer la convocation d'un concile oecuménique, à Thessalonique. Honorius accompagnait cette requête d'une lettre adressée, une nouvelle fois, à son frère et pour appuyer sa démarche, formulée en termes assez cassants, il joignait deux lettres, parmi toutes celles qu'il déclarait avoir reçues des évêques occidentaux, celle du Romain et celle de Chromace. Il ne citait pas Venerius, bien que les légats eussent emporté un dossier complet avec un *commonitorium* du synode et avec le message milanais[49]. Jean Chrysostome, d'un message affectueux, déclarait sa gratitude aux Occidentaux; mais il adressait une lettre personnelle à Chromace, confiée à un prêtre qui gagnait l'Occident[50]. Toutes ces démarches de Jean illustrent assez bien l'image de l'Italie et de ses Eglises, telles qu'elles pouvaient apparaître au début du Ve s. Rome, Milan s'imposent, sans conteste: la ville de Pierre et la résidence palatine. Mais Aquilée bénéficie également d'un prestige qui tient exclusivement au rayonnement de son Eglise: *Urbs celeberrima*, comme disait Ausone.

---

(47) Voir la remarque de Y.-M. DUVAL, *art. cit.*, p. 174 (30), sur *Tract.*, 51, 2.

(48) Jean Chr., dans PALLADIUS, *Dial. de Vita Johannis*, 2, COLEMAN NORTON, p. 8 sq.; Palladius cite seulement la lettre au Romain, indiquant que les deux Italiens reçoivent le même teste. En 404, la lettre d'Honorius (*Coll. Avellana*, 38 éd. O. GUENTHER, «CSEL» 35, p. 85-88) ne mentionne pas les interventions italiennes; l'enpereur résidait à Rome; son analyse s'accorde avec celle de l'évêque romain: *Roma Christ.*, II, p. 1318.

(49) PALLADIUS, *Dial.*, 3 et 4, COLEMAN NORTON, p. 15.

(50) JEAN, *Ep.*, 155 (PG 52, 701-703); à VENERIUS, *Ep.*, 182 (*id.*, 714-715).

242

D. Rome et l'autorité régionale d'Aquilée au Ve s.

Dès l'époque de Chromace, plus clairement encore au Ve s., les relations d'Aquilée et du siège apostolique illustrent la montée d'une autorité régionale en Italie septentrionale, une Eglise solidement établie dont la politique romain doit tenir compte. L'évolution est d'autant plus sensible que le centre de la politique palatine s'est déplacé en Italie, de Milana à Ravenne. L'Eglise de la *Liguria* conserve son autorité régionale, un peu du prestige dont l'ont illustré Ambroise et Simplicien, des liens qu'ils ont établis avec des évêchés de l'Italie Padane, du Piémont jusque dans les provinces alpines. Mais la ville a perdu avec le transfert de la cour beaucoup de son influence politique: l'élite palatine qui se mêlait à l'aristocraatie locale pour constituer un groupe influent, progressivement se déplace. Aquilée ne souffre point de cette translation du *comitatus:* en 423, la ville servit de quartier général à la reconquête de la péninsule organisée depuis la *pars Orientis* pour rétablir la dynastie théodosienne; elle accueillait en 425 le jeune Valentinien III. Mais la ville impériale, plus au sud, qui bénéficie de l'évergétisme princier, est bien Ravenne. Au contraire, Aquilée paraît souffrir, dès le début du siècle, de la pression barbare: elle subit l'occupation d'Alaric; plus désastreux encore, le coup de main réussi par Attila, qu'évoque Procope, en 452, frappe la ville antique, imposant plus ou moins durablement un transfert de la population et de l'évêque, au *castrum gradense:* Aquilée n'est plus dans Aquilée; mais son Eglise conserve une influence qui paraît detta chée des contingences politiques. En 431, comme Théodoret l'explique, les Orientaux s'efforcent de chercher les alliés contre Cyrille: ils s'adressent à Milan, à Aquilée et à Ravenne; l'Eglise de la Venetia occupe une place de prestige[51].

1. Les quelques épisodes connus au Ve s. dans les relations du siège apostolique avec Aquilée illustrent assez bien la consolidation de l'autorité de la métropole vénète sur sa région. On en trouve un premier témoignage dans l'affaire pélagienne, au milieu du Ve s. Mais l'érudition moderne a cru relever l'intervention des hérétiques en Vénétie au temps du pape Zosime (417-418).

L'empereur Honorius avait mis fin par un édit, le 30 avril 418, à toutes les arguties de procédure dont s'entourait le pape dans l'affaire de

---

[51] THÉODORET, *Ep.* 112, éd. Y. AZÉMA, *Sources Chrét.*, 111, p. 53.

Coelestius. Le mandement impérial condamnait les thèses de Pélage, exilait Coelestius, traité comme un criminel public, dans la ville où il avait porté son appel; on défère ses partisans aux juges civils sans même s'arrêter aux procédures légales. Le disciple de Pélage s'était enfui. Le pape Zosime rédigea un message circulaire à toutes les Eglises; la *Tractoria* darrait une légitimité théologique et canonique à la condamnation des pélagiens. Mieux, il expédiait sa lettre à tous les évêques italiens, en exigeant leur signature[52].

Foudroyés par l'édit impérial, tous ceux qui avaient manifesté dans un premier temps quelque sympathie pour la prédiction sur le libre arbitre se terrèrent et Julien d'Eclane le premier essaya de négocier: il écrivit coup sur coup deux lettres à Rome; mais la seconde durcissait le ton et Julien la présentait comme une lettre ouverte. A la même époque paraissait un *Libellus Fidei* qui publiait la foi des sympatisants de Pélage. Ce texte (connu en deux versions) a été attribué à l'épiscopat de la *Venetia* et même destiné, dit-on, à un Augustinus, évêque d'Aquilée. En réalité, cette interprétation repose sur une conjecture érudite, qui n'a acquis de force que parce qu'elle était imprudemment répétée. Il faut en purger l'histoire d'Aquilée.

La première version[53], *Expositio fidei catholica* est connue par un unique manuscrit du chapitre de Novare (Xe s.), une *collectio chalcedonensis*, avec un *incipit* mentionnant Ambroise et un *explicit* précisant: *expositio fidei... Ambrosi episcopi calcedonensis*. Cette confession de foi insiste sur la Trinité, la christologie et s'exprime à la première personne. La seconde version[54], attribuée par l'éditeur à Julien d'Eclane, développe plus longuement l'argumentation et s'achève sur *explicit libellus fidei sic.*, interpété *sic(ulorum)* par Garnier, *s(ecundum) I(ohannem) C(onstantinopolitanum)* par Bruckner, *s(acerdotum) I(talicorum)* ou *I(taliae) c(atholicorum)* ou, par *Mercati, Ambrosi «si» c(alchedonensis)*, etc... Ce sont des jeux qui

---

[52] *Roma Christiana*, II, p. 938; p. 940-943.

[53] Sur ce *libellus*: *Clavis patrum latinorum* 778 et F. Nuvolone, *Pélage et la Pélagianisme*, dans *Dict. de Spriritualité*, Paris, 1986, n. 14 col. 2922 D: «Ambroise de Chalcédoine». A. Agnelli dans *Spicilegium Casirense*, 188, p. 30-33 (PLS 1, 1683): c'est l'*Expositio*.

[54] La *2ème version (Nuvolone, col. 2907, n. 14) est connue par un mss. de Vérone édité par J. Garnier, «PL» 48, 509-526; on ne peut parler comme le fait F. Nuvolone d'une *Epistula ad Augustinum Aquileiensem episcopum* (Clavis 775b et 778).

244

peuvent exciter l'ingéniosité des érudits: les lectures qui sont proposées ne valent aucunement comme des preuves[55].

On ne cherchera évidemment pas à remettre en cause l'origine pélagienne de ces deux textes, qui empruntent également au *Libellus Fidei* adressé par Pélage au pape Innocent[56]. Leur origine italienne n'est pas démontrée mais tout à fait probable, d'autant que les deux versions sont apparentées; l'une est rédigée pour être une confession de foi, l'autre développe également l'appel d'un groupe d'évêques[57]. On peut imaginer que l'*expositio* est un témoignage individuel, repris et développé dans une démarche collective. Dans les deux cas, on a recherché une référence vénète, très probablement sous l'influence des péripéties pélagiennes évoquées au milieu du siècle par la pape Léon. F. Nuvolone propose d'attribuer l'*Expositio* à Ambrosius Altinensis, Altinum, une ville où un évêque Ambroise serait attesté en 407. En réalité cette conjecture s'appuie sur la Catalogne du *Chronicon Venetum* du XIe s., que Lanzoni, qui pêche plutôt par indulgence, juge sévèrement. La suite de la liste épiscopale d'Altinum avec un Blandus, un Sambatius, un Petrus, après Septime et après un Agnellus ne peut inspirer la moindre confiance. Ambrosius apparaît également dans le *Chronicon* de Dandolo pour la consécration de S. Giacomo in Rivaalto: on sait que ces légendes sur la fondation de Venise ne peuvent fournir d'informations prosopographiques sûres. Laissons cet Ambrosius au magasin de l'imaginaire[58].

Il faut prononcer la même sentence contre l'Augustinus que mentionnerait le *Libellus*. Certes les listes épiscopales d'Aquilée indiquent après Chromace et avant Adelphius ur Augustinus auquel elles donnent 28 ans d'épiscopat. Notons aussitôt que la liste reproduite par De Rubeis d'après un codex du XIe s. et dans un autre manuscrit publié par Waitz ne peuvent inspirer confiance[59]; elles témoignent surtout sur la manière

---

[55] Voir O. WERMELINGER, *Rom und Pelagius*, Stuttgart, 1976, p. 220-226 et pour SIC, p. 221.

[56] Voir les études signalées par O. WERMELINGER et *Roma Chr.*, II, p. 941-945; mais il faut tenir compte d'une remarque de J.-P. Bouhot (Rev. Et. Aug., 17, 1971, p. 39) notant que Julien (AUGUSTINUS, *C.Jul.*, I, 6, 21) rappelle vers 420 un texte de Jean Chrysostome sur la nécessité du baptême des enfants; *cum non sint coinquinati peccato;* tandis que le *Libellus*, IV, 12 cite: *quamvis peccata non habentes*. Mais ce peut être simplement une variation de Julien.

[57] *Libellus*, IV, 2; 3; 8; 12 (PL, 524-526).

[58] LANZONI, *Diocesi*, II, p. 907-910; voir «MGH», *Scriptores*, XIV, p. 5-16.

[59] LANZONI, p. 875; Cuscito, p. 64-65. Citons le Codex du XIe s. (daté par CIPOL-

245

dont on écrit au XIe s. l'histoire d'Aquilée. Ce second document contribue à créer l'hypothèse qui fait venir de Bénévent l'*Augustinus* en question; l'ethnique *Beneventanus* apparaît au prix d'une correction (*Vesanus (sic) Breventanus*, MGH, XIV, p. 38) et ill a excité l'imagination en créant entre Julien d'Eclane et ce bénéventin des rapports imaginaires. La liste épiscopale d'Aquilée ne paraît pas sûrement établie et ne peut donner consistance à un évêque qui n'est pas autrement connu. Il y a plus: les érudits ont lu et reproduit dans l'édition de Garnier la lecture de Sirmond (IV,10): *Sancte ac venerabilis frater et pater Augustine.* Mais ils ont négligé le commentaire donné par l'éditeur, une note irremplaçable, puisque le manuscrit est perdu. Je le cite: *Quare corrigendum omnino est Sirmondi apographum ad haec verba...* (Garnier cite la phrase...) *Vox enim ultima supposita est ab excribente* (il s'agit de *Augustine*), *cum foret veteri codice geminum SS figuris inter se connexis, qua ratione veteres Latini Z. Graecum pingebat, quando uti abreviatione vellent. Putavit enim esse A qua breviatione Augustinus indicaretur.* Toute l'hypothèse (l'existence d'un groupe pélagien en 418, à Aquilée et en Venetia), repose sur une faute de lecture[60].

En réalité, l'appel n'est pas adressé à Augustinus (qui perd beaucoup de sa réalité) mais sans aucun doute au pape: *frater et pater.* Car le texte reprend des expressions utilisées par Zosime dans sa lettre aux Africains; avec l'image de la *Libra*, du *tribunal Christi*, le *libellus* emprunte en partie le dossier scripturaire romain (Exode 23,1; Eccles. XI,7; Jean 7,51; Actes 25,11), comme il convenait bien de le faire pour obtenir l'intervention du pape en juge d'appel. La nature même de cette démarche montre bien qu'il s'agit de faire rétracter par Zosime les sentences de condamnation. *Quid plura?* je n'aurais pas répété ces remarques, si les hypothèses faillies ne prenaient, à force d'être répétées, quelqu'apparence de vérité[61].

LA, «ATTI E MEM. DEL CONGR. ST. TENUTO IN CIVIDALE», 1900 P. 129 ETP. 140) REPRODUIT PAR J.P. DE RUBEIS, *Monumenta ecclesiae Aquileiensis*, Argentina, 1740, *Appendix*, p. 6-7 et le Codex du XIVe s. (*Waitz*, «MGH», *Script.*, XIII, 367); ces listes et toutes celles qui ont été compilées (voir Lanzoni), remontent à basse époque. Le catalogue cité par De Rubeis, qui était lu le 2 février à la Collégiale de S. Maria de Cividale, s'accorde pour l'essentiel avec le codex édité par Waitz; mais les durées d'épiscopat, le doublement de Grisogonus, l'insertion d'un Benedictus entre Valerianus et Chromace (on lui donne 24 ans d'épiscopat!), la mention d'un Agapitus également inconnu: tous ces indices montrent bien que la liste est une reconstruction tardive.

[60] «PL» 48, 530 c.
[61] *Roma Chr.*, II, p. 943.

246

2. A l'époque du pape Léon l'agitation pélagienne est sûrement attestée en *Venetia*: plusieurs lettres romaines en donnent sûrement témoignage. Dans l'édition de Ballerini, la première lettre adressée *ad Aquileiensem episcopum* (mais c'est un lemme érudit), la deuxième lettre, *Septimo episcopo*, à l'évêque d'Altinum et, datée du 30 décembre 447, une lettre adressée à Ianuarius d'Aquilée (*Ep.*, 18). Ce dernier texte est curieusement composé comme une sorte de centon, qui comprend dans la première partie, un extrait du texte adressé à Septimus et dans la suite la conclusion de la première lettre[62]. En réalité, les deux premières lettres, associées dans les collections canoniques (et surtout l'Isidorienne), sont contemporaines et sûrement antérieures à l'*Ep.* 18. Malheureusement l'intitulé exact de la lettre, adressée sûrement à l'évêque d'Aquilée au moment où Léon répond à Septimus d'Altinum, n'est pas connu. Mais il n'y a aucune raison particulière de placer, comme les éditeurs sont choisi de la faire, ces deux textes au début de l'épiscopat. Certes, des témoignages sûrs établissent qu'en 443, Léon fait campagne contre les Pélagiens, en particulier en Campanie[63]: ce n'est pas une raison suffisante pour en déduire que l'intervention en Vénétie est contemporaine.

Du reste, le pape réagit sur le rapport envoyé à Rome par l'évêque d'Altinum, Septimus; ce dernier dénonçait les manoeuvres des *Pelagiani* et des *Coelestiani* qui cherchèrent à se glisser dans les communautés catholiques sans avoir rétracté leurs erreurs. Léon répondait que les clercs devaient anathématiser par écrit l'hérésie: il annonçait une lettre au *metropolitanus episcopus Venetiae* pour l'inviter à intervenir et à régler rapidement l'enquête. L'évêque romain rappelait qu'il fallait à toute force éviter que les clercs, surtout ceux qu'évoquait la constitution papale, se transférassent en d'autres lieux qui ne leur étaient pas affectés. La première lettre adressée à l'évêque d'Aquilée évoque le rapport de Septimus; il invite le métropolitain à réunir un synode provincial et il fixe avec précision la procédure de réconciliation: une profession publique:

---

[62] *Ep.*, 1: PL 54, 593-597 (Jaffé 398); *Ep.*, 2, *id.*, 597-598 (Jaffé 399); *Ep.*, 18, *id.*, 707-709 (Jaffé 416). Le problème de l'authenticité a été posé par Quesnel (v. «PL» 54, 582-592, la dissertation des Ballerini et surtout la note de S. Le Nain de Tillemont, *Mémoires... hist. eccl.*, XV, Paris, 1711, p. 890-892). F. Maassen, *Geschichte der Quellen und der Literatur des Canon. Rechts im Abendland*, Graz, 1870, p. 256-257; p. 500 (623); p. 459; p. 510; Coll. dite du Vatican, p. 519; p. 529; p. 540; p. 627.

[63] E. Caspar, *Geschichte des Papsttums*, Tubingen, 1930, p. 431, v. aussi Ballerini, p. 591. Voir Photius, *Bibliothèque*, 54, R. Henry, Paris, 1959, p. 44.

247

un texte écrit signé *propria manu*, où serait approuvés les décrets du siège apostolique (1,2). Le pape donne une définition de la grâce, frappée d'une formule lapidaire: *quae utique nisi gratis detur non est gratia...* Ceux qui résistent doivent être expulsés de l'Eglise. La lettre s'achève sur une injonction assez véhémente, après avoir rappelé la règle, citée pour Septimus, visant les transferts des clercs d'un diocèse à l'autre. Le dossier est cohérent: on comprend bien que Léon ait admonesté assez durement l'évêque d'Aquilée (probablement Ianuarius).

La troisième lettre est sûrement authentique: alle apparaît isolée dans les collections canoniques en particulier dans le recueil compilé par Denys pour recueillir les décrétales. On ne voit pas pourquoi ce texte serait un faux, même s'il recopie la lettre adressée à Septimus. Ce texte indique qu'à la fin de 447, Iannarius à son tour fait rapport (Ep. 18,1), peut-être sur la question des Pélagiens. En réalité, les notaires reprennent l'introduction organisée suivant les topoi classiques des rescrits pontificaux avec cette référence à Matthieu (VII, 15) déjà utilisée dans la rhétorique pontificale. La reproduction très exacte du décret expédié à Septimus ne doit pas surprendre: les exemples de cette codification ne manquent pas, dès l'époque du pape Innocent. La rédaction reprend la sentence finale de la première lettre. Mais cette lettre du 30 décembre 447 est un texte plus général; qui concerne les *hereticii* et les *schismatici* et plus seulement les Pélagiens. En utilisant volontaire un texte déjà connu, Léon entend démontrer que les dispositions prises pour la réconciliation d'une secte s'appliquent à tous les hérétiques. Loin de soulever le doute, ces répétitions, conformes aux pratiques de la chancellerie, confortent l'authenticité d'un texte bien établi par la tradition manuscrite[64].

Nicétas d'Aquilée reçut une décrétale romaine, datée du 21 mars 458[65], qui appartient également à la collection de Denys. Le pape mandait un rescrit, au retour du diacre romain Adeodatus qui lui avait transmis une série de questions posées par Nicétas. Celles-ci illustrent la crise qui suivit l'irruption d'Attila. Les unes touchent au *jus postliminii*, au cas des femmes qui se sont remariées conformément au droit romain après avoir perdu un époux enlevé par les barbares et qui retrouvent leur premier mari libéré (Ep., 159, 1-4); la lettre traite aussi de ceux qui ont consommé des *idolothyta* pendant la famine; elle aborde le cas de ceux qui

[64] *Roma Christiana*, II, p. 1491 sq. Sur le s collections, MAASSEN, p. 434 (Denys); v. p. 260 (15).
[65] *Ep.*, 159, PL 54, 1135-1140 (Jaffé 536).

248

ont reçu par erreur un second baptême ou celui des fidèles baptisés par les hérétiques. Les solutions indiquées reprennent les dispositions habituellement fixées par la législation des papes romains. Elles impose aux femmes de retrouver le premier mari, comme déjà Innocent en fixait la règle; elle rappelle les sentences portées sur l'itération du baptême et celles qui règlent le cas des sacrements conférés par les hérétiques[66]. En un mot, Léon n'innove pas et n'apporte guère d'information inédites (sauf sur le cas particulier des *idolothyta*).

Cet échange illustre clairement les relations établies entre Rome et Aquilée. Dès les premières lettres, le pape donne à l'évêque d'Aquilée le titre de *metropolitanus Venetiae*. Il adopte une terminologie qui vaut, depuis le IVe s., dans le vocabulaire de la chancellerie impériale pour l'évêque titulaire du siège établi au chef-lieu de la province civile. L'usage romain paraît moins rigoureux: certes les papes l'utilisent pour la Gaule, pour l'Illyricum, pour toutes les régions de la catholicité, à l'exception de l'Italie, et surtout de l'Italie suburbicaire. C'est Grégoire le Grand, semble-t-il, qui donne à un évêque sarde le titre de *metropolita*. Mais l'habitude vaut aussi d'utiliser le terme pour de très grandes Eglises qui ne sont pas sièges apostoliques, Carthage, Constantinople[67]. La terminologie employée par le pape Léon illustre la place particulière qu'occupe Aquilée en *Italia*. Le Romain mandate le métropolite de Venetia pour réunir concile (*Ep.*, 159,7). Ainsi, il délimite et reconnaît le rôle régional d'Aquilée en Italie: elle est placée, sous l'autorité du primat, au même rang que Milan.

3. L'intervention des deux Eglises dans les conflits qui déchirept le siège apostolique à la fin du siècle, indiquent bien la puissance des grandes métropoles et leur rivalité, en ce cas précis. On se souvient du conflit qui oppose le pape Symmaque avec tout un parti de clercs et de puissants laïcs. L'opposition tentait d'imposer un pape, l'archidiacre Laurent, pour continuer la politique d'Anastase II. Elle coalisait des groupes et des intérêts divers et rien ne prouve que les factions hostiles à Symma-

---

[66] *Just postlimini*, Innocent, *Ep.*, 36: *Roma Christiana*, II, p. 922; itération du baptême, *ibid.*, p. 754, 1156-1160; hérétiques, v. Léon, *Ep.*, 166, 167 ou déjà Sirice, Ep. 1.

[67] Dans le rescrit *Ordinariorum* de GRATIEN, *Coll. Avellana*, 13, 12; LÉON, *Ep.*, 6,4; 10,2; 14,1; 105,2 (en référence au concile de Nicée). HILAIRE, *Ep.* 8, 3, 5 (Gaule); 12,1. GÉLASE, *Coll. Avellana*, 81 (Scopi); 95, 67; AGAPITUS pour Carthage, *Coll. Avell.*, 87,4 éd. O. GUENTHER, «CSEL» 35, p. 333; GÉLASE pour Constantinople, *Coll. Avell.*, 95, 21, p. 376; GRÉGOIRE, *Ep.*, 59, 203; *Ep.*, 6,51 (Arles).

249

que ait eu en commun plus que la résolution d'écarter du siège de Pierre le prêtre sarde qui avait réussi à s'y établir. Certains reprochaient à Symmaque ses réticences à l'égard de Constantinople; car le nouveau pape renouait avec la politique de Gélase qu'avait assoupli Anastase. Le nouveau pape n'entendait pas lever l'excommunication lancée contre Acace ni renouer au prix d'un compromis avec les successeurs de l'évêque constantinopolitain. Mais une autre querelle couvait depuis le temps du pape Félix; les puissants seigneurs acceptaient difficilement les réformes dans l'administration du patrimoine ecclésiastique qui avaient été introduites par le pape Simplicius et qui rognaient les droits des donateurs sur leurs pieuses fondations. L'évêque de Rome disposait désormais d'une certaine puissance économique qui lui assurait une plus grande liberté de manoeuvres. Au temps de Théodoric, l'accusation ne pouvait guère porter sur les relations de Rome avec l'empereur et avec l'Eglise orientale; on insistait par conséquent sur la gestion du domaine ecclésiastique, en accusant de malversation et de simonie le pontife sans oublier l'inculpation, désormais classique dans les querelles de clercs, qui visait les moeurs de l'adversaire. Finalement le pape fut convoqué à Ravenne pour régler une querelle sur le comput de la Pâques en 501.

L'Evêque de Milan, Laurent, et avec lui Ennodius de Pavie s'étaient rangé dans le parti symmachien avec tout le clan ligure, une aristocratie que conduisait un puissant illustre rallié à la monarchie, Faustus le Noir. A l'opposé deux aristocrates, le *caput senatus Festus*[68], un membre de la famille des Rufii Postumii, apparentée peut-être aux Ceionii, mène l'offensive. Le *Liber Pontificalis* accuse également un Probinus, qui appartient sans doute à une branche de la famille des Anicii[69]. Celle-ci avait des attaches en Venetia (on le sait); mais cette indication ne suffit pas à expliquer la position que prend l'épiscopat de la province, contre Symmaque et pour Laurent. En tout cas, Pierre, l'évêque d'Altinum, l'un des sièges traditionnellement associés en Vénétie à l'action d'Aquilée, accepte d'être en 501 visiteur à Rome pour la célébration pascale. Symma-

---

[68] Voir «MEFR», 93, 1981, p. 456 et J. Matthews, *Western Aristocracies and imperial Court (364-425)*, Oxford, 1975, p. 360, sur les Rufii Festi dont Fl. Rufius Postumius Festus («PLRE» II, p. 467) est probablement le descendant. Sur les liens avec les Ceionii, M.T.W. ARHEIM, *The Senatorial Aristocracy in the Later Roman Empire*, Oxoford, 1972, p. 133 sq.; sur son intervention, *Liber Pontificalis, Vita Symmachi*, III, éd. Duchesne, I, Paris, 1955, p. 260 et *Fragment Laurentien, ibid.*, p. 45.

[69] Voir «MEFR», *loc. cit.*, p. 456 (189) et «AAAAd», XXII, p. 111-116.

250

que avait choisi pour la fête le 25 mars, alors que le comput alexandrin indiquait le 22 avril. Les partisans de Laurent défendaient ce calcul et avaient obtenu l'envoi d'un évêque pour réitérer la Pâques, à une date qui coïncidât avec celle de l'Orient. Accepter cette mission équivalait à condamner l'attitude de Symmaque. Le fragment Laurentien du *Liber Pontificalis* prétendait que tous avaient réclamé sa venue; en fait, les Symmachiens protestaient contre l'illégalité de cette intervention: l'arrivée d'un visiteur était tout à fait inconcevable, contraire aux canons puisque l'Eglise de Rome était administrée par un évêque légitimement établi[70].

Le Synode convoqué par Théodoric se réunit peu après dans la *basilica Iulii* (S. Maria del Trastevere), sous la présidence de trois évêques d'Italie septentrionale, Laurent de Milan, Marcellianus d'Aquilée et Pierre de Ravenne[71]. On ne connaît pas, dans le détail, le déroulement des débats; mais il est sûr que le concile, réunissant les évêques de Ligurie, d'Emilie et de Vénétie avec les prélats d'Italie suburbicaire se divisait en partis antagonistes; ceux-ci négociaient directement avec le roi: entre deux *praeceptiones* de Theodoric, le premier daté du 8 août, le second du 27 août, le dossier des actes rangeait un document dont le titre seul est conservé: *Reg(i) rel(a)t(io) Senatus vel Marcellini ep(i)sc(opi) cum ceteris*[72]. L'évêque d'Aquilée prenait la tête d'une minorité qui se séparait du collège épiscopal conduit par Laurent de Milan et Pierre de Ravenne. Du reste, le parti vénète participait à la deuxième session réunie le 1 septembre *in Hierusalem basilica Sessoriani* (Santa Croce) en essayant sans succès de faire prendre en compte son libelle d'accusation. Déboutés et de plus en plus isolés, les minoritaires s'abstenaient de participer à la quatrième session, le 23 octobre[73]. Marcellianus n'apparaît pas dans la listre des 115 signatures qui scellaient la victoire du pape. La chronique pontificale glose le procès verbal en précisant que Pierre d'Altinum fut expulsé de Rome, en même temps que Laurent, *quare vivo episcopo Symmacto pervaserunt sedem eius.*

---

[70] *Fragment Laurentien*, cité. ENNODIUS, *Libelllus pro Synodo*, 82, éd; F. VOGEL, «MGH, AA», VII, 49, p. 60. Sur la position de SYMMAQUE, *Acta*, 6, 3, éd. TH. Mommsen dans «MGH.» AA. XII. p. 427; ENNODIUS, *Libellus*, 77, éd. cit., p. 59.

[71] Comme l'atteste l'adresse de la *praeceptio* de Théodoric, éd. Mommsen dans «MGH, AA», XII, p. 419: *Laurentio, Marcelliano et Petro...*

[72] *Ibidem*, p. 420.

[73] *Acta*, 6, éd. Mommsen, p. 427-437.

Marcellianus échappait aux représailles; le *Libellus pro Synodo* rédigé par Ennodius diacre de Milan ne le mentionne pas. Symmaque espérait sans doute vaincre son hostilité; chargé de quelque mission d'approche, Ennodius y échouait, comme il le reconnaît dans un court billet rédigé après le concile[74]. Quelque temps après, Ennodius toujours informait le Pape en quelques lignes sur la mort de la «personne d'Aquilée»: «les adversaires de votre siège sauront par quel combattant ils sont vaincus»[75]. Le même auteur étouffait un peu ce cri de victoire en s'adressant à Avirus, un aristocrate d'Italie septentrionale qui était de sa parentèle[76]. Le parti ligure, surveilla de près l'élection; il s'accordait pour souhaiter la nomination d'un symmachien; mais Avitus et sa mère Helisea proposaient un candidat. Le patrice Libère venu sur place choisit d'imposer un certain Marcellinus[77]: non sans quelque difficulté, malgré les protestations de ses adversaires qui trouvaient que le nouvel évêque était un méchant homme, assez inculte. L'élu informa de son élection Ennodius: qui lui adressa un bref compliment. Le conflit s'achevait avec la victoire de Rome et de Milan (dont Ennodius était l'interprète). L'intérêt que les Ligures avaient pris à le résoudre, suffisait à illustrer l'importance particulière du siège métropolitain de Vénétie.

Au début du VIe s., malgré les malheurs du temps, qui avaient frappé l'antique cité, l'évêque d'Aquilée avait mesuré la puissance et les limites de son autorité régionale. Celle-ci vient à un évêque dont l'Eglise a joué un rôle exemplaire pour l'oeuvre missionaire, de la *Dalmatia* à l'Ita-

---

[74] ENNODIUS, *Ep.*, 4,1 éd. Vogel, CXVII, p. 129.

[75] *Ibid.*, 4, 29, éd. Vogel, CLXVI, p. 150.

[76] *Ibid.*, 4, 31, éd. Vogel, CLXVIII, p. 151.

[77] ENNODIUS, *Ep.*, 5,1 (à Libère), éd. Vogel CLXXXIV, p. 153-154; *Ep.*, 5,4 (à Helisea), éd. Vogel, CLXXVII, p. 155 et *Ep.*, 5,5 éd. Vogel, CLXXVIII, p. 156; à Marcellinus, un billet: *Ep.*, 6,17, éd. Vogel, CCLXXXIV, p. 223. On a cru (et encore la PLRE II) que la lettre d'Ennodius était de Symmaque (*Ep.*, II); voir déjà Jaffé 752 et Caspar, *op. cit.*, p. 118 (9). La date de l'élection est placée au hasard en 504 par Savio et par Paschini (LANZONI, *op. cit.*, p. 871). L'intervention de Libère est sûrement antérieure à sa nomination comme préfet des Gaules (automne 510: PLRE II, p. 678); probablement antérieure à 507, où Théodoric ordonna au patrice Festus de cesser de soutenir le schisme: on a vu que Marcellianus a maintenu jusqu'au bout ses positions. Il y aurait eu quelque imprudence à le faire après l'ordre royal; J. SUNDWALL, *Abhandl. zur Geschichte des ausgehenden Römertums*, Helsinki, 1919, p. 34), qui fonde son analyse sur le classement des lettres d'Ennodius, pense que les *Ep.*, 5,1; 5,4; 5,5 appartiennent à un groupe contemporain d'une lettre adressée à l'illustris Venantius Opilio (*Ep.*, 5,3: «PLRE» II, p. 809). Or celle-ci est postérieure à 503 et se place peu avant 507, en 506, au moment où ce dernier se querelle avec Agnellus («PLRE» II, p. 35).

252

lie padane, et surtout dans cette Vénétie antique où se concentrent ses interventions à la fin du IVe s. Chromace lui a donné un peu du prestige que valut à Milan la présence d'Ambroise. Ses relations parfois conflictuelles avec le siège apostolique ont servi de révélateur dans cette Italie que Rome domina de son primat. Quelques décennies encore, la crise désastreuse des *Trois Chapitres* fait découvrir à une Eglise, forte de son rayonnement régional et de sa tradition orthodoxe, les tentations de l'autocéphalie.

253

CHARLES PIETRI

FÉLIX, ÉVÊQUE DE MESSINE (591-593)... ET AUSSI SES LIENS PRÉTENDUS AVEC AUGUSTIN DE CANTORBÉRY

La note de prosopoghraphie itelienne, présentée ici comme un modeste témoignage de chaleureuse et amicale e gratitude pour le savant et ami, dédicataire de ces *Studi*, souhaite apporter quelque lueur sur l'histoire toujours obscure de la petite chrétienté établie à Messine dans les derniers temps de l'antiquité. Elle permet également d'écarter l'une de ces légendes qui enrichissent le *Bildungsroman* des biographies antiques: en ce cas, celle d'Augustin de Cantorbéry.

Comme le note, avec quelque légitime amertume, l'auteur d'une monographie récente sur *Messina*[1], l'état actuel de la documentation ne permet guère d'ébaucher un tableau de la ville impériale ou byzantine. Procoe[2] rappelle qu'en 550 le Goth Totila, après avoir wainement assiégé Reggio, tenta également d'occuper la ville sicilienne. Domnentiolus qui commandait la garnison affronta les barbares devant les remparts, non sans quelque succès, puis se replia dans la cité solidement fortifiée. Cette double résistance n'empêcha pas l'armée gothique de ravager l'île; elle donnait du moins aux impériaux le temps de préparer une contre-offensive; en tout cas l'affaire put démontrer que Messine, protégée par ses remparts, continuait d'exercer les prérogatives de sa géographie pour surveiller l'acces à la Sicile, pour servir de quartier général — Bélisaire y avait passé l'hiver en 547 — ou encore pour accueillir ceux qui fuyaient l'Italie troublée.

---

[1] Amalia Ioli Gigante, *Messina*, dans *Le città nella storia d'Italia*, Bari, 1980, p. 13 et 22.

[2] Procope, *Bell. Goth.*, III, 39; E. Stein, *Histoire du Bas-Empire*, II, Paris, 1949, p. 595.

Une obscurité plus épaisse enveloppe les origines du christianisme. Le grand Harnack lui-même professait une indulgence excessive pour la légende de Bachilus, un premier évêque mandé par Paul, quand il voguait de Malte à Rome en faisant escale à Syracuse et à Reggio. Dans cette tradition manifestement apocryphe, l'historien décelait l'indice d'une origine ancienne, déformée par la légende. F. Lanzoni dans ses Fastes avait pleinement raison d'écarter ces constructions fantaisistes. Avec la sage critique qu'il manifestait en ce cas[3], il ne reconnaissait comme premier évêque de la ville qu'un certain Eucarpus, obscur participant (il signe au 34e rang) d'un concile romain, tenu le 23 octobre 502. La réunion libérait le pape Symmaque de toutes les accusations lancées contre lui par un parti adverse. Quelques jours plus tard (le 6 novembre), Eucarpus souscrivait un autre texte synodal qui annulait une constitution préfectorale, promulguée vingt années plus tôt pour réglementer l'administration du patrimoine ecclésiastique. On ne sait même pas s'il assistait à la discussion préparatoire: car son nom ne figure pas dans la liste de présence. En tout cas, après ce bref séjour romain , il disparaît[4]. Car c'est probablement un homonyme, un autre Eucarpus que le pape Pélage charghe en 558, d'une mission à Catane: il doit y aider l'élection d'un évêque en orientant le choix sur un candidat qui ne soit pas disqualifié par quelque empĉhement canonique. Eucarpus procéda sans délai et recomanda au pape un certain Helpidius, que Pélage, dès le début du mois de février 559, convoquait à Rome pour lui conférer la consécration épiscopale. De cette intervention dans un diocèse voisin, on ne déduira pas que l'*episcopus Messanensis* ait acquis, au milieu du VIe s., une importance particulière: Pélage prend soin de préciser qu'il envoie Eucarpus, parce que il ne peut pas utliser les services de l'évêque syracusain[5]. Au total, le siège de Messine n'apparaît attesté avant le début du VIe s.

Felix, le premier successeur connu des deux prélats déjà cités, échappe à la médiocrité de ses prédécesseurs. En trois années, ie pape Grégoire s'adresse à lui trois fois et même il finit par lui concéder le *pallium*. Ces quatre messages permettent d'entrevoir le rôle de l'Eglise locale, son enrichissement relatif, autant quel l'ambitieuse volonté de son évêque. En mars 591, quelques mois après son accession

[3] F. LANZONI, *Le diocesi d'Italia*, dans *Studi e Testi*, 35, 927, I, p. 614-616.

[4] *Act. Syn. Rom.*, 2, 6, 25 et 3, 19 dans *MGH, Auct. Ant.*, XII, Th. Mommsen, p. 434 et 452. On notera qu'Eucarpus est désigné comme *episcopus ecclesiae Meresapae*.

[5] PELAGIUS I, *Ep.*, 18, éd. C.M. Gassò et P.M. Batlle, *Monserrat*, 1956, p. 53-54 et *Ep.*, 20, p. 70-72 (Jaffé 977 et 982).

au siège de Pierre, le pape intervient pour faciliter l'accueil des réfugiés italiens à Messine[6]. Langoisse de la descente barbare chassait du *Bruttium* Paulinus, l'évêque de l'*ecclesia Tauriana*[7], au nord de Reggio, ainsi que ses moines. Le prélat lui-même et quelques-uns de ses frères s'établirent à Messine dans un monastère placé sous le patronage de saint Théodore. Le pasteur de Messine avait peut-être aidé à la fondation ou, du moins, il avait accepté l'installation de Paulinas, non sans manifester quelqu'inquiétude pour l'exercice de son autorité épiscopale. En tout cas, il avait proposé son appui. Grégoire invitait Félix à concéder la direction de la communauté monastique à l'évêque exilé et chargeait le sous-diacre Pierre, recteur du patrimoine apostolique en Sicile, de regrouper tous les moines du *Bruttium* qui s'étaient dispersés et qui erraient à l'aventure, libres de toute direction et de toute responsailité spirituale, dans l'île. On les rassemblait, d'autorité, à Messine. La petite communauté de réfugiés s'établit peut-être à demeure, mais dès l'année suivant le prélat qui la dirigeait abandonnait la ville pour se transférer dans un siège devenu vacant aux îles Lipari[8]. Il laissait, consacré à un saint militaire populaire chez les impériaux, le premier monastère connu pour Messine[9].

La charge des réfugiés peut-être, sûrement les méthodes trop personnelles de la gestion épiscopale entretenaient à Messine un atamosphère de crise; l'été était arrivé et le clergé local se plaignait de ne pas avoir reçu de l'évêque l'allocation annuelle à laquelle la coutume lui donnait droit[10]. Peut-être parce qu'il pressentait la menace d'un conflit, plus simplement parce qu'il voulait faire sa cour, Félix

---

[6] GRÉGOIRE, *Ep.*, I, 38, éd. P Ewald et L.M. Hartmann, *MGH, Ep.* I, p. 51 (=éd. D. Norberg, *Corpus Christ.*, 140, 1982, p. 44-45). (Jaffé 1108): *Et tibi gratum confidimus, si fratis tui uiri uenerabilis episcopi Paulini peregrinationis onera releuentur, et eius regimine, communi mercede beati Theodori monasterium in ciuitate tua fundatum studiosius omnipotenti Deo deseruiat. Quod etiam te iam uoluisse facere, eius relatione didicimus. Ideoque Petro rectori praecepimus ut monachos monasterii memorati episcopi perquisitos ad unum recongreget, et in eodem monasterio cum his, qui nunc ibi sunt, collocare non differat, quatenus eo rectore dignius animarum suarum curam exerceant.* Voir aussi *Ep.*, I, 39, éd. Ewald, p. 51-52 (=Norberg, p. 45; Jaffé 1109).

[7] LANZONI, *Diocesi*, II, p. 334-336.

[8] GRÉGOIRE, *Ep.*, II, 51, éd. Ewald, p. 155 (=Norberg II, 16, p. 101).

[9] Un autre, attesté dès 590, à Palerme. GRÉGOIRE, *Ep.*, I, 9, éd. Ewald, p. 11 (=Norberg, p. 11).

[10] Grégoire ne parle pas explicitement d'une requête présentée à Rome; mais il est informé: *Ep.*, I, 64, éd. Ewald, p. 85 (=Norberg, p. 74; Jaffé 1133): *Cleri siquidem uel aliorum consuetudinem te oportet illibatam seruare eisque annis singulis quae sunt consueta transmittere.*

préparait un voyage à Rome et, avec la naïveté de l'insulaire, qui connaissait mal l'austérité du Romain, il mandait, pour faciliter son entrée, des tuniques précieuses, brodées de palmes, les vêtements[11] dignes d'un magistrat suprme. Grégoire, d'un court message, daté du mois de juillet, refusait le présent, décommandait le voyage, faisait vendre les tuniques et envoyait le produit de leur vente, tout en invitant Félix à payer aux clercs ce qu'il leur devait.

Onne sait si Félix comprit la leçon: ent tout cas, il reçut au début de l'automne suivant (toujours en 591) une nouvelle lettre de Grégoire. Le message répondait à la requête (*petitorium*) d'un diacre qui s'adressait, en toute indépendance, à l'évêque romain pour obtenir la fondation d'une église; et il atteste, du même coup, una vitalité nouvelle à Messine, dotée déjà d'un monastère. Le diacre Ianuarius avait fondé une basilique et recueilli les reliques de saint Etienne, de saint Pancrace et de saint Euplous. L'évergète réunissait ainsi le patronage d'un Oriental, célébré depuis deux siècles en Occident, d'un Romain et d'un Sicilien de Catane. Du pape, Félix reçut un mandat précis[12], qui répétait les régles habituelles de l'Eglise romaine en matière de fondation pieuse et rappelait, selon l'habitude, l'autorité éminente de l'évêque. Il transmettait une *formula* le modèle d'un engagement que devait souscrire le donateur avant que Félix consacrât la *basilica*: il prescrivait ainsi l'établissement d'une donation, dûment enregistrée, pourvue des revenus nécessaires à l'entretien de l'édifice et de son luminaire, ainsi qu'à celui de son clergé; il fixait à sous la rente annuelle, une somme modeste qui vaut pour un oratoire plus que pour un grand édifice. Enfin, le pape interdisait l'utilisation funéraire pour cette église édifiée sur le territoire de la ville.

Le *Registre* gregorien ne conserve pas d'autre lettre et Félix destinataire en 591, d'une lettre à chaque trimestre n'apparaît plus. Mais Grégoire fait allusion à l'évêque sicilien à l'occasion d'une vilaine affaire; comme les textes précédents, le témoignage pontifical illustre à la fois l'activité de l'Eglise et la médiocrité de son prélat. Cette fois, en octobre 593, le Romain s'adresse directmente à l'autorité ecclésiastique supérieure en Sicile, à Maximien de Syracuse. Et il traite de l'administration domaniale ou plutôt de la surveillance morale

---

[11] *Palmatianae*, dit Grégoire: Du Cange (s.v., p. 43) ne tranche pas, tandis que le *Thesaurus Linguae Lat.*, X, 1, col. 150, pense à une tunique, *ramis intexta*. Mais il faut rapprocher le mot de *palmata*: Sidoine, *Carm.*, 5, 4; Cassiodore, *Var.*, 6, 1, 15; 8, 1, 3; 9, 23; 4; v. *Thesaurus, ibid.*, 150-151.

[12] GRÉGOIRE, *Ep.*, II, 9, éd. Ewald, p. 107-108 (=II,6, puisque cette nouvelle édition a pris l'initiative désinvolte de modifier une numérotation consacrée par l'usage, p. 94; Jaffé 1158).

que doit exercer le pasteur sur les paysans des terres ecclésiastique. Grégoire indique ainsi que l'Eglise de Messine disposait d'un patrimoine. Le pape avait reçu les plaintes d'un fidèle, victime d'une cruelle injustice. Enfant trouvé, recueilli par un homme du domaine messinais, qui l'avait tenu sur les fonts baptismaux, il dut prendre bon gré malgré pour compagne une esclave de son parrain. Depuis lors, el en avait eu des enfants déjà grands et cette union forcée devenait peut-être une habitude point trop malheureuse. En tout cas, il se plaignait du parrain, qui lui arrachait sa conjointe, toujours esclave, pour la vendre è un autre[13]. En somme, l'évêque avait toléré ou ignoré un crime que condamnaient les lois de l'Empire autant que celles de l'Eglise. Toute la tradition des Péres, à commencer par une pastorale (*I Tim.*, *1,10*) condamnait les «plagiaires» et fustigeait la vente des enfants. *Quis enim ferat liberos a parentibus...* Une loi de Constantin pose[14] comme une règle absolue, répétée par Justinien en 557, qu'on ne peut séparer les familles, qui oeuvrent sur les domaines du prince. Le pape assignait au métropolitain de Syracuse la mission de corriger le scandale et aussi la charge de tancer l'évêque, en le manaçant, s'il continuait ainsi, de sanction canonique. Grégoire ne donnait pas le nom du prélat complice ou négligent[15]. Ce n'était pas nécessaire: il s'agit encore de Félix, dont le successeur Donus n'est attesté qu'en septembre 595.

Cette «microstoria» illustre assez bien la médiocrité d'un corps épiscopal, dont Grégoire s'efforce tenacement de corriger les erreurs et d'améliorer les moeurs. Les quelques péripéties, échappées à l'oubli, évoquent un prélat âpre et susceptible, porté à défendre son autorité et ses intérêts, plus soucieux de se concilier les faveurs du pape que de créer une communauté morale en son Eglise. Mais ces quelques lettres indiquent également quelques progrès dans l'organization de la chrétienté locale, qui dispose desormais a un nouvel oratoire, d'un monastère, d'un patrimoine dispersé en quelques domaines. Avec Paulinus de Tauriana et ses moines, Messine devient une cité de réfugiés. La ville sicilienne accueille également les clercs et les vases sacrés de Myria[16], des objets Volés à l'Eglise de Cosenza[17]. L'évêque

---

[13] GRÉGOIRE, *Ep.*, 4, 12, éd. Ewald, p. 245-246 (=Norberg, p. 230; Jaffé 1283): *episcopum uero qui homines suos talia agentes corrigere neglegit atque emendare, uehementer aggredere.*

[14] *Code Théodosien*, II, 25, 1.

[15] GRÉGOIRE, *Ep.*, VI, 8, éd. Ewald, p. 387 (=Norberg, p. 377; Jaffé, 1388).

[16] LANZONI, *op. cit.*, p. 331-334; GRÉGOIRE, *Ep.*, VII, 35, éd. Ewald, p. 483-484 (=Norberg, p. 498-499; Jaffé 1481).

[17] GRÉGOIRE, *Ep.*, VIII, 3, éd. Ewald, p. 4-5 (=Norberg, p. 517-518; Jaffé 1490).

romain prête, plus que dans le passé, attention à un évêché suffragant de Syracuse. Félix, le médiocre Félix, reçoit la distinction particulière du *pallium*[18]. Au début du VIe s., le pape concédait la bande
de laine blanche à quelques prélats proches du siège apostolique, à
l'évêque d'Ostie, è celui de Ravenne. Symmaque (498-514) l'accorde à
Césaire d'Arles et la tradition s'établit d'en faire bénéficier ses successeurs. Grégoire le distribue plus généresement, mais il le fait généralement pour les titulaires de siéges importants, Syracuse pour la
Sicile, Milan et Ravenne pour l'Italie, Salone et Nicopolis pour la
Dalmatie et l'Epire; ajoutons Justiniana Prima, la ville natale de Justinien, à laquelle le prince avait décerné des privilèges particuliers et
encore Séville, Autun, Cantorbéry[19]. Le pape élevait Messine à une
position particulière et il confirmait son choix en accordant au successeur de Félix le même insigne. Il démontrait mieux encore son intérêt pour le siège sicilien en y plaçant, après la mort d'un médiocre
prélat, un évêque qui venait du clergé romain: le prêtre Donus.

Les historiens contemporains prêtent parfois à Félix de Messine
l'honneur d'avoir eu pour *alumnus* — un enfant qu'il aurait élevé,
peut-être recueilli — Augustin, le futur évêque de Cantorbéry. L'information apparaît dans une lettre, que Grégoire adresserait à l'évêque de Messine, selon Jean Diacre qui en donne copie dans la *Vita s.
Gregori*. L'agiographe, au paragraphe précédent, cite quelques extraits des *Responsiones*[20] envoyées à l'évêque des Angles, en termi-
nant par le texte autorisant le mariage des chrétiens apparentés aux
troisième et au quatrième degrés. Développant ce dernier théme,
Jean Diacre enchaîne en affirmant que longtemps après (*post mul-
tum temporis*), le pape fut interrogé par l'évêque sicilien, Félix de
Messine, qui s'inquiétait de savoir si le pontife avait effectivement
autorisé pour les Angles des unions entre personnes apparentées au
quatrième degré; et de citer, ainsi qu'il en est coutumier dans son
oeuvre, un large extrait de la réponse pontificale qui commence ainsi: «ce que j'ai écrit à Augustin, évêque du peuple des Angles, qui fut,
comme tu l'as rappelé, ton *alumnus*, au sujet des unions entre parents par le sang, sache que je l'ai écrit à l'usage particulier d'un
peuple venu récemment à la foi pour que la crainte de régles trop sévères ne le rejette pas hors du bien dans lequel il a commencé à s'an-
gager»[21]. Grégoire précise ensuite que cette dispense spéciale accor-

---

18 Voir note 14.
19 L. DUCHESNE, *Origines du culte chrétien*, Paris, 1920, p. 404-405.
20 JEAN DIACRE, *Vita s. Gregorii Magni*, II, 37 (*PL* 75, 101).
21 *Ibid.*, II, 38 (*PL* 75, 101-102): *Quod scripsi Augustino, Anglorum gentis episco-*

dée à des néophytes ne sera pas prorogée une fois que le christianisme sera solidement établi.

Cette lettre est évidemment un faux que les éditeurs modernes, Ewald et Hartmann dans la *Monumenta* comme Dag Norberg dans le *Corpus christianorum* ont, à juste titre, refusé d'accueillir. En effet, Félix de Messine est mort, on l'a vu, avant septembre 595, c'est-à-dire plusieurs mois avant qu'Augustin ne fût consacré évêque des Angles, au plus tôt pendant l'été de 596[22]; *a fortiori*, il ne peut avoir eu communication des *Responsiones adrésséeges* par Grégoire en 601 à Augustin. D'autre part, la lettre produite par Jean Diacre fait état d'une réponse qui est une interpolation introduite dans le *Libellus responsionum* après la mort due pontife[23]. La lettre attribuée à Gregoire par Jean Diacre a donc été fabriquée de toutes pièces, peut-être dés le VIIe., pour cautionner cette interpolation.

Il n'y a donc aucune raison d'ajouter foi au témoignage fourni par un écrit apocryphe sur les liens unissant à Augustin Félix de Messine, choisi assez maladroitement par le faussaire pour des raisons qui nous demeurent inconnues. Tout ce que nous savons d'Augustin, avant qu'il ne soit chargé de la mission en Bretagne, le situe dans le milieu romain: moine, puis *praepositus* du *monasterium s. Andreae ad Cliuum Scauri*, Augustin semble anciennement lié à Grégoire dont il fut, selon un témoignage tardif mais fondé sur des documents de la chancellerie pontificale, le syncelle, ainsi que l'écrit Léon III (795-816) au roi de Centwulf de Mercie et à l'archevêque Ethelbert de Cantorbéry[24].

Charles Pietri et Luce Pietri

po, alumno uidelicet, ut recondatis es, tuo, de sanguinis coniunctione, ipsi et Anglorum genti, quae nuper ad fidem uenerat, ne a bono quod coeperat metuendo a austeriora recederet, specialiter et non generaliter caetaris me scripsisse cognoscas.

[22] GRÉGOIRE, *Ep.*, VIII, 4, Ewald, p. 6 (=Norberg, p. 519).

[23] P. MEYVAERT, *Le Libellus responsionum à Augustin de Cantorbéry, une oeuvre authentique de st. Grégoire le Grand*, dans *Grégoire le Grand*, Colloque CNRS, Chantilly, 1982, Paris, 1986, p. 543-550, spéc. p. 544-545.

[24] Sur Augustin et aussi Félix, voir *Prosopographie de l'Italie chrétienne* (à paraître); Léon III, *Ep.*, II et XVI (*PL* 102, 1028 et 1032).

AUX ORIGINES DU CHRISTIANISME EN GAULE
(IIᵉ-VIᵉ SIÈCLE)

Premiers témoins (IIᵉ-IIIᵉ siècle)

L'histoire de la Gaule chrétienne commence avec un émouvant message: la lettre que "les serviteurs du Christ pérégrinant à Vienne et à Lyon adressent aux frères de l'Asie et de la Phrygie ayant la même foi et la même espérance [...] La grandeur de la tribulation qui s'est produite ici, la violente colère des païens contre les saints,tout ce qu'ont supporté les bienheureux martyrs, nous ne sommes pas capables de le dire exactement et il n'est même pas possible de l'exprimer par écrit..." En réalité, les témoins qui écrivent depuis la terre gauloise où les a placés le "pèlerinage" terrestre apportent, sur l'un de ces pogroms frappant, au IIᵉ siècle, les petites communautés chrétiennes, un document contemporain unique; avec l'ellipse d'une émotion, sobre de paroles et d'images, cette lettre ne rappelle guère le style un peu ampoulé de la littérature hagiographique rédigée après la fin des persécutions. Car l'authenticité du texte ne fait pas de doute: il est cité dans une *Histoire ecclésiastique*, composée au début du IVᵉ siècle par un évêque de Césarée en Palestine, Eusèbe, qui se donnait pour règle d'utiliser des documents puisés dans la riche bibliothèque de son Église (Eusèbe, *Histoire ecclésiastique*, V, 1-4). L'historien ne manifeste aucun doute sur l'origine gauloise de la lettre: cette indication suffit à pulvériser la curieuse hypothèse d'un érudit contemporain, J. Colin, qui cherchait à transférer la géographie de l'épisode en Galatie. Ensuite, il propose également une chronologie: 177, une date approximative (parce que l'historien dans l'Antiquité ne dispose pas de computs aussi précis que les nôtres) qui permet de placer entre 175 et 180 le martyre des chrétiens lyonnais.

La lettre adressée par les survivants à leurs frères asiates ne fournit pas seulement un jalon pour situer la première chrétienté connue en terre gauloise. Elle illustre les difficultés d'une minorité poursuivie par des hostilités disparates, car l'émeute initiale naît d'initiatives locales qui mobilisent la foule pour le lynchage des chrétiens. Le légat qui représente en Lyonnaise l'empereur n'a pas reçu l'ordre de poursuivre; il accompagne et canalise un mouvement de haine, longtemps contenue. Arrêtés, interrogés, les fidèles tombent sous le coup des lois lorsque commencent, avec le fléchissement de coreligionnaires incapables de supporter la torture ou encore avec le zèle abject des faux témoins, les scènes classiques de l'"aveu". Les chrétiens sont coupables dès lors qu'il sont accusés de tenir le festin de Thyeste ou de pratiquer l'inceste d'Œdipe. On a cherché à donner visage à ces agents de l'ombre qui ont orchestré la persécution: renonçons — y à reconnaître les adeptes des religions orientales; les dévots de Cybèle — la déesse de Phrygie —, mieux établie à Lyon qu'Isis l'Égyptienne, ne constituent pas une minorité assez efficacement organisée pour entraîner la multitude. Du reste, dans leur lettre, les survivants ne portent point l'accusation. En revanche,les associations collégiales, où se retrouvent les marchands et les bateliers, dessinent un réseau puissant, auquel la prospérité régionale vaut une influence particulière; ils supportent probablement mal le zèle d'un petit groupe qui paraît dévier de l'équilibre et de la stabilité sociale, parce qu'il se refuse obstinément à s'associer aux manifestations du loyalisme impérial. La conjoncture économique maussade aigrit les inquiétudes; en cette période de difficultés financières interviennent également les besoins du spectacle, le désir de trouver à peu de frais, au prix de quelques arrestations, des victimes utilisables pour les grandes fêtes fédérales, célébrées le 1er août (quelques semaines après l'émeute), au moment où les délégués de soixante peuples gaulois s'assemblent près du confluent du Rhône et de la Saône pour rendre un culte à Rome et à Auguste.

La lettre rééditée par Eusèbe illustre également l'esprit et l'état de la petite chrétienté rhodanienne. Celle-ci célèbre, en son message, la valeur exemplaire du témoignage donné par les saints; explicitons pour rester plus fidèle au grec: la force du martyre. Mais cette ferveur eschatologique, qui soulève les survivants, proclame surtout le cri d'une espérance meurtrie et renforcée par les coups de la persécution. Les historiens qui aiment beaucoup les comparaisons, surtout lorsqu'elles peuvent étoffer des dossiers trop légers, ont recherché l'influence d'une prédication sectaire qui se déchaînait dans l'Anatolie lointaine à l'instigation du prophète Montan. En réalité, la lettre illustre l'état d'esprit après l'épreuve et celle-ci suffit à expliquer le style et l'émotion de ce précieux témoignage. Car le récit de la persécution reflète également l'état d'une petite communauté dans le dernier quart du IIe siècle. On relève dans la liste des martyrs un contingent notable (près du tiers) de dénominations grecques, attestant des attaches avec les provinces de l'Orient romain. Ainsi Potheinos — le Pothin du sanctoral — qui préside au ministère de la communauté locale: il meurt, dans sa prison, à 90 ans, épuisé par les tortures. C'est également le cas d'Attale dont nous savons qu'il vient de Pergame, et d'un médecin phrygien, Alexandre. De telles indications ont enraciné dans l'érudition l'hypothèse que la mission lyonnaise avait été organisée depuis l'Asie Mineure. En réalité, la part d'onomastique grecque chez les chrétiens rappelle, à peu de différence, celle qu'un savant lyonnais, A. Audin, identifie dans l'épigraphie païenne de Lyon à la fin du IIe siècle. Ajoutons que nous reconnaissons beaucoup de noms latins: la jeune Blandine, une esclave qui meurt à l'amphithéâtre, jetée dans un filet et livrée à la furie d'un taureau, un diacre de Vienne, Sanctus, un nouveau baptisé, Maturus. Les positions sociales, autant que les origines provinciales se mêlent: à côté des fidèles d'origine servile, témoignent des chrétiens moins obscurs et même l'un d'eux appartient sûrement à l'élite locale. Ce recrutement des prosélytes, dans les milieux divers d'une ville cosmopolite, n'éclaire guère les origines obscures de la mission lyonnaise. Car la persécution a surpris la chrétienté locale aux premiers temps de son organisation. Le vocabulaire ministériel n'est pas encore définitivement fixé: Potheinos ne porte pas le titre d'évêque; il assure, pour Lyon, le ministère de l'unité et de la liturgie en exerçant la surveillance (*épiscopè*) et la diaconie, comme le fait, pour Vienne, Sanctus. Tout se passe comme si les chrétientés rhodaniennes expérimentaient à leur tour l'organisation missionnaire qu'avaient connue, un siècle plus tôt, les premières communautés fondées en Orient par les apôtres et par leurs disciples.

Mais l'analogie s'arrête là; dès qu'elle disposa d'une organisation stable avec l'épiscopat, l'Église lyonnaise se plaça dans la mouvance de la métropole romaine dont elle rallia les positions contre celles des chrétientés asiates dans la querelle du comput pascal. Comme l'expliquait le premier évêque de Lyon, Irénée, elle reconnaissait à la tradition apostolique établie à Rome par les deux apôtres Pierre et Paul l'autorité d'une primauté étendue à tout l'Occident (Eusèbe, *Histoire ecclésiastique*, V, 23, 2). Cet apologète, probablement originaire de Smyrne, s'était instruit à Rome sur les grands débats de la théologie contemporaine. Il servit avec une oeuvre considérable le prestige de la jeune Église. Son traité sur la *Recherche et le renversement de la fausse connaissance* (les manuels de littérature disent plus simplement l'*Adversus haereses*) réfutait la grande tentation gnostique. En cette fin du IIe siècle, d'une terre de mission lointaine parvenait un livre qui ne s'adressait pas spécialement aux questions d'une petite communauté: il était écrit pour le service de toute la catholicité.

Ce témoignage contemporain, qui émerge avec une force émotionnelle particulière dans le cheminement d'une histoire mal connue, la gloire éclatante d'un traité de théologie, rédigé en grec mais rapidement traduit en latin (avant 250), ont entraîné les historiens à privilégier dans l'histoire de la Gaule chrétienne l'Église lyonnaise: *prima sedes Galliae*. En réalité, les lacunes de nos connaissances pour la première moitié du IIIe siècle n'autorisent guère une conclusion aussi définitive. Irénée lui-même (*Adversus haereses*, 1) et, à la même époque, l'Africain Tertullien (*Adversus Judaeos*, 7) assurent que les "différentes nations des Gaules se soumettent au Christ"; mais ces déclarations, où le zèle de la foi anticipe sur les moissons futures, ne permettent guère de reconstituer une géographie des progrès missionnaires. Plus objectivement, l'évêque de Lyon, qui écrit en grec (comme le font également les théologiens romains), évoque l'immensité des tâches à venir, auprès des peuples barbares, parlant le celte (*Adversus haereses*, praef., I, 10, 2). Reste, au milieu de toutes ces incertitudes, un seul témoignage, pour le milieu du IIIe siècle: celui de l'évêque Cyprien de Carthage attestant, vers 256, l'existence de plusieurs évêques en Gaule. L'Africain nomme un Marcianus établi dans la cité d'Arles (Cyprien, *Lettre LXVIII*), la porte des échanges et des influences venus de la Méditerranée. De fait, le prélat arlésien connaissait bien les affaires romaines: il avait pris parti contre le pape Corneille accusé par le prêtre Novatien de traiter avec trop d'indulgence ceux qui avaient faibli pendant les persécutions.

Dès la seconde moitié du IIIe siècle, les témoignages deviennent plus fréquents, dispersés, sur le territoire de la Gaule; ici, des épitaphes attestent une présence chrétienne; là, les listes épiscopales prétendent restituer, depuis la fondation de l'Église, la continuité d'une succession pastorale. Ailleurs, un hagiographe évoque la résistance glorieuse de quelques témoins. Les historiens se sont trop hâtés d'additionner, sans précautions, des indices disparates pour reconstituer, pendant ce demi-siècle, la géographie chrétienne et pour relier, par quelque tracé hypothétique, les routes de la mission. Ce sont des constructions fragiles. L'épigraphie funéraire apporte des indices sûrs pour Arles, non pour Marseille; il faut également écarter l'épitaphe d'un Bordelais retrouvée à Trèves; elle est réputée chrétienne sans raison déterminante. Les mêmes précautions valent contre l'hypothèse d'une épitaphe cryptochrétienne, à Lyon. Quant à la célèbre inscription grecque d'Autun, celle de Pectorios, sa datation avant l'époque de Constantin n'est pas démontrée. Enfin, on peut sérieusement douter que l'inscription grecque du IIe siècle, récemment découverte à Saint-Just, soit chrétienne. Mgr Duchesne, qui a dépoussiéré de toutes ses pieuses légendes l'histoire de la Gaule chrétienne, pensait reconstituer la plus ancienne géographie ecclésiastique en s'appuyant sur quelques listes épiscopales réputées sûres: la fondation des sièges épiscopaux en d'importantes métropoles, Vienne, Reims, Trèves, pourrait remonter au IIIe siècle. Il faudrait y ajouter, pour les provinces d'Aquitaine, Bourges et Bordeaux, pour les Lyonnaises, Rouen, Tours, Sens et Paris et, pour la première Belgique, Metz.

Malheureusement, cette analyse utilise des listes compilées à l'époque carolingienne; elle eut le mérite d'écarter toutes les pieuses légendes qui attribuaient à de multiples cités l'honneur d'avoir été évangélisées par un envoyé des apôtres; elle implique, malgré tout, un postulat: ces quelques catalogues, dont le savant français authentifie le témoignage, conserveraient les souvenirs des origines, parce qu'ils reproduiraient des diptyques consignant les noms des premiers évêques pour les lectures pendant la liturgie. En réalité, les listes épiscopales les plus antiques illustrent l'histoire de l'Église telle que l'imaginaient au VIe siècle, voire au VIIe siècle, les chrétientés locales, alors que les souvenirs d'origines obscures s'estompaient pour laisser place aux lieux communs de l'hagiographie. En écrivant la chronique de sa propre cité, l'évêque de Tours, Grégoire, imagine à la fin du VIe siècle que le premier pasteur, saint Gatien, se terrait dans les cryptes ténébreuses pour y réunir des fidèles apeurés; Gatien figure au premier rang sur la liste tourangelle: laissons aux érudits crédules le soin de défendre sa mémoire et son existence.

L'histoire des martyrs est moins complètement ignorée, puisque, en quelques cas privilégiés, notre information remonte au Ve siècle, parfois même à la fin du siècle précédent: quelques textes, les poèmes de l'Espagnol Prudence, ceux de Paulin de Nole, l'Aquitain, les compositions plus obscures et plus tardives de Venance Fortunat jettent parfois une lueur dans cette zone sombre des origines; la même remarque vaut pour quelques vies de saints plus anciennes et également pour un *Martyrologe* attribué (de manière tout à fait illégitime) à la plume de saint Jérôme, le Hiéronymien: compilé au Ve siècle, gonflé deux siècles plus tard d'additions diverses, ce calendrier des saints témoigne au moins pour le culte dont bénéficiaient, dès le IVe siècle, quelques-uns des martyrs célébrés par la piété gauloise.

Ces attestations ne servent guère à établir une chronologie des persécutions. Mais on imagine que les édits de l'empereur Dèce en 250 (le cruel Décie de Corneille) reçurent quelque application: l'Arlésien Marcianus, on l'a vu, rejoint Novatien, qui refuse de traiter avec indulgence les apostats: cette attitude touchait à quelque situation concrète en Gaule, puisqu'à la fin du siècle, l'évêque d'Autun, Réticius, prend la plume pour plaider l'indulgence du pardon contre le rigorisme des disciples de Novatien. On ne peut guère se prononcer sur la persécution de Valérien; un cycle tardif de *Passions*, au VIe siècle, traite l'empereur Aurélien comme un persécuteur, sans aucun fondement. Enfin, l'écrivain Lactance, qui sait bien de quoi il parle, assure que la persécution de Dioclétien a épargné en Gaule les hommes, sinon leurs lieux de réunions. La Gaule, en fin de compte, a moins souffert que des provinces plus densément christianisées. Mais au Ve siècle, l'Église de Toulouse retient, avec quelque raison, le souvenir de Saturnin, dont le martyre remonte probablement au milieu du IIIe siècle. Les origines chrétiennes de Narbonne, malgré l'absence de témoignage archéologique, peuvent tirer quelque argument du culte rendu à un fondateur d'Église, Paul, mentionné pour la première fois par Prudence. Ce n'est pas le cas de Marseille avec le très hypothétique Victor et on ne connaît guère le Pontius dont l'évêque Valérien fait l'éloge, pour Cimiez. La chronologie de Symphorien, qui témoigne à Autun, n'est pas suffisamment établie, bien que le récit de sa Passion (*Passio sancti Symphoriani*) puisse remonter à un hagiographe du Ve siècle, comme celui des martyrs de la "légion thébaine". Ces indices épars dessinent très approximativement la géographie de la chrétienté préconstantinienne: la mission a établi quelques sièges épiscopaux dans l'ancienne Narbonnaise, le long du sillon rhodanien, peut-être dans la zone rhénane. On peut s'en tenir au témoignage de Sulpice Sévère: il rappelait en écrivant sa *Chronique* (II, 32) à la fin du IVe siècle, que l'évangélisation des pays transalpins avait été tardivement entreprise et, pendant deux siècles, lentement menée.

L'Empire chrétien

Un premier concile réuni à Arles en 314, après la victoire de l'empereur Constantin, atteste le climat nouveau établi à l'initiative d'un prince qui protégeait explicitement l'Église. Une cinquantaine de prélats, de clercs, Gaulois surtout, mais également des Italiens, des Espagnols, des délégués africains et même quelques Bretons se réunirent dans cette ville qui bénéficiait du prestige d'être résidence palatine. Les évêques, invités par Constantin pour trancher sur une querelle de la chrétienté africaine, purent au moins démontrer qu'ils savaient lire les signes de leur temps. L'un des canons disciplinaires promulgués par l'assemblée lance l'excommunication contre les chrétiens qui désertaient *in pace*; il faut bien entendre: en ce temps où l'Église a retrouvé la paix.

Dès lors, un signe manifeste les progrès éclatants de la christianisation: la multiplication des sièges épiscopaux. Ceux-ci désormais sont sûrement attestés par les listes des signatures, au concile d'Arles, à celui de Valence en 374, à Nîmes en 394 ou en 396, à Riez en 439. Ajoutons la lettre qui circule, comme une sorte de pétition, pour recueillir, à l'appui de l'évêque d'Alexandrie Athanase, le plus d'attestations favorables: elle donne, après, 343, une liste précieuse de prélats gaulois. Dans les provinces méridionales (la Viennoise et les Narbonnaises), on compte une dizaine d'églises épiscopales dans les premières décennies du siècle; il faut y ajouter une quinzaine de sièges avant la fin du IVe siècle. Les provinces alpines sont touchées à partir de 360-370. D'Autun jusqu'à Rouen et Tours en passant par Paris, les quatre provinces des Lyonnaises sont jalonnées par une quinzaine d'évêchés à la fin du VIe siècle. Plus au nord, le réseau de cette organisation épiscopale paraît plus lâche, autour de Reims et de Trèves (moins d'une dizaine de sièges). La façade maritime, surtout au nord de la Loire, n'est guère atteinte: quelques évêques dans les Aquitaines, de Bordeaux à la cité arverne (Clermont). Le total dépasse largement la cinquantaine d'évêchés, un chiffre médiocre au regard des centaines d'évêques africains ou italiens; mais il indique les progrès éclatants d'un établissement épiscopal qui décalque un réseau urbain beaucoup moins dense. En revanche, l'absence d'une organisation métropolitaine au IVe siècle accuse les lacunes de cette géographie. L'influence précaire de quelques sièges dépend de la conjoncture politique: celle-ci vaut à Trèves, résidence palatine, surtout dans la seconde moitié du siècle, un rayonnement particulier. Ailleurs, c'est la personnalité d'un évêque, Hilaire à Poitiers, Martin à Tours, Proculus à Marseille, qui donne à son Église un prestige exceptionnel. Mais les conciles réussissent mal à résoudre les conflits de compétence qui opposent Arles à Vienne, Arles à Marseille: à la fin du siècle, une assemblée d'évêques réunis dans l'Italie voisine, à Turin (398), tente sans succès de fixer dans la Gaule méridionale une hiérarchie des compétences.

Ces difficultés illustrent, au fond des choses, les progrès de la christianisation. La transformation du paysage urbain donne un témoignage plus éclatant et plus durable. L'archéologue, l'historien de l'architecture relèvent qu'il y a, dans l'histoire du culte, des signes extérieurs d'une évolution décisive. Au IVe siècle, la liturgie reçoit, pour déployer ses rites et assembler le peuple en prière, un cadre nouveau. Ainsi apparaît, dans le paysage urbain, l'église, ce bâtiment tirant son nom de la communauté qu'elle accueille. Bien entendu, dès l'origine, les petits groupes de fidèles trouvaient pour leurs réunions l'abri d'une maison, une pièce dans un appartement privé (un cénacle, comme disent les *Actes des Apôtres* et, après eux, les *Vies des saints*). Au IIIe siècle, ils utilisent peut-être des locaux plus durablement aménagés; on a cru longtemps que les chrétiens s'étaient établis, en ce temps des premières missions, hors les murs, près de la nécropole: l'exemple de Clermont, où les textes signalent, au VIe siècle, un faubourg des chrétiens, un *vicus christianorum*, semblait illustrer l'hypothèse; en réalité, cet aménagement dans l'espace suburbain désigne un ensemble d'oratoires élevés près de quelques sépultures saintes, à une époque tardive après la construction de la première cathédrale. Celle-ci, dans la cité arverne comme dans les autres villes épiscopales de la Gaule, établit, au coeur de l'agglomération, un édifice spécialisé, organisé pour la liturgie. N'oublions pas la force symbolique de cette présence chrétienne monumentale et aussi son rôle social: l'évêque peut régulièrement réunir chaque dimanche le peuple des fidèles dans un espace organisé pour la prière collective, souvent flanqué du baptistère et plus tardivement de la résidence épiscopale (*domus ecclesiae*); le même monument sert également pour l'assistance et pour l'asile; il devient pour la communauté chrétienne le centre de référence qui, de plus en plus, structure toute la population urbaine, alors que se relâchent les réseaux traditionnels de la cohésion sociale. Plus tardivement dès le Ve siècle, la ville accueille d'autres églises relayant la cathédrale, des monastères, tandis que dans les zones cémétériales, à la périphérie, apparaissent les édifices du culte, les basiliques consacrées aux rares martyrs de la Gaule ou encore à de saints évêques, devenus grâce à leur zèle pastoral les confesseurs de la foi, des oratoires souvent pourvus des reliques importées d'Italie ou d'Orient. Ainsi, près des cimetières s'établissent d'autres lieux saints qui accueillent les fidèles pour les fêtes du sanctoral et qui peuvent drainer en quelques cas privilégiés (par exemple, la basilique Saint-Martin à Tours) la foule des pèlerins. Malgré l'éclat de ces cérémonies occasionnelles, malgré la force de spiritualité populaire mobilisée par le culte des saints, c'est à l'église épiscopale que se forge, au rythme régulier des assemblées dominicales, la conversion urbaine.

Le peuple des campagnes résiste beaucoup plus, et pour longtemps, à la mission. Un mouvement s'ébauche pour convertir le *paganus*, paysan et païen; mais les résultats paraissent bien médiocres encore: dès la fin du IVe siècle, les évêques ont commencé d'établir les églises rurales, dans un *vicus* le plus souvent, parfois dans un domaine de l'Église. Saint Martin fonde sur le territoire de son diocèse (comme on commence à le dire pour désigner le ressort de l'autorité épiscopale) sept églises, les premiers îlots de l'évangélisation rurale qui compte, à la fin du VIe siècle, près d'une quarantaine d'établissements connus. Limitée au territoire d'une cité gauloise, l'oeuvre de l'évêque tourangeau prend une valeur exemplaire et symbolique: elle témoigne que la mission des campagnes est entreprise.

Ainsi s'ébauche un "établissement" chrétien qui facilite et diversifie le recrutement de la société cléricale; celui-ci touche les notabilités locales avant de gagner, au Ve siècle, l'aristocratie sénatoriale. Les chrétientés gauloises s'inquiètent d'organiser rigoureusement le clergé comme une petite élite pour mieux encadrer un peuple chrétien plus nombreux et, en conséquence, plus mêlé: à leur demande, la décrétale du pape Damase (366-384) adressée "aux Gaulois", la lettre du pape Innocent (401-417) fixent un code de discipline ecclésiastique qui adapte, aux terres de mission que sont encore les Gaules, les pratiques de la grande métropole de l'Occident chrétien. L'autorité romaine fixe des règles strictes pour le recrutement des ministres de l'autel: elle écarte les serviteurs de l'État qui ont présidé aux sacrifices païens pendant leur carrière ou exercé le droit du glaive; elle conseille également d'éviter la candidature des curiales puisque les membres du sénat municipal doivent, au regard des lois impériales, assurer la rentrée des impôts. Elle rappelle avec une insistance tenace l'obligation d'une loi de continence pour les clercs majeurs, l'organisation d'un cursus dans lequel les clercs progressent depuis l'humble service de l'exorciste jusqu'au ministère du diacre, du prêtre et de l'évêque. Les leçons du modèle romain ne porteront probablement que partiellement leurs fruits; mais elles furent, au moins, entendues. Les *Statuta ecclesiae antiqua*, un traité composé dans la Gaule méridionale du Ve siècle, décrit les grades d'une hiérarchie très diversifiée, du portier à l'évêque.

Un immense effort intellectuel accompagne cette pastorale. On connaît mal les textes de la liturgie gallicane pour le IVe siècle. Mais il est sûr qu'on a majoré ses affinités orientales et il est probable qu'elle parle le latin, en empruntant peut-être à cette langue majestueuse et sacrée que les chrétientés occidentales (et surtout Rome) élaborent, au moment où elles abandonnent le grec; à ces mêmes chrétientés, en tout cas, la Gaule emprunte les grandes fêtes du sanctoral et elle suit Rome pour la date de Pâques. Mais nous connaissons mieux, avec le témoignage de la littérature patristique, l'effort considérable déployé pour l'enseignement des fidèles. Un nom domine tous les autres: celui d'Hilaire, un converti devenu évêque de Poitiers au milieu du IVe siècle. D'une oeuvre multiple et tumultueuse, où se mêlent les oeuvres du polémiste qui fustige le césaropapisme arianisant, celles de l'historien qui réunit les dossiers de son parti (ainsi le *De synodis*, et à l'état d'ébauche, des *Fragments historiques*), on retiendra ici l'enseignement du théologien, un traité sur la Trinité (*De Trinitate*), la première grande synthèse de théologie trinitaire et de christologie latine après celle que proposait, plus d'un siècle et demi auparavant, Tertullien en Afrique; les commentaires de l'Écriture sainte illustrent le même effort de pédagogie chrétienne. Un traité sur saint Matthieu, l'étude du *Psautier*, un opuscule sur les *Mystères*, dans lequel l'évêque formule un critère herméneutique pour faire reconnaître, dans toutes les figures de l'Ancien Testament, Adam, Melchisédech, Jacob, la réalité annoncée et réalisée de l'Incarnation. Les *Hymnes* composés par Hilaire illustrent l'osmose culturelle, la complexité des échanges ébauchés, dans la Gaule du IVe siècle, entre une culture classique vivace et la spiritualité chrétienne: pour célébrer le Seigneur, la rédemption, le poète se complaît, jusqu'à l'obscurité, à tous les procédés précieux de la poétique païenne. Cet oeuvre divers, didactique, illustre un phénomène culturel important pour la Gaule: dans la littérature gauloise, les chrétiens prennent une place considérable; Ausone emprunte peu à la Bible pour ses compositions légères et précieuses; mais Sulpice Sévère, un aristocrate aquitain, l'ami d'un doux poète, Paulin de Nole (également un Aquitain, mais son oeuvre appartient surtout à l'Italie), mêle, avec quelque accent épique, les règles de la biographie classique au modèle de l'Écriture pour dessiner l'image littéraire d'un héros chrétien, l'exemple d'une spiritualité ascétique et missionnaire, Martin de Tours.

Sulpice Sévère a contribué à fixer l'image de l'apôtre des Gaules dans la tradition historiographique française; en réalité ce soldat pannonien (au nom prédestiné, Martinus...) qui rejette la gloire pour suivre, jusqu'au désert, l'appel d'une vocation exigeante, paraît exemplaire à d'autres titres. Fondateur d'une première communauté d'ascètes à Ligugé près de Poitiers, Martin, devenu pour la Gaule le premier évêque moine, établit un monastère près de sa ville, sur la rive droite du fleuve, à Marmoutier. Par la suite, le mouvement ascétique et rigoriste, qui cristallise dans quelques cénacles aristocratiques (celui de Sulpice Sévère lui-même, le biographe de l'évêque tourangeau [*Vie de Martin*]) des aspirations diffuses, emprunte aux modèles orientaux et il le fait plus directement avec l'arrivée à Marseille d'un ascète venu de la Dobroudja latine, après avoir suivi l'itinéraire d'un long apprentissage monastique en Orient et en Égypte: Jean Cassien.

Cet exemple (et celui d'Hilaire également) indique combien la Gaule est sensible aux grands débats de la chrétienté. De multiples signes attestent ces échanges: les relations avec l'Orient chrétien que facilitent les pèlerinages vers les lieux saints, visités par Éthérie, et dans un cadre plus régional, les liens de l'aristocratie aquitaine avec l'Espagne.

Au milieu IVe siècle, le tumulte des grandes querelles théologiques, politisées par l'intervention du prince, fait irruption dans une Gaule paisible et ignorante. Devenu maître de la Gaule, l'empereur Constance II, qui rétablit l'unité politique après l'usurpation de Magnence (350-353), impose pendant quatre ans (355-360) à des prélats désorientés une adhésion, au moins tacite, à une politique officielle de plus en plus favorable aux thèses d'Arius. Les Églises doivent reconnaître les confessions de foi qui émanent de la chancellerie impériale ou du petit groupe de prélats politiques qui l'inspirent: tous proclament, à l'encontre du Symbole de foi ou Credo de Nicée * (325), que le Fils de Dieu n'est pas l'égal du Père. La Gaule adhérait, sans trop s'interroger, à la théologie proclamant en 325 l'égalité des personnes divines. Mais les agents de l'empereur étaient actifs, ses légions puissantes: la résistance gauloise s'effrita d'assemblées en conciles (353: Arles; Milan et Béziers: 354; Rimini: 356); les nicéens

---

* Nicée I, premier concile oecuménique réuni en 325 par Constantin pour régler la question de l'arianisme. Arius y fut condamné et un symbole de foi y fut proclamé.

résolus, Paulin de Trèves, Hilaire de Poitiers, prennent le chemin de l'exil. Mais ce dernier revint après la mort du prince (360), trempé par son séjour oriental et plus averti de l'imbroglio des disputes théologiques avec les querelles ecclésiastiques: il lui suffit d'un concile tenu à Paris pour renverser en Gaule les fragiles échafaudages de l'Église arienne.

Dans les deux dernières décennies du IVe siècle, une crise ébranle plus durablement l'épiscopat gaulois. Des évêques prennent parti contre un prélat espagnol, Priscillien, dont la prédication obscure paraissait d'autant plus suspecte qu'il y mêlait les aspirations d'un rigorisme ascétique et la contestation raide d'une Église trop établie. Cet évêque d'Avila avait eu, après la condamnation d'un concile gaulois (à Bordeaux en 384), l'insigne maladresse d'en appeler à l'empereur Maxime, un usurpateur établi à Trèves: un soldat qui crut s'attirer la sympathie des Églises occidentales (et surtout celle de Rome) en faisant juger et finalement exécuter l'Espagnol à Trèves. Ainsi tout un mouvement de protestation dénonce cet attentat porté contre la liberté de l'Église et regroupe un parti d'évêques, hostiles à l'intervention impériale, sinon favorables à celui qui en avait supporté les inconvénients. Cette crise et aussi les débuts des invasions au commencement du Ve siècle resserrent les liens de la Gaule avec le siège romain; la grande descente des hordes barbares à travers les provinces risquait, semble-t-il, de briser l'unité politique: le pape Zosime (418-420), un pontife aussi impérieux que maladroit, saisit la première occasion pour tenter d'assurer, au-delà des péripéties politiques, l'unité de la catholicité. Il confiait à l'évêque d'Arles, bastion de la romanité, une sorte de vicariat, qui relayait l'influence papale et qui devait assurer la communication entre la Gaule et le siège apostolique. Une telle tentative préfigurait l'avenir en démontrant que Rome plaçait l'unité de la chrétienté au-dessus du schisme politique créé dans l'Empire, morcelé par l'invasion. Mais le bénéficiaire du vicariat, l'Arlésien Patrocle, ne s'inquiétait pas de l'avenir: il ne cherchait qu'à tirer bénéfice de cette position nouvelle pour exercer le pouvoir d'un potentat clérical et sanguinaire.

La Gaule et les Barbares (V^e-VIe siècle)

Le 31 décembre 406, les hordes barbares franchissent le Rhin gelé et commencent, à travers la Gaule, leur grand raid: l'invasion ébranle toutes les structures du pays et particulièrement celles de l'Église, lorsqu'elles sont d'établissement récent: des sièges épiscopaux disparaissent dans la tourmente parfois définitivement, comme Bavay, cité des Nerviens, souvent pour plus d'un siècle dans les régions où l'Église avait des assises fragiles: les provinces des Belgiques et les Aquitaines. Mais ce choc brutal ne paralyse pas vraiment l'expansion missionnaire. Au Ve et au VIe siècle, la fondation de nouveaux sièges épiscopaux tisse un réseau plus serré, dessinant durablement la géographie ecclésiastique de la Gaule: ainsi, sur les marges orientales du Bassin parisien et également sur les bordures occidentales, jusqu'aux lisières de l'Armorique, bouleversée et isolée par la migration bretonne. Au nord, la restauration organisée depuis quelques métropoles, comme celle de Reims, est plus tardive; elle commence au siècle suivant, avec quelques essais limités: l'établissement du siège épiscopal hésite entre Thérouanne et Boulogne, Noyon et Tournai. En revanche, dans les régions méditerranéennes, des sièges s'établissent jusqu'aux régions reculées de la Haute-Provence et des pays alpins. Entre les Pyrénées et la Garonne, c'est tout un secteur jusqu'alors délaissé qui est conquis. Parfois, les fondations s'adaptent aux conjonctures des nouveaux royaumes wisigoths et francs, ou plus simplement à l'évolution de la géographie contemporaine; l'évêque de Langres se transfère à Dijon, dans une agglomération qui n'avait pas le statut de cité.

Or l'évêque occupe désormais une place considérable dans la société gauloise: il dispose d'une puissance économique efficace, grâce à l'accroissement des donations, que multiplie une aristocratie inquiète des lendemains politiques et du salut éternel. Certes, il commence à rencontrer des difficultés pour limiter les droits des fondations pieuses, sur lesquelles les évergètes voudraient exercer un contrôle, surtout lorsqu'il s'agit d'églises rurales établies au sein d'un grand domaine. Mais, avec la disparition progressive du pouvoir romain, il tient la place d'un *defensor civitatis*, protecteur des pauvres et de tout le peuple contre les assauts des puissants et des barbares. La littérature hagiographique, de la *Vie de saint Aignan* à celle de *saint Léger*, popularise l'image des prélats qui organisent, par l'intercession de leurs prières ou plus concrètement par la restauration des remparts, la défense de leur ville. Les éloges gravés sur les épitaphes dédiées aux pasteurs célèbrent, souvent avec la rhétorique autrefois utilisée pour l'éloge des puissants séculiers, le zèle de ces nouveaux patrons. Après leur mort, les prélats (s'ils n'ont pas vraiment démérité) appartiennent au sanctoral de la ville, où ils sont rangés à côté des quelques martyrs gaulois, ils prolongent ainsi le ministère de leur intercession.

Pour ce qui relève de l'activité terrestre, l'évolution du recrutement a sûrement favorisé l'influence concrète de l'évêque: de plus en plus, en Gaule, des aristocrates s'établissent à la tête des Églises: à Limoges, Ruricius (458-507), à Vienne, Avitus (494-518), à Lyon, Syagrius; les descendants d'illustres familles trouvent dans l'épiscopat la possibilité de servir un idéal de *romanitas*, de fidélité à une culture et à leur foi, alors qu'une carrière politique leur est refusée. Sidoine Apollinaire a servi l'Empire et il a déjà atteint l'honneur suprême d'être, en 468 à Rome, préfet de la ville, lorsqu'il est élu l'année suivante pour le siège épiscopal de la cité des Arvernes (Clermont: 469 - vers 490). Bien entendu, il ne faut pas surestimer la qualité de ce personnel épiscopal, qui compte nombre d'ambitieux, surtout lorsqu'au VIe siècle les rois francs interviennent dans les élections, ou plus simplement des prélats médiocres: tel ce Nicétius dont la théologie est si courte qu'il accuse l'empereur Justinien, éclatant adversaire de Nestorius, d'être nestorien.

Ce provincialisme intellectuel n'empêchait pas ce Trévire d'être un honnête pasteur conservant sur le trône épiscopal le style du moine, un administrateur zélé de la mission, comme le fut à Tours Perpetuus. Ce dernier organise pour la piété locale et pour le pèlerinage le culte de Martin, comme le font les évêques de Clermont pour Austremoine, ceux de Saintes pour Eutrope, bientôt ceux de Paris pour Denis. À Vienne, Mamert complète le calendrier en organisant des processions (les rogations), qui se substituent aux festivités païennes. Car ces prélats s'inquiètent aussi de poursuivre la conversion des campagnes où se multiplient les églises rurales: au milieu du VIe siècle, le diocèse d'Auxerre compte trente-sept paroisses, dont vingt-quatre sont établies dans des *villae*. L'église devient, pour les campagnes, le centre actif de la vie sociale, des grandes fêtes chrétiennes, de l'assistance, autant qu'il l'est pour la prière collective. Le développement du monachisme, désormais encouragé et utilisé par les évêques, sert efficacement les progrès de la christianisation: du reste, tout un mouvement spirituel accompagne, dans le peuple fidèle, les fondations de communautés stables; ceux qui prennent le titre de pénitents, de convertis, ne forment pas des groupements structurés, mais cette attitude déclarée illustre un état des esprits. On ne saurait trop insister sur l'importance des grands monastères, en particulier les établissements qui essaiment en Provence et, au-delà, dans la vallée du Rhône depuis Lérins, où la communauté a été établie grâce à des réfugiés de la Gaule septentrionale connaissant, par une expérience directe ou par l'intermédiaire de Jean Cassien, les grands modèles du cénobitisme oriental.

Le monastère devient, dès le Ve siècle, un centre de pastorale qui envoie au loin ses moines comme évêques, Honorat et Hilaire à Arles, Fauste à Riez, Eucher à Lyon, Loup à Troyes... Dans le Jura, les fondations de Romanus (saint Romain) et d'Eugendus (saint Oyend) illustrent plus nettement encore un type de monastère établi au "désert", loin de la ville, et devenu un centre d'assistance et de rayonnement chrétien dans la campagne. Ces monastères, et aussi la communauté martinienne de Marmoutier, conjuguèrent leurs influences dans des établissements de plus en plus nombreux, à Lyon, à Agaune, dans le royaume burgonde placé à l'intersection de tous ces réseaux spirituels.

Cependant l'établissement des monarchies barbares — dès la seconde moitié du Ve siècle, les Wisigoths dans la Gaule du Sud-Ouest, au Nord les Francs, du Jura à la Viennoise, les Burgondes — transforme profondément les relations de l'Église avec le pouvoir. Celui-ci peut être tracassier plus que persécuteur: c'est le cas des rois ariens en Aquitaine, Euric en particulier qui s'occupe d'empêcher le remplacement des évêques catholiques pour favoriser le développement d'une hiérarchie hérétique. Les rois burgondes résistent à l'influence catholique qui progressivement pénètre leur entourage: le roi Gondebaud reste fidèle à l'arianisme, mais il donne en mariage au Franc Clovis sa nièce, Clotilde, une princesse ardemment catholique. En tout cas, la nouvelle géographie politique isole la Gaule.

En témoigne l'évolution de la vie intellectuelle; les chrétiens exercent dès lors une sorte de monopole. Quelques grands évêques illustrent leur cité: Sidoine Apollinaire évidemment, mais aussi Avit à Vienne, Eucher à Lyon et surtout, pour Arles, Césaire: un moine d'origine pauvre qui accède à l'épiscopat et qui ne se soucie guère de faire oeuvre littéraire, composant, pour servir son zèle pastoral, une règle monastique et des homélies, réunies en un recueil illustrant l'état social et spirituel de la Gaule méridionale. Dans ces nouvelles générations, ce sont les moines qui prennent la plume, en particulier ceux qui ont vécu dans la mouvance de Lérins, Vincent, théologien de la tradition et Fauste de Riez, celui de la liberté et de la grâce. Marseille se retrouve une vocation intellectuelle et la ville accueille, avec Jean Cassien, les réfugiés chassés par l'invasion, tel Paulin de Pella, tel Salvien, venu de Trèves ou de Cologne, qui y compose un traité, le *Gouvernement de Dieu*, en prenant le ton d'un apocalyptique procureur pour annoncer le châtiment d'une société romaine corrompue, punie par les invasions barbares. Gennade compile, à la fin du siècle, des traités qui donnent en de courtes notices des informations sur les théologiens de l'Orient chrétien et sur leurs débats. Certes, dans la première moitié du Ve siècle, Prosper d'Aquitaine intervient dans la querelle de la grâce et de la prédestination. Il y a des exceptions éclatantes: le frère puîné de l'évêque de Vienne, Claudien Mamert, nourri de toute la tradition néoplatonicienne, peut être placé aux côtés de l'Italien Boèce comme l'un des derniers philosophes nourris de traditions grecques. L'école monastique, l'école épiscopale et même, au Ve siècle, l'école de l'église rurale (dont un concile recommande la création), maintiennent les éléments d'une culture littéraire. Car l'Église gauloise n'a pas imaginé, comme l'ont fait d'autres chrétientés, d'utiliser les langues vernaculaires dans les campagnes qui celtisent encore. Pour leur prédication, pour la liturgie, pour la lecture de l'Écriture, les missionnaires utilisent le latin; avec eux s'achève heureusement la latinisation de la Gaule romaine.

Bien qu'elle ne puisse guère activement participer aux débats théologiques qui engagent l'Orient chrétien et, à un moindre degré, l'Italie, l'Église des Gaules cherche à renouer les liens d'une catholicité au-delà d'une romanité politique disloquée et surtout elle s'inquiète d'établir les structures d'une unité régionale. Au VIe siècle, les conciles, évoqués souvent par les souverains francs, publient les *Codes de disciplines*. Quelques sièges jouent un rôle privilégié, Arles où Césaire illustre le vicariat apostolique, Reims avec Rémi, Tours avec Grégoire.

Le prestige de ces deux Églises, dans la Gaule septentrionale, atteste qu'un nouveau chapitre s'ouvre pour l'histoire du christianisme: la naissance d'une Église gallicane, soutenue et protégée par la conversion du roi franc Clovis entre 497 et 508. Les évêques catholiques peuvent désormais espérer le concours de Barbares établis au nord de la Loire pour bouter hors du territoire les Goths hérétiques.

Assurément, sous la domination franque, la Gaule ne bénéficie pas longtemps de l'unité politique réalisée, au début du VIe siècle, par Clovis. Les règles de l'héritage morcellent le pays en royaumes rivaux. Devenu historien des Francs, Grégoire décrit l'horreur des querelles domestiques déchirant les familles royales, les ravages des guerres locales écrasant les humbles. Mais l'évêque de Tours ne s'arrête pas à ce tableau pessimiste: il dessine un nouvel avenir en retrouvant dans le roi Clovis l'image de l'empereur Constantin (*Gesta Dei per Francos*: "la *geste* de Dieu accomplie par les Francs"), en exaltant un royaume par excellence chrétien ancré dans la catholicité puisqu'il a reçu la Bonne Nouvelle de sept envoyés venus de Rome, pour évangéliser la Francia, fille aînée de l'Église.

Charles Pietri

Bibliographie

Sources publiées

CYPRIEN (saint) de Carthage. — *Correspondance: lettre LXVIII*, L Bayard éd., CUF II, Paris, Les Belles-Lettres, 1925-1926, p. 234.

EUSÈBE DE CÉSARÉE. — *Histoire ecclésiastique*. G. Bady éd. et trad., SC 31, 41, 55, 73, Paris 1952-1960.

HILAIRE (saint) de Poitiers. — *De Trinitate*. In *Corpus christianorum…*, *series latina* t. 62, P. Smulders éd., Turnhout, Brepols, 1979-1980.

IRÉNÉE (de Lyon). — *Adversus haereses* [Contre les hérésies]. F.M. Sagnard, A. Rousseau *et alii* éd. et trad., Paris, SC 34 et 100, Le Cerf, 1952-1965.

Martyrologe Hiéronymien. In *Acta sanctorum..., Novembris*, t. II, 2, H. Delehaye et H. Quentin éd., Bruxelles, Société des Bollandistes, 1931.

Passio sancti Symphoriani (Bibliotheca hagiographica latina..., Société des Bollandistes éd Bruxelles, t. II, 1990-1991, n° 7967-7968). In *Acta sanctorum... Augusti*, t. IV; Société des Bollandistes, éd., Anvers, B.-A. Van der Plassche, 1729, p. 496-497.

Statua ecclesiae antiqua. In *sancti Caesarii Arelatensis opera varia: epistulae, concilia, regulae monasticae, opuscula theologica, testamentum...* Dom G. Morin éd., t. II, Maredsous, 1942, p. 89-96 et in *Concilia Galliae*. C. Munier éd., t. I, Turnhout, 1963, p. 162-188, in *Corpus christianorum, series latina*, t. 148.

SULPICE SÉVÈRE - *Chronique*, C. Halm éd., Vienne, 1886, p. 1-105. in *Corpus scriptorum ecclesiasticorum latinorum* t. I.

— *Vie de Martin*. J. Fontaine éd. et trad., Paris, SC 133-135, t. I. Le Cerf, 1967.

TERTULLIEN. — *Adversus Judaeos*. Turnhout, 1954, p. 1339-1396. In *Corpus christianorum, series latina*, t. 2.

Imprimés

ANDRIEU-GUITTANCOURT (P.). — *Notes sur la vie ecclésiastique et religieuse à Rouen sous le pontificat de saint Victrice; études*. Aix-en-Provence, Macqueron, 1970, p. 7-20.

ATSMA (H.). — *Les monastères urbains du Nord de la Gaule*. RHEF, 168, 1976, p. 163-187.

— *Die christlichen Inshriften Galliens als Quelle für Klöster und Klosterbewohner bis zum Ende des 6. Jarhrhunderts*. Francia n. 4, 1976, p. 1-58.

BABUT (E.-C.). — *Le concile de Turin Essai sur l'histoire des églises provinciales au Ve siècle et sur les de la monarchie eccléasiastique romaine (417-459)* Paris, A. Picard et fils, 1904.

— *La plus ancienne décrétale*, Paris, Société nouvelle de librairie et d'édition, 1904.

— *Saint Martin de Tours*, H. Champion, 1912.

BECK (H.G.J.). — *The pastoral Care of Souls in the South-East France during the VIth Century*. Rome, Apud aedes Universitatis Gregorianae, 1950. (*Analecta Gregoriana*, vol. 51).

CARRIÈRE (V.). — *Introduction aux études d'histoire ecclésiastique locale*. Paris, Société d'histoire ecclésiastique de la France, 1940

CHAUME (Abbé M.). — *Les origines du duché de Bourgogne*. I: *Histoire politique*. Dijon, 1925 (1926); II, 1: *Géographie historique*. 1927; II,2: *Géographie historique*. Dijon, E. Rebourseau, 1937, p. 383-817.

Chiesa e communità locali nell'occidente cristiano, (IV-VI d.c.): l'esempio della Gallia. Società Romana e Impero tardo-antico, Bari, 1986, p. 761-797, p. 923-934.

CLERQ (C. de). — *La législation religieuse de Clovis à Charlemagne: études sur les actes de conciles et les capitulaires, les statuts diocésains et les règles monastiques (507-814)*. Louvain, Bureaux du recueil. Bibliothèque de l'Université, 1936 (Université de Louvain. Recueil de travaux publiés par les membres des conférences d'histoire et de philologie).

COURCELLE (P.). — *Histoire littéraire des grandes invasions germaniques*. Paris, 1964.

COVILLE (A.). — *Recherches sur l'histoire de Lyon du Ve au IXe siècle (450-800)*. Paris, A. Picard, 1928.

DELEHAYE (H.). — *Les origines du culte des martyrs*. Société des Bollandistes, 1933.

DILL (S.). — *Roman society in Gaul in the Merovingian Age*. Londres, Macmillan, 1926.

DUBOIS (Dom J.). — *L'emplacement des premiers sanctuaires de Paris*. Journal des Savants, 1968, p. 5-44.

— *Les listes épiscopales, témoins de l'organisation ecclésiastique et de la transmission des traditions*. RHEF, n. 62, 1975, p. 9-24.

Duchesne (Mgr L.). — *Les origines du culte chrétien, étude la liturgie latine avant Charlemagne.* Paris, E. Thorin, 1889.

— *Fastes épiscopaux de l'ancienne Gaule.* 2e. édition, Paris, Fontemoing, 1907-1915.

Dupraz (L.). — *Les passions de saint Maurice d'Agaune, essai sur l'historicité de la tradition et contribution à l'étude de l'armée pré-dioclétienne, 260-286, et des canonisationes tardives de la fin du IVe siècle.* Fribourg, Éd. Universitaire, 1961.

Étienne (R.) — *Bordeaux antique,* In higounet (C.), *Histoire de Bordeaux,* t. I. Bordeaux, Fédération historique du Sud-Ouest, 1962.

Ewig (E.). — *Spätantikes und Fränkisches Gallien: Gesammelte Schriften, 1952-1953.* Munich, Artemis Verlag, t. II, 1979. (Beihefte der Francia, 3.).

Ferrua (A.). — *L'epigrafia cristiana prima di Costantino.* In *Congresso Internazionale di Archeologia Cristiana, IX, 1975.* Rome, Cité du Vatican, 1978, p. 583-613. (Studi di antichità cristiana 32.).

Février (P.A.). — *Le développement urbain en Provence de l'époque romaine à la fin du XIVe siècle (Archéologie et histoire urbaine).* Paris, de Boccard, 1964. (Bibliothèque des Écoles françaises d'Athènes et de Rome, fasc. 202.).

— *L'archéologie chrétienne en France de 1954 à 1962.* In *Congresso Internazionale di Archeologia Cristiana, VI, 1962, Ravenne.* Rome, Cité du Vatican, 1965, p. 57-95.

— *Permanence et héritage de l'Antiquité dans la topographie des villes de l'Occident durant le Haut Moyen Âge.* In *Settimane di studi del Centro italiano di studi sull'alto medioevo, 21.* Spolète, Centro italiano di studi sull'alto medioevo, 1971, p. 41-138.

Février (P.A.), Duval (N.). — *Les monuments chrétiens de la Gaule transalpine.* In *Congresso internacional de arqueologia cristiana, VIII, Barcelone, 1969.* Rome; Barcelone, Cité du Vatican, Pontificio istituto de arqueologia cristiana; Consejo superior de investigaciones scientificas, 1972, t. I: p. 57-106, t. II, XXX pl.

Fleuriot (L.). — *Les origines de la Bretagne: l'émigration.* Paris, Payot, 1980.

Fontaine (J.). — *Société et culture chrétienne sur l'aire circumpyrénéenne au siécle de Théodose.* Bulletin de littérature ecclésiastique, n.75, 1974, p. 241-282.

Fortin (E.L.). — *Christianisme et culture philosophique du Ve siècle, la querelle de l'âme humaine en Occident.* Paris, 1959. (Etudes augustiennes).

Gassmann (P.). — *Der Episkopat in Gallien. 5. Jahrhundert.* Bonn, 1977.

Gauthier (N.). — *L'évangélisation des pays de la Moselle: la province romaine de Première Belgique entre Antiquité et Moyen Age: IIIe-VIIIe siècles.* Paris, de Boccard, 1980.

Gilliard (F.D.). — *The Apostolocity of Gallic churches,* Harvard. Theological Review, n. 68, 1975, p. 17-33.

— *The Senators of sixth Century Gaul.* Speculum, n. 54, 1979, p. 686-697.

Gregorio di Tours. — [Mélanges]. In *Convegno del Centro di studi sulla spiritualità medioevale, XIII, Todi, 1971.* Todi, Academia Tudertina, 1977.

Griffe (E.). — *Histoire religieuse des anciens pays de l'Aude: des origines chrétiennes à la fin de l'époque carolingienne.* Paris, A. Picard, 1933 (Thèse de doctorat ès lettres, Université de Toulouse).

— *À travers le paroisses rurales de la Gaule du VIe siècle.* Bulletin de littérature ecclésiastique, t. 76, 1975, p. 3-260.

— *L'épiscopat gaulois et les royautés barbares de 482 à 507.* Bulletin de littérature ecclésiastique, t. 76, 1975, p. 261-284.

Guarducci (M.). — *Il missionario di Lione.* Mélanges de l'Ecole française de Rome. Antiquité, n. 88, 1976, p. 843-852.

Harnack (A. von). — *Die Mission und Ausbreitung des Christentums in den ersten drei Jahrhunderten.* Leipzig, J.-C Hinrich'sche Buchhandlung, 1924.

Heinzelmann (M.). — *Bischofsherrschaft in Gallien: zur Kontinuität römischer Führun-*

gsschiften vom 4. bis zum 7. Jahrundert; soziale, prosopographische und bildungsges-chichtliche Aspekte. Zurich; Munich. Artemis Verlag, 1976. (Beheifte der Francia; 5).

Hilaire et son temps. In *Actes du Colloque de Poitiers, 1968, à l'occasion du XVIe centenaire de la mort de saint Hilaire.* Paris, Etudes augustiniennes, 1969.

Histoire spirituelle de la France, spiritualité du catholicisme en France et dans les pays de langue française des origines à 1941. Paris, Beauchesne 1964 (Bibliothèque de spiritua-lité, 1.).

HUBERT (J.). — *L'architecture religieuse du haut Moyen Âge en France.* Paris, 1952. (Biblio-thèque de l'Ecole pratique des hautes études. Collection chétienne et byzantine.).

— *L'art Préroman.* Mâcon, Paris, Les Éditions d'art et d'histoire, 1938. (rééd., Chartres, J. Laget, 1974).

IMBART DE LA TOUR (P.). — *Les origines religieuses de la France. Les paroisses rurales du IVe au XIe siècle.* Paris, A. Picard, 1900, (rééd.1979).

JULLIAN (C.). — *Histoire de la Gaule.* Paris, Hachette, 1907-1926 [Réimpression anasta-tique Bruxelles, culture et civilisation, 1964].

KERESZTES (P.). — *The Massacre at Lugdunum in 177 A.D.* History, t. 16, 1967, p. 75-86.

KURTH (G.). — *Clovis,* 2e éd, Paris, V. Reteaux, 1901.

LABROUSSE (M.). - *Toulose antique: des origines à l'établissement des Wisigoths.* Paris, de Boccard, 1968 (Bibliothèque des écoles française d'Athènes et de Rome).

LANATA (G.). — *Gli atti dei martiri come documenti processuali.* Milan, Giuffré, 1973.

LANGGÄRTNER (G.). — *Die Gallienpolitik der Päpste im 5. und 6. Jahrhundert, eine Studie über den apostolischen Vikariat von Arles.* Bonn, P. Hanstein, 1964 (Theophaneia, Bei-träge zur Religions-und Kirchengeschichte des Altertums, 16).

LESNE (E.) — *Histoire de la propriété ecclésiastique en France,* I: *époques mérovingienne et romaine.* Lille; Paris, R. Giard; Desclée de Brouwer, 1910.-1928.

LESTOQUOY (J.). — *L'origine des évêchés de Belgique seconde.* RHEF, n. 32, 1942, p. 43-52.

LOYEN (A.). — *Sidoine Apollinaire et les derniers éclats de la culture classique dans la Gaule occupée par les Goths.* In *Goti in occidente: problemi. Settimane di studi del Centro italiano sull'alto medioevo, 3, 1955.* Spolète, Centro italiano di studi sull'alto medioevo, 1956, p. 265-284.

MAILLÉ (Marquise A. de). — *Recherches sur les origines chrétiennes de Bordeaux.* Paris, A. et J. Picard, 1959.

MÂLE (E.). — *La fin du paganisme en Gaule et les plus anciennes basiliques chrétiennes.* Paris, Flammarion, 1950.

MARROU (H.I.). — *Histoire de l'éducation dans l'Antiquité.* Paris, Éd. du Seuil, 1965.

MATTHEWS (J.). — *Western aristocraties and Imperial Court (364-425).* Oxford, Clarendon Press, 1975.

MAURIN (L.). — *Saintes antique: des origines à la fin du VIe siècle.* Saintes, Société d'ar-chéologie et d'histoire de la Charente-Maritime, 1978.

MOREAU (E. de). — *Histoire de l'Église en Belgique.* Bruxelles, l'Édition universelle, 1940-1945.

MUSSET (L.). — *De saint Victrice à saint Ouen: la christianisation de la province de Rouen d'après l'hagiographie.* RHEF, n. 168, 1975, p. 141-152.

NAUTIN (P.). — *Lettres et écrivains chrétiens des IIe et III siècles.* Paris, éd. du Cerf, 1961.

PALANQUE (J.R.). — *Les évêchés provençaux à l'époque romaine.* Provence historique, t. I, 1951, p. 105-143.

— *Les évêchés du Languedoc oriental à l'époque wisigothique (462-725).* Bulletin de litté-rature ecclésiastique, n. 73, 1972, p. 159-166.

PIETRI (Ch.). — *Remarques sur la topographie chrétienne des cités de la Gaule entre Loire et Rhin des origines au VIIe siècle.* RHEF, t. 62, 1976, p. 189-204.

— *Roma christiana. Recherches sur l'Eglise de Rome, son organisation, sa politique, son idéologie, de Miltiade à Sixte III, (314-440)*. Rome, Ecole française de Rome; diffusion de Boccard, 1976 (Bibliothèque des Ecoles françaises d'Athènes et de Rome, 224).

— *L'espace chrétien dans la cité. Le* vicus christianorum *et l'espace chrétien de la cité ar-verne (Clermont)*, RHEF, t. 66, 1980, p. 177-209.

— *Remarques sur la christianisation de la Gaule*. In Mélanges E. Will. Lille, Université de Lille III, 1984, p. 55-68 (N°. spécial de la Revue du Nord, t. LXVI, n. 260).

Poulloux (J.). — *Une nouvelle inscription grecque à Lyon*. Journal des savants, 1975, p. 47-55.

Prinz (F.). — *Frühes Mönchtum im Frankenreich: Kultur und Gesellschaft in Gallien, den Rhenländer und Bayern am Beispiel der monastichen Entwiklung, 4. bis 8. Jahrhundert*. Munich; Vienne, R.Oldenbourg, 1965. (Rééd. 1988).

Riché (P.). — *Éducation et culture dans l'Occident barbare, VIe-VIIe siècles*. Paris, Éd. du Seuil, 1962.

Roblin (M.). — *Le terroir de Paris aux époques gallo-romaine et franque. Peuplement et dé-frichement dans la civitas des* Parisii *(Seine, Seine-et-Oise)*. Paris, A. et J. Picard, 1951; 2e éd. augmentée, 1971.

Rome et le christianisme dans la région rhénane. Colloque du Centre de recherches d'his-toire des religions de l'université de Strasbourg (1960). Paris, P.U.F., 1963.

Rouche (M.). — *L'Aquitaine des Wisigoths aux Arabes (478-481): naissance d'une région*. Paris, Touzou, 1979.

Rousselle (A.). — *Aspects sociaux du recrutement ecclésiastique au IVe siècle*. Mélanges de l'Ecole française de Rome. Antiquité, 89, 1977, p. 333-370.

Roux (J.M.). — *Les évêchés provençaux de la fin de l'époque romaine à l'avènement des ca-rolingens (474-751)*. Provence historique, t. XXI, 86, 1971, p. 373-420.

Saint Germain d'Auxerre et son temps. Congrès de l'Association bourguignonne des sociétés savantes, XIX., Auxerre, 1948. Avec une introduction de G. Le Bras. Auxerre, 1950.

Seston (W.). — *Note sur les origines religieuses des paroisses rurales*. Revue d'histoire et de philosophie religieuse, n. 15, 1935, p. 243-254.

Simonetti (M.). — *Alle origini di una cultura cristiana in Gallia*. Academia Nazionale dei Lincei, Quaderno 158, 1973, p. 117-131.

— *La crisi ariana nel IV secolo*. Rome, Institutum Patristicum Augustinianum, 1975.

Speyer (W.). — *Gallia II*. In Klauser (Th.) *Reallexikon für Antike und Christentum*. Stut-tgart, A. Hiersemann, 1972, n. 8.

Stroheker (K.F.) — *Der senatorische Adel im spätantiken Gallien*. Tübingen, Alma mater Verlag, 1948.

Tessier (G.). — *Le baptême de Clovis, 25 décembre*. Paris, Gallimard, 1964 (Trente jour-nées qui ont fait la France, 1.).

Van Berchem (D.). — *Les martyrs de la légion thébaine. Essai sur la formation d'une lé-gende*. Bâle, Verlag Friedrich Reinhardt, 1956.

Van der Straeten (J.). — *Les actes des martyrs d'Aurélien en Gaule*. Analecta Bollandiana, n. 89, 1961, p. 115-144; 1962, p. 116-141.

Vieillard-Troïkouroff (M.). — *Les monuments religieux de la Gaule d'après les oeuvres de Grégoire de Tours*. Paris, H. Champion, 1976.

Vogel (C.). *La discipline pénitentielle en Gaule des origines à la fin du VIIe siècle*. Paris, Le-touzey et Ané, 1952.

Vrégille (B. de). — *Les origines chrétiennes et le haut Moyen Âge*. In Fohlen (C.), *Histoire de Besançon*, t. I, liv. II, Paris, Nouvelle Librairie de France, 1964, p. 145-325.

Weiss (R.). — *Chlodwigs Taufe: Reims, 508*. Bern; Francfort, H. Lang, 1971 (Geist und Werk der Zeiten, 29).

Zöllner (E.) — *Geschichte der Franken bis zur Mitte des 6. Jahrhunderts*. Munich, C.-H. Beck, 1970 (Geschichte der deutschen Stämme, t.1).

L'ESPACE CHRÉTIEN DANS LA CITÉ

LE *VICUS CHRISTIANORUM* ET L'ESPACE CHRÉTIEN DE LA CITÉ ARVERNE (CLERMONT)

Qu'on me permette, en préambule, quelques remarques. Elles ne prétendent point éclairer les savants expérimentés ; mais elles permettront peut-être, avant d'ouvrir un dossier embrouillé, de préciser les intentions de la présente enquête. Car l'histoire du peuple chrétien en Gaule puis en France ne s'accommode plus des périodisations traditionnelles ; les premiers siècles de la mission — à la fin de l'Antiquité et au début du Moyen Age — apparaissent comme un temps fort où s'élaborent une géographie, un complexe d'institutions, de pastorale, de spiritualité et de comportements collectifs qui, jusqu'à l'époque moderne, orienté des attitudes et qui, pour une part, appartiennent à notre histoire contemporaine. Mais pour infléchir l'histoire traditionnelle de l'Église en une histoire du peuple chrétien pendant les premiers siècles, la recherche doit réunir, analyser et conjuguer plus systématiquement que dans le passé les témoignages des textes, des images, des inscriptions et des monuments, et surtout leur poser sans préjugé de nouvelles questions. L'achèvement d'une prosopographie chrétienne de la Gaule (IVe-VIe siècles) donnera bientôt sur la conversion, sur le recrutement des clercs, sur l'évergétisme, les matériaux d'une histoire sociale. Des chercheurs, appartenant à plusieurs centres scientifiques français, préparent un autre « corpus » qui réunira, pour chaque villé, avant l'époque carolingienne, tout ce que nous savons de l'établissement chrétien dans la topographie de la cité : ces notices étudient le nouveau visage que prend la ville, qu'elle conserve pendant de longs siècles, en un mot la naissance d'un *espace chrétien*. Au demeurant, cette enquête permet de ruiner des idées trop reçues, transmises souvent des manuels anciens aux compilations modernes.

Car ceux-ci imaginent volontiers que les chrétiens de Gaule établirent les premiers lieux du culte hors de la ville, dans le cimetière, d'où ils ne sortirent que progressivement, du IVe au Ve siècle, pour installer leurs églises dans le cœur de la cité. À bien réfléchir, cette image d'Épinal sous-entend une représentation étrange de la mission chrétienne ; elle colore les premières assemblées fidèles d'une atmosphère funéraire, alors qu'en Gaule la liturgie des morts et celle des martyrs se développent plus tardivement qu'en Italie ou en Afrique ; elle écarte de la ville le centre actif de la pastorale et de l'assistance, comme si les premières communautés chrétiennes s'étaient frileusement retran-

chées, pour de longs siècles, dans les réduits symboliques des catacombes. Les études publiées par cette Revue, sur la « christianisation
des pays entre Loire et Rhin », ont déjà contredit cette image romanesque, et les monographies encore inédites qu'élabore le groupe de
recherches sur la *Topographie chrétienne* dressent le même constat.
Mais Clermont vaut sans doute une analyse particulière, puisque son
exemple semble argumenter au bénéfice d'une thèse démentie ailleurs.
Cette raison justifie l'enquête présente et en excuse peut-être l'austérité ; du reste, l'examen des textes jalonne la conquête d'un espace
urbain ; elle peut éclairer aussi l'évolution des mentalités chrétiennes,
en précisant comment les témoins anciens — en ce cas Grégoire de
Tours — se représentaient, au vi[e] siècle, l'histoire de leur passé chrétien.

*
* *

L'histoire de la topographie commence pour la cité arverne avec
une sorte de légende dorée. Grégoire de Tours évoque le temps des
persécutions : le serviteur d'un temple païen recherche le chrétien
Cassius, il se rend près de la ville, au *vicus quem christianorum vocant*[1],
au faubourg qu'on appelle le faubourg des chrétiens, actuellement le
quartier de Saint-Alyre, utilisé dès le ive siècle pour les sépultures.
Toute une tradition érudite — on le sait — relève cet épisode pour
assurer que le premier établissement chrétien se situe dans la périphérie de la cité[2] : il ne pénétrerait dans la ville protégée par les murs
qu'au milieu du ve siècle, lorsque l'évêque Namatius aurait transféré
l'*ecclesia*. Mais, croit-on, le baptistère attesté dans le *vicus* n'a pas
été déplacé et il indiquerait le site primitif de l'église épiscopale, avec
laquelle il est habituellement associé. Dom J. Dubois a vivement
contesté cette thèse en s'attachant particulièrement à l'exemple de
Paris, sans négliger le cas de Clermont[3]. Il n'a pas ébranlé totalement
les positions traditionnelles défendues dans le livre que M. Vieillard-
Troïekouroff. a récemment consacré aux « Monuments religieux de
la Gaule d'après les œuvres de Grégoire de Tours »[4]. P.-Fr. Fournier,
le spécialiste de la topographie arverne tient une position plus nuancée
en maintenant que d'abord la « communauté » avait établi son « centre
religieux près du ruisseau de la Tiretaine », et qu'au « ive siècle encore,
ce quartier périphérique conservait le privilège d'avoir été le premier

    1. *Historiae* (= *Hist.*), 1, 33, *Monumenta Germaniae historica*, (*MGH*) *Scrip-
tores rerum merovingicarum*, éd. B. Krusch, Hanovre, 1937, p. 25, (trad. Latouche).
    2. É. GRIFFE, *La Gaule chrétienne à l'époque romaine*, Paris, III, 1965, p. 8 ;
p. 13 ; p. 29. Voir déjà GRÉGUT, *Bull. hist. et sc. de l'Auvergne*, 2, 1898, p. 55-57,
citant l'exemple des catacombes romaines p. 63 ; et aussi LE NAIN DE TILLEMONT,
Mémoires pour servir à l'hist. ecclés., Paris, 1712, XV, p. 410.
    3. J. DUBOIS, « L'emplacement des premiers sanctuaires de Paris », dans le
Journal des savants, 1968, p. 5-44, sp. 24-26, et aussi *Bull. Soc. nat. Antiquaires
de France*, 1968, p. 115-117. On ne voit pas cependant ce qui autorise l'auteur à
parler de nouvelles maisons, d'un habitat dans le *vicus*.
    4. Paris, 1977, p. 85-104 (cité du nom de l'auteur) ; déjà dans *Cahiers archéolo-
giques*, 11, 1960, p. 200.

centre du christianisme à Clermont » [5]. On prête peut-être à Grégoire beaucoup plus qu'il n'en dit : l'historien imagine tout naturellement que Cassius a souffert le martyre là où il a été, à sa connaissance, effectivement enterré, et il use pour désigner ces lieux d'une formule qu'emploient ses contemporains sans lui donner nécessairement une valeur rétrospective. L'usage que Grégoire fait du terme *vicus* [6] n'éclaircit point le débat : celui-ci ne désigne jamais un quartier de la ville, protégée par les murs ; le plus souvent, il s'applique à une agglomération, assez éloignée du chef-lieu de la *civitas* dont il dépend. Mais à Tours, l'historien évoque dans une expression ambiguë un autre *vicus christianorum* : Gatien, le premier évêque, repose *in ipsius vici cimeterio qui erat christianorum*. La formule désigne un faubourg hors les murs, proche de la cité, composé des basiliques et du cimetière établis près de la tombe de saint Martin. En somme, seule une analyse de la topographie arverne peut éclaircir le débat.

Ce que nous savons de la cité antique et de son extension ne facilite pas l'enquête. La ville romaine a occupé plus particulièrement une butte, longue de 700 m du nord au sud et large au maximum de 150 m d'est en ouest. A 410 m, ce monticule domine par une pente plus raide dans sa partie septentrionale — vers l'emplacement futur du *vicus* —, les deux vallées de deux ruisseaux portant, au nord et au sud de la butte, le même nom, la Tiretaine [7]. De la ville romaine, Nemetum, Augustonemetum [8], dans la province d'Aquitaine, comme en témoigne Strabon [9], il ne reste guère de monuments significatifs, à l'exception

---

5. P.-Fr. FOURNIER, dans E. DESFORGES, G. et P.-Fr. FOURNIER, J.-J. HATT, F. IMBERDIS, *Nouvelles recherches sur les origines de Clermont-Ferrand, Publications de la Fac. des Lettres de Clermont-Ferrand*, fasc. 5, Clermont-Ferrand, 1970, p. 546 (cité *Recherches*) et P.-Fr. FOURNIER, « Clermont-Ferrand au vie siècle. Recherches sur la topographie de la ville », dans *Bibliothèque de l'École des chartes*, 118, 1970, p. 273-339, spéc. p. 333 sq. (cité Fournier).
6. *Vicus* peut exceptionnellement désigner la cité arverne : *Hist.*, 3, 12, p. 108. Très probablement, G. songe à une définition analogue à celle d'Isidore, *Etym.*, 15, 2, 11 : *qui nulla dignitate civitatis ornantur* ; ... *vias (habens) tantum sine muris*. Il s'étonne que le *castrum Divionensis* ne soit pas une *civitas* (*Hist.*, 3, 19). A. LONGNON, *Géographie de la Gaule au VIe s.*, Paris, 1878, p. 18, donne une liste de *vici*, agglomérations isolées ; c'est dans ce type de *vici* que les évêques de Tours établissent une église (v. *Hist.*, 10, 31, II, IV, VI etc..., p. 528 sq.). Sur *vicus*, A. W. van Buren, dans Pauly-Wissowa, VIII, A. 2, 1958, col. 2090-2094 ; C. BATTISTI, « La terminologia latina dell'alto medioevo... », dans *Settimane di Studio... sull'alto medioevo*, VI, Spolète, 1959, p. 647-677, spéc. p. 655 sq. ; le vocabulaire est tout à fait incertain pour définir ce qui constitue encore, au-delà des murs, la ville. Plus incertaine encore, la notion de *suburbium*, qui peut s'étendre jusqu'à Chamalières (dans la *vita Sancti Praeiecti*, v. note 24) : FOURNIER, p. 286 ; et aussi J. DUBOIS, art. cit., p. 31. F. VERCAUTEREN, *Étude sur les civitates de Belgique seconde*, Bruxelles, 1934, p. 308 sq. note que *in suburbio* peut être l'équivalent de *sub oppido* ; v. A. LOMBARD-JOURDAN, « Oppidum et banlieue », dans *Annales*, 27, 1971, p. 373-395. La *vita Praeiecti* (note 24), 11, p. 231 utilise au viie s. l'expression de *vicus urbis* dans une acception analogue à celle de Grégoire.
7. FOURNIER, *Recherches*, p. 145 ; p. 512 sq.
8. A. AUDOLLENT, *Clermont gallo-romain*, Clermont, 1910, (Mélanges littéraires publiés par la Fac. des Lettres à l'occasion du centenaire...). Beaucoup moins utile, A. TARDIEU, *Histoire de la ville de Clermont-Ferrand*, I-II, Moulins, 1870-1872.
9. Strabon, IV, 3, 2 ; Nemossos (Nemetum) métropole des Arvernes, chef-lieu

des vestiges qu'une enquête récente interprète comme un temple, précisément celui dont parle Grégoire de Tours, *delubrum quod Gallica lingua Vasso Galate vocant* [10]. Mais cet édifice, dont l'historien a vu encore les ruines, paraît isolé à l'ouest de la butte dans un quartier mal drainé (actuellement près de la place de Jaude). On ne peut guère s'y référer pour apprécier l'extension de la cité romaine dont les quartiers débordaient au-delà du monticule, surtout vers l'est et vers le sud ; tandis qu'à l'ouest, des investigations récentes ont repéré, au « Bois de Cros », les traces d'un habitat pauvre [11]. En revanche, la géographie cémétériale est mieux établie : au sud-est, au pont de Naud et surtout rue de l'Oradou, se développe sous l'Empire une vaste nécropole entre la route de Lyon et l'ancienne route d'Aubière (R. Léon-Blum) [12]. Plus au sud, dans le quartier des Ormeaux et de la rue de Vallières, on relève surtout des sépultures à incinération [13]. Au nord s'éparpillent des sépultures, surtout au nord-est [14] ; au nord-ouest, la zone proche de la rive droite de la Tiretaine — dans le site du *vicus Christianorum* — est déjà occupée par quelques tombes [15].

A la fin de l'Antiquité, la ville — comme l'atteste Ammien Marcellin — porte le nom du vieux peuple gaulois : *Arverni, Civitas Arverna, Arvernus*. Chef-lieu d'une province (Aquitaine I), siège d'une préfecture des Lètes [16], elle devient un centre de la permanence romaine au temps d'Avitus, arverne parvenu à l'Empire, et aussi une métropole active de la chrétienté, où se tient en 535 un concile [17]. Mais surtout, le paysage s'est sensiblement transformé, peut-être avec l'abandon de zones occupées pendant l'Empire à l'ouest de la butte, surtout avec la construction d'un rempart, au moins antérieur à Sidoine Apolli-

---

de la cité ; Augustonemetum apparaît au IIe s. avec Ptolémée (II, 7, 12), mais est sûrement antérieur. Hypothèses sur les monuments, FOURNIER, *Recherches*, p. 534 sq. Sur le nœud routier, P.-Fr. FOURNIER, *Revue d'Auvergne*, 83, 1969, p. 291-300.

10. *Hist.*, 1, 32, p. 25. Voir désormais P.-Fr. FOURNIER, « Le monument dit Vasso de Jaude », dans *Gallia*, 23, 1965, p. 103-149 ; et P.-Fr. FOURNIER et O. LAPEYRE, *Ibidem*, 30, 1972, p. 226-234.

11. Comme le suppose, d'après l'importance des vestiges recueillis, FOURNIER, *Recherches*, p. 527 ; au Bois de Cros, *ibid.*, p. 231 ; l'occupation disparaît au IVe s.

12. FOURNIER, *Recherches*, p. 250, 322, 431-440 ; *Gallia*, 20, 1963, p. 495 ; *ibid.*, 22, 1965, p. 398. Voir carte p. 529.

13. FOURNIER, *Recherches*, p. 333.

14. Quartier de la Lièvre : FOURNIER, *Recherches*, p. 440 ; *Gallia*, 29, 1972, p. 327.

15. Voir note 89 ; au sud de Saint-Alyre, on a conjecturé un ensemble monumental au pied de la butte, *ibid.*, p. 379 sq. Mais P.-Fr. Fournier ne confirme pas l'hypothèse, p. 535. Rareté des découvertes d'époque romaine, note Audollent, p. 32, qui rappelle la trouvaille de 1828, mal localisée, de moules de potiers : rien qui suggère un habitat urbain.

16. AMMIEN MARCELLIN, 15, 11, 13 ; SIDOINE, *Ep.*, 3, 1, 1 ; 3, 12, 2 ; 6, 12, 8 ; 7, 5, 3 ; 9, 7, 1 ; *Notitia Dignitatum*, 42, 44 ; IORDANES, *Getica*, 45. Le nom de Clermont apparaît plus tardivement, au VIIIe s. : PS-FRÉDÉGAIRE, *Chronique*, 42, *MGH*, scr. merov., 7, p. 187 ; FOURNIER, *Recherches*, p. 560.

17. V. *infra* note 32 ; *Concilia Galliae* : *in Arverna urbe*, éd. C. de Clercq, *Corpus Christianorum*, CLXLVIII A, Turnhout, 1963, p. 105 sq.

naire [18]. Avec une analyse aiguë des plans et des textes anciens, malgré l'absence d'une documentation archéologique explicite [19], P.-Fr. Fournier a proposé d'en reconstituer le tracé, dessinant sur le plateau central une zone étroite (2,60 ha), l'une des plus petites enceintes connues [20]. Au moins depuis le ve siècle, le paysage urbain d'une ville, sûrement appauvrie, s'est modifié [21]. L'établissement chrétien la transforme plus complètement encore [22].

L' « ecclesia »

Tout ce que nous savons des églises de la cité arverne pendant les trois premiers siècles de son histoire (ive-vi[e] siècles), nous le devons à Grégoire de Tours (vers 538-594) [23] ; pour la suite, quelques informations échappent aux hagiographes, à l'auteur d'une vie de saint Prix (Praeiectus), évêque de 663 à 675, au biographe de saint Bonet (Bonitus), qui siégeait à la fin du viie siècle [24]. Finalement, à la fin du ixe siècle peut-être, sûrement avant le xie, un *Libellus de ecclesiis claromontanis* [25] dresse une liste des édifices religieux urbains et suburbains. Le rédacteur s'occupe de distinguer les églises relevant directement de l'évêque de celles qui dépendent de l'autorité laïque. On peut imaginer qu'il s'est inquiété d'être complet en compilant ces courtes notices qui signalent brièvement la dédicace de l'église et de ses autels et qui précisent, si besoin, les principales sépultures saintes. Grégoire ne donne point systématiquement, comme le *Libellus*, le bilan complet des édifices chrétiens établis au vi[e] siècle ; mais pour la cité qui a été la

18. Sidoine, *Ep.*, 6, 12, 8 ; 7, 1, 2 ; 7, 5, 3 ; 7, 10, 1 (*angustias clausus*) ; encore Grégoire, *Hist.*, 2, 16 ; 17, 21 ; 3, 9 ; 5, 11. V. Audollent, p. 7 (2). Mais il est impossible de préciser autrement la chronologie de cette enceinte.
19. La porte Terrasse ?, Fournier, *Recherches*, p. 175, fig. 9 et p. 156 (d'après un dessin de 1828-1829, p. 262 et critique du dessinateur, Beaumesnil, p. 492).
20. Fournier, *Recherches*, p. 150-175 et p. 488-495.
21. Abandon des nécropoles au sud et au sud-est ? Cf. Sidoine, *Ep.*, 3, 12, qui proteste contre la violation du *tumulus* ancestral.
22. Grégoire signale une synagogue, détruite en 576 (*Hist.*, 5, 11, p. 205). Celle-ci atteste l'existence d'une communauté juive à Clermont, mais on ne peut user de la toponymie (rue Fontgiève) pour localiser l'édifice (Vieillard-Troïekouroff, p. 103).
23. Mise au point de L. Pietri, *Grégoire de Tours*, dans *Dictionnaire de Spiritualité*, sv. 1021 sq., à laquelle on se reportera, en attendant la publication d'une étude du même auteur sur *La ville de Tours du IVe au VI siècle : naissance d'une cité chrétienne.*
24. *Vitae s. Praeiecti episcopi Arvernensis* (*BHL* 6915 à 6917), éd. B. Krusch, *Monumenta Germaniae historica* (= *MGH*), scr. merov., V, 1910, p. 225-248 ; v. G. Mathon dans *Bibliotheca Sanctorum* (éd. E. Tosi, P. Palazzini, A. Piolanti, Rome, 1961-1969 = *BS*), 10, p. 1183 ; la *Vita* est composée peu après la mort du saint. *Vita s. Boniti episcopi Arvernensis* (*BHL* 1418), B. Krusch, *MGH*, scr. merov., VI, 1913, p. 119-139 ; v. G. Bataille, *BS*, III, p. 337. La *vita* est composée après la mort de Bonitus, viiie s.
25. Éd. W. Levison dans *MGH*, scr. merov., VII, p. 456-467, avec une note d'introduction, p. 454-456, à laquelle je renvoie pour la chronologie et l'analyse du document.

sienne jusqu'à son adolescence, l'évêque de Tours a distribué dans ses *Histoires* les éléments d'une chronique pontificale arverne, un peu comme procédait pour les sièges apostoliques Eusèbe de Césarée dans son *Histoire ecclésiastique* [26]. En célébrant les ascètes et les héros de l'Église arverne, au premier rang de ceux qui fondent la gloire de la Gaule chrétienne, les écrits hagiographiques, le *Liber Vitae Patrum*, le *Liber in gloria confessorum*, le *Liber in gloria martyrum* [27] dessinent plus particulièrement un tableau de la géographie martyriale, celle des édifices établis pour le culte des saints dans la périphérie de la cité. N'importe, c'est le témoignage de Grégoire dont il convient après bien d'autres — et avec l'aide d'enquêtes récentes comme celle de P.-Fr. Fournier, en 1970, et celle de M. Vieillard-Troïekouroff, en 1977 — de reprendre l'analyse pour tenter de fixer une chronologie des fondations chrétiennes du IVe au VIe siècle, dans la ville et à sa périphérie.

En fait, Grégoire dans l'*Histoire des Francs* ne s'attarde à décrire qu'un seul édifice, l'église urbaine, l'*ecclesia* construite sous l'épiscopat de Namatius, au milieu du Ve siècle [28]. Car on ne situe pas exactement le règne de ce prélat que l'historien gaulois place au huitième rang de la liste arverne. En tout cas, Namatius [29] succède à Venerandus [30], que mentionne, semble-t-il, Paulin de Nole mort en 431, et à Rusticus, sur lequel Grégoire ne s'attarde guère. Il précède Eparchius, le fondateur d'un monastère à Chanturgue, et surtout Sidoine Apollinaire, passé sans guère de transition de la préfecture urbaine (468) à la chaire épiscopale vers 470/471 [31]. Ainsi Namatius ouvre le chantier de sa cathédrale dans une ville établie au cœur d'un réduit romain, en un temps où l'aristocratie arverne organise la résistance du territoire impérial et même restaure pour quelques mois (455/456) le trône impérial au bénéfice d'Avitus, le plus prestigieux des siens [32].

26. Grégoire quitte la cité arverne à la mort de Gallus, son oncle, en 551 : v. K. F. STROHEKER, *Der Senatorische Adel im spätantiker Gallien*, Tübingen, 1948, (= Darmstadt, 1970), p. 176, nº 171. On sait que Grégoire a composé pour Tours une sorte de *Liber Pontificalis*, sur le modèle de la chronique romaine (*Hist.*, 10, 31). Il n'est pas nécessaire, pour le propos présent, de distinguer le texte complet d'une version plus courte, tenue parfois pour une première édition des *Historiae*, alors qu'il s'agit plutôt de l'intervention d'un abréviateur.
27. Cités d'après B. KRUSCH, *MGH*, scr. merov., I, II, 1885.
28. L'*ecclesia* désigne dans la langue de Grégoire de Tours, et dans la plupart des textes du haut Moyen âge, l'édifice réservé à la liturgie épiscopale, la cathédrale. Ch. PIETRI, « Remarques sur la topographie des cités de Gaule entre Loire et Rhin » dans *R.H.É.F.*, t. 72, 1975, p. 189-204.
29. L. DUCHESNE, *Fastes épiscopaux de l'ancienne Gaule*, Paris, 1910, II, p. 34, s'abstient judicieusement de proposer une date. Mais cette prudence n'a pas toujours fait école : H. DELEHAYE, *Les Origines du culte des martyrs*, Bruxelles, 1933, p. 343, propose 446-462, après S. LE NAIN DE TILLEMONT, *Mémoires*, XVI, p. 453. On sait que Namatius a régné au moins douze ans (v. *infra*) ; compte tenu de l'épiscopat d'Éparchius, il a été évêque au moins à partir de 456.
30. GRÉGOIRE, *Hist.*, 2, 13, p. 62 : sur ce fragment de Paulin, v. P. COURCELLE, *Histoire littéraire des grandes invasions germaniques*, Paris, 1964, p. 284-286.
31. STROHEKER, *op. cit.*, p. 218, nº 358.
32. Sur Avitus, l'Aquitaine I et les menaces du roi visigoth Théodoric II (453-

Mais Grégoire ne s'inquiète pas de ces coïncidences, si significatives soient-elles. Du règne de Namatius, il ne retient que la construction de l'*ecclesia* : *Hic ecclesiam qui nunc constat et senior infra murus civitatis habetur suo studio fabricavit*... Suit une description de l'édifice *habentem in longo pedes 150, in lato pedes 60, id est infra capso, in alto usque cameram pedes 50, inante absidam rotundam habens, ab utroque latere ac cellas eleganti constructas opere ; totumque edificium in modum crucis habetur expositum. Habet fenestras 42, columnas 70, ostia 8. Terror namque ibidem Dei claritas magna conspicitur...* [33]. A l'exception de la première phrase — sur laquelle on reviendra — tout le texte célèbre la splendeur d'un édifice long de 150 pieds (un peu moins de 45 m), large intérieurement de 60 pieds (environ 18 m), et haut de 50 pieds (15 m environ) jusqu'à la charpente [34]. Pourvu, à l'avant, d'une abside ronde [35], et sur chaque côté d'ailes construites avec élégance — constituant un transept — l'édifice est organisé en forme de croix. Puis Grégoire, ayant énuméré les 42 fenêtres, les 70 colonnes et les 8 portes [36], note l'impression d'ensemble, celle d'un grand éclat (*claritas*), et même les sentiments révérenciels (*terror Dei*) qu'inspire l'église [37].

A une exception près — pour la description de la *basilica Martini*, édifiée à Tours par Perpetuus (458/9-488/9) [38] — Grégoire ne donne jamais autant de précisions sur les édifices religieux qu'il connaît. Dans le cas de Clermont, comme dans celui de Tours, est-ce seulement le signe d'un attachement personnel ? En réalité, l'historien, toujours attentif à souligner la gloire chrétienne de la Gaule, tient à présenter

---

466), puis celles de son successeur Euric (466-484), v. E. STEIN, *Histoire du Bas Empire*, I, éd. fr. J.-R. Palanque, Paris, 1959, p. 367-372 et p. 393 ; E. DEMOUGEOT, *La formation de l'Europe et les invasions barbares*, II, 2, Paris, 1979, p. 576 sq., p. 633 sq.

33. *Hist.*, 2, 16, p. 64. Sur l'*ecclesia*, P.-Fr. FOURNIER, p. 288-291 et M. VIEILLARD-TROÏEKOUROFF, p. 85-89.

34. On notera le rapport 2,5 pour 1, de la longueur avec la largeur et 3 pour 1 avec la hauteur. On peut comparer l'édifice aux *tituli* romains du ve s. ; pour la longueur, à Sainte-Sabine de l'Aventin, ou encore Saint-Pierre-aux-Liens, avec des proportions tout à fait différentes ; ce sont un peu celles de Saint-Simplicien à Milan (200 pieds de long pour 75 de large), G. BOVINI, *Antichità cristiane di Milano*, 1970, p. 267. Sur les dimensions de l'édifice, J. HUBERT, *L'art préroman*, Chartres, 1974, p. 38.

35. É. MÂLE, *La fin du paganisme en Gaule et les plus anciennes basiliques chrétiennes*, Paris, 1950, p. 135 (2) comprend que *in ante*, en avant, désigne la façade et suppose, sans raisons, une église à absides opposées, l'une pour Agricola, l'autre pour Vital. Cf. M. VIEILLARD-TROÏEKOUROFF, « La cathédrale de Clermont du ve s. au xiiie s. » dans *Cahiers archéologiques*, 11, 1960, p. 199-247, ici p. 200.

36. É. Mâle suppose cinq portes à l'entrée, « trois s'ouvrant dans la région voisine de l'abside » (p. 135). D'après le nombre des colonnes, on peut imaginer, selon le même savant, que l'édifice « avait de chaque côté de la nef des doubles bas côtés ».

37. La description note les odeurs (*odor suavissimus aromatum*) et indique aussi que le sanctuaire est décoré d'un assemblage de plaques de marbre : *parietes ad altarium opere sarsurio ex multa marmorum genera exornatos* : M. VIEILLARD-TROÏEKOUROFF, p. 85 (et non comme le suggère improprement R. LATOUCHE, *Histoire des Francs*, trad. fr. Paris, 1963, I, p. 104, d'une mosaïque faite de nombreuses variétés de marbre).

38. *Hist.*, 2, 14, p. 63.

l'édifice digne d'une métropole, analogue à ceux des grandes cités cisalpines, sans doute la première église cruciforme de la Gaule. De tout l'épiscopat de Namatius, il ne retient que cette entreprise [39] ; il insiste sur la durée du chantier, douze années [40], au bout desquelles l'évêque s'occupe d'obtenir des reliques dignes de son œuvre, celles d'Agricola et de Vital, les martyrs de Bologne [41]. Mieux encore, un miracle sanctionne providentiellement cette translation. Alors qu'un pieux cortège accompagne les reliques arrivées d'Italie jusqu'à l'église, un orage éclate ; il transperce le peuple des assistants, transforme les chemins en torrents, mais il épargne la tête du cortège et son pieux fardeau [42]. Grégoire interprète dans la langue du merveilleux un événement qui parut assez important pour être noté par les contemporains à deux reprises dans le férial. En effet, le Martyrologe hiéronymien compile sûrement un document arverne lorsqu'il note pour le 14 mai : *Arvernus dedicatio ecclesiae sanctae Agricolae* ; et de nouveau pour le 10 décembre : *in civitate Arvernis Agricolae et Vitalis martyrum* [43]. On ne s'explique pas clairement ce second anniversaire, consacré peut-être aux martyrs eux-mêmes que l'Italie célèbre le 27 novembre [44]. N'importe, la dédicace de l'*ecclesia* construite par Namatius prend place désormais dans l'année liturgique de la communauté arverne.

Dès lors, ce nouvel édifice placé sous le patronage des saints de Bologne — à l'exclusion de tout autre [45] — occupe une place privilégiée dans la ville. Le développement progressif d'un groupe épisco-

---

39. V. aussi *Liber in Gloria Martyrum* (*GM*), 43, p. 67 : *in ecclesia, quam ipse* (Namatius) *construxerat*.

40. *Hist. loc. cit.* : *exactum ergo in duodecimo anno... aedificium*.

41. *Ibid.* : *Bononiae civitatem Italiae sacerdotes dirigit ut ei reliquias sanctorum Agricolae et Vitalis exhibeant...* *GM*, 43, p. 67. Au siècle précédent, Victrice (*De Laude Sanctorum*, 6 ; *PL*, 20, 448) déposait dans son église de Rouen une relique d'Agricola.

42. *GM*, 43, p. 67 et 68.

43. H. DELEHAYE, *Martyrologium Hieronymianum, Acta Sanctorum Novembris*, II, 2, Bruxelles, 1931, p. 252 et p. 641.

44. H. DELEHAYE, *Les Origines*, p. 343, suspend toute hypothèse : la fête du 10 décembre se retrouve, note M. VIEILLARD-TROÏEKOUROFF, *Cahiers archéologiques* cité, p. 204 (9), sur des reliquaires d'époque carolingienne ; mais elle a disparu dans le martyrologe de Clermont au xie s., BN lat. 9085, fo 55v (*art. cité*, p. 204). Il est possible que la liturgie arverne ait choisi le 10 déc. pour célébrer les saints, fêtés à Bologne le 27 nov. ; ou bien cette date évoque la translation, qui précède la dédicace. Mais, à en croire Grégoire, l'édifice est achevé lorsque Namatius envoie quérir des reliques.

45. Une longue tradition érudite, rappelée par M. VIEILLARD-TROÏEKOUROFF, *Cahiers archéologiques*, p. 201 (4) et *Monuments*, p. 87, reprise par E. EWIG (*Spätantikes und Fränkisches Gallien*, Munich, 1979, II, p. 271) attribue à la cathédrale la dédicace de la Vierge. Assurément, au xe s., le *Libellus*, 1, p. 456 cite : *In primis domum matris ecclesiae : est altare in honore sancte Marie et Sancti Agricole et Vitalis.* La dédicace à la Vierge est attestée plus explicitement dans la vision du moine Robert : voir J. RIGODON, *Bull. hist. et scient. de l'Auvergne*, 70, 1950, p. 46 et dans la vie plus tardive (xiie s.) de saint Alyre par Winebrand (B. de GAIFFIER, *Anal. Boll.*, 86, 1968, p. 237 et p. 251). Mais il n'y a pas de témoignage antérieur au xe s., v. FOURNIER, p. 290 (1).

pal en donne le témoignage : Grégoire connaît bien la *domus ecclesiae* [46], la résidence permanente de l'évêque auprès de la nouvelle cathédrale. Pour renforcer l'hypothèse du transfert de l'*ecclesia* du cimetière à la cité, M. Vieillard-Troïekouroff imagine que la première *domus ecclesiae* s'établissait, à l'époque de l'évêque Urbicus, dans le *vicus christianorum*. Elle tire argument d'un récit que Grégoire consacre à la faute et à la pénitence d'un évêque arverne, bien mal connu puisque l'historien des Gaules le place dans la liste immédiatement après le légendaire Stremonius et avant Legonus [47], obscur prédécesseur d'Illidius, sûrement attesté en 384 : autrement dit, entre le milieu du IIIᵉ siècle et la seconde moitié du IVᵉ. Marié, le second pasteur des Arvernes pratiquait la continence, mais un jour il succomba à l'assaut de son épouse forçant les portes de la maison ecclésiastique (*fores ecclesiasticae domus*) pour l'entraîner à un péché que le coupable s'empressa d'aller expier en un monastère de son diocèse (*diocesis suae monasterium*) [48]. Grégoire ne nomme pas cet ermitage ou cet établissement des premiers temps, mais le dernier trait entache d'anachronisme tout le récit. Au demeurant, le chroniqueur se garde bien de localiser — dans la cité ou hors les murs — cette demeure dont il a tant besoin pour abriter la faute épiscopale. Mais le même témoin mérite beaucoup plus de crédit lorsqu'il rapporte qu'au temps d'Eparchius (avant 470) l'évêque disposait d'une petite demeure, dans la ville, toute proche de la nouvelle cathédrale [49]. On estima sans doute que cette modeste résidence s'accordait mal à l'église édifiée par Namatius : cette première *domus* fut transformée en salle des audiences épiscopales, en *salutatorium* [50], ce qu'elle était toujours à l'époque de Grégoire. Par la suite, une nouvelle *domus* donne à l'évêque un établissement plus convenable mais crée aussi tout près de l'église le centre d'une vie sociale : dès la mort de Sidoine (en 479), elle peut accueillir, dans un banquet funéraire, la population de la cité, *cunctos cives* [51].

46. M. VIEILLARD-TROÏEKOUROFF, p. 89-90. Sur les légendes tardives qui font intervenir Cassius, un saint local, comme donateur de la *domus*, FOURNIER, p. 390 (1).

47. Sur Stremonius, v. *infra* note 157 ; Legonus est inconsistant, mentionné une seule fois comme successeur d'Urbicus, *Hist.*, 1, 44, p. 29.

48. *Ibid.*, 44, p. 28 et 29.

49. *Hist.*, 2, 21, p. 67 : *defuncto apud Arvernus Namatio episcopo, Eparchius successit... Et quia eo tempore ecclesia parvam infra muros urbis possessionem habebat, ipsi sacerdoti in ipso, quod modo salutatorium dicitur mansio erat... Modo*, maintenant : cela ne signifie pas, comme le suggère P.-Fr. Fournier (p. 290) que l'évêque était contraint d'utiliser ce qui était déjà une annexe de l'église.

50. Attesté pour la première fois, à ma connaissance, dans l'usage ecclésiastique chez ARNOBE LE JEUNE, *Liber ad Gregoriam*, 19, *PL Suppl.*, 3, 246 (milieu du Vᵉ s.) ; il désigne, en ce cas, l'annexe de l'église ; de même, GRÉGOIRE LE GRAND, *Ep*, 5, 1 ; *Vita Caesarii Arel.*, 2, 16 (*MGH*, ser. merov., III, p. 290). Le *salutatorium* peut être aussi le parloir d'un monastère : Concile de Mâcon, canon 1 (*Concilia Galliae*, éd. citée, p. 223). V. FOURNIER, p. 290 (1). Ce mot est corrigé, sans raison, par Tardieu (*Hist.*, 1, p. 173) en *salvatorium*.

51. *Hist.*, 2, 23, p. 68 : *adveniente die dominica qui imminebat post transitum viri, praeparato epulo, iussit cunctos cives in domo ecclesiae invitari, dispectis que senioribus*, (un prêtre ambitieux) *primus recumbit in foro*. On le voit, le banquet funéraire ne se tient pas à l'église, mais dans une sorte de *triclinium* épiscopal.

Grégoire rapporte que son oncle Gallus (mort en 551) y tenait le *convivium ecclesiae*, des repas communautaires : dans l'une de ces réunions, un prêtre appartenant à une famille sénatoriale se laissa emporter par la colère contre son évêque et lui donna un coup sur la tête [52]. Cette seconde *domus* remonte aux dernières décennies du ve siècle : c'est peut-être la demeure de l'ancien préfet Sidoine passée au patrimoine ecclésiastique [53]. En tout cas, elle est, comme la première, proche de l'*ecclesia*, assez pour que l'évêque Gallus entende, de son lit de mort, la psalmodie de la liturgie dominicale [54].

Mais plus encore que la *domus ecclesiae*, plus que le *salutatorium*, l'église, au cœur de la cité, assez vaste pour la population médiocre de la cité arverne, est le centre vivant de la société chrétienne, le lieu privilégié de la liturgie, comme il est naturel dans une cité épiscopale. Grégoire signale, au hasard d'une anecdote, les réunions de carême et la célébration des vigiles pour une fête située en automne [55]. Avitus tient dans l'*ecclesia* les vigiles de la nuit pascale et de la Pentecôte avant de se rendre dans le baptistère hors les murs [56]. C'est dans l'église arverne, tout naturellement, que se réunissent les clercs pour élire le successeur de Cautinus [57] ; Gallus y reçoit la consécration pontificale [58]. Grégoire évoque plus longuement le rituel des funérailles épiscopales : Sidoine se fait porter à l'église pour y mourir entouré de son peuple [59] ; dans ce même édifice, le corps de Gallus, après la préparation funèbre,

---

52. *Liber vitae Patrum* (LP), 6, 4, p. 232 : *a presbitero suo in convivio percussus in capite... Evodius quidam, ex senatoribus presbyter, cum (eum in convivio ecclesiae multis calumnis atque convivis lacessisset, consurgens sacerdos (Gallus) loca basilicarum sanctarum circuibat...* La précision *in convivio ecclesiae* me conduit à accepter avec M. Vieillard-Troïekouroff l'hypothèse que la scène se passe dans la *domus ecclesiae*.

53. Sidoine en effet réside dans sa *domus : ex senatoribus primis, plerumque nesciente coniuge vasa argentea auferabat a domo et pauperibus erogabat (Hist.,* 2, 22, p. 67) ; l'épouse proteste : *dato egenis pretio, species domi restituebat (ibid.,* p. 68). D'autre part, Grégoire indique ensuite que deux prêtres retirent à l'évêque tout pouvoir sur les biens d'Église : *ablatam ei omnem potestatem a rebus ecclesiae, artum ei victum et tenuem relinquentes, ad summam eum contumeliam redigerunt.* Si ce témoignage a quelque valeur, il indique que l'évêque, réduit à une extrême pauvreté, avait abandonné finalement ses propres biens. Du reste, la loi (*Code Théodosien,* 5, 3, 1 de 434) prévoit que l'Église hérite de l'évêque mort ab intestat et elle facilite ainsi l'enrichissement de la communauté. L'épisode du banquet funéraire, tenu après la mort de Sidoine (note 51), met en scène l'un des deux adversaires de Sidoine, *omnem facultatem ecclesiae... tamquam si iam episcopus esset, inhians cupiditate.*

54. LP, 6, 7, p. 235 : *interrogat quid in ecclesia psallerent. Dixerunt benedictionem eos psallere.*

55. *Hist.,* 4, 13, p. 144 ; *ibid.,* 31, p. 165 : *in ecclesia vero Arverna dum matitunae caelebrarentur Vigiliae in quadam festivitate...* Grégoire mentionne immédiatement auparavant un prodige survenu le 1er octobre (v. note KRUSCH, p. 165). Si le prodige survenu dans l'*ecclesia* est contemporain, il peut s'agir de la fête de saint Germain d'Auxerre, attestée dans le Martyrologe hiéronymien, éd. citée, p. 535. L'église sert aussi de lieu d'asile : *Hist.,* 4, 13, p. 144 ; 10, 6, p. 488.

56. *Hist.,* 5, 11, p. 205 et 206 : Avitus occupe le siège épiscopal en 571 et encore en 592 (DUCHESNE, *Fastes,* p. 36).

57. *Hist.,* 4, 36, p. 168.

58. *VP,* 6, 3, p. 232.

59. *Hist.,* 2, 23, p. 68.

est exposé pendant trois jours, en attendant l'arrivée des évêques de la province [60]. En tout cela, rien d'étonnant. Mais à faire la somme de tout ce que nous apprend avec quelque certitude Grégoire, on voit bien que la fondation d'une nouvelle *ecclesia* par Namatius, célébrée comme une exceptionnelle et merveilleuse réussite, l'établissement d'un édifice assez imposant pour une cité appauvrie, enfin le développement d'un groupe épiscopal avec la *domus ecclesiae* ont sûrement estompé, dans l'esprit de notre témoin et aussi chez ses contemporains, la trace d'une *ecclesia* antérieure, utilisée par les premiers évêques de Clermont.

Le silence de Grégoire — dont il fallait au préalable cerner le témoignage — a encouragé les hypothèses et surtout celle qui place dans le cimetière le premier édifice de la liturgie épiscopale. Deux indices favoriseraient cette sorte de déduction : une déclaration de Grégoire de Tours, au premier chef, que M. Vieillard-Troïekouroff traduit ainsi : « Namatius fit bâtir la cathédrale qui subsiste encore et qui est la plus ancienne de celles qu'on voit à l'intérieur des murs », (en ajoutant une glose) « où il n'y avait pas eu d'église auparavant » [61]. Grégoire utilise pour introduire la description de l'église arverne une formule analogue à celle qui annonce quelques lignes plus tôt la basilique martinienne de Perpetuus : *quae usque hodie permanet, fabricavit, quae habetur a civitate passus 550* ; et d'autre part, *ecclesiam qui nunc constat et senior infra murus civitatis habetur, suo studio fabricavit*. Après avoir rappelé qu'en son temps les deux édifices existent encore, il donne tout simplement leur emplacement. En fait, tout le débat porte sur l'adjectif *senior* ou plus exactement sur l'expression *ecclesia ... senior*, une église que l'auteur localise non seulement à l'intérieur de la ville mais au sein du *castrum* fortifié. Concédons que *senior* évoque exclusivement une antériorité temporelle [62]. A l'époque de Grégoire, l'église de Namatius, ce prestigieux édifice, apparaît évidemment la plus ancienne, la seule dont l'historien arverne ait conservé concrètement la mémoire. On extrapole dangereusement, en déduisant que la première *ecclesia* se trouvait au cimetière et non dans la ville.

En réalité, la formule de Grégoire définit l'église mère [63], celle de la liturgie épiscopale, nommée plus simplement et absolument l'*ecclesia*.

---

60. *VP*, 6, 7, p. 235 : *ablutus atque vestitus in ecclesiam defertur* ; *Hist.*, 4, 5, p. 138.

61. *Cahiers archéologiques*, p. 200 ; répété sans la glose, *Monuments* (V.-T.), p. 85. La traduction de O. M. DALTON, *History of the Franks by Gregory of Tours*, Oxford, 1927, p. 58 s'accorde avec cette interprétation : *the Church which still exist and is diemed the olter of those within the town walls*. Déjà Ruinart interprétait, *veterrima, PL* 71, 214e. V. note 2, TILLEMONT.

62. Comme le note FOURNIER, p. 289 (2), l'emploi d'un comparatif au sens du superlatif, « la plus ancienne » ne fait pas de difficulté dans la langue de Grégoire, cf. M. BONNET, *Le latin de Grégoire de Tours*, Paris, 1882, p. 452.

63. Ainsi que l'entendent Dom Dubois et déjà Latouche, trad., *Hist. des Francs*, p. 105 : l'église mère. Sur la signification technique de l'*ecclesia* (distinguée de la *basilica*) v. Ch. PIETRI, dans *R.H.É.F.*, t. 72, 1975, p. 192 sq. On notera la formule *domus ecclesiae*, pour la résidence épiscopale : notes 51 sq.

Ainsi, l'historien cite l'*ecclesia senior* de Narbonne, qu'il distingue de la basilica située au nord de la ville, dans une zone suburbaine et céméteriale, au moins depuis le ve siècle [64]. Objecterait-on qu'à Paris l'expression ne s'applique pas à la cathédrale ? L'évêque de Tours cite un édifice situé *in vico Parisiorum ... in quo senior, ut aiunt, ecclesia nuncupatur* [65]. « Comme ils disent » ; précisément, Grégoire, d'une glose, conteste cet usage local. Dans le cas de sa propre cité, il parle des *ecclesiae seniores* pour désigner le groupe épiscopal : la première église fondée par Litorius (337/8-370) et l'*ecclesia* construite au ve siècle par Eustochius (444-461), qui y dépose les reliques de Gervais et de Protais rapportées d'Italie par Martin. En ce cas, l'adjectif ne peut désigner les deux édifices plus anciens de la cité tourangelle. Car la fondation d'Eustochius — ce que Grégoire ne peut ignorer — est postérieure d'un siècle à la basilique funéraire de Litorius et de près d'un demi-siècle à la première basilique Saint-Martin [66]. Un tel usage n'appartient pas en propre à l'historien des Francs : on le retrouve dans un édit du roi burgonde Gontran [67], en 585, puis beaucoup plus tard dans des *formulae* [68]. Il persiste dans la littérature hagiographique [69]. Cette acception s'étend dans le latin médiéval pour des usages parallèles : *altare senius*, le maître-autel [70]. Du reste, *senior*, comme plus tard ses dérivés dans les langues romanes, évoque bien une idée de préséance : dès le ive siècle, Priscillien en fait usage pour s'adresser au pape Damase auprès duquel il fait appel [71] ; il n'a pas la maladresse d'évoquer la sénilité du pontife, mais il souhaite caractériser la primauté du Romain au sein du collège épiscopal. Au total, la formule *senior ecclesia* implique une primauté [72] : Grégoire parle de « l'église qui subsiste encore aujourd'hui, de la cathédrale qui est à l'intérieur des murs de la cité. »
     Les investigations archéologiques exécutées dans l'aire de la cathé-

---

64. Pour l'ecclesia, *GM*, 22, p. 51 et aussi *Hist.*, 3, 10 et pour la *basilica*, *GM*, 91, p. 99 : VIEILLARD-TROÏEKOUROFF, p. 185-190. Ce sont les deux édifices attestés par Grégoire dans cette cité épiscopale.
     65. *In Gloria confessorum* (*GC*) 103, p. 363. On ne reviendra pas ici sur le débat qui a opposé J. DUBOIS (*Bull. Soc. Ant. France*, 1968, p. 115-117 et *Journal des Savants*, cité, p. 32-39) à M. VIEILLARD-TROÏEKOUROFF, p. 210 et p. 215.
     66. Voir la notice de Tours (L. PIETRI), dans la *Topographie chrétienne des cités de la Gaule*, fasc. 1, 1974, p. 94 sq.
     67. Sur cet usage spécialisé de *senior*, NIERMEYER, *Medium latinitatis Lexicon Minus*, Leyde, 1976, p. 956 et déjà le dossier réuni par Ch. Du CANGE, *Glossarium mediae et infimae latinitatis*, Paris, 1844, III, p. 6, avec des textes plus tardifs et l'assentiment de Valois. Édit de Gontran (585) : *MGH, Legum*, II, *Capitularia*, I, p. 11 (A. BORETIUS, 1883).
     68. *Formulae Andecavenses*, 50, *MGH, Legum sectio*, V, p. 22 (ZEUMER, 1882).
     69. *Vita Leufreti*, 25, *MGH, scr. merov.*, 7, p. 16 (KRUSCH et LEVISON). Pour les basiliques majeures : *Vita Bathildis*, 9, *MGH, scr. merov.*, 2, p. 493 ; une version plus récente interprète *praecipua*.
     70. *Gesta Aldrici*, 17, *MGH*, 1, p. 57.
     71. *Liber ad Damasum*, 53, éd. Schepss, p. 42 ; v. PIETRI, *Roma christiana*, Rome, 1976, p. 762 et p. 1609.
     72. C'est ce qu'évoque *senior*, comme le note, après ERNOUT et MEILLET, *Dictionnaire étymologique de la langue latine*, Paris, 1932, p. 882, M. ROBLIN, « Cité ou citadelle ? » dans *Revue des Études anciennes*, 53, 1951, p. 306 (2).

drale gothique au xixe siècle par l'architecte clermontois Mallay, puis au début du siècle suivant, en 1908, par Ruprich-Robert et H. du Ranquet ne permettent guère de conclusion [73]. Le dossier documenté réuni par M. Vieillard-Troïekouroff en témoigne ; il rappelle la chronologie des édifices successifs : après l'*ecclesia* de Namatius, détruite par les Normands, s'établit au xe siècle la fondation d'Étienne II consacrée en 946 [74], puis un édifice roman dont la chronologie paraît moins sûrement établie [75], et enfin la cathédrale gothique de J. Deschamps, commencée après 1248. A l'emplacement de la façade romane, située en retrait d'une dizaine de mètres à l'est du porche actuel, et établie près du mur du *castrum* [76], Mallay, notre unique témoin, relève trois pavements successifs [77] qui se succèdent à 1,50 m de profondeur, par rapport au dallage actuel. M. Vieillard-Troïekouroff interprète, après l'architecte clermontois, ces différents niveaux : elle reconnaît, en premier lieu, le dallage de l'édifice roman, long de 54 m, puis à 0,95 m, celui de l'église du xe siècle, qui devait avoir 16 m de large et la même longueur que la cathédrale postérieure [78]. Au-dessous, Mallay signalait un troisième « pavé en grès à gros grains de 0,10 m d'épaisseur, de largeur et de longueur inégales, mal taillé et mal posé ; une dépression de 0,25 m se faisait remarquer dans la partie sud ». M. Vieillard-Troïekouroff croit que les façades des églises se superposent, bien que la fondation de Namatius soit de 10 mètres moins longue

73. On connaît l'histoire de ces fouilles par un compte rendu de MALLAY, « De quelques découvertes faites dans ces derniers temps à la cathédrale de Clermont », dans la *Semaine religieuse de Clermont* du 30 sept. 1869 n° 20 (2e année ; 1869-1870), p. 307-311 ; dont l'essentiel est accessible par FOURNIER, *Recherches*, p. 261 ; M. VIEILLARD-TROÏEKOUROFF, *Cahiers archéologiques*, p. 199 sq., p. 222. Plus elliptique, H. DU RANQUET, *Congrès archéologique de la France*, Clermont-Ferrand, 1924, p. 12.

74. M. VIEILLARD-TROÏEKOUROFF, art. cit., p. 206, p. 209 ; sur la crypte, p. 222. L'auteur ne veut pas que l'incendie de 761, allumé par l'expédition de Pépin le Bref (Ps. FRÉDÉGAIRE, *Chronique, MGH, scr. merov.*, 7, p. 167) ait pu entraîner la destruction de l'église de Namatius ; FLODOARD, *Annales*, éd. Lauer, Paris, 1905, p. 12, sur les pillages normands.

75. *Ibid.*, p. 216 sq. ; sur la façade, p. 221, fig. 4.

76. *Ibid.*, p. 221 (4) ; FOURNIER, *Recherches*, p. 168 sq. et surtout p. 174 ; p. 308 et p. 309.

77. *Ibid.*, p. 224 ; Mallay notait (p. 309) qu'il a atteint le sol vierge à 5 m de profondeur au nord, à 4,90 m au sud ; v. FOURNIER, *Recherches*, p. 312 sq. ; p. 470 et 502.

78. On reconstitue d'après l'énumération de Mallay : 1) le pavement gothique et au-dessous, « un remblai de terre végétale fortement tassée et dans lequel se trouvaient de nombreuses sépultures » et dont Mallay ne donne pas l'épaisseur (0,40 m), puis une « couche de gravois épaisse de 0,10 m » : au total 0,50 m. 2) Le pavement roman : « un dallage de 0,05 m d'épaisseur, bien taillé et placé avec soin ; ce pavé est en grès fin dont les analogies se trouvent dans les carrières de Chaptuzat et de Chauriat », puis « une couche de terre végétale et de gravois de 0,28 m d'épaisseur... recevait une forme de chaussine de 0,17 m d'épaisseur » : au total 0,45 m. 3) A 0,95 m du pavement gothique, « sur une couche de béton de 0,30 m d'épaisseur dans la composition duquel sont entrés des fragments de tuile... est assis un autre pavé en grandes dalles d'une épaisseur uniforme de 15 cm ». 4) Enfin, le dernier pavé en grès à gros grains de 0,10 m : soit à 1,50 m « en contrebas du dallage... de la cathédrale actuelle », surmontant un remblai de 2,10 m et le mur gallo-romain de 1,40 m, soit 5 m jusqu'au sol.

que la cathédrale romane. Elle propose d'attribuer le « pavé » signalé
par Mallay à la cathédrale du ve siècle [79]. Le rapport elliptique de ce
sondage exécuté au siècle dernier signale enfin, sous le pavé, une épaisse
couche de remblai et enfin, jusqu'au sol vierge, un « mur gallo-romain
en petit appareil, ... (ayant) une épaisseur de 0,68 m ; sa hauteur est
de 1,40, sa direction de l'est à l'ouest. » On déduirait ainsi qu'il n'y
a aucune trace d'un édifice chrétien antérieur à celui de Namatius.
Enfin, la même analyse utilise l'hypothèse suggérée avec beaucoup
de précaution par le meilleur spécialiste de la topographie clermon-
toise, P.-Fr. Fournier. Ce dernier étudie un système de galeries sou-
terraines, et particulièrement l'une d'entre elles qui court sous l'actuelle
place de la Victoire [80] et qui a été relevée (peut-être) jusqu'au pied
du mur méridional de la cathédrale, « un peu à l'ouest du premier
contrefort situé à l'ouest de la porte. » P.-Fr. Fournier est « amené
à conjecturer, vers l'emplacement de la cathédrale, l'existence d'une
sorte de centre de répartition de l'eau amenée par l'aqueduc »[81] ;
dans son parcours final jusqu'à la ville haute, ce dernier aurait emprunté
l'actuelle rue des Gras par laquelle on descend vers l'ouest jusqu'à
l'avenue des États-Unis et de là, à la place de Jaude. Bien entendu,
cette zone n'aurait pu être occupée par un édifice chrétien qu'à une
époque tardive — celle de Namatius — lorsqu'avec la construction de
l'enceinte, l'aqueduc avait cessé de fonctionner. Au vrai, les notes de
Mallay ne permettent guère d'identifier le niveau reconnu au-dessous
des dallages romans et préromans, ce pavé « mal taillé et mal posé »,
comme le pavement de l'église construite par Namatius. Mieux vaut,
avec l'indice isolé que donne un témoin ô combien elliptique, renoncer
à suggérer une hypothèse ; en admettant, comme il est vraisemblable,
que l'église paléochrétienne ait occupé l'aire des édifices postérieurs,
elle a pu s'établir — sur une longueur inférieure à celle de la cathédrale
du xe siècle — plus à l'est. En l'état actuel des investigations, l'archéologie n'apporte aucune conclusion sur la topographie chrétienne de la
cité arverne, avant ou après l'époque de Namatius [82].

Car la fondation de ce dernier n'est pas le premier édifice arverne
ouvert à la liturgie épiscopale. Grégoire lui-même le suggère en rappor-

---

79. *Cahiers archéologiques*, p. 224.

80. On ne peut utiliser pour l'enquête topographique les trouvailles d'époque
romaine, sur le plateau central et dans la zone de la cathédrale, v. AUDOLLENT,
p. 48 sq. ; *Gallia*, 19, 1961, p. 361 ; FOURNIER, *Recherches*, p. 310 ; en particulier
un ex-voto à Apollon « retrouvé en 1786 » dans les jardins de l'évêché (CIL XIII,
1460) ; de même, CIL XIII, 1463.

81. FOURNIER, *Recherches*, p. 183 à 194 ; p. 262-264 ; p. 501-505 ; Cl. POURSAT,
Gallia, 31, 1973, p. 445. Sur le tracé de l'aqueduc, P.-F. FOURNIER, p. 502. Audollent (p. 19) cependant rappelle l'hypothèse qui attribue sa destruction au roi Thierry
en 532 : GRÉGOIRE, *Hist.*, 3, 2 sq., p. 98 sq. En ce cas, il faudrait concilier l'établissement de l'*ecclesia* construite par Namatius avec le château d'eau dont P.-Fr. Fournier reconstitue l'existence. Ce dernier rappelle (*Recherches*, p. 500) que la première
vita de Stremonius (2, *Acta Sanct.*, Nov. I, p. 49) atteste que des vestiges de l'aqueduc
sont encore visibles à l'époque carolingienne.

82. Du reste, P.-Fr. FOURNIER, p. 291, se refuse à toute hypothèse.

tant l'élection providentielle de Rusticus [83], qui précède Namatius sur le siège épiscopal. Il évoque l'assemblée du peuple, en présence de laquelle siègent les évêques, une église avec la chaire épiscopale, sur laquelle on installe finalement le prêtre miraculeusement désigné, après un pénible conflit, par une humble voix populaire. Malheureusement, l'évêque de Tours ne s'inquiète pas de localiser cet épisode : il ne nous apporte aucune information positive sur la topographie chrétienne de la ville avant le milieu du Ve siècle.

Le « vicus christianorum »

En revanche, l'historien arverne, attentif à célébrer la gloire des Pères, des confesseurs et des martyrs, en dit assez sur l'établissement chrétien hors les murs pour que nous puissions exclure l'hypothèse d'une première *ecclesia* dans le *vicus christianorum*. Il convient d'être attentif à la chronologie de l'établissement chrétien dans l'espace suburbain : à notre connaissance, la communauté arverne s'inquiète, dans un premier temps, de donner un cadre convenable aux sépultures épiscopales et ces aménagements n'apparaissent pas sûrement attestés avant la fin du IVe siècle. Certes, Grégoire signale qu'Urbicus repose avec son épouse et sa fille *in cripta Cantabennensi iuxta aggerem publicum*, dans un caveau à Chantoin près de la voie publique, sans doute la route de Riom [84]. Mais la tombe de cet évêque mal connu ne bénéficie pas d'un aménagement particulier, bien qu'il ait été le premier pontife arverne à reposer dans la périphérie de sa cité. A l'époque de Grégoire, on ne connaît point de basilique qui ait son patronage : quatre siècles plus tard, le *Libellus* assure qu'Urbicus [85] repose dans l'*ecclesia s. Galli*, sise à plusieurs centaines de mètres à l'ouest, dans le *vicus christianorum*. Entre le VIIe et le Xe siècle, le corps saint a été transféré, peut-être après l'invention des reliques [86].

L'histoire de l'établissement chrétien dans la périphérie arverne commence avec la sépulture d'Illidius, à la fin du IVe siècle. Ce dernier, comme en témoigne l'histoire des Francs, repose *in cripta suburbana* [87],

83. *Hist.*, 2, 13, p. 63 : *residentibus episcopis die dominico...*
84. *Hist.*, 1, 44, p. 29. Sur le toponyme, FOURNIER, p. 322 (5). On ne saurait dire s'il existe déjà une zone cémétériale dès l'Antiquité ; P.-Fr. FOURNIER, *Recherches*, signale des sépultures médiévales place des Carmes (p. 243) et rue de Bien-Assis (p. 243 ; p. 398, p. 524 (3)). Sur le sens de *crypta*, A. GRABAR, *Martyrium*, *Recherches sur le culte des reliques et l'art chrétien antique*, I, Paris, 1946, p. 436 ; HUBERT, *op. cit,*, p. 53 sq.
85. *Libellus*, 8, p. 456, *ubi sanctus... Urbicus et sanctus Antolianus in corpore quiescunt.*
86. Grégoire est très discret sur Urbicus, parce qu'il ne sait pas grand chose. Dans le cas de Tours, il est aussi elliptique en ce qui concerne la sépulture de Catianus (Gatien), dont le corps saint est finalement inventé, pour la plus grande gloire de la cité, à l'époque de Martin dans la *basilica Litorii* : L. PIETRI, *Topographie*, p. 97 (*Hist.*, 10, 31, 3).
87. *Hist.*, 1, 45, p. 29 ; cf. *VP*, 2, 4, p. 221 : *corpus ab antiquis in cripta sepultum fuit.*

dans la zone du *vicus christianorum*, le faubourg de Saint-Alyre, déjà occupé par des sépultures depuis l'époque romaine : en 1882, une découverte fortuite signalait *in situ*, à une vingtaine de mètres de Saint-Alyre [88], une tombe sûrement antérieure au IVe siècle [89]. Au mausolée du confesseur, Grégoire donne le titre de *basilica, basilica sancti Illidii* [90]. La crypte funéraire avait donc reçu quelqu'aménagement, bien qu'à l'origine, le corps de l'évêque ait été déposé dans un coffre de bois, sans doute enseveli sous la protection d'un pavement [91]. En tout cas, les fidèles recherchent le voisinage de cette sépulture sainte : Grégoire signale la tombe de Justus ; on lui a dit que ce dernier devait être l'archidiacre d'Illidius [92]. Ce sont aussi ceux que la tradition populaire appelait alors les « deux amants » : Iniuriosus, un sénateur, et sa femme, qu'un vœu avait écartés de tout commerce charnel et que la mort avait réunis dans la même basilique [93] ; un miracle, disait-on, avait rapproché leurs sarcophages près du même mur de la crypte. Grégoire place cet épisode au début du Ve siècle. Il rappelle encore les guérisons miraculeuses, notamment la sienne, survenue dans sa jeunesse, lorsqu'il se fit transporter auprès de la tombe sainte et que miraculeuse-

88. Sur ce faubourg, FOURNIER, p. 294 sq. et *Recherches*, p. 392. Il n'y a aucune raison de mettre en doute la continuité de l'établissement chrétien du IVe s. au XVIIIe s. : cf. une *vila Illidii* (XIIe s.), B. DE GAIFFIER, *Analecta Boll.*, 86, 1968, p. 247 : *est a levà parte* (de la basilique) *fluvius Scateonis* (Tiretaine ?).
89. Voir note 15 ; déjà AUDOLLENT, *op. cit.*, p. 12 ; c'est lui qui signale (d'après COHENDY, *Bull. hist. et scient. de l'Auvergne*, 1882, p. 26-28 et p. 42-43) une sépulture place Sainte-George, à 4 m de profondeur avec une coupelle estampillée de « vases rouges », une monnaie de Crispine et une autre de Commode. Cf. FOURNIER, *Recherches*, p. 393. D'autres témoignages funéraires sur cette zone, un sarcophage (CIL XIII, 1474), dont la provenance locale est moins assurée ; de même, le fragment CIL 1479c ; v. aussi la découverte d'urnes cinéraires au XIXe s., FOURNIER, *Recherches*, p. 387 (319). Le même savant, après AUDOLLENT, p. 31, fait l'inventaire de tout le matériel antique recueilli dans la zone ; v. p. 385 : il s'agit souvent de remplois amenés pour les édifices chrétiens.
90. *GC*, 34, p. 318 ; 35, p. 320 ; c'est le nom déjà, au temps de la jeunesse de Grégoire, avant les travaux d'Avitus, *VP*, 2, 2, p. 220. Mais Grégoire parle aussi de *tumulus* : le *Libellus*, 11, p. 460 mentionne toujours l'*ecclesia sancti Illidii*, avec un autel de saint Clément, de sainte Marie, de saint Michel, et il signale qu'Illidius, Desideratus, Gallus, Acolus, Iniuriosus, Scolastica y sont déposés. Comme l'établit P.-Fr. FOURNIER, p. 299-304, le patronage de saint Clément apparaît tardivement, au plus tôt à la fin du IXe s. et de même, après l'an mil, celui de la Vierge (N.-D. d'entre-les-saints). Cette évolution n'intéresse pas la présente enquête.
91. Les reliques sont reconnues à l'époque d'Avitus (après 571) : *beatos inquisivit artes repperitque in capsa tabulis formata lignei* (*VP*, 2, 4, p. 221) v. la sépulture de Martial (*GC*, 27) et celle de Paulin de Trèves (comme le suggère M. VIEILLARD-TROÏEKOUROFF, p. 90). Sur le pavement de l'hypogée, *VP*, 2, 4 (*in pavimento*), p. 221.
92. *Hist.*, 1, 45, p. 29 et *VP*, 2, 4, p. 221. Le *Libellus* mentionne à Saint-Alyre un Iustus, et autre à Cirgues (*ibid.*, 14, p. 461). On connaît à Saint-Alyre par un dessin de L. Chaduc (1564-1638) un sarcophage du IVe s., avec une inscription médiévale faisant de Iustus un évêque de Clermont (A. REDON, *Bull. hist. et scient. de l'Auvergne*, 84, 1970, p. 309-332).
93. *Hist.*, 1, 47, p. 30 sq. ; *GC*, 31, p. 317. *In una quidem basilica*, dit Grégoire sans préciser ; mais le *Libellus* place Iniuriosus à Saint-Alyre ; une inscription médiévale, E. LE BLANT, *Inscriptions chrétiennes de la Gaule*, II, Paris, 1865, no 563 et un fragment recueilli dans le voisinage, *Nouveau recueil*, Paris, 1892, no 1487 ; et un autre, *Gallia*, 1959, 17, p. 375.

ment guéri d'un mal terrible, il décida de se consacrer au service de Dieu [94]. Ces quelques indices attestent que les pèlerins fréquentent la crypte, y célèbrent des vigiles. Dès le milieu du VIᵉ siècle, un *abbas* [95] (*martyrarius*) assure la garde et le service du lieu saint. Mais il est impensable que cet édifice funéraire ait pu être utilisé pour la liturgie épiscopale. Grégoire en témoigne : *arctum aedificium ac difficilem habebat ingressum*. L'édifice était étroit et d'un accès difficile ; cela, jusqu'aux travaux entrepris après 571 par Avitus. Ce dernier reconnaît les reliques, les recueille suivant l'usage dans un sarcophage (*juxta morem sarcophago clausit*). Il comble l'hypogée, et il établit à un niveau supérieur le monument funéraire : *oppletamque cryptam altius collocavit*. Il ajoute une abside (*constructa in circuito miro opere absida*) [96]. Grégoire semble indiquer que l'œuvre d'Avitus remploie partiellement les murs de la chambre sépulcrale, après en avoir exhaussé le niveau. En tout cas, le saint dispose d'une basilique aménagée, avec l'adjonction d'une abside pour le circuit des pèlerins autour d'un tombeau visible. Illidius dispose désormais d'un véritable *martyrium* [97] analogue à celui que Perpetuus avait aménagé pour saint Martin.

A la fin du IVᵉ siècle ou dans les premières décennies du Vᵉ s'établit un second édifice funéraire pour un évêque arverne. Peut-être conçu à l'origine pour Nepotianus, le successeur d'Illidius, il reçoit la dédicace d'un troisième pasteur, Venerandus, qui lui donna son nom, *a quo haec aedes nomen accepit* [98]. En effet, Grégoire ne connaît qu'un patronage et parle toujours de la *basilica Venerandi*. A son époque, la tombe du confesseur avait été aménagée pour la visite des pèlerins, sans que l'on puisse dire s'il s'agit de la disposition originelle. Grégoire décrit un *sepulcrum ... sub analogio compositum, super quod caput per fenestellam quique vult immitit*. On notera que l'historien ne parle pas d'un sarcophage. Venerandus a peut-être reçu sépulture dans le sol, mais le *sepulcrum* a été finalement protégé par un agencement qui évoque

94. *VP*, 2, 3, p. 220 ; sur les *vigiliae, ibidem* ; autres miracles, *id.*, 3, p. 220 sq.
95. *Abbas loci, ibid.*, 4, p. 221. Le titre d'abbé n'est pas exclusivement donné au supérieur d'une communauté : cf. L. PIETRI, dans cette *Revue*, t. 72, 1975, p. 227.
96. *VP*, 2, 4, p. 221. Grégoire rapporte un miracle survenu sur le chantier de la basilique. Le récit indique clairement qu'il n'y a, avant les travaux d'Avitus, qu'un hypogée (*contra* VIEILLARD-TROÏEKOUROFF, p. 91) ; Grégoire semble dire que l'œuvre d'Avitus remploie partiellement l'édifice antérieur après avoir ajouté une abside et avoir surélevé notablement le niveau.
97. Sur le développement postérieur de l'édifice, détruit une première fois au VIIIᵉ s., puis disparu au XVIIIᵉ s. : FOURNIER, p. 297 sq. ; M. VIEILLARD-TROÏEKOUROFF, p. 90 sq.
98. V. FOURNIER, p. 310-312 ; M. VIEILLARD-TROÏEKOUROFF, p. 99-101 : Grégoire cite la *basilica* dans *GC*, 34 à 36, p. 318-321. Sur Venerandus, v. note 30 ; Nepotianus succède à Illidius : *Hist.*, 1, 46, puis vient Artemius (*Hist.*, 1, 46 et II, 13) qui précède Venerandus. Grégoire toujours (*GC*, 36, p. 321 ; v. aussi *Libellus*, 10, p. 460) nous apprend que Nepotianus est enterré dans la *basilica Venerandi* ; il est possible, mais non certain que son corps y ait été transféré. Le *Libellus* conserve le souvenir d'une *ecclesia sancti Artemii* (29, p. 465) située dans le faubourg Saint-Alyre (TARDIEU, *Hist.*, I, p. 334) : sans doute un souvenir de l'édifice funéraire du prédécesseur de Venerandus.

2

un peu celui dont la basilique de Saint-Alexandre, sur la Nomentane près de Rome, donne l'exemple : la tombe est isolée par une construction dans laquelle est aménagée un orifice (*fenestella*) pour permettre au fidèle de glisser la tête et de présenter ses prières au saint. La tombe ainsi protégée se trouve *sub analogio* [99], au pied d'un pupitre ; c'est un nouvel indice qu'au VIe siècle l'édifice funéraire a été aménagé pour la liturgie du confesseur. Du reste, la présence du corps saint a attiré de multiples sépultures ; Grégoire évoque ces tombes anonymes [100], il signale aussi une petite chambre sépulcrale voûtée — *transvoluta cellula* [101] — accolée à la partie occidentale de la basilique proprement dite et abritant les sarcophages des fidèles. Saint-Vénérand accueille la sépulture des clercs [102] et, de nouveau, celle d'un évêque arverne au VIIe siècle. En un mot, l'édifice utilisé pour la liturgie du saint confesseur n'a jamais perdu son affectation funéraire. Ajoutons que la *basilica*, pourvue d'une seule porte [103] dans la description de notre témoin, doit être de dimensions médiocres : on ne voit pas comment elle aurait pu accueillir les réunions de la liturgie épiscopale. Les historiens de Clermont se déclarent assurés que la *Memoria* de saint Vénérand « a subsisté intacte dans un faubourg de Clermont jusqu'à la fin du XVIIIe siècle, et même qu'elle survit encore en servant de resserre dans le jardin d'une institution religieuse. Ils produisent un plan sommaire et les notes d'un antiquaire, E. Tersan, dernier témoin de l'état de l'édifice avant la Révolution française [104]. Bien entendu, on ne tirera

99. *GC*, 36, p. 320. *Analogius* est masculin chez Grégoire, *GC*, 93, p. 100, ce qui invite à rattacher *super quod* à *sepulcrum*. *Analogius* désigne l'ambon (Isidore, *Etym.*, 15) ou le pupitre (Grégoire, *GM*, 93). Du Cange (et l'éditeur de Grégoire, à sa suite) croit que *analogius* désigne, en ce cas, un monument funéraire. Il se réfère à la *Vita S. Richarii* († 1046) (*BHL* 7219) pour attester cette acception exceptionnelle. De même, sans argument, Niermeyer, *Lexicon*, p. 42. O. Prinz et J. Schneider, *Mittellateiniches Wörterbuch*, Munich, 1967, p. 613, ne connaissent pas ce sens. Il me paraît impossible de prêter à *analogius*, une acception aussi exceptionnelle, alors que Grégoire donne au mot (dans *GM*, 93) le sens de pupitre : v. Bonnet, *op. cit.*, p. 212, qui rappelle l'origine grecque, ἀναλογεῖον, pupitre. On ne s'étonnera pas qu'il y ait un pupitre ou un ambon dans un martyrium : voir Sozomène, *Hist. eccl.*, 9, 2 ; et aussi Grégoire, pour Clermont, *Hist.*, 2, 22.

100. *GM*, 34, p. 319 : *multa sepulcra* ; 35, p. 320 : *per ostium... dextra de parte sepulcrum; beatus martir Liminius...; inlustrium meritorum viri, quorum nomina ignota incolis*.

101. *GM*, 34, p. 319 : *in basilica... Venerandi... transvoluta cellula a parte occidentis fuit.* La *cellula* appartient à la *basilica* (*in...*). Elle est voûtée (*pars transvolutionis illius*). Mais elle est distincte de la chambre funéraire proprement dite (sur *cellula*, *Thesaurus Linguae Latinae*, p. 763 sq. ; Niermeyer, p. 163). Grégoire évoque les dommages causés à un sépulcre par un effondrement partiel de la voûte et A. Grabar, *Martyrium*, 1, p. 410 et p. 551, en déduit que le tombeau détruit se trouvait à ciel ouvert. En réalité, Grégoire distingue d'une part la *cellula* rattachée et confondue avec la *basilica* et d'autre part les tombeaux voisins, extérieurs à la basilique. Elle a pu aussi bien subir les infiltrations de la pluie (*pluviis... infusa*). M. Vieillard-Troïekouroff, p. 99, comprend que c'est un porche funéraire voûté. La destruction de la *cellula* se place, selon Grégoire à l'époque de Georgius, comte en Auvergne de 533 à 555 (Stroheker, p. 177, n° 175).

102. Voir *Libellus*, 10, p. 459, citant Avitus II (676-690) ; v. aussi Le Blant, 564 (= Diehl 1237).

103. *GC*, 36, p. 320 : *si ingrediaris per ostium in basilica sancti Venerandi...*

104. Tersan : BN, fonds français 6954, I, pièce 164 : E. Le Blant, *Les sarco-*

aucun argument de la description des aménagements intérieurs, avec quatre sarcophages (étudiés par É. Le Blant) entourant le tombeau de Vénérand placé au centre, et un autel accolé à ce dernier. Mais le plan de Tersan suggère la structure de l'édifice, une « simple cave voûtée », dépourvue d'abside, accessible à l'origine par une seule porte, située à l'ouest, là où Grégoire place une *cellula* funéraire. Au total, un édifice médiocre long de « 30 pieds 7 pouces hors d'œuvre » (moins de 10 m) et large de 23 pieds (7,47 m). On s'étonne que les archéologues n'aient pas encore eu la possibilité d'étudier sur place ce qui a pu subsister de l'édifice paléochrétien, après les injures des barbares et celles du temps. Faute d'une investigation sérieuse, il faut, en toute rigueur, récuser des conclusions hâtives. Pour l'instant, ce que nous croyons entrevoir de la primitive *basilica Venerandi* confirme le témoignage de Grégoire : cet édifice funéraire à 25 m de la *basilica Illidii* n'a jamais pu servir d'église pour l'évêque arverne.

Désormais, notre enquête n'a plus beaucoup à s'inquiéter de rechercher les traces d'une *ecclesia* antérieure à celle de Namatius ; mais elle peut jalonner le développement progressif (et finalement tardif) du *vicus christianorum*. C'est dans la seconde moitié du vᵉ siècle [105] seulement que sont importées dans le faubourg cémétérial des reliques étrangères. L'épouse de Namatius — le fondateur de la grande église dans le *castrum* — fait édifier et décorer une basilique (où sont déposées des reliques d'Étienne), située au sud de Saint-Alyre [106]. La sépulture épiscopale s'établit par conséquent sous la protection du protomartyr dans une sorte de *martyrium* [107], comme à l'époque on en construit souvent dans une Gaule trop dépourvue de reliques. Par la suite, la basilique funéraire reçoit d'autres sépultures épiscopales, celle d'Aprunculus, le successeur de Sidoine, celle de Quintianus [108], mort en 525 ou en 526, celle d'un Félix, prélat du viiᵉ siècle ; mais elle conserve encore son patronage avant de prendre, au xvᵉ siècle, celui de Patrocle, et finalement d'être communément connue comme Saint-Eutrope [109].

phages chrétiens de la Gaule, Paris, p. 60-69 ; A. Ramé, *Mém. Soc. nat. Antiquaires*, 1884, p. 128 sq. (auquel j'emprunte les citations). H. Dourif, « La chapelle de Saint-Vénérand », dans le *Bull. hist. et scient. de l'Auvergne*, 1889, p. 75-90. Tardieu, *Hist.*, I, p. 309, rappelle l'histoire de Saint-Vénérand, vendu comme bien national en 1792 et déjà bouleveré au xviiᵉ s. Sur cet édifice, J. Hubert, *L'architecture religieuse du haut Moyen âge en France*, Paris, 1952, p. 63. C'est Ramé (p. 130) et Dourif qui identifient, d'après Tersan, la porte occidentale.

105. On ne connaît pas la sépulture de Rusticus, célébré dans le Martyrologe hiéronymien (cit., p. 525).

106. *Hist.*, 2, 17, p. 64 sq. : *basilicam sancti Stephani suburbano murorum aedificavit.* Grégoire rappelle avec quel soin, elle dirige la décoration de l'édifice. M. Vieillard-Troïekouroff, p. 98, a voulu lui donner un nom, Ceraunia (et non Ceraunis), veuve d'un Namatius et correspondante de Ruricius évêque de Limoges ; cette Ceraunia s'intéresse à la peinture comme l'épouse de l'évêque. Mais, comme le notait déjà J. Basnagius, on ne peut confondre ce dernier avec le laïc Namatius, époux de Ceraunia (Stroheker, cit., p. 194, n° 254). Sur l'importance de ce témoignage, J. Hubert, *Art préroman*, p. 118.

107. Pourvu d'un autel : *VP*, 4, 5, p. 227. Quintianus repose *ad le..m altaris.*

108. Sur Quintianus, *Libellus*, 13, p. 461.

109. P.-Fr. Fournier, *Recherches*, p. 384, signale la découverte d'un claveau

A l'époque de Sidoine, un ascète oriental, Abraham, s'établit dans le *vicus* [110] : il réunit une petite communauté (*congregatio*). Grégoire parle d'un monastère mais Sidoine, dans l'épitaphe d'Abraham, décrit une « cabane dont le faîte est couvert d'un toit de chaume », évoquant un établissement assez pauvre, peut-être une petite agglomération de cellules ; mais Abraham tient le rôle d'un abbé et, à sa mort, Sidoine désigne un nouveau supérieur, Auxianus, en prenant la précaution d'introduire une règle inspirée des préceptes de Lérins et de Grigny [111]. C'est l'ascète qui a apporté sans doute des reliques du martyr d'Antioche Cirycus [112] : en tout cas, pour les recueillir, il édifie un oratoire, pourvu d'un atrium [113], comme son épitaphe l'assure : *aedificas hic ipse Deo venerabile templum* [114]. Ainsi, dès la seconde moitié du ve siècle, l'évêque dispose d'un nouveau lieu de culte : Grégoire rapporte que Sidoine Apollinaire venait dans le faubourg pour célébrer les fêtes de la *basilica sancti Ciryci* [115]. L'édifice a sûrement aussi une fonction funéraire [116] : il accueille le corps de son fondateur Abraham. Une église Saint-Cirgues était encore attestée en 1793, époque où elle fut vendue comme bien national [117]. Étienne ou Cirycus : les premières dépositions de reliques, importées dans le *vicus*, ne remontent pas, semble-t-il, au-delà du milieu du ve siècle.

Les aménagements pour les martyrs locaux paraissent encore plus tardifs. Au début de l'*Histoire*, Grégoire assure que les martyrs arvernes reposent près de la ville dans le *vicus christianorum*. Mais cette affirmation générale ne va pas sans quelques difficultés. Ainsi, Liminius — comme l'explique le même témoin — est déposé dans la *basilica Venerandi* [118]. On ne sait trop comment un martyr pouvait occuper un monument postérieur d'un siècle à sa mort glorieuse, à moins d'imaginer

gallo-romain » dans la reconstruction de l'église (1862) et la découverte dans le quartier d'un sarcophage, *ibid.*, p. 238. Sur l'histoire de l'édifice, TARDIEU, *Hist.*, I, p. 341 ; LONGNON, *Géographie*, p. 488 ; FOURNIER, p. 317. J. SAVARON, *Les Origines de Clairmont*, éd. P. Durand, Paris, 1662, p. 19, atteste encore au XVIIe s. la continuité de Saint-Étienne à Saint-Eutrope : il y place le sépulcre de Quintianus, dont les reliques sont déjà transférées à Saint-Genès.

110. *Hist.*, 2, 21, p. 67 et *VP*, 3, 1, p. 222 sq. C'est aussi l'époque du comte Victorius, représentant d'Euric en Auvergne vers 475 (cf., SIDOINE, *Ep.*, 7, 17, éd. Loyen, Paris, 1970, p. 75 sq.). Loyen date de 477 cette lettre adressée à Volusianus, avec l'épitaphe de l'ascète. Volusianus est sans doute le futur évêque de Tours (cf., L. PIETRI, *Tours*, chapitre III).

111. SIDOINE, Ep. citée, 3, p. 78 : il parle d'une *congregatio* ; v. F. PRINZ, *Frühes Mönchtum im Frankreich*, Munich, 1965, p. 71.

112. Cirycus de Tarse ? ou d'Antioche d'après le Martyrologe hiéronymien (p. 244) : DELEHAYE, *Origines*, p. 167. E. EWIG, *op. cit.*, ne doute pas du rôle joué par Abraham, p. 293 et p. 405.

113. *VP*, 3, 1, p. 223.

114. SIDOINE, *Ep.*, 7, 17, 2, vers 24, p. 77. Contre LONGNON, *Géographie*, p. 485, qui voudrait que la basilique soit antérieure.

115. *Hist.*, 2, 22, p. 67 et *VP*, 3, 1, p. 223.

116. Les squelettes trouvés au voisinage de l'église (FOURNIER, *Recherches*, p. 238) appartiennent peut-être au cimetière de l'église ; *Libellus*, 14, p. 461.

117. FOURNIER, p. 318, relève d'après RAPHANEL, *Bull. hist. et scient. de l'Auvergne*, 1921, p. 153, des murs de l'ancienne église à 450 m de Saint-Alyre.

118. *Hist.*, 1, 33, p. 25.

une translation. Mais cette hypothèse conciliante paraît difficile, puisque Liminius — toujours selon Grégoire — ne bénéficie d'aucun culte [119]. On le voit, il restait bien des choses à faire pour le culte des martyrs arvernes. Antolien lui-même n'a pas reçu l'hommage d'une basilique particulière avant le début du VIe siècle. Lorsque la femme de l'évêque Apollinaris et sa sœur Alchima [120] entreprennent de construire un temple en son honneur, elles doivent bouleverser toute la zone funéraire pour en jeter les fondations ; elles font recueillir les ossements, retrouvés pendant le chantier, dans une fosse. Au bout du compte, les pieuses matrones érigent un *martyrium* dont la coupole, décorée de peintures, est soutenue avec une arcature portée par des colonnes de marbre [121]. A la fin du VIe siècle après l'effondrement des colonnes, Avitus dut entreprendre la restauration de cet édifice exceptionnel. L'auteur de la vie de saint Prix, à la fin du VIIe siècle, semble connaître encore les *loca sancta* des martyrs arvernes [122] ; le saint évêque envisage même d'y établir un monastère. Mais le *Libellus*, document du Xe siècle, signale seulement une *ecclesia sancti Galli ... ubi sanctus Antolianus in corpore quiesc(it)*. Gallus [123] est un évêque du VIIe siècle qui a reçu la dédicace d'un édifice funéraire abritant ses restes. On ne sait trop comment interpréter cette notice ; première hypothèse, le *martyrium* ayant disparu, les reliques d'Antolien ont été transférés dans un nouvel édifice bâti pour Gallus. Mais je crois plutôt que c'est la dédicace qui a changé, comme on en voit d'autres exemples à Clermont : Antolien s'est effacé devant Gallus. En tout cas, le *martyrium* arverne n'eut pas une très glorieuse postérité.

Cassius, un autre martyr local, a reçu lui aussi l'hommage d'une basilique ; mais les origines de l'édifice, tout proche de Saint-Alyre, sont plus obscures encore. Grégoire mentionne la *basilica sancti Cassi* pour la première fois sous le pontificat de Cautinus, qui mourut en 571 [124]. Au demeurant, l'historien ne prend pas la peine de décrire le

---

119. *GC*, 35, p. 320 : *nullus tamen ei cultus venerationis impenditur.*
120. *GM*, 64, p. 81 : *corpora, dum fundamenta iacerent, removerunt.* L'épisode se place peut-être sous l'épiscopat du fils de Sidoine, en 513/516 (STROHEKER, p. 146, n° 22) ; v. GRABAR, *op. cit.*, p. 439. Sur ce *martyrium*, FOURNIER, p. 314 sq. ; VIEILLARD-TROÏEKOUROFF, p. 94 sq.
121. *Ibid.* : *erectis tamen parietibus super altare aedis illius turrem ac columnis Pharis Heraclisque, transvolutis arcubus erexerunt...* J. HUBERT, *Art pré-roman*, p. 79 ; sur ce type de *martyrium*, GRABAR, *op. cit.*, p. 423 sq.
122. *Vita Praeiecti*, 17, p. 236.
123. Éd. cit., 8, p. 459. Ce ne peut être l'oncle de Grégoire, enterré à Saint-Laurent, car la place de cette église, dans le *Libellus*, entre le baptistère et Saint-Cassi indique bien que l'édifice est dans le faubourg Saint-Alyre. Donc, il s'agit de Gallus II, correspondant de Didier de Cahors (630-655) ; v. DUCHESNE, *Fastes*, p. 35. Pour un changement de dédicace, LONGNON, *Géographie*, p. 484 et sur la localisation de l'édifice, FOURNIER, *loc. cit.* Il a tout à fait disparu déjà à l'époque de SAVARON, *Origines*, p. 348.
124. Il a placé le martyre de Cassius au *vicus* : *Hist.*, 1, 33. Sur la *basilica*, *Hist.*, 4, 12, p. 143 : *erat enim ad basilicam sancti Cassii martyris crypta antiquissima abditissimaque...* Sur le sens de *ad*, proche de *in* bien plus que de *iuxta*, v. BONNET, *Latin de Grégoire*, p. 582. L'hypogée se confond avec la basilique, puisque l'évêque en

monument, alors qu'il s'attache à dépeindre l'élégant martyrium d'Antolien — *opus elegans et subtile*. Pour Saint-Cassi, il mentionne seulement une *crypta antiquissima abtissimaque*, un caveau funéraire qui constitue sans doute la partie hypogée d'une basilique d'importance médiocre, disposant de deux portes. L'édifice conserve son affectation funéraire : Grégoire y signale la présence d'un grand sarcophage de marbre ; c'est là qu'une humble religieuse, Georgia, reçut sa sépulture [125]. Son prestige estompa le souvenir de Cassius qui perdit finalement le patronage de son *martyrium*.

En deux siècles, et surtout depuis le milieu du ve siècle, six édifices, des *basilicae*, s'établissent dans le *vicus* : d'abord celles qui célèbrent la mémoire des saints évêques, puis celles des martyrs. Grégoire évoque aussi les tombes qui peuplent, à son époque, cette pieuse géographie ; entre Saint-Alyre et Saint-Vénérand, un mausolée portant l'inscription *sanctae memoriae Gallae*, puis un tombeau sculpté que l'on attribue à quelque religieux nommé Alexandre [126]. Ajoutons peut-être la tombe d'un prêtre de Riom, Amabilis. A l'époque d'Avitus [127] (fin du vi[e] siècle) qui a beaucoup œuvré dans le faubourg, l'historien atteste l'existence d'un baptistère hors les murs (*forasmuraneum*). Il appartient vraisemblablement au *vicus*, puisque le *Libellus* du xe siècle y place encore une église dédiée à saint Jean-Baptiste [128]. La présence de cet édifice a encouragé ceux qui tiennent à fixer au cimetière la première église épiscopale. En réalité, le baptistère s'établit (comme on le verra) dans la zone du pèlerinage. Dans les siècles suivants, le faubourg attire toujours les établissements chrétiens ; des oratoires où sont déposées des reliques importées pour la cité arverne. Au sud-est, l'*ecclesia sancti Maurici* accueille les pieux souvenirs du saint

dispose pour y faire enfermer le prêtre Anastase ; celui-ci s'enfuit par la porte qui n'est pas gardée. Sur la localisation, FOURNIER, p. 313 ; VIEILLARD-TROÏEKOUROFF, p. 95-96.

125. *GC*, 33, p. 318. L'inscription est rapportée par Le Blant 560 (= Diehl 1699). P.-Fr. FOURNIER, *Recherches*, p. 393, signale la découverte d'un cimetière peut-être mérovingien, à la place Sainte-George. On identifie la *basilica* anonyme mentionnée par Grégoire, avec le *Libellus*, 9, p. 459 : *in ecclesia S. Cassi ubi... Georgia quiescit*. Le sarcophage mentionné par Grégoire (*GC*, 33 cit.) n'est pas celui du saint ; *contra* FOURNIER, p. 313.

126. *GC*, 35, p. 319-320. On ne peut dire, à lire l'épitaphe (GRABAR, *Martyrium*, I, p. 410), que le mausolée de Galla est un martyrium. L'expression *sancta memoria* appartient au formulaire de l'éloge chrétien. Sur Alexandre, VIEILLARD-TROÏE-KOUROFF, p. 101. Je suis tenté de déplacer aussi à Clermont la tombe du prêtre de Riom Amabilis, car Grégoire en parle en décrivant les lieux saints du *vicus* : *fuit in supradicta Arverna urbe*, GC, 32, p. 317 sq. Le corps saint est attesté au xe s. dans l'*ecclesia S. Hilarii*, v. note *infra* ; FOURNIER, p. 326, qui ne tranche pas et VIEILLARD-TROÏEKOUROFF, p. 93, plutôt favorable.

127. Aussi lorsque Grégoire, pour l'époque d'Avitus, parle d'une procession *de ecclesia ad basilicam* (*Hist.*, 5, 11, p. 205), je crois que l'historien pense à la basilique d'Avitus, sans doute Saint-Alyre, celle dont ce dernier a été plus particulièrement le maître d'œuvre.

128. *Hist.*, 5, 11, p. 206 ; *Libellus*, 7, p. 459. SAVARON, *Origines*, p. 347 FOURNIER, p. 293.

d'Agaune [129]. L'édifice est sans doute assez ancien puisqu'à l'époque de Nordebertus, évêque au début du VIIIe siècle, l'église tombe en ruines. Pour y accueillir les restes de son prédécesseur, Bonitus, mort à Lyon [130], le prélat fait reconstruire l'oratoire et y installe le corps saint près d'un autel consacré par les reliques des apôtres romains, et d'un autre, consacré par celles de saint André. Le *Libellus* des églises de Clermont cite aussi un édifice consacré à Desideratus, considéré par une vie tardive et contestée comme un successeur d'Avitus [131]. La chronologie des oratoires placés sous le patronage de Pierre, d'Hilaire paraît plus incertaine encore [132]. En tout cas, la densité de cet établissement chrétien au VIe siècle souligne l'importance particulière de cette zone, devenue au cours des temps un *vicus christianorum*. ·

Les autres régions de la périphérie arverne.

Dans les autres régions de la périphérie arverne, les édifices chrétiens apparaissent plus tardivement encore. Les édifices les plus anciennement attestés se trouvent au nord, bien au-delà du *vicus*, ou à l'est. Grégoire rapporte la tradition — *ferunt etiam* — qui attribue à Eparchius (milieu du Ve siècle) la fondation d'un monastère *in arce cantobennici* [133] ; mais il précise qu'à son époque il n'y a plus qu'un oratoire, établi sûrement sur une hauteur, le Puy de Chanturgue (550 m) [134]. Au milieu du VIIe siècle, Praeiectus, avant d'être appelé à l'épiscopat sous le règne de Childéric II (663-675), assure la direction d'un monastère, *dignitatem geronticam Candidensis monasterii*. On a voulu y reconnaître *Cantobennum* et établir le monastère à plusieurs centaines de mètres à l'est du Puy, à Chantoin. Une communauté de femmes s'y était installé au Xe siècle, comme indique le *Libellus* [135]. Mais cette attestation tardive ne peut servir à l'identification de *Candidensis*, ni à établir à Chantoin une congrégation masculine dès le VIIe siècle.

Beaucoup plus près de la cité, à l'est, existe sûrement, depuis le milieu du VIe siècle, un oratoire placé sous la dédicace du diacre romain

129. E. EWIG, *op. cit.*, p. 303.
130. *Vita Boniti*, 33, p. 135 ; 41 et 42, p. 138-139. *Libellus*, 4, p. 458. Sur la localisation à l'extrême sud-est du faubourg, rue Sidoine Apollinaire, TARDIEU, *Hist.*, I, p. 303.
131. *Contra* DUCHESNE, *Fastes*, p. 36 (5) ; v. *Libellus*, 18, p. 462 ; v. SAVARON, *Origines*, p. 355.
132. SAINT-HILAIRE, *Libellus*, 12, p. 461 ; RAPHANEL dans *Bull. hist. et scient. de l'Auvergne*, 1921, p. 150. On connaît trois églises dédiées à saint Pierre, v. note 147. Un oratoire à saint Christophe, *Libellus*, 5, p. 458. V. *supra* note 98, sur l'*ecclesia s. Artemii*.
133. *Hist.*, 2, 21, p. 67.
134. Sur l'identification, après LONGNON, *Géographie*, p. 497, P.-Fr. FOURNIER, p. 322.
135. *Vita Praeiecti*, 10, éd. cit., p. 231 ; et la note de KRUSCH, *ibid.*, qui refuse d'identifier ce monastère avec celui du *Libellus*, 26, p. 463. La *Vita* de Genesius, évêque dans la 1re moitié du VIIe s., signale une congrégation féminine, mais ce texte (*Acta Sanct.*, *Jun*, I, 7, p. 354) n'a pas de valeur.

Laurent, Grégoire mentionne cette *basilica* où fut déposé son oncle Gallus [136]. Une vie tardive de saint Alyre localise exactement au XIIe siècle l'édifice *ad Portum* [137], dans cette zone qui était devenue, au Moyen âge, un marché. A l'époque de Grégoire, le corps saint attirait les pèlerins et les fidèles recherchèrent bientôt sa protection pour y établir leurs sépultures [138]. Un siècle plus tard, l'évêque Bonitus conduit une procession jusqu'à Saint-Laurent pour réclamer la pluie [139]. Mais au Xe siècle, le *Libellus* mentionne aussi une autre église, attestée pour la première fois en 959, une fondation nouvelle qui estompe dans le quartier du *Portus* le prestige de l'église paléochrétienne : Notre-Dame du Port [140].

A l'est, la communauté arverne dispose au moins depuis le VIIe siècle d'une autre église hors les murs. L'épitaphe de l'évêque Genesius actuellement perdue mais recopiée au XVIIe siècle par Savaron, l'assure : *Hanc, inquid, ede(m) in pro⟨p⟩ria praedia opere suo sublimavit* [141]. Le prélat avait édifié dans un de ses domaines un oratoire, où finalement son corps fut déposé. Or le *Libellus* du Xe siècle conserve la mémoire d'une *basilica sancti Simphoriani ubi requiescit sanctus Genesius*. Plus encore, la vie de saint Prix confirme le témoignage de l'inscription et celui du texte médiéval en citant l'oratoire de Saint-Symphorien [142]. Par conséquent, on peut supposer que Genesius avait fait placer les reliques du martyr d'Autun dans l'édifice où il devait reposer. Finalement, celui-ci prit le patronage de l'évêque, comme en témoigne

---

136. *VP*, 6, 7, p. 235 ; v. l'épitaphe composée par VÉNANCE FORTUNAT, *Carm.*, 4, 4, *MGH*, auct. ant., 4, 1, F. Leo, 1881, p. 81 (LE BLANT, *Inscript. chrét.*, 559) ; on ne sait rien sur sa fondation, malgré TARDIEU, *Hist.*, 1, p. 307, qui en attribue le mérite au *dux Victorius*, par un contre-sens sur *Hist.*, 2, 10. FOURNIER, p. 319 sq. ; M. VIEILLARD-TROIEKOUROFF, p. 98. On connaît des dédicaces à saint Laurent, à Tours et à Lyon (EWIG, *op. cit.*, p. 107) ; mais ces exemples ne suffisent pas à établir une datation.

137. *Vita*, composée par Winebrand au XIIe s., éd. B. DE GAIFFIER, *Anal. Boll.*, 86, 1968, p. 257. Il existe aujourd'hui encore une chapelle dont les éléments les plus anciens remontent à l'époque romane : TARDIEU, *Hist.*, p. 307.

138. LE BLANT, *Inscript. chrét.*, 561 = Diehl 2916, pour un diacre Remesto mort en 612 et *Nouv. Rec.*, 232 = Diehl 3218 pour le diacre Emellio, mort en 548 ou plutôt en 621. On ne sait s'il existait un cimetière avant le VIe s. ; FOURNIER, *Recherches*, p. 323 et aussi p. 411 (monnaies et sigillées du Ier s., Place Delille). D'autres sépultures d'après le *Libellus*, 3, p. 458.

139. *Vita Boniti*, 7, éd. citée, p. 122.

140. L'auteur d'une vie tardive d'Avitus, « postérieure à l'organisation du chapitre du Port » (FOURNIER, p. 327), prétend que N.-D. du Port est fondée au début du VIIe s. Mais ce témoignage n'a guère de valeur, pas plus qu'un *carmen*, cité par SAVARON, *Origines*, p. 344. Sur l'acte de 959, TARDIEU, *Hist.*, 2, p. 316 et FOURNIER, p. 328 (1) ; celui-ci précède de peu le *Libellus*, 2, p. 457, indiquant qu'Avitus est déposé dans l'église. Ce serait le seul argument pour donner une origine plus ancienne à N.-D. du Port.

141. Éditée par B. Krusch, dans l'introduction à la *Vita Praeiecti*, 5, p. 213 ; v. FOURNIER, *Recherches*, p. 320. La copie de l'épitaphe par Savaron (p. 147) n'est pas toujours heureuse, mais le formulaire, les vulgarismes donnent une indiscutable impression d'authenticité.

142. *Vita s. Praeiecti*, 36, p. 245 ; le *Libellus*, 25, p. 463 ; Genesius, v. DUCHESNE, *Fastes*, p. 37.

l'actuel Saint-Genès [143]. Au total, on ne compte guère, avant l'époque carolingienne, que trois oratoires, dont deux remontent au vie siècle, sûrement attestés à l'est de la ville.

Les régions occidentales paraissent mieux pourvues. Mais il faut distinguer : Grégoire mentionne deux *basilicae* situées non loin des murs, auxquels s'ajoute, selon un témoin du viie siècle, un troisième édifice. Sinon, les fondations de Chamalières ou de Royat, trois monastères, s'établissent moins immédiatement dans la mouvance de la ville. L'historien des Francs mentionne la *basilica beati Petri* et la *basilica beati Andreae* à l'occasion d'une grande épidémie de peste survenue sous l'épiscopat de Cautinus (mort en 571). A Saint-André, un prodige annonce la catastrophe : une alouette pénètre dans l'édifice et éteint de ses ailes toutes les lampes. Le *Libellus* du xe siècle connaît toujours un édifice sous la dédicace de l'apôtre [144], qu'elle nomme au dernier rang des trente-quatre églises dépendantes de l'évêque, en mentionnant un seul corps saint, celui de Tigridius. Un hagiographe, bien plus tard [145], fait de cet inconnu le frère d'Illidius. La place qu'occupe cette *basilica* dans l'énumération indique peut-être qu'il s'agit d'un oratoire médiocre, pourvu d'un seul autel et pauvre en reliques. La permanence d'une église Saint-André, tenue au xiie siècle par des Prémontrés, permet sans doute de placer l'édifice paléochrétien à moins d'un kilomètre de la cathédrale, sur la route de Clermont à Chamalières, dans une zone abandonnée depuis le ive siècle [146].

Il est beaucoup plus difficile de fixer l'emplacement de la *basilica beati Petri* ; elle avait peut-être une affectation funéraire, puisque Grégoire explique qu'on y compte 310 cadavres pendant l'épidémie. Le *Libellus* des églises arvernes énumère deux églises portant le titre de l'apôtre : l'une compte un seul autel et elle se place peut-être, dans l'énumération des édifices établis, dans le faubourg de Saint-Alyre ; l'autre [147] précède la mention d'un oratoire situé hors les murs, à l'ouest

143. Sur les traces d'une occupation à l'époque romaine, FOURNIER, *Recherches*, *loc. cit.* ; et pour une zone plus à l'est, p. 94, p. 414 sq. Saint-Genès : voir SAVARON, p. 358 ; TARDIEU, *Hist.*, p. 308. AUDOLLENT *op. cit.*, p. 45, note, au nord de l'actuel Saint-Genès, des restes notables de constructions antiques.
144. *Hist.*, 4, 31, p. 165 ; *Libellus*, 34, p. 460 (3 autels et 9 corps saints) ; M. VIEILLARD-TROÏEKOUROFF, p. 94.
145. J. VAN DER STRAETEN, *Anal. Boll.*, 82, 1964, p. 386.
146. Actuellement disparue, à l'emplacement du groupe scolaire Amédée-Gasquet : FOURNIER, *Recherches*, p. 46. Sur les récentes découvertes d'époque romaine, *ibid.*, p. 74, p. 231 : traces d'un habitat pauvre, au sud de l'ancienne abbaye, du ier au iiie s. ; v. aussi, p. 83. Un cimetière médiéval est déjà signalé par AUDOLLENT, p. 27, au Bois de Cros ; FOURNIER, p. 74, p. 359 ; le même savant souligne que la zone paraît, pour un temps abandonnée, après le ive s. : *id.*, p. 83, p. 357. On ne peut guère tirer argument, pour l'édifice ancien, de la découverte de deux tambours de colonnes mérovingiens, dans une salle romane de l'ancienne abbaye (L. BRÉHIER, *Bull. hist. et scient. de l'Auvergne*, 65, 1945, p. 207). Sur l'abbaye, LONGNON, *Géogr.*, p. 483. On doit peut-être rattacher à Saint-André, Saint-Rémi, cité dans le *Libellus*, 35.
147. Sans compter l'église plus tardive in *Castel*, *Libellus*, no 20, p. 462. La première suit Saint-Maurice et Saint-Christophe, précède le baptistère et Saint-

de la cité (Saint-Adiutor). Ce n'est qu'un indice très fragile pour accepter provisoirement l'identification traditionnelle qui fixe l'édifice antique au nord-ouest du rempart, près de la place Saint-Pierre, jadis occupée par une église paroissiale détruite sous la Révolution. Des fouilles récemment conduites par P.-Fr. Fournier n'apportent malheureusement aucune confirmation [148].

Si l'on admet que l'église médiévale Saint-Adiudou a pris la suite d'un édifice paléochrétien placé sous la même dédicace, il faut situer dans cette zone occidentale l'*ecclesia sancti Adiutoris* que signalent au VIIe siècle la vie de saint Prix, et au Xe, le *Libellus*, citant un seul autel [149]. Resterait à identifier le saint patron de cet édifice : le Martyrologe hiéronymien nomme seulement un obscur Adiutor perdu dans une liste africaine [150].

Plus éloignés de la ville s'établissent les monastères : le plus ancien est celui de Martius, un chrétien arverne. Il avait quitté la ville, raconte Grégoire, et il vécut d'abord comme un ermite. Puis à la fin du Ve siècle ou au début du VIe, il réunit des moines, organisa un monastère avec un *praepositus*, et, y fonda un oratoire où il fut déposé [151]. L'église existait encore au Xe siècle et un toponyme, entre Chamalières et Royat, conserve le souvenir de ce premier monastère [152]. Plus d'un siècle plus tard, au milieu du VIIe siècle, l'évêque Praeiectus (Prix) installe avec le soutien du comte Genesius une communauté de vierges à Chamalières : il leur donne une abbesse et des règles, tirées de Benoît, de Césaire d'Arles et de Colomban [153]. Le même prélat utilise le petit domaine d'une Cesaria pour établir, peut-être à Royat [154], une seconde communauté féminine. Ce sont sans doute les oratoires de ces deux établissements que la liste des églises arvernes place au nombre de celles qui ne dépendent plus de l'évêque.

Le sud n'est guère occupé : car la chronologie de l'*ecclesia Saturnini*,

---

Antolien : *ibidem*, 6, p. 458. La seconde, *Libellus*, 17, p. 462. FOURNIER, p. 321 ; M. VIEILLARD-TROÏEKOUROFF, p. 99.

148. *Recherches*, p. 195-215, où l'auteur note l'absence de matériel, dans la couche qui sépare le niveau gallo-romain et le cimetière médiéval. V. cependant LONGNON, *Géographie*, p. 487.

149. *Vita Praeiecti*, 11, éd. cit., p. 232. *Libellus*, 16, p. 462. TARDIEU, *Hist.*, I, p. 304 ; FOURNIER, *Recherches*, p. 236 et p. 530 : constat de nos ignorances sur l'époque romaine.

150. *Martyrologe*, éd. cit., p. 650 (17 déc.), p. 651 (19) et aussi au 2 juin (p. 202). S'il s'agit effectivement de cet Africain, on peut imaginer que ses reliques ont été apportées par l'évêque Quintianus, *Afer natione* (*VP*, 4, 1, p. 224), qui siège au début du VIe s. L'hypothèse est bien fragile.

151. *VP*, 14, 1-2, p. 268 sq. ; Florentius, le père de Grégoire, encore *puer*, lui est présenté, et l'ascète meurt à 90 ans : *id.*, 3, p. 270. Florentius a vécu dans la première moitié du VIe s. : STROHEKER, p. 176.

152. *Libellus*, 50, p. 466. LONGNON, *Géographie*, p. 511 ; FOURNIER, p. 324. Prinz ne le connaît pas, semble-t-il.

153. *Vita Praeiecti*, 15, p. 235 ; PRINZ, *op. cit.*, p. 81 (202) ; *Libellus*, 36-40, p. 465.

154. *Ibid.*, 16, p. 235 : *in suburbano urbis* ; c'est TARDIEU, *Hist.*, I, p. 182, qui propose Royat, à cause des nombreux oratoires qui y sont mentionnés : *Libellus*, 43, 45, 46, 47, 48, 49, p. 467.

où repose Sidoine, selon le catalogue du xe siècle, n'est pas assurée [155]. Le corps saint a pu être transféré dans un oratoire fondé tardivement sous le patronage de l'évêque de Toulouse. L'Amandinus qui repose avec l'évêque est tout à fait inconnu à haute époque et l'église de Saint-Amandin, anciennement Saint-Saturnin, a disparu au xvie siècle. Son souvenir s'est conservé dans la toponymie locale au sud de Rabanesse, à 1,5 km de la cathédrale [156]. Praeiectus, assure la vie du saint, établit un *xenodochium qui in loco Columbarius dicitur*, qu'il faut peut-être identifier au *monasterium columbariense* cité dans le document du xe siècle. Le premier historien de Clermont, Savaron, relève un lieu dit « Champ Columb », *in campania columbariensi*. C'est le seul indice, bien fragile, qui peut permettre de localiser cette fondation de l'évêque à Rabanesse. Tous ces témoignages paraissent trop ambigus pour fournir une conclusion sûre.

Cette enquête sur la topographie du *suburbium* arverne suggère quelques conclusions, résumées dans un tableau (v. ci-contre).

1) Grégoire ne nous fait point connaître dans la périphérie de la cité un édifice qui ait pu accueillir l'*ecclesia*.

2) Le rythme des constructions chrétiennes s'accélère dès le milieu du ve siècle : sept à huit établissements à la fin du siècle ; près de douze au début du viie siècle ; dix-sept à la fin de l'époque mérovingienne.

3) Une zone bénéficie particulièrement de cette conquête monumentale : le *vicus christianorum* où se regroupent, depuis la fin du ive siècle (et seulement depuis cette époque tardive), six *basilicae* (comme les nomme Grégoire), un monastère et un baptistère.

*

Mais la chronologie des fondations dans le faubourg de Saint-Alyre, la fonction des édifices qui s'y établissent, les patronages qui les protègent, celui des évêques, celui des saints étrangers et finalement celui des martyrs locaux, tous ces indices suggèrent que ce « quartier chrétien » s'est progressivement constitué depuis la fin du ive siècle. Cette évolution éclaire, avec la naissance d'une nouvelle topographie sainte, l'évolution des mentalités, la manière dont une communauté se représente son passé chrétien et en quelque sorte le monumentalise. Grégoire, attaché par les souvenirs de sa jeunesse, s'inquiète de réunir et de commenter toutes les informations qui serviraient, avec l'exemple de la cité arverne, un dessein plus large, celui de célébrer les progrès et la gloire de la mission chrétienne en Gaule.

Or Grégoire et ses contemporains doivent renoncer à écrire une

---

155. *Libellus*, 22, p. 462. Savaron, *Origines*, p. 357, notant que Sidoine a été transféré à Saint-Genès. On a retrouvé le cimetière médiéval, Fournier, *Recherches*, p. 338. Sur Rabanesse, nom d'une villa attestée au xie s., *ibid.*, p. 479. Dans le même secteur, attesté par le *Libellus*, 23, p. 463, une *ecclesia sancti Iacobi*, une *ecclesia s. Praeiecti*, 24.

156. *Vita Praeiecti*, 16, p. 235 ; *Libellus*, 30, p. 465. Savaron, *Origines*, p. 365.

	Vicus christianorum	Est	Ouest	Sud
fin IVe/Ve s.	1) Memoria d'Illidius (crypta) 2) Memoria de Venerandus	crypte d'Urbicus ?		Basilica Saturnini ? (Sidoine)
milieu Ve s.	3) Basilica Stephani 4) Basilica Ciryci	1) Oratorium (Chanturgue)	1) Monasterium S. Marti (St-Mart)	
milieu VIe s.	6) Basilica Cassi ?	2) Basilica Laurenti	2) Basilica Petri 3) Basilica Andreae	
fin VIe/VIIe s.	7) Baptistère 1) Basilica Illidii (Avitus)			
milieu VIIe s.	8) Basilica S. Mauriti (S. Bonitus)	3) Basilica Simphoriani	4) Basilica Adiutoris 5) Monasteria de Chamalières et de Royat	1) Xenodochium

histoire détaillée des origines chrétiennes en pays arverne. Stremonius, celui qui passe pour le premier évêque [157], a été déposé loin de sa cité, dans le *vicus* d'Issoire, à 40 km au sud de Clermont ; et même, les fidèles ignorent l'emplacement de sa tombe jusqu'au milieu du VIe siècle ; Cautinus, futur évêque de la cité, reçoit une révélation miraculeuse qui permet l'invention. De cette tradition toute récente, Grégoire ne peut faire grand usage [158]. Pour une période qui court du milieu du IIIe siècle, le temps de Stremonius, à la fin du IVe, époque où est sûrement attesté un premier évêque Illidius, l'historien ne cite que deux noms : d'abord celui d'Urbicus [159], dont il localise approximativement la tombe, après lui avoir consacré un récit édifiant, émaillé d'anachronismes. Quant à Legonus [160], ce n'est qu'un nom dépourvu d'histoire. Après Grégoire, les exigences de la piété locale n'acceptent plus ce silence : au VIIe siècle, l'évêque Praeiectus [161] s'inquiète déjà de satisfaire les pieuses curiosités.

Les premières cryptes funéraires connues et aménagées pour le pèlerinage sont celles d'Illidius et de Venerandus. C'est avec eux — et sur ce point Grégoire reflète et commente une tradition locale — que commence véritablement l'histoire sainte des Arvernes. Avec le premier surtout, que l'historien présente comme le fondateur : il emprunte pour son éloge la formule biblique accordée par la Genèse au patriarche, *vir senex et plenus dierum*. Il le range au deuxième rang parmi les Pères gaulois dont il compose la vie. La célébration de l'évêque, le rappel des miracles accomplis sur sa tombe, l'évocation de sa renommée dans les cités gauloises, tous ces traits composent une image du saint. Le biographe rappelle que l'évêque a réalisé un miracle de son vivant en guérissant la fille de l'empereur. Grégoire explique qu'il faut compter Illidius parmi les confesseurs. « Ce sont ceux que la persécution n'a point jetés dans le martyre, mais qui sont devenus leurs propres persécuteurs » [162]. L'historien compose cet éloge dans l'élan d'une piété personnelle pour un saint qui lui a accordé la grâce de la guérison [163] ; mais il répond aussi à la demande explicite de l'évêque

---

157. Sur le nom, FOURNIER, p. 341 : radical *Strem* attesté à l'époque gallo-romaine.

158. *Hist.*, 1, 30, p. 23 ; v. aussi *ibid.*, 44, p. 28 et sur l'intervention de Cautinus, *VP*, 36, p. 316. Dans la chronologie de Grégoire, Stremonius est le contemporain de Saturnin de Toulouse : F. D. GILLIARD, « The Apostolocity of Gallic Church », dans *Harvard Theol. Rev.*, 68, 1975, p. 17-33.

159. V. *supra*, Urbicus est dédicataire d'un autel, au Xe s. ; P. VIARD, *Bibliotheca Sanctorum*, 12, p. 850.

160. Une fois cité, *Hist.*, 1, 44, p. 29.

161. *Vita Praeiecti*, 9, p. 231. Sur les élaborations plus tardives, S.-M. MOSNIER, *Les Saints d'Auvergne*, Paris, 1900, II, p. 516-527 ; P. VIARD, *Bibliotheca Sanctorum*, 2, p. 631.

162. *VP*, 2, p. 218-222. Sur la définition du *confessor*, prolog., p. 218 ; sur le miracle de la fille de Maxime, 1, p. 219 et *Hist.*, 1, 45, p. 29 ; on inventa l'épitaphe de cette dernière, plus tard ; SAVARON, *Origines*, p. 15 et p. 350 ; RUINART, *PL*, 71, 854. Sur les vies de saint Alyre, outre B. de GAIFFIER (*Anal. Boll.*, 86, 1968, p. 263), v. *BHL* 4264. On a inventé aussi un Corvus, père du saint (inscriptions citées *supra*), et un frère Tigridius (v. note 145).

163. *VP*, 2, 2 et 3 : il a des reliques du saint à Tours.

arverne, Avitus. Ainsi Grégoire cristallise une tradition qui donne au confesseur la place que le martyr tient dans la piété et la liturgie romaines. Dans le cas des autres évêques, Grégoire utilise un mode mineur. Il cite pour Vénérand le jugement d'un contemporain, Paulin de Nole ; puis, il évoque la désignation providentielle de Rusticus, au cours d'un conflit où une femme du peuple exprime le choix de Dieu et il compose, dans l'*Histoire*, un développement élogieux sur Sidoine [164]. Mais dès le ve siècle, dès l'époque de Rusticus plus exactement, la communauté arverne a organisé la célébration des dépositions épiscopales ; en effet, le Martyrologe hiéronymien retient l'anniversaire de Rusticus, celui de Sidoine au 26 septembre, d'Aprunculus au 21 avril, d'Euphrasius au 14 juin, d'Apollinaris, d'Avitus [165]. La concentration des sépultures épiscopales facilite encore l'hommage de la piété locale : à l'exception de Sidoine et de Rusticus, tous les évêques, d'Illidius à Quintianus, reposent au nord de la cité dans le cimetière qu'illustrent Illidius et Venerandus ; et, après une interruption, l'habitude est reprise au viiie siècle pour Gallus II, pour l'obscur Felix, pour le second Avitus. La célébration des premiers évêques et surtout du confesseur tient une place majeure : à la fin du vi^e siècle encore, Avitus réclame à Grégoire la vie du saint pour lequel il fait construire une basilique. Cette attitude de la piété n'est pas en Gaule un phénomène insolite ; mais dans le cas de Clermont, elle a contribué à la naissance du *vicus christianorum*.

Les évêques ne tiennent pas totalement la place du martyr, dont les cités d'Occident (Rome surtout) ont organisé la célébration. La cité arverne importe donc des saints étrangers ; d'Italie, Agricola et Vitalis pour l'*ecclesia*, et aussi Pierre et Laurent, arrivés plus tard, au vi^e siècle sans doute. L'Orient accorde Étienne et Cirycus dès le milieu du ve siècle, puis André (à moins que ses *pignora* n'aient transité d'abord par Rome). Les reliques gauloises sont attestées à une époque plus tardive, Symphorien d'Autun et Maurice d'Agaune, auxquels il faut peut-être ajouter Saturnin de Toulouse [166]. Ce patrimoine s'accroît considérablement après le vi^e siècle, à en juger par la liste des autels énumérés dans le *Libellus* du xe siècle. Notons d'abord que ces *pignora*, à l'exception des reliques de Pierre (sûrement des *brandea* symboliques) n'ont pas été fragmentés. Au xe siècle, les églises ou les nouveaux autels de Clermont ont reçu d'autres reliques venues de l'Orient ; de Rome arrivent les reliques des vierges romaines pour les monastères féminins ; mais surtout, le patrimoine gaulois (Hilaire, Martin) s'est

---

164. *Hist.*, 1, 46, p. 30 ; 2, 13, p. 62 sq. ; 22, p. 67 sq.

165. *Martyr.*, p. 526, 48 (Rusticus) ; SIDOINE, p. 527 ; APRUNCULUS, p. 201 ; Euphrasius peut-être le 14 janvier, p. 41 ; APOLLINAIRE, p. 528 ; Avitus, 21 janvier, p. 54. Grégoire a composé l'éloge de Quintianus et de Gallus, *VP*, 4 et 6, p. 223 sq. et p. 229.

166. Est-ce dans la cité arverne que Grégoire a obtenu les reliques de Saturnin, qu'il joint dans un oratoire tourangeau à celles d'Illidius ? (*GC*, 20, p. 209). Sur Adiutor, peut-être africain, v. *supra* note 150.

considérablement enrichi et il peuple toute la périphérie arverne. Ce n'est pas encore le cas dans le siècle qui précède Grégoire : du milieu du Ve siècle — premières attestations sûres — au milieu du VIe, l'arrivée des reliques étrangères a permis surtout de consacrer des oratoires dans des zones extérieures au *vicus*, à l'ouest avec les *pignora* d'André ou de Pierre, à l'est avec ceux de Laurent. Le faubourg Saint-Alyre reçoit Étienne et Cirycus.

La célébration des martyrs locaux n'apparaît que dans un troisième et dernier temps, comme l'atteste la chronologie de leurs *martyria*. Grégoire compte quatre martyrs arvernes ; mais on peut négliger Victorinus, dont l'historien ne parle qu'une seule fois, et aussi Liminius : notre témoin explique qu'au VIe siècle il ne reçoit aucun culte [167]. De toutes manières il est bien avare de détails pour Antolianus et pour Cassius : il se contente de placer leur martyre avant la persécution de Dioclétien. Le culte des deux saints ne s'impose pas avec beaucoup d'autorité en Gaule puisque, semble-t-il, le Martyrologe ne nomme pas le Cassius arverne et réserve peut-être le même sort à Antolianus [168]. Car la communauté arverne paraît bien dépourvue en ce qui les concerne : Praeiectus, au VIIe siècle, entreprend de composer leur histoire [169]. Son livre, malheureusement perdu, ne paraît pas avoir établi solidement le prestige d'Antolianus. Ce dernier a cessé d'être le dédicataire d'une église au Xe siècle ; et Cassius subit finalement le même sort en s'effaçant devant sainte George. Tout indique, en somme, que les martyrs locaux jouent un rôle tardif et plutôt effacé dans la piété arverne.

Grégoire, si attentif à relever les signes, les *miracula* des martyrs et des confesseurs, n'en attribue qu'un seul à Antolien : le saint proteste dans une vision contre les troubles apportés à ses compagnons de sépulture par la fondation de sa basilique [170]. Auprès des tombes d'évêques, celles d'Illidius, celle de Venerandus, celle de Nepotianus à Saint-Étienne, auprès de sépultures saintes, celle d'Abraham ou celle d'Alexandre : toutes les thérapeutiques miraculeuses se placent dans le faubourg Saint-Alyre. Grégoire ne cite qu'un autre lieu saint pour les guérisons, près de la tombe de Gallus à Saint-Laurent ; il dessine ainsi clairement la géographie du pèlerinage arverne [171].

167. *Hist.*, 1, 35, p. 25 ; *GC*, 35, p. 320.
168. Cassius, sans identification, au 30 avril, au 6 mai, au 1er juin et au 20 juillet (p. 219 ; p. 235 ; p. 286 ; p. 386) ; les livres liturgiques locaux lui donnent le 15 mai : R. VAN DOREN, *DHEG*, p. 1048 ; P. VILLETTE, *Biblioth. Sanctorum*, 3, p. 923. A deux reprises, le 6 mars (p. 130) et le 18 mai (p. 259), on trouve Cassius associé avec un Victor ; je n'ose dire que c'est le Victorinus cité par Grégoire. Pour Antolien ; *alibi Antholiani* dit le hiéronymien (p. 79) ; H. Delehaye rappelle, en note, les doutes de L. Duchesne, « l'absence étonnante de toute rubrique géographique quand il s'agit d'un saint de Gaule ». *Contra*, B. KRUSCH, *MGH*, V, p. 230 (3).
169. *Vita Praeiecti*, 9, éd. cit., p. 230 : *Cassii, Victorini et Antuliani, vel ceterorum suorum sodalium, libellum edidit.*
170. *GM*, 64, p. 81.
171. *GC*, 31, p. 317 ; *VP*, 2, 2 ; 3 ; 5 ; *GC*, 37, p. 321 ; *VP*, 4, 5, p. 227 ; *VP*, 3, 1, p. 222 ; *GC*, 36, p. 321 ; *VP*, 6, 7, p. 236 sq.

On ne saurait dire si cette popularité déborde au-delà d'un horizon régional. En tout cas, l'Église organise la pastorale du pèlerinage ; elle assure la présence des clercs auprès des lieux saints [172]. Mais surtout, comme les grandes cités en avaient déjà donné l'exemple (Rome dès le ive siècle), l'évêque organise un système de processions, assurant l'unité de l'espace chrétien, de la ville à ses faubourgs. Dès le milieu du ve siècle, Sidoine célèbre une fête à la *basilica Ciryci* ; déjà, son prédécesseur avait pris l'habitude de se retirer à Chanturgue pendant le carême, mais c'était une retraite privée [173]. Cependant, dès le vie siècle [174] — à l'époque de Grégoire —, l'évêque se déplace au jour de Pâques et à la Pentecôte [175], *de ecclesia ad basilicam psallendo*, de l'église à l'une des basiliques du *vicus christianorum* et au baptistère. Cet édifice spécialisé a été situé — comme le pape romain l'a fait à Saint-Pierre — là où le pèlerinage [176] et la procession réunissent le peuple avec son évêque.

La géographie chrétienne s'organise autour de deux pôles : l'*ecclesia*, qui est depuis le milieu du ve siècle un édifice assez prestigieux pour effacer la mémoire d'un premier établissement urbain ; et aussi sur un *vicus christianorum* que Grégoire imagine peut-être comme le premier quartier des chrétiens au temps des persécutions ; l'analyse de la topographie explique cette méprise. En fait, le regroupement d'édifices religieux dans une zone cémétériale crée un ensemble d'un type nouveau. Car cette zone proche du castrum est peuplée de basiliques au vie siècle, mais celles-ci ont surgi tardivement, et le culte des martyrs locaux n'y a joué qu'un rôle secondaire. On le voit, à notre connaissance, la conquête de l'espace par l'Église commence à une assez basse époque et Grégoire de Tours ne peut guère nous servir pour fixer le site de la première église, qu'il n'y a aucune raison de placer dans la périphérie. L'exemple de la cité arverne illustre comment les chrétiens ont occupé au ve siècle l'espace de la ville et celui de sa périphérie ; comment aussi ce nouveau paysage leur a suggéré d'imaginer les temps obscurs de leurs origines.

Ch. PIETRI.

172. V. *supra*, le monastère d'Abraham, l'*abbas* de Saint-Alyre et aussi, pour l'organisation des vigiles, *Vita Praeiecti*, 17, p. 236.
173. *Hist.*, 2, 22 et 21, p. 67.
174. Organisation, sous Quintianus, des processions à Saint-Julien de Brioude, *Hist.*, 4, 5 et 13, p. 138 et p. 144. Noter aussi les processions à Saint-Laurent à l'époque de Bonitus, v. *supra* note 139.
175. V. note 127.
176. Comme le note P.-A. FÉVRIER, « Baptistère et Ville », *Bulletin du Musée de Belgrade*, 1975, p. 211-220.

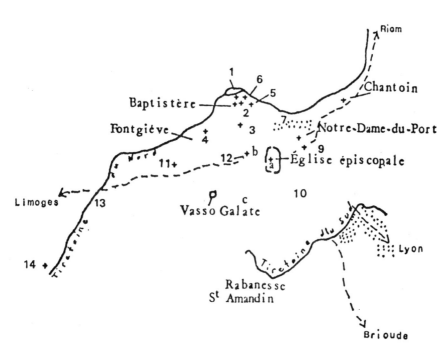

1. B. Illidii
2. B. Venerandi
3. B. Stephani
4. B. Ciryci
5. B. Antoliani
6. B. Cassi
7. B. Mauritii

8. Chanturgue
9. B. Laurenti
10. B. Symphoriani
11. B. Andreae
12. B. Petri
13. Chamalières

a. Place des Victoires
b. Rue des Gras
c. Place de Jaude

Tracé du rempart
d'après Fournier

REMARQUES SUR LA TOPOGRAPHIE CHRÉTIENNE DES CITÉS DE LA GAULE ENTRE LOIRE ET RHIN

(des origines au VIIe siècle)

Ces quelques remarques ne prétendent qu'esquisser un bilan provisoire : elles s'appuient sur les premiers résultats d'une enquête qui souhaite préciser la *Topographie chrétienne des cités de Gaule, des origines à la fin du VIIe s.*, pour reconnaître au mieux possible l'établissement chrétien dans l'espace urbain. On excusera le prématuré de la synthèse en avançant que les recherches utilisées par cette esquisse touchent à quelques-unes des principales cités épiscopales établies entre Loire et Rhin. L' « échantillon » est appréciable : Mayence, Trèves et Metz, Amiens et Reims avec Noyon et Senlis, Autun et Auxerre, Tours et Le Mans, sans oublier dans ce catalogue une incursion vers des horizons plus méridionaux, avec Vienne. Toutes ces villes ont fait l'objet de notices, composées suivant un schéma uniforme, et réunies dans un recueil provisoire publié d'autre part [1]. En renvoyant une fois pour toutes à ces monographies, l'auteur de cette esquisse doit avouer tout ce qu'il doit à ces analyses particulières et aussi, avec tout le groupe de cette recherche [2], aux échanges précieux qui mûrirent ces conclusions : il espère ne pas y avoir ajouté trop de sa propre maladresse.

Au reste, cette enquête s'engage dans un domaine déjà défriché par les travaux de Jean Hubert et plus récemment par ceux de Paul-Albert Février [3]. Mais il n'est peut-être pas inutile de rassembler quelques

1. *La topographie chrétienne des cités de Gaule, des origines à la fin du VIIe s.* Publications du Centre de recherches sur l'Antiquité tardive et le Haut Moyen âge (Université de Paris X — Nanterre), qui en assure la distribution ; en collaboration avec le Groupe de recherches sur le Christianisme (Université de Paris XII) et le Centre de recherches antiques A. Merlin (Musée du Louvre) : cité, *Notices.*
2. Celle-ci a été menée dans la plupart des cas en parallèle avec la préparation du *Recueil des Inscriptions chrétiennes de la Gaule* dirigé par H. I. MARROU (Premier volume paru : N. GAUTHIER, *Première Belgique*, éditions du C.N.R.S., Paris, 1975). Qu'on me permette de renvoyer au fascicule cité *supra* et à sa préface, qui précise les intentions d'une entreprise amorcée. Y ont participé, au premier rang, N. DUVAL, dans une large mesure l'*auctor* d'une entreprise qui a engagé en ce premier temps, J. BIARNE (Notice du Mans), F. DESCOMBES (Vienne), Y. DUVAL, N. GAUTHIER (Mayence, Metz, Trèves), J. Ch. PICARD (Auxerre, Noyon, Senlis), L. PIETRI (Amiens, Nantes, Reims, Tours), Ch. PIETRI (Autun).
3. Rappelons pour jalonner les étapes de cette recherche, R. VIELLIARD, « Les

conclusions déjà connues des savants, quand une première synthèse
paraît contredire l'image traditionnellement brossée par les historiens de la *Gallia Christiana* pour décrire la christianisation du paysage
urbain. Ainsi, dans une étude au demeurant riche et utile, Mgr E. Griffe
croit « vraisemblable que le plus souvent les premiers lieux de culte
se fixèrent à la périphérie de la ville antique ; c'est là, ajoute-t-il,
que nous trouvons plus tard le cimetière chrétien avec une ou plusieurs basiliques cémétériales » [4]. Le savant français illustre l'hypothèse avec le secours des textes ; il invoque le témoignage de Grégoire
de Tours signalant près de Clermont un *vicus christianorum*. Dans un
quartier suburbain, antérieur, croit-on, à la paix constantinienne, la
communauté fidèle aurait établi avec le cimetière le premier centre
chrétien. L'argumentation avance aussi l'exemple de Tours, dont on
analysera plus loin la topographie : « C'est à la périphérie de la ville
ancienne et dans le voisinage du cimetière chrétien que Lidoire (Litorius) avait installé la première église ... » [5]. Ainsi, les premiers missionnaires, avant la paix constantinienne et même, pendant les premières
décennies du IVe s., les pasteurs de communautés plus solidement
organisées auraient établi les lieux des réunions liturgiques sinon dans
les cimetières, sûrement dans la périphérie assez lointaine de la cité.
Mais l'exemple des grandes Églises d'Orient, Alexandrie ou Antioche,
celui de Rome dont nous connaissons mieux la géographie chrétienne,
affaiblit la vraisemblance de cette hypothèse. Certes dans le cas de
Rome, la distribution des *domus ecclesiae*, ces demeures qui réunissent
aux premiers siècles les fidèles pour la synaxe, n'est pas exactement
relevée. La critique des archéologues et des historiens a ruiné l'hypothèse de J. P. Kirsch imaginant une continuité d'occupation depuis
ces *domus*, les maisons urbaines utilisées au IIIe s., jusqu'aux églises
titulaires du IVe s., édifices spécialisés pour la liturgie dont les vestiges
sont sûrement identifiés. N'importe, une certitude s'impose : la liturgie de l'évêque et de son *presbyterium* n'utilisait pas à l'origine pour

églises du Haut Moyen âge en Gaule », *IVe Congrès d'Archéologie chrétienne (1938)*,
Rome, 1948, p. 272-279. J. Hubert, « L'Archéologie chrétienne en France depuis
1939 », *Ve Congrès d'Archéologie chrétienne (1954)*, Rome, 1957, p. 97-109. P. A.
Février, « L'Archéologie chrétienne en France », *VIe Congrès d'Arch. chrét. (1962)*,
Rome, 1965, p. 56-82. P. A. Février et N. Duval, « Les monuments chrétiens de la
Gaule transalpine », *VIIIe Congrès (1969)*, 1972, p. 56-106. De même, dans les
publications des *Settimane di Studio del Centro Italiano di Studi sull' alto medioevo* :
J. Hubert, « L'Évolution de la topographie et de l'aspect des villes des Gaules du
VIe au Xe s. », 6, 1959, p. 521-577. P. A. Février, « Permanences et héritages de
l'Antiquité dans la topographie des villes de l'Occident durant le Haut Moyen âge »,
21, 1974, p. 42-138.
    4. *La Gaule chrétienne à l'époque romaine, III. La Cité chrétienne*, Paris, 1965,
p. 13. La démonstration ne s'appuie pas sur l'archéologie, car l'auteur reconnaît
volontiers qu'il serait téméraire de supposer que « quelques-unes de ces basiliques
cémétériales », actuellement identifiées, « représentent l'ancien lieu de réunion ».
    5. E. Griffe, *op. cit.*, p. 14 et 15 ; l'auteur de la *Gaule* avance l'hypothèse en
l'entourant de nuances prudentes, mais A. Lombard-Jourdan, *Protohistoire urbaine
en France, Annales*, 25, 1970, p. 1121-1142, spéc., p. 1124 généralise plus systématiquement.

les réunions régulières et dominicales des édifices établis en périphérie dans les zones cémétériales [6].

On objectera, bien entendu, tout ce qu'il y a d'exceptionnel dans la conversion de la capitale. Dans les cités souvent médiocres de la Gaule, les chrétiens ont pu conquérir l'espace urbain à leur manière propre qui n'était pas celle de l'*Urbs*. Au reste, Mgr Griffe associe cette progression des établissements liturgiques, du *suburbium* vers le centre, à une évolution générale de la ville : la chrétienté suit le mouvement, lorsqu'au IVe s. la cité se replie vers le *castrum*, abandonnant les espaces ouverts aux dangers, *extra moenia* [7]. Mais malgré toutes les précautions, cette hypothèse suggère pour les origines gauloises l'image particulière d'une organisation liturgique associée à un contexte funéraire, au moins par le voisinage aux cimetières et peut-être plus intimement rattachée à ceux-ci avec le culte des martyrs. On risque ainsi de se représenter que le culte chrétien s'installait originellement dans les villes de Gaule, un peu comme une littérature pieuse et romanesque l'imaginait autrefois pour la Rome ancienne, établi dans les replis humides des catacombes. En réalité, comme le suggère l'exemple de Rome, il paraît nécessaire pour l'enquête d'identifier autant qu'il est possible, les édifices selon leur affectation liturgique et de reconnaître en premier lieu ceux qui s'établissent pour les réunions régulières de la synaxe.

*
* *

Avec les cités étudiées dans cette première enquête, l'hypothèse d'un transfert du centre liturgique jusqu'au centre de la cité ne trouve guère d'argument. Au contraire, les quelques indications que laissent échapper les textes et, parfois, l'archéologie suggèrent qu'il faut privilégier la christianisation de la topographie urbaine sans chercher à reconstituer d'après un schéma préconçu ce qu'aurait pu être à l'origine un établissement chrétien, pour lequel manquent à l'évidence les témoignages contemporains. Ainsi, l'histoire de Tours paraît exemplaire. Mgr E. Griffe qui relève légitimement l'intervention de l'évêque Litorius (337/8-370) pour l'édification d'une première église dans le *castrum*, et aussi sa responsabilité dans la fondation d'une basilique suburbaine, propose une chronologie fidèle au schéma traditionnel : ce second édifice, placé à « douze cents mètres, à l'ouest du rempart »

---

6. Comme le montre J. Dubois, « Les premiers sanctuaires de Paris », *Journal des Savants*, 1968, p. 5-44. Pour Rome, J. P. Kirsch, *Die Römischen Titelkirchen im Altertum*, Paderborn, 1918, une étude pour laquelle j'ai proposé des retouches, *Roma Christiana*, Bibl. Ecol. Fr. Rome, 223, 1976.

7. En tout cas, l'hypothèse risque de restreindre la vie urbaine au *castrum* dès le IVe s. On se reportera sur l'évolution des villes au Bas-Empire aux remarques de P. A. Février (Spolète, *cité*) et au recueil, édité par H. Jankuhn, W. Schlesinger, H. Steuer, *Vor- und Frühformen der europäischen Stadt im Mittelalter*, *Abh. Göttingen*, 2 vol., 1973 : spéc. F. Vittinghoff, p. 92-101.

aurait accueilli dans un premier temps la liturgie épiscopale, qui se
serait transportée *intra muros* dans l'établissement urbain construit
quelques années seulement avant 371, la mort du fondateur [8]. L'argumentation s'appuie sur le témoignage de Grégoire de Tours, qui rappelle
au dernier livre de l'*Historia Francorum* l'œuvre de ses prédécesseurs
sur le siège épiscopal : *Anno imperii Constantis primo Litorius ordinatur episcopus. Fuit autem ex civibus Turonicis et hic valde religiosus.
Hic aedificavit ecclesiam primam urbem Turonicam, cum jam multi
christiani essent ; primaque ab eo ex domo cujusdam senatoris basilica
facta est... Sedit autem annis XXXIII et obiit in pace ; sepultusque est
in suprascripta basilica, quae hodieque ejus nomine vocitatur* [9]. Grégoire, — on le sait après l'analyse de L. Duchesne [10] — construit ses
notices comme les vies des papes dans le *Liber Pontificalis* : il présente,
dans l'ordre, l'œuvre édilitaire menée à l'intérieur de la cité et ensuite
les constructions suburbaines et cémétériales. Non seulement la notice
ne donne aucun argument pour placer l'édification de l'église urbaine
après celle de la *basilica*, mais elle rattache explicitement, dès l'origine, la première à l'entreprise pastorale (*ecclesiam primam... cum jam
multi christiani essent*). Cette affectation ne fait aucun doute : Martin
reçoit la consécration dans la première église construite par Litorius
et, dans la seconde moitié du ve s., un calendrier, composé par l'évêque
Perpetuus, rappelle les fonctions d'un édifice réservé à la liturgie
épiscopale, en y plaçant la célébration de Noël, de Pâques et de la
Pentecôte [11]. Au contraire, la *basilica*, la première d'une série de constructions suburbaines, reçoit une affectation funéraire et, même, elle
semble avoir été prévue pour un usage dont le calendrier de Perpetuus
confirme la spécialisation en y plaçant au 13 septembre l'anniversaire
de Litorius : *natale sancti Litorii ad ejus basilicam* [12]. Au reste, les
exemples ne manquent pas à Rome d'aménagements funéraires réalisés
comme à Tours, dans des demeures suburbaines (*ex domo cujusdam
senatoris*) [13]. De toutes manières, la politique édilitaire eût été bien
étrange en plaçant un premier édifice dans la périphérie et non dans
la ville comme le permettait la paix de l'Église. Dira-t-on pour la

8. E. Griffe, *op. cit.*, p. 15, Les éléments pour localiser la *basilica Litorii*, détruite
vraisemblablement par un raid normand en 858 ont été réunis par L. Pietri,
Notices, p. 97 : l'hypothèse est possible sans être définitivement établie.

9. *Hist. Francorum*, 10, 31, 2, éd. B. Krusch, *MGH, Mer*, 1, 1, 2, Berlin, 1942,
p. 526. Cette notice suit celle consacrée à Catianus (Gatien), situé à l'époque de
Dèce ; Grégoire ne lui prête aucune construction.

10. De manière générale, L. Duchesne, *Fastes épiscopaux de l'ancienne Gaule*,
t. II, *L'Aquitaine et les Lyonnaises*, Paris, 1910, p. 283 sq. ; *Liber Pontificalis*, I,
Paris, 1955, p. XLIX-LIV.

11. L. Pietri, *Notices*, p. 94 sq. : pour ce calendrier, Grégoire, *Hist. Franc.*, 10,
31, 6, éd. cit., p. 530. Pour Grégoire, il s'agit de l'*ecclesia senior* (10, 31, 18, p. 534)
du moins par rapport aux deux autres édifices urbains.

12. *Hist. Franc.*, 10, 31, 6, p. 530.

13. Par exemple, P. Testini, *Le catacombe e gli antichi cimiteri cristiani in Roma*,
Bologne, 1966, p. 74.

justifier que Litorius s'installait d'abord dans le *vicus christianorum* [14], un quartier suburbain déjà christianisé ? L'agglomération, assure Grégoire de Tours, remonterait au IIIe s., à l'époque de Gatien. C'est là que le premier évêque, après avoir rassemblé les premiers convertis en de mystérieuses cachettes (*cryptas et latibula*) aurait été enterré. Mais pour ce pasteur, parfaitement inconnu, établi près d'un siècle avant son successeur immédiat, le calendrier de Perpetuus à la fin du Ve s., ne mentionne pas d'anniversaire, alors qu'il n'oublie pas Litorius [15]. A la fin du VIe s., Grégoire ne devait guère disposer d'informations précises et il délaie sa notice un peu comme le fait pour la vie des premiers papes le rédacteur du *Liber Pontificalis*. Aux pieux *topoi*, l'envoi de Gatien par Rome, son zèle missionnaire, il n'ajoute, semble-t-il, qu'une indication concrète : le lieu de la sépulture. Dans un tel contexte, que vaut la mention du *vicus christianorum* ? Comme l'a noté pertinemment J. Dubois, le chroniqueur rejette dans le passé le développement d'une sainte agglomération située à l'ouest de la ville, là où s'établissent peu à peu, depuis la fin du IVe s., basiliques et monastères.

On s'en tiendra par conséquent à la notice de Litorius, dont le calendrier de Perpetuus confirme l'exactitude. L'évêque du IVe s. fait figure de pionnier pour l'établissement chrétien à Tours : il laisse à une communauté fidèle devenue plus nombreuse le premier édifice spécialisé pour la synaxe, l'*ecclesia*. Comment les chrétiens se réunissaient-ils avant l'organisation de la communauté ? Les textes ne répondent guère, mais il n'est pas choquant d'imaginer que les quelques fidèles tenaient leur assemblée, comme l'avaient fait leurs frères romains, dans des maisons particulières de la cité, au mieux des possibilités. L'activité de Litorius s'étend au *suburbium* : elle évoque ainsi l'œuvre du pape Marc (356), ou même celle de Damase (366-384), qui laissent à leur chrétienté une église urbaine, leur *titulus*, et qui n'oublient pas de préparer pour leur sépulture la basilique funéraire accueillant le dernier repos.

Cependant, en quelques cas, des témoignages anciens semblent appuyer l'hypothèse d'un transfert déplaçant, de la périphérie au centre, l'église épiscopale. Pour Auxerre [16], la *Vita Amatoris*, composée à la demande d'un évêque de la cité au VIe s., le déclare clairement : *... Erat ecclesia ad portam quam Balnearis a priscis auctoribus nuncupatur ; erat autem prospectus ejusdem ecclesiae contra alveum fluminis*

---

14. Grégoire, *Hist. Franc.*, 10, 31, 1 : *Catianus ... obiit in pace et sepultus est in ipsius vici cimiterio qui erat christianorum*, éd. cit., p. 526. Cf. J. DUBOIS, *op. laut.*, p. 23 sq. envisageant de rattacher le relatif à *cimiterium* ou repoussant le témoignage de Grégoire, pour le IIIe s.

15. L. PIETRI, *Notices*, dont je reprends ici la démonstration développée dans une étude sur Tours en préparation. Noter en particulier que Grégoire (*loc. çit.*) attribue à Martin l'invention de la sépulture de Gatien.

16. Je reprends ici l'analyse de J. Ch. PICARD, *Notices*, p. 19 sq. (Bibliographie), orientée sur ce point par les remarques de J. DUBOIS, *art. cit.*, p. 19.

ycaunensis. Propterea enim amplae aedificationis ecclesia non fuerat [17]. L'édifice, que R. Louis identifie avec l'église dédiée au Moyen âge à saint Pèlerin, s'établit dans une zone sûrement urbanisée sous l'Empire, près de l'Yonne [18]. En construisant une nouvelle cathédrale, l'évêque Amator, au début du ve s., s'adapte peut-être à l'évolution de la topographie urbaine et il choisit la protection du *castrum*, mais l'hagiographe donne clairement les raisons du transfert : la recherche d'un plus grand emplacement pour un édifice plus vaste. En tout cas, la première *ecclesia*, qui pourrait remonter, selon l'analyse de R. Louis et les conclusions de J. Ch. Picard [19], au premier évêque Valerianus, sûrement attesté vers le milieu du ive s., s'établissait dans la ville. Elle était à bonne distance du cimetière situé à l'Ouest sur une colline, le *Mons Autricus*.

Pour d'autres villes, Amiens [20], Reims, peut-être Metz, des traditions anciennes placent dans le cimetière le premier centre chrétien. La *Passio Firmini* [21] illustre le développement de la topographie amiénoise : après la mort du martyr Firmin, un évêque homonyme dont la chronologie flotte avec incertitude entre le ive et le vi^e s. fonde le premier édifice, près de la route de Noyon, sur la tombe du premier missionnaire mort pour la foi, dans un domaine suburbain, Abladana. L'église finalement connue sous le nom d'un martyr, Saint-Acheul, aurait accueilli la liturgie épiscopale dans cette zone assez éloignée que les chrétiens, après les païens, utilisent depuis le ive s. pour leurs sépultures. Une autre *Vita* [22], celle de l'évêque Salvius, situe finalement le transfert vers la cité au vi^e s. avec la fondation d'une première cathédrale urbaine dédiée aux Apôtres. En réalité, cette chronologie appuyée sur un cycle de récits hagiographiques datés du ixe ou du xe s. résiste mal à la critique. La personnalité et même l'existence de Firmin, attesté pour la première fois par des litanies du viiie s., s'estompe. En vain, on a cherché à lui attribuer une sépulture : un couvercle de sarcophage découvert à Saint-Acheul porte près d'une inscription paléochrétienne un *graffito* avec le nom de Firminus [23]. Mais celui-ci a été

17. *Vita Amatoris*, composée pour Aunarius (Aunacharius) évêque (561-605) par Étienne l'Africain : *BHL* 356, L. DURU, *Bibliothèque historique de l'Yonne*, Auxerre-Paris, 1850, 1, p. 147.
18. R. LOUIS, *Autessiodorum christianum. Les églises d'Auxerre des origines au XIe s.*, Paris, 1952, p. 25 sq. J. HUBERT, *L'Architecture religieuse du Haut Moyen âge en France*, Paris, 1952, p. 83, n° 167. Un autre exemple de transfert à Metz (Grégoire de Tours, *Hist. Franc.*, 2, 6) après la destruction du premier édifice épiscopal en 451.
19. *Notices*, p. 19 et 21.
20. L'analyse de la topographie d'Amiens a été procurée par L. PIETRI, *Notices...* p. 2-9 (Bibliographie, p. 2).
21. *Passio Firmini* : *BHL* 3003 et *Acta Firmini*, *BHL* 3012. Sur la valeur de cycle de passions qui dédoublent Firminus, après L. DUCHESNE, *Fastes*, III, p. 123 sq. les remarques de J. Dubois réunies dans l'article « Firmin », *Dict. Hist. et Géogr. eccl.*, XVII, col. 252 sq.
22. *BHL* 7407.
23. Il sera publié dans le *Recueil des Inscriptions chrétiennes de la Gaule*, par L. PIETRI.

maladroitement tracé par un faussaire, comme l'attestent la médiocrité de l'entreprise et aussi les circonstances de la découverte. A défaut de Firmin, la mention sûre d'un premier évêque, Eulogius, dès le milieu du IVe s., atteste la vitalité d'une communauté, pourvue d'une *ecclesia* urbaine [24]. Nous ignorons la date de sa fondation puisqu'elle n'est pas attestée avant le milieu du IXe siècle, mais les documents sont plus défavorables encore à la basilique de Saint-Acheul, qui apparaît pour la première fois en 1085 dans une charte de l'évêque Rorico. Enfin, on ne relève guère, après les découvertes signalées au XVIIe s., la trace d'un édifice paléochrétien : une crypte seulement, qui est, comme le note L. Pietri, « un aménagement médiéval assez tardif dans lequel on a pu transporter les tombeaux depuis un cimetière voisin » [25].

Il faut opposer une critique aussi sévère aux sources tardives qui décrivent pour Reims la même évolution qu'à Amiens : en effet, une vie de saint d'époque tardive (IXe-Xe s.) et Flodoard, l'auteur d'une *Historia Remensis Ecclesiae* [26] composée au milieu du Xe s., assurent que le plus ancien édifice, la *basilica Sancti Sixti et Sinicii*, aurait été établi avant la paix constantinienne, au sud de la ville, près de la voie *Caesarea*. Cette zone, qu'occupent les cimetières du Bas-Empire et du Haut Moyen âge, reçut finalement le nom de bourg Saint-Rémi et constitua ainsi une sorte de *vicus christianorum* [27]. Quant à l'édifice urbain, il fut construit avant le début du Ve s. et consacré très tôt aux Apôtres. En réalité, toute cette histoire de la topographie suburbaine dépend de sources tardives. C'est un testament du VIIe s. [28] qui mentionne pour la première fois la *basilica* consacrée à Sixte. La personnalité et plus encore la chronologie de ce premier évêque, qui doit peut-être son nom à la popularité en Gaule du saint romain homonyme, paraissent incertaines [29] ; car la première mention de son existence, antérieure aux récits de son activité édilitaire, remonte à Hincmar († en 882). Enfin n'imaginons pas au sud de Reims un *vicus christianorum* : les édifices suburbains, qu'entoure à partir du VIIe s. une petite agglomération, le bourg Saint-Rémi, s'établissent, au témoignage de Grégoire de Tours [30], dans une solitude champêtre.

24. Les études actuellement menées par J. L. Massy, assistant à la Direction régionale des Antiquités historiques, modifient, semble-t-il, le tracé des remparts du *castrum*, en intégrant *intra moenia* la cathédrale. Dans l'aire de celle-ci s'établissait sans doute la première *ecclesia*. En tout cas, l'édifice chrétien se place dans une zone occupée au IVe s. par un habitat urbain. En attendant la thèse de J. L. Massy, voir une première étude, in *Cahiers Archéologiques de la Picardie*, 1975 (en collaboration avec J. M. Desbordes, sous presse).

25. L. Pietri, *loc. cit.*, p. 8, qui se sépare sur ce point de F. Vasselle et E. Will, plaçant à Saint-Acheul le premier centre chrétien (*Revue du Nord*, 40, 1958, p. 467-482.)

26. *Vita SS. Sixti et Sinicii*, BHL 7815, Flodoard, *Historia*, 1,3.

27. Cf. Grégoire de Tours, *De Virtutibus Sancti Martini*, 3, 17 ; *Hist. Franc.*, 2,31...

28. Testament de Sonnatius, cité par Flodoard, *Historia...*, 2, 5.

29. Duchesne, *Fastes*, III, p. 80 sq. et p. 142 sq.

30. Comme le remarque L. Pietri, auteur de la *Notice*, p. 73-83, d'après Grégoire, *De Gloria confessorum*, 79.

A Metz aussi, Paul Diacre, dans un *Liber de episcopis Mettentibus*, composé à la fin du VIIIe s., voulait placer le premier centre du culte chrétien, *in cavernis amphitheatri quod extra urbem situm est* [31]. Le chroniqueur attribuait la fondation de Saint-Pierre *in arenam* à un envoyé de l'apôtre Pierre, un premier évêque Clément. Il essayait ainsi de localiser une tradition pieuse que l'histoire de l'Église messine ne confirme guère, puisque le premier pasteur sûrement attesté, Victor, appartient au IVe siècle. Au reste, l'établissement d'un oratoire dans un édifice public n'est guère démontré pour une haute époque. Les épitaphes chrétiennes recueillies dans la fosse de l'arène pourraient indiquer l'utilisation tardive — Ve s. ? — par un cimetière chrétien [32]. Déjà, dans la ville se dressait une première *ecclesia* que détruisit l'incendie de 451 [33].

Au total, ces témoignages, celui de Grégoire évoquant l'épiscopat de Catianus, de Flodoard, de Paul Diacre, n'apportent guère pour une histoire de la plus ancienne topographie. Mais ils reflètent tous une mentalité nourrie de pieuses traditions, qui puise dans l'imagerie des persécutions et des catacombes romaines pour reconstituer l'histoire perdue des origines. A l'époque, les villes de Gaule imaginent volontiers qu'elles ont reçu la foi de disciples envoyés par Pierre [34] ou par ses successeurs. Elles se représentent aussi que leur cité s'est christianisée en suivant l'évolution qu'elles prêtent à Rome : des cryptes secrètes dans les cimetières, où se tenaient des réunions discrètes, jusqu'aux grandes cathédrales dressées au centre de la cité.

*
* *

A ces analyses particulières s'ajoutent, sur la topographie urbaine, les remarques générales que suggère cette première enquête. On ne s'étonnera pas, bien entendu, que toutes les attestations accusent l'importance privilégiée de la cathédrale, l'*ecclesia* ; mais celles-ci s'organisent comme un faisceau d'indices pour rendre moins vraisemblable encore l'hypothèse d'un transfert, à l'exception de quelques cas particuliers comme Auxerre. Au contraire, il suggèrent que le premier édifice spécialisé pour le culte, établi lorsque l'Église connut la paix,

---

31. *Liber*, MGH, 55, II, p. 261. Cf. N. Gauthier, *Notices*, p. 48-58 ; *Les Origines chrétiennes en première Belgique romaine*, Thèse, Paris, 1975, ex. dactyl., p. 12 sq. On notera que l'auteur n'exclut pas complètement l'existence de Clément à condition de le placer à une époque tardive, au IIIe s. Resterait à expliquer l'occupation de l'amphithéâtre : un exemple, beaucoup plus tardif, à Durazzo.

32. *Recueil des Inscript. chrétiennes de la Gaule*, publié sous la direction de H. Marrou, I, par N. Gauthier, Paris, 1975, n° 251-253. On notera que ces trois fragments d'épitaphes n'ont pas été trouvés en place. Sur les vestiges et les difficultés d'interprétation, N. Gauthier, Thèse, *loc. cit.* Quant à l'oratoire, il est attesté par une liste stationale du VIIIe s., publiée par Th. Klauser, *Annuaire de la Soc. d'Hist. et d'Arch. de la Lorraine*, 38, 1929, p. 499.

33. Grégoire, *Hist. Franc.*, 2, 6.

34. E. Griffe, *La Gaule chrétienne ...*, I, Paris, 1964, p. 133 sq.

s'installe sur le territoire proprement urbain de la cité. Est-ce hasard dans notre documentation si l'église urbaine est la construction le plus anciennement attestée par les sources ? Dans les plus grandes villes, les témoignages de l'archéologie ou des textes font remonter à haute époque la fondation de l'*ecclesia* : c'est le cas de Trèves. A Tours ou à Vienne, l'*ecclesia* mentionnée dès le ive s. par des contemporains, Sulpice Sévère ou dans le second cas par Amimen Marcellin, paraît antérieure au premier édifice aménagé dans le *suburbium* [35]. Les mêmes conclusions valent pour Auxerre, Metz, Mayence [36] et aussi pour Nantes, Noyon, Le Mans où la fondation de l'église urbaine réalisée ou attestée à une date plus tardive n'est pas précédée par l'attestation d'un édifice suburbain [37]. Certes, en quelques cas, il est impossible de proposer une chronologie pour la fondation de la cathédrale, celui d'Amiens déjà évoqué, celui d'Autun qui fait exception, puisque les sources n'attestent pas clairement, jusqu'au viie s., le principal édifice urbain, et qu'elles indiquent pour le milieu du ve s. la fondation d'une basilique cémétériale [38].

Mais ce cas particulier infirme d'autant moins l'impression générale que la nomenclature ou les dédicaces soulignent la primauté chronologique de la cathédrale. A la différence des autres édifices qui reçoivent une dénomination précise, celle-ci est l'*Ecclesia*, parfois l'*Ecclesia senior*, la *Domus major ou senior*, l'*Ecclesia mater*. Les textes, surtout les témoignages les plus anciens, lui réservent rarement le nom de *basilica*, utilisé surtout pour les édifices suburbains [39]. La dédicace aux saints

---

35. Au mieux contemporaine. Pour Vienne, cf. Ammien Marcellin, 21, 2, 5 pour l'année 360. Dans le *suburbium*, l'édifice le plus ancien est attesté par l'épitaphe de Foedula, *CIL*, 12, 2115 (Diehl 2172, postérieure au moins d'une quinzaine d'années), cf. F. Descombes, *Notices*, p. 135 et 137.

36. Dans le cas de Mayence, la mention de la cathédrale est récente mais le baptistère est attesté par Venance Fortunat (*Carmina*, 2, 11) : voir N. Gauthier, *Notices*, p. 40.

37. Venance Fortunat, *Carm.*, 4, 1, v. 29-30, pour Nantes, *Notices*, p. 63 ; la basilique de Similinus et celle de Rogatien sont attestées à l'époque de Grégoire de Tours, *ibid.*, p. 64. J. Ch. Picard, *Notices*, p. 69, cite pour Noyon la *Vita S. Radegundis* de V. Fortunat (*BHL* 7048, MGA, AA, 4, 2, p. 41) et J. Biarne (*ibid.*, p. 29 sq.) doit se replier pour Le Mans sur le testament de l'évêque Bertrand (616).

38. Autun : Ch. Pietri, *Notices*, p. 13 sq., en se référant à la *Vita Leudegarii* (*BHL* 4850) ; *Corp. chr. Lat.*, 117, p. 527 et non à la tardive *Vita Enani* (*BHL* 2525) qui veut remonter à 546. Ajoutons que la vie de Saint Didier (*BHL* 2141) composé à la fin du ixe s. évoque avec vraisemblance l'œuvre de Syagrius pour la cathédrale, à la fin du vie s.

39. Je renvoie, pour ne pas surcharger cet exposé, aux *Notices* citées, qui étudient la nomenclature. Cette habitude, bien connue, avait déjà été signalée par J. M. des Graviers, *IVe Congrès Arch. Chrét. 1938*, Rome, 1948, p. 275. Pour l'usage de *basilica*, exemples d'Auxerre, à la fin du vie s. (*loc. cit.*, p. 21), vers la même époque, Noyon, une *basilica* alors que la cité n'est pas encore siège épiscopal ? (*ibid.*, p. 69). Pour Mayence, il s'agit d'une mention dans un texte très tardif (p. 40). L'expression d'*ecclesia senior* ou *major* peut avoir été donnée au plus ancien édifice d'un groupe constituant l'*episcopium* ; ainsi pour Trèves, comme l'atteste V. Fortunat et à Vienne, d'après la chronique d'Adon, *Major domus*. Grégoire de Tours signale pour Metz un *oratorium* (*Hist. Franc.*, 2, 6) mais il se réfère à l'édifice où se transfère, après l'incendie de 451, l'*ecclesia*.

apparaît dans un second temps, bien que l'*ecclesia* ait reçu rapidement des reliques. Celle de Tours, on le sait, accueille Gervais et Protais, dont Martin avait rapporté d'Italie quelques restes (des *brandea* ?), mais il faut attendre le VIIIe s. pour qu'apparaisse une pieuse
dédicace : non pas aux Italiens mais à saint Maurice, après que Grégoire de Tours ait retrouvé ses reliques dans le trésor de la basilique
Saint-Martin [40]. Pour Auxerre, la fondation d'Amator († 418) reçoit
dans un second temps le titre de *basilica Sancti Stephani*, puisque le
culte du protomartyr se diffuse vers l'Occident après l'invention des
reliques en 415. En tout cas, ce patronage est sûrement attesté dans
l'usage des textes avant la fin du VIe s. [41]. Un *terminus* analogue vaut
vraisemblablement pour Le Mans, pour Reims sans doute, peut-être
pour Autun, enfin pour Vienne où la mention initiale des saints Macchabées cède la place, après le VIIe s., à Maurice d'Agaune [42].

Pour démontrer cet enracinement souvent ancien de l'*ecclesia* dans
la topographie urbaine, il y a aussi la géographie, les conditions de
l'établissement chrétien, et aussi son développement, donnant naissance
à un groupe épiscopal. L'édifice, on le sait, s'établit là où la cité antique
est au mieux protégée. Vraisemblablement, l'habitat urbain d'Autun
déborde à la fin de l'Antiquité au-delà du *castrum*, juché sur une hauteur dans un angle formé par les murailles romaines et isolé par un
mur supplémentaire (édifié peut-être au Ve s.). Mais l'*ecclesia* s'établit
au centre de cette acropole. A cette habitude, on ne trouve guère
d'exceptions [43] : en particulier, les fondations plus tardives utilisent
systématiquement la protection des murailles. L'évêque Amator — si
on accepte le témoignage d'une *Vita* déjà évoquée — abandonne un
quartier encore actif au Bas-Empire pour s'établir à 250 m. au nord,
intra moenia ; à Noyon, au Mans où les établissements sont plus récents,
cette précaution s'impose évidemment comme une règle. Cette localisation, que les spécialistes ont relevée depuis longtemps, ne pourrait
guère appuyer l'hypothèse d'un transfert, car la chrétienté ne suit pas

40. L. PIETRI, *Notices*, p. 94.
41. *Institutio...* de l'évêque Aunarius (Aunacharius 561-605) citée par J. Ch. PI-
CARD, *Notices*, p. 20.
42. Dédicaces à Pierre ou aux apôtres à Reims (attestée avant le VIIe s. ?) au
Mans (VIIe s.) à Nantes (avant VIe s.), Trèves (à partir du IXe s. : *ecclesia beati Petri*),
à Amiens. Dédicaces à Marie : Reims (Ve s.) ?, Noyon (VIIe s.), à une époque plus
tardive ? Amiens et Trèves. Gervais et Protais sont attestés au Mans et à Senlis
(IXe s.), Nazaire à Autun (VIe s. ?). Les Macchabées à Vienne ; Étienne, à Auxerre,
à Metz (Ve s. ?). Les dédicaces à des saints gaulois semblent plus tardives : ainsi
Martin à Mayence, Symphorien à Reims, où la dédicace remplace au VIIe s. (?)
le patronage apostolique, sans oublier Saint-Maurice de Tours. On se reportera à
l'étude de E. EWIG, « Die Kathedralpatrozinien im römischen und in fränkischen
Gallien », *Hist. Jahrbuch*, 79, 1960, p. 1-61. Les édifices portent très rarement la
mention du fondateur : ainsi à Auxerre la *basilica Valeriani* désigne peut-être la
première *ecclesia* après le transfert de l'*episcopium* ; une *basilica Medardi* pour
Noyon, devenu précisément siège épiscopal grâce à ce pasteur ; sinon à une époque
beaucoup plus tardive, mention d'un fondateur légendaire, Firmin pour Amiens
(IXe s.) et peut-être Julien pour Le Mans (IXe s. ?).
43. Même pour Amiens, si on accepte les découvertes récentes signalées *supra*.

depuis le *suburbium* le repliement de la cité vers la forteresse. Souvent l'église occupe l'espace urbain au moment où les murailles délimitent déjà dans la cité une zone protégée. On notera en revanche un phénomène moins fréquemment observé : à notre connaissance, aucune de ces *ecclesiae* n'occupe d'emplacement public. Écartons l'exception de Trèves, cité palatine, où l'évêque bénéficiera peut-être comme à Rome de conditions particulières. Hasard de la documentation pour les autres cités ? Mais les quelques indications recueillies contrastent avec celles que les mêmes sources signalent — on le verra — pour les autres églises urbaines. Sans doute, les évêques ont-ils été limités dans leur choix, au temps de ce premier établissement, par la législation impériale protégeant les édifices publics. Amator d'Auxerre († 418) aurait fait construire la nouvelle cathédrale à l'emplacement d'une riche demeure donnée à l'Église : avec ce que nous savons des églises titulaires à Rome, cette manière de procéder ne surprend pas [44].

Le développement près de la première *ecclesia* d'un quartier épiscopal reflète l'attachement de l'Église au premier lieu du culte et, en cette matière un conservatisme significatif. Ainsi s'explique, pour une part, l'apparition auprès de l'*ecclesia* d'un autre édifice, une démultiplication dont J. Hubert a donné, sous le nom des « cathédrales doubles », une magistrale étude [45]. A l'exception, cette fois encore, de Trèves, ce groupement d'édifices — deux ou trois — est attesté à une époque tardive [46] : à Metz la *regula canonicorum* [47] de l'évêque Chrodegang, rédigée entre 751 et 766, associe à l'église Saint-Étienne, *senior*, une *ecclesia S. Petri major*, une *ecclesia beati Pauli* et *S. Maria infra episcopium* [48]. En quelques cas, les documents jalonnent cette prolifération édilitaire dès le ve s. : ainsi à Reims et aussi à Tours, où un ensemble de trois églises, d'une *cellula*, d'un oratoire s'établit avant la fin du vi[e] s. [49]. Les indices rassemblés dans cette enquête régionale interdisent de construire un système d'explication unique : pour Reims, par exemple Flodoard semble suggérer une spécialisation fonctionnelle des édifices progressivement établis, lorsque la première *ecclesia* est remplacée par un édifice voisin du ve s. A celle-là, il donne le nom de *diaconia*, évoquant un service de l'assistance comme Rome en a connu au début du Moyen âge. Mais peut-être cet usage reflète chez le chroniqueur quelque coquetterie d'érudit qui se pique d'archaïsme, comme souvent au temps de la renaissance carolingienne. A Tours, le culte du

---

44. *Vita Amatoris*, citée, p. 147 ; ainsi pour Rome, la fondation du *titulus Vestinae*, DUCHESNE, *Liber Pontif.*, p. 220.
45. « Les Cathédrales doubles de la Gaule », *Genava*, 11, 1963, p. 105-125.
46. Amiens (ixe s. : Marie) ; Autun (Sainte-Croix, 853) ; Auxerre (ixe s.) ; Nantes (ixe s. : Jean-Baptiste) ; Mayence (ixe s. : Marie ?).
47. *Édit.* J. B. PELT, *Études sur la cathédrale de Metz*, Metz, 1937, p. 17, p. 20, p. 25.
48. Pour Reims, Sainte-Marie sous l'épiscopat de Nicaise, au début du ve s. : Grégoire de Tours, *Vita Martini*, 3, 17. Pour Tours, L. PIETRI, *Notices*, p. 94 sq.
49. *Historia Remensis Ecclesia*, 1, 18.

confesseur et l'afflux des pèlerins expliquent cette extension prestigieuse des édifices cultuels ; mais le phénomène s'explique plus clairement auprès de la basilique Saint-Martin-hors-les-Murs, à quelques centaines de mètres, près de laquelle, contrairement à l'usage, s'établissent deux baptistères. En effet, l'édifice spécialisé pour l'initiation s'établit généralement près de la cathédrale, dès une haute époque à Trèves, avant le VIe s. à Vienne, au moins au VIe s. à Mayence et, vraisemblablement, à Reims, alors qu'il n'est pas attesté avant le VIIe s. pour Autun [50]. Parfois les textes, mentionnent d'autres annexes : la résidence épiscopale, *domus ecclesiae* à Autun, connue au VIIe s., alors que Grégoire pour Tours y fait déjà allusion. Toujours à Autun, le testament de saint Léger signale une *matricula ad ostium ecclesiae* ; à Tours, le même aménagement destiné à l'assistance s'établit près de la basilique suburbaine de Saint-Martin, et à Trèves, un diplôme carolingien signale des *matricularii* dépendant de l'*ecclesia sancti Petri* [51]. Au total, tout indique que ce quartier fixé par l'*ecclesia* s'est progressivement développé au gré des circonstances et des besoins.

En effet, l'apparition *intra muros* d'édifices indépendants de l'ensemble épiscopal n'estompe pas la primauté de l'*ecclesia* dans la topographie chrétienne. Car les documents ne mentionnent pas cette sorte d'églises dans toutes les villes, et ils les mentionnent souvent à une époque assez tardive, au VIe s. pour Auxerre, au VIIe s. pour Autun, Le Mans, Mayence, Metz, Reims, Trèves, et peut-être après pour Vienne [52]. Un autre indice souligne cette chronologie : à la différence de l'église épiscopale, ces lieux de culte occupent parfois un bâtiment public désormais abandonné : Saint-Pierre-aux-Nonains de Metz s'adapte à une basilique civile ; Sainte-Marie de Vienne, au temple « d'Auguste et de Livie » ; à Trèves, une charte signale un *monasterium S. Mariae vocatum Orrea*. Au reste, ces lieux de culte ne tiennent, en matière de liturgie, qu'un rôle complémentaire et spécialisé [53]. Au Mans, à Metz, à Reims, les portes reçoivent la protection d'oratoires [54]. A Metz, les chapelles

50. On ne peut fixer de chronologie avant l'époque carolingienne pour Amiens, Auxerre, Metz. Pour quelques églises, Noyon, Le Mans, Senlis, pas d'attestation ce qui s'explique au moins dans la première ville d'importance médiocre, devenue tardivement siège épiscopal.

51. M. ROUCHE, « *La matricule des Pauvres. Évolution d'une institution de charité du Bas-Empire jusqu'à la fin du Haut Moyen âge* », *Études sur l'histoire de la pauvreté*, sous la direction de M. MOLLAT, Paris, 1975, p. 83-110, sq. p. 91 sq.

52. Pas d'attestation pour Nantes, Noyon, Senlis, Tours et même Amiens ; pour Vienne, F. DESCOMBES, *Notices*, p. 135 : *Parochia sanctae Mariae quae vocatur vetus* : on s'est demandé si l'édifice n'est pas une *ecclesia haereticorum*, (cf. Grégoire de Tours, *Hist. Franc.*, 2, 33).

53. Rappelons le cas particulier de Vienne, note *supra* où il s'agirait d'un lieu de culte hétérodoxe récupéré. En d'autres circonstances, l'oratoire peut être associé à un palais : ainsi, dans la cour du château comtal, la *basilica S. Albani* à Auxerre, dont la chronologie est incertaine (J. Ch. PICARD, p. 21) ; Saint-Pierre à Metz, *juxta domum regiam*, selon Hincmar, *Vita Remigii*, 14 (*BHL* 7152).

54. A Metz, l'*ecclesia S. Crucis juxta portam* ; S. Martin, *in muro civitatis*, un monastère *superius ... in honore S. Petri infra muro* et un autre monastère homonyme, *paulo a muro civitatis* : N. GAUTHIER, *Notices*, p. 52 sq. L'*ecclesia Sancti*

s'associent à des monastères ou à un *xenodochium*. Ils s'établissent, dans le cas d'Autun, en dehors de la citadelle, sur le territoire de la cité antique (*in urbe*) pour desservir deux monastères dont un porte aussi le nom de *xenodochium Francorum*[55]. Ces exemples illustrent comment la chrétienté commence à conquérir l'espace de la ville : malgré tout, elle a fait porter l'essentiel de son effort édilitaire là où s'était enracinée la foi, l'*ecclesia*.

*
* *

Par contraste avec cette géographie du culte assez centralisée, églises et chapelles tissent autour de la cité un réseau plus lâche, dont on reconstitue malaisément la genèse. Mais les traces d'un établissement ancien, préconstantinien ou même antérieur à l'*ecclesia* n'apparaissent guère. Dans cet enchevêtrement d'édifices variés, les documents distinguent, semble-t-il, des organisations composites où le lieu de culte se rattache à un monastère, à un *xenodochium* pour constituer en permanence tout un complexe religieux, et, d'autre part, des établissements plus isolés qui assurent indépendamment une présence liturgique. Souvent ces *basilicae* — comme les textes les nomment en général — se rattachent au cimetière. Mais en quelques cas, à notre connaissance, elles en paraissent éloignées. L'évêque d'Auxerre Desiderius (605-622) élève une *basilica Sanctorum Nazarii Gervasi et Prothasii*, au-delà de l'Yonne, dans une région qui ne paraît pas avoir eu d'affectation funéraire[56]. On pourrait vraisemblablement relever des établissements du même type dans la longue liste d'églises qu'énumère, pour Le Mans, le testament de l'évêque Bertrand († 616) : la *basilica sanctae crucis* édifiée par le testateur à plus d'un km. du *castrum* vers l'ouest, ou, vers le sud, l'édifice consacré aux deux apôtres romains[57]. A Mayence, Venance Fortunat célèbre une église consacrée à saint Georges et placée sur la rive droite du Rhin. Saint-Victor (?) s'établit sans doute dans le quartier du port, près de Metz[58]. Les fonctions liturgiques de ces édifices n'apparaissent pas toujours clairement : souvent, ils semblent s'installer dans les agglomérations périphériques ou même dans des anciens quartiers de la ville antique qui n'ont pas été complètement abandonnés ; pour Auxerre, l'évêque Didier fonde au sud de la première *ecclesia*, celle de Valérien, une *basilica Petri*[59].

Petri de Reims se trouve près de la *porta basilica*. J. Hubert a étudié particulièrement ce type d'édifice : *Sett. Spoleto*, 1959, p. 544.

55. Metz, *supra* ; Autun, Ch. PIETRI, *Notices*, p. 14 sq.

56. *Gesta episcoporum Autissiodorensium*, 21, édités par DURU, *cit.*, p. 339 ; cf. PICARD, p. 24.

57. Ce texte déjà cité a été étudié par J. BIARNE, p. 29 et 34. A la rigueur, le second édifice pourrait être rattaché à une zone cémétériale du Haut Empire (?).

58. Pour Mayence : *Carm.*, II, 12. C'est E. EWIG, *Die ältesten Mainzer Patrozinien* in *Das Erste Jahrtausend*, 1964, p. 114 qui l'identifie avec l'église homonyme de Kastel. Cf. N. GAUTHIER, *Notices*, p. 45 et 56.

59. J. Ch. PICARD, *Notices*, p. 24, d'après les *Gesta episc. Autissiodorensium,* éd. DURU, p. 338.

Au Mans, la *basilica Hilarii* occupe au pied des remparts le rivage de la Sarthe, comme Saint-Georges à Mayence. Ou encore ce sont des zones plus lointaines comme à Metz. C'est peut-être assez d'indices pour imaginer que ces basiliques assurent, à une époque assez tardive, quelque fonction de suppléance, comme les *parochiae* que, dans une lettre célèbre, Innocent de Rome distingue des *tituli*, des églises urbaines, directement rattachées par le rite du *fermentum* à la liturgie épiscopale [60].

Cependant, l'établissement des basiliques dépend le plus souvent de la géographie cémétériale. C'est le cas des édifices les plus anciennement attestés : Grégoire de Tours place au milieu du ve s. la fondation d'un *martyrium* pour le saint local d'Autun, Symphorien. Au témoignage d'une *vita* du vi[e] s., la basilique remplaçait une petite chapelle (*parvissima cella*) attestée sur la tombe dès la fin du ive s. A Reims, Timothée et Apollinaire, à Nantes, Rogatien et Donatien, tenus pour martyrs locaux, reçoivent, assure le même Grégoire, l'honneur d'un *martyrium* sur l'emplacement reconnu ou présumé de leur sépulture [61]. Mais localement les sépultures saintes manquent souvent pour satisfaire la pieuse avidité des fidèles cherchant un dernier repos *ad sanctum*. Plus encore, le développement du culte des martyrs — un phénomène de mentalité qui progresse en Gaule, à l'imitation de Rome et de l'Afrique — impose le développement d'un réseau plus serré de basiliques. Dans le grand cimetière d'Autun, à l'est de la ville, les basiliques portent la dédicace de Pierre et celle d'Étienne, attestée dès l'époque de Grégoire de Tours. Des saints gaulois, Julien à Reims, Symphorien à Nantes, assurent au moins, dès la fin du vi[e] siècle la même protection [62].

De nouveaux patronages apparaissent aussi, ceux des évêques de la cité. Leur souvenir s'attache à la chapelle funéraire qu'ils ont fait parfois aménager à leur propre usage : la *basilica Litorii*, à Tours. Lorsque la sépulture épiscopale était placée dans une basilique funéraire déjà consacrée, le souvenir de l'évêque estompe le patronage du saint pérégrin. L'exemple de la *basilica joviniana* à Reims, illustre cette évolution ; dédiée au souvenir du martyr Agricola, après avoir été construite pour l'usage privé d'un maître des milices, elle porte finalement le titre de l'évêque Nicaise qui y avait été déposé au ve s. Le souvenir de saint Germain d'Auxerre fait oublier la première dédi-

---

60. On notera qu'à Autun, les édifices établis hors du *castrum*, dans la cité antique, sont localisés *in urbe* ; Innocent, *Ep.* 25, 5, 8, *PL* 20, 556, étudié par R. Cabié. Sur les paroisses rurales, récemment E. Griffe, *Bull. de litt. eccl.*, 1975, p. 6 sq.

61. *Hist. Franc.*, 2, 15 ; *Vita Amatoris* 4 (*BHL* 356). L'édifice de la seconde moitié du ve s. est nommé *oratorium* par la *Vita Germani*, 29. Pour Nantes et Reims, Grégoire de Tours, *Gloria Martyrum*, 60 et 55, et *Notices* citées. Les deux martyrs de Reims, bien qu'il soient ainsi localisés par le Martyrologe hiéronymien, viennent sans doute de Rome et de Ravenne (H. Delehaye, *Les Origines du culte des Martyrs*, Bruxelles, 1933, p. 361). En tout cas, ce phénomène d'*evocatio* illustre d'autant plus le progrès du culte des martyrs en Gaule.

62. Cf. E. Ewig, *art. cit.* et les *Notices* de chaque cité.

cace de Maurice, celui de Rémi l'emporte à Reims sur Christophe. Ailleurs, à Auxerre pour Amator, les chrétiens font édifier une basilique qui honore la sépulture épiscopale. Cet attachement aux Pères de l'Église locale reflète beaucoup plus que le culte des martyrs. A l'époque où les chrétientés s'efforcent de reconstituer leur propre histoire et de composer depuis de lointaines origines une liste de la succession épiscopale, une couronne d'édifices célèbre dans le *suburbium*, avec les fondateurs, la gloire de la cité chrétienne.

Les monastères jalonnent aussi cette pieuse auréole : pour cette sorte d'établissements qui ont fait l'objet d'études récentes et aussi qui sont globalement plus tardifs, on se contentera de quelques brèves remarques. Les textes signalent des *monasteria* établis près des tombes saintes : ils y assurent le service de la prière et l'assistance aux pèlerins avec un *xenodochium*. C'est un véritable *vicus* de basiliques, de monastères et de baptistères — on l'a vu dans un article du présent recueil — qui s'agglomère à Tours auprès de la tombe de saint Martin. Auprès d'Autun, qui compte déjà deux monastères (Saint-Pierre et Saint-Étienne) associés aux basiliques du grand cimetière oriental, saint Germain de Paris réside d'abord comme *abba ad sanctum Symphorianum*. En ce cas, le titre indique sans doute l'existence d'une communauté monastique installée auprès du martyr bourguignon. Mais souvent celle-ci se réduit à l'essentiel, c'est-à-dire à l'*abbas martyrarius*, chargé d'assurer à lui seul une pieuse vigilance auprès des reliques : ainsi, sans doute le clerc de Saint-Rémi de Reims, auquel Grégoire de Tours donne cette titulature [63]. En d'autres circonstances, ce sont les monastères qui attirent auprès d'eux des sépultures prestigieuses. Citons simplement l'abbaye Saint-Martin d'Autun dont nous connaissons le premier abbé par une lettre de Grégoire le Grand : la reine Brunehaut trouve sépulture au chevet de l'oratoire. Tel évêque d'Auxerre, Palladius, prépare le lieu de son funèbre repos auprès d'un monastère fondé par ses soins [64].

En ces derniers cas, les liens avec les anciens cimetières paraissent moins contraignants, même si auprès de la communauté des moines s'établissent finalement des sépultures. Près d'Auxerre, sur la route de Sens, la *basilica Sanctae Mariae extra muros* dessert le monastère et le *xenodochium* ; sur la route d'Entrains, à l'ouest, c'est la *basilica Sancti Eusebii* ; au sud, sur la route d'Autun, un ensemble d'oratoires, de basiliques et de monastères joue peut-être le même rôle. Au sud du Mans, Saint-Martin de Ponlieue ouvre son *xenodochium* près du passage de la Huisne, et à l'ouest, au-delà de la Sarthe, un *monasteriolum* dédié à la Vierge Marie accueille les pèlerins ; à Tours, un peu à l'est du *vicus* constitué par la *Basilica Martini*, tout près de la route,

---

63. *Hist. Franc.*, 4, 11 : cf. L. PIETRI, *Notices*, p. 82, d'après le deuxième concile d'Orléans (533), canon 13.

64. J. Ch. PICARD, *Notices*, p. 24 ; pour Noyon, *ibid.*, p. 71.

le *monasterium Sancti Juliani* assure l'assistance en servant des repas aux pauvres inscrits sur sa *matricula* [65]. Ainsi le monastère vit dans, l'orbe de la cité et au service de ses pauvres ou de ses pèlerins.

Mais en d'autres cas, les moines recherchent un établissement plus conforme aux aspirations d'une spiritualité érémitique et plus indépendante du monde, c'est-à-dire de la cité voisine. Sous l'influence des traditions lériniennes, les communautés s'installent au-delà du fleuve à Vienne ou à Auxerre, (*Mon. S. Ferreoli et M. Domni Mariani*). Martin avait placé son ermitage *transligerim*, là où s'éleva la basilique des Apôtres et plus tard celle de Jean. Certes, les stations de la liturgie urbaine, les visites des pèlerins maintiennent les échanges avec la ville voisine. Mais parmi tous les édifices de la périphérie ceux-ci poursuivent une vie plus autonome.

Au moins, cette enquête rapide illustre, en quelques cités entre Loire et Rhin, la christianisation de la topographie après la paix de l'Église. Car les documents (ceux des textes ou de l'archéologie) ne peuvent guère relever d'attestation avant le ive s. Dans le *suburbium*, le réseau des églises et des chapelles se développe, semble-t-il, dans la mouvance du cimetière, tout particulièrement pour le culte des saints. Les martyrs locaux ne suffisent plus et les basiliques reçoivent des reliques étrangères ou s'honorent avec la dédicace des évêques locaux. Écartons les monastères qui appartiennent à une génération postérieure et ne peuvent guère conserver la trace d'un établissement original. A considérer le contexte funéraire dans lequel, au moins à l'origine, se développe la liturgie des basiliques, il n'y a guère de vraisemblance que les premiers chrétiens aient placé leurs lieux de réunion pour la pastorale des vivants là où leurs descendants enterreront les morts et honoreront les martyrs. Au reste, les indications chronologiques rassemblées par cette première enquête soulignent l'antériorité de l'*ecclesia*, le premier édifice spécialisé construit à l'intérieur de la ville. Une fois installée, la communauté manifeste en matière de topographie un conservatisme significatif. Ces remarques affaiblissent sinon condamnent l'hypothèse d'un transfert du premier centre chrétien de la périphérie vers le centre de la cité.

Charles PIETRI.

---

65. Dédié à saint Julien, un *xenodochium* dans le bourg Saint-Rémi près de Reims, signalé par l'inscription d'Atolus, E. LE BLANT, *Inscriptions chrétiennes de la Gaule*, Paris, 1865, 334. Pour les autres références, *Notices* citées.

Remarques
sur la christianisation du nord de la Gaule (IVᵉ-VIᵉ siècles)

Le dédicataire de ce livre publiait, il y a une vingtaine d'années, une étude sur la fin de la domination romaine dans la Gaule septentrionale. En me plaçant à la même époque, je souhaite évoquer, non le déclin d'un empire mais la naissance d'une chrétienté qui s'établit lentement et obscurément en ces provinces placées aux marges de la romanité. Pour manifester ma gratitude à celui qui m'introduisit, avec tant de bienveillance attentive, dans ces domaines septentrionaux (alors que mes origines et mes recherches me portaient vers des sujets plus méridionaux), je ne prétends par traiter d'une histoire générale des missions chrétiennes à l'ouest de la Belgique Seconde : à la fin de l'Antiquité, du IVᵉ au VIᵉ siècle, c'est l'établissement d'un évêque qui atteste sûrement la constitution de communautés durables et organisées. Je limiterai ces remarques à une enquête sur les sièges épiscopaux, sans chercher à instruire les doctes, en essayant simplement de reconnaître quelques certitudes à peu près assurées, en les débrouillant de tout un écheveau d'hypothèses, de conclusions trop hâtivement tirées dans l'enthousiasme confiant de l'apologétique ou du patriotisme local : *oportet sapere sed sapere ad sobrietatem*.

Car l'historien de la Gaule chrétienne doit s'armer de précautions : pour les premiers siècles, malgré l'assurance du grand Harnack, le témoignage unique d'Irénée de Lyon ou mieux encore celui de Tertullien ne suffisent pas à établir avant le IVᵉ siècle, même dans les Germanies voisines, des communautés organisées autour d'un évêque [1]. Sulpice

---

1. IRÉNÉE, *Adv. Haer.*, III, 4, 1 ; TERTULLIEN, *Adv. Judaeos*, 7 ; voir A. VON HARNACK, *Mission und Ausbreitung des Christentums in den ersten drei Jahrdt.*, Leipzig, 1924, p. 225.

REVUE DU NORD - TOME LXVI - N°260 - JANVIER-MARS 1984

au concile d'Orléans, qui trace un règlement de morale et d'organisation ecclésiastique, quatre années après la victoire de Clovis sur le roi wisigoth et arien ; ils souscrivent les canons l'un après l'autre : l'évêque de Soissons intervient le premier, Lupus *de Sessionis* [6] ; le siège épiscopal, tenu au milieu du IVe siècle, par Mercurius reste longtemps vacant, comme le suggère la liste rétablie par Mgr. Duchesne, en l'absence d'un catalogue épiscopal, aujourd'hui perdu. A la fin du Ve siècle il aurait été réoccupé, selon Hincmar, par le frère de saint Rémi, un Principius, oncle de Lupus. Pour la même province rattachée à l'autorité métropolitaine [9] de Rémi de Reims, intervient aussi Edebius l'évêque d'Amiens [10], le premier pasteur sûrement attesté après Eulogius, mentionné sur la liste du pseudo-concile de Cologne (après 343) ; Suffronius, *episcopus de Veromandis*, qui vient ensuite, est le premier évêque connu du Vermandois, à Saint-Quentin (ou à Noyon ?) [11]. Le troisième du groupe est l'évêque *de Silvanectis*, Libanius de Senlis ; son nom apparaît au neuvième rang dans la liste épiscopale, compilée, selon Mgr. Duchesne, au Xe siècle ; mais, dans cette énumération qui s'efforce d'attribuer à l'Eglise locale une fondation prestigieuse (l'intervention de Rieul, envoyé des apôtres), Libanius apparaît bien comme le premier évêque authentique ; à l'époque du concile, la cité des Silvanectes a reçu depuis peu un siège épiscopal [12]. Ainsi la reconstitution, voire l'extension d'un réseau épiscopal en Belgique Seconde s'appuie sur Reims. Après la disparition de Nicasius, victime des Vandales en 407, si l'on en croit Hincmar et Flodoard, la communauté se reconstitua autour d'un évêque, au moins dès le milieu du Ve siècle. Rémi dont le long épiscopat recouvre le dernier tiers du siècle et probablement les premières décennies du VIe siècle, donne à son Eglise le prestige d'une grande métropole de la catholicité [13]. Son influence s'exerce évidemment avec une autorité particulière à Soissons, à Amiens, à Châlons où se rétablit l'épiscopat [14]. Très probablement, elle détermine là fondation de nouveaux évêchés à Senlis et à Saint-Quentin.

Rémi entend exercer une activité métropolitaine sur le territoire de la

---

8. *Concilia Galliae*, II, p. 13. DUCHESNE, *Fastes*, III, p. 98. Le témoignage d'Hincmar paraît recevable. Duchesne identifie Principius de Soissons avec un correspondant homonyme de Sidoine Apollinaire (*Ep.*, VIII, 14 et IX, 8), qui avait lui aussi un frère évêque : ce qui placerait l'épiscopat de P. dans le dernier quart du Ve siècle ; d'autre part, le martyrologe de Raban nomme un Onesimus dont on connaît une biographie du XIIe siècle. Celui-ci, selon Duchesne, pourrait se placer après Mercurius, pendant la seconde moitié du IVe siècle ; entre lui et Principius, on ne connaît point d'évêques.

9. Ch. Munier publie les différentes listes de souscriptions : entre Lupus et Edebius s'intercale souvent Nepus d'Avranches (*op. cit.*, p. 13 ; p. 14) mais pas toujours (v. p. 19) ; l'ordre originel a été bouleversé par l'incurie des copistes ; il plaçait probablement en tête l'évêque de Soissons, en l'absence de Remi, puis celui d'Amiens.

10. *Ibidem* et *Fastes*, III, p. 127.

11. *Fastes*, p. 102 ; *Concilia Galliae*, p. 13, *de Veromandis* ; seul le manuscrit P (p. 15).

12. *Fastes*, p. 117.

13. Sur le rôle de Reims et de Tours : L. PIETRI, *La ville de Tours, du IVe siècle au VIe siècle*, Rome, 1983, p. 161—164.

14. *Fastes*, p. 96 : on ne connaît pas du tout les évêques cités dans un catalogue du XIe siècle, après Amandinus, sûrement présent au concile de Tours en 461 et Lupus qui assiste en 535 au concile d'Auvergne : de simples noms, sans consistance.

Belgique Seconde : en témoigne la lettre qu'il adresse au Franc qui assume, dit-il avec une référence à l'antique géographie de l'Empire, l'administration de la *Belgica secunda* [15]. Auprès de Clovis, il intervient pour qu'en tout ce territoire, ce dernier aide les pauvres, les évêques et libère les captifs. Rémi lui-même, par cette démarche, dessine la géographie de son influence spirituelle. Sur son autorité métropolitaine, il ne transige pas : il installe, comme en témoigne avec quelque vraisemblance Flodoard, le premier évêque de Laon, Gennebaudis [16]. Il repousse les incursions de l'évêque de Tongres. Celui-ci, au temps de Monulfus, s'établit à Maastricht où il avait édifié une basilique consacrée à Servatius, le fondateur de la mission dans la *civitas*. Son successeur, un certain Falco, avait tenté d'annexer à son ressort pastoral l'*ecclesia Mosomagensis* (l'actuelle Mouzon dans les Ardennes françaises). Il reçut de Rémi une lettre d'admonestation très dure, qui anéantit, semble-t-il, ses prétentions [17].

Dans les régions occidentales de l'ancienne Belgique, la géographie ecclésiastique — comme le notent avec pertinence le P. de Moreau et Mgr. Lestoquoy — reste longtemps indécise [18]. On doit dans un premier temps se tenir rigoureusement aux indications que donnent les textes plus officiels des actes conciliaires. A Tournai, le premier évêque sûrement attesté, avec une localisation explicite, est Agrescius, *episcopus ecclesiae Torronnicae* ; il faut lire évidemment, comme le proposait déjà Duchesne et comme l'accepte toujours le plus récent éditeur, *ecclesia Toronacensis* [19]. Représenté par une légat au concile d'Orléans en 549, Agrescius (ou Agrestius) assiste personnellement au concile de Paris en 552. On le sait d'autre part grâce à Grégoire de Tours : un évêque réside encore à Tournai en 577, puisqu'il y baptise le fils de Frédégonde, assiégée dans la ville avec Chilpéric [20]. Ne retenons pas le témoignage de la vie de saint Médard [21] assurant qu'un pasteur (*pastor*) fut donné, de son temps, à l'Eglise de Tournai, Eleuthère. Le récit de cette création épiscopale, dans la *Vita*, illustre une anecdote merveilleuse : c'est le futur évêque de Soissons qui aurait prophétisé, alors qu'il était encore à l'école, à un jeune garçon son élévation à la responsabilité pastorale. Il faut s'en tenir à quelque certitude plus prosaïque et plus positive : l'existence d'un évêché de Tournai dans le troisième quart du vi[e] siècle ; celui-ci n'est plus mentionné par la suite au viie siècle.

---

15. *Epistulae Austrasiacae*, 1, éd. W. GUNDLACH, *Corpus Christianorum*, 117, 1957, p. 407-408.

16. *Fastes*, III, p. 138 : G. est en tout cas attesté dans les souscriptions du concile d'Orléans de 549.

17. Tongres appartient, à l'époque romaine à la *Germania II*, puis dépend, après la mort de Clovis, de Clotaire tandis que Thierry exerce son autorité sur Reims : *Fastes*, III, p. 189. Sur la lettre de Rémi : *Epist. Austr.* citées, 4, p. 411-413.

18. E. DE MOREAU, I, p. 51-70 ; J. LESTOCQUOY, « L'origine des évêchés de Belgique Seconde » dans *RHEF*, 32, 1946, p. 43-52 ; v. aussi F. VERCAUTEREN, « Les civitates de la Belgique seconde » (*Mém. Ac. royale Belgique*, 33), 1934.

19. *Fastes*, p. 115. *Concilia Galliae*, II, p. 161 et p. 168 : ce ne peut être ni l'évêque de Tours, ni celui de Rennes, ni celui de Rodez.

20. *Hist. Fr.*, V, 22.

21. *Vita Medardi*, 87, *MGH, SRM*, IV, P. 68 (BHL 5864).

J'userai volontiers de la même précaution, prenant le risque de l'hypercritique, pour la région d'Arras et de Cambrai : l'existence historique de Vedastus (saint Vaast) paraît peu contestable, mais tout le récit de son investiture épiscopale appartient à l'éloge que compose, à la gloire du saint missionnaire, Jonas de Bobbio, au VIIe siècle. En revanche, les actes du concile de Paris en 614 mentionnent : *ex civitate Marace* (c'est-à-dire *Camaracensis*) *episcopus Gaugericus* [22]. Après lui, Bertoaldus qui est probablement le successeur de Géry porte le même titre [23] : il faut donc placer à la fin du VIe siècle ou au début du VIIe siècle l'existence d'un siège épiscopal à Cambrai. Pour la cité des Morins, nos repères apparaissent plus fragiles encore : le témoignage de la *Vie* de saint Omer, composée, on le sait, à une époque plus tardive encore que les deux autres *vitae* déjà citées, ne donnent guère de certitudes ; mais l'évêque Audomarus signe un privilège de Clovis II avec le titre d'*episcopus Tarvinainsae ecclesiae*, dans une charte, délivrée en 633 pour les moines de Sithiu [24]. Folcuin au IXe siècle est toujours désigné comme l'*antistes urbis Tarvennae*, même s'il prend, en ce temps de la renaissance carolingienne, qui aime les références archaïsantes, le titre d'*episcopus Morinorum*.

Les titulatures de ces évêques dessinent un peu la géographie ecclésiastique : celle-ci s'organise autour de trois centres stables, à Tournai pendant la seconde moitié du VIe siècle, dès la fin du siècle à Cambrai, et au milieu du VIIe siècle pour la cité des Morins, à Thérouanne. On ne peut délimiter avec précision les zones d'influence de leur intervention missionnaire, d'autant qu'il n'y a point d'indices, pour le VIIe siècle, du maintien d'un évêque à Tournai.

2. Quelques rares monuments, quelques indices tirés des textes permettent de jalonner, dans les cités épiscopales, la présence chrétienne. Dans le cas de Cambrai, les témoignages de la troisième version de la *Vita Gaugerici*, celui des *Gesta Episcoporum Cameracensium*, composés dans la première moitié du XIe siècle, paraissent tardifs, malgré la brillante tentative de Michel Rouche pour dessiner la topographie de la ville mérovingienne [25]. Dans ces sortes d'enquêtes qui portent sur un territoire incertain et mal connu de l'histoire, une saine rigueur interdit, par principe, de recourir à des textes médiévaux, précisément pour tout ce qu'ils projettent de reconstruction fantastique et d'anachronismes naïfs dans un passé obscur : c'est le cas d'une version de la *Vita Gaugerici* (la *vita* III), une amplification littéraire et filandreuse, un texte contemporain des *Gesta Episcoporum* du XIe siècle, composé peut-être par l'auteur de cette chronique épiscopale, pour satisfaire la curiosité et les ambitions de

22. *Conc. Galliae*, II, p. 281.
23. MGH, *Conc.*, I, p. 203.
24. J.-M. PARDESSUS, *Diplomata ...*, Paris, 1849, II, n°344, p. 122. De même Bainus, en 701 : *MGH, SS*, II, p. 275 : *episcopus de civitate Tyroanda* ; pour Folcuinus, outre le titre d'*episc. Morinorum, antistes urbis Tarvennae*, *MGH, SS*, p. 429 et 428 (de même dans le cartulaire de Saint-Bertin, IV, p. 185, édité par B. GUÉRARD).
25. M. ROUCHE, « Topographie historique de Cambrai durant le haut Moyen Age (Ve-Xe siècle) », dans *Revue du Nord*, 58, 1976, p. 339-347.

l'évêque local, Gérard (1012-1051) [26]. Pour ces premiers siècles de l'Eglise cambrésienne, il faut s'en tenir au texte de la première *vita* de saint Géry, écrite probablement au viie siècle [27]. L'hagiographe qui compose la vie du saint selon le schéma classique de ces biographies pieuses ne s'attarde guère à la description de la ville ; mais il connaît Cambrai et il appartient sans doute à son clergé. A l'époque où il écrit, la ville compte une église, une *ecclesia*, l'édifice de la liturgie épiscopale, et aussi plusieurs *basilicae*, entre lesquelles Géry organise des processions et un service stationnal ; parmi celles-ci, la vie de saint Géry mentionne une *basilica sancti Quintini* et elle attribue à l'évêque une fondation, la *basilica sancti Medardi*, (quem ipse vivens edificare iussit in loco, unde idola distruere procuravit). L'édifice accueille les restes de l'évêque : il s'agit donc d'une basilique funéraire, Saint-Médard, sur le Mont-aux-Bœufs [28]. Deux siècles plus tard, une charte de 816 se réfère à l'*ecclesia in honorem s. Mariae* [29] : on peut reconnaître la dédicace que reçut finalement la cathédrale, anonyme au temps de saint Géry. Si médiocres que soient ces indices [30], ils suggèrent l'existence d'une petite métropole chrétienne, à la fin du vi[e] siècle, au nord-ouest de la Gaule.

En comparaison de Cambrai, les indications, dont l'historien dispose pour Arras, paraissent fragiles, embrumées de légende. Un seul texte peut témoigner : la Vie de saint Vaast rédigée par Jonas de Bobbio [31] ; à la différence de l'hagiographe local qui compose la vie de Géry, une génération après la mort du saint, Jonas ne connaît guère Arras, où il a fait peut-être un bref passage et surtout il doit écrire l'histoire d'un moine plus d'un siècle après sa disparition. C'est dire qu'on ne peut attribuer à ces deux textes une égale pertinence documentaire. Dans sa description d'une ville livrée aux ronces et aux bêtes sauvages, l'hagiographe de Vedastus souhaite célébrer l'œuvre pionnière du missionnaire, autant

---

26. Du reste, le texte invoqué par M.R., p. 342 (16), irrecevable parce qu'il est trop tardif, parce qu'il évoque l'œuvre d'un Vedulfus, un évêque dont l'existence même est incertaine, n'indique pas la fondation d'une *ecclesia*, d'une cathédrale. Les *Gesta* (*MGH, SS*, VII, I, 12, p. 407) expliquent que la *specialis principatus aula* est reçue à Cambrai ; ce transfert de la cathédrale illustre, par une image alambiquée, le transfert d'un siège épiscopal d'une ville à l'autre. D'autre part, la référence aux *Virtutibus s. Martini*, 10 de Grégoire de Tours ne prouve rien. Quelqu'un de l'Eglise de Cambrai s'est rendu à Tours (avant 590) : on ne peut en déduire que ces reliques aient été réclamées par l'évêque, et, même en ce cas, qu'elles aient été déposées dans un édifice et finalement que celui-ci ait reçu aussitôt la dédicace à saint Martin. Cf. un échafaudage d'hypothèses analogue pour situer la fondation de Sainte-Croix à la fin du viie siècle, sous prétexte que la *Vita Radegundis* atteste l'arrivée de reliques de la Croix vers 570.

27. *Vita Gaugerici* (BHL 3286) dans *MGH SRM*, III, p. 652-658. L'éditeur B. Krusch et aussi Van der Essen proposent pour ce texte une chronologie haute (L. VAN DER ESSEN, *Etude critique sur les Vitae des saints mérovingiens de l'ancienne Belgique*, Louvain, 1907, p. 208).

28. On ne parle pas dans le texte de la destruction d'un temple mais de celle d'une idole (contra, M. Rouche), v. *Vita*, 7 et 8, *éd cit.*, p. 654-655 et pour Saint-Médard, 13-15, p. 657-658.

29. Si l'on en croit la charte recueillie dans les *Gesta*, I, 39, p. 415.

30. On ne retiendra pas non plus la construction insolite qui accorde une valeur indicative à la tradition du xiie siècle sur l'antiquité de Saint-Pierre (ROUCHE, p. 343-344).

31. *Vita Vedastis* (BHL 8501) dans *MGH, SRM*, III, p. 406-413 ; une autre vie, amplifiant celle de Jonas est due à Alcuin (*ibid.*, p. 414-425) v. I, DEUG SU, « L'opera agiografica di Alcuino : la vita Vedastis » dans *Studi medievali*, 21, 1980, p. 665-706 ; sur Jonas, v. la mise au point de P. VIARD, *Dict. Spir.*, VIII, col. 1267-1269.

que l'intervention d'un roi converti, Clovis, une sorte de nouveau Constantin. C'est celui-ci qui a envoyé saint Vaast et lorsque ce dernier arrive
sur place, il trouve l'église (*ecclesia*) abandonnée, dans une ville mise à sac
par les Huns. Le saint chasse un ours de l'édifice [32] ; c'est le seul épisode
qui illustre l'intervention de saint Vaast dans la topographie urbaine :
malheureusement, cet épisode merveilleux, attestant la victoire du saint
sur une bête féroce, se retrouve, sous la plume de Jonas lorsqu'il évoque
les prodiges réalisés par Colomban (*Vita*, 17). On a le sentiment que
l'hagiographe ne reconstitue la vie d'un saint qu'il connaît mal, qu'en
puisant dans les hauts faits d'un autre moine, dont il est proche. La tradition érudite localise *l'ecclesia* en la plaçant dans le site de la cathédrale du
XIIᵉ siècle... Jonas lui-même voudrait suggérer que ce premier établissement chrétien a servi d'église épiscopale, puisqu'il parle de son autel, *ubi
ipse (Vedastus) pontifecale cathedrae fungebat officio*, là où Vedastus assurait
l'office pontifical de sa chaire, de son enseignement. Mais dans le même
texte, l'hagiographe nomme, sans plus de précautions, le clerc qui assure
la direction de la liturgie : le *venerabilis Scupillio, arcepresbyter loci illius* [33].
Cette précision inattendue manifeste l'incohérence de tout le récit : le
titre paraît réservé au VIᵉ siècle au prêtre qui a la responsabilité d'une
plèbe, d'une « paroisse », comme l'attestent les canons contemporains du
concile de Tours. La présence d'un archiprêtre à Arras exclut l'établissement, à la même époque, d'un évêque ; on peut en déduire que cette
église, située sans doute à l'intérieur d'un *castrum* (dont la Vita mentionne les murs au VIIᵉ siècle), n'est pas une cathédrale. C'est l'édifice qui
reçut, comme l'indique un texte du IXᵉ siècle (?), la dédicace de la
Vierge : *ecclesiae beatae semper virginis Mariae* [34]. En même temps, la *Vita
Vedastis* localise l'installation du missionnaire : un oratoire que le saint
construit avec des planches sur la rive droite du Crinchon [35]. Jonas
s'embarrasse dans une justification embrouillée pour expliquer les raisons qui amènent les fidèles d'Arras à enterrer Vaast loin de son ermitage
(à *Nobiliacus*). De fait, celui-ci n'était point préparé pour accueillir une
sépulture. Alcuin qui attribue à Scupilio l'archiprêtre le titre de *secretarius*
corrige : c'est dans l'oratoire qu'est enterré Vedastus. Un clerc forge le
récit d'une translation qui aplanit les contradictions en imaginant un

---

32. *Vita*, 6, p. 409-410.

33. *Ibid.*, 9, p. 413 ; sur l'archiprêtre à l'époque mérovingienne, v. *Conc. Turonense* (567), canons
7,20 dans *Concilia Galliae*, II, p. 178 et 183 ; v. aussi les remarques toujours pertinentes de IMBART
DE LA TOUR, *Les paroisses rurales dans l'ancienne France*, Paris, 1979 (1898), p. 74-87.

34. D'après la *translatio, ibid.*, p. 426 (texte du XIᵉ siècle selon KRUSCH, ÉD. CIT., p. 402) ; voir
Mgr. LESTOQUOY, « Les étapes sur le développement urbain d'Arras » dans *RBPh*, 23, p. 163-186,
ici, p. 168 ; v. C. BRÜHL, *Palatium und Civitas, I. Gallien*, Cologne, 1975, p. 91-100. P. Leman, dans
une notice en préparation pour *La Topographie des Cités de la Gaule* (à paraître en 1986) réunit les
témoignages des découvertes récentes : près de la cathédrale, un élément de mur et d'un fossé ; rien
qui permette de retrouver les murs du *castrum*, sauf l'indication de tombes datant de l'antiquité, en
bordure de la rue d'Amiens, qui se situe dans une zone *extra muros*.

35. *Vita*, 9, p. 412 : *in oratorio, quem ipse vivens de ligneis tabulis super litus fluviolo aedificaverat ; sed
tamen nec locus sic delectus nec monumentum praeparatum esse videbatur.*

retour des reliques de l'église à *Nobiliacus* [36]. Après Jonas, en effet, le lieu saint où Vaast avait fait retraite, accueille un monastère que mentionnent des actes du ixe siècle, au moins dès 843 [37]. Pour longtemps, ce monastère, que protègent de solides défenses, constitue, au sud-ouest de l'ancien *castrum*, le centre privilégié de la vie chrétienne [38]. Au total, le récit de Jonas suggère l'existence à Arras d'une organisation sommaire, une église avec un archiprêtre, l'oratoire d'un saint, puis un monastère. On ne trouve rien dans ces indications elliptiques qui puisse contredire la position éminente de Cambrai.

Une étude récente de la topographie chrétienne à Tournai, procurée par messieurs Dumoulin et Pycke [39] illustre la précarité de l'établissement missionnaire. Les deux auteurs ont compilé avec beaucoup de soins le dossier de la cathédrale, mais ils prêtent trop de crédit à l'hagiographe qui écrit la vie de l'évêque Eleuthère [40]. Car celui-ci ne peut rien nous apprendre sur la ville du vi^e siècle ou du viie siècle : il écrit pour commémorer l'invention du corps saint, accomplie le 18 septembre 897. A la fin du ixe siècle, l'auteur cite une *ecclesia beatae Mariae*, mais son témoignage ne suffit pas à fixer pour la construction de la première cathédrale un *terminus a quo* ; autrement dit, le groupe qu'il décrit, avec Sainte-Marie, la *basilica S. Stephani* située en arrière de la première, est sûrement documenté pour l'époque carolingienne, au moment de l'installation d'un chapitre attesté par un diplôme de Louis le Pieux. Les indications confuses que donnent des sondages [41] dans le sous-sol de l'actuelle cathédrale ne pallient guère le silence des textes. Pour une époque plus ancienne, on ne connaît point d'édifice urbain, puisque Saint-Pierre n'est pas mentionné avant le xe siècle [42] : rien n'autorise à placer l'église avant l'époque carolingienne. En revanche, les investigations de M. Amand, de H. Lambert et de H. Roosens, à Saint-Piat [43], dans le sous-sol d'une église romane, ont reconnu des vestiges romains et les traces incontestables d'un établissement chrétien de haute époque. Dans une zone de sépultures tardives, H. Roosens a reconnu un caveau de pierre destiné à un

36. *Vita II* (Alcuin), 9, *éd. cit.*, p. 423 ; pour la date de la translation, voir *Acta Sanctorum, Febr.*, I, p. 799.

37. Ces textes sont réunis, par exemple, par C. BRÜHL, *Op. cit.*, p. 92, qui place au milieu du vi^e siècle la fondation du monastère, sans argument décisif. Jonas dans la *Vita* n'y fait aucune allusion.

38. Sur le développement d'un *castrum* autour du monastère v. BRÜHL, *op. cit.*, p. 92 (14) et p. 95 et surtout pour la topographie chrétienne, à l'époque carolingienne, mieux connue grâce aux inscriptions d'Alcuin : J. LESTOQUOY, *op. cit.*, p. 169 et p. 172-173 ; ces poèmes attestent l'existence d'une *ecclesia sancti Vedasti* et rappellent que le *Templum sancti Petri* a été reconstruit, au temps d'Alcuin, après un incendie.

39. J. DUMOULIN & J. PYCKE, « Topographie chrétienne de Tournai, des origines au début du xiie siècle ; problématique nouvelle », dans *Sacris Erudiri*, 26, 1983, p. 1-50.

40. *BHL*, 2455, AA SS, *Febr.*, III, p. 192-198. Sur cette vie A. D'HAENENS dans *DHGE*, XV, col. 150-153.

41. Voir DUMOULIN & PYCKE, *art. cit.*, p. 7 et 8, sur les sondages de 1928 et de 1964 : p. 10-11 et p. 42.

42. *Ibid.*, p. 16.

43. *Archaeologica Belgica*, 222, Bruxelles, 1980 : « Le sous-sol archéologique de l'église Saint-Piat à Tournai », I, M. AMAND & H. LAMBERT, « Vestiges romains et édifices religieux », II, H. ROOSENS, « Les sépultures paléochrétiennes ».

enfant, pour lequel il suppose la protection d'une petite *cella* [44]. Cette construction légère, en tout cas, avait totalement disparu sans laisser de traces notables. Au contraire, les indices paraissent sûrs, d'après le rapport, pour reconstituer un édifice à trois nefs, de 13,20 mètres de long pour une largeur de 13,70 mètres, pourvu d'une abside d'une forme assez insolite par ses dimensions (longue de 4,80 mètres, avec une profondeur égale) et par son raccordement aux nefs latérales avec deux décrochements. Dans la zone de cette dernière se superposent des tombes, dont l'une, établie au niveau des dalles constituant le fond du premier caveau, a restitué un mobilier funéraire assez riche dont H. Roosens fixe la chronologie au début du vi[e] siècle. Le savant archéologue a pu préciser, en étudiant les autres sépultures, réparties à l'intérieur de l'édifice, que la céramique la plus récente recueillie dans les sépultures remonte au milieu du viie siècle. Ainsi l'utilisation funéraire dure plus d'un siècle, depuis les premières décennies du vi[e] siècle. Pour interpréter cet ensemble, H. Roosens propose de reconnaître une première *memoria*, entourée de sépultures, puis l'établissement d'une basilique funéraire *ad Sanctos*. Il faut reconnaître la précision et la sûreté de cette analyse autant que l'élégance de sa publication. Que H. Roosens (il sait toute l'admiration que je porte à son œuvre à la tête du service belge des fouilles) m'autorise une précaution de principe. L'indication d'une tombe martyriale ne peut être sûrement établie, d'autant que la construction de l'édifice basilical ne respecte pas particulièrement le caveau : autrement dit, dans la zone de Saint-Piat, la continuité d'une utilisation funéraire est indiscutable. Mais il semble impossible (dans l'état actuel du dossier) de démontrer la continuité d'une affectation chrétienne, de la « cella » à la « basilique funéraire ». Cet édifice, bien reconnu, a dû recevoir (comme c'est souvent le cas en Gaule) des reliques et il a assuré une fonction pour la liturgie des saints et pour celle des morts. Dans la ville de Clovis, on imagine que l'aristocratie locale souhaitait protéger ses morts d'un monument placé sous la protection de quelques fragments (symboliques ou réels) de corps saints. Quand à saint Piat, il apparut très tard, puisque la première mention de cette dédicace remonte au xiie siècle. Au nord et au sud de l'Escaut, la zone suburbaine de Tournai reçut des édifices analogues : mais les arguments manquent pour fixer à haute époque la chronologie de Saint-Brice, établi au-delà du fleuve, près du tomeau de Childéric : un édifice, mal daté, précède l'église romane [45]. S'il remonte, comme il est possible, à l'époque mérovingienne, il assure les mêmes fonctions que Saint-Piat. Ces deux édifices, assez sûrement connus (au moins le premier), illustrent probablement la christianisation d'une aris-

---

44. H. ROOSENS, *op. cit.*, p. 48 : la tombe I semble vidée et détruite. L'enfouissement au même niveau de la riche tombe d'une jeune fille (n°7) ne démontre pas, même si l'hypothèse est possible, la volonté d'une sépulture *ad sanctum*.

45. DEMOULIN & PYCKE, *op. cit.*, p. 28-32 : d'après P. ROLLAND, *L'église Saint-Brice à Tournai aux époques romane et gothique*, Anvers, 1945, p. 18-20.

tocratie : ils ne suffisent pas à démontrer l'importance d'un centre épis-copal [46].

Pour la cité des Morins, notre information est moins complète encore : dans la Boulogne antique, un essai de topographie urbaine permet d'identifier les nécropoles, l'extension de la ville au ive siècle sur le plateau de la Ville-Haute et près de l'anse de Bréquerecque. Mais sur le plateau, la zone de l'enclos de l'évêché ou celle de la rue de Lille, près de la cathédrale accueille, dès le vie siècle, quelques sépultures [47]. N'abusons pas d'un argument *a silentio* ; il convient de noter au moins qu'il renforce le témoignage des textes pour la prééminence de Thérouanne. H. Bernard en étudiant les cathédrales de la ville s'attachait récemment à analyser les constructions du haut Moyen Age [48]. Après avoir minutieusement et tenacement poursuivi son analyse du site et de ses vestiges, ce dernier propose d'identifier un sanctuaire antérieur à l'époque carolingienne, un édifice, de 18 mètres sur une largeur de 8 à 10 mètres, d'une forme étrange, d'un plan mal défini, bouleversé par l'implantation tardive d'une tour gothique. Certes, le savant chercheur décèle quelques traces, et au mieux, selon le rapport même, le flanc d'un chevet polygonal. En fait, l'hypothèse restitue un édifice en l'articulant sur les monuments voisins et postérieurs plus sûrement reconnus. On admettra au moins que la chronologie proposée pour cette construction pré-carolingienne corrobore le témoignage de l'histoire en fixant au viie siècle l'établissement d'un évêque à Thérouanne. D'autres découvertes jalonnent la géographie chrétienne, avec les oratoires établis dans des *villae* de Belgique, à Nivelles ou à Fosses, dans des *vici* (Saint-Martin de Franchimont) sans oublier Famars : mais généralement ces édifices chrétiens sont plus tardifs (viie siècle ; viiie siècle) [49] ; ils évoquent moins directement cette étape essentielle de la mission : la création d'un réseau épiscopal ; celui-ci s'ébauche, après quelques tentatives avortées, s'appuyant sur Cambrai et finalement sur Thérouanne, en arrière des pays de la façade maritime.

3. Les vies des saints illustrent ce lent cheminement de la prédication chrétienne ; mais il faut définir exactement les limites de l'investigation. Les sièges orientaux de la Belgique Seconde célèbrent localement des

---

46. Pas d'indices sûrs pour Saint-Quentin, mentionné en1108 (DUMOULIN & PYCKE, *op. cit*, p. 22), ni pour Saint-Martin, sûrement antérieur au xie siècle *ibid.*, p. 25). Saint-Eloi est attesté aussi au xie siècle (*ibid*, p. 32). On connaît un Balderedus, *abbas ecclesiae Turnacensis : Vita Eligii*, II, 35, *MGH, SRH*, IV, p. 720.

47. Titre de l'étude procurée par J.Y. GOSSELIN, CL. SEILLIER & P. LECLERCQ dans *Septentrion*, 6, 1976, p. 5-15 ; dans la même revue, de J.Y. GOSSELIN & CL. SEILLIER, « Les fouilles de la rue de Lille », 9, 1979, p. 50-57. Tout à fait discutable, la chronologie de P. HÉLIOT (dans la *Revue Arch.*, I, 1958, p. 158-182 et II, p. 40-62), en particulier pour l'abbaye Notre-Dame et pour Saint-Martin (ici, p. 55).

48. H. BERNARD, « Les cathédrales de Thérouanne » dans *Archéologie médiévale*, 10, 1980, p. 105-152 ; en particulier p. 114-116, v. pour les extrémités sud et est (fig. II et aussi fig. 7). Cependant la figure 24 qui propose le plan de cette « annexe » distingue mal des vestiges les restitutions. La *Vita Audomari* est publiée par B. KRUSCH, MGH, SRM,V, p. 753-761 (BHL 763).

49. Voir dans *Childéric-Clovis*, la note de A. DIERKENS, p. 159 ; pour Famars, P. LEMAN, *Gallia*, 33, 1975, p. 272 ; pour Gand, A. VON DORSELAER, *Halinium*, 17, 1977, p. 214.

martyrs : le Martyrologe hiéronymien consigne, pour le 23 août, l'anniversaire de Timothée et d'Apollinaire, sans doute le culte importé d'un Romain et d'un Ravennate, comme l'estime H. Delehaye [50]. Soissons, dont Grégoire mentionne une basilique, honore le 25 octobre Crépin et Crépinien et, pour le 14 juin, Valère et Rufin ; dans l'oppidum, qui porte finalement son nom, saint Quentin, que connaît aussi Grégoire, est fêté le 31 octobre, Victoric et Fuscien, le 11 décembre. A toutes ces indications, consignées dans le Martyrologe du vie siècle, s'ajoutent les inventions mentionnées plus tardivement ; pour saint Piat, le mérite revient à Eloi de Noyon qui découvre à Seclin le corps saint [51]. Le même grand prélat joue un rôle décisif pour Lucien de Beauvais. Au total, le calendrier semble constitué (à l'exception sans doute du culte de saint Piat) à l'époque où la mission s'organise vers l'ouest de la Belgique Seconde. Mais la littérature pieuse qui célèbre les saints de Reims, de Soissons ou de Saint-Quentin apparaît bien plus tard : au ixe siècle, pour la vie de Crispinianus et de Crispianus, au xe siècle pour celle de Piat, au mieux à l'époque carolingienne. Tous ces récits, en célébrant les premiers missionnaires, exaltent les martyrs et ils forment, comme le notait déjà Duchesne, un groupe assez caractérisé ou même, dans le cas des légendes de Soissons, d'Amiens et du Vermandois, un cycle qui englobe aussi Lucien de Beauvais. Ces Romains, venus porter la Bonne Nouvelle jusqu'à la Gaule, subissent les outrages d'un même persécuteur, le cruel Rictiovarus, préfet de l'empereur Maximien. Suivant un autre récit, le prêtre Lucien reçoit de saint Pierre lui-même sa mission ; mais c'est l'empereur Julien qui le fait poursuivre. En somme, les hagiographes imaginent que des missionnaires romains ont œuvré pour la conversion des provinces gauloises. Mais ce tableau de la christianisation dans le cycle de Rictiovar, auquel C. Jullian voulait prêter quelque réalité, apparaît tardivement, au ixe siècle ou au xe siècle.

Pour les régions occidentales, quelques récits, plus anciens (du viie siècle au viiie siècle), plus proches des événements suggèrent une image tout à fait différente : la vie de saint Géry, celle de saint Vaast ou même celle de saint Omer [52]. Des trois récits, celui de Jonas de Bobbio qui compose la vie d'un évêque d'Arras, paraît le plus rhétorique : l'auteur (on le sait) attribue à Vedastus des miracles qu'il utilise aussi pour la biographie de Colomban [53]. Cette sorte de rencontre indique sans doute que l'auteur, mal informé pour Vedastus, dessine un portrait idéal du missionnaire. Souvent, celui-ci vient d'une noble famille. Il suffit d'en évoquer, pour les trois vitae, les traits caractéristiques. Géry appartient à une modeste aristocratie romaine (Vita, I) ; Omer descend de notables chrétiens éta-

---

50. H. DELEHAYE, « Les origines du culte des martyrs » dans Subsidia hagiographica, 20, (Bruxelles, 1933, p. 361-362 ; v. aussi DUCHESNE, Fastes, p. 141-152.
51. Vita Eligii, II, 7 dans MGH, SRM, IV, p. 699 sq. Sur saint Piat, voir la note de M. COENS, en appendice au rapport de H. ROOSENS, art. cit., p. 70-71.
52. Voir notes 27, 31, 48.
53. E. DE MOREAU, op. cit., p. 55-56 : voir supra.

blis à Coutances (*Vita*, I). Les trois saints suivent, au début de leur expérience spirituelle, une vocation monastique. Vedastus mène à Reims une vie d'ascète, retranché dans une cellule (*Vita*, 4) ; Géry (*Vita*, I-5) dans sa ville natale, à Carignan, pratique le jeûne, avant de recevoir le diaconat ; Omer, accompagnant son père, gagne le monastère de Luxeuil (*Vita*, 2). Tous, ils ont reçu leur mission du roi ; c'est Childebert II qui mandate Géry (*Vita*, 6), Dagobert, qui choisit Omer (*Vita*, 4) et pour saint Vaast, Clovis, (*Vita*, 3). Jonas associe l'évêque de Reims, Rémi, à la désignation du missionnaire (*Vita*, 6), tandis que c'est le successeur d'Eloi, Acharius de Noyon qui consacre Omer. Ainsi de l'est à l'ouest, de multiples liens relient les sièges épiscopaux de Belgique Seconde [54]. L'hagiographe considère que la mission doit commencer avec l'envoi d'un évêque, désigné par le pouvoir, consacré par le métropolitain ou par un prélat influent. Amand reste, pendant de longues années de son activité missionnaire, un simple moine ; mais Jonas de Bobbio, au moment où il évoque cette période de son activité spirituelle à Elnone, lui donne le titre de pontife [55]. Amand assurait-il les fonctions d'un évêque, envoyé en mission sans avoir reçu l'investiture d'un siège ? Ou bien Jonas associe-t-il systématiquement le titre d'évêque pour ceux qui reçoivent la charge de cette aventure pastorale en terre païenne ? L'hagiographe pouvait être bien informé en ce qui concerne son contemporain Amand ; son témoignage paraît beaucoup moins sûr dans le cas de saint Vaast. Doit-on, dans ces conditions, concilier des témoignages contradictoires en imaginant un transfert du siège épiscopal d'Arras, occupé par Vedastus au début du vie siècle, à Cambrai, où s'établit Gaugericus à la fin du siècle ? Les hagiographes, et à leur suite toute une tradition érudite, ont choisi cette solution. Les premiers tentèrent de lui donner consistance en créant deux évêques tout à fait inconnus, Dominicus et Vedulfus, pour assurer de saint Vaast à saint Géry une continuité vraisemblable [56]. Les savants modernes évoquent des parallèles, le transfert de Tongres à Maastricht, de Tournai à Noyon, et même celui plus récent de Thérouanne à Boulogne. Le premier exemple seul peut s'appuyer sur l'existence anciennement attestée dès le ive siècle (Tongres) et il s'agit d'une adaption de la géographie ecclésiastique à l'évolution politique et urbaine. A Tournai, l'expérience épiscopale dure quelques décennies et dépend sans doute du rôle de cette résidence royale, devenue prestigieuse depuis l'ascension du fils de Childéric [57]. Arras ne pouvait prétendre à tant d'importance. En

---

54. Gery dédie une église à saint Médard, qui du reste prophétise l'investiture d'Eleuthère à Tournai ; voir aussi les « inventions » de saint Eloi, supra. Voir dans la *Vie de saint Omer*, le culte des saints d'Amiens (*Vita*, 5, *éd. cit.*, p. 756).

55. *Vita Columbani*, MGH, SRM, IV, p. 62.

56. Vedastus n'est pas mentionné dans le testament authentique de Rémi (J. DEVISSE, *Hincmar, archevêque de Reims*, Genève, 1976, p. 107) ; mais il apparaît avec le titre d'évêque dans la version interpolée (*CC* 117, p. 486), très tardive.

57. Jonas, dans la *Vie* de Columban, II, 8, *MGH, SRM* IV, p. 123, nomme Acharius, *Veromandorum et Notiomensis ac Tornacensis episcopus* et donne à Audomarus le titre *Bononiae et Tharaonensis oppidi* (*episcopus*). Bononia est mentionnée dans la *vie* de Saint-Omer, 8, *éd. cit.*, p. 757, non dans sa titula-

réalité, cette hypothèse du transfert projette dans le passé ancien l'image d'un réseau épiscopal solide, retouché au gré des besoins d'une Eglise établie. Rien ne dit que saint Vaast, s'il a reçu l'épiscopat, ait été installé dans un siège fixe, puisqu'Arras est confié (selon Jonas lui-même) à un archiprêtre. Plus probablement, l'hagiographe imagine pour l'action de Vedastus une mission pastorale analogue à celle qu'au viie siècle, Amand accomplit, de la Belgique à la Germanie, celle d'un moine et d'un missionnaire : celui-ci dut consentir pendant trois ans à s'établir dans un siège épiscopal à Maastricht ; il retourna dans son monastère d'Elnone. Saint Vaast vit près d'Arras comme un solitaire.

Les hagiographes permettent assez bien de se représenter les premiers temps de la mission chrétienne dans cette Gaule longtemps isolée : le rôle décisif des rois, du métropolitain de Reims ou de quelque siège influent en Belgique Seconde, comme Noyon au temps d'Eloi. Dans cette entreprise, toute l'Eglise mieux organisée dès la fin du ve siècle à l'est de la Belgique Seconde joue un rôle décisif. A l'origine, ce sont les missionnaires qui parcourent les pays, souvent des moines, qui reçoivent parfois la charge épiscopale. La conversion est assurée par l'installation durable de sièges épiscopaux dont nous entrevoyons l'enracinement monumental : pour un temps à Tournai, sûrement à Cambrai, finalement à Thérouanne. En deux siècles (vi^e-viie siècles) la progression est bien lente, que renforce l'œuvre d'Amand en Flandre, puis celle de Willibrord en pays frison.

Charles PIETRI

---

ture. Dans la *Vie* II de saint Léger (*MGH, SRM*, V, p. 345), Vindicianus porte le titre de *praesul Adrabatensis* ; mais c'est un texte tardif.

CHIESA E COMUNITÀ LOCALI
NELL'OCCIDENTE CRISTIANO (IV-VI D. C.):
L'ESEMPIO DELLA GALLIA

di Charles Pietri

Un teologo romano del IV secolo osserva, commentando la predicazione di Paolo sulla diversità dei carismi (*Eph.*, 4, 11), che i progressi della missione hanno determinato una specializzazione rigorosa dei ministeri. Tutti, profeti ed evangelizzatori, pastori e dottori, nei primi tempi, portavano la buona novella e il battesimo; ma ormai non c'è nemmeno un chierico che osi svolgere un ministero per il quale non è stato ordinato. L'Ambrosiaster precisa un po' meglio il senso di questa evoluzione aggiungendo che essa maturò nel momento in cui dovunque (*omnia loca*) furono fondate piccole comunità cristiane (*conventicula*)[1]. L'imprecisione di questo vocabolo non può non sorprendere: l'esegeta non si riferisce all'immagine abituale, dominante, della Chiesa « locale »: una *ecclesia* con il suo vescovo insediato nella città, un gregge raccolto intorno a uno dei suoi pastori la cui comunione collegiale sigilla l'unità fraterna della Chiesa universale. « Ecclesia plebs sacerdoti unita et pastori suo grex adhaerens », secondo una formula coniata da Cipriano di Cartagine[2]. L'Ambrosiaster non immagina di contestare questa ecclesiologia; egli osserva semplicemente che lo sviluppo dell'opera missionaria pone, nella pratica, nuovi problemi. In quell'Italia dove la rete delle città episcopali si è più ampiamente diffusa, come organizzare le piccole riunioni di fedeli, i *conventicula*, come riunire un popolo più numeroso e diverso nella città, come costituire, nel seno dell'*ecclesia* episcopale, piccole comunità per le plebi lontane dalla città, alle quali i missionari hanno cominciato a portare il Vangelo? Dopo i giuristi e i teologi del XVII secolo, dopo De Ram che pubblicò a Lovanio verso la metà del secolo scorso, i canonisti tedeschi, G. Phillips, P. Hinschius, E. Loening, U. Stutz[3], compilarono un dossier sull'origine delle pri-

me parrocchie che privilegiava — come conseguenza dello stato della
nostra documentazione — la Gallia. Ma essi unirono talvolta a questa
indagine un'attenzione smisurata per la ricerca delle tradizioni germaniche, alcuni pregiudizi ecclesiologici, uno spirito di sistema che l'ele-
gante sintesi di Imbart de la Tour, pubblicata nel 1900, ha fortuna-
tamente emarginato dal dibattito[4]. Quest'ultima è stata arricchita a
sua volta dalle suggestive idee di W. Seston sugli antecedenti antichi
della prima geografia parrocchiale e anche della polemica tra N. Müller e P. de Labriolle sull'evoluzione semantica di *parrochia*[5]. Più
recentemente, E. Griffe ha ricapitolato, nella sua storia della Gallia
cristiana, le testimonianze letterarie, le quali non produrranno più
alcuna scoperta fin tanto che non sarà possibile — in particolare per
l'Italia e per la penisola iberica — confrontarle con un bilancio cri-
tico delle scoperte archeologiche[6].

Il momento sembra giunto di sfoltire le innumerevoli teorie che
affollano la storia della cristianizzazione occidentale. C'è infatti una
petizione di principio nel ricercare fin dall'inizio dell'indagine (e
dunque inevitabilmente nell'individuare) un dato anteriore ed ester-
no al cristianesimo, determinato da alcune circoscrizioni antiche,
cioè da un complesso di antropologia sociale che si costituisce come
il quadro determinante della geografia o dello stile dell'impresa cristiana, che si tratti della Gallia o delle comunità germaniche invo-
cate di volta in volta dalle scuole rivali. Questo atteggiamento di
pensiero è vicino a quello degli studiosi di folklore i quali presuppo-
nevano in partenza che il culto del santo s'introducesse necessariamente in quello di un eroe o di un dio appartenente alle antiche
credenze. Lo stesso ragionamento valeva per l'iconologia cristiana; si
dirà ancora che l'artista, prendendo a prestito l'immagine di Endymion per illustrare il sonno di Giona, ha costruito, dall'*Antike* al *Christentum*, una filiazione dall'amante di Diana al profeta, e che egli
aveva bisogno di utilizzare la rappresentazione dell'uno per fare cono-
scere il secondo? Lo scultore prende a prestito un linguaggio comodo
che rappresenta l'addormentamento nello spazio ristretto del sarcofago.
Beninteso, da questa analogia si trarrà solo una precauzione che consente, scartando le teorie prestabilite, di eliminare i falsi problemi.
L'analisi deve cercare di determinare in che modo il clero, e con esso
i missionari di ogni tipo, abbiano cercato di risolvere praticamente i
problemi di unità e di amministrazione che erano impliciti nel decentramento del culto e della predicazione. In Occidente il movimento di
conversione si diffonde dalle città verso le campagne, nel momento
in cui, alla luce dell'esperienza orientale, appaiono sicuramente fissati
alcuni princìpi ecclesiologici che sono illustrati dall'immagine di una
comunità locale condotta dal vescovo. Nell'organizzazione stessa della

liturgia risultano tuttavia fissati, nel IV secolo, alcuni aspetti che determinano un quadro del tutto nuovo. Per la prima volta il culto riceve un edificio specializzato, concepito per accogliere in permanenza la preghiera individuale e collettiva. Alla casa della Chiesa succede la chiesa, l'*ecclesia*. Un calendario definisce il sistema di una pastorale che, attraverso la celebrazione ebdomadaria, le grandi feste cristiane precedute da un periodo di preparazione (Pasqua e Quaresima, poi la Pentecoste, il Natale, l'Epifania e l'Ascensione), gli anniversari dei santi, cerca di tracciare, nel corso dell'anno, un tempo cristiano. Fin dalla seconda metà del IV secolo, questa liturgia utilizza in Occidente la lingua di relazione più diffusa, il latino, che era già stata modellata per l'uso cristiano con la traduzione della Bibbia. Tutte queste abitudini pastorali furono acquisite nell'evangelizzazione delle città: l'indagine deve pertanto necessariamente evocare l'immagine della Chiesa urbana con le sue comunità esterne, prima di studiare le più antiche comunità rurali organizzate. Certo non si può negare che l'impresa della conversione cercasse di adattarsi molto gradualmente alla geografia del popolamento e alle strutture delle piccole società alle quali si indirizzava l'apostolato. Per premunirsi contro i pregiudizi teorici è opportuno confrontare questo adattamento continuo con il programma e con le intenzioni della pastorale.

Queste osservazioni mirano soltanto a tracciare i prolegomeni di una nuova indagine, mettendo in luce (come è necessario e come sento di dover fare per cercare di vedere più chiaramente) tutto quanto comporta, nel diritto e nelle discipline ecclesiastiche, la creazione delle prime parrocchie, ma anche cercando di cogliere tutti i riflessi, sull'evoluzione delle sensibilità e dei comportamenti, dell'apparizione di queste nuove comunità della vita cristiana, fondate nel seno dell'ecclesia.

I. LA CHIESA URBANA E LE SUE COMUNITÀ

L'uso del latino cristiano, particolarmente in Gallia, illumina una prima distinzione tra città e campagna. Nelle città, dove si è stabilito un seggio episcopale, è lo stesso termine *ecclesia* a designare la comunità tutta e il luogo della sua assemblea liturgica. L'insediamento cristiano ha infatti creato un nuovo paesaggio urbano: installato nel cuore della città, questo edificio specializzato per il culto illustra concretamente l'unione del popolo intorno al suo vescovo. La chiesa, spesso il più antico edificio innalzato per la missione cristiana, fiancheggiata da un battistero e da una residenza episcopale — la *domus ecclesiae* — accoglie i fedeli per la preghiera comunitaria, per l'insegnamento e per la catechesi durante la quaresima che prepara il battesimo pasquale, per la colletta e il servizio dei poveri. Fuori le mura, presso i cimiteri, sorgono gli oratori e le basiliche santificate per le reliquie dei martiri e dei confessori; ma è il vescovo in persona che vi conduce il suo popolo per celebrare i santi anniversari [7]. Talvolta l'affluenza regolare del pellegrinaggio impone presso il *martyrium* la presenza dei chierici e anche la costruzione di un battistero: così, in Gallia, presso la tomba di Martino a Tours o anche nel *vicus Christianorum* della città arverna [8]. Essa non crea, a quanto pare, una comunità particolare, indipendente dalla liturgia episcopale.

Diverso è il caso delle grandi e popolose città dell'Oriente e dell'Occidente cristiani, dove prende concretamente forma una sorta di decentramento. Nell'Antiochia del IV secolo nel *martyrium* di san Babila, sorto presso una riva dell'Oronte (non lontano da un quartiere la cui popolazione aumentava) si stabilisce un clero per accogliere le riunioni della liturgia domenicale. Ne sono testimonianza Giovanni Crisostomo e Diodoro di Tarso, che predicano in assenza del vescovo [9]. In una grande città la comodità facilita l'abitudine di queste riunioni locali, consolidate talvolta dalla diffusione di un clero che vi prende dimora; a Costantinopoli le comunità monastiche hanno un prestigio particolare sugli ambienti popolari; sensibilità spirituali o culturali comuni, atteggiamenti sociali diffusi, rafforzano sicuramente alcuni gruppi che non rappresentano, in linea di diritto, delle comunità locali [10]. Sfortunatamente per l'Occidente, per Cartagine [11], per Milano, le testimonianze sono più incerte; ma nella città italiana che, a partire dalla fine del IV secolo, apre ai fedeli numerose chiese urbane e anche basiliche suburbane, talvolta molto vicine ai quartieri popolari, prendono forma, verosimilmente, soluzioni analoghe [12].

Roma fornisce un esempio eccezionale. Certamente il papa si è preoccupato, in primo luogo, di organizzare il quadro e il calendario della liturgia episcopale: fin dall'inizio del IV secolo egli dispone, grazie a Costantino, di un'immensa basilica per riunire il suo popolo. Poi egli utilizza le grandi basiliche dei martiri, quella di Pietro, quella di Paolo; il papa fonda inoltre, nel V secolo, una grande chiesa sull'Esquilino (Santa Maria Maggiore) per spostare di stazione in stazione, a Natale e alla Pentecoste, le grandi riunioni unitarie del popolo cristiano. Ma nell'arco di un secolo la fondazione di una ventina di chiese permise un'organizzazione locale della missione. Sorte casualmente, in rapporto alle donazioni, oppure maggiormente in armonia con la geografia pastorale (quando vengono pagate dalla colletta o dall'evergetismo dei preti), queste chiese tracciano, all'inizio del v secolo, una rete abbastanza fitta perché non ci siano, *intra muros*, abitazioni cristiane situate a più di 600 metri da un edificio di culto. Tutte beneficiano di una carta di fondazione — cosa che spiega il loro nome, *titulus* — che assicura, con un patrimonio di rendite, la manutenzione dell'edificio e soprattutto il mantenimento del clero. I *tituli* dei quali il vescovo controlla la costruzione e assicura la dedica, funzionano pertanto, come spiega un documento romano del vi secolo (il *Liber Pontificalis*), *quasi diocesis*; intendiamo « come una diocesi », con tutte le restrizioni che l'avverbio suggerisce [13].

All'inizio del v secolo il papa Innocenzo spiega le precauzioni prese per rendere manifesta, malgrado questo decentramento, l'unità della liturgia nella Città. I preti, che celebrano nei *tituli*, ricevono dagli accoliti il *fermentum*, un frammento di pane consacrato dal pontefice, e devono metterlo nel calice, come una sorta di lievito. Questo uso, apparso probabilmente nel iv secolo, esprime concretamente, in un quadro urbano, la teologia paolina del *sacramentum unitatis* (*1 Cor.*, 10, 17). Ma esso attesta anche, evidentemente, l'organizzazione di una liturgia locale dotata, a partire dal vi secolo, di un formulario di preghiere di cui ritroviamo le tracce nel sacramentario gelasiano [14]. Del resto il titolo ricevette un clero permanente diretto da un prete, forse il più anziano di nomina, che prendeva la qualifica di *prior* [15], talvolta quella di *archipresbyter*; egli era assistito da uno o due confratelli, in modo che uno di loro risiedesse in permanenza presso la chiesa [16]; insieme con questi stavano gli accoliti incaricati di portare il *fermentum* e i lettori che partecipavano alla lettura e alla salmodia diretta, nella liturgia pontificale, dai diaconi. Il *titulus* garantisce anche una sorta di supplenza per i sacramenti, specialmente il battesimo; all'inizio questo avveniva solo nei casi urgenti, poi con maggiore regolarità per i bambini che venivano portati, sempre più numerosi e sempre più giovani, ai fonti battesimali.

Per rafforzare questo raggruppamento locale si organizza una pastorale dei *tituli*: i preti insegnano una prima catechesi e spesso stabiliscono nelle chiese i focolari di una cultura cristiana, quelle *ecclesiarum bibliothecae* di cui parla Gerolamo [17]. Papa Damaso prevede, insieme con l'istituzione di un *titulus*, la creazione di un fondo librario. Si spiega forse così il distaccamento di giovani lettori presso le chiese dei titoli: si tratta di adolescenti che proseguono l'apprendistato del servizio spirituale. Ma i preti assicurano anche la sorveglianza morale dei fedeli, quella dei penitenti che essi possono riconciliare *in articulo mortis*, quella degli energumeni ai quali possono imporre le mani, quella dei malati ai quali portano l'olio santo benedetto dal vescovo. Per gli atti importanti della vita individuale o familiare i fedeli si rivolgono sempre più ai preti che vivono vicino a loro: fidanzati e sposi vi ricorrono, per esempio, per fare benedire la loro promessa o l'impegno definitivo. A partire dal v secolo appare l'abitudine di celebrare in chiesa — forse nella chiesa del quartiere — il matrimonio cristiano. Non conosciamo affatto, per quest'epoca, la liturgia dei morti, ma dobbiamo ritenere che il prete assistesse con le sue preghiere; egli infatti — come attestano le iscrizioni — interveniva sempre più spesso per fare concedere sepolture o per fare istituire oratori nei cimiteri cui si collegava il suo quartiere per la comodità della vicinanza [18].

Tutte queste pratiche rafforzano le abitudini di un raggruppamento locale; esse non tracciano però, nella geografia urbana, circoscrizioni che legano obbligatoriamente i fedeli al *titulus* del loro quartiere. Il vescovo, peraltro, ripartisce il territorio della Città in sette regioni affidate ai sette diaconi incaricati, sotto il suo controllo, di effettuare la colletta e di garantire il servizio dell'assistenza. Verso la metà del v secolo papa Leone invita tuttavia i fedeli a portare le offerte per le collette nelle chiese titolari della loro regione: egli stabilizza così un distretto sorvegliato dal diacono [19]. Papa Simplicio utilizza ancora questo distretto regionale per distribuire tra i preti titolari un servizio permanente nelle basiliche pontificali, divenute a loro volta centri complementari per la liturgia: ai chierici della terza regione spetta d'intervenire a San Lorenzo, a quelli della sesta e della settima a San Pietro... [20]. Queste disposizioni contribuiscono probabilmente a rafforzare, per i fedeli e per i chierici, un collegamento regionale: esse non creano affatto, all'interno delle circoscrizioni amministrative, una geografia parrocchiale. Il radicamento del clero presso la chiesa titolare favorisce forse l'espressione di una pietà locale e, con essa, la nascita di un sentimento comunitario che viene cristallizzato da leggende di fondazione come quelle redatte per Santa Pudenziana [21], Santa Susanna o Santa Prassede. Ma questa letteratura riflette anche una sensibilità clericale. Attraverso le grandi cerimonie, e ben presto attraverso le grandi processioni della liturgia pontificale, e il culto dei due apostoli fondatori di Roma, celebrati in Vaticano e sull'Ostiense, il popolo vive sempre concretamente l'unità della sua *ecclesia*.

II. LE PRIME COMUNITÀ RURALI ORGANIZZATE

« Non longe sunt portenda sacramenta »: nel descrivere il rito del *fermentum*, Innocenzo spiega che la pratica sperimentata a Roma per rendere manifesta l'unità non può applicarsi alle chiese lontane dalla città, alle *paroeciae*: « quod per paroecias fieri debere non puto ». Il papa risponde ai quesiti di un vescovo di Gubbio che si preoccupa di conciliare l'organizzazione di un ministero permanente nelle campagne con l'immagine tradizionale dell'unità ecclesiale, realizzata concretamente nella liturgia celebrata dal vescovo. Il problema diventava più pressante ora che erano passati i primi tempi dell'improvvisazione missionaria[22] e che l'evangelizzazione delle campagne progrediva sempre più. Sarebbe sbagliato immaginare che un modello unico s'imponesse immediatamente per conciliare, in tutta l'oikoumene cristiana, l'esigenza dell'unità e quella del decentramento. Ogni regione improvvisa un po' a modo suo; più che in Italia o in Africa, ancor più che in Oriente, il contadino rimane, in Gallia o in Spagna, un *paganus*. Per uscire dal quadro urbano (intendiamo quel raggruppamento sociale dotato di uno statuto giuridico) la missione tenta talvolta di ramificare all'estremo il raggio episcopale. Il sistema non poteva certo applicarsi, nel IV secolo, alla Gallia o alla Spagna, dove non tutte le città avevano ricevuto un vescovo[23]; l'Africa ne abbozza l'esperienza, in un movimento che forse acuisce la rivalità tra cattolici e donatisti[24]. Ma non è questo il caso del Lazio, dove la moltiplicazione di minuscoli episcopati coincide talvolta con la geografia degli antichi municipi[25]. Del resto questa soluzione aveva i suoi inconvenienti, denunciati nel concilio di Serdica o nei sinodi africani: essa complicava le relazioni ecclesiastiche e indeboliva l'unità estendendo a dismisura il collegio episcopale che ne era responsabile[26]. L'Oriente cristiano, in Siria, in Cappadocia, previde questa difficoltà[27]: nella *chora* viene insediato un vescovo di rango inferiore[28], dotato della maggior parte degli attributi episcopali tranne quello di ordinare preti e diaconi. Invece di raccogliere più strettamente le popolazioni rurali intorno ai vescovi, l'istituzione dei corepiscopi — *vicarii episcoporum*, come dicono le traduzioni latine dei canoni greci — sembrò minacciare l'unità: a partire dalla fine del IV secolo i concili raccomandano di sostituirli con dei visitatori, *periodeutes*[29]; non si poteva riconoscere meglio il fallimento di un sistema, poiché alla testa delle piccole comunità fu necessario insediare (soprattutto in Egitto) dei preti direttamente collegati al vescovo. A quanto pare l'Occidente trasse profitto dalla lezione e (con una sola eccezione) non conobbe corepiscopi prima dell'epoca carolingia, dove per altro essi svolgevano un ruolo del tutto diverso[30].

1. *L'iniziativa episcopale.*

I preti ricevettero dunque il ministero delle comunità rurali, come raccomandava il vescovo di Roma Innocenzo, mettendo in parallelo i *presbyteri* delle parrocchie e quelli dei titoli urbani [31]. Le fonti galliche attestano più frequentemente questa nuova geografia, forse perché la sua creazione s'imponeva lì, più che in Italia, sull'immenso territorio delle città dotate di un vescovo. Ma le testimonianze prese da documenti sparsi o tratte dal solo Gregorio di Tours non bastano sempre a dissipare l'oscurità di queste origini. Nel respingere l'influenza delle tradizioni germaniche, Imbart de la Tour attribuisce la creazione delle parrocchie non solo ai vescovi, ma anche ai potenti [32] e alle collettività rurali (alle quali Forchielli [33] attribuisce senza alcuna prova un ruolo smisurato). In realtà è forse necessario privilegiare — come propone E. Griffe [34] — l'intervento dei pastori e riconoscere in questo fenomeno una delle prime caratteristiche della storia parrocchiale.

A. In ogni caso, i testi insistono in particolare sull'iniziativa del vescovo, anche se talvolta menzionano altri collaboratori. Certo non bisogna prendere alla lettera la retorica dell'agiografia merovingica, quando essa evoca l'immagine del pastore che percorre la campagna per fondare parrocchie. Ma quando compone per la sua città una cronaca episcopale, Gregorio di Tours merita maggiore considerazione [35]. Come gli suggerisce il suo modello — il *Liber Pontificalis* di Roma — egli redige per ogni vescovo una breve notizia nella quale inserisce, episcopato dopo episcopato, la fondazione di chiese. Gregorio menziona in primo luogo le fondazioni di chiese nei *vici* a opera di Martino, e le identifica con precisione: « ecclesias aedificavit ». Questa testimonianza che mostra senza ambiguità il ruolo pionieristico del vescovo alla fine del IV secolo, è confermata, per Candes e per Amboise, da un contemporaneo, Sulpicio Severo. Gregorio attribuisce ai suoi successori, Brictius, Eustochius e Perpetuus rispettivamente 5, 4 e 6 chiese rurali, ma aggiunge una sfumatura prudente — « ferunt instituisse ecclesias » — come se esitasse sulla cronologia senza per altro dubitare dell'intervento episcopale [36]. Un inciso ancor più cauto introduce, per ogni regno episcopale, le fondazioni del IV secolo: « huius tempore vicus... aedificatus est » [37]. Forse Gregorio non padroneggia la sua penna, ma in ogni caso egli ignora in quali condizioni siano avvenute queste fondazioni e la sua esitazione lascia intendere che, nella prospettiva del cronista, altre collaborazioni avessero potuto supplire l'iniziativa del vescovo. Ma distribuendo in tal modo, nella sua cronaca episcopale, tutte le parrocchie conosciute della diocesi (o quasi tutte [38]), Gregorio intende manifestare la responsabilità eminente e decisiva del pastore, che garantisce la dedica e la deposizione delle reliquie. Egli stesso evoca molto discretamente la sua opera personale: la dedica, nella *parochia Paternacensis*, di una chiesa di cui egli non menziona il costruttore, o ancora la presenza di reliquie nel *vicus Prisciniacensis* che un certo Dado arricchisce con i suoi doni. Egli passa sotto silenzio la fondazione illustrata da Venanzio Fortunato, che è opera sua [39]. Questa lista e quest'ultimo esempio bastano a dimostrare l'intervento decisivo dei vescovi nelle campagne di Tours.

Per il resto della Gallia questa immagine dell'attività pastorale è confermata da alcune testimonianze occasionali: Delphinus, vescovo di Bordeaux, sollecita il concorso dei fedeli, che recalcitrano, e Paolino di Nola s'impegna con entusiasmo nel costruire una chiesa a Langon [40]. Un'iscrizione incisa su una tavola di marmo, utilizzata come altare nella chiesa parrocchiale di Minerve, 60 km a nord di Narbona, attesta l'intervento personale del vescovo Rusticus [41]. In modo non diverso dovettero probabilmente procedere il vescovo di Roma per le sue *parochiae*, quello di Aquileia per Grado [42], Severino nel Norico. Ma nei pressi del territorio di Rusticus un prete di nome Othia costruisce e dedica, nel 450, una basilica in onore di Vincenzo, di Agnese e di Eulalia, nel *locus Anseduna* (Enserune), 6 km da Béziers. Non siamo sicuri che Othia abbia fondato, con la sua propria autorità, una parrocchia; in ogni caso l'iniziativa di questo prete, certamente un cattolico malgrado il nome germanico, mostra come i chierici subentrassero nell'iniziativa missionaria nel momento in cui l'autorità episcopale vacillava (è questo il caso del seggio di Béziers alla metà del v secolo [43]). Al di fuori di questa congiuntura eccezionale, lo zelo di un chierico e forse quello di una piccola comunità ascetica, possono preparare la creazione di una parrocchia senza compromettere con ciò l'autorità del vescovo. Gregorio parla dell'attività edificante del prete Severus, che fonda una prima chiesa in una delle sue tenute, poi un'altra a 20 miglia dalla prima, e che si spostava dall'una all'altra per garantire un duplice ministero. L'agiografia non si preoccupa di precisare i rapporti del sant'uomo con la gerarchia: ma questo non significa che egli agisse al di fuori di essa [44]. Ugualmente, il potente signore che rifornisce le chiese già fondate di reliquie e vasi sacri, apporta al vescovo un aiuto prezioso. Il conte Victorius, un cattolico che governa il territorio arverno per conto del re ariano Eurico, si distingue per le sue elargizioni: dona delle colonne a Saint-Julien de Brioude e fonda una basilica intera a Saint-Germain-de-Lembron [45].

Ma questi interventi riflettono il desiderio politico di addolcire l'opposizione cattolica locale: ci sono poche possibilità che essi mirassero a ostacolare i progetti della missione episcopale.

C'è un pericolo più concreto: la moltiplicazione degli oratori nelle *villae*[46]. Non ci sono inconvenienti quando la Chiesa della città, con il suo vescovo, edifica per i suoi dipendenti un luogo di preghiera; ma se il fondatore è un semplice chierico o un vescovo straniero[47] i vincoli dell'unità locale rischiano di spezzarsi. Soprattutto l'aristocrazia dei grandi signori realizza, nella creazione degli oratori, tutte le ambizioni di un evergetismo pio: la speranza di salvezza e una soddisfazione di prestigio, il desiderio di controllare la propria fondazione e lo zelo missionario. Non è facile distinguere le molteplici funzioni di questi oratori[48]; talvolta essi sono riservati alle devozioni private, come il piccolo *oratorium* dove la madre di Gregorio di Tours pose le reliquie di Eusebio, il santo vescovo di Vercelli[49]; essi accolgono le tombe di famiglia e le proteggono con le loro reliquie. A Pompeiacus, nei pressi di Agen, una famiglia aristocratica erige un *martyrium* poiché detiene l'onore di avere tra i suoi antenati il martire Vincenzo[50]. Meglio ancora, l'oratorio può diventare una vera e propria chiesa per i contadini della tenuta e quelli dei dintorni; è questo il caso della basilica di una *villa*, cui si accenna casualmente in un racconto di Gregorio: essa era dotata delle reliquie di San Giuliano e il popolo vi si riuniva, racconta il testimonio, per festeggiare San Giovanni Battista: questo vuol dire che l'edificio accoglieva regolarmente per la preghiera una piccola comunità[51]. Nell'asceterio dove trascorre un pio *otium*, a Primuliacum, Sulpicio Severo fa erigere due basiliche e poi un battistero: non è certo che, per aprire questa *ecclesia domestica* al servizio di una comunità locale, il fondatore abbia sollecitato l'autorizzazione del vescovo locale. Non ne fanno parola né lui né Paolino, che compone lunghi poemi per le chiese del suo amico. Quest'ultimo realizza la sua opera alcuni anni dopo la morte di Martino[52]. Tali testimonianze non contraddicono l'immagine dell'iniziativa episcopale abbozzata grazie all'esempio di Tours: esse segnalano chiaramente alcune minacce.

B. I vescovi si preoccupano di scongiurare il pericolo. Essi moltiplicano i loro spostamenti, non solo per recare il Vangelo ai pagani, ma anche per tutelare l'unità del loro territorio. Le Vite dei santi pastori ne danno spesso testimonianza: già quella di Martino, ma anche quelle di Cesario di Arles e di Germano di Parigi[53]. Nel VI secolo i concili spagnoli e gallici raccomandano queste visite regolari, nel momento stesso in cui organizzano un sinodo annuale dei preti e degli abati[54]. Il vescovo istituisce talvolta una liturgia stazionale che lo conduce in una parrocchia, presso una santa tomba: così, alla mezza Quaresima, il popolo della città arverna accompagna in processione il suo pastore fino alla tomba di San Giuliano a Brioude[55].

Più in generale, i concili, in Gallia come in Spagna e in Italia, e le decretali romane, si sforzano di delineare una legislazione ricca di molteplici precauzioni e di interdizioni significative. Tutti ricordano la regola tradizionale che riservava al vescovo la dedica delle chiese e il potere di ordinare i chierici del suo territorio[56]. Per l'Italia papa Gelasio proclama la legge con forza[57]; ma dopo il IV secolo i concili si sforzano di far rispettare i limiti della circoscrizione episcopale, tanto più insistentemente quanto più la geografia, inizialmente spesso solo ricalcata su quella delle città, appare vaga. Del resto essa non è affatto rispettata, come attestano numerosi incidenti locali, in Italia nei pressi di Roma, in Gallia nei pressi di Limoges[58]; a partire dall'inizio del V secolo il vescovo Proculus di Marsiglia trasforma in episcopati alcune *parochiae* (Ceyreste e il *locus Gargarius*) rivendicate dal seggio di Arles[59]. Durante tutto il secolo queste polemiche si complicano con la rivalità tra Arles e Vienne sui diritti metropolitani e le regole non bastano a impedire, nel VI secolo, l'incursione di Egidio di Reims nella diocesi carnuta, dove egli trasforma la parrocchia di Châteaudun in seggio episcopale[60]. Nella stessa epoca in Spagna, dopo un lungo periodo di agitazioni, il quarto concilio di Toledo si preoccupa di comporre i contrasti riconoscendo, come diritto acquisito, un'occupazione trentennale[61].

Ma queste regole generali vengono precisate in disposizioni concrete per consentire un'usurpazione più sottile dell'autorità episcopale. Il concilio di Orange del 441 permette a un vescovo straniero di edificare una chiesa su uno dei suoi possedimenti o in una *villa* appartenente alla sua Chiesa (vediamo qui come il groviglio dei possedimenti ecclesiastici complicasse concretamente il problema); esso gli proibisce, però, di procedere alla dedica dell'edificio, di installarvisi o di ordinarvi dei chierici, senza l'accordo dell'autorità locale. Nel 517 il concilio Epaonense lancia la stessa interdizione contro quei preti che operano in un territorio straniero o nel proprio a insaputa del pastore locale[62]. Il pericolo principale proviene tuttavia dall'evergetismo laico. Sappiamo con quale energia, in Italia, Gelasio limitasse il diritto dei fondatori sottraendo loro ogni privilegio particolare (« praeter processionis aditum, qui omni Christiano debetur ») e obbligandoli a provvedere al mantenimento con una donazione[63]. La legislazione gallica manifesta, nel V secolo, un'uguale severità: essa proibisce al fondatore di ricorrere per la dedica a un vescovo straniero, e d'introdurre dei chierici peregrini[64]. Ma nel VI secolo, dopo aver accettato con precauzione l'intervento di un vescovo straniero, i concili di Gallia regolano con maggiore libertà il caso degli oratori fondati da laici; nel caso particolare della Gallia meridionale, il sinodo di Agde del 502 autorizza la messa « propter fatigationem familiae », per evitare spostamenti troppo lunghi alla popolazione della tenuta; ma lo stesso canone impone per cinque grandi feste l'assistenza alla liturgia episcopale o parrocchiale [65]. Nel nord, un concilio di Orléans del 511 riduce questo obbligo a tre feste e il sinodo arverno lo conferma. Questa attenuazione della regola permette evidentemente la trasformazione degli oratori del dominio in parrocchie: dal 541 un sinodo prospetta il caso di un proprietario che reclama l'istituzione di una « diocesi » *in agro suo*; esso gli fa obbligo di destinare terre al mantenimento del clero; un'altra regola prescrive la sorveglianza dell'arcidiacono sulle *parociae* sorte nelle terre dei potenti, « in potentum domibus » [66]. Essa minaccia di scomunica i proprietari o i loro agenti che ostacoleranno il servizio liturgico. I vescovi hanno preso coscienza di un'evoluzione pericolosa e incontrollabile, che ridà al fondatore, questo nuovo signore, i diritti che la Chiesa era riuscita a rosicchiare; un concilio spagnolo accorda all'evergete il diritto di presentazione per i chierici. Non facciamo anacronismi: per circa tre secoli la legislazione canonica s'impegna nel difendere la libertà dell'iniziativa episcopale [67].

C. L'immagine del vescovo che si sposta di *vicus* in *vicus* si accorda molto bene con quanto sappiamo della geografia delle prime parrocchie. L'insediamento di queste prime comunità in un *vicus* sembra così naturale a Gregorio, che egli la indica nel suo catalogo con un'ellissi significativa: « vicus aedificatus... fundatus », per enumerare le parrocchie. La lista fornita dallo storico non contraddice questa evidenza. Raccogliendo indizi tra i più incerti per delineare, per una epoca successiva, la ramificazione parrocchiale, G. Fournier conta, a nord della città arverna, una ventina di fondazioni anteriori all'epoca carolingia, otto delle quali nei *vici* e due o tre nei *castra*. Per Auxerre, il regolamento di Aunacharius, alla metà del VI secolo, enumera 37 parrocchie, 13 delle quali nei *vici*; ma la geografia locale sembra essersi rapidamente evoluta; al contrario, le prime parrocchie di Bourges sorgono, a quanto pare, in alcuni *vici*, Clion, Levroux, Néris [68]. Un formulario anteriore al 721 fa dire al vescovo che insedia un prete in una parrocchia: noi ti affidiamo questo *vicus* [69].

La testimonianza di Gregorio di Tours, quelle di alcune biografie celebranti vescovi o monaci, la documentazione ancora sparsa dell'archeologia, permettono di redigere una lista delle chiese rurali in Gallia, inevitabilmente incompleta ma un po' più lunga di quelle compilate abitualmente. Beninteso, l'analisi deve muoversi con prudenza; l'interpretazione di tracce rilevate sul territorio di Francia, su quello del Belgio o sul territorio renano è spesso irta di difficoltà: la scoperta di una necropoli o di un mausoleo cristiano non dimostra l'esistenza di un insediamento organizzato per il culto. Certo le sepolture s'installano spesso in vicinanza della chiesa o anche all'interno delle sue mura. Piccoli mausolei, divenuti oratori poiché accoglievano le reliquie che proteggevano alcuni morti privilegiati, poterono trasformarsi progressivamente in chiesa « parrocchiale » [70]. Ma, in mancanza di indicazioni esplicite, non possiamo utilizzare le testimonianze delle sepolture antiche, scoperte nei pressi di una chiesa più tarda, per ricostruire il reticolo delle chiese rurali in un'età più antica. L'apparizione di questo edificio specializzato per la liturgia fornisce invece un'attestazione più sicura; sfortunatamente i monumenti solo di rado sono identificati e datati: le magre indicazioni presenti in una cronaca non offrono elementi del tutto sicuri per individuare un edificio religioso a Famars nella Belgica II. I battisteri rurali, quando sicuramente identificati (ma è questo il caso di Aquae Siccae, in Aquitania II ?) suggeriscono l'organizzazione di una pastorale. La testimonianza dei testi sfugge talvolta all'analisi. La menzione di un *vicus* o di una *villa* non basta a ricostruire la geografia cristiana se l'agiografia non segnala un edificio religioso (*basilica, ecclesia, oratorium*) oppure la presenza di un chierico (arciprete, prete, ecc.), un'attività pastorale (messe, vigilie dei santi, celebrazioni della domenica) o ecclesiastica (per esempio i sinodi tenuti nelle due *villae* regie in Belgica II); in alcuni casi più dubbi, la vita di un santo vescovo descrive un viaggio pastorale, la tappa in una *villa* o in un *vicus*; si può immaginare che queste località fossero visitate nel VI secolo perché ospitavano una comunità organizzata: il problema merita di essere posto per Noyant o per Argenton nelle province di Aquitania, e più sicuramente (come indica il racconto della *vita Caesarii*) per Launico, nel distretto episcopale dell'arlesiano Cesario. Nella maggior parte dei casi, le testimonianze sono esplicite, ma il vocabolario usato da Sidonio Apollinare o dal vescovo di Tours non permette di distinguere tra *vici* e *villae*: il primo ricorda un *vicus* parlando del *locus Cantillensis* in Aquitania I; è anche il caso del *locus Gargarius* nella Narbonese II, ma il *castrum Petrae* nella Lionese III non può essere caratterizzato, anche se questo luogo apparentemente deserto ricevette, secondo la testimonianza tarda della *vita Maurilii*, una *basilica*. Aggiungiamo un'ultima precauzione sottolineando che la testimonianza degli epitafi clericali isolati, dispersi casualmente, secondo le sepolture, non attestano necessariamente la presenza di comunità parrocchiali.

Per tutto il territorio gallico, dai paesi renani al Mediterraneo, la lista così stabilita raccoglie più di 200 fondazioni cristiane. Questo conteggio non deve creare malintesi: esso dipende da Gregorio, dalle sue conoscenze, dal suo particolare interesse per la Gallia centrale, per il paese arverno e, com'è ovvio, per la sua diocesi: basti paragonare questa enumerazione riguardante tutto il territorio gallico, dai paesi renani al Mediterraneo, con la lista più completa fornita dal *Liber Pontificalis* di Tours. Del resto si comprende bene che Gregorio e gli agiografi abbiano insistito sui *vici* e sui *castra* a detrimento delle *villae* sparse sul loro territorio: quando descrivono le devastazioni delle guerre che sconvolgono la Gallia merovingica o quando costellano la geografia di reliquie, di pellegrinaggi e di miracoli, essi privilegiano, com'è naturale, i centri più popolati, i meglio localizzati, ai quali meglio si collegano l'avvenimento o l'aneddoto. Ma non bisogna nemmeno peccare di eccessivo pessimismo: questa letteratura accorda al mondo rurale un posto che i testi antichi non gli concedevano: essa permette di tracciare, con qualche precauzione, un quadro provvisorio.

In alcuni casi (5% del totale) le testimonianze così raccolte utilizzano il vocabolario dell'ecclesiologia o quello del diritto ecclesiastico. Non si tratta di espressioni imprecise, come nel caso in cui il testo si riferisce a un vago *locus*. I redattori impiegano termini tecnici: *diocesis, parrochia, ecclesia.* Così procede l'agiografo di uno dei Padri del Giura, Eugendius, quando ricorda la « parrochia » (*parrochia*) di Sièges (*Secundiacensis*). Ruricio di Limoges e Desiderio di Cahors segnalano nelle loro lettere una *parrochia Aronnacus,* una *diocesis Gemiliacensis,* una *ecclesia Uzerca;* la *vita Leobini,* un documento tardo, non qualifica più chiaramente la *parrochia Avallocium* (Haveleu) nella quarta Lionese. Il testamento di San Remigio di Reims, un documento forse degno di fede benché trasmesso da una tradizione agiografica più tarda, quella di Nizezius (datato al 680, per l'Aquitania II) enumera alcune *ecclesiae.* Nel primo caso il testo segnala delle comunità organizzate, delle Chiese. Nel secondo il termine si applica all'edificio di culto: la toponimia e il contesto generale della donazione indicano che l'Aquitano distribuisce le *villae* del suo patrimonio, mentre il vescovo di Reims rivolge le sue donazioni a piccole comunità installate in *vici.* I redattori trascurano di precisare la geografia dell'insediamento cristiano perché questa non li interessa. Salvo forse che nel caso del testatore aquitano, essi utilizzano, con una precisione significativa, un vocabolario che privilegia ciò che per loro è essenziale: un riferimento esplicito alla legittimità di quelle piccole comunità dipendenti dall'autorità del vescovo (diocesi, parrochia).

Nella maggior parte dei casi le testimonianze consentono ulteriori precisazioni: lo storico Gregorio e gli agiografi segnalano spesso le parrocchie sorte nei *castra* (13% dei casi), abbastanza popolate per diventare talvolta la sede di un episcopato: così Chalon, Dijon, Mâcon in Lionese I, Laon in Belgica II, Arisitum in Narbonese,

Elne e Carcassonne e anche Champtoceaux (*vicus Sallensis*) in Aquitania II. Talvolta un seggio episcopale diventa una « parrocchia »: è il caso di Alba (Aps) che il vescovo abbandona per Viviers. In ambedue i casi l'evoluzione appare significativa: il *castrum* richiama la città, che accoglie un vescovo. Per designare l'edificio religioso della comunità del *castrum* i testimoni utilizzano il vocabolario delle chiese urbane. Blaye in Aquitania II, Tournus in Lionese I, il *castrum Vabrense* in Belgica I, celebrano la liturgia comunitaria in una *basilica*. Per Montmeillant in Aquitania I, per Melun in Lionese II, i testi segnalano una *ecclesia*; questo termine è presente spesso nella lingua di Gregorio, per indicare la cattedrale [71].

Le chiese dei *vici*, che nella lista rappresentano circa la metà delle attestazioni (43% per gli esempi sicuri, al massimo il 48%) godono di un vocabolario altrettanto prestigioso; Gregorio evoca soprattutto l'*ecclesia* (a Evaux e a Moissat, in Aquitania I); questo uso vale anche per l'Aquitania II, nel caso di Boulliac, Voultegon, probabilmente per Tarva. È la stessa parola usata da Paolino di Nola per Langon e dall'agiografo che scrive, molto più tardi, la *vita Aredii* (*BHL* 669). *Basilica* appare più raramente, per Brioude; ma si tratta dell'edificio consacrato a San Giuliano (Aquitania I), mentre il luogo di culto di Saulieu (Lionese I) riceve un nome prestigioso ma vago: *tabernaculum*. Segnaliamo ugualmente le fondazioni della pastorale comunitaria, il *baptisterium* di Nanterre (Lionese IV), la *matricula* attestata nella diocesi di Colonia, a Huy, da un testamento del 634. Solo una volta si trova (nel caso di Brives in Aquitania I) il riferimento a un *oratorium*, parola che evoca, per la preghiera comune, un insediamento più modesto. Un'osservazione analoga vale per il clero: l'*archipresbyter* è ricordato solo per i *vici* (Néris, Arthona in Aquitania I, Becciacus in Aquitania II).

Alcune osservazioni lessicali, il cui peso non va sopravvalutato, assumono un qualche valore quando si studia il vocabolario degli edifici religiosi situati nelle *villae*. Le attestazioni rappresentano una percentuale importante: più del 30% del totale (33% dei casi identificati con sicurezza, 38% al massimo). Soltanto una volta Gregorio ricorda una *basilica* in una *villa*, in Aquitania II: essa vi fu edificata sul modello della basilica consacrata a Giuliano di Brioude per accogliere le reliquie del santo: lo zelo della fondatrice, che cerca di imitare la chiesa del *vicus*, spiega forse questa testimonianza eccezionale. Lo stesso impiego vale, curiosamente, per un edificio che accoglie, nella *villa* di Noniacus — secondo le testimonianze parallele di Gregorio e della *vita Aredii* — le stesse reliquie. *Ecclesia* appare più spesso nei testi, ma in epoca tarda: nel testamento di Nizezius (Aquitania II), nella *vita Praeiecti*, anch'essa tarda, per Volvic (Aquitania I).

La *vita* di Germano, vescovo di Parigi, menziona la chiesa (*ecclesia*)
di Severiacus; ma la villa appartiene alla diocesi di Parigi e meri-
tava un'attenzione particolare. Questo è anche il caso di Rions, una
villa dell'Aquitania II dove Gregorio menziona una *ecclesia*; lo storico vuole denunciare la gravità del sacrilegio che vi compiono i bar-
bari ariani. In altri casi il vescovo di Tours utilizza più volentieri,
per quanto riguarda le *villae*, il termine *oratorium*: per Ternay in
Lionese II o ancora per la *domus Nunechii* in Aquitania, e altre cinque volte per Bulgias, Yssac, Marsat nell'Aquitania I e per Vibria-
censis e Marsas nell'Aquitania II. Gregorio di Tours non si preoccupa di definire una situazione giuridica particolare; l'oratorio non
designa il luogo delle devozioni private: lo storico lascia semplicemente intendere che si tratta di fondazioni secondarie più modeste
che l'*ecclesia* o la *basilica* del *castrum* e del *vicus*.
    L'origine di queste fondazioni nelle *villae* sfugge spesso all'ana-
lisi. Ogni volta che i testimoni ne invocano la storia, essi sottolineano
i legami di queste fondazioni con il vescovo: ricordano la consacrazione dell'oratorio da parte dei prelati e la visita pastorale che questi
ultimi vi svolgono: così Cesario di Arles, che secondo il suo biografo
si sposta a *Succentriones* o a *Launico*. Talvolta l'oratorio è stato edi-
ficato in un possedimento ecclesiastico: è questo certamente il caso
di Roteiacus nella quarta Lionese, e forse quello di Ianaethe: due
terre appartenenti, secondo la *vita Germani*, a Parigi; ma, a Severiacus, Germano visita l'*ecclesia* di una *villa* che è proprietà della Chiesa, senza peraltro essere situata nella sua diocesi; Nicetius di Lione
segue l'esempio parigino quando spinge le sue visite fino a Mustur-
nacum in Narbonese. I vescovi si preoccupano di assicurare la pastorale dei loro dipendenti, anche se questi ultimi appartengono a un
altro distretto diocesano. Per il territorio di Auxerre, M. Chaume
osserva che, ovunque sia possibile verificarlo, le parrocchie in *acus*,
fondate in una città, appartengono, a partire dal V secolo, al patrimonio del vescovo [72]. Del resto gli edifici costruiti su una terra appartenente ad un chierico — come un certo Severus di Bigorre (cfr.
Appendice, p. 787) — sono spesso destinati a entrare nel patrimonio
ecclesiastico. A considerare queste fonti (clericali e ansiose di illustrare l'indipendenza della Chiesa), queste fondazioni non ipotecano
l'autorità episcopale, ma ci sono alcune zone d'ombra: lo testimonia
la legislazione dei concili. Aggiungiamo il caso delle *villae* regie, a
Merlenheim (Germania), a Saint-Cloud o a Noisy (Lionese IV). Si può
immaginare che l'iniziativa del sovrano prevalga sul potere del vescovo. In ogni caso queste usurpazioni non costituiscono il tratto
dominante.
    Questo elenco delle chiese rurali consente una vaga immagine del

reticolo delle fondazioni cristiane nelle campagne galliche. Certamente, sul totale delle chiese e degli oratorii enumerati nell'Appendice a questo contributo, tre diocesi — quelle di Tours e Auxerre, quasi completamente note, e quella della città arverna, la cui geografia cristiana è ben attestata — rappresentano un terzo delle attestazioni: questo mette in luce l'importanza delle lacune. Per misurare esattamente la presenza missionaria bisogna aggiungere i monasteri: più di una sessantina di esempi che possono essere inventariati utilizzando i lavori di A. Longnon, F. Prinz, H. Atsma. La loro distribuzione non coincide esattamente con quella delle chiese rurali: 4 per la diocesi di Tours, 8 per Auxerre (su 37), 7 per la città arverna (su 28). Nella Lionese I i *monasteria* sono conosciuti meglio delle parrocchie (9 contro 7); nelle altre Lionesi la proporzione è meno favorevole: 13 per 50 parrocchie della IV, 6 per 44 della III (1/7); in Aquitania II il totale delle fondazioni monastiche raggiunge 1/6 delle parrocchie attestate, il 40% nella provincia vicina. Simili variazioni illustrano certamente la diversità dell'insediamento monastico: quest'ultimo disegna un reticolo che si sovrappone a quello delle parrocchie e che rafforza la penetrazione cristiana, specialmente nelle Lionesi e in Aquitania. Questi due insieme poterono confondersi, dopo il VI secolo, quando presso i monasteri nacquero nuove parrocchie.

Malgrado questo sostegno, l'attività pastorale disponeva in alcune province di mezzi modesti, come nelle campagne della Maxima Sequanorum della prima Lionese, più a nord, in Belgica I (tranne che nel territorio treviro) e nelle Germanie. Ma la missione cristiana cercava appoggio soprattutto nei *vici* e nei *castra*. A ovest la situazione appare ancora più oscura: non ci sono attestazioni per la seconda Lionese. In tutta una zona che va dalla seconda Belgica alle Aquitanie passando per il bacino parigino e per il paese della Loira (terza e quarta Lionese), le informazioni risultano più complete. A nord, in Belgica II (10 esempi contro 6 nella Belgica) dominano gli oratorii delle *villae*; a ovest, nella quarta Lionese — la regione dove le attestazioni sono più numerose (50) — le *villae* rappresentano i 3/5 del totale; nel paese della Loira questa proporzione si modifica, con 3 *villae* contro 4 parrocchie. Nelle Aquitanie troviamo situazioni più equilibrate: sette *villae* su 14 nella seconda, una quindicina su 35 nella prima. La congiuntura della nostra documentazione penalizza le province mediterranee dove, malgrado immense lacune, *villae* e *vici* si equilibrano.

L'analisi delle variazioni provinciali corregge una conclusione statistica generale che attribuisce il 60% delle attestazioni alle parrocchie dei *castra* e dei *vici*. Ma questa geografia, malgrado tutte le imperfezioni, riflette i disegni e la pratica di una missione organizzata a partire dalla città dove ha sede il vescovo. All'inizio la Chiesa preferisce insediare i suoi ministri *in solo publico* o in una terra che le appartiene. Questa precauzione non spiega tutto. Gli agiografi, e Sulpicio Severo per primo, rendono popolare l'immagine di un vescovo che percorre il suo territorio per distruggere il *fanum* pagano e sostituirvi la chiesa; i predicatori come Cesario di Arles raccomandano infatti di sradicare le pratiche e i culti pagani. Ma il pastore e i suoi inviati cercano di raggiungere più gli uomini che gli edifici. In una nota rapida ma luminosa, W. Seston ha chiaramente identificato la pratica missionaria[73]. Le parrocchie s'installano volentieri nei *castra* fortificati, o nei *vici* abbastanza popolati perché vi nasca talvolta un'organizzazione che ricorda un poco quella della città: nella Gallia romana sono « i raggruppamenti religiosi che prolungano nella campagna la civiltà urbana e romana del capoluogo della *civitas* ». Anche se mediocremente abitato, il *vicus* cristallizza le abitudini di una vita collettiva; esso attira periodicamente, per un culto o per gli scambi, le plebi rurali.

Per giustificare la costruzione di una chiesa rurale, papa Gelasio spiega a un vescovo italiano che bisogna tener conto della *populorum frequentatio* (*epist.*, 25). È proprio questo che fecero i vescovi di Gallia; essi utilizzarono, al meglio delle variazioni regionali, e in particolare in Gallia centrale, i piccoli centri dall'insediamento raggruppato; nella Gallia settentrionale, nella Belgica II, dove la popolazione era più dispersa, nelle province mediterranee, la missione dovette insediare i suoi oratorii nelle *villae*.

In tutto ciò la pastorale appare molto pragmatica. Non vale la pena di soffermarsi a confutare le strane ipotesi che cercano di rintracciare una continuità dal *pagus* gallico al distretto parrocchiale. Spesso l'argomentazione ha proceduto utilizzando la geografia medievale delle *parochiae* per ricostituire le più antiche frontiere del *pagus*. Possiamo affermare che il territorio del vescovo era ripartito nel VI secolo in circoscrizioni parrocchiali rigorosamente definite? Il grande Camille Jullian ricercava anche lui le tracce di una continuità, quella che collega la geografia religiosa del territorio pagano alla Gallia cristiana; in verità c'era in questa coincidenza, tanto un desiderio di sostituzione quanto la volontà di utilizzare tutte le comodità di una geografia della popolazione rurale. A Brioude il culto di Giuliano si annette le virtù di una fonte sacra; ma il prestigio del santo conferisce una vitalità nuova a questa plebe del *vicus Brivatensis*, raggruppato attorno a una chiesa che fu utilizzata per la sepoltura dell'imperatore Avitus. Le manifestazioni della vita cristiana rafforzano questa geografia e talvolta contribuiscono a crearne una nuova. Vicino alle città, a Tours e più tardi a Reims, il pellegrinaggio crea un nuovo paesaggio, al quale, nel caso della città arverna, Gregorio dà il nome significativo di *vicus Christianorum*. Lo stesso accade non lontano da Chalon con la basilica di santo Memmius e con quella di Amarandus sul territorio di Albi. Sono i miracoli verificatisi sulla tomba di Genesio a incitare il vescovo arverno Avitus a fondare una basilica; quest'ultima dà nuovo lustro al *castellum* di Thiers. Secondo l'evidenza, l'evangelizzazione delle campagne si adatta al contesto gallico e questa distribuzione delle prime parrocchie riflette l'opera di una missione diretta dal vescovo che risiede in città, che cerca di stabilire, per quanto possibile, i centri complementari dell'apostolato nei piccoli centri che prolungano la città.

2. *Una chiesa locale sul modello della città episcopale.*

A. La Chiesa locale riproduce, a propria misura, il modello dell'*ecclesia* episcopale. Il concilio di Agde spiega chiaramente che cosa distingue le riunioni che si tengono negli oratorii privati e il *legitimus et ordinarius conventus* [74]; per queste assemblee, di cui il vescovo riconosce la regolarità e la legittimità, si organizza una liturgia analoga nel suo calendario (con poche sfumature), a quella cui presiede il vescovo. Del resto la legislazione gallica ricorda con insistenza la regola dell'assiduità domenicale e l'obbligo di fermare i lavori dei campi per recarsi in chiesa [75]: senza l'esistenza di una rete parrocchiale essa non avrebbe certo, nel VI secolo, formulato questa esigenza; il concilio di Mâcon punisce il fedele negligente, quando egli non risiede lontano dalla chiesa. Il prete della *parochia* — lo testimonia già il sinodo di Agde — celebra tutte le grandi feste: Pasqua, come attesta Gregorio per Clion, o il Natale, celebrato a Manthelan, una parrocchia di Tours, secondo lo stesso autore [76]. Nella vicina Spagna una regola fissata a Tarragona nel 516 incita i preti a celebrare vespri il sabato per preparare la solennità domenicale; ma poco tempo dopo il vescovo di Auxerre stabilisce nelle parrocchie l'officio notturno delle vigilie [77]; non c'è dubbio che il prete celebrasse quotidianamente la messa all'altare della parrocchia, anche se questa pratica è attestata esplicitamente soltanto in epoca tarda [78]. Una sola prerogativa distingue la liturgia episcopale: il prete non può benedire il popolo in *ecclesia*. Ma egli svolge totalmente il ministero della parola: Cesario riunisce, in una piccola raccolta. alcuni testi semplici che i preti o i diaconi potranno leggere al popolo delle parrocchie. Nel 529 un concilio di Vaison fa obbligo di predicare; se il prete è malato, un diacono dovrà sostituirlo, leggendo un testo dei Padri [79]. Associato all'insegnamento, il prete assicura anche il ministero del

battesimo che il vescovo, nella sua città episcopale, svolge a Pasqua
e alla Pentecoste. Forse in origine questa delega valeva soltanto per
i casi urgenti [80]. In Gallia alcune testimonianze precise scandiscono
tuttavia un'evoluzione che fa della chiesa locale una « Taufkirche »,
una comunità che assicura regolarmente l'iniziazione cristiana. Per la
parochia sorta a Rions ne dà testimonianza Gregorio; lo stesso autore
ce lo dice per Nanterre, dove segnala un battistero [81]; talvolta questo
edificio specializzato accompagna infatti la chiesa; tranne forse che
a Notre-Dame di Brusc in Provenza e a Port-Bail, non restano esempi
di questi battisteri fondati nel paesaggio rurale [82]. Ma la testimonianza
dei testi canonici supplisce le lacune dell'archeologia: una regola promulgata a Orléans nel 533 proibisce di ordinare prete un candidato
che ignori l'*ordo baptizandi*; ad Auxerre, un concilio proibisce di
portare *in alio pago*, in un altro *pagus*, i bambini per il battesimo
durante la Pasqua [83]. La parrocchia garantisce obbligatoriamente alla
sua comunità, nel periodo previsto dalla tradizione, il battesimo dei
bambini. Un'ultima disposizione attesta infine quella pratica del sacra-
mento e illustra nello stesso tempo la prerogativa del vescovo: prima
di Pasqua il prete è tenuto a ritirare, nella città episcopale, il crisma
consacrato dal pastore; se non lo fa personalmente, deve inviare il
suo diacono e, in ogni caso, onorare come una reliquia l'olio santo
delle unzioni post-battesimali [84].

B. La parrocchia fa dunque riferimento al modello urbano per
l'organizzazione di una pastorale quotidiana. Il prete — come segnalano talvolta i regolamenti canonici all'inizio del VI secolo — non
può riconciliare, tranne che in caso di urgenza, i penitenti; ma egli
è tenuto a fare osservare la disciplina cristiana. I fedeli non devono
poter invocare la scusa dell'ignoranza, poiché i chierici delle parrocchie (*clerici parrochiani*) hanno l'obbligo di istruirsi sulle regole della
disciplina. Un piccolo regolamento di disciplina redatto in Gallia alla
fine del V secolo — gli *Statuta ecclesiae antiqua* — precisa che il
vescovo o il prete che dirige una parrocchia è colpevole di negli-
genza grave, se vergini o vedove sono costrette, per sopravvivere, a
coabitare con i chierici [85]. Lo stesso manuale raccomanda al vescovo
di utilizzare l'arciprete (e anche l'arcidiacono) per l'assistenza delle
vedove, degli orfani e degli stranieri. La parrocchia diventa dunque
un centro complementare per il ministero della carità. Che i preti del
vicus nutrano i loro poveri, spiega un sinodo di Tours. Questo servizio si organizza come nella città episcopale, con una *matricula* che
registra il nome degli assistiti? Non lo sappiamo; in ogni caso la parrocchia assicura i molteplici servizi della pastorale cristiana [86].

C. Un ultimo aspetto avvicina la parrocchia alla città episcopale:
l'organizzazione del culto dei martiri. Quando non può ottenere reli-

quie da un generoso donatore, la chiesa locale le reclama dal vescovo, che attinge al patrimonio dell'*ecclesia*[87]. Si spiegano spesso, così, la regionalizzazione del culto di alcuni grandi santi venuti da Oltralpe e soprattutto la popolarità dei confessori gallici. Ma le parrocchie si pongono volentieri, come le città, sotto il patronato di un santo locale che illustra, con i miracoli avvenuti presso la sua tomba, la comunità con una protezione particolare. Giuliano e Genesio sono la gloria di Brioude e di Thiers; a Issoire la celebrazione di Stremonius è organizzata grazie a coloro che dirigono la chiesa locale: Cautinus e poi Praeiectus, che scrive la *Vita* del santo; in mancanza del corpo, Candes conserva piamente i ricordi di Martino, morto nella parrocchia[88]. In altri casi la chiesa locale celebra un monaco (a Chinon l'abate Massimo), una pia matrona (Vitalina ad Artonne), un eremita o anche un santo neofita, pronta a contendere preziose reliquie (quelle dell'eremita Lupicino) a una comunità rivale. Ma la chiesa locale celebra soprattutto il prete che ha creato o reso illustre la parrocchia, a immagine della città che celebra i suoi vescovi. Gregorio ricorda i miracoli segnalati in Bigorre dalla tomba di Severus nel *vicus Sexciacensis* o quella di Giustino presso Béziers. Egli sottolinea particolarmente l'esempio del prete Amabilis, che celebra Riom con i suoi miracoli[89]. In onore di tutti, la parrocchia organizza una liturgia con le sue vigilie e il suo calendario. Così il culto dei santi, la pastorale e la liturgia domenicale, creano, sul modello della chiesa episcopale, una piccola comunità, le cui campane regolano già la vita quotidiana[90].

3. *Una nuova comunità.*

A. Alcuni aspetti rivelano un'evoluzione che fa della chiesa locale una comunità individualizzata nel seno del popolo cristiano riunito dal vescovo. Essa dispone di un clero organizzato e permanente, e di un patrimonio; ben presto ottiene anche un nome. La parrocchia, infatti, riceve dal pastore un clero preposto specialmente e regolarmente al'opera locale: *clerici canonici*, come dice il concilio di Clermont[91]. Alla sua testa, il prete conduce il piccolo gregge; all'origine egli non porta alcun titolo particolare; ma i termini che evocano il suo apostolato attingono un po' alle immagini del vocabolario episcopale; nella parrocchia egli ha l'incarico di *regere*[92], di dirigere, quasi come il vescovo, che è *rector*. Sicuramente nel VI secolo il prete ottiene talvolta il nome di *archipresbyter*[93], forse perché è assistito da coadiutori dello stesso rango, per dirigere una comunità più importante, per esempio quella di Brioude, di Néris o di Tonnerre. Un concilio di Tours del 567 traccia l'immagine di un personaggio di livello notevole, che vive nella sua *villa* o nel *vicus*. Se egli è sposato, un lettore l'accompagna nei suoi spostamenti e dorme nella sua camera per evitare che il sospetto sfiori colui che deve essere, per il suo popolo, un modello di continenza [94]. In ogni caso, alcuni epitafi celebrano talvolta l'elogio di un prete, come spesso questa letteratura funeraria fa per il vescovo [95].

In effetti il pastore di questo piccolo gregge è circondato da un clero. Egli non ordina i propri assistenti, ma esercita su di loro un'autorità concreta. Se egli trascura di sorvegliarli e d'imporre loro strettamente la regola di continenza, il vescovo può infliggergli, come penitenza, un mese di reclusione a pane e acqua [96]. Il concilio di Tours che prescrive nel VI secolo questa regola, evoca al tempo stesso la composizione di questo clero: preti, diaconi, sotto-diaconi e lettori. Alcuni anni dopo un sinodo di Auxerre suggerisce che l'*archisubdiaconus* assiste l'arciprete come l'arcidiacono serve il vescovo. Canoni più antichi, nel V secolo, non menzionavano una gerarchia così complessa: essi ricordavano le cariche particolari del sotto-diacono, che porta alla parrocchia il crisma consacrato; menzionavano i diaconi e i lettori; a tutti questi bisogna aggiungere, per la grande parrocchia di Laon, destinata a divenire un episcopato, la categoria dei portieri [97]. La nascita di una vita comunitaria rafforza la coerenza di questo piccolo gruppo: l'arciprete di Artonne, come il vescovo arverno, invita regolarmente i chierici a sedersi alla sua tavola [98].

A rassodare la solidarietà di questo piccolo gruppo e anche il suo radicamento, concorrono forse i legami di un reclutamento locale. Una legge imperiale, promulgata per l'Oriente alla fine del IV secolo, ne prescrive, per evidenti ragioni di sorveglianza fiscale, l'obbligo [99]. Non sappiamo se essa fu strettamente applicata in Occidente. Ma l'istituzione di una scuola parrocchiale, raccomanda nel VI secolo da un concilio di Vaison, lo lascia intendere: il canone fa riferimento a una pratica corrente in Italia per consigliare ai preti delle parrocchie di riunire intorno a essi dei giovani lettori, al fine d'insegnare loro i salmi, le lezioni della Scrittura e tutta la legge del Signore, « in modo di poter preparare, tra costoro, dei successori degni ». Queste disposizioni riflettono bene le difficoltà di una missione che deve arruolare sul posto i servitori della milizia spirituale. Quest'ultima non può accogliere — ripetono i sinodi — candidati incolti come quelli che potevano essere spesso forniti da una popolazione rurale poco romanizzata. Così le Vite dei Santi celebrano, come un'opera pia, l'attività del diacono Patroclo a Néris o quella di Gaugericus (Géns) che teneva scuola per istruire i bambini e prepararli a entrare nel clero [100].

B. La Chiesa auspica che i suoi ministri si consacrino totalmente all'apostolato; per mantenere un clero permanente e il luogo del culto, essa raccomanda la costituzione di un patrimonio, regolando in una carta di fondazione le rendite attribuite alla parrocchia [101]. La parrochia, come precisa la legge romana, ha capacità di ricevere l'eredità dei suoi chierici, il legato dei defunti, le offerte regolari durante la messa della domenica (che un concilio del VI secolo prescrive a tutti i fedeli [102]). Il patrimonio locale si arricchisce di terre e vigneti, di schiavi e di greggi [103]. Ma dal punto di vista giuridico il vescovo resta il titolare di una proprietà ecclesiastica della quale difende i diritti contro le rivendicazioni dei donatori. La Chiesa, specialmente in Italia, impone gradualmente un sistema che permette al pastore di capitalizzare le rendite senza tener conto della loro destinazione iniziale. In Italia la regola prevede una ripartizione in quattro parti uguali, una per il pontefice, un'altra per l'assistenza e le rimanenti due per i chierici e per l'edificio; in Gallia e in Spagna il vescovo riceve la terza parte [104]. Un concilio tenutosi nel 527 a Carpentras prevede la concessione di una quota maggiore, se la parrocchia è povera. Malgrado questa distribuzione delle rendite, il prete non dispone, in linea di diritto, di nessuna capacità; le regole sinodali gli proibiscono di alienare, almeno senza l'autorizzazione scritta del vescovo; quest'ultima clausola interviene in seguito come una concessione che sfuma un divieto categorico [105]. Ma quest'ultimo protegge, almeno teoricamente, il possedimento costituente un *titulus*, secondo l'espressione usata in Italia per le chiese rurali e presente anche in Gallia [106]. Poiché il prete non è il titolare della proprietà (detenuta dal vescovo) i beni che finanziano la sua chiesa appaiono più facilmente come un patrimonio destinato, parzialmente, al servizio della collettività locale, *res cunctibus fratribus debita* [107]. Immagine ideale, forse, che non resiste all'assalto delle usurpazioni laiche, ma sufficiente a tener vivo il sentimento di una comunità.

C. Per questa nuova realtà era necessario un nome. Il vocabolario illustra un'evoluzione di cui P. de Labriolle e N. Müller hanno messo in luce le esitazioni senza però valorizzarne sempre la portata. Una tradizione antica suggeriva forse l'uso di *diocesis*, che traduceva talvolta la parola latina *conventus* e che evocava soprattutto l'amministrazione di un territorio al di fuori della città [108]. Certamente l'amministrazione imperiale impiegava in modo specifico il termine per designare gli immensi distretti entro cui si suddividevano le prefetture regionali. Ma questo non imbarazzava gli scrittori della Gallia cristiana, da Sulpicio a Gennadio fino a Gregorio (più esitante, tuttavia, in questo uso). Gli agiografi la impiegano anche per dire che il vescovo percorre i suoi territori, le sue *dioceses*, senza che questo impiego evochi necessariamente una suddivisione rigorosa del territorio affidato a un pastore[109]. In Gallia i sinodi vi ricorrono raramente e tardivamente per designare una circoscrizione locale: *diocesis vel pagus*[110]. Eccezionalmente i canoni africani si servono della parola, alla fine del IV secolo, per definire un territorio che non ha mai ricevuto il ministero di un vescovo; e durante tutto il VI secolo i sinodi di Spagna utilizzano l'aggettivo per opporre i preti *diocesani* ai presbiteri *cathedrales*[111]. A partire dal 376 la cancelleria imperiale dà tuttavia a diocesi il significato attuale, e quella del pontefice romano riprende l'uso per definire il distretto dell'autorità episcopale o anche quello del primato metropolitano[112]. In Africa, Agostino[113] attribuisce a *diocesis* lo stesso riferimento geografico che appare più tardi in Gallia[114]. Ma nel suo complesso il latino cristiano abbandonerà progressivamente, per designare la chiesa locale, il termine *diocesis* e le sue connotazioni amministrative e territoriali.

L'evoluzione semantica di *paroikia* si evolve con molte esitazioni in senso opposto. L'uso, già antico, della patristica greca, aveva specializzato il termine per evocare l'immagine della comunità cristiana, in particolare quella che si raccoglie intorno al vescovo, e più precisamente quella di una comunità peregrinante, situata alla periferia del mondo, senza appartenergli[115]. In seguito, nel V secolo, la parola ritrova talvolta il suo significato originale per designare il territorio, distinto dalla città, la *polis*. Ma i Latini non conservano questo secondo significato: per Gerolamo, per Paolino o per Sulpicio[116], la *paroecia* evoca la comunità raccolta intorno al vescovo, anche se più tardi, alla fine del VI secolo, la cancelleria romana gli attribuisce un senso geografico, analogo a quello di *diocesis*[117].

Non bisogna ricercare troppo la coerenza. Infatti, dall'inizio del V secolo, evocando le varie comunità riunite per la liturgia celebrata sul territorio romano, Innocenzo distingue le *paroeciae*, situate alla periferia della Città, dai *tituli* urbani[118]. Fin dalla metà del V secolo, i sinodi di Gallia contrappongono le *paroeciae* alla città e utilizzano anche l'aggettivo *parochianus* per indicare il prete della chiesa locale[119]. Il termine finisce per assumere un significato poveramente tecnico, come dimostra l'uso spagnolo. In Sidonio, che distingue le *parochiae rusticae* dai *conventicula* urbani, esso conserva qualche vaga annotazione comunitaria, di cui talvolta gli agiografi conservano oscuramente il ricordo[120]. Eucherio nel suo lessico traduce semplicemente: *parochia, adiacens domus Dei*[121]. L'interpretazione gioca con l'etimologia, ma scarta qualsiasi riferimento amministrativo, all'opposto di *diocesis*. Forse il latino cristiano non specializzò definitivamente *parochia* per designare la Chiesa locale, ma cominciò a privilegiare una parola che evocava, almeno originariamente, più la peregrinazione di un popolo riunito che un territorio [122]. Del resto c'era tutto un vocabolario a rafforzare un riferimento comunitario. *Conventus*, che beneficiava di una lunga tradizione romana, designa, in Leone, la comunità riunita intorno al vescovo (*maior*) o quella che si riunisce con il prete (*minor*) [123]. Mentre *congregatio* si applica alle collettività monastiche, il concilio di Agde riprende, per *conventus*, l'uso suggerito dal papa [124]. *Plebs* si arricchisce di un significato ambivalente; non dimentichiamo l'uso tradizionale, che contrappone l'*ordo plebeiorum* all'*ordo decurionum* e che distingue dalla *plebs rusticana* quella della città [125]. La prima distinzione sembra significativa quando la lingua ecclesiastica confonde *curia* ed episcopato [126]. In origine *plebs* designa, nel latino cristiano, il popolo affidato al vescovo; ma a partire dal v secolo l'autorità episcopale si espleta su delle *plebes*, su diversi popoli, e il papa Leone fa della parola l'equivalente del *conventus* minore, il popolo di una piccola comunità locale [127].

Questa ambivalenza del vocabolario riflette forse una qualche difficoltà a stabilire uno statuto ecclesiologico per la chiesa locale, la nostra parrocchia. *Ecclesia* designa infatti il popolo e il suo vescovo e il vocabolario privilegia spesso la parola per indicare la cattedrale, l'edificio della liturgia episcopale. *Civitas aut ecclesia*, dice Gregorio Magno. Ma nello stesso tempo la parola vale anche per l'edificio della liturgia locale. Con la cristianizzazione delle campagne nasce in Gallia, come in tutto l'Occidente, un fenomeno di eccezionale importanza. La pastorale applica alla campagna i procedimenti missionari che hanno avuto successo nelle grandi città: essa utilizza forse l'esperienza maturata nelle grandi città per decentrare la liturgia senza ipotecare l'unione di una comunità posta sotto l'autorità del vescovo. Così la Chiesa si sforza di trasporre nelle campagne raggiunte dai suoi inviati l'organizzazione cristiana del tempo, che implica l'obbligo domenicale (ricordato con insistenza da Gregorio di Tours) e l'osservanza delle grandi feste. I fedeli furono convocati, per un certo tempo, fino in città, ma poi trovarono la possibilità di osservare sul luogo le prescrizioni della disciplina canonica. La parrocchia riceve l'inquadramento di un clero che fa della comunità rurale il microcosmo della cristianità urbana. Infine, la fondazione dell'*ecclesia* o, come si dice talvolta, del più modesto *oratorium*, costruiscono uno spazio urbano. In una parola, il vescovo e il suo clero proiettarono nel mondo dei *pagani* l'immagine impoverita, ma adattata, della Chiesa urbana. Alcune teorie azzardate pongono alle origini delle comunità rurali l'influenza degli antichi pagi celtici o quella delle tradizioni germaniche: *obscurum per obscurius*. La geografia della missione non procede in base a un'analisi calcolata: essa utilizza secondo le circostanze i gruppi di popolazioni più facilmente accessibili. Nello stesso tempo nasce una

comunità che si modella a immagine della città, pur creando un sistema nuovo. Attorno alla Chiesa, divenuta il centro per eccellenza della
riunione comunitaria [128] e il monumento pubblico del *vicus*, che in
principio era sprovvisto di questa sorta di stabilimento, si tesse una
nuova rete della vita comunitaria, la parrocchia: la campagna cessa
di essere un deserto. Essa entra senza indugio nella storia.

LE CHIESE RURALI IN GALLIA (VI SECOLO) [129]

Abbreviazioni

Duchesne   L. Duchesne, *Fastes épiscopaux de l'ancienne Gaule*, I, Paris 1907.

Gauthier   N. Gauthier, *L'évangélisation des pays de Moselle*, Paris 1980.

Mertens   J. Mertens, *Tombes mérovingiennes et églises chrétiennes*, « Arch. Belgica » 187 (1976).

L. Pietri   L. Pietri, *La ville de Tours du IVe au VIe siècle*, Roma 1983.

Semmel   J. Semmel, *Mission und Pfarrorganisation in den Rhein. Mosel und Maasländischen Bistümern*, in *Settimane di Spoleto*, XXVIII, Spoleto 1982, pp. 826-34.

Le altre abbreviazioni usate in questa Appendice rinviano agli scritti di Gregorio di Tours.

Belgica I

(VERDUN) Vabrense (Woëvre?)	*hist.*, 9, 12	basilica	castrum
(TREVIRI) Boudobriga (Boppart)	*VII Kongress Christl. Arch.*, 1968, p. 485	chiesa	castrum
Cubrunus (Kobern)	*vita Maximini Trev.*, 7 (*BHL* 5824; IX secolo)	presbiterio	vicus
Eposium (Ivois; Carignan)	*vita Gaugerici*, 2 (*BHL* 3286, VII secolo)	sacerdote	castrum
Mediolanum (Niederemmel?)	Ven. Fort., *carm.*, 3, 12, 54	sanctorum locus	villa
Orolanum (Arlon)	Mertens, p. 9	chiesa St.-Martin	vicus

[Non è possibile includere Andernach, malgrado Semmel, p. 828, né Pachten, né Neumagen, siti che hanno trasmesso soltanto iscrizioni: N. Gauthier, p. 154].

Belgica II

(REIMS) Mosomagensis (Mouzon)	Testamento di San Remigio (*MGH, SRM*, 3, p. 339); *vita Maximini*, 10		ecclesia	?
Vongensis (Vonq)	*vita Maximini*, 10		ecclesia	?
Catarigensis (o Castricensis pagus: Mézières?)	*vita Maximini*, 10		ecclesia	?
Portensis (Chateau-Porcien)	*vita Maximini*, 10		ecclesia	?
Calmitiacus (Chaumuzy)	*vita Remedi*, 4, 11 (*BHL* 7150)		ecclesia	villa
(SOISSONS) Brinnacus (Berry)	*hist.*, 5, 49		synodus	villa (regia)
Sauriciacus	*hist.*, 9, 37		synodus	villa (regia)
Silentiacum (Sallency)	*vita Medardi*, 7 (*BHL* 5863)	VI-VII	villa di S. Medardo	villa
Laudunensis (Laon)	Duchesne, III, p. 138		episcopato nel VI	castrum
Fanum Martis (Famars)	«Gallia» 33 (1975), p. 271	VI	chiesa?	castrum

Germanie

(STRASBURGO) Marilegia (Merlenheim)	*hist*, 10, 9		oratorio di Childeberto II	villa
Alzey	«RA » 10, p. 637 (4); Semmel, p. 286	IV?	chiesa	vicus
Kreuznach	ivi, p. 637 (5)	V	chiesa	vicus
Confluentes (Koblenz)	ivi, p. 677 (7)	V	chiesa	castrum
(COLONIA)				
Anthée	A. Dierkens, «Francia » 6 (1980), pp. 623-8	VI-VII	oratorio	villa
Bertunus (Birten)	GM, 62		basilica	oppidum
Bonna (Bonn)	«BJ » 178 (1978), p. 399	V	chiesa	castrum
Colona Ulpia Trajana (Xanten)	«RA » 10, p. 638 (8)	IV	chiesa	castrum
Grobbendonk	Mertens, p. 14	VII	chiesa	vicus?
Huy	Testamento di Andegisilo-Grimo: W. Levison, *Aus Rhein. und fränk. Frühzeit*, Düsseldorf 1948, p. 132	634	matricula	vicus
Landen	Mertens, pp. 27-37	VII	chiesa S. Gertrude	vicus?
Waha (?)	Mertens, p. 43	VII	chiesa S. Martino	?

Maxima Sequanorum

Isarnodorus (Yzernon)	*vita P. Eugendi*, 120 (*BHL* 2665)		culmina dicata christicolis	vicus
Secundiacensis (Sièges)	ivi, 141		parrochia	vicus?
Pontianensis (Poncin)	ivi, 160		parrochia	vicus?
Romainmôtier	«RA » 10, p. 636 (3)	V	chiesa	vicus?
Solodorum (Solothurn)	VII. Kongress Christ. Arch., p. 95		chiesa	vicus
Zursach	«RA » 10, p. 636 (7)	V	chiesa	vicus?

Lionese I

Ternodorum (Tonnerre)	GC, 11 (cfr. n. 93)		archipresbyter	castrum
Cabilonnense (Chalon)	hist., 5, 45 (cfr. n. 23)	v	diviene episcopato nel 352 (Duchesne, II, p. 190)	castrum
Trinorcium (Tournus)	GM, 54		presbyter; basilica	castrum
Matisco (Mâcon)	hist., 8, 12 (cfr. n. 23)	v	diviene episcopato (Duchesne, II, p. 196)	castrum
Divionense (Dijon)	hist., 2, 23 (cfr. n. 23)	v	diviene episcopato	castrum
Alisiense (Alesia)	vita Germani, Par., 11 (BHL 3468)		prete, forse visitatore	« pagus »
Sedilocus (Saulieu)	vita Amatoris, 4, 18 (BHL 356), prima del 418		tabernaculum Andochii	vicus

Lionese III

(LE MANS)				
S. Georgi vicus cinomannesis	GM, 100		presbyter	vicus
Turnacus (Ternay)	VSM, 4, 12 (cfr. n. 47)		oratorium	villa della Chiesa di Tour
(Nantes)				
S. Nazarii basilica (St.-Nazaire)	GM, 60		presbyter	vicus
Nunechii domus	vita Germani, 59		oratorium	villa
Ratiatensis (Rezé)	GC, 53 (cfr. n. 89)		battesimo?	vicus
(ANGERS)				
Carnona (Chesnehutte-les-Tuffeaux)	vita Germani, 58	VII	celebrazione della domenica	castellum
Calonna (Chalonnes-sur-Loire)	vita Maurilii, 2 (BHL 5730)		ecclesia	villa
Castrum Petrae	ivi, 20		basilica	locus?
Tours (diocesi di)	cfr. L. Pietri, pp. 793-5 (cfr. note 35-9)			37 vici
Severiacus	VSM, 12; vita Germani, 65		ecclesia	villa della Chiesa parigina

Lionese IV

(PARIGI)

Bradeia (Brie-Comte-Robert)	vita Germani, 43		missa, sacrarium	vicus
Cala (Chelles)	MGH, Dipl., 3, p. 5 (cfr. n. 30)		ecclesia	villa
Catulliacus (St.-Denis)	hist., 4, 1 e GM, 71		basilica	vicus
Exona (Essonne)	vita Germani, 14		clericus	vicus
Inaethe (?)	ivi, 41		possedimento della Chiesa di Parigi	villa
Nemptuduruu (Nanterre)	hist., 10, 18 (n. 81)		baptisterium	vicus
Novigentum (St.-Cloud)	Le Blant, Inscr. Chrét. Gaule, 209		basilica (poetica)	villa
Nocito (Noisy-le-Grand)	hist., 5, 39 e 8, 10		oratorium	villa
Roteiacus (Rosay-en-Brie)	vita Germani, 52		clericus (possedimento della Chiesa di Parigi)	villa
Vicus Novus (Neuvy)	ivi, 40		visita episcopale	vicus
Mecledonense (Melun)	hist., 6, 31		ecclesia	castrum

(CHARTRES)

Avallocium (Heveleu)	vita Leobini, 17 (BHL 4847: ix secolo)		parrochia	?
Dunum (Châteaudun)	hist., 7, 17 (cfr. note 23 e 60)		diocesis	castrum
AUXERRE (diocesi di)	M. Chaume, Le Duché de Bourgogne, II 2, Dijon 1937, pp. 799-801	567-811	37 parrocchie	27 villae, 13 vici

Aquitania I

(BOURGES)

Argentomagus (Argenton)	vita Aradii, 44 (BHL 666)	vi?	visita episcopale	vicus
Brivae (Brives)	GC 79		oratorium	vicus
Cantillensis (Chantelle-la-Vieille)	Sid., epist., 4, 13		ecclesia	locus (vicus)
Claudiomagus (Clion)	Sulp. Sev., dial., 2, 8		secretarium (ecclesia)	vicus
Dolense (Deols)	GC, 90 (n. 89)		cripta, veglie	vicus

Evaunensis (Evaux)	GC, 80 (n. 89)		ecclesia	vicus
Leprosus (Levroux)	Sulp. Sev., vita Martini, 14, 3		missione di Martino	vicus
Mediolanense (Montmeillant)	hist., 6, 31		ecclesia	castrum
Nereensis (Néris)	VP, 9, 2 e 2 (note 44 e 89, 93 e 100)		archipresbyter	vicus
Novigentus (Noyant)	vita Germani, 40		visita episcopale di un *pagus lituricus*	vicus
(Chiesa Arverna)				
Arthona (Artonne)	GC, 5 (note 89, 93, 95 e 98)		archipresbyter	vicus
Brivas (Brioude)	VSI, 7, 23 (note 89 e 93)		basilica	vicus
Bulgias (Bongheat)	VSI, 14		oratorium	villa
Iciacensis (Yssac)	GM, 65		oratorium	domus
Iciodorus (Issoire)	GC, 29 (note 88, 92, 97)		diaconus	vicus
Lovolautrense (Vollore)	hist., 3, 13		presbyter; altarium	castrum
Licaniacensis (St.-Germain-de-Lembron)	hist., 2, 20 (n. 45)	v	basilica	vicus
Marciacensis (Marsat)	GM, 8		oratorium	villa
Morgicensis (Morges)	vita Aredii Vap., 2 (BHL 669)	?	oratorium	vicus?
Meroliacense (Chastel-Marlhac)	hist., 3, 14		ecclesia	castrum
Ricomagensis (Riom)	GM, 85 (note 89 e 97)		altarium	vicus
Thigernum (Thiers)	GM, 51 (n. 89)		presbyter	castrum
Transaliencis (Trezelles)	VP, 13 (n. 89)		domus dei	vicus
Vibriacensis (?)	VSI, 48		missae celebratae	vicus
			consacrato oratorium da Gregorio e Nicetius di Lione	domus
Vulvico (Volvic) (ALBI)	vita Praeiecti, 35 (BHL 6916)	VII?	ecclesia	villa
S. Amarandi sepulcrum (Vieux) apud Viancium (Limoges)	GM, 57		chiesa, festa del santo	vicus
Briva (Brives)	hist., 7, 10		diocesis	vicus
Noniacus (Saint-Julien?)	VSI, 40 e vita Aredii, 16 (BHL 666, carolingia)		basilica	villa

Gemiliacensis (Junillac)	Ruricius, *epist.*, 2, 26		diocesis	?
Iuliensis	GC, 51		presbyteri	vicus
Uzerca (Uzerches)	Ruricius, *epist.*, 2, 20		ecclesia	?
Aronnacus	Desiderio di Cahors, *epist.*, 2, 5	VII	parrochia	?
(JAVOLS)				
Gredonense (Giers)	*hist.*, 1, 34		reliquie	castrum
(VELLAVI)				
Anicius (Puy en Vlay)	*hist.*, 10, 25		basilicae propinquae	locus

[Non si può includere Toulx-Sainte-Croix, malgrado M. Aubrun, *L'ancien diocèse de Limoges*, Clermond-Ferrand 1981, p. 237, in mancanza di testimonianze sicure. Bisogna forse scartare le testimonianze della *vita Austremonii* (BHL 847), molto tarda, per Compendiacensis (3, 19), Meroialus (3, 18), Plausiacus (3, 18)].

Aquitania II

(BORDEAUX)				
Aligonensis (Langon)	Paul., *epist.*, 20, 3 (n. 40)	400	ecclesia	vicus
Blaviense (Blaye)	GC, 45		basilica	castellum
Marcianensis (Marsas)	*VSM*, 3, 33		oratorium	villa
Reontia (Rions)	GC, 46 (n. 81)		ecclesia	villa
Neujon	« Archéologie médiévale » 13 (1983), p. 274		chiesa	villa
St-Denis-de-Piles	Ven. Fort., *carm.*, 4, 10 (n. 47)		basilica S Dionysii	villa
Vodollacensis (Boulliac)	GC, 45		ecclesia	vicus
(AGEN)				
Pompeiacus (Mas d'Agenais)	*hist.*, 7, 35 (n. 50)		basilica	castrum
Sirolaiensis (Sireuil?)	*VSM*, 1, 38		oratorium	?
(SAINTES)				
Victurina (Villa di)	*VSI*, 47 (n. 51)		basilica	villa
Primuliacum (?)	Paul. Nol., *epist.*, 31 e 32		(cfr. le epistole)	villa
Becciacus (Bessay)	*GM*, 89 (n. 93)		archipresbyter	vicus

Sallense (Champtoceaux)	bist., 4, 18 (n. 23)		diviene episcopato	castrum
Tonatiagus (Tonat)	Ven. Fort., virt. S. Hilari, 9, 24		obbligo domenicale	vicus
Vultaconnum (Voultegon)	VSM, 2, 45		ecclesia	vicus
(PROVINCIA DI EAUZE)				
S. Severi, Sexiacensis (St.-Sever)	GC, 49-50 (note 44 e 89)		presbyter	domus
Aquae Siccae (Saint-Cizy)	«Gallia» 30 (1972), p. 482 (n. 82)		battistero?	?
Iuliensis (Aiere?)	GC, 51		presbyteri	vicus
Tarva (Tarbes)	GC, 48		ecclesia?	vicus
(TRA TARN E GARONNA)				
Sevetgamcollas	Hist. Languedoc, II, Preuves, 4, coll. 42-6	680	ecclesia S. Medardi	villa?
Sallis	ibidem	680	ecclesia S. Saturnini	villa?
Valentine, Arnesp (Haute-Garonne)	«Archéologie médiévale» 11 (1983), p. 213		chiesa	?
Novolio	Hist. Languedoc, cit.	680	ecclesia S. Medardi	villa?
Lampadiago (St.-Martin-de-Belchas-se)	ibidem	680	ecclesia S. Martini	villa?
Mutaciones (Castelsarrazin)	ibidem		ecclesia S. Gemmae	villa?
Farfanas	ibidem		ecclesia S. Germani	villa?
Narbonese I				
Anseduna	CIL XII 4311 (cfr. note 43 e 87)	455	dedica del prete Othia	vicus?
Arisitensis (Alès)	bist., 5, 5 (cfr. 23)	v	diviene episcopato	vicus
Carcassonne	Duchesne, I, p. 319	VI	diviene episcopato	castrum
Elne	Duchesne, I, p. 319 (cfr. n. 23)		diviene episcopato	castrum
Elusio (Alzonne? Montferrand)	«Gallia» 17 (1959), pp. 455-7 (cfr. n. 52)		chiesa	vicus
Minerve	CIL XII 5337 (cfr. n. 41)	v	tavola d'altare	vicus
Sexciacensis (?)	GC, 48 (cfr. n. 89)		tomba del prete Iustinus	vicus
Octavianus	Sid., epist., 4, 1 (cfr. n. 51)		sacrarium	villa

Narbonese II [130], *Viennese e Alpi Marittime*

(ARLES)				
Citharista (Ceyreste)	Zos., *epist.*, 1, 3 (cfr. n. 58)	v	parrochia	vicus
Gargarius (St.-Jean-de-Gargier)	ibidem	v	parrochia	locus
Succentriones	*vita Caesarii*, 2, 22 (*BHL* 1508)		diocesis	villa
Cataroscenis (Berre)	*vita Caesarii*, 2, 20		diocesis, presbyter	villa
Launico (Beuil?)	*vita Caesarii*, 1, 50		visita episcopale?	villa
Musturnacum (?)	*vita Niceti*, 8 (*BHL* 6088)		ager ecclesiae Lugdunensis	villa
Luco (Le Luc)	*vita Caesarii*, 2, 18		oratorium	castellum
S. Eusebii (nei pressi di Cavaillon)	GC, 3 (cfr. n. 49)		battistero	villa
N.D. du Brusc (Châteauneuf de Grasse)	«Gallia» 31 (1973), p. 565 (cfr. n. 82)		?	?
Epacnensis (St.-Romain-d'Albon)	*DACL*, 5, coll. 107-11	517	parrochia	vicus
Alba (Aps)	Duchesne, I, p. 237	v/vi	episcopato trasferito a Viviers	
Luciatensis (Lussac)	secondo la lista delle fondazioni, del x secolo: *Histoire du Languedoc*, II, *Preuves*, 208, p. 418	527-35	ecclesia	vicus
Bessiacum (Bessiac)	ibidem		ecclesia	villa?
Theopolis (nei pressi di Sisteron)	*CIL* XII 1534; H.-I. Marrou, in *Augustinus Magister*, I, Paris 1954, p. 101		(oratorio?)	villa
Faverges (Haute-Savoie)	«Archéologie médiévale» 9 (1978), p. 173		chiesa	?

[509]

[1] Ambrosiaster, *comm. in Eph.*, 4, 11 A: « Ut ergo cresceret plebs et multiplicaretur, omnibus inter initia concessum est et evangelizare et baptizare. At ubi omnia loca circumplexa est Ecclesia conventicula sunt constituta, ut nullus de clericis auderet, qui ordinatus non erat, praesumere officium... » (ed. H. J. Vogels, *CSEL* 81, pp. 99 sg.).

[2] *epist.*, 69, 8.

[3] Per la storiografia relativa all'argomento ci si può riferire a *Dictionnaire d'Archéologie chrétienne et de Liturgie* (= *DACL*), XIII 2, Paris 1938, s. v. ' Paroisses rurales ', coll. 2234 sg. (H. Leclercq); ma si aggiunga la dissertazione del Muratori, dopo quelle di P. de Marca; in particolare cfr. P. Hinschius, *Das Kirchenrecht der Katholiken und Protestanten in Deutschlandsystem des kath. Kirchenrecht*, Berlin 1888-97; E. Löning, *Geschichte*

des Deutschen Kirchenrechts, Strasburg 1878; U. Shutz, *Geschichte des Kirchl. Benefizialwesens*, Berlin 1895.

[4] G. Imbart de la Tour, *Les paroisses rurales du IVe au XIe s.*, Paris 1900 (rist. anast. 1979; l'opera riproduceva scritti apparsi tra il 1896 e il 1898). Parallelamente va citato lo studio monumentale di E. Lesne, *Histoire de la propriété ecclésiastique en France*, i-vi, Paris 1910-43.

[5] W. Seston, *Notes sur les origines des paroisses rurales*, « RHPhR » 15 (1935), pp. 243-54; K. Müller, *Kleine Beiträge zur alten Kirchengeschichte: Parochie und Diözese in Abenland in Spätrömischen und Merowingischen Zeit*, « ZNTWiss » 132 (1933), pp. 149-84; P. de Labriolle, *Paroecia*, « RSR » 18 (1928), pp. 60-72; cfr. già F. Stolz, Παροικία, *parochia und parochus*, « Tübinger Quartalschrift » 139 (1907), pp. 424-48; A. Schiaffini, *Per la storia di Paroikia e Plebs*, « ASI » 80 (1922), pp. 65-83.

[6] E. Griffe, *La Gaule chrétienne à l'époque romaine*, ii, Paris 1965, pp. 260-99; *Les paroisses rurales au VIe s.*, « BLE » 76 (1975), pp. 1-26; *Cristianizzazione ed organizzazione ecclesiastica delle campagne nell'alto Medioevo: espansione e resistenza*, in « Settimane di Studio del Centro it. di st. sull'Alto Medioevo », Spoleto 1982. Per la penisola iberica, M. Sotomayor, *Penetración de la Iglesia en los medios rurales*, ivi, pp. 639-83, preceduto, per il quadro giuridico, da J. Fernandez Alonso, *La Cura pastoral en la España romanovisigoda*, Roma 1955, pp. 207-24. Per l'Italia cfr. C. Violante, *Sistemi organizzativi della cura d'anime in Italia tra Medioevo e Rinascimento*, in *Pieve e Parrocchia in Italia nel Basso Medioevo, XIII-XV s.*, « Italia Sacra », 15, Roma 1984, pp. 3-41; A. Vasina, *Pieve e Parrocchie medievali nella storiografia moderna*, ivi, pp. 43-64.

[7] Ch. Pietri, *Remarques sur la topographie des cités de la Gaule entre Loire et Rhin*, « RHEF » 62 (1975), pp. 189-204.

[8] Per Tours, L. Pietri, *La ville de Tours du IVe au VIe s.*, Roma 1983; per Clermont, Ch. Pietri, *L'espace chrétien dans la cité: le Vicus christianorum (Clermont)*, « RHEF » 66 (1980), pp. 177-210.

[9] P. Rentinck, *La cura pastorale in Antiochia nel IV secolo*, Roma 1970, pp. 88 sg.; Johan. Chrys., *in Diodorum*, 4 (PG 52, col. 764).

[10] G. Dagron, *Les moines et la Ville: le monachisme à Constantinople jusqu'au Concile de Chalcédoine*, « Travaux et Mém. du Centre d'hist. et de Civ. Byz. » 4 (1970), pp. 229-76.

[11] V. Saxer, *Vie liturgique et quotidienne à Carthage vers le milieu du IIIe s., le témoignage de Cyprien*, in ' Studi di Ant. Crist. ', 29, Roma 1969, p. 83; all'epoca i preti avevano ricevuto da poco la delega episcopale per consacrare.

[12] A Milano, la Basilica Portiana (S. Lorenzo) fuori le mura, come la Basilica Salvatoris (S. Dionigi), la Basilica Romana, a ovest (S. Nazario), la Basilica Ambrosiana (S. Ambrogio), presso una strada a sud-est, sono forse utilizzate per il culto domenicale. Quest'ultimo è affidato ai preti, come indica, secondo J. Schmitz (*Gottesdienst im altchristlichen Mailand*, ' Theophaneia ' 25, Bonn 1985, p. 295) l'*epist.* 20, 13 di Ambrogio. Per la liturgia episcopale venivano forse utilizzate la Basilica Nova (S. Tecla) e anche la Basilica Vetus.

[13] Per il caso di Roma rinvio all'analisi che ne ho tentato in *Roma Christiana*, Roma 1976, i. pp. 3-150, 461-513, 623-44. Sulla testimonianza del *Liber Pontificalis*, nella vita di papa Marcellus (ed. L. Duchesne, Paris 1955², i, p. 64), cfr. anche Cletus, a p. 122.

[14] A. Chavasse, *Le sacramentaire Gélasien*, Paris 1958, p. 682.

[15] P. es. *Inscriptiones Christiana Urbis Romae, Nova Series*, ii 4279, 521.

[16] Ambrosiaster, *ad Timotheum prima*, 3, 13, 3-4, p. 269; sulla permanenza, cfr. la lettera del *presbyterium*, durante il conflitto con l'arcidiacono Eulalius nel 419 (*Collectio Avellana*, 17, 2, *CSEL* 35, p. 64). Sul *fermentum*, Innoc., *epist.*, 25, 5, 8 (*PL* 20, col. 556).

[17] Ieron., *epist.*, 48, 3.

[18] Ch. Pietri, *Roma Christiana*, cit., I, pp. 598-603 e 649-59.

[19] Leo, *serm.*, 8; 9, 3; 11, 2.

[20] *Liber Pontificalis*, 48, p. 249 Duchesne.

[21] F. Lanzoni, *Passio S. Sabini o Savini*, «RQA» 17 (1903), pp. 1-26 e soprattutto pp. 15 sg.

[22] Un primo esempio in Gallia: la comunità di Vienne è affidata a un diacono di nome Sanctus, διάκονος ἀπὸ βιέννης (Eus., *h. e*, 5, 1, 17); egli dipende forse da Potino, che dirige, con l'*episkopé* e la diaconia, la Chiesa di Lione. Il concilio di Arles attesta l'esistenza di comunità particolari nelle città: canoni 18 e 21 (C. Munier, *Concilia Galliae*, I, p. 13, CChr 148, da ora in poi Munier). Il concilio di Elvira indica invece l'esistenza di comunità rurali: «diaconus regens plebem» (canone 67: J. Vives, *Concilios Visigoticos e Hispano-Romanos*, Barcelona-Madrid 1963, p. 15, da ora in poi Vives).

[23] Quando questa rete fu sufficientemente consolidata rimasero pochi gli episcopati fuori delle città: Mâcon e Chalon, pur non avendo lo statuto urbano, acquisirono un'importanza economica e sociale sufficiente per esigere un vescovo. La geografia ecclesiastica segue qui l'evoluzione contemporanea. In altri casi, la creazione di episcopati nei *vici* dipende dall'intervento politico: un vescovo *apud Arisitensim vicum* (Greg. Tur., *hist.*, 5, 5, ed. Krusch-Levison, *MGH*, *SRM*, I, p. 201) e un altro *apud Sellensim castrum* (Greg. Tur., *hist.*, 4, 18, ivi, p. 151). Più noto è il caso di Châteaudun: *hist.*, 7, 17, ivi, p. 338.

[24] R. A. Markus, *Country Bishops in Byzantine Africa*, in «Studies in Church History» 16 (1970), pp. 1-15.

[25] F. Lanzoni, *Le Diocesi d'Italia, dalle origini al principio del secolo VII*, 'Studi e testi' 35, Faenza 1927, I, pp. 98-172.

[26] Serdica, canone 6, ed. P. P. Joannou, *Discipline générale antique*, I 2, Grottaferrata 1962, pp. 166 sg. (da ora in poi Joannou). Concilio di Cartagine (390), 5, ed. Ch. Munier, *Concilia Africae*, CChr 25 B, p. 14; *Reg. Eccl. Carthag. Excerpta*, 53, ivi, p. 189; 98 e 99, ivi, p. 216. Leone Magno pone il problema in una lettera indirizzata ai vescovi di Mauretania Cesariense: *epist.*, 12, 10 (*PL* 54, col. 654). La questione sarà posta nuovamente, in Spagna, dal secondo concilio di Toledo (527): Vives, pp. 50 sg.

[27] Una prima attestazione sicura ad Ancyra (313), 13, Joannou, p. 65. I preti di campagna sono posti sullo stesso piano di quelli delle città; l'istituzione appare in Siria nel 325, come sostiene F. Gillmann, *Das Institut der Chörbischöfe im Orient*, Hist. Kan. Stud., München 1903, p. 31, che si basa su Eus., *h.e.*, 7, 30, 10. Sull'evoluzione in Cappadocia, dove il corepiscopo sostituisce l'autorità del vescovo, Bas., *epist.*, 54; Greg. Naz., *poemata de ipso*, 2, 447. In Arabia, a Cipro: Soz., *h.e.*, 7, 19. Un *dossier* ancora utile, malgrado l'estrema povertà dei riferimenti epigrafici, in H. Leclercq, *DACL*, III 1 (1913), s. v. 'Choreévêque', coll. 1426-50.

[28] A Nicea, il vescovo, che appartiene allo scisma di Novaziano, è ridotto al rango di corepiscopo (canone 8). Il canone 10 del concilio di Antiochia (341) indica che i corepiscopi possono aver ricevuto l'ordinazione: essi sono ordinati da un vescovo, mentre la consacrazione episcopale vera e propria richiede l'intervento di tre prelati (Joannou, p. 112). Per la Cappadocia il concilio di Neocesarea, 14 (del 314-9: ivi, p. 81) paragona il corepi-

scopo ai 70 discepoli che aiutarono i 12 apostoli: essi vengono ammessi a concelebrare con il vescovo, ma si insiste sulla loro inferiorità. Nella traduzione di M. Mercator essi sono chiamati *vicarii episcoporum*.

[29] Così, alla fine del IV secolo, il concilio di Laodicea, canone 57 (Joannou, p. 153). Per l'Egitto, E. Wipszycka, *Le strutture ecclesiastiche nell'Egitto del IV secolo*, ' Misc. Hist. Eccl. ', 6, Bruxelles 1983, pp. 197-201.

[30] Il tentativo di T. Gottlob, *Der Abendländische Chorepiskopat*, Bonn 1928, non è giustificato: cfr. le critiche di F. Gescher, « Zeitschr. Savigny St., Kan.» 50 (1930), p. 413. Non si accetterà nemmeno il tentativo di F. Himly, che studia le *Origines et les destinées d'un évêché inconnu du Bas-Empire, Horburg près de Colmar*, «Annuaire de la Soc. hist. et littér. de Colmar», 1950, pp. 19-33: non c'è nessuna testimonianza su un'organizzazione corepiscopale e sulla presenza cristiana. Il corepiscopato è attestato da un'iscrizione di Manastirine (Salona), in una zona dove forse si esercitano influenze orientali: J. Zeiller, «RHE» 7 (1906), pp. 26-32. Cfr. gli esempi citati a n. 23: Austrapius, destinato al seggio di Poitiers (Greg. Tur., *hist.*, 4, 18), deve, pur conservando il titolo di vescovo, ritirarsi a Chelles.

[31] Innoc., *epist.*, 25, 5, 8. Sui preti delle *paroeciae*, cfr. Ch. Pietri, *Roma Christiana*, cit., I, p. 544.

[32] Imbart de la Tour, *Les Paroisses*, cit., p. 176 (cfr. pp. 31 sgg.).

[33] G. Forchielli, *La Pieve rurale. Ricerche sulla storia della costituzione della Chiesa in Italia*, Roma 1931, pp. 58 sg., insiste sull'influenza delle tradizioni collegiali: cfr. C. Violante, *Sistemi organizzativi*, cit., pp. 4-9.

[34] E. Griffe, *La Gaule*, III, cit., p. 268; Id., *Les paroisses rurales*, cit., pp. 4 sg.; ma cfr. già G. Zorell, *Die Entwicklung des Parochialsystems bis zum Ende der Karolingerzeit*, « Archiv f. Kath. Kirchenrecht » 82 (1902), pp. 74-98.

[35] Greg. Tur., *hist.*, 10, 31, pp. 527 sg. Krusch; cfr. L. Pietri, *La succession des premiers évêques tourangeaux*, « MEFRM » 94 (1982), pp. 551-619.

[36] *hist.*, 10, 31, 4, 5, 6, pp. 528 sg. Si noterà, in *hist.*, 2, 1, p. 38, che Brictius risiede nel *vicus Laudiacus*, ma è Perpetuus che vi crea la parrocchia.

[37] *hist.*, 10, 31, 7, p. 531; 15 e 16, p. 533; 18, p. 534.

[38] Cfr. la lista stilata da A. Longnon, *Géographie de la Gaule au VI s.*, Paris 1878, pp. 260 sgg. e corretta da L. Pietri, *Tours*, cit., pp. 793-6. Tre edifici cristiani devono essere esclusi dalla lista: 1) *Mariolaiensis ecclesia* (Mareuil sur le Cher), *ecclesia termini Toronici*: non si tratta dunque di una parrocchia, ma di un oratorio ai limiti della diocesi (*hist.*, 7, 12, p. 333); 2) il *vicus... Gaudiaco, in quo beati martyris reliquiae continentur*, secondo il *Liber de virtutibus S. Iuliani* (=*VSI*), 40, ed. Krusch, *MGH, SRM*, II 2, p. 130: un oratorio (Joué-les-Tours)?; 3) nel caso della *Novivicensis ecclesia*, si tratta forse di una parrocchia, in un *vicus* (Neuvy-le-Roi), ma questo non era ancora il caso nel momento cui si riferisce Gregorio, all'inizio del VI secolo (*liber in gloria Martyrum*, 30, ed. Krusch, cit., p. 56 = *GM*): cfr. C. E. Stancliffe, *From Town to Country: the Christianization of the Touraine, 370-600*, « Studies in Church History » 16 (1979), pp. 43-59.

[39] 1) Pernay: *Vitae Patrum* (=*VP*), 8, 8, ed. Krusch, cit., p. 248; forse la stessa menzionata in *VSI*, 50, p. 134. — 2) Pressigny: *VP*, 8, 11, p. 250. — 3) La fondazione di Artannes, celebrata da Venanzio Fortunato: *carm.*, 10, 10, 22, ed. F. Leo, *MGH, AA*, 411, p. 245.

[40] Paul., *epist.*, 20, 3 (G. de Hartel, *CSEL* 30, p. 195). Contrariamente all'analisi di Griffe '(*La Gaule*, cit., III, p. 273) il testo non indica chiara-

mente che prima dell'intervento di Delphinus ci fosse già una chiesa.

[41] *CIL* XII 4311 (Diehl 1852a): cfr. H.-I. Marrou, *Le dossier épigraphique de l'évêque Rusticus de Narbonne*, « RAC » 46 (1970), p. 345: *XXX ep(isco)p(a)tus sui f(ieri) f(ecit)*: il vescovo non si è accontentato di consacrare.

[42] Grado svolge, in certa misura, lo stesso ruolo di Seleucia nei confronti di Antiochia o di Classe nei confronti di Ravenna; ma non c'è alcun motivo d'immaginare che lo scalo marittimo abbia potuto servire molto presto, già nel IV secolo, come residenza estiva per i vescovi di Aquileia (come pretendono gli atti di un concilio del IX secolo: G. Bovini, *Grado paleocristiana*, Bologna 1973, pp. 5-8). La chiesa di Piazza della Corte fu forse, alla fine del IV secolo, il primo edificio del *castrum* (L. Bertacchi, *Da Aquileia a Venezia*, Milano 1980, pp. 301-5), prima della costruzione di una cattedrale intrapresa da Niceta (454-84).

[43] *CIL* XII 4311 (Diehl 1807); cfr. H.-I. Marrou, *Le dossier épigraphique*, cit., p. 346. Sono note le difficoltà di Hermes verso la metà del secolo; ordinato per Béziers, egli fu respinto dagli abitanti della città: cfr. L. Duchesne, *Fastes épiscopaux de l'ancienne Gaule*, I, Paris 1907, pp. 129 e 310; nel 462 egli fu trasferito da Béziers a Narbona (Hil., *epist.*, 8, 1 ed. Thiel, p. 142).

[44] *GC* 49 e 50, p. 327: « in rure, domus Sexciacensis »; E. Griffe, *Les paroisses*, cit., p. 9, situa a Saint-Sever de Roustan, in Bigorre, una delle due *villae*. Non è sicuro che, parlando di *ecclesia,* Gregorio abbia pensato alla fondazione immediata di una « parrocchia ». Sul ruolo dei monaci, cfr. soprattutto Gregorio Magno, *epist.*, 6, 39; *dial.*, 2, 8; cfr. O. Nussbaum, *Priestermönch*, ' Theophaneia ' 14, Bonn 1961, p. 101. Analogo il ruolo svolto da Patroclo a Néris: Greg., *VP*, 9, 3, Krusch, p. 253: l'ex prete, divenuto diacono, fonda un oratorio e tiene scuola per i bambini. Ma forse la parrocchia era già stata fondata: M. de Laugardière, *L'Eglise de Bourges avant Charlemagne*, Paris 1952, pp. 80-3. I vescovi possono trasformare un monastero in parrocchia, secondo una disposizione del terzo concilio di Toledo (589), 4 (Vives, p. 126). Cfr. *vita Goaris*, 2-5, *MGH, SRM*, 4, pp. 414 sgg.: il prete Goar, conosciuto tramite una vita tarda dell'VIII secolo (*BHL*, 3565) manifesta una notevole indipendenza, come osserva N. Gauthier, *L'évangelisation des pays de Moselle*, Paris 1980, p. 170, ma è una sorta di franco tiratore, che viene infine recuperato dal vescovo. Cfr. anche l'oratorio dell'abate Guntharius (che diventa vescovo di Tours verso la metà del VI secolo), nella *villa Martiniacus*, fondata, secondo Gregorio (*GC*, 8, p. 303) in una località dove Martino si recava a pregare.

[45] *hist.*, 2, 20, p. 66: « basilica sancti Laurenti et sancti Germani »: St. Germain-Lambron (Puy de Dôme). Victorius fa esiliare Sidonio Apollinare. Ma lo stesso Sidonio, tornato dall'esilio, gli è grato per la sua politica di pacificazione (*epist.*, 7, 1): cfr. G. Kurth, *Les Comtes d'Auvergne au VIe s.*, « Bull. Acad. Roy. de Belgique », 1899, p. 769 e P. Courcelle, *Histoire litt. des invasions germaniques*, Paris 1964, p. 237; cfr. anche Litomer, in *VSI*, 50, p. 134.

[46] Cfr. soprattutto, dopo H. Leclercq, *DACL*, coll. 409-22 e E. Lesne, *Histoire de la propriété*, cit., I, pp. 56 sgg., E. Griffe, *La Gaule*, cit., III, pp. 293 sgg.; Imbart de la Tour, *Les Paroisses*, cit., pp. 175-90. Per l'Italia, C. Violante, *Sistemi organizzativi*, cit., pp. 986 sg.; per l'Italia meridionale, C. D. Fonseca, in *Pieve e Parrocchia*, cit., p. 335.

[47] Così « apud Tornacinsem... villam », secondo il *Liber de virtutibus Sancti Martini* (=*VSM*), 4, p. 202. Sulla villa del Bordolese (Ven. Fort.,

carm., 4, 10, ed. Leo, *MGH, AA,* 4, 1, p. 87), a Saint-Denis-de Piles, dotata di un oratorio dal vescovo Amelius di Parigi, cfr. E. Griffe, *La création d'une paroisse en Bordolais au VI* s.*, «BLE» 56 (1955), pp. 174-7; P. de Palol, *La conversion de l'aristocratie de la péninsule ibérique au IV* s.*, «Misc. Hist. Eccl.» 6 (1983), pp. 47-69.

[48] Talvolta permangono le tracce dell'oratorio o dei sarcofagi che esso accoglieva, ma non della *villa*: P.-A. Février, *Problèmes de l'habitat du Midi Méditerranéen à la fin de l'Antiquité et dans le Haut-Moyen Age,* «JRGZ» 25 (1958), pp. 208-47, spec. pp. 231 sg. (nei pressi di Brignoles, a La Gayole? Una situazione analoga Saint-Maximin?). Paolino si dà pensiero per la *memoria* familiare e fa liberare uno dei suoi schiavi, richiedendo che egli divenga, come prete, un addetto a essa: *epist.*, 12, 12, p. 83.

[49] *GC,* 3, p. 300; cfr. anche il caso di Tetradia, *hist.,* 10, 9, p. 489.

[50] B. de Gaiffier, *La passion de Saint Vincent d'Agen,* «AB» 70 (1952), pp. 160-81 e soprattutto pp. 169-74.

[51] *VSI,* 47, p. 133: essa fu costruita da una nobile dama, «in villae suae territorio», nei pressi di Saintes. Analogamente una *basilica* fu costruita nei pressi di *Novus Vicus* (Neuvy-le-Roi, vicino a Tours); un miracolo consente di recuperare, per la chiesa del *vicus,* una parte delle reliquie di Giovanni, che erano state deposte in una basilica privata: *GM,* 30, p. 56. È anche questo, forse, il caso del *sacrarium* costruito da Consentius, amico di Sidonio, di cui quest'ultimo parla, con le sue terme e con i suoi portici, come di una «parure» della *villa*: *epist.,* 8, 4; *carm.,* 23, ed. Ch. Lustjohann, *MGH, AA,* 8, pp. 129 e 250 sg. Cfr. anche i casi di Flavius, di cui parla la *vita Nicetii (BHL* 6088), ed. B. Krusch, *MGH, SRM,* 3, 522 e di Simforiano *(BHL* 7968), *AASS,* 3, 914. Questi due oratori dispongono di un clero: cfr. Leudbertus, *vita Aredii (BHL* 666), 13, *MGH, SRM,* 3, p. 587.

[52] Sulla localizzazione, cfr. J. Fontaine, nella sua Introduzione alla *Vita Martini,* SChr. 133, pp. 30 sgg. e, con qualche reticenza, Ch. Stancliffe, *St. Martin,* Oxford 1983, p. 30. Non si può seguire E. Griffe, *La Gaule,* cit., III, p. 273, secondo il quale Sulpicio avrebbe fondato le sue chiese in un *vicus.* In realtà tutto indica che si trattava di una fondazione su un possedimento privato. Si è voluto identificare questa tenuta a Montferrand (Aude), dopo la scoperta di una necropoli, di una *villa* e di una basilica, distrutta nel v secolo: H. Gallet de Santerre, «Gallia» 17 (1959), pp. 455-7.

[53] Sulp. Sev., *epist.,* 1, 9, 10, ed. J. Fontaine, SChr 133, p. 320; *vita Caesarii (BHL* 1508), 2, 15, 18 *(MGH, SRM,* 3, pp. 487-91); *vita Germani (BHL* 3468), 43, 12 *(MGH, AA,* 4, 2, p. 20); *vita Desiderii Cadurc. (BHL* 2143), 20 *(MGH, SRM,* 4, p. 579); *vita Audoeni (BHL* 750), 20, (ivi, 5, p. 6333); *vita Amandi (BHL* 332; ivi, 5, p. 443).

[54] Tarragona, 13, Vives, p. 38; la stessa pratica è attestata per la città arverna: *vita Praeiecti (BHL* 6916), 8, *MGH, SRM,* 5, p. 229; cfr. anche il concilio di Auxerre (561-605), 7, Munier, p. 266; esso convoca presso il vescovo i preti per la metà di maggio e gli abati per il 1° novembre. Il concilio d'Orléans del 511, ivi, 19, p. 10 convocava solo gli abati.

[55] La processione è istituita da Gallus, perché i suoi voti contro la peste sono stati esauditi: *VP,* 6, 6, p. 234; *hist.,* 4, 5, p. 138.

[56] In Oriente, il prete che erige un altare a parte viene deposto e minacciato di deferimento al braccio secolare : concilio di Antiochia (341), 5. Anche la legge civile interviene: Iust., *Nov.* 58 e 131, 8.

[57] Gel., *epist.,* 14, 4, 4, p. 364; frg. 19, p. 493 Thiel.

[58] Innocent., *epist.,* 40 *(PL* 20, 606-7); la controversia è tra Tibur e

Nomentum, a proposito della *paroecia Felicensis*: cfr. Ch. Pietri, *Roma Christiana*, II, cit., p. 918. Per la polemica tra Ruricius di Limoges e Chronopius, cfr. *epist.*, 2, 6 Engelbrecht (*CSEL* 21, p. 380). Per un periodo molto più tardo (inizi dell'VIII secolo) si conosce il conflitto che oppone, su una pieve, il vescovo di Siena e quello di Arezzo: G. Tacchetti, *Le chiese di San Quirico*, « Boll. Senese » 82-3 (1975-6), p. 916.

⁵⁹ L'affare di Proculus è noto da papa Zosimo, *epist.*, 1 = *Coll. Arelat.*, 1, pp. 5 sgg. Gundlagh. Cfr. anche Leo., *epist.*, 10 (*PL* 54, 628-32); Hilar., *epist.*, 10 e 11, pp. 148-52 Thiel.

⁶⁰ La controversia è regolata al concilio di Parigi del 573, che condanna Egidius: cfr. la lettera di Pappolus, vescovo di Cartagine, in Munier, II, pp. 212 sgg. Il concilio di Orléans del 549 condanna usurpazioni analoghe (ivi, p. 151), dopo quello di Lione del 518 (ivi, p. 40).

⁶¹ Nel 633 il canone 34, Vives, p. 205; cfr. J. F. Alonso, *Cura pastoral*, cit., pp. 205-13.

⁶² Canone 9 (10), Munier, I, p. 80. Epaone (517), 7, Munier, p. 25. Ugualmente, in Spagna, il secondo concilio di Siviglia (614), 7, Vives, p. 167.

⁶³ Cfr. p. es. *epist.*, 34; 35; 41, Thiel pp. 448, 449, 454; frg. 21, p. 496. Nello stesso tempo il papa rafforza il divieto di conferire gli ordini ai coloni e agli schiavi senza il consenso del proprietario: *epist.*, 14, 14, p. 270; 20, p. 387. Sull'argomento furono prese due disposizioni analoghe in Gallia: Orléans (511), 8, Munier p. 7; Orléans (538), 29 (26), p. 124: il vescovo deve pagare una doppia indennità.

⁶⁴ Orange, 9 (10), Munier, p. 81; « concilio » di Arles II (452-506), 36 (35), p. 121. Sull'introduzione di chierici stranieri, Orléans (541), 7, Munier, II, p. 133.

⁶⁵ Canone 21, Munier, p. 203: Natale, Epifania, Ascensione, Pentecoste, festa del Battista. La regola scomunica i chierici che celebrano queste festività negli oratori senza l'autorizzazione episcopale. Orléans (511), 25, Munier, II, p. 11; conc. Arverno, 15, p. 109; l'obbligo di recarsi nella cattedrale è conservato per i *priores cives*: Orléans (541), 3, p. 133.

⁶⁶ Per il concilio di Orléans (511), canoni 33 e 26, Munier II, pp. 139 sg.

⁶⁷ Il problema dell'Eigenkirche va posto in questo contesto politico ed economico, eliminando qualsiasi riferimento a tradizioni germaniche o ariane (H. von Schubert) per spiegare questa rivendicazione del fondatore a nome dello *ius fundi*; in tal senso, dopo Dopsch, le sagge osservazioni di V. Fuchs, *Ordinationstitel von seiner Entstehung bis auf Innozenz III*, Bonn 1930, p. 167.

⁶⁸ G. Fournier, *Le peuplement rural en Basse Auvergne durant le haut Moyen Age*, Paris 1962, pp. 402-9; M. Chaume, *Les origines du Duché de Bourgogne*, II 2, Paris 1937, p. 798 e « Revue Mabillon » 27 (1937), p. 62; M. de Laugardière, *op. cit.*, pp. 39-54. Rinvio una volta per tutte all'Appendice, pp. 787 sgg.

⁶⁹ *Formulae Bituricenses*, 5, ed. Zeumer, *MGH, Formulae*. Nella seconda *Vita* di San Ouen (II 24); *MGH, SRM*, 5, p. 557: « vicos publicos et plebeios ecclesias fundavit ».

⁷⁰ Cfr. lo studio di J. Mertens cit. a p. 787.

⁷¹ Sul significato di *vicus*, di *ecclesia*, di *basilica*, nella lingua di Gregorio, cfr. Ch. Pietri, *Topographie*, cit., pp. 196-203; sul *vicus*, Id., *Espace chrétien*, cit., p. 179. Sulla ripartizione e il numero dei *vici* cfr. M. Rouche, *L'Aquitaine des Wisigoths aux Arabes (418-781)*, Paris 1979.

⁷² « Revue Mabillon » 27 (1937), p. 62.

⁷³ W. Seston, *Notes sur les origines des paroisses rurales*, « Rev. Hist.

Ph. Rel.» 15 (1935), pp. 243-54; C. Jullian, *Histoire de la Gaule*, VIII, Paris 1926, p. 316.

[74] Canone 21, Munier, I, p. 202.

[75] Orléans (538), canone 31 (28), Munier, II, p. 125; Auxerre (561-5), 16, p. 267: « non licet boves iungere »; Mâcon (589), 1, p. 239; Narbona (589), 4, p. 254; Chalon (647-53), 18, p. 307. Sull'importanza della liturgia per imporre il modello della città episcopale, cfr. I. N. Wood, *Early Merovingian Devotion in Town and Country*, « St. in Church History » 16 (1979), pp. 61-4.

[76] Agde (506), 21, Munier, II, p. 202; Greg., *hist.*, 5, 17, p. 215; Monthelan, *hist.*, 7, 47, p. 867.

[77] Tarragona, 7, Vives, p. 36; H. Schäfer, *Pfarkirche und Stift im deutschen Mittelalter*, Stuttgart 1903, p. 190.

[78] *Vita Leopardini* (*BHL* 4882), 9, *Acta Sanctorum*, Oct., 3, p. 915.

[79] Caes., *serm.*, 1, G. Morin, *CChr* 103, pp. 1-17; concilio di Vaison (529), 2, Munier, II, p. 79.

[80] Come ricorda, per l'Italia, Gelasio, che vieta in ogni modo l'intervento dei diaconi: *epist.*, 14, 7, Thiel, p. 366; sulle epoche, ivi, 10, 10, p. 308; frg. 20, p. 494. Il concilio di Orléans del 511 prevede l'urgenza in altri termini; esso autorizza un prete penitente a intervenire.

[81] Rions: *GC*, 48, p. 36; per Nanterre, *hist.*, 10, 28, p. 521. Sull'evoluzione medievale, H. Feine, *Kirchliche Rechtsgeschichte*, Weimar 1969, p. 157.

[82] A Port-Bail sulla Manica, M. de Boüard identifica un edificio del VI secolo (« CArch » 9, 1957, pp. 1-22) in un sito che evidentemente non è né sede di episcopato, né di monastero. Non lontano da un *vicus* (St.-Ciry), a Bantayré, si trovava un bacino ottagonale: M. Labrousse, « Gallia » 30 (1972), p. 482. Per la vicina Svizzera cfr. H. Büttner - I. Müller, *Fruhes-Christentum im Schweiz und Alpenraum*, Köln 1957, p. 47 (Trins, Zillis, che sembra più tardo; Riva San Vitale, p. 74; cfr. Appendice: N. D. du Brusc ecc.); J. F. Reynaud si domanda (XVIII *Settimane* di Spoleto, p. 345) se non esistesse, accanto al gruppo episcopale, un gruppo parrocchiale: ipotesi suggestiva ma poco documentata prima del VII secolo.

[83] Orléans, 18, Munier, II, p. 101; Mâcon (585), 3, p. 240; Auxerre (561-605), 18, p. 267.

[84] Vaison (442), 3, Munier, I, p. 97; Auxerre (561/605), 6, Munier, II, p. 266. Analogamente in Italia: Gel., *epist.*, 14, 5, 6, Thiel p. 365.

[85] Epaone (517), 16, Munier, I, p. 28: interdizione per la penitenza; Agde (506), 44, Munier, I, p. 235. Per la conoscenza degli *Statuta canonum*, cfr. concilio di Orléans (541), 6, Munier, II, p. 133. La responsabilità dei preti nella sorveglianza delle vedove: *Statuta*, 68 (102), Munier, p. 177; il testo nomina colui che dirige la parrocchia: « qui parrociae praeest ».

[86] Gli *statuta*, canone 7 (17, Munier, p. 167) affidano la protezione delle vedove e degli orfani all'arciprete e all'arcidiacono, responsabile forse del territorio che sfugge alle parrocchie. Tours (567), 5, Munier, II, p. 178. Sul servizio dei morti, un concilio di Parigi del 614 proibisce l'intervento dei monasteri: canone 6, ivi, p. 284; una testimonianza per i funerali a Précigny, *VP*, 8, 11, p. 250; cfr. L. Pietri, *Tours*, cit., p. 714.

[87] Così il prete Othia. Sul tribuno Nunninus, che ruba delle reliquie di san Germano per il *vicus Musciacas* in territorio arverno: *GC*, 40, p. 323. Per una richiesta proveniente dal *vicus Priscinianensis* cfr. *VP*, 8, 11, p. 250; Gregorio dispone delle reliquie di Nicetius: ivi, 8, p. 248. Sulla distribuzione delle reliquie, E. Griffe, *Les paroisses*, cit., pp. 15 sg. Reliquie di Giovanni

(provenienti da Tours) si trovavano a Langeais: *GM*, 15, p. 48; reliquie di Giorgio a Le Mans: *GM*, 100, p. 105; reliquie di Giuliano nel *vicus Gaudiacus*: *VSI*, 40, p. 130.

[88] Su Giuliano, *VSI*, pp. 132-4; Genesio, *GM*, 66, p. 83. A Issoire, Cautinus, destinato all'episcopato, organizza il culto del primo vescovo (2) arverno: GC, 30, p. 316; *vita Praiecti*, p. 231. Si pensi anche ai ricordi di Martino nella diocesi di Tours, in *Nobiliacense pago* (un albero): *GC*, 7, p. 303; e soprattutto a Candes: *VM*, 2, 19, p. 66; 48, p. 176; 3, 22, p. 188; *hist.*, 8, 40, p. 407. La parrocchia aveva tentato di conservare il corpo del vescovo.

[89] L'abate Maximus, discepolo di Martino, aveva salvato Chinon da un assedio: *GC*, 22, p. 311. Ad Arthona (Artonne, Puy de Dôme), Vitalina, *GC*, 5, p. 301; Lusor, *in Dolensi... vico* (territorio di Bourges), *GC*, 90, p. 355; a Evaux (Bourges), l'eremita Marianus: *GC*, 80, p. 348; Lupianus, il neofita, *in vico Ratiatense* (Rezé): *GC*, 53, p. 329. È per Lupicinus che il *vicus Transaliensis* (Trézelles) entra in conflitto con un altro *vicus*: *VP*, 13, 3, p. 266. L'arciprete di Néris non può ottenere il corpo di Patroclo, un ex diacono divenuto eremita: *VP*, 9, 3, p. 255. Per Severus, *GC*, 50, p. 328, nei pressi di Béziers, *GC*, 48, p. 327. Per Amabilis, *GC*, 32, p. 318.

[90] Sulle vigilie, *VP*, 19, 2, p. 288; *GC*, 5, p. 201; *GC*, 90, p. 356; sulla celebrazione di Vincenzo, *GM*, 89, p. 97; per le campane, *VM*, 2, 45, p. 175.

[91] Clermont (525), 15, Munier, II, p. 109. Su questa parola, H. Schäfer, *Pfarkirche*, cit., p. 87. In *Reg. Eccl. Carth. Excerpta*, 56, Munier, *Concilia Africae*, CChr 149, p. 193 si dice anche che i chierici sono *ordinati*. Per *constituti* cfr. Vaison (529), 1, Munier, II, p. 78; Tarragona (516), 7, Vives, p. 36. Essi ricevono, come dice il IV concilio di Toledo (633), 26, un *officialis libellus*, Vives, p. 202. Su questa autorizzazione, V. Fuchs, *Ordinationstitel*, cit., p. 96. H. Netzer studia *La condition des curés ruraux du Ve au VIIe s.* in *Mélanges d'histoire du Moyen Age offerts à F. Lot*, Paris 1935, pp. 575 sgg.

[92] *Diocesis tenet*: Epaone, 8, Munier, II, p. 27. *Qui parochia praest* in *statuta*, 68, Munier, I, p. 177. Su *rector* e *regere*, ivi, 87 (XXXVI), p. 180; *GC*, 29, p. 31, «Cautinus rexit» (ma bisogna notare che egli esercita questa carica *in diaconatu suo*: come diacono, non diversamente dal caso della comunità di Vienne nel II secolo?). Gli altri impieghi sono i più classici: *GM*, 53, p. 75; *VSI*, 22, p. 124. H. Schäfer, *Pfarkirche*, cit., pp. 45 sgg. studia il vocabolario medievale (*rector*, che appare nell'VIII secolo per il prete, e *pastor* nel IX secolo).

[93] Il titolo è menzionato nel concilio di Tours (567), 20, Munier, II, p. 183 ecc., e anche ad Auxerre, 20, p. 268, nel concilio tenutosi nella stessa città nel VII secolo (qui, p. 324, l'*archipresbyter* è associato all'abate). Per *senior* cfr. Clichy (626-7), 21, p. 295. Gregorio di Tours segnala degli *archipresbyteri* nel territorio di Nîmes: *GC*, 77, p. 90; per Brioude, *VSI*, 22, p. 124; per Néris, *VP*, 9, 3, p. 255; per Tonnerre, *hist.*, 5, 5, p. 201; per Artonne, *GC*, p. 302; ma Becciacus nel Poitou (*GM*, 89, p. 98) sembra avere un rilievo molto modesto. Su questa carica, Imbart de la Tour, *Les paroisses*, cit., pp. 74 sgg., che confuta l'ipotesi di Loening (*Geschichte des Deutschen Kirchenrechts*, cit., p. 349) secondo il quale l'*archipresbyter* guidava una circoscrizione composta da più parrocchie; cfr. L. Pietri, *Tours*, cit., pp. 683 sg.

[94] Concilio di Tours, 20 (19), Munier, II, p. 383; Monderic, designato all'episcopato, riceve il titolo di arciprete (*hist.*, 5, 5).

[95] A Briord: *CIL* xiii 2477 (Diehl 1075); 2478 (Diehl 1078). La colpa del prete ricade sul popolo: *hist.*, 3, 3, p. 109; la santità di Portianus, invece, salva Artonne, *VP*, 5, 2, p. 228.

[96] Egli non ha il diritto di deporli: Arles (554), 5, Munier, ii, p. 171; concilio di Tours, cit. sopra, e concilio di Auxerre (561-605), 20, p. 268.

[97] In Gallia, Vaison (442), 3, Munier, i, p. 97; *subdiaconus*: Vaison (529), 3, Munier, ii, p. 79; Arles (554), 4, p. 171; *archisubdiaconus*: Auxerre (561-605), 6, p. 266, con la precisazione che egli ha il compito di portare il crisma della chiesa episcopale. In Spagna, Tarragona (516), 7, Vives, p. 36; prete e diacono: Merida (666), 12, 14, 16, 19, Vives, pp. 333 sgg. Gregorio cita un diacono per la parrocchia di Riom: *GM*, 85, p. 95. Per Issoire, cfr. il caso di Cautinus: n. 92. La chiesa di Laon è nominata nel testamehto di Remigio di Reims; I. M. Pardessus, *Diplomata, chartae*, i, Paris 1843, p. 83.

[98] *GC*, 5, p. 302; Merida, 18, Vives, p. 338; H. Netzer, *La condition*, cit., p. 577; L. Pietri, *Tours*, cit., p. 684.

[99] *C.Th.*, 16, 2 (27 luglio 398).

[100] H.-J. Marrou, *Histoire de l'Education*, Paris 1965, p. 477; concilio di Vaison (529), 1, Munier, ii, p. 78; Orléans (533), 16, p. 101; Narbona (589), 11, p. 256. Per Patroclo, *VP*, 9, 2, p. 253. Per Gery (*BHL* 3286), 2, *SEM* 3, p. 652; per la Spagna, cfr. il concilio di Merida (666), 18, Vives, p. 338.

[101] Sull'obbligo di dotare le fondazioni, cfr. n. 66; gli *statuta* prevedono tuttavia che il chierico lavori: 79 (51), Munier, i, p. 179; 20 (52), p. 171; 45 (53), p. 173. Permane, in ogni caso, il divieto dell'usura: p. es. Gelas., *epist.*, 14, 15, 15, Thiel, p. 371.

[102] *C.Th.*, 5, 3, 1 del 15 dicembre 434; *oblationes defunctorum*: Vaison (442), 4, Munier, i, p. 97; donazioni: Arles (443), 36, p. 121; Orléans (511), 15, Munier, ii, p. 9; Orléans (541), 11, p. 134; offerte domenicali: Mâcon (585), 4, p. 241. Cfr. la testimonianza ellittica di Gerolamo, *epist.*, 52, 5 e quella di Pomero, *de Vita Cont.*, 2, 16, 4 (*PL* 59, 461).

[103] E. Lesne, *Histoire*, cit., i, p. 187. Sulla natura di questi beni, cfr. il canone del concilio di Orléans (511), 15, cit.

[104] P. es., Gelas., *epist.*, 14, 26, 27, p. 378; 16, 2, p. 381; frg., 24, p. 498. Per la Gallia, cfr. sempre il concilio di Orléans (511), 15, p. 9; per la Spagna, Tarragona (516), 8, p. 36; Toledo iv (633), 33, Vives, pp. 204 e 236, p. 205; Merida (633), 14, p. 335; Toledo? (693), 5, p. 502. Il concilio di Orléans (538), 5, Munier, ii, p. 116, raccomanda soltanto di rispettare l'usanza; cfr. Carpentras (527), 48, p. 48. Nel vii secolo alcuni canoni si preoccupano, in Gallia come in Spagna, di limitare l'intervento episcopale: Parigi (614), 10, Munier, ii, p. 277; Chalon-sur-Saône (647-53), 7, p. 304. Cfr. Imbart de la Tour, *Les paroisses*, cit., pp. 66 sgg.; Lesne, *Histoire*, i, cit., pp. 66-9.

[105] Concilio di Agde (506), 2, Munier, i, p. 225; Epaone (517), 7, Munier, ii, p. 26. Per qualsiasi alienazione ci vuole un'autorizzazione scritta: Orléans (538), 25, p. 124; Orléans (541), 11, p. 134.

[106] Sul *titulus*: Pelag., *epist.*, 17, ed. Gasso-Battle, Montserrat 1956, pp. 51 sg.; per la Gallia, concilio di Parigi (613), 10 (8), Munier, ii, p. 277.

[107] Orléans (541), 12, Munier, ii, p. 135; *res parrochiarum*: Chalon, 5, p. 304; il canone ricorda il divieto di permettere ai laici di gestire il patrimonio.

[108] A. Scheiermann, in *REAchr* (1955), s. v. ' Diözese ', coll. 1033-62, sulla base di Cic., *ad Att.*, 5, 21, 9, ecc....

[109] Sulp. Sev., *epist.*, 1, 10 e 3, 6, per Candes; Sidonio visita le sue

dioceses: *epist.*, 9, 16, 1; Ruricius, *epist.*, 2, 6, Engelbrecht, *CSEL* 21, p. 381; *Statuta*, 87 (36), p. 180: « Presbiteri qui per diocesas ecclesias regunt »; Greg. Tur., *hist.*, 4, 13 e 18; 5, 5 e 6; 6, 38; 7, 17; *GC*, 38 e 104; ma egli usa anche *parrochia* e *diocesis* nel senso attuale: *hist.*, 1, 44 e 48; 2, 13; 4, 18 e *GC*, 17; cfr. *vita Caesarii* (*BHL* 1508), 22, *MHG*, *SRM*, 3, p. 492; *vita Amandi* (*BHL* 332), 1, 12, *MGH*, *SRM*, 5, p. 436; *vita Praeiecti* (*BHL* 6915), 35, *MGH*, *SRM*, 5, p. 545; *vita Eligii* (*BHL* 2476), 2, 20, *MGH*, *SRM*, 4, p. 711 e p. 713.

[110] Concilio di Clichy (626-7), 10, Munier, II, p. 293.

[111] Cartagine (390), 5, Munier, pp. 14 e 56, 132; *Reg. Eccl. Carth. Excerpta*, 53-4, pp. 189-91. Nel 516, a Tarragona (7, Vives, pp. 36 e 13, 38), compaiono dei preti *diocesani* distinti dal clero della cattedrale; cfr. Barcellona (599), 2, p. 159.

[112] *C.Th.*, 16, 2, 23, del 17 maggio 276: il testo parla di sinodi (*dioceseos synodi*) e l'*interpretatio* precisa *diocesani presbyteri*. Innocenzo, *epist.*, 40; analogamente, alla fine del V secolo, Gelas., *frg.*, 17, Thiel, p. 493; 19, p. 494; *epist.*, 34, p. 449. Bisogna correggere l'interpretazione di Müller dell'*epist.*, 17, 18 dove *diocesis* non designa una parrocchia. Hormisda, *epist.*, 22, p. 783: lettera ad Avitus di Vienne.

[113] W. Geerling, *Augustinus und sein Bistum*, « Theol. Quartalschr. » 158 (1978), pp. 27-35; Aug., *epist.*, 83, 9; 149, 1. Cfr. anche S. Lancel, *A propos des nouvelles lettres de S. Augustin...*, « RHE » 77 (1982), pp. 446-454. Cfr. anche gli atti dei concili: Ippona (627), 3, Munier, p. 251, 10, p. 243; Cartagine (525), 10, p. 165; *Reg. Eccl. Carth. Exc.*, 93, p. 213; Fernand, *Breviatio*, 14, p. 288.

[114] Per Gregorio, cfr. sopra n. 109. Cfr. Eucher., *inst.*, 2, ed. C. Wotke, *CSEL*, 31, p. 160: « diocesis gubernatio et hoc non secundum proprietatem et potestatem verbi sed secundum effectum ». Per diocesi, nel senso di circoscrizione episcopale: *vita Audoeni* (*BHL* 751), 11, *MGH*, *SRM*, 5, p. 560; *vita Ansberti* (*BHL* 519-20), 16, p. 629; *vita Leodegarii*, 2, p. 235. Si tratta di testimonianze tarde e molto posteriori al VI secolo.

[115] Così Eus., *h.e.*, 1, 1, 1; 3, 4, 10 e 14; 4, 1; 4, 5, 5 ecc. È necessario, ritengo, accettare le conclusioni di P. de Labriolle, *op. cit.*, p. 65, sottolineando, contro Müller, che in questo contesto il termine si riferisce alla comunità rappresentata dal suo vescovo. Cfr. il concilio di Ancyra (314), 18, Joannou, p. 69; e quello di Antiochia (340), 18 e 81, pp. 118 e 121. Ma il riferimento alla circoscrizione episcopale è appena abbozzato: così, la menzione di *parrochia* nel canone 3 del concilio di Antiochia (p. 107) indica la comunità alla quale si appartiene. Alla fine del IV secolo, in Basilio (*epist.*, 240, 3), *paroikía* si oppone a *polis*; ugualmente in Socrate (*h.e.*, 1, 27) e nel canone 17 di Macedonia (Joannou, p. 82).

[116] Hieron., *epist.*, 109, 2; Paul., *epist.*, 24, 1; Sulp. Sev., *dial.*, 1, 8, 2.

[117] La parola designa la comunità e anche la circoscrizione episcopale: Hil., *epist.*, 8, 4, 6; Thiel, p. 146; Gelas., *epist.*, 35, p. 449; Symm., *epist.*, 14, p. 723; ma può anche designare la circoscrizione metropolitana: Hormisda, *epist.*, 16, p. 713; cfr. anche *epist.*, 18, 2, p. 778; 20, p. 781; *epist.*, 25, 4, p. 791.

[118] *Epist.*, 25, 5, 8 e 40 (*PL* 20, 557; 606).

[119] Così, a partire dalla metà del V secolo: concilio di Riez (439), 3, Munier, p. 66, dove *parrochia* è opposto a *civitas*; Epaone (517), 7, Munier, II, pp. 26 e 25, p. 30; Carpentras (527), p. 48; Vaison (529), 1, p. 78; Orléans (538), 5, p. 116; Orléans (549), 8, p. 131. *Parrochiani*: Orléans (541), 6, p. 133. *Parrochitani*: Merida (666), 18, Vives, p. 338. Nella *vita Caesarii*,

21, *parrochia* compare nel senso di parrocchia, p. 491. Lo stesso in una lettera di Desiderio di Cahors (630-42): *epist.*, 2, 5, *CChr* 117, p. 329.
[120] Sid., *epist.*, 7, 6, 7, Leutjohann, *MGH, AA*, 8, p. 109; *vita Leodegarii* (*BHL* 4850), 24 e 27, *CChr* 117, pp. 621 e 626; *vita Audoeni* (*BHL* 750), II, 34-5, *MGH, SRM*, 5, p. 541; *vita Gaugerici* (*BHL* 3286), 2, *MGH, SRM*, 3, p. 652; *vita Goaris* (*BHL* 3635), 3, *MGH, SRM*, 4, p. 413.
[121] *Instr.*, 2, cit. a n. 114.
[122] Così il concilio di Torino (398), 1, Munier, p. 54. Sulla persistenza dell'uso di *parrochia* per designare le diocesi: H. Schäfer, *art. cit.*, p. 65. In Africa, *parrochia* per diocesi: *Canones Apiarii*, 19, Munier, *Africa*, pp. 107, 24, p. 124.
[123] Per indicare l'assemblea del popolo cristiano: *Statuta*, 37 (99), Munier, p. 132; concilio di Agde (506), 21, p. 202; per Leone, *epist.*, 12, 10 (*PL* 54, 454): « ubi minores sunt, plebes minoresque conventus ».
[124] Concilio di Vanves, 7, Munier, p. 153; cfr. J. F. Niermeyer, *Mediae Latinitatis Lexicon minus*, Leiden 1976, p. 270.
[125] L'uso di *plebs* è studiato, per l'Africa, da S. Lancel, come equivalente di *fundus*: *art. cit.*, pp. 450 sg. Sull'*ordo plebeiorum*: *C.Th.*, 9, 45, 5 (432); *plebs rusticana*: *C.Th.*, 11, 55, 1; cfr. W. Seyfarth, *Die Rolle der Plebs in Spätrom. Alt.*, Berlin 1969, pp. 7-18. Su *populus* che invece si specializza per designare la comunità sottomessa a un vescovo: J. D. Adams, *The Populus of Augustine and Jerome*, London 1971, p. 75.
[126] Concilio di Riez (439), 3, Munier, p. 67.
[127] Cipriano distingue l'*ordo* dalla *plebs*: *epist.*, 67; 79, 8. Per l'Africa cfr. sempre Cartagine (345), pp. 8 e 12, p. 9; *Reg. Eccl. Carth. Exc.*, 58, 98, 120, 189: 191, 216, 225, 245; cfr. Lancel, *art. cit.*, e Aug., *de bono coniug.*, 24, 32. Per la Spagna, concilio d'Elvira, 77, Vives, p. 15: « diaconus regens plebem ». Per la Gallia, concilio di Riez (439), 4, Munier, p. 68 e Tours (461), p. 144. La *vita Audoeni*, II, 24, *MGH, SRM*, 5, p. 557, parla di *plebeiae ecclesiae*. L'espressione *plebs rusticana* è attestata dal 374: *C.Th.*, 13, 1, 10. P. Aebischer, *La diffusion de Plebs-paroisse dans l'espace et dans le temps*, « Bull. Ling. romane » 28 (1964), pp. 143-65, pensa che il senso di parrocchia appaia molto tardivamente, e in Italia, dal VII al IX secolo, con il senso di pieve, chiesa battesimale; cfr. le osservazioni di C. Violante, *art. cit.*, pp. 1017 sg. Per *populus* equivalente di *plebs*, cfr. *Statuta*, 58 (38), Munier, p. 176, dove la parola designa il popolo riunito per la preghiera comune. Ma il concilio di Orléans (541), 6, Munier, II, p. 133, indica la *parrochia* affidata al *parochianus*. Su *pagus* per indicare il territorio di una chiesa rurale, cfr. concilio di Parigi (571), Munier, II, p. 212. Ma questo uso è eccezionale. *Plebanus*: Du Cange, *Glossarium*, V, p. 299.
[128] G. Cracco, *Chiesa e cristianità rurale nell'Italia di Gregorio Magno*, in *Medioevo rurale*, a c. di V. Fumagalli e G. Rossetti, Bologna 1980, pp. 361-80.
[129] Per lo studio generale della topografia, cfr. A. Longnon, *Géographie de la Gaule*, cit.; sui monasteri, M. Atsma, *Klöster und Mönchtum im Bisum Auxerre*, « Francia » 11 (1983), pp. 30-49; F. Prinz, *Frühes Mönchtum im Frankreich*, München 1965; M. Atsma, *Inchrifte Quelle für Kloster und Kloserbewohner*, « Francia » 4 (1978), pp. 7-9.
[130] Cfr. anche P.-A. Février, « JRMG » 28 (1978), pp. 208-47, e soprattutto a p. 232 la riproduzione della carta di M. Fixot per la regione di Pélissanne. Su Anseduna cfr. E. Griffe, « Annales du Midi » 50 (1938), p. 343.

Les Lettres nouvelles et leurs témoignages sur l'histoire de l'Église romaine et de ses relations avec l'Afrique

Les notes qui suivent ne prétendent pas rouvrir le dossier complexe de la primauté romaine en Afrique ni celui des relations du siège apostolique avec l'épiscopat des provinces transmarines ; elles souhaitent simplement gloser toutes les informations nouvelles qu'apporte désormais un précieux petit volume du Corpus de Vienne (C.S.E.L. 88), dans lequel J. Divjak édite, avec une lettre de Jérôme, un recueil de textes augustiniens, restés jusqu'à ce jour inaccessibles. Ces réflexions s'efforceront de compléter (voire de corriger) une analyse détaillée publiée en 1976[1] : on ne trouvera pas un exposé continu mais quelques jalons nouveaux, placés suivant l'ordre chronologique, du pontificat de Damase (366-384) à celui de Boniface (418-422) puis à celui de Célestin (422-432) en passant par la crise pélagienne sous Innocent et Zosime.

1. La lettre de Jérôme et le concile de Rome (382)

Avant la publication d'une lettre inédite de Jérôme (*Ep.* 27*, p. 130-133), on ne savait expliquer dans quelle condition, à quelle occasion avait pris fin le splendide isolement qui, depuis le concile de Rimini (359), séparait de Rome l'Afrique chrétienne. L'authenticité du texte ne fait, me semble-t-il, aucune difficulté ; adressé à Aurelius, alors que ce dernier occupe depuis peu le siège de Carthage[2], il est bien dans la manière du solitaire de Bethléem ; celui-ci y déploie, comme il sait le faire pour les grands personnages de l'Église, une courtoisie et une modestie épistolaires avec lesquelles l'auteur ne dissimule pas complètement une conscience aiguë de sa position intellectuelle. Dans cette lettre, Jérôme évoque sa rencontre avec Aurelius, alors

---

1. Ch. P., *Roma christiana. Recherches sur l'Église de Rome, son organisation, sa politique, son idéologie de Miltiade à Sixte III (311-440)* dans *Bibl. Ec. fr. Athènes et Rome* 224, deux vol., Rome, 1976.

2. *Prosopographie chrétienne du Bas-Empire* : I, A. MANDOUZE, *Afrique*, Paris 1982, cité *PCBE I*, voir la notice d'Aurelius 1, p. 106.

archidiacre de Carthage, venu à Rome au temps du pape Damase pour accompagner son évêque. Relevons aussitôt l'exceptionnel de cette démarche qui conduit auprès du siège apostolique, *ad limina,* le prélat du plus grand siège africain, quelques années après le voyage de son prédécesseur Restitutus, venu en Italie sur l'ordre de l'empereur Constance pour participer au concile de Rimini. A l'époque, l'évêque de Rome Libère restait discret ; pour revenir de l'exil thrace où l'avait fait jeter Constance, il avait consenti à signer une formule de foi homéousienne, qui écartait implicitement le vocabulaire adopté au concile de Nicée pour proclamer la consubstantialité du Fils avec le Père. Au concile de Rimini, Restitutus de Carthage avait suppléé l'autorité romaine défaillante ; contre la théologie subordinatianiste que défendait tout un clan d'évêques soutenus par le prince, il s'appuyait sur la foi de Nicée, entraînant avec lui l'énorme majorité des prélats occidentaux ; envoyé à la cour, ce représentant valeureux du combat nicéen donna, avec le même éclat, l'exemple de la faiblesse et de la soumission. Les prélats palatins et surtout les menaces du prince avaient fait plier sa résistance ; il signa et fit signer une formule de foi nettement subordinatianiste, beaucoup plus compromettante que celle qu'avait acceptée Libère. Il passa dès lors pour le protagoniste d'un effondrement qui menaçait d'entraîner tout l'épiscopat occidental à professer une théologie arianisante. Cette réputation et aussi l'entêtement de Restitutus, qui refusait sans doute les procédures d'une rétractation officielle, expliquent l'isolement de l'Église africaine[3]. Il fallait attendre, croyait-on (et tout le premier l'auteur de ces lignes)[4] le pontificat de Sirice (384-399) pour relever les indices d'un rapprochement avec le siège apostolique. En réalité, la présence d'une délégation africaine à Rome, évoquée par Jérôme, fixe avec certitude la réconciliation sous Damase, à l'occasion d'un concile en 382.

L'évolution de la situation ecclésiastique pendant les deux décennies qui suivent le concile de Rimini permet d'établir cette chronologie autant qu'elle souligne l'importance de la démarche africaine. Violemment contesté, au sein de son Église, par l'antipape Ursinus, menacé en Italie du Nord par l'influence de l'arien Auxence, maintenu jusqu'à sa mort (374) sur le siège de Milan, Damase reconstituait patiemment son autorité à Rome et en Italie. Une suite de conciles romains jalonnent cet affermissement de la position pontificale ; en 368, Damase rassemble des prélats italiens contre l'usurpation d'Ursinus ; en 371, un synode, appuyé par Valérien d'Aquilée, renouvelle solennellement contre Auxence de Milan la condamnation de la confession signée à Rimini ; en 374 et surtout en 377, des assemblées prononcent contre les doctrines d'Apollinaire, contre les pneumatomaques : c'est l'époque où tout un épiscopat « néo-nicéen », persécuté en Orient par l'empereur Valens, sollicite l'appui de l'Occident. En 378, une réunion d'évêques

---

3. Je renvoie pour alléger l'apparat érudit à *Roma chr.* I, p. 261 ; avec A. PINCHERLE (*Bilychnis,* 14, 1925, p. 105 et *Studi e Materiali di storia d. Religioni,* 39, 1968, p. 182), je crois que l'*Epistula ad Afros* reflète chez Athanase une vive inquiétude sur la défection africaine entraînée par la soumission de Restitutus.

4. *Roma chr.,* II, p. 1152.

italiens en appelle à l'empereur Gratien pour demander son intervention contre des contestataires et réclamer des procédures qui renforcent l'autorité pontificale. Après la mort d'Auxence, l'établissement d'Ambroise à Milan assure la restauration orthodoxe en Italie du Nord : le succès est si complet qu'il a établi dans la ville italienne, résidence impériale, une autorité ecclésiastique puisssante capable de tenter, dans l'Église de Gratien ou de Théodose, sa propre politique. L'épiscopat gaulois réclame pour l'organisation de la mission les conseils du siège apostolique, comme l'atteste la réponse de Damase, la première décrétale connue ; d'Espagne, Priscillien interjette appel à Rome, tout en se ménageant à Milan des amitiés palatines. En 379, un concile d'Antioche, présidé par Mélèce, signe, pour renouer avec le siège apostolique, tout un dossier des textes romains expédiés en Orient, une sorte de tome de Damase[5].

A l'époque, entre Carthage et Rome, les relations ne paraissent pas rétablies. La mort de Constance, le 3 novembre 361, avait délivré l'Occident chrétien de la politique religieuse qu'imposait, avec l'appui impérial, tout un parti d'évêques ariens. Le pape Libère, qui avait eu la chance de ne pas participer au « brigandage » de Rimini, œuvrait discrètement pour l'apaisement : il expédiait (comme en témoigne son successeur Sirice une vingtaine d'années plus tard) une sorte d'encyclique (des *decreta generalia*) qui recommandait de réconcilier les prélats tombés en 359, à condition qu'ils anathématisent Arius et qu'ils confessent la foi de Nicée[6]. En 371, le concile, réuni autour de Damase et de Valérien d'Aquilée, s'inquiète de la propagande menée par Auxence de Milan et par tout un parti établi de l'Illyricum à l'Italie septentrionale : la synodale (*Confidimus quidem*) répète avec force la condamnation du texte signé à Rimini et elle invite les prélats trompés par leur ignorance à retenir pour seule confession de foi le symbole de Nicée. Cette condamnation éclatante s'imposait avec plus de force à mesure que se renforçaient les échanges de l'Occident avec les évêques d'Orient persécutés par la politique arianisante de Valens. Basile de Césarée en témoigne : alors qu'il se prépare à solliciter le soutien de Rome, il attend que les évêques occidentaux expliquent comment ils avaient annulé ce qui leur avait été arraché par la contrainte à Rimini[7]. Or, on ne voit pas que Restitutus, qui était devenu par la faute des circonstances et par l'effacement de Libère l'un des premiers rôles de l'Occident en 359, se soit inquiété de faire publiquement rétractation ; chez ses adversaires, il faisait figure de maître en arianisme, comme l'atteste une lettre placée sous le nom de Jérôme et fictivement adressée à Damase[8]. Donatien de Bruyne attribuait ce faux beaucoup

5. *Ibidem*, I, p. 729-881.

6. SIRICE, *Ep.*, 1, 1, 2 (*PL* 13, 1133).

7. DAMASE, *Ep.*, 1 (*Confidimus*), éd. E. Schwartz, ZNTW, 35, 1936, p. 19-21. Basile, *Ep.*, 69, 2 ; v. *Roma chr.*, I, 777 sq. et 795.

8. D. de BRUYNE, *Une lettre apocryphe de Jérôme fabriquée par un donatiste*, dans ZNTW, 30, 1931, p. 70-76 (*PLS*, I, 303-304) ; sur ce texte, G. FOLLIET, REByz, 24, 1966, p. 220.

plus tardif à la plume d'un donatiste qui aurait trouvé l'occasion de placer un hérétique dans la succession épiscopale des *traditores* à Carthage ; certes, ce texte ne peut démontrer que Restitutus s'entêtait à défendre la confession de Rimini ; il atteste au moins que l'évêque de Carthage n'avait pas dissipé énergiquement les malentendus de sa faiblesse. L'auteur, qui prête sa plume à Jérôme, affecte de s'adresser au pape sur le ton du reproche pour lui demander d'obtenir enfin la correction de Restitutus : il se souvenait peut-être, en fabriquant son faux, que Damase n'était pas resté indifférent ni inactif, même s'il avait échoué dans ses tentatives pour corriger l'évêque de Carthage.

En 378, Damase s'appuie sur un concile pour passer énergiquement à l'offensive. Dans la synodale, les évêques italiens énuméraient, pour solliciter l'intervention de Gratien, toutes les dissidences qui menaçaient l'autorité du pontife romain : Ursinus bien entendu, mais aussi un évêque de Parme, un autre de Pouzzoles ; ils en arrivaient à l'Afrique : *per Africam quoque Restitutum nomine causam dicere apud episcopos iussit uestra Clementia. Debuit adquiescere ; sed idem saeua et insolentium manu a causae dicendae necessitate diffugit*[9] (en Afrique aussi, c'est un Restitutus à qui votre clémence a donné l'ordre de présenter sa cause devant des évêques. Il aurait dû acquiescer ; mais les violences d'une troupe irrégulière l'ont fait échapper à la nécessité de plaider sa cause). Ce texte vise bien l'évêque de Carthage, comme je le proposais à la suite de Duchesne, trop rapidement en tout cas pour convaincre complètement mon ami André Mandouze dans la *Prosopographie de l'Afrique chrétienne*[10]. La synodale évoque, à l'évidence, le cas d'un évêque ; elle place Restitutus dont l'affaire est introduite par un commentaire significatif (*quoque*) après Florentius *Puteolanus*, un prélat italien qui s'était soustrait au jugement épiscopal malgré l'ordre impérial. Du reste, il faut bien que Restitutus ait été évêque pour que l'empereur ait ordonné de le traduire devant un tribunal de prélats ; le prince appliquait une procédure clairement fixée par la loi depuis 355 (*Code théodosien* XVI, 2, 12) ; réservant le privilège du for, le prince confiait à des évêques le soin de juger l'un des leurs, accusé dans une affaire religieuse.

A coup sûr, on accordera que ce n'est pas la première démarche contre Restitutus ; contre lui comme contre Florentius, le concile de 378 invoque un rescrit du prince (*iussit uestra Clementia*) ; il se réfère donc à un texte où apparaît le nom de Gratien ; mais cette allusion ne démontre pas que les prélats italiens aient nécessairement pensé à un texte émis par la chancellerie impériale après la mort de Valentinien (17 novembre 375), à une époque où

---

9. Synodale *Et hoc gloriae* dans *PL*, 13, 575-584 ; ici, synodale, 6, 579.

10. *PCBE* I, Restitutus 2, p. 969 : A. Mandouze, auquel j'emprunte partiellement la traduction, refuse par précaution l'identification de ce R. avec l'évêque (*ibid.*, 968-969). G. Folliet, *loc. cit.*, de même, plus catégoriquement parce que la synodale ne donne aucun titre ; puisqu'il s'agit d'un évêque renvoyé devant des évêques, cette absence de protocole me paraît significative ; cf. L. Duchesne, *Histoire Ancienne de l'Église*, II, Paris, 1910, p. 471 (4).

Gratien exerce seul le pouvoir en Occident. Car le document conciliaire évoque, en s'adressant aux empereurs régnants, des mesures concrètement prises par le défunt Valentinien, comme si elles étaient les leurs. Il témoigne ainsi pour la continuité du pouvoir impérial, du père à son fils, Gratien. Mais ce dernier peut officiellement revendiquer une responsabilité dans les textes officiels depuis qu'il porte le titre d'Auguste (24 août 367) et que son nom apparaît dans l'intitulé des lois. L'intervention contre Restitutus et le rescrit peuvent se placer entre 367 et 378 ; on peut imaginer que les évêques se sont plaints de l'Africain au moment où la condamnation de Rimini devenait nécessaire dans les négociations avec l'Orient chrétien, pour démontrer l'orthodoxie de l'Occident : vers 373 ?

Enfin, Restitutus ne peut passer pour un donatiste, puisque la synodale distingue soigneusement son cas de la plainte lancée contre les donatistes ; elle évoque (*per Africam rursus...*) les *rebaptizatores* condamnés par le prince[11]. Puis les Italiens insistent sur Claudius, un schismatique, venu en Italie et à Rome pour y constituer un foyer de dissidence. Dans ce texte où des évêques s'inquiètent de l'Afrique sans jamais mentionner explicitement le siège de Carthage (curieux silence !), tous les indices s'accordent à identifier Restitutus avec le protagoniste du concile de Rimini. L'Africain invoquait les « violences d'une troupe irrégulière » pour échapper à la procédure engagée contre lui ; cette expression voilée désigne peut-être la sédition de Firmus et les troubles qui isolèrent l'Afrique en 373 et encore en 374, alors que Théodose l'Ancien rétablit l'ordre. L'hypothèse est possible, sans être démontrée ; un point me paraît acquis : en 378, un synode romain demande l'intervention impériale pour contraindre Restitutus de Carthage à rétracter sa faiblesse au concile de Rimini.

On connaît, au moins indirectement, la réaction de Gratien : dans sa réponse adressée à un haut fonctionnaire, le vicaire Aquilinus, il s'élevait contre l'incurie administrative qui avait laissé la paix publique se dégrader en Italie ; il donnait mission à ce dernier de régler le cas de l'évêque de Parme, celui de Florentius et aussi l'affaire du donatiste Claudianus qui s'activait à Rome. Pour Restitutus, il ne donnait pas suite. Le prince ne voyait sans doute pas de raison pour créer en Afrique l'occasion de nouvelles difficultés[12]. Trois années plus tard, l'évêque de la résidence impériale, Ambroise de Milan (dont on connaît l'influence sur Gratien), manifeste une volonté d'apaisement ; il réalise concrètement le rapprochement avec l'épiscopat africain. En 381, c'est Ambroise qui fait réunir, avec l'appui de Gratien, et aussi qui anime, un concile à Aquilée. L'assemblée réunit des prélats d'Italie septentrionale, des Gaulois mais aussi deux légats venus de l'Afrique ; *legatus Afrorum*, un Félix intervient « au nom de toute la province d'Afrique » pour condamner quiconque nie l'éternité du Fils ; un autre délégué, Numidius, s'associe au premier intervenant pour lancer l'anathème contre la secte « arienne » et contre Palladius de Ratiaria. Deux

11. *Code Théodosien*, 16, 6, 1 du 20 février 373.
12. Rescrit *Ordinariorum* dans *Coll. Avellana*, 13, Guenther, p. 54-58.

évêques, venus de la Proconsulaire sur laquelle le siège de Carthage exerçait directement sa primauté, condamnaient sans ambiguïté le *credo* signé à Rimini ; depuis vingt ans, c'était la première fois, semble-t-il, que des évêques transmarins participaient à un synode italien[13].

Peu après, Ambroise œuvrait pour la réunion d'un concile œcuménique en Occident qui réglât les conflits de l'Orient. Son intervention contribua à la convocation d'un synode en 382 à Rome. Damase, qui avait été désigné en 380 comme une référence officielle de la communion orthodoxe pour l'Orient, se heurtait désormais à une Église sûre de son orthodoxie et consciente de son autonomie. Le concile qui professait solennellement, en 381 à Constantinople, la foi de Nicée, en précisant l'égale divinité de l'Esprit contre les pneumatomaques, adoptait également un canon qui conférait la primauté à la nouvelle Rome, au second rang après l'antique capitale. La succession d'Antioche cristallisait un vieux conflit : comme Ambroise, Damase maintenait sa communion avec le chef d'une petite Église nicéenne, conduite par Paulin tandis que le parti néo-nicéen établissait sur le siège oriental, après la mort de Mélèce, le prêtre Flavien. On réalisait donc, à Rome, le projet d'Ambroise dont la proposition avait été appuyée par une convocation signée de l'empereur Gratien. L'assemblée d'évêques (dont nous connaissons les principaux participants par l'adresse d'une synodale orientale envoyée à Rome)[14] regroupait des représentants de l'opposition orientale : Paulin d'Antioche, Épiphane de Salamine qu'accompagnait Jérôme, bien disposé à prêter sa plume et à faire valoir ses talents. L'Illyricum déléguait l'évêque de Thessalonique, Acholius et celui de Sirmium, Anemius ; enfin venaient les prélats des Églises des résidences impériales : Ambroise de Milan et Valérien d'Aquilée. D'une certaine manière, c'était l'Église de Gratien qui se réunissait à Rome tandis que celle de Théodose tenait concile à Constantinople. Manquait sur la présence de l'Afrique chrétienne le moindre témoignage. Au demeurant, le synode décida une politique modérée ; Damase avait reconnu le nouvel évêque de Constantinople, mais il n'accepta pas la communion de Flavien d'Antioche. Enfin, le pape promulguait, au nom de l'assemblée, un texte d'ecclésiologie dont un recueil composite, le *Decretum de libris recipiendis et non recipiendis,* traditionnellement attribué au pape Gélase, a conservé un fragment. Ce document entendait démontrer, contre Constantinople, que la hiérarchie des Églises ne décalque pas la géographie politique ; l'autorité de Rome, *sedes apostolica,* s'établit sur la succession apostolique et sur la primauté de Pierre, qu'illustre la péricope de Matthieu (16, 18), utilisée pour la première fois dans ce

---

13. *PCBE I*, p. 415 : Felix 16, *episcopus Selemselitanus ;* l'identification est possible, bien que les légats soient indiqués sans le siège épiscopal ; de même, pour Numidius, *episcopus Maxulitanus, ibidem,* p. 787 ; en ce cas, les deux délégués viennent de Proconsulaire ; sur la liste de signatures : *Gesta concilii Aquieiensis,* 1 et 76 après Ambroise, *Ep.,* 8 (*PL* 16, 916 et 939).

14. THÉODORET, *Hist. Eccl.,* 5, 9 (*GCS,* 29, p. 289) ; sur cette évolution, *Roma chr.,* I, p. 853-866.

contexte. Les évêques présents au concile donnèrent à cette exégèse et à cette théologie une caution au moins implicite[15].

Jérôme n'a pas pris la peine de situer sa rencontre avec Aurelius ; mais celle-ci n'a pu se produire qu'entre 382 et 384, à l'époque où il a rejoint Damase et aussi où le pape reçoit une délégation de Carthage, particulièrement prestigieuse puisqu'elle est conduite par l'évêque lui-même accompagné de son archidiacre[16]. Cette démarche convient pour la participation à un concile ; dans cette période de deux années, il y a toute chance pour que ce soit le concile de 382. Gratien avait empêché une rupture décisive en 378 ; Ambroise facilitait un rapprochement en 381 ; il est possible que l'empereur ait aidé cette réunion dans un concile dont il lançait la convocation. Mais l'Afrique retrouve concrètement et explicitement la communion romaine après la disparition de Restitutus, lorsqu'un nouvel évêque occupe le siège de Carthage. Les légats africains assistaient ainsi à la grande proclamation de l'ecclésiologie romaine ; Cyrus, enfin, est l'évêque de la réconciliation.

On l'a remarqué : la lettre de Jérôme permet ainsi de préciser l'histoire de l'Église carthaginoise: Restitutus est mort en 382, peut-être même dès l'époque du concile d'Aquilée qui reçoit deux légats de Proconsulaire. Cyrus s'insère dans la succession épiscopale pour une période de quelques années, jusqu'en 390 au plus tard, puisque son successeur Geneclius préside alors le concile général d'Afrique[17]. Le même document précise la carrière d'Aurelius qui accède à l'épiscopat avant le 3 octobre 393. Paulin de Milan dans sa *Vie d'Ambroise* indiquait déjà son appartenance à une famille attachée au service de l'Église : Aurelius est le frère du diacre Fortunatus. Augustin attestait ses inquiétudes pastorales, en 388, contre les pratiques trop païennes des *refrigeria*, ces banquets funéraires célébrés en l'honneur des martyrs. En fait, dès 382, Aurelius occupe une charge éminente dans son Église. A Rome, l'archidiaconat conduit habituellement à l'épiscopat et la pratique de la métropole africaine est probablement la même. Le futur pape

---

15. *Ibidem*, p. 866-880 et p. 881-884.

16. *Ep. citée*, 2, p. 131 : *et recordor te cum sancto episcopo ac beatae memoriae Cyro, Carthaginiensis ecclesiae [nunciavit] sacerdotem Romam legatum fuisse directum ; cumque quadam die <a> sancto mihi atque venerabili Damaso episcopo sciscitarer quisnam esses...* *respondit archidiaconum Carthaginiensis ecclesiae...* Le texte fait difficulté, comme l'indique déjà la suppression de *nunciavit* proposée par D. ; mais on ne peut rapporter *sacerdotem* à Aurelius (*te*, puisque ce dernier est archidiacre ; il faut lire : *cum... Cyro, Carthaginiensis ecclesiae sacerdote<m>* ou, à la rigueur, ponctuer après *Cyro* et comprendre qu'on a annoncé l'arrivée à Rome, comme légat, de l'évêque de Carthage. La première solution, même si elle heurte les habitudes de la stylistique, me paraît plus économique.

17. Sur la chronologie de Restitutus, *PCBE* I, p. 968-979 ; de Geneclius, *ibidem* ; p. 531-532 ; d'Aurelius, *ibid.*, p. 105-106. Au cours de la discussion, le P. Folliet m'a fait remarquer (et je l'en remercie) qu'un Cyrus était mentionné dans l'*Indiculus* de Possidius : *Operum S. Augustini elenchus*, X[6], Wilmart dans *Misc. Agostiniana*, 2, p. 193 : *de depositione Cyri episcopi Carthaginiensis*. On notera que le même témoin fait mention d'un sermon d'Augustin, également perdu : *de depositione episcopi Restituti Carthaginiensis* (*Ibid.*, 52, p. 95) ; on voit que l'Église africaine ne lui avait pas tenu rigueur.

de Carthage, dont la carrière épiscopale domine, pendant près de quarante ans, la vie de l'Afrique chrétienne, apparaît déjà comme un personnage important, attentif à connaître tous ceux qui comptent, pour la politique ou pour la théologie, dans les Églises transmarines.

2. La crise pélagienne de 416-418

Les historiens réduisent souvent la crise pélagienne, qui secoue l'Occident chrétien au temps du pape Innocent et du pape Zosime, à une sorte de dialogue, parfois difficile, entre l'Église d'Afrique et le siège apostolique. Certes, ils n'oublient pas l'intervention des évêques de Palestine et, généralement, ils n'omettent pas de signaler l'intervention brutale de la cour impériale, qui bouscule, à la demande de l'épiscopat africain, les atermoiements de Zosime[18]. Mais les grands sièges de l'Orient ne restent pas indifférents : Constantinople, dont l'évêque Atticus expulse Coelestius, Antioche qui condamne Pélage au temps du pape Théodote et même, à sa manière, l'Alexandrie de Cyrille. Les relations de ces trois Églises avec Rome connaissaient une passe difficile ; la querelle avec Antioche commençait à s'apaiser puisque l'évêque Alexandre obtenait vers 415 la communion romaine. Mais Atticus de Constantinople et surtout le successeur de Théophile à Alexandrie, son neveu Cyrille, s'entêtaient toujours à justifier l'attentat perpétré contre Jean Chrysostome, déporté en 404, alors que Rome imposait pour la réconciliation un désaveu public. Atticus composa sans doute à la fin du pontificat d'Innocent[19]. Cyrille résista plus longtemps. Mais, dès 407, l'épiscopat africain s'inquiétait de réconcilier Rome avec Alexandrie et sans doute avec Constantinople[20]. Ainsi, Carthage, qui proposait ses bons offices, avait maintenu ses relations avec les sièges orientaux, sans s'occuper de la réprobation romaine. Cette attitude conciliante, les liaisons directes que celle-ci impliquait, avaient pu servir, par la suite (je le supposais[21]), pour mobiliser l'Orient contre l'hérésie occidentale et peut-être, dès 416, contre l'un de ses représentants, Coelestius.

---

18. Dans un article, sur lequel je n'avais pas eu l'occasion d'intervenir, Y.-M. Duval manifeste ses doutes et, même, dans un glissement de plume un peu rapide, parle d'arguments erronés (REAug, 24, 1978, p. 245) ; en particulier, il ne veut pas que les *apices sancti* évoqués par Honorius puissent désigner les évêques africains ; je crois, après avoir consulté le *Thesaurus* (s.v., col. 228) et surtout Gradenwitz pour la langue juridique, qu'il faudrait être moins catégorique. Du reste, Honorius reconnaît explicitement, en s'adressant à Aurelius, l'influence de l'Afrique, comme je le faisais remarquer (*Roma chr.*, p. 1232) ; pour progresser, l'analyse de la crise pélagienne doit, en ce cas tout particulièrement, sortir des habitudes d'une critique purement littéraire et considérer le contexte politique autant que le fonctionnement des institutions civiles et des procédures : l'intervention d'Honorius vaut comme un coup de force aussi grave presque que celui machiné contre Libère par Constance ; au fond, ce qui me sépare de mon collègue D., c'est moins une question de lexique qu'une affaire de méthode et de perspective.

19. BONIFACE I, *Ep.* 15, (*PL*, 20, 783).

20. *Registri eccl. carthag. excerpta*, 101, dans C. MUNIER, *Concilia Africae*, p. 217.

21. *Op. cit.*, p. 1185.

Le nouveau recueil confirme, en quelque façon, l'hypothèse : il conserve une lettre d'Augustin à Cyrille d'Alexandrie (*Ep.* 4*, p. 26-29), qui suppose, comme le montre très bien Otto Wermelinger, un premier échange de lettres en 416, une troisième lettre de l'évêque d'Hippone, écrite après l'achèvement du *De Gestis Pelagii* au début de l'année 417, au moment même où Innocent prend position, en répondant aux démarches africaines (27 janvier 417). Iustus, qui avait servi de porteur dans cette correspondance, revenait pendant l'été suivant pour réclamer des précisions sur des passages discutés du *De Gestis*, en Égypte même. Nous connaissons la réponse d'Augustin : celui-ci prenait la précaution, en s'adressant à Cyrille, de ne faire aucune allusion aux sentences romaines, dont il fit grand cas avec d'autres interlocuteurs. Mais il mettait en garde l'Alexandrin contre ces Latins qui introduisent en Égypte la contagion pélagienne (*Ibid.*, 5, p. 28) ; cette sorte d'argument avait déjà été opposé à l'attitude trop conciliante des évêques palestiniens à l'égard de Pélage. L'intervention de l'évêque d'Hippone n'ébranla point Cyrille qui attendit le concile d'Éphèse pour condamner des pélagiens fâcheusement associés dans le débat à Nestorius.

De la même manière, la lettre qu'Augustin adresse à Atticus (*Ep.* 6*, p. 32-38) atteste un voyage du prêtre Innocentius à Carthage en 417[22]. Ce dernier expliquait à Augustin qu'il ne lui apportait pas de lettre de Constantinople parce qu'Atticus le croyait mort ; il reçut, pour corriger cette méprise, une longue lettre ; mais l'attitude d'Atticus, le déplacement d'Innocentius entre Constantinople et l'Afrique suffisent à indiquer comment cheminaient les échanges entre ces Églises. Le même Innocentius servit, en 419, de messager pour réclamer aux sièges orientaux (au moins à Alexandrie et à Constantinople) les actes authentiques du concile de Nicée, qu'Aurelius entendait opposer aux prétentions du pape Zosime : il réussissait très bien dans sa mission, avec un succès qu'expliquent les habitudes de ces relations inter-ecclésiales.

Ces témoignages illustrent un peu l'isolement du siège apostolique en Orient au temps de Zosime ; le triomphalisme fracassant, avec lequel ce pape dissimulait sa reculade dans la querelle pélagienne par une encyclique condamnant solennellement l'hérésie, ne fit guère illusion ; au moins en Orient, puisque Marius Mercator assure que la *tractoria* papale fut expédiée

---

22. Selon la chronologie de l'éditeur, p. LVII, qui a été acceptée par G. MADEC, *Du nouveau dans la correspondance d'Augustin*, dans *REAug*, 27, 1981, p. 60 ; elle convient à ce que nous savons d'Innocentius, le porteur : *PCBE I*, p. 604 (qui tranche, avec raison contre mon hypothèse, pour l'attache africaine du personnage) ; en revanche, M.-F. BERROUARD (*Les Lettres 6* et 19* de saint Augustin...* dans *REAug*, 27, 1981, p. 264-277) propose une date plus tardive : 420-421. L'argument fort de son hypothèse repose sur le changement d'interprétation de *Rom.* 7, 24-25a chez Augustin (p. 274-275) : celui-ci ne donnerait pas avant cette date une exégèse qui décrive, chez Paul, une expérience personnelle de la concupiscence, comme il le fait précisément dans la lettre à Atticus ; A.-M. la Bonnardière corrige cette datation en étudiant les sermons 151 et 156, qu'il faut placer à la fin de 417 ; v. l'article à paraître dont l'auteur, avec son habituelle serviabilité scientifique, a eu la gentillesse de me communiquer les conclusions.

à Antioche, en Égypte, à Constantinople, à Thessalonique et à Jérusalem[23]. Mais la lettre d'un laïque espagnol, établi dans l'une des îles Baléares, atteste la très large diffusion de l'encyclique en Occident : en 419, Consentius explique, sans aucune malice, à Augustin qu'il a reçu l'année précédente une lettre de Zosime, montrant comment il convient d'éviter la contagion de l'hérésie pélagienne (*Ep.* 12*, 16, p. 79). L'intervention romaine conforte ses certitudes ; car il n'a pas lu le dossier antipélagien dont la masse énorme suffit, explique-t-il, à le dissuader d'ajouter à la polémique une contribution personnelle. Les sinuosités de la politique papale n'avaient pas atteint, dans cet Occident lointain, le prestige de l'autorité romaine, en admettant que Consentius ait pu connaître les atermoiements de Zosime.

3. *Du paisible Boniface à l'impérieux Célestin*

Après Zosime et son « enflure » — comme dit Aurelius — les relations des Africains avec le siège romain s'apaisèrent : ceux-ci avaient amplement démontré que le pape ne pouvait guère revendiquer, pour justifier son intervention, les règles édictées par le concile de Sardique comme si elles appartenaient au synode de Nicée ; mais en réalité, la pratique africaine assouplit la raideur de ces principes ecclésiologiques : les appels des provinces transmarines continuaient de parvenir à Rome et la personnalité du pape Boniface, habile mais bonasse, et surtout la rigueur de son attitude contre les Pélagiens, facilitèrent cette évolution[24].

Les nouvelles Lettres ne corrigent pas ce tableau ; au contraire, quatre textes, dont l'éditeur établi la chronologie, précisent nos connaissances. Dans une lettre (*Ep.* 16*, p. 86-87) adressée à Aurelius, l'évêque d'Hippone s'inquiète de vérifier les rumeurs très favorables qui lui sont parvenues sur l'attitude du pape Boniface contre les Pélagiens ; Augustin est retourné dans sa ville, pendant l'été de 419, alors qu'Alypius s'embarquait pour l'Italie ; il y a appris (sans avoir reçu la circulaire envoyée par l'évêque de Carthage) que Priscianus, un prélat de Maurétanie Césarienne, a fait un rapport tout à fait favorable sur l'énergie de Boniface. En tout cas, dans son impatience, l'interlocuteur d'Aurelius atteste avec quelle attention les responsables africains surveillent l'évolution de la politique romaine. Au moment où Alypius se dirige vers Ravenne, un évêque maurétanien revient de Rome : on ne sait s'il avait reçu un mandat de l'épiscopat africain ou s'il allait solliciter le siège apostolique pour une affaire de sa province[25].

Il faut sans doute choisir cette seconde explication : plusieurs querelles, à l'époque, agitèrent l'Église de Maurétanie. Dès 419 ou au début de 420,

---

23. Sur C., voir A. VAQUERO, etc..., *Diccionario eclesiastico de España*, Madrid, 1972, L, p. 608-609 (U.D. del Val).

24. *Roma chr.*, II, p. 1254.

25. Sur la situation à Rome, *ibid.*, p. 950. La chronologie est établie par l'éditeur, p. LX.

Augustin évoque le cas de Maurentius, *frater Maurentius,* sans doute un frère dans l'épiscopat, sur lequel le collège provincial avait fait rapport à Rome, pour on ne sait quelle affaire. Un diacre, arrivé jusqu'à Hippone, rapportait un rescrit du pape Boniface (*Ep.* 23* A, p. 124)[26]. On connaît mieux la querelle de succession qui agite l'Église de Césarée. A la mort du primat Deuterius[27], une majorité populaire tentait d'imposer sur le siège épiscopal un Honorius qui était déjà évêque dans la région de Ténès. Les partisans du nouvel élu croyaient trouver un argument en déclarant que ce dernier suivrait ainsi la même carrière que son père, qui avait occupé successivement le siège d'Honorius puis celui de Césarée[28]. Les évêques venus pour la consécration trouvèrent que ce transfert était tout à fait contraire aux règles de la discipline ecclésiastique et, dans un climat d'émeute, décidèrent de consulter le siège apostolique, l'évêque de Carthage et, semble-t-il, Augustin lui-même[29]. L'appel à Rome ne choque en aucune manière l'évêque d'Hippone ; comme il l'explique dans une lettre adressée pendant le printemps de 420 à Alypius et à Peregrinus, qui étaient en Italie et probablement à Rome, il s'inquiétait seulement de connaître la réponse romaine à la relation africaine ; en réalité, cette consultation n'avait rien réglé ni la réunion d'un concile maurétanien qui avait été sans doute la conséquence de l'appel à Rome, ni même la fuite d'Honorius qui se réfugiait à Hippone en refusant son élection[30]. Malgré l'opposition de Rome, la sentence d'un concile, la défection de l'élu, tout un parti à Césarée ne désarmait pas et voulait envoyer Honorius au *comitatus* ; en ce cas, comme s'en inquiétait Augustin, il aurait très bien pu dénoncer comme hérétiques les juges du concile qui avait cassé son élection. Alypius et Peregrinus, expliquait la lettre d'Hippone, devaient intervenir auprès du pape ; l'animosité des hommes et la nécessité contraignaient à faire trancher l'affaire par une sentence du siège apostolique et Augustin disait sa confiance : *quia certi sumus quid possit ab illa sede censeri*[31]. Par expérience, Augustin pouvait se dire certain des décisions de Rome : Boniface avait renvoyé à un concile local l'enquête sur le

26. *Miseramus nisi fallor venerationi tuae exemplum litterarum pape Bonifatii quibus respondit relationi nostrae.* Il faut identifier le Priscillianus arrivé à Hippone, de Rome, après un passage par Carthage, avec le Priscianus signalé à Carthage après son retour de Rome, dans la Lettre 16* (citée *supra*) ; dans les deux cas, il s'agit d'un évêque de Maurétanie.

27. *PCBE*, I, p. 275 : Deuterius 4, destinataire d'une lettre de Galla Placidia, datée du 20 mars 419.

28. Sur la chronologie de tout le dossier, p. LXIV. Sur l'élection, *Ep.* 23* A, 5, p. 124 et surtout *Ep.* 22*, 5, p. 115. Dans la première de ces lettres (p. 125), Augustin rappelle le refus des évêques : *responderunt eis nos esse primitus consulendos vel etiam ipsum papam Bonifatium* ; dans la seconde, il précise : *donec consuleretur sedes apostolica et antistes Carthaginiensis ecclesiae*, pour commenter le refus des évêques.

29. Augustin en effet a écrit à Honorius : *Ep.* 22*, 7, p. 116.

30. Le concile, tenu *ad civitatem Castellensem*, est mentionné dans l'*Ep.* 22*, 6, 2, p. 116 ; de même, l'arrivée d'Honorius : 7, p. 116 ; voir aussi *Ep.* 23*, 2, p. 120, postérieurs à 23* A.

31. *Ep.* 22*, 7, p. 117.

cas d'Antoninus venu interjeter appel à Rome contre son expulsion du siège de Fussala[32].

Avec Célestin, Augustin ne s'abandonne plus à la même confiance. Une longue lettre sur l'affaire de Fussala (*Ep.* 20*) en donne témoignage. L'évêque croit prudent de solliciter l'intervention d'une grande dame de l'aristocratie romaine, alors qu'Antoninus est venu une fois encore porter ses plaintes à Rome. Cette noble femme, il est vrai, connaissait Augustin, au moins depuis l'époque de l'invasion gothique, où elle avait cherché refuge en Afrique ; son rang lui donnait quelqu'influence, puisqu'elle appartenait sans doute, comme son homonyme morte au début du siècle, à cette *gens* Fabia, dont le gentilice se retrouvait en quelques grandes familles, y compris celle des Symmaques[33]. Mais d'autres indices traduisent la méfiance de l'Africain : ainsi, il reproche à Alypius, parti de nouveau en Afrique (422/423 ?), de ne pas l'avoir averti que le nouveau pape avait réconcilié le pélagien Turbantius[34] ; dans un mémoire adressé au même destinataire (*Ep.* 9*, p. 43-45), Augustin conteste implicitement l'intervention du pape qui avait accueilli sans s'informer complètement la plainte du prêtre Commodianus. Ce dernier protestait parce qu'il avait reçu les verges, malgré son rang ; mais il avait omis l'essentiel dans sa requête : la punition lui avait été infligée lorsqu'il avait été arrêté avec une ancienne moniale dont il avait fait une compagne de débauche. On s'étonne un peu que l'Afrique ait supporté avec autant de retenue la maladresse romaine. Mais la conjoncture des relations ecclésiastiques avait changé depuis 419 et déjà peut-être l'épiscopat africain souffrait des difficultés qui brouillaient la cour et le pouvoir militaire local.

Charles PIETRI

---

32. *Ep.* 20*, 11, 2, p. 100 : je renvoie aux analyses de S. Lancel et de Ch. Munier, présentées dans cette table ronde (voir aussi, Ch. Munier, *RSR*, 56, 1982, p. 220-225) ; à l'évidence, contrairement à l'opinion habituelle, l'arrêt n'était pas rendu par Rome (déjà, *Roma chr.*, p. 1268 et 1269 note 2).

33. J.R. MARTINDALE, *The prosopography of the later Roman Empire*, II, Cambridge, 1980, p. 448, citant Jérôme, *Ep.*, 126 et Augustin, *Ep.*, 267 ; il faut peut-être lui attribuer l'épitaphe relevée près du tabernacle à St-Pierre : ICUR, NS, 2, 4175 de 452 ; c'est un emplacement qui convient bien à la sépulture d'une très grande dame ; sur l'appartenance de la première Fabiola à la *gens* Fabia, v. JÉRÔME, *Ep.*, 77, 7 et sur Q. Fabius Symmachus, *PLRE*, II, p. 1046.

34. *Ep.* 10*, 1, p. 46 ; sur la rétractation de Turbantius, vers 422/423 : *Roma chr.*, p. 952 (1).

Charles Pietri

UN JUDÉO-CHRISTIANISNE LATIN
ET L'AFRIQUE CHRÉTIENNE

La brève note qui ouvre ce colloque professe des ambitions modestes : elle ne prétend pas illustrer en quelques pages l'histoire de la mission chrétienne dans l'Afrique antique (c'est-à-dire, on ne l'oubliera pas, des provinces qui ne recouvrent même pas les pays du Maghreb actuel). Cette histoire, diverse et riche, commencée au IIe siècle de notre ère, poursuivie jusqu'au VIIe siècle, a bénéficié de quelques grands livres, à commencer par celui de Monceaux[1], que complètent des monographies sur le donatisme ou encore sur le culte des martyrs[2]. Ces études serviront de référence pour situer les remarques présentes et aussi pour les orienter sur la question particulièrement obscure des plus anciennes origines de l'Eglise en Afrique, en se référant aux problèmes d'acculturation envisagés dans la présente rencontre. Le mot évoque ici tout ce que la prédication de l'Evangile et l'œuvre missionnaire supposent d'adaptation difficile, puisqu'elles peuvent impliquer l'adoption d'un système culturel, social et politique dominant l'Afrique latine ou, à l'opposé, le renforcement de groupes hostiles résistant à la romanisation.

1. P. MONCEAUX, *Histoire littéraire de l'Afrique chrétienne depuis les origines jusqu'à l'invasion arabe*, Paris, 1901-1923.
2. Y. DUVAL, *Loca sanctorum Africae. Le culte des martyrs en Afrique du IVe au VIIe siècle*, dans « Collection de l'Ecole française de Rome », 158, 2 vol., Rome, 1982. Voir une bibliographie dans l'article « Africa, Reallexikon für Antike und Christentum », I, col. 173-179, A. M. SCHNEIDER, 1950, et *Suppl.* I, 1985, col. 134-239 (J. FONTAINE, A. MANDOUZE *et al.*, J. DESANGES) et aussi dans la *Theologische Realenzyklopädie*, I, 1977, col. 700-715.

Pour l'Afrique des origines chrétiennes, l'historien paraît
démuni. Il mesure, pour le second siècle, l'immensité de son
ignorance, sur les techniques et la géographie de la mission,
alors qu'au IIIᵉ siècle l'Eglise paraît constituée comme une
force diversifiée en multiples communautés établies de la
Proconsulaire (l'*Africa*, qui coïncide approximativement à
l'actuelle Tunisie) à la Numidie (Ouest algérien) et même
jusqu'à la Maurétanie. En un mot, le développement est
tardif mais éclatant. Un autre trait vaut d'être relevé avec
insistance : alors que les premières Eglises en Gaule, en
Italie, à Rome parlent grec, la chrétienté africaine, dès qu'elle
commence à s'exprimer avec l'autorité d'une littérature particulière, latinise : que l'on songe à Tertullien ou encore,
un demi-siècle plus tard, à Cyprien de Carthage.

Au début du Vᵉ siècle, un évêque romain, le pape Innocent
attribuait tout le mérite des premières missions africaines à
l'initiative de l'apôtre Pierre : pour l'Italie, pour les Gaules,
pour l'Espagne, pour l'Afrique et aussi pour les îles, les
Eglises à l'origine furent établies par les évêques qu'en-
voyaient l'apôtre ou ses successeurs. Même si ce témoignage
tardif conserve (peut-être) le souvenir d'antiques traditions,
il reflète surtout un thème classique de l'ecclésiologie romaine
qui accentue pour tout l'Occident l'initiative missionnaire du
siège apostolique[3]. Les témoignages contemporains sont évanescents. Un petit texte latin rapporte en quelques lignes les
actes du martyre subi par douze chrétiens (sept hommes
et cinq femmes) à Carthage, le 17 juillet 180 : c'étaient
d'humbles fidèles scillitains, venus d'un lieu mal identifié
de la Proconsulaire[4]. A Madaure, l'esclave Namphamo et
aussi Miggin (on note les noms puniques) donnaient également
ment avec la vie confession de leur foi[5]. Namphamo resta
dans les mémoires africaines comme l'*archimartyr* peut-être
parce que l'antiquité de son témoignage lui valait, en

---

3. INNOCENT, *Ep.*, 25, 2 (*PL* 20, 552 B).
4. Dans J. A. ROBINSON, *The Passion of St. Perpetua*, Cambridge, 1891,
p. 104-121 (BHL 7527).
5. D'après MAXIME DE MADAURE, *Epist. inter Augustini epistulas*, 16, 2;
AUGUSTIN, *Ep.*, 17. La date du martyre n'est pas sûrement établie (CBHL 6633);
pour la *Passio SS. Perpetuae et Felicitatis*, voir n. 4.

Numidie, une place de protagoniste dans la résistance chrétienne à la persécution; la *Passion de Perpétue, de Félicité et de leurs compagnes*, probablement rédigée par Tertullien, rappelle l'héroïsme d'une dizaine de chrétiens et surtout celui d'une jeune matrone associée à sa servante : elles étaient originaires de Thuburbo Minus (l'actuelle Tebourba), mais elles moururent à Carthage au début du IIIe siècle, le 7 mars 203. Ce texte, qui mentionne un évêque et un prêtre, élargit nos connaissances sur la géographie des implantations chrétiennes. Tertullien complète cette première carte pour la région de Carthage à laquelle il ajoute Utique; plus au sud, en Byzacène, il signale Hadrumète (Sousse) et Thysdrus (El Djem) et pour la Numidie méridionale, il indique Lambèse, la grande place militaire. Il mentionne même la Maurétanie, sans préciser mieux, en rappelant la persécution qu'y inflige le gouverneur à des fidèles. Ces informations jetées par l'Africain dans un manifeste adressé au proconsul Scapula (212-213)[6] permettent d'identifier quelques centres, surtout en *Africa*, au nord (3 villes avec Carthage), comme au centre (2 exemples), mais aussi en Numidie, de Madaure à Lambèse.

Pour la première moitié du IIIe siècle, les témoignages des inscriptions n'apportent aucun secours : l'épitaphe de Tipasa, datée de 238, n'est pas chrétienne[7] et il faut attendre le IVe siècle dans cette région de la Césarienne (celle de Cherchel) puis dans la zone de Sétif pour reconnaître des épitaphes sûrement destinées aux tombes des fidèles. Très heureusement, Cyprien, l'évêque de Carthage (né en 200/210; mort le 14 septembre 258), signale, en citant le nombre des participants, près d'une dizaine de conciles tenus à Carthage de 220 à 257[8]. Le premier synode se tient au temps d'Agrip-

---

6. Tertullien, *Ad Scapulam*, III et IV, *Corpus Christianorum*, II (E. Dekkers, p. 1129-1130). La conjoncture du texte explique sans doute la place particulière faite à l'*Africa* proconsulaire.

7. P.-A. Février, Aux origines du Christianisme en Maurétanie césarienne, dans *MEFRA*, 98, 1986, p. 767-804; v. aussi, dans la même revue, 86, 1964, p. 105-172.

8. Y. Duval, Densité et répartition des évêchés dans les provinces africaines au temps de Cyprien, dans *MEFRA*, 96, 1984, p. 493-521.

pinus de Carthage[9] : il réunit, semble-t-il, déjà soixante-dix
évêques, si l'on en croit Augustin. Une autre réunion, tenue
également dans la métropole de l'*Africa*, rassemble 90 prélats
pour juger l'évêque de Lambèse, Privatus, qui avait fondé
sa propre secte[10]. Dans les deux cas, les synodes engagent
et représentent toute l'Afrique, sans distinguer entre les
provinces civiles. A l'époque de Cyprien, les réunions conciliaires deviennent pratique courante, voire annuelle; en 251,
l'assemblée épiscopale s'occupe des *lapsi*, des fidèles qui ont
faibli dans la persécution; en 252, 66 évêques; 41 en 253;
36 en 254; un groupe de 32 Africains de la Proconsulaire
avec 18 Numides en 255 (on notera, l'ébauche d'une distinction provinciale) et enfin 71 en 256[11]. Au 1er septembre
de la même année, 87 évêques portent sentence sur le baptême des hérétiques en désapprouvant la position de l'évêque
romain Stephanos. Les actes donnent alors les indications
précises qui permettent de reconstituer le personnel épiscopal
de l'Afrique, au milieu du IIIe siècle[12]. En ajoutant à ces
listes de présence données par les synodes les noms des
évêques connus seulement par la correspondance de Cyprien,
on peut estimer à 130 le nombre des prélats explicitement
attestés, au milieu du siècle.

De ces faits bien connus, il faut tirer quelques remarques,
qui permettent de reconnaître l'originalité africaine. Toutes
les analyses relèvent l'éclatante progression du Christianisme
depuis la fin du IIe siècle. Il suffit de dresser une carte : près
d'une trentaine de sièges épiscopaux autour de Carthage et
dans le bassin de la Medjerda, avec Hadrumète quelques
sièges sur le littoral de la Byzacène (toujours rattachée à la

9. C'est-à-dire vers 220, comme le montre Harnack, malgré Monceaux,
voir J. A. FISCHER, Die ersten Konzilien in Röm. Nordwest. Africa, dans
Pietas, Festschrift Kötting, Jahrb. Ant. Christ., 8, 1980, p. 217-227. Cf. AUGUSTIN,
De Unico baptismo, 13, 22.
10. Voir n. 9; CYPRIEN, *Ep.*, 59, 10; entre 236 et 240.
11. L'étude des conciles a été reprise par J. A. FISCHER, pour 251 : *Annuarium Hist. Conc.*, 11, 1970, p. 263-285. Pour 252 : *ibid.*, 13, 1981, p. 1-11;
pour 253 : *ibid.*, p. 12-26; pour 254 : *Zeitschr. Kirchengesch.*, 93, 1982, p. 223-240;
pour 255 : *Annuarium*, 14, 1982, p. 227-240; pour 256 : *ibid.*, 15, 1983, p. 1-14.
12. H. VON SODEN, Die Prosopographie des Afrikan. Episkopats z. Zeit
Cyprians, dans *Quellen und Forschungen aus ital. Archiven und Biblioth.*, XII,
1909, p. 247-270; revu par Y. DUVAL, cit. *supra*.

Proconsulaire), et aussi le long de la route qui conduit de la côte à Thélepte. Les évêchés numides s'établissent au nord des hautes plaines (une trentaine au moins en 256) dans un axe qui part de Thagura et Madaure et poursuit à l'ouest jusqu'à Cirta (Constantine) et Cuicul; la présence chrétienne jalonne une ligne parallèle plus au sud le long de la route Tebessa-Timgad, tandis que quelques évêchés sont attestés sur le littoral à Hippone et à Rusicade. La Tripolitaine compte déjà quatre églises épiscopales et la Maurétanie au moins deux évêques. Cette description crée l'impression d'un développement foudroyant : car les évêques sont plus nombreux en Afrique qu'en toute autre région de l'Occident et il faut ajouter dans ce parallèle l'Egypte et même l'Orient. Du reste, de 256 jusqu'au concile de Nicée, le rythme s'essouffle, avec une trentaine d'évêchés nouveaux (si l'on néglige des dédoublements créés par la schisme donatiste) : peu en Proconsulaire, mais une bonne dizaine en Numidie et plusieurs en Maurétanie.

Une telle densité de la géographie épiscopale caractérise l'originalité africaine : elle tient pour une part à l'urbanisation de l'*Africa*. Elle illustre surtout l'originalité d'une pratique pastorale : en Orient et plus encore en Occident, la création d'un siège épiscopal suppose une communauté de fidèles assez nombreuse et anciennement implantée. A la fin du IIe siècle, Pothin exerce l'*épiscopè* à Lyon, mais c'est un diacre qui conduit l'*épiscopè* pour l'Eglise voisine de Vienne. Ces solutions intermédiaires ne sont pas attestées dans l'Afrique du IIIe siècle. Dès qu'un groupe de fidèles paraît suffisamment structuré, il passe sous la direction d'un évêque : parfois les sièges épiscopaux sont séparés par quelques kilomètres (Dougga et Agbia, à 4 km). Là où l'Orient chrétien aurait utilisé le chorépiscopat, en des régions rurales dépourvues d'un centre urbain, s'établit un évêque : ainsi celui de Bamacorra reçoit sans doute la charge d'assurer la pastorale d'une tribu à demi nomade, près des chotts, les Bamaccores. La pratique missionnaire en Afrique romaine privilégie d'emblée l'organisation épiscopale. Parallèlement, les prêtres de Carthage ne reçoivent que tardivement l'autorisation de présider à l'eucharistie en l'absence de l'évêque.

Aux pratiques de la pastorale répond l'insistance de l'ecclésiologie qui fait de l'évêque le dispensateur de la communion
pour son peuple et le relais de l'unité pour la catholicité
universelle. Lié au peuple qui prend, en Afrique mieux
qu'ailleurs part à son élection, le pasteur est *unus sacerdos et
iudex*, le prêtre par excellence et le juge, au sens biblique du
terme. Dans cet éparpillement d'évêchés, alors qu'une distribution provinciale n'est pas constituée (elle le sera au
IVe siècle, avec la Numidie, puis avec la Maurétanie), Carthage vaut comme un modèle, un centre privilégié de l'unité
ecclésiale.

La métropole africaine a probablement joué un rôle décisif
dans le progrès de l'évangélisation, que les historiens de
l'Afrique s'efforcent d'expliquer en invoquant le rôle des
chrétientés plus anciennes : celle de Rome et aussi celles
de l'Orient ou de l'Egypte (Alexandrie conserve des liens
solides avec Carthage au IVe siècle). Mais ces rapprochements
ne suffisent guère à expliquer comment l'Eglise africaine
a pu expérimenter, avec un succès aussi rapide, une catéchèse
latine des Ecritures et de la Révélation.

Lorsqu'il s'adresse aux Juifs, plus encore lorsqu'il parle
aux gentils, l'enseignement chrétien suppose un apprentis-
sage des témoignages scripturaires, une manière de faire
lire la Bible de l'Ancienne Alliance et aussi le Nouveau
Testament pour mesurer la réalisation des prophéties dans
l'histoire du salut. La latinisation des communautés juives
vaut comme une sorte de modèle, voire comme une propédeutique de la Nouvelle Alliance.

Les progrès du judaïsme en Afrique évoquent assez exactement ceux du Christianisme : les premiers témoignages
remontent au IIe siècle de notre ère et se multiplient à partir
du IIIe siècle et plus encore au IVe siècle. La géographie
des deux religions paraît assez cohérente. Carthage (comme
prévisible) tient une place éminente : la ville au IIe et au
IIIe siècle donne trois rabbis : Aha, Hanna, Isaac, dont la
célébrité et le rayonnement assurent l'autorité d'une communauté nombreuse et active si l'on en croit la polémique
de Tertullien dans l'*Adversus Iudaeos*; quelques groupes juifs
à Naro (Hamman Lif, avec une synagogue du IVe siècle)

à Utique s'établissent dans la mouvance de la capitale qui leur envoie des maîtres. Le littoral de Byzacène jusqu'à Hadrumète, Sullecthum et Henchir Thina est touché par le prosélytisme juif. En Numidie, celui-ci crée des communautés le long des axes de pénétration où s'établissent aussi des évêques : à Cirta par exemple. Et formant une chaîne depuis l'Egypte, comme dit Jérôme, les synagogues s'établissent jusqu'à Sétif, Cherchel et poussent même en Tingitane. Plus remarquable encore le judaïsme africain parle (au moins dans ses épitaphes)[13] le latin. Sur le groupe des textes sûrement juifs, les inscriptions grecques plus nombreuses en Tripolitaine et à Carthage représentent 16 %, les textes hébraïques, moins de 5 % : les quatre cinquièmes des épitaphes appartiennent au monde latin, une proportion exceptionnelle si on la rapproche du corpus romain (comprenant, pour plus des deux tiers, des textes grecs)[14].

Les deux religions du Livre ont recruté, à la fin du IIe siècle, dans le même milieu linguistique; elles ont probablement prêché l'observance de la Loi ou l'Evangile du salut dans la même langue. Les historiens des premières missions, dans le cas de l'Afrique, Marcel Simon[15], Jean Daniélou, W. H. C. Frend, ont relevé tous les liens d'échanges, de concurrence et de conflits qui relient les synagogues aux Eglises naissantes. Ils soulignent le rôle médiateur d'un judéo-christianisme qui apporte aux fidèles venus de la gentilité tout ce qui leur faut savoir des Ecritures et de l'Antique Alliance pour professer leur foi au Messie ressuscité.

---

13. Je redis ma dette à l'étude de Y. Duval, p. 513, utilisée pour cette géographie de l'épiscopat.
14. Y. Le Bohec, *Inscriptions juives et judaïsantes de l'Afrique romaine*, dans *Ant. Afric.*, 17, 1981, p. 165-207, écarter les n°s 9, 10 et 11, 21, 34 (sûrement chrétien), 66; rattachement douteux; 36, 64, 72. On se reportera aux études de J.-M. Lassère (*Ubique Populus*, Paris, 1977), qui emprunte à l'article de P. Monceaux, *Cahiers de Tunisie*, 18, 1970, p. 157-184 (reprod. d'un article de *Rev. Et. juives*, 1904). Voir aussi les études publiées dans *Juifs et judaïsme en Afrique du Nord dans l'Antiquité et le haut Moyen Age*, Montpellier, 1985 (J.-M. Lassère, Y. Le Bohec)...
15. M. Simon, *Verus Israël...*, Paris, 1964[2]; *Recherches d'histoire judéo-chrétienne*, Paris, 1961. On ne traitera pas ici du judaïsme berbère, que M. Simon voudrait situer aux origines de l'établissement juif; sur le punique, *Recherches*, p. 167 : je ne vois guère la possibilité de parler d'une liturgie punique.

On concevra que la première Eglise d'Afrique est latine, parce qu'elle doit beaucoup à un judéo-christianisme lui-même latin, comme le sont souvent les synagogues. A défaut de preuve explicite qu'il ne faut guère attendre pour cette genèse obscure, quelques indices sûrs illustrent toute une dialectique d'échanges et de conflits entre les Juifs et les Chrétiens. A ce titre, l'âpreté de la polémique ouverte par Tertullien (il consacre un libelle, le premier du genre en latin, *adversus Iudaeos*)[16] prend une signification particulière et concrète : les émeutes juives contre les fidèles, dit-il, sont quotidiennes; les synagogues sont les sources de la persécution. Mais le polémiste n'oublie point de placer la Nouvelle Alliance dans la perspective d'Israël : celui-ci est un arbre sauvage sur lequel a été greffé le Christianisme. Ces critiques se nourrissent d'inquiétudes qu'aigrissent l'efficacité du prosélytisme juif, tout un courant d'intérêts qui se cristallise dans l'attitude de païens judaïsants ou encore en sectes plus organisées. Commodien (qu'il faut finalement rattacher à l'Afrique du IIIe siècle)[17] fustige les premiers, ceux qui vont de la synagogue au temple et du temple à la synagogue. Tel groupe réunit les *Abelonii*, les descendants d'Abel[18]; en Numidie, à Thubursicum, des Juifs (ou des judaïsants ?), qu'Augustin nomme *caelicoles*, feignent d'être chrétiens[19]. Les fidèles, à l'époque de Tertullien, respectent les interdictions alimentaires de la Loi et deux siècles plus tard, à Tozeur dans le sud de l'actuelle Tunisie, un prédicateur, peut-être un évêque donatiste, rappelle les Chrétiens à l'observance de la Loi juive[20]. Les pratiques communes font que Juifs et Chrétiens, à Carthage, ne vivent pas constamment dans la rivalité d'un conflit[21].

L'influence du judéo-christianisme ne se mesure pas seu-

16. *Adv. Iudaeos, Corpus Chr.*, II, p. 1337-1396; *Scorpiace*, 10; v. aussi *Ad. Nat.*, I, 14.

17. *Instructions*, I, 24, 11-14.

18. Augustin, *De haeresibus*; et aussi d'un anonyme, *Praedestinatus*, I, 87.

19. Augustin, *Ep.*, 44, 6, 13; v. aussi le témoignage, embrouillé comme souvent, de Philastre, *Haer.*, 13.

20. Tertullien, *Apol.*, 9, 13, 14; Minucius Felix, *Octavius*, 30, 6; Augustin, *Ep.*, 196.

21. Augustin, *Serm.*, 310, 1 : les Juifs connaissent le natalice de Cyprien.

lement au témoignage de groupes sectaires ni aux relations plus ou moins conflictuelles des synagogues avec les Chrétiens. Il s'exprime (comme l'a enseigné Jean Daniélou) dans l'influence des thèmes, d'exégèses de catégories de pensée au sein même des débats dans la grande Eglise. Deux petits traités, que l'érudition moderne a placés en appendice à l'œuvre de Cyprien, illustrent assez bien pour le IIIᵉ siècle l'œuvre intellectuelle d'un judéo-christianisme africain et latin. Le premier *(De montibus Sina et Sion)*, écrit par un « juif connaissant l'hébreu et connaissant mal le latin »[22], mène la polémique contre la Synagogue (le Sinaï) pour l'Eglise (Sion). L'auteur spécule sur les noms des deux collines en utilisant des racines sémitiques : le Sinaï évoque avec *sin* la tentation. Adam représente la « terre faite chair », puisque, selon une tradition commune des apocryphes vétérotestamentaires, le premier homme porte dans son nom les quatre points cardinaux (A avec l'Orient, *anatolè*, D avec l'Occident, *dysis*; le nord, pour *arctos*, et le sud, *mesembrion*). En utilisant les jeux de l'arithmologie, le juif converti calcule que les quatre lettres d'Adam valent 46 (1 + 4 + 1 + 40) et que ce chiffre symbolise la construction du temple de Jérusalem, la passion et la résurrection du Christ. Ainsi s'ébauche tout un calcul qui établit (je le montrerai ailleurs) la date de la passion et celle de la naissance. J. Daniélou a identifié tous les traits de traditions attestées dans la littérature intertestamentaire et souvent utilisées dans les *midrashin* judéo-chrétiens. Il a également relevé l'ébauche d'une théologie monarchianiste, établie en Afrique, indépendamment de Praxeas[23]. Le second libelle, *De Centesima, sexagesima, tricesima*, étudie la hiérarchie de la sanctification et des mérites établie par la parabole du semeur. Ce petit texte, qui vise surtout les païens, emprunte aux mêmes courants de spéculation et d'exégèse que le précédent, avec un accent particulier de rigorisme (venu de l'encratisme judéo-chrétien) : tout à fait remarquable, l'interprétation de la brebis

---

22. J. Daniélou, *Les origines du christianisme latin*, Paris, 1978, p. 47-59; *Corpus Scrit. Eccl. Lat.*, III, 2, p. 104-119; pour Adam, 4, p. 107-109.
23. Daniélou, p. 64-87; *PLS*, I, p. 53-67.

perdue, où l'exégète reconnaît, avec toute une tradition de l'apocalyptique ancienne, Adam finalement sauvé, le Christ libéré de la mort et aussi le martyr; la centaine vaut pour celui-ci, la soixantaine pour les continents, la trentaine pour les époux chastes. Ce classement donne une solution archaïque et judaïsante, qu'abandonne l'exégèse du IVe siècle plaçant, dans l'ordre, les vierges, les veuves et les époux. A ces exemples cohérents s'ajoutent les réminiscences de thèmes judéo-chrétiens épars dans l'œuvre de Tertullien (en particulier son angélologie), dans la *Passion de Perpétue* (qui connaît le *Testament de Lévi*) ou encore dans le comput pascal de 243 *(De Pascha computus)*, qui poursuit, après le *De Montibus*, toute une élaboration d'exégèse typologique et de symbolique des nombres pour calculer lui aussi la date de la naissance du Sauveur.

Tous ces textes utilisent une première littérature patristique traduite du grec au latin (*L'Epître* de Clément de Rome; *Le Pasteur* d'Hermas) et surtout les recueils des *Testimonia*, ces témoignages des Ecritures organisés en dossier de péricopes autour d'un thème théologique. Tertullien, par exemple associe un texte de Malachie (1, 10-11), trois psaumes (95, 7-8; 50, 19; 49, 14) avec une péricope d'Isaïe (1, 11-13); cette chaîne de citations utilisée dans la polémique chrétienne contre les sacrifices ne se retrouve pas dans la littérature grecque et appartient en propre à un recueil probablement africain, puisque Cyprien l'utilise à son tour. Le traité *De Montibus* abrège les citations, il les recompose, avec la liberté des commentateurs juifs. Avant Cyprien, qui a composé deux recueils des *Testimonia* sur le Messie contre les Juifs et sur le martyre, circulent des dossiers sur les prophéties, sur le sabbat; ce sont les témoignages d'une polémique chrétienne organisée, avec l'appui des Ecritures, contre le prosélytisme de la synagogue; l'œuvre de Lactance en conserve çà et là la mémoire[24].

L'existence de tous ces recueils rappelle la place importante que tient la Bible africaine, une « vieille latine » qui est

---

24. P. MONAT, *Lactance et la Bible...*, 2 vol., Paris, 1982.

parfois plus proche de l'hébreu que des septante pour les livres de l'Alliance[25]. Les martyrs de Scillium (à la fin du IIᵉ siècle) possèdent une traduction des épîtres de Paul. Pour l'Ancien Testament, les fidèles africains disposaient, au début du IIIᵉ siècle, sinon d'un texte complet, au moins de la Genèse, du Deutéronome, des quatre grands Prophètes, des Proverbes et des Psaumes. Même dans les textes du Nouveau Testament, les souvenirs de l'hébreu affleurent pour réorienter la traduction latine du texte grec : *claritas* emprunte à *kabod*, la splendeur, plus qu'au grec *doxa* (Jean 19, 42). A ce titre, le judéo-christianisme africain laisse son empreinte sur la première Eglise latine.

L'influence du modèle juif transmis par les convertis de la Synagogue a marqué peut-être le style de l'organisation ecclésiastique en Afrique[26] : auprès de l'évêque, établi à la tête des fidèles, dès que ceux-ci paraissent assez nombreux pour faire une *plebs*, intervient le Conseil des Anciens. Au IVᵉ siècle, un commentaire des lettres de Paul (connu sous le sobriquet que lui a donné l'érudition, l'Ambrosiaster)[27] rappelle les origines juives du collège : *et synagoga et postea Ecclesia seniores habuit...* Sous ce nom, *seniores laici*, *seniores Ecclesiae, ex plebe,* un collège administre les biens communs, en assure la garde lorsque l'évêque est empêché[28]. Ses membres peuvent ester en justice; à la fin du IVᵉ siècle, on les voit porter plainte contre un évêque donatiste. Car ces Anciens qui interviennent collectivement sont peut-être mentionnés, toujours après le clergé dans les textes, dès le temps de Cyprien, sûrement à l'époque de la persécution de Dioclétien à Cirta, à Thibuica, en 394, à Musti encore

---

25. Voir, après MONCEAUX, I, p. 97 sq., quelques exemples : G. QUISPEL, dans une note décisive, *Vig. Christ.*, 22, 1968, p. 93. *Le Monde latin antique et la Bible* (dir. J. FONTAINE et Ch. PIETRI), Paris, 1985, J. GRIBOMONT, p. 50-51; V. SAXER, p. 339-348.

26. W. H. FREND, Jews and Christians in the Third Century, dans *Mélanges... M. Simon,* Paris, 1978, p. 115-194, ajoute sur la polémique des Juifs des remarques tout à fait pertinentes; il écarte l'opinion de T. D. Barnes qui place paradoxalement l'apparition du judaïsme africain à basse époque.

27. *In Epist. ad Tim.*, V, 2 (H. VOGELS, *CSEL*, 81, p. 249).

28. OPTAT DE MILEV, I, 17 : passion de Félix de Thibuica : *An. Boll.*, 39, 1921, p. 252 (BHL 2894).

en 403 et en 407 dans des conciles de Carthage[29]. *Seniores
laici, ex plebe,* l'expression distingue entre le presbyterium,
le groupe des prêtres *(presbuteroi)* et un conseil laïque, qui
évoque les Anciens de la synagogue.

Les *seniores* qui apparaissent encore à la fin du IVe siècle
appartiennent le plus souvent à l'Eglise donatiste. Car les
dissidents s'enferment dans un conservatoire de pratiques,
d'institutions et même d'antiques bibles latines, qui portent
mieux marquée l'empreinte des traditions judéo-chrétiennes.
Assurément, le schisme de Donat ne se réduit pas à cette
composante particulière. Mais ses fidèles s'imaginent comme
un petit reste des saints une Eglise des martyrs brûlée
d'inspiration apocalyptique. Avec les circoncellions, qui portent leur gourdin de combattants (leur « Israël ») comme
s'ils commençaient la guerre eschatologique, avec l'obsession
de pureté et d'observance qui inspire la raideur de leur
théologie sacramentaire, les donatistes gardent plus vivace
le souvenir des origines obscures, celles des premières missions qui firent naître d'un judéo-christianisme latinisé la
première chrétienté latine.

---

29. Cyprien, *Ep.,* 38, 2; Augustin, *Contra Cresconium,* III, 29, 33 et 56, 62;
Ennar. Psalm. 36, *serm. II,* 20; *Registri Eccl. Carthagin., Excepta,* IX, 91 (403);
XII, 100 (de 407). Dans l'administration municipale, CIL, VIII, 17327.

CHARLES PIETRI

LA GÉOGRAPHIE DE L'ILLYRICUM ECCLÉSIASTIQUE
ET SES RELATIONS AVEC L'ÉGLISE DE ROME
(Ve-VIe SIÈCLES)

On m'excusera sans doute d'évoquer Mgr Duchesne pour ce colloque tenu à l'École. Mais ce n'est pas seulement un hommage de convenance. Le mémoire sur *L'Illyricum ecclésiastique*, publié dans la *Byzantinische Zeitschrift* à la fin du siècle dernier et repris en 1905 dans un petit livre sur les Églises séparées, établissait définitivement l'authenticité de la *collectio Thessalonicensis*, un recueil de lettres papales et de quelques textes impériaux, compilé en 531 avec des documents du IVe et du Ve siècles[1]. En écartant la contestation de Friedrich — qui suspectait le faux — et aussi les réticences de Mommsen, Duchesne restituait à cet Illyricum «ecclésiastique», placé par la géographie de l'Empire et par celle de l'établissement chrétien entre le siège apostolique et la seconde Rome, un dossier précieux pour une histoire trop dépourvue en documents locaux. Et puisqu'il fallait renoncer aux entreprises démesurées comme celle du jésuite Farlati[2] dans son *Illyricum sacrum*, l'auteur de l'*Histoire ancienne de l'Église* se résignait à étudier la place de ces Églises dans le jeu des relations épiscopales et des rivalités patriarcales, en recourant aux témoignages d'observateurs et d'acteurs qui leur étaient extérieurs; il écrivit son mémoire avec les lettres des papes.

---

[1] L. DUCHESNE, *Églises séparées*, Paris, 1905, p. 229-277. Depuis, la *Collectio Thessalonicensis* a été éditée par C. SILVA TAROUCA, *Epistularum Romanorum Pontificum ad vicarios per Illyricum aliosque episcopos collectio Thessalonicensis*, Rome, 1937. Le mémoire de Friedrich, sur lequel il n'est pas nécessaire de revenir, est inséré dans les *Sitzungsberichte* de Munich, 1891, p. 771-887.

[2] D. FARLATI, *Illyricum sacrum*, continué par J. COLETI, 8 vol., Venise, 1780-1819.

La référence à Duchesne s'impose encore parce que les recherches plus récentes, celles de Zeiller[3], de Schwartz[4] ou de Caspar[5] n'ont pas entamé l'essentiel de ses conclusions sur l'institution d'un vicariat apostolique à Thessalonique, établissant son autorité sur les Églises des diocèses civils de Dacie et de Macédoine. Certes, il faut corriger l'image un peu impériale que le savant français brosse pour cette institution romaine. Le système ne démontre pas que la papauté ait eu le dessein délibéré d'étendre à toute force son influence. Rome, au contraire, improvise largement, avec beaucoup de pragmatisme, à l'époque du pape Innocent (402-418) ou de Boniface (419-423)[6]. Le vicariat résiste, malgré les difficultés de la situation politique, malgré la crise nestorienne, parce qu'il s'appuie à la fois sur la sollicitude romaine, sur la disponibilité d'une politique ecclésiastique dégagée des influences impériales et, en même temps, sur la volonté délibérée d'une majorité de l'épiscopat local, groupé autour de Thessalonique : car, à l'arrière plan d'une analyse privilégiant, par la force de notre documentation, la politique pontificale, apparaît un peu de l'histoire de ces communautés locales, surtout celle des évêques et de leur clergé en ces provinces.

La même remarque vaut pour la période qui suit, du Ve au VIIe siècle, après l'effondrement du vicariat. Sur ce point, Duchesne a emporté l'adhésion générale, à quelques nuances d'expression près, en soulignant qu'en pratique le pape n'utilise plus un vicaire pour l'Illyricum. Mais en se référant à ce vocabulaire de politique étrangère dont les historiens de la papauté (et même les meilleurs) ont abusé, il ajoute : «on ne voit pas que dans cette période les patriarches de Constantinople aient repris leurs tentatives d'annexion». Le plus remarquable est qu'après ce temps de l'effacement où, comme le dit Duchesne, l'Illyricum fut abandonné à lui-même, l'influence romaine ait regagné le terrain perdu. À la fin du VIe siècle et au début du VIIe siècle, la documentation, exceptionnelle pour l'époque, que rassemble la correspondance de Grégoire le Grand, atteste le succès d'une reconquête. Dans les deux

---

[3] J. ZEILLER, *Les origines chrétiennes dans les provinces danubiennes de l'empire romain* (BEFAR, 112), Paris, 1918 et du même, *Les origines chrétiennes dans la province romaine de Dalmatie* (Bibl. École pratique hautes ét., 155), Paris, 1906.

[4] E. SCHWARTZ, *Die sog. Sammlung der Kirche von Thessalonich*, dans *Festchrift f. Reitzenstein*, Leipzig, 1931, p. 137-159.

[5] E. CASPAR, *Geschichte des Papstums*, I-II, Tübingen, 1930.

[6] Ch. PIETRI, *Roma Christiana* (BEFAR, 224), Rome, 1976, p. 776-789 et p. 1769-1147.

cas, l'historien joue trop dangeureusement peut-être avec l'analogie, lorsqu'il emprunte son vocabulaire aux rivalités et aux conflits des états modernes. «Il s'abuse, notait Paul Lemerle en étudiant la métropole de Philippes, lorsqu'il parle d'annexion». De même, dans le mouvement d'une analyse aiguë et vigoureuse, l'historien de l'*Illyricum ecclésiastique* privilégie, comme l'y invitent nos sources, la politique pontificale, sans trop s'inquiéter des réactions locales qui ont pu la déterminer. Or – j'emprunte de nouveau cette critique à Paul Lemerle, évoquant l'établissement d'une administration directe de l'Illyricum par le patriarcat romain – «il est probable que ce (nouveau) régime heurtait moins les sentiments égalitaires des évêques illyriens»[7].

Ces quelques remarques jalonnent la chronologie d'une enquête, de Léon à Grégoire : de l'effondrement du vicariat à l'établissement du patriarcat occidental. Elles en suggèrent, je l'espère, l'esprit : comment entrevoir, à travers les *corsi e ricorsi* de la politique pontificale, les réactions des communautés provinciales, l'évolution d'une géographie ecclésiastique. Cette expression imparfaite recouvre, en fait, tout un complexe d'attitudes qui déterminent les collèges épiscopaux ou des groupes de prélats et, avec eux, le clergé, toute une manière de traduire entre Rome et Constantinople la pratique d'une ecclésiologie, l'image que ces Églises se font d'elles-mêmes dans l'*oikoumènè*. Puisque le vicariat apostolique, dont le ressort coïncidait avec le territoire politique d'une préfecture, a disparu, l'analyse ne peut plus négliger les provinces de l'Occident illyrien, la Dalmatie sur laquelle l'évêque de Thessalonique n'avait jamais exercé aucun contrôle. De fait, l'évolution de la politique romaine, celle des Églises illyriennes ne tiennent plus guère à quelque délimitation préfectorale; elles dépendent de tout un complexe où s'enchevêtrent la situation de l'Italie, de plus en plus séparée de l'Orient jusqu'à la conquête de Justinien, la politique impériale qui écarte progressivement le pape aux temps de Zénon ou d'Anastase, les déchirements qu'entraîne dans les Églises orientales la crise monophysite. Ces influences diverses se conjuguent pour ponctuer une évolution depuis l'époque de Léon le Grand (440-461), où s'effondre le système du vicariat, à cette période d'isolement pendant laquelle Gélase (492-496), puis Hormisda (514-523) rétablissent quelques liens avec l'Illyrie et

---

[7] P. LEMERLE, *Philippes et la Macédoine orientale à l'époque chrétienne et byzantine* (*BEFAR*, 158), Paris, 1945, p. 247-248.

enfin au temps où Justinien établit, dans l'unité reconstituée, le système d'un patriarcat romain.

I – LA DISPARITION D'UN VICARIAT

1. Le système du vicariat paraît définitivement compromis sous le pontificat de Léon le Grand et cela dès les premières lettres de ce pape envoyées à l'Illyricum. En témoignent deux rescrits adressés l'un à Anastasius de Thessalonique (*Ep.*, 6) et l'autre aux métropolitains de la préfecture[8] (*Ep.*, 5). Les deux textes portent la date du 12 janvier 444. Le pape romain intervient près de quatre ans après son élection, avec un retard que les difficultés de la situation politique ne suffisent pas à expliquer[9]. Du reste, Léon n'a pas pris l'initiative : il répond à une pétition d'Anastasius, qui avait déjà reçu du pape Sixte la délégation vicariale; l'évêque de Thessalonique souhaitait recevoir de Léon cette charge personnelle, donnée par un évêque à un autre évêque, et, pour appuyer sa requête, il signalait assez de désordres locaux et de consécrations irrégulières qui justifiassent l'intervention d'un délégué romain[10].

On remarque la prudence de la réponse : le pape s'adresse autant au nouveau vicaire qu'aux évêques métropolitains placés sous son autorité. Il manifeste clairement sa volonté de rétablir les liens du siège apostolique avec l'Illyricum : il y renvoie le prêtre romain Nicolaus qui a apporté la pétition d'Anastasius et qui doit obtenir le consentement explicite des provinciaux (*Ep.*, 5,5). En outre, il organise, pour justifier sa décision, un grand déploiement d'ecclésiologie romaine; tout particulièrement aux métropolitains, il rappelle les exemples des Pères

---

[8] *Ep.*, 5 (piscopis metropolitanis), *PL* 54, 614-616 = *Coll. Thessal.*, 24. *Ep.*, 6 (ad Anastasium), *ibid.*, 617-620 = *Coll. Thessal.*, 23, cf. CASPAR, II, p. 453 sq. et T. D. JALLAND, *The Life and Times of St. Leon the Great*, Londres, 1941.

[9] On voit bien d'après *Ep.*, 5, 2 (*PL* 54, 615) qu'il n'y a pas eu de lettre romaine auparavant; sur les difficultés politiques : E. STEIN, *Histoire du Bas-Empire*, I, éd. fr. de J. R. Palanque, Bruges, 1959, p. 291 : c'est la «première guerre d'Attila» avec le sac de Singidunum, de Viminacium, la prise de Sirmium (441), alors que le gros de l'armée romaine se trouve sur le front perse. Les Huns dévastent Naissus et Sardica en Dacie Médit.; ils coupent Constantinople de la préfecture d'Illyricum; Théodose doit signer un traité, avant le 27 août 443 (E. A. THOMSON, *Attila e gli Unni*, trad. it., Florence, 1963, p. 139).

[10] *Ep.*, 6, 2 et 6 (*ibid.*, 617 et 620).

(c'est-à-dire la politique de ses prédécesseurs); il invoque la charge universelle confiée à Pierre — *cura per ecclesias* — avec une claire référence à la péricope de Matthieu (16,18) qui fonde désormais les droits de la primauté (*Ep.*, 5,2 et 6,1). Tout un vocabulaire évoque l'autorité du siège apostolique (*sedis apostolicae auctoritas*), qui institue son vicaire. En même temps, la constitution pontificale explique que toutes les Églises doivent observer une discipline commune, qui est le fondement de l'unité. *Propter regularum custodiam* : l'expression définit la responsabilité du vicaire et la raison d'être de la décision romaine (*Ep.*, 6,2); les deux lettres rappellent les conditions du recrutement clérical (*Ep.*, 5,3; *Ep.*, 6,6), le jour prévu pour les ordinations, comme si le pape tenait à fixer clairement le droit que doit appliquer le vicaire pour corriger les irrégularités. Enfin, ces admonitions dessinent l'image d'un ordre ecclésial (*ordo clericalis* : *Ep.*, 6,3), réglé par une discipline dont le siège apostolique a la surveillance, une société indépendante des frontières politiques et unie dans la *charitas*.

Il faut user de la charité fraternelle plus que du pouvoir : *charitas plus quam potestas*[11]. Car le rescrit romain concède à Anastasius les privilèges qu'obtenait Anysius son prédécesseur, au temps du pape Sirice (384-398). Cette référence à un système de délégation, moins rigide que le vicariat exercé par Rufus sous le pape précédent, reflète le style de la nouvelle politique pontificale mais aussi la prudence qu'implique désormais la conjoncture illyrienne. Léon ne précise par le ressort géographique du vicariat : comment le pourrait-il, alors que les Huns ont ravagé la Mésie Première et les Dacies et que Thessalonique aurait probablement quelque difficulté à intervenir en ces provinces éprouvées? Mais l'autorité d'Anastasius recule par rapport à celle de son prédécesseur immédiat : comme déjà pour Anysius, Léon réserve au vicaire la consécration des métropolitains (*Ep.*, 5,5 et *Ep.*, 6,4) ; mais le vicaire est simplement consulté sur les autres consécrations épiscopales. Il sert d'intermédiaire avec Rome pour les causes graves (*causae maiores*), sur lesquelles il doit faire obligatoirement rapport à Rome (*Ep.*, 5,4 et *Ep.*, 6,5). En revanche, il lui reste le pouvoir de traiter les affaires

---

[11] Sur cette analyse, P. BATIFFOL, *Le siège apostolique*, Paris, 1924, p. 488 sq. Voir aussi : *vicem nostras ita tuae credidimus caritati ut in partem sis vocatus sollicitudinis non in plenitudinem potestatis*. Ces expressions apparaissent dans l'*Ep.*, 14, 1 (*PL* 54, 669 et 671) mais sont déjà suggérées dans *Ep.*, 6, 3. Cf. F. STREICHLAN, *Die Anfänge des Vikariats von Thessalonich*, dans *ZRG, Kan*, 12, 1928, p. 369. ZEILLER, *Provinces danubiennes*, p. 372.

d'Église moins importantes dans un synode régional réunissant les prélats de l'Illyricum, réserve faite de l'appel à Rome dans cette juridiction à quatre degrés (évêques; métropolitains; vicaire; siège apostolique). Du coup, les métropolitains reçoivent une garantie plus efficace de leur droit, tout particulièrement celui de contrôler les élections épiscopales en leur province; et aussi celui de s'adresser directement en appel, par l'intermédiaire du vicaire et du synode d'Illyricum, auquel le pape les invite fermement à participer (*Ep.*, 5,4 et5; *Ep.*, 6,5). En revenant au vicariat établi à la fin du IVe siècle, Léon reconnaissait la montée d'une nouvelle autorité dans le cadre des provinces.

Très rapidement le système se grippe malgré une nouvelle tentative de Léon pour l'assouplir; deux lettres romaines, l'une datée du 6 janvier 446 (*Ep.*, 13), l'autre dépourvue de date (*Ep.*, 14) mais vraisemblablement postérieure[12], permettent d'évaluer les difficultés du vicariat. Dans le premier texte, Léon évoque un rapport d'Anastasius sur les consécrations irrégulières accomplies par le métropolitain de Corinthe (*Ep.* 13,3), qui a imposé à l'Église de Thespies un candidat tout à fait inconnu, malgré l'opposition locale[13]. Il répond en même temps à la démarche de six métropolitains[14] qui écrivent à Rome, indépendam-

---

[12] *Ep.*, 13 (*PL* 54, 663-666. *Coll. Thessal.*, 25; *Ep.*, 14 (*ibid.*, 666-677); cette lettre a été confondue dans la *Coll. Thessal.*, avec une autre lettre, celle-là du pape Boniface, traitant de Corinthe, v. SCHWARTZ, *art. cit.*, p. 152 et PIETRI, p. 1139. P. Quesnel imagine de renverser l'ordre des deux lettres, mais les Ballerini démontrent l'impossibilité de cette hypothèse (*PL* 54, 1318-1324): la lettre 14 évoque une affaire survenue en hiver, l'hiver de 445-446? ou même de 446-447: car il faut exclure la période de 444-445, puisque la lettre 13 ne fait aucune allusion à ces événements graves, mettant en cause Anastasius. Une date plus tardive (447-448) paraît moins probable à cause de la deuxième guerre d'Attila qui trouble la Thrace dès le printemps de 447 (THOMSON, *op. cit.*, 147) et, pour les années suivantes, à cause du refroidissement des liens entre Rome et Thessalonique pendant la crise monophysite; sur cet ordre, JALLAND, *op. cit.*, p. 183 (qui propose, pour sa part, 446), tandis que SCHWARTZ, *op. cit.*, p. 152 recule plus tardivement cette correspondance.

[13] On ne connaît pas l'évêque de Corinthe qui n'est pas nommé: M. LE QUIEN, *Oriens Christianus*, II, Paris, 1740 (anast. Graz, 1958), p. 161, cite successivement Périgénès, qui avait déjà eu maille à partir avec Rome (PIETRI, p. 1106-1112, 1139-1142) et Eristrates, présent en 449 au concile d'Éphèse II (449).

[14] Schwartz corrige l'adresse: *metropolitanis et universis episcopis per Achaiam constitutis*; on peut lire, d'après les Ballerini, *per Illyrici provincias constitutis*: une correction possible. Parmi les métropolitains, on peut identifier Senecio de Praevalitana (Scodra: LE QUIEN, p. 275) connu depuis l'époque du pape Innocent; Lucas de l'Epirus Nova (Dyrrachium: LE QUIEN, p. 242), Vigilantius de Thessalie (Larissa; LE QUIEN, p. 105); on

ment des évêques de Thessalonique et de Corinthe, sans doute parce qu'ils désapprouvaient l'intervention du vicaire dans l'élection d'un simple suffragant; en somme, le conflit portait sur les droits du métropolitain en sa province. La querelle rebondit avec l'appel du provincial d'Epirus Vetus, Atticus : celui-ci porte sa plainte à Rome qui est avertie en même temps par un rapport du vicaire, transmis par deux diacres de Thessalonique. L'évêque se plaignait d'avoir été enlevé, traîné de force en plein hiver jusqu'à Thessalonique, dans des conditions si épouvantables qu'un de ses compagnons, un prélat, avait péri. Toute l'opération avait été menée avec l'appui des services préfectoraux, à la demande du Macédonien[15] qui reprochait à Atticus de bouder sa convocation. Enfin, le métropolitain de Nicopolis assurait qu'il avait toujours été prêt à se rendre auprès du vicaire et il donnait pour preuve la formule d'obédience dont Anastasius lui avait imposé la signature dès son arrivée (*Ep.*, 14,1). En réalité, Anastasius cherchait peut-être à vaincre la résistance d'un métropolitain, qui répugnait à reconnaître ses prérogatives vicariales; mais il multipliait les maladresses : il s'attaquait à un siège dont le titulaire avait montré beaucoup de zèle en 431 contre Nestorius[16] et, plus encore, en utilisant le secours de la procédure impériale, il donnait quelque consistance à cette constitution de Théodose II qui attribuait, en 421, au préfet la charge de faire respecter la discipline ecclésiastique et qui, en même temps, rattachait l'Illyricum ecclésiastique au siège de Constantinople[17]. Dans les deux querelles, le conflit opposait les provinces au vicaire.

À deux reprises, Léon tente un replâtrage; il défend son vicaire dans l'affaire de Thespies; mais les procédés utilisés contre Atticus lui paraissent insupportables : il invite Anastasius à la modération et à l'humilité (*Ep.*, 14,1 et 11) et il lui rappelle qu'il dispose simplement des privilèges d'une délégation personnelle : *tibi nostro favore injuncta sollicitudo*, une sollicitude qui lui est donnée par la grâce de Léon et qui lui est confiée par l'autorité du bienheureux apôtre Pierre (*Ep.*, 14,1). Rome appelle son vicaire à partager l'œuvre de charité fra-

---

peut, comme le fait déjà Holstein, corriger Antiochus en Atticus, pour l'Epirus Vetus (Nicopolis : Le Quien, p. 133). Restent Carosus et Theodulus qui pourraient trouver place dans la liste de Scupi (Dardanie) ou de Sardique (Dacie Méd.), ce qui est indémontrable.

[15] Procédure de l'*exhibitio* : *CT*, 9, 2, 3.

[16] Pietri, *op. cit.*, p. 1136 : Dynatus.

[17] *CT*, 16, 2, 45.

ternelle et non le pouvoir[18]. Des formules analogues reviennent sous la
plume pontificale, lorsque Léon s'adresse aux métropolitains (*Ep.*, 13,1).
En somme, le siège apostolique entend assouplir le système pour maintenir un objectif essentiel : le maintien d'une discipline commune dans
l'Église pour le recrutement des clercs et des évêques (*Ep.*, 14,2-9).

Concrètement, les rescrits de 446 ménagent ostensiblement les pouvoirs des métropolitains : au privilège du vicariat, Rome oppose le droit
d'une dignité fondée sur une antique tradition (*Ep.*, 14,2). C'est le concile provincial qui doit procéder à l'élection du *metropolitanus*, avec
l'accord du clergé local; le candidat choisi est obligé d'obtenir le consentement du vicaire que celui-ci accordera, sans délai aucun, dans le
cas d'élection régulière, conforme aux canons (*Ep.*, 14,5 et 6). Le pape
s'appuie ouvertement sur les règles de Nicée pour rappeler à Anastasius l'importance et le rôle fondamental du concile provincial
(*Ep.*, 14,6). Car il entend bien limiter l'intervention du synode régional
dont use le vicaire : celui-ci ne se réunira pas trop fréquemment et uniquement pour des affaires très graves; enfin, les provinces pourront y
déléguer deux ou trois prélats pour les représenter. Plus précisément,
selon une disposition qui reprend, après le concile de Sardique, les pratiques de la procédure civile, le vicaire doit laisser un délai raisonnable
de 15 jours à la convocation de l'assemblée (*Ep.*, 13,1; *Ep.*, 14,10). S'il
s'élève un désaccord en cette instance, l'appel à Rome s'impose obligatoirement (*Ep.*, 14-1; 7; 11), comme Léon le rappelle à son vicaire
autant qu'aux métropolitains (*Ep.*, 13,1). Le pape a évidemment pressenti leurs résistances : il entend faciliter désormais les liens avec le siège apostolique et, pour cela, assouplir un système qu'ébranlait la montée des autonomies provinciales.

2. En pratique, les grands conciles réunis pour régler la crise
monophysite démontrent l'effacement du vicariat. Pour le premier concile d'Éphèse (431), une majorité de l'épiscopat d'Illyricum, concrètement conduite par Flavianos de Philippes et appuyée par Rufus de
Thessalonique, soutenait contre l'évêque de Constantinople les positions
théologiques et politiques des papes de Rome et d'Alexandrie, Célestin
et Cyrille. Cette majorité regroupait des prélats thessaliens, le métropolitain de Nicopolis, celui de Praevalitana et celui d'Epirus Nova avec un
groupe compact de prélats d'Achaïe : dans le succès, ce parti écartait

---

[18] Voir n. 11; JALLAND, *op. cit.*, p. 183; CASPAR, I, p. 454.

de l'épiscopat ceux qui avaient combattu Cyrille aux côtés de Nestorius ou, au moins, il leur imposait une rétractation solennelle[19]. Mais, lorsque, le 8 août 449, se réunit un second *concile à Éphèse*, les règles du jeu dans la politique ecclésiastique ont totalement changé. Rome soutient désormais l'évêque de Constantinople Flavien contre le moine Eutychès et contre le successeur de Cyrille, Dioscore d'Alexandrie. Pour Rome, le concile, jugé comme un «brigandage», s'achève en Illyricum sur une défaite; celle-ci attestait le déclin d'une influence traditionnellement exercée par le siège apostolique en même temps que l'échec du vicariat qui en avait été l'instrument.

L'évolution paraît d'autant plus significative que l'Illyricum envoie au concile une participation notable, vingt-deux évêques (16% du total). Ce groupe réunit des contingents solides pour la Macédoine (6 évêques). D'Epirus Vetus, les prélats sont venus plus nombreux qu'en 431 (4) et l'Achaïe envoie un contingent égal (4) à celui qui la représentait au premier concile d'Éphèse. Les délégations paraissent plus symboliques avec deux légats pour l'Epirus Nova, pour la Thessalie et pour la Crète, qui fait parvenir ses évêques avec retard. Des provinces de langue latine ne vient que le titulaire de Remesiana (Dacie Méditerranéenne)[20]. Les difficultés des régions danubiennes après la seconde guerre d'Attila et l'évacuation partielle de la Dacie Ripuaire expliquent largement cette abstention massive[21]; mais le jeu des circonstances écarte presque totalement l'épiscopat de langue latine, celui qui avait été, avec Julianus de Sardique, assez sensible à l'influence de Nestorius et qu'on aurait pu imaginer volontiers hostile à la théologie d'un Eutychès raidissant un peu plus la christologie cyrillienne[22].

En fait, l'organisation des listes de présence et celle des listes de signatures, par lesquelles nous connaissons la participation illyrienne, illustre un nouvel équilibre dans la géographie ecclésiastique. Elles ne reflètent plus la position ambitieuse de Constantinople : Flavien signe

---

[19] PIETRI, *op. cit.*, p. 1134-1139.

[20] Voir Appendice I.

[21] Stein, *loc. cit.*, p. 292; sur l'épiscopat à l'époque, ZEILLER, *Provinces danubiennes*, p. 358.

[22] A. GRILLMEIER et H. BACHT, *Das Konzil von Chalkedon*, Würzbourg[2], 1962, I : A. GRILLMEIER, *Die theologische und sprachliche Vorbereitung der christol. Formel von Chalkedon*, p. 165-181, p. 195-198; Th. CAMELOT, *De Nestorius à Eutyches*, p. 213-242; W. H. C. FREND, *The Rise of the Monophysite Movement*, Cambridge, 1972, p. 30 sq.

3

après Dioscore, après les légats de Rome, après l'évêque de Jérusalem et après celui d'Antioche. Il précède seulement Éphèse, Césarée de Cappadoce, Ancyre, les grands sièges des diocèses civils du Pont et de l'Asiana. Viennent ensuite les métropolitains, au douzième rang. Quintillus d'Héraclée, qui représente l'évêque de Thessalonique Anastasius prudemment absent, puis à la 34e place Atticus de Nicopolis, Lucas pour l'Epirus Nova à la 51e, tandis que Vigilantius figure 54e pour la Thessalie. Une telle disposition déclasse évidemment Constantinople dont l'évêque fait figure d'accusé, mais, de plus, elle ne reconnaît aucun rang particulier au vicaire de Rome (ou à son représentant).

Cette organisation trahit un peu le style du concile dominé par Dioscore qu'appuie le pouvoir; en tout cas, l'épiscopat d'Illyricum n'accorde aucun soutien aux positions romaines; ce dernier, comme Liberatus le note aussi pour les Thraces, suit le nouveau Cyrille. L'évêque de Philippes, Sozôn, puis Quintillus, au nom du groupe macédonien, Atticus de Nicopolis appuient la procédure expéditive de Dioscore qui presse la lecture des actes et s'emploie à éviter toute publicité au *tome de Léon* que les légats romains voudraient faire connaître[23]. En somme, ils étouffent l'intervention du pape. Cette attitude ne paraît pas organisée; au contraire, à bien examiner les procès-verbaux des votes, les déclarations dont les évêques accompagnent leur assentiment, l'ordre dans lequel ils se présentent pour souscrire, on peut imaginer qu'ils se concertent en groupe, province par province[24]. Les Macédoniens siègent sans doute ensemble, autour de Sozôn, alors que Quintillus doit occuper un poste d'honneur plus lointain. En tout cas, c'est Sozôn le premier, qui parle en leur nom; c'est lui dont ils reprennent tour à tour la sentence pour conformer explicitement leur vote au sien. Les prélats d'Epirus Vetus déclarent s'accorder avec leur métropolitain Atticus qui invoque pour sa part Cyrille; la pratique est la même dans les petites

---

[23] Liberatus, *Breviarium*, 112; sur les débats : E. SCHWARTZ, *Acta conciliorum oecumenicorum*, II, Berlin-Leipzig, 1933. On cite ici les *Gesta actionis primae*, II, 1 (abrégé *ACO*); sur les interventions de Quintillus, II, 1, 212; d'Atticus, II, 1, 212; de Sozôn, II, I, 214; toutes sont favorables à la proposition de Dioscore (version latine, *ACO*, II, 3, p. 76).

[24] *ACO*, II, 1, 884, 48, p. 184, puis 884, 49-52 : pour la Macédoine, dans la version latine *ACO*, II, 3, 884, 49-54, p. 181; liste de présence, *ACO*, II, 1, 78, 59-63, p. 79; *ACO*, II, 3, 884, 49-53, p. 181. Pour l'Epirus Vetus, *ACO*, II, 3, 42, p. 179 et 43-44, p. 180, liste de présence *ACO*, II, 1, 78, 45-46 et 53, p. 79; l'*Epirus Nova*, associée à la province sœur, *ibid.*, 51 et 52 et *ACO*, II, 3, 884, 42 et 43, p. 181. Pour la Thessalie, *ACO*, II, 3, 45-46, avec Basilius de Traianopolis du Rodope.

délégations de l'Epirus Nova et de la Thessalie. Une seule province paraît divisée, l'Achaïe qu'a déchirée un conflit récent[25]. À cette exception près, les débats illustrent la force de la cohésion provinciale et plus encore l'autorité d'un métropolitain intervenant au nom de tous les suffragants. En même temps, l'échec du vicariat devient manifeste. Dans un court billet, Léon invite Anastasius de Thessalonique à la résistance; il le félicite des circonstances providentielles qui l'ont empêché de participer au brigandage d'Éphèse : il ne souffle mot de la charge qu'il lui avait confiée cinq années plus tôt[26].

3. *Le concile de Chalcédoine* (octobre 451) n'infléchit guère cette évolution. Certes les circonstances ont changé en deux ans, après la campagne active que Léon mène depuis l'Occident; entre les princes et le pape s'ébauche une sorte de compromis, efficacement soutenu par les *Augustae*. Anatolios, le nouvel évêque de Constantinople, s'est engagé à soutenir les positions romaines[27]. Et pour plus de précautions, un contingent de hauts fonctionnaires assiste aux débats : deux d'entre-eux ont exercé la préfecture d'Illyricum; un troisième y est encore en charge[28]. C'était assez pour faire pressentir aux prélats de la région quelle évolution suivait la politique impériale depuis que Marcien remplaçait Théodose II.

Les premières séances démontrent de nouveau la cohésion des collèges provinciaux. Dans une assemblée bien plus nombreuse qu'à la précédente réunion d'Éphèse, quatre provinces envoient une délégation

---

[25] *ACO*, II, 3, 884, 54 pour Jean de Messène; puis 56, p. 181; 75, p. 185; liste de présence, *ACO*, II, 1, 78, 65, 67 et 89, p. 80. Sur le conflit de Thespies, *supra*.

[26] Léon, *Ep.*, 47 (*PL* 54, 839-840); JALLAND, p. 190.

[27] V. GRUMEL, *Les Regestes des actes du patriarcat de Constantinople. I. Les Actes des patriarches, 1 : 381-715*, Paris, 1932, p. 50, n. 111-114. Sur cette évolution : E. SCHWARTZ, *Publizistische Sammlungen zum Acacianischen Schisma*, dans *Abh. Bay. Akad. W.*, 10, 1934, p. 175 (abrégé *Acacian*). Sur l'évolution de la politique ecclésiale depuis 449 dans GRILLMEIER-BACHT, recueil cité, voir les mémoires de P. GOUBERT et H. RAHNER (I, p. 301-323 et 323-339).

[28] Florentius a été préfet d'Illyricum vers 422, peu après la tentative de Théodose II pour rattacher les Églises régionales à Constantinople; il a enquêté sur le jugement d'Eutychès (*ACO*, II, 1, p. 148) : voir J. R. MARTINDALE, *Prosopography of the Later Roman Empire*, II, Cambridge, 1980, p. 478-479. Theodorus est préfet en 444 (*PLRE*, p. 1089). Eulogius, le préfet en exercice? (*PLRE*, p. 419). Tous sont notés sur la liste de présence, le 8 octobre : *ACO*, II, 1, p. 55 et 56.

solide : huit évêques pour l'Achaïe, la Macédoine et six pour l'Epirus Vetus. La Crète fait l'effort de mander aussi six prélats, alors que la Thessalie n'en trouve que deux ou trois et l'Epirus Nova, deux[29]. Cette fois encore et pour les mêmes raisons qu'en 449, l'épiscopat latin fait défaut : ni les Dacies, ni la Dardanie (et moins encore la Mésie) ne peuvent envoyer de représentants[30]. Les évêques sont classés selon les mêmes principes qui privilégient les sièges apostoliques puis les métropolitains. Constantinople retrouve sa place d'honneur, mais le représentant de Thessalonique, toujours Quintillus, siège au 8e rang, sans que cette place indique la reconnaissance particulière du vicariat; suivent les autres métropolitains à un rang plus médiocre, regroupés selon un classement géographique du 47e rang (Epirus Vetus), au 50e rang pour la Thessalie précédée du provincial de Crète et de celui d'Epirus Nova. Thessalonique obtient une place d'honneur parce que la ville est capitale de préfecture; un siège important comme Corinthe se place en 14e position.

Mais pour les autres prélats, au moins pour la Macédoine, l'Epirus Vetus et la Crète, les listes de présence suggèrent que les évêques se rassemblent en groupes compacts. Seules l'Epirus Nova et aussi l'Achaïe échappent à cette règle; cette seconde province, déjà divisée à Éphèse, se répartit en deux clans : quatre prélats d'un côté, qui ont signé la condamnation de Flavien à Éphèse et d'autre part, avec Irénée de Naupacte, ceux qui n'ont pas assisté au brigandage. Pendant la première séance (8 octobre 451), les délégations provinciales se resserrent : tous les représentants de l'Illyricum siègent à droite avec Dioscore d'Alexandrie et avec Juvénal de Jérusalem, face aux légats romains et à tout le parti qui veut casser les sentences du brigandage. Avec les Égyptiens, comme indique le notaire, ils clament que la foi est frappée à mort du moment qu'est introduit dans l'assemblée, Théodoret de Cyr, convoqué par le prince[31]. Lorsque Juvénal change de côté et passe avec les adversaires de Dioscore, les collèges provinciaux d'Illyricum cèdent tour à tour. D'abord celui d'Achaïe que ressoude Pierre de Corinthe en proclamant qu'il n'était pas lui-même à Éphèse, que Flavien de Constantinople était plein de zèle pour les écrits de Cyrille. Irénée de Nau-

---

[29] Voir Appendice II.

[30] ZEILLER, *Prov. Danubiennes*, p. 373-376 : ne conservent une organisation épiscopale, semble-t-il, que la Dacie Méd. et la Dardanie (ainsi que la Praevalitana?).

[31] *ACO*, II, 1, 27, p. 69; II, 3, 27, p. 44.

pacte, qui conduisait le groupe des Grecs hostiles au brigandage, déclare qu'il a honte de ce qu'il a entendu des Actes de 449[32]; dès lors, l'Hellade retrouve son unité et bascule. Quintillus et Sozôn pour la Macédoine constatent, en se rétractant, qu'ils n'ont rien trouvé contre Flavien; mais l'évêque de Stobi, qui appartient à la même province, tient à rappeler qu'il n'a pas siégé à Éphèse[33]. Un Thessalien présente une position analogue en expliquant que son provincial ne peut intervenir, puisqu'il est malade, retenu à Hélénopolis, et un évêque d'Epirus Vetus rend à Atticus de Nicopolis, frappé lui aussi par la maladie, le même service, ce qui permet le ralliement, en épargnant le pénible moment d'une rétractation publique[34]. Mais tous les prélats proclament en chœur, dans l'anonymat commode du groupe, qu'ils se sont trompés; ils se servent de cette rétractation collective pour défendre Dioscore et réclamer pour lui l'indulgence du concile, tandis que Quintillus, le représentant de Thessalonique, se cache dans un silence prudent; car dans les premiers débats, il n'y a guère que le métropolitain d'Achaïe, Pierre de Corinthe, pour attaquer Dioscore et pour se référer à la théologie de Rome[35].

Celle-ci suscite beaucoup d'inquiétude dans les délégations venues d'Illyricum; toutes se retrouvent pour demander conjointement, le 10 octobre, l'examen critique du *tome de Léon* à Flavien (plus précisément sur trois passages délicats) et la confrontation de la lettre romaine avec les «anathématismes» de Cyrille[36]. Rome reconstitue, malgré elle, une sorte d'unité régionale. Dans la commission constituée pour examiner le tome avec les légats romains, trois Illyriens, Quintillus, Sozôn et Atticus, se joignent à Anatolios de Constantinople, à six Orientaux, à trois Pontiques et à trois Asiates: l'Illyricum est beaucoup mieux représenté (17%) que ne l'impliquait le contingent des prélats régionaux présents au concile (moins de 7%). Il constitue un groupe de pression d'autant plus efficace que les trois délégués ont siégé en 449 à Éphèse et qu'ils

---

[32] *ACO*, II, 1, 286, p. 115; II, 3, 286, p. 95 pour Pierre; II, 1, 289 et 290, p. 115; II, 3, 289-290, p. 95.

[33] *ACO*, II, 1, 291-292, p. 116; II, 3, 291-292, p. 96.

[34] *ACO*, II, 1, 298, p. 116; II, 3, 298, p. 96.

[35] *ACO*, II, 1, 1070, p. 195; II, 3, 2, 37, p. 17; *ACO*, II, 3, 2, *actio* III (II), 11, p. 48.

[36] LIBERATUS, *Breviarium*, 13, 86; *ACO*, II, 1, 2, 26-45, p. 82-84; II, 3, 2, *actio* III (II), 24-29, p. 15 et 16. Sur le débat, P. GALTIER dans GRILLMEIER-BACHT, *Chalkedon, I: Saint Cyrille et saint Léon à Chalcédoine*, p. 354 sq.

sont probablement réticents à l'égard des positions romaines[37]. Leur ralliement définitif, le 17 octobre, pèse d'autant plus dans l'évolution du débat. Sozôn de Philippes lit au nom de tout le groupe, qui approuve d'une acclamation, une sorte de charte théologique. Le texte invoque la foi des 318 Pères (Nicée), celle des 150 Pères (Constantinople), les décrets d'Éphèse (431), pour déclarer qu'après tous les éclaircissements donnés par les légats sur les ambiguïtés de traduction dans le *tome*, les évêques d'Illyricum reconnaissent «l'orthodoxie totale du très saint Père l'archevêque Léon»[38]. En somme, le groupe reconstitue son unité pour juger la théologie du pape, en prenant Cyrille pour critère d'orthodoxie.

Cette volonté d'autonomie s'exerce, dans la suite des débats, au bénéfice de l'organisation provinciale. Atticus de Nicopolis, porte-parole actif pour l'Illyricum, défend avec conviction les droits de Nicomédie contre Nicée et les prérogatives du métropolitain de contrôler les élections épiscopales en sa province. Nicée avait reçu de Valentinien les privilèges d'une métropole sans exercer d'autorité territoriale particulière. L'Église locale réclamait une autocéphalie, qui affaiblissait le pouvoir de Nicomédie, capitale de Bithynie, et qui renforçait du même coup l'autorité du siège constantinopolitain auquel Nicée aurait été directement rattachée[39]. En effet, cette défense de l'autonomie provinciale se heurte aussi à la seconde Rome; elle inspire peut-être l'appui qu'apporte le groupe au compromis réglant le conflit entre les deux sièges apostoliques de Jérusalem et d'Antioche. L'accord facilitait la montée d'une nouvelle puissance régionale[40]. Mais surtout le même esprit inspire l'opposition de l'Illyricum au canon 28 qui règle les privilèges de Constantinople et son autorité sur les diocèses de Thrace, du Pont et d'Asie. Les évêques de la préfecture assistent au débat (comme l'assure la liste de présence) mais ils ne souscrivent pas; bien qu'ils ne soient pas directement en cause, ils prennent la précaution de l'abstention[41].

---

[37] *ACO*, II, 1, 2, *actio* V, 22, p. 124; *ACO*, II, 2, 2, 22, p. 132. L'empereur avait prévu, en cas de désaccord dans la commission, de tenir un synode à Rome (la lecture de ce mandat a lieu le 22 oct.).

[38] *ACO*, II, 1, 2, *actio* IV, 9, 67, p. 101; *ACO*, II, 2, 2, *actio* IV, 9, 68, p. 109.

[39] Atticus s'appuie sur les canons de Nicée (VI): *ACO*, II, 1, 3, *actio* XIV, 33, p. 62; *ACO*, II, 3, 3, *ibid.*, 33, p. 69-70; *ACO*, II, 1, 3, *actio* XIX, 36 et 42, p. 107 et p. 108.

[40] *ACO*, II, 1, 3, *actio* VIII, 12, p. 6 (Pierre de Corinthe).

[41] Dans l'*actio* XVII, du 31 octobre, *ACO*, II, 1, 3, 8-10, p. 89-90 et *ACO*, II, 3, 3, 8-10,

Appuyés sur la cohésion du système provincial, ils tentent de frayer entre les deux Rome la voie d'une politique autonome ; dans cette évolution, le vicaire de Thessalonique — absent aux deux derniers conciles — n'avait plus sa place.

Du reste, le siège apostolique l'entend bien. Le nouvel évêque de Thessalonique, Exitheus sollicite les conseils de Léon lorsqu'en été 452, Anatolios de Constantinople invite l'épiscopat à souscrire les canons de Chalcédoine, dont Rome diffère l'approbation. Le pape s'active pour résister aux interventions de la seconde Rome, mais, cette fois, il refuse de répondre[42]. Quelques années plus tard, en 457, il adresse, malgré tout, une circulaire à Exitheus, pour l'encourager à repousser tout projet d'un nouveau concile. Mais après l'assassinat de l'évêque chalcédonien Protérios d'Alexandrie (28 mars 457), l'offensive monophysite menace ; du reste, cette lettre est expédiée à Juvénal de Jérusalem, à Pierre de Corinthe, à Lucas de Dyrrachium. Léon recherche un allié parmi d'autres ; il n'a plus de vicaire[43].

II – LES PROVINCES D'ILLYRICUM
ET LE RENOUVEAU DE L'INFLUENCE ROMAINE

1. La disparition du vicariat renforce l'autorité des métropolitains autant qu'elle distend les liens avec Rome. À l'époque de l'empereur Léon, *la politique impériale* appuie volontiers cette évolution. Le nouvel empereur — il avait succédé à Marcien le 7 février 457 — avait songé à réunir un nouveau concile ; il décidait finalement de consulter l'épiscopat pour savoir s'il fallait maintenir la foi de Chalcédoine et s'il fallait reconnaître comme évêque d'Alexandrie, Timothée Aelure, un prêtre installé par le parti monophysite après l'assassinat de Protérios[44].

p. 102-108. Un évêque africain moins concerné que les *Illyriciani*, signe (76e rang). Voir GRILLMEIER-BACHT, *Chalkedon*, *II* : T. O. MARTIN, *The 28 Canon of C.*, p. 433-458.

[42] Lettre datée du 27 mars 453, de Léon à son représentant en Orient, l'évêque Julianus de Cos, *Ep.*, 117,5 (*PL* 54, 1039). Thessalonique suit attentivement les positions romaines, puisque ses archives conservent encore au VIe siècle les lettres que Léon adresse à Anatolios ou à Marcien contre la ratification des canons de Chalcédoine : *Coll. Thessal.*, 17 (*Ep.*, 100), 18 (104), 19 (106), 20 (136), 21 (*ACO*, IV, 2, p. 168), 22 (135).

[43] *Ep.*, 150 (*PL* 54, 1120-1121) du 1er sept. 457 : lettre *a pari*.

[44] Th. SCHNITZLER, *Im Kampfe um Chalcedon. Geschichte und Inhalt des Codex Encyclicus* (*Anal. Gregor.*, II), Rome, 1938 ; SCHWARTZ, *Acacian*, p. 173 sq. ; FREND, *op. cit.*, p. 154 sq.

Le prince ne pouvait guère utiliser le système établi par Théodose le Grand qui fixait en quelques grands sièges — Alexandrie, Antioche et Constantinople — les centres privilégiés de l'unité et de la communion ecclésiales. Il choisit de s'adresser à tous les métropolitains, sauf pour l'Occident dont il consulte seulement Rome. La liste des adresses dans la lettre impériale adopte l'ordre géographique (exception faite du siège apostolique, nommé le premier) : Thessalonique apparaît à la 55e place, suivie des autres métropoles de la préfecture[45]. En réalité, cette consultation atteste le rétrécissement de l'Illyricum aux provinces grecques : la chancellerie omet de prévenir la Dacie Ripuaire, la Mésie Première, la Praevalitana (tout comme la Pannonie). Elle n'oublie pas la Dacie Méditerranéenne, mais celle-ci, bouleversée par les troubles barbares, ne put se manifester. Dans les régions encore épargnées, les réponses manifestent la vitalité des provinces ecclésiastiques; en Achaïe, le métropolitain Pierre réunit 20 évêques, au moins les 4/5 du collège, pour répondre au prince; ils sont 7 dans la Nouvelle Épire, 8 en Crète. L'Epirus Vetus rassemble tout son épiscopat (9). En Dardanie, la province latine du groupe et aussi la plus septentrionale, trois évêques seulement sur cinq se concertent[46]. Tous les collèges se déclaraient favorables à Chalcédoine et hostiles à Timothée; mais, sauf celui d'Épire Ancienne, aucun d'eux n'invoquait l'autorité du pape Léon. Cette procédure, autant que le rétrécissement de l'Illyricum, favorisait l'influence de Constantinople : dans une synodale, signée de trois évêques d'Achaïe et d'un Thessalien, qui avaient en conséquence assisté à un concile dans la capitale, le patriarche Gennadios[47] s'adressait, comme le prince, à tous

---

[45] *ACO*, II, 5, *Coll. Sangermanensis*, 10 et 11, p. 22-24. Sur le sens de cette liste : SCHNITZLER, p. 103.

[46] Achaïe. : *ACO*, II, I, 44, p. 88-89; des sièges comme ceux d'Élis, de Méthone, de Naupacte, d'Oréos, de Scyros, de Tégée ne sont pas représentés, alors qu'ils ont des titulaires déjà attestés auparavant au IVe et au Ve siècle. (LE QUIEN, *op. cit.*, p. 195-232). Epirus Nova : *ibid.*, 47, p. 95-96, sans doute tout le collège? Crète : *ibid.*, 48, p. 96-98; un évêque d'Apollonia siégeait à Chalcédoine; il n'est pas mentionné. Epirus Vetus : *ibid.*, 46, p. 93-95. Sur la théologie de ces réponses, SCHNITZLER, *op. cit.*; GRILLMEIER-BACHT, I : BACHT, *op. cit.*, p. 668.

[47] Entre 458 et 459 : GRUMEL, *Regestes*, p. 62, n° 143 : J. D. MANSI, *Concil. nova Collectio*, VII, 911 sq. : sont présents Anatolius d'Athènes, Plutarque de Platées, Aphobius de Coronée. Pour la Thessalie, Aristotélès d'Echinos; sur cette participation, SCHWARTZ, *Acacian*, p. 175 (2). Dans l'affaire assez obscure, G. lutte contre les velléités d'indépendance d'Églises galates.

les métropolitains de l'empire pour réclamer ratification de ses sentences contre la simonie (458-459).

Pendant une quarantaine d'années, de multiples raisons renforcent
l'éloignement de Rome : la situation politique de l'Italie, livrée à Ricimer (461-472), à Odoacre, bientôt à Théodoric, alors que la Dalmatie est
longtemps isolée par la sécession de Marcellin; cependant, l'Illyricum
subit durement, de 459 à 479, les raids gothiques, à Dyrrachium, à
Lychnidos, en Praevalitana et en Macédoine, à Stobi, tandis qu'en 474
la flotte vandale menace Nicopolis[48]. À ce repliement, qu'entraînent les
malheurs des temps, s'ajoute la politique de l'empereur qui donne un
appui plus ou moins explicite à la théologie monophysite, avec Basilis-
cos, avec Zénon (474-491) et son hénotique : une formule maladroite,
qui recherche le compromis dans le querelle christologique, mais qui
déplaît aux monophysites et plus encore à Rome, puisqu'elle ne mentionne pas le tome de *Léon* et qu'elle condamne Chalcédoine. La tension s'accroît encore avec un prince venu de Dyrrachium, Anastase.
Enfin, il faut ajouter l'action efficace d'un grand patriarche à Constantinople, Acace (472-489), qui peut considérer désormais, depuis que
Rome est en pays barbare, qu'il est le premier évêque pour l'Église de
l'empereur chrétien[49]. De là, l'effacement de Rome : le pape Hilaire
(461-468) constate que l'évêque de Thessalonique a laissé passer, sans
rien faire, une élection épiscopale scandaleuse en Epirus Vetus, à
Adrianopolis[50]. Le «candide» Simplice (l'épithète lui a été attribuée par
Gélase) s'inquiète de la foule des évêques qui acclament Acace; Félix III (487-492), qui a maintenu les négociations ouvertes par son prédécesseur, se décide à rompre lorsque ses propres légats ont été circon-
venus à Constantinople, au point d'accepter l'hénotique de Zénon; en

---

[48] E. STEIN, *Histoire du Bas-Empire*, II, Paris, 1949, p. 12-15; F. STOBER, *s.v. Nicopolis*,
dans PAULY-WISSOWA, 17, 1, col. 517; M. FLUSS, *ibid.*, 15, 2, col. 2384 Moesia; pour la Dalmatie, v. note 56. F. E. WOZNIAK, *East Rome, Ravenna und Western Illyricum (454-546)*,
dans *Historia*, 30, 1981, p. 351-382.

[49] Voir outre FREND, *cit.*, dans GRILLMEIER-BACHT, *Chalkedon*, II, F. HOFMAN, *Der
Kampf der Päpste um Konzil... (451-519)*, p. 13-94; R. HAACKE, *Die kaiserliche Politik...
(451-553)*, p. 95-177; et surtout SCHWARTZ, *Acacian*, p. 178-221 et plus encore les régestes,
p. 160-166. Enfin pour Anastase, C. CAPIZZI, *L'Imperatore Anastasio I*, dans *Orientalia
Christ. Anal.*, 184, Rome, 1969.

[50] On ne connaît qu'un fragment de la lettre romaine, cité par un concile de Pavie en
856 : A. THIEL, *Epistolae Romanorum Pontificum*, Braunsberg, 1867, p. 174; cf. H. FUHR-
MANN, *Traditio*, 1958, p. 371-376.

484, il excommunie ses ambassadeurs, Acace lui-même et fixe, pour la réconciliation, des conditions qui scellent la rupture[51]. Dans la querelle qui oppose les Églises des deux capitales, l'Illyricum n'apparaît guère; on connaît seulement la démarche d'Andréas de Thessalonique, qui tente une médiation après la mort d'Acace[52], et aussi celle d'un évêque Vetranio, beaucoup plus proche des positions romaines. Bien qu'il réside à Constantinople, le prélat appartient peut-être à l'Illyricum[53]. Dans les deux cas, Félix oppose l'intransigeance de sa résolution.

2. *Gélase* (492-496), intraitable par devoir autant que par nature, maintient cette politique. Mais les circonstances facilitaient peut-être le retour de Rome: d'abord, la stabilisation de la situation italienne que manifeste l'envoi par Théodoric auprès de l'empereur Anastase d'une ambassade conduite par Faustus le Noir, un représentant éminent de l'aristocratie sénatoriale. De plus, le nouvel évêque de Constantinople, Euphémios (489-495), démontre avec insistance sa volonté de réconciliation[54] tout en regrettant l'intransigeance de Gélase.

Celui-ci entreprend avec énergie de rétablir l'influence romaine, au moment où les grands sièges de l'Orient chrétien se déchirent en querelles intestines. Dans un premier temps, le nouveau pape s'occupe de la Dalmatie, avant même que Théodoric ait achevé d'y établir son influence[55]. En 493, Gélase s'adressait à Honorius, l'évêque de Salone: il se déclare inquiet des progrès de l'hérésie pélagienne en cette région. Il invite son interlocuteur à réunir un synode provincial, tout en don-

---

[51] Voir note 49: L. DUCHESNE, *Histoire ancienne de l'Église*, III, Paris, 1929, p. 455-518.

[52] *Ep.*, 18, *Coll. Berolinensis*, 25; SCHWARTZ, *Acacian*, p. 76; CASPAR, II, p. 55 (6); P. NAUTIN, dans *RHE*, 77, 1982, p. 9.

[53] *Ep.*, 17, *Coll. Berol.*, 31, p. 79-81; un Illyrien, selon SCHWARTZ, *ibid.*, p. 212 (1).

[54] SCHWARTZ, *Acacian*, p. 220; CAPIZZI, *op. cit.*, p. 102; CHARANIS, *Church and State in the Later Roman Empire: The Religions Policy of Anastasius the First*, Thessalonique, 1974², p. 45.

[55] Comme l'indique l'*Ep.*, 4 de Gélase: *Collection Avellana, CSEL* 35, éd. O. Guenther, I et II, Vienne, 1895-1898 (cité *Coll. Avel.*): ici, 98, 1, p. 436. Sur la Dalmatie, STEIN, *op. cit.*, II, p. 50 sq.; J. J. WILKES, *Dalmatia*, Londres, 1969, p. 431 sq.; WOZNIAK, *op. cit.*, p. 365 sq.; les relations de Salone avec Rome ont été étudiées par J. ZEILLER, *Bessarione*, 4, 1903, p. 235 sq.; *Dalmatie*, p. 103 sq. et p. 132; PIETRI, *Roma Christiana*, p. 1102 sq. La date du 28 juillet 490 (?): cf. THIEL, p. 26, qui corrige *Monaxio consule* en *Fausto* (493); de même, GUENTHER, p. 439.

nant les raisons ecclésiologiques de l'intervention romaine[56]. Déjà, au temps du pape Zosime, le siège apostolique avait confié une sorte de délégation à Salone. Gélase entendait bien rattacher à l'influence du siège apostolique un territoire qui appartient à la mouvance politique de l'Italie. Tout en s'étonnant un peu de n'avoir pas trouvé beaucoup de pélagiens, Honorius envoya des légats à Rome, après avoir réuni un concile; il recevait en échange une lettre et des instructions précises pour appliquer la politique et la discipline romaines[57]. L'année suivante, Gélase pouvait associer la Dalmatie à son offensive en lui envoyant copie d'une longue encyclique destinée à la Dardanie voisine[58].

Rome intervient peu après dans cette province de langue latine (494). Cette fois encore, l'initiative revient au pape; mais pour l'encourager à se risquer sur cette terre de l'empire, Gélase disposait d'informations sur l'attitude d'un abbé Natalis et de ses moines qui constituaient un parti favorable à l'intervention romaine; mieux encore, un prélat dardanien, venu à Rome, pressait le rapprochement[59]. Dans une première lettre, Gélase invita le collège à rejoindre ouvertement le siège apostolique dans sa lutte contre l'hérésie des Grecs. En réponse à ce message, les Dardaniens tenaient concile (sans doute à Scupi?) avec leur métropolitain et ils lançaient l'excommunication contre Eutychès, Pierre Foulon et Acace : ils scellaient ainsi la rupture avec Constantinople et la réconciliation avec Rome, selon des conditions déjà fixées par Félix III. Le 4 août 494, Gélase accusait réception de la synodale, apportée à Rome par deux diacres. Dès lors, les relations se resserrent : d'un court billet, le pape rappelait les droits du métropolitain sur les élections épiscopales de sa province; enfin, il expédiait un long exposé sur les erreurs d'Eutychès et d'Acace, un dossier de combat contre Constantinople[60].

---

[56] *Ep.*, 4, *Coll. Avel.*, 96, 3 et 4, p. 437.

[57] *Ep.*, 5, *Coll. Avel.*, 96, 1 (réaction d'Honorius); 4, p. 400 (légats).

[58] *Ep.*, 18, *Coll. Avel.*, 101, 7, p. 467; v. *infra* et aussi *Ep.*, 7, 79, p. 220, d'après l'intitulé?.

[59] *Ep.*, 8, à Natalis, mentionnant une lettre de ce dernier à un évêque Serenus, faisant connaître sa position : THIEL, p. 338-339. Sur Ursicinus, *Ep.*, 7, *Coll. Avel.*, 79, 3, p. 220 et *Ep.*, 11, *Coll. Avel.*, 5, p. 225.

[60] *Ep.*, 7, = *Coll. Avel.*, 79, p. 220-223; 2) la synodale : *Ep.*, 11, *Coll. Avel.*, 80, p. 223-225; 3) la réponse : *Ep.*, 18, *Coll. Avel.*, 101, p. 464-468; 4) *Ep.*, 28, THIEL, p. 435-436; 5) *Ep.*, 26 (le dossier), *Coll. Avel.*, 95, p. 369-400. Thiel signale que l'adresse de la lettre 18 mentionne la Dacie (*op. cit.*, p. 383).

Toutes ces interventions éclairent le sens et les objectifs de la politique romaine; de toute évidence, le Romain désire écarter une propagande orientale, qu'il juge insidieuse. Celle-ci aurait réduit volontiers la querelle à une affaire de discipline. Pourquoi se disputer sur la condamnation d'un mort, Acace, dont les Romains voulaient faire rayer le nom sur les diptyques? Du reste, il aurait fallu (ajoutaient les Orientaux) un synode général pour excommunier l'évêque de Constantinople, *civitas regia*. Acace est un hérétique, réplique Gélase, et il faut condamner ses complices, ceux qui ont subi sa contagion, comme on a excommunié les disciples d'Arius[61]. Mais la démonstration insiste plus encore sur la dimension ecclésiologique du conflit. Au système qui amalgame volontiers l'Empire, la foi orthodoxe et l'Orient grec, Gélase oppose une triple distinction. Il ne faut pas confondre la géographie de l'empereur et celle de l'Église, pour maintenir l'indépendance de la seconde : à la différence d'Ambroise de Milan ou de Gélase lui-même, Acace n'a pas su résister aux princes hérétiques. Contre cette identification de l'Empire, de l'orthodoxie avec l'hellénisme, il oppose les Latins aux Grecs : chez ces derniers, les hérésies abondent; ils ont condamné les évêques orthodoxes comme Flavien de Constantinople et comme autrefois Athanase d'Alexandrie. Tous deux ont cherché secours auprès de l'Église latine. Enfin, Gélase veut distinguer le siège apostolique de la cité royale, une résidence impériale à l'égal de Milan ou de Ravenne, une Église métropolitaine au mieux, si on oublie que son évêque était autrefois le suffragant d'Héraclée[62]. Acace avait reçu une délégation de Rome, qu'il n'a pas exercée. Dans l'Église, il n'est de hiérarchie que celle des sièges apostoliques, en tête desquels est placé le siège de Pierre[63].

---

[61] La propagande d'Euphémios et des Grecs : déjà *Ep.*, 7, *Coll. Avel.*, 79, 4 et 7-9, p. 220 et 222. *Ep.*, 26, *Coll. Avel.*, 95, 2-5, p. 369-371. Réponse : *ibid.*, 26 sq., 41-48, p. 384-386; 53, p. 387 sq.; 67-69, p. 392 sq., etc. La démonstration est ébauchée dans l'*Ep.*, 18; c'est un dossier que G. connaît bien et a souvent exposé : *Coll. Avel.*, 99; *Coll. Berol.*, 11, SCHWARTZ, p. 33-49 : aux Orientaux, *De vitanda communione Acacii; ibid.*, 10, p. 24 sq.; cf. CASPAR, II, p. 55 sq.

[62] Acace et le pouvoir : *Ep.*, 26, *Coll. Avel.*, 44; 47-48; 58; 66-67; pour les papes, 61-64. Les Grecs : *Ep.*, 7, *Coll. Avel.*, 79, 4 et 7-8; *Ep.*, 26, *Coll. Avel.*, 95, 13; 28-30. Sur les progrès du Grec en Orient : STEIN, *Hist.*, I, p. 296; v. L. CRACCO RUGGINI, *Simboli di battaglia ideologica nel tardo Ellenismo*, dans *Studi O. Bartolini*, Pise, 1972, p. 177-300. Constantinople : *Coll. Avel.*, 95, 27; 53.

[63] *Ep.*, 26, *Coll. Avel.*, 95, 26, 54; 56; 69. Le pape avait le droit de condamner Acace puisque son synode vaut un concile œcuménique : *ibid.*, 76.

Avec cette démonstration, Gélase illustre les objectifs et les moyens de la politique romaine. Il repousse toute restauration du vicariat. Comme il l'explique aux prélats dardaniens, l'évêque de Thessalonique, Andréas, n'a pas voulu rompre avec Acace; il n'appartient pas à la communion romaine[64]. Gélase entend établir une zone d'influence, une sorte de bastion pour préparer la restauration de l'unité ecclésiale[65]. Aussi, il recherche l'appui des métropolitains, de leurs synodes et des collèges épiscopaux. Tous ces efforts visent à consolider l'autonomie ecclésiastique régionale pour protéger les orthodoxes de l'intervention des sièges hérétiques, Thessalonique ou Constantinople : il défend avec énergie les droits du *metropolitanus* sur les élections épiscopales de sa province. Rome peut compter sur un parti local, hostile à Constantinople, sur une province latine, la Dardanie, flanquée par la Dalmatie récupérée[66]. À la fin du Ve siècle, cette politique illustre la force de l'organisation provinciale en Illyricum : Gélase tentait d'en tirer le meilleur parti.

3. Jusqu'à l'époque du pape *Hormisda* (514-523), l'empereur Anastase, qui manifeste une grande méfiance à l'égard d'un siège situé *in partibus barbarorum*[67], paralyse efficacement les relations de Rome avec l'Illyricum. Mais en favorisant le triomphe du monophysisme sévérien, à Constantinople, à Antioche, à Jérusalem (511-512), le prince renforce en Orient un courant d'opposition cléricale et monastique qu'appuient des militaires, comme le maître des milices Vitalien[68]. Le prince trouva que l'agitation de l'armée recélait plus de dangers que celle des moines; il promit la réunion d'un concile à Héraclée. Ce pro-

[64] *Ep.*, 18, *Coll. Avel.*, 101, 6, p. 466; SCHWARTZ, *Acacian*, p. 223.

[65] *Ep.*, 7, *Coll. Avel.*, 9, 3; 10-11; voir aussi, *Ep.*, 18, *Coll. Avel.*, 101, 2 : *semen purae confessionis* : GRILLMEIER-BACHT, *Chalkedon, II* : BACHT, *art. cit.*, p. 56 sq.

[66] *Ep.*, 28; ce parti en Dardanie, depuis longtemps hostile à la politique dominante : *Ep.*, 18, *Coll. Avel.*, 101, 2, p. 224.

[67] SCHWARTZ, *Acacian*, p. 226-227. CAPIZI, *op. cit.*, p. 113. Sur la conciliation qu'au temps du pape Anastase tente un parti dans l'Église et dans l'aristocratie romaines : PIETRI, *MEFRA*, 93, 1981, p. 449 sq.; avec Symmaque, la rupture est consommée, surtout au moment où un monophysite convaincu siège à Constantinople, Timothée (511-518), après le prudent Macédonios (498-511).

[68] P. PEETERS, *Hypatios et Vitalien et la succession d'Anastase*, dans *ASPHO*, 10, 1950, p. 5-51 = *Recherches d'hist. et de philol. orient.*, Bruxelles, 1955, p. 231 sq.; CHARANIS, *op. cit.*, p. 80-85.

jet, qui ne fut jamais réalisé, amène à Constantinople des légats romains qui passent par l'Illyricum : en 515, Ennodius de Pavie et Fortunatus de Catane, en 516, Ennodius encore avec Peregrinus de Misène[69]. Puis en 518, avec le nouvel empereur Justin, c'est un courant favorable à la réconciliation qui arrive au pouvoir : tout un parti venu des provinces danubiennes et de l'Illyricum latin, Vitalien originaire de Moesie Inférieure, le consul Celer, un Illyrien, monophysite retourné par Vitalien[70], le maître des milices Pompeius, neveu d'Anastase et probablement épirote comme son oncle, lié avec sa femme Anastasia aux Chalcédoniens de Palestine[71], sans oublier le groupe des moines scythes dont l'un des protagonistes se dit apparenté à Vitalien[72]. L'empereur Justin, Justinien, un parti impose au patriarche Jean de Constantinople la soumission (juillet 518) : il doit rayer des diptyques le nom d'Acace. Dès lors, la présence romaine est assurée pendant deux ans (519-520) par des légats, venus avec des instructions précises sceller la réconciliation; deux évêques (Germanus de Capoue et Jean, un Italien de siège inconnu), un prêtre, deux diacres, dont l'énergique Dioscore qui est de culture grecque. Ils parcourent l'Illyricum, s'établissent à Constantinople, tandis que des messagers romains — le sous-diacre Pullio, Paulinus, un *defensor* de l'Église — sillonnent les provinces. Et pour faciliter leur entreprise, le pape Hormisda a pris la précaution de solliciter l'appui du préfet régional[73].

---

[69] Les légats disposent d'un *indiculus* pour régler leur conduite et préciser toutes les précautions à prendre *in partes graecorum* (noter cette référence) : HORMISDA, *Ep.*, 7, *Coll. Avel.*, 116, 116a, 116b, p. 513-522. Ils reçoivent des règles précises pour la réconciliation des hérétiques, et le modèle d'un *libellus* à leur faire signer (v. aussi *Coll. Avel.*, App., IV, p. 800-801). Pour la deuxième ambassade : *Ep.*, 27, *Coll. Avel.*, 126, p. 540-544. CHARANIS, *op. cit.*, p. 86-91.

[70] Vitalien est mentionné dans l'*Indiculus* de 515, *Coll. Avel.*, 116, 7; 8; 20; de même en 519, *Ep.*, 76, *Coll. Avel.*, 217, 7, p. 679. Cf. le rapport des légats : *Ep.*, 64, *Coll. Avel.*, 223, 1, p. 683; 65, *ibid.*, 167, 5, p. 619; *Ep.*, 59, *ibid.*, 7, p. 672 sur Stefanus, l'un de ses parents; *Ep.*, 76, *ibid.*, 217, 6, p. 678; *Ep.*, 98, *ibid.*, 224, 6, p. 686.

[71] *Ep.*, 54, *Coll. Avel.*, 152, p. 600 (519); *Ep.*, 118, *Coll. Avel.*, 197, p. 657. Sur ses origines, *PLRE*, II, p. 275. Il écrit à Rome : *Ep.*, 69, *Coll. Avel.*, 163, p. 614; *Ep.*, 83, *Coll. Avel.*, 174, p. 630; *PLRE*, II, p. 898. Il est mentionné dans les rapports des légats, *Coll. Avel.*, 167, 5; *ibid.*, 223, 1. Anastasia, *Ep.*, 56, *Coll. Avel.*, 157; *Ep.*, 70, *ibid.*, 165; *Ep.*, 84, *ibid.*, 180.

[72] *Ep.*, 75, *Coll. Avel.*, 216, 6, p. 675.

[73] *Ep.*, 55, *Coll. Avel.*, 153, p. 601. Paulinus, *Coll. Avel.*, 168, 175, 184, 191, 220. Pullio : 121, 122, 124, 166, 217.

Dans cette politique d'influence, Rome s'appuie sur l'Illyricum latin, où l'opposition épiscopale, déjà manifestée à la fin du Vᵉ siècle par le collège dardanien, se durcit contre les excès de l'offensive monophysite. Dès 512, le pape Symmaque reçut une longue lettre des «orientaux»[74], comme la définit l'intitulé elliptique inséré par un collecteur négligent; mais la réponse romaine précise un peu mieux qui avait expédié un message condamnant la mémoire d'Acace, réclamant la communion romaine et proposant, en guise de conciliation théologique, l'emploi simultané des deux formules, *ex duabus naturis* et *in duabus naturis*, pour définir l'union hypostatique dans la personne divine du Christ. Le 8 octobre 512, Symmaque envoie une réponse destinée aux évêques, aux clercs, aux archimandrites d'Illyricum, de Dardanie et des deux Dacies[75]. Cette adresse évoque tous les progrès d'une évolution, partie de Dardanie, en même temps qu'elle suggère — ne serait-ce qu'en mentionnant les moines — l'osmose du groupe épiscopal avec le parti qui impose finalement le changement en 518. À l'époque de cette première démarche, le pape avait maintenu formellement les positions romaines, malgré l'intervention de Boèce qui soulignait l'équivalence des deux formules théologiques proposées par la lettre orientale[76].

Hormisda appuie plus intelligemment la résistance des provinces latines; avec la Dalmatie, voisine de l'Illyricum, les relations paraissent solidement établies, puisque Denys le Petit peut dédicacer à Stephanus de Salone son recueil de canons[77]. Dès 515, les Illyriens durcissent leur résistance. Quarante évêques d'Illyricum et de Grèce — selon Théodore le Lecteur, dont la chronique de Théophane[78] rapporte le témoignage — se concertèrent pour rompre avec Dorothéos de Thessalonique, parce qu'il acceptait la communion de Timothéos, un nouveau patriarche de Constantinople, établi par un coup de force monophysite; en même

---

[74] SYMMAQUE, *Ep.*, 12, THIEL, p. 709-717. F. DVORNIK, *The Idea of Apostolicity in Byzantium*, Cambridge, p. 123 sq.

[75] *Ep.*, 13, *Coll. Avel.*, 104, p. 487-493.

[76] PIETRI, *MEFRA*, 93, 1981, p. 440 sq.

[77] Zeiller (*Provinces danubiennes*, p. 380) note que S. reçoit le titre d'*archiepiscopus*, supérieur à celui de métropolitain; faute de copiste? flagornerie du dédicant? Ce titre n'indique pas que l'évêque de Salone assurait, à la place de Thessalonique, un vicariat; v. en fait, la mise au point dans l'édition récente, *Corpus Christ.*, 85, p. 39.

[78] THÉOPHANE, *Chronica. ad ann.*, 6008, De Boor, p. 162. SCHWARTZ, *Acacian*, p. 253, sur le rôle des légats.

temps, ils expédiaient un message à Hormisda pour l'assurer qu'ils étaient en communion avec Rome. Le témoin distingue la Grèce de l'*Illyricum*, qui représente sans doute les provinces latines de la préfecture et, plus curieusement encore, il donne le titre de patriarche à l'évêque de Thessalonique. Cette désignation reflétait sans doute les prétentions d'un évêque qui revendiquait toujours des droits supérieurs sur la région : il se heurtait à forte partie. La correspondance du pape Hormisda permet de reconstituer la géographie de cette résistance latine, probablement encouragée au passage par les légats romains. En 515, le pape annonce à Césaire d'Arles que les *Dardani*, les *Illyrici* et les Scythes ont réclamé la communion de Pierre[79]. En 517, il cite, dans une lettre à Avitus de Vienne, les *Dardani*, les *Illyrici* et les *Thraces* : ces derniers représentent sans doute, dans les deux textes, les clercs des provinces danubiennes du diocèse thrace où s'agitent les moines scythes. Le deuxième texte précise un peu pour les *Illyrici* : *Illyricus vicina Pannoniae*, ce qui convient à la Mésie Première. Le Romain ajoute qu'il a fait tout le nécessaire pour assurer en chaque province l'indépendance des élections épiscopales[80]. Comme au temps de Gélase, la politique romaine a reconnu la cohésion de l'organisation provinciale et elle l'appuie. Il faut ajouter à cette liste la Dacie Méditerranéenne dont Anastase fait arrêter, en 516, trois évêques, y compris le métropolitain : Domnio de Sardique, Gaianus de Naissus et Evangelus de Pautalia représentent la grande majorité du collège; Gaianus mourut à Constantinople, mais le prince dut se résigner à faire relâcher les deux autres «parce qu'il craignait les réactions de l'armée illyrienne»[81]. Avec les défections successives de ces collèges provinciaux, c'est tout l'Illyricum latin qui a basculé, à l'exception de la pauvre Praevalitana[82] et de la Dacie Ripuaire, toujours éprouvée par les troubles de la frontière.

Chez les Grecs — pour reprendre la curieuse distinction suggérée, à l'intérieur de la préfecture, par Théodore le Lecteur — s'ébauche

---

[79] HORMISDA, *Ep.*, 9, THIEL, p. 758-761 (du 11 sept. 515).

[80] *Ep.*, 22, 3 et 4, THIEL, p. 783-786 (15 février 517), qui signale aussi le ralliement de l'Epirus V. : CHARANIS, *op. cit.*, p. 103-105.

[81] Chronique de Marcellin, dans *Chron. Min.*, II, *MGH auct. ant.*, XI, Mommsen, p. 99 : *ob metu Illyriciani catholici militis remissi*(s).

[82] On connaît la lettre d'un *episcopus praevalitanus* (désignation significative) qui est excommunié en 519 par le concile d'Epirus Nova pour avoir rallié Rome : HORMISDA, *Ep.*, 63, *Coll. Avel.*, 215, p. 673-674.

plus timidement une évolution parallèle. En 516, la police arrête, en même temps que les trois prélats daces, Alcison de Nicopolis et Laurent de Lychnidos. Le premier, un métropolitain de l'Epirus Vetus avait déjà manifesté un bel esprit d'indépendance : il avait signé, à Constantinople, le *libellus* de réconciliation apporté par les légats romains et il avait servi d'intermédiaire entre les moines qui organisaient la résistance chalcédonienne en Palestine et le siège romain[83]. Arrêté en 516, il mourait pendant sa détention. Ce coup de force déclenche la réaction collective de toute la province. En septembre, le collège tout entier adressait à Rome la synodale du récent concile qui avait élu le nouveau métropolitain Jean ; au *pater patrum*, elle réclamait, « selon la coutume antique », la communion du siège apostolique ; Jean lui-même accompagnait cet envoi d'une pétition où il confessait sa foi, jetait les anathèmes qui convenaient et réclamait des instructions pour lutter contre l'hérésie. Le 15 novembre 516, le pape accusait réception, sans dissimuler une réelle satisfaction ; mais pour plus de précaution, le 19, il expédia le sous-diacre Pullio, muni d'instructions précises (un *indiculus*), avec la mission de recueillir dans tout le collège réuni en synode la signature d'un formulaire rédigé à Rome. Ces précautions minutieuses scellaient la réconciliation, comme le pape s'en félicite dans une lettre adressée le 3 mars 514 au métropolitain Jean[84]. Mais Anastase et le parti monophysite dominaient encore ; Dorothéos de Thessalonique faisait, avec l'appui de l'administration impériale (selon une vieille habitude, note-t-on à Rome), querelle au métropolitain qui ne lui avait pas annoncé son élection. Le Macédonien revendiquait toujours l'autorité qu'exerçait le vicaire apostolique. Informé par une lettre de Jean au début du mois d'avril, le pape prévenait ses légats déjà embarqués vers la capitale

---

[83] Chez Hormisda, *Ep.*, 16, *Coll. Avel.*, 119, 2, p. 527. Sur les moines de Palestine, leur démarche auprès d'Alcison : ÉVAGRE, *Hist. eccl.*, 3, 21, Bidez, p. 132 sq. ; cf. PEETERS, *op. cit.*, p. 237 sq. ; E. HONIGMANN, *Évêques et évêchés monophysites d'Asie antérieurs au VIe siècle*, Louvain, 1951, p. 59. Rome reçoit la lettre des archimandrites de Syrie Seconde, chez Hormisda, *Ep.*, 39, *Coll. Avel.*, 139, p. 565-571 ; elle y répond, *Ep.*, 40, *ibid.*, 140, p. 572-585.

[84] Synodale : *Ep.*, 16, *Coll. Avel.*, 119, p. 526-528, citant Euroea, Buthrotum, Hadrianopolis, Anchiasmos, Photicè, Phoenicè, Dodona et Corcyra ; de Jean, chez Hormisda, *Ep.*, 15, *Coll. Avel.*, 117, p. 522-524. Réponses : *Ep.*, 18, *Coll. Avel.*, 120, p. 529-532 ; *ep.*, 17, *Coll. Avel.*, 118, p. 524-526. Envoi de Pullio : à Jean, *Ep.*, 19, *ibid.*, 121, p. 532-533 ; *indiculus* de P., *Ep.*, 20, *ibid.*, 122, p. 533 ; réponse du 3 mars 517, à Jean, *Ep.*, 23, *ibid.*, 124, p. 536-537, par Pullio qui a rapporté à Rome les signatures et qui repart.

impériale. Il les chargeait d'interdire à Jean toute relation avec Dorothéos; et il avertissait ce dernier que ses privilèges étaient tout à fait
caducs; enfin il réclamait à Anastase la fin de ces tracasseries[85]. En
réalité, sa manifestation d'indépendance valut à Jean une mauvaise
réputation : au temps de la réaction chalcédonienne, en 519, tout un
parti à Constantinople faisait encore campagne contre lui : Hormisda
pria son légat Dioscore de le défendre[86]. Mais l'évêque de Nicopolis disposait d'une situation assez solide grâce à l'appui de son collège.

L'exemple d'une province voisine, l'Epirus Nova, peut servir de
contre-épreuve. Son épiscopat, déchiré en querelles adverses, paraît
incapable de fixer un choix autonome. Dès la fin du Ve siècle, Laurent,
l'évêque de Lychnidos, informait le pape Anastase qu'il excommuniait,
en union avec Rome, Acace; le Romain l'avait encouragé dans sa fidélité sans lui manifester concrètement son soutien[87]. Arrêté en 516, il
avait été libéré et retournait dans sa ville, où il mourut octogénaire. En
519, lorsque les légats romains gagnent la capitale, le successeur de
Laurent signa, sans aucune difficulté (et même à deux reprises), le
libellus exigé par Rome[88]; mais à Aulôn, l'évêque du lieu suspendit sa
réponse en attendant l'accord de son métropolitain; à Scampè au contraire le prélat et la population se soumettaient avec enthousiasme[89].
Le métropolitain tenta de rameuter le collège épiscopal dans un synode
qui condamna, sans grand effet, ceux qui avaient rallié Rome : la province divisée lui échappait.

En tout cas, les querelles se règlent à l'intérieur des provinces
ecclésiastiques : l'évêque de Thessalonique tente vainement de renforcer une position, bien affaiblie depuis que Rome lui a refusé les privilèges du vicariat. Andréas, à la fin du Ve siècle, avait essayé de se rappro-

---

[85] À Jean en réponse à sa lettre, *Ep.*, 35, *Coll. Avel.*, 12, 3, p. 534-536 (12 avril); du
même jour, aux légats, *Ep.*, 33, *ibid.*, 134, p. 556; et 34, *ibid.*, 135, p. 557-558; à Dorothéos, *Ep.*, 36, *ibid.*, 133, p. 554-556; à Anastase, *Ep.*, 37, *ibid.*, 127, p. 544-545 : voir
STEIN, *Hist.*, II, p. 189 sq.; BACHT, *op. cit.*, p. 80 sq.

[86] *Ep.*, 104, *Coll. Avel.*, 173, 4, p. 630.

[87] ANASTASE, *Ep.*, 3, *Coll. Avel.*, 81, p. 225-229 : la lettre est attribuée par erreur à Gélase, alors qu'elle cite une lettre de ce dernier, v. THIEL, p. 82-84, malgré BACHT, *op. cit.*,
p. 56.

[88] HORMISDA, *Ep.*, 62, *Coll. Avel.*, 166, p. 617-618.

[89] Rapport des légats, chez HORMISDA, *Ep.*, 59, *Coll. Avel.*, 213, 1 et 2, p. 671-674. On
ne connaît pas la position d'Apollonia, d'Amantia, de Drivastus, ni celle de Lestron. Sur le
synode, v. note 82 : il condamne aussi Andréas, *episcopus prevalitanus*.

cher de Rome. Il affectait de rompre avec Acace après avoir fait lire un des textes accusateurs composé par Gélase contre l'ancien patriarche. Il expédia à Rome Photinus, un de ses diacres, qui obtenait la communion du pape et qui jouait, peu après, le conciliateur, au nom de son évêque, à Constantinople. Le représentant d'Andréas y avança assez la négociation pour que les apocrisiaires d'Alexandrie écrivissent au pape une lettre conciliante. L'empereur mit le holà[90]. Le successeur d'Andréas, Dorothéos, souhaitait lui aussi un grand rôle; alors qu'un concile se préparait, il s'adressa au pape pour le féliciter de son élection et souhaiter son intervention au service de l'unité; le pape lui répondit d'un bref compliment; Dorothéos, en réalité, était resté lié au patriarche Timothéos, au plus fort de la réaction monophysite; il était également proche du pouvoir : il mobilisa l'administration impériale pour tenter d'arracher l'obédience du métropolitain de Nicopolis. Au moment de la réaction chalcédonienne, en 519, il atermoie. Aux légats passant par Thessalonique peu avant Pâques, il promet de signer le formulaire romain dès qu'il aura réuni son concile provincial[91]. Lorsqu'en été, un envoyé pontifical, l'évêque Jean, s'annonce naïvement pour conclure, Dorothéos rameute, quinze jours à l'avance, une multitude et il distribue le baptême, comme si le temps du martyre allait commencer. En réalité, c'est le légat qui, à son arrivée, est pris dans l'émeute, assiégé dans le baptistère, cruellement blessé tandis que le chef local du groupe chalcédonien est assassiné[92]. L'empereur Justin confie l'enquête à la préfecture, puis il finit par convoquer Dorothéos dans la capitale; le prélat avait l'habitude de la cour : il se répandait en calomnies contre le malheureux légat qui guérissait de ses blessures. Hormisda réclamait la déposition du Macédonien et son envoi à Rome, mais Justinien le protégeait; il sauva son siège et put écrire à Rome, en 520, pour expliquer que, l'année précédente, il avait évité le pire et sauvé le Romain. Le pape répondit qu'il aurait bien aimé en avoir la preuve[93]; Dorothéos se

[90] Photinus à Rome : *Liber Pontificalis*, Duchesne, I, p. 258; à Constantinople, chez Anastase, *Ep.*, 5, *Coll. Avel.*, 102, 7, p. 470; SCHWARTZ, *Acacian.*, p. 228-229.

[91] Chez Hormisda, *Ep.*, 3, *Coll. Avel.*, 105, p. 495-498; la réponse du pape, *Ep.*, 4, *ibid.*, 106, p. 498-499.

[92] *Ep.*, 65, *Coll. Avel.*, 107, 3, p. 618; sur l'affaire : *Ep.*, 100, *Coll. Avel.*, 225, p. 688-690.

[93] *Indiculus* de Jean accusant Dorothéos, *Ep.*, 102, *Coll. Avel.*, 186, p. 642-644. Consignes d'Hormisda sur son cas : *Ep.*, 103, *ibid.*, 227, p. 692-693 (3 déc. 511); réponse des légats, *Ep.*, 110, *ibid.*, 185, p. 641-642; lettre de Justinien, *Ep.*, 127, *ibid.*, 200, p. 659-660;

contenta de cette réponse : pour lui, l'essentiel était d'éviter d'aller à
Rome. L'évêque de Thessalonique cherchait désormais à maintenir une
influence et une autorité régionales avec la protection du prince et l'appui de l'administration impériale : la tactique était difficile à tenir dès
lors qu'elle se heurtait aux autonomies provinciales. Les papes romains, quant à eux, avaient rétabli leurs liens avec l'Illyricum, en
appuyant leur influence sur la puissance montante des métropolitains :
ils servirent délibérément cette décentralisation provinciale de l'autorité ecclésiastique.

III – LE SYSTÈME DE JUSTINIEN ET LE PATRIARCAT ROMAIN

1. Quand, le 14 avril 535, Justinien donne officiellement à l'évêque
de Justiniana Prima le titre et le rang d'*archiepiscopus*, il entend bien
placer le siège ecclésiastique de sa ville natale[94] au-dessus des métropolitains. À l'époque, Bélisaire prépare la campagne qui doit rétablir l'Italie et la Ville au sein de l'empire chrétien. Les relations de l'empereur
avec le pape romain se sont sensiblement améliorées : Justin a reçu
Jean de Rome, ambassadeur forcé du roi goth, comme un nouveau
Pierre : c'était le premier évêque du siège apostolique qu'accueillait
officiellement la nouvelle Rome. L'unité de la foi et de l'Église rétablies, Justinien entreprend de restaurer la puissance de la Rome antique. Avec cette constitution, il entend *organiser l'Église impériale*, pour
ce nouveau paysage politique[95].

L'institution reflète manifestement l'accomodement de la géographie ecclésiastique à l'organisation impériale. Dans la loi adressée à
l'archevêque Catelianus, le prince énumère ses raisons personnelles et
politiques : Justinien entend célébrer sa patrie (*Nov.*, XI; *nostram pa-*

---

lettre de Dorothéos, *Ep.*, 128, *ibid.*, 208, p. 667-668; réponse, *Ep.*, 134, *ibid.*, 209, p. 668-
669 (29 oct.).

[94] Pour l'identification de J. Prima : les progrès décisifs sont dûs à J. ZEILLER, *Le site
de Justiniana Prima*, dans *Mél. Ch. Diehl*, Paris, 1920, p. 299-305. A. LIPPOLD et E. KIRS-
TEN, *Donau Provinzen, Re Achr*, IV, p. 177 : Čaricingrad, à l'ouest de Naissus.

[95] A. KNECHT, *Die Religionspolitik Kaisers Justinian*, Würzbourg, 1896, p. 66; B. GRA-
NICH, *Die Gründung des autokephalen Erzbistums von Justiniana P.*, dans *Byzantion*, 2,
1925, p. 123-132; BACHT, *op. cit.*, p. 454 et p. 474; E. CHRYSOS, *Die Bischoflisten der V.
Ökum. Konzils*, Bonn, 1960, p. 130-131.

triam augere cupientes, XI, 6), et, avec elle, le fondateur nouveau de l'empire grâce auquel la *respublica* est restaurée dans les pays danubiens (XI, 1 et 2)[96]. De ce thème emprunté à l'idéologie impériale, le prince passe à l'argument du droit administratif : l'autorité particulière d'un évêque de Sirmium ou de Thessalonique était liée au siège de la préfecture. Lorsque celle-ci fut transférée de l'une à l'autre ville, l'honneur sacerdotal suivit la préfecture : *praefecturam et sacerdotalis honor secuta est* (XI, 1-2). À vrai dire, le préfet d'Illyricum avait résidé peu de temps à Sirmium, de 437 à 441, mais l'argument développait un principe d'accommodement de l'organisation ecclésiastique à la géographie politique[97]. Pour Justiniana, le prince restaurait les droits de Sirmium. Du reste, l'autorité de l'*archiepiscopus* s'étend à tout le diocèse dacique : avec un lambeau de la Pannonie restée romaine (XI, 1), les Dacies, la Mésie Première, la Dardanie et la Praevalitana[98] ; le ressort épiscopal déborde un peu le diocèse civil avec la Macedonia Salutaris (II)[99] ; mais, dès 545 (*Nov.*, 131), Justiniana a perdu son autorité sur une province rattachée au diocèse civil de Macédoine.

Par contre-coup, cette organisation renforce théoriquement l'influence de l'ancien vicaire pontifical. L'empereur dispense les évêques du diocèse dacique de se rendre à Thessalonique et de réclamer la communion de son évêque (XI, 3) ; mais l'exception, qui est accordée à ceux-ci à cause des difficultés du voyage, ne vaut pas pour les prélats des provinces méridionales et l'évêque d'une ville, restée le siège de la préfecture, peut fonder ses prérogatives non sur un privilège pontifical, depuis longtemps caduc, mais sur l'argument du droit public.

---

[96] *Code Justinien*, Nov. XI, Mommsen-Krüger, p. 94. Sur les réalités de la situation danubienne : E. STEIN, *Untersuchungen zur spätröm. Verwaltungs geschichte*, dans *RhM*, 74, 1925, p. 362 sq. et *Histoire*, II, p. 305-310 et p. 521 sq. ; S. PATOURA HATZOPOULOS, *L'œuvre de reconstitution du limes danubien*, dans *Rev. S. E. européen*, 18, 1980, p. 95-109.

[97] STEIN, *art. cit.*, p. 358 ; v. THÉODORET, *Hist. Eccl.*, 5, 17, 1. Sur la préfecture, H. GELZER, *Die Genesis der byz. Themenverfassung*, dans *Abh. Sächs. Gesallschaft*, 18, 1889, p. 35 sq.

[98] Sur la *pars Pannoniae* : STEIN, *art. cit.*, p. 363.

[99] É. DEMOUGEOT, *Le partage des provinces de l'Illyricum...*, dans *La géographie administrative et politique d'Alexandre à Mahomet*, Strasbourg, 1979, p. 238 sq. ; on ne peut tirer argument d'une disposition exceptionnelle qui confie, en 553, à Phocas de Stobi le soin de représenter Benenatus de Justiniana ; cf. ZEILLER, *op. cit.*, p. 163 ; GRANICH, *art. cit.*, p. 136 ; malgré KANATSOULES, *Historia tès Makedonias*, Thessalonique, 1964, p. 143 (18).

Le système écarte manifestement l'influence romaine en cet Illyricum latin où elle s'était particulièrement rétablie. En 529, la compilation d'un nouveau code tirait de l'oubli la loi de Théodose II (421) qui rattachait les provinces d'Illyricum à la juridiction de l'évêque de la seconde Rome (*CJ*, I, 2,6). En 535, c'est l'*archiepiscopus* qui constitue pour tous les conflits régionaux l'instance supérieure; détenant le *summum sacerdotium*, il exerce son contrôle sur les élections épiscopales. Or Rome n'a pu intervenir dans le choix de Catelianus et l'élection de ses successeurs est confiée au concile des métropolitains (XI, 7). Aussi, il ne faut pas surestimer l'addition de la loi de 545 (*Nov.*, 131,3) expliquant d'une glose que «l'évêque de Justiniana tient la place du siège apostolique» (*locum obtinere... sedis apostolicae Romae*). En ce cas, il s'agit moins d'un vicaire que d'un remplaçant. Certes Justinien plaçait Rome au sommet de la hiérarchie[100], mais il n'établissait pas le «vicaire» sous sa dépendance. Du reste, le pape Agapet, consulté, manifesta beaucoup de réticences : il envoyait ses légats discuter de «ce qui convient au prince et de ce qui revient aux privilèges de Pierre»[101]. Vigile finalement montra plus de souplesse : il cautionna le système impérial (*Nov.*, 131,3).

2. *Cette organisation*, qui établissait un pouvoir régional à Justiniana, sans doute un autre à Thessalonique, ne réussit guère. La Dalmatie, rattachée à la préfecture à la fin du VIe siècle, y échappait de droit[102]. Salone y exerce une autorité éminente et il n'est pas besoin pour s'en assurer d'accepter le témoignage de deux actes synodaux datés de 530 et de 531, probablement faux[103]. Dès le milieu du VIe siècle, la présence de clercs romains, chargés de gérer le patrimoine pontifical, assure les liaisons : Sebastianus, diacre de Vigile, surveille les élections épiscopales contrôlées par l'évêque de Salone[104]. La crise des Trois Chapitres —

---

[100] JUSTINIEN, *Coll. Avel.*, 89, 6, p. 340 (16 mars 536) : une hiérarchie descendante, note DUCHESNE, *L'Église au VIe siècle*, Paris, 1925, p. 67.

[101] AGAPET, *Coll. Avel.*, 88, 12-13, p. 337-338 (15 octobre 535).

[102] Sur la reconquête, WILKES, *Dalmatia*, p. 431 sq.; dès 553 commencent les menaces slaves et avares.

[103] Ils ont été publiés par FARLATI, *Illyricum*, II, p. 162 sq. et p. 172 sq.; v. ZEILLER, *Dalmatie*, p. 171-173 : neuf évêchés non identifiés. Ces actes dessinent une géographie trop incertaine, malgré la confiance que leur accorde De Voinovitch.

[104] VIGILE, *Ep. ad Rusticum* (*ACO*, IV, 1), éd. J. STRAUB, Berlin, 1931 : *actio septima*, 8, 9, p. 191.

au cours de laquelle Frontinus de Salone se sépare du pape — ne brise pas totalement ces relations; elles ont repris peut-être dès l'époque de Pélage I, sûrement sous Pélage II (578-590)[105].

Dans les provinces grecques de l'Illyricum, l'influence de Thessalonique paraît fragile. Des évêques thessaliens se tournent vers Rome et non vers le siège macédonien, lorsque l'intervention du patriarche de Constantinople devient trop pressante. De fait, le dossier réuni pour l'appel interjeté par Stephanus de Larissa (la *Collectio Thessalonicensis*) rassemble des pièces attestant les droits que Rome avait d'établir un vicariat mais aussi toute une série de documents par lesquels le pape contestait les prétentions de Constantinople et le 28e Canon de Chalcédoine. Le dossier était destiné à combattre l'intervention de la seconde Rome, non à ressusciter le vicariat disparu. Dans l'affaire, Thessalonique tient une place effacée[106]; Stephanus de Larissa, un ancien fonctionnaire, avait été élu sur le siège métropolitain par une majorité du collège épiscopal (au moins cinq évêques); une faction minoritaire (3 évêques) gagna Constantinople pour se plaindre au patriarche; ce dernier manda à Larissa un diacre pour exécuter une ordonnance de déposition et procéder au séquestre; l'envoyé réalisa l'opération au moment où Stephanus était absent de sa ville; finalement le Thessalien, déjà condamné, sans même avoir assisté au début de son procès, fut conduit de force à Constantinople d'où il faisait appel. Le tribunal romain présidé par le pape Boniface II siégea dans l'église Saint-André pour examiner la requête que présentait un collègue de Stéphanos, Théodosios d'Echinos; il siégea en deux sessions (7 et 9 déc. 531) et entendit lecture de deux libelles de l'appelant; celui-ci se plaignait qu'on n'ait pas suspendu la procédure lorsqu'il s'adressait à Rome et même qu'on lui ait reproché cet appel comme une atteinte aux prérogatives de la ville royale, alors qu'il se conformait à la coutume[107]. On

---

[105] PÉLAGE, I, *Ep.*, 92, éd. Gasso-Battle, Montserrat, 1956, p. 219 : lettre à un Paulinus *solatino*; mais ce P. n'est pas connu dans la liste de Salone et il faudrait le placer entre Petrus, évêque depuis 554 et Probinus (562-566). Cependant, le texte parle d'une *Reatina insula*, près de Concordia. Le pape informe qu'il a chargé un défenseur romain de conduire à Rome des *pseudomonachi*. L'intervention de Pélage II est assurée par une allusion de Grégoire, dans une lettre à Natalis de Salone (*Ep.*, II, 20); voir note 130.

[106] SILVA-TAROUCA, *op. cit.*, p. XIII; v. note 42. CASPAR II, p. 207 sq.

[107] MANSI, VIII, 740-748 : sur l'élection, 742, la plainte : 743 A; Stephanus était, lorsque le diacre André procède, à Thessalonique, mais il ne déclare jamais qu'il interjetait appel (ce dont il aurait pu tirer argument); libelles de S. : 745 B et 747 C.

voit à quel usage était destiné le dossier; malheureusement, le procès-verbal de la session romaine est incomplet et ne fait pas connaître la sentence de Boniface. En tout cas, le pape Agapet cinq années plus tard acceptait de recevoir dans la communion romaine un évêque Achilles, consacré pour Larissa, sur l'ordre de Justinien, par Epiphanios de Constantinople[108].

Avec une pression insistante, le pouvoir impérial tentait d'attirer l'épiscopat de l'Illyricum grec dans la mouvance de la capitale. En 533, Démétrios de Philippes est désigné pour participer à une conférence avec les monophysites[109]; en 536, après la déposition du patriarche Anthime et la consécration de Ménas par le pape Agapet (13 mars 536), un évêque de Crète, un Épirote et des légats de Corinthe siègent au synode de Constantinople qui juge *a posteriori* Anthime[110]. Lorsque se cristallise la querelle des Trois Chapitres (sur les écrits de Théodore de Mopsueste, de Théodoret de Cyr, d'Ibas, que Justinien voulait faire condamner pour rallier les monophysites), le pape Vigile est convoqué en Orient; il recueille sur le chemin de son voyage vers Constantinople le soutien de la Grèce (Corinthe et Thessalonique)[111]. Malgré cette prise de position, une petite délégation d'évêques du diocèse macédonien (9 sur 152) vient participer au synode qui ratifie en 553 la politique de l'empereur, tandis que le pape déploie une résistance maladroite et hésitante. À la tête de ce contingent médiocre, comprenant 4 évêques d'Achaïe, trois de Macédoine, un de Crète et un autre d'Epirus Nova, Benignus d'Héraclée Pelagonia représente l'évêque de Thessalonique, absent (comme souvent) dans les querelles délicates. En refusant de participer — à l'exception du provincial de Gortyne — les métropolitains manifestent une sourde résistance qui peut, à l'occasion, prendre la forme d'une opposition ouverte dans le cas de Marianus de Dyrrhachium[112].

---

[108] AGAPET, *Ep.*, *Coll. Avel.*, 88, 11-12, p. 337.

[109] *ACO*, IV, 2, p. 169.

[110] *ACO*, III, *actio* I, 52, p. 126-127; 73, p. 156 sq.; 104, p. 171 sq.

[111] FACUNDUS, *Pro Defensione*, 4, 3, 5, *Corpus Chr.*, XCA, p. 122; E. SCHWARTZ, *Vigiliusbriefe II. Zur Kirchenpolitik Justinians*, dans *Sb. Bayer. Akad.*, 1940, 2, p. 61.

[112] Voir la liste étudiée par E. CHRYSOS, *op. cit.*, p. 135 sq.; *ACO*, IV, 1, p. 3 sq. Il faut ajouter au contingent macédonien Phocas de Stobi, qui ne dépend pas de Justiniana (*ACO*, p. 4, n° 37) et le compter avec Amphipolis (69*ᵉ*); pour la Crète, Gortyne (32); pour l'Epirus Nova, Aulôn; pour l'Achaïe, Mégare, Opunte, Aigion, qui siègent ensemble, avec Porthmos. Sur Marianus, FACUNDUS, *Contra Mocianum*, 63, *Corpus Chr.*, XCA, p. 415; v. LE QUIEN, *Oriens*, II, p. 241.

Du reste, le concile les ignore un peu; la liste de présence donne au légat de Thessalonique une place d'honneur, la septième après les trois délégués de Jérusalem et trois autres patriarches; le système impérial reconnaît désormais des privilèges particuliers au siège macédonien. Son représentant déploie beaucoup de zèle pour le service du prince: Benignus, un prélat de culture latine, participe aux délégations envoyées auprès de Vigile pour tenter de vaincre sa résistance[113]. Il avait de l'influence: le successeur de Vigile ne lui tint pas rigueur de son attitude; il sollicita quelques années plus tard (556-561) son intervention contre l'administration impériale qui levait l'impôt sur des terres d'Église restées en friche[114]. Mais cet évêque palatin fait exception. Même dans ces provinces affaiblies par les invasions bulgares (540, 544)[115], le système de Justinien ne peut encadrer efficacement l'épiscopat grec.

Dans les provinces latines, l'opposition au vicaire de Justiniana s'exprime ouvertement. Dès 549, les évêques du diocèse dacique se réunissent en concile et déposent l'*archiepiscopus* Benenatus qui avait accepté de condamner les Trois Chapitres[116]. Cette résistance paraît assurée par un métropolitain, celui de Sardique, qui constitue probablement le centre de la désobéissance, puisque Scupi a décliné irrémédiablement avec la concurrence de Justiniana. Justinien tente de briser cette opposition: il fait exiler Basiliscus de Sardique; mais dans des provinces cruellement éprouvées par les invasions qui ont atteint Naïssus, l'épiscopat soutient une rébellion qui dégénère à Ulpiana en troubles populaires[117]. Dès 551, Illyriens et Dalmates refusent de participer au synode convoqué par Justinien. Cette hostilité ne bénéficie pas nécessairement à l'influence romaine: car les opposants désavouent les palinodies de Vigile. Mais le pape s'appuie sur leur fermeté pour refu-

---

[113] *ACO*, IV, 1, *actio* I, 13, p. 18; II, 2, 6, p. 24 et 27; *actio* VII, *Relatio*, 4, 2, p. 184; il cite Augustin, *actio* V, 64, p. 104. Sur l'attitude de Vigile: E. ZETTL, *Die Bestatigung des V. ökum. Konzils durch Papst Vigilius*, Bonn, 1974.

[114] PÉLAGE, I, *Ep.*, 94, Gasso-Battle, p. 223.

[115] STEIN, *Hist.*, II, p. 307 et p. 523.

[116] VICTOR TONNENNENSIS, *Crhonique, Crhon. Minora*, II, *MGH, AA*, XI, p. 202; ISIDORE SÉV., *Vir. Ill.*, 31 (PL 83, 1099), mentionne seulement le rescrit contre le synode illyrien; sur Basiliscus encore: FACUNDUS, *Contra Mocianum*, 63, *loc. cit.*, p. 415.

[117] À Ulpiana, PROCOPE, *B. Goth.*, 4, 25, 13; sur les invasions, ZEILLER, *Provinces danubiennes*, p. 398; STEIN, *Hist.*, II, p. 524. Sur le déclin de Scupi, v. n. 123.

ser de siéger dans un synode qui réunit seulement des Grecs[118]. En fin de compte, trois évêques de Dacie Méditerranéenne, venus à Constantinople en 551, rejoignent Vigile dans son refus de siéger au synode de 553[119]; ils invoquent, pour s'abstenir, l'absence de leur *archiepiscopus*; ce n'est qu'un prétexte car, le 14 mai 453, ils signent la *constitutum* de Vigile lançant l'anathème contre ceux qui contesteraient les «Trois Chapitres». Benenatus de Justiniana avait disparu; c'est un petit groupe provincial qui continuait cette résistance illustrant l'échec du système impérial[120].

3. L'effondrement de l'influence romaine après les palinodies de Vigile, autant que les troubles des invasions expliquent les lacunes de la documentation romaine pour la seconde moitié du VIᵉ siècle. Mais, à la fin du siècle, les lettres de *Grégoire le Grand* permettent de dresser un tableau plus complet[121]. Elles dessinent la géographie de l'intervention romaine. Deux textes s'adressent à tout l'Illyricum (I, 43 et VIII, 10), en plaçant Thessalonique au premier rang, suivie de Dyrrachium, de Nicopolis et finalement Justiniana en 5ᵉ ou en 7ᵉ place. Le classement ne suit pas l'ordre géographique : il suggère sans doute l'importance désormais reconnue des sièges épirotes[122]. Plus de quinze lettres concernent les provinces grecques : Thessalonique (IX, 55 et 106), la Thes-

---

[118] Dans la collection éditée par Schwartz, le rapport des envoyés de Théodebald : 4, p. 20, ligne 2 et sur l'opposition à V., p. 19-24; Vigile réclamant les évêques latins : p. 21, 14; dans la lettre de Vigile, écrite après les conflits de janvier 552, p. 2, 6; réponse de Vigile à Théodoros de Césarée : 2, p. 11, 30. Sur le refus des *Illyrici* et de la Dalmatie : FACUNDUS, *Contra Mocianum, loc. cit.*

[119] CHRYSOS, *op. cit.*, p. 131-134 : Sabinianus de Zapara, Proiectus de Naissus et Paulus de Justiniana Secunda; on peut supposer qu'ils sont arrivés pour examiner la situation, après le venue du pape; sur leur refus, *ACO*, IV, 1, *actio* II, 12, p. 29; 15, 17, 19, p. 30.

[120] *Coll. Avel.*, 89, 310, p. 319; noter seulement le jugement de VICTOR TONN., *Chron.*, 559, p. 204, sur l'affaiblissement de la résistance.

[121] GRÉGOIRE, *Epistolae, MGH, Ep.* : P. EWALD et L. Hartmann, I, *Reg.* I-VII, Berlin³, 1957; L. HARTMANN, II, *Reg.* VIII-XIV, Munich³, 1978 (Anast. de 1899); E. H. FISCHER, *Gregor d. G. und Byzanz*, dans *ZRG, Kar.*, 36, 1950, p. 15-114.

[122] *Ep.*, VIII, 10 (nov. 597); en fait, G. adresse à tout le territoire impérial de son patriarcat : au 3ᵉ rang, Milan; il ne mentionne ni les Dacies, ni la Mésie, ni la Dalmatie (c'est l'époque des difficultés avec Maxime de Salone); *Ep.*, IX, 156 (mai 599), p. 157 : de nouveau, Dyrrachium au deuxième rang, puis Nicopolis; Justiniana au 5ᵉ, précédant Crète, Thessalie, Praevalitana. Cet ordre démontre l'importance de Dyrrachium et de Nicopolis.

salie en 592 (III, 6, etc. . .), Corinthe dès 591 (1, 26) et l'Achaïe (III, 28; V, 57, 62), l'Epirus Vetus (VI, 7); on ne connaît pas de rescrits destinés à la Crète ou à l'Epirus Nova. Au total, un contingent notable, alors que les provinces daciques, plus éprouvées[123], ne reçoivent que six lettres, adressées à Justiniana Prima (V, 8; XII, 10, 16), à Sardique (V, 6 et 8), à Scodra (XII, 11); les relations paraissent rompues avec la Dacie Ripuaire et avec la Mésie. Enfin, les affaires dalmates tiennent la majeure part dans le registre pontifical : trente-quatre lettres adressées surtout à Salone, mais aussi à Iader, à Resinium (VI, 46, etc. . .; I, 27).

Ces interventions concernent les affaires des métropolitains; comme il le fait pour l'Italie et parfois pour la Gaule, Grégoire ratifie l'élection du concile, confère le *pallium* à l'élu de la province et invite le collège épiscopal à l'obéissance : ainsi, en 595, pour Corinthe et pour Nicopolis, en 599, pour Salone[124]; une telle procédure témoigne autant pour l'influence romaine que pour la solidité des structures ecclésiastiques provinciales. De l'Epirus Vetus, le pape reçoit une synodale signée de six évêques sans compter un septième, le métropolitain lui-même, qui apporte le message, en pratique tout le collège (9 évêques?). De plus, Grégoire intervient dans la juridiction métropolitaine et dirige la conduite du responsable provincial : Natalis de Salone est mandaté pour juger l'affaire de Florentius d'Epitaurum[125]. Ou encore, Grégoire charge l'évêque de Scodra d'exécuter en Praevalitana la sentence pontificale : il a reçu l'appel de Nemesius, évêque de Doclea, contre son prédécesseur déposé qui usurpe les biens d'Église; Rome prévient Justiniana, mais remet l'intervention concrète au métropolitan[126]. Le siège apostolique corrige en appel les sentences d'Andréas de Nicopolis qui a légitimé les prétentions injustifiées de l'évêque d'Euroea sur un *castrum* de Corcyre[127]. L'évêque de Thèbes de Phtiotide, Adrianus, avait été jugé par Jean de Larissa et finalement déposé per l'*archiepiscopus* de Justiniana Prima : Grégoire instruit son appel, conclut à la nullité de la pro-

---

[123] Moesia : A. Mocsy, *Pannonia and Upper Moesia*, Londres, 1974, p. 352-357; v. aussi Zeiller, *Prov. Danubienne*, p. 148; noter le déclin de la Dardanie (Zeiller, *op. cit.*, p. 160). Sur la première attaque slave à Thessalonique, S. Vryonis, *Hesperia*, 50, 1980, p. 383 : en 597.

[124] *Ep.*, V, 62, p. 376; v. 63, p. 378, pour Corinthe et son collège; Nicopolis : *Ep.*, VI, 7; Salone (an terme d'un conflit) : IX, 234, p. 229.

[125] *Ep.*, III, 8 (oct. 592) et III, 9 à Antoninus, rector, p. 168 sq.

[126] *Ep.*, XII, 10 et 11, p. 357 sq. (mars 602).

[127] *Ep.*, XIV, 7 et 8, p. 427 sq.; 13, p. 432.

cédure, à l'illégitimité d'une sentence fabriquée avec de faux témoins et après avoir réhabilité Adrianus, il retire au métropolitain de Thessalie tous ses droits[128].

Plus encore, le siège apostolique surveille la discipline intérieure de toutes ces Églises : il invite Eusèbe de Thessalonique à condamner deux clercs monophysites (599)[129]. Salone bénéficie d'une vigilance plus attentive : le pape casse l'élévation de l'archidiacre Honoratus au sacerdoce; l'évêque Natalis souhaitait se débarrasser, avec une promotion, d'un administrateur trop scrupuleux (592). Puis Grégoire veut faire du même personnage l'évêque de Salone et il le recommande, le moment venu, au concile provincial (593)[130]. En fait, le candidat que Grégoire voulait écarter, Maximus, est finalement élu, dans un climat d'émeutes, avec l'appui de l'aristocratie locale et d'une majorité des évêques; le sous-diacre Antonius, qui devait surveiller la réalisation du plan pontifical, échappe de peu au lynchage, tandis que les lettres de Grégoire, affichées en public, sont lacérées[131]. Grégoire, qui accuse Maximus d'avoir acheté les votes des prélats, le convoque devant le tribunal romain et tente de vaincre ses atermoiements[132]. Finalement, le pape finit par accepter la médiation de l'exarque et de l'évêque de Ravenne, auprès duquel Maximus se rend faire pénitence (599)[133]. Rome finalement cède devant la résistance de ce parti provincial qu'appuient le collège épiscopal et les puissances locales.

---

[128] *Ep.*, III, 7, p. 165; v. aussi III, 6 et III, 28, l'évêque de Corinthe a été mêlé à l'affaire par l'empereur (*Ep.*, III, 6, p. 164).

[129] *Ep.*, IX, 196, p. 184. Mais il doit revenir à la charge : IX, 55, p. 329 (601). Contre les partisans de Frontinus, évêque schismatique de Salone au temps des Trois Chapitres : II, 50, p. 152, à Natalis (592); en 600, à Maxime, sur les photiniens : X, 15, p. 249 (600).

[130] F. BULIC, *S. Gregorio papa nelle sue relazioni colla Dalmazia*, dans *Bull. Arch. St. Dalm.*, 27, 1904, p. 1-15; ZEILLER, *Dalmatia*, p. 150 sq.; *La grande pitié des Églises de Dalmatie*, dans *RHE*, 44, 1949, p. 458-462; E. H. FISCHER, *art. cit.*, p. 68-77; CASPAR, II, p. 431 sq. Sur Honoratus : *Ep.*, 10, p. 12; 19, p. 25; II, 20, 22, p. 116 sq.; pour son élection (mars 593) : III, 22, p. 180; III, 46, p. 202.

[131] Le parti de Maximus : les clercs et les *nobiles*, *Ep.*, VI, 26, p. 404; Marcellus, *Scholasticus*, IV, 38, p. 274; les patrices, V, 6, p. 286 (594). Le proconsul de Dalmatie intercède en sa faveur : IX, 158, p. 159 et l'exarque Romanus : IX, 155, p. 155. Il a la majorité du collège épiscopal : IV, 26, p. 249; l'évêque de Iader, Sabinianus : VI, 46; VII, 17; VIII, 11; mais non un Paulinus, de siège inconnu : VI, 25, p. 404. Sur l'émeute : *Ep.*, V, 6, p. 286 (594) adressée à Sabinianus, alors apocrisiaire à Constantinople. Sur le rôle des deux exarques, D. MARDIC, *Byzantion*, 34, 1964, p. 358-368.

[132] *Ep.*, IV, 20, p. 254; V, 29, p. 309; VI, 3, p. 382 (595); VI, 25, p. 403.

[133] *Ep.*, IX, 158, p. 159; IX, 176, p. 171; IX, 234, p. 220 et note VIII, 36, p. 38.

L'épisode paraît d'autant plus significatif que Grégoire recule moins volontiers lorsqu'il se heurte en Illyricum à la politique de l'empereur. Dans l'affaire de Thèbes ou dans celle de Corcyre, il s'oppose aux préférences de Maurice, et même, il œuvre contre l'intervention impériale dans la procédure ecclésiastique. Contre le même prince, il a défendu Jean de Justiniana Prima, que le pouvoir voudrait déposer sous prétexte qu'il atteint l'âge de la retraite[134]. Il combat sans faiblir l'influence de Constantinople, en reprochant au collège d'Achaïe d'avoir salué avec enthousiasme l'élection du patriarche Cyriaque; en 599, il invite les métropolitains à refuser le titre de patriarche universel que revendique Jean le Jeûneur[135]. L'adresse énumère tous les provinciaux pour l'Illyricum grec et, pour l'ancien diocèse dacique, deux sièges, celui de Scodra et Justiniana, dont le ressort s'étend probablement à ce qui reste d'Églises en Dardanie et en Mésie I. Dans cette liste, qui illustre le maintien des structures anciennes, une seule omission, celle de Sardique. En tout cas, contre la seconde Rome, le siège apostolique recherche toujours l'appui des métropolitains.

Car Grégoire ne considère pas que les vicariats peuvent servir sa politique. Sans doute, il consent à confirmer l'élection de Jean pour Justiniana Prima[136], mais il agit à la demande des évêques d'Illyricum, suivant en l'occurrence une procédure que Justinien n'avait pas prévue. Certes, il réprimande Félix de Sardique pour son opposition dans cette élection et il envoie le *pallium* au nouvel archevêque; mais il n'utilise guère ses services et il lui inflige trente jours de pénitence, pour être intervenu, sur mandat de l'empereur Maurice, dans une affaire de Thessalie[137]. La correspondance adressée à Thessalonique ne soulève jamais la question du vicariat; au contraire, le pape reproche au Macédonien de s'être mêlé des affaires de Corcyre (603)[138]. Il traite avec les métropolitains (Sardique, Larissa, Salone, Scodra, Corinthe ou Nicopolis) et avec tous ceux, évêques et clercs, qui sollicitent son aide. C'est

---

[134] Pour Thèbes c'est M. qui a saisi Justiniana Prima, après avoir mandaté Anastasius de Corinthe : *Ep.*, III, 6, p. 64; Corcyre : *Ep.*, XIV, 8, p. 427; Jean : *Ep.*, XI, 29, p. 299.

[135] *Ep.*, VII, 7, p. 450 (596); contre le Jeûneur, *Ep.*, IX, 156, p. 157; FISCHER, *op. cit.*, p. 97-110.

[136] *Ep.*, V, 10 et 16, p. 291 et p. 296 et V, 8, p. 289.

[137] *Ep.*, III, 6, p. 165, v. note 128; sur l'affaire de Doclea, v. note 126; cf. E. H. FISCHER, *art. cit.*, p. 110-113.

[138] Voir note 129. FISCHER, *op. cit*, p. 125.

dire que l'Illyricum ne réprouve par le principe de l'autorité romaine, même s'il en conteste à l'occasion les sentences particulières.

Pour ces interventions, Rome dispose de multiples collaborations : l'évêque de Ravenne, qui peut servir auprès de l'exarque, et l'exarque lui-même, sans oublier le préfet du prétoire ni le proconsul de Dalmatie[139]. Lorsque les affaires arrivent à Constantinople, le pape recourt à ses apocrisiaires[140]. En Illyricum, il utilise des légats, un diacre romain Honoratus, envoyé pour le procès de Larissa et, dans la même affaire, un évêque (peut-être un Italien?) ou plus simplement un *defensor* qui sert de courrier[141]. Mais surtout les recteurs du patrimoine romain représentent le pape, comme ils le font en Sicile ou dans la péninsule. Tous ne sont pas sûrs, tel ce Malchus[142] qui réussit, pour un temps, à échapper aux conséquences de ses malversations en devenant évêque de Dalmatie ; finalement arrêté, il est renvoyé à Rome où il meurt, en prison. Il faut opposer à ce mauvais exemple, le sous-diacre Antoninus, mêlé à toutes les affaires dalmates, autant qu'à la surveillance du domaine (592-594), agent zélé de son pape, qui risque sa vie à défendre[143] la politique romaine.

Même si elle est surtout écrite, faute d'autres sources, avec les lettres de papes, cette histoire des relations romaines avec l'Illyricum laisse entrevoir un peu les réalités d'une évolution régionale. Autant qu'elle s'y adapte, la politique pontificale illustre la puissance d'une organisation régionale, plus affirmée peut-être dans cette zone où se heurtent des influences rivales. Cette montée des métropoles a affaibli l'influence que Thessalonique s'efforce de maintenir après la disparition du vicariat. Rome, au contraire, utilise l'autonomie du métropolitain et celle de son concile provincial, car elle a mesuré la force de cette diversité régionale. Le vocabulaire pontifical distingue des provinces grecques

[139] Jean de Ravenne, pour l'affaire de Malchus : *Ep.*, II, 46, p. 146 ; Marinianus pour l'affaire de Maxime : IX, 234, p. 229 ; sur l'exarque et le proconsul, v, note 133 ; le premier intervient en tant que représentant du prince : Ch. DIEHL, *Études sur l'administration byzantine dans l'exarchat de Ravenne* (BEFAR, 53), Paris, 1888, p. 170.

[140] À Sabinus, sur Maximus de Salone et d'autre affaires : *Ep.*, V, 6, p. 286 ; à Boniface, sur Corcyre : XIV, 8, p. 427 ; Anatolius, sur l'affaire de Justiniana : *Ep.*, XI, 29, p. 299.

[141] *Ep.*, III, 7, p. 167 (Honoratus Secundinus, peut-être évêque de Taormine). *Ep.*, V, 57, p. 360 ; V, 62, p. 377. Le *defensor* Bonifacius, *Ep.*, I, 26, p. 40.

[142] *Ep.*, I, 36 ; II, 22, 45 ; III, 22, 46 ; V, 6.

[143] *Ep.*, II, 22, p. 119 ; IV, 9, 22, 32, 46.

les *Illyrici* et, parmi ceux-ci, les *Dardani*. Au VIe siècle, Justinien a tenté d'utiliser au bénéfice de Justiniana Prima ce sentiment d'une communauté latine. Mais il se heurte à la résistance de la Dacie avec Sardique. Et même en pays grec, Nicopolis paraît capable, pour un temps, d'établir le centre d'une autonomie ecclésiale en Epirus Vetus. Cette organisation s'accommode mieux du primat romain et de son autorité supérieure et lointaine que d'un système hiérarchisé, décalqué sur le modèle de l'administration impériale : au VIIe siècle, le pape exerçait encore, tant bien que mal, la même autorité sur les métropolitains et sur leurs provinces : en 692, elle s'étendait encore jusqu'à la Crète[144].

Sorbonne   Charles PIETRI

---

[144] DUCHESNE, *Églises séparées*, p. 232. Les témoignages des *Notitiae episcopatum* sont trop tardifs pour illustrer la présente enquête : H. G. BECK, *Kirche und Theol. Liter. in Byz. Reich.*, Handb. Altertumswiss., XII, 2, 1, Munich, 1959, p. 148-149; v. aussi E. HONIGMANN, *Le Synekdemos d'Hieroclès*, Bruxelles, 1939. Sur Nicopolis, D. I. PALLAS, *Felix Ravenna*, 118, 1979, p. 85 sq.

Appendice

I – ÉPHÈSE 449 (rang des évêques) *

Macédoine :

Quintillus	: Héraclée P.	12	8	10
Sozôn	: Philippes	59	48	52
Eusébios	: Dobéros	60	49	53
Maximi(a)nos	: Serrae	61	50	51
Hermogénès	: Cassandria	62	51	55
Lucas	: Berroca	63	52	57

Achaïe :

Erasistratos	: Corinthe	11	7	9
Johannes	: Messène	65	53	59
Athanasios	: Opunte	67	55	60
Domninos	: Platées	89	74	81

Epirus Vetus :

Atticus	: Nicopolis	34	26	26
Eutychios	: Adrianopolis	45	37	38
Claudius	: Anchiasmos	46	38	39
Marcus	: Euroea	53	43	46

Epirus Nova :

Lucas	: Dyrrachium	51	41	44
Antonius	: Lychnidos	52	42	45

Thessalie :

Vigilantius	: Larissa	54	44	47
Constantinus	: Démétrias	57	46	50

Crète :

Martyrios	: Gortyne	—	—	131
Gennadios	: Cnossos	—	—	132

* D'après *ACO*, II, 1, 78 : liste de présence (1ère colonne); II, 1, 884 (sentence) et II, 3, 1070, souscriptions. Noter que Diogenianus (Dacie) rejoint finalement les Macédoniens, que Marcus (Euroea) est plutôt associé avec l'Epirus Nova; les noms des évêques présents à Chalcédoine sont en italiques.

Dacie Méditerranéenne :

Diogenianus	: Rémésiana	64	83	56

II – CHALCÉDOINE *

Macédoine :

		I	II	III	IV	V
Quintillus	: Héraclée P.	8	6	6	7	7
Sozôn	: Philippes	322	285	284	302	316
Eusébios	: Dobéros	323	286	285	304	317
Maximinos	: Serrae	324	287	286	305	318
Nicolas	: Stobi	325	288	287	306	319
Dardanios	: Bargala	326	289	288	307	320
Johannes	: Parthicopolis	327	—	289	308	321
Honoratus	: Thasos	328	290	290	309	322

Achaïe :

		I	II	III	IV	V
Petros	: Corinthe	14	10	10	13	13
Nicias, Nicétas	: Mégare	244	206	208	224	230
Athanasios	: Opunte	245	207	209	225	231
Dominos	: Platées	246	208	210	226	232
Onésimos	: Argos	247	209	211	227	333
Johannes	: Messène	314	276	276	295	307
Ophélimos	: Tégée	315	277	277	295	308
Irénée	: Naupacte	316	278	278	296	309

* On notera que Paulos de Cantania est représenté par un prêtre Chrysogonos ; ce légat arrive (*Actio* IV) tardivement, comme Vigilantius de Larissa, représenté par Constantinus qui rejoint les Crétois, comme l'avait fait Eusébios d'Apollonia (Ep. Nova). Trois évêques d'Epirus Vetus ont été ajoutés sur les listes : Johannes de Photikè, Philoctètos de Dodone, Zénobios de Buthrotum, *ACO*, II, 6, p. 37, p. 26, p. 65.

  I : liste de présence du 8 oct. 451 : *ACO*, II, 1, *actio prima*, 3, p. 56 sq.
  II : liste de présence du 10 oct. : *ACO*, II, 1, 2, *actio III*, 1, p. 70 sq.
 III : liste du 17 oct. : *ACO*, II, 1, 2, 45, p. 84 sq.
 IV : liste du 25 oct. : *ACO*, II, 1, 2, *actio VI*, 1, p. 130 sq.
  V : souscriptions de la formule, *ibid.*, *actio VI*, 9, p. 141 sq.

Les noms des évêques présents aussi à Éphèse sont en italiques.

5

Crète :

Martyrios	: Gortyne	48	39	40	47	47
Cyrille	: Subrita	317	279	279	297	310
Gennadios	: Cnossos	318	280	280	298	311
Démétrios	: Lappa	320	282	282	300	313
Euphratas	: Eleutherna	321	283	283	301	314
Paulos	: Cantania	—	—	—	—	315

Epirus Vetus :

Atticus	: Nicopolis	47	38	39	46	46
Marcus	: Euroea	248	210	212	220	234
Pérégrinos	: Phoenicè	249	211	213	229	235
Eutychios	: Adrianopolis	250	212	214	230	236
Claudius	: Anchiasmos	251	213	215	231	237
Sotérichos	: Corcyre	252	214	216	232	238

Epirus Nova :

Lucas	: Dyrrachium	49	40	41	48	48
Eusébios	: Apollonia	312	281	281	299	312

Thessalie :

Vigilantius	: Larissa	—	—	—	49	49
Constantinus	: Démétrias	50	41	42	303	337
Petros	: Echinos	340	302	302	321	335

CHARLES PIETRI

D'ALEXANDRIE A ROME : JEAN TALAÏA, ÉMULE D'ATHANASE AU Vᵉ SIÈCLE

D'Alexandrie à Rome.

D'Alexandrie à Rome : je pense que cette translation (plus apparente que réelle) ne surprendra pas dans un recueil composé en hommage au R. P. Mondésert. Le dédicataire, auquel s'adresse ce modeste témoignage d'un respectueux attachement, sait bien quels liens rattachent à la Rome chrétienne une Alexandrie à laquelle il a donné une part de son œuvre. Il me permettra, je l'espère, de ne pas reprendre l'évolution de tous ces liens tissés dès une lointaine antiquité entre les deux sièges apostoliques et resserrés au IVᵉ s. à l'occasion des grands débats théologiques, au temps d'Athanase et du Romain Ioulios, après Nicée (325), au temps de Pierre d'Alexandrie et de Damase, peu avant Constantinople (381), à l'époque de Cyrille et de Célestin lorsque s'amorce pour la réunion d'Éphèse la grande querelle sur la christologie. Certes, les relations entre les deux grandes Églises longtemps associées se compliquent avec l'intervention de l'évêque de «la nouvelle Rome», qui sut très souvent monnayer les avantages d'une situation privilégiée, dans l'ombre palatine. Mais pendant de longues décennies, les deux papes, celui de Rome et celui d'Alexandrie, ont donné à leurs échanges une force particulière, dans une conscience commune de représenter la tradition des apôtres, de partager une image de l'Église où la hiérarchie des sièges épiscopaux ne s'établit pas sur le prestige politique mais sur la foi de Pierre ou celle de Marc. Les liens entre les deux Églises s'établissaient dans l'envoi régulier de légats, dans le *corsi e ricorsi* des messages expédiés, au moment des successions épiscopales que Rome et Alexandrie s'annonçaient mutuellement, et, plus régulièrement, chaque fois que les

computistes des deux villes devaient s'accorder sur la date de
Pâques. Cette sorte d'échanges s'enveloppait un peu dans le
guindé de relations officielles, souvent gênées par le déclin de la
connaissance du grec en Occident; Cyrille, dès le ve s., eut la
condescendance de faire traduire les documents qu'il expédiait à
la chancellerie romaine. Mais l'arrivée régulière de clercs, de
moines, venus d'Alexandrie ou de la Chôra, donnait à ces
relations plus de richesse humaine et, en conséquence, une
influence plus durable. L'épigraphie funéraire signale parfois
quelques-uns de ces voyageurs, surpris par la mort en cette terre
italienne où ils s'étaient établis : ainsi une épitaphe qui provient
de la voie Latine (tenuta Moroni à Tor Fiscale) et qui célèbre en
hexamètres un prêtre[1] :

οὔνομά μοι Βάσσος πάτρη δὲ πόλις Βαϐυλῶνος ;
Χριστοῦ δ' αὖ προπόλων εἰμί ται κὲ γενόμαν.
σῶμα καμὸν δὲ λιπὼν γαίη βίοτον δὲ βροτί[οις],
ἦλθον ἐς οὐρανίην ἀτραπὸν καὶ δώματα Χριστο[ῦ].

☧

λίψανα μὲν Βάσσοιο κατὰ χθονός, ἡ δὲ πρὸς αἴθραν
ψυχὴ πωτηθεῖσα μόλεν αἰς αἰθέρα Χριστοῦ.

«Mon nom est Bassus, ma patrie la cité de Babylone ; je suis l'un
des ministres du Christ...». Le savant éditeur, le Père A. Ferrua,
le maître de l'épigraphie chrétienne, propose de dater du ive s. ce
carmen (della metà circa del secolo IV) ; il y a peu de chances que
le clerc vienne de l'antique Babylone, condamnée par l'Apocalypse. La chronique de Jean de Nikiou attribuait à Trajan la
fondation d'une Babylone, près de laquelle s'établit Le Caire. Le
poème n'explique pas les raisons de cette migration, puisqu'il se
contente d'évoquer l'abandon d'un corps fragile, le cheminement
vers le ciel, séjour du Christ. Le dernier distique reprend le
thème en expliquant que les restes de Bassus sont sous terre et
que son âme s'est envolée dans l'air pour arriver dans le ciel du
Christ. C'est une biographie dans l'au-delà, qui ne fait guère de
concession aux anecdotes de la vie humaine.

En d'autres circonstances, le voyageur est un exilé, chassé par
la persécution. Athanase quitte en 339 le siège d'Alexandrie et
s'établit à Rome, où le pape Jules l'associe à la célébration
pascale. L'exilé trouvait dans l'antique capitale des amis et des
protecteurs : une grande dame de la famille impériale, Eutropie,
et aussi des nobles romains dont il évoque plus tard le souvenir,
Abouterios, Sperantius. Pendant les dix-huit mois de sa halte
romaine (avant de gagner Milan et Trèves), Athanase donne

---

1. *Inscriptiones Christianae Urbis Romae*, VI, éd. A. Ferrua, Rome 1975 :
15868 ; sur Babylone, E. AMELINEAU, *La géographie de l'Égypte copte*, Paris 1893,
p. 75-79.

l'image de la compétence et de la piété : sur l'ordre du prince, il dresse une table des Écritures ; c'est par lui et aussi par ses clercs, compagnons de l'exil (ainsi l'ascète Isidore), que Rome apprend à connaître Antoine, la vie ascétique que menaient en Thébaïde des moines, des vierges et des veuves. Un autre évêque d'Alexandrie, le frère d'Athanase, Pierre II, choisit également, trente-cinq ans plus tard, le refuge romain. Il apportait au pape de l'époque, comme des reliques, les vêtements ensanglantés d'un clerc, égorgé par la fureur arienne. Ce long préambule voudrait suggérer que ces migrations, volontaires ou forcées, ont plus qu'un intérêt anecdotique, par tout ce qu'elles permettent d'échanges en un temps où les deux *partes* du monde romain s'écartent l'une de l'autre.

On choisira l'exemple d'un exilé à la fin du v⁰ s. : la fiche prosopographique de Jean Talaïa, patriarche chalcédonien d'Alexandrie, réfugié à Rome et finalement établi en Italie, relève surtout de l'histoire égyptienne ; nos informations sont grêles sur la période italienne de ce *fuor'uscito*. La biographie de ce nouvel Athanase, un Athanase qui n'aurait jamais pu retrouver son siège abandonné, indique au moins tout le patrimoine d'expérience humaine que Jean apportait en sa terre d'exil.

Jean Talaïa connut les cruels déchirements de l'Église copte en cette seconde moitié du v⁰ s. Les rivalités de personnes, la fidélité de clan, le jeu des politiques impériales envenimaient d'une âpreté particulière un débat théologique que compliquaient encore les malentendus sur les mots et sur la manière de poser une question essentielle dans l'économie du salut : comment exprimer avec force l'unité indissociable de l'humain et du divin dans la personne du Christ ? Le patriarche Dioscore s'attachait avec véhémence à Cyrille, aux expressions les plus intransigeantes de son prédécesseur qui avait toujours prêché une seule nature incarnée du Dieu Verbe. Il rejetait comme un nestorien le pape Léon, lorsque ce dernier affirmait l'unité de la personne du Christ en deux natures subsistantes. En réalité, il n'était pas impossible de lire dans une communauté de foi les *Anathématismes* de Cyrille et le *Tome* de Léon. Mais Dioscore, tête bouillante et impérieuse, ne se complaisait pas à cette sorte d'exercice paisible. L'empereur Marcien, après le vote du concile qui déposait en sa troisième séance (13 octobre 451) l'Alexandrin, expédia le condamné dans l'exil où il mourut trois ans plus tard (454). Aussi longtemps que Marcien tenait le pouvoir, la passion des dioscoriens fut contenue : l'archiprêtre Protérios devenu évêque, avec l'appui d'une minorité de moines et de clercs, résistait à l'émeute : c'était l'hérétique, disaient les monophysites, comme l'avait été Georges l'arien au temps de saint Athanase. Dès que les Alexandrins surent que le prince était mort, un soulèvement enflammait la ville : une foule fanatique lyncha le prélat, dont elle déchiquetait le corps (28 mars 457), un jeudi saint. Le nouvel empereur, Léon, laissa s'installer un nouveau pape : Timothée Aelure (le chat) que soutenait un diacre, Pierre Monge (l'enroué), un autre zélote des *Anathémalismes*, deux clercs fanatiquement fidèles à Dioscore, qu'ils avaient assisté pendant le concile d'Éphèse. Malgré la protection d'Aspar, un barbare arien qui avait fait l'empereur et qui, à la tête de toute une clientèle de généraux, contrôlait son pouvoir, Timothée fut expédié en exil (460) ; on le traîna loin de l'Égypte jusqu'à Gangres en Paphlagonie, tandis qu'une nouvelle émeute ensanglantait Alexandrie. Il y resta quinze ans.

L'épiscopat échut à un brave homme de prêtre, d'origine très humble, qui portait le même nom que son prédécesseur, Timothée. Il avait reçu un surnom qui l'en distinguait : *Salophakiolos*, «Turban blanc», comme traduit Duchesne, mais le monophysite Zacharie interprète avec plus de perfidie : «l'homme au turban qui chavire». Le nouveau patriarche déployait toute sa séduction bonhomme pour apaiser ; le pape Léon dut intervenir pour lui interdire de rétablir dans les diptyques le nom de Dioscore. En réalité, l'opposition ne désarmait pas : «On vous aime bien, disaient les dioscoriens, mais nous ne vous reconnaissons pas comme évêque.» La mort d'Aspar, protecteur du rival exilé, lui donnait quelque répit. L'assassinat du général alain consolidait l'influence d'un nouveau clan, celui des Isauriens, des barbares de l'intérieur, qui avaient conquis les grands commandements militaires. Le protagoniste du groupe, Tarasicodissa, prit le nom d'un général isaurien célèbre au début du siècle, Zénon, et reçut de la main d'Ariane la fille du prince. Le 9 février 474, peu après la mort de Léon, il se fit élever au rang d'Auguste. Le nouvel empereur s'était fait pendant sa carrière militaire quelques amitiés chez les monophysites : il avait aidé Pierre le Foulon, un adversaire acharné de Chalcédoine, à conquérir l'évêché d'Antioche. Mais Acace, l'évêque de Constantinople, énergique et ambitieux, souhaitait le maintien d'une politique chalcédonienne et, à Alexandrie, celui d'un prélat qui ne lui faisait pas ombrage.

Lâché par une partie des Isauriens — et surtout par le général Illus — Zénon abandonnait piteusement, au bout d'un an, le pouvoir à Basiliscus, le frère de l'impératrice Verina, sa belle-mère. Zacharie le rhéteur, un historien monophysite, rapporte qu'une délégation alexandrine (des moines conduits par un certain Paul dit le sophiste, et par Amon dit «le buffle sauvage») gagnait aussitôt Constantinople pour réclamer le retour de Timothée Aelure. L'entourage du nouvel empereur (et même l'Auguste) inclinait aux idées de l'exilé : Basiliscus publiait une Encyclique qui condamnait Chalcédoine en exaltant Cyrille. Timothée organisa un retour triomphal, tandis que son homonyme chalcédonien se réfugiait dans le couvent de Métanoia-Canope où il reprenait l'humble vie de moine dont on l'avait tiré.

Son successeur l'y laissa, tandis qu'il organisait pour les reliques de Dioscore une translation solennelle[2].

L'échec de Basiliscus, abandonné par Illus et par les Isauriens qui l'avaient soutenu, entraînait en août 476 le retour de Zénon, auquel applaudissaient à Constantinople l'évêque Acace aussitôt récompensé par la faveur impériale[3] et, à Rome, le pape Simplicius[4]. Timothée Aelure se prépara au dernier combat, en s'attendant à repartir pour l'exil ; il était vieux, malade, miné par cet ultime échec : on le laissa s'éteindre en paix (juillet 477), tout en insinuant qu'il s'était suicidé[5]. Zénon considérait qu'il ne restait plus qu'un évêque et il espérait sans doute que la sagesse ou la lassitude l'emporterait. C'était compter sans Pierre l'Enroué qui trouva un évêque pour se faire consacrer successeur de Timothée Aelure et qui, après avoir assuré symboliquement la succession des dioscoriens, prit la précaution de disparaître[6]. Zénon voulait en finir et il envoyait un édit (déjà une sorte d'*hénotikon*) qui laissait deux mois aux monophysites pour se rallier à la formule de Chalcédoine[7]. A Rome, toutes ces bonnes nouvelles arrivaient avec quelque retard : c'est Acace de Constantinople qui annonça le rétablissement de Timothée S. et la défaite du «fils de la nuit», Pierre Monge[8]. Le pape répondit, le 8 mars 478, d'un billet enthousiaste[9]. Six mois plus tard en octobre, Simplicius annonçait au même Acace et à l'empereur Zénon l'arrivée d'une délégation venue d'Alexandrie, composée

2. Je renvoie pour tout ce rappel à S. LE NAIN DE TILLEMONT, *Mémoires pour servir à l'histoire ecclésiastique des VI premiers siècles*, Paris 1712, XVI, p. 285-288, à L. DUCHESNE, *Histoire Ancienne de l'Église*, III, Paris 1929, p. 455-499 ; E. STEIN, *Histoire du Bas Empire*, I, Paris 1959 ; p. 353-364 et II, Paris 1949, p. 1-39. W. H. C. FREND, *The Rise of the Monophysite Movement*, Cambridge 1972, p. 143-183 ; et aussi aux régestes établis par E. SCHWARTZ, «Publizistische Sammlungen zum Acacianischen Schisma», dans *Abh. Bayer. Akad.*, 10, 1934, p. 161-163 et v. p. 171-195, une analyse à corriger avec P. PEETERS, «Sur une contribution récente à l'histoire du monophysisme», dans *Analecta Bollandiana*, 54, 1936, p. 143-159.

3. Dès le 17 décembre 476, un édit impérial rétablit les droits du siège de Constantinople sur l'Asia : *Cod. Just.*, 1, 2, 16.

4. Le pape Simplicius répondait le 4 avril 477 à une lettre de Zénon annonçant son retour au pouvoir ; *Ep.*, 6, *Coll. Avellana*, 60, O. GUENTHER, *CSEL*, 35, p. 135-138. On note qu'il réclame l'expulsion de Timothée A. : *ibid.*, 6, p. 137 ; nouvelle demande : Simplicius, *Ep.*, 7, Schwartz (cité note 2), p. 121.

5. Le diacre Liberatus de Carthage, adversaire des Trois Chapitres, compose au milieu du VIᵉ s. un *Breviarium causae Nestorianorum et Eutychianorum* qui présente une courte histoire des hérésies jusqu'en 553 : éd. E. Schwartz, *Acta Conc. oecum.*, II, 5, Berlin-Leipzig 1932 ; ici, 16, 106, p. 125.

6. ÉVAGRE, *Hist. Eccl.*, III, 11, Bidez et Parmentier (cités note 12), p. 109.

7. Cité par le pape FÉLIX, *Ep.*, 1, *Coll. Berolinensis* Schwartz, p. 66, lignes 6 s. et *Ep.*, 2, *Coll. Berol.*, 21, Schwartz, p. 71, 1 s. ; il y eut plusieurs édits, voir GÉLASE, *Gesta de nomine Acaci, Coll. Avellana*, 99, 17-18, Guenther, p. 447.

8. ACACE, *Coll. Veronensis*, 4, Schwartz, p. 4-5 (*Inter epp. Simplici*, 8) : ce texte est utilisé, par la suite, dans le procès organisé contre l'évêque de Constantinople, sur sa date, v. note 9.

9. SIMPLICIUS, *Ep.*, 9, *Coll. Avellana*, 61, Guenther, p. 138-139 : la date du 8 mars place pendant l'hiver de 477/478 le message d'Acace, auquel répond S.

d'un évêque, Isaïe, d'un prêtre, Nil, et d'un diacre, Martyrius[10] ;
les légats repartaient pour Constantinople, où ils allaient, avec
l'approbation explicite du pape, réclamer l'expulsion de Pierre
Monge[11].

Jean Talaïa.

Jean Talaïa apparaît à ce moment de l'histoire alexandrine.
Et ce long préambule s'imposait pour compenser au mieux les
lacunes de la biographie : car les témoins ne s'attardent guère
sur la personnalité de Jean Talaïa. Sa nomenclature est
incertaine. Certes, Liberatus et Zacharie, Théodore le Lecteur et
Théophane le créditent d'un surnom qui indique bien son
appartenance au monachisme : Ἰωάννης ὁ Ταβεννησιώτης[12]. Liberatus précise encore : *Iohannes ex oeconomo presbyter factus
Tabennisiotis cognomento Talaia*. Le raccourci utilisé par l'abréviateur latin paraît incohérent : il attribue l'ethnique à la qualité
sacerdotale de Jean et, en se séparant toujours des autres
sources, il ajoute un *cognomen (Talaia)* qu'il est le seul à
mentionner[13]. Est-on sûr que le latin n'a pas déformé cette
dénomination, d'une allure un peu trop féminine[14], en grec

10. SIMPLICIUS, *Ep.*, 10 et 11, *Coll. Avellana*, 62 et 63, Guenther, p. 139-144 ;
datées du 8 oct. 478 ; GÉLASE, *Coll. Avellana*, 99, 19, Guenther, p. 447-448.
    11. SIMPLICIUS, *Ep.*, 12 et 13, *Coll. Avellana*, 64 et 65, Guenther, p. 144-146,
datées du 21 octobre 478 et portées *per legatos Graecorum* ; elles sont confiées aux
Égyptiens ; Zénon ni Acace ne répondent, mais ils préviennent Rome de
l'établissement à Antioche d'un évêque chalcédonien, Calendion, entre le
21 octobre 478 et le 22 janvier 479 : réponses de SIMPLICIUS, *Ep.*, 15 et 16, *Coll.
Avellana*, 66 et 67, Guenther, p. 147-150.
    12. THEODORUS LECTOR publie en quatre livres vers 550 une *Historia tripartita*
(Socrate, Sozomène, Theodorus) ; voir G. Chr. Hansen dans *GCS*, 54, Berlin 1971,
où se trouvent édités les fragments : *Theodoros Anagnostes Kirchengeschichte* ; ici,
214, p. 115, 27. De même, THÉOPHANE, *Chronographia*, C. de Boor, Leipzig 1883,
p. 128, 28 : comme on le sait, T. compile sa chronographie au début du IXᵉ s.,
entre 810 et 814 ; 2°) le PSEUDO-ZACHARIE LE RHÉTEUR, auquel on attribue une
Historia Ecclesiastica, avant 553, représente une autre tradition, favorable aux
dioscoriens : voir *CSCO*, 87 ; *Script. Syri* 41, Louvain 1954, éd. E. W. Brooks, I, V,
6, p. 154, avec la variante *tiberinosiotam* ; habituellement, ÉVAGRE LE SCHOLAS-
TIQUE, qui meurt vers 600, emprunte à Z. ; mais en ce cas, il parle simplement de
Johannes (*Ecclesiastical History*, III, 12, éd. Bidez et Parmentier, Londres 1898,
p. 109) ; en revanche au XIVᵉ s., NICÉPHORE CALLISTE emploie l'ethnique, *Hist.
Eccl.*, XVII, 12 (*PG* 17, 125A). 3°) Enfin, l'évêque africain VICTOR TUNNUNENSIS,
réfugié à Constantinople, compose sa chronique avant 566, éd. Mommsen,
Chronica Minora, II, dans *MGH, Auct. Ant.* XI, 2, Berlin 1894, ad a. 480, p. 190 :
Tabennesiola.
    13. LIBERATUS, 16, *éd. cit.*, p. 125, 25.
    14. Un manuscrit donne *Thalaida* ; *Salophakiolos* devient *Salafacialus, Salafa-
cilius*, etc. Un papyrus d'Aphrodito, publié en 1910, par H. I. BELL (*Pap. Londres*,
IV, 1474) indique une Ταλαα. Il faut écarter toute référence à une ancienne tribu
des Thesprotes, attestée encore dans une inscription de Dodone (ταλαιαν), du
IIIᵉ/IIᵉ s. A.C. : *SGDI*, 1349 ; v. J. et L. ROBERT, *Bulletin épigraphique*, 1969, 350.

comme en copte ? Mieux vaut penser que le sobriquet indiquait peut-être l'appartenance à un monastère[15].

En tout cas, Jean est un moine, comme l'assure le surnom que tous les témoins lui attribuent : il est le Tabennésiote en référence à Tabennêsi, le village où Pachôme établit une première communauté cénobitique[16]. Pachômien, Jean l'est peut-être parce qu'il a vécu en Thébaïde ou plus simplement parce qu'il a rejoint l'une des communautés qui se réfèrent à la règle du Maître. Il y a beaucoup de chances (mais non une preuve explicite) pour que le moine Jean ait été lié avec la communauté de Métanoia, au Canope près d'Alexandrie, qui dépendait de l'ordre de Tabennêsi. C'était le grand monastère chalcédonien près de la Ville ; il avait accueilli au début du vᵉ s., comme l'assure Jérôme, un grand nombre de Latins qui ignoraient la langue égyptienne et la langue grecque ; il était protégé par le droit d'asile, généralement respecté (sauf par le patriarche Dioscore). Il abrita de 475 à 477 Timothée Salophakiolos, le protecteur de Jean ; là se réfugièrent les partisans de Chalcédoine, après la fuite de J. Talaïa (483) pour protester contre l'hérétique et résister à Pierre Monge[17]. Une péripétie que rapporte Théophane (mais le chronographe du ixᵉ s. a pu emprunter à Théodore le Lecteur) situe le moine, vers 476 ou 477 près d'Alexandrie, à l'époque où Anastase, le futur empereur, gagnait la résidence d'un exil assigné par Zénon[18]. Jean Talaïa

---

15. *Pap. Londres* IV, 1419 (1314) de 716 : v. P. Barison, «Ricerche sui monasteri dell'Egitto bizantino ed arabo», dans *Aegyplus*, 18, 1938, p. 115-116, n. 38 : monastère de Τάροος (ou de Τάλοος) à Aphrodito.

16. Amelineau, *op. cit.*, p. 469-471.

17. Jérôme, *Praef. Regulae S. Pachomii* (PL 23, 62-63) ; Zacharie, V, 8, Brooks, p. 158. Théophane, C. de Boor, p. 121, 14. Sur Métanoia, Barison, *op. cit.*, p. 66-68 et sur la localisation, Amelineau, *op. cit.*, p. 209-210. A. Bernand, *Le Delta égyptien d'après les textes grecs*, 1, Le Caire 1970, p. 205 ; p. 322. Sur le droit d'asile, voir le libelle du neveu de Cyrille d'Alexandrie, un prêtre Athanase, contre le pape Dioscore : *ACO*, II, 1, 57, Schwartz p. 216-217. Pour l'activité des moines dans ces querelles : H. Bacht, « Die Rolle des orient. Mönchtums in den kirchenpolitischen Auseinandersetzungen um Chalkedon», dans A. Grillmeier et H. Bacht, *Das Konzil von Chalkedon*, II, Würzburg, 1953, p. 193-314, ici, p. 264-265.

18. Ἰωάννης δὲ ὁ Ταβεννησιώτης ἐν Ῥώμῃ ὢν ἤκουσεν ὅτι Ἀναστάσιος ἐβασίλευσεν, καὶ ἦλθεν εἰς τὸ Βυζάντιον ἀγαθὰς ἀμοιβὰς ἐλπίζων παρ' αὐτοῦ ἀνθ' ὧν ἦν ἐν' Ἀλεξανδρείᾳ πεποιηκὼς αὐτῷ οἰκονομίαν, ὃν καὶ γυμνὸν ἀπὸ ναυαγίου δεξάμενος καὶ συγκροτήσας οὕτως, ὡς ἀναίσθητον αὐτὸν ποιῆσαι τῆς συμφορᾶς. Ἀναστάσιος δὲ ἀκούσας ὅτι παρεγένετο, ἀγνωμοσύνῃ πολλῇ τοῦτον ἐξαυτομήτηναι προσέταξε μηδ' ὅλως αὐτὸν δεξάμενος. Ἰωάννης δὲ τοῦτο προγνοὺς ἐπὶ Ῥώμην φεύγων διεσώθη.

G. Chr. Hansen publie le texte de Théophane (v. de Boor, p. 137 ; reproduit par Nicéphore C., XVI, 26) dans son édition de Théodore, *Epilome*, 415, p. 127 (CPC 7503). Son hypothèse (v. p. xxix) et, de façon générale, l'édition de Théodore ont été injustement passées sous silence — une curieuse attitude quand on voit le cas que font souvent les recenseurs de livres inutilement tapageurs. Or l'éditeur appuie sa suggestion d'indices sérieux : non seulement la pratique de Théophane, mais un indice conforte sa suggestion, le témoignage de Victor Tunn. (*ad a.* 494 *éd. cit.*, p. 192), rapportant la démarche de J.T. auprès de l'empereur Anastase ; il est venu *pro amicitia sua*, en espérant l'échange de bons procédés. Ce qui ne peut

recueillait Anastase, sauvé d'un naufrage, et le soigna de son mieux pour lui faire oublier sa mésaventure. Tabennésiote, établi à Alexandrie, il appartient au parti chalcédonien : c'était un saint homme, «combattant pour le dogme de Vérité», un «défenseur du synode de Chalcédoine», comme dit l'Africain Victor[19].

Avant d'accéder à l'épiscopat, le moine Jean servait dans l'Église d'Alexandrie. Le pape Gélase, qui rédigea un exposé rigoureusement documenté sur toute l'affaire *(Gesta de nomine Acaci)*, donne le premier témoignage sur la carrière d'un homme alors établi en Italie et bien connu de la chancellerie romaine. Timothée S. envoya au prince le prêtre Jean, son économe : *Iohannem presbyterum et oeconomum suum*, autrement dit l'οἰκονόμος de l'Église alexandrine. Théodore le Lecteur (au moins ce qu'on connaît de l'*Epitome*) redit la même chose[20]. Choisi par l'évêque, responsable devant lui, l'économe d'une grande Église exerçait une charge considérable : il gère le domaine, perçoit les revenus, engage, avec l'approbation explicite de son prélat, les dépenses, dirige l'assistance ; le concile de Chalcédoine avait décidé que «toute Église épiscopale aurait un économe pris dans le clergé de cette Église». On conçoit que de telles fonctions qui placent leur titulaire au second rang après l'évêque aient été confiées pour Alexandrie à un prêtre (pour Rome, à l'*archidiaconus*)[21]. Liberatus se trompe lorsqu'il imagine que J. Talaïa devient prêtre après avoir été économe : *ex oeconomo presbyter factus*[22]. Les historiens monophysites (puis ceux qui leur font imprudemment confiance) ne tenaient pas à rehausser le prestige de Jean Talaïa ; Zacharie contredit le témoignage de Gélase en présentant Jean : *Iohannem quemdam*

---

se comprendre sans un épisode analogue à celui qu'évoque Théophane. Enfin, l'exil d'Anastase en Égypte est attesté par un témoin tout à fait indépendant : JEAN DE NIKIOU, un évêque jacobite du VIIe s., dont la *Chronique* (texte éthiopien) a été publiée et traduite par M. H. Zotenberg, dans *Notes et Extraits des Manuscrits de la Bibliothèque Nationale*, Paris 1883 ; J. de N. exalte Anastase (1, p. 342) et atteste son exil en Égypte, près de Memphis (89, p. 488, en corrigeant Zotenberg par Amelineau, p. 126 ; p. 195 ; p. 248). C. CAPIZZI, *L'imperatore Anastasio I*, Rome 1969, p. 58-61, établissait déjà le dossier, sans avoir pu utiliser Hansen, et critiquait le scepticisme de Schwartz (*op. cit.*, p. 273), curieusement suivi, en ce cas, par Stein (II, p. 34 n. 2).

19. THÉODORE, *Epitome*, 417, éd. Hansen, p. 115-116 (THÉOPHANE, C. de Boor, p. 128, 27) ; v. VICTOR TUNN., *ad a. 480, éd. cit.*, p. 190 : *synodi Calcedonensis defensor*.

20. GÉLASE, *Tractatus I, Coll. Avellana*, 99, 21, éd. Guenther p. 448. Théodore, *loc. cit.*, note 19 : πρεσβύτερος καὶ οἰκονόμος τῆς ἐν Ἀλεξανδρείᾳ ἐκκλησίας. Ce fragment bénéficie du témoignage d'un manuscrit (*Parisinus gr.* 1555A) utilisé pour l'édition de ses *Anecdota Graeca*, par J. A. Cramer, Londres 1839.

21. E. WIPSZYCKA, «Les ressources et les activités économiques des églises en Égypte», dans *Papyrologica Bruxellensia*, Bruxelles 1972, p. 134-139. Chalcédoine, canon 26, *ACO*, II, I, 1, Schwartz, p. 163 ; v. aussi P. BARISON, *art. cit.*, p. 37.

22. Voir note 13 et note 31.

martyrii Mar Iohannes Baptistae presbyterum monachum[23]. Plus clairement Évagre attribue à Jean l'administration de l'église Saint-Jean-Baptiste, un temple consacré par le grand patriarche Théophile après la destruction du Serapeum. On peut tenter une conciliation, comme le fait Le Nain de Tillemont et imaginer que Zacharie retient une charge ancienne ; ou encore faire l'hypothèse que Saint-Jean-Baptiste accueille, au sud de la ville, l'économe d'Alexandrie ; en ce cas, le chroniqueur confondrait résidence et fonction. N'importe : c'est le témoignage autorisé de Gélase qui compte.

Car Zacharie et Évagre ne commettent pas des confusions innocentes : ils entendent bien réduire au rang d'un intendant de quartier celui qui était l'envoyé officiel de Timothée S. Ils poussent l'un et l'autre l'esprit de parti jusqu'à dire que Jean Talaïa n'est pas envoyé par son évêque mais par les factieux ; il est le délégué d'une bande hérétique[24]. Les contemporains, les papes Simplicius, Félix et Gélase contredisent parfaitement ces insinuations : assurément, ils sont eux aussi partisans et engagés dans la querelle ; mais ils témoignent également pour convaincre leurs interlocuteurs (l'empereur Zénon, Acace de Constantinople) et ils ne peuvent le faire qu'en les prenant à leurs propres textes et qu'en évitant les falsifications trop grossières. Cette règle d'interprétation écarte l'étrange préjugé de Schwartz qui privilégie souverainement, du haut d'une immense érudition, le témoignage de Zacharie et d'Évagre, parce qu'ils sont plus tardifs, monophysites et antipapistes.

Les débuts politiques.

La carrière politique du Tabennésiote commençait avec une mission délicate. Timothée S. avait mandé une première ambassade à la fin de 478, pour réclamer l'exil de Pierre Monge[25]. Un premier échec l'invita à envoyer une seconde ambassade : l'évêque craignait probablement que l'empereur ne fût tenté de lui donner pour successeur l'ancien diacre, Pierre, qui prétendait au titre d'évêque, et qu'il n'utilisât un procédé,

23. ZACHARIE, V, 6, Brooks, p. 154, 18, dont je cite ici la traduction du syriaque. ÉVAGRE, *Hist. Eccl.*, III, 12, éd. Bidez-Parmentier, p. 109 :

Ἐκ βουλῆς δὲ ἐνίων Ἰωάννης πρεσβύτερος οἰκονομεῖν τεταγμένος τὸν σεβάσμιον νεὼν τοῦ ἁγίου προδρόμου καὶ βαπτιστοῦ Ἰωάννου τὴν βασιλέως καταλαμβάνει, πρεσβεύσων ἵνα εἰ συμβῇ τὸν ἐπίσκοπον ἐξ ἀνθρώπων ἀπελθεῖν, ἐξὸν ᾖ τοῖς τὴν Ἀλεξάνδρου οἰκοῦσι προβάλλεσθαι πρόεδρον ὃν ἂν ἐθέλοιεν.

Repris par NICÉPHORE CALLISTE, *Hist.* XVI, 11. Sur Saint-Jean-Baptiste : A. CALDERINI, *Dizionario dei nomi geografici e topografici dell'Egitto Greco-Romano*, Le Caire 1935, I, 1, p. 170-171.

24. ZACHARIE, V, *Praef.*, Brooks, p. 144, 3 : *Iohannes missus ... cum δεήσει fautorum ... Timothei*; V, 6, Brooks, p. 154, 16 : *fautores.* ÉVAGRE, *Hist.*, III, 12, Bidez-Parmentier, p. 109 (v. note *supra*).

25. V. note 11.

dont il avait lui-même bénéficié, lorsqu'à la mort d'Aelure le pouvoir, pour faire l'économie d'une nouvelle élection[26], l'avait invité à reprendre son siège. Zacharie explique crûment[27] (et il n'y a pas de raisons de se méfier en ce cas) que les partisans de Pierre Monge réclamaient qu'on ne fasse pas d'évêque à la mort de Timothée S. Ils en avaient un tout prêt, orthodoxe, qui se cachait. Ainsi Jean part chargé d'une mission officielle ; Gélase lui donne le titre d'*apocrisarius*[28] : le nom n'est pas encore spécialisé pour désigner un ambassadeur permanent ; mais il évoque sûrement le mandat d'un négociateur chargé de recevoir le *responsum* impérial. Liberatus précise un peu la composition de l'ambassade : il joint au prêtre un évêque, Gennadius, un parent du patriarche. On comprend que les lettres romaines aient passé sous silence ce personnage : Gennadius s'installa à la cour ; il assistait Acace dans la *synodos endemousa* et finalement prit parti pour Pierre Monge[29]. En réalité, le poids de la négociation reposait sur Jean Talaïa (sur ce point, tous les témoins s'accordent). Timothée S. avait envoyé le deuxième personnage de son Église pour obtenir que l'empereur assurât la régularité d'une succession catholique[30]. Il se résignait à cette démarche (analogue à celle que le pape romain Boniface avait tentée auprès de l'empereur Honorius) après l'échec d'une première ambassade, celle d'Isaïe à la fin de 478 et aussi après l'été de 479 et, comme on le verra, avant que le patrice Illus ait quitté Constantinople, à la fin de 381[31].

---

26. Gélase (*Ep.*, 1, *Coll. veron.*, 11, Schwartz, p. 33, 17) assure avec une véhémence significative qu'il n'en était rien : *Falsum est ergo quod in sequestri dicitur constitutus, ut eidem subrogaretur cui numquam communicavit et a quo postulatus est longius debere relegari.* La raison qu'il donne fait également penser que Rome a compris le jeu de la cour ; mais qu'elle ne peut l'accepter. *Imperator Timothei catholici electioni cuncta permisit.* En réalité, Z. attendait, pour réinstaller Timothée S., la mort de T. Aelure.

27. Zacharie, *Hist.*, V, 6, Brooks, p. 154, 11-17.

28. Gélase, *Ep.*, 1, *Coll. Veron.*, 11, Schwartz, p. 33, 26. La sentence de Schwartz (*ibid.*, p. 195 n. 4) tombe : *inkorrekt.* Mais le titre n'est pas codifié avant Justinien : v. J. Pargoire, *DACL*, I, 2, col. 2537-2555 ; O. Treitinger, *Re AChr.*, I (1950), col. 503-504. Le premier témoignage pour l'usage ecclésiastique est relevé par la chancellerie romaine, pour des légats alexandrins, Félix, *Ep.*, 6, *Coll. Veron.*, 5, Schwartz, p. 6, 16, datée du 28 juillet 484 ; puis *Coll. Avellana*, 102, Guenther, p. 468, 15 ; pour l'Église de Thessalonique, *Coll. Avellana*, 213, *ibid.*, p. 672, 25. Le système est réglé par Justinien : *Nov.*, 123, 25, en 546.

29. Liberatus, 16, 107, p. 125, 25-30 et 17, 111, p. 126, 30-33.

30. Gélase, *Gesta, Coll. Avellana*, 21, p. 448, 9 : *rogans ... ut ... iuberet pietas eius* (Zénon) *catholicum a catholicis ordinari* ; de même, *Ep.*, 26, *Coll. Avellana*, 95, 41, p. 384, 7 : du 1er février 496. Évagre (*Hist. Eccl.*, III, 12, Bidez-Parmentier, p. 110) parle seulement d'un évêque élu par le peuple et le clergé : au moins, il reconnaît que Zénon ne réservait pas le poste à P. Monge.

31. Liberatus (voir note 29) parle d'une ambassade de Jean T., alors que celui-ci n'est pas économe de l'Église ; elle devait remercier Zénon du rétablissement de Timothée. On a donc imaginé deux ambassades de Jean pour concilier le témoignage de L. avec ses contemporains. Mais Gélase énumère les démarches romaines et alexandrines, en plaçant celle d'Isaïe au premier rang (v. note 20) ; il

Jean Talaïa semblait réussir son ambassade : Zénon répondit
par un rescrit qui donnait la garantie d'une succession catholique. Les papes, Félix et Gélase, le lui rappellent sans paraître
craindre un démenti. Le second ajoute que, dans sa réponse,
l'empereur faisait l'éloge du légat, disait qu'il était digne des
plus hautes charges pour le gouvernement de l'Église ; il
semblait, ajoute le Romain, promettre le premier rang à celui
qui déjà occupait la deuxième place dans la hiérarchie. *Tu
mandasti*, déclare Gélase en se référant sans aucun doute au
texte impérial, *dignum esse cui maiora committerentur quae ad
gubernationem ecclesiae pertinerent*[32]. Zénon déclarait de son côté,
au printemps de 482, que le légat, en devenant évêque, avait
commis un parjure ; et l'accusation fut reprise avec force détails,
au VIe s., par Zacharie, puis par Évagre[33].

Il est vrai que les négociateurs, sous une apparente réussite,
laissaient beaucoup de zones d'ombre. Mais, dans tous ces
témoignages contradictoires, une chose paraît sûre. Zénon avait
écrit au clergé d'Alexandrie un compliment assez flatteur de
Jean Talaïa. Et malgré toutes les restrictions mentales dont
s'enveloppait la duplicité impériale, ces bonnes paroles pesaient
d'autant plus fort que Zénon avait parfaitement compris le sens
de la manœuvre alexandrine. L'envoi du second personnage de
l'Église valait comme une candidature anticipée : Zacharie (et

indique, *post omnia*, celle de J.T., prêtre et économe de l'Église. Les lettres de
Simplice confirment bien qu'en octobre 478, la démarche d'Isaïe inaugure les
grandes ambassades d'Alexandrie à Constantinople (v. notes 8 et 9). Enfin, Gélase
et toutes les sources ne parlent que d'une seule ambassade de Jean Talaïa (texte
cité, note 20). En 479, Simplicius ne sait rien sur Alexandrie, alors qu'Acace et
Zénon l'ont prévenu de l'élection à Antioche du chalcédonien Calendion (*Coll.
Avellana*, 66 du 22 juin 479 et 67). Enfin, le départ d'Illus se place à la fin de 481,
avant le voyage de Pamprepius en Égypte qui eut lieu quelque temps après le
29 septembre 481 : voir STEIN, II, p. 19 n. 1. Sur les liens de J.T. avec Illus,
infra notes 33 et 35.

32. FÉLIX, dès sa première lettre à Zénon : *Ep.*, 1, *Coll. Berol.*, 10, Schwartz,
p. 67, 2-6 et à Acace, *Ep.*, 2, *ibid.*, p. 71, 6-14, où le pape parle de rescrit
(rescribens) adressé au clergé. GÉLASE, *Ep.*, 1, *Coll. Veron.*, 11, p. 33, 16 : « *Si
iuraverat Iohannis non se futurum episcopum, quomodo tu mandasti dignum esse cui
maiora committerentur quae ad gubernationem ecclesiae pertinerent? supra presbyle-
rum quid est maius ad ecclesiae gubernationem nisi episcopatus? si iuraverat,
quomodo hoc mandas? et si iuraverat, cur illum exposuisti ut fieret contra quod
iuraverat, aut si factum est quod mandasti, quid irasceris? quid illum tibi dicis
peierasse cum factum sit quod se non iuraverat esse facturum, cum tu eum hoc fieri
debere mandaueris? apocrisarius erat, omnia ad ipsum pertinebant, omnia ecclesiae
ipse curauit, polior illo inter clericos Alexandrinos nullus habebatur, honore presbyter
erat : supra quid ei adderetur ad gubernationem ecclesiae? quid ei amplius adiceretur
nisi episcopatus? tu igitur eum episcopum esse uoluisti, qui eum supra quam erat
(nec aliud restabat nisi ut esset episcopus) esse debere mandasti.* » Voir aussi *Gesla*,
21, *loc. cit.*, p. 448, 13 et *Ep.*, 26, *Coll. Avellana*, 95, 41, Guenther, p. 384, 8-9 et
65, p. 392.

33. Voir la lettre de ZÉNON, citée par SIMPLICIUS, *Ep.*, 18, *Coll. Avellana*, 58, 2,
Guenther, p. 152 *(tamquam periurii reum ...)* ; GÉLASE, *Ep.*, 1 citée note 32. Une
allusion chez LIBERATUS (17, 112, p. 127, 5 : *quasi eam contra suum iusiurandum*),
qui attribue l'argument à Acace.

après lui Évagre) atteste que Zénon avait une parfaite intelligence de la situation[34]. Les mêmes témoins opposent aux déclarations écrites du prince l'engagement qu'aurait pris Jean Talaïa de ne pas briguer l'épiscopat. « Zénon, explique Zacharie, lui demanda en présence du sénat et de l'évêque Acace le serment de ne pas devenir évêque » ; ailleurs, le chroniqueur glose plus longuement. « Zénon, comme s'il voulait tendre un piège, dit à Jean : 'A nos yeux, il est bon que tu deviennes évêque ...'. Et celui-ci de répondre : 'Je ne suis pas digne' ... Il prêta serment de ne jamais devenir évêque. » Le chroniqueur Jean de Nikiou, un jacobite convaincu, explique, semble-t-il, que le moine avait pris l'engagement de ne pas rechercher l'agrément de l'empereur pour sa nomination[35] : la promesse, si elle fut prononcée en ces termes, était bien ambiguë. Entre les propos prêtés à Jean Talaïa et le rescrit de Zénon, les contradictions ne sont qu'apparentes. Le prêtre d'Alexandrie (en admettant qu'il ait pris un engagement aussi catégorique que le prétend Zacharie) se pliait aux règles d'une élémentaire bienséance en refusant un siège toujours occupé et en affichant l'humble désintéressement qui convient à un futur pasteur[36]. Il ne laissait point pour tous ces bons sentiments de trace écrite, dont ses adversaires eussent fait grand profit pour les opposer aux compliments imprudents du prince.

Car le moine paraît avoir quelque sens politique ; Zacharie s'efforce d'expliquer que Zénon témoignait à Jean une sympathie toute feinte. Le prince fourbe savait que le Tabennésiote était lié au complot ourdi par Illus ; le légat avait pris conseil du patrice qui lui avait conseillé de cacher son jeu en attendant. Ce genre de reconstruction échafaudée par le chroniqueur, avec un goût byzantin de l'anecdote secrète, est évidemment invérifiable. Les évêques romains ne font jamais allusion aux relations de Jean avec le général isaurien disgracié dès 483 et entré en rébellion l'année suivante. Mais Liberatus, qui avait pu recueillir à Constantinople quelques bribes de cette histoire, évoque le pacte d'amitié passé par le moine avec le puissant patrice, un accord scellé par de riches cadeaux *(xenia)*, au point d'indisposer Gennadios d'Hermopolis et Acace, négligés dans la distribution[37]. On croira volontiers que Jean Talaïa a joué la carte d'Illus et cherché sa protection : l'Église d'Alexandrie n'avait pu obtenir de Zénon ni d'Acace l'expulsion définitive de Pierre Monge, insidieusement présent. Illus, isaurien comme le prince,

---

34. Je renvoie une fois pour toutes à ZACHARIE, V, *Praef.*, Brooks p. 144 et V, 6, *ibid.*, p. 154. ÉVAGRE, *Hist. Eccl.*, III, 12, *éd. cit.*, p. 109-110.

35. JEAN DE N., 88, *éd. cit.*, p. 482.

36. J'adhère, contre E. SCHWARTZ, *op. cit.*, p. 196, répété tout uniment par Frend, p. 177, aux remarques décisives de P. PEETERS, *art. cit.*, p. 152-156 et à l'analyse de E. STEIN, *Histoire*, II, p. 22.

37. LIBERATUS, 16, 107, p. 125, 30-34 et 17, 110-111, p. 19.24.

régnait sur tout un clan militaire dont les généraux se recrutaient en sa rude province et sur une clientèle qui comptait un lettré païen, poète et rhéteur, Pamprenius. Le Wallenstein isaurien, comme dit H. Grégoire, avait son Zeni. Illus avait défait Zénon, au profit de Basiliscus, et l'avait rétabli en basculant d'un parti à l'autre : Zénon n'arrivait pas, malgré de multiples tentatives, à se défaire de lui. On ne sait si l'empereur et son dangereux rival avaient des convictions arrêtées sur les deux natures ; mais leurs politiques religieuses divergeaient à la mesure de leur rivalité politique : au bout du compte, lorsque Illus entra en rébellion ouverte, l'évêque chalcédonien d'Antioche, Calendion, rallia sa cause. Jean Talaïa l'avait déjà fait, semble-t-il, dès le temps de son voyage à Constantinople[38].

L'épiscopat.

Quelque temps après le retour de son légat, Timothée S. rendait l'âme : il eut un successeur catholique, Jean Talaïa. Le pape d'Alexandrie mourait en février 382[39]. L'épiscopat du Tabennésiote se place dans une période assez brève (six mois, comme le dit le patriarche Eutychius)[40] entre la fin de l'hiver et la fin de l'été au plus tard. Pour Jean, tout avait bien commencé : il mobilisait en un synode tout le parti chalcédonien, évêques égyptiens et clercs alexandrins[41] ; il réussissait même à rallier quelques dioscoriens, tel ce prêtre Cyrus sur lequel Zacharie se répand en jugements venimeux. *Catholicus a catholicis ordinatur* : c'était le principe fixé par Zénon et le préfet Theognostos donna son accord. Zacharie assure que Jean avait

38. J. R. MARTINDALE, *The Prosopography of the Later Roman Empire*, II, Londres 1980, p. 586-590 ; PAMPREPIUS, *ibid.*, p. 825-828 ; LEONTIUS, p. 670, 671. Les arguments invoqués pour faire d'Illus un chalcédonien dépendent de l'attitude de Calendion (ÉVAGRE, *Hist. Eccl.*, III, 16, après ZACHARIE, V, 9 ; LIBERATUS, *cité* et THÉODORE L., *Epitome*, 435, Hansen, p. 121). E. STEIN échafaude une fresque brillante, l'alliance des catholiques et des païens contre les monophysites (II, p. 23-34).

39. LIBERATUS, 16, 108, p. 216 : dans la 23ᵉ année de son épiscopat (voir LÉON, *Ep.*, 170) au 6ᵉ mois de l'année (égyptienne). ZACHARIE explique que l'élection se fait peu de jours après le retour (V, 7, Brooks, p. 155), mais c'est un trait polémique et une indication trop vague. Si J. T. a rencontré Illus (v. *supra*), plusieurs mois, trois ou quatre, séparent l'ambassade de l'élection.

40. Sur la durée de l'épiscopat : EUTYCHIUS, évêque d'Alexandrie, donne une durée de 6 mois (*Annales*, 107 ; *PG* 111, 1057) et LE NAIN DE TILLEMONT utilise le témoignage d'un calendrier copte tardif pour placer au 24 octobre l'intronisation de Pierre Monge (p. 322).

41. SIMPLICIUS, *Ep.*, 18, *Coll. Avellana*, 68, 2, Guenther, p. 151. La lettre est datée du 15 juillet et signale que la synodale égyptienne est arrivée depuis peu *(nuper)*. Voir GÉLASE, *Gesta, Coll. Avellana*, 99, p. 449 ; *Ep.*, 26, *Coll. Avellana*, 95, 15 p. 374 et 41, p. 384 et App. II, 10, p. 793 ; III, 22, p. 800 ; LIBERATUS, 17, 110, *éd. cit.*, p. 126. Sur Cyrus, ZACHARIE, V, 7, Brooks, p. 155 et 9, p. 160. Les dates proposées pour l'*Hénotikon* (Tillemont : 24 octobre) n'ont pas de fondement.

soudoyé ce haut personnage. Il lui avait, à son retour de Constantinople, transmis une lettre d'Illus qui le mettait dans le complot et promis un trésor, donné autrefois au pape Théophile par Arcadius, s'il accédait à l'épiscopat. Cette sorte d'échanges se pratiquait alors et Jean était bien placé pour disposer des capitaux et des objets précieux[42]. Peu de temps après, le nouveau pape se hâtait de faire connaître son élection. Il s'adressait directement aux sièges apostoliques : le prêtre Isidore et le diacre Pierre partaient pour Rome, où ils arrivaient en juin ou au début juillet. D'autres messages partaient pour Antioche et son évêque chalcédonien, Calendion. Avec Constantinople, il s'embarrasse de précautions (comme l'explique Liberatus) : il écrivait à Illus, qu'il croyait toujours dans la capitale. en le chargeant de transmettre les lettres destinées à Zénon et à Acace. Il y avait déjà quelque maladresse à choisir un intermédiaire qui indisposait fort l'Auguste. Le désastre fut que le patrice reçut le courrier transmis par un *magistrianus* (probablement un employé du Préfet ami) à Antioche, où ce porteur trop zélé l'avait apporté, faute de trouver le destinataire à Constantinople. Le prince et l'évêque de la capitale reçurent la nouvelle par les messagers du parti adverse[43]. Ils l'accueillirent comme une provocation et sans doute comme une démonstration de dissidence.

L'affaire cristallisa les inimitiés latentes : Gennade, l'évêque égyptien resté à la cour, les moines monophysites guidés par Amon, le « buffle sauvage », Acace surtout. Ce dernier fit valoir au prince que le Tabennésiote était suspect, qu'il avait invité Timothée S. à rétablir sur les diptyques le nom abhorré de Dioscore[44]. Pierre l'Enroué, en revanche, pourrait être ramené à l'orthodoxie et il était assez populaire pour réaliser l'unité tellement espérée. Liberatus reconstitue ainsi l'argumentation de l'évêque de Constantinople : il ne souffle mot des arguments plus politiques qui pouvaient servir contre le protégé d'Illus. L. Duchesne[45] a décrit dans une page étincelante cette évolution d'Acace, ses procédés impérieux pour peupler l'Orient de

---

42. Zacharie, V, 6 et 7, Brooks, p. 154 et p. 155 ; Évagre, *Hist. Eccl.*, III, 12, Bidez-Parmentier, p. 110. Eutychius, *loc. cil.* (note 39), sur Theognostos qu'il nomme Ebn Gustus. Il est tout à fait inconnu : L. Cantarelli, *Mon. Ac. Lincei*, 14, 1909, p. 155 et H. Huebner, *Der Praefectus Aegypti von Diokletian bis zum Ende der Röm. Herrschaft*, Munich 1952, p. 30 ; PLRE, II, p. 1107.

43. Sur la synodale pour Rome, voir note 41 ; pour Antioche, Liberatus, 17, 119, p. 129, 3. Pour Acace et Zénon, *ibid.*, 111, p. 126.

44. Simplice implique les moines : *Ep.*, 19, *Coll. Veron.*, 1, 5, Schwartz, p. 3, Félix, *Ep.*, 2, *Coll. Berol.*, 21, Schwartz, p. 71 et Gélase, *Ep.*, 1, *Coll. Veron.*, 11, Schwartz, p. 36, accuse la connivence d'Acace avec Zénon ; Liberatus décrit toute la campagne (Gennade, moines, Acace), 17, 111 et 112, p. 126 et 127. Zacharie signale surtout le rôle des moines (V, 7, Brooks, p. 155) ; Évagre, *Hist. Eccl.*, III, 12, Bidez-Parmentier, insiste sur la réaction impériale ; Théodore L., *Epitome*, 422, Hansen, p. 116 (et Théophane, de Boor, p. 130).

45. *Histoire*, p. 500-501.

créatures à sa dévotion, ses visées impériales, alors que l'effondrement de l'empire occidental devait affaiblir l'autorité du siège romain. Dès le 15 juillet, le pape Simplicius avait reçu une lettre du prince condamnant Jean et avançant le nom de Pierre[46]. C'est dire que les tractations allaient bon train ; Acace préparait pour l'empereur un édit d'union, qui devait servir de charte à une réconciliation générale. Le plan de l'opération se dessinait : on laisserait Pierre sur le siège épiscopal, s'il acceptait l'hénotique, s'il entrait en communion avec Simplicius et avec Acace et s'il accueillait les Protériens (chalcédoniens)[47]. On confia l'édit d'union aux moines monophysites désormais réconciliés et l'empereur mandait à son nouveau préfet Apollonius et à un *dux* Pergamius l'ordre de chasser le chalcédonien et de convaincre Pierre d'adhérer à l'hénotique[48]. Jean Talaïa abandonnait la partie ; il se cacha peut-être à Alexandrie comme l'avait fait en 477 son rival victorieux et finalement quitta l'Égypte[49]. Il laissait, assure Théodore le Lecteur, des évêques, des clercs, des moines, tout un peuple en larmes[50]. Malgré toutes les *sfumature* de l'hénotique accepté par Pierre Monge, Dioscore avait gagné.

L'exil.

Pour Jean le Tabennésiote commence le temps de l'exil et bientôt l'établissement en Italie : une période mal connue, qui représente malgré tout plus d'une dizaine d'années actives et pastorales. Liberatus assure que l'Alexandrin gagnait Antioche pour rejoindre Illus. Dans ce premier temps, le Tabennésiote choisit de répliquer au coup de force par une démarche politique. Après tout, son illustre prédécesseur, Athanase, avait utilisé contre l'empereur Constance l'appui de l'Auguste d'Occident, Constant. Le maître des milices représentait désormais l'espoir du parti chalcédonien. C'est Illus qui introduisit l'exilé auprès du pape d'Antioche, Calendion. Ce dernier lui conseilla de prendre appui sur la plus grande autorité de l'Église ; pour sa part l'Antiochien écrivait à Zénon, à Acace et à Simplicius qu'il

46. Voir note 41.

47. LIBERATUS, *loc. cit.* et 17, 129 ; voir aussi Zacharie, Évagre, Théophane, *ibidem* (note 44).

48. Sur le *mandatum*, LIBERATUS, ZACHARIE, *loc. cit.* et ÉVAGRE, *Hist. Eccl.*, III, 12 et 13 ; voir aussi VICTOR TUNN., ad a 480, *loc. cit.*, p. 190. Apollonius n'est pas autrement connu : *PLRE* II, p. 122. Pergamius, le frère de Jean Hésychaste convainc, selon Évagre, Pierre ; il semble qu'il ait concentré dans un second temps tous les pouvoirs, CANTARELLI, *op. cit.*, p. 408 ; *PLRE* II, p. 859.

49. Pergamius constate que J. T. s'est enfui : ZACHARIE, V, 7, Brooks, p. 155, 34 ; v. aussi LIBÉRATUS, 119, p. 129 et ÉVAGRE, III, 13, Bidez-Parmentier, p. 110.

50. THÉODORE L., *Epitome*, 424, Hansen, p. 117. On peut lui opposer les accents triomphalistes de ZACHARIE (*loc. cit.*, p. 157) sur l'*adventus* de Pierre M., auxquels fait écho NICÉPHORE CALLISTE (XIV, 11).

refusait de reconnaître en tant qu'usurpateur l'hérétique d'Alexandrie[51]. Jean Talaïa se replia sur des procédures plus ecclésiastiques : il rédigea un *libellus* pour interjeter appel à Rome. Les monophysites lui reprochèrent de s'être présenté comme un confesseur qui avait souffert pour la défense du synode de Chalcédoine et du tome du pape Léon[52]. Il adressait ce texte au pape Simplicius : il ne pouvait savoir, en prenant la route de Rome sans doute au printemps 483, qu'il serait reçu, lui et son libelle, par un nouveau pape, Félix, monté sur le trône de Pierre, le 13 mars[53].

Le pape déclarait à Acace qu'à l'exemple de ses prédécesseurs recueillant Athanase, il recevait l'appel de Jean d'Alexandrie : le ton était donné. Et il manifestait avec éclat l'évolution de l'attitude romaine. Le 15 juillet 482, le pape Simplicius se retenait, après l'arrivée des lettres de Constantinople accusant Jean de parjure, d'envoyer des lettres de communion : *retraxi pedem*[54]. Félix, dès sa première lettre, s'étonnait du long silence de Constantinople et de l'impunité accordée au *pervasor* d'Alexandrie[55]. En transmettant le libelle alexandrin à la capitale, il invitait l'évêque de Constantinople à venir répondre sur toute l'affaire devant un concile tenu à Saint-Pierre : *in conventu fratrum coepiscoporumque nostrorum respondere festina*[56]. L'évêque Jules de Rome, qui accueillait Athanase, mettait plus de formes pour inviter Eusèbe de Nicomédie devant le tribunal d'un synode romain. Rome connaissait bien le cas de Pierre Monge, dont Timothée S. s'était acharné à demander

---

51. LIBERATUS, 17, 120, p. 129. La lettre de Calendion est signalée également par ZACHARIE, V, 9, Brooks, p. 161 ; ÉVAGRE, *Hist. Eccl.*, III, 16, Bidez-Parmentier, p. 114 ; mais Évagre ne sait rien du voyage en Orient.

52. ZACHARIE, V, 9, Brooks, p. 160 ; ÉVAGRE, *Hist. Eccl.*, III, 15, Bidez-Parmentier p. 114 ; selon THÉODORE L., *Epitome*, 431, Hansen, p. 119, THÉOPHANE, de Boor, p. 131 ; c'est surtout une accusation d'Acace, comme y insiste aussi ÉVAGRE, III, 18, p. 117.

53. FÉLIX, *Ep.*, 3 (à Acace), *Coll. Berol.*, 23, Schwartz, p. 75, 13 : *Iohannes fugatus ab haereticis pervasoribus sedis Aleaxandrinae libellum nobis quem sanctae memoriae decessori meo paraverat porrigendum* ; *Ep.*, 4 (à Zénon), *ibid.*, 22, p. 74, 21. Ces lettres suivent de peu de temps les deux longs messages expédiés par le pape à son avènement, en mars 483. Des légats romains partent très vite, dès le mois de mars, ou, selon Schwartz, en avril-mai (p. 204, n. 1) ; ils sont probablement déjà partis lorsque F. envoie les *Ep.*, 3 et 4 (voir, p. 275, 23). Toujours sur l'arrivée de Jean, GÉLASE, *Gesta*, 23, *Coll. Avellana*, 99, Guenther, p. 449 ; App. III, 17, *ibid.*, p. 799. ZACHARIE, ÉVAGRE (*loc. cit.*, note 52) et LIBERATUS (17, 120, p. 129) pensent que Jean arrive à Rome au temps du pape Simplicius (avant le 10 mars 483) : ils sont induits en erreur par l'adresse de J. T.

54. SIMPLICIUS, *Ep.*, 18 (note 41) et *Ep.*, 19, *Coll. Veronensis*, Schwartz, p. 1. GÉLASE, *Gesta*, 22, *Coll. Avellana*, 99, Guenther, p. 449 : *ab episcopatus illius papa confirmatione suspensus est*. Une autre lettre, du 6 nov. 482, *Ep.*, 19, *Coll. Veronensis*, 3, Schwartz, p. 3-4, parle des *scandala* d'Alexandrie ; sur ces lettres, LIBERATUS, 17, 121, p. 129.

55. *Ep.*, 1 (à Zénon), *Coll. Berol.*, 10, Schwartz, p. 68, 10.

56. *Ep.*, 3 citée (note 53), p. 75, 19.

l'expulsion ; le pape Simplicius avait appuyé sa demande[57]. Mais après le silence obstiné de Constantinople, l'acte d'accusation dressé par l'exilé catalysait les énergies romaines.

On ne sait si Jean Talaïa espérait beaucoup de l'intervention pontificale ni s'il escomptait quelque bénéfice de la révolte organisée en Orient par son protecteur Illus. Il fut doublement déçu : ce dernier, battu, se retranchait dans une forteresse isaurienne. Quant aux légats, les évêques Vitalis et Misenus, l'habile Acace les retournait en sa faveur et ils apportaient une lettre de l'évêque de la capitale assurant que Pierre s'était corrigé, qu'il était populaire et ralliait l'unité. Zénon, de son côté, déclarait qu'il avait suivi le conseil de son évêque[58]. Les moines acémètes, entre-temps, annonçaient à Félix la trahison de ses légats. En renfort s'ajoutait une lettre des chalcédoniens d'Égypte, évêques et clercs réfugiés à Constantinople ; ils rapportaient les nouveaux méfaits de Pierre Monge, qui anathématisait ouvertement Chalcédoine et le pape Léon et qui tirait de leurs repos les ossements de Timothée S. pour les jeter au loin[59]. Avec un tel dossier, Jean n'avait guère besoin de forcer ses talents de procureur : il siégeait sûrement dans le concile qui jettait l'anathème, le 28 juillet 484, contre Acace et aussi contre Pierre Monge, dans un texte adressé aux évêques d'Égypte, de Thébaïde, de Libye et de Pentapole[60]. Évagre explique que Jean prit une part décisive à la condamnation d'Acace. Gélase de son côté rappelle l'intervention passionnée de l'exilé contre l'une des créatures d'Acace[61]. La synodale adressée à Acace reproche explicitement au condamné de n'avoir pas répondu aux accusations portées par le libelle alexandrin : *ad libellum fratris et coepiscopi ... Iohannis qui te gravissimis obiectionibus impetivit.* La sentence rappelle qu'il porte l'hérésie dans l'Église de Marc, le second siège apostolique, comme dit Gélase[62]. Mais tout en formulant une condamnation intransigeante, Félix ne réclame

---

57. Aussi Zacharie (V, 9, Brooks, p. 160) se trompe en pensant que la lettre portée d'Uranius (celle à laquelle répond Simplicius, *Ep.*, 18) sert de réponse aux lettres du prédécesseur de Félix.

58. Les textes de ces lettres sont perdus mais v. les allusions de Gélase, *Ep.*, 1, *Coll. Veron.*, 11, Schwartz, p. 33-49 ; *Ep.*, 26, *Coll. Avellana*, 95, 44 et 64, Guenther, p. 385 et 392. *Gesta*, 29, *ibid.*, p. 452 : des mensonges.

59. Félix, *Ep.*, 6, *Coll. Veron.*, 5, Schwartz, p. 6, 15 et, pour les moines, Évagre, *Hist. Eccl.* III, 20, Bidez-Parmentier, p. 118.

60. Il manque la liste des signatures ; contre Acace : Félix, *Ep.*, 6, *Coll. Veron.*, 5, Schwartz, p. 6 et 7 ; contre Pierre Monge, Gélase, *Gesta*, 31, Guenther, p. 453. Lettre à Zénon, *Ep.*, 8, *Coll. Berol.*, 33, Schwartz, p. 81-82, du 1er août 484 ; v. aussi l'*Ep.*, 12, *Coll. Berol.*, 29, Schwartz, p. 77-78 : adressée aux moines de Constantinople.

61. Évagre, *Hist. Eccl.*, III, 18, Bidez-Parmentier, p. 117. Gélase, *Gesta*, 26, *Coll. Avellana*, 99, p. 451 : *tacere non potuit*, contre Jean de Tyr, cité dans Félix, *Ep.*, 6.

62. Félix, *Ep.*, 6 *citée*, p. 7, 7 et 6, 12 ; Gélase, *Ep.*, 26, *Coll. Avellana*, 95, 19 et 41, Guenther, p. 375 et p. 384. Acace est condamné comme *contumax*.

pas le rétablissement de l'exilé, comme le voudrait la logique d'une sentence de déposition renouvelée contre l'hérétique Pierre. Cette clause apparaît dans la sentence portée contre les légats félons, Vitalis et Misenus. Ils sont exclus de la communion «tant que par la volonté de Dieu et par l'effort des princes catholiques et du peuple chrétien, l'Église catholique n'aura pas retrouvé un évêque catholique[63]». En 484, Félix envisage le rétablissement de Jean mais il ne l'attend ni d'Acace ni de Zénon. Cette espérance s'effrite : une synodale répète dès l'année suivante (5 octobre 485) la condamnation[64] ; en 490, la mort d'Acace redonne un peu d'espoir, dont le pape cherche quelque confirmation dans ses lettres aux nouveaux évêques Flavita, puis Vetranio[65] ; il sonde en requêtes voilées les intentions du prince[66]. Le Romain et l'exilé considéraient les raisons de leur impuissance : l'entêtement de Zénon qui résistait à tous les assauts, la faiblesse d'Odoacre, un général barbare qui ne pouvait rien contre l'Auguste.

Peut-être parce qu'il était attentif aux signes des temps et que ceux-ci n'étaient pas encourageants, Félix installa finalement Jean d'Alexandrie en Italie. Quelques années plus tard, en 495, le pape Gélase réconciliait le légat Misenus (son compagnon était mort) : il était repentant et on ne pouvait lui tenir rigueur de n'avoir pas œuvré pour le rétablissement de l'Alexandrin : l'exigence était inutile puisque irréalisable[67]. *Iohannes autem Talaia*, explique Liberatus, *episcopi dignitatem remansit Romae, cui papa Nolanam dedit ecclesiam...* En réalité, Félix attendait que soient déçues les espérances soulevées par la mort d'Acace pour installer Jean dans un évêché vacant. A Nole, deux évêques se succèdent, Félix, mort en 484, puis Théodose, qui disparaît en 490[68]. Quelque temps après son installation Jean reprit, une dernière fois, espoir ; il avait appris l'avènement d'un nouveau prince (11 avril 491) et comptait sur son amitié : l'évêque de

---

63. GÉLASE, *Ep.*, 30, 8 et 9, A. THIEL, *Epistolae Rom. pontif.*, Braunsberg, 1867, p. 441 et 442.

64. FÉLIX, *Ep.*, 11, *Coll. Avellana* 70, Guenther, p. 155-161 : synodale d'un concile de 42 évêques.

65. FÉLIX, *Ep.*, 14 et 15 (*Coll. Berol.*, 44 et 34) pour Flavita ; *Ep.*, 17 (*Coll. Berol.*, 31) pour Vetranio.

66. *Ep.*, 8 (en 484), *Coll. Berol.*, 33, Schwartz, p. 82, 15-23 ; *Ep.*, 15 (en 390), après la mort d'Acace, *Coll. Berol.*, 34, Schwartz, p. 85, 12 s.

67. Voir note 63 : il semble bien que Jean est encore vivant ; GÉLASE cite Jean dans sa première lettre, dans les *Gesta*, dans l'*Ep.*, 27, *Coll. Berol.*, 10, Schwartz, p. 25 ; dans l'*Ep.*, 26, *Coll. Avellana*, 95, 14 ; 19 ; 20 ; 41 ; 53, Guenther, p. 374 ; 375 ; 376 ; 384 ; 387. Cette dernière lettre date du 1er février 496. Malheureusement, le pape n'indique que très rarement d'un éloge *(sanctae memoriae)* si le personnage cité est mort. En ce cas, il parle de l'*episcopus*, du *catholicus pontifex*, de Johannes tout court.

68. *CIL* X, 1344 et 1345. Il est impossible de placer entre les deux évêques l'épiscopat de Jean, comme le voudrait F. LANZONI, *Le Diocesi d'Italia Studi e Testi*, 35, Faenza 1927, I, p. 238.

Nole retrouvait le goût des négociations politiques et l'espérance du succès ; il courut à Constantinople ; l'empereur Anastase avait oublié les services rendus à un fugitif par un moine chalcédonien : celui-ci dut s'enfuir, aussi discrètement qu'il était arrivé[69]. Il reprit paisiblement sa pastorale campanienne : *plurimos residens annos*. Son successeur, Serenus[70], apparaît déjà au temps de Gélase, à la fin du pontificat (495 ou 496). Jean avait porté le titre épiscopal plus d'une quinzaine d'années, dont quelques mois dans sa ville d'Alexandrie.

In pace defunctus est : c'est peut-être l'image banale et paisible qui convient à ce moine passé à la politique, et parvenu à l'un des grands sièges d'Orient. Il avait cherché à être pour la défense de la foi et dans l'exil un nouvel Athanase : il mérita au moins, après tant de tapage et de voyages, une fin sans rumeur.

---

69. Voir note 18. Victor Tunn. (*ad a.* 494 *éd. cit.*, p. 192) situe l'affaire en 494 ; mais pour J. Talaïa, sa chronologie est incertaine : il place son élection épiscopale en 480 (?).

70. En attendant la publication de la notice rédigée pour la *Prosopographie de l'Italie Chrétienne* par J. Desmulliez, v. Lanzoni, *loc. cit.* ; pour Gélase, *Coll. Britan.*, 46, *MGH* AA, XII, p. 390-391 ; *Fragments*, 11. 13, *MGH* cité ; *Fragment* 40, Thiel, p. 504-505. Je ne pense pas qu'on puisse l'identifier au Serenus présent au synode romain de 495, v. note 67.

Les provinces "Salutaires": géographie administrative et politique de la conversion sous l'Empire chrétien (IVᵉ s.)

Charles Pietri

(Paris / Roma)

Phrygie salutaire, Macédoine, Palestine, Syrie, Galatie Salutaires: l'épithète *salutaris* reflète probablement les intentions d'une nouvelle géographie administrative qui réorganisa, surtout dans la seconde moitié du IVᵉ s., la distribution des provinces dans l'Empire chrétien. Le dédicataire de ces mélanges accueillera peut-être l'hommage d'une note qui prend la suite de l'une de ces études par lesquelles il a enrichi notre science, en analysant *l'idée du salut dans les inscriptions latines chrétiennes* (350-700)[1]. Chr. Mohrmann[2], qui utilisait le témoignage des anciennes versions de la Bible latine et aussi celui de Lactance, rappelait que *salutaris*, comme substantif servait à traduire le σώτηρ du Livre grec, avant d'être supplanté au IVᵉ s. par *Salvator*. La littérature chrétienne (en particulier l'auteur des *Institutions divines*) emploie l'adjectif pour évoquer les préceptes du Seigneur, apportant le salut: *praeceptis salutaribus:* (IV, 11, 1). Cet usage s'étend aux plus anciennes prières de la liturgie romaine: *verae divinitatis salutaria mandata; sacramenta salutaria; intercessio salutaris; mysteria salutaria,* etc...[3]. En spécialisant le mot pour illustrer "l'économie" du salut, les chrétiens ne font que reprendre une tradition depuis longtemps établie: l'adjectif *salutaris* vaut comme épiclèse de Jupiter dès l'époque de Cicéron et sert à qualifier Apollon, la Fortuna, les Nymphes,

---

[1] Dans un recueil édité par U. Bianchi et M. J. Vermaseren, *La soteriologia dei culti orientali nell'impero romano,* Leyde, 1982, p. 351-399.

[2] Dans un article de *Vig. Christ.* en 1948 reproduit dans les *Études sur le latin des Chrétiens,* Rome, 1979, 3, p. 53; v. aussi p. 83.

[3] Voir en général M. P. F. Ellebracht, *Remarks on the Vocabulary of the Ancient Orations in the Missale Romanum,* dans *Latinitas Christ. Prim.,* 18, Nimègue, 1963, p. 56; les textes cités viennent du *Sacram. Veronense* (C. Mohlberg, Rome, 1966): XXXVII, 624, p. 79; XVII, 45, p. 8; XXIV, 522, p. 72; XXVI, 851, p. 107; voir Mohlberg, p. 401.

les Dioscures, les *Dii militares*...[4]. Mais une telle référence aux antiques divinités paraît peu concevable à l'époque de Théodose: on conçoit mal que l'empereur ait accepté, dans une titulature officielle pour nommer une circonscription nouvelle, l'évocation des antiques puissances déchues. Du reste, la chancellerie impériale a parfaitement dépouillé le mot de ses souvenirs païens: en 359, Constance, qui s'imagine comme le continuateur de Constantin, évoque les ordres salutaires du grand fondateur (*salutaribus imperatis*)[5]; Honorius, en 399, s'attribue tout le mérite d'une *salutaris definitio*. En un mot, c'est le prince qui fait oeuvre salutaire[6]. Mais, dès 314, Constantin donne, dans sa réponse à la synodale du concile arlésien, une signification tout à fait chrétienne à l'adjectif: la bonté (*pietas*) de notre Dieu, dit-il, ne permet pas que la créature humaine erre trop longtemps dans les ténèbres. *Neque patitur exosas quorumdam voluntates usque in tantum praevalere, ut non suis praeclarissimis luminibus denuo pandens iter salutare eas det ad regulam iustitiae converti*[7]. Elle ne souffre pas que les volontés détestables de quelques-uns l'emportent si complètement qu'elle ne puisse, en ouvrant la voie du salut avec ses lumières éclatantes, leur donner de se tourner vers la règle de justice. Dans un texte, où le prince se déclare *famulus* du Dieu tout-puissant, comme l'était Moïse, le thérapôn, l'adjectif *salutaris* apparaît avec toute la force de l'inspiration chrétienne: il évoque le chemin du salut, de la conversion offert par la divine providence aux donatistes entêtés. La législation impériale, au IVe s. et au début du Ve s. récupère également l'acception théologique de *salus*. Certes, le mot désigne souvent les réalités médiocres des existences individuelles[8]; mais lorsqu'il s'élève des considérations moins particulières au salut commun, il emprunte souvent à la sotériologie chrétienne. Une loi de Constantin condamnait, avec quelque ambiguïté, les pratiques de la magie machinées contre la *salus hominum*; en 389, le texte officiel évoque l'auteur des maléfices comme un *communis hostem salutis*; la loi se réfère autant à l'état qu'à

---

[4] Bien plus complète que l'indigent article de la *Realenzyklopädie* de PAULY-WISSO-WA (Suppl. 2, 1, 2 en 1920; Thulin, col. 2059-2060), la note de Höfer, en 1909, dans le *Lexikon* de ROSCHER, 4, col. 301-303. Le recueil cité à la note 1 donne de multiples indications: pour Mithra, en particulier avec R. Turcan, p. 176; voir aussi M. LEGLAY, *Salus dans la religion romaine*, p. 428 et 435.

[5] C(ode) T(héodosien), 11, 30, 28, du 18 juin 359, sur les appels.

[6] *CT*, 6, 30, 16; voir l'*opera* salutaire de la *militia*, en 364, *CT*, 7, 1, 5; en 387, celle de la médecine, *CT*, 13, 3, 14.

[7] H. VON SODEN et H. VON CAMPENHAUSEN, *Urkunden zur Entstehungsgeschichte des Donatismus*, Berlin, 1950², p. 23; voir J. L. MAIER, *Le Dossier du Donatisme*, 1, Berlin, 1987, p. 168 (corriger *limenibus*, Ziwsa: *pervalere*).

[8] *Vita et salus*: *CT*, 14, 4, 1, de 334; 11, 30, 20, de 340?; 11, 30, 57, de 398. La Salus pour les provinciaux consiste à leur assurer des jeux (*CT*, 15, 11, 1, de 414).

l'Église. Un édit du 12 février 405 déclare, pour extirper l'erreur des Manichéens et le schisme des donatistes: *una sit catholica veneratio, una sit salus*[9]. On le voit: les princes chrétiens (tout le premier, Constantin) et la chancellerie impériale n'ignorent pas que l'Église et ses fidèles ont spécialisé *salutaris* et *salus* pour un usage spirituel.

Comment une province, comment cinq provinces peuvent-elles être "salutaires"? En créant de nouvelles circonscriptions, l'administration impériale, lorsqu'elle n'utilisait point un simple numéro d'ordre, *prima, secunda, novus, nova*, se réfère parfois à un éponyme: le Pontus Polemoniacus pour le *rex* Polémon, l'Hélénopont, en hommage à l'Augusta, l'Honorias en référence à Honorius[10]. Cette nomenclature ne vaut pas une explication et il conviendrait d'étudier les raisons de politique impériale, administratives, policières, stratégiques ou religieuses qui ont déterminé, à chaque fois, le nouveau découpage. L'adjectif *salutaris* sollicita l'ingéniosité des savants. W. M. Ramsay, auquel on doit, entre autres, une somme de géographie historique sur l'Asie mineure antique et byzantine[11], choisit d'expliquer le cas de la Phrygie et de celui de la Galatie qui relevaient de son enquête. *The name... was perhaps due the hot springs, which abound in western Galatia and eastern Phrygia and which have always been great medicinal ressorts.* Cette sorte d'explication qui évoquait la médecine thermale ne convenait guère à la Syrie ni à la Palestine. E. Schwartz se contenta de noter, pour cette dernière province, que la dénomination valait dédicace, *pro salute Caesaris*[12]. La création d'une nouvelle province renforce la sécurité et le salut de l'empire. *Vestra salus, nostra salus* proclament dans le texte d'une loi constantinienne, les vété-

---

[9] *CT,* 11, 16, 3, de Constantin (323, selon K. NOETHLICHS, Diss., Cologne, 1971, p. 245 sq.); *CT,* 9, 16, 11, de 389; en 405, *CT,* 16, 18, 5, 38; v. aussi *CT,* 16, 5, 46, de 409.

[10] H. GRÉGOIRE (référence, infra, note 21, p. 103), veut reconnaître dans la *Phrygia pacatiana*, le souvenir de Pacatianus, préfet du Prétoire en Italie à la fin du règne de Constantin, de 332 à 337, consul en 332. Mais ce haut fonctionnaire ne paraît pas avoir eu d'activité en Orient. E. BOEKING, *Notitia Dignitatum...*, Bonn, 1839, 1, p. 143: *a pacato statu crediderim.* Voir O. SEECK, *Notitia Dignitatum*, Berlin, 1876: *Pacatiana, Occ.* 26, 8; *Cohors V pacata Alamannorum, Or.*, 32, 41 (avec le dux Phoenicis); un *numerus des Pacatianenses, Occ.*, 5, 81; une cohorte *I salutaria inter Aeliam et Hierichunta, Or.*, 34, 48; avec le dux Palaestinae; en Osrhoène, une aile du même nom, *Or.*, 35, 34.

[11] *The Historical Geography of Asia Minor*, Londres, 1890, p. 223.

[12] *Über die Bischofslisten der Syn. von Chalkedon, Nicaea und Konstantinopel*, dans *Abh. Bayer. Akad. Wissenschaft., Phil.*, 13, 1937, p. 73 (1). De même E. HONIGMANN, *Juvenal of Jerusalem*, dans *Dumb. Oaks Papers*, 5, 1950, p. 213 (20).

rans [13]. Cette sorte d'acclamation inspire une interprétation neutre à C. Wendel: "salutaire" représente l'empereur, sa personne, son intervention [14].

Henri Grégoire a vivement contesté cette *lectio facilior* dans une étude publiée avec P. Orgels en 1956 [15]. Les deux savants belges ont relevé avec force la fragilité des explications précédentes. Ils rappellent une remarque de Ohnesorge, qui pensait trouver, pour la Galatie et pour la Phrygie, une référence aux voyages de l'apôtre Paul [16]. On ne peut négliger que ce titre provincial a été employé par des empereurs chrétiens pour cinq provinces: ces deux traits suffisent à écarter l'hypothèse de Ramsay (comment parler de thermalisme en Macédoine, en Palestine ou en Syrie?) et aussi celle de Wendel, tout à fait arbitraire, si l'on considère l'usage que la chancellerie impériale fait de *salutaris*, dès l'époque de Constantin. H. Grégoire et P. Orgels se fondent simplement sur Eusèbe de Césarée (ils ignorent le texte de 314) pour évoquer l'inspiration chrétienne de cette nouvelle titulature. Le texte de 314 et aussi une analyse des circonstances de ce découpage provincial permettent de conforter leur hypothèse.

On rappellera au préalable, avant de choisir l'exemple de la *Galatia salutaris* qui inspirait l'explication de Ramsay, les éléments du dossier administratif; la chronologie des créations peut être établie en comparant les documents de la géographie politique réunis dans son édition de la *Notitia Dignitatum* par Seeck: le *Laterculus* de Polémius Silvius, qui utilise comme le montrait A. Chastagnol une liste primitive, antérieure en tout cas à 398-399, c'est-à-dire à la création, au 1er décembre 399, d'une province italienne, la Valéria [17]. On sait également que la Notice des Dignités a été définitivement compilée vers 428/430, en utilisant des documents divers, et croit-on, des données illustrant l'évolution de l'administration civile à la fin du IVe s. [18].

---

[13] *CT,* 7, 20, 2 (320?).

[14] Kaiserlich, d. h. vom Kaiser stammend oder dem Kaiser zugehörig: C. WENDEL, *Armarium Legum,* dans *Nachr. Gött.,* 1945-1948, 1944, p. 1-11. J. BALTY, dans *Syria,* 57, 1980, p. 467, ne tranche pas, tout en préférant avec le F. M. ABEL, une référence militaire.

[15] H. GRÉGOIRE et P. ORGELS, *Les cinq provinces "salutaires" de l'empire romain,* dans *Académie de Belgique, Bull. Cl. Lettres,* 42, 1956, p. 102-114.

[16] *Die Römische Liste von 297,* Duisbourg, I, 1899.

[17] Voir, après R. ZIEGLER, *P. W.* 21, 1951, col. 1258-1263; A. CHASTAGNOL, *Historia,* 4, 1955, p. 179 et *REL,* 42, 1964, p. 162-163.

[18] C'est déjà à peu de choses près, la conclusion de J. B. BURY, *The Notitia Dignitatum,* dans *JRS,* 10, 1920, p. 131-154, avec l'accord de A. Chastagnol (*loc. cit.*); G. CLEMENTE, *La Notitia Dignitatum,* Cagliari, 1968, sous Théodose II (425-429); et pour les provinces "salutaires", p. 110-113. É. DEMOUGEOT, *La Notitia dignitatum et l'histoire de l'Empire* dans *Latomus,* 34, 1975, p. 1070 et 1134 (= *L'Empire romain et*

1. La Phrygie

Le titre de la *Phrygie Salutaire* est sûrement attesté en 361 dans un édit adressé au Sénat par Constance (1ᵉʳ mai 361): on notera que la loi définit la géographie d'appel assignée au Préfet de la Ville[19]. La même dénomination revient dans la *Notitia* (*Or.*, 22, 19; Seeck, p. 53). Une liste des provinces (le *Laterculus Veronensis*), que l'on sait pouvoir dater, pour l'Orient, du règne de Licinius[20], signale la division de la Phrygie en *prima* et *secunda*[21]. On placera en conséquence la création (ou la dénomination) de la *Salutaris* sous le règne de Constantin, comme le suggère un témoin tardif et souvent incertain, Malalas (XXII, 9, p. 323, Bonn) ou plutôt au temps de Constance, comme l'établit sûrement un texte officiel. L'entreprise atteste comment se poursuit le découpage de la grande Phrygie, qui s'étendait en fait jusqu'à la Pisidie et même jusqu'à Iconium, devenue par la suite métropole de Lycaonie. Avec deux métropoles sûres, Laodicée de Phrygie et Synnada, pour la *Salutaris*, le prince pouvait espérer qu'il encadrerait plus sûrement un pays agité par les dissidences d'un rigorisme religieux multiforme, que condamnaient encore, à la fin du siècle, les canons d'un concile tenu à Laodicée[22].

2. La Palestine Salutaire

La Palestine Salutaire n'est pas mentionnée dans le Laterculus de Vérone, ni par la liste qu'utilise Polémius Silvius; mais Jérôme l'emploie

---

les barbares d'Occident, Paris, 1988, p. 115-170), pense que "le groupe des données postérieures à 396 s'insère entre 396 et 408" (p. 1133).

[19] *CT*, 1, 6, 1.

[20] D'après l'exemple de l'Égypte: J. LALLEMAND, dans *Acad. de Belgique, Bull. Cl. Lettres*, 36, 1950, p. 387-395; sur la Phrygie *pacatiana*, v. note 15.

[21] T. DREW-BEAR, dans *La géographie administrative et politique d'Alexandre à Mahomet*, Colloque de Strasbourg, 1979, dans *Travaux C. Recherches Proche Orient*, 6, p. 115 (95), note qu'au concile de Nicée, la liste ne distingue pas les deux provinces comme le font certaines listes du C. de Sardique (qu'il faut dater de 343 et non de 343/344). Mais cela ne signifie pas que les provinces avaient été réunies de 325 à 343; simplement, les différences (voir *ibid.*, C. Vogel, p. 287) tiennent à la liberté que l'épiscopat prend avec la géographie administrative. Sur la divergence des listes de Sardique au sujet d'une ou deux Phrygies: A. FEDER, dans *Sitzber. Akad. Wien*, 166, 1910, p. 96-97.

[22] Le Canon 7 cite Novatiens, Photiniens et Quartodécimans; les Phrygiens (montanistes) sont évoqués par le canon 8 et par le canon 9; canons 28 et 37: les judaïsants. V. aussi W. M. CALDER, *The Epigraphy of the anatolian Heresies*, dans *Anatolian St. to W. M. Ramsay*, Manchester, 1923, p. 59-91 (ex. pour Laodicée Combusta, Ladik); plus récemment, avec la bibliographie: E. GIBSON, *The "Christians for Christians". Inscriptions of Phrygia*, Missoula, 1978, p. 125-137.

dans ses *Quaestiones hebraicae in Genesim,* composées en 391, avant la traduction des homélies d'Origène sur Luc en 392[23]: *ubi et Bersabee cuius hodie oppidum est, quae provincia ante non grande tempus, ex divisione praesidum, Palestinae salutaris est dicta*[24]. Jérôme se réfère-t-il à l'époque de Constance comme le croient Grégoire et Orgels? Libanius indique que l'ancien *agens in rebus* Clematius devenu consulaire de Palestine a perdu l'administration d'Elusa, confiée à un autre gouverneur, Eupaterius, vers 357/358; puis il fait connaître un Cyrillus, originaire de Tyr, qui exerçait les fonctions de gouverneur (ἄρχων), à la fin du règne de Constance et qui traitait d'affaires intéressant Elusa, sur le territoire de la nouvelle province de Palestine Salutaire. Puis vers 361, le même témoin félicite Cyrillus d'avoir changé de gouvernement, d'être passé de la Palestine à la Palestine: εἰς παλαιστίνην ἐκ παλαιστίνης[25]. La Palestine méridionale avec le Négeb jusqu'à Ailat constitue dès lors, sans doute sous le nom de *Salutaris,* une province, celle que cite Jérôme.

Pour exercer le gouvernement de la Palestine Salutaire, Constance avait choisi un chrétien comme Cyrille, qui démontra ses convictions en réprimant, un peu plus tard, au temps de Julien l'Apostat, les émeutes lancées par le peuple de Gaza contre des fidèles et qui paya son courage avec l'exil[26]. L'opération engagée, en regroupant le sud palestinien et la partie méridionale de l'*Arabia,* relevait sûrement de préoccupations militaires contre les incursions de tribus turbulentes, les Saracènes; elle illustrait également le zèle religieux du prince, qui surveilla l'oeuvre missionnaire dans le royaume d'Axoum et qui manda, au sud de la péninsule arabique, en Himyar, Théophile l'Indien[27]. Le territoire de la nouvelle

[23] P. NAUTIN, *L'activité littéraire de Jérôme de 387 à 392,* dans *Revue de Théol. et de Phil.,* 115, 1983, p. 256. M. AVI YONAH, dans *PW,* S. XIII (1973), col. 415 ne tient pas compte de ce texte. La liste utilisée par Polémius Silvius ne connaît qu'une Palestine.

[24] *Corpus Christianorum,* 72, p. 26 (P. ANTIN, 1959); noté par Grégoire et Orgels, p. 108.

[25] Libanios, *Ep.,* 315 et *Ep.,* 334 (Foerster, p. 294 et p. 315); pour Cyrille, *Ep.,* 164 (ἄρχων; Foerster, p. 157); *Ep.,* 166 et 170: mentions d'Elusa; sur la nomination, *Ep.,* 686 (Foerster, p. 622). Voir O. SEECK, *Die Briefe des Libanius, zeitlich geordnet,* dans *Text. u. Unt.,* 30, n. ser., 15, Leipzig, 196, p. 111-113; P. PETIT, *Les étudiants de Libanius,* Paris, 1957, p. 94; A. H. M. JONES et J. R. MARTINDALE, *The Prosopography of the Later Roman Empire,* Cambridge, 1971, I, p. 213 et p. 298; p. 237-238. Le successeur de C. est Entrechius, *PLRE,* p. 278-279, d'après Seeck, p. 127.

[26] Grégoire Naz., *Or.,* 4, 86, 93 et Sozomène, *HE,* V, 9, 13.

[27] Voir l'étude de la lettre de Constance aux deux "tyrans" du royaume d'Axoum: F. THÉLAMON, *Païens et chrétiens au Vᵉ s., l'apport de l'histoire ecclésiastique de Rufin d'Aquilée,* Paris, 1981, p. 32-83, auquel il faut ajouter F. ALTHEIM et R. STIEHL, *Die Araber in der alten Welt,* Berlin, 1967, 4, p. 306-333. Sur la *frontière méridionale de l'Arabie romaine,* v. M. SARTRE, dans *La géographie administrative* (note 20), p. 85-91.

province s'étendait aux lieux saints du Sinaï, là où l'ascète Julianos réunissait quelques disciples, et bâtissait, vers 360, une église[28]. D'autres spirituels, tel Hilarion, s'occupaient de Négev. L'oeuvre de conversion s'organisa lentement dans le dernier quart du IVᵉ s.[29]. Entre le temps de Constance et celui de Jérôme, la documentation est trop lacunaire pour démontrer la stabilité de la géographie administrative imaginée par le fils de Constantin. Julien établit en 362/363 un consulaire en Palestine première; c'est le nom que prend, dans la Notice des Dignités (*Or.* I, 59), le gouverneur de Césarée (*Palest. prima*). De 383 à 386, les gouverneurs Eucharius, Agrestius et Fl. Florentius portent un titre surprenant dans les lois qui leur sont adressées, *proconsul Palestinae*[30]. On ne peut dire si cette dénomination insolite implique les réunions de toutes les provinces sous une seule autorité ou simplement si les bénéficiaires de cette titulature avaient reçu, à la même époque (de 380 à 383), comme Anicius Paulinus, et Anicius Auchenius Bassus en Campanie, comme Volventius en Lusitanie, une autorité supérieure en matière d'appels. L'omission de la Palestine Salutaire dans le *Laterculus* de Polémius Silvius pourrait renforcer la première hypothèse, si l'on admet que la liste des provinces orientales a été compilée vers 386 (v. *infra*), avant l'établissement de la liste occidentale, antérieure à 399. En tout cas, la province Salutaire n'apparaît pas dans la liste des Pères conciliaires réunis, en 381, à Constantinople. Mais, sûrement rétablie avant 391, elle conserve le nom, que lui avait donné Constance, dans la *Notitia* (*Or.,* I, 87; II, 16), alors que l'administration a dessiné au Nord, une *Palestina secunda* (I, 88 et II, 17). En 409, une loi (*CT,* VII, 4, 30) énumère: *per primam, secundam ac tertiam Palestinam*[31]. Au concile d'Éphèse (431), la marche méridionale

[28] Théodoret Cyr., *Hist. Philothée*, 2, 13 (*Sc. Chrét.*, 234, Canivet, p. 222). P. MARAVAL, *Lieux saints et pèlerinages d'Orient*, Paris, 1985, p. 309.

[29] R. DEVREESSE, *Le Christianisme dans le sud Palestinien*, dans *Rev. Sc. Rel.*, 20, 1940, p. 234-251; *Vita Hilarionis*, 16, 1 (Bastiaensen, p. 109); sur la conversion de Mawiha et de sa tribu saracène, THÉLAMON, p. 128-143 et SARTRE, p. 88-89.

[30] En 362, Leontius: *CT,* 12, 1, 55 et *PLRE*, p. 500; en 383, Eucharius, *CT,* 11, 26, 28; en 384, Agrestius, *CT,* 11, 30, 42; en 385, Florentius, *CT,* 10, 16, 4 et *PLRE,* p. 366; voir aussi Jérôme, *Ep.*, 108, 9; Zosime (Hist., 4, 41, 3; Paschoud, 2, 2, p. 309) assure qu'Hilarius, en 392/393, gouverne *toute* la Palestine; W. KUHOF, *Studien zur Senator-Laufbahn im 4. Jhdt.*, Berne, 1983, p. 338 (167); F. Paschoud (Belles Lettres, 1979, p. 433) note qu'on ne doit pas attribuer de valeur technique à ἐτάττετο Παλαιστίνης ἁπάσης.

[31] L'usage de *Salutaris* tombe ainsi en désuétude; de même, au concile d'Éphèse. En 381, au concile de Constantinople, Scythopolis, future métropole de Pal. II, appartient à un groupe palestinien unique: la province n'est pas créée; v. Clemente, p. 112; Malalas, 13, 42 (p. 347, Bonn) attribue le découpage d'une Palestine à Théodose, en oubliant la Salutaris.

de la Palestine pouvait envoyer plusieurs évêques: Abdelas (Abd'Elah) d'Elusa, Théodore d'Arindela, Pierre de Parimboles, Jean d'Augustopolis, Saidas de Phainus [32]. Cette liste mesurait bien les progrès de la conversion.

3. Syria Saluṭaris

La création des autres provinces Salutaires, Syrie, Macédoine et Galatie, relève probablement d'une époque plus tardive. On a même pensé que la province syrienne avait été créée au temps de Théodose II, après 427 [33]. Les savants qui défendent une chronologie aussi tardive remarquent que la *Syria Salutaris*, inconnue dans le *Laterculus* de Polémius Silvius, apparaît dans la *Notitia* (*Or.*, I, 91; II, 21), mais que Jérôme en 404, qu'en 409/410 et en 426/427 des épitaphes nomment toujours la Coele-syria, comme si l'antique province n'avait pas été encore distribuée dans les deux nouveaux districts de la *Syria prima* et de la Salutaire. Ainsi le témoignage permettrait de reconnaître l'un des ultimes remaniements subis par la liste finalement consignée dans la Notice, vers 430. À vrai dire, il y a confusion des genres. Jérôme décrit, en 404 dans *l'epitaphion Paulae* (*Ep.*, 108, 8), les voyages de la sainte amie; il n'entend pas compiler un itinéraire (*odoeporicon*), mais évoquer seulement les lieux saints qu'elle a connus; il se contente d'évoquer la région: *Syria Coele* et la Phénicie, pour situer d'un bref raccourci la terre de ses pèlerinages. Le genre de l'éloge funéraire n'implique pas une attention particulière à l'évolution de la géographie administrative. La même remarque vaut pour les inscriptions de Concordia, en Venetia et Histria. Celles-ci, datées avec l'ère des Séleucides, en 409/410 et en 426/427, indiquent l'origine du défunt; l'un vient du territoire d'Apamée (la métropole de S. Salutaire): ὅρων Ἀπαφεῶν Κοίλης Συρίας (*IG*, XIV, 2332); l'autre nomme Epiphaneia: ὅρων Ἐπιφανέων τῆς Κοίλης Συριάς (*IG*, XIV, 2333) [34]. La première vaut pour un homme de 30 ans, né vers 380 et établi en Italie, comme l'est le second, également un adulte, dont nous ne connaissons point

---

[32] E. GERLAND et V. LAURENT, *Corpus Notitiarum Episcopatuum*, 1, 2, 1936, p. 80; v. E. HONIGMANN, *Juvenal of Jerusalem*, dans *Dumb. Oaks Papers*, 5, 1950, p. 221-222 et pour la province p. 213 (20). L. PERRONE, I *Vescovi Palestinesi ai Concili christologici della prima metà del V° s.*, dans *Ann. Hist. Conc.*, 10, 1978, p. 16-52.

[33] Clemente, loc. cit.; DEMOUGEOT, p. 1088-1089.

[34] Ces textes ont été étudiés par D. FEISSEL, dans *Aquileia Nostra*, 51, 1980, p. 332-334 et p. 340 (29), 341 (31), en particulier ὅροι. Republiés par G. LETTICH, *Le iscrizioni sepolcrali trado-antiche di Concordia*, Trieste, 1983, n. 93 et 94. La nouvelle province est attestée au concile d'Éphèse en 431, Gerland et Laurent, p. 75. Sur Koilè Syria, v. M. SARTRE, *La Syrie creuse n'existe pas*, dans *Géographie historique au Proche Orient*, Actes du colloque de Valbonne (1975), Paris, 1988, p. 15-40.

l'âge ni la date d'arrivée en Italie; dans les deux cas, l'épitaphe se réfère à une dénomination consacrée par l'usage, celui dont la petite communauté de Concordia a conservé la mémoire.

Ces textes ne servent guère à dater les remaniements de la *Notitia*, le seul document qui place avant 430 la création de la province syrienne; quant à la liste utilisée par Polémius Silvius, elle ignore toutes les provinces Salutaires (à l'exception de la Phrygia); on sait que le compilateur a travaillé en 398 pour l'Occident et qu'il a peut-être utilisé un document plus ancien pour l'Orient [35]. Du règne de Théodose le Grand à celui de Théodose II, pour la création de la Syrie Salutaris, l'incertitude s'étend sur une période d'une quarantaine d'années; Malalas (XIV, 69, p. 365, Bonn) attribue la partition à Théodose le Jeune; mais cette chronologie "de bas étage", comme dit Stein, inspire une confiance mesurée [36]. L'hypothèse ingénieuse récemment développée par Madame J. Balty pourrait, en ce cas, restaurer un peu sa réputation. Dans un excellent mémoire sur *la création de la Syria secunda* [37], ce savant se réfère au témoignage d'une lettre du pape Innocent adressée à l'évêque d'Antioche Alexandre, au moment de la réconciliation des deux Églises, après une longue rupture [38]: *nam quod sciscitaris, utrum divisis imperiali iudicio provinciis, ut duae metropoles fiant, sic duo metropolitani debeant nominari* [39]. Le Romain rappelle la question posée par l'Antiochien. Celui-ci s'inquiétait de savoir s'il fallait nommer deux évêques métropolitains, quand une décision impériale divisait les provinces et créait deux métropoles. En acceptant la chronologie que je proposais naguère (416? 417?), J. Balty pense que "l'empereur Théodose II avait pris la décision de diviser certaines provinces, peu avant cette date" (*art. cit.*, p. 477). En réalité, Alexandre recherche l'appui de Rome pour régler des problèmes délicats. Tous entretiennent dans le présent son inquiétude; cela ne signifie point qu'ils relèvent de circonstances immédiatement récentes. Ainsi, il se demande

[35] Si l'on accepte l'hypothèse de la suppression de la Pal. Sal., au moment où la Palestine est confiée à un proconsul. Or, la *Salutaris* est sûrement reconstituée, en 391, depuis quelque temps (cfr Jérôme, v. note 23).

[36] A. LIPPOLD, *PW*, Suppl. 13, 1973, col. 914, n'exclut pas Théodose I.; Malalas, dans le même temps, considère qu'Honorius est le fils, déjà défunt, de Théodose II. Il attribue à ce dernier la création de l'Honorias; en fait, cette province est mentionnée dans la liste de Polémius Silvius: Seeck, p. 259; J. B. BURY, *JRS*, 12, 1923, p. 150; ou même dès 387, d'après Libanius, *Orat.*, 19, 62, v. Clemente, p. 111.

[37] *Syria*, 57, 1980, p. 465-481; la lettre d'Innocent avait été déjà citée par MOMMSEN, *Mémoires sur les provinces romaines*, trad. fr. dans *Rev. Arch.*, 13, 1866, p. 392.

[38] J'ai montré que les négociations (organisée à la fin du IVᵉ s.) au temps de Flavien d'Antioche et de Sirice n'avaient pas complètement abouti: *Roma Christiana*, 2, Rome, 1976, p. 1286-1288.

[39] *Ep.*, 24, 2, 2 (*PL*, 20, 548-549), v. *Roma Christiana*, 2, p. 1332-1335.

s'il faut intégrer au service de l'Église les ariens repentis, en conservant les charges qu'ils exerçaient dans le clergé hérétique. La question se posait depuis une trentaine d'années, dès l'époque qui suit le concile de Constantinople (381), au moment où un épiscopat nicéen a entrepris de liquider les derniers bastions de la résistance arienne (*Ep.*, 24, III, 4). Chypre ne se souciait pas du primat antiochien et ordonnait ses évêques sans contrôle, mais Sozomène rappelle comment Épiphane de Salamine exerçait en toute indépendance son autorité métropolitaine (*Ep.*, 24, II, 3) [40]. La querelle remonte à la dernière décennie du siècle précédent. L'évêque d'Antioche sait qu'il peut compter, pour défendre le primat exercé par une Église apostolique, sur les convictions ecclésiologiques de l'Église romaine, beaucoup plus que sur celles de l'Église de Constantinople. De la même manière, Rome n'a jamais considéré qu'il fallait accommoder rigoureusement la géographie ecclésiastique à l'organisation de l'empire; la caution du pape pouvait être utile pour résister au système de contrôle que Théodose, dès 381, avait établi sur l'Église [41].

À la fin du règne d'Arcadius et au début du règne de Théodose II (depuis 408), Anthémius, préfet du prétoire et patrice, inspire une politique qui tranche avec les grandes réformes d'organisation menées par Théodose le Grand et aussi par Eutrope, à la fin du IVe s., sous le règne d'Arcadius. Le style d'Anthémius n'est pas celui des grands bouleversements; alors qu'en 399, des lois sévères renforcent la poursuite des hérétiques, règlent la destruction des sanctuaires païens dans les campagnes [42], au temps d'Anthémius, la législation impériale ne perfectionne guère le système répressif [43]. Donation pour Antioche, mesures répétées pour surveiller la pratique de l'*adaeratio*, règlements pour éviter la fraude et l'oppression dans la collecte des taxes [44]: le pouvoir entend se donner l'apparence du *buon governo* et oeuvrer, *ad inferiorum curialium rele-*

---

[40] *Roma Christiana*, p. 1332 (4). Sozomène, *HE*, 6, 32.

[41] *Damase et Théodose, communion orthodoxe et géographie politique*, dans *Epektasis, Mél. Daniélou*, Paris, 1972, p. 627-633.

[42] *CT*, 16, 5, 36 (6 juillet 399); contre les Eunomiens; du 10 juillet sur les *templa*, *CT*, 16, 10, 16; sur les fêtes de Maiuma, *CT*, 15, 6, 2 du 9 octobre; interdiction des jeux, le dimanche, *CT*, 2, 8, 23 (27 août).

[43] À la différence de l'Occident; voir *CT*, 16, 5, 48 de 410 qui reprend une loi d'Honorius et 16, 5, 49, de nouveau contre les Eunomiens; interdiction de torturer pendant les fêtes de Pâques, *CT*, 9, 35, 7 (en 408).

[44] *CT*, 12, 1, 169 (27 septembre 509). Adaeratio, *CT*, 7, 4, 28 (9 avril 406); 29 (4 mai 407); 30 (23 mars 409); 31 (30 nov. 409); 32 (17 août 412). Collecte des taxes, *CT*, 11, 12, 4 (11 juin 407); *CT*, 13, 11, 12 (23 janvier 403); interdiction aux *agentes in rebus* de s'adresser directement aux *possessores*, *CT*, 11, 7, 17 (7 déc. 408); nomination de deux *tabularii* pour chaque province, *CT*, 12, 6, 30 (27 janv. 408); contre l'autopragie, *CT*, 11, 22, 4 (19 mai 409).

vandas fortunas et inpressionem potentium cohibendam[45]. En 414, il procède pour tout l'Orient à une remise des arriérés fiscaux. Dans la rhétorique de propagande, qui accompagne parfois les textes de lois, affleurent
les thèmes d'une revendication exprimée par Synésius de Cyrène dans
son *discours sur la Royauté*[46]: le prince peut grâce à quelques administrateurs prendre en charge la majeure partie des affaires. Assurément, ces
indices ne valent pas preuve; mais ils invitent à reconsidérer la politique
d'Eutrope, à laquelle prétend s'opposer le gouvernement d'Anthémius.
Claudien qui conduit la charge dans un réquisitoire *In Eutropium*, rappelle que l'eunuque vendait les provinces aux plus offrants [47] et il ajoute
une remarque généralement relevée de Mommsen à Bury, de Grégoire à
J. Balty. Le poète rappelle que les Gruthunges promènent l'incendie chez
les Lydiens; mais Eutrope, vendeur opiniâtre, n'entend pas que le
démembrement de l'empire diminue ses profits; chaque province encore
intacte, il la partage et il la soumet à un double tribunal pour qu'elle
l'indemnise du prix d'une province perdue (*In Eutropium*, II, 585-588):

> ... *ne quid tamen orbe reciso*
> *Venditor ammitat, provincia quaeque superstes*
> *Dividitur geminumque dupplex passura tribunal*
> *Cogitur alterius pretium sarcire peremptae.*

Claudien est poète de propagande au service de Stilicon; mais, pour ce
réquisitoire, composé du vivant de l'eunuque, il transpose sur le mode
épique des accusations vérifiables et souvent reprises par les contemporains. Sur la division des provinces, A. Cameron [48] commente: "now
clearly this cannot be sheer fiction. Claudian could hardly have made
such a specific accusation if it had no basis whatever. But it is equally
clear that Eutropius cannot have halved all the eastern provinces..." (p.
131). Il a bien fallu qu'il en divise quelques-unes; or les candidatures ne
sont pas si nombreuses. Après la grande réforme de Dioclétien, quelques
princes seulement ont retouché la géographie administrative de l'Orient:
Constance en particulier, qui crée les deux premières provinces salutaires;
Valens pour la Lycaonie et pour la Cappadoce II, plus encore Théodose
le Grand avec l'Arcadia et l'Honorias, avec la répartition de terres macé-
doniennes entre la Dardanie et la Dacie méditerranéenne, avec le partage

---

[45] *CT,* 12, 1, 173 (26 août 410); 9 avril 414, *CT,* 11, 28, 9. Voir les quelques
remarques de E. STEIN, *Histoire du Bas Empire¹*, Paris, 1959, 1, p. 245-247 et p. 549;
et aussi A. GÜLDENPENNING, *Geschichte des Oström. Reiches*, Halle, 1885, p. 172-192.

[46] *Discours*, 30; v. le commentaire de Chr. Lacombrade, Paris, 1951, p. 101 et 132-
134. V. aussi de Synésius, le récit Égyptien 1, 16.

[47] Sur la vente des provinces: *In Eutropium*, 1, 196-209; voir aussi Joh. Antioch.,
Fragment, 189 et Eunape, *Frgt.*, 65 (Suda E 3776; Blockley, p. 96).

[48] A. CAMERON, *Claudian, Poetry and Propaganda at the Court of Honorius*, Oxford,
1970, p. 125-153, p. 242-244; v. aussi P. FARGUES, *Claudien*, Paris, 1933, p. 87-91.

de l'Arménie, le rétablissement de la Cappadoce II et de la Palestine salutaire. Restent sans attribution, avec la Cilicie II, la Palestine II (sûrement
créée avant 409) et la Phoenicia Libanensis, trois provinces Salutaires,
dont la Syrie.

Or l'attribution de cette partition à Eutrope parait plausible, si l'on
considère la situation de la province syrienne. Jeannine et Jean-Charles
Balty ont excellemment étudié, avec l'*Apamène antique, les limites de la
Syria Secunda*[49]; la nouvelle circonscription retrouvait peut-être les traditions historiques d'une antique satrapie hellénistique qui avaient survécu
à la fusion réalisée au temps de Pompée. Au Nord, le territoire d'Apamée
et ses κῶμαι; et, dans cette mouvance, le sanctuaire de l'ancienne
confédération arcadienne, identifié par les savants belges à Baetocécé,
situé à 60 km au S-SW de la métropole. La province s'ouvrait vers la mer
avec Balanée et occupait la vallée de l'Oronte avec des villes hellénistiques, Larissa, Epiphaneia et Aréthuse. Madame Balty, qui propose pour
la création de la province une date plus tardive, ne place pas au premier
rang les raisons militaires. Mais en 396, descendue du Caucase, la razzia
des Huns atteint l'Oronte. La même année, l'empereur ordonne au préfet d'Orient de faire fortifier les villes[50]. Eutrope mesurait si bien le danger qu'il réunit une petite armée pour chasser les Huns de la Phrygie et
de la Cappadoce. Commandant en personne les opérations, il poursuit
les barbares jusqu'en Arménie[51]. Il apprit, en cette occasion, à connaître
Jean Chrysostome qu'il fit convoquer à Constantinople pour l'établir sur
le trône épiscopal[52]; peu après, l'Eunuque qui occupait toujours la charge
de chambellan, fait fermer le temple de Gaza, le Marneion[53]. Ces deux
traits indiquent assez bien l'attention qu'apporte Eutrope à la politique
chrétienne. Or, l'Apamène (la métropole surtout) s'établit à la fin du IVe
s. comme un bastion de réaction païenne; au temps de l'empereur Julien,
une populace de femmes et d'écoliers tire vengeance de l'évêque Marc

---

[49] Dans la *Géographie administrative* (v. note 20), p. 41-76. Voir aussi P. DONCEEL-
VOUTE, *Provinces ecclésiastiques et provinces liturgiques en Syrie et en Phénicie byzantine*, dans *Géographie historique au Proche Orient*, colloque cité note 34, p. 213-217.

[50] Selon Jérôme, *Ep.*, 60, 16; Claudien, *In Ruf.*, 2, 33; *In Eutrop.*, 2, 250; voir É.
DEMOUGEOT, *La formation de l'Europe et les invasions barbares*, Paris, 1979, 2, 2, p.
388 (avec le dossier).

[51] Claudien, *In Eutrop.*, 1, 234-286 et 2, 55-56. Zosime, *Hist.*, 5, 15-17 (v. les
notes de F. Paschoud, 28-35, *éd. cit.*, 3, p. 124 sq.).

[52] Palladius, *Dialogue*, 5, 39, (*S. Chrét.*, 341, A. M. Malingrey, p. 113): le commentaire, elliptique, ne cherche pas à identifier la mission d'Eutrope.

[53] Marc, *Vita Porphyri*, 26; la ville avait eu, au temps de Julien, ses martyrs; l'affaire
illustre la collaboration de Jean Chrysostome avec Eutrope.

d'Aréthuse, qui avait détruit un autel des idoles; elle le massacre [54]. On ne peut parler d'Apamée, sans se référer à l'oeuvre de J. et J.-Ch. Balty. Ils ont ajouté aux témoignages des philosophes, à Numénius et à Jamblique, ceux d'une imagerie déployée sur les pavements historiés d'un édifice sous-jacent à une église du Ve s.: Ulysse qui regagne Ithaque, comme l'âme retrouve sa patrie originelle; Socrate qui prend la place du Christ dans un collège de six sages; Cassiopée qui triomphe sur les Néréides [55]. Jusqu'en 384/386, la ville "amie de Zeus", comme la nomme Libanios, célèbre encore le culte dans un temple que fait abattre finalement l'évêque Marcellos. À la fin du siècle (391), une élite juive, liée à celle d'Antioche, peut témoigner sur le zèle de sa piété et la force de sa communauté, en payant le pavement d'une synagogue [56]. Ces résistances ne découragent pas l'apostolat dans les villes et dans les campagnes, où oeuvrent les ascètes et tout particulièrement l'apaméen Agapétos, le fondateur de Nikertai [57]. L'évêque intervient brutalement pour détruire les temples sur le territoire d'Apamée (Baetocécé - Hosn Sleiman -selon les savants belges) [58]. Les païens organisaient la résistance et Sozomène explique que les paysans s'adjoignaient des Galiléens pour garder l'un des sanctuaires les plus célèbres, celui d'Aulôn. Pour vaincre une opposition organisée, l'évêque Marcellos rameuta des soldats et des spadassins; il périt transpercé d'un trait, alors que sa troupe donnait l'assaut. L'historien Sozomène [59] rapporte, sans trop de complaisance pour la victime chrétienne, l'épisode en le plaçant après la destruction du Sérapeum, après l'avènement d'Arcadius: dans les dernières années du IVe s., comme le confirme une dédicace récemment publiée et corrigée, démontrant que Marcellos est toujours vivant en 394-395 [60]. Une loi conserve peut-

---

[54] Grégoire Naz., *Or.*, 4, 88; Sozomène, *HE*, 6, 10; Théodoret, *HE*, 3, 6, 6. On n'oubliera pas l'exécution par Constantin, de Sopatros, le philosophe païen, originaire d'Apamée.

[55] J.-CH. BALTY, *Nouvelles mosaïques du IVe s. sous la cathédrale de l'Est,* dans *Colloque Apamée de Syrie, 2,* Bruxelles, 1972, p. 163-183; J. et J.-CH. BALTY, *Julien et Apamée. Aspects de la restauration de l'hellénisme et de la politique antichrétienne de l'empereur,* dans *Dialogues d'Histoire ancienne,* 1, 1974, p. 267-304. On n'oubliera pas l'élégant petit livre de J. BALTY, *Mosaïque de Syrie,* Bruxelles, 1977.

[56] *IGLS,* 1319-1336.

[57] P. et M. T. CANIVET, *Huarte, sanctuaire chrétien d'Apamène (IVe-Ve s.),* 1, Paris, 1987, p. 268-272.

[58] *Art. cité,* p. 66-68.

[59] Sozomène, *HE,* 7, 15; Théodoret, *HE,* 5, 21; H. DELEHAYE, *Saints et reliquaires d'Apamée,* dans *AB,* 53, 1935, p. 232-236; sur Agapétos, Théodoret, *Hist. Phil.,* 3, 4-5.

[60] H. SEYRIG dans G. TCHALENKO, *Villages antiques de la Syrie du Nord,* 3, 1958, p. 37, 39b; J.-CL. BALTY, K. CHÉHADÉ, W. VAN RENGEN, *Mosaïques de l'Église de Her-*

être la réaction impériale, adressée au préfet d'Orient en 399: elle recommande de détruire les temples *in agris, sine turba ac tumultu* (*CT* XVI, 10, 6, du 10 juillet). Théodoret de Cyr illustre plus emphatiquement l'émotion soulevée par l'assassinat d'un évêque; il canonise Marcellos d'un récit miraculeux, attestant l'intervention divine, dont il bénéficie pour détruire, à Apamée, le temple de Zeus. Le choix du successeur éclaire plus clairement l'atmosphère: Agapétos, le fondateur de Nikertai, avait suivi les leçons de l'ascète Marcianos, protagoniste du mouvement monastique dans la chôra de l'Apamène. On peut imaginer que les incursions barbares autant que les difficultés de la mission ont suggéré la création - sous Eutrope - d'une nouvelle province, *Salutaris*.

4. La Macedonia salutaris

La liste utilisée par Polémius Silvius ignore la *Macedonia salutaris*. Celle-ci figure dans la Notice des Dignités, avec la longue énumération de tous les hauts fonctionnaires: *per Illyricum... Macedonia salutaris* (Or., I, 125). Mais dans la notice de la préfecture de l'Illyricum, la province a disparu, distribuée entre deux ressorts, celui de la Macédoine: *Epirus nova et pars Macedoniae salutaris* (*Or.,* III, 13); et celui de la Dacie: *Praevalitana et pars Macedoniae salutaris* (*Or.,* III, 19). Autrement dit, dans la première liste, la Salutaire est mentionnée pour ordre[61]; dans l'état où nous connaissons le document, elle n'existe plus comme circonscription effective. Dès 412, le pape Innocent, qui énumère, dans une lettre à Rufus de Thessalonique[62], toutes les provinces des diocèses de Dacie et

bet Muqa, dans *Fouilles Apamée*, 4, Bruxelles, 1969, donnent 384-385 (p. 23-24, pl. XVI, 1). W. Van Rengen (*L'Épigraphie grecque et latine de Syrie* dans *Aufstieg und Niedergang*, 2, 8, 1977, p. 44) et J. Balty, (*Mosaïques*, p. 102) corrigent en 394/395, comme l'indique dans l'ère des Séleucides, l'année 706 (voir E. Bikermann, *Berytus*, 5, 1944, p. 76: 312 a. C.).

[61] De même, la Macédoine que le document prend la peine de citer (*Or.*, 3, 7, p. 9), même lorsqu'elle est divisée en six provinces, a toujours une existence officielle: *Provinciae Macedoniae sex*.

[62] *Roma Christiana*, 2, p. 1089: *Ep.*, 13, PL, 20, 515-517 = *Coll. Thessalonicensis*, 5, éd. Silva Tarouca, p. 21-22 (Jaffé 300). Le livre récent de F. Papazoglou, *Les villes de Macédoine à l'époque romaine*, dans *BCH, Suppl.* 16, Paris, 1988, p. 94-96, signale avec cette lettre (citée d'après Mansi!) une étude de A. Konstandakopolou, publiée dans l'*Annuaire Fac. Philos. Univ. Ioanina*, 10, 1981, p. 85-100. L'A. suppose un nouveau partage de la Macédoine après 441, en notant que les sièges macédoniens au concile d'Éphèse II portent mention de la Macédoine première. J'aurais dû signaler en touchant à la *Géographie de l'Illyricum ecclésiastique* (dans *Villes et Peuplement dans l'Illyricum protobyzantin*, Rome, 1984, p. 60) que ce trait qui vaut seulement pour 449 et non pour Chalcédoine (malgré F. P.) et expliquer que cette mention vaut pour toutes les villes de Macédoine; elle indique que la Macédoine *prima* est l'éponyme de

de Macédoine, ne la mentionne pas. Ainsi la Macédoine salutaire, qu'il faut peut-être placer entre Epirus Nova et Praevalitana en l'étendant probablement jusqu'à Stobi, a disparu au début du Vᵉ s. La liste de la *Notitia* décrit la préfecture d'Illyricum, telle qu'elle était constituée en 396-399. Cette création paraît postérieure au règne de Théodose et il faut peut-être en attribuer la responsabilité à Eutrope[63], en relevant toutes les raisons militaires qui sollicitaient, à la fin du siècle (dès 396), l'attention de l'administration. Autant qu'elle apparaît, cette région semble avoir reçu une organisation épiscopale très lâche: au IVᵉ s., un évêché à Stobi, quatre en Praevalitana, deux dans l'Epirus nova.

5. Galatia salutaris

Une étude récente[64] place en 399 la création de la *Galatia salutaris*, inconnue dans la liste de Polémius Silvius mais signalée dans la *Notitia* (*Or.* I, 111) au dernier rang dans la liste générale, toujours à la même place dans l'énumération des provinces sous l'autorité du préfet d'Orient (*Or.*, II, 51). En revanche, dans le titre consacré au *Vicarius Ponticae*, la Galatie Salutaire apparaît en cinquième place (*Or.*, XXV, 19). T. D. Barnes y voit l'indice d'une addition récente, à l'époque d'Eutrope, malgré Malalas (XIII, p. 348, Bonn) qui attribue la création à Théodose. Depuis l'expédition qu'il avait conduite en Orient contre les razzias hunniques, en 397/398, Eutrope (on le suppose) avait entrepris une réorganisation de l'administration provinciale, en même temps qu'il pensait à trouver un évêque pour Constantinople. La révolte de Tribigild[65] justifia *a posteriori* l'opération. L'Ostrogoth commandait une troupe de cavaliers barbares, dont le quartier général était établi à Nacoléia. Ce soulèvement rayonne de la Phrygie à la Pisidie et même à la Pamphylie jusqu'au nord où il atteignit la côte et les détroits. Mais la base des opérations s'établit dans la région qui englobait le nouveau ressort.

la série déjà établie (voir note *supra*) dans la *Notitia*, III, 7. Corriger dans mon texte p. 60, le monstrueux Berroca pour Béroia. La liste des villes et aussi la distribution géographique, de Dobéros à Cassandrée, écarte l'hypothèse de K.

[63] Malgré Grégoire et Orgels, p. 110: corrigeant Malalas (9, 338, p. 261, Bonn) qui attribue à Vespasianos, ce qui revient à l'ὁ Σπανός, l'Espagnol, autrement dit Théodose. A. Lippold, dans *PW*, Suppl. 13, 1973, col. 914. Pour Eutrope, J. B. BURY, dans *JRS*, 1920, p. 135; et surtout É. DEMOUGEOT, *Le partage des provinces de l'Illyricum*, dans *La Géographie administrative*, p. 236-239 (v. note 21) et carte p. 230.

[64] T. D. BARNES, *Claudian and the Notitia Dignitatum*, dans *Phoenix*, 32, 1978, p. 81-82; É. DEMOUGEOT, dans *Latomus*, 1975, p. 1088; voir déjà BURY, dans *JRS*, 1920, p. 134 et 135, qui propose 396-399; et v. aussi CHASTAGNOL, *Historia*, 4, 1955, p. 179; Clemente, p. 112.

[65] W. ENSSLIN, *Tribigild*, dans *PW*, 6A, 2 (1937), col. 2403-2405; *PLRE*, II, p. 1125-1126.

Car la nouvelle province emprunte à la Phrygie autant qu'à la Galatie. Pour celle-ci, Pessinonte, la métropole de la nouvelle province apparaît encore, dans la seconde moitié du IVe s., comme la ville sanctuaire, la cité d'Attis, selon l'expression de Tertullien [66]. En 362, alors qu'il gagne Antioche, Julien visite le temple de la Grande Mère des Dieux et sacrifie sur ses autels; l'empereur s'inquiète de réveiller la ferveur: il confie à Callixena, prêtresse de Déméter, la charge de la déesse Phrygienne. "Si le peuple de Pessinonte tient à la faveur, dit-il, c'est à la Mère des Dieux que la ville en corps doit adresser ses supplications" [67]. Au dédicataire de ces mélanges, il convient ici d'associer l'Université de Gand [68], dont les campagnes de fouilles (1967-1972) ont permis de mieux connaître la première chrétienté de Pessinonte. Les témoignages des fidèles sont rares, même s'il faut peut-être attribuer à la métropole la démonstration provocatrice rapportée par Grégoire de Nazianze: celle des deux jeunes chrétiens, qui détruisent un autel de Cybèle. Les plus anciennes épitaphes [69] remontent à la seconde moitié du IIIe s., en particulier un texte retrouvé à 16 km au N. de l'antique cité (à Sivrihisar), tracé sur une plaque portant le motif phrygien d'une double porte; l'épitaphe indique la tombe d'une famille dont l'onomastique présente un mélange de noms romains (2) et grecs (4) avec quelques dénominations indigènes (2: Ναυά. Αππη) [70]. La conversion avait probablement progressé au IVe s. [71]; mais on ne connaît pas d'évêque à Pessinonte avant l'extrême fin du siècle. Tout autour du Mont Dindymos (Günüyüzü Dağ ou Arayit Dagi), qui domine au sud à 1600 m toute la chaîne du Sivrihisar Dağ, s'établissent parfois de petites communautés chrétiennes: au Nord, Germokoloneia,

[66] K. BELKE, *Tabula Imperii byzantini*, 4: *Galatien und Lykaonien*, Vienne, 1984, p. 55 et p. 87-88: Balhisar, à 16 km N du Sangarios.

[67] Julien, *Ep.*, 81 et 84 (p. 90 et p. 146, J. Bidez). Grégoire Naz., *Orat.*, 5, 40: à Pessinonte, selon J. Devreker, p. 26; un archigalle au IIIe s.: J. et L. ROBERT, *Bull. Épigr.*, 1970, 600.

[68] J. DEVREKER et M. WAELKENS, *Les fouilles de la Rijksuniversiteit te Gent à Pessinonte (1967-1973)...*, dans *Diss. Arch. Gandenses*, 22, Bruges, 1984, p. 25-28. P. LAMBRECHTS et R. BOGAERT (Gent), *Nouvelles données sur l'histoire du christianisme*, dans *Festschrift. F. Altheim*, Berlin, 1, 1969, p. 552-564; v. J. et L. ROBERT, *Bull. Épigraphique*, 1970, 601.

[69] Voir dans J. Devreker et M. Waelkens, *Le catalogue des inscriptions*, par J. H. M. STRUBBE, p. 216, qui avait complété le corpus dans *Inscr. inédites du Mont Dindymos*, dans *Mnemosyne*, 34, 1981, p. 114-119 (J. et L. ROBERT, *Bull. Épigr.*, 1981, 597). Voir enfin J. DEVREKER, *Epigraphia Anatolica*, 1988, p. 11, p. 36, n. 1.

[70] P. LAMBRECHTS et R. BOGAERT, n. 1, p. 556 (= Strubbe, *Catalogue*, 98); voir aussi *Catalogue* 120, 122; peut-être 125.

[71] *Catalogue* 58; 117 89, 117. Le temple est détruit à la fin du IVe s.: selon H. AKIM, dans *Anatolica*, 5, 1973-1976 (d'après Belke).

l'antique colonie romaine de Germa, placée sur la route Amorium-Pessinonte-Ancyre, ne reçoit pas d'évêque avant le IXe ou même le XIIe s. Germia, à une trentaine de km au SO, prend au VIe s. le nom de Myrïangeli et au temps de l'empereur Maurice est siège épiscopal. À Eudoxias, qui tire son nom de la femme d'Arcadius [72], le premier évêché s'établit au temps de Chalcédoine. Cette fondation près d'une source thermale illustre assez bien l'intervention impériale dans l'encadrement de la province: une borne au sud jalonne le territoire de la cité à une quinzaine de km au sud du site présumé de la ville; le témoignage des épitaphes (dont celle d'un évêque Eugénios, celle d'un diacre) situe au Ve s. les progrès de la christianisation. Les inscriptions relevées au coeur de la montagne [73] renforcent l'idée que la pénétration chrétienne commence à la même époque. Et plus à l'est, à Therma (Myrikion), le premier évêque connu siège à Chalcédoine (451) [74]. Toute cette région délimitée par la vallée inférieure du Tembris, à l'Est et au Sud par le Sangarios qui contourne la chaîne du Dindymos appartenait à la Galatie.

La nouvelle province englobe un territoire phrygien, d'Amorion à Orkistos (Alikel-Ortaköy), dotée de prérogatives municipales par Constantin. L'exemple de cet ancien vicus illustre parfaitement l'inspiration chrétienne de certaines manipulations administratives [74]. En réponse à une pétition, Constantin vers 329/330 restitue à la bourgade, qui était devenue un vicus de Nacoléia, le rang de *civitas*. Quelques mois plus tard, en réponse à de nouvelles sollicitations, il dispense les citoyens de payer une taxe municipale à la curie de Nacoléia [75]. On ne connaît guère, par l'épigraphie, l'importance de la communauté locale [76]; mais l'une des pétitions mandées à Constantin déclarait que tous les habitants d'Orkistos, sans exception, étaient chrétiens (sur le premier panneau: I, 39-42). La ville reçut un évêque, au moins au Ve s., comme l'atteste la présence d'un Domnos au concile d'Éphèse. Amorion (Hisar) à une trentaine de km. au Sud était représentée dès 381 au concile de Constantinople par

---

[72] Germia: BELKE, p. 166-168; à distinguer, depuis la démonstration de Duchesne, de Germa ou Germokoloneia (*Strena Helbigiana*, Leipzig, 1900, p. 54-56); K. BELKE, *Tabula*, p. 168-169 (et *Fest. Hunger*, Vienne, 1984, p. 1-11). Les inscriptions chrétiennes dans S. MITCHELL, *The Inscriptions of North Galatia*, dans *BAR*, 135, 1982, n° 90-105 et 107-108. La localisation d'Eudoxias est indécise: Hamamkarahisar entre Germa et Germia? Sur les horoi, Mitchell, 137 (à Kayakent); voir aussi une épitaphe juive (133) et pour les chrétiens (134-136).

[73] Reconnue par P. LAMBRECHTS et étudiée par J. H. STRUBBE, dans *Mnemosyne*, 1981 (note 69), p. 119-123: noter une clarissime.

[74] BELKE, p. 208; voir aussi TROKNADA, p. 237.

[75] *MAMA*, 7, 305; A. CHASTAGNOL, *L'inscription constantinienne d'Orcistus*, dans *MEFRA*, 93, 1981, p. 381-416. Inscriptions: *MAMA*, VII, 304; 309; Belke, p. 211.

[76] *MAMA*, 7, 296 b; voir 297, du IIIe s.? et plus tardifs, 300 b; 301.

un prêtre qui siégeait avec les évêques de Pisidie. Une épitaphe porte, après les noms d'un couple et de leur enfant, une formule connue dès le IIIᵉ s. en Phrygie: οἱ χρηστιανοί]. Klaneos (Turgut), à l'orée des steppes pisidiennes, au pied du Gölcük Dagi, ne reçoit que tardivement un évêque; mais l'épigraphie atteste l'existence d'une petite communauté chrétienne dès le IIIᵉ s.: une cinquantaine de fidèles dont on ne connaît qu'un seul clerc, un lecteur; dans cette population, les chrétiens portent une fois sur quatre un nom indigène [77]. À une Galatie encore païenne le pouvoir associe une portion christianisée de la Phrygie.

Plusieurs indices suggèrent dans quel contexte de politique religieuse, Constantinople, au temps d'Eutrope, a organisé la création de la Galatie Salutaire. Ce dernier avait appuyé l'élévation de Jean Chrysostome. À considérer les inimitiés et les fidélités qui l'entourent, celui-ci paraît lié, en quelque manière, à l'affaire. La partition retire au siège d'Ancyre, la prééminence sur l'ensemble de la Galatie et son évêque supporte mal cette réforme; à la fin du siècle, celui-ci, un Léontios, vivait à Constantinople, où il eut une violente altercation avec Sisinnius, le chef de la communauté novatienne dans la capitale [78]. Ce "philosophe" devenu moine, un personnage d'autorité, devint, comme l'attestent Palladius et l'historien Socrate, l'un des deux protagonistes du combat mené contre Jean Chrysostome. À l'opposé, l'évêque de Pessinonte, Démétrios, le nouveau métropolitain, apporte à l'évêque de Constantinople le zèle et le courage de sa fidélité; il appartient à la délégation des Johannites qui rejettent les sentences du Concile du Chêne [79]; Jean le choisit pour apporter une lettre à l'évêque romain et il le cite au premier rang des cinq légats [80]. Palladius dans son *Dialogue sur la vie de Jean*, rappelle cette première démarche (pendant le printemps de 404), son retour, un deuxième voyage à Rome, d'où il repart, en 406, avec les légats expédiés par l'Occident; arrêté après avoir été séparé des envoyés occidentaux, il est finalement expédié dans l'oasis qui avoisine la terre des Maziques; il y meurt de mauvais traite-

---

[77] *MAMA*, 7, 235-242 (IIIᵉ et IVᵉ s.).

[78] Philosophe: Sozomène, *HE*, VI, 34; débats avec les Novatiens: Socrate, *HE*, 6, 22 et Sozomène, *HE*, 8, 1. Socrate, qui n'aime pas Jean et manifeste de la sympathie pour Sisinnius, explique que la querelle se poursuit devant le nouvel évêque de la capitale.

[79] Palladius, *Dial.*, 9, 53 et 74; Socrate, *HE*, 6, 18; Théodoret (*HE*, 5, 27, 4 et 31, 2) montre que Jean avait tenté de collaborer avec Léontios. Jean accusé d'acheter les évêques qu'il ordonne, pour maintenir son oppression: Syn. du Chêne (*S. Chrét.*, 342, p. 107).

[80] Jean Chrys., *Ep.*, 13 (*S. Chrét.*, 342, p. 74); voir Zosime, *HE*, 8, 17 et 26; Palladius, *Dial.*, 1, 173; 3, 97; 4, 8 et 66 (ambassades); 8, 166 (concile du Chêne), 19, 195; 20, 42 et 116 (l'exil; corriger pour les Maziques la note, p. 397 qui mêle Lybie et Maurétanie! Il s'agit du désert de Marmarique).

ments. En Anatolie, la politique interventionniste de Jean aiguisait les rivalités ecclésiastiques; elle lui valait un parti de fidèles mais aussi un groupe d'adversaires décidés. Près de la Galatie, le conflit déchire l'épiscopat de Pisidie; Optimus, le métropolite d'Antioche, qui avait été le protagoniste de la reconquête nicéenne après 381, était lié à Constantinople et aux cénacles pieux (comme celui d'Olympias), qui soutiennent Jean Chrysostome; mais il est probablement mort, après un long épiscopat, à la fin du IVᵉ s. [81]. Le parti johannite compte au premier rang des siens, Pansophios de Pisidie, le nouveau métropolitain (s'il faut interpréter ainsi le titre qui le désigne pour toute la province) [82]. En revanche, l'évêque de Constantinople soulevait l'hostilité d'Ammonios, titulaire de Laodicée la Brûlée, le foyer traditionnel de l'opposition provinciale à Antioche de Pisidie [83]. Dans la querelle de Jean, l'âpreté des oppositions anatoliennes - Léontios et Ammonios contre Démétrios et Pansophios - fait reconnaître les traces laissées par les interventions de Constantinople; la fidélité du premier évêque connu à Pessinonte atteste probablement l'appui donné par Jean Chrysostome à l'établissement de la Galatie Salutaire.

On concluera:

1. La Phrygie Salutaire et la Palestine salutaire ont été créées sous Constance. Théodose réunifie la seconde et la subdivise de nouveau (avant 391), comme il le fait pour la Cappadoce (avant 386).

2. Théodose intervient pour la partition de l'Arménie, pour celle de la Dacie méditerranéenne séparée de la Dardanie (avant 386), pour la création de l'Arcadia et de l'Honorias (en 386, plutôt qu'en 393) [84].

3. Les trois autres provinces salutaires (Macédoine, Syrie et Galatia) sont très probablement délimitées au temps d'Eutrope.

4. Apamée et Pessinonte, les deux nouvelles métropoles, restées longtemps des sanctuaires de la réaction païenne, renforcent désormais l'oeuvre missionnaire, qui trouve appui dans ce resserrement de la géographie ecclésiastique. La création des provinces relève de tout un complexe de raisons administratives, fiscales [85], stratégiques (Palestine, Syrie, peut-être

---

[81] Palladius, *Dial.*, 17, 197; 200 (*S. Chrét.*, p. 369); sur son rôle en 381: *CT*, 16, 1, 3 et Socrate, *HE*, 5, 8; Théodoret, *HE*, 5, 3; *Vie d'Olympias*, 14 (*S. Chrét.*, 13 bis, p. 437).

[82] Pansophios: Palladius, *Dial.*, 1, 172 (*éd. cit.*, p. 64); 14, 31 (p. 278). Il apporte avec Démétrios la lettre de Jean à Innocent, v. note 80.

[83] Palladius, *Dial.*, 9, 54 (*éd. cit.*, p. 186) et 75 (p. 188): un "admirable duo" avec Léontios d'Ancyre.

[84] Théodose rétablit également le nom d'Hélénopont; on note qu'en 386, Honorius est consul et a pu recevoir dédicace d'une province.

[85] J. BALTY, *Syria*, 1980, p. 480.

Macédoine et Galatie). L'opération part d'un inventaire des traditions ethniques, historiques (ainsi la Syrie) et d'une analyse précise de la conjoncture politique ou religieuse.

Au IVᵉ s., les empereurs mêlent la politique chrétienne (voir Constantin à Orkistos) à la géographie administrative, pour imposer une discipline unitaire dans l'Église et réduire les dissidences (Phrygie), pour aider la conversion (Palestine) et vaincre les résistances païennes (Syrie et Galatie). Le choix de l'épithète *salutaris*, dont la chancellerie connaît bien les accents chrétiens, dénote quelles intentions de propagande et de politique concrète le pouvoir attache à ces créations.

5. Les princes zélotes (Constance et, dans l'esprit de toute la législation théodosienne, Arcadius) qualifient de Salutaires, des provinces qui contribuent au salut de l'empire et de l'empereur pour la conversion du peuple. Cette ambivalence caractérise la nouvelle philosophie de l'empire; elle enrichit d'une signification chrétienne le concept classique de la *salus* parce que désormais le salut de l'Empire et celui de l'Église se confondent.

Addendum

La liste des provinces orientales qu'utilise Polémius Silvius est antérieure à la division de Palestine (avant 391), à celle de l'Arménie (en 386) et de la Cappadoce; elle enregistre la création de l'Honorias qui apparaît avec l'Archadia, au début de 386.

III

PATRISTIQUE ET ECCLÉSIOLOGIE

CHARLES PIÉTRI

LA QUESTION D'ATHANASE VUE DE ROME
(338-360)

Au Vᵉ siècle, les Romains mettaient encore quelque vanité à rappeler qu'un pape d'Égypte, Athanase chassé de son siège par la police impériale avait trouvé refuge auprès de leur église. Cet épisode avait frappé si fort les mémoires, que l'évêque Boniface, en évoquant les conflits du siècle précédent, ne retient que le recours de l'Alexandrin et celui de son frère Pierre : *Sanctae memoriae Athanasius et Petrus, Alexandrinae sacerdotes ecclesiae, huius sedis auxilium postularunt* [1] : dans la querelle arienne, le pape romain paraissait privilégier l'alliance des deux Sièges apostoliques, trempée dans une lutte commune contre l'hérésie. Cette appréciation un peu elliptique — peut-être parce qu'elle était venue sous une plume papale — orienta sensiblement les recherches des historiens. Les uns — Battifol et pour une part, le P. Joannou qui a publié récemment les regestes romains de la politique orientale [2] — inclinaient à lui accorder quelque crédit. D'autres, comme E. Schwartz ou même E. Caspar, la disputaient longuement pour lui concéder le moins possible [3]. En réalité, Athanase lui-même, après tout le protagoniste de l'affaire, avait gardé plus de discrétion et

---

1. Ep., 15, 6, du 11 mars 422 : B. y rappelle les manifestations de la sollicitude pontificale.
2. P. BATTIFFOL, *La paix constantinienne et le catholicisme*, Paris, 1914, p. 363 ss.; *Cathedra Petri*, Paris, 1938, p. 61 ss. et 213 ss.; P. JOAN-NOU, *Die Ostkirche und die Cathedra Petri*, Stuttgart, 1972, p. 36-158.
3. Les articles d'E. SCHWARTZ, intéressant cette période et parus dans les *Nachr. Gött.*, 1904, 1905, 1908 et 1911 ont été réunis dans le troisième volume des *Gesammelte Schriften, Zur Geschichte des Athanasius*, Berlin, 1959 *(GS)*; E. CASPAR, *Geschichte des Papsttums*, Tübingen, 1930, I, p. 131 ss.

il n'aurait probablement pas approuvé le raccourci éloquent de Boniface. Car sur Rome et son évêque, il a peu écrit : dans une œuvre assez considérable, on trouve à grand-peine, une allusion à la péricope de saint Matthieu [4], sur laquelle, dès l'époque de Damase, s'appuie explicitement la primauté romaine et, en cette occasion, l'Alexandrin ne se dégage guère d'une exégèse traditionnelle dans l'orient chrétien. S'il accorde à la Ville le titre de métropole, c'est au détour d'une incise, dans une formule qui n'engage en rien son pape. Au fond, sur son voyage à Rome, il n'a pas fait de théorie : l'ecclésiologie fondamentale ne l'intéresse vraiment que lorsqu'il lui convient de fonder en droit sa querelle contre une meute d'adversaires. Mais heureusement, Athanase a distribué en de multiples traités, lettres encycliques et histoires, une chronique de ses combats, encore enfiévrée de polémique. Aussi, pour éclairer un peu, entre autres péripéties d'une longue carrière, les relations de l'évêque égyptien avec le Siège apostolique, il faut se jeter, à la suite d'Athanase, au plus fort d'une histoire politique, mêlée d'exils et de retours triomphaux, de négociations discrètes et de conciles, de prélats palatins et de princes théologiens. Quelques études ont récemment exploité une aussi riche matière : sans oublier le livre de P. Joannou, le mémoire de H. Nordberg, précisant les démêlés tumultueux de l'Alexandrin avec le pouvoir impérial, celui de H. Hess, étudiant l'histoire et les canons de Sardique [5]. Ils peuvent aider à débrouiller la conjoncture complexe de cette histoire ecclésiastique. C'est une analyse concrète — que l'on excuse, dès maintenant la minutie de cette histoire événementielle — qui peut trancher entre le jugement trop lapidaire de Boniface et le silence d'Athanase. Au reste, la politique romaine qui s'assoupissait dans la discrétion depuis Silvestre, déploie, en défendant l'évêque d'Alexandrie, beaucoup d'énergie et quelque éclat. On mesure ainsi l'importance de cet épisode pour l'orientation de la politique pontificale, à condition de retrouver ce qu'était,

---

4. J. LUDWIG, *Die Primatworte Mt. 16, 18-19 in der Altkirchlichen Exegese*, Munster, 1952, p. 47; A. RIMOLDI, *L'Apostolo San Pietro*, Rome, 1958, p. 204.
5. H. NORDBERG, *Athanasius and the emperors*, Helsinski, 1963; H. HESS, *The Canons of the council of Sardica*, Oxford, 1958.

à la fin de l'époque constantinienne, la « question d'Athanase vue de Rome » [6].

Pour le pape, l'affaire commence en 337. Car Athanase avait été attaqué de concile en concile, accusé devant la cour [7], expédié en exil à l'extrémité de l'empire occidental, sans que nous puissions enregistrer, de Silvestre, la moindre réaction. L'Alexandrin lui-même ne paraît pas s'occuper de solliciter les conseils ou les secours du Siège apostolique : les sentences du vieil empereur, qui avait donné la paix civile à l'Église et tentait d'y assurer, à sa manière, l'unité, ne se discutaient point. D'ailleurs Jules, le successeur de Silvestre, et Athanase observent, l'un vis-à-vis de l'autre, une égale discrétion [8]. S'ils trouvent un intérêt mutuel à rapprocher leur politique (338-339) et même à les confondre dans une alliance intime lorsque Athanase s'établit à Rome (339-341), avant de retrouver peu à peu leur liberté de manœuvre, ils n'ont pris, en aucune façon l'initiative de cette évolution.

Tout commence, le 22 mai 337, avec la mort de Constantin,

---

6. Je dois remercier vivement le P. Ch. Kannengiesser, pour la courtoisie de son invitation au colloque, qu'il a su organiser avec tant d'efficace diligence et aussi pour l'occasion qu'il me donne, de présenter en une évocation rapide, des conclusions déjà proposées dans un ouvrage plus large, *Roma christiana, Recherches sur l'Église de Rome, son organisation, sa politique, son idéologie de Miltiade à Sixte III, 311-440* (à paraître dans les Bibliothèques des Écoles françaises d'Athènes et de Rome).

7. On sait qu'Athanase avait été accusé, entre autres crimes, de vouloir accaparer les transports de blé alexandrins destinés à Constantinople (*Apol. sec.*, 9). On prend encore l'imputation au sérieux (BATIFFOL, *op. cit.*, p. 387), en supposant que l'Église égyptienne avait assez de puissance économique pour contrôler le blé ou les navires du transport, mais Athanase rapporte lui-même cette accusation avec l'idée de démontrer que ses ennemis avaient une grande capacité d'invention : une constitution impériale (*CT* 13, 5, 7 du 1er déc. 334) a organisé à destination de Constantinople, le service des naviculaires. De par leur statut et leurs immunités, ceux-ci ne peuvent évidemment appartenir au clergé, qui bénéficie de ses propres privilèges fiscaux, incompatibles avec le transport du blé. Athanase, s'il pouvait quelque intervention, le devait à son prestige personnel d'évêque, sur les capitaines, les marins et les dockers chrétiens; on avait déjà cherché à gagner l'intérêt de ces rudes fidèles en composant pour eux des refrains théologiques et au début du Ve siècle, Théophile d'Alexandrie mobilise pour l'émeute contre Jean Chrysostome, les matelots de l'annone, débarqués à Constantinople.

8. SCHWARTZ, *Nachr. Gött.*, 1911, p. 367 ss. = *GS* 3, p. 188 ss. On ne peut évidemment invoquer la correspondance apocryphe de Marc avec Athanase (*PL* 8, 854).

créant une nouvelle situation politique. L'empereur n'avait pas réglé en toute clarté, semble-t-il, sa succession : ses fils s'occupèrent de mettre un peu d'ordre en écartant avec une rigueur impériale et expéditive, les gêneurs éventuels. Désormais le pouvoir se partageait entre Constantin II, établi à Trèves, le très jeune Constant, réduit à une activité congrue et Constance, installé en Orient. Cet éclatement de l'autorité ne manquait pas d'inquiéter l'oligarchie ecclésiastique qui avait obtenu, lorsque le pouvoir était unifié, l'exil d'Athanase. Dès cette époque, elle comptait peut-être sur Constance, mais celui-ci dut s'absorber dans les questions militaires sur le front d'Arménie [9]. Restait surtout l'*augustus senior* Constantin II appuyant son influence sur les droits de l'aînesse et aussi sur les ressources considérables d'un Occident plus riche et mieux armé. Comment infléchir la politique religieuse d'un prince qui inaugurait son règne en décidant, dès juin 337, de renvoyer Athanase à Alexandrie [10]? Les Eusébiens — c'est le nom que Jules de Rome donnait au groupe de prélats dont Eusèbe de Nicomédie inspirait la politique — n'entendaient pas laisser cette restauration sans réplique, d'autant qu'Athanase, en regagnant son siège, n'avait pas eu le triomphe modeste [11]. Ils préparèrent une contre-offensive d'envergure, qui installait officiellement

---

9. Dès 338, ce qui affaiblit un peu la *pars Orientis;* sur les opérations, P. PEETERS, *Bull. Ac. Roy. Belg. Lettres,* 17, 1931, p. 1 ss. = *Recherches d'histoire et de philologie orientales,* Bruxelles, 1951, p. 227 ss. Sur les liens de C. avec les Eusébiens, SOZOMÈNE, *Hist. ecclés.,* 3, 1.

10. Athanase publie la lettre de Constantin, encore César — il prend le titre d'Auguste le 9 septembre — annonçant le 17 juin la fin de l'exil aux Alexandrins (*Apol. sec.,* 87). Certes, le prince déclare qu'il se conforme aux volontés posthumes de son père : mais il avait tout intérêt à présenter ainsi une décision prise peu de temps après avoir appris la mort à Ancyre, du vieil empereur. D'ailleurs, tous les actes publics sont placés jusqu'en septembre sous le patronage de l'empereur mort. Quant à Athanase, il accompagne pendant l'été de 337, son protecteur à Viminacium où se règle définitivement, la succession et sans doute sa propre situation (*Apol. Const.* 5). Aussi, malgré NORDBERG, *op. cit.,* p. 34 ss., l'Égyptien a dû retrouver son siège le 23 novembre 337 (et non 338), comme le démontrent les *Kephalaia,* avant-propos aux Lettres festales et THÉODORET, *Hist. ecclés.,* 2, 1, ainsi que j'ai tenté de l'établir, après SCHWARTZ *(Nachr. Gtöt,* 1911, p. 473 = *GS* 3, p. 270) et après CASPAR, *op. cit.,* p. 139. Sur la date de l'entrevue de Viminacium, A. PIGANIOL, *L'Empire chrétien,* Paris, 1947, p. 74 (9).

11. On l'accuse d'avoir semé les troubles, le long du retour : en fait, il tâche de rétablir ou de soutenir les évêques qui avaient eu des ennuis avec les Eusébiens : *Apol. sec.,* 2.

sur le trône épiscopal d'Alexandrie, le chef de la communauté locale arienne, le prêtre Pistos [12] et qui en même temps pressait le pouvoir — surtout celui de Trèves — de rétracter sa décision, peu conforme au droit religieux, puisqu'elle amnistiait un coupable, condamné à Tyr par un tribunal épiscopal. Enfin, ils prévoyaient une opération romaine : il y avait quelque utilité pour ébranler Constantin le Jeune, à obtenir la caution spirituelle du plus grand siège occidental. L'alliance du pape romain devient un enjeu de la politique ecclésiastique.

Aussi, au moment où ces prélats orientaux sollicitaient les princes contre Athanase, en leur expédiant un dossier si lourd d'accusations qu'il semblait réclamer la tête de l'Égyptien [13], une délégation eusébienne arriva en 338 dans la Ville [14]. Cette ambassade d'un rang médiocre — un prêtre, Macarios et deux diacres, Hesychios et Martyrios — ne réclamait manifestement pas un avis ni une sentence. Socrate et avec lui, Sozomène pensent, malgré tout, que les orientaux proposaient au Romain de juger l'affaire mais les deux historiens, qui embrouillent toute la chronologie de la période, déplaçant de quatre ans la date du concile de Sardique, confondant Pistos et son successeur Grégoire, glosent le récit avec les souvenirs de leur temps, habitué à l'exercice de la juridiction pontificale [15]. Athanase, en écrivant l'*Apologie contre les Ariens,* laisse entendre, dans l'envol de la polémique, que ses adversaires avaient appelé d'eux-mêmes la sentence du juge qui allait les condam-

---

12. ATHANASE, *Apol. sec.*, 24 : il avait été consacré par Secundus de Ptolemaïs, arien notoire.

13. ATHANASE, *Apol. sec.*, 3, 7 et 19; *H. Ar.*, 9, la lettre est signalée aussi dans la synodale de Sardique; HILAIRE, *Frag. hist.*, B, 2, 1, 2 et 3, éd. Feder, *CSEL* 65, p. 106 et 111. Un jugement sur la violence de ces accusations, SOCRATE, *Hist. ecclés.*, 2, 3.

14. Notre principale source sur l'épisode romain est l'*Ep. ad. orientales* de JULES, publiée par ATHANASE, in *Apol sec.*, 21, 35, éd. H. OPITZ, *Athanasius Werke*, Berlin, 1938, 2, p. 102-113 (Jaffé, 186). Sur les légats 22, 3 : 24, 1; v. aussi ATHANASE, *Ep. encycl.*, 6. On ne peut établir la date avec certitude mais ce ne peut être 339, (malgré NORDBERG, *loc. cit.*), car il faut placer après l'arrivée des Eusébiens et avant celle d'Athanase lui-même, en été 339, le temps pour les échanges de lettres entre Alexandrie et Rome; d'autre part, la lettre encyclique expédiée par Athanase peu après son nouvel exil, le 18 mars 339, date le début de ces négociations entre les deux Sièges apostoliques, de l'année précédente (*Ep. encycl.*, 7); cf. SCHWARTZ, *art. cit.*, p. 484 = *GS* 3, p. 285 (2); de même JOANNOU, p. 36.

15. SOCRATE, *Hist. ecclés.*, 2, 11; SOZOMÈNE, *Hist. ecclés.*, 3, 7.

4

ner [16]. Mais il se corrige lui-même dans l'*Historia Arianorum*.
D'ailleurs, on peut s'en tenir au témoignage du protagoniste
en cette affaire : Jules de Rome. Dans la lettre pontificale,
qui convoque finalement à un synode romain des orientaux
réticents, le pape ne souffle mot sur pareille demande venant
de Macarios et de ses collègues, quand il aurait eu tout intérêt
à appuyer sa propre invitation sur une démarche initiale de
ses interlocuteurs [17]. En réalité, les Eusébiens avaient enveloppé leur démarche de manière à attirer l'évêque romain
dans leur parti sans rien concéder, sauf une révérence formelle
à l'autorité de son primat. Ils étaient venus « réclamer la
communion » du Siège apostolique « pour un certain Pistos » :
Jules, en expédiant ces *formatae*, selon les procédures habituelles de la charité collégiale, aurait désavoué Athanase et
reconnu, du même coup, les sentences de déposition prononcées à Tyr. Eusèbe de Nicomédie — et avec lui, tout son
parti d'évêques — n'entendait pas, à l'occasion de cette
démarche, sacrifier les convictions traditionnelles de leur ecclésiologie. Devenu évêque de Constantinople, l'Oriental l'explique
ouvertement au pape, quelque temps plus tard, lorsqu' était
passée l'heure des habiletés enveloppées : les occidentaux
assurait-il, n'avaient pas à s'occuper des sentences prononcées
par l'Orient; au siècle précédent, ils avaient exclu de leur
communion Paul de Samosate sur l'avis d'un concile antiochien
et leurs collègues orientaux, de leur côté, avaient accepté,
sans la discuter, la condamnation de Novatien, prononcée à
Rome [18]. Cette sorte de *partitio ecclesiae*, à laquelle la division de l'empire donnait désormais une réalité plus concrète,
garantissait l'indépendance des deux collèges épiscopaux. En
338, l'inspiration est la même, bien que les légats n'aient sans
doute pas parlé si haut : d'ailleurs, pour mieux expliquer la

---

16. *Apol. sec.*, 20, 1; ce témoignage a impressionné G. BARDY,
H. E. Fliche et Martin, 3, Paris, 1950, p. 117 (3). L'*Ep. encycl.*, citée
supra contredit ce raccourci habile. Selon l'*H. Ar.*, 9, 1, les orientaux
ont réclamé un synode après l'arrivée des Alexandrins.

17. *Ep. citée*, 24 : πρὸ τοῦ γὸρ ἀπαντῆσαι τοὺς Ἀθανασίου πρεσβυτέρους
προετρέποντο ἡρᾶς γράφειν ἐν Ἀχεξανδρείᾳ Πιστῷ τινι... Cf. déjà la
remarque de CASPAR, *op. cit.*, p. 143, et K. HAGEL, *Kirche und Kaiser-
tum im Lehre des Athanasius*, Tübingen, 1933, p. 30.

18. D'après le témoignage de JULES, *Ep. cit.*, 25, citant et réfutant les
propos d'Eusèbe.

position orientale, ils transmettaient à Rome le dossier criminel instruit pour la condamnation d'Athanase [19]. Toute cette habile manœuvre se heurta à la prudence tenace de l'évêque romain; Jules temporisa, transmit sans doute à Alexandrie la lettre et le dossier apportés par Macarios [20] : il réclamait discrètement quelques compléments d'information à celui qu'on venait de lui présenter comme un malfaiteur. On en était encore aux préliminaires diplomatiques.

La même année — en 338 — l'arrivée d'une autre ambassade, venue d'Égypte cette fois, rapproche sensiblement la politique des deux Sièges apostoliques. Sans doute, en envoyant ses prêtres, Athanase n'entend pas faire appel à une juridiction quelconque. Mais contre le nouvel assaut dont il pressent — en partie, grâce aux informations transmises par Rome — la menace directe, il présente devant la chrétienté tout entière, et très concrètement devant le pape, le témoignage d'un grand concile réuni à Alexandrie : une centaine d'évêques, qui constituaient, à l'échelle de l'Égypte le tribunal provincial prévu à Nicée pour juger les évêques, répondaient aux accusations, lancées par quelques prélats étrangers au pays [21]. Développée ainsi, cette défense d'Athanase avait de quoi ébranler la sympathie du Romain. Et surtout les messagers égyptiens, avec la fougue que leur avait insufflée leur évêque, balayèrent la résistance des Eusébiens. Jules avait sans doute organisé, en présence de son *presbyterium*, une sorte de débat contradictoire [22] : les prêtres d'Alexandrie rappelèrent qui était ce

---

19. On peut le reconstituer, après SCHWARTZ, *Nachr. Gött.*, 1911, p. 480 = *GS*, 3, p. 280, d'après la lettre de Jules, 22, 24, 26, 27. Ce dossier énumérait aussi de nouveaux crimes et il justifiait l'attitude eusébienne, maintenant en matière religieuse la primauté d'une sentence conciliaire — celle de Tyr — contre une décision impériale.

20. C'est ce que laisse supposer Athanase, *Apol. sec.*, 83 : οἱ δὲ περὶ Εὐσέβιον εἰς ῾Ρώμην αὐτὰ διὰ τῶν ἰδίων ἀπέστειλαν, καὶ ᾽Ιούλιος ὁ ἐπίσκοπος αὐτά μοι διεπέμψατο... et aussi, datant de 339, l'*Ep. encycl.*, 6; v. P. JOANNOU, *op. cit.*, p. 41 qui place, à bon droit, cet épisode en 338, cf. note (14).

21. Ce concile se tient en 338, avant la désignation, en 339, de Grégoire, à place de la Pistos : *Apol. sec.*, 3 ss.; JOANNOU, p. 42. Sur l'ecclésiologie de ce concile, v. HAGEL, *op. cit.*, p. 34. Sur l'arrivée des légats, Athanase, *Apol. sec.*, 20, 1 et la lettre romaine *citée*, 22 et 27.

22. C'est la pratique romaine, comme j'ai essayé de l'étudier *(Roma chr.)* et il semble que JULES ait invoqué le témoignage des légats romains à Nicée, les prêtres Vincent et Vito, *Ep. cit.*, 32. Sur le débat lui-même, *ibid.*, 22 et 24.

Pistos, dont Alexandre, le prédécesseur d'Athanase, avait communiqué à Silvestre, le prédécesseur de Jules, la condamnation pour hérésie. Macarios le responsable du groupe eusébien, auquel une heureuse maladie avait épargné cette désastreuse entrevue [23], quitte le lit et, la nuit, abandonne ses deux compagnons. Privés de leur chef, ceux-ci mesurèrent bien l'échec de l'ambassade et de l'indéfendable Pistos. Abandon défaitiste, sursaut de défi ou ultime échappatoire? Ils proposèrent en tout cas à Jules, d'organiser un synode : que le pape écrive à Athanase, à Eusèbe; « ainsi en présence de tous, on pourrait rendre une juste sentence, eux-mêmes s'engageaient à démontrer toutes les accusations lancées contre Athanase [24] ». Manifestement, ils cherchaient à clore le débat, où ils étaient cruellement isolés et ils avaient peut-être dans la tête un projet de concile oriental, avec des légats occidentaux. Mais Jules n'entendait plus se perdre en ces manœuvres : il avait entendu des témoignages contradictoires et à défaut de lui avoir demandé de juger, on avait tenté de le convaincre. Il disposait de dossiers si volumineux sur l'affaire qu'ils créaient une sorte de compétence [25]. Il proposait donc de recourir au jugement d'un concile, ouvert à tous, au lieu choisi par l'accusé qu'on laissait bénéficier de l'*electio loci*, comme disaient les juristes. C'était le langage d'un conciliateur, d'un arbitre qui n'envisageait pas d'évoquer la cause d'Athanase devant le tribunal d'un concile romain [26].

L'évolution de la politique orientale impose finalement le choix de Rome pour la réunion de l'assemblée proposée par

---

23. *Ep. cit.*, 24 : Jules interprète ce départ, ὅτι αἰσχυνόμενος τὸν κατὰ Πιστοῦ ἔλεγχον.
24. *Ibid.*, 22 : ἠξίωσαν ἡμᾶς, ὥστε σύνοδον συγκροτῆσαι, καὶ γράψαι καὶ Ἀθανασίῳ... γράψαι δὲ καὶ τοῖς περὶ Εὐσέβιον, ἵνα ἐπὶ παρουσίᾳ πάντων ἡ δικαια κρίσις ἐξενεχθῆναι δυνηθῇ... SCHWARTZ, *Nachr. Gött.*, 1911, p. 483 = GS 3, p. 284, y voit un défi. CASPAR, p. 143, une concession arrachée par la pression du pape.
25. De nouveaux documents transmis par Alexandrie, sans compter la synodale *Ep. cit.*, 23, 27, 28, 31...
26. C'est ce qu'explique, l'*H. Ar.*, 9, 1 : Ἰούλιος ἔγραψε χρῆναι γενέσθαι σύνοδον, ἔνθα ἂν ἀθελήσωμεν... et non à Rome, comme le pense P. JOANNOU, p. 45, d'après la lettre romaine *(Ep. cit.*, 29) écrite lorsqu'Athanase, par la force des choses élit Rome pour le concile.

le pape. Constance, heureusement délivré des soucis militaires, prépare une solution expéditive qui écarte, d'Alexandrie, Pistos et Athanase. A Antioche, le petit synode permanent de prélats, qui vivaient avec Eusèbe dans la mouvance et dans la faveur impériales, élit Grégoire de Cappadoce pour le siège de Marc [27]. Le prince, en même temps, désigne, selon une procédure insolite, un préfet pour l'Égypte [28], l'énergique Philagrius. Peut-être Constance avait-il pris quelques précautions vis-à-vis de ses collègues occidentaux qu'une querelle oppose et neutralise pour de longs mois [29]. Le printemps de 339 commençait à peine lorsque après tous ces préparatifs, un édit impérial annonce la désignation de Grégoire pour Alexandrie. Philagrius et ses soldats enlevèrent une à une les églises de la ville pour préparer l'*adventus* du nouveau prélat. Athanase qui s'était retranché dans un dernier bastion, en espérant célébrer la Pâque, dut se résigner à fuir; lançant, comme un dernier défi, une lettre encyclique [30], protégé par quelques complicités fidèles, il s'embarqua pour l'Italie : tant qu'il était solidement installé sur son trône épis-

---

27. Ce « concile » n'est pas daté : 339? E. LICHTENSTEIN, *Eusebius von Nikomedien*, Halle, 1903, p. 83; NORDBERG, *op. cit.*, p. 36. Cette petite assemblée a dû tenir compte, dans ses débats, du premier échec à Rome : SCHWARTZ, *art. cit.*, p. 486 = *GS* 3, p. 287.

28. Sur Philagrius, A. H. M. JONES, J. R. MARTINDALE et J. MORRIS, *The prosopography of the Later Roman Empire*, Cambridge, 1971, p. 694 *(PLRE)* : on notera que Philagrius, un cappadocien, est le premier sénateur connu à exercer cette charge réservée aux chevaliers. Il avait occupé le poste une première fois de 335 à 337, sous Constantin et avait été remplacé par Fl. Antonius Theodorus, qui était déjà en Égypte comme *rationalis* et que l'avant-propos des *Lettres festales* traite avec sympathie de *catholicus* (*ibid.*, p. 300). Ce préfet favorable à Athanase est remplacé vers 338-339; par la suite, Philagrius est comte en Thrace, à l'époque du concile de Sardique et vicaire de Pontique, lorsque Paul de Constantinople est exécuté à Cucuse. Cette nomination, exceptionnelle en Égypte, indique bien les intentions du prince et illustre la pratique impériale, élisant pour ces besognes de politique religieuse, quelques fonctionnaires zélés. Sur l'intervention de Philagrius, *Ep. encycl.* et *H. Ar.*, 9, 10.

29. On sait que Constantin II s'oppose à Constant, ou plutôt, au parti qui soutient l'adolescent : O. SEECK, *Geschichte des Untergangs der antiken Welt*, Stuttgart, 1922, 4, p. 45 ss. et p. 339 ss.; PIGANIOL, *loc. cit.*; le savant allemand (*ibid.*, p. 59) suppose un accord entre Constance et le plus jeune prince, le premier sacrifiant Pistos et le second Athanase pour sceller leur rapprochement.

30. Il n'y est pas fait mention particulière de Rome, sauf pour rappeler la convocation d'un concile (*Ep. encycl.*, 7).

copal, il ne s'était pas hâté de donner suite aux propositions romaines. Maintenant, le temps n'était plus aux atermoiements.

Pour l'Alexandrin, Rome offre le meilleur refuge, car on ne doit pas prêter d'intention politique à la fuite d'un évêque. Athanase eût été bien embarrassé pour rejoindre son protecteur Constantin II, en admettant que ce fût son idée [31] au moment où les relations entre les deux princes occidentaux s'aigrissaient. Quelques mois plus tard, l'*Augustus Senior* conduisait son armée de Gaule en Italie pour réduire la résistance de son frère, retranché en Illyricum. Une embuscade où périt en mars 340 l'aîné, laissait finalement la victoire et l'Occident au jeune Constant, un adolescent de mœurs et de caractère incertains. Mais en 339, Athanase n'a d'autre ressource que chercher un abri en terrain politiquement neutre, auprès d'un évêque qui commençait à témoigner quelque intérêt à sa cause. Des moines d'Égypte, des évêques de Thrace, de Coelesyrie, de Palestine, Marcel d'Ancyre, déposé depuis trois ans, imitent cet exemple et Rome devint le refuge paisible des clercs persécutés par l'église de Constance et d'Eusèbe [32]. Établi dans la Ville, fréquentant volontiers l'aristocratie dévote, se ménageant quelques relations avec une princesse de la famille impériale [33], Athanase donne l'image de la compétence et de la piété : pour l'empereur Constant, il rédige un

---

31. Comme le pense T. G. JALLAND, *The Church and the Papacy*, Londres, 1944, p. 213. Athanase, dans une apologie, il est vrai, *à Constance*, 4, assure qu'il s'est directement rendu à Rome. Et les orientaux le confirment semble-t-il, car ils accusent bien l'Alexandrin, d'avoir fait campagne auprès de l'épiscopat italien : on ne peut en déduire pour cela qu'avant de gagner la ville, A. a fait la tournée de la péninsule (HILAIRE, *Frag. hist.*, A IV, 1, 10. éd. Feder, p. 56). Quant au protecteur que lui prête Philostorge (*Hist. ecclés.*, 3, 12) à la cour impériale : un certain Eustathios, *comes rerum privatarum*, Athanase a dû le gagner en sa faveur pendant son séjour à Milan (en 345 : cf. *PLRE*, p. 310).

32. On ne peut suivre SOCRATE, *HE*, 2, 15 qui voudrait faire venir à Rome Asclepas de Gaza, Lucius d'Andrinople et Paul de Constantinople, malgré W. TELFER, *Harv. Th. Rev.*, 43, 1950, p. 76, et JOANNOU, *Ostkirche*, p. 55, comme j'ai essayé de l'établir, en particulier d'après la lettre de Jules (cf. *Roma christiana...*, livre II, chap. 3,2).

33. Eutropia, citée dans l'*Apol. Const.*, 6 : on sait que l'Alexandrin veut se disculper, — en rédigeant ce pamphlet — d'avoir comploté avec Magnence contre Constance; précisément, les protecteurs dont il cite le nom avec la princesse Eutropia, sœur de Constantin (*PLRE*, p. 316) ont tous été exécutés par l'usurpateur.

canon des Écritures; aux fidèles, il raconte la merveilleuse aventure des moines de son Égypte [34]; avec Jules il célèbre la synaxe pascale en 340 [35]. Partout, il plaide sa cause, expliquant à l'Occident étonné quels malheurs le menacent s'il ne sait résister à ces persécutions nouvelles de l'empire chrétien [36]. Dès lors, les Romains n'avaient plus envie de retenir leur sympathie.

Entre les deux papes s'établit une alliance qui aussitôt oriente la politique romaine. Jules écarte, sans hésiter, Carpones l'envoyé de Grégoire, venu solliciter, à son tour, la communion romaine. Car il avait solennellement accordé celle-ci à Athanase et même à Marcel d'Ancyre. Ce faisant, le pape romain reste fidèle, pour les relations entre les églises, à une pratique traditionnelle qui remontait à l'époque où l'unité s'établissait aussi dans les manifestations concrètes de la fraternité collégiale par l'échange de lettres de communion. Rome, centre privilégié de ce *commercium formatarum* reçoit des évêques venus y confesser la foi jugée conforme à l'enseignement apostolique transmis à l'église de Pierre. Mais à la même époque, l'Orient chrétien tentait d'organiser un système de conciles, réglant au niveau des synodes provinciaux, le cas des simples prélats, expérimentant pour juger les métropolitains ou les titulaires des sièges privilégiés, de plus vastes assises interprovinciales. Concrètement, au moment où s'organise depuis 325, une régionalisation des juridictions ecclésiastiques, ce recours à une antique procédure revenait à établir une sorte de pouvoir supérieur aux sentences synodales [37]. Mais Jules ne cherchait

---

34. *Apol. Const.*, 4; sur la propagande monastique, Jérôme (*Ep.*, 127,5), qui en exagère peut-être les effets puisque Marcella, après avoir écouté l'éloge d'Antoine, finit par se marier.

35. Cf. la 13e lettre festale et sa datation, L.-Th. LEFORT, *Bull. Acad. Belge, Lettres*, 39, 1953, p. 650, corrigeant la chronologie de Schwartz, *Nachr. Gött*, 1911, p. 502 = *GS* 3, p. 309.

36. Ce sont les thèmes de l'*Encyclique*, déjà citée.

37. Cette fois encore l'interprétation de Socrate est significative. Il suppose (*Hist. ecclés.*, 2, 15) qu'avant le concile de Rome, Jules imposa une véritable *restitutio in integrum* cassant les jugements de l'Orient : le pape aurait renvoyé les réfugiés et ceux-ci, munis des lettres de la communion romaine, auraient retrouvé leurs sièges. Cet épisode a été forgé par l'historien qui manque d'une source détaillée (il ne peut utiliser Sabinos, quoi qu'en ait dit F. GEPPERT, *Die Quelle des Kirchenhistorikers Sokrates*, Leipzig, 1898, p. 90; cf. SOCRATE *ipse*, *Hist. ecclés.*,

pas à accuser les divergences entre deux ecclésiologies : la preuve est qu'après avoir reconnu l'orthodoxie de l'évêque d'Alexandrie et de l'évêque d'Ancyre, le Romain continue de convoquer le concile projeté avant l'arrivée d'Athanase : il s'adresse de nouveau aux Eusébiens en appuyant sa démarche par l'envoi de deux légats [38]. L'invitation fixait le lieu des assises, Rome, désormais choisie par Athanase, dont on devait refaire le procès et elle indiquait sans doute un délai de route. Ainsi, s'esquissait, très pragmatiquement, la procédure d'un concile romain tranchant les querelles orientales. Eusèbe et ses amis ne s'y trompèrent point; ils lanternèrent les prêtres de Jules, en attendant peut-être d'être mieux fixés sur l'évolution du conflit qui opposait les princes occidentaux. Enfin ils renvoyèrent les ambassadeurs avec une lettre débordante d'insolente courtoisie : ils faisaient l'éloge de Rome, tout en rappelant que les apôtres, qui lui faisaient tant d'honneur, venaient d'Orient et, après s'être plaints que Jules donnât aussi aisément sa communion à des prélats déposés, ayant invoqué toutes les raisons de rester chez eux, les menaces de la guerre, la longueur du voyage, ils refusèrent de quitter l'Orient [39].

Après avoir affecté d'attendre encore l'arrivée des Eusébiens, le Romain réunit son concile pendant l'hiver de 340 : ce fut, dans l'histoire des relations entre les deux Sièges apostoliques, la manifestation la plus éclatante d'un accord privilégié.

2, 17!). Mais Socrate glose très logiquement, sur les conséquences de cette intervention, en anticipant sur l'évolution. Voir aussi, dans le même sens, THÉODORET, *Hist. ecclés.*, 2, 14.

38. Philoxenos et Elpidios, deux prêtres : on ne peut dire, d'après l'onomastique, s'ils avaient des attaches grecques, mais le premier fut encore affecté aux questions orientales comme légat à Sardique. Sur leur mission, JULES, *Ep. citée*, 21; ATHANASE, *Apol. sec.*, 20, *H. Ar.*, 11. L'intitulé adressé aux Eusébiens avait quelque chose de provocant, comme s'en plaignent les destinataires : il montrait, au moins à Eusèbe et à ses alliés, qu'ils ne joueraient pas dans l'affaire le rôle de juges mais qu'ils devaient se constituer face à Athanase comme l'une des parties. Sur le délai de route. JULES, *Ep. cit.*, 25.

39. On la reconstitue sans trop de peine d'après la lettre de Jules, 22 et 25; ATHANASE, *H. Ar.*, 11, la *Synodale* orientale de Sardique déjà citée et peut-être des allusions de SOCRATE, *Hist. ecclés.*, 2, 17 et surtout SOZOMÈNE, *Hist. ecclés.*, 3, 8. On notera que le pape s'était engagé, en donnant sa communion à Marcel, sur le terrain de la théologie, ce qui aggrave les divergences. (JULES, *Ep.*, 34). Cependant, Marcel n'a pas attendu à Rome l'ouverture du concile (ÉPIPHANE, *Haer.*, 72).

Athanase, avec ses témoins égyptiens et quelques exilés se présentaient devant une assemblée réunissant autour du pape une cinquantaine d'évêques italiens [40]. Aussitôt, Jules de Rome démontra qu'il entendait bien légitimer ces assises assez insolites — dans la mesure où elles traitaient à Rome d'une affaire orientale — en suivant une procédure inattaquable, réglée suivant les pratiques rigoureuses des tribunaux civils [41]. Les accusateurs — Eusèbe et son parti — avançaient de mauvais prétextes pour manquer au procès et ils seraient donc contumaces puisque l'une des parties menacée assistait aux assises et que l'affaire devait nécessairement se poursuivre : *causa necessaria*, comme disaient les *prudentes* [42]. Suivait l'instruction de l'affaire, menée avec minutie, relevant les

---

40. A la fin de 340 ou au début de 341, comme le proposent DUCHESNE, (*Hist. ancienne de l'Église*, Paris, 1902, 2, p. 202), H. LECLERCQ (*in* K. Hefele, *Histoire des conciles*, I, Paris, 1907, p. 698), BATIFFOL (*Paix constantinienne*, p. 418 ss.), SEECK (*Gesch. Untergangs*, 4, p. 413), JOANNOU (*Ostkirche*, p. 64). En effet, Athanase attend le concile, à Rome, pendant dix-huit mois (JULES, *Ep. citée*, 29) et il est vraisemblablement à Rome, au plus tard, à la fin du premier semestre de 339. D'autre part, les orientaux avancent, comme prétexte de leur refus, les menaces de la guerre perse (v. *supra*) : ce qui convient à 340, au moment où Constance prépare une campagne en Mésopotamie (SEECK, *op. cit.*, p. 68). Enfin, il est probable que les Orientaux réunis en 341 pour le concile de la Dédicace connaissaient la synodale romaine. De toutes manières, si on acceptait l'hypothèse de SCHWARTZ (*Nachr. Gött.* 1911, p. 492 = *GS* 3, p. 296), plaçant au printemps ou à l'été de 341, la réunion romaine, il faudrait faire arriver Athanase dans la Ville au début de 340 : qu'aurait fait l'Alexandrin depuis mars 339? (cf. note 32). La réunion se tient ἔνθα βίτων συνῆγει : ATHANASE, *Apol. sec.*, 20 : j'ai développé plus longuement l'étude de ce concile et de sa procédure, *Roma christiana*, *loc. cit.;* on peut se reporter à G. ROETHE, *Geschichte der römischen Synoden im 3. und 4, Jhdt.*, Stuttgart, 1937, p. 81-89; sur le nombre des évêques, ATHANASE, *Apol. citée*, *H. Ar.*, 15; *Synodale de Sardique*, 10 (éd. citée, Feder p. 56).

41. On sait que Miltiade, dans le jugement de l'affaire donatiste avait manifesté la même exactitude : il y a là une tradition dans l'Église romaine que renforce, pour le prononcé du droit et l'organisation d'un code religieux, la transformation culturelle du clergé romain, de plus en plus capable d'emprunter, dès à l'époque de Damase, un vocabulaire, une technique et même une philosophie du droit : *Roma christiana*, Livre 5, chap. 7.

42. Sur la contumace en droit, U. ZILETTI, *Studi sul processo civile Giustinianeo*, Milan, 1965, p. 64 ss.; cf. mon étude déjà citée, pour le détail; noter JULES, *Ep. citée*, 25 et 26; *Synodale de Sardique*, in HILAIRE, *Fragm. hist.*, B, 2, 1, 2, éd. Feder, p. 106.

vices de procédure du premier procès d'Athanase [43], se référant aux documents des Mélitiens, ennemis d'Athanase, utilisant de manière générale le document écrit plutôt que des preuves testimoniales [44]. En vérité, Rome reprend les arguments de l'Égyptien, mais après l'examen critique d'une contre-expertise. Au total, la première sentence était cassée, *propter metum, dolum et absentiam*, selon l'expression du droit civil [45] et en principe, le tribunal romain balayait tous les obstacles qui auraient pu empêcher l'évêque d'Alexandrie de retrouver son siège. Après cette conclusion, un peu théorique, le synode tranchait prudemment sans jeter l'anathème contre les accusateurs déboutés : il constatait simplement la nullité d'une élection obtenue à l'insu du collège provincial, du clergé local et du peuple fidèle pour imposer Grégoire à la place d'Athanase.

Cependant, malgré cette modération, le développement de cette procédure rigoureuse établit très concrètement l'autorité d'une juridiction pontificale. Conformément aux habitudes des synodes romains dans lesquels le pape présidant l'assemblée, disait seul le droit, après consultation de ses assesseurs, prêtres ou prélats, Athanase est justifié par le *Iudicium episcopi romani* [46]. Cette application d'une pratique coutumière renforçait le sentiment — au moins pour les Orientaux —, que le Romain s'était placé, dans l'affaire d'Athanase, comme un juge supérieur, au-dessus des synodes. D'ailleurs, pour

---

43. Par exemple, elle note que la commission envoyée en Maréotide a délibéré sans entendre le prévenu ni les témoins à décharge : cas de nullité (JULES, *Ep. cit.*, 28) et sur la procédure suivie, *ibid.*, 27 et 31.

44. *Ep. citée*, 26, 27. L'instruction fait grand cas de l'*authenticum* — noter comment le Romain se pique d'exactitude technique — dans lequel par écrit, Arsenios, un témoin de l'accusation s'était rétracté (*ibid.*, 27). De même, référence à un autre document, contemporain aussi du concile de Tyr, la lettre d'Alexandre de Thessalonique, dénonçant au comte Denis les irrégularités du procès (*Ep. cit.*, 28). On peut reconstituer (ce qui n'est pas le propos présent) assez complètement cette instruction menée à Rome.

45. E. LEVY, *Zeitschrift der Savigny-Stiftung für Rechtsgeschichte*, Köln, 68, 1951, p. 398 ss. Sur Grégoire, *Ep.*, 30.

46. On se référera sur cette procédure, de façon générale à ROETHE, *op. cit.* Dans le cas particulier, *Ep. citée* 22 et aussi 26, 34; de même Athanase invoque la κρίσις Ἰουλίου (*Apol. sec.*, 37, 5). L'expression citée dans le texte vient de la *Synodale de Sardique* (HILAIRE, *Fragm. hist.*, B, 2, 1, 2, éd. FEDER, p. 106); elle a été employée aussi dans les débats, d'après les canons (III et ss.)

commenter cette entreprise, une lettre synodale esquissait très pragmatiquement une ecclésiologie : Jules y expliquait que les sentences conciliaires pouvaient être réformées, en tirant argument des canons de Nicée permettant d'en appeler du jugement épiscopal au concile de la province [47]. Au-dessus de cette instance et évidemment au-dessus des conciliabules comme ceux de Tyr réunissant un quarteron de prélats, on devait placer la grande assemblée représentant à l'instar de Nicée, avec quelque trois cents Pères, l'épiscopat de la catholicité [48]. D'ailleurs, expliquait le pape, les Orientaux avaient manqué à la coutume des relations fraternelles entre les Églises : ils devaient nous écrire, à nous tous pour que le droit soit fixé par tous [49]. Avec cette formule ambiguë, Jules ne réclame pas explicitement la convocation d'un concile œcuménique pour toutes les grandes causes : il voudrait imposer l'obligation de consulter, avant de rendre des sentences graves, tout le collège [50]. Certes le Romain se réfère — en la forçant un peu [51] — à la coutume qui recommande aux évêques de communiquer les sentences adoptées localement; il cherche surtout un moyen de briser la régionalisation des juridictions ecclésiastiques, livrant dans les excès d'une *partitio ecclesiae* l'Orient à une faction appuyée par le pouvoir. Un tel système, malgré les apparences, ne sous-

---

47. *Ep. citée*, 22 et 23 : c'est le 5e canon qui semble invoqué, comme le souligne CASPAR, *Gesch.*, p. 149 (et aussi *ZKG*, 47, 1926, p. 166), après Duchesne, Turmel et Schwartz. Il n'y a pas lieu comme le faisait Baronius d'invoquer un canon perdu ou de supposer avec Batiffol, une procédure créée pour la question pascale. Selon Jules, Nicée suggère une méthode même si sa législation est incomplète.

48. *Ep. citée*, 22, 23, 24, et 25. Nicée juge et condamne pour toute l'Église, *ibid.*, 33.

49. *Ep. citée*, 35 : ἔδει γραφῆναι πᾶσιν ἡμῖν, ἵνα οὕτως παρὰ πάντων ὁρισθῇ τὸ δίκαιον On peut tenter une rétroversion : ὁρίζειν correspond à *determinare*, cf. synodale de Sardique, in ATHANASE, *Apol. sec.*, 40; *ibid.*, 54; en latin, le mot implique une action judiciaire : A. BERGER, *Encycl. Dict. of Roman Law*, Philadelphie, 1953, p. 434; voir aussi LAMPE, 4, p. 973 : *jus determinare?*

50. SOCRATE, *HE*, 2, 17 et SOZOMÈNE, *HE*, 3, 10 comprennent que Rome se plaint de ne pas avoir été invitée aux conciles orientaux contre Athanase : Coustant montre que l'interprétation est anachronique (*PL* 8, 906).

51. HALLER, *Papsttum*, p. 57, montre bien que la coutume invoquée à Rome était moins explicite : les synodes jugeaient et informaient *après* : les Eusébiens, eux, avaient laissé passer trois ans...

estime pas les privilèges du primat : Jules, après avoir réclamé une consultation préalable de l'Occident glose : qu'on nous écrive à nous d'abord — il faut entendre au pape — et qu'ensuite soit déterminé le droit [52]. Représentant de l'Occident chrétien au nom du principe de collégialité, il revendique le droit de donner une consultation, avant la sentence. Interprétée en termes juridiques — *consultatio ante sententiam* [53] — cette prérogative explique mieux l'intervention romaine. Et pour en fonder la légitimité, la synodale rappelle l'apostolicité de l'Église établie dans la Ville, sa sollicitude particulière pour Alexandrie qui fut gouvernée aussi par des apôtres. « Ce que j'écris, je l'écris dans l'intérêt de tous et ce que je vous signifie, conclut le message envoyé aux Orientaux, c'est ce que nous avons reçu du bienheureux Pierre, l'apôtre [54]. » Au total, cette première lettre pontificale connue indique bien l'importance de l'affaire égyptienne pour Rome. Entraîné à prendre parti dans une querelle orientale, à proposer un synode, à le réunir à Rome, en l'absence des Eusébiens, Jules doit préciser, en termes plus juridiques, les prérogatives du primat. Les circonstances politiques, la querelle d'Athanase à l'époque de la *partitio imperii* ont orienté cette évolution. Mais le synode romain comptait surtout par ce qu'il réalisait concrètement, en anticipant sur toutes les justifications théoriques : le jugement d'un pape, cassant en appel, dans le tribunal de son synode, la sentence d'un concile oriental et justifiant, de toute son autorité, un évêque chassé de son siège, Athanase d'Alexandrie.

---

52. *Ep. cit.*, 35 : πρότερον γράφεσθαι ἡμῖν καὶ οὕτως ἔνθεν ὁρίζεσθαι τὰ δίκαια. F. E. BRIGHTMANN, *J. Th. S.*, 29, 1928, p. 129, a montré qu'il fallait traduire *sic deinde*, en écartant un sens locatif pour l'adverbe grec (ἐνθένδε?).
53. C'est une forme de l'appel (cf. BERGER, *Enc. Dict.*, p. 412; N. ORESTANO *L'Appello civile di diritto romano*, Turin, 1953, p. 266) dont les procédures s'organisent plus clairement : *CT*, 11, 30, 1 (313); 29, 2 (319); 11, 30, 11 (321).
54. C'est la conclusion de cette lettre, *Ep.*, 35. On notera que ce texte n'est pas organisé selon une diplomatique rigoureuse, comme le seront à partir de Sirice, les textes romains. Ces thèmes, ici ébauchés, sont repris et développés, en particulier en ce qui concerne les Sièges apostoliques, classés selon une hiérarchie qui place Alexandrie, au second rang après Rome avant Antioche et Jérusalem.

* * *

Cette alliance, scellée dans les temps difficiles, se relâche peu à peu, lorsque Rome cesse d'être le protagoniste du combat pour Athanase. Désormais, les évêques orientaux ignorent ce siège qui a pris résolument parti contre eux. La situation politique s'était éclaircie en Occident où le jeune Constant a assez de légions pour faire entendre ses préférences en matière religieuse : les prélats choisissent pour renouer des voies plus politiques. Après avoir répondu au concile de Rome dans une fière assemblée réunie à Antioche pour célébrer la « Dédicace de la Grande Église » [55], ils expédièrent une délégation directement à la cour, établie en 342 [56] à Trèves. Celle-ci apportait une longue confession de foi qui voulait apaiser, sans référence à Nicée, le conflit théologique sous-jacent à la querelle d'Athanase. En même temps, ils souhaitaient la communion des chrétientés occidentales, comme si le pape n'avait pas jugé à Rome. D'ailleurs, celui-ci — non plus qu'Athanase — ne joue aucun rôle dans l'échec de cette ambassade : tout le mérite revient à Maximin de Trèves qui obtint, de Constant, son renvoi [57]. En effet, une oligarchie

---

55. SCHWARTZ, *Nachr. Gött.*, 1911, p. 505 = *GS* 3, p. 311, et CASPAR, *Geschichte*, p. 154, s'accordent pour supposer qu'Antioche répond à Rome. Notons entre autres l'insistance du concile à établir l'importance du tribunal provincial et à répondre ainsi à la procédure romaine : canons 6 et 9, dans la mesure où ceux-ci relèvent bien de ce concile (JOANNOU, *Ostkirche*, p. 71 ss. malgré les critiques de HESS, *Sardica*, p. 147 ss). On sait d'autre part que Theophronios de Tyane fait accepter une profession de foi condamnant, avec Marcel, tous ceux qui gardent la communion de l'hérétique : anathème voilé contre Jules de Rome? La théologie des confessions d'Antioche écarte les formules extrêmes : voir JOANNOU, *Ostkirche*, p. 75, et sur leur théologie, J. N. D. KELLY, *Early christian creeds*, Londres, 1960, p. 264; H.-I. MARROU, *Nouvelle histoire de l'Église*, I, Paris, 1963, p. 301.

56. Comme j'ai tenté de l'établir ailleurs *(loc. cit.)* d'après les différents séjours à Trèves de Constant, à la fin de 341 ou au début de 342 et non en juin 343, époque qui précède de peu la réunion du concile. Or, cette ambassade précède sûrement Sardique (*Synodale* orientale, in HILAIRE, *Frag. hist.*, A, 4, 1, 27, éd. Feder, p. 67). Athanase n'assiste pas à l'entrevue (*Syn.*, 25).

57. Sur son rôle, *Synodale* citée à la note précédente : *ibid.*, 14 (éd. Feder, p. 58). L'évêque de Trèves aurait obtenu une intervention de Constant pour faire rétablir, en 342, Paul sur le siège de Constantinople. Il ne participe pas à Sardique : A. FEDER, *Studien zu Hilarius von Poitiers*, 56, Wien, 166, 1911, p. 52.

épiscopale se constituait en Occident pour inspirer la politique religieuse du prince : à côté des prélats de Gaule ou d'Italie septentrionale, — en particulier les pasteurs des résidences palatines qui peuvent, à l'occasion, exercer une influence directe sur leur impérial fidèle — Athanase tente de jouer les premiers rôles : il négocie, sollicite, voyage, de Rome à Milan, de Milan à Trèves, de Trèves à Aquilée, avec l'énergie d'un évêque, libéré des soucis quotidiens de la pastorale, mais acharné à retrouver le troupeau perdu [58]. On sait qu'au bout de tant de colloques, Constant obtint de son frère la convocation [59] d'un concile bi-partisan, réunissant à Sardique (l'actuelle Sofia), aux frontières des deux *partes*, les représentants des deux collèges épiscopaux; à cette décision, l'Alexandrin a sûrement pris quelque part, alors que le Romain devait être moins spontanément enclin à réclamer une procédure remettant en cause sa propre sentence [60]. Les Orientaux, eux-mêmes, en témoignent : lorsqu'ils énumèrent, dans une liste d'anathèmes, leurs adversaires, Jules figure en bonne place, comme *princeps malorum*. Comment leur faire grief de cette sentence après le concile romain? Mais la synodale des Orientaux ajoute aussi Maximin de Trèves et Ossius de Cordoue, accusés du même trait de plume avec le Romain, d'avoir infléchi la bienveillance impériale [61]. Athanase, lui-même, dans l'*Apologie* où il se défend d'avoir circonvenu contre Constance la faveur de Constant, assure que le projet du synode a été suggéré par un groupe d'évêques établis à Milan [62] : il ne songe pas à

---

58. Athanase a été à Milan, la quatrième année de son exil (*Apol. Const.* 3 et 4).

59. C'est Constant qui a pris l'initiative de réclamer le concile : ATHANASE, *Apol. Const.*, 4; *H. Ar.*, 15, même s'il est convoqué comme il se doit au nom des deux princes (*Apol. c. arian,.* 36). Noter qu'OSSIUS fait la même analyse qu'Athanase (*H. Ar.*, 44). Selon SOCRATE, il y eut plusieurs interventions impériales : *Hist. ecclés.*, 2, 18 et 20; de même SOZOMÈNE, 3, 10, 11; THÉODORET, *Hist. ecclés.*, 2, 3. J'ai déjà suggéré que l'information des historiens du Vᵉ siècle n'est pas absolument sûre, puisqu'ils doivent meubler toute la période qui va de 341 à 347 (date de Sardique, à leur avis). En sens contraire, JOANNOU, *Ostkirche*, p.80. Sur le rôle du prince, NORDBERG, *op. cit.*, p. 39.

60. La synodale occidentale (HILAIRE, *Frag. hist.*, B, 2, 2, 3 (11), éd. FEDER, p. 128) indiquait que les religieux empereurs avaient demandé *ut de integro universa discussa disputarentur :* y compris de la sentence romaine.

61. *Synodale citée*, FEDER, p. 58.

62. On sait qu'à l'époque de l'*Apologie* (*Apol. Const.*, 4), Constance

transférer sur le pape la moindre responsabilité. Si le Romain avait réellement pesé sur la décision impériale, Athanase aurait-il négligé cette occasion de se disculper? D'ailleurs, on entrevoit un peu la composition de ce « synode permanent », à considérer le petit groupe de prélats réunis à Milan quelques mois après le concile de Sardique : Protais, l'évêque de la ville, Fortunatien d'Aquilée, Vincent de Capoue et bien entendu Athanase [63], qui assiste aux dernières négociations, en 342, à Milan et surtout participe avec Ossius, à une petite commission réunie à Trèves pour préparer le futur concile. Tout cela se passait bien loin de Rome et, dans tous ces préparatifs, les conseilleurs ecclésiastiques de la cour avaient tenu les premiers rôles.

Les deux empereurs avaient convoqué l'assemblée épiscopale pour reprendre l'examen des causes jugées à Tyr, Alexandrie, Antioche, Constantinople et Rome et tenter une conciliation. Le débat qui touchait à la politique des églises, avec un accent nettement plus théologique qu'à Rome, tourna court : les deux partis se séparent et se retranchent sur leurs positions initiales. Dans ces conditions, le groupe des évêques restés à Sardique, parce qu'ils étaient favorables à Athanase et à la cause théologique que représentait l'Alexandrin, prit appui tout naturellement sur la procédure et la sentence du concile romain [64]. Mais cette réunion de Sardique, en automne 343, manifeste beaucoup moins qu'on ne le dit souvent, un triomphe de la politique pontificale; car la direction du débat et la conduite du combat échappent au Siège apostolique. Ossius, l'évêque de Cordoue, mène l'assemblée avec tant d'autorité [65]

---

est le seul maître et que Athanase est accusé d'avoir brouillé les deux frères. SOZOMÈNE (*Hist. ecclés.*, 3, 10) imagine une intervention directe de Jules. Athanase, dans l'*H. Ar.*, 15, indique plus justement que Constant a été impressionné par le synode romain, comme par les troubles d'Alexandrie.

63. *Apol. Const.*, 3. Sur le rôle d'Athanase, aucune ambiguïté : aux historiens déjà cités, ajouter PHILOSTORGE, *Hist. ecclés.*, 3, 12, et bien entendu la *Synodale* orientale à laquelle il a déjà été fait référence. Athanase assure qu'il ne savait rien des tractations, lorsqu'il est monté à Milan : *se non e vero...*

64. Il n'y a pas lieu de reprendre ici une analyse détaillée du concile de Sardique : on demande au lecteur l'indulgence d'accepter références à quelques conclusions étudiées plus longuement, in *Roma chr.* Sur la date, après Hess, Joannou : automne 343.

65. Comme le montre la *Synodale* occidentale, 2 (FEDER, p. 108),

que les Orientaux utilisent à leur tour un sobriquet polémique pour désigner leurs adversaires : ce sont « ceux d'Ossius ».

Quant au pape, il ne participe point à ces travaux : il avait répondu que ses responsabilités pastorales l'attachaient à la Ville et à la péninsule déchirées par les « loups schismatiques [66] »; en réalité, il n'est pas très sûr que celles-ci aient été aussi directement menacées, sauf peut-être en Campanie, mais cette agitation locale n'avait pas empêché l'évêque de Capoue ou celui de Bénévent de laisser leur siège. En fait, les pontifes romains avaient pris l'habitude de ne pas s'associer personnellement à ces réunions lointaines : Jules se fit représenter par une délégation modeste : deux prêtres et un diacre, qui ne paraissent pas avoir donné un grand éclat à leur présence. Ceux-ci sont nommés dans la synodale destinée à Jules — ce qui relevait d'une élémentaire courtoisie — et leurs signatures apparaissent au bas des lettres destinées par le concile à l'Égypte — attention particulière d'Athanase [67]? Dans la dizaine de prélats venus de la péninsule, dont certains avaient participé au synode de 340, la politique romaine pouvait trouver au mieux quelques porte-parole officieux : Vincent, évêque de Capoue après avoir été prêtre de Rome, légat de Silvestre à Nicée, peut-être Fortunatien d'Aquilée qui paraît, à l'époque de Libère, très lié au Siège apostolique.

Ossius et son groupe reprennent les dossiers qu'avaient étudiés les Pères de Rome et dans une même démarche aboutissent aux mêmes conclusions : mais ils les poussent plus loin que le synode de 340, car ils manient, sans trop se retenir,

---

la place au premier rang dans les signatures, (FEDER, p. 132). De même, dans l'*Apol. sec.*, 50, précédant Jules de Rome dans une liste des partisans d'Athanase; voir aussi, *H. Ar.*, 15 et 16. Sans oublier les orientaux, *Synodale*, 15 et 16 (FEDER, p. 58 et 60), etc. HESS, *Sardica*, p. 19.

66. La *Synodale* occidentale, destinée à Jules, cite l'*excusatio* envoyée par l'évêque romain (1, FEDER, p. 126).

67. Archidamos, Philoxenos et le diacre Léon : *Synodale*, 2 (FEDER, p. 127). Les Romains n'ont souscrit qu'aux lettres conservées dans le *Cod. Veron LX* : cf. A. FEDER, *Studien...*, II, p. 53, mais il est possible que les autres listes de signatures conservées dans les *Fragmenta* d'Hilaire soient incomplètes. Cet effacement parut si étrange qu'au Ve siècle le notaire, collationnant la liste de la *collectio Prisca*, donne à des évêques d'Italie le titre de légat du Saint-Siège : C. H. TURNER, *Ecclesiae Occidentalis Monumenta Juris Antiquissima*, I, 2, 3, Oxford, 1930, p. 546. Dans une collection d'origine romaine, la correction est significative.

l'anathème contre les principales têtes de l'oligarchie orientale qui échangea l'excommunication avec une égale générosité [68]. Aussi le jugement final mentionne, d'une allusion elliptique, la sentence romaine. Le concile s'y attarde un peu, il est vrai, dans la lettre qu'il expédie au pape mais lorsque la courtoisie l'oblige moins, dans l'encyclique, il se contente d'une incise : celle-ci ne sert même pas d'attendu pour le prononcé final [69]. Il est vrai que les canons promulgués, dans le feu du combat, s'attachent à justifier l'action du Romain qui, après tout, avait frayé la voie. Ainsi, une règle répète l'interdiction faite à Nicée de recevoir les clercs excommuniés; et comme cette sorte de reproche avait été lancée par les Orientaux contre Jules, à propos de Marcel ou d'Athanase, une autre sentence autorise les pasteurs à accueillir les réfugiés persécutés pour la foi. De même, telle règle vise les transferts, en particulier celui d'Eusèbe passé de Nicomédie à Constantinople, telle autre limite les démarches épiscopales au *comitatus*, à la cour impériale [70]. Car les canons conservent — comme une excel-

---

68. Sur les négociations, pendant lesquelles Ossius aurait proposé de prendre avec lui en Espagne, Athanase, si les orientaux reconnaissaient au moins son innocence : *H. Ar.*, 15 et 44. Le dossier du concile : *Synodale* des occidentaux aux Églises, in HILAIRE, *Fragm. hist.*, B, 2, 1, 3, éd. Feder, p. 103 ss. Anathèmes : *Synodale citée*, 7, et *Nomina haereticorum*, *ibid.*, B, 2, 3, p. 131.

69. En effet, on invoque le synode de Rome pour rappeler que les orientaux sont gens de mauvaise foi : convoqués par Jules, ils ont été, déjà en 340, contumaces : *etsi ex eo quod vocati sunt a Julio episcopo... noluerunt, claruit noluisse eos venire ex ipsis litteris, quibus eorum mendacia detecta sunt; venissent, si habuissent fiduciam...* (*Synode*, 2, *loc. cit.*, p. 107). Synodale à Jules, dans les *Fragm. hist.*, B, 2, p. 126 ss. A l'Église d'Alexandrie : Athanase, *Apol. sec.*, 37; à l'Égypte, *ibid.*, 41.

70. Pour l'édition des canons, C. H. TURNER, *Eccles. Occid. Monumenta Juris Antiquissima*, Oxford, 1930, 1, 2, 3, pour l'*authenticum* en latin, p. 452 ss, les quatre versions, p. 489 ss. On peut se référer à Hess pour le commentaire. Ici, canons 11 et 12, éd. p. 490 et canon 13, p. 484, sur une suggestion d'Aetius de Thessalonique, qui recevait, à la porte de l'Orient, ces réfugiés. De même, contre les promotions improvisées, canon 8 : c'était le cas d'un ennemi d'Athanase, Ischyras; sur les transferts, canons 1 et 2 reprenant une législation traditionnelle; sur les voyages des prélats de cour, canon 9 et surtout canons 5 et 6. Le canon 4 (*éd. cit.*, p. 458) s'efforce, à mon sens, de légitimer l'intervention des évêques en dehors de leur province, pour la bonne cause bien entendu. (Voir en particulier les conditions de désignation de Paul à Constantinople, SOZOMÈNE, *Hist. ecclés.*, 3, 3). Car le concile condamne aussi les ingérences des Eusébiens.

lente analyse l'a récemment souligné [71] — au moins partiellement, un résumé des discussions et des progrès enregistrés
dans le débat. C'est le cas des règles qui fixent, dans cette
ecclésiologie de combat, les attributions de la juridiction
romaine. On ne retiendra, pour l'enquête présente, que quelques
conclusions, sans développer l'analyse des deux canons, embar-
rassant l'exégèse parce qu'ils se présentent en quatre versions
différentes et parce qu'ils semblent, selon les textes, se compléter, se contredire ou faire double emploi [72]. En réalité, le
premier canon [73] sanctionnait les procédures d'un passé récent
dont Sardique répétait, en les durcissant, les sentences; le
second prévoyant l'avenir, laisse aux successeurs de Jules,
une liberté de manœuvre plus contrôlée : le pape pourra
recevoir les appels et examinera leur légitimité avant d'en
confier le jugement à un concile régional, plus représentatif
que le synode provincial, comprenant, au gré du Romain, des
légats pontificaux [74]. Cette législation de circonstances pouvait,
beaucoup moins que ne l'ont imaginé le pape Zosime et plus
tard, les Ballerini, appuyer l'autorité d'une juridiction pontificale.

D'ailleurs, après avoir donné solennellement quitus à Jules

---

71. Hess, *op. cit.*, p. 31 ss.; il n'y a plus lieu de reprendre le débat sur
l'authenticité des canons, Hess, p. 22 ss.

72. On suivra l'édition de Turner, p. 455 ss., (et pour les autres
versions p. 494 ss.) en maintenant l'ordre original des canons, tel qu'il
se trouve dans le *Textus authenticus*, cette disposition reflétant la
progression des débats. Outre l'analyse de Hess, p. 134, celle de Joannou, *Ostkirche*, p. 86, et celle que j'ai essayé de proposer et dont je ne
retiens que les conclusions, cf. l'exégèse de G. R. von Hankiewicz,
ZSS, Kan, 33, 1912, p. 44-99, et surtout E. Caspar, *ZKG*, 47, 1928,
p. 162-177. Ce dernier esquisse un système compliqué — un peu comme
celui qu'imaginaient, à propos de Sardique, Balsamon! — en trois
instances, Rome au sommet.

73. Canon III, Turner, p. 494 : *Scribatur vel ab his qui examinarunt*
(démarche des Eusébiens, qui avaient, finalement, réclamé un synode
à Jules), *vel ab episcopis qui in proxima provincia morantur* (Synode
d'Alexandrie), *Romano episcopo* (le grec dit plus simplement : Ἰουλίῳ),
Si judicaverit renovandum esse judicium renovetur et det judices... (la
procédure romaine).

74. Canon III *b* dans la numération de Turner, p. 460 et p. 496 ss.
Contrairement à ce que suggère Caspar, ce canon n'est pas destiné à
justifier rétrospectivement le concile de Sardique, car celui-ci se met
plus haut qu'un concile régional, tel qu'il est prévu dans le texte
(*episcopi... qui in finitima et propinqua provincia*); il vise sûrement à
l'œcuménicité.

de son intervention, le concile ne recourt pas particulièrement à ses services dans le combat pour Athanase. Est-il bien sûr, par exemple, qu'Ossius ait utilisé, en quelque occasion, le prestige de Rome pour vaincre les résistances d'Athanase, partenaire souvent mal commode? L'hypothèse avance l'exemple du symbole envoyé à Jules, avec une lettre particulière d'Ossius et de Protogenes de Sardique parce que l'Alexandrin, dit-on, aurait trouvé à redire sur quelques-unes de ses formules. Certes Athanase ne défendra pas ce document, durci par la polémique, lorsqu'une vingtaine d'années plus tard, les temps ayant bien changé, il tente de faire l'union avec l'Orient sur le symbole de Nicée. On ne peut préjuger de son attitude en 343 : le texte lui-même nous parvient par l'intermédiaire des archives d'Alexandrie, qui ne paraissent pas l'avoir athétisé. Au demeurant, les présidents du concile — Ossius et l'évêque du lieu — ne quêtent pas avis ou secours d'un Romain auquel ils signifient — *significavimus* — la profession proposée à l'assemblée [75]. A l'opposé, Sardique semble reconnaître le rôle privilégié qui s'attache à l'accord des deux Sièges pour annoncer la date de Pâques. A l'époque, Rome et Alexandrie souhaitaient s'entendre, comme l'avait déjà formellement recommandé le concile de Nicée. La première, en adoptant un nouveau cycle de quatre-vingt-quatre ans plaçait les *termini* extrêmes du comput pascal entre le 22 mars et le 21 avril, suivant ainsi la règle égyptienne. Quant à Athanase, il avait tout intérêt, au moment où l'assemblée orientale élaborait son propre cycle, où Grégoire se croyait, à Alexandrie, une compétence de computiste, à signifier, de son exil, les dates qui manifestassent solennellement l'entente des deux papes. Mais lorsque l'évêque d'Alexandrie eut retrouvé son Siège, l'utilité de ces concessions parut moins évidente : en 349, en 350, l'Église égyptienne suivit son propre calcul et laissa les Romains placer la fête à leur manière, un jour différent du sien [76]. A l'exception de

---

75. Texte, d'après la coll. de Vérone LX (rétroversion latine?), in TURNER, *éd. cit.*, p. 644. Sur la théologie de ce document, E. LOOFS, *Das Glaubenbekenntniss der Homousianer von Sardika*, Abh. Berlin, 1909, p. 1-39, relevant des formules proches de Grégoire d'Elvire ou de Marcel, et plus nuancé KELLY, *op. cit.*, p. 279. Les réactions d'Athanase sont attestées dans le *Tom. ad. Antioch.*, 5 (361). JOANNOU, *Ostkische*, p. 95, y voit la preuve de son opposition dès 343.

76. Cet accord est connu par la préface des Lettres festales, E. LAR-

cette disposition particulière (et provisoire), Athanase trouva à Sardique d'autres moyens d'utiliser l'appui occidental et Jules cesse d'être un porte-parole privilégié : ainsi, l'évêque de Rome reçut mission de signifier les sentences conciliaires en Italie, en Sardaigne et en Sicile [77]; on ne peut dire s'il s'y employa avec beaucoup d'efficacité [78].

Aussi, à partir de 343, l'alliance des deux Sièges apostoliques, devenue moins utile, perd beaucoup de sa chaleur. Désormais, pour retrouver Alexandrie, Athanase compte surtout sur l'intervention du prince; Constant, en effet, s'emploie énergiquement à obtenir le retour du fugitif [79]; mandant lettre sur lettre, expédiant à Constance une délégation du concile de Sardique, des évêques qu'accompagnaient, pour souligner l'énergie de la mission, un général; quand finalement, arrive une ambassade orientale, pour renouer avec le collège d'Occident, c'est à Milan, résidence impériale qu'elle se présente et qu'elle est accueillie par un concile. Celui-ci y condamne un disciple excessif de Marcel, Photin de Sirmium [80]. Pendant ces trois années d'attente et de négociations, lorsque

---

sow, Leipzig, 1852, p. 31 (*PL* 26, 1354); sur le cycle oriental, TURNER, p. 641. Analyse des réformes romaines et des divergences, B. KRUSCH, *Studien zur christlich-mittelalterlichen Chronologie; Der 84 jährige Ostercyclus*, Leipzig, 1880, p. 50 et p. 73 ss.; voir GRUMEL, *La Chronologie*, Paris, 1958, p. 41, repris in *RE Byz*, 18, 1960, p. 163 ss., et JOANNOU, *Ostkirche*, p. 92.

77. Ainsi la synodale adressée à JULES, *Ep. cit.*, 5, éd. FEDER, p. 130. Dans cette lettre, l'éloge de l'Église romaine, *caput, id est... Petri apostoli sedes* présenté dans le contexte de réminiscences pauliniennes. Mais le concile se contente d'informer rapidement le pape, qu'il renvoie à la lecture de l'encyclique ou au témoignage de ses légats, pour plus de détails. Il s'étend seulement sur les péripéties italiennes de Valens de Mursa, qui avait soulevé l'émeute pour tenter de s'établir à Aquilée.

78. Athanase publie, après les souscriptions des évêques présents au concile une trentaine de signatures africaines, treize pour Chypre, etc.; seize prélats seulement établis *in canali Italiae* (cf. TURNER, p. 488), le long des routes du *cursus publicus*, comme l'indiquent les quelques identifications possibles (ainsi à Tadinum, à Padoue, à Pesaro, sur la Flaminia); ce qui témoigne d'une intervention des services officiels pour collecter les signatures.

79. *H. Ar.*, 20, etc. le rôle prépondérant de Constant est souligné par Constance lui-même : *H. Ar.*, 49; cf. NORDBERG, *op. cit.*, p. 40.

80. Sur les conciles de Milan, J. ZEILLER, *Les origines chrétiennes dans les provinces danubiennes*, Paris, 1918, p. 265; sur la nature de ces réunions, G. ROETHE, *op. cit.*, p. 88. Pour Valens de Mursa, impliqué dans le deuxième concile, on se reportera à M. MESLIN, *Les Ariens d'Occident*, Paris, 1967, p. 71 ss.

nous retrouvons trace d'Athanase, ce n'est plus à Rome, mais à Aquilée, dans la cité de l'influent Fortunatien, à Milan et même en Gaule où l'appelle le prince [81]. Mais il ne faut pas prêter à Athanase une ingratitude cynique. Au moment où Constance s'est résigné à rétablir l'exilé, l'Égyptien sur le chemin du retour se détourne vers Rome. Jules l'accueille avec l'amitié d'un compagnon des combats passés, à en croire, du moins, le ton d'une lettre chaleureuse que le Romain confie à Athanase [82]. Ce message, destiné au clergé et au peuple alexandrins, célébrait la constance du troupeau et celle du pasteur, rapportant auprès de son peuple les trophées de ses souffrances et de la victoire sur les ariens. Il assurait aussi que l'exilé avait été justifié par le témoignage du pape lui-même et celui de tout un synode — sans préciser lequel [83] — et il achevait ce message, qui empruntait beaucoup à l'homélie, par une prière. Assurément, Athanase reçut avec satisfaction cette manifestation venue d'un Siège aussi élevé. Il en recueillit bien d'autres et les publia plus tard, plaçant, sans commentaire, le message du Romain, l'allié des temps difficiles, à côté d'une lettre de Maxime de Jérusalem, qui ne lui avait guère été fidèle [84].

Dès le retour d'Athanase, le 21 octobre 346, les deux Églises mènent, en toute indépendance, leur politique. Alexandrie — on l'a vu — oublie assez vite l'accord sur la date pascale et même, elle laisse percer quelques réserves sur la théologie de Marcel, solennellement reçu en 340 dans la communion romaine en même temps qu'Athanase [85]. De Rome aussi, viennent quelques signes de froideur, plus explicites peut-être. Lorsque Valens et Ursace, qui avaient intrigué contre Athanase, quémandent l'absolution pontificale, Jules exige bien entendu une rétractation solennelle : les deux prélats d'Illyricum doivent confesser leurs erreurs, reconnaître l'innocence d'Athanase proclamée dès 340 par la Ville, s'excuser d'avoir désobéi à la convocation

---

81. *Apol. sec.*, 51; *Apol. Const.*, 4, cf. *H. Ar.*, 44.
82. Cette lettre (Jaffé, 188) est connue par l'*Apol. sec.*, 52-53 = SOCRATE, *Hist. ecclés.* 2, 23.
83. Ἀθῷος οὐ παρ' ἡμῶν μόνον, ἀλλὰ καὶ παρὰ πάσης τῆς συνόδου ἀποδεχθείς (*loc. cit.*).
84. *Apol. sec.*, 57.
85. Comme le montre une note éditoriale d'HILAIRE, *Fragm. hist.*, B, 2, 9, 1 ss., éd. FEDER, p. 146 ss.

romaine [86]. Mais le pape ne s'inquiète pas de transmettre à Alexandrie ce *libellus* qui aurait fait tant plaisir. Athanase le reçoit, avec le court billet qui lui est destiné, par les bons soins de Paulin de Trèves qui avait suivi l'affaire, depuis la cour [87]. Il trouva dans le texte signé à Rome que Valens et Ursace s'engageaient à ne plus se mêler d'intrigues, celles que fomenteraient, à l'avenir, les Orientaux comme celles qui pourraient venir d'Athanase lui-même [88]. Cette disposition indique sans doute que le Siège apostolique n'avait pas apprécié tout le remuement, créé dans les églises occidentales, par l'affaire d'Athanase et entretenu par l'exilé lui-même. En somme, les beaux temps d'une alliance, où Rome étendait sa protection sur un proscrit paraissaient un peu oubliés. La conjoncture particulière de la politique religieuse, dans cet empire divisé entre les princes de la dynastie constantinienne, avait rapproché, un temps, les deux papes, créé peut-être pour l'avenir, des habitudes. Quant à l'évêque romain, engagé dans l'affaire avec toutes les réticences de sa prudence, il y avait expérimenté pratiquement, malgré l'échec relatif de Sardique, quelques implications juridiques de son primat.

Quelques années plus tard, lorsque l'Empire était réunifié sous l'autorité de Constance, Libère commit l'erreur d'imaginer que l'expérience de son prédécesseur pouvait lui être utile. En effet, la querelle d'Athanase paraissait repartir comme si on avait remonté la mécanique des accusations et des plaintes ressassées depuis le concile de Tyr : le pape se laissa prendre

---

86. Le texte est publié par HILAIRE, *Fragm. hist.*, B, 2, 6, éd. FEDER p. 143; en grec, ATHANASE, *Apol. sec.*, 58; SOZOMÈNE, *Hist. ecclés.*, 3, 24. Les deux évêques anathématisent Arius.

87. Le billet, pour ATHANASE, *ibid.*, 8, p. 145. Sur l'envoi à Alexandrie, ATHANASE, *Apol. sec.*, 58, 1. Paulin avait assisté sans doute au concile de Milan où Valens et Ursace sollicitent leur réintégration; cf. HAGEL, *Athanase*, p. 58.

88. DUCHESNE, *Hist. ancienne*, 2, p. 234, a noté que le pape appliquait aux deux solliciteurs les interdits que la procédure romaine infligeait à ceux qui avaient été convaincus de faux témoignages. *Profitemur... quod si aliquando nos Orientales voluerint vel idem Athanasius malo animo ad causam vocare, citra conscientiam tuam non adfuturos. Libellus cité*, p. 144.

à cette ressemblance, lorsqu'en 352 un messager oriental arriva à Rome pour réclamer la paix et accuser l'Égyptien comme autrefois les envoyés d'Eusèbe [89]. Mais l'ambassade venait en avant-garde d'une offensive organisée. L'oligarchie épiscopale, à laquelle s'étaient agrégés Valens et Ursace, avait obtenu de Constance l'éviction de Paul, chassé du siège de Constantinople et exécuté par des sicaires; elle avait adopté, en 351, à Sirmium, où résidait le prince, une profession de foi, conservatrice et prudente, ignorant résolument le vocabulaire et les formules nicéennes [90]. Et surtout, elle se préparait à imposer sa conception de l'unité ecclésiale, à mesure que les légions de Constance auraient reconstitué contre l'usurpateur Magnence, l'unité impériale. Ce programme, politique et religieux impliquait la condamnation et l'éviction d'Athanase, contre lequel se confondaient l'accusation de comploter avec l'usurpateur Magnence et celle de déchirer l'Église [91].

On ne saurait dire si Libère mesurait exactement le danger : usant, tour à tour, de toutes les procédures qui avaient conduit Jules à accepter finalement un concile, à Sardique, il démarquait avec un entêtement tenace la politique de son prédécesseur. A l'arrivée du message oriental, il réunit son *presbyterium* et fait décider la convocation d'un concile romain auquel était invité, par l'intermédiaire de trois légats, l'évêque d'Alexandrie [92]. Le pape dut se contenter, en 353, d'une

---

89. Libère reçoit la lettre, dans le second semestre de 352, lorsque les communications de Rome et de l'Orient sont rétablies, l'usurpateur Magnence ayant été chassé d'Italie à la fin de l'été : v. E. STEIN, *Histoire du Bas-Empire*, Paris, 1959, p. 490, n° 218 (53). Cette démarche est attestée par le pape, *Ep. Obsecro* (Jaffé, 212), in HILAIRE, *Fragm. hist.*, A, 7, éd. Feder, p. 89-93; *Significant orientales paci se nostrae velle conjugi* (*Ep. cit.*, 4, p. 92)... *Illas litteras episcoporum... eadem in Athanasium crimina continebantur...* (*id.*, 2 p. 90). On ne doit pas confondre cette lettre avec la synodale orientale, citée par SOZOMÈNE, *Hist. ecclés.*, 4, 8, réclamant la communion pour Georges.

90. On ne sait si Rome connaît l'exécution de Paul, accomplie avant le printemps de 351 : A. H. M. JONES, *Historia*. 4, 1955, p. 229 et *PLRE*, *Philippus*, p. 696. Sur la profession de Sirmium, M. MESLIN, *op. cit.*, p. 270.

91. M. MESLIN, *loc. cit.*, montre très bien le blocage entre une théologie conservatrice et l'opposition à Athanase, jouant sur une campagne politique. SOZOMÈNE, *Hist. ecclés.*, 4, 8, etc. On sait qu'Athanase s'est senti obligé de se justifier, sur le complot, dans l'*Apol. Const.*

92. Libère invoque assez souvent l'exemple de Jules, cf. *Ep. Pro deifico*, in HILAIRE, *Fragm. hist.*, B, 7, 8, 1, éd. FEDER, p. 168. La réunion du *presbyterium*, avant le concile proprement dit, est attestée par l'*Ep.*

session provinciale, à laquelle participèrent seulement des évêques italiens [93]; depuis 340, les temps avaient changé et Athanase ne voyait aucune raison d'abandonner pour Rome la protection d'une chrétienté fidèle; il expédiait, en témoignage, la synodale du collège égyptien, portant quatre-vingts signatures [94]. Libère, qui prétend plus tard que la convocation lancée à Athanase était impérative, ne laissa pas paraître si cette absence l'irritait : il fit lire la lettre d'Orient et celle d'Égypte; ce dernier témoignage suffisait pour écarter la demande des ennemis de l'Alexandrin et laissait, au moins, la querelle ouverte [95]. Cette concession démontre que la politique pontificale entendait élargir le débat d'une querelle de personne à une affaire de doctrine; elle reconnaissait, *sub occasione nominis Athanasii*, une vieille dispute sur les sentences de Nicée [96]. En attendant, sans prendre la peine de répondre aux Orientaux [97], Libère en était à tenter de refaire Sardique. Il réclamait un grand synode et proposait de le réunir à Aquilée : la ville présentait des commodités pour l'arrivée des délégations lointaines et aussi des avantages politiques, car le Romain croyait compter sur l'influence de Fortunatien, toujours évêque de la cité. En somme, la politique pontificale répétait le passé à cette différence près que la résistance du

---

Studens paci, in HILAIRE, *Fragm. hist.*, B, 3, 1, éd. FEDER, p. 155, indiquant l'envoi des légats et la lettre *Quia Scio, ibid.*, B, 7, 10, 1, éd. FEDER, p. 171, invoquant le témoignage du *presbyterium* sur cette convocation d'Athanase; autre allusion peut-être dans la lettre *Obsecro*, 2, p. 90, où Libère distingue pour la lecture de la lettre orientale, *legisse ecclesiae, legisse concilio.*

93. *Ep. Inter Haec* (Jaffé, 209), in HILAIRE, *Fragm. hist.*, B, 7, 2, 6, éd. FEDER, p. 167.

94. Nous ne connaissons la réponse d'Athanase que par Libère : *Ep. Studens paci, loc. cit.; Ep. Obsecro*, 2, p. 90, citant le nombre des signatures dans la lettre d'Alexandrie. *L'Historia acephala*, 3, place au 18 mai 353 le départ d'une ambassade apportant à Constance les actes du Synode, que reçoit Rome aussi : c'est pour dater le concile, un *terminus* précieux qui contredit la chronologie proposée par JOANNOU, *Ostkirche*, p. 111 (352).

95. *Ep. Obsecro., loc. cit.; Unde contra divinam legem visum est etiam, cum episcoporum numerus pro Athanasio maior existent, in parte aliqua commodare consensum.*

96. *Ep. Obsecro*, 1, p. 89; 4, p. 91.

97. Comme en témoigne la lettre *Obsecro*, 4 et 5, p. 91 ss. et *Quia Scio*, 1, p. 170, où le pape excuse son silence; en fait, il procédait comme Jules. On ne peut accepter l'hypothèse de P. Joannou, plaçant une réponse romaine après le synode : *Ostkirche*, p. 113, cf. note 103.

Siège apostolique prenait un ton plus explicitement théologique, et que pour Rome, la défense de la doctrine comptait au moins autant que celle d'Athanase, menant à l'abri de l'Égypte, son propre combat.

La politique qui avait réussi lorsque l'Occident chrétien pouvait jouer avec l'équilibre politique d'un empire divisé se heurtait à Constance, bien décidé à imposer l'unité de ses Églises et la condamnation d'Athanase [98]. L'échec des légats romains envoyés au prince pour réclamer le concile en témoigne : ils avaient rejoint la cour en Arles où ils trouvèrent, avec quelques prélats du « synode permanent », une réunion d'évêques gaulois qui pouvait passer pour un concile [99]. Pressés de signer une condamnation d'Athanase, ils tentèrent au moins de défendre la doctrine en proposant d'abandonner l'Alexandrin si les Orientaux condamnaient Arius [100]. Au moment où Constance s'occupait de réduire toute résistance gauloise en abattant les têtes épiscopales un peu têtues, les conseillers ecclésiastiques du prince se sentaient trop sûrs pour accepter pareil compromis. Les légats s'inclinèrent mais ils connaissaient si bien la résolution de leur pape qu'ils n'osèrent pas faire personnellement rapport à Rome de leur défaite [101]. Car Libère n'abandonne pas : certes l'épiscopat italien, pris entre les encouragements spirituels du Siège apostolique et la puissance impériale, avec ses fonctionnaires et ses soldats, glissait à l'abandon [102]; n'importe, le Romain en appelle au vieux combattant de la lutte nicéenne, Ossius, à Eusèbe qui occupait le siège de Verceil après avoir servi dans le clergé urbain, à Fortunatien d'Aquilée, à Cécilien de Spolète [103].

---

98. Un commissaire impérial à Alexandrie : ATHANASE, *Fug.*, 19, en mai 353.

99. Deux légats, dont Vincent de CAPOUE, *Ep. Obsecro*, 2 et 5; *Ep. Inter Haec*, in HILAIRE, *Fragm. hist.*, B, 7, 6, éd. Feder, p. 167 (Jaffé, 209). Sur la date, d'après les *tricennalia* célébrés par Constance : Ammien Marcellin, 14, 5, 1, automne 353 (cf. SEECK, *Gesch. Unt.*, 4, p. 144).

100. *Ep. Obsecro*, 5, FEDER, p. 92; *Ep. Inter haec*, citée.

101. *Ep. Obsecro*, 5 : ils écrivent.

102. L'empereur a expédié un édit pour lui enjoindre de souscrire la condamnation d'Athanase : *Ep. Me frater* (Jaffé, 211), éd. BULHART, Corp. Christ., 9, 1957, p. 121... *Per italiam episcopi publica conventione coacti...*, et SULPICE SÉVÈRE, *Chron.*, 2, 39.

103. Pour Ossius : *Ep. inter haec;* pour Eusèbe, trois lettres, Jaffé,

Constance, écrit-il, directement, par-dessus la tête du pasteur au troupeau romain pour le gagner à sa politique et contester la procédure pontificale [104]? Libère réplique sans polémique mais sans faiblesse, dans une lettre envoyée à l'empereur : héritier d'une longue succession d'évêques parmi lesquels des martyrs (l'incise est significative), il a, dit-il, la charge de conserver intact le dépôt de la foi. Quant à l'affaire soulevée par les Orientaux, elle n'engage pas seulement la personne d'Athanase — *sub occasione nominis Athanasii...* — mais une cause de foi, relevant des évêques qui assurent, par leurs prières, le salut de l'Empire [105]. Sans doute le Romain mettait-il quelque espoir dans la réunion d'une grande assemblée épiscopale où le nombre pourrait suppléer le courage individuel. Il avait choisi des légats à l'abri de toute défaillance, un prêtre, un diacre et un évêque sarde, Lucifer de Cagliari. Au concile réuni à Milan en 355, ceux-ci reprirent la proposition du compromis présenté par Vincent, deux ans plus tôt : ils souscriraient à la condamnation d'Athanase si leurs interlocuteurs acceptaient au préalable *l'exposita fides apud Nicea* [106]. Malgré toutes les pressions, ils ne démordaient pas de cette résolution. Constance les fit exiler après avoir fait fouetter le diacre Hilaire, peut-être parce qu'il avait moins de raison de respecter un clerc inférieur ou parce que le Romain s'était distingué à la colère impériale.

Dès lors, Libère, replié dans le silence, se prépare au martyre [107], pendant que l'empereur organise l'investissement du Siège apostolique. La cour préférait circonvenir le pape pour utiliser son prestige au service de l'offensive lancée contre

---

211, 213, 215, *éd. citée;* pour Fortunatien, d'après *Ep. Sciebam,* à Eusèbe, 3, 1, 3, éd. Bulhart, p. 123; pour Cécilien, citation in *Fragm. hist.,* B, 7, 2, 4, éd. Feder, p. 166.

104. *Ep. Obsecro,* 1 : *sermo pietatis tuae iam dudum ad populum missus,* éd. Feder, p. 89. On y accuse Libère : *me litteras subrepisse ne crimina eius* (Athanase) *quem dicebantur condemnasse apud omnes paterent;* (*ibid.,* 2, p. 90).

105. *Ep. Obsecro,* 3 : *illam fidem servans, quae per successionem tantorum episcoporum cucurrit, ex quibus plures martyres extiterunt inlibatam custodiri semper exopto,* éd. Feder, p. 90 et sur la cause, *ibid.,* 4, p. 90 ss.

106. D'après HILAIRE, *Fragm. hist., Append.,* 2, 3, éd. Feder, p. 187.

107. Il le confie à Eusèbe : *me in ipsa adhuc exspectatione pendentem; Ep. Quamvis* (Jaffé, 216), éd. Bulhart, p. 123. C'est l'époque où commence l'établissement d'évêques fidèles au prince : Épictète, Zozime à Naples, puis Auxence à Milan.

Athanase; elle usa d'abord de séduction avec l'eunuque Eusèbe conseiller du prince, venu apporter des présents à Saint-Pierre. Le Romain fit jeter l'or[108]. Restait l'opération de police, conduite par le préfet Léontios; au début de l'été 356[109], on arrêtait le malheureux évêque, en grand secret, de nuit, pour le conduire à Milan auprès de Constance. Athanase, Sozomène et Théodoret ont tenté de reconstituer cette dramatique audience : le premier, qui s'adresse à des moines, prend le ton de l'hagiographe en décrivant le pape comme un martyr foudroyant le persécuteur[110]. Sozomène et Théodoret composent un récit plus vraisemblable, l'un résumant un récit dialogué dont l'autre donne de longs extraits[111]. Dans ce petit drame, chaque personnage joue parfaitement son rôle. L'eunuque Eusèbe tient la part du traître maladroit : il prétend qu'Athanase a été condamné à Nicée. Les interventions de Constance traduisent bien le style d'une politique religieuse : le prince veut la paix mais ne connaît qu'un synode, celui de Tyr, qui a déposé Athanase, car il contient mal sa haine : il a remporté, explique-t-il, beaucoup de victoires, sur Magnence, sur Silvanus, la plus belle sera d'écarter définitivement des affaires ecclésiastiques, un scélérat, l'homme d'Alexandrie. Quant à Libère, il ajoute peu à ce que disait déjà sa lettre, en 353 : il refuse de condamner un absent et réclame, au préalable, que les Orientaux souscrivent à la fois de Nicée. Mais toute la vraisemblance de ce récit ne suffit pas à en établir l'authenticité : on ne voit pas bien comment cette *Vie de Libère*, composée par un témoin serait parvenue à l'historien grec[112]. En tout cas, pour la défense de Nicée et celle d'Athanase, Libère était expédié, sans autre forme de procès, en Thrace, tandis qu'on

---

108. Cet épisode n'est connu que par Athanase, *H. Ar.*, 35-36; mais, sur les tentatives de rallier le pape, Ammien Marcellin, 15, 7, 10.
109. Sur ce préfet, utilisé comme Philagrius aux basses besognes, A. Chastagnol, *Les fastes de la préfecture de Rome au Bas-Empire*, Paris, 1962, p. 147, et sur la date de l'arrestation, *La préfecture urbaine à Rome sous le Bas-Empire*, Paris, 1960, p. 424; P. Joannou ne défend pas la date de 355, qu'il semble suggérer : *Ostkirche*, p. 122.
110. *H. Ar.*, 39 : Constance est interloqué et ne peut plus répondre!
111. Sozomène, *Hist. ecclés.*, 4, 11, et Théodoret, *Hist. ecclés.*, 2, 16.
112. C'est l'hypothèse d'A. Güldenpenning, *Die Kirchengeschichte des Theodoret von Kyrrhos*, Halle, 1889, p. 4 et p. 70. Noter que T. ne connaît pas le nom de l'auteur et que Sozomène introduit son résumé avec un λέγεται prudent.

lui donnait un remplaçant à Rome, l'archidiacre Félix [113].

« On ne sait, assure Hilaire, si Constance commit un plus grand crime en exilant Libère ou en le renvoyant de nouveau à Rome [114]. » Avec les dures souffrances de l'exil — l'isolement, l'inquiétude pour le troupeau déchiré par le schisme, l'amertume d'un sacrifice devenu inutile avec la déposition d'Athanase [115] —, bien des excuses engagent le Romain à négocier les conditions de son retour. Quatre lettres jalonnent l'itinéraire de cette défaite qui consomme entre Rome et Alexandrie une grave rupture [116]. Car, dans un premier temps, le pape, engageant un jeu diplomatique assez subtil, assure que Rome avait rompu avec Athanase en gardant la communion de tout l'épiscopat catholique; il donne les raisons de cette procédure : l'Alexandrin avait été condamné par contumace parce qu'il avait négligé, en 353, de se présenter à la convocation pontificale [117]. Au moment où les prélats palatins tentaient d'imposer leur théologie, ce subterfuge ne suffisait plus. Libère s'adresse

---

113. On sait que la postérité n'est pas défavorable à Félix (voir la série des portraits à saint Paul, etc.). ATHANASE, *H. Ar.*, 75, explique qu'il était semblable à ses consécrateurs ariens, mais les *Gesta Liberii* (*Coll. Avellana*, 1, 1-4) l'accusent surtout d'avoir trahi la cause d'Athanase, sans préciser en termes théologiques la nature de son parjure *(summo perjurii scelere);* c'est sans doute chez ce témoin, peu suspect de partialité à l'égard de l'antipape, qu'il faut chercher la vérité.

114. *Contra Constant.*, 11.

115. Le 9 février 356, Athanase avait dû abandonner son siège (*Hist. Acephala*, 6) : Jérôme prête à Fortunatien d'Aquilée un certain rôle dans la rétractation de Libère (*De viris ill.*, 97) : Fortunatien avait cédé, à Milan.

116. Ces lettres sont recueillies par HILAIRE, *Fragm. hist.*: elles ont été citées, *Ep. Studens paci; Ep. Pro deifico; Ep. quia scio; Ep. Non doceo*, B, 7, 11, éd. Feder, p. 172 ss. On ne peut reprendre le débat sur l'authenticité de ces lettres, sur lequel je me suis étendu in *Roma Christ.;* notons que depuis Duchesne (*MEFR*, 28, 1908, Feder, (*Studien*, Sb Wien, 1910), il est difficile, malgré les tentatives de F. di Capua, de F. Glorieux (*Mél. Sc. Relig.*, 7, 1944, accepté par la *Clavis*), de considérer ces documents comme apocryphes; cf. A. HAMMAN, in *Hilaire et son temps*, Poitiers, 1969, p. 47 ss. Cependant, P. JOANNOU, *Ostkirche*, p. 126, revient à la position de Saltet, croyant à un faux lucifériens, sans justifier cette hypothèse intenable.

117. Lettre *Studens paci*, transmise par Fortunatien, d'après la note éditoriale, B, 3, 2, des *Fragm. hist.*, p. 155 (cf. *Pro deifico*, 1, p. 168 et *Quia scio*, 2, p. 171, indiquant cette première intervention du prélat d'Aquilée et démontrant ainsi l'antériorité de *Studens paci*). Le texte est précis : Athanase est invité : *litteras... dedi, quibus continebatur si non veniret, sciret se alienum esse ab ecclesiae Romanae communione; reversi* (les légats) *nuntiaverunt eum venire noluisse* (éd. Feder, p. 155).

donc à un eunuque de la cour et surtout à Valens et à Ursace : il assure avoir rompu avec l'évêque d'Alexandrie depuis long-temps, mais il se taisait jusqu'à maintenant, attendant la levée des mesures d'exil prise contre ses légats et les prélats déportés [118]. Enfin, comme ces concessions ne suffisaient toujours pas, une lettre adressée aux évêques orientaux rétracte les sentences prononcées par Jules en faveur d'Athanase et cette fois, Libère se sent obligé de toucher aux problèmes doctrinaux en confessant la formule de Sirmium que lui présentait son gardien, l'évêque Démophile : celle qui avait été publiée en 351, un document assez ambigu, dans ses virtualités multiples, pour permettre les restrictions mentales [119].

Pour Athanase, Libère avait abandonné désormais le parti de l'orthodoxie. Certes l'Alexandrin ne jugeait pas avec une sévérité trop impitoyable celui qui, deux années durant, avait résisté aux rigueurs de l'exil, lorsque tant d'évêques n'avaient guère atermoyé pour obéir aux injonctions de Constance [120]. Mais il faut attendre qu'un nouveau pape accède au siège de Pierre pour qu'entre les deux métropoles ecclésiastiques reprennent les échanges réguliers d'une collaboration [121].

Au total, à travers la querelle d'Athanase Rome a expérimenté les procédures et aussi les possibilités d'une politique orientale dans l'empire chrétien, avec ses succès — le synode romain de 340, où s'esquisse très pragmatiquement une juridiction, ses reculs — Sardique, et ses catastrophes — l'exil de Libère. On comprend que Boniface, au Ve siècle n'ait voulu évoquer que les grands souvenirs. Athanase, de son côté, découvre, à la faveur de circonstances exceptionnelles, la sollicitude d'une église indépendante, — à l'époque de Jules et aussi au temps de Libère — des intrigues et des politiques

---

118. *Ep. quia scio*, éd. citée, p. 171 ss. Il s'adresse aussi à Vincent (*Ep. Non doceo*) pour le convaincre de susciter un mouvement, en faveur de son retour.

119. *Ep. Pro deifico*, éd. Feder, p. 168 ss. La formule est identifiée par FEDER, *Studien*, 2, p. 170; cf. MESLIN, *Les ariens*, p. 270 ss.

120. Il revient à trois reprises, sur Libère : *Apol. Const.*, 27; *Apol. sec.*, 89; *H. Ar.*, 41.

121. On ne peut croire, malgré JOANNOU, *Ostkirche*, p. 135, que Libère était représenté par Eusèbe de Verceil, au concile des confesseurs. L'hypothèse s'appuie sur une vie tardive de l'Italien et sur un extrait de la lettre à Rufinien. Cf. déjà, la réfutation de J. TURMEL, *Histoire du dogme de la papauté*, Paris, 1908, p. 300.

palatines. Sans doute, cette protection spirituelle n'a guère de pouvoir concret contre l'autorité impériale : l'Alexandrin retrouve son troupeau en 346, grâce aux interventions de Constant. Mais il n'existait pas au début du siècle entre les deux Sièges apostoliques, une sorte d'accord préétabli : par deux fois, ils ont mêlé leurs combats, en 340 dans une alliance étroite, sous le pontificat de Jules, avant que Rome et Alexandrie, la paix revenant, ne reprennent leur liberté d'action; en 352, dans un combat parallèle, sous Libère, qui s'occupe un peu plus de défendre la doctrine que la personne de l'Égyptien et qui sacrifie l'une dans le péril, pour tenter de sauvegarder l'essentiel de l'autre. Désormais les deux églises ont créé entre elles quelques habitudes, reconnu ce que Rome a représenté de sollicitude pour la liberté ecclésiale, ce qu'Alexandrie a incarné d'énergie pour la foi nicéenne. Damase et Pierre, Célestin et Cyrille s'en souviendront.

CHARLES PIETRI

LE DEBAT PNEUMATOLOGIQUE A LA VEILLE DU CONCILE DE CONSTANTINOPLE (358-381)

(Comunicazione, 22 marzo 1982)

Au concile de Nicée, explique Basile de Césarée, la doctrine de l'Esprit n'est exposée qu'en passant: « la question n'avait pas encore été agitée; la pensée des âmes croyantes était depuis toujours à l'abri des embûches ». Mais peu à peu, commente le Cappadocien, parurent les mauvaises semences de l'impiété: d'abord celles que jeta Arius l'hérésiarque, puis celles que cultivèrent les criminels qui héritèrent de ses erreurs; finalement l'impiété lança le blasphème contre l'Esprit [1]. Un peu moins d'une dizaine d'années avant le Concile de Constantinople (381), Basile explique pourquoi il faut ajouter à la confession de Nicée l'anathème contre une erreur formulée depuis peu. Dans le développement des débats trinitaires la contestation des « pneumatomaques » apparaît tardivement, bien après celle d'Arius, une vingtaine d'années avant le concile de 381. Mais les origines de cette querelle restent obscures: cristalise-t-elle des réactions conservatrices transférant à la troisième personne un subordinatianisme que les ariens étendent au Logos? Est-ce l'influence d'une théologie archaïque, d'une christologie pneumatique et liée à elle, une réaction maladroite contre un arianisme de plus en plus extrême? En réalité, on ne peut se contenter, avec Harnack et plus généralement avec les spécialistes de l'*Histoire des Dogmes*, d'une analyse purement doctrinale. Car celle-ci estompe le *Sitz im Leben* d'une querelle, elle-même déterminante pour mesurer la place exacte du concile de Constantinople. Reste à définir quels liens s'établissent entre les différents groupes auxquels les témoins antiques attribuent cette contestation sur l'Esprit-Saint. Pneumatomaques, semi-ariens, Macédoniens sont-ils reliés par une filiation doctrinale ou par la continuité sociologique d'une politique ecclésiastique menée dans un clan d'évêques? D'excellentes analyses — celles de P. Meinhold, de W. Hauschild et surtout celle de M. Simonetti [2] ont jalonné l'évolu-

---

[1] BASILE, *Ep.* 125, 3: d'après la traduction de Y. Courtonne, Belles Lettres, Paris, 1961, II, p. 33.
[2] P. MEINHOLD, art. *Pneumatomachoi* dans Pauly-Wissowa, 21, 1 (1951), pp. 1066-1101; W. D. HAUSCHILD, *Die Pneumatomachen, Eine Untersuchung zur Dogmen-*

55

tion des débats et des doctrines. *Sapere ad sobrietatem...* Dans un congrès de Pneumatologie, l'historien peut tenter d'apporter aux travaux des théologiens une modeste contribution: il voudrait préciser le contexte social et politique dans lequel s'explicite la contestation des « pneumatomaques » et élucider ainsi l'intervention, la forme et la portée des sentences conciliaires prononcées contre eux en 381 et en 382 [3].

Un débat théologique

Les témoignages contemporains reflètent de prime abord, le développement d'un nouveau débat théologique. La pneumatologie arienne, celle d'Eunome par exemple malgré l'influence qu'elle a pu exercer sur les théologiens de l'Esprit-Saint, n'intéresse pas directement la présente enquête; avec les ariens la rupture est consommée et les habitudes de la polémique nicéenne sont fixées. Il s'agit d'identifier ici les protagonistes d'une nouvelle querelle. Ceux-ci apparaissent surtout dans l'atmosphère d'une polémique, à travers les traités qui réfutent leurs positions et qui fixent du même coup le développement de toute la pneumatologie patristique du IVe S. Aussi, la voix puissante d'Athanase, celle de Basile de Césarée ou celle de Grégoire de Nysse couvrent souvent le discours de l'adversaire; mais c'est celui-là qu'il faut chercher à entendre et à reconnaître.

I. Les premières attestations viennent de l'Egypte. Athanase, dans les lettres adressées à Sérapion de Thmuis [4], vise ceux qu'il appelle les *tropiques*; il utilise un sobriquet (un peu comme on a parlé des « structuralistes ») pour évoquer leur technique d'analyse textuelle. L'Alexandrin répond aux interrogations de l'Egyptien pendant son exil (entre 356 et 362) et propablement avant le concile de Séleucie (359), pour lequel Sérapion lui-même est remplacé par l'évêque arien Ptolémée [5]. Ce premier témoignage sur la querelle apparaît au mo-

geschichte des vierten Jahrhunderts, Diss. Hambourg, 1967; H. Simonetti, *La crisi ariana nel IV secolo*, Rome, 1975.

[3] On se réfère bien entendu à l'analyse de A. M. Ritter, *Das Konzil von Kostantinopel und sein Symbol. Studien zur Geschichte und Theologie der II. Ökumenischen Konzils*, Göttingen, 1965; ajouter du même auteur, *Zum homousios von Nizäa und Konstantinopel Kritische Nachlese zu einigen neueren Diskussionen* dans *Kerygma und Logos, Festschrift für Carl Andresen*; Göttingen, 1979, pp. 404-422; *Il secondo concilio ecumenico e la sua ricezione: Stato della ricerca*, dans *Cristianesimo nella Storia*, II, 1981, pp. 341-366.

[4] Citées d'après PG. 26, 529-576, utilisé après les travaux de G. H. Opitz par J. Lebon, intr. et trad., *Sources chrétiennes*, 15, Paris, 1947; P. Meinhold, p. 1079; p 1091; Hauschild, p. 16-28; Simonetti, p. 365 sq.

[5] Sur la date Hauschild, p. 16 (2), qui reprend les remarques de J. Lebon et celles de C. R. B. Shapland, *The Letters of St. Athanasius concerning the Holy*

56

ment de la grande offensive arienne qui culmine à la fin du règne de l'empereur Constance.

D'emblée, Athanase reconnait chez les tropiques une volonté délibérée de rompre avec les ariens (I, 1); mais il souligne aussitôt la difficulté de leur position: ils se trompent aussi sur le Fils, puisqu'ils se trompent sur l'Esprit et qu'ils blasphèment la Trinité (I, 1 et 17). Dans la dynamique de la controverse contre les ariens, pour « écarter le blasphème contre le Fils de Dieu », les tropiques adoptent un schéma binitaire; ils pensent à une « dyade » (I, 2; 20; 30-31; III, 7), caractérisant le Père comme l'Inengendré et le Fils comme l'unique engendré. Et puisqu'ils ne voient pas d'autre relation possible que celle de la génération pour écarter le subordinatianisme, « ils ne savent pas penser trinitairement ». Dans leur volonté même de rompre avec les ariens, ils sont entraînés à parler de l'Esprit comme d'une créature (I, 2; 17, etc...). C'est un ange (I, 26), d'une perfection supérieure (I, 10), en un mot, un être d'une autre nature que la nature divine, puisqu'on ne peut être du Père et ou du Fils que par génération ou par création et que le Fils est Fils parce qu'il est engendré et l'unique engendré. Dans le contexte de ce raisonnement apparaît déjà l'argument habituel des pneumatomaques: si le Saint-Esprit n'était pas une créature, il serait donc un fils et le Verbe et lui seraient deux frères (IV, 1). Cette argumentation s'accompagnait de tout un déploiement de théologie biblique, à laquelle Athanase oppose une méthode d'analyse et tout un dossier scripturaire, devenu par la suite un corpus classique dans la pneumatologie patristique. « Nous avons lu, disent-ils, chez le prophète Amos ces paroles dites par Dieu: « Me voici affermissant le tonnerre et créant le pneuma... » (Amos IV, 13 dans I, 3); ou, pour citer un autre exemple, ils invoquent le témoignage de la première de Timothée (I, V, 21) dans laquelle l'apôtre cite Dieu, Jésus-Christ et au troisième rang les anges, au nombre desquels il faudrait, suivant cette exégèse, compter l'Esprit (I, 11).

Contre cette sorte d'argument, Athanase utilisait une pédagogie patiente: car il entendait, au moins dans un premier temps, convaincre et si possible rallier ceux qui avaient rompu avec l'arien, l'adversaire privilégié et menaçant. En réalité, il ne réussit guère, puisqu'après plusieurs échanges, il finit par ranger les tropiques au

---

Spirit, Londres, 1951, p. 16 sq. Sur l'offensive arienne en Egypte et la présence des Egyptiens à Séleucie: J. GUMMERUS, *Die homöusianische Partei*, Helsinki, 1900, p. 139 sq.; de même H. M. GWATKIN, *Studies in Arianism*, Cambridge, 1900², p. 194, d'après Epiphane, *Panarion*, 72, 26. THÉODORET II, 28 et Philostorge, VIII 2 (On indique sans référence plus précise les références aux *Histoires ecclésiastiques*).

57

nombre des hérétiques (IV, 1)[6], en ayant perdu, semble-t-il, tout
espoir de vaincre leur entêtement. Néanmoins, ce groupe se distingue
et veut se distinguer des ariens mais il est difficile de mesurer sous
ce sobriquet polémique, les attaches de ces pneumatomaques. S'agit-il
d'une manifestation purement locale, à Thmuis, comme serait tenté
de le croire J. Lebon[7]? Mais (on le verra) le témoignage de Didyme
dément pour l'Egypte cette hypothèse restrictive. En revanche, on
ne trouve aucun indice sûr pour relier aux homéousiens d'Asie
Mineure[8] ces hérétiques dont la position dans l'Eglise d'Egypte
reste obscure.

En tout cas, cette première réaction, significative, n'est pas isolée
en Egypte: Didyme en témoigne avec son traité *De Spiritu sancto*,
dont nous ne connaissons que la traduction latine, procurée par
Jérôme[9]. Dans une oeuvre sûrement composée avant le concile des
Confesseurs (362), sans doute pendant la persécution arienne et l'exil
d'Athanase, l'Alexandrin manifeste autant d'inquiétude que son évêque devant le danger que représentent ces nouveaux philosophes
(*De Sp.*, 2); mais il entend lui aussi rallier ses interlocuteurs, même
s'il les traite d'hérétiques (*De Sp.*, 7). Car ceux-ci tiennent une position analogue à celle des tropiques; ils se réfèrent au même schéma
binitaire (*De Sp.*, 23; 24; 36; 40) et ils assurent que le Saint-Esprit
ne peut qu'être une créature; car s'il était engendré, il faudrait parler de deux frères par rapport au Père inengendré (*Ibid.*, 62). Ils
développent le même dossier scripturaire, en se raportant à Jean
(1,3), au prophète Amos (*De Sp.*, 14) pour évoquer le rôle ministériel
de l'Esprit, le serviteur, *Servus*. La réfutation de Didyme apporte
quelque précision complémentaire: ces philosophes se séparent des
ariens mais ils entendent aussi, déclarent-ils, éviter les erreurs du
sabellianisme (*De Sp.*, 36), manifestant ainsi leurs réticences pour
l'*homoousios* nicéen. Mais surtout les pneumatomaques d'Alexandrie
s'inquiètent de relier leur théologie à la vie spirituelle. La réfutation
de Didyme le suggère: ils trouvent une raison supplémentaire de
considérer l'Esprit comme une créature lorsqu'ils évoquent sa mis-

---

[6] Trois lettres comme le montre déjà BARDENHEWER, *Lebon*, p. 33 sq.; dans la
première lettre, ATHANASE accuse les t. de judaïser (I, 18 et 29) et d'emprunter
leurs arguments aux ariens (I, 3). Sur l'évolution d'A., Hauschild, p. 28.
[7] J. LEBON, *op. cit.*, p. 47 sq.; p. 53 sq. Noter qu'Athanase (I, 32; IV, 1) suggère
déjà l'expression de pneumatomaques.
[8] A. LAMINSKI, *Der Heilige Geist als Geist Christi und Geist der Gläubigen. Der
Beitrag des Athanasios...*, Leipzig, 1969. pp. 31-35; déjà pour des liens avec les
homoiousiens, A. v. HARNACK, *Lehrbuch der Dogmen Geschichte*, Tübingen, 1909[4],
p. 290.
[9] PG 39, 1033-1086, E. STAIMER. *Die Schrift « De Spiritu Sancto » von Didymus
dem Blinden von Alexandrien*. Theol. Diss. de Munich, 1960, d'après W. Hauschild,
dont la critique (pp. 31-32) paraît tout à fait pertinente

58

sion sanctificatrice; car ils imaginent qu'il doit exister une sorte de connaturalité de l'Esprit avec ceux qu'il emplit et qu'il habite de sa grâce (*De Sp.*, 5, 7, 8, 11 e 60) [10]. Ainsi la polémique de Didyme dessine l'image d'un groupe égyptien, alexandrin sans doute, contemporain des tropiques et tout proche d'eux; plus avertis peut-être, ces dialecticiens font meilleure figure que les contestataires de Sérapion; ils représentent, dans la grande cité, des intellectuels et sans doute, s'il faut en croire certaines de leurs préoccupations, des spirituels?

D'Egypte encore parviennent des attestations plus tardives: Didyme revient dans le *De Trinitate* sur les pneumatomaques; mais cette oeuvre composée, pour un exposé général et systématique, apparaît plus de vingt ans après le premier traité, sans doute après le concile de Constantinople [11], en un temps où la rupture est sanctionnée avec ceux que l'Alexandrin appelle désormais les *Macédoniens* (I, 34, II, 11). Didyme (on le sait depuis la démonstration de Loofs) utilise et cite un *dialogue* pneumatomaque [12]; l'oeuvre circulait sans doute à Alexandrie mais peut-on dire qu'elle reflète, à coup sûr, l'attitude d'une communauté locale? Sans doute, les fragments cités dans le *De Trinitate* rappellent la théologie des premiers contestataires: la même structure binitaire, une technique d'argumentation analogue. En tout cas, ceux-ci ont subi l'épreuve de la polémique adverse et ils ont durci leurs positions; ils réduisent, avec une insistance particulière, l'Esprit à n'être qu'une créature plus proche des anges que de Dieu, en lui attribuant une substance tout à fait différente de l'*ousie* du Père: l'Esprit est *anomoios* (II, 5) comme l'extrémisme arien le disait du Fils; pour la seconde personne, les macédoniens de Didyme évitent toute référence au consubstantiel nicéen, en préférant le vocabulaire de la ressemblance utilisé par la théologie homéousienne [13] (I, 34). Telles sont aussi les positions des *macedoniani*, auxquels répondent deux *Dialogues* appartenant à un corpus de textes arbitrairement placés sous le nom d'Athanase, un ensemble

---

[10] Ainsi la distinction entre *capax* et *capabilis*, dans le latin de JÉRÔME qui emprunte sans doute au concept de participation, μέθεξις. D. insiste pour dire que l'Esprit incréé n'est pas *capax* mais *capabilis*, μετόχικος. Il est probable qu'il réfute ainsi une argumentation empruntant au vocabulaire et aux concepts de participation dans la philosophie néoplatoniciense. V. *infra* et sur Didyme, les remarques de A. HERON, *The Holy Spirit in Origene and Didymus the Blind* dans *Kerygma und Logos, Fest. C. Andresen*, Munich, 1979, pp. 298-310.
[11] PG. 39, 269-992. L'authenticité discutée (voir SIMONETTI, p. 456) est acceptée de W. HAUSCHILD et a été favorablement réexaminée, après les découvertes récentes, par A. HÉRON, *Studies in Trinitarian Writings of Didymus the B.. His Autorship of the Adversus Eunomium IV-V and the De Trinitate*, Tubingen, Diss. 1972 (d'après *art. supra*, p. 298, note 2).
[12] F. LOOFS, *Zwei macedonianische Dialoge*, dans *Sitz. Ber. Berlin*, 1914, pp. 526-551.
[13] HAUSCHILD, *op. cit.*, p. 111.

59

composite qui réunit en réalité des oeuvres variées difficiles à attribuer et à situer. En tout cas, ces pneumatomaques s'inquiètent de tenir une voie médiane en repoussant le consubstantiel nicéen suspect de modalisme et en écartant le subordinationisme arien. Ils ne veulent pas parler d'une nature du Père et du Fils (μία φύσις: *Dial.* I, *contra Macéd.*, 11; 12; 18) mais d'une nature du Fils semblable, tout à fait semblable, à celle du Père. Ce schéma, comme toujours binitaire, place l'Esprit dans une situation intermédiaire entre Dieu et les créatures (14; 15; 20); sinon, si le Pneuma était dieu comme le Fils, ne faudrait-il pas parler, répètent-ils, de deux Fils (*ibid.*, 14)? Comme le suggérait déjà la réfutation de Didyme, l'Esprit serviteur prend place dans une théologie de la vie spirituelle, en ce qu'il conduit à la sainteté, en ce qu'il amène à prier Dieu [13]. On reconnaît, malgré quelques différences d'accents, malgré un durcissement antinicéen, une communauté de pensée avec les tropiques et les pneumatomaques du *De Spiritu sancto*. Malheureusement, les indices sont trop fragiles pour rattacher à l'Egypte ces témoignages, sans doute tardifs, sur la querelle pneumatomaque [14].

2. En revanche, Epiphane et Basile de Césarée situent clairement la géographie du débat théologique en Asie Mineure. Avec le premier, la chronologie de l'épisode est sûrement fixée: peu de temps après la mort d'Athanase (373), avant la publication de l'*Ancoratus* (374) [15]. Des clercs et des laïcs de Souedra en Pamphylie — mais non l'évêque, peut-être compromis lui-même — se plaignent, auprès d'Epiphane, d'hérétiques qui « parlent chez eux contre l'Esprit ». Après une première réplique, le polémiste développe sa réfutation dans

---

[14] Ps. Athanase, *Dialogi contra Macedonianos*: PG 28, 1291-1377. Voir l'analyse de W. Hauschild, pp. 89-107, qui propose, à titre d'hypothèse, une origine égyptienne pour le texte « macédonien » utilisé dans la polémique et identifié par Loofs (v. *supra*). En tout cas, l'oeuvre est assez vraisemblablement tardive, sans doute postérieure au concile de 381? Les *Dial. III de Trinitate* sont plus composites: voir A. Heron (note 11), qui propose une datation analogue, d'après la dépendance du *De Trinitate* de Didyme et attribue à l'un des textes une origine antiochienne, à un autre une provenance cappadocienne: *J ThS.*, 24, 1973, p. 121. Sur Ps. Basile, *Adv. Eun.*, IV et V, E. Cavalcanti, *Lo Spirito Santo in Ps. Basilio...* dans *Forma Futuri, studi Pellegrino*, Turin, 1975, pp. 1003-1021.

[15] Le texte est conservé: voir K. Holl, *Ephiphanius von d., Ancoratus und Panarion* dans *Griesch. Christ. Schriftst.*, 25, Leipzig. Berlin, 1915, p. 2 sq. Une lettre est adressée par trois prêtres et une autre par un magistrat. On ne peut dire d'après ces deux lettres si les correspondants d'Epiphane lui font parvenir une documentation sur l'hérésie, au moment où ils lui demandent sa réfutation. Le siège de Souedra (Σύεδρα) est attesté à Nicée, et de nouveau à Chalcédoine. M. le Quien, *Oriens Christianus*, Paris, 1740, I, p. 1007, attribue à la liste épiscopale un Seleucos, dédicataire d'un poème de Grégoire de Nazianze; en réalité on ne connaîtpas les noms des évêques qui ont occupé le siège entre les deux conciles. Sur Seleucos, voir A. H. M. Jones ... *Prosopography of the Late Roman Empire*. I, Cambridge, 1971, p. 819.

l'exposé plus complet du *Panarion*, le grand traité achevé en 377. Epiphane s'appuie évidemment sur les informations reçues de Pamphylie, sans que l'on sache s'il a disposé, comme avant lui Didyme, d'un document pneumatomaque. Il identifie un nouveau monstre qui a recruté ses adeptes chez les orthodoxes et aussi chez les semi-ariens, (*Pan.*, 74,1) c'est-à-dire, selon la terminologie de l'auteur, auprès de ceux qui refusent à la fois le consubstantiel et le subordinatianisme arien [16], les homéousiens. Sans doute, ces hérétiques, explique Epiphane, parlent de la triade; mais en fait, ils ne nomment Dieu que le Père et le Fils (*Pan.*, 74, 14, 4). Un peu comme les Egyptiens, ils sont entraînés dans la dynamique d'une théologie qui polarise, contre les ariens, tout le débat sur les relations d'égalité et de ressemblance entre le Père inengendré et le Fils monogène. l'Esprit ne peut trouver place dans ce schéma binitaire, évoqué déjà à plusieurs reprises: puisqu'il ne peut être frère du Fils — comme le répète une objection habituelle — il est différent, créé, un serviteur, supérieur aux anges (*Anc.*, 8,7; *Pan.*, 74,11 et 13), suivant l'interprétation qu'appuie le dossier scripturaire classique des pneumatomaques, en particulier la référence au prophète Amos [17]. On notera aussi l'insistance avec laquelle Epiphane, dans l'*Ancoratus*, rappelle que l'Esprit n'habite pas en nous sans le Père ni sans le Fils. (*Anc.*, 5; *Pan.*, 74,2 et 3): elle réplique sans doute à l'idée que le rôle sanctificateur de l'Esprit-Saint dénote son infériorité ministérielle. Pour permettre l'hypothèse, il y a les multiples ressemblances qui rapprochent les Asiates des pneumatomaques d'Egypte. Du reste, les clercs de Pamphylie ne s'y sont pas trompés (*Ep.* 3); ils ont utilisé, disent-ils, contre les hérétiques les lettres d'Athanase. Mais leur inquiétude reflète (pour la première fois peut-être) l'existence d'un groupe adverse, puissant, conquérant, au sud de l'Asie Mineure.

A la même époque, Basile de Césarée [18] témoigne pour l'Arménie romaine et pour la Cappadoce; rappelons brièvement un dossier bien connu, où il faut compter des lettres (*Ep.*, 125; 244; 266) et des homélies (24 et 29). Avec la lettre citée dès le préambule, le premier témoignage remonte en 372; mais Basile organise plus systématiquement son exposé théologique dans un traité sur le Saint-Esprit,

---

[16] Du reste leur théologie du Logos emprunte beaucoup plus à un certain subordinatianisme, lorsqu'ils déclarent le Fils ἀχρόνως νεγεννημένος ἐκ Πάτρος (*Pan.*, 74, 14, 4); cf. W. HAUSCHILD, qui suspecte peut-être trop le témoignage d'Epiphane.

[17] S'il faut en croire la réponse de *Anc.*, 5, 3-4.

[18] H. DOERRIE, *De Spiritu Sancto. Der Beitrag des Basilius zum Abschluss des trinitarischen Dogmas*, dans *Abh. Göttingen*, 39, 1956; W. Hauschild, *op. cit.*, pp. 39-61; M. SIMONETTI, *Crisi*, p. 487 sq. B. Pruche, Intr., trad. et notes de Basile, *Sur le Saint-Esprit*, Sources chrét., 17 bis, Paris, 1968, pp. 42-56.

61

achevé en 375. L'évêque de Césarée a dirigé, pour l'essentiel, sa polémique contre Eustathe de Sébaste[19]. Le style de la controverse ne permet pas toujours d'identifier clairement les positions d'un adversaire qui n'est pas, à la différence de Basile lui-même, le théologien des traités systématiques mais plutôt un politique capable de concessions mineures et de replis tactiques pour maintenir des positions jugées essentielles. Enfin le traité de Basile déborde la polémique pour donner un exposé fondamental, à partir duquel il n'est pas facile de reconstruire (malgré la tentative ambitieuse de H. Doerrie)[20] les positions adverses qui ont donné le branle à la réflexion du Cappadocien.

Malgré tout, Basile ne couvre pas totalement la voix de son interlocuteur, même si nous ne connaissons guère de texte où celui-ci s'exprime directement[21]. Ainsi, Eustathe a sûrement rompu avec les formes radicales de l'arianisme: les historiens du Ve S. rappellent qu'il a soutenu (sans grand succès) une controverse publique avec Aèce[22]; cette péripétie a coloré sans doute le conflit d'animosité personnelle; il est sûr qu'il y avait, à l'origine de l'affrontement, quelque bonne raison théologique. Du reste, au début de la controverse, Basile ne reproche pas à son adversaire sa théologie du Logos[23]. Quelle que soit la part de concession tactique, en 365, Eustathe n'avait pas fait trop de difficulté à souscrire la confession de Nicée. On peut imaginer qu'il ne la trouvait pas incompatible avec ses propres convictions: probablement une théologie binitaire[24], comme celles que défendaient les partisans de l'*homoiousios*. De

---

[19] F. LOOFS, *Eustathius von Sebaste und die Chronologie der Basiliusbriefe*, Halle/S., 1898; v. J. Gribomont, s.v. *Dict. Hist. Geogr. Eccl.*, XVI, pp. 25-33 et *Dict. Spir.* IV, pp. 1708-1712.

[20] H. DOERRIE, *op. cit.*, p. 85 sq., qui croit reconnaître dans l'élaboration du traité, (X-XXVII), le procès verbal de la controverse opposant, en 373, à Sébaste, Basile et Eustathe; GRIBOMONT, *Dict. Spir.*, p. 1260. Voir les remarques de B. Pruche, *op. cit.* 115 sq. et les réserves de W. HAUSCHILD, pp. 39-43. A plusieurs reprises, B. affecte de citer son adversaire: *Traité*, 13, 29; 14, 31 et 33; 17, 42 et 43; 19, 50.

[21] On sait qu'il se retracte après avoir signé la confession de foi conservée dans le recueil des lettres de Basile: *Ep.* 125. On peut supposer, à la lecture du Traité de Basile, (19, 50) que l'évêque de Sébaste insistait sur les missions du Fils, au détriment de l'Esprit; Basile d'Ancyre s'inquiétait de démontrer ainsi comment l'« ousie » du Fils était, en tous points, semblable à celle du Père.

[22] Sozomène, III, 15; IV, 12; Philostorge, III, 15-16; v. SIMONETTI, *Crisi*, p. 229 (37).

[23] Basile lance contre E. l'accusation d'arianisme dans le développement de la controverse; dans le *Traité*, il lui reproche surtout d'utiliser, pour sa pneumatologie, la technique d'analyse des particules développée par Aèce (II, 4); finalement, B. fait d'E. un élève d'Arius (*Ep.*, 244, 3; 266, 3); v. Hauschild, p. 217. En revanche GRÉGOIRE DE NYSSE dans l'*Ad Eustathium* ne critique pas sa théologie du Fils: v. note 28.

62

fait, tout le débat s'organise chez Basile pour réfuter une conception qui sépare l'Esprit du Père et du Fils et qui refuse d'accorder à la troisième Personne, l'*homotimia*, l'égalité d'honneur avec les deux premières (*Ep.*, 125,3; *Traité*, 10,24-26; 19,48...; *Ep.*, 251,4). A ce compte, on s'étonne qu'Eustathe ait signé, avant de se rétracter finalement, une confession de foi présentée par Basile en 373, où il jetait l'anathème contre ceux qui disent « que l'Esprit est une créature » (*Ep.*, 125,3); en réalité, ce texte lui laissait quelque échappatoire [25]. En effet, pour Eustathe — si l'on en croit Basile — l'Esprit n'est pas une créature; il n'est ni esclave ni maître, un être intermédiaire, subordonné [26] dans son action ministérielle, inférieur à l'incréé mais supérieur au créé (*Traité*, 20,50-52) [27].

Basile ne précise pas nettement la position d'Eustathe mais une analyse de Grégoire de Nysse, dans le *Traité du Saint-Esprit* [28] l'éclaire sûrement. En 381, ce dernier réfute des hérétiques (sans les nommer précisément) qui se représentent l'Esprit comme un être composite, un *syntheton*, placé entre l'Incréé et l'ordre des créatures (*De Sp.*, 17); puisqu'il est médiateur et serviteur, le Pneuma peut communiquer les charismes sans en être le donateur, qui est Dieu (*Ibid.*, 23). Or Eustathe se représente précisément l'Esprit comme un être de communication, un intermédiaire, un don actif qui sanctifie: «l'Esprit est en nous ... comme un don de Dieu et on n'honore pas le don des mêmes honneurs que le donateur» (Basile, *Traité*, 24,52); c'est un suppliant inférieur à son bienfaiteur, puisqu'il intercède en nous (*Ibid.*, 19,50). Comme l'évêque de Sébaste, ces hérétiques ne peuvent imaginer la sanctification de l'homme sans l'intervention d'une entité médiatrice, plus proche de Dieu que les créatures. On entrevoit la difficulté sur laquelle bute cette réflexion chrétienne. Le philosophe néoplatonicien Jamblique et plus tard Proclus [29] se heurtent à un obstacle analogue. Il place à côté de l'Un, les hénades divines dérivant de l'hypostase première ineffable, inconnaissable et incommunicable. Ces êtres de communication sont

[24] Basile reproche (*Ep.*, 263, 4) à E. d'avoir rétracté sa signature.
[25] HAUSCHILD, p. 57.
[26] Voir aussi *Ep.*, 251, 4 contre ceux qui prêtent à l'Esprit la condition d'un serviteur (*doulikos*).
[27] Mais B. vise aussi d'autres pneumatomaques qui parlent de l'Esprit comme d'une créature: *Hom.*, 24, 6 et 7; 29, 3.
[28] Sur la date W. Jaeger: Gregorius von Nyssa, *Opera*, III, 1, Leyde, 1958, p. VI; p. 104 et p. 109. Ce texte composé au temps du concile intéresse moins directement cette étape de la recherche. On hésite à utiliser l'*Ad Eustathium de Sancta Trinitate*, dont l'interlocuteur (malgré le titre) est mal situé et la chronologie mal fixée: après 375? J. DANIÉLOU, *La chronologie des oeuvres de Grégoire de Nysse* dans *Studia Patr.*, VII, 1966, p. 162.
[29] Sur le rôle de Jamblique, R. I. WALLIS, *Neoplatonism*, Londres, 1972, p. 126; p. 147 (1) et aussi Proclus, *Elem. Théol.*, 113 sq.; Wallis, p. 118 et 132.

63

les intermédiaires qui rattachent et qui ramènent à l'Un les réalités inférieures. On peut imaginer qu'Eustathe est plus ou moins déterminé par des représentations et des catégories de pensée venues du néoplatonisme. La réplique de Basile le suggère; sa réfutation souligne d'emblée l'importance du débat sur la sanctification par l'Esprit, en même temps qu'elle recherche, pour surmonter l'obstacle, de nouveaux instruments conceptuels. Basile, en se référant à la doctrine stoïcienne des causes, place l'Esprit comme cause perfectionnante avec le Père (cause principielle) et le Fils (cause démiurgique)[30]. Après avoir répliqué que l'Esprit est distinct des anges précisément parce qu'il leur communique la sainteté (*Traité*, 16,38)[31], il commente: « De même que la puissance de voir se trouve dans l'oeil, ainsi l'activité de l'Esprit dans l'âme purifiée ... En tant que le Saint-Esprit perfectionne les êtres raisonnables en parachevant leur excellence, il a raison de forme » (*Ibid.*, 26,28)[32]. Pour surmonter les difficultés auxquelles Eustathe se heurte, Basile recherche d'autres catégories de pensée: on note évidemment la coloration aristotélicienne de son vocabulaire. Ne prêtons pas à l'adversaire toute la richesse d'une réfutation où se déploie la théologie basilienne: en tout cas, la pneumatologie d'Eustathe implique une théologie de la vie spirituelle[33].

Derrière Eustathe, Basile reconnaît une communauté active (27,68): « ils ne cessent de répéter sur tous les tons que la doxologie avec l'Esprit-Saint n'est pas attestée... ». Basile réplique qu'il ne faut pas énumérer le Père, le Fils et l'Esprit dans une hiérarchie descendante mais les connumérer, dans une égalité d'honneur et de gloire (6,13; 17,42-44; 27,68; 28,69). C'est dire qu'il dégage de son argumentation tout ce qu'elle implique pour la liturgie et pour la vie communautaire. Le débat est sorti des cénacles spécialisés et il a gagné le peuple chrétien. Basile évoque une masse belliqueuse, ces calomniateurs qui l'attaquent en chaque ville et en chaque village (29,75).

3. A Constantinople et dans la mouvance de la capitale, les pneumatomaques font également figure de groupe organisé. On ne retiendra pas encore (pour tout ce qu'ils impliquent d'interprétation

---

[30] Dans le traité: 3, 5; 16, 38; v. la note de B. Pruche, p. 265, auquel j'emprunte les traductions citées.

[31] A. Heising, *Der Heilige Geist und die Heiligung der Engel in der Pneumatologie des Basilius v. C.*, dans *Z. Kath. Theol.* 87, 1965, pp. 257-308.

[32] Pruche, éd. cit., p. 466 (2); et l'ouvrage toujours utile de J. Gross, *La divinisation chez les Pères Grecs*, Strasbourg, 1933, p. 239-254.

[33] W. Hauschild, (*op. cit.*, p. 220) veut rattacher à E. les *Libri duo de baptismo* (PG. 31, 1513-1628): on connaîtrait ainsi une théologie du baptême, où l'Esprit, subordonné au Père et au Fils, intervient, dans une étape préparatoire, pour un sacrement donné en Christ. Cf. le *traité* de Basile: 10, 24. Mais l'hypothèse ne paraît pas démontrée (*Clavis P. Graecorum*, 2896).

64

rétrospective) le témoignage des historiens du Ve S., Socrate et Sozomène. Pour les années qui précèdent le concile, des contemporains attestent suffisamment la publicité du débat théologique. Déjà vers 373, l'évêque d'Heraclée, Sabinos publie un choix d'actes synodaux, un *synodicon*, aujourd'hui connu par les citations de Socrate et de Sozomène. L'ouvrage relève de ce genre littéraire qu'illustrent Athanase et Hilaire: il recueille les documents conciliaires pour illustrer l'évolution publique du débat théologique et surtout pour constituer un dossier polémique. Comme le démontre sûrement W. Hauschild [34], Sabinus prend position contre l'arianisme d'Eunome (Socrate III, 10), en même temps qu'il manifeste ses réticences devant « les maladresses » de Nicée (*Ibid.*, I, 5) et beaucoup d'hostilité à l'égard d'Athanase (Socrate, IV, 22; cf. Sozomène, II, 17 et IV, 11). En revanche, le recueil illustre particulièrement l'attitude de quelques évêques, Eustathe, Marathonios que Didyme compte parmi les pneumatomaques, Eleusios de Cyzique, qui représente en 381, ce courant théologique (cf. Sozomène, IV, 22 et 27). Dans le choix de sa *synagoge*, Sabinos semble établir une continuité, des conciles homéousiens de 358 aux réunions tenues par les pneumatomaques à Lampsaque et en Carie. Au débat théologique, il ajoute l'histoire d'un parti.

A la veille du concile, de 379 à 381 [35], Grégoire de Nazianze témoigne à son tour pour Constantinople. Etabli dans la capitale, le Cappadocien dirige sa polémique contre tous les contestataires de la théologie trinitaire; mais il distingue le groupe pneumatomaque: leur théologie ne connaît dans la divinité que l'Inengendré et l'Engendré; et « si l'Esprit est engendré par le Père, il y a deux Fils » (*Orat.*, 31, 7); ce sont des dithéistes qui honorent le Fils tout en rejetant l'Esprit (*Ibid.*, 13), puisqu'en rejetant l'arianisme, ils n'arrivent pas à penser trinitairement. Grégoire retrouve l'accusation d'Athanase, ses interlocuteurs interprètent la troisième personne, à la suite des tropiques, comme une créature; ou bien ils suivent Eustathe, en utilisant le dossier scripturaire compilé depuis vingt ans (*Ibid.*, 3; 4; 12; *Orat.*, 34,9-11) en tout cas, ils refusent de donner à ce serviteur l'honneur rendu au Père et au Fils (*Orat.*, 31,13). Grégoire évoque enfin les implications spirituelles de cette théologie pneumatique, lorsqu'il lui répond: « si l'Esprit est du même ordre que moi, comment me fait-il Dieu? » [36].

---

[34] W. HAUSCHILD, *op. cit.*, p. 265 sq., malgré P. Meinhold, *art. cit.*, p. 1068.
[35] P. MEINHOLD, p. 1091 sq.; A. M. Ritter, *Konzil*, p. 75 sq. Le Ve discours théologique (*Orat.*, 31) date d'automne 380: P. Gallay, *La vie de Saint Grégoire de Nazianze*, Lyon, 1943, p. 84.
[36] *Orat.*, 31, 4; 41, 11: voir J. Gross, *op. cit.*, p. 245-250.

65

Les témoignages contemporains ne nous renseignent guère sur l'Orient, comme s'il avait été épargné par un débat surgi en Egypte, en Asie et à Constantinople. A quelques nuances près, ces pneumatomaques parlent la même langue; et pendant les deux décennies qui précèdent le concile de Constantinople, ils puisent dans le même dossier biblique. Ils essayent d'organiser une théologie qui écarte les dangers extrêmes de l'arianisme et en même temps ils s'inquiètent d'établir sur une base sûre le rôle sanctificateur d'un Esprit, réduit à la fonction ministérielle d'une créature, d'un intermédiaire entre Dieu (le Père et le Fils) et les hommes. De leur littérature et de leur polémique, il reste peu de traces, des dialogues plus que des grands traités recueillis à travers les réfutations adverses: assez, pour entrevoir la force d'un courant de pensée et aussi pour pressentir l'existence en Asie, à Constantinople, de groupes organisés.

Un parti épiscopal

Depuis Constantin, les débats théologiques s'insèrent dans la politique et dans les rivalités des partis épiscopaux. Car le prince étend sa sollicitude à une Eglise dont il entend garantir la paix et l'unité, puisque, celles-ci fondent la paix et l'unité du monde romain. Mais comment définir cette orthodoxie dont le prince entend faire appliquer la loi? Le nouveau maître de l'Empire, au milieu du siècle, Constance, un petit homme acariâtre, engoncé dans la certitude de sa mission, s'est mis en tête d'en finir avec les disputes, en faisant rédiger des motions de synthèse baptisées *credo*, qui devaient refaire l'unité, après avoir été proclamées en quelque synode. Il a obtenu sans difficulté le secours et le conseil d'une nouvelle sorte de prélats: une poignée d'évêques palatins assez frottés d'habileté courtisane et de théologie pour mener carrière et imposer leurs convictions. Dans ce contexte de politique et d'intrigues tramées à l'ombre du pouvoir, comment faire entendre sa théologie? Au temps de l'empire chrétien, il faut une grande force d'âme pour se retrancher, à l'écart, dans l'isolement du témoin et dans la résistance du martyr. Les controverses doctrinales entraînent la constitution de clans et de groupes qui recherchent la confiance du prince pour intervenir dans l'élaboration de l'orthodoxie officielle. Ainsi se constituent des réseaux d'influence, des partis (entendons le mot au sens qu'il avait sous la République romaine) que cimentent les convictions théologiques autant que les affinités et l'intérêt personnel. Souvent les liens de solidarité débordent les questions de doctrine. En Palestine, la querelle d'Acace de Césarée et de Cyrille de Jérusalem mobilise deux groupes qui s'alignent sur les positions de leur leader. Car en cette

66

époque de recherches et de débats ouverts, ces groupes ne manifestent pas nécessairement, en matière de théologie, une cohésion parfaite; les conflits et les rivalités des partis ecclésiastiques peuvent dissoudre ces alliances ou, au contraire, cimenter progressivement leur solidarité autour de quelques positions communes. A ce compte, les historiens ecclésiastiques du Ve S. paraissent beaucoup plus avertis d'une réalité sociale complexe et mouvante lorsqu'ils se réfèrent pour évoquer le groupe de l'hérésie pneumatomaque aux *Macédoniens*, à tous ceux que réunit une même fidélité à la personne et à la politique de Macédonios, évêque de Constantinople. Les hérésiologues étiquettent trop vite, en considérant exclusivement les positions doctrinales: Epiphane classe les semi-ariens puis les pneumatomaques; mais il doit renvoyer d'une notice à l'autre pour accorder son analyse avec l'évolution complexe des partis épiscopaux [37].

Car les variations du vocabulaire estompent la permanence et la continuité d'un groupe épiscopal. Ce sont les mêmes hommes ou leurs proches disciples qui s'écartent de l'arianisme (358-360), qui recherchent l'appui de l'Occident nicéen (365) et finalement qui rompent quelques années avant le concile de 381, avec ceux que Duchesne appelle joliment les « néo-orthodoxes ».

En 357, un clan d'évêques qui professent une théologie clairement subordinatianiste paraît triompher. Il a aidé l'empereur à écraser la résistance nicéenne, à conquérir les sièges apostoliques, à exiler Libère de Rome et à chasser Athanase d'Alexandrie. Un concile réuni à Sirmium professe une confession de foi arianisante et proscrit l'usage du vocabulaire de l'*ousia*. Le débat pneumatomaque, engagé par des théologiens qui ont rompu avec les ariens, apparaît au moment où se constitue, contre les mêmes ariens, le parti homéousien (comme le nomme Gummerus). Certes, ce n'est pas la querelle sur le Saint-Esprit qui cimente l'unité de cette coalition mais la lutte contre une oligarchie influente. N'importe, au sein de ce groupe prend place le parti épiscopal destiné à soutenir, de plus en plus efficacement, pendant un quart de siècle, la querelle pneumatoma-

---

[37] Voir P. MEINHOLD, *art. cit.*, 1074 sq.; W. Hauschild, pp. 236-239. Déjà, en 377, un concile romain se réfère aux Macédoniens et vise manifestement (malgré Meinhold, p. 1068) les pneumatomaques rattachés à la *stirps* arienne; ce qui est parfaitement conforme avec la polémique contemporaine. Après cette première attestation, v. le point de vue arien, quelques années plus tard: *Omousiani sive Omeousianos sive Macedoniani* (Maximin, *Contra Ambrosium*, Kauffmann, p. 74). Autre attestation, par la chancellerie impériale, en 383, *Code Théodosien*, XVI, 5, 11. Sur l'appartenance des Macédoniens au courant pneumatomaque: voir le commentaire de Sozomène, IV, 27; V., 12-14; 7, 2. Pour l'assimilation des Pn. avec les semi-ariens, voir le concile de Constantinople (Meinhold, p. 1075); v. aussi Grégoire Naz., *Or.*, 41, 8.

67

que. Car l'histoire de cette rupture en témoigne: dans cette opposition aux vainqueurs de 357, les querelles de personnes, les conflits de politique ecclésiastique se mêlent aux controverses doctrinales. En témoignent les réactions que soulèvent l'installation de l'arménien Eudoxe [38] sur le siège apostolique d'Antioche. Soutenu par Acace de Césarée, le nouvel évêque prend sous sa protection les théologiens d'un subordinatianisme extrême, Aèce et son disciple Eunome. Un vieux compagnon d'Arius, Georges, évêque de Laodicée, se dresse autant contre l'élection d'Eudoxe que contre la théologie d'Aèce. Il s'adresse [39] à l'évêque de Constantinople Macédonios, à deux évêques de la Bithynie voisine et à Basile d'Ancyre qui détestait lui aussi Eudoxe: il leur réclame d'oeuvrer pour la réunion d'un concile qui chasse d'Antioche Aèce et son nouvel évêque. Georges reçut très rapidement l'appui d'un parti local, un synode réuni par Basile à Ancyre pour les fêtes pascales, en 358. Douze évêques, et parmi eux Eustathe de Sébaste, signent une longue synodale, que Gummerus considère comme le manifeste homéousien [40]; le Fils est semblable (*homoios*) au Père selon l'*ousia*, selon la substance. La réplique se déplace plus clairement sur le terrain doctrinal.

Dès lors se constitue une sorte de front commun. En 358 toujours, dans une réunion tenue à Sirmium, Basile d'Ancyre, Eustathe de Sébaste, l'évêque de Cyzique Eleusios, un fidèle de Macédonios (Socrate, II, 38) font approuver un long mémoire, composé de textes antérieurs rappelant la condamnation du sabellianisme; mais ils lançaient aussi l'anathème contre ceux qui ne voulaient pas professer le Fils semblable au Père en toutes choses et selon l'*ousia* [41]. L'opération se soldait surtout par un triomphe politique: la signature de Libère, son renvoi à Rome et pour soixante-dix évêques du parti adverse, l'exil. Après un recul, pendant les négociations qui aboutissent à la rédaction d'un *credo* daté du 22 mai 359, Basile et Georges de Laodicée contre-attaquent en rédigeant un long mémoire justifiant la référence à l'*ousia* dans le vocabulaire de la théologie [42] (Epiphane, *Pan.*, 73,12-22). Le parti paraît plus puissant encore lorsque se réunit à Séleucie, en Isaurie, le concile convoqué par Cons-

---

[38] Sur l'élection: SOCRATE, II, 37 et SOZOMÈNE, IV, 12; Gummerus, *Partei*, p. 64; SIMONETTI, *Crisi*, p. 237. L'épisode se place à la fin de 357 ou au début de 358.
[39] SOZOMÈNE, IV, 13; sur Basile et Eudoxe: Philostorge, IV, 6; B. déteste également Aèce; v. SOZOMÈNE, III, 15; IV, 12; mais on sait, en ce cas, que cette hostilité s'était cristallisée à l'occasion d'une controverse théologique.
[40] EPIPHANE, *Pan.*, 73, 2-12; Gummerus, *op. cit.*, pp. 69-82; Simonetti, p. 238.
[41] SOZOMÈNE, IV, 15. M. Meslin, (*Les Ariens d'Occident*, Paris, 1967, p. 281) pense qu'on ne peut parler de victoire du parti homéousien; sur le dossier, aussi, HILAIRE, *De synodis*, 90. Athanase suivit avec quelqu'espérance cette évolution: v. Gwatkin, *op. cit.*, p. 157.
[42] GUMMERUS, pp. 122-133.

68

tance pour la *pars orientis* (27 septembre 359): contre Eudoxe et les ariens, contre Acace de Césarée et son groupe, ils réunissent plus de cent évêques, une majorité écrasante: plus des 2/3; dans cette coalition se retrouvent Macédonios et ses fidèles, parmi lesquels Eleusias de Cyzique et aussi Eustathe de Sébaste, puis Basile d'Ancyre et ses amis. Des provinces voisines de l'Isaurie envoient un contingent d'évêques, des Ciliciens surtout conduits par Silvanus de Tarse; enfin, des Orientaux, les adversaires d'Acace, avec Cyrille de Jérusalem, ont rejoint la majorité asiate. Ils gagnèrent donc le concile, promulguèrent comme symbole la « foi des Pères », c'est-à-dire la deuxième formule du concile d'Antioche (341). Cette victoire n'eut pas de lendemain; les protagonistes de Séleucie, Macédonios, Eleusios, Basile, Silvanus, condamnés en 360, prirent à leur tour le chemin de l'exil[43]. La persécution enlevait au parti l'un de ses chefs, Macédonios assassiné pendant sa déportation; mais elle trempait son unité.

Apparemment, les homéousiens ne mêlent guère à ce combat, politique autant que théologique, la question du Saint-Esprit. Mais pourquoi écarter si vite le témoignage de Socrate? Au Ve S., l'historien (II, 45) rappelle comment Macédonios encourage, après sa déposition, ses fidèles à maintenir la confession de l'*homoiousios*. Et du même trait de plume il ajoute que l'évêque de Constantinople avait exclu l'Esprit de la Trinité[44]. En effet, le schéma binitaire de la théologie homéousienne, son insistance à souligner la parfaite ressemblance des deux ousies, à considérer exclusivement en Dieu l'Inengendré et l'Engendré implique presqu'inévitablement l'infériorité de l'Esprit Saint. Dans cette coalition, un théologien s'efforce de surmonter l'obstacle: en 359, dans le long mémoire qui répond au credo daté, Basile d'Ancyre parle des trois hypostases et il invite à prier le Père dans le Fils et le Fils dans l'Esprit. Mais il revient au schéma binitaire pour expliquer qu'en confessant le Père et le Fils on ne nomme pas deux Dieux. Finalement, il se replie sur une théologie ancienne qui l'engage dans une impasse. Pour déclarer que Dieu est un, il reconnaît dans le Père et dans le Fils l'identité de l'Esprit divin mais si l'on parle de l'esprit du Père, de l'esprit du Fils, qu'est donc l'esprit de l'Esprit, le pneuma du Pneuma? (Epiphane, *Pan.*, 73,16-18)[45]. Eleusios (et sans doute les Macédoniens avec lui), Silvanus de Tarse (et probablement le groupe cilicien) ne s'engagent pas dans ces difficultés. Ils rappellent au concile de Séleucie qu'ils tiennent pour la « foi des Pères », c'est-à-dire pour la deuxième formule éla-

---

[43] EPIPHANE, *Pan.*, 73, 27; SOCRATE, II, 39; SOZOMÈNE, IV, 22; sur l'exil des homoéousiens, SOCRATE, II, 42; SOZOMÈNE, IV, 24.
[44] P. MEINHOLD, *art. cit.*, p. 1073; v. aussi Sozomène, IV, 27.
[45] Noté par M. SIMONETTI, *Crisi*, p. 265.

69

borée à Antioche en 341, confessant en conclusion « l'Esprit qui est donné aux fidèles pour la consolation, la sanctification et le perfectionnement ». Contre Acace, ils n'avaient pas besoin d'engager plus loin le débat pneumatologique. Mais cette référence s'accommode parfaitement avec les positions pneumatomaques.

2. Sur ce point, le symbole de Nicée ne les gênait pas beaucoup plus; mais ils souffrirent mille avanies avant de surmonter leur répugnance au consubstantiel et de tenter un rapprochement avec l'Occident nicéen. Ils subirent au temps de l'empereur Jovien un premier échec (363). Quelques années plus tôt, Julien avait perfidement libéré tous les évêques exilés par Constance. Un empereur chrétien, Fl. Iovianus succédait à « l'apostat ». Le parti qui avait dominé le concile de Séleucie tentait de reconquérir la protection du prince et les positions trop vite perdues. Mais ils retrouvaient devant eux une église nicéenne reconstituée, autour d'Athanase, dans un synode, dont les décisions étaient communiquées par un *tome* adressé aux Antiochiens [46]; l'évêque d'Alexandrie y fixait les conditions de l'unité pour créer un front commun contre l'arianisme (comme le parti homéousien avait tenté de le faire quatre ans plus tôt). A ceux qui veulent se réconcilier, il ne réclamait rien de plus que la confession de Nicée; mais il ajoutait: « ceux qui affectent de professer la foi nicéenne et qui en même temps ont le front de blasphémer contre l'Esprit-Saint, ceux-là restent fidèles en pensée à l'hérésie arienne ». Vingt ans avant le concile de Constantinople, Athanase témoignait qu'il fallait gloser le symbole de Nicée pour écarter tout subterfuge sur la divinité de l'Esprit. L'Egyptien s'adressait à Antioche parce que s'y constituait un nouveau parti, autour de Mélèce, l'évêque de la capitale orientale. Dans ce groupe, qui réunit en 363 un concile de 27 évêques, les homéousiens comptaient peu de sympathies et beaucoup d'inimitiés. Tels des prélats présents à Antioche avaient occupé leurs propres sièges, lorsque Constance les envoyait en exil: Athanasios d'Ancyre que Basile considérait comme un intrus, envoyait ses légats; à Georges succédait pour Laodicée un fidèle de Mélèce, Pélagios. Mélèce lui-même, établi sur le siège d'Antioche en 360, au moment où Constance persécutait les homéousiens avait eu maille à partir avec Eustathe de Sébaste. Acace de Césarée et quelques-uns de ses fidèles se joignaient à l'assemblée où siégeaient des prélats venus de la Cilicie, contrôlée en 359 par

---

[46] *Tomus ad Ant.*, 3, 8, 9: voir la traduction de I. Ortiz de Urbina, *Nicée et Constantinople*, Paris, 1962, p. 269 sq. et pour l'analyse, M. Simonetti, *Crisi*, p. 362 sq.; Socrate, II, 5, 8; Sozomène, V, 12; Théodoret, III, 4. Athanase s'adresse aussi à Jovien: *Ep. Jov.* (PG. 26, 813 sq.); Théodoret, IV, 3.

70

Silvain de Tarse, et même quelques asiates[47]. Non seulement l'Orient échappait à la majorité de Séleucie mais le nouveau parti s'établissait aussi en Asie Mineure. La rupture paraissait d'autant plus complète que le concile dans une lettre adressée à l'empereur acceptait de confesser l'*homoousios*. Basile d'Ancyre avec Sylvain de Tarse durent se résigner à réunir quelques évêques venus de Cilicie et du diocèse pontique. Cette assemblée étriquée réclamait de Jovien l'expulsion de tous les évêques qui professaient un arianisme extrême, les anoméens et elle proposait comme symbole la confession adoptée à Séleucie, la deuxième d'Antioche (341) qui ne gênait guère les pneumatomaques[48].

Ce parti diminué maintient tenacement sa ligne politique et doctrinale. Les macédoniens (Socrate et Sozomène désignent ainsi le groupe régional qui détenait toujours les sièges voisins de Constantinople) réclamaient à leur tour l'autorisation de tenir concile. Ils s'adressaient au successeur de Jovien, à l'empereur Valentinien dès les premiers temps de son gouvernement (printemps 364). Ce dernier quittait l'Orient lorsqu'il fut sollicité par le délégué du groupe, l'évêque d'Héraclée, Hypatianus[49]. L'épiscopat d'Orient ne concevait plus, depuis Constance, de se réunir et de régler les querelles théologiques sans obtenir l'autorisation du prince. Valentinien confiait l'Orient à son frère cadet Valens. Il laissa aux évêques une liberté inattendue. Réunis à Lampsaque[50] — au coeur de leur zone d'influence — après de longues tractations, ceux-ci réclamaient comme leurs collègues d'Ancyre, la déposition de l'arien Eudoxe, qui tenait depuis 360 le siège de Constantinople après avoir occupé Antioche. Eux aussi désiraient rétablir l'unité ecclésiale en faisant adopter comme unique symbole de foi, la deuxième formule d'Antioche (341), proclamée en 359 à Séleucie. Le parti se reconstituait en multiples synodes locaux, à Smyrne, en Pamphylie, en Isaurie, à Zéla dans le diocèse du Pont[51]. Ils cherchèrent par conséquent à gagner la protection impériale pour faire triompher leur théologie. Valens brisa net leur espérance: le 5 mai 365, un édit impérial expulsait de leurs

---

[47] Socrate, III, 25; Sozomène, VI, 4. Trois ou quatre Acaciens; cinq Ciliciens (Rhosos, Adana, Eleutheropolis, Augusta, Palti). On sait que juridiquement la Cilicie dépendait de l'Orient. Noter la présence de l'évêque de Pergame et de celui de Chalcédoine. Mélèce a été désigné comme évêque de Sébaste à la place d'Eustathe (Théodoret, II, 31). Les partisans d'Eudoxe s'organisent à la même époque: Philostorge, VIII, 2.

[48] Socrate et Sozomène, *loc. cit.*; on notera l'abstention des Macédoniens, peut-être désorientés par la mort de Macédonios.

[49] Socrate, IV, 2 et surtout Sozomène, VI, 7.

[50] Socrate, IV, 4 et Sozomène, VI, 7. En automne 364, selon Loofs, *op. cit.*, p. 58; v. aussi Gwatkin, *Studies*, p. 237 et p. 275.

[51] Socrate, IV, 12 et pour Zéla, Basile, *Ep.*, 251, 4.

71

sièges tous les évêques qui avaient été condamnés en 360 sous Constance: les homéousiens. Quelques mois plus tard, l'empereur convoquait Eleusios de Cyzique, l'un des protagonistes du groupe macédonien à Nicomédie; il le sommait de rétracter l'*homoiousios* et de professer le subordinatianisme d'Eudoxe[52]. Brisé, l'évêque retourna dans sa ville et il proposa à son peuple de résigner sa charge. Les fidèles qui lui étaient attachés préférèrent le garder. Quant au prélat, il pouvait mesurer l'isolement de son parti. Celui-ci ne pouvait guère espérer d'Athanase, menacé lui-même, moins encore de Mélèce qui avait pris le chemin de l'exil. De Valens qui soutenait Eudoxe, il n'avait rien à attendre.

Pour cet épiscopat menacé le moyen le plus efficace de fléchir Valens était d'en appeler à Valentinien: il expédia donc trois légats vers l'Occident[53], Eustathe de Sébaste, Silvain de Tarse et Théophile de Castabala (Cilicie); ils représentaient plus de soixante évêques d'après la longue liste de noms consignée dans l'adresse de la réponse romaine: pour une quinzaine de sièges identifiés, près de 10 prélats appartenant aux provinces méridionales de l'Asie Mineure, l'Isaurie, La Lycaonie, la Cilicie; mais les « macédoniens » (comme on le leur rappelle dans les négociations de 381) étaient représentés (Ephèse, Sardes, Nicée) et sûrement des Orientaux qui n'avaient pas tous l'habitude de mêler leur signature à celle des homéousiens. L'ambassade s'embarqua avant que la révolte de Procope contre Valens, en septembre 365, ait perturbé la circulation; elle avait reçu aussi mandat de solliciter les bons offices de l'épiscopat occidental; mais, pour cette négociation politique, elle se dirigeait vers la cour.

Le hasard des circonstances donna à l'entrevue avec le pape Libère un relief particulier; arrivés en Italie, les légats apprirent que Valentinien avait quitté Milan pour combattre en Gaule; ils n'eurent pas le courage de pousser aussi loin leur voyage et ils se retrouvèrent à Rome. Le pape, qu'Eustathe avait rencontré à Sirmium en 358, imposa une procédure rigoureuse de réconciliation: il exigea des légats une preuve écrite de leur adhésion à la confession de Nicée: ils

---

[52] Socrate, IV, 7; Sozomène, VI, 8.
[53] Socrate, IV, 12 et Sozomène, IV, 10 et 11. Comme le note Simonetti, *Crisi*, p. 395 (45) les divergences entre ces deux témoignages ne sont pas inconciliables: de fait, on ne connaît pas la teneur des lettres qu'ils présentent au pape mais seulement la lettre qu'ils rédigent à Rome pour la réconciliation. Voir Ch. Pietri, *Roma Christiana*, Rome, 1976, I, pp. 266-269. Pour la partie asiate (y compris la côte méridionale, malgré la géographie administrative): très probablement Athanase d'Ancyre, Euethios d'Ephèse, Eortasios de Sardes, Eugénès de Nicée, Neonas de Séleucie d'Isaurie, Macedonius d'Apollonia et sans doute pour la Lycaonie, Faustinus (Iconium), Severus (d'Amblada?), enfin Callicratès de Claudiopolis (diocèse du Pont). D'Orient, Cyrille (Jérusalem), Uranius (Apamée), Paul (d'Emèse?), peut-être Macer de Jéricho?

72

signèrent, chacun personnellement, un texte qui ne faisait pas de difficulté avec leur pneumatologie. Libère avait fait ajouter une clause par laquelle les évêques entrés dans la communion de Rome prenaient l'engagement, au cas où leur confession de foi soulèverait des contestations, de se présenter devant des juges approuvés par le pape; les Asiates ne firent aucun obstacle à cette pratique qui pouvait les servir pour se défendre d'Eudoxe et de son parti. Venus en solliciteurs, désireux d'obtenir d'un long voyage quelque résultat concret, ils ne s'obstinèrent pas, semble-t-il, à rappeler leur prédilection pour la deuxième formule d'Antioche; ils se contentèrent d'entendre le Romain condamner les Sabelliens et autres hérétiques qui appartenaient à l'index traditionnel de homéousiens. Sur le chemin du retour, munis des *formatae* romaines qui matérialisaient le succès relatif de leur ambassade, ils cherchèrent à glaner tous les appuis possibles; ils obtenaient avant de s'embarquer une synodale des évêques siciliens.

3. Cette démarche n'avait pas gagné l'appui de Valentinien mais elle avait rompu l'isolement. En réalité, dès le retour des légats, se dessine un mouvement de repli. Ceux-ci ne réussirent pas à composer le grand concile qui aurait pu signifier à Valens et au parti adverse leur communion avec l'Occident [54]. Ils projetaient — Sylvain surtout — une réunion imposante à Tarse qu'Eudoxe s'occupa de faire interdire par l'empereur. Plus encore — comme l'explique clairement Sozomène — le groupe qui s'était réuni autour de Mélèce, dès 363, s'efforça d'annexer tout le bénéfice politique de ce rapprochement avec l'Occident. Un synode se réunit à Tyane, en 366 ou en 367 au nord de la Cilicie mais en Cappadoce. Des représentants de l'Orient, avec Pélage de Laodicée avaient rejoint les prélats de Cappadoce ou d'Arménie, Eusèbe de Césarée et Otreius de Mélitène; dans l'assemblée siégeait aussi Athanase d'Ancyre, qui n'avait guère la sympathie des homéousiens [55]: il avait occupé le siège de Basile, lorsque celui-ci en avait été chassé en 360 et il passait pour un adversaire des pneumatomaques. Au moins l'un des légats de 365, Eustathe de Sébaste, participa à cette session. Il leur fit connaître la lettre de l'Occident. Les évêques réunis à Tyane s'empressent

---

[54] Socrate, IV, 12 et Sozomène, VI, 10.
[55] Socrate, IV, 12 et surtout Sozomène, VI, 12; Basile, *Ep.*, 226, 3; 244, 5; 263, 3. La prédécesseur d'Otreius de Melitène, Uranius avait participé à la réunion d'Antioche de 363; Zénon de Tyr est un mélétien; Paul d'Émèse, un partisan d'Acace, l'ennemi de Cyrille de Jérusalem, lui même très proche de Silvain de Tarse. Sur la pneumatologie d'Athanase d'Ancyre, Basile, *Ep.*, 25, 2 (vers 368? selon Courtone). Sur le synode, avec une interprétation différente, Loofs, *op. cit.*, p. 62; P. Meinhold, *art. cit.*, p. 1082. Pour la date, après la fin de l'insurrection de Procope: Gwatkin, *Studies*, p. 242.

73

joyeusement de se rallier aux sentences de Libère et de tirer avantage d'une réconciliation qu'ils n'avaient pas particulièrement négociée: ils invitèrent dans une synodale toutes les Eglises à les imiter et à rallier la doctrine du consubstantiel. Ainsi la parti épiscopal qui avait mandé ses légats en Occident se trouvait plus ou moins confondu, avec un groupe rival dont il n'aimait ni les hommes ni la théologie; et même il était compromis avec ces évêques que menaçaient plus directement encore la politique de Valens. Réunis en Carie [56], une trentaine d'évêques homéousiens considérèrent qu'il n'y avait aucun avantage à faire la moindre concession: ils décidèrent de se tenir à la foi de Séleucie et d'Antioche. On peut imaginer qu'ils ne tenaient pas à se mêler à des adversaires déclarés des pneumatomaques, tel Athanase d'Ancyre.

La politique de Valens se précisait: elle n'encourageait pas à rechercher un rapprochement avec l'épiscopat occidental et moins encore avec ceux qui en Orient tentaient de revendiquer cette alliance. Après avoir écrasé la révolte de Procope, le prince, plus solidement établi, avait séjourné longtemps en Europe pour défendre la frontière contre les Goths (367-369): il maintenait décidément son appui aux évêques ariens; mais il avait retiré toute son influence à la faction extrême des anoméens en exilant Eunome: les homeiousiens pouvaient espérer en quelque évolution plus favorable encore [57]. Après une grande victoire remportée en Arménie (371), Valens s'éloignait enfin vers l'Orient, en établissant pour longtemps son quartier général à Antioche (372-377). Le prince avait repris à son compte la politique autoritaire d'unité ecclésiastique qu'avait fait définir Constance en 360 et il n'avait pas besoin de se risquer à réunir de grands conciles dans lesquels les homéousiens auraient pu, comme à Séleucie, déployer leurs forces. Il préférait confier à ses gouverneurs et à ses évêques le soin de conquérir systématiquement le terrain en usant de la menace ou de la séduction, de l'émeute ou de l'exil. Tracasseries et violences frappaient les nicéens, à Alexandrie le successeur d'Athanase, ou les « néo-orthodoxes » comme Mélèce. Certains, comme Basile de Césarée, échappaient au pire avec la protection d'un puissant et l'amitié d'un réseau d'alliances cléricales. Cette situation encourageait les homéousiens, moins directement visés, à chercher les accommodements discrets et à se désolidariser du parti de la résistance nicéenne.

---

[56] SOZOMÈNE, VI, 12. On ne sait (malgré M. SIMONETTI, *Crisi*, p. 402) si le chef de ce parti est Eleusios, éprouvé par une récente palinodie; la localisation du synode est incertaine, malgré P. Meinhold, *art. cit.*, p. 1082 qui corrige, comme on le fait traditionnellement, Sozomène mentionnant un synode ἐν Καρίᾳ τῆς Ἀσίας.

[57] Sur les difficultés des anoméens: Philostorge, IX, 8; 10, 6; 11, 5.

74

Dans cette rupture, les raisons de politique n'expliquaient pas tout: elles eurent une part considérable. Prenons le cas d'Eustathe de Sébaste dont on écrit souvent l'histoire du côté de Basile [58]. Juridiquement déchu depuis 360, l'évêque de Sébaste est isolé dans ses provinces par de multiples inimitiés, celle du nicéen Théodote, son suffragant de Nicopolis, qui l'excommunie, celle de Mélèce d'Antioche revenu dans la région depuis son exil; dépossédé de son autorité métropolitaine sur l'Arménie (I), écarté des synodes locaux, il avait encore l'amitié de Basile, évêque de Césarée en Cappadoce depuis 370. Ce dernier considérait le vieillard de Sébaste comme un miroir de perfection monastique et souhaitait l'agréger, dans une réconciliation générale, à un front commun contre l'arianisme. Mais finalement en 373, Basile devait, pour ne pas rompre avec son propre parti, se rendre à Sébaste et y exiger d'Eustathe la signature d'une profession précise. Le texte, on le sait (Basile, *Ep.* 125) ajoutait au symbole de Nicée un anathème particulier « contre ceux qui disent que l'Esprit est une créature ». Dans un premier temps, le vieil évêque avait lu, mot à mot la confession de foi et en présence de quelques témoins, il avait donné sa signature.

Il la reprit, après le départ de Basile: il ne se présenta pas devant l'assemblée réunie en Cappadoce qui devait sceller sa réintégration. Pour cette rétraction, Eustathe avançait les raisons de la théologie: il accusait Basile, ses sympathies pour le sabellianisme et son ancienne amitié pour Apollinaire, de Laodicée, devenu à l'époque décidément suspect. (Basile, *Ep.*, 244,3; et aussi *Ep.*, 129,1; 223, 224 et 226). Eustathe utilisait pour son assaut des hérésies sûrement reconnues; comme l'écrivait Basile dans un élan d'amertume (*Ep.*, 128,2), ce vieillard prudent ne tenait guère à s'écarter de l'opinion moyenne. Mais la querelle abordait plus discrètement la question pneumatologique. On nous accuse, assure Basile, d'innovations au sujet de l'Esprit-Saint (*Ep.*, 226,3). Cette opinion moyenne — celle de l'entourage d'Eustathe — ne pouvait guère comprendre au prix de quelles restrictions mentales, l'évêque s'était résigné à amémathiser, en 373, des idées pneumatomaques [59].

Mais les raisons de la politique expliquent aussi la palinodie de Sébaste. Avec Basile, le jeu des concessions ne valait pas la chandelle. Eustathe cherche à briser l'isolement, à renouer les amitiés anciennes. Dès la rupture, il court en Cilicie rechercher l'appui d'un com-

---

[58] Ces brèves remarques suivent l'analyse de Dom Gribomont, (avec la bibliogr.), v. supra et aussi, *Esotérisme et tradition dans le traité du Saint-Esprit de Basile*, dans *Oecumenica*, 5, 1967, pp. 22-58; W. Hauschild, *op. cit.*, p. 199 sq.

[59] Loofs, Eustathius, p. 76; v. note 25. Dans son entourage, des moines agités qu'en 372 Basile doit renvoyer de Césarée (*Ep.* 119).

75

pagnon dans l'ambassade de 365, Théophile de Castabala (*Ep.*, 244, 1-2). De là, il lance des accusations partisanes: il a rompu avec Basile, explique-t-il, parce que celui-ci est en communion avec un prêtre Diodore. Cette sorte d'anathème devait plaire à Théophile: car le prêtre mélétien avait quelques liens avec la province de Cilicie, où il devint bientôt évêque de Tarse. Finalement, Eustathe se résigna à négocier avec les ariens; il est à Ancyre (375/376), lorsque les évêques de ce parti réunissent un synode pour déposer un évêque nicéen de Parnasse; il obtient leur communion: non pas une réconciliation publique à l'église, mais un échange discret dans une maison privée [60]. Il recherche aussi l'appui d'un arien notoire, un évêque du Pont, Euhippios (*Ep.*, 244,7; 251,1) et ces tractations aboutissent; lorsque le vicaire du Pont, un Oémosthènes (?), celui qui avait réuni le synode d'Ancyre, arrive à Sébaste, il « traite avec les plus grands honneurs les partisans d'Eustathe » (*Ep.*, 237,2). Ce sont ces nouveaux alliés d'Eustathe, des Galates et des Pontiques, qui tiennent concile à Nysse pour déposer Grégoire (*Ibid.*) Renforcé par ces protections politiques et ecclésiastiques, Eustathe put exercer ces droits de métropolitain et imposer son candidat pour la succession de Théodote de Nicopolis (*Ep.*, 226; 227; 237).

Eustathe n'est qu'un témoin, privilégié par nos sources, pour une évolution générale; en 376, l'évêque de Sébaste rejoint à Cyzique [61] un concile que présidait Eleusios. Pour leur confession de foi, rapporte Basile, ils passèrent sous silence le consubstantiel, maintenant l'expression « semblable selon la substance » (*Ep.*, 244,5 et 9). Dès lors qu'un parti adverse s'appropriait le symbole de Nicée et qu'il l'accompagnait d'un anathème contre les pneumatomaques, il n'y avait plus aucune raison ni aucun intérêt à s'y référer. Ils préféraient se tenir (ou revenir pour certains) à la formule d'Antioche qui s'accommodait si bien de leur théologie binitaire et de leur pneumatologie. Mais celle-ci passait désormais au premier plan; est-ce l'influence d'une controverse qui s'aigrissait avec les nicéens? Ou encore la volonté de se distinguer clairement d'eux, au moment où s'ébauchait un rapprochement discret avec l'oligarchie arienne? En tout cas, pour la première fois, les homéousiens glosèrent leur symbole: « ils écrivirent avec Eunome, les blasphèmes bien connus contre le Saint-Esprit », explique Basile, notre unique témoin (*Ibid.*). Les Nicéens d'Asie Mineure considérèrent qu'une rupture était consommée: peu après le concile de Cyzique, Amphiloque d'Iconium lui répondait par une réunion et par une ferme synodale [62]. En tout cas,

---

[60] BASILE, Ep. 226, 2; Loofs, *Eustatius*, p. 8. Sur l'appui des Galates, *Ep.*, 251, 3.
[61] P. MEINHOLD, *art. cit.*, p. 1084; M. SIMONETTI, *Crisi*, p. 417.
[62] *Ep.* X, *Synodica*: PG, 39, 93-97; voir K. Holl, *Amphilochius von Ikonium...*,

76

la ligne du parti était définitivement fixée. Lorsqu'après la mort de Valens, Gratien le nouvel empereur mit fin à la persécution (378), des évêques homéousiens s'assemblèrent à Antioche de Carie (378-379) pour rappeler leur fidélité à l'*homoiousios* [63], quelques mois seulement avant le concile de Constantinople.

En ces vingt ans de controverses, les homéousiens ont pu déplacer les accents de leur théologie suivant les nécessités de la polémique, infléchir leur tactique à mesure que les circonstances changeaient leurs adversaires et leurs interlocuteurs. Ce parti manifeste, dans des conjonctures diverses, une continuité certaine; car ce sont les mêmes hommes reliés entre eux par une solidarité durable. Pour les premiers temps, Macédonios et Basile d'Ancyre, avec Silvain de Tarse et déjà Eleusios et Eustathe. Les deux premiers disparaissent assez vite mais Eustathe s'active jusqu'en 377, tandis qu'Eleusius est présent encore en 381. Après les disparitions des premiers leaders, la relève est assurée, après Silvain, par Théophile de Castabala, après Hypatianus d'Héraclée par Sabinus. Car ce parti s'appuie solidement sur une base régionale. La première coalition s'étend de Jérusalem à Constantinople, mais ses positions les plus solides s'établissent en Asie Mineure. Puis après 360, les homéousiens perdent la capitale et ils n'ont plus guère de liens avec l'Orient si l'on excepte la Cilicie, la côte méridionale de la péninsule asiate, totalement entre leurs mains, comme la façade occidentale, avec la Bithynie, et dans l'arrière pays, les sièges de Cappadoce ou d'Arménie. Dans les derniers temps, ils ont reculé en Cilicie: sur treize sièges connus ils n'en ont plus que deux; à leur détriment, le parti mélétien rayonne d'Antioche à l'Isaurie, à la Lycie (12 évêques), à la Pisidie (13), et à la Lycaonie (10); mais ils ont repris, malgré l'activité de Basile, des postes en Cappadoce Seconde et en Arménie. Leur force principale vient de l'*Asia*, avec Pergame et Ephèse, de l'Hellélespont et de la Bithynie (50 % des sièges connus). Le parti homoiousien se confond de plus en plus avec la fraction macédonienne. Du reste, le petit groupe réuni autour de Macédonios évoque assez bien l'allure de ce parti: il est composé de pasteurs et d'ascètes. Sozomène (IV, 27) rappelle le rôle considérable de Marathonios, diacre de Macédonios, gagné à la vie ascétique par Eustathe, moine fondateur dans la capitale d'une communauté qui longtemps lui survit, avant d'être évêque de Nicomédie. Une vie de saint, plus tardive, témoigne pour

---

Leipzig, 1904, p. 121; W. HAUSCHILD, *op. cit.*, p. 208. Ce dernier, et plus encore P. MEINHOLD, place à cette époque la consolation, voire la constitution, d'un parti pneumatomaque.
[63] SOZOMÈNE, VII, 2; SOCRATE, v. 4, parle d'un concile tenu en Orient mais le témoignage de Soz. est trop circonstancié pour être corrigé ou écarté.

77

Eleusios; Eustathe sert pour toute l'Asie, d'initiateur et de modèle. On conçoit qu'une théologie de la vie spirituelle et de la sanctification ait tenu tant de place dans ce courant de pensée [64]. Mais, en même temps, cette propagande ascétique gagne des moines aux homéousiens et probablement un soutien populaire. En 381, c'est un parti épiscopal diminué mais solide qui soutient la querelle des pneumatomaques.

Les pneumatomaques et l'Eglise théodosienne

La résistance « macédonienne » pose, inévitablement au concile de Constantinople la question pneumatologique. Mais les évêques qui s'assemblent au printemps de 381 pour rétablir l'unité ecclésiale en Orient et aussi pour manifester une communion oecuménique avec l'Occident, abordent la querelle théologique dans un climat de politique impériale et épiscopale totalement bouleversé depuis 378. Pour les décisions du concile, ces circonstances pèsent autant que l'attitude des protagonistes de la querelle. Le protecteur de l'arianisme, Valens, est mort, vaincu par les Goths, misérablement brûlé vif dans une cabane, comme l'apologétique antiarienne se complaît à le souligner (378). Aussitôt l'empereur Gratien, devenu maître de tout l'empire, libère et renvoie tous les évêques exilés et il confie finalement l'Orient à un prince venu de l'Occident, Théodose (379). La même année, un grand concile, réuni à Antioche autour de Mélèce et des évêques « néo-nicéens », manifeste solennellement sa volonté de rétablir avec l'Eglise d'Occident, plus spécialement avec l'Eglise de Rome, l'unité de la communion. Quant au prince, dans l'une de ses premières interventions pour la politique religieuse, il se réfère à la foi du pape Damase (380). Rome, l'empereur, le parti d'Antioche, les influences s'enchevêtrent pour façonner une Eglise théodosienne et pour déterminer sa politique.

1. Mélèce et Théodose se réfèrent à l'Eglise de Rome: c'est-à-dire, qu'avant le concile, l'autorité de la communion romaine bénéficie d'une influence décisive, dont les historiens ont souvent sousestimé la portée. La querelle pneumatomaque n'avait guère agité l'Occident: Hilaire de Poitiers signale les Macédoniens dans le *De Trinitate*. Quelques années après, un traité placé sous le nom d'Eusèbe de Ver-

---

[64] Sur Macédonios et son groupe: EPIPHANE, *Pan.*, 73, 23; SOCRATE, II, 29; SOZOMÈNE, IV, 22; v. G. DAGRON, *Constantinople, naissance d'une capitale*, Paris 1974, p. 109; *La monachisme à Constantinople jusqu'au concile de Chalcédoine (451)* dans *Travaux et Mémoires de l'Institut byzantin de Paris*, 4, 1970, p. 232; p. 248 sq. Sozomène parle pour la fin du IVe S. de moines *macédoniens* à Sébaste (8, 27); BHG, 955 sq.

78

ceil évoque la prédication d'un Potentinus, un habitant de la Ville déclarant que l'Esprit est une créature. On peut citer aussi l'intervention de l'Ambrosiaster, contemporain du pape Damase et finalement un texte étrange, publié par Théodoret [65] : présenté comme un rescrit, ce faux manifeste fustige les Orientaux qui séparent l'Esprit de la Trinité et il annonce l'envoi d'un prêtre romain; sur les réalités de la politique, il n'apprend rien mais il renvoie un écho affaibli des négociations de Damase avec l'Orient.

On ne peut suivre ici, dans le détail [66], leur cheminement, leur difficulté et leurs malentendus. Retenons simplement que, malgré la reconnaissance par Rome de l'évêque Paulin, rival de Mélèce à Antioche, la persécution de Valens contraint le parti « néo-orthodoxe » et surtout Basile de Césarée à surmonter amertume, inquiétudes et soupçons pour établir le dialogue. Dans ces échanges, la question pneumatologique ne tient à l'origine qu'une place secondaire; il faut lever des obstacles plus considérables: du côté de Rome, les préventions contre Mélèce devenu évêque d'Antioche en 360 avec l'appui arien. Quant à l'Orient, il s'inquiète autant d'une pratique ecclésiologique que d'un vocabulaire théologique, trop imprécis, semble-t-il, pour écarter le danger sabellien. Enfin pour tout compliquer l'évêque romain considère toujours qu'Eustathe a obtenu la communion du pape Libère, au moment où le prélat de Sébaste s'écarte de Basile et du symbole de Nicée.

En tout cas dès 372, Basile de Césarée dispose — un peu par hasard — d'une synodale romaine (Damase, *Ep.*, I) qui répétait la foi de Nicée et qui insistait, sous l'influence d'Athanase et d'Eusèbe de Verceil, plus nettement sur l'Esprit Saint, en confessant pour les trois personnes, *una deitas, una figura, una substantia*. Avec cette dernière expression, Basile entendait, d'après le décalque grec, une hypostase: « c'est ce qui a été dit par les Sabelliens » (*Ep.*, 214,3). L'évêque de Césarée en conclut que les textes d'une théologie aussi maladroite ne pouvaient constituer le *credo* de l'unité; le pape pensait, au contraire, que la synodale manifestait la foi de l'Occident et qu'elle devait être le symbole de la communion retrouvée [67]. On ne s'arrêta heureusement pas là. En 375, Rome reçoit le prêtre antiochien Dorothéos avec une lettre de Basile (*Ep.*, 243) décrivant la

---

[65] *De Trinitate*, XII, 55-56; attribué à Eusèbe de Verceil, *De Trin.*, IV, 13: je corrige ici avec M. Simonetti, une confiance excessive manifestée dans *Roma Christiana*, 1, p. 830 (3), Ambrosiaster, *Quaestiones*, 121; Théodoret, 'V, 8, 9; voir *Roma Christiana*, I, pp. 784-785.

[66] *Roma Christiana*, 1, pp. 791-884; je renvoie à cet exposé pour alléger l'appareil critique de ce rappel rapide.

[67] *Ibid.*, p. 800.

détresse de l'Orient, la tempête de la persécution, l'ébranlement de la foi: « L'Esprit-Saint est rejeté et celui qui pouvait confondre l'impie est chassé » (*Ibid.*, 4). Dans sa réponse (Fragment *Ea gratia*), Damase précise le vocabulaire de sa théologie trinitaire: pour les trois Personnes il se réfère désormais, dans un effort d'irénisme à l'*una ousia*; ce qui évite l'ambiguité d'une version grecque de *substantia*. Après une réfutation du subordinatianisme et de la christologie d'Apollinaire, il rappelle d'une formule nouvelle, l'égale divinité de l'Esprit incréé, *Spiritus increatus* [68]. Il revient enfin sur la pneumatologie à l'occasion d'une nouvelle démarche orientale (Fragment *Non Nobis*) en rappelant: *nullo modo Spiritum Sanctum separamus*; nous ne séparons en aucune manière l'Esprit de la Trinité [69].

Ces interventions prennent toute leur force dans un concile tenu à Rome en 377, avec la présence de l'évêque Pierre d'Alexandrie, alors exilé par la persécution arienne. Une lettre de Basile (*Ep.*, 263) avait adressé au pape un acte d'accusation contre Apollinaire, contre Paulin d'Antioche et surtout contre Eustathe de Sébaste placé au premier rang. Le synode préféra composer une petite somme de théologie, s'il faut lui attribuer, comme je le crois démontré, le *tomus Damasi* [70], un texte qui associait au symbole de Nicée 24 anathématismes. Dans cet exposé de christologie et de théologie trinitaire, les définitions concernant particulièrement la pneumatologie visent évidemment le débat contemporain. Les *Macédoniani* prennent place dans la liste des condamnés, après Arius et Eunome associés, dans une même réprobation: *Macedoniani ... de Arii stirpe venientes* (*Anath.*, 4). Damase ne fait que reprendre l'accusation de Basile [71] et il emploie pour condamner les pneumatomaques visés à plusieurs reprises (cf. Anath., XXIII) une expression qui convient à cette énumération très personnelle des hérétiques, Sabellius, Photin, Eunome. Dans la condamnation des erreurs, les anathèmes dessinent une pneumatologie positive, qui insiste sur l'égalité de la troisième personne (XX et XXIII), sur son éternité, (X), sur sa science (XVII) égale à celle des deux autres Personnes; un anathématisme condamne

---

[68] *Ibid.*, p. 818; p. 825; p. 830; les deux fragments cités ont été édités après la PL 13, par. E. Schwartz, *ZNTW*, 35, 1936, pp. 20-21. *Increatus* e cf. Ambroise, *De fide*, 3, 13; mais Damase semble le premier à utiliser l'expression.

[69] *Ibid.*, p. 826; p. 831.

[70] C'est G. L. Dossetti, *Il simbolo di Nicea e di Costantinopoli*, Rome, 1967, qui apporte les arguments décisifs que j'ai souhaité compléter: *Roma Christiana*, p. 873-880. On se réfère à l'édition procurée par C. H. Turner, *Eccl. Occ. Monumenta Iuris antiq.*, I, 11, 1, Oxford, 1913, pp. 281-286. Sur le Synode, *Roma*, pp. 833-840.

[71] Je corrige ma note, p. 836 (2).

80

ceux qui disent l'Esprit une créature (XVIII) et un autre frappe
ceux qui ne le reconnaissent pas vrai Dieu (XVI). Contre ceux qui
prétendaient que le Paraclet n'est qu'un don divin, ce texte insiste
sur l'activité, la puissance de la troisième Personne, sur sa coopéra-
tion dans l'unité trinitaire. Cette égalité implique l'égalité de gloire,
et d'honneur, l'*homotimia* de Basile: *si quis non dixerit adorandum
Spiritum sanctum ab omni creatura sicut Filium et Patrem, anatha-
ma sit* (XXII). Sur la théologie de l'Esprit, la synodale romaine
constituait, plus explicitement que le Tome d'Athanase, la première
synthèse dans un texte du droit ecclésial.

Ce document passa rapidement comme un complément nécessaire
à la confession nicéenne dans la controverse pneumatologique. En
Occident, au début du Ve S., les collections canoniques annexent les
anathématismes (ou plutôt partie d'entre eux) au texte de Nicée et
le collecteur commente: « après cela (c'est-à-dire après 325), un concile fut réuni à Rome par des évêques catholiques: ceux-ci ajoutè-
rent sur l'Esprit-Saint »[72]... Théodoret (V, 10-11) publie l'intégralité
du tome dans un dossier annexé au concile de 381 et beaucoup plus
tard, la collection de Michel de Damiette, dans une traduction arabe
du recueil canonique copte, fait suivre la foi de Nicée par des anathématismes de Damase et par les canons de Constantinople[73]. Mais
c'est Théodore de Mopsueste, un disciple de Diodore de Tarse, qui
donne le plus clairement le point de vue oriental. Dans une homélie
où il explique que le concile de Nicée ne donnait pas sur l'Esprit
un enseignement complet, il ajoute: « Les évêques occidentaux se
réunirent en Concile parce qu'ils ne pouvaient venir en Orient à
cause de la persécution arienne ... Plus tard, les évêques orientaux
accueillirent avec joie la doctrine transmise par ce concile d'Occident... »[74] Damase n'intervenait guère dans la procédure et la politique du concile de 381; mais sa synodale, on le voit, fixait un modèle.

2. Le prince impose référence à la théologie romaine. Le 16 janvier 379, Gratien choisit le fils d'un général espagnol, tombé dans

---

[72] On reprend ici une analyse établie d'après SCHWARTZ, TURNER et G. L. DOSSETTI
(p. 94 sq.) sur la tradition mss. du tome; v. aussi A. M. RITTER, *Konzil*, p. 246.
La glose citée apparaît dans une série de manuscrits (F) qui représente selon
Turner, une collection ancienne (*éd. cit.* de Turner, p. 284). Le *Tomus* est repris
dans les collections africaines composées à Carthage à la suite du conflit qui
oppose l'Eglise africaine à Rome en 419 (comme le montrent Schwartz et aussi
F. L. Cross: *Roma Christiana*, II, p. 1259 sq.).
[73] Voir aussi une autre version grecque: GCS, 3, Parmentier, Berlin 1911, p.
CIV: pour Michel: RITTER, p. 246 (d'après W. Riedel). Je crois que le *Tomus
Damasi* cité par Théodoret représente le tome des Occidentaux, invoqué par
Paulin et par la petite Eglise d'Antioche.
[74] *Hom. Catech.*, IX, 1, éd. R. Tonneau et R. Devreesse, *Studi e Testi*, 145, Rome,
1949, p. 215: cité par G. L. DOSSETTI, p. 107. Voir déjà les réactions de Grégoire
de Naz. *Ep.*, 102, 1, 15.

81

une intrigue de cour, pour lui confier la charge d'endiguer la poussée gothique. On ne sait quelles instructions il avait données à Théodose pour la politique religieuse: lui-même avait envisagé pendant son séjour à Sirmium le projet d'un concile général; en tout cas, il envoyait à l'Orient un occidental sincèrement attaché à la foi de Nicée [75], décidé à rétablir l'unité ecclésiale et, pour cela, à définir un système et des procédures administratives commodes.

Dans un premier temps, il publiait des « édits d'union ». Le 27 février 380, Théodose s'adresse au peuple de Constantinople (*Code Théodosien*, XVI, 1,2): « Nous voulons que tous les peuples dirigés... par notre clémence vivent ... dans la religion que manifestement suit le pape Damase, ainsi que l'évêque Pierre d'Alexandrie ... c'est-à-dire que nous croyons ... à une divinité unique du Père et du Fils et de l'Esprit-Saint dans une égale majesté et pieuse Trinité ... Ceux qui suivent cette loi nous leur ordonnons de prendre le nom de catholiques. » Certes ce texte ne vaut pas comme une sorte de loi programme [76], mais avec la force d'un texte officiel, un discours du prince, l'*oratio principis*, Théodose précise officiellement son *credo* et ses intentions. Il se répète, le 10 janvier 381, dans une loi destinée au préfet du prétoire (*Ibid.*, XVI, 5,6); en prescrivant d'appuyer les évêques catholiques contre les menées des hérétiques — on notera que Théodose ne cite pas les pneumatomaques —, le prince se réfère à la foi de Nicée, à la confession d'une *incorruptae trinitatis indivisa substantia, quae* οὐσία... *dicitur*. Il fixe pour le futur concile deux références: Nicée et aussi la foi de Damase, avec tout ce que celle-ci implique pour la théologie de l'Esprit.

Ces documents manifestent aussi la volonté de définir pour l'usage des administrateurs un critère de distinction commode entre le catholique et l'hérétique. Mais l'effort porte au préalable sur la capitale, cette seconde Rome, tenue par l'évêque arien Démophile, déchirée par de multiples factions, les macédoniens, la petite Eglise rassemblée par Grégoire de Nazianze. Théodose écarte la tentative de Maxime soutenu par Alexandrie, pour s'emparer du siège épiscopal; dès son arrivée, il somme Démophile de confesser la foi de Nicée et sur son refus, l'expulse. A Grégoire, il accorde son appui et une grande église [77]. En quelques mois, il prépare la réunion d'un con-

---

[75] A. M. RITTER, *Konzil*, p. 24 sq.; pp. 221-238. Grégoire, *De Vita sua*, 1282 sq.; Chr. Jungck, éd. trad. et comm., Heidelberg, 1974, p. 116 et p. 206.

[76] On a beaucoup débattu sur le sens du texte, v. pp. 850-852 (bibliogr.) et récemment A. M. RITTER, dans *Cristianesimo*, p. 345. On a souligné l'évolution du premier au second texte (*infra*) et supposé sur ce dernier l'influence de Mélèce, arrivé dans la capitale. Mais les deux formules impliquent une référence précise au Saint-Esprit.

[77] On a pour toute cette période le récit des historiens: SOCRATE, V, 5-7; SOZO-

82

cile. Le prince en avait envisagé le projet dès 380 et il avait reçu l'appui de Mélèce [78], arrivé dans la capitale et, par le vieil évêque, le soutien de tout un parti épiscopal. Nous connaissons par Socrate (v. 5) et par Sozomène (VI, 7) le programme assigné au concile: établir officiellement Grégoire à la tête de l'Eglise constantinopolitaine et confirmer les décrets du concile de Nicée. Le prince entendait reconstituer, en ses états, une hiérarchie orthodoxe. Il fit convoquer, assurent les mêmes témoins, les macédoniens en pensant que ceux-ci ne différaient pas beaucoup en matière de doctrine et qu'ils pourraient s'agréger à l'unité catholique. Grégoire de Nazianze explique que l'empereur désirait agir par la persuasion (*De vita sua*, 1278 sq.) et non par la contrainte.

3. Le concile se réunit aux premiers jours de mai. La composition de l'assemblée [79] démontrait l'existence d'un parti ecclésiastique ou plutôt d'une Eglise consciente de sa force et de sa volonté d'autonomie. En 379, Mélèce avait réuni à Antioche une assemblée de 153 évêques; celle-ci manifestait avec éclat sa volonté d'entrer dans la communion romaine. Elle envoyait tout un dossier de documents pontificaux, déjà reçus à Antioche, auxquels chacun des présents ajoutait son consentement écrit. Rome réclamait habituellement cette procédure de réconciliation. Les évêques de cette assemblée ne pouvaient démontrer plus clairement leur adhésion à la théologie professée par Damase, à des textes qui proclamaient sans équivoque l'homoousie de l'Esprit-Saint [80]. En même temps qu'il déployait tant d'irénisme pour dissiper tout malentendu doctrinal, le parti néo-orthodoxe s'occupait de réoccuper le terrain, en Orient, en Isaurie, en Cilicie, dans toutes les provinces méridionales de l'Asie Mineure et aussi en Cappadoce. Pour Constantinople même, il envoyait Grégoire de Nazianze: celui-ci confie (*De Vita sua*, 605) qu'il s'était rendu dans la capitale sur les instances pressantes « d'hommes puissants », avec mission d'y rameuter la communauté nicéenne. Pendant les mois qui précèdent le synode, Grégoire se heurte violemment aux ariens (*De Vita sua*, 1442-1474) mais il tente (on le sait)

MÈNE, VII, 3-6; THÉDORET, V, 5-7 et surtout Grégoire, *De Vita sua*, vers 652-1277. Une analyse excellente dans A. M. RITTER, *Konzil*, pp. 33-40 (Bibliogr.). C'est Acholius de Thessalonique qui avertit Damase du projet d'un concile (Damase, *Ep.*, V), à l'époque où le princetiont ses quartiers dans sa ville. Pour Démophile, Socrate, V, 7; Sozomène, VII, 5.
[78] Voir Théodoret, V, 6: avant de connaître l'Antiochien, Théodose aurait vu Mélèce en rêve, qui lui remettait la pourpre impériale: la diffusion de ce récit merveilleux est destinée à souligner le prestige de l'Antiochien.
[79] Sur la liste des souscriptions: Turner, *Eccl. Occid. Monum. Iuris ant.*, II, III, Oxford, 1939, pp. 433-463; Ritter, p. 38.
[80] Ce sont les textes déjà signalés, la synodale reçue en 372, les fragments *Ea Gratia, Non nobis. Roma Christiana*, I, pp. 843-849.

83

de rallier les macédoniens. Ses discours en témoignent: il les traite au début comme des frères séparés, puis ils prennent de plus en plus à ses yeux la figure d'hérétiques, d'athées, de Moabites [81]. Cette évolution ne laissait pas beaucoup d'espérance pour la négociation avec les pneumatomaques. Car Grégoire, comme évêque intronisé sur le siège de Constantinople, puis comme président de l'assemblée conciliaire, à la suite de Mélèce, mort au cours de la session, devait tout naturellement jouer dans ces tractations un rôle décisif.

Les macédoniens avaient obéi à la convocation impériale: trente-six évêques, venus surtout de l'Héllespont, conduits par Eleusios de Cyzique et Marcianos de Lampsaque gagnent Constantinople (Socrate, V, 8; Sozomène, VII, 7). Face à la centaine de prélats groupés autour de Mélèce et de Grégoire, c'était un contingent minoritaire mais non dérisoire. L'empereur, explique Socrate (V, 8), et les évêques qui étaient de sa foi déployaient tous leurs efforts pour rallier Eleusios. Et Sozomène cite dans cette majorité Cyrille de Jérusalem en rappelant qu'il avait partagé les idées de Macédonios. En tout cas, selon les historiens, les évêques du parti mélécien rappelèrent aux macédoniens l'ambassade envoyée à Libère avec Eustathe, Silvain, Théophile. « Ils ne conduisaient pas saintement ceux qui faisaient marche arrière après s'être accordés dans la foi catholique et qui renversaient une opinion droite ». Ces sollicitations, ces arguments n'eurent pas d'effet. Eleusios et les siens « préférèrent la théologie d'Arius au consubstantiel ». Et sur cette réponse, les pneumatomaques laissèrent Constantinople. Ils écrivirent à toutes les cités de leur parti pour les inviter à ne point consentir à la foi de Nicée. Sur l'essentiel, les récits de Socrate et de Sozomène, s'accordent mais ils laissent subsister beaucoup d'incertitudes. De multiples épisodes agitèrent le concile: la mort de Mélèce qui présidait les premiers débats, la querelle de sa succession, l'arrivée des Egyptiens et des évêques de Macédoine, plus tardivement invités, la démission de Grégoire de Nazianze et finalement l'élection de Nectaire; à quel moment se placent les tractations avec les pneumatomaques? Ont-elles influencé le retrait de Grégoire? Et finalement, une question pressante pour mesurer le style et la portée des sentences conciliaires, comment a-t-on négocié avec Eleusios?

En répondant à ces deux premières questions, Socrate et Sozomène divergent: le second place, semble-t-il, les négociations au début de la session, avant même la proclamation de Grégoire, tandis que le premier évoque aussitôt après le départ d'Eleusios la démission de

---

[81] D'après la chronologie proposée par A. M. Ritter, p. 77 et W. HAUSCHILD, *op. cit.*, pp. 77188: *Orat.*, 41, puis 34, 38, 39 et 42; cf. J. M. Szymusiak, *Pour une chronologie des discours de S. Grégoire de N.* dans *Vig. Chr.*, 20, 1966, pp. 182-189.

84

l'évêque et son remplacement par Nectaire. D'après cette reconstruction elliptique des deux historiens, Grégoire de Nazianze participe sûrement aux tractations avec les macédoniens. Lui-même, dans son poème autobiographique [82] (*De Vita sua*) évoque la succession des événements, sans nommer Eleusios ni son parti. Il cite tour à tour la présidence de Mélèce (vers 1506-1525), sa propre désignation pour le siège épiscopal (1525-1545), les premières querelles de l'assemblée (1546-1571), la mort de Mélèce et ses interventions personnelles pour régler la succession d'Antioche (1572-1703). Puis le récit évoque un débat sur la foi de Nicée, les difficultés de l'auteur qui présidait le débat et sa décision de se retirer discrètement (1704-1797). Enfin arrivent les évêques d'Egypte et de Macédoine qui reprochent à Grégoire d'avoir enfreint la loi interdisant le transfert d'un siège épiscopal à un autre (1797-1818); celui-ci offre sa démission (1818-1870); Théodose l'accepte (1871-1904). Par conséquent, l'évêque se retire officiellement après l'offensive égyptienne mais il a déjà fait sécession à cause d'un débat sur le concile de Nicée, qui précède — soulignons-le — l'arrivée de cette nouvelle délégation. Grégoire ne contredit pas Socrate ni Sozomène: il précise la chronologie d'un exposé dans lequel les historiens réduisent la discussion avec Eleusios à un examen de l'*homoousios* [83].

Dans son récit, Grégoire se plaint qu'il voyait la source pure de la foi antique (Nicée) troublée par l'afflux saumâtre d'idées incertaines; il rappelle son opposition au compromis que désire une majorité (1744); il assure que ce parti qui voulait être le juste milieu (1700 sq.) était déterminé par l'influence des puissants (1709), décidé à s'adapter aux circonstances (1719); il était trompé par des « formules ambiguës » [84] parce qu'il pensait qu'elles n'allaient pas contre la foi (1753 sq.). Que les décisions prises par le concile aient force de loi (1749); pour sa part, il ne voulait pas rester avec ce « ramassis » d'hommes qui vendaient le Christ (1756); il se déclarait prêt à partir (1747) puisque les Moabites peuvent entrer maintenant dans la

---

[82] J'emprunte pour l'essentiel ce découpage à P. GALLEY (Paris, 1941), sauf pour les difficultés de Grégoire, v. A. M. RITTER, dont l'analyse me paraît déterminante (*Konzil*, pp. 253-269) et, en accord sur ce point de rhétorique, Chr. Jungck, *op. cit.*, p. 220 sq. On ne peut dire, malgré A. M. RITTER, p. 263 (1), si la controverse a été examinée par une commission spéciale.

[83] Cf. les critiques que A. M. RITTER (*op. cit.*, p. 83) adresse aux deux témoins.

[84] Il faut maintenir contre les critiques de Chr. Jungck, *loc. cit.*, l'interprétation proposée par A. M. RITTER (*ibid.*, p. 256) qui du reste répond clairement: *Festschrift Andresen*, p. 414 sq.; *Cristianesimo*, p. 355... Ταύτην ἑώρων ζλμυραῖς ἐπιρροαῖς / τῶν ἀμφιδόξαν ἀθλίων Θολουμένην τῇ διπλόῃ τῶν διδαγμάτων (1753 et troisième passage: συμφετὸν Χριστεμπόρων (1756). Voir aussi des conclusions parallèles chez G. May, *Die Datierung der Rede « in suam ordinationem » des Greg von Nyssa...* dans *Vig. Chr.*, 23, 1969, pp. 38-57; ici p. 49.

85

maison de l'Eglise (1737 sq.). L'expression imagée — comme l'a démontré A.M. Ritter, auquel on doit toute cette analyse — désigne, dans le vocabulaire de Grégoire, les pneumatomaques (Orat., 42,6).

En somme les puissants — entendons Théodose qui avait convoqué Eleusios et ses amis — et la majorité pesaient pour le succès de la négociation. Mélèce lui-même avait peut-être souhaité rallier les macédoniens pour consolider le front antiarien [85]. Grégoire de Nysse [86] appartient sans doute à ce groupe d'amis qui tentait d'engager au compromis l'évêque de Constantinople (1767). Ce dernier déplore l'échec de ces tractations avec des frères toujours séparés et il rappelle que la majorité prenait comme base de l'union le symbole de Nicée [87], signé par Eustathe et par les autres légats de 365. Bien avant le concile, l'empereur et aussi le parti mélécien avaient clairement manifesté qu'ils ne pouvaient rien concéder sur cette référence qui assurait l'unité avec l'Occident. Mais depuis le temps de Libère, l'exégèse du symbole homoousien ne laissait guère place aux échappatoires et des gloses — comme les anathématismes de Damase — levaient toute équivoque. Eleusios ne s'y était pas trompé.

* * *

Cette volonté de laisser une chance à la négociation transparaît dans les sentences du concile. Inévitablement, les pneumatomaques sont frappés par la sentence de condamnation du premier canon conciliaire, avec les anoméens d'Eunome et les ariens d'Eudoxe. Ils sont considérés comme des semi-ariens, (Mansi, III, 558) et athétisés avec tous ceux qui rejettent Nicée. On ne connaît pas le tome qui glose la théologie du concile [88]. Mais en 382, des évêques réunis de nouveau à Constantinople rappelaient à l'Occident ce qu'ils avaient souffert pour la foi des 318 Pères, cette foi commune la plus ancienne, conforme au baptême [89]. Mais à l'exemple des anathématismes

---

[85] Ainsi G. May, p. 48.
[86] Sur le rôle de Grégoire de N., W. Jaeger, Gregor von Nyssa's Lehre vom Heiligen Geist, Leyde, 1966, pp. 60-77, qui lui attribue, avec Nicéphore Calliste, l'addition pneumatologique au symbole; v. aussi A. M. Ritter, Gregor von Nyssa in suam ordinationem, dans Z. Kirchen Gesch., 79, 1969, pp. 308-328 et ses réserves sur l'utilisation de ce discours, dans lequel R. Staats trouve une allusion, non aux pneumatoques mais aux ascètes de Mésopotamie. (Vig. Chr., 21, 1967, 165-179 et ibid., 23, 57-59), hypothèse écartée par G. May, cité.
[87] In suam Ordinationem, W. Jaeger, Opera, IX, Leyde 1967, p. 336, 3 (sur la référence à Nicée); 338 (9-13) sur l'échec des négociations; mais sur les pneumatomaques, des frères: p. 335, 11; 336, 9.
[88] RITTER, Konzil, p. 117 sq.; sur le tome cité dans la synodale du concile de Constantinople en 382 (Théodoret, V, 9), ibid., p. 117; p. 304.
[89] Sur le symbole, après la longue querelle lancée par Harnack et après la réplique de Schwartz, on peut s'en tenir à l'analyse de A.M. Ritter, Konzil, pp. 132-208 et pp. 293-307; v. aussi les deux articles cités.

86

de Damase, ils avaient précisé le symbole de quelques notations complémentaires. En proclamant tout ce qu'avait de Seigneur l'Esprit, qu'il avait parlé par les prophètes, ils empruntaient à une théologie biblique, un peu comme le faisaient à leur manière les pneumatomaques avec leur dossier scripturaire. Avec les Cappadociens et avec Basile surtout, ils proclamaient l'homotimie, l'égalité d'honneur de Celui qui vivifie; ils répondaient ainsi aux aspirations confuses et maladroites de cette théologie spirituelle que réclamaient les moines et plus simplement le peuple chrétien [90]. Ils réfutaient la dialectique de l'Inengendré et de l'Engendré en mentionnant la procession de la troisième Personne. En face d'un débat théologique qui avait cristallisé une opposition réelle au subordinatianisme arien et qu'un parti ecclésiastique avait soutenu, vingt années durant, le concile se conformait aux voeux de la majorité épiscopale et au désir explicite du prince. Il établissait pour l'Orient chrétien la confession de Nicée comme symbole de l'unité oecuménique, en glosant celle-ci d'incises empruntées à la théologie cappadocienne et même de quelque note antisabellienne [91]. Il laissait ainsi aux pneumatomaques la possibilité de rejoindre une communion ecclésiale principalement dirigée contre l'arianisme et il retirait, sans rien leur concéder, au moins une raison à leur résistance. Théodose n'avait pas voulu d'un de ces *credo* avec lesquels Constance jalonnait l'évolution de sa politique: il disposait des textes nécessaires pour aider ses gouverneurs à reconnaître les catholiques [92]: dès le 30 juillet 381, une première loi leur expliquait avec quels évêques il convenait d'être en communion; dès 383, les macédoniens figuraient dans la liste des hérésies frappées par la loi. L'isolement condamnait les pneumatomaques à la condition d'une secte obscure. Le prince le leur rappelait en quelque colloque (Socrate, V, 10; Sozomène, VII, 12) et pour mieux se faire entendre, il avait transféré solennellement dans la capitale les reliques d'un évêque de Constantinople, Paul, le rival malheureux de Macédonios (Socrate, V, 10 et Sozomène, VII, 10). Ceux qui s'étaient réclamés de lui étaient politiquement écrasés [93] par une église théodosienne, liée à la communion de Rome qui avait (comme le rappelle Théodose) frayé la voie pour la pneumatologie, mais Eglise sûre de la protection impériale, de son autonomie et de sa théologie.

---

[90] Comme le note dans une synthèse élégante et riche, F. BOLGIANI, *La théologie de l'Esprit-Saint, de la fin du Ie S. à 381*, dans les *Quatre Fleuvea*, 9, 1979, pp. 34-72.
[91] M. SIMONETTI, *Crisi*, p. 539.
[92] *Code Théodosien*, XVI, 1, 3, (381); 5, 11 et 12 (382); 14 (384).
[93] On relève les témoignages de leur résistance: P. MEINHOLD, *art. cit.* p. 1072 sq. et p. 1088 sq.: en Phrygie, en Cilicie.

87

L'HÉRÉSIE ET L'HÉRÉTIQUE SELON L'ÉGLISE ROMAINE

(IVᵉ-Vᵉ SIÈCLES)

L'image du « faux docteur qui introduit une secte pernicieuse »
apparaît, dès les premiers temps de l'Église, dans une épître de
Pierre (II, 2,1) annonçant qu'un danger permanent accompagne la
nouvelle Alliance, comme le faux prophète jalonnait, dans l'Ancien
Testament, le temps de l'exode juif. Mais il y a plusieurs manières
de juger l'hérésie et de faire le portrait de l'hérétique. Le théologien
qui a charge de défendre la foi et de prévenir la contestation hétérodoxe peut être tenté de reconnaître, sous les travestissements divers des doctrines, la continuité maligne de l'erreur. Il devient, pour
la mieux combattre, hérésiologue; il étiquette les sectes et les distribue en quelques catégories d'une permanente déviation. À l'époque
de la querelle sur la Trinité, ce spécialiste reconnaissait, à travers
les généalogies des faux docteurs, la tentative répétée d'un subordinatianisme qui rejette, en de multiples avatars, l'égalité substantielle
entre le Père et la Personne divine du Fils. Cette sorte de démarche
traduit effectivement une réalité historique dans la vie de l'Église:
à chaque époque, les communautés chrétiennes doivent dire, dans
le langage de leur temps, le donné de la foi, au risque de trébucher
à leur tour sur les mêmes questions fondamentales. Mais on le sait:
cette représentation paraît réduire le *Sitz-im-Leben* de l'hérésie, l'insertion particulière de l'hérétique. Le sociologue (entendons ici ceux
qui illustrèrent à la fin du siècle dernier la science des religions et
surtout le plus grand, Max Weber) cherchèrent une autre voie. Ils
tentèrent, en reconnaissant la structure permanente d'un comportement, de définir un type idéal de l'hérétique. Mais paradoxalement,
ils construisaient une représentation si schématique qu'elle estompe
plus complètement les conjonctures sociales, culturelles et politiques
des multiples déviances. Et il faut bien dire qu'ils trouvaient quelque complaisance particulière, et pour privilégier le minoritaire, une
sorte de coquetterie qui risquait de déséquilibrer un peu le tableau.
De fait, il ne suffit pas de relever cette permanence de la contestation hétérodoxe comme l'une des composantes inévitables (et même
nécessaires: *oportet haereses...*) dans l'histoire du Christianisme.
Certes, les Églises ont souvent emprunté à cette langue commune

sur l'hérésie et sur l'hérétique; mais lorsque, tout à tour, elles témoignent, à travers vingt siècles d'histoire, elles ne réduisent pas la
première à n'être qu'une catégorie particulière de la pensée théologique ni le second à n'être qu'un type social. À chaque époque, elles
complètent l'ébauche générale avec des traits particuliers qui empruntent à l'expérience propre des relations établies entre les communautés ecclésiales et leurs adversaires. Car avant d'être un corps
étranger, identifié et rejetté, l'hérésie commence, au sein de la *catholica* par saisir avec véhémence intellectuelle ou avec conviction
spirituelle « un point particulier de la Révélation, même si ce choix
se développe unilatéralement, se déforme bientôt et compromet tout
l'équilibre de la théologie » [1]. De multiples échanges accompagnent
et même suivent la progressive rupture qui conduit à la séparation.
Aussi, lorsqu'une communauté ecclésiale dessine le portrait de son
adversaire, elle se représente un peu elle-même, comme si elle pro-
jetait au dehors une image négative. Elle définit du même coup sa
conception de l'unité et même son rôle dans la collégialité des
Églises.

Dans les premiers siècles des *christiana tempora*, Rome parle sur
le sujet avec plus de constance que tout autre Église occidentale.
Certes la patristique latine s'exprime avec abondance sur l'hérétique:
de l'Ambrosiaster à Augustin d'Hilaire de Poitiers à Philastre de
Brescia. Mais les lettres des papes, depuis celles du pape Jules, au
milieu du IVe s. jusqu'au VIe s. recouvrent le temps d'une longue
évolution. Elles illustrent la continuité d'une réflexion et d'une politique qui surmonte les particularismes individuels et qui jalonne l'attitude d'une Église, siège apostolique, centre privilégié de la communion et de l'unité. Assurément de multiples conjonctures ont pu
infléchir l'évolution romaine; l'image de l'hérésie et de l'hérétique
s'adapte à la diversité des doctrines et à la répartition géographique
de leurs protagonistes. Au milieu du Ve s., la menace immédiate des
sectes qui pesait depuis le règne de Libère (352-366), sur l'Italie,
semble s'affaiblir, après l'échec de l'arianisme, après l'effondrement
de l'hérésie qui paraissait particulièrement occidentale, celle de
Pélage, tandis qu'une formidable machine d'influence hétérodoxe
s'organise en Orient avec les Nestoriens, plus encore avec les Monophysites. Le danger s'aggrave lorsque des partis épiscopaux obtiennent l'appui, décisif au temps de l'empire chrétien, du prince établi à
Constantinople. Cette intervention publique paraît plus pressante au
moment où le pouvoir s'effrite en Occident, et l'installation, à Ravenne, dès la fin du siècle, d'un roi barbare et arien, complique un
peu l'intervention pontificale. Mais celle-ci peut s'appuyer, dès l'épo-

---

[1] H. Marrou, *Nouvelle histoire de l'Église*, Paris 1963, p. 291.

que de Damase ou celle d'Innocent, plus encore au temps du pape
Léon, sur une claire conscience du primat apostolique, sur une autorité renforcée par l'efficacité des interventions romaines en Occident
et en Orient.

* * *

Car ce sont des oeuvres de circonstances qui éclairent la théologie
romaine et son évolution: surtout des lettres, les premières décrétales à partir du pape Damase et dès le temps de Jules, les synodales. Ajoutons au dossier les sermons, ceux de Léon prononcés au
plus fort de la campagne contre les Manichéens et enfin quelques
traités, comme ces longs mémoires que rédige Gélase pour organiser les thèmes de sa politique contre l'Orient monophysite. Les
évêques romains composent dans le feu de la polémique ou dans la
marche des négociations. Malgré la diversité des conjonctures, toutes
ces oeuvres s'apparentent par cet air de ressemblance que donne
un commun langage. On y verra sans doute l'oeuvre de la chancellerie papale, sûrement organisée dès la fin du IVe s. D'un pape à
un autre, les notaires transmettent les mêmes formules, souvent le
dossier scripturaire qui fonde une argumentation [2]. Mais cette organisation administrative peut servir une continuité; elle ne la crée
pas. Les papes (songeons à Célestin, à Léon, à Gélase...) savent
imposer leur style autant que leur personalité théologique à ceux
qui rédigent en leur nom. Cette ressemblance tient à des raisons
moins formelles: les textes romains, dans leurs variations mêmes,
s'appuient sur une image générale de l'hérésie qui pendant plus de
deux siècles ne se modifie guère, d'autant qu'elle emprunte au
fonds commun de l'antiquité chrétienne.

On se contentera, pour évoquer ce cadre général, d'une présentation rapide. puisqu'il faut bien reconnaître ce thème permanent
avant d'individualiser les motifs particuliers. L'unité de l'Église —
la communauté locale comme la *catholica* — s'établit dans une communion de fidélité à la tradition apostolique, à l'enseignement de
Pierre et de Paul. L'hérétique est un novateur et l'hérésie se pose
comme une rupture. Damase l'explique dans les premiers mots
d'une synodale adressée sans doute aux communautés d'Italie septentrionale et de l'Illyricum, menacées par la propagande insidieuse
des subordinatianistes: *confidimus quidem, sanctitatem vestram,
apostolorum instructione fundatam eam tenere fidem... quae a ma-*

---

[2] Ch. Pietri, *Roma Christiana, Recherches sur l'Église de Rome... de
Miltiade à Sixte III* [BEFAR 224], Rome 1976, II, pp. 1515-1533.

iorum institutis nulla ratione dissentiat[3]. La lettre romaine déclare sa certitude confiante: les évêques tiennent fermement la foi, établie sur l'enseignement des apôtres, une foi qui ne dévie, en aucun point, de l'ordonnance établie par les Pères. Cette déclaration initiale dessine *a contrario* l'image de l'hérésie que veut combattre le pape. Sirice, le successeur de Damase, donne à son tour une définition générale des hérésies, qui se proposent d'ébranler ou même de mettre en pièces les principes divinement établis[4]. L'erreur complique ce qui était simplement défini. Selon Innocent, elle introduit des nouveautés — *novitates* — qui n'ont aucune autorité[5]: cette fois (on le notera) la sentence vaut contre des pratiques liturgiques, contre une discipline des sacrements qui diverge des règles romaines. Quelques années plus tard, le pape Célestin utilise encore le mot (*novitas*) pour condamner les évêques qui portent le manteau de philosophe; mais la même sentence vaut, avec un vocabulaire identique, contre Nestorius: *novitas novi dogmatis pravitas*[6]; Léon reprend à son tour le thème, en expliquant comment l'hérésie apparaît, après la persécution, dont la férocité a eu pour conséquence de convertir les maîtres du monde: à cette prolifération d'innovations erronées s'ajoute, dans le temps, la nouveauté de l'assaut hérétique[7]. Ce thème appartient à la vulgate de l'hérésiologie romaine et plus généralement à toute la théologie antique[8]: il suffit d'un dernier exemple pour en témoigner; il ne vient pas d'un évêque romain mais de ses légats; ceux du pape Hormisda déclaraient en 519 qu'ils ont opposé à la subtilité de leurs interlocuteurs grecs la simplicité décidée qui écarte les thèses nouvelles[9].

---

[3] Damase, *Ep.*, 1 (PL 13, 748), voir M. Richard dans *Ann. Ist. Ph. Or.*, 11, 1951, pp. 328-329.

[4] Sirice, *Ep.*, 7 (PL 13, 1170): *convellere atque concerpere de divinis institutionibus.*

[5] Innocent, *Ep.*, 25,2 (PL 20,552); *incentores vocum novarum;* les Pélagiens: *Ep.*, 30,6 (*ibid.*, 592).

[6] Célestin, *Ep.*, 4,1,2 (PL 50,431): *nam si studere incipiamus novitati, traditum nobis a patribus ordinem calcabimus.* On citera les lettres de Célestin d'après la *Collectio Veronensis* éditée par E. Schwartz, *Acta Conc. Oecum.*, I, 2, 1925; ainsi *Coll.*, 9,1, p. 25 (de 431); 23,1, p. 88; un thème analogue dans une lettre à Nestorius, *ibid.*, 5,8-10, p. 17; l'expression est reprise dans la synodale d'Ephèse: *novis aegra blasphemiis: ibid.*, 22,5, p. 86.

[7] *Sermon* 36,3: sixième sermon pour l'Epiphanie, SCh 22, *serm.*, 17, p. 241.

[8] M. Simon, *From Greek Hairesis to Christian Heresy* dans *Early Christian Literature... in honorem R. M. Grant*, Paris 1979, pp. 101-116; de manière générale, S. L. Greenslade, *Schism in the Early Church*, Londres 1953. N. Brox, art. *Häeresie* dans RACh 13,249-297 (1984).

[9] Hormisda, *Ep.*, 76,5, éd. A. Thiel, *Epistolae Romanorum pontificum*, Braunsberg, 1867, p. 873.

Cette dernière sentence mêle à une définition générale de l'hérésie un jugement sur le caractère psychologique et moral de la déviation. En ce cas, les légats parlent de *subtilitas;* mais plus souvent les sentences romaines insistent sur l'ignorance de l'hérétique: Damase le premier, dans la synodale déjà évoquée — *inscitia vel ex simplicitate quadam interpretationibus aestuantes* [10]. Innocent cite la recommandation de Paul dans l'épître aux Thessaloniciens, enjoignant aux fidèles de tenir ferme sur la tradition (II, 2,14) pour fustiger l'ignorance et le vice qui en est la cause, la paresse [11]. Il emploie contre les Pélagiens une expression plus véhémente, en se demandant qui peut être aussi barbare, aussi ignorant de toute la religion pour contester l'efficacité de la grâce quotidienne [12]. Le même adjectif, qui met un comble à la méconnaissance de la tradition, revient sous la plume de Zosime qui fustige les tentatives de l'évêque de Marseille Proculus pour étendre son territoire: *barbara et impia confusio* [13].

La polémique progresse en parlant d'ignorance volontaire, d'aveuglement: pour Célestin, la victoire de la foi au concile d'Ephèse dissipe le brouillard dans lequel s'empêtrent l'hérésie et son fauteur [14], le pape Léon développe l'image poux expliquer que l'Orient a été obscurci, *densis per Orientem Nestorii et Eutychis nebulis* [15]. L'hérétique laisse la sagesse terrestre embrumer son âme. Gélase rappelle la sentence qu'Isaïe appliquait au peuple juif: « ferme leurs yeux et bouche leurs oreilles pour que ceux qui voient ne voient pas et que ceux qui entendent n'entendent pas (6,10) » [16]. Mais cet endurcissement vient de ce que l'hérétique s'empêtre dans la subtilité d'une fausse science. Ce thème qu'évoquait déjà Damase en parlant des « interprétations maladroites » revient chez Innocent, chez Célestin, chez Léon, chez Hormisda [17]. L'hérétique trompe les âmes simples [18], parce qu'il complique et cette attitude, même si elle n'est

---

[10] V. note 3.

[11] *Ep.,* 2,2 (PL 20,470).

[12] *Ep.,* 29,3 (PL 20, 584): CSEL. 44, p. 701s.

[13] Zosime, *Coll. Arelat.,* 1, éd. Gundlach, MGH, *Ep.,* III, p. 417.

[14] Célestin, *Coll. Veron.,* 25, 10, p. 95.

[15] Léon, *Ep.,* 120,2 (PL 54, 1049); v. aussi *Sermon,* 36,2, cité note 7.

[16] Gélase, *Tractatus,* IV, 10, Thiel, p. 566.

[17] Innocent, *Ep.,* 31,1 (PL 20, 584): *cor suum disputatione confundens.* Célestin: *amator impiae novitatis, dum mavult suo potius ingenio servire quam Christo:* telle est la définition donnée à Nestorius avec référence à *Tite,* 3,9: *Coll. Veron.,* 1,4-5, Schwartz, p. 6. Léon, *Ep.,* 28,1 (PL 54, 759) contre Eutychès; Anastase II, *Ep.,* 1,8, Thiel, p. 623; v. note 9: *subtilitas* cf. Hormisda, *Ep.,* 104,4, Thiel, p. 969.

[18] Innocent, *Ep.,* 41 (PL 20, 607) et aussi 30,6 (*ibid.,* 592); Célestin, *Coll. Veron,* 1,1, p. 5; 25,3, p. 92; Simplice, *Ep.,* 13, Thiel, p. 200.

pas totalement volontaire, démontre sa perversité voire sa folie[19]. En ce dernier cas le portrait de l'hérétique, qui emprunte tant de traits aux *topoi* de la littérature chrétienne, ajoute aussi une caractéristique que la littérature classique attribue à l'athée. Mais tous ces défauts, qui viennent de la sagesse du monde, se ramènent à l'orgueil, que fustigent Sirice et Célestin, Sixte et Gélase[20].

Cette description qui emprunte apparemment à l'analyse psychologique, tend, en réalité, à identifier l'auteur véritable de l'hérésie, dont l'hérétique n'est que l'agent. Le novateur rompt volontairement avec l'unité ecclésiale, établie sur la tradition des apôtres, parce qu'il est, souvent consciemment l'instrument du diable. Damase parle du serpent et de l'ennemi, *hostis antiquus* comme le répète Sirice. Innocent le nomme moins clairement[21], mais Célestin est explicite, qui oppose le fauteur de la rupture dispersant le troupeau au pasteur qui le rassemble: sur le thème, le pape compile un petit dossier scripturaire, qui s'appuie sur Ezéchiel (34,4) et sur Matthieu (12,30)[22]. La référence au diable revient souvent dans la polémique de Léon le Grand, dans les sermons aussi bien que dans les lettres[23]. Il fait école, pour Simplice qui parle d'une *doctrina diabolica*, lorsqu'il vise les thèses d'Eutychès, pour Félix qui fait écho à l'image de la dispersion et qui évoque la bête de l'Apocalypse[24]. Gélase lui aussi accuse le diable. Sur ce thème général, la polémique varie ses motifs; Damase parle de l'antéchrist, Célestin cite Judas[25]. Mais l'image qui revient le plus fréquemment est empruntée à l'Écriture. L'hérétique (ou plutôt celui qui l'inspire) est un loup rapace, le *lupus rapax* de la Genèse (49,27), d'Ezéchiel (29,27) et aussi celui

---

[19] Célestin, *Coll. Veron*, 5,1, p. 15; Hilaire, *Ep.*, 8,2,4, Thiel, p. 145. Gélase, *Ep.*, 1,7, Thiel, p. 291; 10,8, p. 347. Léon et Félix parlent de dépravation: mais pour le premier, il s'agit des manichéens (*Ep.*, 7,1); pour le second, d'Acace de Constantinople: *Ep.*, 3,1, Thiel, p. 239. Le terme de folie (*dementia*) s'applique à Jovinien: Sirice, *Ep.*, 7,2-3 (PL 20, 1169-1170); à l'hérésie d'Eutychès, pour Félix *(Ep.,* 1,10, Thiel, p. 228); il est utilisé par Simplice pour fustiger l'évêque de Ravenne, auteur d'une consécration épiscopale illicite *(Ep.,* 14,1, Thiel, p. 201).

[20] Par exemple, Gélase, *Ep.*, 12,11, Thiel, p. 358.

[21] Damase, *Ep.*, 7 (PL 13, 369); v. aussi *Ep.*, 5 (366). Sirice, *Ep.*, 7,1 (*ibid.*, 1168). Innocent, *Ep.*, 18,2 (20, 538).

[22] Célestin, *Coll. Veron*, 25,1, Schwartz, p. 91; *Coll. Veron.*, 5,6, *ibid.*, p. 16.

[23] Léon, *Sermon*, 22,1: le diable trouve un soulagement à avoir des complices. V. aussi *Sermon*, 16,2 (SCh 86, p. 178). *Ep.*, 15 (PL 54, 680); 31,2 (791); 44,2 (829); 68,1 (888); *vipera fallacia: Ep.*, 2,1 (*id.*, 597).

[24] Simplice, *Ep.*, 7,2, Thiel, p. 190; Félix, *Ep.*, 14,4, p. 268; *bestia: Ep.*, 1,10, p. 228. Gélase, *Ep.*, 3,4, p. 314.

[25] Damase, *Décr. ad Gallos*, 2,8, éd. E. Ch. Babut, *La plus ancienne décrétale*, Paris, 1904, p. 78. Célestin, *Coll. Veron.*, 25,4, Schwartz, p. 92.

de l'évangile (Matthieu, 7, 45; 10,16; Actes, 20,29)[26]. En somme, ce tableau relève d'une ecclésiologie sûrement établie, qui fonde l'unité chrétienne sur la fidélité à la tradition apostolique. En glosant ce trait essentiel, la polémique romaine reprend, dans ses variations sur la psychologie de l'hérétique et sur l'origine de l'hérésie, des développements classiques.

Le genre littéraire de cette documentation pontificale l'explique sans doute: les lettres romaines, composées pour régler les difficultés des conjonctures diverses, insistent peut-être avec un accent plus fort que dans les traités d'hérésiologie sur les dangers de l'hérésie: entrant en relations avec l'hérétique, le fidèle court le danger d'une contagion. Damase, le premier, lance une mise en garde pour proclamer la quarantaine contre l'évêque Timothéos de Beyrouth et contre ses poisons mortels; car l'hérésie pullule, comme les miasmes. Sirice reprend l'image de la contagion[27]. Innocent tranche d'une sentence: *quod tetigerit immundus, immundum erit*; assurément ce que touche l'impur devient impur, puisque sa doctrine est une peste, un poison[28]. Le pape Célestin qualifie de *venenum* la prédication de Nestorius, en se référant au Psaume (13,3)[29]. Léon, à son tour, complète la description clinique en utilisant le même vocabulaire, *contagio, morbus, venenum*[30] — imité par Simplice, par Félix, par Gélase, Hormisda[31].

Un tel vocabulaire commande l'image du médecin, ou encore celle du chirurgien: les lettres romaines évoquent la cure nécessaire, avec plus d'insistance peut-être que les autres témoins; car, en ce domaine, la procédure de l'Église urbaine, anciennement attestée, s'organise très clairement. L'hérétique ou plus simplement le suspect

---

[26] Damase, *Ep.*, 5 (PL 13, 366); Innocent, *Ep.*, 30,6 (20, 592); Léon, *Ep.*, 7 (54, 707); Gélase, *Ep.*, 4,3, Thiel, p. 323; Symmaque, *Ep.*, 12,5, *ibid.*, p. 712; Hormisda, *Ep.*, 29,1, *id.*, p. 801. Célestin parle dans le même contexte du mercenaire: *Coll. Veron.*, 1,2, Schwartz, p. 5; 2,10, p. 9.

[27] Damase, *Ep.*, 1 (PL 13, 348); *Ep.*, 7 (369); *Ep.*, 3 (*ibid.*, 356); *Décret.*, 2,7: *immundus ausus erit contaminare* (Babut, p. 76); Sirice, *Ep.*, 1,14,18 (*id.*, 1145); *Ep.*, 5,5 (1160); *Ep.*, 7,2.

[28] Innocent, *Ep.*, 17,3,7 (PL 20, 530); *Ep.*, 24,4,3 (550) et aussi *Ep.*, 2,3,6 (490); 3,1,4 (489); *Ep.*, 29,2 (584); *Ep.*, 30,6 (592); pourriture, chez Zosime, *Ep.* 4,4: *Coll. Arelat.*, 2, Gundlach, p. 8.

[29] Célestin, *Coll. Veron*, 2,9 Schwartz, p. 9; 5,10, p. 17; 23,1, p. 88; 23,2, p. 89; chez Sixte, *morbus*: *Coll. Veron.*, 30, p. 107.

[30] Léon, *Ep.*, 7,1 (PL 54, 620-621): *contagio, morbus* pour les Manichéens: *Ep.*, 89 (931). *Venenum*: *Ep.*, 1,4 (596), pour les Pélagiens.

[31] Simplice, Ep., 7,2, Thiel, p. 190; l'hérésie, *pestifera*: Félix, *Ep.*, 11,5, p. 256. Gélase parle de *pestis*, en particulier pour les Lupercales: *Ep.*, 26,6; 27,10; 30,7; *Tractatus* III, 2; VI, 53; pp. 401, 433, 441, 531, 601; de la *contagio*: *Ep.*, 1,38; 18,4; pp. 319-384; Hormisda signale les *mortifera verena* après Gélase (*Ep.*, 18,2, p. 384): *Ep.*, 25,2, p. 794; *venena*: *Ep.*, 137,2, p. 959.

doivent signer le symbole de la foi et publier, parfois devant un concile, une adhésion dépourvue de toutes réticences: ainsi Marcel d'Ancyre, venu interjeter appel auprès du pape Jules, ou Vitalis auprès de Damase. Mélèce d'Antioche expédie à Rome un centon, composé avec des textes pontificaux, complété par une adhésion explicite: l'évêque d'Antioche souhaite, dans les premiers temps de l'Église théodosienne, sceller sa réconciliation avec Damase qui le soupçonnait de subordinatianisme. Zosime, après avoir condamné finalement les thèses de Pélage et celles de Célestin exige des évêques italiens qu'ils signent une *tractoria*, une encyclique qui tente de définir et de condamner l'hérésie[32]. Cette précision scrupuleuse dans la procédure de surveillance et de réconciliation reflète la vigilance romaine et une claire conscience des devoirs d'une universelle sollicitude que le pape exerce dans la *catholica*. Mais, en fin de compte, cette description de la maladie et de la médecine appartient au fonds commun de la littéraire chrétienne; et, en tout cas, du IVe s. au VIe s. elle reflète l'attitude de l'Eglise romaine,

* * *

Sur cette ébauche générale, dans laquelle les textes romains parlent la langue commune de l'époque, se greffent des développements plus originaux: une représentation précise de l'hérésie, de sa situation dans la vie chrétienne, un portrait mieux caractérisé de l'hérétique. Du reste, une évolution se dessine du IVe au VIe s.: il suffit, pour s'en convaincre de rappeler concrètement les hérésies que combattent les pontifes romains: ils visent, dans un premier temps, des menaces immédiates, l'activité de groupes établis en Italie ou en Occident, même s'ils ont souvent emprunté leur théologie à des doctrinaires orientaux. Après Libère, Damase consacre la première synodale, que nous connaissions de son pontificat, à fustiger l'arianisme (*Ep.* 1): il combat l'épiscopat, qui, depuis Milan avec Auxence jusqu'à l'Illyricum, organise au nord de Rome, une sorte de bastion pour la théologie subordinatianiste établie par les agents de l'empereur Constance. En 377, le pape rédige un syllabus qui élargit considérablement le catalogue hérésiologique[33]: le document romain, composé à l'occasion d'un synode romain, tenu en présence de l'évêque d'Alexandrie, s'adresse à cet épiscopat qui prépare, en Orient, une restauration nicéenne. Les circonstances suffiraient à expliquer

---

[32] Voir *Roma Christiana*, I, p. 199 sq.; p. 817 sq.; p. 846 sq. II, p. 937. J. Gaudemet, *Note sur les formes anciennes de l'excommunication*, RevSR, 23 (1949) 64-77.

[33] *Ibid.*, p. 833-840.

l'insistance de Damase qui consacre cinq anathématismes à l'arianisme (*Ep.*,14,1, 3, 11, 12, 13): il écrit un an avant la disparition
de l'empereur Valens qui appuie, en ses provinces, les partis épiscopaux favorables à l'homéisme. En réalité, Damase rattache l'analyse
à son expérience personnelle de la menace arienne, telle qu'elle s'est
manifestée, quelques années plus tôt, en Italie. Il confond dans une
même réprobation Arius, Eunome et les *Macedoniani*. Ceux-ci
appartiennent à la descendance arienne: *ex stirpe arianorum* (*Ep.*,
4,10, 15-19, 23). L'accusation est schématique malgré l'évolution d'un
groupe épiscopal lié à Macédonios, chassé du siège de Constantinople
sous l'empereur Constance. Au sein de ce parti se dessine, en réaction
contre un subordinatianisme extrême, un rapprochement notable
avec les « néo-nicéens » sur la deuxième Personne de la Trinité,
alors qu'en raison même de cette évolution, les difficultés de la
réflexion théologique se déplacent sur l'égale divinité de l'Esprit [34].
Damase ne s'attarde pas à ces nuances, qu'une expérience occidentale
de l'arianisme ne permet guère de distinguer. A l'occasion de multiples échanges avec les chrétientés orientales, le pape a pu identifier
les thèses de l'apollinarisme. Il les condamne (*Ep.*, 4,7-13) sans
mentionner l'hérésiarque, alors qu'il accorde à Photin de Sirmium
une place particulière (*Ep.* 4-5). Cette fois encore, le syllabus privilégie dans ses anathématismes la menace plus voisine; la première
et la huitième sentence de cette liste vise Sabellius, dont la doctrine
appartenait au catalogue traditionnel des erreurs condamnées à
Rome. Mais du même coup, le pape peut écarter une théologie
modaliste attribuée, avec quelque bonne raison, à Marcel d'Ancyre
dont Rome avait accepté la communion au temps du pape Jules
(en 340). Ce long texte s'achève en énumérant les trois adversaires
de la foi: le juif, le païen, l'hérétique. Il illustre concrètement l'inquiétude romaine; celle-ci se mobilise pour défendre toute la catholicité: deux lettres de Damase en témoignent, la première pour
condamner la candidature du philosophe Maxime au siège épiscopal
de Constantinople (*Ep.*, 5), la seconde pour athétiser la doctrine
d'un évêque apollinariste de Beyrouth (*Ep.*, 7). Mais la vigilance
pontificale se renforce avec l'image d'une hérésie toujours présente
— même, si, depuis peu, elle est vaincue — au coeur de l'Occident.

On retrouve, chez les successeurs de Damase, le même sentiment
d'une expérience concrète: les Ariens dont Sirice parle à Himère de
Tarraco sont établis en Occident (*Ep.*, 1,1) comme le sont toujours
les disciples de Novatien et aussi les *Montenses*, le petit groupe de
donatistes cachés dans la Ville [35] (*Ep.*, 5,2, VIII). Le pape condamne

---

[34] *Ibid.*, p. 880.
[35] Sur les *Montenses*, voir le dossier: *Roma Christiana*, II, p. 890 (1).

avec une véhémence enflammée la prédication de Jovinien: le moine s'est fait connaître à Rome (*Ep.*, 7). Certes Anastase porte sentence dans la lontaine querelle de l'origénisme; mais pour intervenir dans un débat, que complique et qu'empoisonne la rivalité de Jérôme avec Rufin d'Aquilée, il joue de l'analogie et il établit un parallèle entre Origène et Arius, l'hérésiarque sûrement identifié dans l'expérience occidentale [36]. La liste dressée par son successeur, Innocent, paraît plus exclusivement occidentale. Au début du Ve s., le Romain cite, après Sirice, les *Montenses*, les *Novatiani*, qu'il définit très explicitement, hérétiques (*Ep.*, 2, 8, 11 et 6,6). Il ajoute le priscillianisme une « détestable secte » qui vient d'Espagne, et les initiateurs de la grande hérésie occidentale, Pélage et Célestin [67]. L'encyclique de Zosime, une *tractoria* adressée aux grandes Églises et à toutes les communautés italiennes, vise également le pélagianisme, sur lequel revient à son tour Célestin. On le sait: les relations de ce pape avec Nestorius, alors évêque de Constantinople, se détériorent lorsque Rome soupçonne ce dernier de traiter avec complaisance des Pélagiens réfugiés en Orient (*Coll. Veron.*, 2). L'évêque romain, instruit par le dossier qu'envoie Cyrille d'Alexandrie, intervient finalement dans la querelle christologique. Pour la première fois depuis longtemps, Rome combat une hérésie qui n'a pas essaimé en Occident. Aussi Célestin s'efforce d'en établir la généalogie, de ramener la querelle à des références bien connues de l'Occident théologique: il invoque, contre l'Antiochien installé dans le siège de la Nouvelle Rome, le précédent de Paul de Samosate (*Coll. Veron.*, 2,15) et surtout l'exemple des Ariens (*ibid.*, 5,19). Car ce pape se trouve dans une situation assez exceptionnelle pour toute cette époque: il doit combattre un adversaire établi en Orient, qui n'a pas recruté de disciples dans les provinces occidentales.

Certes depuis le temps des apôtres, il a fallu apprendre à reconnaître la malignité de multiples hérésies, comme le dit Sirice [38]; mais l'hérétique paraît, pendant ces premiers temps de l'empire chrétien, un voisin menaçant. Cette situation donne une tournure très concrète à la définition que les papes formulent, en précisant un peu à leur manière cette image de l'hérésie, commune à toute l'antiquité chrétienne. Certes, ils répètent tous que la mauvaise doctrine touche directement à l'intégrité de la foi, parce qu'avec leurs *interpreta-*

[36] Voir l'édition de Van den Gheyn dans la RHLR 4 (1899) 5-8.
[37] On peut ranger aussi Bonose dans la série des hérétiques d'Occident (*Ep.*, 17,5,9); les Paulianistes sont également mentionnés, en référence au canon de Nicée qui règle leur sort et qui sert d'exemple. Pour les Pélagiens, *Roma Christiana*, p. 1201 sq.
[38] Sirice, *Ep.*, 7,3 (PL 13, 1169).

tiones, avec leur volonté d'innover, les faux docteurs reprennent les chemins déjà parcourus par l'erreur: Célestin accuse, on l'a vu, Nestorius de suivre les traces de l'antiochien Paul ou celles d'Arius. Cette parenté dans l'hérésie tient aussi à la démarche intellectuelle que poursuit le faussaire. Il s'adresse à la philosophie, « ennemie de la foi » comme dit Damase [39], pour s'engager dans des querelles qui trompent le peuple: ainsi Maxime, candidat au siège de la nouvelle Rome, mais surtout Nestorius, ce *doctor indoctus* qui connaît les syllogismes, mais qui ignore Adam [40] et la faute originelle viciant, pour toute sa postérité, la raison humaine.

Mais dans la polémique romaine, l'hérésie ne touche pas seulement à l'intelligence de la foi; elle pervertit la vie morale et la spiritualité. L'hérétique, ce dépravé, trompe et perturbe. Sirice porte l'accusation contre Jovinien: il a bouleversé les commandements divins — *divina instituta* — en contestant la virginité, que célèbrent l'Ancien et le Nouveau Testament. De la même manière, Innocent reproche à Pélage et à Coelestius de ruiner la pastorale de la prière, de l'eucharistie et du baptême (*Ep.* 29,3-5; *Ep.*, 30,3-5). La même accusation vaut contre les rigoristes qui contestent l'efficacité ou la possibilité de la pénitence: contre les *Novatiani* rapprochés dans les textes romains des *Montenses,* les Donatistes établis à Rome. Plus encore, elle s'applique à ceux qui prétendent organiser, à leur manière, le service divin: Innocent accuse, en choisissant une expression utilisée pour définir l'hérésie, les *novitates,* les innovations de ceux qui ne respectent pas la règle romaine de la liturgie (*Ep.* 25,9). Cette définition de l'erreur décalque négativement celle que Rome donne de la tradition: « s'il y a une foi unique, il faut que s'établisse une tradition unique. S'il n'y a qu'une seule tradition, les Églises doivent toutes tenir une unique discipline ». La sentence de Damase s'appuie sur l'évangile de Marc (7,9). accusant l'infidèle de rejeter le commandement de Dieu en définissant lui-même sa propre tradition [41]. Sirice reprend la même formule (*Ep.*, 6, 3, 5) et aussi Innocent (*Ep.*, 25,1). Célestin en composant un petit dossier scripturaire atteste comment la définition de l'hérésie s'établit nécessairement sur cette théologie romaine de la tradition apostolique [42]; la foi transmise par les Apôtres ne supporte ni addition ni diminution; l'avertissement lancé contre Nestorius vaut pour le contenu doctrinal d'une prédication mais aussi pour les conséquences spirituelles et pastorales de cette théologie: l'évêque de Constantinople perturbe la piété

---

[39] Damase, *Ep.,* 5 (PL 13, 365-369).
[40] Célestin, *Coll. Veron.,* 25,10-13, Schwartz, p. 95-96; v. aussi *Coll.,* 5,10, p. 17.
[41] *Décrét.,* II, 9, Babut, p. 78.
[42] *Coll. Veron.,* 2,57, Schwartz, p. 16; *ibid.,* 5,6-10.

du peuple pour la Sainte Vierge. Dès lors s'ébauche, avant le concile d'Ephèse, l'accusation d'hérésie: celle-ci touche à la théologie fondamentale autant qu'à la pastorale; elle engage toute la tradition, dont elle est en quelque sorte le visage négatif.

Non solum dispersa non collegit sed et collecta dispergit[43], la formule de Célestin s'inspire librement de Matthieu (12,30) pour décrire la place maléfique qu'occupe dans l'Église l'hérésie. En confondant dans la même réprobation les erreurs du théologien pervers et celle du mauvais pasteur, le vocabulaire romain ne s'occupe guère de distinguer l'hérésie du schisme [44]. Damase, dans le poème consacré à Marcel, parle de la *discordia,* de la *seditio* qui rompt la paix. Dans une lettre adressée aux évêques de Macédoine, il évoque les *dissentiones* que pourraient entraîner dans l'Église une élection illégitime pour le siège de Constantinople. Il traite les groupes dissidents, qui s'agitent en Italie, de factions [45]. L'usage de ces références politiques indique bien que le pape ne cherche pas à spécialiser, selon la nature de la déviation, l'usage des mots. Dans la conclusion de la décrétale adressée à la Gaule, il juxtapose le terme: *si haec omnia suo ordine... observentur, nec Deus offenditur, nec schismata generantur, nec haereses exsistunt* [46]. Sirice utilise une sentence analogue pour conclure une encyclique adressée à l'épiscopat occidental: *si plena vigilantia fuerint ab omnibus observata* (on note que les règles énumérées dans cette synodale portent surtout la discipline des ordinations) *cessabit ambitio, dissensio conquiescet, haeresis et schismata non emergent.* [47]. Cette longue formule, que la chancellerie romaine utilise encore au Ve s. pour la conclusion des décrétales [48], se réfère à la *dissentio,* l'équivalent latin de *schisma* et sur ce point, l'auteur suit un usage courant chez Tertullien et dans les versions latines de l'épître I aux Corinthiens 11,18-19); mais le mot latin vient en parallèle avec l'*ambitio* et conserve probablement quelque connotation du vocabulaire politique, où il est d'usage courant. En revanche, le texte juxtapose, sans chercher à les distinguer, les termes grecs: Sirice ne peut ignorer que *schisma* et *haeresis* se spécialisent progressivement, mais il ne tient pas à les distinguer; il les amalgame au contraire dans une même condamnation. Innocent intro-

---

[43] *Ibid.,* 5,6.

[44] Sur cette distinction: H. Petré, *Haeresis, Schisma et leurs synonymes latins,* REL 15, (1937) 316-325.

[45] *Epigr.,* 40,5, éd. A. Ferrua, Cité du Vatican, 1942, p. 181. Cependant dans le cas d'Hippolyte, il parle seulement de *Schisma: Épigr.,* 35,2, p. 71.

[46] Ch. 20 (PL 13, 1194); Synodale *Et hoc gloriae vestrae,* 2 (PL 13,575).

[47] Sirice, *Ep.,* 5,4 (PL 13, 1162), de 386: voir Ch. Pietri, *Roma Christiana,* II, p. 895.

[48] Innocent, *Ep.,* 2,17 (PL 20, 481), de 404.

duit, à l'occasion, la distinction en traitant de *schismatici* les partisans de la faction priscillianiste, retranchée en Espagne [49]; mais cette nuance apparaît rarement, puisque, quelle que soit leur origine, les déviations de toute sorte troublent la paix de l'Église. La conclusion des décrétales déjà citée oppose aux dissensions la *pax*, celle dont parle Jean (14,27) ou Paul dans l'épître aux Philippiens; déjà Damase réclamait une *integra pax* [50] et Célestin reprend la même formule pour condamner la zizanie et célébrer l'unité du *regnum fidei* [51].

Ainsi les lettres romaines utilisent des images empruntées à la société politique: l'hérésie provoque une rupture, une guerre intérieure dans cette société de paix et de concorde que représente l'Église; mais les papes se contentent de l'analogie sans poursuivre le parallèle, sans insister particulièrement sur le trouble que l'hérésie peut soulever dans l'empire chrétien. Certes le prince, comme Célestin l'explique à Théodose II avant la réunion du concile d'Ephèse, doit veiller à la pacification de l'Église, qui doit lui tenir plus à coeur que la sécurité des provinces et il peut considérer, lorsqu'il a fait son devoir, qu'il s'est acquis un titre de gloire supérieur à tout autre [52]. Mais cette attitude romaine utilise un vocabulaire imprégné de références politiques pour condamner les factions et pour célébrer la paix. Les papes savent, pour dissiper toute ambiguïté, recourir à une image plus spirituelle; en appliquant à l'Église Romaine la sentence de l'épître aux Ephésiens (5,27). Centre de l'unité pour toute la *catholica* elle est, par sa fidelité à la tradition, l'Église sans tache, sans ride, *gloriosa Ecclesia nec habens maculam nec rugam*. Damase, le premier, Sirice et enfin Sixte portent contre l'hérésie une condamnation plus décisive [53]: l'hérésie apporte une souillure à l'Église que le Christ a aimé comme l'époux aime l'épouse.

Contre cette Église, l'hérétique est un séditieux. L'amalgame sous le nom d'hérésie de toutes les déviations qui touchent à la foi ou à la vie morale, cette image d'une menace établie dans le voisinage de la communauté romaine contribuent à accuser de traits sombres le portrait du coupable. Celui-ci emprunte à Judas ou aux prophètes d'Achab [54]; il tient le rôle du *traditor,* tel le faux prophète qui se lève, avec sa mauvaise doctrine, au sein du peuple. Dans les intro-

---

[49] *Ep.,* 49,3,6 (PL 20, 490).
[50] Damase, *Ep.,* 5 (PL 13,368).
[51] Célestin, *Coll. Veron.,* 6,2, Schwartz, p. 23; 3,2, p. 15; 25,3, p. 92.
[52] Célestin, *Coll. Veron.,* 9, Schwartz, p. 15 et 23, p. 88 sq.
[53] Innocent, sur l'opposition *haeresis-catholica: Ep.,* 17,4,3 (PL 20, 531). Damase, dans le *Tomus,* publié par C. H. Turner, *Eccl. Occ. Monum. juris ant.,* I, 2, pp. 155-160. Sirice, *Ep.,* 5,1 (PL 13, 1156); Sixte, *Coll. Veron.,* 31, Schwartz, p. 109.
[54] Célestin, *Coll. Veron.,* 25,4 *ibid.,* p. 92 et p. 93 pour Judas; 23,1, p. 89.

ductions solennelles des décrétales, Sirice introduit l'image du voleur
en référence au Psaume (49,18) [55]; il utilise un vocabulaire qui
désigne, dans la vie sociale autant que dans le service de la communauté, les fautes de comportement et les erreurs de jugement: la
praesumptio, la *praevaricatio* [56], les collusions qu'elle implique, l'*usur-*
patio et sa revendication illégitime. En un mot, l'hérétique est un
serviteur infidèle, un homme qui abandonne le rang et la place assignés dans la *catholica*. Cette trahison détermine la rigueur des peines:
Sirice, Innocent, Zosime, Célestin envoient les coupables à la gé-
henne et, dans son tome Damase lance contre eux l'anathème [57]. La
discipline romaine — comme celles de la plupart des Églises — prévoit la réconciliation mais réserve au repenti l'état laïc en lui interdisant de retrouver ou de revendiquer l'accès au clergé [58]. S'il faut le
contraindre, l'évêque romain sollicite le bras séculier, comme le font
effectivement Damase contre Ursin, Sirice contre Jovinien, Innocent, Zosime et, pour tenter d'extirper le schisme de novatiens, Célestin. Mais l'évêque romain compte surtout sur l'appui de l'aristocratie
chrétienne; pour lui l'hérésie reste le problème de l'Eglise.

* * *

Au Ve s., surtout avec le pontificat de Léon, la conjoncture religieuse, la situation politique modifient progressivement l'image de
l'hérésie et le portrait de l'hérétique. En Occident et plus particulièrement en Italie, les menaces ne viennent plus de déviations surgies
de la communauté chrétienne, surtout lorsque le pape Léon a purgé
Rome des Manichéens. Quelques îlots d'hétérédoxie — des Pélagiens surtout — résistent encore; ils rompent l'unanimité orthodoxe sans la compromettre réellement. De nouveaux dangers apparaissent: après l'effondrement de l'empire, un chef de guerre, bientôt un roi, barbare et arien, s'établit à Ravenne. Le prince qui représente à Constantinople la légitimité impériale n'apparaît pas comme
un recours: depuis Zénon, encore au temps d'Anastase jusqu'à l'accession de Justin, l'empereur soutient un parti épiscopal dominé
par les Monophysites avec lesquels Rome a rompu. Comment choisir
entre le pouvoir d'un arien établi solidement en Italie et un empe-

---

[55] *Ep.*, 5,2 (PL 13, 1156).
[56] *Roma Christiana,* II, p. 1485; I, p. 919: voir Damase, *Décret.*, 2,8,
Babut, p. 78; Boniface, *Ep.*, 12,2; 14,4; 15,5 et 9. Zosime, *Ep.*, 4,2: *Coll.*
Arelat., 2; Célestin, *Ep.*, 4,2,4.
[57] Sirice, *Ep.*, 5,4 (PL 13, 1162); Innocent, *Ep.*, 41 (20, 607). Excommunication: Célestin, *Coll. Veron.*, 6,21, Schwartz, p. 20; 5,4, p. 22.
[58] Par ex., Sirice, *Ep.*, 1,10,15 (PL 13, 1143); v. Damase, *Décret.*, 1,4,
Babut, p. 74.

reur légitime mais hérétique? L'aristocratie italienne se partage en de multiples attitudes qui vont de la collaboration dans la péninsule à la résistance passive. Ces grandes familles catholiques interviennent volontiers dans les affaires de l'Église et l'évêque recherche souvent leur appui. Mais le successeur de Pierre a pris clairement conscience des prérogatives juridiques qu'implique un primat traditionnellement reconnu: Léon s'exprime pour la foi et pour la discipline au nom d'une Église apostolique, dont le prestige se confond avec celui de l'*Urbs sacra*, d'une Rome véritablement sainte depuis sa conversion. Gélase s'appuie sur l'autorité de la *catholica* et surtout sur le prestige d'une chrétienté qui a survécu à la disparition de l'empire.

Dès le milieu du Ve s., la géographie de l'hérésie se modifie. À première vue, le catalogue dressé par Léon rappelle ceux d'Innocent ou de Célestin. Dans le quatrième sermon pour Noël le pape cite Arius, Macédonius, Sabellius, Photin, Apollinaire; mais cette énumération accompagne une sorte de catéchèse destinée à écarter toutes les erreurs qui ont pu, dans le passé, faire dévier la foi. Elle prépare, en même temps, une charge contre l'adversaire présent et menaçant, la secte infâme des Manichéens. Ceux-là n'appartiennent pas au passé: l'erreur des Manichéens représente un danger d'autant plus redoutable qu'à la différence des autres hérésies (*aliae haereses*), elle ne contient aucune parcelle de vérité [59]. Le pape ne cherche pas à affiner le vocabulaire de l'hérésiologie romaine; il place Mani à côté d'Arius. La correspondance pontificale donne également une liste impressionnante d'hérésies venues d'Occident: les Pélagiens en Italie du Nord, les Donatistes avec lesquels sont associés les *Novatiani*; un long texte analyse l'erreur des Priscillianistes [60]. En réalité, la véritable menace pour la paix de l'Église vient de l'Orient où les querelles christologiques s'enveniment. Léon cite l'hérésie exécrable d'Eutychès, soutenue par Dioscore d'Alexandrie, avec lesquels il évoque Apollinaire et Photin; le nom de ce nouvel hérésiarque s'ajoute à celui de Nestorius [61]. Dès cette époque, la contribution orientale s'accroît dans la liste des erreurs: elle devient dans la seconde moitié du Ve s., très largement majoritaire. Les évêques romains énumèrent, en la complétant, les prélats monophysites, après Nestorius et Eutychès: Simplice cite dans l'ordre Arius, puis Nestorius et ajoute Dioscore d'Alexandrie et Eutychès; avec Félix, Pierre

---

[59] *Sermon*, 24,5: *IV S. de Noël*, SCh 22, pp. 107-108.
[60] En Italie du Nord: *Ep.*, 1 (PL 54, 593 sq.); Donatistes: *Ep.*, 12,6 (*id.*, 653) et dans le même texte, les Novatiens: Priscillien: *Ep.*, 15 (*id.*, 677 sq.).
[61] Par ex. *Ep.*, 47,1 (PL 54, 939); 120,6, *eutychianus* (*id.*, 1054); avec les Photiniens: *Ep.*, 59,5 (871).

Monge, Timothée Aelure et Acace de Constantinople les rejoignent [62].
Gélase paraît plus soucieux d'être complet: il n'oublie pas le danger
pélagien, auquel il consacre un traité minutieusement critique: dans
la synodale adressée aux évêques du Picenum, il cite Pélage, Coelestius et Julien d'Éclane [63]. Mais la polémique se déchaine surtout
contre les Orientaux, contre Eutychès en premier lieu, dont il dresse
la généalogie depuis Marcion en passant par Mani et par Apollinaire [64]. Dioscore et ses partisans, Timothée et Pierre, Acace qui
acceptent leur communion, un autre Pierre, celui d'Antioche, trouvent leur place dans la liste. Car le pape en cherche pas à dresser
un catalogue, analogue à celui qu'un *Decretum* attribue (impruddem-
ment) à sa responsabilité: il écrit pour le temps présent en procé-
dant, autant qu'il est nécessaire pour la défense de l'orthodoxie, à
un «aggiornamento» rigoureux. Symmaque n'a plus besoin de compléter; son prédécesseur avait identifié déjà les grands coupables: il
les reprend en insistant sur l'affinité d'Eutychès avec les erreurs
manichéennes [65]. Dans l'*indiculus*, qu'il remet aux légats envoyés en
515 vers l'Orient, Hormisda dresse le compte des différentes querelles: *capitula singularum causarum*: on ne trouve pas de nom nouveau dans cette liste qui est, par la force des circonstances, totalement orientale. Dioscore, le légat, qui représente Rome à Constantinople en 519, se contente de reprendre les filiations déjà établies en
citant avec Eutychès, Apollinaire et Mani [66]. Toute cette littérature
passe sous silence les dissidents qui appartiennent au passé: elle ne
parle plus que des Orientaux.

Du même coup, l'image de l'hérésie se modifie: on le voit bien à
la manière dont Gélase réfute le pélagianisme, qu'Innocent réprouvait pour ce qu'il perturbait dans la pastorale du peuple chrétien.
À la fin du Ve s. son successeur insiste plus clairement sur le débat
théologique de l'anthropologie chrétienne. Certes, en ce traité (*tractatus*) le pape dépend de la polémique adverse et plus encore d'Augustin dont l'intervention a considérablement enrichi le dossier. Mais,
de façon générale, l'attitude du pape est plus théologienne que pastorale; en dénichant l'hérésie, la littérature romaine vise les erreurs qui touchent à la foi sans y ajouter nécessairement — comme dans le passé, d'un même glissement de plume — les dévia-

---

[62] Simplice, *Ep.*, 2,3; Thiel, p. 179; Félix, *Ep.*, 15,2, Thiel, p. 271 en 490.
[63] *Tractatus*, V, Thiel, p. 571 et *Ep.*, 6,3, p. 327.
[64] *Ep.*, 7,3, Thiel, p. 335; cité avec Arius, *ibid.*, 3, p. 337; *Tractatus*, III,
11, où sont évoqués les Manichéens, Apollinaire et les Marcionites, p. 539
Ep., 17,1-2, p. 383; l'autre Pierre, celui d'Antioche: *Ep.*, 12,8, p. 355.
[65] Symmaque, *Ep.*, 10,6-8, Thiel, p. 703; 13,6, p. 721.
[66] Hormisda, *Ep.*, 7,8; Thiel, p. 754 et Dioscore, *Ep.*, 38,3, p. 896.

tions et les erreurs qui relèvent de la discipline ecclésiastique. Depuis le pape Léon, Rome réserve sa polémique contre les erreurs qui
touchent à l'essentiel; bien entendu, les évêques romains invoquent
la tradition. Léon cite l'épître aux Galates qui lance l'anathème contre ceux qui prêchent un évangile différent de celui que le peuple a
reçu (*Gal.*, 1,1) [67]; mais, en ce cas, cette référence s'applique la
règle de foi, à la *norma synodi Chalcedonensis* ou encore à la définition de Nicée. Ces textes invoquent l'orthodoxie, au sens rigoureux
du terme [68].

L'expérience concrète des querelles christologiques permet de préciser la définition de l'hérésie: la rectitude dans la foi dessine une
voie moyenne qui écarte les erreurs opposées et complémentaires de
Nestorius et d'Eutychès. Cette *via media* ne dévie point, ni à gauche
ni à droite, comme l'explique Léon à l'impératrice Pulchérie, pour
laquelle il cite l'évangile de Matthieu: en effet, l'orthodoxie doit
renvoyer dos à dos les deux hérésiarques et établir entre ces deux
auteurs de la discorde, la modération de l'orthodoxie; d'une double
contestation, la réflexion théologique tire le plus grand bien, *ad
maius bonum* [69]. Les successeurs de Léon reprennent le même thème, chacun à sa manière: Félix cite le Deutéronome (23,52) qui
justifie explicitement ce choix d'un juste milieu: *neque in dextrum
neque in sinistrum limitem rectae dispositionis excedit sed via regia
mediaque gradiendo* [70]. Cette rectitude implique la double condamnation. Gélase écarte lui aussi, dans une même sentence, les deux
erreurs [71] et également Symmaque, invoquant, à son tour, la *via
media*. Ne nous méprenons pas: l'expression ne désigne pas une
voie moyenne de compromis entre des difficultés intellectuelles contradictoires, mais la simplicité de la rectitude qui évite de chaque
côté les méandres de la complexité intellectuelle. L'orthodoxie, c'est
d'abord la simplicité: la vérité, explique Léon, est simple et une,
simplex et una [72]. Cette fois encore, l'expérience des débats contemporains détermine l'analyse romaine; tout le mal vient de l'hellénisme et de son excessive subtilité; l'hérésie est grecque: Eutychès
enracine ses erreurs dans la tradition d'Arius, d'Apollinaire et même

---

[67] Léon, *Ep.*, 32,1 (PL 54, 795).
[68] Gélase, *Ep.*, 10,4, Thiel, p. 343; *Ep.*, 26,5, p. 397.
[69] Léon, *Ep.*, 85,1 (PL 54, 932); *Ep.*, 88,3 (*ibid.*, 929); de même, *Ep.*, 89
(930); *Ep.*, 95,2 (943); *Ep.*, 120,5 (1053); *Ep.*, 124,2 (1063); sur l'utilité
de l'hérésie: *Ep.*, 120,1 (1048).
[70] Félix, *Ep.*, 1,11, Thiel, p. 229.
[71] Gélase, *Ep.*, 26,6, Thiel, p. 401; *Tractatus*, III, et 7, p. 532 et 534.
Symmaque, *Ep.*, 12,8, Thiel, p. 714, v. aussi Hormisda, *Ep.*, 137,2; 141,5,
Thiel, p. 960 et 976.
[72] Léon, *Ep.*, 172 (PL 54, 1216).

de Mani. Et pour les déviations occidentales, Léon recherche les antécédents orientaux: les disciples de Priscillien se trompent sur la Trinité à cause de Sabellius; ils empruntent également à Arius sur les *virtutes* qui procèdent de Dieu, à Paul de Samosate sur l'*unigenitus*, à Cerdon sur le jeûne, à Mani sur le mariage [73]. Tout naturellement, Léon dresse pour cette hérésie occidentale, un catalogue des erreurs grecques. Avec Eutychès, il est plus facile encore de lancer l'accusation qui englobe, du même coup, la philosophie vaine, déjà condamnée par Paul (*Col.* 2,8), la sagesse du monde qui entraîne l'hérétique à l'imprudence; dans son ignorance, il recourt à lui-même et non à l'Ecriture [74]. Félix en s'adressant au clergé et au peuple de Constantinople prend moins de précautions, pour accuser la *mobilitas* de l'esprit grec [75]. Gélase reprend le thème avec conviction: les Grecs sont nommément mis en cause [76]. À la tradition d'erreurs qui vient de Constantinople s'ajoute celle d'Alexandrie, explique, en 517, Hormisda: *per Orientales ecclesias fermentum nefandi erroris inolevit* [77].

Cette définition plus restrictive de l'hérésie, qui porte principalement sur la foi, telle que la perturbe la subtilité des philosophes et des Grecs, entraîne une spécialisation du vocabulaire. Certes, Léon et ses successeurs parlent de la *praesumptio* du dissident: le pape utilise le vocabulaire déjà défini pour l'usage habituel de la chancellerie romaine [78]. Félix, à son tour, fustige le *praevaricator* ainsi que Symmaque [79]. Mais Léon réserve l'accusation d'hérésie pour Eutychès et l'utilise, dans une certaine mesure, pour les Pélagiens, traités d'hérétiques et schismatiques mais il parle simplement du schisme pour les Donatistes et pour les *Novatiani* [80]. Gélase procède un peu de la même manière en visant Mani et Eutychès [81]. Désormais, les papes déclarent que la dissidence chrétienne perturbe non seulement l'Église mais l'empire tout entier. Certes dans la réalité

---

[73] Léon, *Ep.*, 15 (PL 54, 678 sq.).
[74] Léon, *Ep.*, 162, 12 (PL 54, 1144); de même, *Ep.*, 33,2; 110; 130,3 (PL 54, 799; 1018, 1080). Avec le *Ps.* 35, 4: *Ep.*, 28,1 (PL 54, 757); la vanité du philosophe: *Ep.*, 38 (PL 54, 813).
[75] Félix, *Ep.*, 10 et 11, Thiel, p. 251 sq.
[76] Gélase, *Ep.* 7,3; 26,3-4; 27,12, Thiel, pp. 336, 397, 435 et surtout *Ep.*, 30,10, *ibid.*, p. 443.
[77] Hormisda, *Ep.*, 27,2-3, Thiel, p. 797 sq.
[78] Léon, *Ep.*, 106,3 (PL 54, 1605); voir aussi *Ep.*, 6,3; 13,1; 16,17; 19,1; 28,1, etc... De même, Gélase, *Ep.*, 26,15, Thiel, p. 413.
[79] Félix, *Ep.*, 17,3, Thiel, p. 276; Symmaque, *Ep.*, 13,2, Thiel, p. 719.
[80] Léon, *Ep.*, 18 (PL 54, 787); pour les Donatistes et les Novatiens: *Ep.*, 12,6 (653).
[81] Par ex., *Ep.*, 43,2, Thiel, p. 473.

des choses, les querelles christologiques soulèvent à l'époque de violentes émeutes; mais Léon déclare explicitement que les hérétiques perturbent la *pax rei publicae* autant que la *pax ecclesiastica*[82]. Il ne se contente pas d'utiliser, par le jeu habituel de l'analogie, le vocabulaire politique; il proclame, dans cette nouvelle chrétienté, la solidarité de l'Église et de la *res publica;* l'hérésie est l'adversaire du *corpus unitatis catholicae* et son écrasement équivaut au rétablissement de la liberté, *libertas christiana*[83]. Félix III reprend la même analyse[84] et également Gélase, qui réclame, avec la condamnation des Acaciens, le rétablissement de la *concordia.* Symmaque établit un parallèle strict entre les chrétiens et ceux qui vivent dans le droit romain; l'hérésie, l'hérétique sont ennemis du Christ et de l'empire: *inimicus Christi et regni,* assure Simplice dans une formule qui traduit bien la place de l'hérésie dans la chrétienté.

À ce compte, l'hérétique porte une responsabilité accrue: les accusations traditionnelles l'accablent toujours avec une égale vigueur. C'est un Judas, un parricide, un voleur[85]; mais désormais la littérature romaine emprunte au vocabulaire de la politique: il envahit, comme le barbare; il détruit[86], car c'est un puissant avec tout ce que *potens* implique de pouvoir prétentieux et illégitime; l'accusation transcrit plus durement encore l'assimilation au domaine politique et parle de domination tyrannique, de tyran tout court[87]. Simplice complète la typologie du coupable: chassé loin de la face divine, l'hérétique représente bien celui que sa faute écarte de la société des hommes[88]; il participe d'une société occulte, comme l'explique Félix III, en citant l'évangile (*Luc.,* 11,23)[89]. Dans cette chrétienté où les intérêts de l'Église devraient se conjuguer avec ceux de l'empire, le dissident devient totalement un étranger; il

---

[82] Léon, *Ep.,* 118 (PL 54-1039-1040); *Ep.,* 124,7 (*id.,* 1067).

[83] *Ep.,* 145,1 (PL 54, 1113): *reddatur libertas christiana:* cf. *Ep.,* 150; *Ep.,* 169,1 (*ibid.,* 1213).

[84] Félix, *Ep.,* 4, Thiel, p. 241; Gélase, *Ep.,* 2,12, p. 318; Symmaque, *Ep.,* 10,14, p. 707; Simplice, *Ep.,* 9, p. 195.

[85] Simplice, pour le voleur; *Ep.,* 3,2, Thiel, p. 180; *Coll. Vaticana,* dans E. Schwartz, *Publizistische Sammlungen zum Acacianischen Schisma* dans *Abh. Bayer. Akad.,* 10, 1934, p. 122, pour Judas; Félix, *Ep.,* 10,1, Thiel, p. 251: *parricida;* Judas, de nouveau, dans Anastase II, *Ep.,* 1,7, p. 621; *praevaricator* encore, contre Acace: Gélase, *Ep.,* 1,34, Thiel, pp. 306-307.

[86] Simplice, *Ep.,* 12, Thiel, p. 199; Félix, *Ep.,* 1,13, p. 231.

[87] Simplice, *Ep.,* 6,4, Thiel, p. 189; 6,4, p. 188; 3, p. 191; 15,2, p. 203. La tyrannie: Félix, *Ep.,* 2,6, p. 236 et *Coll. Berol.,* 22, éd. Schwartz, *Acacian.,* p. 72.

[88] Simplice, *Ep.,* 3,2, Thiel, p. 180; *Ep.,* 4,1, p. 184, avec Gen., 4,14 et avec Lev., 11,33; Hormisda, *Ep.,* 17,4, p. 775.

[89] Félix, *Ep.,* 2,7-8, Thiel, p. 237.

appartient à une sorte de contre-société, si bien que le fidèle, clerc ou laïc, qui désire rester dans l'Église, ne doit pas se contenter de repousser l'erreur, dans l'intimité de son coeur; il doit publiquement rompre avec lui. Les évêques romains rappellent cette obligation avec insistance dans le cas d'Acace, même lorsque le prélat de Constantinople a rendu l'âme et que l'on pourrait considérer que sa cause est éteinte. La mort ne l'a point délivré de l'excommunication; la condamnation de Rome, solennelle et durable, raye le coupable de la chrétienté.

Dans ces conditions la discipline romaine redouble de précautions pour la réconciliation des coupables: Hormisda (pour s'en tenir à cet exemple) établit soigneusement, à l'usage de ses légats, la procédure, qui implique, comme le veut la tradition locale, une reconnaissance écrite de l'erreur et une confession de foi orthodoxe signée [90]. Cette cérémonie s'impose. puisque la condamnation a été publiquement lancée et qu'elle a abouti (si le pape peut faire exécuter sa sentence) à une expulsion complète. La constitution de Valentinien III définit, à la demande du pape Léon, l'expulsion des Manichéens; ils sont exclus de la *conversatio*, de la *societas*, de l'*habitatio urbium* [91]. Simplice réclame une égale sévérité contre les Monophysites et il attend également que le pouvoir se mette au service d'une pacification intéressant également l'Église et l'empire. Le pape réclame la relégation, l'expulsion de l'hérétique, sa mise à l'écart, loin de la société séculière [92].

Du IVe au VIe s., l'Église condamne l'hérétique avec une égale conviction: mais en trois siècles, l'image de ce coupable se précise et se modifie; au IVe s., les communautés d'Occident, encore minoritaires dans un monde païen, le reconnaissent comme une menace immédiate, présente; il est le serviteur infidèle de la tradition, le faux prophète qui se lève du sein de l'Église pérégrinant dans le siècle. Dès la seconde moitié du Ve s., en Occident la conversion a progressé avec des succès décisifs; malgré les vicissitudes politiques s'établit une chrétienté, solidement retranchée contre les menaces extérieures des barbares hérétiques qui empêchent le rétablissement de l'empire tombé sous leurs coups. Pour le peuple chrétien l'hérétique est moins souvent un occidental; il vient surtout d'Orient où s'agitent les grands conflits de Nestorius et d'Eutychès. Ce n'est

---

[90] Hormisda, *Ep., 49*, Thiel, p. 838 sq.

[91] Le texte est également conservé dans la correspondance de Léon: *Ep.*, 8 (PL 54, 622-624).

[92] *Ep.*, 2,3, Thiel, p. 131; 6,4, p. 189; *Ep.*, 12, p. 199-200: il parle de *relegatio*.

plus tout à fait un traître et un Judas, mais plus simplement, un étranger, une sorte d'asocial pour cette société du peuple chrétien qui de plus se confond avec une chrétienté.

CHARLES PIETRI
École Française de Rome

EGLISE UNIVERSELLE
ET *RESPUBLICA CHRISTIANA*
SELON GRÉGOIRE LE GRAND

« Come l'antica, la storiografia cristiana rispose ai problemi che si propose, ma non rispose, perché non se li propose, ad altri problemi formati, solo dipoi »[1]. Cette réflexion de Benedetto Croce suggère une précaution de méthode, une invite à ne pas trop interroger les témoins du passé avec nos préoccupations propres ou nos instruments conceptuels. On mesurera la modestie de ces brèves remarques quand elles semblent aborder un grand sujet que l'actualité des anniversaires et celle du contexte politique contemporain paraissent privilégier. Grégoire le Grand a-t-il reconnu les nouvelles nations de l'Europe? Est-il aux « origines de l'idée de nation en Occident », comme le suggère un livre récent, au demeurant riche de matière et intéressant[2]. Du reste, l'auteur pose la thèse avec une prudence dont quelques-uns de ses prédécesseurs ne se sont pas prémunis: en reconnaissant officiellement, dit-on, le roi de Kent Ethelbert, le pape Grégoire aurait pris en compte, voire cautionné une conception « wotanique » de la monarchie[3]. Disons-le d'emblée: on ne cherche pas à contester ici la légitimité d'analyses qui retrouvent, dans les interventions con-

---

[1] Dans le recueil, réédité par G. Galasso: B. Croce, *Teoria e storia della storiografia*, Milan, 1989, p. 231.

[2] S. Teillet, *Des Goths à la nation gothique*, Paris, 1984. On reprend ici le titre du onzième chapitre (II⁰ partie), p. 336-366, et aussi le sous-titre donné au livre.

[3] Voir dans le Colloque CNRS « Grégoire le Grand », Paris, 1986, l'analyse d'E. Demougeot, *La conversion du roi germain*, p. 191-203, ici, p. 192, pour revanche, à M. Reydellet, *La royauté dans la littérature latine de Sidoine Apollinaire à Isidore de Séville*, BEFAR, 243, Rome, 1981, p. 479-503.

crètes du pape, des initiatives fondatrices pour les futures nations
et pour la construction de l'Europe (il faudrait dire l'Europe occidentale pour utiliser nos propres représentations) [4]. Plus que celle
de tout autre pape avant lui, la correspondance de Grégoire touche au monde élargi de la Bretagne à la Palestine, de Constantinople à l'Afrique, des villes de l'Italie à celles de la Gaule et
de la péninsule ibérique. Mais on mesurerait mal tout ce que
peut annoncer et préparer de *nouveau* et de *créateur* l'intervention multiple et concrète du pape, sans identifier la représentation, la géographie spirituelle et sentimentale de Grégoire, le
patricien de Rome, l'ancien préfet de la Ville, l'apocrisiaire du
pape Pélage II à Constantinople. Cette brève note sur le devi-
sement du monde grégorien conviendra peut-être au savant ami
dont la science et les recherches s'étendent de l'Antiquité au
Moyen Age, en ces temps de continuité et de rupture, que Henri
Marrou (une figure chère aux dédicants autant qu'au dédicataire)
caractérisait en parlant de pseudomorphose. On sait qu'il empruntait cette image à la cristallographie pour désigner un temps où
la permanence des images mentales et du vocabulaire (toute la
structure de cristallisation) dissimule une mutation intime et
durable.

* * *

En parlant du monde de l'histoire et de la géographie contemporaines, Grégoire conjugue pessimisme et espérance, dans un
jugement global posé comme un préalable à toute analyse particulière sur les terres et les hommes. C'est le pasteur qui mesure
les souffrances des fidèles, mais également le théologien qui relè-

---

[4] J. FONTAINE, *Un fondateur de l'Europe ...*, dans *Helmantica* 34, 1983, p. 171-189.
Sur l'oeuvre de Grégoire, voir E. CASPAR, *Geschichte des Papsttums*, Tübingen,
1933, II, p. 403-514, en particulier sur les deux *regna*, p. 465-470; G. ARNALDI,
Le origini del patrimonio di S. Pietro, dans *Storia d'Italia*, diretta da G. Galasso, VII,
2, Turin, 1987, p. 29-52 et J. RICHARDS, *Consul of God, the Life and Times of Gregory the Great*, Londres, 1980.

ve, dans l'attente spirituelle des *eschata* [5], l'ambivalence fondamentale de la pérégrination humaine. L'angoisse de l'évêque s'exprime avec une force spontanée et sincère, lorqu'en 593, il prêche
sur Ezéchiel. Agilulf, le roi lombard approche de Rome dans le
fracas sauvage des armes: « Partout nous ne voyons que deuils...
nous n'entendons que lamentations. Villes détruites, fortifications
renversées, campagnes dépeuplées, la terre réduite au désert. Pas
un homme dans les champs, presque plus un habitant dans les
villes... » [6]. A la même époque, Grégoire dans une lettre au
clergé de Milan, qu'il invite à choisir un évêque, reprend les mêmes
paroles: « Voici que déjà nous assistons à la ruine de toutes les
choses de ce monde, alors que nous lisions dans les Saintes Ecritures que cette ruine était pour l'avenir. Villes anéanties, fortifications abattues, églises détruites » [7]. En 595, l'évêque romain reprend la même lamentation en évoquant la persécution ultime,
menée par les adorateurs des idoles [8]. Dans cette plainte litanique,
à chaque fois, le pape ajoute un trait nouveau, non seulement sur
l'étendue du malheur mais sur sa signification, sur tout ce qu'il
annonce de ruine et de persécution dans le temps précédant immédiatement la fin, la seconde Parousie. Le Romain parle avec plus
de douleur poignante sur la Ville: « Celle-là qui jadis paraissait
la maîtresse du genre humain... nous voyons ce qu'elle est devenue: des douleurs immenses et multiples l'ont brisée, ses citoyens
l'abandonnent, ses ennemis l'attaquent, ses ruines s'accumulent...
Où est le Sénat, où est le peuple?... Le Sénat est absent, le peuple
a péri... Pour Rome s'accomplit ce que le prophète disait devant
Ninive en ruines: où est la tanière des lions et la pâture des lion-
ceaux (*Nahum*, 2, 12)?... Le prophète (Michée) disait: agrandis
ta calvitie comme l'aigle. L'homme n'a jamais de chauve que la

---

[5] Voir Cl. DAGENS, *La fin des temps et l'Eglise selon Grégoire le Grand*, dans
Rech. Sc. Rel., 58, 1970, p. 273-288 (on empruntera, souvent et bien volontiers, à cette
belle étude les traductions de Grégoire).

[6] *Hom. in Ez.*, II, 6, 22 (PL, 76, 1009-1010).

[7] *Ep.*, 3, 29, P. Ewald et L. H. Hartmann, *MGH, Ep.*, I, p. 186-187.

[8] *Ep.* 5, 37 (I, p. 322-323) de juin 595.

tête, l'aigle au contraire devient chauve de tout le corps et quand il vieillit, il perd toutes ses plumes et aussi celles de ses ailes » [9]. Cette ponctuation de citations prophétiques — autant que le choix de commenter le prophète Ezéchiel, annonçant la mort l'Israël et la résurrection d'un petit reste — indiquent bien comment Grégoire ne s'abandonne jamais tout entier à la plainte et à la commisération du pasteur, solidaire des souffrances de son peuple et de sa ville; il reste en éveil à guetter les signes qui annoncent la fin du temps présent. « Les planches pourries ont des craquements de naufrage » [10].

Cette veille attentive nourrit l'espérance : il faut laisser, explique Grégoire à l'empereur Maurice, ceux qui en ont la vocation quitter le monde. Ils l'abandonnent en un moment où la fin des siècles approche... dans l'embrasement du ciel, de la terre, des éléments, avec les anges et les archanges... » [11]. Tous les signes négatifs des souffrances, des ruines sont inversés, puisqu'ils illustrent la persécution ultime, avant la fin. De la même manière, Grégoire relève les progrès de la conversion, dans sa représentation du monde, avec l'optimisme du missionnaire et aussi avec l'espérance du spirituel, convaincu que les progrès de la foi lèvent l'obstacle, ce qui retient, comme dit Paul, pour le temps dernier. « La fin du temps présent étant imminente, le Seigneur console la Sainte Eglise de ses douleurs en multipliant les âmes qu'elle rassemble » [12]. Le temps des persécutions est achevé (si l'on excepte le dernier soubresaut et le défi ultime du méchant). Grégoire compare l'empire à un rhinocéros, à ce monstre indomptable évoqué par Job — *indomitus principatus terrae* — qui déchaînait toutes les menaces, lorsque l'Eglise était naissante et qui, aujourd'hui, dit-il, promulgue des lois en faveur de la même Eglise [13]; il porte désormais les harnais de la foi. Les chefs des peuples hérétiques... cessent de

---

[9] *Hom. in Ez.*, II, 6, 22-23, PL, 76, 1010-1011.
[10] *Mor.*, 19, 9, 16 (PL, 76, 106); sur le naufrage: *Ep.*, 1, 41 (I, p. 57).
[11] *Ep.* 3, 161 (I, p. 221), août 593.
[12] *Mor.*, 19, 18, 27 (PL, 76, 115).
[13] *Mor.*, 31, 7, 9 (PL, 76, 576).

parler et mettent un doigt sur la bouche [14]. L'Eglise, après avoir accueilli en totalité les païens, attire tout le peuple d'Israël dans le sein de la foi [15]: Grégoire note comme un signe d'espérance tous ces progrès: la force de la prédication touche au monde entier et ainsi rapproche l'imminence de la parousie. Car, poursuit le pape, l'Eglise a pénétré les cœurs de presque toutes les *gentes*; elle a réuni dans la même foi le *limes* de l'Orient et le *limes* de l'Occident. « La langue de la Bretagne, qui ne savait articuler que des sons barbares, s'initie désormais à la louange de Dieu et commence de chanter l'alleluïa hébreu... Les colères barbares, que les princes de la terre n'avaient pas domptées par le fer, les évêques par les simples paroles de leurs bouches les enchaînent dans la crainte de Dieu » [16].

Ces longs commentaires sur la conversion illustrent tout ce qui distingue la théologie politique de Grégoire de celle d'Eusèbe et de celle d'Augustin. L'évêque de Césarée associe, comme le fait Constantin lui-même, dans les liens d'une solidarité et d'un échange, la paix de l'Eglise et la paix de la *respublica*; la première appelle et garantit la seconde. L'Empire protège et sert le progrès de l'Eglise, qui à son tour assure la *pax romana*. Pour Augustin [17], l'histoire n'est pas une machine à fabriquer l'empire terrestre: « elle n'est intelligible qu'en tant qu'histoire sainte »; « elle attend — ou plutôt celui qui la juge attend — que le nombre de tous les nôtres puisse être complété jusqu'au dernier ». Mais en ces temps chrétiens (*christiana tempora*, dit Augustin), la cité terrestre (*terrena*) peut, dans une mesure relative, aider à ces échafaudages toujours fragiles, imparfaits et provisoires — *ma-*

---

[14] *Ibid.*, 19, 18, 27 (PL, 76, 115); pour la dernière persécution, Grégoire parle des projets tramés en secret par les pervers et par les charnels: *Ep.*, 7, 30 (I, p. 478), de juin 587.

[15] *Mor.*, 35, 14, 34 (PL, 76, 768).

[16] *Mor.*, 27, 11, 21 (PL, 76, 410-411).

[17] H. I. Marrou, *L'ambivalence du temps de l'histoire chez saint Augustin*, conférence Albert le Grand, Montréal-Paris, 1950, en particulier p. 22-25; Augustin, *En.ar. in Ps. XXXIV*, II, 9.

chinae transiturae — qui servent successivement à édifier la cité de Dieu. *Mundus senescens:* le monde est vieillissant, mais l'évêque d'Hippone au Ve s. ne raisonne pas avec la même urgence eschatologique qui presse Grégoire. A sa manière, le pape relève l'ambivalence du temps de l'histoire présente dans cet entrelacement de malheurs et de progrès qui portent en eux-mêmes les signes d'espérance. On ne retrouve pas chez lui la méditation sur les deux cités qui fonde la théologie augustinienne de l'histoire. Ou plutôt le Romain transpose du collectif à l'individuel, de la théologie politique à la spiritualité, une distinction conçue comme l'opposition de l'activité séculière à la vie contemplative [18]. D'Augustin, Grégoire retient surtout la cité de Dieu, ou plus exactement, pour employer une expression qui est la sienne, l'*Ecclesia universalis* [19], beaucoup plus que l'oikoumène catholique, une réalité spirituelle et eschatologique réunissant tous les saints. « La Vigne du Seigneur, c'est l'Eglise universelle qui contient autant de saints qu'elle aura produit de saints depuis Abel jusqu'au dernier des élus qui naîtra à la fin du monde » [20].

L'attente des *eschata*, l'attention aux signes des temps ne détournent pas Grégoire (on l'a vu) de surveiller avec vigilance la conjoncture des troubles, des guerres et des famines. Elles ne l'empêchent pas de définir les règles concrètes qui moralisent l'exercice du pouvoir royal [21]. Mais il ne s'inquiète pas de faire une théorie du politique et des formes nouvelles qui naissent de lui. Lorsque le pape évoque l'extension de la mission aux Angles, il utilise, avec un « conformisme formel » remarquable, le vocabulaire de la géographie impériale : il cite les *gentes*, le *limes* de l'Occident et le *limes* de l'Orient. Données au hasard des let-

---

[18] *Mor.*, 18, 43, 69-70 (PL, 76, 78-79); voir R. A. MARKUS, *The Sacred and the Secular*, dans *JThS*, 36, 1985, p. 84-96. Commentant Job, Grégoire estime que l'on est en droit d'appeler cités les Eglises dispersées formant l'*Ecclesia: Mor.*, 16, 55, 68.

[19] Y. M. CONGAR, *L'ecclésiologie du Haut Moyen Age...*, Paris, 1968, p. 66. G. parle aussi de l'*ecclesia electorum* (*Mor.* I, 26, 37); mais il ne manque pas de noter que l'Eglise du temps présent est mêlée de *ficti fratres*.

[20] *Hom. in Ev.* I, 19, 1 (PL, 76, 1154).

[21] REYDELLET, *op. cit.*, p. 479-503.

tres ou des traités, ces indications permettent de discerner le système des références qu'utilise concrètement le Romain pour régler une action politique trouvant son inspiration dans une image eschatologique du temps présent.

* * *

Grégoire, par ses racines familiales, sa formation intellectuelle ainsi que par l'expérience acquise dans sa carrière administrative, demeure profondément attaché à l'idéal de la *romana respublica* [22], expression par laquelle il désigne l'Empire, toujours conçu par lui comme universel et associant deux *partes*: d'un côté les *romanae partes vel totius Occidentis* [23] et, de l'autre, l'*Oriens*, qui s'individualisent par leurs langues (les *romanae partes* désignent ici, en un sens plus restreint de l'adjectif, les régions de langue latine, par opposition à l'Orient grécophone) ainsi que par leurs traditions ecclésiales [24], sans que cette distinction implique à ses yeux une division. Car sur cet ensemble de terres qui constitue l'*universus mundus* [25] règne l'*imperator*, « maître de toutes chose » (*dominus omnium*) [26]; l'*Augustus princeps*, dont le pape se dit le *famulus* en le reconnaissant comme son *dominus* [27], a pour mission de travailler à l'*utilitas reipublicæ* [28], en gouvernant selon les « lois romaines » [29], cette *lex terrena* [30] que le pontife respecte lui-même scrupuleusement. Mais, *princeps christianissimus* [31], qui tient son pouvoir

---

[22] Parmi bien d'autres exemples, *Ep.* 2, 7 (I, p. 106); 4, 2 (I, p. 235); 5, 30 (I, p. 310); 5, 37 (I, p. 321); 5, 38 (I, p. 325); 7, 26 (I, p. 471); 9, 99 (II, p. 108); 13, 41 (II, p. 404).

[23] *Ep.* 3, 52 (I, p. 248); 4, 39 (I, p. 265); 9, 240 (II, p. 235).

[24] *Ep.* 10, 14 (II, p. 249).

[25] *Ep.* 6, 61 (I, p. 436).

[26] *Ep.* 3, 61 (I, p. 220).

[27] *Ibid.*

[28] *Ep.* 5, 38 (I, p. 325); 7, 30 (I, p. 478).

[29] *Ep.* 2, 6 (I, p. 105); Grégoire se réfère en de nombreuses autres lettres aux *leges* qui sont celles du droit romain.

[30] *Ep.* 11, 56 a (= *Liber Responsionum*), (II, p. 335).

[31] *Ep.* 6, 16 (I, p. 395).

de Dieu (*a Deo constitutus*)[32], il doit obéir aux *leges divinae,* car il est en charge d'un empire chrétien, *christiana respublica*[33]. A ce titre, il est le gardien (*custos*) de la paix pour l'Eglise universelle: il doit en préserver l'unité, dans le respect de la foi commune[34], vénérer les prêtres du Seigneur[35] et tout particulièrement le successeur de Pierre, *universalis episcopus*[36]. A tous ces égards, Constantin, *piissimus imperator,* représente un modèle que le pape offre en exemple à l'empereur Maurice[37].

Bien évidemment, Grégoire n'ignore pas que la réalité contemporaine est loin de refléter cet idéal: l'empereur, maître incontesté en Orient, ne contrôle plus en Occident que quelques territoires, menacés par l'expansion des royaumes barbares. C'est avec la volonté manifeste de dramatiser que le pontife dépeint dans une lettre, adressée en 595, à l'empereur Maurice, la situation catastrophique de l'Europe, usant, pour la seule et unique fois dans sa correspondance, de ce terme, pour désigner l'Occident à l'exclusion de l'Afrique: « Voici que toutes les régions de l'Europe sont passées sous le droit des barbares, que les villes y sont détruites, les fortifications renversées, les provinces depeuplées; nul cultivateur n'habite plus les campagnes; chaque jour les adorateurs des idoles se déchaînent pour exterminer les fidèles ». En dépit des reproches amers que lui arrache, dans cette lettre, la politique ecclésiastique de Maurice, plus soucieux selon lui de soutenir les prétentions — inadmissibles de son point de vue — de l'évêque de Constantinople au titre de patriarche oecuménique (*universalis episcopus*) que de secourir les Eglises d'Occident[38], Grégoire ne doute

---

[32] *Ep.* 5, 37 (I, p. 320).

[33] *Ep.* 6, 61 (I, p. 436); 9, 67 (II, p. 88); Grégoire emploie aussi les expressions de *sancta respublica: Ep.* 1, 73 (I, p. 94); 2, 34 (I, p. 130) ou de *pia respublica:* Ep. 5, 38 (I, p. 324).

[34] *Ep.* 7, 66 (I, p. 449); 7, 30 (I, p. 477-478).

[35] *Ep.* 5, 36 (I, p. 318).

[36] *Ep.* 5, 37 (I, p. 322)

[37] *Ep.* 5, 36 (I, p. 318).

[38] *Ep.* 5, 37 (I, p. 322). Pour l'Afrique byzantine et les problèmes spécifiques de son Eglise, nous renvoyons à l'étude d'Y. Duval à paraître dans les Actes du colloque *Grégoire le Grand* (Rome, *Augustinianum,* 1990).

nullement de la supériorité du régime politique romain; par deux fois, en 600 et en 603, il proclame, dans les mêmes termes, cette conviction inébranlable : « Entre les rois des peuples (*gentes*) et les empereurs de la *respublica* existe la différence suivante : les rois des peuples sont les maîtres d'esclaves; les empereurs de la *respublica* sont les maîtres d'hommes libres » [39]. A une époque où le pouvoir impérial s'est mué en une autocratie, Grégoire demeure l'héritier d'une idéologie qui, traditionnellement, depuis Pline le Jeune, concilie l'*imperium* exercé par le prince avec l'antique *libertas*.

La nostalgie d'un passé idéalisé, l'effroi devant un présent chargé de menaces n'empêchent pas le pape d'affronter avec réalisme et résolution les problèmes qui se posent à lui dans l'Occident submergé par les envahisseurs germaniques. Aux princes barbares qui régissent de fait la plus grande partie des terres occidentales, il adresse, en les parant de titres prestigieux, des lettres empreintes du plus profond respect, dans l'espoir de les amener à ses vues. Pour mieux les convaincre d'aspirer à la paix, de protéger les communautés catholiques ou d'adhérer à la vraie foi, il loue leurs vertus, encense leur puissance et forme des vœux pour le succès de leurs armes et la prospérité de leur royame [40]. Est-ce à dire que, tenant d'une *Realpolitik*, Grégoire pratique avec opportunisme un double jeu que reflète ce double langage? Méprisant, dans son coeur et dans ses déclarations à ces correspondants romains, les barbares, mais traitant cependant avec ces derniers; célébrant la grandeur de la *respublica* universelle, mais prêt à bénir, sur les ruines de celle-ci, la construction d'une Europe des *gentes*, des « nations »? En fait, dans un monde en proie à un bouleversement d'une amplitude majeure, le pape apparaît comme un homme déchiré entre les aspirations de son idéal et les exigences concrètes de sa tâche, entre son sentiment de Romain, loyal sujet d'un Empire — à l'égard duquel il ne nourrit pas que des illusions — et ses devoirs de pasteur dont la sollicitude

---

[39] *Ep.* 11, 4 (II, p. 263); *Ep.* 13, 34 (II, p. 397).
[40] Pour la titulature et les vertus attribuées aux rois, S. TEILLET, *op. cit.*, p. 341-363.

doit s'étendre à tous, barbares y compris. Placé devant ce dilem-
ne, il cherche à parer à ce qui est pour lui primordial, la défense
et la propagation de la foi, sans plan politique préconçu, en mettant à profit les circonstances diverses offertes par une situation
qui lui apparaît multiple dans ses aspects. Aussi est-il impossible
de lui prêter — en projetant dans le passé des préoccupations
contemporaines — la prescience d'une Europe s'éveillant au sentiment national et l'aspiration à un idéal communautaire. Car,
lorsqu'on analyse de près les interventions du pontife en direction
des différents royaumes barbares, on constate que sa position à
leur égard est infiniment plus réservée dans la majorité des cas
que ne peuvent le laisser croire les formules emphatiquement
louangeuses imposées par la courtoisie diplomatique et surtout plus
diversifiée qu'il n'y paraît, suivant les régions et les peuples avec
lesquels il entretient des relations.

Chère entre toutes à son coeur, l'Italie est l'objet de ses
préoccupations les plus immédiates et les plus insistantes, du fait
de la menace que représentent à ses yeux les Lombards dans le
royaume et les divers duchés qu'ils y ont fondés. A ces barbares,
adeptes de l'arianisme en majorité ou encore païens, Grégoire, dans
les tout premiers temps de son pontificat, a souhaité apporter la
lumière qui les arracherait aux ténèbres de l'erreur: en juin 591,
par une lettre circulaire, il presse « tous les évêques d'Italie » d'in-
citer « en tous lieux » les Lombards à permettre « la réconciliation dans la foi chrétienne de leurs enfants baptisés dans l'hérésie
arienne », en invitant ceux-ci à méditer le châtiment qui s'est
abattu sur le roi Autharis, arien intolérant [41]. Mais, par la suite,
le pape ne renouvelle jamais pareilles instructions à ses frères dans
l'épiscopat, pas plus qu'il ne prend lui-même l'initiative d'envoyer
depuis Rome des missionnaires auprès du peuple lombard. Le siège
apostolique, il en avait sûrement conscience, apparaissait aux Lombards trop lié à l'Empire pour qu'une telle entreprise eût quelque
succès.

[41] *Ep.* 1, 17 (I, p. 23).

Dans une conjonture particulièrement difficile, compliquée par un état de belligérance chronique entre les principautés lombardes et l'exarchat de Ravenne mais aussi par le schisme des Trois Chapitres qui sépare de la communion romaine une partie des communautés catholiques de l'Italie du Nord, Grégoire est contraint de surseoir à ses projets; dans l'immédiat, il place surtout sa confiance, bien que la souveraine soutienne les schismatiques, dans la reine catholique Théodelinde, épouse du roi arien Agilulf qui, sans doute sous l'influence de cette dernière, inaugure une politique de tolérance religicuse dans son royaume. Les espoirs du pontife ne sont d'ailleurs pas entièrement déçus: en 603, l'héritier royal, Adaloald, est baptisé dans la foi catholique. Cependant, en dépit de toute sa charité — Grégoire proclame bien haut qu'il ne veut pas et n'a jamais voulu la mort des Lombards [42] —, Grégoire considère les Lombards, « qui tiennent l'Italie captive sous leur joug » [43], moins comme des hérétiques qu'il convient de convertir, que comme des ennemis, soit qu'il anime la résistance de Rome assiégée par eux, soit qu'il invite l'empereur ou l'exarque, pour éviter une effusion de sang, à traiter avec eux. Bien plus, ils sont à ses yeux les ennemis par excellence, au point que le terme *hostes,* sans nul prédicat, est très souvent employé par lui, dans le contexte italien, comme synonyme de Lombards [44]. Bref, le pape n'admet en aucune manière la légitimité de la domination lombarde sur l'Italie, fût-ce sur une partie de celle-ci.

L'Espagne, divisée entre un exarchat byzantin fort menacé et le puissant royaume wisigoth, présente une situation politique assez semblable à celle de l'Italie, avec une différence très sensible du point de vue religieux, puisque le roi Reccared, répudiant l'arianisme de ses prédécesseurs, a dès 589 adopté le catholicisme comme religion d'état pour son royaume. Certes, Grégoire se réjouit de

---

[42] *Ep.* 5, 6 (I, p. 287).
[43] *Ep.* 5, 36 (I, p. 318).
[44] Voir les *indices* dans *MHG Ep.* II, sv. *Langobardus* et *hostis.*

42

cet événement [45] et il félicite officiellement le souverain de sa conversion et de celle de sa *gens* [46]. Mais les rapports entre le siège
apostolique et la monarchie wisigothique demeurent distants et
assez froids: du point de vue des Wisigoths, l'évêque de Rome
est suspect de collusion avec l'Empire; de son côté, Grégoire refuse
de se mêler des affaires politiques de la péninsule: sollicité par
Reccared d'assurer sa médiation pour définir la frontière séparant
son royaume de la province byzantine, il élude prudemment la
requête [47]. Avec ses autres correspondants de la péninsule ibérique — au demeurant très peu nombreux —, Grégoire, dans ses
adresses, évite soigneusement toute référence à leur appartenance
politique, que celle-ci les place en territoire byzantin, tel Januarius
qualifié seulement d'*episcopus civitatis Malacitanae* [48], ou dans
le royaume wisigoth; parmi ces derniers, Léandre de Séville est
salué du titre d'*episcopus Spaniis* [49] ou d'*episcopus Spaniarum* [50],
de même que le puissant conseiller du roi Reccared, Claudius
reçoit du pape un message *in Spaniis*, porté par l'abbé Cyriacus [51];
de la même façon, le *defensor* Iohannes, chargé de mission dans
le secteur byzantin, est mentionné par Grégoire: *eunti Spania* [52].
Le recours exclusif, quel que soit le contexte politique, au terme
géographique, qui évoque aussi les anciennes provinces romaines
du diocèse civil des Espagnes grâce à l'usage du pluriel, est sans
nul doute intentionnel: bien que converti à la foi catholique,
Reccared demeure, aux yeux de Grégoire, le roi de sa *gens* et
non le souverain d'une nation hispanogothique en voie de formation.

[45] *Ep.* 1, 41 (I, p. 57).
[46] *Ep.* 9, 228 (II, p. 221-225), en réponse à la lettre de Reccared (9, 227ᵃ, *ibid.*,
p. 220-221) l'informant, avec un certain retard, de sa conversion.
[47] *Ep.* 9, 229 (II, p. 225-226).
[48] *Ep.* 13, 49 (II, p. 413); Grégoire qualifie simplement un autre évêque du
secteur byzantin, Stephanus, de siège non identifié, de *frater et coepiscopus noster, Ep.* 13.
47 (II, p. 411).
[49] *Ep.* 1, 41 (I, p. 56).
[50] *Ep.* 5, 53 (I, p. 352); 9, 227 (II, p. 218).
[51] *Ep.* 9, 230 (II, p. 226).
[52] *Ep.* 13, 47 (II, p. 410); 13, 49 (p. 413); 13, 50 (p. 414).

Plus floue est l'image que le pape se fait de la Bretagne, lointaine et abandonnée depuis longtemps par les Romains: Grégoire n'a de l'île qu'une vision déformée par la distance géographique et le temps écoulé. De la réalité politique contemporaine, il ne connaît guère que l'existence d'un royaume, celui des Angles; il a appris que ceux-ci étaient païens et désireux d'adhérer à la foi chrétienne; pour les convertir, il envoie la célèbre mission dirigée par l'*abbas* Augustin, consacré au cours de la traversée de la Gaule *episcopus Anglorum* [53] et chargé de veiller aux destinées de la nouvelle Eglise. On le sait, Augustin, avec le concours de la princesse franque catholique Berta, épouse du souverain, réussit à convertir le roi Ethelbert et installe son siège épiscopal dans la capitale de ce dernier, Cantorbéry. Missionnaire consacré évêque pour évangéliser dans un premier temps les Angles (c'est là le sens du titre que lui confère Grégoire), Augustin reçoit ensuite communication d'un plus vaste programme: le royaume des Angles n'est qu'une tête de pont provisoire, selon les projets du pape, pour une opération de grand style destinée à recréer purement et simplement la géographie ecclésiastique de l'ancienne Bretagne romaine, sans tenir compte de la nouvelle configuration politique de l'île. Dans les instructions adressées en 601 à Augustin, le pape prévoit l'organisation de deux provinces ecclésiastiques (avec 12 évêchés suffragants chacune), dont les métropolitains seront installés respectivement à York et à Londres [54]. Dans la joie que lui, ce dernier reste le *rex* d'une *gens* établie dans la grande ile entraîner à établir une comparaison entre Hélène et son fils Constantin, d'un côté, et, de l'autre, Berta et Ethelred [55]; mais pour lui ce dernier reste le *rex* d'une *gens* établie dans la grande île du Nord et la Bretagne n'est encore nullement à ses yeux une Angleterre, pas plus que l'Espagne ne lui apparaît promise à l'unité nationale, sous la domination gothique ou l'Italie sous la domination lombarde.

[53] *Ep.* 11, 36 (II, p. 305); 11, 39 (II, p. 312).
[54] *Ep.* 11, 39 (II, p. 312-313).
[55] *Ep.* 11, 35 (II, p. 304-305).

Dans cet Occident européen où Grégoire note avec tristesse les bouleversements destructeurs de l'ancien ordre politique, sans discerner en ce domaine les promesses d'une reconstruction, la Gaule apparaît comme une exception. C'est la seule et unique région où, pour le pape, l'état barbare s'identifie à une nation, composite en ses ethnies diverses, mais rassemblée, sous l'égide de la monarchie franque, en une unité cimentée par la même foi catholique. Le vocabulaire est révélateur des conceptions pontificales. Grégoire, dans les nombreuses lettres qui les concernent, nomme souvent les *Galliæ* [56], en se référant à la fois, comme il le fait pour les Espagnes, à la région géographique et aux anciennes provinces romaines entre lesquelles celle-ci était divisée. Mais, parallèlement, pour désigner la même réalité géographique, il recourt à des expressions qui évoquent les maîtres germaniques du pays. Certes, il emploie rarement *Francia*: une fois *ad Franciam* [57] pour indiquer une destination transalpine et, une autre fois, de façon plus surprenante, *per Francias* [58], un pluriel qui semble, remarquons-le, étroitement calqué sur *per Gallias*. Plus souvent, il désigne l'espace gaulois et ses habitants par des expressions telle que *in Franciis* ou par le déterminatif au génitif, *Francorum*. Ces termes ne s'appliquent nullement, suivant une acception qui serait purement ethnique, à la seule *gens* des Francs ou à ses princes: ce sont des évêques gaulois, souvent de souche gallo-romaine, qu'il qualifie indifféremment d'*episcopi Galliarum* ou d'*episcopi Francorum* (ou *Franciis*) [59]; de la même manière, le prêtre Candidus envoyé par lui *per Gallias* pour administrer le patrimoine romain, dont les propriétés se localisent surtout dans la Provence très peu germanisée, est nommé lui aussi *presbiter in Franciis* [60]. Bref ces formules interchangeables suggèrent clairement que, pour Grégoire, la Gaule est bien le territoire des Francs, que leurs souverains en sont

---

[56] Voir index *MGH Ep.* II, sv. *Gallia*.
[57] *Ep.* 5, 36 (I, p. 319).
[58] *Ep.* 7, 33 (I, p. 482).
[59] *Ep.* 9, 219 (II, p. 210); 11, 41 (II, p. 315); 11, 56 (II, p. 331).
[60] *Ep.* 9, 221 (II, p. 212).

les maîtres légitimes et qu'ils ont le droit et le devoir d'exercer leur tutelle sur l'Eglise gauloise.

Les rapports de caractère tout à fait exceptionnel que le pape entretient avec la Gaule franque, et reconnue telle par lui, s'expliquent par des raisons qui tiennent à la fois au passé historique et à la conjoncture contemporaine. Bien que Grégoire ne cite jamais le nom de Clovis, le souvenir de ce souverain est clairement présent à sa pensée, lorsqu'il écrit: « seule et depuis longtemps déjà, la nation des Francs brille de la lumière de la vraie foi au milieu de l'obscurité des autres *gentes* » [61]. L'alliance jadis conclue entre le peuple franc et l'Eglise gauloise légitime le pouvoir des souverains sur la Gaule et sur ses habitants. Bien plus, elle investit la royauté franque d'un véritable ministère spirituel que le pape presse ses représentants, Brunehaut et son fils Childebert, puis ses petits-fils Thierry et Théodebert, de remplir avec fidélité: le souverain, qui tient son pouvoir de Dieu, a pour mission de conduire ses sujets sur la voie droite de la foi, de « réprimer le péché » en exerçant sur son peuple une *censura* [62], avec l'aide et le conseil des évêques du royaume [63]. Certes, dans les dernières décennies, en abusant des privilèges concédés par les conciles gaulois, les princes francs ont trop souvent failli à leur mission de protéger l'Eglise. Ils ont mis parfois les sièges épiscopaux aux enchères et, plus souvent encore, ils les ont concédés à des laïcs de haut rang comme une marque de leur faveur ou comme une récompense pour bons et loyaux services. Ce faisant, ils ont favorisé le développement de cette « hérésie simoniaque » que dénonce le pontife avec véhémence. Mais si Grégoire adjure ses royaux correspondants de mettre fin à ces abus, il ne remet jamais en question le droit reconnu à ceux-ci d'approuver les élections épiscopales, pourvu qu'ils en fassent un usage bénéfique pour l'Eglise, en écartant les candidats corrompus et en accordant

---

[61] *Ep.* 6, 5 (I, p. 383-384); 6, 6 (I, p. 384-385); 6, 49 (I, p. 423-425); *Ep.* 9, 215 (II, p. 201-203).

[62] *Ep.* 6, 5 (I, p. 383-384); 6, 6 (I, p. 384-385); 8, 4 (II, p. 5-8) ...

[63] *Ep.* 11, 50 (II, p. 323).

leur approbation à des clercs formés aux responsabilités du sacerdoce. Bien plus, c'est aux souverains eux-mêmes qu'il fait confiance pour régénérer, avec le conseil de quelques bons évêques, l'Eglise gauloise abâtardie par des pratiques scandaleuses et pour réunir le grand concile qui travaillera à sa réforme [64].

De cette Gaule franque, le pape attend, d'autre part, dans l'immédiat, un concours actif pour la réalisation des deux projets qui lui tiennent le plus à cœur. La conversion des païens tout d'abord: ceux de la Germanie [65], où les victoires des Francs ont naguère frayé la voie à la mission chrétienne, comme ceux du royaume des Angles, où les missionnaires venus de Rome, assurés sur leur trajet gaulois de l'assistance des rois et des évêques, doivent selon les ordres du pape, se faire accompagner non seulement d'interprètes francs [66] mais aussi de prêtres gaulois [67], plus aptes par leur expérience à toucher les *mentes Anglorum* [68] que les moines italiens formés au monastère *ad Clivum Scauri*. Le pape, d'autre part, appelle de tous ses vœux l'établissement d'une *pax generalis*; en ce domaine, il compte beaucoup sur la diplomatie franque: peut-être pour dissiper les malentendus entre le siège apostolique et le souverain wisigoth — s'il faut interpréter en ce sens l'ambassade confiée depuis la Gaule à Cyriacus, le légat accrédité par le pape auprès de la reine Brunehaut [69] —; plus sûrement, pour faire pression, comme le souhaitait déjà Pélage II [70], sur les Lombards belliqueux et, enfin, pour conclure avec Byzance cette *sempiterna pax* dont les clauses sont, en secret, communiquées au pontife par les ambassadeurs de Brunehaut et de Thierry [71].

Au total, les positions diverses prises par Grégoire à l'égard

---

[64] Voir L. PIETRI, *Grégoire le Grand et la Gaule: le projet de réforme de l'Eglise gauloise*, communication au *Colloque Grégoire le Grand, Augustinianum*, Rome, 1990 (à paraître dans les Actes en 1991).

[65] *Ep.* 8, 4 (II, p. 5).

[66] BÈDE, *Hist. eccl.*, I, 25, éd. C. Plummer, p. 45.

[67] *Ep.* 6, 57 (I, p. 431).

[68] *Ep.* 11, 56ᵃ (II, p. 334).

[69] *Ep.* 9, 230 (II, p. 227).

[70] PELAGEH, *Ep.* 2, PL 72, 705-706; *Ep.* 7, *ibid.*, 744-745.

[71] *Ep.* 13, 7 (II, p. 373); 13, 9 (II, p. 374-375).

des différents détenteurs du pouvoir politique — empereur de la *respublica* ou rois des *gentes* —, bien qu'elles puissent apparaître contradictoires voire incompatibles entre elles ou uniquement dictées en chaque cas par les nécessités de la conjoncture, sont en fait parfaitement cohérentes au regard du droit romain qui inspire le pontife. En vertu de celui-ci l'*imperator* demeure le seul et unique maître de toutes choses (*dominus omnium*), terres et hommes du *regnum terrenum*. Aux rois barbares le pape reconnaît autorité sur leurs *gentes* respectives (*reges gentium*) mais ne concède, en vertu du *jus gentium*, que la simple jouissance (encore que discutée et discutable à ses yeux dans le cas des Lombards) des territoires pour leurs peuples; car ces territoires, selon le droit romain, relèvent toujours de la souveraineté éminente de l'*Imperator*. C'est certainement en ce sens qu'il faut comprendre les reproches adressés en 595 par Grégoire à l'empereur Maurice: *cuncta in Europae partibus barbarorum juri sunt tradita* [72]. Maurice n'est évidemment pas accusé d'avoir « livré » aux barbares des terres conquises déjà depuis longtemps par eux, mais de les abandonner (*tradita*), sans exercer de contrôle, à ces mêmes barbares qui, en conséquence, peuvent s'y livrer en tout impunité aux excès déplorés par le pontife. Le tableau est noirci à dessein dans le contexte de la polémique, qui oppose alors l'évêque de Rome au souverain byzantin. Car, avec leur conversion au catholicisme, un Ethelbert ou un Reccared, contrairement au roi et aux ducs lombards, sont amenés — c'est du moins l'espoir de Grégoire — à rentrer dans le rang. A l'égard des Francs, le pape adopte une attitude plus nuancée et plus complexe. Il faut le remarquer, Grégoire, qui évoque à maintes reprises les *gentes Anglorum, Wisigothorum* (ou *Gothorum*) ou *Langobardorum*, n'emploie que deux fois l'expression de *gens Francorum* et, en chacune de ces circonstances, il le fait pour opposer la *felicitas* dont, grâce à ses souverains, jouit ce peuple *prae aliis gentibus* [73], en établissant une comparaison qui l'élève au-dessus de tous les autres peuples. La foi catholique que,

[72] *Supra*, n. 38.
[73] *Ep.* 13, 7 (II, p. 371-372); 13, 9 (II, p. 374-375).

« seuls » parmi ces derniers, ils ont embrassée depuis longtemps,
la politique contemporaine de leurs souverains qui apportent
leur concours actif au siège apostolique sont autant de motifs qui
incitent le pape à faire un pas dans le sens d'une reconnaissance
de la souveraineté et de la légitimité du *regnum Francorum*. Certes
cette reconnaissance, implicite, n'est pas formulée en termes juridiques; et on ne saurait, en forçant le sens des textes, prêter à
Grégoire quant aux destinées futures du peuple franc, la prescience d'un avenir qui lui demeure obscur et qui est, de fait,
encore lointain. Il faut encore attendre deux siècles pour que, à
une époque où l'empereur de Byzance n'exerce plus de contrôle
sur les terres occidentales, un autre roi franc — à l'instar des
souverains wisigoths sacrés depuis 672 — reçoive, avec l'assentiment d'un autre pape, l'onction du sacre et que naisse en Occident, au profit des Francs, un nouvel Empire, donnant forme à
l'idéal grégorien d'une *christiana respublica*.

* * *

On ne prêtera pas à Grégoire l'originalité d'un précurseur
pressentant, à la fin du VIe s., l'obscure gestation des communautés nationales, moins encore ébauchant une conception claire de
l'Europe. Lorsqu'il considère le monde contemporain, le pape le voit,
par conviction vécue plus que par un conformisme d'habitudes, comme une *respublica*, de l'Orient à l'Occident, une image idéale
assurément, mais plus précieuse encore parce qu'elle est *christiana
respublica*. Grégoire s'en tient à cette représentation, car il n'est
pas un théoricien chrétien du politique (comme l'est Augustin);
il enregistre très concrètement à l'occasion de la Gaule (et seulement pour cette Gaule catholique) l'ébauche d'une évolution en
une *Francia*. Mais l'originalité du Romain est ailleurs: en cette
image d'un monde, où le politique compte moins que l'approche
de la fin. Dans cette tension décisive, le pape considère exclusivement, au delà de la *respublica* gérant le présent quotidien,

l'*Ecclesia universalis,* une Eglise universelle, transcendant le temps d'une histoire ambivalente, tiraillée entre les souffrances immédiates et une proche espérance.

CHARLES ET LUCE PIETRI

CHARLES PIETRI

L'ECCLÉSIOLOGIE PATRISTIQUE ET *LUMEN GENTIUM*

On comprendra qu'en présentant une note sur la constitution *Lumen gentium*, l'un des plus beaux textes du concile, je procède avec humilité. D'abord, celle-ci ne prétend pas épuiser l'histoire d'un document et de sa genèse, ni revenir sur les circonstances de sa rédaction. Elle considérera l'état final du document, tel que l'adoptèrent avec une écrasante majorité les Pères conciliaires[1]. Ce mode d'analyse permet au moins d'embrasser l'unité d'inspiration et le style intellectuel du texte. Un commentateur, qui a surtout l'habitude des plus anciens conciles et des textes patristiques, n'aurait guère entrepris la présente enquête s'il n'y était encouragé par des guides prestigieux : il peut disposer des études rédigées par des experts, qui mêlent à leur science de théologien une expérience concrète des travaux conciliaires : les mémoires du Père Congar, du cardinal H. de Lubac, du cardinal J. Ratzinger et aussi la somme établie minutieusement par Mgr Philips[2]. J'ajoute, en espérant que ce trait plus personnel peut valoir comme une justification, qu'avec les présentes remarques j'aimerais moins bouleverser, de vues nouvelles, le commentaire de *Lumen gentium*, que donner plus de consistance

---

[1] Voir, par exemple, l'édition commentée du *Lexikon für Theologie und Kirche*, Fribourg en Br., 1966, avec l'historique de Mgr Philips, p. 139-166. Le même savant a donné une étude, particulièrement précieuse, *L'Église et son mystère au concile de Vatican II*, Paris, 1967 (trad. ital., Milan, 1975); *Le rôle de Mgr G. Philips à Vatican II* a été clairement étudié par J. GROOTAERS, dans les *Mélanges théologiques, Hommage à Mgr G. Philips* (*Bibl. ephem. theol. Lovaniensium*, 27), Gembloux, 1986, p. 345-381. La constitution est adoptée avec 1559 approbations, 521 *placet iuxta modum* et 10 non.

[2] H. DE LUBAC, dans *La teologia dopo il Vaticano II*, a cura di J. M. Miller (Brescia, 1967) : *La costituzione Lumen gentium e i padri della Chiesa*, p. 191-219. Également précieux pour cette enquête : Y.-M. CONGAR, *Le Concile de Vatican II : son Église, peuple de Dieu et corps du Christ*, Paris, 1984. N. CIOLA a établi, dans *Lateranum*, 51, 1985, p. 363-422, un *Contributo bibliografico allo studio della* Lumen gentium...

rationnelle au sentiment que m'inspirait, dès la première lecture, le document du concile. Car à l'époque, un lecteur, plus habitué à la lecture des Pères qu'à celles des traités classiques, reconnaissait, dans les images, dans les thèmes, dans le mouvement même de la constitution, la force neuve et familière d'une ecclésiologie qui, au-delà des schémas habituels, s'enracine dans l'antique Tradition.

Le schéma *Ecclesia Christi*, au premier concile du Vatican, tirait déjà quelque profit de la renaissance des études patristiques, illustrée en France par l'entreprise éditoriale de l'abbé Migne et en Italie (pour ne prendre qu'un exemple) par l'enseignement de Perrone. Les références aux Pères dans les débats, une dizaine dans le document, délimitent la place de l'ancienne tradition : on citait Irénée, pour illustrer le dépôt de la foi, l'image augustinienne de la *civitas*, pour présenter l'Église comme une société. L'argumentation utilisait Ambroise, Vincent de Lérins, mais aussi recueillait, en une sorte de centon, les références aux lettres des papes. Du reste, le texte du XIXe siècle (comme en témoignent les analyses lexicales) privilégie, après *Ecclesia* et *Christus*, un vocabulaire que la littérature des Pères latins ne connaît pas particulièrement : *societas, potestas, civilis*[3]. Il faut ajouter que l'absence d'éditions scientifiques entraînait parfois à des approximations. Mais les faiblesses occasionnelles de la philologie n'expliquent qu'imparfaitement le rôle secondaire de la patristique : le concile recherchait surtout une liste d'arguments, des *exempla*, plus que le mouvement d'une analyse et l'inspiration d'une ecclésiologie. Il faut sans doute reprendre la sentence de K. Rahner : le premier concile du Vatican utilisait un «Dentzinger patristique».

Entre les deux conciles, un immense effort de science restitua, avec une force puissante, l'étude des Pères; quelques références suffisent pour jalonner ce mouvement intellectuel, qu'appuyaient, à la fin du XIXe siècle, le zèle des philologues et la multiplication des éditions scientifiques; un corpus, publié à Berlin pour les Pères Grecs dès 1888, complétait le recueil destiné, à l'initiative de l'académie de Vienne, aux Pères latins : le premier volume avait été publié en 1866; mais la collection du *Corpus scriptorum ecclesiasticorum latinorum* s'enrichit de tex-

---

[3] L'enquête a été conduite par R. Aubert, M. Guéret, P. Tombeur, *Concilium Vaticanum I, Condordance, Index, Liste de fréquence, Tables comparatives*, Louvain, 1977. Cf. l'analyse de A. HASLER, *Pius IX. Päpstliche Unfehlbarkeit...*, Stuttgart, 1977, I, p. 225-236.

tes nouveaux, surtout après 1870. La Patrologie orientale commençait avec un premier volume en 1894 et le Corpus parallèle des écrivains d'Orient en 1903. Du premier Concile du Vatican à la guerre mondiale, les différentes séries patristiques proposaient aux spécialistes plus d'une centaine d'ouvrages. Cette entreprise philologique, qui continue et qui a donné près d'un demi-millier de volumes, reçut un complément précieux : les collections de textes traduits, associés le plus souvent au texte original, généralement établi selon les règles de la philologie moderne. On retiendra, à titre d'exemple, le cas français : la publication dès 1904 d'une première collection bilingue, en 1933 la naissance d'une *Bibliothèque augustinienne*. Mais en France, la réussite la plus éclatante est illustrée par la collection des *Sources chrétiennes*, dont le premier volume parut en 1942, aux heures sombre de l'occupation allemande. L'intervention initiale d'un helléniste, le Père Fontoynont, le zèle de quelques savants, J. Daniélou, H. de Lubac, M. Mondésert, permirent la réalisation d'une œuvre considérable : une centaine de volumes au moment du concile. La collection associait au texte original une traduction qui donna une autorité à la patristique, en dépassant les cercles spécialisés des philologues et des théologiens. Dès les premiers volumes, *Sources chrétiennes* présentait les apologètes, l'*Épître à Diognète*, en 1952, après Ignace d'Antioche et Clément d'Alexandrie; avec Origène et ses *homélies sur la Genèse*, sur l'*Exode* ou sur les *Nombres*, l'exégèse patristique accompagne un renouveau biblique qu'encourageaient, dans la France de l'après-guerre, les mouvements d'Action catholique. La série acueille les plus anciens textes de la liturgie (la *Tradition apostolique* d'Hippolyte), l'*Histoire ecclésiastique* d'Eusèbe, et aussi Basile, Athanase et Grégoire de Nysse.

Quelques grands livres de science renforcent ce chantier éditorial : on limitera *exempli gratia* ces quelques références à la littérature française pour prolonger le parallèle : Henri Marrou avait trouvé, en 1937, une magnifique illustration du «Spätantike» avec l'évêque d'Hippone; *Saint Augustin et la fin du monde antique*[4] analyse l'exemple de l'Africain qui édifia sa recherche sur les ruines de l'antique tradition intellectuelle et qui, libéré de la scolastique platonicienne, dressait le programme novateur d'une *doctrina christiana*, en utilisant l'instrument de

---

[4] Paru dans la *Bibliothèque des Écoles françaises d'Athènes et de Rome*, en 1938. Sur le rôle des historiens : CONGAR, *Concile*, p. 82 sq.

la Paideia; la thèse, publiée en 1937, donnait une signification exemplaire au programme tracé, dès 1932, par l'historien lui-même, qui invitait les chrétiens de son temps à jeter les *Fondements d'une culture chrétienne*. Il y a beaucoup plus que l'analogie des situations, à quinze siècles de distance, dans l'attitude de chrétiens mesurant l'ébranlement du système intellectuel, par lequel s'est forgée leur culture. Le livre illustrait tout ce qu'une relecture d'Augustin, sorti de la gangue des commentaires médiévaux, pouvait apporter de novateur à l'élaboration d'une nouvelle culture chrétienne. Dans le même esprit, un livre du Père de Lubac puisait dans le trésor trop peu exploité des Pères de l'Église... «non par une manie d'archaïsme mais pour se mettre à leur école». L'auteur ajoutait dans la préface de *Catholicisme*[5] que le contact avec cette immense armée de témoins permettait «une conscience de l'unité profonde, où ne manquent jamais de se rejoindre tous ceux qui, fidèles à l'unique Église, vivent de la même foi dans un même esprit». À cette introduction précieuse à l'ecclésiologie patristique, illustrée par une cinquantaine de textes, le même savant ajoutait une présentation de l'exégèse antique, avec l'étude monumentale consacrée en 1950 à Origène (*Histoire et Esprit*). On ne peut citer, même en se limitant à l'exemple français, tous les livres qui enrichirent la connaissance des Pères dans les décennies précédant le concile : mais l'œuvre et l'enseignement de Jean Daniélou (*Sacramentum futuri, Théologie du judéo-christianisme*... pour ne citer que quelques exemples dans une bibliographie considérable et précieuse)[6] contribuaient, très concrètement, à recueillir tous les thèmes d'une théologie de l'Église et de l'histoire; le savant français mesurait mieux que beaucoup d'analystes, qui limitaient leurs investigations à la littérature intertestamentaire, l'apport exceptionnel de la découverte de Qumran pour l'histoire intellectuelle des origines chrétiennes. Il retrouvait, aux origines même de l'ecclésiologie patristique, la force du judéo-christianisme, conçu non comme une secte marginale, mais aussi comme une attitude de la pensée, une

[5] H. DE LUBAC, *Catholicisme. Aspects sociaux du dogme*, Paris (1ère éd. 1937); *Histoire et Esprit. L'intelligence de l'Écriture d'après Origène*, Paris, 1950.

[6] J. DANIÉLOU, *Théologie du judéo-christianisme*, Tournai, 1958; le deuxième volume, *Message évangélique et culture hellénistique*, paraît en 1961. Ces deux livres pour une histoire des doctrines chrétiennes avant Nicée (un troisième, posthume en 1978) avaient été précédé, dès 1950, par les *Figures du Christ dans l'ancien Testament. Sacramentum futuri*.

méthode d'analyse spécialement attentive à retrouver, des figures de l'Ancien Testament aux réalités du Nouveau, l'unité d'une économie salutaire. Le Père Congar ouvrait, avec les *Jalons pour une théologie du laïcat*, d'autres voies qui rejoignaient, en partant des médiévaux, l'ecclésiologie patristique, une définition théologique du laïcat[7]. Tous ces livres (et aussi ceux d'O. Culmann ou de Cerfaux)[8], des revues (*Dieu Vivant, Irenikon*), une collection comme *Unam sanctam*, (où furent publiés Moehler et aussi l'analyse du traité de Cyprien sur l'unité de l'Église) enrichirent les mille formes d'une renaissance patristique. Ceux-là même qui y avaient pris une part décisive, participèrent comme *periti* au Concile : les Pères Daniélou, de Lubac, Ratzinger et aussi le Père Congar, Mgr Cerfaux sans oublier Mgr Philips, Mgr Semmelroth et le Père K. Rahner.

L'analyse des interventions, des projets, des minutes permettrait de relever l'apport direct, pendant la genèse des débats, des thèmes, des textes empruntés aux Pères[9]. Un exemple suffira, avant de considérer le texte lui-même. L'inspiration de *Lumen gentium* apparaît à quelques indices matériels, à quelques signes manifestes. On peut relever le nombre de citations explicites; celles qui empruntent à la patristique occu-

---

[7] Voir sur le rôle du P. Congar et du P. de Lubac, les notes de Ch. MOELLER dans *Teologia dopo Vaticano II*, p. 151-159.

[8] O. CULLMANN, *Christ et le temps*, Neuchatel, 1947; L. CERFAUX, *Le Christ dans la théologie de saint Paul*, Paris, 1951.

[9] Le premier schéma présenté par la commission théologique et doctrinale (présidée par le cardinal Ottaviani, assisté du Père Tromp et composée de 12 évêques et de 20 théologiens) prévoit 12 chapitres dont le premier est consacré à l'Église militante, le second aux membres de l'Église, deux autres à l'épiscopat, le 8e à l'autorité et l'obéissance dans l'Église. Le cardinal Frings intervint pour regretter la pauvreté du dossier patristique. C'est dans le second projet envoyé aux Pères, pendant l'été 1963, que l'exposé commence par le mystère de l'Église : ce texte répond aux interventions qui avaient marqué les six séances du 1er au 7 décembre 1962 : cardinaux Doepfner, Montini, Suenens. Ce nouveau document est accepté comme base de discussion, à la quasi unanimité, le 1er octobre 1963. Le document est adopté le 21 novembre 1964. Voir J. MEDINA ESTEVEZ, *La costituzione sulla Chiesa*, dans *Teologia dopo Vaticano II*, p. 123-150; Ch. MOEHLER, *Storia della struttura e delle idee della* Lumen gentium, *ibid.*, p. 151-190. Philips, *op. cit.*, p. 17-47; CONGAR, *Concile*, p. 95 sq.

Abréviations : *PG* : Patrologie grecque; *PL* : Patrologie latine, de Migne. *GCS* : Grieschische christliche Schriftsteller, Berlin; *CSEL* : Corpus scriptorum ecclesiasticorum latinorum; *S. chrét.* : Sources chrétiennes, Paris; Bibl. aug. : Bibliothèque augustinienne; *CC* : Corpus christianorum, Turnhout.

pent une place particulière, dix-huit fois plus importante que dans le schéma *De Ecclesia* du premier concile du Vatican. Au total, 121 références qui complètent les 432 rappels du texte biblique. Ceux-ci utilisent toujours, pour le Nouveau Testament, le texte grec original et non la Vulgate et font une part majeure à Paul, aux épîtres pastorales (plus du tiers). Le texte recourt aux Pères apostoliques à 25 reprises, dont 17 pour Ignace d'Antioche; et cette fois, les textes conciliaires utilisent les conclusions établies par les philologues. La même remarque vaut pour Irénée (cité 10 fois), que Vatican I utilisait avec une inévitable imprécision; l'épître à Diognète figure dans ce petit corpus; on imagine que l'édition et le commentaire publiés par *Sources Chrétiennes* avaient redonné une force particulière à un texte longtemps négligé et même ignoré. Cyprien donne 4 citations et Augustin 25 : plus du cinquième du corpus patristique dans *Lumen gentium*. Les Grecs sont représentés 42 fois et la patrologie orientale 41 fois. Certes, le document conciliaire emprunte 27 fois aux textes du Moyen Âge, mais Thomas d'Aquin n'est utilisé que 16 fois. On ne s'attardera pas plus longtemps; qu'il suffise, comme une dernière concession aux coutumes quantifiantes des historiens modernes, de reprendre la statistique établie par Mgr Philips : 29 extraits des conciles œcuméniques (17 à Trente; 9 à Vatican I), 53 références à Pie XII (dont 12 pour *Mysteri corporis*) et 47 aux autres papes dont les textes, surtout les premiers cités, empruntent parfois à la tradition des Pères; les codes canoniques reviennent 17 fois[10]. On s'arrêtera à la part exceptionnelle faite à la patristique.

La constitution démontre une imprégnation des images de la littérature antique au point d'en refléter parfois l'esprit, même quand il ne cite pas expressément les textes. Ainsi, la première phrase de *Lumen gentium* évoque la lumière, cette luminescence, que l'Église reçoit du Logos : *claritate Christi super faciem Ecclesiae resplendente*. À l'évidence, les rédacteurs conciliaires évoquent, en ce cas, une image classique (par exemple, chez Augustin) qui interprète le soleil comme une image du Logos, dont la gloire se reflète sur la lune, symbolisant l'Église[11]. *Ex virtute Dei* : cette réminiscence, qui affleure sous le latin de la Constitution, atteste évidemment une familiarité avec les œuvres du IIIe ou du

---

[10] PHILIPS, *op. cit.*, p. 622.

[11] I,1; voir les *Tractatus in Joh.*, 89-98 d'Augustin (*CC*, 36; D. R. Willems, 1954, p. 548-587); voir aussi *Ennar. in Ps.*, 10, 3; 88,5. Tout le dossier est étudié par U. RAHNER, *Symbole der Kirche. Die Ekklesiologie der Väter*, Salzbourg, 1964, en particulier, p. 140-173.

IVe siècle [12]. Des savants belges ont cherché à reconnaître le vocabulaire que privilégie *Lumen gentium*. Ils citent : *Spiritus sanctus, populus, sanctus, caritas, fidelis, gratia* : ce sont les mots qu'utilisent les traités anti-donatistes d'Augustin et aussi ses *Ennarrationes in Psalmos*. Les dossiers scripturaires, composés pour la démonstration, empruntent aux modèles patristiques et valent comme des citations. Plus encore, c'est le mouvement même de la Constitution qui s'enracine dans la pensée d'Augustin, pour cette théologie de l'*Ecclesia peregrinans*. «J'entreprends maintenant, explique l'évêque d'Hippone», en ouvrant le onzième livre de la *Cité de Dieu*, «concernant les deux cités, d'exposer leur origine, leur développement, les fins qui sont les leurs» [13]. On retrouve la démarche de *Lumen gentium*, qui ne parle pas seulement de la «cité de Dieu», mais qui commence avec le mystère de l'Église, qui continue avec la situation d'itinérance du peuple de Dieu et qui s'achève en dessinant les fins de l'*una* et *sancta*.

I – MYSTERIUM ECCLESIAE

Lumen gentium, cum sit Christus, haec sacrosancta synodus, in Spiritu sancto congregata, omnes homines claritate eius, super faciem Ecclesiae resplendente, illuminare vehementer exoptat. Cette déclaration, et plus encore le titre du premier chapitre, présentent l'Église comme un mystère «dans son idée comme dans sa réalité, un don reçu d'en haut que l'analyse humaine n'arrivera jamais à pénétrer complètement» (H. de Lubac, p. 194). Le texte rompt avec les déclarations qu'illustraient habituellement les traités *De Ecclesia*, très attachés à une analyse juridique ou sociologique. D'emblée, il professe une ecclésiologie d'en haut (selon la jolie formule d'Acerbi) [14].

La définition de l'Église comme un *mysterium* reprend un thème élaboré par la patristique. Le mot indique le plan et le don de Dieu

[12] L'emploi de *virtus* pour désigner la puissance divine, suivait un usage ébauché, d'après les psaumes (37,11), par Tertullien et consacré au IVe siècle (Eusèbe de Verceil; Damase).

[13] *De civitate Dei*, XI, 1 (*Bibl. aug.*, 35; G. Combès, 1959, p. 34).

[14] A. ACERBI, *Due ecclesiologie. Ecclesiologia giuridica ed ecclesiologia di comunione nella* Lumen gentium, Bologne, 1975. Il fait référence, dans son titre, à J. HAMER, *La Chiesa è una comunione*, Brescia, 1964.

comme le font également les expressions équivalente placées en parallèle : *sacramentum*[15], *instrumentum, signum*. Toutes se réfèrent à cette
union intime avec Dieu par laquelle se réalise l'unité du genre humain.
Il y avait quelqu'audace à introduire, dans le vocabulaire de la théologie contemporaine, une élaboration patristique appliquant à l'Église le
vocabulaire du *mysterion* et du sacrement. Tout un mouvement théologique, qu'ébauchaient, au siècle dernier, J. A. Moehler et M. J. Schee-
ben, avait préparé cette acclimatation intellectuelle; il amenait Mgr
Semmelroth, en 1953, à présenter l'Église comme le sacrement primordial : *Ursakrament*. On sait que le cardinal Frings s'y référa avec la force d'une conviction méditée. Mais le texte utilise la théologie patristique
sans intermédiaire. L'expression *mysterion tes Ecclesias* s'enracine dans
la tradition des Pères et apparaît dans les *fragments sur Job* d'Origène,
qui y attachait toute une doctrine de la révélation et de l'économie du
salut[16]. Augustin, dans un traité contre les donatistes, déclarait que
l'Église des baptisés est le mystère de l'arche du salut[17]. Cette formule
conclut une longue évolution jalonnée par l'ecclésiologie d'Ignace d'Antioche, dans sa lettre à Smyrne, et aussi par la formule de Cyprien :
«l'Église est sacrement de l'unité»[18]. *Lumen gentium* fait référence au
commentaire qu'Augustin donne de l'évangile de Jean (12,32) : «Et moi,
une fois élevé de terre, j'attirerai tous les hommes à moi». Avec le simple parallélisme des deux formules (tel que l'organise Augustin) : *Mysterium Dei Christi, Ecclesia/ mysterium arcae salutis*, l'inspiration patristique donne une force particulière au christocentrisme, qui fonde toute
la constitution et que les premiers mots proclament avec une force particulière : *Lumen gentium, cum sit Christus*...

Dès le second paragraphe, le texte conciliaire place l'Église dans
l'économie du salut, l'*oikonomia*, comme dit Irénée de Lyon[19]. Il insiste
sur le plan universel voulu par le Père, que prolongent la mission et
l'œuvre du Fils, ainsi que la sanctification par l'Esprit. Tous ceux qui
croient dans le Christ, le Père a voulu les convoquer dans l'Église, pré-

---

[15] H. DE LUBAC, *Méditations sur l'Église*, Paris, 1953, p. 157.

[16] ORIGÈNE, *Fragment Job.*, 20, 15 (*PG*, 12, 1036 A).

[17] AUGUSTIN, *De baptismo contra Donatistas*, V, 28, 39 (*Bibl. aug.* 29; G. Finaert, 1964, p. 398-400).

[18] *Unitatis sacramentum* : CYPRIEN, *Ep.*, 69,6,1; v. aussi *Ep.*, 55,21 (Belles Lettres; Bayard, 1925, p. 243; p. 144); v. aussi AUGUSTIN, *Tract. in Joh.*, 26, 13 (*CC*, cité p. 267).

[19] *Adv. haer.*, III, 24, 1 (*S. chrét.*, 211; A. Rousseau et L. Doutreleau, 1974, p. 470); III, 12, 13, p. 236.

figurée dès l'origine du monde, préparée dans l'histoire du peuple d'Israël et dans l'antique Alliance. Pour illustrer un thème majeur qui appartient au patrimoine de l'ecclésiologie, les Pères conciliaires choisirent une référence explicite à saint Cyprien, dans l'une de ses lettres[20]. Ils empruntaient à l'évêque de Carthage une formule, déjà ébauchée par Tertullien et plus longuement développée par Augustin. Ainsi, ils insufflent la force de l'inspiration patristique, comme en témoigne aussitôt l'argumentation. L'Église universelle dans l'extension du temps est préfigurée dès l'origine du monde, *ab origine mundi praefigurata*. Il faut revenir au latin pour reconnaître l'inspiration de la formule, qui appartient au vocabulaire de le typologie : annoncée par un *typos*, ou comme dit Tertullien, par une *figura*, l'Église existe depuis l'origine. En 1958, dans la *Théologie du Judéo-christianisme*, Jean Daniélou, insistait sur la place exceptionnelle, que tient, dans la plus ancienne littérature chrétienne, la doctrine de l'Église : «Il semble même que cette place soit beaucoup plus grande que ce qu'elle sera dans la théologie patristique et médiévale»[21]. En un mot, pour ces premiers témoins, l'Église est une «entité théologique». Ils la considèrent préexistante, première des créatures : le thème, enraciné dans les spéculations de l'apocalyptique juive, passé dans la pensée chrétienne, trouve une expression épurée, dès la petite apocalypse rédigée au IIe siècle par Hermas, *Le Pasteur* : «Le monde a été créé en vue de l'Église»[22]. Le savant français pense retrouver le souvenir de traditions palestiniennes les plus anciennes : dans les *Textes choisis des Prophètes*, que recueille à la fin du IIe siècle Clément d'Alexandrie; ce dernier y explique qu'il faut interpréter le ciel et la terre, dans le premier verset de la Genèse, comme les réalités spirituelles et les réalités charnelles; les eaux célestes désignent l'Esprit saint[23]. Avant même l'origine du monde, l'Église se préparait, «ô Dieu, en ta présence» : une formule du sacramentaire de Vérone, traduit, au VIe siècle, dans les termes simples de la prière, la théologie des Pères latins[24]. *Ab origine mundi* : la constitution ne cherche évidemment pas

---

[20] *Ep.*, 64,4 (Bayard, p. 215).

[21] J. DANIÉLOU, *Théologie*, p. 317.

[22] HERMAS, *Pasteur*, 8, 1, 2 *Vis.*, II, 4,1 (S. chrét., 53, R. Joly, 1958, p. 96) : sur l'Église, première des créatures, DANIÉLOU, *Théologie*, p. 321.

[23] CLÉMENT, *Textes choisis*, III, 1, 3; 137-138 : DANIÉLOU, *ibid.*, p. 325.

[24] Le Sacramentaire de Vérone, on le sait, a été attribué au pape Léon : c'est un recueil, dont les plus anciennes prières remontent au Ve siècle, il a été édité par L. C. Mohlberg, Rome, 1966 : formule 921, p. 116.

à esquisser une cosmologie chrétienne; mais elle conserve, dépouillée de toute une imagerie ancienne, le mouvement décisif d'une théologie de l'histoire humaine. *Fœdere antiquo mirabiliter praeparata* : l'argumentation progresse en suivant le développement de l'histoire humaine et en reprenant, dans ce second temps, un thème communément illustré par la théologie du IIIe siècle et du IVe siècle : Cyprien, Hilaire de Poitiers[25]. La Loi, rappelle ce dernier en commentant l'Écriture, contenait en elle-même l'image de la Vérité à venir. Un troisième développement embrasse tout le temps qui précède l'Incarnation; il reprend explicitement une citation de Grégoire le Grand, dans son commentaire des Évangiles : *ecclesia ab Abel*. L'Église commence d'Abel le juste jusqu'au dernier élu. Le pape du VIe siècle emprunte, comme souvent, à Augustin : *Abel fuit initium civitatis Dei*, explique l'évêque d'Hippone, engagé à l'époque dans la controverse contre Pélage[26]. En 1952, quelques années avant le concile, le Père Congar illustrait la force du thème ecclésiologique, dont il jalonnait le développement de l'Antiquité au Moyen Âge[27]. L'argumentation de tout cet exposé progresse avec les références patristiques, en avançant successivement les thèmes qui illustrèrent, du IIe siècle au VIe siècle, la place de l'Église dans l'économie du salut.

Le quatrième paragraphe du premier chapitre insère, dans le mouvement de cette théologie de l'histoire, une méditation sur l'Esprit qui prend appui sur Irénée de Lyon : «L'Esprit redonne perpétuellement jeunesse à l'Église»[28]. Cette expression de la spiritualité patristique illustre une tradition ancienne, qui associait la Pentecôte à la célébration du baptême[29]. Mais *Lumen gentium* organise un dossier scripturaire

---

[25] CYPRIEN, *Ep.*, 64, 4 (Bayard, p. 215); HILAIRE DE POITIERS, *In Matthaeum*, 23, 6 (*S. chrét.*, 258; J. Doignon, p. 159). Voir, déjà, le commentaire d'origène sur le *Cantique* (*S. chrét.*, 37 bis, O. Rousseau, 1966).

[26] GRÉGOIRE, *Hom. in Evang.*, 19, 1 (*PL* 76, 1154). Ce thème a été défini par AUGUSTIN, *De peccato orig.*, 24, 28 ; 26, 30, 31; où il note l'extension de l'Église à la totalité du temps et des hommes (*Bibl. aug.*; 22, J. Plagnieux et F. J. Thonnard, 1975, p. 212-223) *Enn. in Psalm.*, 142, 3; *CC*, 40; E. Dekkers et J. Fraipont, 1956, p. 2061; *Serm.*, 341, 9, 11 (*PL* 39, 1499).

[27] Y. M. CONGAR, *Ecclesia ab Abel*, dans *Festschrift K. Adam*, Düsseldorf, 1952, p. 79-108 ; v. aussi, *l'Ecclésiologie du haut Moyen Âge*, Paris, 1968, p. 69; p. 329; v. note 41.

[28] *Adversus haereses*, III, 24,1 (cité note 19) : *ubi enim Ecclesia, ibi et Spiritus Dei et ubi Spiritus Dei, illic Ecclesia et omnis gratia.*

[29] DANIÉLOU, *Théologie*, p. 409.

(*Jean* 17,4, *Éphésiens* 2,18, *Jean* 4,14 et 7,38-39, etc.) que complète, un peu plus loin, dans un exposé sur le corps mystique, une nouvelle référence à l'Esprit : pour que nous nous renouvelions continuellement en Lui (*Éphés.* 4,23), «Il nous a fait participer à son Esprit, unique et identique dans la tête et dans les membres, Lui qui donne à tout le corps, vie, unité et mouvement»; les Pères comparaient sa fonction avec celle qu'exerce le principe vital, l'âme, dans le corps humain[30]. On reconnaît déjà les références à ce thème dans l'exposé de l'encyclique *Mystici Corporis* en 1943. En 1960, le Père Tromp, depuis longtemps associé à tout le mouvement théologique qui a enrichi la méditation contemporaine sur l'Esprit, publiait un grand traité sur le Corps mystique, en compilant une somme de littérature ancienne. La constitution renvoie, sans plus de précision, aux saints Pères, qui ont élaboré l'argumentation scripturaire dont elle fait usage[31]. Malgré cette ellipse, on identifie aisément les sources de *Lumen gentium* : car, en comparant le rôle de l'Esprit à celui de l'âme dans le corps humain, les rédacteurs de la constitution reprennent le raisonnement théologique développé par Didyme, par Jean Chrysostome et par Augustin; la constitution ne s'attarde pas aux spéculations complexes sur l'âme incréée de l'Église[32]. Elle s'en tient à une théologie biblique, telle qu'elle est illustrée par Paul (*Éphés.*, 5,22) et commentée par Augustin : «ce qui est notre esprit, notre âme, l'Esprit Saint l'est aux membres du Christ ou du Corps du Christ qui est l'Église. Il est l'Esprit de l'unité». Dans cette économie du salut, *Lumen gentium* a nommé successivement les trois personnes divines. Un texte de Cyprien, emprunté au commentaire de l'oraison dominicale, rappelle la nature transcendante de l'unité ecclésiale. L'*Ecclesia* apparaît ainsi comme le peuple, réuni dans dans l'unité du Père, du Fils et de l'Esprit[33]. *Ecclesia de Trinitate*; le thème patristique[34] en

---

[30] LG, I, 7 : *dedit nobis de Spiritu suo, qui unus et idem in capite et in membris existens, totum corpus ita vivificat, unificat et movet, ut eius officium a sanctis Patribus comparari potuerit cum munere, quod principium vitae seu anima in corpore humano adimplet.* Voir S. TROMP, *De Spiritu Christi anima*, Rome, 1960.

[31] DIDYME, *De Trinit.* 2,1 (*PG*, 449-451); sur l'authenticité, M. GUEERARD, *Clavis Patrum Graecorum*, Turnhout, 1974, II, n. 2570; JEAN CHRYSOSTOME, *In Eph. Hom.*, 9, 5 (*PG* 62, 72); AUGUSTIN, *Serm.*, 268,3 (*PL*, 38, 1232); *In Joh.*, 26,13 (éd. citée, p. 266).

[32] Comme le note G. PHILIPS, p. 105.

[33] CYPRIEN, *De orat. Dom.*, 23 (*CSEL*, 3; G. Hartel, 869, p. 285). Voir aussi, cité en note, AUGUSTIN, *Serm.*, 71, 20, 35 (*PL* 38, 463).

[34] PHILIPS, p. 87.

annonçant un motif privisoirement mineur (*de unitate... plebs aduna-ta*) donne une force neuve à cette illustration du mystère qu'est l'Égli-se.

La constitution *Lumen gentium* dresse, pour compléter l'exposé, une liste des figures bibliques, des *testimonia* sur l'unité ecclésiale. On y retrouve un petit traité de typologie, inspiré par la littérature des premiers siècles chrétiens. On connaissait beaucoup mieux, à la veille du concile, la patristique syriaque qui use volontiers de ces images[35]; mais la tradition grecque et latine suffisait pour interpréter les figures de l'Église, énumérées dans la constitution : *Variis imaginibus intimae Ecclesiae natura...* La constitution évoque la vie pastorale, le troupeau avec son berger, en prenant son inspiration chez les prophètes Isaïe ou Ézéchiel[36]. Suit l'évocation de l'*ager Dei*, comme dit Paul, la plantation de l'Église avec l'olivier, le palmier et plus encore la vigne qui appartient à la tradition de Jean; toutes ces expressions viennent de la littérature judéo-chrétienne : et par elle, elles s'expriment dans cette langue commune qui évoque, de l'Ancien au Nouveau Testament, le jardin paradisiaque où se retrouve un Israël rénové et sanctifié. Jean Daniélou avait indiqué comment les textes de Qumran jalonnaient le cheminement d'un thème orchestré par les chrétiens[37]. *Lumen gentium* reprend également la figure de la *domus*, l'édifice de Dieu, en citant l'Épître aux Corinthiens (*I Cor.*, 3,9), dont le Christ est la pierre angulaire. Les Pères ont glosé avec une attention particulière l'un des plus anciens *testimonia*. Cet exemple suffit pour mesurer les échanges féconds entre l'Écriture et la patristique; Tertullien, dans la tradition latine, Origène, pour les Grecs, orchestrèrent un thème de l'ecclésiologie ancienne, qui trouva une force éclatante avec Augustin, comme le montrait, peu après le Concile, une étude du Père Ratzinger[38]. La *Constitution* évite l'image de la cité, peut-être pour rester plus étroitement liée à la typologie de l'an-

---

[35] Voir la bibliographie sur l'état des études syriaques, à la veille du concile, dans I. ORTIZ DE URBINA, *Patrologia siriaca*, Rome, 1958, p. 22-29.

[36] Sur l'iconographie, voir W. N. SCHUMACHER, *Hirt und Guter Hort*, dans *Römische Quartalschrift*, Suppl. 34, Rome, 1977.

[37] J. DANIÉLOU, *Sacramentum futuri*, p. 17; H. DE LUBAC, *Catholicisme*, p. 149 sq. (chapitre VI : Figures de l'Église). Sur le jardin, HIPPOLYTE DE ROME, *In Daniel.*, I, 17 (S. chrét., 14; G. Bardy, 1947, p. 103).

[38] J. RATZINGER, *Volk und Haus Gottes in Augustins Lehre von Kirche*, 1971; trad. italienne, *Popolo e casa di Dio*, Milano, 1978, p. 247-255. Voir ORIGÈNE, *In Matth.*, 16, 21 (GCS, 40; E. Benz, 1935, p. 546-547). L'analyse des figures de style tentée par M. SEMERARO, dans *Lateranum*, 54, 1988, p. 106-118, ne paraît guère pertinente, en ce cas.

cienne patristique. La référence à l'épouse, l'épouse immaculée de l'Agneau, conclut l'exposé en s'inspirant de l'Apocalypse et de l'Épître aux Éphésiens. L'ecclésiologie judéo-chrétienne (la deuxième épître, attribuée à Clément) donnait un développement particulier à cette figure biblique, en associant Paul avec une péricope de la Genèse (2,7)[39]. Toute cette élaboration, ces procédés typologiques de l'exégèse appartiennent aux Pères et l'accumulation des figures ecclésiales illustre un retour délibéré à la plus ancienne tradition : la théologie biblique organisée par le commentaire des Pères.

Bien entendu, cette inspiration n'implique aucunement archaïsme : après la sylloge des figures bibliques, la Constitution enchaîne sur une réflexion qui illustre la force intime cimentant la construction de l'Église : dans la fraction du pain eucharistique, en participant réellement au corps du Christ, nous sommes élevés à la communion avec Lui et à la communion entre nous. On pourrait, pour cette théologie eucharistique du corps mystique, identifier les multiples témoignages de la pastorale dans l'ancienne Église, à commencer par l'épître de Clément ou même par l'éloge funéraire de l'évêque phrygien Abercios, au IIe siècle[40]. La Constitution reprend le thème, en illustrant la fonction de l'évêque qui préside à l'eucharistie (*LG* 26). En ce cas, *Lumen gentium* emploie des modes d'expression qui rappellent l'ecclésiologie augustinienne, celle que l'évêque d'Hippone employait contre les Donatistes, lorsqu'il opposait aux schismatiques la *communio sacramentorum*, l'unité eucharistique de l'*Ecclesia*. Ainsi, tout ce développement sur le mystère de l'Église utilise, comme une illustration privilégiée, quelques-uns des éléments essentiels de la doctrine patristique.

II – L'ITINÉRANCE DE L'ÉGLISE

Telle est l'unique Église du Christ, elle est en ce monde une communion (comme l'annoncent les images citées par *Lumen gentium* : le troupeau, la demeure fondée sur la pierre d'achoppement, construite de vivantes pierres) : c'est le peuple que le Seigneur s'est choisi (II,9). Le mouvement de la Constitution (*LG*, de 8 à 37) évoque l'Exode du

---

[39] DANIÉLOU, *Théologie*, p. 326 sq. : voir PS. CLÉMENT, *Ep.* 2, 14,2.
[40] CLÉMENT, *Ep. Corinth.*, 38, 1-4 ; 46, 7 ; 48,6 (*S. chrét.*, 167 ; A. Jaubert, 1971, p. 162-164 ; 176-180) ; pour Abercios, M. GUARDUCCI, *Epigrafia greca*, IV, Rome, 1978, p. 377 sq.

nouvel Israël, la pérégrination de l'Église. Pour illustrer cette situation d'itinérance, *Lumen gentium* emprunte à la *Cité de Dieu : inter persecutiones et consolationes Dei peregrinando percurrit*[41]. La constitution définit explicitement l'ambivalence de cette unique Église, à la fois *Ecclesia terrestris* et l'*Ecclesia cœlestibus bonis insita* : les deux côtés de l'Église forment une réalité complexe (*unam realitatem complexam*). Le dernier mot atteste l'inspiration augustinienne de cette ecclésiologie. Un congrès en 1954 consacré à Augustin (*Augustinus magister*), les analyses de H. Marrou[42], celles du P. Ratzinger donnaient à la doctrine de l'évêque africain une force particulière dans les années qui précédèrent le concile. À la même époque, le P. Congar utilisait, avec précaution, l'analogie de l'union hypostatique pour expliciter l'unité de l'Église terrestre et céleste[43].

Lumen gentium précise : *haec Ecclesia* (l'Église que confesse le Symbole) *subsistit in Ecclesia catholica* (l'Église catholique de ce temps). Les traductions du verbe latin glosent, de l'allemand *verwiklicht* à l'italien *sussiste* ou au français *subsiste*, la même analyse. Les rédacteurs souhaitaient délibérément ne pas confondre l'*Ecclesia*, l'Église spirituelle, avec ce que Reuter, en étudiant la théologie augustinienne de l'histoire, appelait l'*empirischekatholische Kirche*. La constitution n'entend pas opposer l'Église visible et l'Église céleste et elle rappelle, après les avoir l'une et l'autre citées, l'analogie tirée de la christologie, qui implique le mystère du Verbe incarné : l'organisme social de l'Église sert à l'Esprit du Christ qui la vivifie pour la croissance du corps. En professant que le Saint Esprit est l'âme du corps mystique, la Constitution retrouve un thème augustinien. Les rédacteurs précisent la source de leur inspiration dans un commentaire (*LG* 8 B) qui glose le précédent paragraphe (8 A). L'Église accueille en son sein des pécheurs, elle est sainte et en même temps elle a toujours besoin d'être purifiée : *Ecclesia in proprio sinu peccatores complectens, sancta simul et semper purificanda*. Le thème de l'Église sainte, auquel se rapporte à

---

[41] *Civ. Dei*, XVIII, 51,2 (*Bibl. aug.*; 36, G. Combès, 1960, p. 70) : *ab ipso Abel, quem primum iustum impius frater occidit... et deinceps usque in huius saeculi finem...*

[42] Critiquant H. REUTER, *Augustinische Studien*, Gotha, 1887, p. 106-150, voir H. MARROU, *L'ambivalence du temps de l'histoire chez saint Augustin*, (conférences Albert le Grand, 1950), Montréal-Paris, 1960.

[43] Y. M. CONGAR, *Dogme christologique et ecclésiologie...*, dans *Das Konzil von Chalkedon*, III, éd. par A. Grillmeier et H. Bacht, Würzburg, 1954, p. 239-267.

la lettre aux Éphésiens, la définissant sans tache, sans rides, accompagne l'évocation de cette société visible portant en elle les pécheurs. *Casta meretrix*, la chaste prostituée, Rahab, le *corpus permixtum* : toutes ces images servent à Augustin, surtout dans les traités antidonatistes, mais également dans la *Cité de Dieu*, pour illustrer la complexité de l'*empirischekatholische Kirche*[44]. La même analyse revient peu après dans le cours du texte, lorsque *Lumen gentium* note qu'il y a des chrétiens qui appartiennent à l'Église par la chair, *corpore* et non par le cœur, *corde*. Comme le rappelle le P. Ratzinger dans son livre sur la *domus Dei*, la distinction appartient également à l'évêque d'Hippone. Cette référence à Augustin donne au document un ton nouveau qui tranche sur les exposés souvent triomphalistes des traités ecclésiologiques du XIXᵉ et du XXᵉ siècle. La constitution conciliaire trouve toute la force de la nouveauté dans le retour à la tradition.

Lumen gentium en donne un autre témoignage, lorsque le texte cherche à définir l'unité de la communauté ecclésiale qui pérégrine dans ce monde. Le texte consacre de longs paragraphes (de 9 à 17) à illustrer la place de l'Église dans l'histoire du salut et à décrire son cheminement. Les Pères du Concile ont écarté l'expression qu'appelait le contexte augustinien : ils ne parlent pas de la *civitas dei*, la cité de Dieu; ils souhaitaient sans doute une expression qui évoquât plus sensiblement une communauté humaine. On préféra (à la suggestion du cardinal Marty, dit-on) forger une expression qui exprimât l'unité de la collectivité ecclésiale en exode : *populus messianicus*[45]. La formule, malgré le néologisme, trouve un accent biblique. Car le thème du peuple s'appuie sur tout un répertoire des textes scripturaires, souvent commentés par les Pères : nouvel Israël, comme disent les anciens *Testimonia* identifiés par Jean Daniélou[46]. Dès l'orée de *Lumen gentium*, l'image affleurait (*plebem sibi eligit*); elle est désormais orchestrée et analysée, en précisant que le peuple a pour condition la liberté et la dignité des fils de Dieu, pour loi le précepte nouveau d'aimer comme Christ nous a

---

[44] Voir déjà HILAIRE, *Tract. myst.*, 2, 8-9 (*S. chrét.*, 19; J. P. Brisson, 1947, p. 152); AUGUSTIN, *Brev. collat.*, XIII, 25 (*Bibl. aug.* 32; G. Finaert, 1965, p. 194). Sur le thème de Rahab, J. DANIÉLOU, *Sacramentum futuri*, p. 217 sq. Ce thème est repris dans *LG*, II, 13.

[45] Y. M. CONGAR, *Concile*, p. 23, rapproche l'expression de l'épître à Diognète; sur l'inspirateur de l'expression, p. 135.

[46] Tout un dossier néotestamentaire, bien entendu : *Rom.*, 4, 25; 8; 21; *Col.*, 3,4; *Jean*, 13, 34. Voir pour les apologètes, l'exemple de JUSTIN, *Dial.*, 111,5 (trad. G. Archambault, 1909, p. 171 sq.). J. DANIÉLOU, *Message évangélique*, p. 185 sq.

aimés (d'après Jean, 13,34), pour fin, le royaume de Dieu. Ce sont les traits du peuple d'Israël réinterprétés dans la nouvelle alliance, tels que les décrit, en résumant toute une tradition antérieure amorcée par les Apologètes, Augustin d'Hippone[47].

Pour définir la nature particulière de ce peuple, sa signification sacramentelle, la constitution revient sur une formule de Cyprien : le Christ a constitué et convoqué l'Église afin qu'elle soit pour tous et pour chacun le sacrement de cette unité salutaire; *ut sit singulis et universis sacramentum invisibile huius salutiferae unitatis*[48]; le peuple des baptisés forme le temple spirituel habité par l'Esprit, la *domus Dei*; les deux images se complètent suivant une association, qui introduit la référence au sacerdoce royal de la *Prima Petri* (II, 9)[49], pour évoquer non seulement le sacerdoce spirituel et intérieur des fidèles, mais aussi pour évoquer la participation des laïcs au culte, à la mission prophétique, au service du Christ dans sa gloire. L'assemblée des saints (*congregatio sanctorum*), explique Augustin[50], est offerte à Dieu comme un sacrifice universel par le Grand Prêtre qui... est allé jusqu'à s'offrir pour nous dans sa passion, pour faire de nous le corps d'une si grande tête... Tous sont... oints en raison du chrême mystique (du baptême), ainsi tous sont prêtres parce qu'ils sont les membres d'un seul prêtre. *Lumen gentium* précise que le sacerdoce commun des fidèles et le sacerdoce ministériel, dans leur différence essentielle (qui n'est pas seulement une différence de degré), sont ordonnés l'un par rapport à l'autre puisque, chacun selon son mode propre, ils participent l'un et l'autre de l'unique sacerdoce du Christ. Les baptisés concourent à l'offrande de l'eucharistie, comme le rappelle la *Cité de Dieu*, au livre XVII[51]. De la même façon, la Constitution rappelle, avec Jean Chrysostome[52], que les familles s'établissent en petites églises domestiques. Et, avec une citation du *De praedestinatione sanctorum* (Augustin, 14,27), elle évoque le sens de la foi chez les fidèles (*sensus fidelium : LG*,II,12),

---

[47] Voir le dossier réuni par J. RATZINGER, p. 145 (trad. ital.).

[48] *Ep.*, 69, 6, 1 : v. note 18.

[49] Dès 1939, L. CERFAUX, *Regale sacerdotium*, dans *Rev. sc. phil. th.*, 28, 1939. Voir aussi les textes pontificaux, en particulier ceux de Pie XI, cités (LG, II, 10). Le cardinal de Lubac souligne le rôle de Mgr Garrone : *art. cit.*, p. 199).

[50] *Civ. Dei*, X, 6 (*Bibl. aug.* 34; G. Combès, 1959, p. 447).

[51] *Civ. Dei*, XVII, 5,5 (*Bibl. aug.*, 36, G. Combès, 1960, p. 387), XX,10 (37, p. 245); voir aussi JEAN CHRYSOSTOME, *In II Cor. hom.*, 3, 7 (*PG*, 61 416-417).

[52] *In Gen. hom.*, 2,4 (*PG*, 53, 31).

leur vocation prophétique, qui constituent les dons charismatiques du peuple de Dieu. Le concile a voulu, avec une argumentation détaillée, définir la participation collective des fidèles à un sacerdoce commun. Cette analyse avait été réintroduite dans le débat ecclésiologique par Newman, qui puisait dans toute la tradition patristique. En 1962, le cardinal Montini invitait le concile à faire une place particulière au motif ecclésiologique du sacerdoce des baptisés[53].

L'image du peuple illustre la catholicité de l'Église en retrouvant les accents de la plus ancienne tradition : *as novum populum Dei cuncti vocantur homines.* Car le texte en appelle à une catholicité dans le temps et dans l'espace, ce que Irénée de Lyon nomme la récapitulation[54]. Comme le note le P. Ratzinger, cette ouverture démontre un réalisme théologique qui écarte toutes les spéculations de Jansenius[55] et toute la rigueur d'un augustinisme dévoyé. C'est le ton d'Eusèbe de Césarée qui annonce la réception et la conversion des païens, dans la *préparation évangélique*[56] : l'appel à la mission dans *Lumen gentium* (II,17) en retrouve l'optimisme, lorsqu'il insiste sur le rôle des chrétiens dans ce monde, auquel ceux que le Seigneur appelle bienheureux, les pauvres, les doux et les pacifiques, apportent les fruits de l'esprit, comme le dit Paul dans l'Épître aux Galates (5,22) ou encore l'épître à Diognète[57].

Dans tout le mouvement du texte, *Lumen gentium* évite de présenter d'emblée l'Église comme une société hiérarchique (malgré les suggestions pressantes des traités ecclésiologiques antérieurs au concile). La constitution renverse l'ordre habituel de l'exposé ; car le concile sou-

---

[53] Le thème du *sensus fidelium* appartient également à la patristique grecque : BASILE, *Contra Eunom.*, 3, 1 (*S. chrét.*, 305, B. Sesboüé, 1983, p. 144); GRÉGOIRE NAZ., *Ep.*, 102 (*S. chrét.*, 208; P. Gallay, 1974); Augustin y revient souvent : *Ep.*, 194, 7; *Contra Jul.*, 1, 7, 31 (*PL* 44,162); *Contra Faust.*, 11,2 (*PL* 42, 246); *Opus imperf.*, 1, 19 et 33 (*PL* 45, 1058). Après Augustin, CASSIEN, *De Incarn.*, 1, 6 (*CSEL*, 17; M. Petschenig, 1888, p. 245), VINCENT LÉR., *Comm.*, 24 (*PL* 50,670). Le dossier des textes avait été pris par G. Thils et par Y. M. CONGAR, *Jalons*, p. 450-453.

[54] *Adv. haer.*, 13, 16, 6; 22,1-3. Pour illustrer l'universalité de l'Église, le texte cite la traduction latine de JEAN CHRYSOSTOME, *In Joh., hom.*, 63,1 (*PG* 59, 361) : *qui Romae sedet, Indos membrum suum esse.*

[55] *Op. cit.*, p. 327.

[56] Dans le texte (*LG* II, 16), la référence est explicite : *ab Ecclesia tamquam praeparatio evangelica aestimatur.*

[57] A DIOGNÈTE, « (*S. chrét.*, 33; H. Marrou, 1951, p. 64-66) :

haitait donner une théologie mystique de l'Église et éviter une démarche rappellant un exposé juridique; il y avait, en ce choix, toutes les raisons d'une atmosphère spirituelle; mais aussi celle de la logique, qui suggérait d'enchaîner, d'un concile à l'autre, la progression de la réflexion chrétienne. Aux définitions, données par le premier concile du Vatican sur l'infaillibilité pontificale, la démonstration ecclésiologique du second concile n'avait pas nécessité d'ajouter une nouvelle démonstration. Elle se réfère au dogme à deux reprises (*Lumen gentium*, III, 13 et 22), en ajoutant au dossier des arguments une référence à Ignace d'Antioche[58].

Pour définir un texte sur la constitution hiérarchique de l'Église, le concile disposait d'excellents documents préparatoires; car les experts et tous ceux qui avaient été appelés à élaborer les études préliminaires pensaient que le nouveau concile, en prenant le relais précédent, traiterait nécessairement des évêques, des prêtres (pour lesquels avait été compilé un dossier dès 1964). Dans cet exposé, l'argumentation patristique occupe une place notable : pour illustrer l'institution des ministères, *Lumen gentium* (III,20) en réfère à Clément de Rome et aussi à Ignace d'Antioche[59] : le débat avec les Réformés avait depuis longtemps appelé l'emploi de ces références. La même remarque vaut pour la succession apostolique et ses liens avec l'épiscopat (*LG* 20 et 28) : la constitution cite tout spécialement Irénée[60]. Le grand traité de l'évêque de Lyon appuie également ce theologoumenon de la tradition apostolique. Avec cette argumentation, *Lumen gentium* édifie une image de l'évêque, enseignant (*LG* 25 et 28), sanctifiant, gouvernant[61]... Pour définir ce triple office, le texte utilise spécialement le théologien de l'épiscopat, Cyprien de Carthage : le pasteur agit pour conduire son église : *in per-*

---

[58] *Ad Rom., praef.* (*S. chrét.*, 10; P. Th. Camelot, 1969, p. 106-108) : Ignace s'adresse «à l'Église qui préside dans la région des Romains, digne de Dieu, digne d'honneur, digne d'être appelée bienheureuse, digne de succès, digne de pureté, qui préside à la charité, qui porte la foi du Christ, qui porte le nom du Père» (début du IIe siècle).

[59] IGNACE, *Ep. Philad., Praef.*, 1,1 (éd. citée; p. 120); *Ep. Magnes.*, 6,1 (*Idem*, p. 84). CLÉMENT DE ROME, *Ep. Corinth.*, 42, 3-4; 44, 3-4; 57,1-2 (éd. citée note 40; p. 168-170,; p. 172; p. 190).

[60] *Ut Testatur S. Irenaeus*, dand *Adv. Haer.*, III, 3,1. On a noté les souvenirs de Tertullien, *Praescr. haer.*, 32 : dans la formule : *apostolici semines traduces habent*; voir le commentaire de K. RAHNER, *Lexikon*, p. 216; Philips, p. 214.

[61] Sur cette image de l'épiscopat : H. SCHAUF, *Das Leitangsamt der Bischöfe zur Textgeschichte der Konstitution L.G.*, dans *Ann. hist. conciliorum*, suppl. 2, 1975.

sona Christi[62]. Une belle formule empruntée à la liturgie byzantine définit le rôle du sacerdoce suprême : son titulaire est *œconomus gratiae*, ordonné à la mission de sanctifier. Les témoignages de la liturgie ancienne explicitent comment il est consacré, pour la célébration de l'eucharistie : le texte conciliaire évoque la *Tradition apostolique*, le petit traité qu'Hippolyte de Rome rédige au début du IIIe siècle et aussi une formule du Sacramentaire Léonien[63], beaucoup plus tardive, comme l'est également l'Euchologe byzantin.

Pour le second ordre du sacerdoce (*LG* 28), *Lumen gentium* donne un assez long développement qui utilise Cyprien, avec Ignace[64]; mais l'argumentation est sélective : la constitution n'exploite pas toutes les virtualités qu'implique, dans la littérature ancienne, le thème de la collégialité presbytérale à laquelle la tradition antique donne le nom de *presbyterium*. Enfin, le paragraphe consacré aux diacres s'achève sur le conseil que Polycarpe donnait à ces ministres, affectés aux offices de l'assistance et de la charité : *omnium minister factus est*[65]. La description de l'office diaconal indique également une évolution de la discipline; le concile prévoit une restauration de l'office ministériel comme un grade permanent de la hiérarchie. Les multiples études sur le diaconat, qui ont pu inspirer la constitution, utilisaient l'expérience de l'Église ancienne. Dans tous ces développements, le concile utilise une méthode d'analyser et d'argumenter, ébauchée depuis le concile de Trente, qui s'employait à opposer la tradition ancienne aux contestations des protestants.

Lumen gentium pousse plus avant cette démarche en insistant sur la collégialité épiscopale. Le vocabulaire, à l'époque moderne, réservait au groupe cardinalice l'expression de sacré collège. Dans la constitution, *Collegium* s'applique aussi à l'épiscopat; elle cite Léon le Grand qui définit, dans un sermon, comme une *congregatio pontificum*, l'ensemble des évêques au service du Seigneur[66]. Dans la tradition patristi-

---

[62] *LG*, III, 21 et 27 : CYPRIEN, *Ep.*, 63, 14 : *Sacerdos vice Christi vere fungitur* (Bayard, p. 209).

[63] *LG*, III, 26; *Tradition apostolique*, 2-3 (*S. chrét.*, 11 bis; B. Botte, 1984, p. 41-43) *Sacram. Veronense (Léonien)*, formule 947, p. 119.

[64] *LG*, III, 28; CYPRIEN, *Ep.*, 11,3 : *fraternitas in unum animata* (Bayard, p. 29). IGNACE, *Ep. Philad.*, 4 (éd. citée; note 58, p. 123).

[65] POLYCARPE, *Ep. Phil.*, 5, 2 (*S. chrét.*, citée note 58; p. 182).

[66] *LG*, III, 21; LÉON, *Serm.*, 5,3 (*CC*, 138; A. Chavasse, 1973, p. 23).

que, et tout particulièrement sous la plume de Cyprien, la collégialité assure l'unité pour la prédication de la foi. Car il faut entendre, avec les Pères qui inspirent ce texte, que le collège épiscopal ne forme pas une unité juridique supérieure, puisque toute église particulière est l'Église, comme l'établissent, pour définir l'église locale, les références à Cyprien et aussi à Augustin[67]. Au total, le développement sur la constitution hiérarchique de l'Église utilise un dossier patristique solidement organisé, pour argumenter la théologie des ministères, alors que dans les longs développements sur le laïcat, les Pères conciliaires n'ont pas cherché à se référer à la littérature ancienne. Depuis le concile de Trente, l'ecclésiologie catholique oppose aux protestants l'histoire des premiers siècles de l'Église. Mais Vatican II en utilise beaucoup plus sûrement les exemples. Mais il s'agissait de restituer la tradition dans sa plénitude : en ajoutant une longue méditation sur les ministres qui servent au bien de tout le corps, la constitution rappelle l'égale dignité de tous les fidèles, dans la distinction des charismes et des offices. Les nécessités de l'apologétique contre la Réforme avaient assourdi la voix d'une tradition biblique : celle du livre de l'*Exode* (19,6), d'*Isaïe* (43,20 et 31), de l'épître de Pierre et encore dans l'*Apocalypse* (1,6 et 5,10) : *Il a fait de nous un royaume de prêtres pour son Dieu et Père.* L'exposé sur l'Église de ce temps a commencé en parlant du peuple messianique, peuple de Dieu et nouvel Israël. Il s'achève en citant un très beau texte de l'ancienne littérature chrétienne; l'épître à Diognète, un petit écrit anonyme du IIe siècle, qui rappelle le rôle des chrétiens appelés à la sainteté en ce temps de pérégrination : ce que l'âme est pour le corps, les chrétiens le sont pour le monde.

---

[67] CYPRIEN, *Ep.*, 56,3, cité par *LG*, III, 22 : *sententia multorum consilio ponderata* (Bayard, p. 154). Autre allusion à CYPRIEN, *Ep.*, 55,24, qui inspire la belle formule : *in quibus et ex quibus una et unica Ecclesia* (*LG* III, 23); v. aussi *Ep.*, 66, 8. Avec *LG*, III, 26 : AUGUSTIN, *Contra Faustum*, 12, 20 (*PL*, 42, 265). *LG* III,23 cite Célestin, dans la lettre du pape confiée aux légats pour le concile d'Éphèse : *Epistula «Spiritus Sancti»* : E. SCHWARTZ, *Acta conc. œcum.*, Berlin, 1925, I, 1, *Coll. Veronensis*, VII, 1-7, p. 22-24 : *omnibus commune Christus mandatum dedit.* En 1965, la collection *Unam sanctam* (52), publiait, sous la direction du P. Congar, un recueil : *La collégialité épiscopale.* Voir en particulier l'étude de J. LÉCUYER, p. 43-57.

III – Unam sanctam

Le VIIe chapitre de *Lumen gentium* porte un titre significatif : de la nature eschatologique de l'Église pérégrinante. Le document conciliaire articule sa progression en trois étapes successives, passant du mystère de l'Église, à sa pérégrination et finalement à ses fins ; d'emblée, il a posé l'unité de l'Église terrestre avec l'Église céleste. La constitution avait annoncé ce dernier thème, dès le premier moment, (8-9) en évoquant le *germen unitatis, spei, salutis* établi dans l'Église ; l'exposé commence avec un texte sur la sainteté (39-42) et, après un développement sur les religieux (43-47), *Lumen gentium* reprend sur la Communion des Saints (48-50) et s'achève sur la Vierge Marie (52-67).

Una sancta : le chapitre sur la sainteté a été ajouté, dans une heureuse improvisation[68], qui rompt le développement normal de la constitution : on y retrouve une spiritualité de l'Église illustrée bien avant le Concile, par la collection *Unam sanctam* (pour ne prendre que cet exemple), qui a tant fait pour insuffler l'esprit des Pères dans la théologie contemporaine. En même temps, cette intervention dans le plan initialement projeté traduit le réflexe intellectuel de théologiens bien informés sur l'histoire ancienne de l'Église, et capables de mesurer comment le mouvement spirituel du monachisme avait introduit une composante eschatologique dans la chrétienté constantinienne.

Lumen gentium insiste dans un premier temps de l'exposé (V,39 et sq.) sur la vocation universelle à la sainteté dans l'Église. Le texte considère le fondement même de la sainteté, *vera licet imperfecta* (VII,48) dans l'Église de ce temps, avant d'en présenter concrètement les différentes formes de son exercice. Dieu seul est saint et Il veut la sanctification des hommes (I. Thess., 4,3), «La sainteté de l'Église se manifeste et doit se manifester dans les fruits de la grâce que l'Esprit produit dans les fidèles» (V,39). Un peu plus loin, le concile redit que l'Église, à laquelle tous les hommes sont appelés dans le Christ Jésus et dans laquelle par la grâce de Dieu nous obtenons la sainteté, n'aura son achèvement sinon dans la gloire céleste, quand viendra le temps de la restauration pour toutes choses» (VII,49). Le document conciliaire se fonde sur une référence précise à Augustin. Après avoir évoqué l'*Eccle-*

---

[68] Philips, p. 389-390.

sia sine macula de la Lettre aux Éphésiens, l'évêque d'Hippone note qu'il ne faut pas entendre que l'Église est déjà sans tache mais qu'elle se prépare à l'être : *quasi iam sit sed quae praeparatur ut sit* [69]. Dans la *Cité de Dieu*, l'Africain rappelle la purification des «progressants» et il établit ainsi l'articulation qui relie l'Église sainte à celle de la pérégrination.

Les Pères grecs servent à illustrer les perfections diverses qui se conjuguent dnas la sainteté de l'Église; Origène en évoque les multiples formes : les genres de vie, les fonctions et les charismes, en particulier pour les évêques, placés au service de toute l'Église [70]. Ignace d'Antioche décrit les prêtres comme une couronne spirituelle et *Lumen gentium* cite la formule de l'apologète [71]. Ce dernier sert à définir également les diacres, comme les ministres qui servent aux mystères de Dieu et de l'Église, en se référant à une épître pastorale, que *Lumen gentium* reprend à son compte [72]. Le thème du mariage n'appelle point une citation précise, sauf, en conclusion d'un long paragraphe, la mention de la première épître de Pierre (5,10). Mais, pour toute la pastorale des conseils évangéliques conduisant à la sainteté, *Lumen gentium* utilise un dossier dont les premières pièces appartiennent à la littérature ancienne, de Tertullien à Cyprien, de Grégoire de Nysse à Jean Chrysostome, pour la virginité et pour la continence [73]. Les fidèles sont invités à progresser dans la sainteté de leur propre état, en évitant que leurs affections, l'usage des choses du monde, l'attachement aux richesses ne les empêchent de tendre à la charité parfaite : la formule d'Augustin rappelant, dans l'*Enchiridion* [74], que la charité est la fin de tous les préceptes affleure sous la sentence conciliaire.

Après un exposé sur l'état religieux, la Constitution rappelle la nature eschatologique (*indoles*) de l'Église pérégrinante. En novembre

---

[69] *Retract.*, 2, 19, 9 (*Bibl. aug.*, 12; G. Bardy, 1950, p. 397); *De civ. Dei*, X, 32,3 (*Bibl. aug.*, 34, p. 358).

[70] ORIGÈNE, *Com. Rom.*, 7,7 (*PG*, 14, 1121); *In Esaiam Hom.*, 63 (*GCS*, 33; W. A. Baehrens, 1925, p. 271-274).

[71] IGNACE, *Ep. Magnés.*, 13, 1 (éd. cit., note 58, p. 90).

[72] IGNACE, *Ep. Trall.*, 2,3 (*ibid.*, p. 96).

[73] TERTULLIEN, *Exhort. Cast.*, 10 (*CC*, 2; A. Gerlo, 1954, p. 1029); CYPRIEN, *Hab. virg.*, 3 et 22 (*CSEL*, éd. cit., p. 189 et 202); GRÉGOIRE DE NYSSE, *TRaité de la Virginité* (*S. chrét.*, 119; M. Aubineau, 1966); JEAN CHRYSOSTOME, *De virginitate* (*S. chrét.*, 125; H. Musurillo et B. Grillet, 1966).

[74] *Enchiridion*, 32, 121 (*Bibl. aug.*, 9; J. Rivière, 1947, p. 120).

1963, quelques-uns des Pères, les cardinaux Urbani, Bea, Ruffini réclamaient explicitement que le concile donnât au document ecclésiologique une dimension eschatologique et qu'il insistât sur son caractère collectif[75]. Le grand livre du Père de Lubac sur les aspects sociaux du dogme avait ouvert la voie, ou plutôt il ramenait aux richesses de la tradition. L'auteur, expert du concile, explique lui-même que «ce fait essentiel de la tradition ne fut pas retrouvé sans peine ni sans difficulté»[76] : le peuple de Dieu progresse vers un but commun : *peregrinando procurrit*, et cette progression anticipe le Royaume. Oscar Cullman exprime, dans *Christ et le temps*, toute la tension dans l'espérance d'un événement qui n'est pas encore accompli avec l'espérance de l'Événement déjà là. Un théologien français, Mgr Guimet, expliquait d'une formule étincelante et profonde que l'Église se souvient de son avenir et espère son passé. Ces quelques gloses permettent peut-être de mesurer la force des déclarations conciliaires sur les rapports de l'Église terrestre avec l'Église céleste (*LG* 48 à 50). Celles-ci s'appuyaient déjà, comme un prolégomène à cette ecclésiologie, sur le thème de la récapitulation dont Irénée, le premier, donnait une éclatante illustration.

L'Église sera parfaitement sainte lorsque le Corps, dont le Christ est la tête, atteindra sa plénitude (VII, 48). Mais c'est parce qu'elle est une et sainte, d'une sainteté réelle mais encore imparfaite que s'établit, entre les saints, une communion. La formule insérée au Ve siècle dans le symbole des apôtres, *sanctorum communio*, donne une définition concrète de l'eschatologie inchoactive; car l'unité de l'Église implique qu'entre tous les membres du Corps mystique soient établis «les échanges des biens spirituels». L'union de ceux qui font la pérégrination terrestre (*viatorum unio*) avec les frères morts dans la paix du Christ n'est pas le moins du monde brisée; au contraire, suivant la foi de l'Église, elle est consolidée par l'échange des biens spirituels, *spiritalium bonorum roboratur*. Par le fait de leur union plus intime avec le Christ, les bienheureux (*beati*) renforcent l'Église toute entière dans la sainteté (VII, 49). Une formule indique les échanges entre l'Église des *viatores* et l'Église céleste : *communio totius Jesu Christi mystici corporis* (VII,50); elle renforce l'expression traditionnelle en indiquant d'un seul trait la communion des saints et la référence à Celui qui en fonde l'unité. À

---

[75] PHILIPS, p. 473.
[76] H. DE LUBAC, *art. cit.*, p. 203-210.

deux reprises, les rédacteurs utilisent une expression parallèle, théolo-
giquement moins forte mais également expressive : *Consortium, vitale
consortium, cum sanctis cum fratribus qui in gloria caelesti sunt*, avec
les frères qui sont dans la gloire céleste. Le substantif vaut comme un
équivalent de communion. Car le concile emploie ce mot lorsqu'il explicite la nature et la raison de ces échanges spirituels. De même qu'entre
les *viatores* (les chrétiens dans leur pérégrination) la *communio christiana* nous rapproche plus près du Christ, le *consortium*, la communauté avec les saints, nous unit au Christ, d'où, comme de la Source ou
de la Tête, afflue toute grâce et la vie du peuple de Dieu» (VII,50). *Per
fraternae caritatis exercitium* : ce sont les liens de charité qui fondent la
communion : une *unio* de toute l'Église, dans l'Esprit, décrite en termes
pauliniens (*Eph.*, 4, 1-6). À l'*Ecclesia viatorum*, *Lumen gentium* rappelle
ainsi la signification spirituelle de la piété pour les défunts. La constitution se fonde, non sur un traité (comme le *De cura mortuorum* d'Augustin); elle préfère s'adresser au *sensus fidelium*, en citant l'épigraphie
des catacombes (*LG* V,49)[77]. Celle-ci contredit manifestement les analyses contemporaines, qui ont tenté d'enfermer la phénoménologie des
attitudes chrétiennes dans une idéologie de la mort.

Le document conciliaire s'attache plus longuement à rappeler le
rôle des saints. Exemplaires puisqu'ils sont eux-mêmes imitation du
Christ, les liens de charité qui nous rattachent à eux sont d'autant plus
forts, plus précieux qu'«eux ont été reçus dans la patrie céleste et
admis auprès du Seigneur» (VII, 49). Cet argument rappelle leur pouvoir d'intercéder et justifie les invocations qui leur sont adressées (VII,
49). Mais, plus encore, l'union de charité nous réunit avec eux dans une
même liturgie qui s'adresse à Dieu. *Lumen gentium* reprend à son compte la théologie de la sainteté, ébauchée par Origène, organisée au Ve
siècle par Augustin et définitivement consacrée par Grégoire le Grand,
une spiritualité christocentrique, puisque les saints sont, dans leur
mouvement profond vers l'union parfaite, imitation du Seigneur. En
déclarant, pour expliquer le culte des saints, que Dieu manifeste en eux
sa présence et son visage, *Lumen gentium* reprend un thème patristique, illustré par le commentaire du Psaume 67,36 : *mirabilis Deus in
sanctis suis*. Augustin expliquait aux critiques, que les fidèles ne sont
pas pétriniens ni pauliniens mais chrétiens, qu'à Saint-Pierre du Vati-

---

[77] H. DE LUBAC, *ibid.*, p. 212-215.